LOIS, DÉCRETS,

ORDONNANCES, RÉGLEMENS,

AVIS DU CONSEIL-D'ÉTAT.

TOME SEPTIÈME.

DE L'IMPRIMERIE DE A. GUYOT,

IMPRIMEUR DU ROI, DE LA MAISON D'ORLÉANS,

ET DE L'ORDRE DES AVOCATS AUX CONSEILS ET A LA COUR DE CASSATION,

Rue Neuve-des-Petits-Champs, N° 37.

COLLECTION COMPLETE

DES

LOIS,

Décrets, Ordonnances, Réglemens,

AVIS DU CONSEIL-D'ÉTAT,

PUBLIÉE SUR LES ÉDITIONS OFFICIELLES DU LOUVRE; DE L'IMPRIMERIE NATIONALE, PAR BAUDOUIN; ET DU BULLETIN DES LOIS;

(De 1788 à 1830 inclusivement, par ordre chronologique),

Continuée depuis 1830;

Avec un choix d'*Actes inédits*, d'*Instructions ministérielles*, et des Notes sur chaque Loi, indiquant : 1° les Lois analogues; 2° les *Décisions* et *Arrêts* des Tribunaux et du Conseil-d'État; 3° les *Discussions* rapportées au Moniteur

SUIVIE D'UNE TABLE ANALYTIQUE ET RAISONNÉE DES MATIÈRES,

PAR J. B. DUVERGIER,

Avocat à la Cour royale de Paris.

TOME SEPTIÈME.

Deuxième Édition.

PARIS

CHEZ A. GUYOT ET SCRIBE, LIBRAIRES-ÉDITEURS,

RUE NEUVE-DES-PETITS-CHAMPS, N° 37;

ET AU BUREAU DE L'ADMINISTRATION, RUE DE SEINE, N° 56.

1834.

[illegible]

[illegible]

[illegible]

[illegible]

[illegible]

[illegible]

[illegible] ADMINISTR[illegible]

183[illegible]

COLLECTION COMPLÈTE

DES

LOIS, DÉCRETS,

ORDONNANCES, RÉGLEMENS,

ET

AVIS DU CONSEIL-D'ÉTAT,

Depuis 1788 jusqu'à 1830.

CONVENTION NATIONALE.

1[er] = 4 PLUVIOSE an 2 (20 = 23 janvier 1794). — Décret relatif aux sociétés particulières pour construction de canaux et autres établissemens d'utilité publique. (L. 17, 228; B. 39, 3.)

La Convention nationale, après avoir entendu son comité des finances, et sur la pétition des entrepreneurs du canal d'Essone, décrète que les sociétés particulières établies pour construction de canaux, exploitation de mines, défrichemens de marais, et autres établissemens d'utilité publique, ne sont point comprises au nombre des sociétés financières supprimées; néanmoins, toutes les actions des sociétaires seront sujettes au droit d'enregistrement, tant lors de leur première émission, qu'à chaque mutation, sous les peines portées contre les agioteurs.

1er PLUVIOSE an 2 (20 janvier 1794). — Décret qui ordonne le recensement des citoyens venus à Paris de commune affranchie. (L. 17, 288; B. 39, 1.)

1er PLUVIOSE an 2 (20 janvier 1794). — Décret qui ordonne la mise en liberté de ceux qui n'ont été ni fermiers-généraux, ni receveurs-généraux des finances, ni intendans de province. (L. 17, 227; B. 39, 1.)

1er PLUVIOSE an 2 (20 janvier 1794). — Décret relatif à des lettres de change tirées sur des négocians étrangers par des négocians français. (B. 39, 2.)

1er PLUVIOSE an 2 (20 janvier 1794). — Décret qui surseoit au paiement de la taxe imposée au citoyen Maulee. (B. 39, 2.)

1er PLUVIOSE an 2 (20 janvier 1794). — Décret portant que la fille et la femme de Palloi, détenu en vertu d'un ordre de l'administration de police, pourront le voir toutes les fois qu'elles le jugeront à propos. (B. 39, 5.)

1er PLUVIOSE an 2 (20 janvier 1794). — Décret qui fixe la créance du citoyen Duvivier. (B. 39, 3.)

1er PLUVIOSE an 2 (20 janvier 1794). — Décret qui admet comme député le citoyen Vasseur. (B. 39, 4.)

1er PLUVIOSE an 2 (20 janvier 1794). — Décret relatif à l'indemnité des membres des comités révolutionnaires. (B. 39, 3.)

1er PLUVIOSE an 2 (20 janvier 1794). — Décret qui alloue dix millions pour secourir les parens des militaires. (B. 39, 4.)

1er PLUVIOSE an 2 (20 janvier 1794). — Décret qui accorde un congé de quinze jours au citoyen Sautereau, représentant du peuple. (B. 39, 4.)

1er PLUVIOSE an 2 (20 janvier 1794). — Décret relatif aux sociétés populaires de Châlons et d'Autun. (B. 39, 5.)

1er PLUVIOSE an 2 (20 janvier 1794). — Décret qui accepte les deux factionnaires offerts par les grenadiers de la gendarmerie, revenant de la Vendée. (B. 39, 4.)

1er PLUVIOSE an 2. — Bois communaux. *Voy.* 26 NIVOSE an 2. — Cavalerie. *Voy.* 21 NIVOSE an 2. — Créanciers des émigrés. *Voy.* 26 NIVOSE an 2.

2 = 3 PLUVIOSE an 2 (21 = 22 janvier 1794). — Décret relatif à l'entretien des phares et feux établis pour la sûreté de la navigation. (B. 39, 6.)

Art. 1er. Le ministre des affaires étrangères est chargé de fournir, dans un mois, à compter du jour de la publication du présent décret, un état des préposés à la garde des phares et feux établis par les communes ou chambres de commerce pour la sûreté de la navigation.

2. Le ministre de la marine sera tenu, sur les fonds mis à sa disposition pour les dépenses de son département, de fournir à l'entretien desdits phares et feux, et au paiement des préposés qui étaient ci-devant payés par les communes et chambres de commerce.

2 PLUVIOSE an 2 (21 janvier 1794). — Décret qui ordonne de juger militairement les Savoisiens pris les armes à la main. (L. 17, 229; B. 39, 7.)

2 PLUVIOSE an 2 (21 janvier 1794). — Décret relatif à la citoyenne Hyvert. (B. 39, 5.)

2 PLUVIOSE an 2 (21 janvier 1794). — Décret portant qu'il ne sera pas accordé de cheval aux officiers blessés. (B. 39, 5.)

2 PLUVIOSE an 2 (21 janvier 1794). — Décret relatif à la suspension du citoyen Mevolhon. (B. 39, 6.)

2 PLUVIOSE an 2 (21 janvier 1794). — Décret relatif à la direction des batteries des côtes. (B. 39, 7.)

2 PLUVIOSE an 2 (21 janvier 1794). — Décret pour nommer des adjoints à la commission des émigrés. (B. 39, 7.)

2 PLUVIOSE an 2 (21 janvier 1794). — Décret sur la célébration de l'anniversaire de la mort de Louis XVI. (B. 39, 8.)

3 = 18 PLUVIOSE an 2 (22 janvier = 6 février 1794). — Décret sur l'organisation de la justice militaire. (L. 17, 231; B. 39, 10.)

Voy. lois des 22 SEPTEMBRE et 29 OCTOBRE 1790; des 30 SEPTEMBRE et 19 OCTOBRE 1791; du 12 = 16 MAI 1792; des 12 MAI et 16 AOUT 1793; du 29 FLORÉAL an 2; du 2e complémentaire an 3.

TITRE Ier. De la juridiction militaire (1).

Art. 1er. La justice militaire sera composée des conseils de discipline, des tribunaux de police correctionnelle et des tribunaux criminels militaires.

2. Les punitions à infliger pour les fautes commises contre la discipline par les officiers de tout grade, sous-officiers et soldats de toutes les armes, seront prononcées par ceux d'un grade supérieur à celui des délinquans, ou par les conseils de discipline, conformément aux décrets précédens.

3. Tout délit, de quelque nature qu'il soit, commis pendant la guerre, à l'armée ou dans les camps, cantonnemens ou garnisons qu'elle occupe, par les individus qui la composent, ou qui y sont employés ou attachés à sa suite, sera jugé par les tribunaux criminels militaires, ou par les tribunaux de police correctionnelle, suivant la gravité du délit, conformément aux dispositions suivantes (2).

4. Lorsque plusieurs individus seront prévenus d'un même délit commis à l'armée, si un ou plusieurs des prévenus sont militaires ou employés à l'armée ou attachés à sa suite, le délit sera poursuivi devant les tribunaux militaires.

5. Tout délit excédant les fautes de pure discipline, mais dont la peine n'emporte ni la privation de la vie, ni celle de l'état du prévenu, sera jugé par les tribunaux de police correctionnelle militaire.

(1) *Voy.* loi du 22 germinal = 1er floréal an 2.

(2) L'individu au service en qualité de soldat, mais dont l'engagement est nul (en ce qu'il s'est engagé comme remplaçant avant d'avoir satisfait à la loi sur le recrutement), est justiciable des tribunaux militaires, par cela seul qu'il fait partie de l'armée (*Voy.* la loi du 18 brumaire an 5, 12 décembre 1817; Cass. S. 18, 1, 227; *id.*, 10 janvier 1822; Cass. S. 22, 1, 192).

Un officier général appelé par le Roi au commandement d'une école militaire est, par cela seul, réputé militaire en *activité de service*, et, comme tel, justiciable des tribunaux militaires, pour un délit prévu par les lois générales (9 février 1827; Cass. S. 27, 1, 336; D. 27, 1, 136).

6. Tout délit dont la peine emporte la privation de la vie ou de l'état du prévenu sera jugé par les tribunaux criminels militaires.

7. Les présidens et vice-présidens des tribunaux criminels, les accusateurs militaires et leurs substituts, ne pourront être poursuivis et jugés que devant les tribunaux ordinaires ou devant le tribunal révolutionnaire, suivant la nature du délit.

8. Les délits commis par les généraux en chef pendant l'exercice de leur commandement, de quelque nature qu'ils soient, seront jugés par le tribunal révolutionnaire, qui pourra prononcer des peines correctionnelles, s'il y a lieu.

9. Les généraux en chef ne pourront être arrêtés et traduits au tribunal révolutionnaire qu'en vertu d'un décret de la Convention nationale, ou par ordre de ses comités de salut public et de sûreté générale, ou enfin par un arrêté des représentans du peuple près les armées.

10. Les délits commis par les fournisseurs infidèles dans les fournitures faites pour les armées seront jugés par le tribunal révolutionnaire, conformément au décret du 29 septembre dernier.

TITRE II. Des conseils de discipline.

Art. 1er. Il sera établi, dans chaque demi-brigade d'infanterie et dans chaque régiment de troupes à cheval et d'artillerie, un conseil de discipline composé, savoir : dans les demi-brigades d'infanterie et dans les régimens d'artillerie, d'un officier supérieur, un capitaine, un lieutenant, un sous-lieutenant, un sergent, un caporal et trois soldats ou canonniers; et dans les régimens de troupes à cheval, d'un officier supérieur, un capitaine, un lieutenant, un sous-lieutenant, un maréchal-des-logis, un brigadier et trois cavaliers.

2. En cas d'absence d'un ou plusieurs membres, ils seront remplacés par ceux qui les suivront, chacun dans son grade.

3. Les membres du conseil de discipline seront renouvelés tous les mois, et remplacés chacun dans son grade, en suivant l'ordre de la colonne, et commençant par le commandant du corps pour les officiers supérieurs, et par le plus ancien de la colonne pour les autres grades.

4. Lorsque partie des deux brigades d'infanterie ou des régimens d'artillerie et de troupes à cheval se trouvera séparée du corps, il sera formé, dans chaque bataillon, escadron ou détachement séparé, un conseil de discipline composé de neuf membres, d'après les bases prescrites par l'art. 1er, de manière qu'il y ait toujours trois soldats, deux sous-officiers et quatre officiers.

S'il ne se trouvait point d'officiers, dans quelque grade que ce soit, ils seront remplacés dans le grade immédiatement inférieur.

5. Le conseil de discipline prononcera, conformément aux lois concernant la discipline militaire, sur la prolongation ou diminution des punitions infligées par les chefs à leurs subordonnés en grade, et il recevra les plaintes que les subordonnés pourraient avoir à porter contre les chefs, sans cependant qu'en aucun cas les subordonnés puissent se dispenser d'obéir sur-le-champ à leurs supérieurs en grade, quelque sujet de réclamation qu'ils croient avoir.

6. L'officier supérieur qui se trouvera membre du conseil de discipline le présidera toujours, et sera tenu de le convoquer dans les vingt-quatre heures, lorsqu'il en sera requis, sous peine de destitution.

7. Le commandant du corps n'assistera au conseil de discipline que lorsqu'il en sera membre; il pourra cependant le convoquer toutes les fois qu'il le croira convenable, ou lorsqu'il en sera requis à raison de quelque plainte qui lui sera adressée.

8. Tous les membres du conseil de discipline auront voix délibérative : les moins avancés en grade opineront les premiers : la pluralité l'emportera.

9. L'adjudant-major assistera au conseil de discipline et y fera les fonctions de secrétaire, sans y avoir voix délibérative. En cas d'absence, il sera remplacé par un militaire choisi à la pluralité des voix par les membres du conseil de discipline.

TITRE III. De la police correctionnelle.

Art. 1er. Il sera établi des tribunaux, pour l'exercice de la police correctionnelle, dans toutes les armées de la République (1).

2. Ces tribunaux prononceront sur tous les délits excédant les fautes de pure discipline, et dont la punition ne doit être ni la privation de la vie, ni celle de l'état du prévenu, s'il est jugé coupable (2).

3. Chaque tribunal de police correctionnelle sera composé d'un officier de police, qui le présidera toujours, d'un militaire du grade du prévenu, et d'un citoyen qui sera désigné par le bureau municipal du lieu où le tribunal devra s'assembler; il y aura en outre un greffier, qui sera pris sur les lieux et choisi par l'officier de police.

Il sera alloué au greffier trois livres par séance (3).

4. Il y aura un officier de police attaché au quartier-général de chaque armée; il en suivra tous les mouvemens, sans jamais s'écarter du lieu où se tiendra le quartier-général.

5. Il sera en outre attaché un officier de police à chaque division de l'armée.

(1, 2 et 3) *Voy.* loi du 14 floréal an 2.

Les officiers de police seront nommés par la Convention nationale, sur la présentation du comité de salut public, et seront âgés de vingt-cinq ans au moins.

6. Les officiers de police seront ambulans; ils suivront les divisions auxquelles ils seront attachés : ils parcourront successivement les différens points occupés par leurs divisions respectives, et se transporteront partout où leur présence sera nécessaire.

Ils auront cependant un domicile dans le lieu où se tiendra le commandant de leur division, et ils lui donneront avis de tous les mouvemens qu'ils feront, et des différens lieux où ils jugeront à propos de se transporter.

7. Les fonctions des officiers de police ne seront pas bornées aux divisions auxquelles ils seront attachés; leur surveillance s'étendra sur tous les militaires et sur tous les individus employés à l'armée ou attachés à sa suite, ainsi que sur leurs complices, encore qu'ils soient étrangers à leurs divisions respectives, et hors du territoire qu'elles occupent (1).

8. Les officiers de police seront installés par le tribunal criminel militaire attaché à chaque armée.

9. Dans le cas où un militaire ou autre individu employé à l'armée, et prévenu d'un délit, serait amené devant l'officier de police, il le renverra en liberté, s'il se trouve innocent; le renverra au conseil de discipline, si l'affaire est de sa compétence; donnera le mandat d'arrêt, s'il est justement suspect d'un délit emportant privation de la vie ou de son état; enfin, le retiendra pour être jugé par le tribunal de police correctionnelle, s'il s'agit d'un délit qui n'emporte ni la privation de la vie, ni celle de l'état du prévenu (2).

10. L'officier de police formera le tribunal de police correctionnelle toutes les fois qu'il y aura des prévenus à juger : il requerra à cet effet la municipalité du lieu de désigner un citoyen pour l'assister, et convoquera le plus ancien militaire du grade du prévenu qui se trouvera sur les lieux, ou, en cas d'absence ou d'empêchement légitime, celui qui le suivra immédiatement.

11. Si l'armée est hors du territoire de la République, le citoyen qui doit être désigné par le bureau municipal sera remplacé par un citoyen non militaire attaché à l'armée, qui sera désigné par le commissaire des guerres ayant la police du lieu.

12. S'il ne se trouvait pas sur les lieux un militaire du grade du prévenu, il sera remplacé dans le grade immédiatement inférieur.

13. S'il y a plusieurs individus de différens grades prévenus d'un même délit, le militaire qui doit faire partie du tribunal de police correctionnelle sera pris dans le grade du prévenu le moins avancé en grade.

14. Si le prévenu n'est pas militaire, l'officier de police appellera près de lui, pour former le tribunal de police correctionnelle, deux citoyens qui seront désignés par le bureau municipal du lieu, ou par le commissaire des guerres, si l'armée est hors du territoire de la République.

S'il y a plusieurs prévenus, que les uns soient militaires, et que les autres ne le soient pas, le tribunal sera formé ainsi qu'il est prescrit aux articles précédens.

15. Les militaires et les citoyens appelés à la formation du tribunal de police correctionnelle seront tenus de s'y rendre, sur la convocation de l'officier de police militaire, sous peine de cinquante livres d'amende, et de la suspension des droits de citoyen pendant six mois, contre ceux qui s'y refuseraient sans cause légitime.

Cette peine sera prononcée par le tribunal de police correctionnelle militaire.

16. Les séances du tribunal de police correctionnelle seront publiques. Lorsque l'officier de police voudra convoquer le tribunal, il en avertira la municipalité du lieu, qui sera tenue de fournir un local convenable.

17. Le prévenu sera interrogé publiquement, les témoins entendus en sa présence, et le jugement prononcé de suite, à la majorité absolue des voix : s'il y avait trois avis, le plus doux l'emportera.

18. Le tribunal de police correctionnelle sera compétent pour prononcer les peines de discipline résultant des affaires portées devant lui.

19. Les jugemens des tribunaux de police correctionnelle militaire ne seront point sujets à l'appel.

TITRE IV. De la police de sûreté.

Art. 1er. Les officiers de police militaire attachés à chaque armée exerceront les fonctions de la police de sûreté.

2. Lorsqu'un officier de police militaire aura connaissance, par voie de dénonciation, par la clameur publique, ou par toute autre voie, d'un délit prétendu commis par un militaire ou autre individu employé à l'armée ou attaché à sa suite, il se procurera tous les renseignemens nécessaires, fera amener le prévenu devant lui, l'interrogera, et rédigera procès-verbal de sa déclaration, ainsi que des renseignemens qu'il aura recueillis.

3. Si le délit est de nature à laisser des traces permanentes, l'officier de police se rendra incontinent sur les lieux, dressera un procès-verbal détaillé du corps du délit, de toutes ses circonstances, des traces qu'il aura laissées, et généralement de tous les rensei-

(1 et 2) *Voy.* loi du 14 floréal an 2.

gnemens ou déclarations qui pourront servir à conviction ou à décharge.

4. Lorsqu'un délit laissant des traces permanentes aura été commis par un militaire ou autre individu attaché à l'armée, si l'officier de police militaire n'est pas sur les lieux, le juge-de-paix du canton, ou l'officier de gendarmerie qui en aura connaissance, sera tenu de se rendre incontinent dans le lieu où le délit aura été commis, pour le constater et recueillir les renseignemens et déclarations pouvant servir à conviction ou à décharge; il dressera du tout procès-verbal, qu'il enverra de suite à l'officier de police militaire, devant lequel il décernera un mandat d'amener contre le prévenu, s'il y a lieu.

5. Toute la procédure consistera dans les procès-verbaux portés aux articles 2 et 3; elle sera instruite et terminée dans les vingt-quatre heures.

TITRE V. De la dénonciation.

Art. 1er. Tout citoyen qui aura connaissance d'un délit commis par des militaires ou autres individus employés à l'armée, ou attachés à sa suite, sera tenu d'en faire la dénonciation dans les vingt-quatre heures.

2. La voie de dénonciation contre les généraux est ouverte à tous les officiers et soldats volontaires ou autres citoyens attachés aux armées, et généralement à tout citoyen.

3. Toute dénonciation pourra être portée, soit à l'officier de police, s'il est sur les lieux, soit au président du conseil de discipline, soit au commandant du corps ou de la place, soit enfin à l'accusateur militaire.

4. L'officier de police recevra toutes les dénonciations qui lui seront faites: il exigera du dénonciateur la déclaration circonstanciée des faits, la remise des pièces servant à conviction, et l'indication des témoins qui peuvent servir à la preuve. La dénonciation sera signée par le dénonciateur, s'il sait signer; s'il ne le sait pas, par deux témoins, en présence de qui elle devra être faite en pareil cas.

Il veillera à ce que les prévenus d'un délit soient mis provisoirement en état d'arrestation, s'il y a lieu.

5. Les témoins indiqués seront entendus sur-le-champ, et en présence de l'accusé, s'il est arrêté; les déclarations seront reçues par écrit, signées des témoins, s'ils savent signer, et par l'officier de police.

6. L'officier de police devant qui le prévenu comparaîtra ou sera amené l'examinera sur-le-champ, et au plus tard dans les vingt-quatre heures; il recevra les éclaircissemens qu'il voudra lui donner; et, s'il en résulte qu'il n'y a aucun sujet à inculpation contre lui, il le fera aussitôt remettre en liberté, et en rendra compte sur-le-champ à l'accusateur militaire.

7. L'officier de police et autres dénommés en l'article ci-dessus seront tenus, sous peine de destitution, de recevoir toutes les dénonciations qui leur seront faites.

8. Le président du conseil de discipline, ou le commandant qui recevra une dénonciation, suppléera l'officier de police dans toutes les fonctions portées aux art. 4, 5 et 6 du présent titre. Il s'assurera du prévenu, s'il y a lieu, ou le fera mettre en liberté, suivant les circonstances. Cependant, le mandat d'arrêt contre un général de division ou un général de brigade ne pourra être décerné que par délibération du président du tribunal et de l'accusateur militaire, qui devront être tous deux d'accord de la nécessité de cette mesure.

9. Le président du conseil de discipline, ou le commandant qui aura reçu la dénonciation d'un délit excédant les fautes de pure discipline, sera tenu d'en prévenir, dans les vingt-quatre heures, l'officier de police de la division.

10. La dénonciation, les pièces produites à l'appui, le procès-verbal, la déclaration des témoins et audition du prévenu, et généralement toutes pièces servant à conviction ou à décharge, seront déposées au conseil de discipline entre les mains du secrétaire, qui en tiendra registre.

11. Lorsque le conseil de discipline du corps où sert le prévenu ne sera pas sur les lieux, ou lorsque le prévenu ne sera pas militaire, celui qui aura reçu la dénonciation remettra les pièces au greffe de la justice de paix du canton: si l'armée est hors du territoire de la République, à défaut du juge-de-paix, celui qui aura reçu la dénonciation conservera ces pièces, et, dans tous les cas, donnera sur-le-champ avis du tout à l'officier de police.

12. Le registre qui en sera tenu sera représenté à l'officier de police militaire lors de sa tournée sur les lieux, et il se fera remettre toutes les pièces.

13. Si les éclaircissemens donnés par le prévenu n'ont pas détruit les inculpations portées contre lui, l'officier de police le fera juger par le tribunal de police correctionnelle, conformément aux dispositions du titre III, s'il s'agit d'un délit qui n'emporte pas la privation de la vie ou de l'état du prévenu, ou le fera mettre en état d'arrestation provisoire, si le délit emporte la privation de la vie ou de l'état du prévenu.

14. Lorsque le président du conseil de discipline ou le commandant qui aura reçu la dénonciation auront jugé le prévenu innocent, et l'auront en conséquence mis en liberté, conformément à l'art. 6, si l'officier de police, après avoir pris de nouveaux renseignemens ou après avoir examiné les pièces qui lui auront été remises, trouve que les inculpations ne sont pas détruites et que

le prévenu a été mal à propos en liberté, il pourra faire amener le prévenu devant lui pour l'examiner de nouveau, et agir ensuite ainsi qu'il est porté aux articles 6 et 13 du présent titre.

TITRE VI. De l'accusation (1).

Art. 1er. Lorsque les éclaircissemens donnés par le prévenu n'auront pas détruit les inculpations, et qu'il s'agira d'un délit dont la peine doit être la privation de la vie ou de l'état du prévenu, l'officier de police appellera près de lui, dans les vingt-quatre heures de la remise des pièces, un citoyen qui sera à cet effet désigné par le bureau municipal, et le plus ancien militaire du grade du prévenu qui se trouvera sur les lieux, et, en cas d'absence ou d'empêchement légitime, celui qui le suivra immédiatement, pour prononcer avec lui s'il y a lieu ou non à accusation.

2. Si l'armée est hors du territoire de la République, ou s'il ne se trouvait pas sur les lieux de militaire du grade du prévenu, ou s'il y avait plusieurs individus de différens grades prévenus d'un même délit, ou enfin si les prévenus n'étaient pas tous militaires, l'officier de police se conformera à ce qui est prescrit par les articles 11, 12, 13 et 14 du titre III.

3. Les citoyens appelés en vertu des articles précédens ne pourront être parens ni alliés du prévenu, jusqu'au degré de cousin issu de germain inclusivement.

4. L'officier de police leur communiquera la dénonciation, les pièces au soutien, ainsi que son procès-verbal : il leur annoncera que l'objet de leur réunion est de déterminer si, oui ou non, il y a lieu à accusation contre un tel, prévenu de tel délit; il délibérera avec eux : l'arrêté pris à la majorité des voix, et signé de l'officier de police et des assistans, s'ils savent signer, sera mis au bas du procès-verbal, que l'officier de police enverra de suite à l'accusateur militaire.

5. S'il n'y a pas lieu à accusation, le prévenu sera mis de suite en liberté, et ne pourra plus être repris pour raison du même délit, à moins qu'il ne survienne de nouvelles charges. Si cependant, en déclarant qu'il n'y a pas lieu à accusation, la majorité des délibérans pense que le prévenu doit être poursuivi pour raison d'un délit de police correctionnelle, il sera envoyé devant le juge de police le plus voisin, pour être jugé dans la forme prescrite au titre III. Dans tous les cas, la procédure sera envoyée à l'accusateur militaire, pour y avoir recours en cas de besoin.

6. S'il est décidé qu'il y a lieu à accusation, l'acte d'accusation sera rédigé sur-le-champ, inscrit au bas du procès-verbal de la déclaration des témoins, et signé de l'officier de police et des deux assistans, s'ils savent signer; sinon, il en sera fait mention.

7. Aussitôt l'acte d'accusation rédigé, l'officier de police décernera le mandat d'arrêt contre le prévenu; il le fera traduire dans les prisons les plus voisines, et en instruira sur-le-champ l'accusateur militaire.

8. Si le prévenu n'a pas été arrêté, et qu'il y ait lieu à accusation, l'officier de police ordonnera son arrestation, et le procès s'instruira par contumace.

9. Si l'on parvient à arrêter le prévenu d'après les ordres donnés, il sera amené devant l'officier de police qui aura instruit contre lui, et la procédure sera de nouveau recommencée.

TITRE VII. Des tribunaux criminels militaires.

Art. 1er. Il sera établi un tribunal criminel militaire dans chacune des armées de la République.

2. La compétence de chaque tribunal s'étendra sur tous les militaires et sur tous les individus employés à l'armée, ou attachés à sa suite, prévenus de délits commis dans son arrondissement, et même sur les simples citoyens, dans les cas prévus par l'article 4 du titre Ier.

3. Chaque tribunal criminel militaire sera composé d'un président, d'un vice-président, d'un accusateur militaire, d'un substitut de l'accusateur militaire, d'un jury de jugement, d'un greffier, et d'un commis-greffier, qui sera choisi par le greffier.

4. Le président, le vice-président, l'accusateur militaire, son substitut et le greffier seront nommés par la Convention nationale, sur la présentation du comité de salut public. Ils ne pourront être pris ni parmi les militaires en activité, ni parmi les individus employés dans les armées, et seront âgés de vingt-cinq ans au moins.

5. Les tribunaux criminels militaires seront ambulans. Les membres qui les composeront se transporteront partout où besoin sera, pour l'accélération des jugemens et la sûreté des prévenus.

6. Le général, ou, en son absence, l'officier qui le remplacera, fera reconnaître à l'armée les membres du tribunal criminel : les troupes seront à cet effet rassemblées sous les armes, et il en sera dressé procès-verbal.

7. Le commissaire-ordonnateur en chef de l'armée sera tenu de faire disposer, dans les lieux où le tribunal militaire jugera à propos de se transporter, un local convenable pour les audiences et un logement pour les membres du tribunal : ce logement sera celui accordé au grade de capitaine. Il fera égale-

(1) *Voy.* loi du 14 floréal an 2.

ment disposer au quartier-général un local pour le greffe du tribunal. L'accusateur militaire fera toutes les réquisitions nécessaires à cet effet, et pourra même, en cas de besoin, les adresser aux municipalités des lieux, qui seront tenues d'y déférer, sous peine de destitution.

8. Il y aura toujours un poste au local choisi pour la tenue des audiences des tribunaux militaires.

9. Deux des gendarmes de police à l'armée seront toujours de service près le tribunal criminel militaire.

10. Dans les villes assiégées, le conseil de guerre nommera trois citoyens pour exercer provisoirement, pendant la durée du siége seulement, les fonctions de président, d'accusateur militaire et d'officier de police. Leur salaire sera fixé par le conseil de guerre, en raison du travail.

11. Les représentans du peuple envoyés près les armées pourront, lorsqu'ils le jugeront nécessaire pour l'expédition des affaires et l'accélération des jugemens, établir un second tribunal dans l'armée ; ils en nommeront les membres, en se conformant à l'organisation prescrite par le présent décret.

Ces tribunaux ne resteront en fonctions que le temps qui sera jugé nécessaire pour le bien du service.

TITRE VIII. Fonctions du président et du vice-président.

Art. 1er. Les fonctions du président et du vice-président sont d'entendre l'accusé, de lui désigner un conseil dans le cas où il n'en aurait pas choisi un, de dresser le tableau des jurés, de les convoquer, de les diriger dans les fonctions qui leur sont assignées, de leur exposer l'affaire, même de leur rappeler leur devoir ; de poser les questions, faire l'application du décret, présider à toute l'instruction, déterminer l'ordre entre ceux qui doivent parler et maintenir la police dans l'auditoire.

2. Le président et le vice-président exerceront ces fonctions chacun séparément; ils se distribueront le travail de manière que celui des deux qui aura formé le tableau des jurés d'une affaire ne préside pas aux débats et au jugement de la même affaire, si ce n'est en cas de maladie ou autre empêchement légitime de l'un des deux.

TITRE IX. Fonctions de l'accusateur militaire et de son substitut.

Art. 1er. L'accusateur militaire est chargé de poursuivre les délits sur les actes d'accusation dressés au bas des procès-verbaux des officiers de police de sûreté, et, s'il les trouve défectueux, de les refaire en son nom.

2. Il recevra les dénonciations qui lui seront faites contre les militaires et les individus employés aux armées ou attachés à leur suite; il les transmettra aux officiers de police, et veillera à ce qu'elles soient poursuivies suivant les formes établies ci-dessus.

3. L'accusateur militaire aura la surveillance sur tous les officiers de police attachés à l'armée : il leur rappellera leur devoir et leurs obligations, et veillera à l'exécution du décret du 14 frimaire contre ceux qui se seraient rendus coupables de négligence dans l'exercice de leurs fonctions ; et si, d'office ou sur la dénonciation d'un particulier, il trouve qu'un officier de police est dans le cas d'être poursuivi, soit en vertu dudit décret, soit pour tout autre délit, il décernera le mandat d'amener, le fera traduire devant lui, et, après l'avoir entendu et avoir pris les renseignemens nécessaires, il dressera l'acte d'accusation, s'il y a lieu, et poursuivra ensuite devant le tribunal criminel militaire, dans la forme indiquée pour les citoyens employés à l'armée.

4. L'accusateur militaire convoquera les jurés, d'après la cédule du président; il fera assigner les témoins, et pourra toujours faire au tribunal toutes les réquisitions qu'il jugera nécessaires.

Il sera chargé de faire exécuter les jugemens, et d'en envoyer une expédition au conseil exécutif, dans la décade.

5. Les officiers de police enverront, chaque décade, à l'accusateur militaire, l'extrait des jugemens rendus durant le cours de la décade précédente, pour fait de police correctionnelle.

6. L'accusateur militaire pourra se faire représenter, toutes les fois qu'il le jugera convenable, l'état des militaires et individus employés à l'armée détenus dans les prisons; il se fera rendre compte des motifs de leur détention, et surveillera tous abus d'autorité et toutes les négligences.

7. L'accusateur militaire veillera à ce que les officiers de police lui rendent compte, conformément à ce qui est prescrit par l'article 6 du titre V, de toutes les dénonciations qui auront été portées devant eux ; et si, d'après les renseignemens qui lui seront parvenus, il juge qu'un prévenu de délit a été mis mal à propos en liberté, il pourra le faire traduire de nouveau devant l'officier de police le plus voisin, pour être poursuivi dans les formes prescrites par le présent décret.

8. Le substitut de l'accusateur militaire le remplacera dans toutes ses fonctions, en cas d'absence ou d'empêchement légitime ; il assistera le vice-président dans l'interrogatoire des accusés et la formation du tableau des jurés ; il assistera également, comme juge, aux audiences du tribunal, toutes les fois qu'il en sera requis.

TITRE X. Du jury de jugement (1).

Art. 1er. Les fonctions des jurés de jugement seront de donner leurs déclarations sur les questions posées par le président.

2. Le jury de jugement sera composé de neuf jurés, dont cinq seront pris parmi les militaires qui se trouveront dans l'étendue de la commune où l'accusé devra être jugé, et les quatre autres, parmi les citoyens de la même commune.

3. Lorsqu'il s'agira de former le jury de jugement, le président du tribunal criminel formera un tableau de dix-huit jurés pour être présenté à l'accusé.

4. Pour la formation de ce tableau, le président choisira dix jurés parmi tous les militaires qui se trouveront dans l'étendue de la commune où l'accusé devra être jugé, de manière qu'il y en ait toujours:

Deux pris parmi les officiers-généraux et supérieurs, et les capitaines;

Deux parmi les lieutenans et sous-lieutenans;

Deux parmi les sergens et maréchaux-des-logis;

Deux parmi les caporaux et brigadiers;

Deux parmi les soldats.

Les chefs des états-majors, les commandans des corps et les commissaires des guerres seront, à cet effet, tenus, sous peine de destitution, de remettre aux présidens ou vice-présidens des tribunaux criminels militaires, à leur première réquisition, tous les états et renseignemens qui seront en leur pouvoir, et qui pourront être nécessaires à la formation du tableau.

5. Le président choisira les huit autres jurés parmi les citoyens de la même commune. La municipalité sera tenue, à cet effet, de lui en remettre la liste, sous peine de destitution.

6. Les gendarmes nationaux et invalides employés, les officiers et sous-officiers sans troupe, pourront être pris pour la formation du tableau, chacun suivant son grade.

7. Si l'armée est hors du territoire de la République, les huit derniers jurés seront pris parmi les citoyens non militaires employés à l'armée ou attachés à sa suite, sur la liste qui en sera fournie par le commissaire des guerres.

Si le prévenu n'est pas militaire, ces citoyens ne pourront être de la profession ou état du prévenu.

8. Dans le cas où il ne se trouverait pas sur les lieux une suffisante quantité d'officiers ou sous-officiers compris dans l'une des colonnes, ils seront remplacés dans le grade immédiatement inférieur, indépendamment de ce qu'il doit fournir.

9. S'il n'y avait pas sur les lieux un nombre suffisant de militaires pour compléter les dix jurés militaires qui doivent se trouver dans le tableau, il y sera suppléé par des citoyens de la commune, et, dans le cas de l'article 7, par des citoyens non militaires employés à l'armée ou attachés à sa suite.

10. Le président présentera le tableau des dix-huit jurés à l'accusé, qui pourra en exclure moitié par colonne, c'est-à-dire un par chacune des cinq colonnes de militaires, et quatre dans la colonne des citoyens. A défaut par lui d'en exclure, les derniers de chaque colonne se retireront, et les neuf autres formeront le jury de jugement.

11. Lorsqu'il y aura plusieurs accusés, il sera ajouté à chacune des cinq colonnes de militaires qui doivent faire partie du tableau autant de jurés qu'il y aura de coaccusés; il sera également ajouté à la colonne des citoyens un nombre de jurés quadruple de celui des coaccusés, en sorte que le tableau soit toujours augmenté de neuf jurés par chaque coaccusé.

12. Dans le cas de l'article précédent, chaque accusé, à commencer par le plus jeune, pourra exclure neuf jurés; savoir: un par chacune des cinq colonnes de militaires, et quatre dans la colonne des citoyens.

A défaut de ces exclusions, les derniers de chaque colonne se retireront.

13. Le nombre des jurés ne sera point augmenté en raison des accusés qui excéderont le nombre de quatre; dans ce cas, les accusés seront tenus de se concerter pour l'exclusion des jurés: faute par eux de s'entendre, ils ne pourront proposer que des récusations motivées, sur la validité desquelles il sera statué sur-le-champ par le vice-président, si c'est le président qui a formé le tableau, et par le président, si c'est le vice-président qui l'a formé.

14. Les opérations prescrites aux articles ci-dessus seront faites en présence de l'accusateur militaire ou de son substitut, qui pourra toujours faire telles réquisitions qu'il jugera convenables.

15. Nul ne pourra être appelé comme juré, s'il n'est âgé de vingt-un ans accomplis; les militaires devront avoir au moins six mois de service effectif.

16. Dans aucun cas, le général en chef, le commandant de la place et le commandant du corps où sert le prévenu, ne pourront être appelés comme jurés.

17. Nul ne pourra être juré de jugement dans la même affaire où il aura prononcé sur l'acte d'accusation.

(1) *Voy.* loi du 14 floréal an 2.

18. Les jurés ne pourront être parens ni alliés d'aucun des prévenus, jusqu'au degré de cousin issu de germain inclusivement.

19. Aussitôt que le tableau des neuf jurés de jugement aura été arrêté, le président remettra à l'accusateur militaire la cédule de convocation des jurés, dans laquelle il aura soin d'indiquer le jour, l'heure et le lieu où les jurés devront se rendre.

20. L'accusateur militaire convoquera de suite les jurés, et fera assigner les témoins aux mêmes jour, lieu et heure.

21. Les assignations aux témoins et les avertissemens aux jurés seront remis par les gendarmes nationaux ou par des militaires d'ordonnance, qui en rapporteront le reçu à celui qui les aura commis.

22. Les généraux, les commandans des corps et les commissaires des guerres seront tenus, sous peine de destitution, de déférer, sans délai, à toutes les réquisitions qui leur seront adressées, soit par le président ou vice-président, soit par l'accusateur militaire ou son substitut, soit par les officiers de police.

Tout militaire, tout dépositaire de la force publique, sera également tenu, sous les mêmes peines, de s'employer pour l'exécution des mandats qu'ils auront décernés.

23. Tout juré qui ne se sera pas rendu sur l'avertissement qui lui aura été donné sera condamné à cinquante livres d'amende, et privé de l'exercice des droits de citoyen pendant six mois, à moins qu'il ne soit retenu par une maladie dûment constatée, auquel cas il sera tenu de faire prévenir de suite l'accusateur militaire, afin qu'il fasse pourvoir à son remplacement.

24. Il sera formé un tableau pour chaque affaire; mais les mêmes jurés pourront être portés sur plusieurs tableaux, sans que nul puisse s'excuser de remplir les fonctions, sous le prétexte qu'il a déjà assisté à une ou plusieurs assemblées de jurés.

TITRE XI. De la procédure devant le tribunal criminel militaire.

Art. 1er. Nul ne peut être poursuivi devant le tribunal criminel militaire, que sur une accusation faite dans les formes prescrites.

2. Aussitôt que l'accusateur militaire aura reçu le procès-verbal de l'officier de police, il examinera l'acte d'accusation mis au bas, et, s'il se trouve défectueux, il le refera en son nom.

3. L'accusateur militaire remettra sans délai le procès-verbal et les pièces au président; il requerra, en même temps, le transport du tribunal, le plus prochainement possible, au lieu où l'accusé devra être jugé.

4. Le président pourra même ordonner la translation de l'accusé dans tel lieu qu'il jugera convenable, lorsque l'accusateur militaire et lui seront d'accord de l'utilité de cette mesure pour l'accélération du jugement, et pour éviter les inconvéniens des transports des témoins, ou pour toute autre considération importante.

5. Aussitôt après l'arrivée du tribunal dans le lieu où l'accusé devra être jugé, le président ou le vice-président interrogera l'accusé en présence de l'accusateur militaire ou de son substitut; il fera tenir note de cet interrogatoire par le greffier.

6. Tout accusé pourra faire choix d'un conseil; sinon, le président lui en désignera un: mais le conseil ne pourra jamais communiquer avec l'accusé que lorsqu'il aura été entendu.

7. L'accusateur militaire sera tenu, aussitôt après l'interrogatoire, de faire ses diligences, de manière que l'accusé soit jugé de suite et sans aucun retard; il requerra, en conséquence, la formation du jury de jugement, fera avertir les jurés et assigner les témoins.

TITRE XII. De l'examen et de la conviction.

Art. 1er. En présence des juges, de l'accusateur militaire, des jurés et des citoyens, qui ne pourront entrer que sans armes, sans cannes ni bâtons, l'accusé comparaîtra à la barre, libre et sans fers; le président lui dira qu'il peut s'asseoir, lui demandera ses nom, âge et profession, et sa demeure, dont il sera tenu note par le greffier.

2. Le président avertira l'accusé d'être attentif à tout ce qu'il va entendre; il ordonnera au greffier de lire l'acte d'accusation; après quoi il dira à l'accusé: *Voilà de quoi on vous accuse; vous allez entendre les charges qui sont produites contre vous.*

3. L'accusateur militaire exposera le sujet de l'accusation; il fera entendre les témoins, ainsi que la partie plaignante, s'il y en a. Les témoins, avant de déposer, prêteront serment de parler sans haine et sans crainte, et de dire la vérité tout entière.

4. L'examen des témoins sera toujours fait de vive voix et sans que leurs dépositions soient écrites.

Les témoins ne pourront jamais s'interpeller entre eux; ils seront entendus séparément. Cependant l'accusé pourra demander qu'ils soient entendus en présence les uns des autres; il pourra demander également que ceux qui ont déposé se retirent de l'auditoire, ou qu'un ou plusieurs d'entre eux soient introduits pour être entendus de nouveau séparément ou en présence les uns des autres.

L'accusateur militaire aura la même faculté.

5. Chaque témoin sera tenu de déclarer s'il

est parent, allié, serviteur ou domestique de l'accusé, s'il le connaissait avant le fait qui a donné lieu à l'accusation, et s'il entend parler de l'accusé présent.

6. A chaque déposition de témoin, le président demandera à l'accusé s'il veut répondre à ce qui vient d'être dit contre lui. L'accusé pourra, ainsi que son conseil, dire, tant contre les témoins que contre le témoignage, ce qu'il jugera utile à sa défense.

7. Le conseil sera tenu de s'exprimer avec décence et modération.

8. Tous les effets trouvés lors du délit ou depuis, pouvant servir à conviction, seront représentés à l'accusé, et il lui sera demandé de répondre personnellement s'il les reconnaît.

9. A la suite des dépositions, l'accusateur militaire sera entendu. La partie plaignante pourra demander à faire des observations : l'accusé et ses conseils pourront leur répondre.

10. Le président résumera l'affaire, fera remarquer aux jurés les principales preuves pour et contre l'accusé; il terminera en leur rappelant avec simplicité les fonctions qu'ils ont à remplir, et posera distinctement les questions sur lesquelles ils ont à décider.

L'accusé, son conseil et l'accusateur militaire pourront faire des observations sur la manière de poser les questions.

11. Le président mettra par écrit les questions suivant leur ordre, et les donnera au chef du jury, qui sera toujours le plus ancien d'âge.

12. Le président ordonnera aux jurés de se retirer dans une chambre voisine; ils y resteront sans pouvoir communiquer avec personne.

13. Lorsque les jurés se trouveront en état de pouvoir donner leur déclaration, ils feront avertir l'accusateur militaire, lequel passera dans la chambre du conseil, où le chef du jury se rendra pareillement avec le juré le moins avancé en âge.

Les jurés successivement, et en l'absence les uns des autres, feront chacun devant eux leur déclaration particulière, de la manière qui va être expliquée.

14. Chaque juré prononcera sa déclaration dans la forme suivante : *Sur mon honneur et ma conscience, l'accusé est convaincu de tel fait* ou *l'accusé n'est pas convaincu.*

L'opinion de quatre jurés suffira pour décider en faveur de l'accusé les questions posées par le président.

15. Lorsque la question de l'excuse n'aura pas été posée par le président, les jurés pourront également prononcer que l'accusé est excusable; mais, en ce cas, leur déclaration ne pourra être fixée en faveur de l'accusé sur cette question qu'à la majorité absolue des voix.

16. La déclaration des jurés portant que l'accusé est excusable sera motivée. Les motifs d'excuse seront réglés par les jurés à la majorité des voix.

Cela fait, les jurés rentreront dans l'auditoire, et, après avoir repris leur place, le président leur demandera si l'accusé est convaincu d'avoir, etc.

18. Le chef du jury répondra : *Sur mon honneur et ma conscience, la déclaration du jury est :* tel *n'est pas convaincu*, etc., ou bien, tel *est convaincu*, etc., tel *est excusable*, ou tel *n'est pas excusable.*

19. Si le jury déclare que l'accusé est excusable, le président, le vice-président et le substitut de l'accusateur militaire se réuniront à l'instant, et, après avoir pris lecture de la déclaration des jurés, ils entendront l'accusateur militaire, ainsi que l'accusé et son conseil, s'ils veulent parler, et prononceront ensuite, s'il y a lieu, la peine résultant du procès porté devant le tribunal; mais cette peine ne pourra, en aucun cas, excéder deux ans de prison.

20. La déclaration sera reçue par le greffier, signée de lui et de tous les juges.

21. Le jury ne pourra donner de déclaration sur un délit qui ne serait pas porté dans l'acte d'accusation, quelle que soit la déposition des témoins.

22. Si l'accusé est déclaré non convaincu du fait porté dans l'acte d'accusation, et qu'il ait été inculpé sur un autre crime par les dépositions des témoins, le président, sur la demande de l'accusateur militaire, ordonnera qu'il soit arrêté de nouveau. Il recevra les éclaircissemens que le prévenu donnera sur ce nouveau fait; et, s'il y a lieu, il délivrera un mandat d'arrêt, et renverra le prévenu, ainsi que les témoins, devant le substitut de l'accusateur militaire (ou devant l'accusateur, si c'est le substitut qui a porté la parole), lequel entendra les témoins et le prévenu, et dressera l'acte d'accusation, s'il y a lieu, sans autre formalité.

29. Le tribunal criminel militaire, une fois assemblé, ne pourra, dans aucun cas, se séparer que les prévenus pour lesquels il aura été convoqué ne soient définitivement jugés.

TITRE XIII. Du jugement et de l'exécution.

Art. 1er. Lorsque l'accusé aura été déclaré non convaincu, le président prononcera qu'il est acquitté de l'accusation, et ordonnera qu'il soit mis sur-le-champ en liberté.

2. Tout particulier ainsi acquitté ne pourra plus être repris ni accusé pour raison du même fait.

3. Lorsque l'accusé aura été déclaré convaincu, le président, en présence des citoyens, le fera comparaître et lui donnera connaissance de la déclaration du jury.

4. L'accusateur militaire fera sa réquisition pour l'application de la loi. L'accusé et son conseil pourront faire des observations : le président prononcera ensuite la peine établie par la loi, ou acquittera l'accusé, dans le cas où le fait dont il est convaincu n'est pas défendu par elle.

5. Si celui qui a présidé aux débats n'est pas d'avis de prononcer la peine dont l'accusateur militaire a requis l'application, le président, le vice-président et le substitut de l'accusateur militaire se réuniront de suite pour délibérer en commun et sans désemparer. La déclaration des jurés leur sera lue; l'accusateur militaire sera de nouveau entendu; l'accusé et son conseil pourront faire des observations, et les juges prononceront ensuite. Il leur sera libre de se retirer dans une chambre pour délibérer.

Si le substitut avait porté la parole dans l'affaire, l'accusateur militaire sera appelé à sa place pour délibérer sur l'application de la loi.

6. Les trois juges donneront leur avis à haute voix, en commençant par le substitut de l'accusateur militaire, et finissant par celui qui aura présidé aux débats.

7. La délibération sera prise à la majorité des voix : s'il y avait trois avis, le plus favorable à l'accusé l'emportera.

8. Celui qui aura présidé aux débats, avant de prononcer le jugement, lira le texte de la loi sur lequel il est fondé.

9. Le greffier écrira le jugement, dans lequel sera inséré le texte de la loi lu par le président.

10. Le président prononcera à l'accusé son jugement de condamnation.

11. L'accusateur militaire fera exécuter le jugement dans les vingt-quatre heures, et aura à cet effet le droit de requérir l'assistance de la force publique.

12. Le silence le plus absolu sera observé dans l'auditoire; et, si quelque particulier s'écartait du respect dû à la justice, le président pourra le reprendre, le condamner à une amende, ou même à garder prison jusqu'au terme de huit jours, suivant la gravité des faits.

13. Le tribunal criminel sera compétent pour prononcer les peines de discipline et de police correctionnelle résultant des procès portés devant lui; mais, dans ce cas, le président, le vice-président et le substitut de l'accusateur militaire, ou l'accusateur, si le substitut a porté la parole dans l'affaire, se réuniront pour prononcer, après avoir pris lecture de la déclaration des jurés, et avoir entendu l'accusateur militaire ou son substitut, ainsi que l'accusé ou son conseil, s'ils veulent parler.

14. Les contumax seront jugés dans la même forme et de la même manière, sauf à recommencer la procédure, dans le cas où le prévenu serait arrêté et traduit devant le tribunal militaire.

15. Le président veillera à ce que le jugement soit lu, dans les vingt-quatre heures, à la tête du corps dont sera le coupable.

16. A cet effet, l'accusateur militaire aura le droit de requérir le commandant du corps de rassembler sa troupe, qui, dans ce cas, se rassemblera sans armes.

17. Les jugemens des tribunaux criminels militaires ne seront point sujets à cassation.

18. Dans les cas non prévus par les lois pénales militaires, les tribunaux criminels et de police correctionnelle militaire appliqueront les peines énoncées dans les lois pénales ordinaires, lorsque le délit s'y trouvera classé (1).

19. Le comité de la guerre fera incessamment un rapport à la Convention nationale sur les changemens à faire aux lois pénales militaires. En attendant que la Convention y ait statué, les lois actuellement existantes seront suivies et observées en tout ce qui n'est pas contraire au présent décret.

20. Les tribunaux criminels ordinaires et les juges-de-paix civils connaîtront des délits commis par les militaires hors du territoire occupé par les armées, en se conformant aux dispositions du présent décret.

TITRE XIV. Du traitement accordé aux officiers de police et aux membres du tribunal militaire.

Art. 1er. Le traitement du président, du vice-président, de l'accusateur militaire et de son substitut, sera de cinq mille livres chacun.

Il sera payé à l'accusateur militaire, pour frais de bureau, mille livres par année.

Le traitement du greffier sera de quatre mille livres, et celui du commis-greffier, de deux mille livres.

Les frais de voyage des président, vice-président, de l'accusateur militaire, de son substitut, du greffier, de son commis, leur seront en outre payés sur le pied d'une livre dix sous par lieue, chacun.

Le traitement de chaque officier de police sera de cinq mille livres, et il ne lui sera point alloué de frais de voyage.

---

(1) Les crimes et les délits militaires, dont la connaissance avait été attribuée par des lois d'exception aux cours spéciales et prévôtales, qui, depuis la suppression de ces cours, rentrés dans la compétence des tribunaux militaires (*Voy.* la loi du 12 = 16 mai 1792; loi complémentaire an 3, et 20 décembre 1815; 17 décembre 1819; Cass. S. 20, 1, 66).

Toutes ces dépenses seront acquittées chaque mois par le payeur général de l'armée, sur une ordonnance du commissaire-ordonnateur.

2. L'accusateur militaire est chargé de pourvoir à la fourniture du papier, bois, chandelle et autres choses nécessaires à l'établissement du tribunal; les frais seront payés chaque mois par le payeur général de l'armée, sur les états fournis par l'accusateur militaire, visés par le président et ordonnancés par le commissaire-ordonnateur. Ces frais ne pourront excéder deux cents livres par mois.

3. Les officiers de police, les président, vice-président, l'accusateur militaire et son substitut, ne pourront boire ni manger avec aucun militaire ou employé à l'armée, sous peine de destitution.

4. Les membres du tribunal criminel militaire auront un journal qui contiendra la notice de leurs opérations et des voyages qu'ils feront: ils enverront, chaque décade, au comité de la guerre et au conseil exécutif, l'extrait de ce journal, contenant la notice des opérations qu'ils auront faites dans la décade précédente.

TITRE XV. Costume des officiers de police aux armées et des membres des tribunaux militaires

Habit bleu national, doublure rouge, paremens et collet rouges, liséré blanc, veste et culotte de drap blanc, boutons jaunes, au milieu du bouton le faisceau de la liberté, et autour ces mots, *Police militaire*, pour les officiers de police et justice militaire; pour les membres du tribunal, le chapeau à trois cornes, avec un panache aux trois couleurs.

Lorsqu'ils seront en fonctions, ils porteront le sabre, et le ruban aux trois couleurs en sautoir, avec médaillon au bas du ruban, sur le fond duquel seront gravés ces mots: *Officier de police militaire*, pour les officiers de police; *Juge militaire*, pour les présidens et vice-présidens; *Accusateur militaire*, pour l'accusateur militaire et son substitut.

---

3 PLUVIOSE an 2 (22 janvier 1794). — Décret relatif à la plantation d'arbres de la liberté. (L. 17, 230; B. 39, 8.)

---

3 PLUVIOSE an 2 (22 janvier 1794). — Décret qui établit une école d'hydrographie à Saint-Jean-de-Luz. (B. 39, 34.)

---

3 PLUVIOSE an 2 (22 janvier 1794). — Décret qui nomme contre-amiral le citoyen Martin. (B. 39, 34.)

---

3 PLUVIOSE an 2 (22 janvier 1794). — Décret qui alloue cent mille francs pour les représentations gratis données dans les vingt spectacles de Paris. (B. 39, 32.)

---

3 PLUVIOSE an 2 (22 janvier 1794). — Décret qui autorise le citoyen Ducroisy, chef du bureau des procès-verbaux et receveur des dons patriotiques, à envoyer à la société populaire de Frévent la somme de six cent quarante livre un sou en assignats pour pareille somme qu'il a reçue en numéraire. (B. 39, 9.)

---

3 PLUVIOSE an 2 (22 janvier 1794). — Décret qui nomme le citoyen Martin général en chef des forces navales dans la Méditerranée. (B. 39, 33.)

---

3 PLUVIOSE an 2 (22 janvier 1794). — Décret portant qu'il n'y a pas lieu à délibérer sur l'affaire relative au citoyen Lemoine, prévenu d'accaparement de 14 pièces de vin de Malaga. (B. 39, 9.)

---

3 PLUVIOSE an 2 (22 janvier 1794). — Décret qui accorde une pension au citoyen Valdajou. (B. 39, 8.)

---

3 PLUVIOSE an 2 (22 janvier 1794). — Assignats et numéraire; Bureaux des affaires étrangères. *Voy.* 28 NIVOSE an 2. — Députés en fuite. *Voy.* 30 NIVOSE an 2. — Droits féodaux. *Voy.* 28 NIVOSE an 2. — Entretien de phares, etc. *Voy.* 2 PLUVIOSE an 2. — Etat civil des citoyens; Fabricans de papiers. *Voy.* 28 NIVOSE an 2. — Pinte nommée Cadil. *Voy.* 30 NIVOSE an 2.

---

4 = 10 PLUVIOSE an 2 (23 = 29 janvier 1794). — Décret relatif aux effets déposés aux monts-de-piété. (L. 17, 263; B. 39, 38.)

Art. 1er. Le linge, les vêtemens, nippes, habillemens, hardes, outils, ustensiles de ménage, et généralement tous autres effets de première nécessité, déposés en nantissement ou mis en gage aux monts-de-piété, tant à Paris que dans les autres communes de la République où il existe des établissemens de ce genre, seront remis, sans aucune restitution de l'argent prêté, au porteur de la reconnaissance, et sans qu'il puisse être tenu à payer aucun droit ni intérêt, sous les modifications ci-après.

2. Les matières d'or et d'argent, les bijoux, dentelles, soieries, et tous autres objets de luxe, sont formellement exceptés de la disposition portée en l'article précédent.

3. Sont également exceptées les tapisseries, étoffes et marchandises, même celles en drap et en toile, tant en pièces qu'en coupons.

4. La faveur accordée par l'article 1er aura lieu pour toutes les reconnaissances qui n'excèdent pas la somme de vingt livres.

5. Elle aura également lieu, à concurrence seulement de vingt livres, pour toutes les reconnaissances qui n'excèdent pas cinquante livres, sauf au porteur à parfaire le surplus des vingt livres.

6. Néanmoins, dans l'un comme dans l'autre cas des deux articles précédens, la faveur sera restreinte aux effets mentionnés en l'article 1er, de manière que si, avec ces effets, il avait été mis en gage des objets de luxe ou autres qui sont exceptés par les articles 2 et 3, il en sera fait la distraction et l'évaluation particulière, et ils resteront en dépôt, mais seulement pour la somme qui aura été avancée respectivement à ces mêmes objets, sauf au porteur de la reconnaissance à les retirer en acquittant cette somme.

7. A l'avenir, et dans tous objets qui seront déposés en nantissement ou mis en gage au mont-de-piété, lorsqu'un même lot comprendra différens articles, la reconnaissance contiendra, indépendamment de la somme totale délivrée sur tous ces articles, une désignation particulière de l'évaluation de chaque article; et les porteurs de reconnaissance seront admis à les retirer en détail, en remboursant ce qui aura été délivré respectivement à l'objet seulement qu'ils désirent retirer, et sans qu'on puisse les assujétir à retirer en même temps les autres objets mentionnés en la reconnaissance.

8. Tous les nantissemens et dépôts faits depuis le 3 pluviose inclusivement sont formellement exceptés de la faveur accordée par l'article 1er.

9. Les comités des secours publics et des finances réunis feront incessamment leur rapport à la Convention nationale, sur la question de savoir s'il est utile au bien général de conserver les établissemens connus sous la dénomination de *monts-de-piété*.

= 10 PLUVIOSE an 2 (23 = 29 janvier 1794). — Décret relatif aux réparations des ponts et grandes routes, et aux fonds destinés à ces travaux. (L. 17, 265; B. 39, 37.)

Art. 1er. Les vingt-cinq millions mis à la disposition du conseil exécutif par le décret du 16 frimaire dernier, sont spécialement destinés aux frais des réparations des ponts et grandes routes de la République, et au paiement des matériaux, des ouvriers conducteurs et piqueurs immédiatement attachés sur ces travaux.

2. Les appointemens des ingénieurs, frais de commis et de bureau, seront payés par le conseil exécutif, sur des fonds particuliers et un état à part, sans rien changer à leur nombre et à leur traitement, jusqu'à la nouvelle organisation des travaux publics.

3. Les dix millions accordés par le décret du 22 février dernier, et faisant partie des vingt millions énoncés en l'art. 17 du décret du 16 frimaire, appliqués aux travaux des canaux, ports maritimes de commerce et ponts de nouvelle construction, et autres ouvrages classés sous la dénomination de travaux d'arts, continueront d'être employés suivant leur destination particulière.

4. Dans les parties de la République où il n'y aura pas de troupes disponibles, les officiers municipaux des communes les plus voisines des réparations sont chargés de faire faire l'emploi des matériaux au prix des journées de localités.

5. Tous les ouvriers, chevaux, matériaux, et généralement tous les objets nécessaires à la prompte confection des nouvelles réparations, sont en réquisition pour le service des travaux publics. Le ministre de l'intérieur, par l'intermédiaire des directoires de district, dirigera les réquisitions sur les personnes et le droit de préemption sur les choses.

6. Les citoyens remplaçant les ingénieurs destitués, et qui n'ont pu être placés que provisoirement et momentanément, ne pourront être maintenus qu'en justifiant incessamment au ministre de l'intérieur d'un certificat de capacité délivré par le directoire de district de leur résidence, et visé par celui de département.

7. L'insertion au Bulletin servira de publication du présent décret.

---

4 = 10 PLUVIOSE an 2 (23 = 29 janvier 1794). — Décret relatif au jugement des procès en déclaration de paternité. (L. 17, 267; B. 39, 39.)

La Convention nationale, après avoir entendu le rapport de ses comités de législation sur la pétition de la citoyenne Bertrand, tendant à ce qu'il soit rendu un décret qui autorise les tribunaux à juger définitivement les procès en déclaration de paternité, dans lesquels la preuve testimoniale a été ordonnée et faite antérieurement aux lois nouvelles sur les enfans nés hors mariage.

Passe à l'ordre du jour, motivé sur ce que les lois n'ont pas d'effet rétroactif.

---

4 PLUVIOSE an 2 (23 janvier 1794). — Décret qui alloue trois cent mille livres pour secourir les réfugiés patriotes de Valenciennes. (B. 39, 34.)

---

4 PLUVIOSE an 2 (23 janvier 1794). — Décret qui accorde un congé au citoyen Lonqueu. (B. 39, 35.)

---

4 PLUVIOSE an 2 (23 janvier 1794). — Décret portant qu'il n'y a pas lieu à délibérer sur la pétition de la citoyenne Saint-Amand. (B. 39, 36.)

---

4 PLUVIOSE an 2 (23 janvier 1794). — Décret qui accorde des secours, pensions et gratifications aux grenadiers, gendarmes nationaux, et aux veuves et enfans de ceux qui sont morts à la défense de la patrie. (B. 39, 35.)

---

4 PLUVIOSE an 2. — Arbres de la liberté. *Voy.* 3 PLUVIOSE an 2. — Biens des tribunaux consulaires. *Voy.* 29 NIVOSE an 2. — Construction de canaux, etc.; Non-fermiers généraux. *Voy.* 1er PLUVIOSE an 2. — Réforme de chevaux. *Voy.* 13 NIVOSE an 2.

---

5 PLUVIOSE an 2 (24 janvier 1794). — Décret relatif aux faux témoins. (L. 17, 267; B. 39, 34.)

Art. 1er. La peine de mort prononcée par l'article 58 de la section II du titre II de la seconde partie du Code pénal, contre les faux témoins entendus sur des accusations capitales, aura lieu quoique les accusés à la charge desquels ils auront déposé aient été acquittés.

2. Les faux témoins qui auront déposé à décharge, soit que les accusés de crimes, mêmes capitaux, aient été acquittés ou condamnés, seront punis de vingt années de fers, conformément à la première partie de l'article du Code pénal ci-dessus mentionné.

3. Si néanmoins les accusations capitales sur lesquelles il aura été déposé à décharge ont pour objet des crimes contre-révolutionnaires, les faux témoins seront punis de mort, comme s'ils avaient déposé à charge.

4. Le présent décret sera lu publiquement aux témoins assignés pour déposer dans chaque procès, immédiatement après l'acte d'accusation.

5. Le décret rendu dans la séance d'hier sur le crime de faux témoignage, est rapporté.

---

5 PLUVIOSE an 2 (24 janvier 1794). — Décret qui établit une infirmerie de prisonniers dans la maison épiscopale de Paris. (B. 39, 49.)

---

5 PLUVIOSE an 2 (24 janvier 1794). — Décret de renvoi au conseil exécutif de la pétition du citoyen Charles Gravier, dit Vergennes, tendant à ce qu'il soit ordonné qu'il sera rayé de la liste des émigrés qui vient de paraître dans le département de Saône-et-Loire. (B. 39, 40.)

---

5 PLUVIOSE an 2 (24 janvier 1794). — Décrets relatifs à la levée du séquestre sur les biens des citoyens Rousseau, Saint-Sauveur, et de l'hôpital de Chantilly. (B. 39, 40 et 41.)

---

5 PLUVIOSE an 2 (24 janvier 1794). — Décret relatif au buste de Le Pelletier offert par Bouillet. (B. 39, 42.)

---

5 PLUVIOSE an 2 (24 janvier 1794). — Décret qui accorde de l'avancement au citoyen Dauvin, et des secours à la veuve Leroux. (B. 39, 43.)

---

6 = 8 PLUVIOSE an 2 (25 = 27 janvier 1794). — Décret relatif aux titres ou procédures qui se trouvent sous les scellés. (L. 17, 269; B. 39, 49.)

Art. 1er. Les citoyens dont les titres, sentences ou procédures confiés au notaires publics, ci-devant avoués, défenseurs officieux, huisiers fondés de pouvoirs, agens d'affaires et autres détenteurs, se trouvent sous les scellés, pourront requérir le juge-de-paix, ou tel autre officier public qui les aura apposés, de les lever de suite, pour leur remettre les pièces qu'ils réclament, en constatant cette remise par le procès-verbal.

2. Dans le cas où les dépositaires des titres réclamés seraient détenus, leur présence ne sera pas nécessaire pour la levée des scellés; ils seront représentés par leur fondé de pouvoirs, s'ils en ont un.

3. Les juges-de-paix ou autres officiers publics qui, étant requis, ne déféreront pas promptement à cette réquisition, seront responsables des dommages et intérêt qu'auront occasionés leur négligence ou leur refus.

4. Les délais pour se pourvoir contre les jugemens par opposition, appel ou voie de cassation, pour exercer toute action, faire tous actes conservatoires, cessent de courir contre ceux qui sont dans le cas de l'article 1er, depuis l'instant de l'apposition des scellés jusqu'au procès-verbal de la levée sur leur réquisition.

5. Tous détenteurs ou dépositaires de titres, papiers et contrats de rentes réclamés qui ne se trouvent pas sous les scellés, seront tenus de les remettre à la première réquisition du propriétaire ou fondé de pouvoirs.

En cas de retard ou refus, ils y seront condamnés dans les vingt-quatre heures, sur simple citation, par le juge-de-paix, ensemble aux dommages-intérêts que ce retard ou ce refus aurait occasionés, et à une amende qui ne pourra excéder le quart de leur imposition mobilière.

---

6 = 10 PLUVIOSE an 2 (25 = 29 janvier 1794). Décret relatif aux délais fixés aux créanciers des émigrés pour la remise de leurs titres. (L. 17, 272; B. 39, 47.)

La Convention nationale, après avoir entendu son comité d'aliénation et des domaines réunis, décrète ce qui suit :

Le delai fixé aux créanciers des émigrés par le décret du 26 nivose, n'est applicable qu'à ceux qui n'ont point fourni leurs titres dans les délais fixés par les décrets des 2 septembre, 31 octobre 1792 et 13 janvier 1793.

Les dispositions des décrets des 25 juillet et 27 brumaire, relatifs au délai pour un nouveau dépôt des titres et pour la formation des unions, continueront de recevoir leur exécution.

---

6 = 10 PLUVIOSE an 2 (25 = 29 janvier 1794). — Décret qui approuve les nominations de gardes de bois faites par les corps administratifs. (L. 17, 273; B. 39, 46.)

La Convention nationale approuve les nominations de gardes de bois faites jusqu'à ce jour par les corps administratifs; elle confirme l'arrêté du département de l'Aube du 16 août dernier, sur l'avis du district de Troyes du 16 juillet précédent, portant fixation du traitement de six gardes particuliers et d'un garde général de bois.

---

6 PLUVIOSE an 2 (25 janvier 1794). — Décret relatif à la commission chargée de la révision de la loi sur les émigrés. (B. 39, 50.)

---

6 PLUVIOSE an 2 (25 janvier 1794). — Décret d'ordre du jour sur les comptes du fournisseur Lanchère. (B. 39, 44.)

---

6 PLUVIOSE an 2 (25 janvier 1794). — Décret relatif au complétement des troupes à cheval. (L. 17, 273; B. 39, 45.)

---

6 PLUVIOSE an 2 (25 janvier 1794). — Décret portant que le comité de sûreté général nommera dans son sein une section qui sera chargée de l'examen de toutes les dénonciations faites contre les représentans du peuple. (B. 39, 48.)

---

6 PLUVIOSE an 2 (25 janvier 1794). — Décret relatif aux fournitures de casques de mauvaise qualité. (L. 17, 273; B. 39, 43.)

---

6 PLUVIOSE an 2 (25 janvier 1794). — Décret sur le paiement des travaux des bâtimens faits pour la fabrication des assignats. (B. 39, 44.)

---

6 PLUVIOSE an 2 (25 janvier 1794). — Décret portant que les décrets qui seront rendus relativement aux secours, gratifications et indemnités accordées aux indigens, aux familles des défenseurs de la patrie, seront insérés au Bulletin. (B. 39, 48.)

---

5 PLUVIOSE an 2 (25 janvier 1794). — Décret pour le paiement des frais relatifs aux sapinières de l'évêché de Metz. (B. 39, 47.)

---

6 PLUVIOSE an 2 (25 janvier 1794). — Décret qui accorde trois cents livres au citoyen Larcher. (B. 39, 47.)

---

6 PLUVIOSE an 2. — Biens des fermiers-généraux. *Voy.* 19 NIVOSE an 2.

---

7 = 12 PLUVIOSE an 2 (26 = 31 janvier 1794). — Décret qui ordonne l'établissement d'une garde permanente auprès des caisses des receveurs de district. (L. 17, 278; B. 39, 62.)

La Convention nationale, après avoir entendu le rapport de son comité des finances, décrète qu'il sera établi auprès des caisses des receveurs de district une garde permanente pour veiller à leur conservation: cette garde sera fournie par les troupes en activité de service, et, à leur défaut, par la garde nationale du chef-lieu de district; néanmoins, dans les communes dont la population est au-dessous de trois mille ames, la garde sera montée seulement pendant la nuit. Les municipalités des communes chefs-lieux de district sont chargées de l'exécution du présent décret.

---

7 = 12 PLUVIOSE an 2 (26 = 31 janvier 1794). — Décret relatif aux représentans du peuple qui seront cités comme témoins. (L. 17, 279; B. 39, 65.)

La Convention nationale, après avoir entendu le rapport de son comité de législation, décrète ce qui suit:

Aucun représentant du peuple ne pourra être cité pour déposer comme témoin, tant en matière civile qu'en matière criminelle, dans les tribunaux séant hors de Paris, qu'en vertu d'un décret de la Convention nationale ou du Corps-Législatif.

---

7 = 12 PLUVIOSE an 2 (26 = 31 janvier 1794). — Décret qui détermine les bases d'après lesquelles il sera procédé à l'avenir aux liquidations d'offices. (L. 17, 279; B. 39, 54.)

Voy. lois du 19 VENDÉMIAIRE an 2; du 23 PRAIRIAL an 3, et 17 THERMIDOR an 3.

Art. 1er. Tous les offices de judicature, d'amirauté, de municipalité, ministériels, comptables, places ou charges de finance, cautionnemens, charges de perruquier, de chancellerie, et généralement tous les offices ou charges du remboursement desquels la nation s'est chargée, qui ne sont pas liquidés, le seront d'après les bases déterminées par les articles ci-après.

2. Ceux qui ont été soumis à l'évaluation ordonnée par l'édit de février 1771, seront liquidés d'après l'évaluation qui en aura été faite.

3. Ceux qui, étant soumis à l'évaluation, n'auront pas été évalués, ne seront pas admis à la liquidation.

4. Sont exceptés de l'article précédent les titulaires dont la fortune, sans y comprendre

le prix de l'office, n'excède pas dix mille livres.

5. L'exception portée en l'article précédent n'aura lieu que jusqu'à concurrence de la somme de mille livres, à laquelle sera réduit le remboursement desdits offices dont la finance et le prix de l'acquisition se trouveraient supérieurs.

6. Ceux qui n'ont pas été soumis à l'évaluation de 1771, ni assujétis au paiement du centième denier, seront liquidés d'après les versemens justifiés avoir été faits à titre de finance, supplément de finance ou cautionnement, dans le Trésor public ou dans les caisses des diverses administrations provinciales ou particulières auxquelles ils étaient attachés.

7. Les premiers pourvus d'offices créés depuis 1771, et ceux qui, depuis cette époque, ont levé leurs offices aux parties casuelles, seront remboursés sur le pied de la finance effectivement versée dans le Trésor public.

8. Les offices d'amirauté qui n'ont pas été soumis à l'évaluation par l'édit de 1771, ni au paiement du centième denier, seront liquidés d'après le produit de quatre cent quatre-vingtième qu'ils payaient au ci-devant amiral, c'est-à-dire que l'office qui payait vingt sous par an au ci-devant amiral sera liquidé pour quatre cent quatre-vingt livres.

9. Les propriétaires des droits de taxations, droits de quittances, attributions de deniers aux commissaires à la levée des tailles et de la subvention, seront liquidés du montant des sommes originairement versées au Trésor public pour jouir desdits droits, sur les quittances de finances qui auront été déposées au bureau de la liquidation.

10. Les titulaires d'offices dans les maisons des frères du ci-devant Roi qui justifieront, en exécution du décret du 25 mai 1792, d'un versement fait au Trésor public, seront liquidés d'après leurs quittances de finances.

11. Les offices à vie seront remboursés d'après le montant de leurs quittances de finances, dans la proportion du temps qui aura été retranché de la jouissance, qui demeure fixé à trente années seulement; de telle manière que le titulaire qui aura joui de son office pendant vingt-cinq ans recevra cinq trentièmes de sa liquidation, et celui qui aura joui trente ans n'aura droit à aucun remboursement.

12. Les propriétaires des greffes et autres offices domaniaux, fieffés et inféodés, ne seront plus admis à la liquidation.

13. Sont exceptés les propriétaires dont la fortune, sans y comprendre la valeur de l'office, n'excède pas dix mille livres, qui seront liquidés, savoir, pour les offices domaniaux, en calculant par quatre cents fois le droit du vingtième qu'ils justifieront avoir annuellement payé au trésor public; et pour les offices fieffés et inféodés, au principal produisant au denier vingt les droits de francs-fiefs qu'ils établiront aussi avoir acquittés au trésor public.

14. L'exception portée en l'article précédent n'aura lieu que jusqu'à concurrence de la somme de mille livres, à laquelle sera réduit le remboursement desdits offices dont la finance, le prix d'acquisition ou le résultat du calcul, d'après les bases adoptées par l'article précédent, se trouveraient supérieurs à ladite somme.

15. Le *maximum* des fortunes, pour être admis à jouir des exceptions consacrées par le présent décret, sera établi par les certificats délivrés par les conseils généraux des communes du domicile de chaque titulaire, qui se feront représenter la cote des diverses contributions des propriétaires desdits offices, et qui pourront, au surplus, s'environner de tous autres renseignemens à ce sujet.

16. Les frais de marc d'or, provisions et autres accessoires, n'entreront plus en liquidation.

17. Les offices, charges, etc., dont l'évaluation ou la finance sera de trois mille livres et au-dessous, continueront cependant de jouir du remboursement du marc d'or, droits de mutations et autres accessoires.

18. Il sera retenu, sur le montant de la liquidation, les droits de centième denier qui n'auront pas été payés.

19. Les droits de centième denier seront remboursés à ceux qui les auront payés pour l'année 1790, ensemble les années de ce droit qui auraient été mal à propos payées.

20. Toutes les charges de mille livres au-dessous qui seraient tombées dans les parties casuelles à défaut de paiement du centième denier, seront admises en liquidation sous la retenue des droits arriérés.

21. Les intérêts de la liquidation à quatre pour cent, sans retenue, seront comptés, savoir, pour les offices comptables, cautionnemens, charges de finance, depuis l'époque où ils ont cessé d'être payés;

Pour les offices d'huissiers-priseurs, receveurs de consignations, commissaires et contrôleurs aux saisies réelles, depuis l'époque de leur suppression définitive;

Pour les notaires, à dater du jour du présent décret;

Et pour les autres offices, depuis le jour de la production de leurs titres jusqu'au premier jour de la seconde année républicaine.

22. Les intérêts accordés sont joints au capital, ainsi qu'il est prescrit par le décret du 24 août dernier et autres subséquens.

23. La faculté accordée par l'article 66 du décret du 24 août 1793, de rembourser, au moyen d'un transfert de l'inscription sur le

grand-livre, les créanciers personnels et ayant hypothèque spéciale ou privilégiée, aura lieu pour les intérêts qui peuvent leur être dus, et qui seront réglés d'après les bases fixées par l'article 21.

24. La disposition de l'article 65 du décret du 24 août dernier, qui accordait aux payeurs et contrôleurs des rentes le paiement de leurs intérêts et traitement pour 1794, comme par le passé, n'aura lieu que pour le traitement, qui leur sera continué jusqu'au 1er pluviose de la troisième année républicaine.

25. Les titulaires qui, en vertu d'un décret antérieur, susceptible d'être mis à exécution, auront obtenu des reconnaissances provisoires de liquidation, ne seront point tenus de restituer les sommes qui excéderont le montant de la liquidation faite en exécution du présent décret.

26. Sont exceptés de la disposition de l'article précédent les notaires de Paris qui, au mépris du décret du 11 février 1792, ont postérieurement obtenu des reconnaissances provisoires; en conséquence, lesdits notaires demeurent tenus de rembourser, dans le délai de deux décades, les sommes excédant le montant de leur évaluation, avec l'intérêt de cet excédant, du jour de l'expédition de leur reconnaissance.

27. L'agent du trésor public poursuivra le paiement des sommes excédant le montant de leur évaluation, dues par les notaires de Paris, en vertu de l'article précédent; il est autorisé à recevoir de ceux qui ont employé leurs reconnaissances de liquidation en paiement anticipé des domaines nationaux qu'ils avaient acquis avant le 1er octobre 1792, leur obligation de se libérer dans les délais fixés par l'acte de vente pour les paiemens qu'ils ont faits par anticipation, et de rapporter une opposition au nom de la nation sur lesdits domaines.

28. Toutes les dettes actives des compagnies et corporations supprimées, qui restent à liquider, lesquelles ont été constituées en nom collectif sur le ci-devant Roi ou sur des particuliers, appartiendront à la République, ainsi que les arrérages échus; savoir : à compter du 1er janvier 1791 (vieux style), pour celles desdites compagnies et corporations supprimées antérieurement à ladite époque; et seulement à compter du 1er janvier 1792 (vieux style), pour celles qui n'auraient été supprimées que dans le courant de ladite année, et postérieurement. Quant aux dettes passives contractées par lesdites compagnies et corporations supprimées, elles seront à la charge de la République, ainsi que les arrérages à compter de la même époque, soit qu'elles soient antérieures ou postérieures à 1791.

29. Il ne sera exigé des notaires publics conservés, ni de leurs successeurs, aucun fonds de responsabilité ou cautionnement pour l'exercice de leurs fonctions.

30. Tous les offices supprimés avant le 14 juillet 1789, et dont les propriétaires ont déposé leurs titres, soit à la Trésorerie, soit au bureau de liquidation, avant le 1er septembre 1792, en exécution du décret du 14 février précédent, seront définitivement liquidés par le liquidateur de la Trésorerie : à ces fins, le directeur général de la liquidation lui remettra toutes les pièces relatives auxdits offices, déposées en temps utile dans ses bureaux, avec la note des reconnaissances provisoires qu'il peut avoir délivrées aux propriétaires desdits offices.

31. Tous les pourvus d'offices militaires, porteurs de brevets de retenue, seront tenus de les remettre au directeur général de la liquidation, avec un certificat du ministre de la guerre, constatant le montant du versement par eux fait au Trésor public; et ce, nonobstant toutes dispositions contraires, sous peine d'être déchus dès à présent de toute répétition envers la République.

32. En exécution de l'article 12 du décret du 9 brumaire, les membres de toutes les anciennes compagnies de finance, tels que fermiers généraux, administrateurs des domaines, étapes, et leurs employés, cessionnaires, bailleurs de fonds ou ayant-cause, remettront, d'ici au onzième jour de ventose prochain inclusivement (1er mars 1794), tous les récépissés et cautionnemens originaux qui leur appartiennent, sous les peines de déchéance exprimées par ledit décret, lesquelles seront supportées par les détenteurs desdits titres.

33. Les propriétaires d'office qui, devant, d'après les lois précédentes, être liquidés sur leurs contrats d'acquisition ou autres titres, les ont remis avant l'époque de la déchéance, et qui, d'après les nouvelles dispositions, doivent être liquidés, soit d'après les quittances de finance, supplément de finance ou cautionnement, exigés par l'article 6, soit d'après les quittances du droit annuel payé au ci-devant amiral, exigées par l'article 8, soit par les quittances de droits de vingtièmes et de francs-fiefs, exigées par l'article 13, seront tenus de remettre lesdites quittances à la direction générale de la liquidation avant le 1er prairial prochain (20 mai, vieux style), à peine de déchéance de toute répétition envers la République.

Les porteurs des brevets de etenue mentionnés en l'article 31 seront aussi tenus de les remettre dans le même délai et sous les mêmes peines.

34. La propriété des quittances de finance sera acquise lorsque les quittances de cette nature seront rapportées par le dernier titulaire, ses héritiers ou représentans, et qu'elles

énonceront le titre de l'office et celui de l'exercice des fonctions.

35. Toutes les quittances de finance des greffes et autres offices domaniaux sont et demeurent annulées en vertu du présent décret, sans qu'il soit besoin de les faire décharger des registres du ci-devant contrôle, dont les gardes et dépositaires ne pourront, à compter de ce jour, délivrer aucune expédition ou duplicata desdites quittances, sous quelque prétexte que ce soit.

36. Seront néanmoins tenus tous les propriétaires des offices domaniaux, fieffés et inféodés, de remettre tous les contrats d'engagement, quittances de finances et autres anciens titres qu'ils peuvent avoir, et une déclaration affirmative qu'ils n'en conservent aucun en leur pouvoir; savoir, ceux qui sont liquidés et ont obtenu leur reconnaissance de liquidation, au directoire du district de leur domicile, et ceux qui n'ont point encore obtenu leur remboursement, au directeur général de la liquidation, et ce, dans le délai de quatre décades.

37. A l'effet de prouver la remise et l'annulement complet des titres mentionnés en l'article précédent, le directeur général de la liquidation sera tenu de comprendre dans les états qu'il doit adresser aux administrations de district, conformément aux dispositions de l'article 5 du décret du 9 brumaire, les propriétaires des greffes et offices domaniaux.

38. Ceux qui seront convaincus d'avoir fait une fausse déclaration, ou d'avoir retenu aucun desdits titres, seront punis de dix années de fers.

39. Les minutes, rôles et états des évaluations faites par les titulaires d'offices dans les ci-devant apanages, en exécution de l'édit de février 1771 et lois postérieures, seront remis dans quinzaine, pour tout délai, par les ci-devant secrétaires du conseil des apanagistes ou autres détenteurs, ès-mains du directeur général de la liquidation, qui leur en donnera décharge; et faute par eux de faire ladite remise dans ledit délai, ils seront déclarés suspects.

40. Pour jouir des exceptions portées aux articles 4, 13 et 20, les créanciers liquidés seront tenus de justifier à la Trésorerie nationale de leur résidence, non-émigration et civisme, ainsi que des certificats des conseils généraux des communes, exigés par l'art. 15 ci-dessus, et conformes au modèle annexé au présent décret.

41. Toutes dispositions contenues dans les décrets antérieurs, relatifs à la liquidation des offices ci-dessus désignés, et qui se trouveraient contraires au présent décret, sont et demeurent rapportées et révoquées.

Sont exceptées de la dérogation générale les dispositions du décret du 27 août dernier (vieux style), en ce qui concerne la liquidation des offices de la maison des ci-devant Roi et Reine.

42. Les sections de la direction générale de la liquidation qui sont chargées de la liquidation des offices casuels et héréditaires, de judicature, ministériels, civils, militaires, finances et cautionnemens, termineront les opérations qui leur sont confiées, d'ici au 30 fructidor de la seconde année (16 septembre, vieux style). Ils recevront une gratification de trois mois de leurs appointemens, si elles sont terminées à cette époque; ils seront jusque là payés de leurs appointemens et de la gratification promise, quoiqu'ils aient, dans un plus court délai, terminé leurs opérations.

43. Pour publication provisoire, le présent décret sera inséré demain au Bulletin.

---

7 PLUVIOSE an 2 (26 janvier 1794). — Décret qui suspend provisoirement toutes poursuites à l'occasion du meurtre de Spitzemberg et Ribeaumont. (B. 39, 51.)

---

7 PLUVIOSE an 2 (26 janvier 1794). — Décret qui met en liberté les administrateurs de la Meurthe. (B. 39, 52.)

---

7 PLUVIOSE an 2 (26 janvier 1794). — Décret qui réintègre dans ses fonctions le citoyen Gidoin. (B. 39, 61.)

---

7 PLUVIOSE an 2 (26 janvier 1794). — Décret qui ordonne une contribution à Breteuil. (B. 39, 49.)

---

7 PLUVIOSE an 2 (26 janvier 1794). — Décret qui met en réquisition toutes les armes de calibre de guerre. (L. 17, 274; B. 39, 52.)

---

7 PLUVIOSE an 2 (26 janvier 1794). — Décret qui ordonne le séquestre des biens de Veymérange, Bizès, Randon, De la Tour-Piron, Seneff, Baron et Servat. (L. 17, 277; B. 39, 61.)

---

7 PLUVIOSE an 2 (26 janvier 1794). — Décret qui résilie l'adjudication des biens religieux de Mazon, faite au citoyen Court. (B. 39, 64.)

---

7 PLUVIOSE an 2 (26 janvier 1794). — Décret d'ordre du jour sur des demandes en résiliation d'adjudication de biens nationaux et d'annulation de procédures criminelles pour délits contre-révolutionnaires et ruptures de chaussées d'étangs. (B. 39, 65 et 67.)

---

7 PLUVIOSE an 2 (26 janvier 1794). — Décret qui règle les poursuites de l'agent du Trésor public contre les comptables. (B. 39, 61.)

---

7 PLUVIOSE an 2 (26 janvier 1794). — Décret relatif à l'arrestation de Veymérange. (B. 39, 67.)

7 PLUVIOSE an 2 (26 janvier 1794). — Décrets qui allouent des fonds pour frais d'établissement du tribunal révolutionnaire, pour les manufactures de Sèvres, des Gobelins et de la Savonnerie, et pour la machine de Marly. (B. 39, 62 et 63.)

7 PLUVIOSE an 2 (26 janvier 1794). — Décret relatif au citoyen Beauchamp, déporté de Saint-Domingue, Nicolas-Hyacinthe Devin, et Jean-Baptiste Denizot, déportés de la Martinique. (B. 39, 62.)

7 PLUVIOSE an 2 (26 janvier 1794). — Décret qui accorde cent livres de secours à C Leroux, cordonnier, acquitté par jugement révolutionnaire. (B. 39, 63.)

7 PLUVIOSE an 2 (26 janvier 1794). — Décret relatif à l'insertion des lois dans le procès-verbal. (B. 39, 67.)

7 PLUVIOSE an 2 (26 janvier 1794). — Décret qui ordonne un rapport sur le séquestre des biens des individus arrêtés comme suspects. (B. 39, 68.)

7 PLUVIOSE an 2 (26 janvier 1794). — Décret qui a ordonné la mise en jugement du juge-de-paix de Bussières et de son greffier. (B. 39, 66.)

8 = 10 PLUVIOSE an 2 (27 = 29 janvier 1794). — Décret relatif au jugement des complices des émigrés. (L. 17, 293; B. 39, 71.)

Art. 1er. Il n'est point dérogé par l'article 54 du décret du 28 mars 1793, sur les émigrés, à l'article 4 de la 1re section du titre Ier de la seconde partie du Code pénal.

2. En conséquence, les délits énoncés dans l'article 54 du décret du 28 mars 1793, qui sont en même temps compris dans l'article du Code pénal ci-dessus mentionné, doivent être punis conformément à cette dernière loi, soit qu'ils soient antérieurs ou qu'ils soient postérieurs au 9 mai 1792.

8 = 10 PLUVIOSE an 2 (27 = 29 janvier 1794). — Décret qui ordonne l'établissement d'instituteurs de langue française dans les campagnes de plusieurs départemens dont les habitans parlent divers idiômes. (L. 17, 294; B. 39, 74.)

Voy. loi du 30 PLUVIOSE an 2.

Art. 1er. Il sera établi, dans dix jours à compter du jour de la publication du présent décret, un instituteur de langue française dans chaque commune de campagne des départemens du Morbihan, du Finistère, des Côtes-du-Nord, et dans la partie de la Loire-Inférieure dont les habitans parlent l'idiôme appelé *bas-breton*.

2. Il sera procédé à la même nomination d'un instituteur de langue française dans les communes des campagnes des départemens du Haut et du Bas-Rhin, dans le département de Corse, dans la partie du département de la Moselle, du département du Nord, du Mont-Terrible, des Alpes-Maritimes, et dans la partie du département des Basses-Pyrénées dont les habitans parlent des idiômes étrangers.

3. Il ne pourra être choisi aucun instituteur parmi les ministres d'un culte quelconque, ni parmi ceux qui auront appartenu à des castes ci-devant privilégiées; ils seront nommés par les représentans du peuple, sur l'indication faite par les sociétés populaires.

4. Ils seront tenus d'enseigner tous les jours la langue française et la déclaration des droits de l'homme à tous les jeunes citoyens des deux sexes, que les pères, mères et tuteurs sont obligés d'envoyer dans les écoles publiques.

Les jours de décadi, ils donneront lecture au peuple et traduiront vocalement les lois de la République, en préférant celles qui sont analogues à l'agriculture et aux droits des citoyens.

5. Les instituteurs recevront du Trésor public un traitement de quinze cents livres par an, payable à la fin de chaque mois à la caisse du district, sur le certificat de résidence donné par la municipalité, et d'assiduité et de zèle dans leurs fonctions, donné par l'agent national près chaque commune.

6. Les sociétés populaires sont invitées à propager l'établissement des clubs pour la traduction vocale des décrets et des lois de la République, et à multiplier les moyens de faire connaître la langue française dans les campagnes les plus reculées. Le comité de salut public est chargé de prendre, à ce sujet, toutes les mesures qu'il croira nécessaires.

8 = 23 PLUVIOSE an 2 (27 janvier = 11 février 1794). — Décret qui maintient provisoirement les baux des bois et forêts dans la propriété desquels les communes sont rentrées ou rentreront à l'avenir. (L. 17, 296; B. 39, 68.)

Voy. lois des 28 AOUT, 14 SEPTEMBRE 1792; 10 JUIN 1793; 28 VENTOSE an 2.

Art. 1er. Les baux des bois et forêts dans la propriété desquels les communes sont rentrées ou rentreront à l'avenir, en vertu des décrets des 28 août 1792 et 10 juin derniers, sont maintenus, jusqu'à ce qu'il en ait été autrement ordonné, lorsque les coupes annuelles sont affectées au roulement des usines où les fers, armes et boulets se fabriquent.

2. Les communes, dans ce cas, auront la faculté de faire procéder à l'estimation du prix du bail, en se reportant à l'époque où il a été authentiquement consenti.

3. Des experts seront respectivement choisis à l'amiable au nombre de deux; ceux de la commune ne pourront être pris dans son sein.

4. En cas de refus, ils seront nommés d'office, sur simple citation à jour fixe.

5. Le procès-verbal d'estimation sera déposé au greffe de la justice de paix; et, sur toutes les contestations qui y sont relatives, le juge-de-paix du domicile du fermier prononcera en dernier ressort.

6. Les frais nécessaires pour l'expertise seront supportés en commun.

---

8 = 23 PLUVIOSE an 2 (27 janvier = 11 février 1794). — Décret qui ordonne un rapport sur la confection d'un grand-livre des propriétés territoriales, et fait défenses d'insérer dans les actes aucune clause ou expression tendant à rappeler le régime féodal ou nobiliaire. (L. 17, 297; B. 39, 69.)

Art. 1er. Les comités des finances, de législation et d'agriculture sont chargés de présenter incessamment un rapport et projet de décret sur la confection d'un grand-livre des propriétés territoriales.

2. Le surplus du projet de décret, présenté par le comité de législation, est ajourné jusqu'après ce rapport.

3. Les titres remis aux municipalités, en exécution du décret du 17 juillet, y resteront en dépôt jusqu'à ce qu'il en soit autrement ordonné.

4. Il est fait défenses à tous notaires, greffiers et autres dépositaires quelconques, d'insérer à l'avenir dans les minutes, expéditions ou extraits d'actes de toute nature, quelle que soit leur date, des clauses, qualifications, énonciations ou expressions tendant à rappeler d'une manière directe ou indirecte le régime féodal ou nobiliaire, ou la royauté, sous les peines portées par l'article 7 du décret du 17 juillet, sauf auxdits dépositaires à délivrer lesdits extraits ou expéditions après les avoir purgés de tout ce qui est prescrit par le présent décret et ceux antérieurs.

5. Le présent décret sera inséré au Bulletin de correspondance.

---

8 = 24 PLUVIOSE an 2 (27 janvier = 12 février 1794). — Décret relatif à l'établissement de bibliothèques publiques dans les districts. (L. 17, 298; B. 39, 72.)

Art. 1er. Aussitôt après la publication du présent décret, les administrations de district, en conséquence des instructions ci-jointes, feront dresser un récolement des inventaires qu'elles ont dû faire des livres et manuscrits des ci-devant corps et communautés ecclésiastiques, et de ceux qu'elles sont tenues de faire encore des livres des émigrés ainsi que des condamnés dont les biens sont confisqués, ensemble des objets d'histoire naturelle, des instrumens de physique, de mécanique, des antiques, médailles, pierres gravées, tableaux, dessins, gravures, plans, cartes et autres monumens des arts et d'instruction qui leur appartenaient; elles en feront parvenir une copie au département, et une autre au comité d'instruction publique.

2. Les administrations de district proposeront, parmi les édifices nationaux situés dans leur arrondissement, un emplacement convenable pour y établir une bibliothèque publique; elles en enverront au département l'indication, avec le devis estimatif de la dépense nécessaire pour recevoir la bibliothèque et les autres objets désignés dans l'article 1er.

3. Les administrations de département les feront parvenir dans le mois au comité d'instruction publique, avec leur avis sur l'emplacement proposé et la composition des bibliothèques de leurs districts.

4. Les bibliothèques des grandes communes, celles qui étaient publiques, sont maintenues. Il n'y sera rien innové quant à présent; seulement, elles fourniront l'inventaire de tous les livres et autres monumens qui les composent, au comité d'instruction publique.

5. Les parties doubles et répétées qui pourraient s'y trouver seront réunies aux autres collections provenant des ci-devant corps et communautés ecclésiastiques, des émigrés et condamnés de chaque district, pour en composer la bibliothèque, suivant le décret qui sera rendu à cet égard sur le rapport du comité d'instruction publique.

6. En conséquence de l'article 1er, il sera sursis à toute vente de livres provenant des émigrés, et de tous autres objets rares et monumens instructifs énoncés au même article.

7. Tous les dépôts publics des monumens des arts et les établissemens d'instruction publique existans sont pareillement maintenus, quant à présent.

8. Pour procéder aux inventaires et récolemens de catalogues prescrits par les articles précédens, les administrations de district nommeront des commissaires hors de leur sein, en se concertant avec les sociétés populaires.

9. Ces commissaires se conformeront, pour ces opérations, à l'instruction qui sera adressée aux districts par le comité d'instruction publique; leur travail sera terminé dans quatre mois, à compter de la publication du

présent décret, et l'indemnité qu'ils recevront des administrations de district ne pourra pas excéder cinq livres par jour.

10. Pour déterminer enfin les livres, les objets rares, les monumens des arts et d'instruction publique qui seront définitivement conservés dans chaque bibliothèque, ou qui devront être transférés d'un dépôt dans un autre, aliénés ou supprimés, le comité d'instruction publique présentera à la Convention nationale un projet de décret sur la formation d'une commission temporaire, à qui ce travail sera confié.

11. Aussitôt après que la composition de chaque bibliothèque de district aura été déterminée, il en sera formé un catalogue exponible aux yeux du public, et il en sera envoyé une copie pour être déposée au district, et une autre au comité d'instruction publique.

12. Les livres, manuscrits, plans, tableaux et autres objets rares énoncés dans l'article 1er, que les auteurs et les autres citoyens pourraient donner ou léguer, seront placés dans la bibliothèque et ajoutés à son catalogue.

13. Les bâtimens servant à chaque bibliothèque, ainsi qu'aux établissemens existans d'instruction publique, seront entretenus des deniers publics. L'administration et la police réglementaire appartiendront à la municipalité des lieux, sous la surveillance de l'administration de district.

---

8 PLUVIOSE an 2 (27 janvier 1794). — Décret qui met en réquisition les enseignes non entretenus, les capitaines de cabotage et officiers employés sur les bâtimens de commerce. (L. 17, 292; B. 39, 75.)

---

8 PLUVIOSE an 2 (27 janvier 1794). — Décret qui traduit au tribunal révolutionnaire le fournisseur Choiseau. (B. 39, 71.)

---

8 PLUVIOSE an 2 (27 janvier 1794). — Décret qui met en liberté provisoire le citoyen Gormère. (B. 39, 71.)

---

8 PLUVIOSE an 2 (27 janvier 1794). — Décret qui alloue soixante-deux millions par mois pour les subsistances militaires. (B. 39, 70.)

---

8 PLUVIOSE an 2 (27 janvier 1794). — Décret qui surseoit à l'exécution de tous les jugemens portant condamnation, rendus par le tribunal criminel extraordinaire établi à Sédan. (B. 39, 68.)

---

8 PLUVIOSE an 2 (27 janvier 1794). — Décret relatif à la composition de la commission des archives. (B. 39, 70.)

---

8 PLUVIOSE an 2 (27 janvier 1794). — Décret qui excepte des dispositions du décret du 19 juin 1793 les pensions des veuves et enfans des défenseurs de la patrie. (B. 39, 72.)

---

8 PLUVIOSE an 2 (27 janvier 1794). — Décret qui adjoint Bellegarde Cochon et Charlier à la commission chargée de la surveillance des ateliers de la manufacture extraordinaire d'armes. (B. 39, 76.)

---

8 PLUVIOSE an 2 (27 janvier 1794). — Décret qui accorde un congé au citoyen Marqués, député. (B. 39, 76.)

---

8 PLUVIOSE an 2 (27 janvier 1794). — Décret qui renvoie au comité de sûreté générale plusieurs pièces relatives aux mouvemens survenus dans le département du Jura. (B. 39, 76.)

---

8 PLUVIOSE an 2 (27 janvier 1794). — Décret qui ordonne un rapport général sur le traitement des employés. (B. 39, 76.)

---

8 PLUVIOSE an 2. — Titres, etc. qui sont sous les scellés. *Voy.* 6 PLUVIOSE an 2.

---

9 = 13 PLUVIOSE an 2 (28 janvier = 1er février 1794). — Décret portant suppression des régimens de la marine. (L. 17, 301; B. 39, 79.)

Art. 1er. Les régimens de la marine sont supprimés, et les corps qui en ont porté le nom jusqu'à présent seront à l'avenir sur le même pied et sous le même régime que les autres bataillons de volontaires nationaux.

2. Les garnisons des places maritimes ne seront plus permanentes; le ministre de la guerre est autorisé à les changer aussi souvent que les circonstances l'exigeront.

3. Il sera pris dans les bataillons de volontaires nationaux indistinctement, d'après une délibération du conseil exécutif, les détachemens nécessaires pour former la garnison des vaisseaux, conformément à l'usage établi à cet égard.

4. Les détachemens embarqués à bord des vaisseaux seront exercés au canonnage, et rempliront pendant la campagne les fonctions de canonniers.

---

9 = 14 PLUVIOSE an 2 (28 janvier = 2 février 1794). — Décret qui ordonne un concours pour des ouvrages destinés à l'instruction publique. (L. 17, 302; B. 39, 80.)

Art. 1er. Un concours est ouvert jusqu'au 1er messidor prochain, pour les ouvrages sur les objets suivans :

1° Instruction sur la conservation des enfans, depuis la grossesse inclusivement, et sur leur éducation physique et morale, depuis la naissance jusqu'à l'époque de leur entrée dans les écoles nationales : ces deux objets traités ensemble ou séparément;

2° Instructions pour les instituteurs nationaux, sur l'éducation physique et morale des enfans;

3° Méthodes pour apprendre à lire et à écrire : ces deux objets traités ensemble ou séparément;

4° Notions sur la grammaire française;

5° Instructions sur les premières règles d'arithmétique et de géométrie pratique. « Des instructions sur les nouvelles mesures « et leurs rapports aux anciennes les plus « généralement répandues entreront dans « les livres élémentaires d'arithmétique qui « seront composés pour les écoles natio- « nales. » (Article 11 du décret du 1er août dernier.)

6° Notions sur la géographie;

7° Instructions sur les principaux phénomènes, et sur les productions les plus usuelles de la nature;

8° Instructions élémentaires sur la morale républicaine;

9° Instructions élémentaires sur l'agriculture et les arts de première utilité : traités ensemble ou séparément.

2. Les auteurs adresseront leurs ouvrages à la Convention nationale, et ne se feront connaître qu'après le jugement.

3. Des récompenses nationales seront décernées aux auteurs des ouvrages qui auront été jugés les meilleurs.

4. Le comité d'instruction publique présentera un rapport sur l'organisation d'un jury destiné à juger du mérite des ouvrages envoyés au concours, et sur les récompenses à décerner.

Le rapport et le présent décret seront insérés au Bulletin.

---

9 PLUVIOSE an 2 (28 janvier 1794). — Décret qui réforme les bataillons de légions et tous les corps-francs. (L. 17, 304; B. 39, 81.)

---

9 PLUVIOSE an 2 (28 janvier 1794). — Proclamation sur les brevets d'invention. (L. 17, 306.)

---

9 PLUVIOSE an 2 (28 janvier 1794). — Décret qui admet comme députés les citoyens Lemoine et Joubert. (B. 39, 78 et 85.)

---

9 PLUVIOSE an 2 (28 janvier 1794). — Décret qui ordonne un rapport pour la réfection des chevaux employés aux armées. (B. 39, 77.)

---

9 PLUVIOSE an 2 (28 janvier 1794). — Décret sur une dénonciation contre les marchands de vins qui vendent au-dessus des prix du *maximum*. (B. 39, 77.)

---

9 PLUVIOSE an 2 (28 janvier 1794). — Décret relatif à la conduite du 1er bataillon du district de Chaumont. (B. 39, 78.)

---

9 PLUVIOSE an 2 (28 janvier 1794). — Décret qui ordonne l'arrestation du citoyen Mouton, de la commune de Bonelle. (B. 39, 79.)

---

9 PLUVIOSE an 2 (28 janvier 1794). — Décret qui met en liberté le citoyen Charles Lesure, maire de Glos-sous-Lisieux. (B. 39, 79.)

---

9 PLUVIOSE an 2. — Capitaines de cabotage, etc.; Enseignes non entretenus. *Voy.* 8 PLUVIOSE an 2. — Familles des blessés; Tribunaux civils de Paris. *Voy.* 27 NIVOSE an 2. — Troupes à cheval. *Voy.* 6 PLUVIOSE an 2.

---

10 PLUVIOSE an 2 (29 janvier 1794). — Décret portant que les citoyens de Nancy, acquittés honorablement par le tribunal révolutionnaire, sont réintégrés dans les fonctions qu'ils exerçaient avant leur arrestation. (B. 39, 84.)

---

10 PLUVIOSE an 2 (29 janvier 1794). — Décret qui nomme des adjoints au comité des pétitions et de correspondance. (B. 39, 85.)

---

10 PLUVIOSE an 2 (29 janvier 1794). — Décret qui accorde des fonds pour la manufacture d'armes de Maubeuge, et des secours au citoyen Boulot et à la veuve Puech. (B. 39, 83 et 84.)

---

10 PLUVIOSE an 2 (29 janvier 1794). — Décret sur une invention de tentes à hamacs. (B. 39, 85.)

---

10 PLUVIOSE an 2 (29 janvier 1794). — Décret qui ordonne de statuer sur le sort du général Meyer. (B. 39, 85.)

---

10 PLUVIOSE an 2. — Casques de mauvaise qualité. *Voy.* 6 PLUVIOSE an 2. — Complices des émigrés. *Voy.* 8 PLUVIOSE an 2. — Créanciers des émigrés; Gardes des bois. *Voy.* 6 PLUVIOSE an 2. — Instituteurs de langue française. *Voy.* 8 PLUVIOSE an 2. — Mont-de-Piété; Ponts, grandes routes, etc.; Procès en déclaration de paternité. *Voy.* 4 PLUVIOSE an 2.

---

11 = 19 PLUVIOSE an 2 (30 janvier = 7 février 1794). — Décret qui accorde une indemnité aux gendarmes ou autres militaires qui ont été commis pour garder les scellés ou des particuliers, et défend de les employer à l'avenir à ce service. (L. 17, 308; B. 39, 89.)

Art. 1er. Les gendarmes faisant le service près les tribunaux de Paris, et tous militaires assujétis à un service public et journalier, qui ont été commis pour garder des scellés ou des particuliers, recevront, lorsqu'ils n'auront pas été payés par le détenu, outre leur solde ordinaire, une indemnité de trente sous par chaque jour de garde.

2. A l'avenir, les gendarmes et tous autres militaires en activité de service ne seront plus admis à la garde des scellés ou des particuliers, et ne pourront, pour aucun motif, être détournés des fonctions qui leur sont attribuées par leur organisation, si ce n'est dans le cas où ils en seront requis par le comité de sûreté générale.

---

11 = 19 PLUVIOSE an 2 (30 janvier = 7 février 1794). — Décret relatif aux indemnités à accorder aux fermiers qui auront éprouvé des pertes par l'intempérie de saisons. (L. 17, 309; B. 39, 86.)

Art. 1er. Les fermiers qui cultivent par eux-mêmes et leurs familles les corps de biens qu'ils ont pris à titre de bail authentique, et qui auront éprouvé des pertes de fruits par l'intempérie des saisons, grêle et autres accidens imprévus, auront droit aux indemnités nationales, d'après les règles prescrites par les décrets des 20 février et 7 août derniers (vieux style) et celui du 1er brumaire.

2. L'article 1er ne sera néanmoins applicable qu'à ceux desdits fermiers cultivateurs dont le prix des baux n'excéderait pas la somme de deux mille livres, et à l'égard desquels les bailleurs n'auraient pas garanti, ou les fermiers renoncé à l'indemnité des pertes de fruits résultant des cas fortuits ou accidens imprévus.

3. Le ministre de l'intérieur est chargé de donner les ordres nécessaires pour que le tiers de l'évaluation des pertes éprouvées par les fermiers cultivateurs qui seront dans le cas des articles précédens, leur soit incessamment payé, en conformité de l'article 3 du décret du 7 août.

4. Les dispositions du présent décret n'auront lieu qu'en faveur desdits fermiers cultivateurs dont l'époque des baux se trouvera antérieure à la promulgation de celui du 1er brumaire; et, à l'avenir, les pertes occasionées par force majeure aux fermiers ne pourront en aucun cas être à la charge de la nation.

---

11 PLUVIOSE an 2 (30 janvier 1794). — Décret qui ordonne un rapport sur le régime des maisons de détention. (B. 39, 87.)

---

11 PLUVIOSE an 2 (30 janvier 1794). — Décret qui accorde au citoyen Réal, représentant du peuple, un congé de trois décades. (B. 39, 90.)

---

11 PLUVIOSE an 2 (30 janvier 1794). — Décret qui accorde cent cinquante livres de secours au citoyen Jean-Pierre Antoine. (B. 39, 91.)

---

11 PLUVIOSE an 2 (30 janvier 1794). — Décret qui ordonne le remplacement du sieur Courtier. (B. 39, 88.)

---

11 PLUVIOSE an 2 (30 janvier 1794). — Décret qui traduit au tribunal révolutionnaire Charles Perrin. (B. 39, 88.)

---

11 PLUVIOSE an 2 (30 janvier 1794). — Décret qui accorde le commandement d'un vaisseau au citoyen Truller. (B. 39, 86.)

---

11 PLUVIOSE an 2 (30 janvier 1794). — Décret qui fixe la solde du citoyen Dunepart. (B. 39, 89.)

---

11 PLUVIOSE an 2 (30 janvier 1794). — Décret qui admet comme député le citoyen Guchan. (B. 39, 87.)

---

11 PLUVIOSE an 2 (30 janvier 1794). — Décret qui admet le citoyen Mortier aux Invalides. (B. 39, 87.)

---

11 PLUVIOSE an 2 (30 janvier 1794). — Décret qui surseoit à la vente des biens du sieur Hooke. (B. 39, 90.)

---

11 PLUVIOSE an 2 (30 janvier 1794). — Instruction provisoire sur l'organisation de la cavalerie. (B. 39, 92.)

---

11 PLUVIOSE an 2. — Citoyen Martin. *Voy.* 3 PLUVIOSE an 2.

---

12 = 16 PLUVIOSE an 2 (31 janvier = 4 février 1794). — Décret relatif aux révocations ou arrestations qui seront ordonnées par les inspecteurs-généraux des charrois militaires. (L. 17, 311; B. 39, 99.)

Art. 1er. Les inspecteurs généraux des charrois militaires sont tenus de donner avis à la régie desdits charrois, à Paris, des révocations ou arrestations qu'ils croiront devoir ordonner, en vertu du décret du 25 vendémiaire.

2. Les lettres d'avis de ces inspecteurs, concernant les susdites révocations ou arrestations, seront chargées sur les registres des bureaux des postes.

---

12 PLUVIOSE an 2 (31 janvier 1794). — Décret qui met à la disposition du ministre de la guerre les chevaux levés par voie de réquisition, et des fonds pour la régie des charrois. (B. 39, 98.)

---

12 PLUVIOSE an 2 (31 janvier 1794). — Décret relatif à l'exécution de celui du 16 nivose, concernant la résiliation des marchés faits par le ministre de la guerre avec les citoyens Lanesière, Choiseau, Wenther et Boursault. (B. 39, 98.)

---

12 PLUVIOSE an 2 (31 janvier 1794). — Décret qui rappelle le député Châles. (B. 39, 100.)

12 PLUVIOSE an 2 (31 janvier 1794). — Décret qui ordonne de faire un rapport pour fixer le délai dans lequel les citoyens employés aux armées doivent faire leur déclaration pour l'emprunt forcé. (B. 39, 99.)

12 PLUVIOSE an 2 (31 janvier 1794). — Décret portant que les dispositions de celui rendu en faveur des gendarmes de la Convention sont communes aux canonniers qui leur étaient attachés. (B. 39, 101.)

12 PLUVIOSE an 2 (31 janvier 1794). — Décret qui traduit au tribunal révolutionnaire les nommés Caris et Nègre. (B. 39, 100.)

12 PLUVIOSE an 2. — Assignats. *Voy.* 1er NIVOSE an 2. — Liquidation d'offices. *Voy.* 7 PLUVIOSE an 2. — Lyonnais à Paris; Militaires insubordonnés. *Voy.* 1er NIVOSE an 2. — Receveurs de district; Représentans cités comme témoins. *Voy.* 7 PLUVIOSE an 2.

13 = 17 PLUVIOSE an 2 (1er = 5 février 1794). — Décret relatif aux formalités à observer par les militaires avant leur entrée dans les hôpitaux. (L. 17, 316; B. 39, 114.)

Art. 1er. Aucun militaire ne pourra obtenir un billet d'hôpital, sans avoir préalablement déposé ses armes à feu, soit au conseil d'administration de son corps, soit entre les mains d'un officier ou sous-officier de sa compagnie, ou, en cas d'urgence, entre celles d'un individu quelconque, mais toujours sous récépissé.

2. Le commissaire des guerres, ou autre personne quelconque qui délivrera le billet d'hôpital, sera tenu, sous peine de deux années de fers, de conserver le récépissé, et d'en faire mention sur ledit billet d'hôpital.

3. Les militaires qui auront perdu leur baïonnette seront privés de l'honneur de marcher à l'ennemi quand on battra la charge; ils seront tenus de se retirer sur les derrières.

13 = 17 PLUVIOSE an 2 (1er = 5 février 1794). — Décret qui prescrit le mode d'exécution de celui du 6 août 1793, relatif à la démolition des châteaux-forts et forteresses de l'intérieur. (L. 17, 318; B. 39, 107.)

Art. 1er. Tous châteaux-forts, toutes forteresses de guerre, dans l'intérieur du territoire de la République, autres que les postes militaires et ceux qui seront nécessaires au service national, seront démolis, dans le délai de deux mois, de la manière suivante.

2. Les tours et tourelles, les murs épais garnis de créneaux, de meurtrières et de canardières, les portes défendues par des tours à mâchicoulis, seront démolis; les ponts-levis seront abattus, et les fossés comblés.

3. Les habitations dégagées des emblèmes féodaux et des objets de défense détaillés dans l'article précédent seront conservées.

4. Les cabinets ou pavillons placés à l'angle des jardins, attenant aux bâtimens isolés d'eux, les petites tours des fermes, renfermant seulement des escaliers, ne seront point démolis, à moins que, par leur forme, contenance ou situation, ils ne puissent servir aux moyens d'attaque et de défense.

5. Les fossés jugés par les directoires de district, sur l'avis des municipalités, nécessaires au dessèchement des terres, à abreuver les bestiaux, à faire mouvoir les moulins, à la salubrité de l'air, ne seront point comblés.

6. La dénomination de *Châteaux*, donnée autrefois aux maisons de quelques particuliers, demeure irrévocablement supprimée.

7. Il sera prononcé par le directoire de district, d'après l'avis d'un ingénieur militaire ou d'un ingénieur des ponts-et-chaussées, sur les moyens d'exécution et sur les contestations qui naîtront au sujet des démolitions ordonnées par le présent décret.

13 = 17 PLUVIOSE an 2 (1er = 5 février 1794). — Décret portant que les biens situés en France, provenant des jésuites de Trèves et des abbayes, corps et communautés étrangers, seront régis et vendus comme les autres domaines nationaux. (L. 17, 324; B. 39, 107.)

Art. 1er. Les biens provenant des jésuites de Trèves, et concédés par le ci-devant Roi au séminaire de la même ville, seront régis, vendus et payés comme les autres biens nationaux, et il en sera usé de même à l'égard des biens ecclésiastiques situés en France, provenant des abbayes, corps et communautés, chapitres, bénéfices, collégiales, séminaires, prieurés, hospices, hôpitaux, fabriques, confréries ou congrégations, étrangers, et de tous autres biens de pareille nature, sous quelque dénomination qu'ils soient connus.

2. Les fermiers, administrateurs, syndics et tous autres percepteurs, rendront compte, dans le mois, de leur gestion à l'administration des domaines nationaux, et remettront tous les titres dont ils sont nantis aux directoires de district dans l'arrondissement desquels sont situés les biens, rentes ou séquestres, à peine d'être déclarés suspects et mis en état d'arrestation, sans préjudice des poursuites de droit auxquelles leur refus ou négligence pourrait donner lieu.

3. Les administrations de district seront tenues de rendre compte, de trois mois à autres, de l'exécution du présent décret, sous les peines portées par les lois.

13 PLUVIOSE an 2 (1er février 1794). — Décret qui rectifie une erreur dans les articles 84 et 85 de la loi du 17 nivose an 2. *Voy.* arrêté du 12 PLUVIOSE an 6.

13 PLUVIOSE an 2 (1er février 1794). — Décret relatif à ceux qui entraveraient la fabrication du salpêtre et de la poudre. (L. 17, 315; B. 39, 110.)

13 PLUVIOSE an 2 (1er février 1794). — Décret relatif à l'insertion des décrets au feuilleton. (B. 39, 101.)

13 PLUVIOSE an 2 (1er février 1794). — Décrets qui accordent des secours aux époux Tiercelin, aux veuves Aupied, Droux, Gorsas et à ses enfans, et à l'orphelin Royés. (B. 39, 102, 103, 105 et 106.)

13 PLUVIOSE an 2 (1er février 1794). — Décret qui ordonne une coupe extraordinaire de bois. (L. 17, 317; B. 39, 112.)

13 PLUVIOSE an 2 (1er février 1794). — Décret d'ordre du jour sur les citoyens sortis de leurs départemens par arrêté des représentans. (B. 39, 105.)

13 PLUVIOSE an 2 (1er février 1794). — Décret relatif aux moyens d'augmenter la fabrication d'armes, poudre et salpêtre. (L. 17, 321; B. 39, 110.)

13 PLUVIOSE an 2 (1er février 1794). — Décret relatif à la continuation des poursuites en dommages contre le régisseur et ses préposés. (L. 17, 325; B. 39, 108.)

13 PLUVIOSE an 2 (1er février 1794). — Décret qui ordonne de punir de mort les espions, et de les juger militairement. (B. 39, 109.)

13 PLUVIOSE an 2 (1er février 1794). — Décret qui charge le département de Paris de pourvoir au besoin des colléges de cette ville. (B. 39, 110.)

13 PLUVIOSE an 2 (1er février 1794). — Décret qui nomme cinq régisseurs généraux des charrois. (B. 39, 113.)

13 PLUVIOSE an 2 (1er février 1794). — Décret pour la répartition d'un secours de dix millions aux communes. (L. 17, 312; B. 39, 103.)

13 PLUVIOSE an 2 (1er février 1794). — Décrets qui rectifient celui du 20 septembre sur les certificats de civisme. (L. 17, 320; B. 39, 114.)

13 PLUVIOSE an 2 (1er février 1794). — Décret qui accorde un congé au député Vardon. (B. 39, 101.)

13 PLUVIOSE an 2 — Régimens de la marine. *Voy.* 9 PLUVIOSE an 2.

14 = 20 PLUVIOSE an 2 (2 = 8 février 1794). — Décret relatif aux pièces nécessaires à la liquidation que les parties auraient négligé de faire timbrer. (L. 17, 327; B. 39, 116.)

Art. 1er. Les avis et arrêtés extraits ou copies des registres, procès-verbaux, délibérations des corps administratifs et municipalités, nécessaires à la liquidation, que les parties auraient négligé de faire timbrer, ne seront pas renvoyés sur les lieux pour satisfaire à cette formalité.

2. Le directeur général de la liquidation retiendra, sur le montant des liquidations qu'il fera, un droit extraordinaire de timbre, à raison de 20 sous pour chaque feuille de papier non timbré, et qui aurait dû l'être, aux termes du décret du 7 avril 1791.

14 = 21 PLUVIOSE an 2 (2 = 9 février 1794). — Décret qui prescrit la conduite que doivent tenir les commandans des vaisseaux français devant les vaisseaux ennemis. (L. 17, 328; B. 39, 126.)

Art. 1er. Le capitaine et les officiers des vaisseaux de ligne de la République qui auront amené le pavillon national devant des vaisseaux ennemis, quel qu'en soit le nombre, à moins que le vaisseau ne fût maltraité au point qu'il courût risque de couler bas par la quantité d'eau introduite dans la cale, et qu'il ne restât que le temps nécessaire pour sauver l'équipage, seront déclarés traîtres à la patrie, et punis de mort.

2. Les capitaines et officiers commandant les frégates, corvettes et autres bâtimens légers, qui se rendront à une force qui ne serait pas double de la leur, et avant d'avoir éprouvé les mêmes avaries, seront punis de la même peine.

3. Quand un vaisseau, frégate, corvette ou autre bâtiment de la République aura pris un vaisseau ennemi dont la force se trouvera supérieure au moins d'un tiers à la sienne, il sera rendu compte au ministre de la marine des actions d'éclat qui auront contribué à la prise. Ceux qui les auront faites seront avancés au grade ou à la paie immédiatement supérieure à ceux dont ils jouissaient, et il sera accordé trois cents livres de plus par canon à l'équipage preneur.

14 = 21 PLUVIOSE an 2 (2 = 9 février 1794). — Décret relatif aux chefs de légion et autres officiers de la garde nationale sédentaire qui seront requis par les représentans du peuple. (L. 17, 319; B. 39, 123.)

Art. 1er. Les chefs de légion, les adjudans-généraux et sous-adjudans-généraux de la garde nationale sédentaire, qui auront été requis par les représentans du peuple ou par les généraux, sont assimilés, pour la solde, et seulement pour le temps que durera la réquisition et qu'ils auront fait le service, savoir, les chefs de légion aux chefs de brigade, les adjudans-généraux aux chefs de bataillon, et les sous-adjudans-généraux aux capitaines.

2. Ces chefs de légion, adjudans et sous-adjudans-généraux ne pourront, dans aucun cas, faire payer par la République ni aides-de-camp ni adjoints.

---

14 = 20 PLUVIOSE an 2 (2 = 8 février 1794). — Décret qui établit une nouvelle organisation des différentes branches de l'administration de la marine. (L. 17, 330; B. 39, 124.)

Art. 1er. Les chefs principaux des bureaux civils de la marine sont supprimés.

2. Chaque chef des bureaux civils suivra, sous sa responsabilité personnelle, les détails dont il est chargé; il correspondra directement avec le ministre de la marine, recevra ses ordres, et lui rendra compte : en conséquence, toutes les pièces relatives à chaque partie de service seront remises sans délai à celui auquel ce service appartiendra.

3. Il ne pourra y avoir dans la même branche d'administration civile d'un port, ni dans toutes les différentes branches dont l'administration est composée dans le même port, plus de deux individus de la même famille, jusqu'au degré de cousin germain inclusivement; les beaux-frères et les gendres sont compris dans la même disposition : le ministre pourra néanmoins employer dans les administrations des divers ports les individus qui se trouveraient destitués par le présent article, lorsqu'ils réuniront la capacité nécessaire au patriotisme reconnu.

4. Il y aura dans chacun des ports de Brest, Lorient, Rochefort, Port-de-la-Montagne, Bayonne, Bordeaux, Nantes, Saint-Malo, Cherbourg, le Havre et Dunkerque, un agent maritime et un inspecteur civil.

5. Chaque chef remettra tous les jours à l'agent maritime un extrait de sa correspondance, ainsi qu'une note de ses opérations et de tous les évènemens relatifs à son service.

6. L'agent maritime tiendra dépôt de tous les extraits et notes qui lui auront été remis par les chefs des bureaux civils; il tiendra registre des ordres généraux et particuliers qu'il recevra du ministre de la marine, de même que de toutes les pièces qui pourraient lui être adressées; il transmettra ces ordres et pièces aux chefs des bureaux civils, suivant la nature du service qui en sera l'objet.

7. L'inspecteur civil surveillera, pour en rendre compte au ministre, l'exécution des ordres donnés aux chefs des bureaux civils, ainsi que de toutes les parties du service; il prendra pour cet effet communication des extraits et notes qui auront été déposés au secrétariat, où il sera tenu de remettre également les extraits de sa correspondance : il pourra se faire représenter les lettres et pièces originales qui se trouveront entre les mains des différens chefs.

8. L'agent maritime, l'inspecteur et les chefs des bureaux civils de la marine s'assembleront tous les duodis et sextidis de chaque décade, à cinq heures du soir, pour conférer et s'éclairer réciproquement, et se concilier sur les différens détails de service qui leur sont attribués.

9. L'agent maritime convoquera l'assemblée extraordinairement, sur la demande de l'inspecteur ou de l'un des chefs des bureaux civils.

10. Chaque membre de l'assemblée pourra faire par écrit toutes questions et propositions qu'il jugera convenables, et les soumettra à la discussion; il sera tenu registre de ces questions et propositions, de même que du résultat de la discussion, signé par tous les membres; il en sera adressé copie certifiée au ministre par l'agent maritime, et le parti adopté par la majorité des opinans sera provisoirement suivi jusqu'à la décision du ministre.

11. Lorsque l'assemblée devra délibérer, elle sera présidée par l'agent maritime, et, en cas de maladie ou autre empêchement, par l'inspecteur, qui sera lui-même remplacé, en cas d'empêchement, par le plus ancien d'âge des chefs des bureaux civils : un commis choisi par l'agent maritime remplira les fonctions de secrétaire de l'assemblée.

12. Le traitement des ci-devant principaux chefs des bureaux civils de la marine, dans chaque port, sera partagé par moitié entre l'agent maritime et l'inspecteur de la marine; le logement sera occupé par l'agent.

13. Les lois et réglemens antérieurs qui concernent le ministre de la marine continueront d'être exécutés en tout ce qui n'est pas contraire au présent décret; les détails non prévus, et qui appartiennent aux principaux chefs des bureaux civils, sont attribués provisoirement aux agens maritimes dans chaque port.

---

14 PLUVIOSE an 2 (2 février 1794). — Décret sur la recherche des fabricateurs et distributeurs de faux assignats. (L. 17, 326; B. 39, 115.)

---

14 PLUVIOSE an 2 (2 février 1794). — Décret relatif aux certificats de résidence pour la liquidation des pensions, gratifications et secours. (L. 17, 352; B. 39, 116.)

---

14 PLUVIOSE an 2 (2 février 1794). — Décret relatif au jugement de l'affaire du général Laroque. (B. 39, 114.)

14 PLUVIOSE an 2 (2 février 1794). — Décret relatif aux pièces réclamées par le citoyen Mevolhon. (B. 39, 115.)

14 PLUVIOSE an 2 (2 février 1794). — Décret qui établit des pensions accordées à d'anciens professeurs, et ordonne le paiement de celles rétablies. (B. 39, 117 et 118.)

14 PLUVIOSE an 2 (2 février 1794). — Décret qui supprime les cautionnemens. (B. 39, 126). *Voy.* loi du 7 = 10 FLORÉAL an 2.

14 PLUVIOSE an 2 (2 février 1794). — Décrets d'ordre du jour sur une lettre relative aux créanciers de Levasseur-Dumont, et sur les indemnités pour démolition de maisons sur les avenues des places de guerre. (B. 39, 124 et 128.)

14 PLUVIOSE an 2 (2 février 1794). — Décret qui ordonne la mise en liberté des citoyens Ronsin et Vincent. (B. 39, 127.)

14 PLUVIOSE an 2 (2 février 1794). — Décret relatif aux personnes arrêtées de nouveau, quoique acquittées. (B. 39, 127.)

14 PLUVIOSE an 2 (2 février 1794). — Décret portant qu'il n'y a pas lieu à accusation contre le citoyen Yon. (B. 39, 127.)

14 PLUVIOSE an 2 (2 février 1794). — Décret relatif aux indemnités réclamées par les patriotes de la commune de Lille. (L. 39, 115.)

14 PLUVIOSE an 2 (2 février 1794). — Décret qui admet à la liquidation l'office du citoyen Grommaire. (B. 39, 128.)

14 PLUVIOSE an 2 (2 février 1794). — Décret relatif au paiement de la créance du citoyen Grevin sur le mobilier de Fernand-Nunez, et des entrepreneurs des travaux de l'église Saint-Sauveur. (B. 39, 128 et 129.)

14 PLUVIOSE an 2. — Charrois militaires. *Voy.* 12 PLUVIOSE an 2. — Légions et corps-francs; Ouvrages pour l'instruction publique. *Voy.* 9 PLUVIOSE an 2.

15 PLUVIOSE an 2 (3 février 1794). — Décret qui accorde, pour 1793, un supplément de traitement aux gardes des forêts nationales. (L. 17, 334; B. 39, 153.)

15 PLUVIOSE an 2 (3 février 1794). — Décret d'ordre du jour sur le remboursement des rentes féodales. (B. 39, 129.)

15 PLUVIOSE an 2 (3 février 1794). — Décret relatif à l'incorporation d'un hussard de la commune de Beaumont-sur-Oise. (B. 39, 131.)

15 PLUVIOSE an 2 (3 février 1794). — Décret qui accorde un secours au citoyen Biron. (B. 39, 130.)

15 PLUVIOSE an 2 (3 février 1794). — Décret qui désigne les noms des citoyens admis au nombre des membres qui doivent composer le jury chargé de juger le concours des prix de peinture, sculpture et architecture. (B. 39, 131.)

15 PLUVIOSE an 2 (3 février 1834). — Décret qui admet comme députés les citoyens Dufay, Belley et Milly. (B. 39, 130.)

15 PLUVIOSE an 2 (3 février 1794). — Décret sur l'inexécution de celui qui accorde deux pièces de canon à Beaumont-sur-Oise. (B. 39, 131.)

15 PLUVIOSE an 2. — Savoisiens pris les armes à la main. *Voy.* 2 PLUVIOSE an 2. — Secours aux communes. *Voy.* 13 PLUVIOSE an 2.

16 = 17 PLUVIOSE an 2 (4 = 5 février 1794). — Décret relatif à la formation de novices dans la marine. (L. 17, 335; B. 39, 136; Mon. du 20 pluviose an 2.)

Art. 1er. Les matelots-gabiers à bord des vaisseaux, frégates et autres bâtimens de la République, sont invités à prendre sous leur direction et à former à la connaissance des manœuvres et des travaux militaires, tel nombre de novices qu'ils croiront pouvoir instruire. Ils pourront choisir dans le nombre, sous l'autorisation de l'état-major, ceux des novices qu'ils jugeront pouvoir mieux répondre à leurs soins.

2. Tout matelot-gabier qui aura formé deux novices jouira de la paie de quartier-maître à cinquante-une livres, et il lui sera accordé en outre une gratification de douze livres par chaque novice qu'il aura formé.

3. Les matelots-gabiers jouissant de la paie de quartier-maitre seront embarqués en cette qualité, aussitôt que les besoins du service l'exigeront.

4. Le commandant du vaisseau ou le lieutenant en pied, et deux officiers-mariniers certifieront de l'instruction des novices formés par les matelots-gabiers.

5. Les matelots-gabiers formeront les novices, non-seulement à la connaissance des travaux de leur état, mais encore à la disci-

pline et à l'amour de leur devoir; et ceux des matelots-gabiers dont les élèves seraient insubordonnés n'auront aucun droit aux récompenses ci-dessus énoncées.

6. Les matelots maîtres d'équipage à bord des vaisseaux du commerce, qui sont ou seront commandés pour servir en qualité de matelots sur les vaisseaux de la République, recevront le traitement de quartier-maître, à raison de cinquante-une livres.

7. Les chefs des bureaux civils de la marine seront tenus de faire exécuter le décret du 21 septembre 1793 (vieux style), relatif aux officiers-mariniers surabondans qui doivent être embarqués comme matelots, en conservant le traitement attaché à leur grade.

8. Dans le cas de destitution à la mer, ou de mort, soit dans un combat, soit autrement, des officiers-mariniers employés sur les bâtimens de la République, ceux embarqués comme matelots sur les vaisseaux rempliront les places vacantes, suivant l'ordre du service, et successivement les maîtres d'équipage des vaisseaux marchands, et les matelots-gabiers devenus quartiers-maîtres en vertu des articles 2 et 3 ci-dessus.

9. Les novices qui auront profité de l'instruction qui leur aura été donnée, et qui auront montré une conduite constamment bonne, seront augmentés à la paie immédiatement supérieure à celle qui leur est accordée, et ils en jouiront du moment où leur capacité et leur bonne conduite seront constatées.

---

16 = 17 PLUVIOSE an 2 (4 = 5 février 1794). — Décret qui établit un instituteur à bord des vaisseaux de l'Etat de vingt canons et au-dessus. (L. 17, 337; B. 39, 137; Mon. du 20 pluviose an 2.)

Art. 1er. Il sera établi à bord de tous les vaisseaux de la République de vingt canons et au-dessus un instituteur chargé de donner aux jeunes citoyens embarqués à bord de ces mêmes vaisseaux des leçons de lecture, d'écriture, de calcul, et même, autant que faire se pourra, de leur enseigner les premiers élémens de la théorie de la navigation.

2. Ces instituteurs seront salariés par la nation, et recevront, savoir, quatre-vingts livres à bord des vaisseaux de ligne, et soixante livres à bord des frégates, par mois; ils mangeront à la gamelle des officiers, et il sera passé pour cet effet le même traitement.

3. Les instituteurs rassembleront leurs élèves deux fois par jour, aux heures et dans les lieux qui seront jugés les plus convenables par le commandant du vaisseau.

4. Les mousses et les novices dont l'âge n'excéderait pas dix-huit ans seront tenus de suivre, toutes les fois que le service le permettra, le cours d'instruction établi à bord des vaisseaux; et à l'égard des marins d'un âge plus avancé, ils auront la faculté de participer aux mêmes instructions, aux heures où ils ne seraient pas de service, sans qu'elles puissent, sous aucun prétexte, leur être refusées.

5. Il sera fait incessamment une édition soignée de la déclaration des droits de l'homme et de l'acte constitutionnel, auxquels seront ajoutées des notes explicatives et simples, et des traits historiques choisis de préférence parmi les actions des défenseurs de la liberté.

6. Le lieutenant en pied à bord de chaque vaisseau de la République, ou celui qui en remplit les fonctions, est spécialement chargé de veiller à ce que les instituteurs remplissent leurs devoirs; il pourra les censurer même publiquement, en présence de l'équipage, de leur négligence; il en fera la dénonciation, à son retour dans les ports, au ministre de la marine; et ceux des instituteurs qui n'auront pas rempli leurs devoirs seront destitués de leur emploi et privés d'embarquer à l'avenir sur aucun des vaisseaux de la République.

7. Ceux des mousses, novices ou matelots qui, dans l'instruction à bord des vaisseaux, auront manifesté une application et des talens qui les rendent propres à servir la patrie dans des grades plus élevés, en recevront une attestation de l'état-major de l'équipage du vaisseau, à la suite d'un examen qu'ils auront subi en leur présence, à la fin de la campagne : copies de ces attestations, collationnées par les employés civils, seront envoyées au ministre de la marine, qui admettra les sujets au rang des élèves de la marine, suivant le degré de leur capacité, et leur fera suivre le cours d'instruction établi dans les ports; dès lors ces citoyens deviendront susceptibles de tous les grades, en subissant les examens prescrits par la loi.

8. Nul ne pourra néanmoins être admis par le ministre au rang d'élève de la marine, qu'il n'ait préalablement acquis la connaissance des premiers élémens de la théorie de la navigation.

9. Les citoyens qui désireront remplir les places d'instituteurs à bord des vaisseaux feront inscrire leurs noms, leur âge, le lieu de leur naissance et de leur domicile, sur un tableau qui sera dressé à cet effet au bureau de la marine du port où devra se faire l'armement.

10. Les instituteurs devront être d'une capacité suffisante, de mœurs pures; ils justifieront de leur certificat de civisme; ils ne pourront être reçus en leur qualité à bord des vaisseaux, s'ils n'ont manifesté un attachement ferme et sincère aux principes de la République. Aucun ministre d'un culte quelconque ne pourra être admis pour occuper cette place.

11. Pour le choix et la nomination de ces instituteurs, il sera formé avec l'embarque-

ment un conseil composé du capitaine, du lieutenant, du maître d'équipage et de trois matelots, pères de famille; ce conseil, pour cette fois seulement, ou à l'avenir quand il s'agira d'un nouvel instituteur qui n'aurait pas navigué en cette qualité, examinera le sujet proposé, et constatera, par une déclaration écrite et signée, sa capacité.

12. L'employé civil de la marine ne pourra inscrire au rôle d'équipage un instituteur qui n'aurait pas navigué en cette qualité, s'il n'est muni de la déclaration mentionnée en l'article précédent.

13. Dans le cas où il se présenterait par la suite des instituteurs qui auraient navigué, le conseil désigné en l'article 11 choisira parmi ceux qui ne seront pas employés celui qu'il jugera à propos, et il en dressera pareillement déclaration, qui sera mise sous les yeux de l'employé civil, afin que ce citoyen puisse être inscrit au rôle d'équipage.

14. Les livres élémentaires pour la lecture, les papiers, plumes et encre, seront fournis par l'administration de la marine, sur les états présentés par l'instituteur et arrêtés par le lieutenant du vaisseau.

---

16 = 17 PLUVIOSE an 2 (4 = 5 février 1794). — Décret relatif aux vêtemens des marins. (L. 17, 340; B. 39, 134; Mon. du 20 pluviose an 2.)

Art. 1er. Tous les matelots et novices embarqués sur les vaisseaux de la République devront être pourvus d'un sac contenant les hardes suivantes :

Six chemises, dont deux blanches et quatre bleues; deux grandes culottes de toile; un chapeau rond; quatre paires de bas, dont deux de laine; deux paires de souliers; un hamac, une couverture et un sac; trois vestes et trois gilets; un bonnet et quatre mouchoirs.

2. Nul ne pourra toucher ses avances, qu'il ne justifie être nanti du sac énoncé en l'article précédent.

3. Pour cet effet, les équipages des vaisseaux et autres bâtimens armés seront divisés en autant d'escouades qu'il y aura de lieutenans ou d'officiers faisant fonctions de lieutenant.

4. Chacun de ces officiers visitera exactement les sacs de l'escouade qui lui sera confiée, immédiatement après la revue; il se fera assister d'un officier-marinier, et il tiendra note des effets trouvés dans chaque sac, et de ceux qui manquent pour compléter les objets ci-dessus énoncés.

5. Les effets d'habillement qui manqueront, soit en tout, soit en partie, seront fournis aux matelots, et le prix leur en sera retenu sur leurs avances.

6. Les lieutenans veilleront à ce qu'il soit fait, à des époques fixées par les commandans, des lessives pour entretenir la propreté du linge; chaque lieutenant répondra de l'exactitude de son escouade à se conformer à l'ordre qui aura été établi à cet égard.

7. Toutes les fois que les marins formant le quart auront essuyé du mauvais temps, ou lorsque des manœuvres forcées, soit en rade, soit à la mer, les auront exposés à la pluie, et que les individus en auront souffert au point d'être mouillés, il leur sera donné un coup d'eau-de-vie à chacun, à raison d'une bouteille pour trente-deux hommes des marins présens. Ceux qui n'auront pas fait activement le quart, ou qui n'auront pas paru sur le pont pour faire la manœuvre, n'auront point de part à cette faveur.

8. Quand les marins ou autres, exposés au mauvais temps, rentreront dans leurs postes après avoir fait leur service, il leur sera donné, dans ce cas seulement, pour se coucher, des fanaux de distance en distance.

9. Le lieutenant quittant le quart fera lui-même et fera faire par un enseigne et deux aspirans la visite dans les postes, pour veiller à la sûreté du vaisseau, à ce que les fanaux soient distribués convenablement et ménagés avec prudence, et à ce que personne ne se couche mouillé dans ses hardes.

10. Les commandans-généraux et particuliers donneront d'ailleurs tous les ordres nécessaires pour que les lois et réglemens relatifs à la propreté et à la salubrité, qui n'ont pas été abrogés, soient exécutés ponctuellement.

---

16 = 17 PLUVIOSE an 2 (4 = 5 février 1794). — Décret portant qu'à l'avenir les approvisionnemens pour les vaisseaux seront délivrés en présence d'un enseigne de vaisseau. (L. 17, 343; B. 39, 133; Mon. du 20 pluviose an 2.)

Art. 1er. Il ne sera délivré à l'avenir des magasins de la République aucune espèce d'approvisionnemens, de quelque nature qu'ils soient, pour les vaisseaux mouillés dans les rades ou en armement dans les ports de la République, sans qu'il y ait un enseigne de vaisseau présent dans la chaloupe ou canot où ces approvisionnemens seront embarqués.

2. Ce service sera fait par les enseignes des bâtimens de la République, ou les officiers qui en font le service, à tour de rôle, à moins que l'importance du chargement n'obligeât le lieutenant en pied à intervertir cet ordre.

3. L'officier civil de la marine, chargé de la livraison de l'espèce d'approvisionnement qui devra être embarquée, fera remettre à l'enseigne de service à bord des chaloupes et canots un bordereau signé de lui, contenant la nature et quantité des objets qu'il aura délivrés.

4. Il sera tenu à bord de chaque vaisseau, sous l'inspection de l'officier chargé du détail, un registre d'entrée et de sortie de tous les effets embarqués à bord ou qui en seront débarqués.

5. L'officier de service à bord de chaque chaloupe ou canot remettra, en arrivant à bord, la note signée de l'officier civil de la marine à l'officier de garde à bord du vaisseau ; celui-ci sera présent à l'embarquement, et il en fera note sur le registre, qui sera arrêté tous les dix jours par le lieutenant chargé du détail.

6. Quand il s'agira d'objets de débarquement, l'officier civil de la marine employé sur les vaisseaux les fera débarquer en présence de l'officier de garde, qui les inscrira pareillement sur le registre. Le même officier civil donnera à l'officier de service dans chaque chaloupe ou canot une note signée de lui, contenant la nature et les quantités des objets débarqués.

7. L'officier de service à bord de la chaloupe ou canot veillera au débarquement; il retirera un reçu de l'officier civil de la marine dans le port à l'administration duquel appartiendront les objets débarqués; il sera fait mention de ces reçus sur les registres tenus à bord des vaisseaux, et le lieutenant chargé du détail les retirera.

8. Tous les dix jours, il sera envoyé au ministre de la marine des copies collationnées par le lieutenant chargé du détail, des registres d'entrée et de sortie à bord des vaisseaux. Les administrateurs civils de la marine dans les ports remettront pareillement des états par eux certifiés de tout ce qu'ils auront reçu et délivré.

9. Les officiers supérieurs civils et militaires de la marine veilleront à l'exécution du présent décret; ils dénonceront au ministre de la marine, comme il est dit ci-dessus, les infractions qui pourraient y être faites, et les délinquans seront destitués et déclarés incapables de servir la République.

---

16 PLUVIOSE = 21 GERMINAL an 2 (4 février = 11 avril 1794). — Décret qui abolit l'esclavage des nègres dans les colonies. (L. 17, 345; B. 39, 140.)

Voy. lois du 22 GERMINAL an 2; du 30 FLORÉAL an 10.

La Convention nationale déclare que l'esclavage des nègres dans toutes les colonies est aboli; en conséquence, elle décrète que tous les hommes, sans distinction de couleur, domiciliés dans les colonies, sont citoyens français, et jouiront de tous les droits assurés par la Constitution.

Elle renvoie au comité de salut public pour lui faire incessamment un rapport sur les mesures à prendre pour assurer l'exécution du présent décret.

16 PLUVIOSE an 2 (4 février 1794). — Décret qui admet comme député le citoyen Chevalier. (B. 39, 133.)

---

16 PLUVIOSE an 2 (4 février 1794). — Décret portant que les citoyens Beauvais, La Fontaine et Amat ont bien mérité de l'humanité. (B. 39, 139.)

---

17 = 18 PLUVIOSE an 2 (5 = 6 février 1794). — Décret relatif aux ouvrages de fortification qui seront exécutés dans les places de guerre. (L. 17, 345; B. 39, 144.)

Art. 1er. Il sera tenu par la Trésorerie nationale, à la disposition du ministre de la guerre, une somme de trente-deux millions pour les travaux de fortification qui doivent être exécutés dans le cours de la campagne prochaine.

2. Aucun ouvrage de fortification ne pourra être ordonné par les généraux, ni exécuté par les officiers du génie dans les places de guerre, ou à moins de cinq cents toises des glacis, sans l'approbation formelle du ministre de la guerre, excepté dans les cas où cette place aurait été déclarée en état de siége.

---

17 PLUVIOSE an 2 (5 février 1794). — Décret relatif à la manière dont les prisonniers doivent être transférés. (B. 39, 146.)

La Convention nationale, après avoir entendu le rapport de son comité de salut public, décrète que les communes ou districts qui nommeront des commissaires pour la translation des prisonniers, au lieu de les faire arriver de brigade en brigade, seront tenus de payer les frais de route.

---

17 PLUVIOSE an 2 (5 février 1794). — Décret qui accorde cent cinquante livres de secours provisoire à la fille Braconnier et à son enfant. (B. 39, 142.)

La Convention nationale, après avoir entendu le rapport de son comité de secours publics sur la pétition de la citoyenne Braconnier, domiciliée à Libreville, département des Ardennes, qui, étant venue à Paris solliciter la liberté du citoyen Loison, dont elle devait être l'épouse, y est accouchée, le 5 de ce mois, d'un garçon pour lequel, ainsi que pour elle-même, elle réclame des secours;

Considérant qu'il importe à la régénération des mœurs, à la propagation des vertus et à l'intérêt public d'encourager les mères à remplir elles-mêmes le devoir sacré d'allaiter et de soigner leurs enfans; que tous les enfans appartiennent indistinctement à la société, quelles que soient les circonstances de leur naissance; qu'il importe également d'anéantir les préjugés qui faisaient proscrire ou abandonner, au moment même de leur existence, ceux qui n'étaient pas le fruit d'une union légitime; que c'est d'après ce principe que l'article 4 du § 2 du titre Ier de la loi du 28 juin 1793 (vieux style), a formellement prononcé que toute fille qui déclarerait vouloir allaiter elle-même l'enfant dont elle serait enceinte, et qui aurait besoin de secours de la nation, aurait droit de les réclamer; et que la même loi a pourvu, soit par des établissemens et des secours en nature, soit par des secours annuels, à tout ce que pouvait exiger, en pareil cas, l'intérêt de la mère et de l'enfant,

Décrète que, sur la présentation du présent décret, la Trésorerie nationale paiera à la citoyenne Braconnier la somme de cent cinquante livres, à titre de secours provisoire pour elle et son enfant.

Le présent décret ne sera point imprimé; il sera seulement inséré au Bulletin.

---

17 PLUVIOSE an 2 (5 février 1794).—Décret qui nomme le général Pichegru au commandement en chef de l'armée du Nord. (L. 17, 346 et 348; B. 39, 144.)

---

17 PLUVIOSE an 2 (5 février 1794).—Décret relatif aux renvois des pétitions et adresses déposées aux procès-verbaux. (B. 39, 143.)

---

17 PLUVIOSE an 2 (5 février 1794). — Décret qui envoie le député Hérard à Auxerre pour déposer contre E. Drege. (B. 39, 140.)

---

17 PLUVIOSE an 2 (5 février 1794). — Décrets qui accordent des secours aux citoyens Viennot de Pierrefontaine, Jandel, Papigny. (B. 39, 141 et 142.)

---

17 PLUVIOSE an 2 (5 février 1794). —Décret qui charge le comité de salut public de préparer la rédaction de celui qui supprime l'esclavage des nègres. (B. 39, 140.)

---

17 PLUVIOSE an 2 (5 février 1794). — Décret portant que le nom de Dieu sera ajouté au décret du 10 pluviose, qui renvoie les citoyens de Nancy acquittés honorablement par le tribunal révolutionnaire à leurs fonctions. (B. 39, 143.)

---

7 PLUVIOSE an 2 (5 février 1794). — Décret portant que le discours sur les principes qui doivent constituer la morale du Gouvernement, prononcé au nom du comité de salut public, sera imprimé, envoyé aux autorités constituées, aux sociétés populaires et aux armées, et traduit dans toutes les langues. (B. 39, 143.)

---

7 PLUVIOSE an 2 (5 février 1794). — Décret qui nomme les représentans du peuple pour l'embrigadement des troupes dans les différentes armées. (B. 39, 145.)

17 PLUVIOSE an 2 (5 février 1794). — Décret qui autorise l'exportation de bois de chauffage vendus au gouvernement de Bâle. (B. 39, 145.)

---

17 PLUVIOSE an 2. — Approvisionnement des vaisseaux. *Voy.* 16 PLUVIOSE an 2. — Armes, poudres et salpêtres; Biens des jésuites de Trèves; Châteaux, etc. de l'intérieur; Coupe extraordinaire de bois. *Voy.* 13 PLUVIOSE an 2. — Instituteurs à bord des vaisseaux. *Voy.* 16 PLUVIOSE an 2. — Militaires entrant dans les hôpitaux. *Voy.* 13 PLUVIOSE an 2. — Novices de la marine. *Voy.* 16 PLUVIOSE an 2. — Papier et parchemin *Voy.* 12 FRIMAIRE an 2. — Salpêtres et poudres. *Voy.* 13 PLUVIOSE an 2. — Vêtemens des marins. *Voy.* 16 PLUVIOSE an 2.

---

18 = 24 PLUVIOSE an 2 (6 février 1794). — Décret qui fixe les époques de paiement des rentes viagères dues par l'Etat. (L. 17, 349; B. 39, 149; Mon. du 21 pluviose an 2.)

Art. 1er. Le paiement des rentes viagères et pensions dues par la République, depuis le 1er juillet 1793 (vieux style) jusqu'au 1er germinal de la deuxième année républicaine, se fera à bureau ouvert, à compter du 1er germinal prochain, pour les huit mois vingt-un jours qui seront échus à cette époque, lesquels seront calculés à raison de trois trimestres, moins un dixième de trimestre, du montant de la rente ou de la pension qui sera due; de sorte que, pour cent livres de rente ou pension annuelle, il sera payé soixante-douze livres dix sous.

2. Le paiement ordonné par l'article précédent ne sera fait que sur la présentation et le dépôt des anciens titres, pour être échangés contre des titres républicains, d'après le mode qui sera statué.

3. A l'avenir, les pensions et rentes viagères seront payées au commencement de chaque semestre de l'ère républicaine.

4. La Convention nationale charge son comité des finances de lui faire incessamment un rapport général sur les rentes viagères et pensions.

---

18 PLUVIOSE an 2 (6 février 1794). — Décret qui nomme les membres de la commission temporaire des arts. (L. 17, 350; B. 39, 148.)

---

18 PLUVIOSE an 2 (6 février 1794). — Décret qui accorde un congé au député Lecarlier. (B. 39, 146.)

---

18 PLUVIOSE an 2 (6 février 1794). — Décret qui rapporte celui qui autorise les marchands à vendre à prix défendu la viande sur pied. (B. 39, 146.)

---

18 PLUVIOSE an 2 (6 février 1794). — Décret qui met en liberté le citoyen Vassant. (B. 39, 147.)

18 PLUVIOSE an 2 (6 février 1794). — Décret de renvoi pour être statué sur la demande du citoyen Badon (B. 39, 149.)

18 PLUVIOSE an 2 (6 février 1794). — Décret portant que le citoyen Mathieu remplacera, dans les fonctions de secrétaire, le représentant Goupilleau, envoyé en mission. (B. 39, 147.)

18 PLUVIOSE an 2 (6 février 1794). — Décret qui accorde trois mille livres à un dénonciateur de fabricateurs de faux assignats. (B. 39, 147.)

18 PLUVIOSE an 2 (6 février 1794). — Décret qui rectifie une erreur qui s'est glissée dans l'article 33 du décret du 7 pluviose, concernant la liquidation des offices restant à liquider. (B. 39, 147.)

18 PLUVIOSE an 2 (6 février 1794). — Décret relatif à une dénonciation contre le député Javogue et un nommé Lapalue. (B. 39, 150.)

18 PLUVIOSE an 2 (6 février 1794). — Décret relatif à la levée des scellés sur les papiers des ci-devant députés. (B. 39, 151.)

18 PLUVIOSE an 2 (6 février 1794). — Décret qui rectifie le décret du 2 nivose sur les jurés. (B. 39, 153.)

18 PLUVIOSE an 2. — Embrigadement des troupes, etc.; Général Pichegru. *Voy.* 17 PLUVIOSE an 2. — Organisation de la justice militaire. *Voy.* 3 PLUVIOSE an 2. — Ouvrages de fortification. *Voy.* 17 PLUVIOSE an 2.

19 = 25 PLUVIOSE an 2 (7 février 1794). — Décret relatif à l'organisation des régimens d'artillerie légère. (L. 17, 354; B. 39, 159; Mon. du 21 pluviose an 2.)

Art. 1er. Il y aura neuf régimens d'artillerie légère.

2. Chaque régiment sera de cinq cent quatorze hommes, y compris l'état-major et les officiers.

3. L'état-major sera composé d'un chef de brigade, un commandant-d'escadron, un quartier-maître, un adjudant officier, un autre sous-officier, un artiste vétérinaire, un sellier, un bottier, un tailleur et un trompette-brigadier.

4. Chaque régiment sera formé de six compagnies.

5. Chaque compagnie, de quatre-vingt-quatre hommes, y compris les officiers, sera composée d'un capitaine, un lieutenant, deux sous-lieutenans, un maréchal-des-logis en chef, quatre maréchaux-des-logis, un brigadier-fourrier, quatre brigadiers, trente premiers canonniers, trente seconds canonniers et deux trompettes, quatre ouvriers en bois et quatre en fer: ces ouvriers ne seront point montés; ils suivront les caissons, sur la voiture qui porte les moyens de réparation et leurs outils.

6. Les neuf compagnies créées par le décret du 17 = 29 avril 1792, ou celles qui auraient pu l'être par le décret du 21 février dernier ou par des décrets particuliers, celles des légions, ou celles enfin autorisées par les représentans du peuple ou les départemens jusqu'aujourd'hui, formeront les cadres des neuf régimens d'artillerie légère.

7. Les officiers de ces différentes compagnies, à l'époque du présent décret, ne pourront être privés de leur grade ni de leur rang.

8. Chaque régiment se complétera de la manière suivante: les trente premiers canonniers, dans le corps d'artillerie, par nombre égal sur tous les régimens de ce corps; et les trente seconds canonniers, dans les régimens de troupes à cheval de la même manière.

9. Pour parvenir à n'encadrer que les militaires capables, chaque régiment de troupes à cheval ou d'artillerie enverra, sous huit jours, au ministre de la guerre, l'état de ceux qui se destinent à ce service, soit dans la cavalerie, soit dans l'artillerie de places ou de bataillons.

10. Il faudra une taille de cinq pieds quatre pouces au moins pour être admis.

11. Neuf capitaines des compagnies de la formation de 1792, présentés par le comité de salut public et nommés par la Convention nationale, seront chargés de l'organisation de ces régimens, sous la surveillance des représentans du peuple aux armées.

12. Ces compagnies portées au complet fixé par les articles précédens, les officiers et sous-officiers de la première formation, puis ceux des compagnies levées postérieurement, prendront leur rang dans les différentes compagnies. Les officiers qui manqueront seront nommés la moitié au scrutin par toute la compagnie, entre les sous-officiers de l'artillerie légère existant au moment du présent décret, et les sous-officiers, de la même manière, entre les premiers et seconds canonniers qui ont servi dans cette arme: l'autre moitié des places d'officiers ou sous-officiers sera donnée à l'ancienneté de service dans l'artillerie légère.

13. Nul ne pourra être promu aux grades d'officier et sous-officier, s'il ne sait lire et écrire.

14. Les nominations subséquentes se feront conformément à la loi générale qui sera décrétée incessamment sur l'avancement pour toute l'armée.

15. Les chefs de brigade et commandans d'escadron qui seront attachés aux régimens d'artillerie volante seront nommés, pour

cette fois, par la Convention nationale, sur la proposition de son comité de salut public : ils seront pris dans l'artillerie légère actuellement existante.

16. Le commandant d'escadron de chaque régiment restera au dépôt, qui sera caserné dans les villes d'école d'artillerie, ainsi qu'un adjudant, un sous-officier, un maréchal-des-logis et un brigadier de chaque régiment : ils seront chargés de l'instruction des recrues, du soin de l'habillement et équipement, ainsi que de surveiller la fabrication et réparation des pièces attachées aux divisions.

17. Après la formation des régimens d'artillerie légère, il y aura toujours au dépôt, pour y être instruits, cent recrues, dont huit ouvriers et seize charretiers ; ils seront pris dans toutes les armes ou réquisitions ; ils auront la taille exigée par l'article 10, sauront lire et écrire, à l'exception des charretiers, et n'auront pas plus de vingt-cinq ans d'âge : ils seront montés et équipés, et leur solde sera la même que celle des seconds canonniers.

18. Le commandant du dépôt et le chef de brigade qui suivra le régiment à l'armée correspondront continuellement, et veilleront à ce qu'il ne manque aux divisions, ni complément d'hommes, ni aucun objet nécessaire au service ; ils seront responsables des négligences qu'ils commettraient, sous peine de destitution, qui sera prononcée dans ce cas par les tribunaux militaires.

19. L'habillement, équipement et armement des cavaliers artilleurs seront désignés par la loi générale qui sera décrétée pour l'habillement de toutes les troupes de la République.

20. Il sera mis à la disposition du ministre de la guerre une somme de trois millions, sur laquelle il prendra les fonds nécessaires pour monter, habiller et armer ces régimens, sous la surveillance du comité de l'examen des marchés.

21. La comptabilité de ces nouveaux corps, la même que celle des troupes légères, sera fixée et organisée dans le plan général qui sera présenté incessamment à la Convention nationale pour toute l'armée.

22. La solde des officiers, sous-officiers, cavaliers et autres militaires employés dans ces corps, sera la même que celle dont ils jouissent actuellement.

23. Celle des chefs de brigade, commandans d'escadron, quartiers-maîtres et autres non désignés sous le titre d'officiers, sous-officiers ou canonniers, sera la même que celle dont jouissent les personnes attachées aux mêmes fonctions dans la cavalerie légère.

24. Les chefs de brigade des neuf régimens d'artillerie légère rouleront, pour leur avancement au grade de général de brigade, avec la cavalerie légère.

19 = 25 PLUVIOSE an 2 (7 = 13 février 1794). — Décret relatif aux rations de viande qui seront délivrées aux équipages des vaisseaux de l'Etat. (L. 17, 358 ; B. 39, 161 ; Mon. du 21 pluviose an 2.)

La Convention nationale, après avoir entendu le comité de salut public, décrète que l'article 1er du décret du 25 brumaire, portant qu'il sera délivré deux rations de viande salée aux troupes en cantonnement ou en garnison dans les villes et places, est applicable à l'armée navale ; en conséquence, les équipages des vaisseaux de la République mouillés dans ses différens ports et hâvres, et ceux des ouvriers employés dans les chantiers et arsenaux, qui ont droit aux rations, recevront, à compter du jour de la publication du présent décret, deux rations de viande salée par chaque décade.

---

19 PLUVIOSE an 2 (7 février 1794). — Décret qui casse un jugement du tribunal de cassation, qui a jugé sujets à l'appel trois jugemens d'un juge-de-paix, rendus en matière d'injures verbales, et dont le prononcé ne s'élevait pas au-dessus de cinquante livres. (B. 39, 157.)

La Convention nationale, après avoir entendu le rapport de son comité de législation, sur la pétition du citoyen Antoine-Joseph Parmentier, relative au jugement du tribunal de cassation, du 15 brumaire dernier, qui a rejeté la demande en cassation du jugement du district de Landerneau, du 30 septembre 1791, infirmatif des jugemens rendus entre lui et le citoyen Hervé, messager, en la justice de paix du canton de Lisun, les 7, 14 et 21 juin précédens ;

Considérant que, d'après l'article 10 du titre III de la loi du 16 août 1790, sur l'organisation judiciaire, les juges-de-paix connaissent en dernier ressort jusqu'à 50 livres de toutes les actions civiles pour injures verbales ; que la condamnation portée par les jugemens des 7, 14 et 21 juin ci-dessus mentionnés ne s'élève pas même à cette somme ; que la réparation d'injures ordonnée par les mêmes jugemens ne peut pas les soumettre à l'appel, sous prétexte qu'elle ne serait pas appréciable en argent ; qu'en effet, d'après l'esprit de la loi du 16 août 1790, ces sortes de réparation sont évidemment comprises dans le pouvoir attribué au juge-de-paix, de statuer en dernier ressort sur les injures verbales, et qu'il suffit, pour affranchir de l'appel les jugemens rendus par eux en cette matière, que les condamnations pécuniaires qu'ils contiennent n'excèdent pas cinquante livres ; qu'il est même d'autant plus essentiel de maintenir cette règle, que les affaires d'injures sont celles qu'il importe le plus de faire juger en dernier ressort devant les tribunaux fraternels des juges-de-paix ;

Décrète ce qui suit :

Art. 1er. Le jugement du tribunal de cassation du 15 brumaire dernier, et celui du tribunal du district de Landernau du 30 septembre 1791, sont nuls et comme non avenus, ainsi que ce qui s'en est suivi.

2. L'amende consignée par le citoyen Parmentier au tribunal de cassation lui sera restituée, ou à son fondé de pouvoir, sur la présentation du présent décret.

3. Les frais que le citoyen Parmentier a supportés par suite de l'appel interjeté par le citoyen Messager des jugemens des 7, 14 et 21 juin 1791, lui seront restitués par celui-ci, d'après la liquidation qui en sera faite en dernier ressort par le juge-de-paix du canton de Lizun.

Le présent décret ne sera point imprimé ; il sera inséré au bulletin de correspondance, et le ministre de la justice en adressera des expéditions manuscrites au tribunal de cassation et à celui du district de Landernau, et au juge-de-paix du canton de Lizun.

---

19 PLUVIOSE an 2 (7 février 1794). — Décret d'ordre du jour relatif à la nomination d'un troisième substitut de l'accusateur public du tribunal criminel de Paris, et à des marchés passés avec des émigrés. (B. 39, 156 et 164.)

---

19 PLUVIOSE an 2 (7 février 1794). — Décret qui ordonne la mise en liberté des citoyens Raimond et Bretignières. (B. 39, 154.)

---

19 PLUVIOSE an 2 (7 février 1794). — Décret qui surseoit à l'instruction de la procédure contre les officiers municipaux de Conches. (B 39, 155.)

---

19 PLUVIOSE an 2 (7 février 1794). — Décret qui ordonne l'exécution du séquestre prononcé contre Veymérange et ses complices. (B. 39, 162.)

---

19 PLUVIOSE an 2 (7 février 1794). — Décret qui établit des bureaux de poste à Bonnebosc, Bourgneuf, Montagnac, Couilly et La Motte Chalençon. (B. 39, 162.)

---

19 PLUVIOSE an 2 (7 février 1794). — Décret relatif au paiement de gagistes, pensionnaires et salariés indigens de la liste civile. (L. 17, 359 ; B. 39, 163.)

---

19 PLUVIOSE an 2 (7 février 1794). — Décret qui renvoie au tribunal révolutionnaire une dénonciation contre Galissot aîné, Mairien, Lambry et Alexandre. (B. 39, 153.)

---

19 PLUVIOSE an 2 (7 février 1794). — Décret qui rectifie celui du 2 pluviose, sur les certificats de résidence. (L. 17, 359.)

---

19 PLUVIOSE an 2 (7 février 1794). — Décret qui approuve l'établissement de divers hôpitaux militaires. (B. 39, 165.)

---

19 PLUVIOSE an 2 (7 février 1794). — Décret qui alloue cinquante mille livres pour indemniser les sous-officiers et soldats qui ont servi dans l'Inde. (B. 39, 166.)

---

19 PLUVIOSE an 2 (7 février 1794). — Décret qui traduit au tribunal révolutionnaire plusieurs officiers et sous-officiers du 17e régiment de cavalerie. (B. 39, 153.)

---

19 PLUVIOSE an 2 (7 février 1794). — Décret relatif aux poursuites exercées contre les citoyens Dupleix et Lapalue. (B. 39, 155.)

---

19 PLUVIOSE an 2 (7 février 1794). — Décret relatif aux citoyens Barbier et Bardet, ci-devant juges au tribunal de Roanne. (B. 39, 155.)

---

19 PLUVIOSE an 2 (7 février 1794). — Décret relatif au paiement de l'indemnité accordée au citoyen Dersoges, ancien régisseur de vivres. (B. 39, 163.)

---

19 PLUVIOSE an 2 (7 février 1794). — Décret relatif à la liquidation et paiement de diverses créances sur l'Etat. (B. 39, 164.)

---

19 PLUVIOSE an 2 (7 février 1794). — Décret relatif à la pétition du citoyen Ganier. (B. 39, 164.)

---

19 PLUVIOSE an 2 (7 février 1794). — Décret relatif aux citoyens Buteu et Bernière. (B. 39, 166.)

---

19 PLUVIOSE an 2. — Gardes des forêts. *Voy.* 15 PLUVIOSE an 2. — Gendarmes ; Indemnité aux fermiers. *Voy.* 11 PLUVIOSE an 2.

---

20 = 21 PLUVIOSE an 2 (8 = 9 février 1794). — Décret qui ordonne la conversion de plusieurs sortes d'assignats antérieurement décrétées, en assignats de cent vingt-cinq livres et deux cent cinquante livres. (L. 17, 360 ; B. 39, 166 ; Mon. du 22 pluviose an 2.)

Art. 1er. Cent millions en assignats de vingt-cinq livres, cent trente millions en assignats de dix livres, et cent dix-huit millions en assignats de cinquante sols, dont la fabrication a été décrétée, seront convertis en assignats de deux cent cinquante livres.

2. Cent millions en assignats de cinq livres, cinquante millions en assignats de quinze sous, vingt millions en assignats de dix sous, dont la fabrication a été aussi décrétée, seront convertis en assignats de cent vingt-cinq livres.

3. Le papier des coupures dont la fabrica-

tion est suspendue, qui est fabriqué, sera inventorié sous la surveillance du comité des assignats et monnaies, et déposé aux archives nationales.

4. Les directeurs de la fabrication des assignats sont autorisés, sous la surveillance et décision du comité des assignats et monnaies, à faire préparer des formes et du papier pour des assignats de cinq livres, cinq cents livres, mille livres et deux mille livres.

---

20 PLUVIOSE an 2 (8 février 1794). — Décret qui rappelle le député Javogue. (B. 39, 107.)

---

20 PLUVIOSE an 2 (8 février 1794). — Décret qui ordonne l'arrestation du citoyen Durat. (B. 39, 167.)

---

20 PLUVIOSE an 2 (8 février 1794). — Décret relatif aux encouragemens à accorder aux arts. (B. 39, 168.)

---

20 PLUVIOSE an 2. — Certificats à la résidence; Faux assignats; Pièces pour la liquidation, non timbrées. *Voy.* 14 PLUVIOSE an 2.

---

21 = 24 PLUVIOSE an 2 (9 = 12 février 1794). — Décret qui règle le mode de paiement des pensions, indemnités et secours accordés aux défenseurs de la patrie et à leurs familles. (L. 17, 361; B. 39, 178.)

Voy. lois du 6 JUIN 1793; du 6 NIVOSE an 2; du 13 PRAIRIAL an 2; du 27 THERMIDOR an 2, et du 28 FRUCTIDOR an 7.

TITRE Ier. Des citoyens auxquels on doit faire l'application des décrets précédemment rendus.

Article unique. Les secours décrétés par les décrets des 26 novembre 1792, 4 mai, 18 juillet, 15 septembre 1793 (vieux style) et 6 nivose derniers, sont applicables aux familles des citoyens soldats volontaires, militaires de toutes armes, marins, canonniers, soldats, matelots et ouvriers navigans, en activité de service, tant dans les armées que sur les vaisseaux et bâtimens de la République, lorsqu'il est reconnu que leur travail fut une ressource nécessaire à la subsistance de ces mêmes familles.

TITRE II. De ceux qui ont droit aux secours annuels.

Article unique. Les individus qui ont droit aux secours distribués annuellement aux familles des citoyens en activité de service, ci-dessus spécifiés, sont :

Les pères, mères et parens ascendans dans la même ligne; les épouses, les enfans, les frères ou sœurs orphelins de père et de mère.

TITRE III. De la proportion des secours à distribuer annuellement à ceux qui y ont droit.

Art. 1er. Les pères et mères âgés de moins de soixante ans recevront par année chacun autant de fois soixante livres qu'ils auront de fils au service de la République.

2. Les pères et mères au-dessus de soixante ans, ceux qui sont hors d'état de travailler par infirmité reconnue, quel que soit leur âge, et ceux qui sont en état de viduité, recevront chacun cent livres, dans les mêmes cas et sous les mêmes rapports.

3. Les ascendans de pères et mères recevront chacun soixante livres, quel que soit le nombre de leurs petits-enfans en activité de service.

4. Les épouses, quel que soit leur âge, recevront cent livres.

5. Chaque enfant jusqu'à douze ans recevra cent livres. Hors d'état de travailler, il recevra la même somme, quel que soit son âge.

6. Les frères ou sœurs orphelins de père ou de mère, jusqu'à douze ans, recevront chacun cent livres. Hors d'état de travailler, ils recevront la même somme, quel que soit leur âge.

TITRE IV. Des indemnités accordées aux veuves et à leurs enfans, ainsi qu'aux blessés.

Art. 1er. Le décret du 6 juin dernier, relatif aux indemnités dues aux défenseurs de la patrie, pour les blessures ou mutilations qui les mettent hors d'état de continuer leur service, est applicable à tous les citoyens désignés dans le titre 1er du présent décret, ainsi qu'aux militaires invalides qui ont reçu ces blessures depuis la déclaration de guerre actuelle.

2. Conformément au décret du 6 nivose dernier, les indemnités dues aux blessés seront augmentées d'un tiers.

3. La même augmentation aura lieu en faveur des veuves de citoyens morts en combattant pour la patrie ou de la suite des blessures reçues dans les combats; en conséquence, chaque veuve recevra une année, une fois payée, de la pension qui serait due à son mari relativement à son grade, et, pour toute sa vie, les deux tiers de celle acquise par l'ancienneté de service, au lieu de la moitié seulement qui lui était accordée par le décret du 4 juin dernier (vieux style).

4. Le *maximum* des pensions des veuves sera fixé à mille cinq cents livres, et le *minimum* à trois cents livres.

5. La veuve dont le mari n'avait pas droit, par son grade ou ses services, à une pension égale au *minimum* ci-dessus fixé, recevra en indemnité six années des secours dont elle jouissait annuellement, au lieu de quatre qui lui étaient attribuées précédemment. Elle

pourra cependant réclamer, si elle le préfère, les deux tiers de la pension acquise par les services de son mari, quelle qu'elle soit; et, dans ce cas, il sera dressé acte de sa déclaration pour lui servir de titre.

6. Les veuves des citoyens morts en activité de service ordinaire, et non dans les combats ou de la suite de leurs blessures, jouiront de la même augmentation des deux tiers, au lieu de la moitié de la pension acquise par leurs maris, relativement à l'ancienneté de service. Elles pourront aussi recevoir à leur choix l'indemnité de six années, dans les cas indiqués par l'article précédent.

7. Chaque enfant au-dessous de l'âge de douze ans, ou hors d'état de travailler par infirmité, quel que soit son âge, recevra, dans tous les cas, la moitié des indemnités attribuées à la veuve.

8. Les pères et mères, dont un ou plusieurs enfans sont morts en défendant la patrie, recevront six années des secours qu'ils reçoivent annuellement, et dans la proportion indiquée par l'article 1er du titre III du présent décret.

9. Chacun des autres parens, désignés dans le titre II, recevra, dans le même cas, trois années des secours auxquels il a droit de prétendre.

Titre V. Des citoyens partis en remplacement, et autres non désignés dans le titre Ier.

Art. 1er. Les familles des citoyens qui sont partis en remplacement, d'après les arrangemens particuliers faits avec ceux qu'ils ont remplacés, n'ont point droit aux secours annuels, d'après la loi du 4 mai dernier; cependant, leur mort étant arrivée dans les combats ou par suite des blessures reçues, leurs veuves et enfans, et aussi les veuves et enfans de tous les citoyens qui seraient morts dans les combats ou de la suite de blessures reçues en faisant, dans les armées, dans le service intérieur de la garde nationale, ou sur les vaisseaux de la République, un service requis et commandé, auront droit aux secours spécifiés dans le précédent article (1).

2. Les citoyens qui, par suite de blessures reçues en faisant le même service requis et commandé, seraient mis hors d'état de pourvoir à leur subsistance par leur travail, jouiront des avantages prononcés par le décret du 6 juin, en faveur de ceux que les évènemens de la guerre mettent hors d'état de continuer leur service.

Titre VI. De l'époque des paiemens.

Art. 1er. Tous les secours et toutes les pensions annuellement payés le seront toujours d'avance, et par trimestre, à compter du 1er germinal, troisième trimestre de la seconde année républicaine.

2. Les indemnités composées de plusieurs années une fois payées, accordées aux veuves, pères, mères, enfans et autres parens des citoyens morts dans les combats ou de la suite de leurs blessures, qui ne conservent point de pensions, seront acquittées à la présentation des titres requis par la loi, qui doivent être délivrés au bureau de la guerre. Il sera payé provisoirement, dans tous les cas, sur la simple présentation de l'extrait mortuaire, une année des secours ordinaires à la veuve et aux enfans. Cette somme sera imputée sur les pensions et indemnités qu'ils ont droit de prétendre.

3. Dans le courant de ventose prochain, toutes les sommes dues par le passé à aucune des parties qui ont droit de recevoir, en considération des services rendus par les citoyens désignés dans le titre Ier, devront être soldées et acquittées, suivant l'expression et d'après la date des différentes lois ci-dessus citées; les comptes ou décomptes des trimestres précédens, et des fractions provenant de l'augmentation prononcée, ou de la différence de l'ère nouvelle à l'ère ancienne, seront définitivement arrêtés jusqu'au 1er germinal, et les droits de chacun reconnus ainsi qu'il va être expliqué dans le titre suivant.

Titre VII. De la manière de régler les décomptes de la dette échue.

Art. 1er. Cinq jours après la réception du présent décret, les officiers municipaux feront convoquer, dans un lieu indiqué pour cet effet dans chaque commune et section de commune, toutes les familles qui, dans leur arrondissement, ont droit aux secours, indemnités et pensions, en raison des services des défenseurs de la patrie dont le travail était nécessaire à leur subsistance. Cette convocation sera proclamée publiquement au moins deux fois avant le jour indiqué.

2. Les réclamans qui ont des titres les produiront dans cette assemblée aux officiers municipaux. Ceux qui n'ont point de titres indiqueront la cause de cette privation; ils feront, sous la foi du serment républicain, la déclaration des droits dont ils jouissaient en vertu des décrets précédens, de ce qu'ils ont touché jusqu'alors, en quel lieu et à quelle époque.

3. Ceux des réclamans qui ne pourront venir à l'assemblée indiquée feront connaître la cause de leur absence aux officiers municipaux, curateurs désignés en cette occasion de tous ceux qui ne pourraient faire valoir leurs intérêts; il en sera fait mention sur la liste, ainsi que de leurs réclamations.

(1) *Voy.* loi du 24 floréal an 2.

4. Cette séance, uniquement consacrée à cet objet, ne sera point levée que la liste ne soit close et déclarée complète par les officiers municipaux.

5. Pendant la séance, il sera nommé une commission composée, en nombre égal, de commissaires vérificateurs et de commissaires distributeurs, en proportion de deux en chaque fonction, pour cent réclamans inscrits sur la liste et au-dessous, trois pour cent cinquante, et ainsi de suite.

6. Les vérificateurs seront pris parmi les citoyens qui ont droit aux secours; les distributeurs, parmi les plus forts contribuables de la commune, d'après le rôle des impositions.

7. Pendant les dix jours qui suivront celui où l'assemblée aura eu lieu, les vérificateurs examineront les titres ou droits d'après les déclarations faites par tous les réclamans inscrits sur la liste; ils pourront écarter, jusqu'à nouvel examen, les prétentions qui leur paraîtront évidemment mal fondées; ils ratifieront, d'après le sentiment de leur conscience, celles dont ils reconnaîtront la sincérité.

8. Pendant le même temps, les distributeurs régleront le matériel des comptes; ils constateront ce qui a été payé et ce qui est dû à chacun: ils réaliseront les fonds nécessaires pour tout ce qui se trouvera dû aux réclamans jusqu'au 1er germinal soit acquitté dans la décade suivante; ils énonceront aussi additionnellement à chaque article, sur la même liste, ce qui devra être payé à chaque partie prenante pour le trimestre de germinal.

9. Les fonds nécessaires seront fournis par la caisse du district, sur le montant des impositions.

10. Si l'éloignement ou des obstacles résultant des localités retardaient l'arrivée des fonds nécessaires dans le courant de la décade, les commissaires distributeurs devront y suppléer en se concertant, et cotisant avec les principaux contribuables. Le rôle de cette cotisation sera réglé par les officiers municipaux et les membres des comités de surveillance réunis.

11. L'agent national de chaque commune fera parvenir à celui du district les listes ratifiées par les vérificateurs, et ordonnancées par les officiers municipaux: ce dernier agent fera rembourser sans délai, par le caissier du district, les avances qu'auraient pu faire les commissaires distributeurs dans chaque commune, suivant les circonstances.

12. Les agens nationaux et commissaires distributeurs seront responsables, individuellement et collectivement, des retards qu'éprouverait le paiement définitif de tout ce qui est arriéré, lequel sera effectué sous la surveillance de l'agent national de chaque commune.

13. Le commissaire distributeur, nommé et choisi ainsi qu'il a été dit ci-dessus, qui refuserait de remplir l'honorable emploi qui lui est destiné, et ceux qui refuseraient le montant qu'ils doivent fournir à la cotisation nécessaire, seront déclarés suspects et mauvais citoyens.

14. Les commissaires précédemment nommés dans les municipalités et chefs-lieux de canton, conformément au décret du 15 septembre dernier (vieux syle), pour la distribution des secours; ceux qui, dans les sections des grandes communes, ont été nommés pour suivre les mêmes opérations, coopéreront, s'ils en sont requis, avec les nouveaux commissaires, et seront tenus de leur fournir tous les renseignemens qui seraient nécessaires.

15. Chaque administration de district nommera deux commissaires, qui, parcourant son arrondissement, aideront et hâteront l'exécution des mesures ci-dessus prescrites. Ces commissaires recevront une indemnité qui sera payée par le caissier du district, après avoir été réglée et ordonnancée par le directoire.

Titre VIII. Des formes à suivre pour les paiemens ultérieurs, à commencer du 1er germinal.

Art. 1er. Les doubles des listes d'après lesquelles auront été effectués les paiemens dans le courant de ventose prochain, quittancées par les officiers municipaux, seront successivement envoyés au directoire de chaque département par les agens nationaux de district.

2. De la date du présent décret au 15 ventose prochain, et successivement de trois mois en trois mois, quinze jours avant le 1er de chaque trimestre, il sera fait, aux différentes armées, par chaque bataillon ou escadron, et sur les vaisseaux et bâtimens de la République, par les états-majors et conseils d'administration, un recensement de tous les citoyens en activité de service, qui reconnaissent avoir, en quelque endroit que ce soit de la République, des parens dont ils soutenaient l'existence par leur travail, et auxquels la patrie distribue des secours en considération de leur service.

3. Ces déclarations briéves et franches seront réunies sommairement sur un registre particulier; elles indiqueront le lieu de la naissance du citoyen déclarant, la date et les époques de son service avec ou sans interruption; le nom de ses parens reconnus, celui du département, du district et de la commune dans laquelle ses parens réclament annuellement des secours. Les conseils d'administration releveront, sur une feuille qui sera envoyée à chaque département, les déclara-

tions relatives aux citoyens qui y sont domiciliés; ils y joindront l'état des citoyens morts, des prisonniers de guerre et de ceux qui sont restés dans les hôpitaux éloignés, depuis le trimestre précédent. Ces copies et états seront certifiés par les états-majors, lesquels seront responsables collectivement et individuellement des retards qu'ils auraient apportés, par leur négligence, à un paiement quelconque, et en supporteront les indemnités. Les déclarations des prisonniers de guerre ne pouvant être reçues, le certifié des états-majors en tiendra lieu, et les familles recevront en conséquence. Le certifié des bureaux de la guerre sera aussi un titre suffisant pour les familles des citoyens qui se trouveraient faire partie de la garnison d'une place bloquée. Le certifié des bureaux de la marine aura la même valeur relativement aux citoyens qui font partie des bataillons et équipages embarqués ou transportés outre-mer : ces différens bureaux auront, à cet égard, les mêmes obligations à remplir que les états-majors ou conseils d'administration.

4. Chaque directoire de département fera successivement comparer les listes envoyées par les états-majors et conseils d'administration des bataillons ou vaisseaux et bâtimens de la République, avec les listes envoyées par les agens nationaux de district. D'après cette comparaison, il réglera en définitif les sommes à payer dans la première décade de chaque trimestre, et la fera parvenir à chaque district.

5. Les déclarations douteuses, celles qui n'auraient pas été trouvées réciproquement conformes entre les défenseurs de la patrie et leurs parens qui réclament, seront examinées par une commission composée ainsi que celle indiquée dans l'article 6 du titre VII. Les commissaires nommés devront s'acquitter, pendant trois mois, de tout ce qui tient à ces fonctions, telles qu'elles sont énoncées. Ils pourront exiger les titres qu'ils jugeront nécessaires pour appuyer les réclamations douteuses. Ils ajouteront aux listes le nom des nouveaux défenseurs qui sortiront du sein de la commune pour rejoindre les armées, ainsi que celui de leurs parens qui ont droit aux secours. Cette commission sera nommée et renouvelée le premier décadi de chaque trimestre.

6. L'agent national de chaque district reconnaîtra les listes envoyées à chaque trimestre par le directoire du département. Il accélérera le versement des fonds nécessaires pour le paiement dans chaque commune. Les premières listes du trimestre de germinal prochain, une fois reconnues, seront conservées avec soin, et serviront aux paiemens subséquens, sans qu'il soit besoin d'autres titres de la part des familles, tant que l'activité de service du défenseur de la patrie sera certifiée par les états-majors et conseils d'administration, ainsi qu'il a été dit ci-dessus.

7. Si l'éloignement des lieux ou des obstacles imprévus retardaient l'envoi des listes, qui doit être fait par les bataillons et conseils d'administration et ensuite par les départemens, au district, pour le paiement de germinal, il n'en sera pas moins procédé par les commissaires distributeurs, dans chaque commune, au paiement d'avance de ce trimestre, sur l'énoncé additionnel qui aura dû être fait au compte de chacun des réclamans, conformément à la disposition de l'article 8 du titre VII.

TITRE IX. De ceux qui feraient de fausses déclarations, et des absens.

Art. 1er. Ceux qui auraient fait de fausses déclarations, avec la certitude des faits contraires et de dessein prémédité, seront traduits devant les tribunaux comme ayant volé les deniers de la République.

2. Les erreurs qui seront reconnues innocentes n'entraîneront que la restitution des sommes qui pourraient avoir été perçues.

3. Les absens de leur commune qui n'auront point établi ailleurs leur domicile ni leurs réclamations seront toujours reçus à produire leurs titres.

TITRE X. De la durée des secours accordés.

Tant que l'activité de service des citoyens désignés dans le titre 1er sera maintenue par la loi, les secours annuels spécifiés dans le présent décret seront distribués à leurs familles.

TITRE XI. De la correspondance nécessaire pour assurer l'exécution de la loi.

Art. 1er. Les agens nationaux de district informeront, sans délai, le ministre de l'intérieur de l'exécution du présent décret, et lui feront tenir les doubles de toutes les listes qui auront servi au paiement qui sera fait dans le courant de ventose prochain.

2. Les doubles des listes qui serviront au paiement des trimestres suivans lui seront aussi successivement envoyés par les directoires de chaque département.

3. Le ministre fera parvenir sans retard, soit aux armées, soit aux directoires de département ou de district, pour toutes les listes de déclaration qui doivent servir au paiement de germinal, un modèle d'une forme concise et resserrée, auquel sera joint un tableau sommaire et indicatif de ce qui est dû par mois, par décade, par jour, d'après les dispositions du présent décret, et des lois dont il maintient l'exécution, à chacun de ceux qui ont droit aux secours annuels, pensions et indemnités : ces modèles et tableaux seront soumis à l'approbation du comité de salut public. Chaque district en fera réimprimer

et distribuer, trois jours après la réception du modèle, le nombre nécessaire aux différentes communes.

4. Il sera mis trente millions à la disposition du ministre de l'intérieur, pour fournir aux différens remboursemens pour lesquels les caisses de district se trouveraient insuffisantes.

Le ministre rendra compte de l'emploi de cette somme et de celles qui ont été mises précédemment à sa disposition pour le même objet.

---

21 PLUVIOSE an 2 (9 février 1794). — Décret qui traduit au tribunal révolutionnaire Gravelais et ses deux complices. (B. 39, 171.)

---

21 PLUVIOSE an 2 (9 février 1794). — Décret portant que la ration du soldat de terre et de mer sera la même que celle de l'officier. (B. 39, 170.)

---

21 PLUVIOSE an 2 (9 février 1794). — Décret qui établit un concours pour organiser les montres et pendules en divisions décimales. (L. 17, 375; B. 39, 179.)

---

21 PLUVIOSE an 2 (9 février 1794). — Décret relatif au changement de brevet du citoyen Lajarte, officier. (B. 39, 168 et 169.)

---

21 PLUVIOSE an 2 (9 février 1794). — Décret relatif au placement de l'horloge construite par Janvier. (B. 39, 176.)

---

21 PLUVIOSE an 2 (9 février 1794). — Décret relatif au rétablissement du cabinet des modèles d'armes enlevés de l'arsenal de Strasbourg. (B. 39, 169.)

---

21 PLUVIOSE an 2 (9 février 1794). — Décret qui accorde un secours provisoire de deux cents livres au citoyen Manoury. (B. 39, 168.)

---

21 PLUVIOSE an 2 (9 février 1794). — Décret qui prescrit des mesures pour la conservation des chaussées. (B. 39, 170.)

---

21 PLUVIOSE an 2 (9 février 1794). — Décret relatif à la succession Thierry. (B. 39, 170.)

---

21 PLUVIOSE an 2 (9 février 1794). — Décret qui maintient les marchés de la commune de Corbeil. (B. 39, 173.)

---

21 PLUVIOSE an 2 (9 février 1794). — Décret relatif à l'organisation du district de Landau. (B. 39, 169.)

---

21 PLUVIOSE an 2 (9 février 1794). — Décret qui met en arrestation les receveurs-généraux. (B. 39, 177.)

21 PLUVIOSE an 2 (9 février 1794). — Décret qui maintient les municipalités de Pecq et de Saint-Ouen-l'Aumône. (B. 39, 173.)

---

21 PLUVIOSE an 2 (9 février 1794). — Décret relatif à une nouvelle fixation des époques des foires et des marchés. (B. 39, 177.)

---

21 PLUVIOSE an 2 (9 février 1794). — Décret qui proroge le comité de salut public. (B. 39, 187.)

---

21 PLUVIOSE an 2. — Assignats. *Voy.* 20 PLUVIOSE an 2. — Chefs de légion, etc.; Commandans de vaisseaux; Marine. *Voy.* 14 PLUVIOSE an 2.

---

22 PLUVIOSE an 2 (10 février 1794). — Décret relatif à la remise des armes dans les départemens qui ont participé à la révolte de la Vendée. (L. 17, 377; B. 39, 197.)

---

22 PLUVIOSE an 2 (10 février 1794). — Décrets d'ordre du jour sur l'établissement d'arbitres dans les contestations relatives aux successions, la résiliation des baux de domaines nationaux, la révision des jugemens des ci-devant justices seigneuriales et l'émigration. (B. 39, 192, 193, 197 et 198.)

---

22 PLUVIOSE an 2 (10 février 1794). — Décret qui lève la suspension à l'exécution des jugemens au profit du citoyen Thuin. (B. 39, 198.)

---

22 PLUVIOSE an 2 (10 février 1794). — Décrets qui accordent des secours aux citoyens Chabod, Raguet, Ducret, Touré, à la citoyenne Venaisse et à la veuve Normand. (B. 39, 189, 190 et 191.)

---

22 PLUVIOSE an 2 (10 février 1794). — Décret relatif au remboursement de la dette constituée de Commune-Affranchie (Lyon). (L. 17, 378; B. 39, 193.)

---

22 PLUVIOSE an 2 (10 février 1794). — Décret pour accélérer le jugement de Pierre et Anne Grelot. (B. 39, 192.)

---

22 PLUVIOSE an 2 (10 février 1794). — Décret relatif à la remise des pièces concernant le citoyen Magenthies. (B. 39, 192.)

---

22 PLUVIOSE an 2 (10 février 1794). — Décret qui conserve au citoyen Callé ses appointemens. (B. 39, 188.)

---

22 PLUVIOSE an 2 (10 février 1794). — Décret relatif au transfert des bureaux des affaires étrangères dans la maison Beaujon. (B. 39, 188.)

---

22 PLUVIOSE an 2 (10 février 1794). — Décret qui charge le ministre de la guerre de faire

parvenir au citoyen Boidelavant la feuille de route qu'il réclame pour retourner chez lui. (B. 39, 188.)

22 PLUVIOSE an 2 (10 février 1794). — Décret additionnel à celui du 21 pluviose, qui accorde des secours aux défenseurs de la patrie et à leurs familles. (B. 39, 189.)

22 PLUVIOSE an 2 (10 février 1794). — Décret qui surseoit à la procédure commencée contre Armand Du Couédic, prévenu d'émigration. (B. 39, 197.)

22 PLUVIOSE an 2 (10 février 1794). — Décret relatif à Jean-Gilles Calvet, dit Seveli, boulanger à Pamiers, convaincu, de son propre aveu, d'avoir quitté le territoire français. (B. 39, 198.)

22 PLUVIOSE an 2 (10 février 1794). — Décret qui destitue le citoyen Giraud de la place d'architecte du département de Paris. (B. 39, 199.)

22 PLUVIOSE an 2. — Recueil des actions héroïques. *Voy.* 13 NIVOSE an 2.

23 = 25 PLUVIOSE an 2 (11 = 13 février 1794). — Décret relatif aux personnes qui jouissent des pensions accordées par les ci-devant municipalités ou corps administratifs. (L. 17, 384; B. 39, 202.)

Art. 1er. Les décrets précédemment rendus pour procurer aux pensionnaires de la République des secours, en attendant que leurs pensions soient liquidées, notamment ceux des 3=22 août 1790, 20=25 février, 2=20 juillet 1791 et 20=28 juillet 1792, sont applicables aux personnes qui jouissaient des pensions accordées par les ci-devant municipalités ou corps administratifs, en vertu des délibérations légalement autorisées, et auront leur exécution à leur égard dans les mêmes termes et aux mêmes conditions.

2. Le directeur général de la liquidation est en conséquence autorisé à faire passer à la Trésorerie nationale les états nominatifs, de lui certifiés, qu'il peut avoir par-devers lui, et ceux qui lui seront adressés par la suite des pensionnaires ci-dessus désignés, pour les mettre dans le cas de recevoir les secours provisoires pour 1790, 1791, 1792 et 1793, en justifiant qu'ils n'ont rien reçu pour chacune desdites années, et à la charge par eux de se conformer à tout ce qui a été prescrit jusqu'à ce jour pour tous les pensionnaires de l'État.

23 PLUVIOSE an 2 (11 février 1794). — Décrets d'ordre du jour relatifs à la citation des représentans comme temoins, et aux peines encourues pour acceptation de rétributions ou gratifications en nature. (B. 39, 205 et 206.)

23 PLUVIOSE an 2 (11 février 1794). — Décret de renvoi de la pétition de la citoyenne Hyvert. (B. 39, 200.)

23 PLUVIOSE an 2 (11 février 1794). — Décret de mention honorable de l'offrande du citoyen Boyer. (B. 39, 201.)

23 PLUVIOSE an 2 (11 février 1794). — Décret qui traduit Machaut et Lenfant au tribunal révolutionnaire. (B. 39, 201.)

23 PLUVIOSE an 2 (11 février 1794). — Décrets qui accordent une pension au citoyen Dutaillis, et une gratification à la citoyenne J. Perrin. (B. 39, 203.)

23 PLUVIOSE an 2 (11 février 1794). — Décret qui suspend la vente des gros bois de la Tour. (B. 39, 204.)

23 PLUVIOSE an 2 (11 février 1794). — Décret relatif à l'incorporation des citoyens de la première réquisition. (B. 39, 204.)

23 PLUVIOSE an 2 (11 février 1794). — Décrets qui accordent un congé aux députés Delecloy et Lecointre. (B. 39, 199.)

23 PLUVIOSE an 2 (11 février 1794). — Décret relatif à la gravure du tableau représentant la bataille d'Honscoot. (B. 39, 200.)

23 PLUVIOSE an 2 (11 février 1794). — Décret relatif à la pétition du citoyen Delorge, peintre en batailles. (B. 39, 201.)

23 PLUVIOSE an 2 (11 février 1794). — Décret portant que la citoyenne Riquetti Mirabeau, ex-religieuse, a la faculté d'exercer ses droits sur la succession de son père et de son frère. (B. 19, 203.)

23 PLUVIOSE an 2. — Baux des bois et forêts. *Voy.* 8 PLUVIOSE an 2. — Certificats de résidence. *Voy.* 39 PLUVIOSE an 2.

24 PLUVIOSE = 3 VENTOSE an 2 (12 = 25 février 1794). — Décret relatif aux secours accordés aux familles des marins employés sur les bâtimens de commerce frétés au nom de l'État. (L. 17, 390; B. 39, 209.)

La Convention nationale, après avoir entendu son comité de marine et des colonies, décrète que les dispositions du décret du 4 mai 1793 (vieux style), qui accorde des secours aux familles des militaires de toutes les armes et des marins employés sur les vaisseaux de la République, seront applicables aux familles des marins employés sur les bâtimens de commerce frétés aux noms et aux appointemens de la République.

24 PLUVIOSE an 2 (12 février 1794). — Décret de mention honorable des soldats prisonniers près le tribunal militaire de Chauvin-Dragon. (L. 17, 385; B. 39, 211.)

24 PLUVIOSE an 2 (12 février 1794). — Décret relatif aux réquisitions d'objets pour les armées et les établissemens publics. (L. 17, 386; B. 39, 213.)

24 PLUVIOSE an 2 (12 février 1794). — Décret qui ordonne d'élever un monument à la mémoire du général Moulins. (L. 17, 389; B. 39, 210.)

24 PLUVIOSE an 2 (12 février 1794). — Décret qui annule l'arrêté pris par le directoire du département des Landes, concernant une nouvelle circonscription des communes de ce département. (B. 39, 206.)

24 PLUVIOSE an 2 (12 février 1794). — Décret portant que la commune de Marseille conservera son nom. (B. 39, 207.)

24 PLUVIOSE an 2 (12 février 1794). — Décret qui accorde un secours de deux cents livres à la veuve du citoyen Greppin, mort à l'Hôtel des Invalides. (B. 39, 207.)

24 PLUVIOSE an 2 (12 février 1794). — Décret portant qu'il n'y a pas lieu à délibérer sur les pétitions de la citoyenne Suzanne Lagrange, veuve Plateau, et Jean Lagrange Loyal. (B. 39, 208.)

24 PLUVIOSE an 2 (12 février 1794). — Décret qui accorde cent cinquante livres de secours au citoyen Chaillou, volontaire retiré de la 4e compagnie du 5e bataillon de l'Yonne. (B. 39, 208.)

24 PLUVIOSE an 2 (12 février 1794). — Décret qui rapporte celui du 22, relatif à la translation du département des affaires étrangères dans la maison de Beaujon. (B. 39, 209.)

24 PLUVIOSE an 2 (12 février 1794). — Décret relatif au compte rendu par le député Delacroix, de sa mission dans la Belgique. (B. 39, 210.)

24 PLUVIOSE an 2 (12 février 1794). — Décret pour le transfert des écoles du génie et des mineurs, de Metz à Mézières. (B. 39, 214.)

24 PLUVIOSE an 2 (12 février 1794). — Décret sur la vente des presses d'imprimerie des succursales de la loterie, et qui met en réquisition les fondeurs de caractères de Paris. (B. 39, 212.)

25 PLUVIOSE an 2 (13 février 1794). — Décret qui accorde provisoirement le séminaire Sainte-Magloire aux instituteurs des sourds-muets. (B. 39, 215.)

25 PLUVIOSE an 2 (13 février 1794). — Décrets qui accordent une récompense à Jacqueline Piel. (B. 39, 215 et 237.)

25 PLUVIOSE an 2 (13 février 1794). — Décret qui confisque les marchandises envoyées aux villes rebelles. (L. 17, 390; B. 39, 215.)

25 PLUVIOSE an 2 (13 février 1794). — Décret qui ordonne la mise en liberté des citoyens Villot, Othelin et Genaudet. (B. 39, 216.)

25 PLUVIOSE an 2. — Général Moulins. *Voy.* 24 PLUVIOSE an 2. — Montres et pendules en divisions décimales. *Voy.* 21 PLUVIOSE an 2. — Objets pour les armées. *Voy.* 24 PLUVIOSE an 2. — Pensions accordées par les municipalités. *Voy.* 23 PLUVIOSE an 2. — Prisonniers près le tribunal de Chauvin-Dragon. *Voy.* 24 PLUVIOSE an 2. — Régiment d'artillerie légère, Viande pour les vaisseaux de l'Etat. *Voy.* 21 PLUVIOSE an 2.

26 PLUVIOSE = 28 VENTOSE an 2 (14 février 1794). — Décret qui interdit provisoirement aux créanciers particuliers de faire des saisies-arrêts ou oppositions sur les fonds destinés aux entrepreneurs de travaux pour le compte de l'Etat. (L. 17, 392; B. 39, 219; Mon. du 28 pluviose an 2.)

Voy. décrets du 13 JUIN et 12 DÉCEMBRE 1806.

Art. 1er. Les créanciers particuliers des entrepreneurs et adjudicataires des ouvrages faits ou à faire pour le compte de la nation ne peuvent, jusqu'à l'organisation définitive des travaux publics, faire aucune saisie-arrêt ni opposition sur les fonds déposés dans les caisses des receveurs de district pour être délivrés auxdits entrepreneurs ou adjudicataires (1).

2. Les saisies-arrêts et oppositions qui auraient été faites jusqu'à ce jour par les créan-

(1) Lorsqu'il existe entre l'administration publique et un entrepreneur de transports un traité déterminant le mode et le prix du transport, il faut, pour être réputé sous-traitant, avoir été substitué aux obligations de l'entrepreneur. Il ne suffirait pas de s'être chargé, pour un prix fixe, vis-à-vis de l'entrepreneur, de faire les transports auxquels celui-ci s'était engagé. —Ainsi jugé par arrêt de la cour royale de Paris, le 31 juillet 1829. Cette première question n'a pas été reproduite devant la Cour de cassation.

Le privilége de sous-traitant ne s'applique qu'au cas où il s'agit de travaux publics. Ainsi il ne pourrait être réclamé relativement à un marché avec la régie des *contributions indirectes* (Cass. 18 mai 1831; S. 31, 1, 221).

Les sous-traitans sont privilégiés pour leurs fournitures, sur les fonds dus par le Trésor

ciers particuliers desdits entrepreneurs ou adjudicataires, sont déclarées nulles et comme non avenues.

3. Ne sont point comprises dans les dispositions des articles précédens les créances provenant du salaire des ouvriers employés par lesdits entrepreneurs, et les sommes dues pour fournitures de matériaux et autres objets servant à la construction des ouvrages.

4. Néanmoins, les sommes qui resteront dues aux entrepreneurs ou adjudicataires après la réception des ouvrages, pourront être saisies par leurs créanciers particuliers, lorsque les dettes mentionnées en l'article 3 auront été acquittées.

---

26 PLUVIOSE = 29 VENTOSE an 2 (14 février 1794). — Décret sur l'organisation de l'administration des monnaies. (L. 17, 393; B. 39, 220; Mon. du 28 pluviose an 2.)

Voy. lois des 21, 19 et = 27 MAI 1791 : du 22 VENDÉMIAIRE an 4; arrêté du 10 PRAIRIAL an 11.

SECTION Ire. Des ateliers monétaires et des fonctionnaires des monnaies.

TITRE Ier. *Des ateliers monétaires.*

Art. 1er. Il n'y aura, dans toute l'étendue de la République, d'atelier monétaire qu'à Paris.

En conséquence, tous les autres hôtels des monnaies et ateliers sont supprimés.

2. La commission des subsistances et approvisionnemens fera parvenir à l'atelier monétaire les métaux destinés à la fabrication des assignats métalliques de la République, sur la demande de l'administration.

3. Il y aura dans l'atelier monétaire un inspecteur national, un sous-inspecteur, un entrepreneur de la fabrication, un contrôleur du monnayage, un inspecteur des essais, deux essayeurs, un graveur, un polisseur de carrés, un architecte, un artiste chargé de la fabrication des balances et poids d'essai, et des préposés temporaires pour surveiller la fonte des matières d'or et d'argent.

4. Les citoyens employés à l'administration ou à la fabrication des monnaies pourront seuls occuper des logemens dans l'atelier monétaire.

TITRE II. De l'administration des monnaies.

Art. 1er. La commission établie à la Monnaie de Paris par le décret du 28 septembre 1792, demeure supprimée.

2. L'administration des monnaies de la République sera provisoirement composée de cinq administrateurs.

3. Le comité de salut public présentera, dans trois jours, à la Convention nationale, la liste des citoyens qui doivent occuper les places d'administrateurs et celle d'entrepreneur de la fabrication des assignats métalliques.

4. Les administrateurs seront nommés dans la suite par le conseil exécutif.

5. L'administration sera présidée par un de ses membres, qui sera choisi tous les mois au scrutin par ses collègues.

Le président ne pourra être réélu qu'un mois après la cessation de ses fonctions de président.

6. L'administration des monnaies surveillera, dans toute l'étendue de la République, l'exécution des lois monétaires, la fabrication des monnaies ou assignats métalliques, la fonte des matières d'or et d'argent en lingots, et l'entretien de l'atelier monétaire.

Elle vérifiera le titre des matières d'or et d'argent, et en jugera le travail.

Elle nommera ou présentera les fonctionnaires des monnaies, suivant le mode prescrit par leurs articles respectifs.

Elle expédiera leurs commissions. Elle cotera et paraphera tous les registres qui seront tenus par les différens fonctionnaires de l'atelier monétaire.

7. L'administration des monnaies prendra connaissance des contraventions et négligences que pourraient commettre tous les fonctionnaires des monnaies, relativement à leurs fonctions seulement. Elle pourra les révoquer, en donnant connaissance des motifs au conseil exécutif, qui prononcera, en cas de réclamation, sur la légitimité de la révocation. Lorsque la révocation devra être suivie de destitution, l'administration fera remettre au tribunal de son arrondissement une expédition du procès-verbal qui constatera les contraventions, à l'effet d'en poursuivre le jugement.

8. Elle surveillera la fabrication des poinçons, matrices et carrés nécessaires au monnayage des espèces. Il ne pourra en être fabriqué que par ses ordres, et conformément aux décrets du Corps-Législatif.

Elle commettra un de ses membres pour être présent à la remise qui en sera faite à l'inspecteur national par le graveur. Cet administrateur visera les récépissés qui en seront délivrés par l'inspecteur national.

---

public aux entrepreneurs; ils doivent être colloqués par préférence aux autres créanciers (12 mars 1822; Cass. S. 22, 1, 230).

Les matériaux destinés à la confection d'un canal et déposés sur place, sont considérés comme déjà livrés à l'administration publique; ils sont dès lors insaisissables. Toute contestation entre l'entrepreneur et ses créanciers, relativement à ces matériaux, doit être jugée par l'autorité administrative (5 septembre 1810, décret; J. C. t. 1, p. 396).

9. Pour prévenir les inconvéniens qui pourraient résulter de la différence des réactifs et substances employés aux essais, il sera établi près de l'administration, et sous la surveillance de l'inspecteur des essais, un dépôt de ces réactifs et substances, où tous les essayeurs seront tenus de se pourvoir. La qualité desdits réactifs et substances sera vérifiée par l'inspecteur des essais, en présence de deux membres de l'administration nommés à cet effet, et il en sera dressé procès-verbal.

10. L'administration rendra compte, chaque année et toutes les fois qu'elle en sera requise, au conseil exécutif, des résultats de ses opérations : elle lui remettra, chaque trimestre, un état de la quantité des espèces qui auront été fabriquées.

11. Elle présentera tous les ans au conseil exécutif l'état du nombre des commis, secrétaires, portiers, et des frais de bureau qu'elle jugera nécessaires pour l'administration des monnaies, lequel état sera par lui arrêté et présenté au Corps-Législatif.

12. Les fonctionnaires des monnaies ne pourront s'absenter de l'atelier sans un congé par écrit de l'administration.

13. L'administration pourra employer à la fabrication et au monnayage telles machines, ou faire à celles qui y sont employées tels changemens qu'elle jugera plus économiques ou plus avantageux, après en avoir fait des essais répétés devant des artistes intelligens. Les frais de ces essais seront payés par la Trésorerie nationale, sur les mémoires visés par l'administration, de la même manière que les frais d'entretien et de réparation des machines et de l'atelier monétaire.

14. L'administration fixera les distributions des logemens destinés aux fonctionnaires des monnaies.

TITRE III. De l'inspecteur national de l'atelier monétaire.

Art. 1er. L'inspecteur national exercera la police dans l'atelier monétaire.

Le sous-inspecteur pourra remplacer l'inspecteur dans ses fonctions.

2. Il veillera principalement à ce que les réglemens qui concernent la fabrication des espèces soient exactement observés par toutes les personnes chargées de quelques fonctions relatives à cette manipulation.

3. Il sera dépositaire des clefs de la salle de délivrance et du monnayage.

4. Il sera pareillement dépositaire de l'étalon qui doit servir à la vérification des poids dont on fait usage dans l'atelier monétaire.

5. Il procédera tous les trois mois, et plus souvent s'il le juge convenable, à la vérification des poids et balances dont il sera fait usage.

6. Cette vérification se fera au moins deux fois par an, en présence de deux administrateurs. Il en sera dressé procès-verbal.

7. Il sera chargé de tous les carrés nécessaires à la fabrication; il en fera la remise au contrôleur du monnayage, après en avoir fait faire l'épreuve suivant le mode déterminé par l'administration. Il tiendra registre de l'emploi de ces carrés.

8. Il veillera à ce que les réparations à la charge des fonctionnaires soient exactement faites chaque année. Quant à celles qui seront à la charge du Trésor national, l'administration prendra les mesures nécessaires pour y pourvoir.

9. Il rendra compte à l'administration des monnaies des détails qui pourront intéresser le bien du service, et de l'exactitude des fonctionnaires dans l'exercice de leurs fonctions.

10. L'inspecteur national pourra se faire aider, au bureau de la délivrance, par des personnes qu'il choisira, à la charge de demeurer personnellement responsable du poids des pièces et de la beauté des empreintes. Il remettra tous les mois à l'administration un état du nombre des personnes employées et des pièces fabriquées. Il lui sera accordé, s'il y a lieu, une indemnité proportionnée.

11. Dans le mois de vendémiaire de chaque année, il fera difformer, en présence de deux membres nommés par le Corps-Législatif, de deux administrateurs des monnaies et du contrôleur du monnayage, les poinçons, matrices et carrés hors d'usage.

12. L'inspecteur national procédera à la vente, au plus offrant et dernier enchérisseur, en présence d'un administrateur des monnaies nommé à cet effet par l'administration, des carrés qui auront été biffés. Il en remettra le produit à la Trésorerie nationale.

13. L'inspecteur national et le sous-inspecteur seront nommés par le conseil exécutif, sur la présentation de l'administration.

TITRE IV. De l'entrepreneur de la fabrication.

Art. 1er. L'entrepreneur sera nommé par le conseil exécutif, sur la présentation de l'administration, qui lui aura préalablement fait subir un examen.

2. L'entrepreneur sera tenu de faire les alliages des assignats métalliques, conformément aux instructions de l'administration des monnaies. Il pourra employer, pour toutes les opérations relatives à la conversion des matières en flaons, tels ouvriers qu'il lui plaira choisir : il sera, par conséquent, seul responsable de la perfection de cette manipulation, sous tous les rapports.

3. La construction et l'entretien des fourneaux et ustensiles servant à la fonte seront à la charge de l'entrepreneur. Il pourvoira, à ses frais, à la dépense des réparations locatives et d'entretien, tant du logement qu'il occupera que de ses laboratoires.

4. La construction et l'entretien de toutes les machines servant à la fabrication et au monnayage, tels que laminoirs, coupoirs, balanciers, etc., les grosses réparations et l'entretien des couvertures, seront à la charge du Trésor national. L'entrepreneur sera responsable des accidens du feu.

5. Les directeurs des monnaies livreront à un commissaire nommé par l'administration des monnaies les machines servant à la fabrication. Il en sera fait estimation par un expert nommé par le commissaire, et par un autre expert nommé par le directeur. Si les deux experts ne tombent pas d'accord, le conseil exécutif en choisira un troisième. Le prix arbitré sera payé par la Trésorerie nationale.

6. L'entrepreneur sera tenu de prendre pour son compte les ustensiles et machines servant à la fonte, qui auraient appartenu à son prédécesseur, et ce, d'après l'estimation qui en sera faite par deux experts. Il en nommera un; l'autre sera choisi par le propriétaire de ces objets ou ses représentans, et il en sera choisi un troisième par l'administration, si les deux premiers ne sont pas d'accord.

7. Il se pourvoira d'ouvriers pour le monnayage; il conviendra avec eux du salaire qu'il leur paiera : à l'effet de quoi, les compagnies de monnayeurs sont et demeureront supprimées.

TITRE V. De l'inspecteur des essais.

Art. 1er. Lors de la vacance de la place d'inspecteur des essais, il y sera pourvu d'après un concours, dont les juges seront cinq chimistes choisis par l'administration, à laquelle ils feront leur rapport. Cet examen sera fait en présence d'un commissaire du conseil exécutif et de deux administrateurs.

2. L'inspecteur des essais sera chargé de surveiller les travaux des essayeurs, pour la vérification du titre des matières. Ces essais se feront dans son laboratoire.

3. Il sera admis et aura voix délibérative dans la séance de l'administration, toutes les fois qu'il y sera question d'objets concernant les essais.

TITRE VI. Des essayeurs.

Art. 1er. Lorsqu'une place d'essayeur sera vacante, l'administration instruira le public, par une affiche, du jour où le concours sera ouvert aux aspirans. Elle choisira pour juges l'inspecteur des essais et deux essayeurs, qui procéderont aux examens théoriques et pratiques, en présence de deux administrateurs. Ces examens seront publics. Les juges donneront leur avis séparément et par écrit.

2. Les citoyens qui se présenteront pour exercer les fonctions d'essayeur pour le commerce, subiront le même examen, sans concours.

3. Les essayeurs de l'atelier monétaire et ceux du commerce choisiront un poinçon qu'ils feront insculper sur trois planches de cuivre, dont l'une sera déposée aux archives nationales, la deuxième au secrétariat de l'administration des monnaies, et la troisième au greffe du tribunal de commerce de leur domicile.

4. Les uns et les autres remettront à ce même greffe copie certifiée de leur certificat de capacité.

5. Ils inscriront sur leur registre le poids et le titre des lingots qu'ils essaieront, et le nom des propriétaires. Ils ne pourront les rendre qu'après avoir apposé sur chaque lingot le numéro sous lequel il sera porté sur leur registre, et l'empreinte de leur poinçon.

6. Ils ne pourront, sous aucun prétexte, employer pour leurs opérations d'autres agens et substances que ceux dont ils seront tenus de se pourvoir au dépôt établi par l'administration. Ils seront pareillement tenus de procéder aux essais, conformément aux instructions générales qui auront été arrêtées par l'administration.

7. Les essais qui seront pour le compte du commerce seront payés au prix qui sera déterminé chaque année par le Corps-Législatif. Les essayeurs seront tenus de rendre en conséquence aux propriétaires des matières les cornets et boutons d'essai.

TITRE VII. Du graveur.

Art. 1er. Lorsqu'il y aura lieu à un remplacement du graveur, il sera ouvert un concours, dont les juges seront deux graveurs et trois peintres choisis par l'administration, à laquelle ils feront leur rapport. Cet examen sera fait en présence d'un commissaire nommé par le conseil exécutif, et de deux administrateurs.

2. Le graveur sera chargé de la fabrication des poinçons, matrices et carrés nécessaires au monnayage des espèces. Les prix en seront déterminés tous les ans par le Corps-Législatif, sur la proposition de l'administration; et il en sera payé, en représentant les récépissés qui lui auront été délivrés, lorsqu'ils seront revêtus des formalités prescrites par l'article suivant.

3. Il remettra ces carrés à l'inspecteur national, qui lui en délivrera des récépissés, après les avoir fait éprouver en sa présence.

TITRE VIII. Du polisseur des carrés.

Art. 1er. Le polisseur des carrés sera nommé par l'administration.

2. Le polisseur des carrés de l'atelier monétaire sera tenu de gratter et repolir, sans frais, les carrés, jusqu'à ce qu'ils soient reconnus hors de service par le contrôleur du monnayage et par l'inspecteur national.

TITRE IX. Du contrôleur du monnayage.

Art. 1er. L'administration nommera le ontrôleur du monnayage.

2. Le contrôleur du monnayage recevra de 'inspecteur national tous les carrés néces-aires au travail, et lui en délivrera un récé-issé. Il les lui remettra lorsqu'ils seront hors le service ou non employés.

3. Chaque matin, il recevra des mains de inspecteur national les clefs du monnayage, t il les lui rendra lorsque le travail finira.

4. Il exercera une vigilance habituelle sur s ouvriers et sur le monnayage : il donnera u polisseur les carrés à repolir.

TITRE X. De l'architecte.

Art. 1er. Lorsqu'il faudra pourvoir au rem-lacement de l'architecte, l'administration en réviendra le conseil exécutif, qui effectuera remplacement.

2. L'architecte fournira les plans et devis s constructions et réparations à faire, soit à telier monétaire, soit aux machines.

Il réglera les mémoires des ouvriers.

Tout ce travail sera fait sans aucune attri-ution particulière. Néanmoins, lorsqu'il y ura eu des constructions extraordinaires à ire, il lui sera adjugé par le conseil exécu-un paiement de ce travail, sur l'avis de dministration des monnaies.

TRE XI. De l'artiste chargé de la construction des poids et balances d'essai.

Art. 1er. L'artiste chargé de la construction s poids et balances d'essai sera nommé par dministration, sur l'avis de l'inspecteur s essais.

2. Cet artiste fournira les poids et balances ssai, et fera les réparations dont elles se-nt susceptibles. Il en sera payé sur ses mé-oires, visés par l'administration.

3. Il sera tenu de vérifier et d'étalonner s frais tous les poids et balances employés ns l'atelier monétaire, en présence d'un ministrateur, qui en dressera procès-bal.

TION II. De la vérification et de la délivrance des assignats métalliques.

Art. 1er. Lors de la présentation des flaons bureau de la délivrance par l'entrepreneur, 'inspecteur national les soupçonne de mau-se qualité, avant de les livrer au mon-age, il en remettra des échantillons à ministration, et attendra sa décision.

2. Les flaons remis au bureau des déli-nces par l'entrepreneur seront pesés en présence et celle du contrôleur du mon-age, lequel s'en chargera en recette sur registre à ce destiné, et les fera mon-er.

3. Lorsque les flaons seront monnayés, le trôleur du monnayage les rapportera au eau de délivrance; ils y seront de nou-veau pesés en masse ; et si leur poids se trouve conforme à celui exprimé par le procès-verbal de la délivrance qui lui en aura été faite, il en sera fait mention sur le registre, pour lui servir de décharge.

4. L'inspecteur national examinera les pièces de chaque fabrication, et rebutera celles qui sont défectueuses.

5. Il appellera ensuite, pour vérifier le poids légal, l'entrepreneur de la fabrication, le contrôleur du monnayage et un adminis-trateur préposé à cet effet par l'administra-tion.

6. Lorsque le poids des pièces sera jugé hors de la loi, toute la fabrication sera remise à l'entrepreneur, qui sera tenu de la refon-dre à ses frais, en présence de l'inspecteur national.

7. Après toutes ces opérations, l'inspec-teur national délivrera les pièces à l'entre-preneur, et il dressera du tout un procès-verbal qui sera signé par toutes les personnes qui y auront assisté.

L'expédition du procès-verbal sera remise à l'administration, qui en enverra un extrait à la Trésorerie nationale et à l'entrepre-neur.

SECTION III. Recette et échange des matières d'or et d'argent.

TITRE Ier. *Transport de l'or et de l'argent par la Trésorerie nationale à la Monnaie à Paris.*

Art. 1er. Il sera nommé, par le conseil exé-cutif, un caissier à la recette générale des matières d'or et d'argent, près la Monnaie à Paris.

2. Les administrateurs des monnaies nom-meront un contrôleur pour surveiller ses opé-rations.

3. L'or et l'argent, soit en lingots, soit en vaisselle, qui existent dans les caisses de la Trésorerie nationale, seront portés sans dé-lai, à la diligence des commissaires de ladite Trésorerie, à la caisse de la Monnaie à Paris, où, en présence de deux commissaires nom-més par l'administration des monnaies et du caissier général de la Trésorerie ou de son fondé de pouvoir, il en sera dressé un inven-taire détaillé, contenant le nombre des piè-ces, leur nature et leur poids.

4. L'inventaire sera fait double, et il en sera dressé procès-verbal, lequel sera signé de deux commissaires nommé par l'adminis-tration des monnaies, qui auront assisté à cette opération, ainsi que du caissier établi près de ladite Monnaie. La double expédi-tion du tout sera remise au caissier général de la Trésorerie nationale, pour décharge.

5. A fur et mesure des versemens qui se-ront faits à la Trésorerie nationale par les payeurs généraux, receveurs de district et directeurs des monnaies, des espèces et ma-tières d'or ou d'argent actuellement existant

dans leurs caisses, la remise des matières d'or et d'argent sera faite au caissier établi auprès de la Monnaie à Paris.

TITRE II. Du change à Paris et dans les districts.

Art. 1er. Le caissier tiendra le change à la Monnaie à Paris : il pourra échanger pour des assignats les matières d'or et d'argent qui seront apportées au change par les citoyens.

2. La balance du change sera tenue par un artiste balancier, choisi par l'administration des monnaies.

3. Le titre des matières apportées au change sera déterminé par la reconnaissance du poinçon, qui sera faite en présence de l'un des administrateurs par un expert ; et la valeur sera établie sur le poids et le titre reconnus, et d'après le tarif annexé au présent décret.

4. Le caissier tiendra registre de la déclaration du titre, faite par l'expert; de la déclaration du poids, faite par l'artiste balancier; de la valeur qui en résulte, et du nom du porteur.

5. Dans les districts, les matières d'or et d'argent pourront être portées chez le receveur de district, et y être échangées pour des assignats.

6. Le directoire de chaque district nommera un orfèvre, ou, à son défaut, un bijoutier, pour faire, auprès du receveur du district, la pesée de l'or et de l'argent qui lui seront apportés, et reconnaître les poinçons qui en constatent les titres.

7. Le receveur du district tiendra registre des matières qui lui seront apportées. Il inscrira le nom du propriétaire, le poids, le titre et la valeur, conformément aux tarifs annexés au présent décret. Chaque inscription sur le registre sera certifiée et signée par l'orfèvre ou le bijoutier.

8. Les directoires de district formeront un état de l'indemnité qu'ils estimeront devoir être accordée aux orfèvres et bijoutiers qu'ils emploieront. Ils l'adresseront à l'administration des monnaies, qui en rendra compte au comité des assignats et monnaies, pour, sur son rapport, y être statué par la Convention nationale.

9. Les commissaires de la Trésorerie nationale présenteront au comité des finances un état des indemnités qui doivent être accordées aux receveurs de district, pour être statué sur ces indemnités par la Convention nationale.

TITRE III. Transport des matières d'or et d'argent à Paris.

Art. 1er. Les receveurs de district adresseront, sans retard, au caissier établi près la Monnaie, tout l'or et tout l'argent provenant des échanges; ils accompagneront leurs envois d'un état détaillé du poids et du titre de chacun des objets dont ils seront composés.

2. Le caissier fournira aux receveurs de district des récépissés contenant les mêmes détails. Lesdits récépissés seront visés par un des administrateurs.

3. L'or et l'argent seront transportés à Paris, sans frais, par les voitures des messageries. Les autorités constituées fourniront la garde nécessaire pour les accompagner de brigade en brigade.

4. L'arrivée de chaque envoi à Paris sera inscrite sur un registre à ce destiné, et paraphé par un des membres de l'administration des monnaies.

5. Les directeurs des monnaies adresseront sans retard au même caissier, et avant de terminer leurs fonctions, toutes les matières d'or et d'argent. Quant aux espèces monnayées, ils les adresseront à la Trésorerie nationale. Les mêmes formalités seront observées à leur égard.

TITRE IV. Correspondance entre les receveurs de district, la Trésorerie nationale et l'administration.

Art. 1er. La Trésorerie nationale tiendra un compte séparé, par poids et valeur : 1° de tout l'or et l'argent provenant de la nation ; 2° de celui provenant des citoyens.

Elle tiendra en outre un compte général des remises faites par le caissier à l'agent national chargé de la conduite des fontes, dont il sera parlé ci-après, et du versement que ce dernier lui en aura fait. Elle tiendra aussi un compte séparé pour chaque receveur de district.

2. Pour l'exécution de l'article précédent, les receveurs de district adresseront à l'administration des monnaies, qui le transmettra à la Trésorerie nationale, un compte détaillé de leur recette, par chaque nature provenant des échanges.

Les directoires de district adresseront à l'administration et à la Trésorerie nationale un double du contrôle qu'ils auront tenu.

Le caissier général de la Trésorerie nationale enverra à l'administration des états certifiés de lui, et visés par les commissaires de la Trésorerie, des versemens qu'il aura faits au caissier de la Monnaie à Paris.

Enfin le caissier de la Monnaie remettra aux commissaires de la Trésorerie l'état certifié de ses recettes et des versemens qu'il aura faits à l'agent national chargé de la conduite des fontes.

3. Les administrateurs des monnaies adresseront aux commissaires de la Trésorerie nationale un double du contrôle qu'ils auront tenu pour les échanges.

SECTION IV. Conversion de l'or et de l'argent en lingots.

TITRE Ier. *Fonte de l'or et de l'argent.*

Art. 1er. Toutes les matières d'or et d'argent, envoyées à Paris, y seront fondues et converties en lingots.

2. Cette opération sera conduite et exécutée, sous la surveillance et responsabilité de l'administration des monnaies, par un agent national nommé par la Convention, sur la présentation du comité de salut public.

3. Le caissier de la Monnaie remettra à l'agent national chargé de la conduite des fontes l'or et l'argent, à mesure que celui-ci en aura besoin pour entretenir ses fontes. L'agent national lui en délivrera son récépissé, et le transport des matières au fourneau sera fait immédiatement et sous la surveillance de commissaires nommés par l'administration.

4. L'administration des monnaies fera fournir les fourneaux, charbon, et généralement tout ce qui sera nécessaire pour les fontes.

5. Lorsque l'argent sera entièrement fondu, on le brassera en présence d'un membre de l'administration des monnaies nommé par elle, qui en fera prendre une goutte à l'effet d'être essayée. Immédiatement après que la goutte aura été prise, la matière sera convertie en lingots.

6. Quant à l'or et au doré, ils seront convertis en lingots, et il sera pris, aux deux extrémités et au milieu de chaque lingot, une portion de matière pour servir aux essais.

TITRE II. Essai des lingots.

Art. 1er. Les matières seront essayées dans le laboratoire de l'inspecteur général des essais par deux essayeurs, qui opéreront séparément sous la surveillance de l'inspecteur général des essais, et en présence d'un membre de l'administration.

2. Si les rapports des essayeurs ne sont pas uniformes, il sera fait un troisième essai.

3. Si le troisième essai est conforme à l'un des deux premiers, le titre des matières sera fixé par leur résultat; mais, s'il diffère des deux premiers, on en fera un titre commun.

4. Les essais seront faits par les essayeurs de la Monnaie, sans autres frais que ceux des agens employés dans les opérations. Néanmoins l'administration pourra employer d'autres essayeurs, lesquels seront payés par vacations, d'après le prix qui sera déterminé par la Convention nationale.

5. Les lingots d'argent provenant d'une même fonte seront paraphés par l'un des essayeurs, au titre résultant de l'essai fait à la goutte.

Les lingots d'or et de doré seront paraphés au titre résultant de l'essai.

Chaque lingot portera un numéro et la désignation de son poids.

6. Les travaux pour la fonte et le départ seront surveillés par des préposés nommés par l'administration des monnaies.

7. Le poids d'essai pour l'or sera de huit dix-millièmes de grave : ce poids sera divisé en mille parties, représentant des millièmes de grave.

8. Le poids d'essai pour l'argent sera de treize dix-millièmes de grave : il sera aussi divisé en mille parties.

9. Le procès-verbal d'essai sera joint au bordereau de la délivrance des lingots.

TIT. III. Dépôt, garde et comptabilité des lingots.

Art. 1er. Tous les lingots d'or et d'argent, gravés d'un numéro correspondant à celui de l'enregistrement, seront remis à la Trésorerie nationale pour y être conservés.

2. Les commissaires de la Trésorerie nationale tiendront registre de tous les lingots d'or et d'argent qui y seront déposés. Ils en feront imprimer et distribuer le tableau, chaque mois, aux membres de la Convention nationale.

SECT. V. Fonte des galons et dédorure du cuivre.

Art. 1er. Les galons appartenant à la nation, et qui sont destinés à la fonte, seront remis par l'administration des domaines nationaux et autres dépositaires à celle des monnaies. La pesée en sera faite, et le poids inscrit sur un registre.

2. Les galons seront brûlés par l'agent national à la conduite des fontes, en présence de deux préposés; l'un nommé par la Trésorerie nationale, et l'autre par l'administration des monnaies.

3. Lorsqu'ils auront été brûlés, ils seront fondus par le même agent national.

4. Les clefs de l'atelier seront remises, toutes les fois que le travail cessera, à l'inspecteur national.

5. L'essai des lingots provenant de la fonte sera fait de la manière prescrite par les différens articles du titre II de la section IV, après avoir rempli les formalités prescrites par les articles 5 et 6 du titre Ier de la même section.

6. Les lingots paraphés et numérotés seront remis à la Trésorerie nationale.

7. Les cendres provenant des opérations de la fonte seront réunies en un lieu sûr, dont la clef sera conservée par l'inspecteur national, pour être ensuite traitées selon l'art.

8. Les cuivres seront dédorés et désargentés par l'agent national à la conduite des fontes.

SECTION VI. Des salaires attribués aux fonctionnaires des Monnaies, et des frais d'administration, de fonte et de fabrication.

Art. 1er. Le traitement des fonctionnaires des monnaies demeure fixé ainsi qu'il suit :

Chaque administrateur, par an, six mille livres; l'inspecteur national, quatre mille livres; le sous-inspecteur national, deux mille quatre cents livres; le contrôleur du monnayage, deux mille quatre cents livres; le polisseur des carrés, dix-huit cents livres; l'inspecteur des essais, cinq mille livres;

deux essayeurs, chacun trois mille livres; l'architecte, deux mille quatre cents livres; l'agent national chargé de la conduite des fontes, six mille livres; le caissier de la Monnaie, six mille livres; le contrôleur de la caisse, quatre mille livres; l'expert vérificateur des poinçons, trois mille livres; le peseur au change, quinze cents livres.

2. Tous les salaires ci-dessus seront payés par la Trésorerie nationale, sur simples mémoires visés par l'administration.

3. Les mémoires des constructions, entretien et réparations de l'atelier monétaire, ceux des constructions, entretien et réparations des machines seront certifiés par l'inspecteur national, réglés par l'architecte, et ordonnancés par l'administration.

4. Chaque année, l'administration présentera au conseil exécutif, qui les proposera au Corps Législatif : 1° l'état des frais d'administration, tels que salaires des secrétaires, commis, garçons de bureau, balayeurs, portiers des ateliers, frais de bureau ; 2° le prix des poinçons et carrés; 3° les frais de fabrication; 4° les frais de monnayage.

5. L'administration des monnaies présentera un aperçu des dépenses nécessaires pour l'exécution du présent décret.

6. Il sera fait incessamment, sous la surveillance de six commissaires de la Convention nationale, et en présence de l'administration des monnaies, des expériences pour servir de base au prix qui sera fixé pour la fabrication des assignats métalliques.

Tarif du prix auquel doivent être payées au change les espèces de France, les espèces étrangères, et les autres matières d'or et d'argent.

OR.								
	TITRE			VALEUR.				
DÉNOMINATIONS DES PIÈCES.	exprimé en karats et 32es de karat.		exprimé en 1000es de celui de l'or pur.	du marc en livres, sous et deniers.			du marc en livres, décimes et centimes	du grave en livres, décimes et centimes
	kar.	32e.		liv.	s.	d.	livres.	livres.
Sequins de Venise et sequins foundoukli de Turquie . .	23	29	996	825	7	3	825,36	3,374,39
Sequins de Gênes	23	28	995	824	5	8	824,28	3,371,00
Sequins de Florence aux lis.	23	27	993	823	4	1	823,20	3,364,23
Sequins de Florence à l'effigie.	23	25	991	821	«	11	821,05	3,357,45
Sequins de Piémont à l'annonciade	23	21	986	816	14	7	816,73	3,340,51
Ducats d'Autriche, de Hongrie et de Bohême.	23	20	984	815	13	«	815,65	3,333,74
Francs à pied et à cheval, et agnelets de France. . .	23	18	982	813	9	10	813,49	3,326,96
Ducats de l'empereur, de Hambourg, de Francfort, et ducats fins de Danemarck.	23	17	980	812	8	3	812,41	3,320,19
Ducats *ad legem imperii* d'Allemagne, de Hollande, et ducats fins de Prusse . .	23	15	978	810	5	2	810,26	3,313,41
Sequins de Malte, ducats de Pologne et de Suède . .	23	13	975	808	2	«	8,10	3,303,25
Ducats à l'aigle éployée de Russie	23	11	973	805	18	10	805,94	3,296,47
Ducats de Hesse-Darmstadt, et à la croix de Saint-André de Russie	23	5	965	799	9	4	799,47	3,269,37
Sequins de Rome	22	21	944	782	4	1	782,20	3,198,22
Ecus d'or de France	22	16	937	776	16	3	776,81	3,174,50
Souverains de Flandre et Pays-Bas autrichiens, et impériales de Russie	21	31	915	758	9	5	758,47	3,099,97
Guinées d'Anglre, portugaises et millerets de Portugal.	21	30	914	757	7	10	757,39	3,096,58

OR.

DÉNOMINATIONS DES PIÈCES.	TITRE exprimé en karats et 32es de karat.		TITRE exprimé en 1000es de celui de l'or pur.	VALEUR du marc en livres, sous et deniers.			VALEUR du marc en livres, décimes et centimes	VALEUR du grave en livres, décimes et centimes.
	kar.	32e.		liv.	s.	d.	livres.	livres.
Pistoles de Genève, de Florence, et riders de Hollande	21	29	913	756	6	3	756,31	3,093,19
Pistoles d'Espagne au balancier, aux armes et à l'effigie, avant 1772	21	26	909	753	1	6	753,08	3,079,64
Pistoles du Mexique, roupies d'or du Mogol	21	25	908	751	19	11	752,00	3,076,25
Vaisselle d'or marquée de trois poinçons de Paris	21	24	906	750	18	«	750,90	3,069,48
Pièces de France de toutes fabrications avant 1726	21	22	904	748	15	2	748,76	3,062,70
Pièces de France de 24 et 48 livres fabriquées depuis 1785, et pistoles d'or de Piémont depuis 1755	21	21	902	747	13	6	747,68	3,055,93
Florins de Brunswick	21	20	901	746	12	«	746,60	3,052,54
Pistoles du Palatinat	21	18	898	744	8	10	744,44	3,042,38
Pièces de France depuis 1726 jusqu'à 1785, et pistoles de Pérou	21	17	897	743	7	3	743,36	3,030,99
Nouvelles pistoles d'Espagne, de la fabrication commencée en 1772	21	14	893	740	2	7	740,13	3,025,44
Pièces à la rose de Florence, et vieilles pistoles de Piémont	21	13	892	739	1	«	739,05	3,022,05
Albertus et écus d'or de Flandre et des Pays-Bas autrichiens	21	9	887	734	14	8	734,73	3,005,11
Ducats courans de Danemarck, onces de Naples et sequins de Tunis	20	29	871	721	15	9	721,79	2,950,90
Onces de Sicile	20	5	840	695	17	10	695,89	2,845,88
Zermahbouds de Turquie	19	21	819	678	12	7	678,63	2,774,73
Pagodes d'or des Indes, au croissant	19	13	809	670	«	«	670,00	2,740,85
Pagodes d'or des Indes, à l'étoile	19	5	798	661	7	4	661,37	2,703,58
Florins de Hanovre	18	21	777	644	2	1	644,10	2,632,43
Florins du Rhin et de Hesse Darmstadt	18	17	772	639	15	9	639,79	2,615,49
Florins du Palatinat, de Bavière et d'Anspach	18	13	767	635	9	6	635,48	2,598,55
Florins de convention, doubles et triples florins	18	6	758	627	18	6	627,93	2,568,06
Florins de Bade-Dourlach	18	5	757	626	16	10	626,84	2,564,67
Bijoux d'or marqués de trois poinçons de Paris	18	0	750	621	9	«	621,45	2,540,96

A l'égard des autres matières d'or, elles seront payées à proportion de leur titre, suivant l'évaluation ci-après, sur le pied de huit cent vingt-huit livres douze sous le marc d'or pur.

OR.

KARATS.	VALEUR		32es de karat.	VALEUR	
	du marc en livres, sous et deniers.	du marc en livres, décimes et centimes.		du marc en livres, sous et deniers.	du marc en livres, décimes et centimes.
1	34 10 6	34,53	1	1 1 7	1,08
2	69 1 «	69,05	2	2 3 2	2,16
3	103 11 6	103,58	3	3 4 9	3,24
4	138 2 «	138,10	4	4 6 4	4,32
5	172 12 6	172,63	5	5 7 11	5,40
6	207 3 «	207,15	6	6 9 6	6,48
7	241 13 6	241,68	7	7 11 1	7,55
8	276 4 «	276,20	8	8 12 7	8,63
9	310 14 6	310,73	9	9 14 2	9,71
10	345 5 «	345,25	10	10 15 9	10,79
11	379 15 6	379,78	11	11 17 4	11,87
12	414 6 «	414,30	12	12 18 11	12,95
13	448 16 6	448,83	13	14 « 6	14,03
14	483 7 «	483,35	14	15 2 1	15,10
15	517 17 6	517,88	15	16 3 8	16,18
16	552 8 «	552,40	16	17 5 3	17,26
17	586 18 6	586,93	17	18 6 10	18,34
18	621 9 «	621,45	18	19 8 5	19,42
19	655 19 6	655,98	19	20 10 «	20,50
20	690 10 «	690,50	20	21 11 7	21,58
21	725 « 6	725,03	21	22 13 2	22,66
22	759 11 «	759,55	22	23 14 9	23,74
23	794 1 6	794,08	23	24 16 4	24,82
24	828 12 «	828,60	24	25 17 10	25,89
			25	26 19 5	26,97
			26	28 1 «	28,05
			27	29 2 7	29,13
			28	30 4 2	30,21
			29	31 5 9	31,29
			30	32 7 4	32,37
			31	33 8 11	33,45
			32	34 10 6	34,53

L'argent doré ou vermeil sera payé, savoir : 4 livres de plus par marc, lorsqu'il ne sera doré que sur une face, et 10 livres de plus par marc, lorsqu'il sera doré sur toutes ses faces.

Evaluation du grave d'or à raison de son titre, le marc d'or pur étant supposé valoir 828 livres 12 sous.

OR.

	Titre.	Valeur en livres, décimes et centimes.	Titre.	Valeur en livres, décimes et centimes.	Titre.	Valeur en livres, décimes et centimes.	Titre.	Valeur en livres, décimes et centimes.
	100	338,79	18	60,98	46	155,88	74	250,71
	200	677,59	19	64,37	47	159,23	75	254,10
	300	1016,38	20	67,76	48	162,62	76	257,48
	400	1355,18	21	71,15	49	166,01	77	260,87
	500	1693,97	22	74,53	50	169,40	78	264,26
	600	2032,77	23	77,92	51	172,79	79	267,65
	700	2371,56	24	81,31	52	176,17	80	271,04
	800	2710,36	25	84,70	53	179,56	81	274,42
	900	3049,15	26	88,09	54	182,95	82	277,81
Or pur.	1000	3387,95	27	91,47	55	186,34	83	281,20
			28	94,86	56	189,72	84	284,39
	1	3,39	29	98,25	57	193,11	85	287,98
	2	6,78	30	101,64	58	196,50	86	290,36
	3	10,16	31	105,03	59	199,89	87	294,75
	4	13,55	32	108,41	60	203,28	88	298,14
	5	16,94	33	111,80	61	206,66	89	301,53
	6	20,33	34	115,19	62	210,05	90	304,92
	7	23,72	35	118,58	63	213,44	91	308,30
	8	27,10	36	121,97	64	216,83	92	311,69
	9	30,49	37	125,35	65	220,22	93	315,08
	10	33,88	38	128,74	66	223,60	94	318,47
	11	37,27	39	132,13	67	226,99	95	321,85
	12	40,66	40	135,52	68	230,38	96	325,24
	13	44,04	41	138,91	69	233,67	97	328,63
	14	47,43	42	142,29	70	237,16	98	332,02
	15	50,82	43	145,68	71	240,54	99	335,41
	16	54,21	44	149,07	72	243,93	100	338,79
	17	57,60	45	152,46	73	247,32		

Tarif du prix auquel doivent être payées les espèces de France, les espèces étrangères, et les autres matières d'or et d'argent.

ARGENT.

DÉNOMINATIONS DES PIÈCES.	TITRE exprimé en deniers et grains de fin.	TITRE exprimé en 1000es de celui de l'argent pur.	VALEUR du marc en livres, sous et deniers.	VALEUR du marc en livres, décimes et centimes	VALEUR du grave en livres, décimes et centimes.
	den. gr.		liv. s. d.	livres.	livres.
Gros écus du Palatinat. . .	11 19	983	52 10 8	52,53	214,87
Gros écus de Nassau-Weilbourg	11 17	976	52 3 3	52,16	213,34
Jetons de France, et roupies de Pondichéri.	11 10	951	50 17 3	50,86	207,88
Argenterie au poinçon de Paris, taut plate non soudée que plate soudée, et roupies du Mogol	11 9	948	50 1 6	50,68	207,22
Roupies de Madras	11 8	944	50 9 10	50,49	206,35
Roupies d'arcate des Indes.	11 7	941	50 6 1	50,30	205,69
Vaisselle montée de Paris, et philippes de Milan . . .	11 6	938	50 2 4	50,12	205,04
Vaisselle plate des départemens	11 5	934	49 18 8	49,93	204,16
Vaisselle plate soudée, et vaisselle montée des départemens.	11 3	927	49 11 3	49,56	202,63
Couronnes et shillings d'Angleterre, et vaisselle anglaise.	11 1	920	49 3 10	49,19	201,10
Ducatons de Liége	11 0	917	49 « 1	49,00	200,45
Ecus de France avant 1726, de 8, 9, 10 et 10 3/8 au marc	10 23	913	48 16 5	48,82	199,57
Ecus de banque de Gênes.	10 22	910	48 12 8	48,63	198,92
Piastres aux deux globes, Mexico et Sévillernes; écus de Rome et pièces de 8 de Florence; écus de France, demi-écus, 5es, 10es, et 20es d'écu, depuis 1726. .	10 21	906	48 9 «	48,45	198,04
Ecus de Piémont.	10 20	903	48 5 2	48,26	197,39
Ducats de Naples et écus de Suède	10 19	899	48 1 6	48,08	196,51
Piastres à l'effigie, de la fabrication commencée en 1772, et crusades de Portugal	10 18	896	47 17 10	47,89	195,85

DÉNOMINATIONS DES PIÈCES.	ARGENT. TITRE exprimé en deniers et grains de fin.	exprimé en 1000ᵉˢ de celui de l'argent pur.	VALEUR du marc en livres, sous et deniers.			du marc en livres, décimes et centimes	du grave en livres, décimes et centimes.
	den. gr.		liv.	s.	d.	livres.	livres.
Pièces de douze carlins d'Italie	10 14	882	47	3	«	47,15	192,79
Ecus de Hanovre et de Hambourg	10	875	46	15	7	46,78	191,26
Florins d'Autriche	10 11	872	46	11	10	46,59	190,61
Doubles écus de Danemarck	10 8	861	46	«	8	46,03	188,20
Ducatons et écus de Flandre et des Pays-Bas autrichiens, rixdales de Hollande, et géorgines de Gênes	10 7	85	45	17	«	45,85	187,55
Patagons de Genève	10 2	84	44	18	5	44,92	183,61
Ecus de Malte	9 23	830	44	7	3	44,36	181,43
Ecus de Brunswick, de Ratisbonne, et madouines de Gênes	9 22	826	44	3	7	44,18	80,55
Anciennes pièces de France, dites de 20 sous, 10 sous et 4 sous; rixdales et couronnes de Danemarck, et pièces de 12 tarins de Sicile	9 21	823	43	19	10	43,99	179,90
Ecus ou rixdales d'Anspach et de Bavière	9 20	819	43	16	1	43,80	179,02
Ducats de Venise	9 18	813	43	8	9	43,44	177,71
Roubles de Russie	9 11	788	42	2	9	42,14	172,26
Argenterie marquée d'un aigle, et celle marquée de la lettre *A* surmontée d'une croix	9 10	785	41	18	11	41,95	171,60
Argenterie marquée d'une scie	9 2	757	40	9	3	40,46	165,48
Florins de Mayence	8 23	747	39	18	2	39,91	163,29
Florins de Bade-Dourlak	8 21	740	39	10	9	39,54	161,76
Ecus de Lubeck, et koptuks de Hesse-Darmstadt et de Cologne	8 19	733	39	3	4	39,17	160,23
Ecus de Bareith	8 18	729	38	19	7	38,98	159,36
Florins de Meckelbourg	7 7	608	32	9	8	32,48	132,91
Piastres de Tunis	6 8	528	28	4	3	28,21	115,42

A l'égard des autres matières d'argent, elles seront payées à proportion de leur titre, suivant l'évaluation ci-après, sur le pied de cinquante-trois livres neuf sous deux deniers 234/261es le marc d'argent pur.

ARGENT.

DENIERS de fin.	VALEUR du marc en livres, sous et deniers.			VALEUR du marc en livres, décimes et centimes.	GRAINS de fin.	VALEUR du marc en livres, sous et deniers.			VALEUR du marc en livres, décimes et centimes.
	liv.	s.	d.			liv.	s.	d.	
1	4	9	1	4,45	1	«	3	9	0,19
2	8	18	2	8,91	2	«	7	5	0,37
3	13	7	4	13,37	3	«	11	2	0,56
4	17	16	5	17,82	4	«	14	10	0,74
5	22	5	6	22,28	5	«	18	7	0,93
6	26	1		26,73	6	1	2	3	1,11
7	31			31,19	7	1	6	«	1,30
8	35	1		35,64	8	1	9	8	1,48
9	40			40,10	9	1	13	5	1,67
10	44	11	«	44,55	10	1	17	2	1,86
11	49	«	2	4901	11	2	«	10	2,04
12	53	9	3	53,46	12	2	4	7	2,23
					13	2	8	3	2,41
					14	2	12	«	2,60
					15	2	15	8	2,78
					16	2	19	5	2,97
					17	3	3	1	3,15
					18	3	6	10	3,34
					19	3	10	6	3,53
					20	3	14	2	3,71
					21	3	18	«	3,90
					22	4	1	8	4,08
					23	4	5	5	4,27
					24	4	9	1	4,45

Evaluation du grave d'argent à raison de son titre, le marc d'argent étant supposé valoir 53 livres 9 sous 2 deniers 234/261es.

	ARGENT.							
	Titre.	Valeur en livres, décimes et centimes.	Titre.	Valeur en livres, décimes et centimes.	Titre.	Valeur en livres, décimes et centimes.	Titre.	Valeur en livres, décimes et centimes.
Argent pur.	100	21,86	18	3,93	46	10,06	74	16,18
	200	43,72	19	4,15	47	10,27	75	16,39
	300	65,58	20	4,37	48	10,49	76	16,61
	400	87,44	21	4,59	49	10,71	77	16,83
	500	109,30	22	4,81	50	10,93	78	17,05
	600	131,16	23	5,03	51	11,15	79	17,27
	700	153,02	24	5,25	52	11,37	80	17,49
	800	174,87	25	5,46	53	11,59	81	17,71
	900	196,73	26	5,68	54	11,80	82	17,92
	1000	210,59	27	5,90	55	12,02	83	18,14
			28	6,12	56	12,24	84	18,36
	1	0,22	29	6,34	57	12,46	85	18,58
	2	0,44	30	6,56	58	12,68	86	18,80
	3	0,66	31	6,78	59	12,90	87	19,02
	4	0,87	32	6,99	60	13,12	88	19,24
	5	1,09	33	7,21	61	13,33	89	19,45
	6	1,31	34	7,43	62	13,55	90	19,67
	7	1,53	35	7,65	63	13,77	91	19,89
	8	1,75	36	7,87	64	13,99	92	20,11
	9	1,97	37	8,09	65	14,21	93	20,33
	10	2,19	38	8,31	66	14,43	94	20,55
	11	2,40	39	8,53	67	14,65	95	20,77
	12	2,62	40	8,74	68	14,86	96	20,98
	13	2,84	41	8,96	69	15,08	97	21,20
	14	3,06	42	9,18	70	15,30	98	21,42
	15	3,28	43	9,40	71	15,52	99	21,64
	16	3,50	44	9,62	72	15,74	100	21,86
	17	3,72	45	9,84	73	15,96		

26 PLUVIOSE an 2 (14e février 1794). — Décret qui sursoit au jugement de peine de mort contre Chaudot. (B. 39, 216.)

26 PLUVIOSE an 2 (14 février 1794). — Décret relatif au brûlement d'assignats à face royale, et billets de confiance. (B. 39, 216.)

26 PLUVIOSE an 2 (14 février 1794). — Décret qui ordonne la mise en arrestation de l'agent national de la commune d'Hébécourt et de Gallie. (B. 39, 217.)

26 PLUVIOSE an 2 (14 février 1794). — Décret qui accorde des secours aux veuves Gagnery et Choquet. (B. 39, 218.)

26 PLUVIOSE an 2 (14 février 1794). — Décrets qui ordonnent l'élargissement des citoyens Coquet et Girard. (B. 39, 219 et 237.)

26 PLUVIOSE an 2 (14 février 1794). — Décret qui surseoit à la procédure contre le député Bailleul. (B. 39, 236.)

26 PLUVIOSE an 2 (14 février 1794). — Décret d'ordre du jour relatif au droit de statuer sur la mise en liberté des comptables qui justifient d'un certificat de quitus. (B. 39, 236.)

26 PLUVIOSE an 2 (14 février 1794). — Décrets qui accordent un congé aux députés Dietter et Gérard. (B. 39, 237.)

26 PLUVIOSE an 2. — Huit condamnés de Marseille. *Voy.* 19 septembre 1793.

27 = 28 PLUVIOSE an 2 (15 = 16 février 1794). — Décret qui supprime le pavillon décrété par l'Assemblée constituante, et détermine les formes du pavillon national qui le remplacera. (L. 17, 427; B. 39, 243; Mon. du 29 pluviose an 2.)

Art. 1er. Le pavillon décrété par l'Assemblée nationale constituante est supprimé.

2. Le pavillon national sera formé des trois couleurs nationales, disposées en trois bandes égales, posées verticalement, de manière que le bleu soit attaché à la gauche du pavillon, le blanc au milieu, et le rouge flottant dans les airs.

3. Les pavillons de beaupré et le pavillon ordinaire de poupe seront disposés de la même manière, en observant les proportions des grandeurs établies par l'usage.

4. La flamme sera pareillement formée des trois couleurs, dont un cinquième bleu, un cinquième blanc, et les trois cinquièmes rouges.

5. Le pavillon national sera arboré sur tous les vaisseaux de la République le premier jour de prairial; le ministre de la marine donnera en conséquence tous les ordres nécessaires.

27 PLUVIOSE = 2 VENTOSE an 2 (15 = 20 février 1794). — Décret relatif aux jugemens rendus ou à rendre contre les ecclésiastiques, en exécution du décret du 30 vendémiaire an 2. (L. 17, 428; B. 39, 239.)

La Convention nationale, après avoir entendu son comité de législation, décrète que les jugemens rendus et à rendre, en exécution du décret du 30 vendémiaire dernier, contre les ecclésiastiques, seront exécutés sans appel ni recours au tribunal de cassation.

Le présent décret sera inséré au Bulletin et envoyé sans délai au tribunal de cassation.

27 PLUVIOSE = 2 VENTOSE an 2 (15 = 20 février 1794). — Décret portant qu'aucun citoyen ne sera promu à des grades militaires s'il ne sait lire et écrire. (L. 17, 429; B. 39, 240; Mon. du 29 pluviose an 2.)

La Convention nationale décrète, après avoir entendu le rapport fait au nom de ses comités de salut public et de la guerre, qu'à compter du jour de la promulgation du présent décret, aucun citoyen ne pourra être promu aux emplois qui viendront à vaquer, depuis le grade de caporal jusqu'à celui de général en chef, dans les armées de la République, s'il ne sait lire et écrire.

27 PLUVIOSE = 2 VENTOSE an 2 (15 = 20 février 1794). — Décret relatif à l'enregistrement des procès-verbaux des délits commis dans les forêts. (L. 17, 429; B. 39, 237.)

Art. 1er. Les procès-verbaux, dressés par les gardes et autres agens forestiers, des délits commis dans les forêts, ne pourront être déclarés nuls par le défaut d'enregistrement dans les quatre jours qui auront suivi celui de leur date. La Convention déroge, quant à ce, au décret du 5 décembre 1790, relatif au droit d'enregistrement.

2. Tous les gardes et autres agens de l'administration forestière seront tenus de faire enregistrer les procès-verbaux qu'ils auront dressés des délits commis dans les forêts, dans les quatre jours qui suivront celui de leur date, à peine de vingt livres d'amende pour la première fois, et de destitution en cas de récidive.

3. Ces peines seront prononcées par les tribunaux des districts de la situation des bois, à la poursuite et diligence des agens nationaux près les mêmes districts.

27 PLUVIOSE an 2 (15 février 1794). — Décret portant qu'il n'y a pas lieu à délibérer sur une lettre du ministre de l'intérieur, qui demande l'interprétation des lois des 28 août 1792 et

10 juin dernier, sur le partage des biens communaux. (B. 39, 243; Mon. du 1er ventose an 2.)

La Convention nationale, après avoir entendu le rapport de son comité de législation sur la lettre du ministre de l'intérieur, qui demande l'interprétation des lois des 28 août 1792 et 10 juin dernier, sur le partage des biens communaux, en ce que, d'une part, l'article 8 de ladite loi autorise les communes qui justifieront avoir anciennement possédé des biens ou droits d'usage quelconques dont elles auront été dépouillées en totalité ou en partie par des ci-devant seigneurs, à se faire réintégrer dans lesdits biens ou droits d'usage, nonosbtant tous édits, déclarations, arrêts du conseil, lettres-patentes, transactions, jugemens et possessions contraires, à moins que le ci-devant seigneur ne représente un acte authentique qui constate qu'il a légitimement acheté lesdits biens;

Et que, d'une autre part, l'article 12 de la section IV de la loi du 10 juin dernier veut que la partie des communaux, possédés ci-devant, soit par des bénéficiers ecclésiastiques, soit par des monastères, communautés séculières et régulières, et à quelque titre que ce soit, appartiennent à la nation;

Considérant qu'il a été décrété le 8 août dernier que l'article 12, ci-dessus cité, ne porte aucune atteinte aux droits qui résultent aux communes, aux dispositions des lois des 25 et 28 août 1792, relatives aux droits féodaux et au rétablissement des communes dans les droits et propriétés dont elles ont été dépouillées par l'effet de la puissance féodale;

Décrète qu'il n'y a lieu à délibérer.

Le présent décret ne sera point imprimé; il sera inséré au Bulletin.

---

27 PLUVIOSE an 2 (15 février 1794). — Décret relatif à une dénonciation contre le commissaire-liquidateur. (B. 39, 238.)

---

27 PLUVIOSE an 2 (15 février 1794). — Décret de renvoi d'une pétition du sieur Guenot. (B. 39, 239.)

---

27 PLUVIOSE an 2 (15 février 1794). — Décret qui accorde des indemnités aux citoyens Châtelain et Chalmel. (B. 39, 239 et 242.)

---

27 PLUVIOSE an 2 (15 février 1794). — Décret qui maintient dans les ports les instrumens et bibliothèques relatifs à la marine. (L. 17, 425; B. 39, 238.)

---

27 PLUVIOSE an 2 (15 février 1794). — Décrets qui accordent des fonds pour confection de caissons, attelages, etc., et pour le service de la viande. (L. 17, 426; B. 39, 241.)

---

27 PLUVIOSE an 2 (15 février 1794). — Décret qui renvoie au ministre de l'intérieur la pétition des ci-devant sœurs converses de la maison de l'Enfant-Jésus, relative à des subsistances pour leur maison. (B. 39, 240.)

---

27 PLUVIOSE an 2 (15 février 1794). — Décret relatif au traitement de l'agent et des préposés à nommer pour faire le recouvrement des effets de commerce de la succession de Vandeniver, et des autres banquiers et négocians, dont les biens sont confisqués au profit de la République. (B. 39, 241.)

---

27 PLUVIOSE an 2 (15 février 1794). — Décrets d'ordre du jour relatifs à une demande du citoyen Delorge de suivre les armées en qualité de peintre, et à des motifs de cassation. (B. 39, 240, 243 et 244.)

---

28 PLUVIOSE = 2 VENTOSE an 2 (16 = 20 février 1794). — Décret relatif aux officiers hollandais employés dans les troupes françaises. (L. 17, 432; B. 39, 248; Mon. du 30 pluviose an 2.)

Art. 1er. Les légions franches étrangères étant supprimées par le décret du 21 février 1793, la capitulation faite avec les officiers hollandais employés dans ces corps ne peut plus avoir lieu.

2. Au 1er ventose, les officiers hollandais employés dans les troupes de la République seront assimilés aux officiers nationaux, et ne pourront cumuler de pension avec leur traitement.

3. Ceux desdits officiers hollandais qui sortiront du service par congé de retraite, de réforme ou de licenciement, reprendront leur pension comme par le passé, à moins qu'ils ne préfèrent celle à laquelle ils auront droit par la durée et la nature de leur service dans les armées de la République.

---

28 PLUVIOSE an 2 (16 février 1794). — Décret sur la compétence des tribunaux révolutionnaires, ou commissions extraordinaires. (L. 17, 431; B. 39, 249.)

---

28 PLUVIOSE an 2 (16 février 1794). — Décret relatif aux assignats démonétisés. (B. 39, 245.)

---

28 PLUVIOSE an 2 (16 février 1794). — Décret relatif à Pierre-François Garnier. (B. 39, 245.)

---

28 PLUVIOSE an 2 (16 février 1794). — Décret pour l'examen de l'affaire du notaire Chaudot. (B. 39, 245.)

---

28 PLUVIOSE an 2 (16 février 1794). — Décret qui adjoint plusieurs membres au comité des décrets. (B. 39, 244.)

28 PLUVIOSE an 2 (16 février 1794). — Décrets qui accordent des secours à la citoyenne Rose et aux citoyens Hector Lepetit et Caire. (B. 39, 245, 246 et 247.)

28 PLUVIOSE an 2 (16 février 1794). — Décret relatif aux créances légitimes sur la marine. (B. 39, 248.)

28 PLUVIOSE an 2 (16 février 1794). — Décret portant que les expéditions d'actes notariés, dont la citoyenne Garnier est nantie pour vérifier l'état de son enfant, vaudront en justice comme si elles étaient légalisées. (B. 39, 250.)

28 PLUVIOSE an 2 (16 février 1794). — Décret sur les pétitions des citoyennes Hovel et Mêtre. (B. 39, 250.)

28 PLUVIOSE an 2 (16 février 1794). — Décret qui accorde un congé au député Champigny-Clément. (B. 39, 247.)

28 PLUVIOSE an 2 (16 février 1794). — Décret qui charge les représentans du peuple, dans les départemens de l'Ain, de présenter à la Convention un citoyen qu'ils jugeront propre à remplir les fonctions de juge au tribunal de cassation. (B. 39, 255.)

28 PLUVIOSE an 2 (16 février 1794). — Décrets d'ordre du jour relatifs au sieur John Girard, capitaine d'un bâtiment américain; aux droits d'une fille sur les objets à elle destinés par son prétendu, mort à l'armée; aux fabricateurs de fausse monnaie étrangère; aux complices d'émeutes; aux propos inciviques; aux arrérages des rentes provenant des émigrés et remboursées à l'Etat. (B. 39, 253 à 255.)

28 PLUVIOSE an 2 (16 février 1794). — Décret qui casse un jugement du tribunal de cassation contre le citoyen Benaban. (B. 39, 251.)

28 PLUVIOSE an 2. — Dette constituée de Lyon. *Voy.* 22 PLUVIOSE an 2. — Grand-livre des propriétés territoriales. *Voy.* 8 PLUVIOSE an 2. — Pavillon national. *Voy.* 27 PLUVIOSE an 2. — Vendée. *Voy.* 22 PLUVIOSE an 2.

29 PLUVIOSE an 2 (17 février 1794). — Décret qui accorde des assignats contre de l'argent, à la commune de Grenoble. (B. 39, p. 256.)

29 PLUVIOSE an 2 (17 février 1794). — Décrets qui accordent des secours à la citoyenne Morel, à la veuve Bailly et aux citoyens T. et M. Lebrun Cujas, Journet, Maréchal, Thiénard, Monceaux et Ponsard. (B. 39, 256, 259 et 261.)

29 PLUVIOSE an 2 (17 février 1794). — Décret qui accorde des subsistances à la commune de Mont-Maraud. (B. 39, 256.)

29 PLUVIOSE an 2 (17 février 1794). — Décret d'ordre du jour sur les prises. (B. 39, 257.)

29 PLUVIOSE an 2 (17 février 1794). — Décret de liquidation de divers offices de finance. (B. 39, 257 et 258.)

29 PLUVIOSE an 2 (17 février 1794). — Décret relatif à l'exécution du jugement contre Chaudot. (B. 39, 258.)

29 PLUVIOSE an 2 (17 février 1794). — Décret qui admet comme député le citoyen Danjou. (B. 39, 258.)

29 PLUVIOSE an 2 (17 février 1794). — Décret qui rectifie l'art. 14 de celui du 14 de ce mois, en ce qui concerne le citoyen Demouceaux. (B. 39, 263.)

29 PLUVIOSE an 2 (17 février 1794). — Décret relatif à l'habillement des charretiers et employés des charrois et de l'artillerie. (B. 39, 259.)

29 PLUVIOSE an 2 (17 février 1794). — Décrets qui accordent des pensions aux citoyens Baud, Meissonner-Valcroissant et à la veuve Gouaille. (B. 39, 262 et 263.)

29 PLUVIOSE an 2. — Gagistes, etc., de la liste civile. *Voy.* 19 PLUVIOSE an 2. — Officiers embarqués. *Voy.* 26 PLUVIOSE an 2.

30 = 30 PLUVIOSE an 2 (18 = 18 février 1794). — Décret additionnel à celui du 8 pluviose an 2, sur les idiômes étrangers et l'enseignement de la langue française. (L. 17, 433; B. 39, 266.)

La Convention nationale, après avoir entendu le rapport de son comité de salut public, décrète, comme article additionnel au décret du 8 pluviose présent mois, sur *les idiômes étrangers et l'enseignement de la langue française,* qu'il sera établi un instituteur de la langue française dans chaque commune de la partie du département de la Meurthe dont les habitans parlent un idiôme étranger, et dans les communes du département des Pyrénées-Orientales qui parlent exclusivement un idiôme catalan.

Ces nominations seront faites de la même manière et dans le délai prescrit pour les départemens des Haut et Bas-Rhin, de la Moselle, et autres dénommés audit décret.

30 PLUVIOSE = 7 VENTOSE an 2 (18 = 25 février 1794). — Décret relatif aux étapes. (B. 39, 265; Mon. du 2 ventose an 2.)

Art. 1er. Les préposés aux étapes continueront leur service et les fournitures nécessaires jusqu'au 1er floréal prochain; leurs soumissions et celles de leurs cautions auront le même effet, pour cette prolongation de service, que si elles avaient été consenties jusqu'au 1er floréal.

2. En cas de décès ou d'absence d'un préposé et de sa caution, les administrateurs des subsistances militaires feront procéder à des adjudications publiques du service des étapes pour trois mois, devant les officiers municipaux des lieux destinés aux logemens militaires et au passage des troupes, et ils adresseront, dans le mois, au comité de l'examen des marchés, des expéditions de ces adjudications.

3. Les directoires de district et les municipalités concourront de tout leur pouvoir à assurer l'exécution du service des étapes, de la même manière et par les mêmes moyens autorisés par la loi que pour les autres parties du service des subsistances militaires, auquel celui des étapes a été réuni.

---

30 PLUVIOSE an 2 (18 février 1794). — Décret qui ordonne l'impression de l'annuaire du cultivateur. (L. 17, 454; B. 39, 264.)

---

30 PLUVIOSE an 2 (18 février 1794). — Décret relatif au paiement des dépenses de l'administration des eaux de Paris. (B. 39, 263.)

---

30 PLUVIOSE an 2 (18 février 1794). — Décret qui renvoie au représentant du peuple Duroi la pétition du citoyen Jacques Gaucherot. (B. 39, 264.)

---

30 PLUVIOSE an 2 (18 février 1794). — Décret relatif à l'ouverture des cours publics qui vont commencer le 1er ventose prochain, pour apprendre aux citoyens appelés de toutes les parties de la République, à fabriquer en trois décades le salpêtre, la poudre et les canons. (B. 39, 265.)

---

30 PLUVIOSE an 2 (18 février 1794). — Décret relatif à la pétition du citoyen Sainclelette. (B. 39, 266.)

---

30 PLUVIOSE an 2 (18 février 1794). — Décret portant que le rapport sur la fête de l'abolition de l'esclavage sera imprimé. (B. 39, 266.)

1er = 9 VENTOSE an 2 (19 = 27 février 1794). — Décret qui déclare celui du 10 frimaire an 2, sur les domaines aliénés, applicable aux droits d'étal à boucher, et autres priviléges de marchands suivant la cour. (L. 17, 435; B. 40, 7.)

Art. 1er. Les dispositions des articles 15 et 46 du décret du 10 frimaire dernier sur les domaines aliénés, sont et demeurent applicables aux droits d'étal à boucher et priviléges des bouchers, et autres marchands et artisans dits *suivant la cour.*

2. En conséquence, dans le cas où les titres d'aliénation de domaines comprendraient aucun de ces droits ou priviléges supprimés sans indemnité, les experts exprimeront dans leur procès-verbal et détermineront la valeur pour laquelle ils sont entrés dans lesdites aliénations.

3. Les propriétaires de ces droits et priviléges ne seront point admis à la liquidation. Ils seront tenus de se conformer aux dispositions du décret du 9 brumaire dernier, pour la remise et la coupure de leurs titres, dans le délai de quatre décades, à compter de ce jour, et sous les peines portées par ledit décret.

1er VENTOSE an 2 (19 février 1794). — Décret relatif au paiement des inspecteurs des charrois. (L. 17, 436; B. 40, 8.)

1er VENTOSE an 2 (19 février 1794). — Décret qui accorde un congé aux députés Poullain-Grandpré, Boucheron et Escudier. (B. 40, 1.)

1er VENTOSE an 2 (19 février 1794). — Décret qui admet comme député le citoyen Arrighy. (B. 40, 1.)

1er VENTOSE an 2 (19 février 1794). — Décret relatif à l'offrande de deux tableaux du citoyen Robert et à son élargissement. (B. 40, 2.)

1er VENTOSE an 2 (19 février 1794). — Décrets qui accordent des secours à la citoyenne Hamé, à la veuve Gallée et au citoyen Adam. (B. 40, 3 et 8.)

1er VENTOSE an 2 (19 février 1794). — Décret qui annule l'adjudication de la maison presbytérale de Vaux, au citoyen Bourdon. (B. 40, 3.)

1er VENTOSE an 2 (19 février 1794). — Décrets d'ordre du jour relatifs aux liquidations d'offices de courtiers, aux instances pendantes, aux commissions du ci-devant conseil. (B. 40, 4.)

1er VENTOSE an 2 (19 février 1794). — Décret qui accorde douze cents livres d'avance au citoyen Jean-François Bureau. (B. 40, 2.)

1er VENTOSE an 2 (19 février 1794). — Décret qui nomme le citoyen Sibuet membre du tribunal de cassation. (B. 40, 4.)

1er VENTOSE an 2 (19 février 1794). — Décret qui destitue le citoyen Froidure. (B. 40, 5.)

1er VENTOSE an 2 (19 février 1794). — Décret relatif à la présentation d'un tableau pour l'indemnité d'étape des officiers. (B. 40, 7.)

---

2 VENTOSE an 2 (20 février 1794). — Décret relatif aux députés assignés comme témoins dans les affaires dont ils auraient été rapporteurs. (B. 40, 10.)

2 VENTOSE an 2 (20 février 1794). — Décret qui surseoit à l'exécution du jugement contre le citoyen Bouillet. (B. 40, 9.)

2 VENTOSE an 2 (20 février 1794). — Décrets qui accordent des congés aux députés Laplanche et Himbert. (B. 40, 10.)

2 VENTOSE an 2 (20 février 1794). — Décret relatif à la translation des bureaux des affaires étrangères dans la maison Gallifet. (B. 40, 10.)

3 = 5 VENTOSE an 2 (21 = 23 février 1794). — Décret relatif aux receveurs des loteries supprimées. (L. 17, 437; B. 40, 27.)

Art. 1er. Les receveurs des loteries supprimées seront payés des intérêts de leurs cautionnemens qui leur seront dus jusques et compris le 30 frimaire dernier, date de leur suppression, et ces intérêts seront joints à la somme à laquelle leur liquidation sera fixée.

2. Les intérêts du capital auquel sera portée leur liquidation (déduction faite des débets) leur seront alloués jusqu'au jour du décret qui aura statué sur ladite liquidation.

3. Les receveurs qui n'ont pas soldé la partie de leurs débets excédant le montant de leur cautionnement sont déchus de tous intérêts.

Ceux contre lesquels il a été ci-devant décerné des contraintes ne recevront les intérêts de leurs cautionnemens que jusqu'à concurrence de la portion qui en sera restée libre à la date desdites contraintes.

4. Lesdits receveurs seront tenus de joindre au certificat de non-opposition des conservateurs des oppositions des finances un semblable certificat, qui leur sera délivré sans frais par le préposé à la réception des oppositions formées sur la ci-devant administration des loteries à Paris.

3 = 6 VENTOSE an 2 (21 = 24 février 1794). — Décret qui établit un nouveau mode de paiement des frais d'administration à la charge du Trésor public. (L. 17, 438; B. 40, 25.)

Art 1er. A compter de ce jour, les payeurs de la Trésorerie nationale ne pourront remettre des sommes en masse pour l'acquittement en détail de dépense à la charge du Trésor public, à aucun chef de bureau et autre intermédiaire quelconque, pour les dépenses à acquitter à Paris, que sur des états émargés de chacune des parties prenantes auxquelles lesdites sommes devront être distribuées.

2. Sont exceptées de la disposition ci-dessus les sommes fixes attribuées aux chefs d'administrations et de bureaux, pour subvenir aux frais de chauffage, lumières, papiers, et autres fournitures nécessaires au service des bureaux: lesdites sommes fixes pourront être payées sur la seule quittance desdits chefs, lesquels demeureront personnellement responsables envers les divers fournisseurs de l'acquittement entier de leurs fournitures, sans que lesdits fournisseurs puissent, en aucun cas, exercer de recours contre le Trésor public pour raison des fournitures qu'ils auront faites.

3. Les administrations et établissemens publics dont les dépenses sont à la charge du Trésor national, feront payer en détail à la Trésorerie nationale celles desdites dépenses qui sont payables à Paris, par des mandats particuliers que les chefs desdites administrations et établissemens expédieront sur les payeurs de ladite Trésorerie, en conformité des états de distribution qui auront été arrêtés et ordonnancés par les ministres pour leurs départemens respectifs.

4. En conséquence de l'article précédent, à Paris, tous payeurs ou caissiers des administrations ou établissemens publics qui tirent leurs fonds directement du Trésor national sont supprimés à compter du 1er germinal, la Trésorerie nationale demeurant chargée de subvenir en détail à toutes les dépenses desdites administrations ou établissemens qui se paient à Paris. Les commissaires de la Trésorerie nationale feront les dispositions nécessaires pour que le service n'éprouve aucun retard.

5. Tous les chefs d'administration, chefs de bureaux, caissiers et autres agens intermédiaires qui, depuis le 1er juillet 1791, époque de l'établissement de la Trésorerie nationale, ont reçu à ladite Trésorerie, sur leur seule quittance, des sommes destinées à être distribuées en détail, seront tenus de rapporter, dans le délai de deux mois, aux payeurs de ladite Trésorerie, les états émargés ou les quittances de ceux qui ont dû participer à la distribution desdites sommes, sauf l'exception portée par l'article 2.

6. Les commissaires de la Trésorerie nationale tiendront la main à l'exécution de l'article précédent, et en dénonceront l'inexécution au comité des finances.

3 = 16 VENTOSE an 2 (21 février = 6 mars 1794). — Décret relatif au service des armées et des hôpitaux militaires. (L. 17, 440; B. 40, 15.)

Voy. arrêtés du 4 GERMINAL an 8 et 9 FRIMAIRE an 12.

TITRE Ier. Des bases générales du service de santé des armées et des hôpitaux militaires.

SECTION Ire. *Des droits des militaires en maladie.*

Les militaires de toutes les armes, ainsi que les citoyens employés au service des armées, seront traités de leurs maladies dans les hôpitaux militaires.

SECTION II.

Pour subvenir aux dépenses de ce traitement, des fonds seront mis à la disposition du conseil exécutif provisoire, par décret du Corps-Législatif.

SECTION III. De la direction de surveillance du service de santé.

Tous les établissemens militaires de santé continueront provisoirement d'être formés, composés et entretenus par le conseil exécutif provisoire; les approvisionnemens et la direction continueront d'être confiés à des administrateurs régisseurs. La surveillance générale du service relatif aux malades ou à l'exercice de toutes les parties de l'art de guérir, appartiendra à une commission de santé, sous les ordres du conseil exécutif provisoire.

SECTION IV. Des présentations et nominations.

Art. 1er. Toutes places d'officiers de santé attachées aux troupes de la République seront conférées provisoirement par le conseil exécutif, sur la présentation de la commission de santé, et d'après les formes et conditions qui seront prescrites par le réglement.

2. Le comité de la guerre, après avoir pris l'avis de la commission de santé, fera un rapport à la Convention nationale sur les nominations provisoires des officiers de santé faites par les représentans du peuple, pour être statué par la Convention comme il appartiendra.

Aucune autre nomination provisoire quelles que l'urgence du service aurait nécessitées aux armées et dans les hôpitaux militaires, ne sera définitive que par la confirmation du conseil exécutif provisoire, d'après le rapport motivé de la commission de santé.

SECTION V. Du nombre des officiers de santé.

Art. 1er. Il sera attaché à chaque armée un chirurgien, un médecin et un pharmacien en chef; lorsque la force de l'armée l'exigera, il pourra y en avoir deux pour chaque partie.

2. Le nombre des officiers de santé de diverses classes qui seront jugés nécessaires au service de l'armée sera déterminé par le conseil exécutif provisoire, sur le rapport de la commission de santé, en raison de la force de l'armée, de sa position, du nombre et de la distance de ses établissemens.

3. Dans les hôpitaux militaires fixes, le nombre des officiers de santé sera proportionné à la force ordinaire ou accidentelle de la garnison. Les fonctions des uns et des autres seront déterminées par le réglement.

SECTION VI. Des alimens, médicamens et fournitures.

Art. 1er. Les alimens et les remèdes pour les hôpitaux militaires de tout genre continueront d'être en administration.

2. Les fournitures seront données à l'entreprise et par adjudication publique au rabais.

3. Chaque malade sera seul dans un lit, et les lits seront séparés les uns des autres par un intervalle de deux pieds et demi au moins.

4. Le réglement fixera, pour les malades, la proportion et les qualités des alimens.

TITRE II. Du nombre et de l'espèce des hôpitaux militaires, de leurs localités et de leur police.

SECTION Ire. *De la division des hôpitaux militaires.*

Art. 1er. Les hôpitaux militaires seront divisés en hôpitaux fixes et collectifs pour les malades de toutes les armes, tant de la garnison qu'externes, et en hôpitaux ambulans à la suite des armées.

2. Les hôpitaux fixes seront distingués en hôpitaux de première, de seconde et troisième classe, selon la force ordinaire des garnisons.

SECTION II. Des hôpitaux d'instruction.

Des cours d'instruction seront établis dans les hôpitaux dont la position paraîtra convenable, d'après l'avis motivé de la commission de santé et les ordres du conseil exécutif provisoire.

SECTION III. Des officiers militaires fixes.

Art. 1er. Dans toutes les places de guerre et de garnison où l'hôpital civil n'aurait ni l'étendue ni les ressources nécessaires pour traiter les militaires séparément, sans préjudicier au service des citoyens, il sera établi un hôpital militaire fixe.

2. Les officiers de santé de tout hôpital civil où seront reçus des militaires auront droit à une indemnité proportionnée au nombre des malades qu'ils auront soignés, laquelle, sur l'avis motivé des corps administratifs et du commissaire des guerres, leur sera allouée par le conseil exécutif.

SECTION IV. Des hôpitaux ambulans à la suite des armées.

Il sera établi à la suite de chaque armée et de ses divisions un hôpital ambulant, qui formera autant de divisions que le comporteront la force de l'armée, sa position, la saison et la nature du pays, enfin la circonstance de guerre, dont les besoins seront évalués par le général de l'armée, le commissaire général, les officiers de santé en chef et l'administrateur attaché à l'armée.

SECTION V. Des hôpitaux pour les vénériens et les galeux.

Il sera formé, à la suite de chaque armée, des établissemens spécialement et exclusivement consacrés à recevoir les vénériens et les galeux.

SECTION VI. Des hôpitaux d'eaux minérales.

Les militaires seront admis dans les hôpitaux militaires et civils établis auprès des eaux minérales de la République.

SECTION VII.

Art. 1er. Aucun changement de distribution dans les hôpitaux fixes n'aura lieu sans que le besoin n'en ait été reconnu par les officiers de santé en chef, les administrateurs, les commissaires des guerres chargés de la police, et les ingénieurs de la place. Le conseil exécutif ne donnera des ordres que sur le vu du procès-verbal qui constatera les avis et les motifs de chacun. La Convention nationale déroge formellement à toutes les lois antérieures en ce qu'elles peuvent contenir de contraire à cette disposition.

2. Aucune nouvelle construction ne pourra avoir lieu que par décret du Corps-Législatif.

3. Les conditions exigées dans l'article 1er auront lieu pour l'établissement des hôpitaux de garnison fixes à la suite des armées; mais, dans ce cas, les ordres seront donnés par le commissaire général de l'armée.

SECTION VIII.

Art. 1er. Il y aura dans chaque hôpital fixe un comité de surveillance d'administration, composé de deux officiers municipaux, de deux membres du comité de surveillance du lieu où sera situé l'hôpital, et du commandant temporaire: les officiers de santé en chef, les commissaires des guerres et le directeur seront appelés chaque fois à ce comité pour donner les renseignemens qu'il requerra d'eux.

2. Les fonctions du comité de surveillance d'administration seront déterminées par le réglement.

SECTION IX. De la police des établissemens militaires de santé.

Art. 1er. La police supérieure des établissemens de santé appartiendra, dans chaque armée, à un commissaire-ordonnateur, et, sous lui, à un commissaire ordinaire, qui seront chargés uniquement de la police des hôpitaux, sous la surveillance du commissaire-ordonnateur en chef. Il en sera de même dans les divisions militaires. Ces commissaires se concerteront avec les officiers de santé en chef, pour que l'exercice de la police se concilie avec le bien du service de santé.

2. La police et la surveillance de tous les détails intérieurs du service et d'administration dans chaque hôpital seront confiées au comité de surveillance et d'administration.

TITRE III. Des officiers de santé, des employés et des sous-employés.

SECTION Ire. *De la classification des officiers de santé, et de leurs fonctions.*

Art. 1er. Il sera formé trois classes de chirurgiens, trois de pharmaciens et une de médecins.

2. Cette classification fixée, d'après le concours et les conditions du réglement, par le mérite personnel, la nature et l'ancienneté du service, déterminera aussi les appointemens, qui seront attachés au grade, et non à la place que les officiers de santé occuperont.

3. Les officiers de santé en chef des armées auront, chacun dans leur partie, la police relative aux officiers de santé, leurs collaborateurs.

Dans chaque hôpital, soit ambulant soit fixe, les officiers de santé en chef auront le même droit, et exerceront le même devoir de police et de surveillance sur leurs subordonnés, les premiers étant responsables du service des autres.

4. Les fonctions de tous les officiers de santé seront exprimées dans le réglement.

SECTION II. Des employés et des sous-employés.

Art. 1er. Il sera organisé un corps d'infirmiers et de sous-employés pour chaque armée. On portera de la sévérité dans leur choix. Il seront tirés, autant qu'il sera possible, des hôpitaux militaires fixes et des hôpitaux civils.

2. Ils seront partagés en deux classes. On les engagera aux armées pour tout le temps de la guerre, et pour trois ans dans les hôpitaux fixes : leurs devoirs et leurs fonctions seront déterminés dans le réglement.

TITRE IV. Des appointemens.

Art. 1er. Les appointemens de tous les officiers de santé seront fixés conformément au tableau annexé au présent décret.

2. Les appointemens des sous-employés et infirmiers y seront également spécifiés. Ceux-ci auront, outre leurs gages, la nourriture équivalente, par jour, à la ration d'un convalescent, et il leur sera donné chaque année deux habits, qui seront uniformes et déterminés par le réglement.

3. Les appointemens seront acquittés tous les mois, indépendamment des rations attribuées aux officiers de santé dans les armées.

TITRE V. De l'uniforme.

L'uniforme des officiers de santé sera déterminé d'après le décret qui doit fixer définitivement les uniformes de tous les corps militaires.

TITRE VI. De l'administration ou régie.

§ Ier. *Des administrateurs.*

Art. 1er. L'administration économique des hôpitaux, tant ambulans que fixes, continuera provisoirement d'être confiée par le conseil exécutif à des citoyens comptables et salariés.

2. Leur nombre ne pourra excéder celui de quatre.

3. Le comité de la guerre présentera, dans le plus court délai, un nouveau mode d'organisation de l'administration de la régie.

§ II. Des employés.

Tous les employés seront comptables et graduellement responsables de leur service, d'après le mode fixé par le réglement.

§ III.

Art. 1er. Tous les appointemens et paiemens relatifs aux services de santé des troupes seront acquittés d'après le systême général qui doit être présenté par le comité des finances.

2. Provisoirement, les appointemens et paiemens dont il vient d'être parlé dans l'article ci-dessus continueront d'être acquittés comme ils l'ont été jusqu'à ce jour.

§ IV. Des fournitures.

Art. 1er. L'usage des demi-fournitures ne sera admis que dans les hôpitaux ambulans et fixes à la suite de l'armée, jusqu'en troisième ligne intérieure exclusivement.

2. Dans tous les hôpitaux de garnison fixes, il ne sera employé que des fournitures complètes pour les malades et blessés.

3. Les vénériens et les galeux n'auront que des demi-fournitures, hors les cas graves.

4. Le réglement fixera les qualités et dimensions de tous les genres de fournitures.

5. Il y aura des bois de lit dans tous les établissemens, à la réserve des ambulances proprement dites.

6. Les lits seront toujours garnis de fournitures complètes; mais, dans les ambulances proprement dites, les matelas jugés nécessaires seront fournis par les municipalités, sur la réquisition du commissaire des guerres, conformément à la loi du 11 novembre 1792 (vieux style).

TITRE VII. De la commission de santé.

Art. 1er. Il sera établi auprès du conseil exécutif une commission de santé chargée de diriger et surveiller tout ce qui est relatif à la santé des troupes.

Ses fonctions seront d'examiner ou faire examiner les officiers de santé destinés aux armées, de les proposer au conseil exécutif; de juger de la qualité des médicamens et des alimens, d'analyser les nouveaux remèdes; d'indiquer les moyens jugés les plus convenables pour arrêter le cours des épidémies; d'examiner les blessures des soldats, pour, d'après son rapport, faire déterminer la nature de leur retraite; de correspondre avec tous les officiers de santé des armées; de rédiger toutes les observations intéressantes qui lui seront envoyées, et de surveiller en général la conduite de tous les officiers de santé des armées.

2. Le nombre des membres de cette commission sera proportionné à la force et au nombre des armées, sans que, dans aucun cas, il puisse excéder celui de douze, non compris le secrétaire; ils seront choisis par égale portion parmi les chirurgiens, médecins et les pharmaciens de terre et de mer.

3. Les membres de la commission de santé seront nommés par la Convention nationale, sur une triple liste qui lui sera présentée par ses comités d'instruction publique, de la guerre et de la marine.

4. Il sera attribué à chacun des membres de la commission et au secrétaire un traitement égal à celui des officiers de santé en chef des armées.

5. Lorsqu'il sera jugé convenable au bien du service d'envoyer un ou plusieurs membres de la commission, ou d'autres officiers de santé en inspection dans les hôpitaux militaires ou aux armées, ils se conformeront aux instructions rédigées par la commission, et approuvées par le conseil exécutif.

6. Dans aucun cas, ces inspecteurs ne pourront être revêtus du droit de destituer; mais ils pourront suspendre de leurs fonctions les officiers de santé qui se seraient rendus coupables de négligence et de prévarication, ou dont l'incapacité sera reconnue; et ils seront tenus d'en faire promptement leur rapport, en adressant les motifs de destitution à la commission de santé, d'après l'avis motivé de laquelle le conseil exécutif prononcera.

TITRE VIII.

Il sera joint au présent décret un réglement qui, après avoir été approuvé par la Convention nationale, sera exclusivement exécuté dans tous les hôpitaux militaires, tous traitemens, commissions, brevets et toutes lois, ordonnances et réglemens antérieurs étant et demeurant abrogés.

Tableau des appointemens des officiers de santé de diverses classes, et des sous-employés et infirmiers attachés aux hôpitaux ambulans et sédentaires à la suite des armées et hôpitaux militaires fixes.

Aux médecins, chirurgiens et pharmaciens en chef des armées, six cents livres par mois; aux médecins, chirurgiens et pharmaciens de première classe, quatre cents livres; aux chirurgiens et pharmaciens de deuxième classe, trois cents livres; aux chirurgiens et pharmaciens de troisième classe, deux cents livres; aux sous-employés et infirmiers de première classe, quatre-vingt-dix livres; aux sous-employés et infirmiers de deuxième classe, soixante livres.

---

7 VENTOSE an 2. — Réglement concernant les hôpitaux militaires.

TITRE Ier. Des hôpitaux militaires de la République française.

Art. 1er. Tous les citoyens attachés au service militaire seront traités de leurs maladies dans les hôpitaux établis à cet effet.

2. Le service de ces hôpitaux continuera d'être mis en administration.

3. Les administrations seront chargées de tous les genres d'approvisionnemens, des transports, et en général de tous les objets relatifs à l'établissement et au service desdits hôpitaux.

4. Les administrateurs se conformeront, pour le service et pour le mode de leur comptabilité, non-seulement à toutes les dispositions du présent réglement, mais encore aux instructions particulières qui leur seront données, conformément aux principes du présent réglement et à ceux de leur organisation.

TITRE II. De la police générale.

Art. 1er. La police supérieure des hôpitaux militaires est attribuée au commissaire général, et sous lui à tel commissaire-ordonnateur, ou au commissaire-ordinaire des guerres, sous la surveillance du commissaire-ordonnateur en chef, auquel la police sera particulièrement confiée.

2. Les commissaires-ordonnateurs des divisions militaires auront la surveillance des hôpitaux militaires de leur arrondissement : ils se concerteront avec les commissaires généraux des armées; ils correspondront régulièrement avec eux sur tous les objets dépendant du service desdits hôpitaux.

3. Le commissaire des guerres chargé de la police d'un hôpital est tenu d'y faire des visites journalières pour la régularité du service.

4. Le commissaire des guerres demandera aux officiers commandans le nombre d'hommes nécessaire pour la garde des hôpitaux; cette garde sera à ses ordres, et recevra de lui la consigne.

5. Les commissaires des guerres, ne pouvant connaître des objets qui concernent la science et la pratique de l'art de guérir, prendront toujours l'avis des officiers de santé en chef sur tout ce qui doit contribuer à l'amélioration du service, et ils tiendront scrupuleusement la main à l'exécution du réglement.

TITRE III. Du choix des emplacemens, de la salubrité et de la police intérieure des hôpitaux.

Art. 1er. Les emplacemens indiqués par les administrateurs pour la formation des hôpitaux militaires seront déterminés par le commissaire-ordonnateur, sur l'avis des officiers de santé en chef.

2. Lorsque les emplacemens désignés par la nécessité n'auront ni l'étendue ni la salubrité convenables, les officiers de santé feront placer les malades sous la tente, ou les feront baraquer.

3. Tous les ordres de détail concernant ces objets, tels que ceux relatifs à la température des salles, au balayage, aux parfums, à l'emplacement des lumières et des poêles, à la division et distribution des salles, à la position des latrines et aux précautions nécessaires pour prévenir l'influence de leurs émanations, seront donnés par les commissaires des guerres et les officiers de santé en chef.

4. Aucune distribution interne nouvelle n'aura lieu, dans quelque hôpital que ce soit, sans que les officiers en chef n'aient été consultés; et leur avis, ainsi que celui des commissaires des guerres, agens de l'administration et ingénieurs, sera toujours consigné dans un procès-verbal authentique.

5. Chaque salle sera éclairée pendant la nuit : les lampes seront recouvertes d'un chapiteau auquel sera adapté un tuyau de fer-blanc pour éconduire les vapeurs.

6. Les latrines seront entretenues dans la plus exacte propreté : lorsqu'il sera impossible de pratiquer entre elles et les salles un vestibule intermédiaire, percé de fenêtres latérales et correspondantes, les latrines auront toujours une double porte, et l'intérieur sera garni d'un poids qui la fermera.

7. Dans toutes les salles, les lits seront au moins à deux pieds et demi de distance collatérale.

8. Il est défendu au portier de laisser sortir aucun malade, blessé ou convalescent, sans son billet de sortie ou une permission par écrit des officiers de santé en chef; de laisser introduire dans l'hôpital ni en exporter aucun aliment ou remède par les infirmiers, sous-employés, ou camarades des malades qui auraient obtenu la permission de les visiter.

9. La consigne du sergent de planton portera la défense de souffrir dans les salles aucune arme, aucun jeu de cartes, et d'empêcher qu'on y fume.

10. En cas de violence ou de voies de fait, le sergent de planton sera autorisé à prêter main-forte, à arrêter provisoirement les perturbateurs, à la charge d'en rendre compte immédiatement après au commissaire des guerres.

TITRE IV.

Art. 1er. Les fonctions du comité de surveillance d'administration sont d'exercer une surveillance toujours active sur tous les agens de l'administration, ainsi que sur le service des officiers de santé attachés aux hôpitaux militaires.

2. Il se réunira au moins trois fois par décade, et pourra appeler à ses séances tous les agens attachés aux hôpitaux, qui seront dans le cas de lui donner des renseignemens utiles au bien du service.

3. Il entretiendra une correspondance suivie avec la commission de santé et le conseil exécutif, soit pour dénoncer les abus qu'il serait intéressant de réprimer, soit pour proposer les nouveaux moyens qu'il serait nécessaire d'appliquer au soulagement des soldats malades.

TITRE V. Des hôpitaux des eaux minérales.

Art. 1er. Les militaires seront admis dans les hôpitaux militaires et civils établis auprès des eaux minérales de la Républiq u

2. Le service de santé y sera fait comme dans les autres hôpitaux militaires.

TITRE VI. De la réception des malades et des blessés.

Art. 1er. Aucun malade ne sera reçu dans les hôpitaux militaires sans un billet contenant ses nom et prénoms, son grade ou emploi, le lieu de sa naissance, le district et le département dans lequel il est situé, le numéro ou le nom de son régiment ou bataillon.

2. Ce billet sera signé par le commandant de la compagnie ou détachement, le quartier-maître et le chirurgien du corps : la nature de la maladie et les moyens curatifs déjà employés y seront sommairement indiqués. Ce billet, rempli sur des cartouches imprimées, sera écrit lisiblement, sans rature, et les dates y seront en toutes lettres.

3. Les billets des autres citoyens employés au service de l'armée seront signés par leurs chefs respectifs.

4. Le jour d'une action, la formalité des billets n'étant pas compatible avec la promptitude nécessaire du service, les blessés seront reçus, même sans billets. Les directeurs et les commis ne négligeront rien pour se procurer des renseignemens sur les entrans. Ils feront de fréquens appels pour parvenir à les connaître.

5. Les prisonniers de guerre recevront dans les hôpitaux les mêmes soins que les autres malades et blessés, et l'on suivra, le plus qu'il se pourra, pour leur réception, les formalités prescrites par l'article 1er de ce titre. Lorsque les officiers de santé n'entendront pas la langue de ces étrangers, il leur sera procuré un interprète.

6. Dans les quatre jours qui suivront une action, il sera envoyé dans les hôpitaux des officiers pour reconnaître les malades de leurs corps respectifs et expédier leur billet d'entrée.

7. Il en sera de même pour les billets d'entrée des prisonniers de guerre; ceux-ci seront signés par le médecin et le chirurgien en chef de l'hôpital, et visés par le commissaire des guerres.

8. Le prix des journées sera payé sur le pied réglé par la loi.

9. Il ne sera reçu à l'hôpital ambulant aucun malade ou blessé en état de se transporter à l'hôpital fixe.

10. Le premier hôpital fixe sera placé le plus près possible de l'armée, et à la distance d'une journée au plus.

11. Le directeur inscrira au dos de chaque billet d'entrée les armes, habits, argent et effets appartenant à chaque malade, pour lui être remis à sa sortie, ou, en cas de mort, à l'officier ou aux autres personnages chargés de les reprendre.

12. Il sera tenu un registre des effets, auxquels seront attachées des étiquettes portant le nom du malade et le jour de son entrée. Ces effets seront déposés dans un magasin particulier, sous la responsabilité du directeur.

13. Aucun malade ne devant conserver avec lui son uniforme ou ses habits, le directeur sera tenu de retirer aux entrans les linges et vêtemens dont ils seront couverts, et de leur délivrer de suite la capote et autres effets nécessaires, dont ils seront entretenus jusqu'au moment de leur sortie.

14. Aussitôt qu'un malade aura déposé ses effets, le directeur aura soin de rassembler le linge sale dont il sera dépouillé, ainsi que celui qui pourrait être renfermé dans son sac, pour le livrer au blanchissage. Il veillera ensuite à ce qu'il soit réuni aux autres effets de celui à qui il appartient, afin d'éviter toute lenteur et confusion lorsqu'il s'agira de lui en faire la remise.

15. A leur arrivée à l'hôpital, les malades seront distribués, par le chirurgien de garde, dans les salles destinées aux différens genres de maladies, avec l'attention de désigner les lits où ils seront placés, et de séparer ceux des maux contagieux.

16. Dans tous les hôpitaux de l'armée, chaque lit sera numéroté pour la facilité des visites, et pour prévenir toute équivoque dans la distribution des alimens et médicamens.

TITRE VII. Du transport des malades et blessés d'un hôpital dans un autre.

Art. 1er. Les malades et les blessés n'étant admis dans les hôpitaux ambulans que pour y recevoir les premiers secours, lesdits hôpitaux seront évacués journellement sur l'hôpital le plus prochain.

2. Pour prévenir l'engorgement des hôpitaux les plus voisins de l'armée, les malades et blessés susceptibles de transport seront reversés de proche en proche, jusque sur les hôpitaux de deuxième, de troisième ligne, s'il est nécessaire.

3. Les officiers de santé de service à l'hôpital ambulant et dans les hôpitaux les plus voisins de l'armée désigneront chaque jour, par une liste nominale, les malades et blessés qui devront être transportés le lendemain.

4. Toutes les dispositions relatives aux évacuations seront faites dès la veille, de manière que le lendemain rien ne retarde le départ. Le commissaire des guerres donnera au directeur les ordres pour effectuer le transport et assurer la subsistance et secours nécessaires pendant la route.

5. Le convoi sera toujours accompagné d'un nombre suffisant de chirurgiens et d'infirmiers pour le service des malades et pour remédier aux accidens qui pourraient survenir.

6. Il sera fourni par l'administration à chacun des officiers de santé qui accompagneront le convoi, un cheval de monture équipé, et ils seront défrayés de leurs frais de route.

7. Pour l'ordre et la sûreté de la route, le commissaire des guerres demandera un détachement de la garde. L'officier et sous-officier commandant ledit détachement recevra la consigne du commissaire des guerres.

8. Lorsque les malades ou blessés pourront être rendus en un seul jour à leur destination, les alimens et autres secours pour la journée seront fournis par l'hôpital duquel l'évacuation aura été faite : cependant, quand lesdits malades et blessés ne pourront parvenir qu'en deux jours à leur destination, il sera établi au milieu de la route, par le directeur de l'hôpital auquel ils doivent se rendre, un dépôt où ils seront reçus pour la nuit, et où ils trouveront les alimens et les lits.

9. Les évacuations seront faites de jour; l'heure en sera fixée par le commissaire des guerres, sur l'avis des officiers de santé en chef, qui en détermineront les dispositions, d'après le temps, le lieu et la saison.

10. Il ne sera évacué aucun malade dont les indispositions ne seront que légères, et à qui il ne faut que quelques jours de soin et de repos pour se remettre.

11. Les officiers de santé ne désigneront pour changement d'hôpital aucun malade attaqué d'affection aiguë ou chronique, quand l'agitation de transport ou l'impression de l'air pourraient empirer le mal.

12. Dans le nombre des blessés, les officiers de santé ne feront voyager aucune fracture du crâne ou des extrémités inférieures; aucune grande amputation, surtout si elle est fraîchement faite; aucune blessure à laquelle on peut supposer un gros vaisseau ouvert, ou qui fait craindre une hémorragie considérable; aucune plaie accompagnée d'accidens inflammatoires, et dont les symptômes graves et dangereux peuvent empirer par le mouvement; nulle plaie, enfin, dont la terminaison par la mort est jugée certaine et peu éloignée.

13. Lorsque l'armée devra marcher, on ne gardera à l'hôpital ambulant aucun malade ni blessé.

14. Il en sera de même au jour d'action. L'hôpital ambulant sera réservé pour les blessures les plus graves.

15. Lorsqu'il ne sera pas possible de faire usage des voitures affectées au transport des malades, ces voitures seront de réquisition, et rassemblées à la diligence du commissaire des guerres; elles seront légères et commodes, bien garnies de paille, et couvertes au moins de toiles. On évitera, le plus qu'il sera possible, d'employer à cet usage des caissons destinés à transporter des effets et comestibles.

16. Lorsqu'on pourra faire des transports à l'aide de bateaux, on profitera de ce moyen, comme plus commode.

17. Le commissaire des guerres préviendra à temps celui de l'hôpital où le convoi devra être reçu, afin qu'il donne au directeur des ordres pour que les malades et blessés ne manquent, à leur arrivée, d'aucun genre de secours.

18. Dans les états ou feuilles de transport, on observera les mêmes formalités que pour les billets d'entrée, et, de plus, on y spécifiera le jour d'entrée au premier hôpital.

19. Ces feuilles seront doubles; l'une servira de pièce justificative de la sortie de l'hôpital, et l'autre de l'entrée. Elles seront visées par le commissaire des guerres chargé de la police de l'un et de l'autre hôpital.

TITRE VIII. Des vénériens et des galeux.

Art. 1er. Il y aura, à la suite des armées, des hôpitaux exclusivement destinés au traitement des galeux et vénériens.

2. Dans le cas où un seul hôpital serait assez spacieux pour contenir les uns et les autres, le local sera disposé de manière qu'il ne puisse y avoir aucune communication entre les galeux et les vénériens.

3. Le traitement en sera confié à un officier de santé que ses connaissances et son ex-

périence au fait de ces maladies y rendront le plus propre.

4. Les chirurgiens de brigade, de régiment et de bataillon enverront sur-le-champ, dans ces établissemens, les citoyens auxquels ils auront reconnu des signes vénériens ou psoriques; ils ne pourront, sous aucun prétexte, les garder à la chambre ou sous la tente. Ils prescriront toutes les mesures convenables pour éviter la communication de la gale, qui ne doit pas être considérée comme une maladie légère.

5. Les officiers de santé auront la plus scrupuleuse attention à voir prendre devant eux, aux galeux et aux vénériens, tous les remèdes internes, et appliquer tous les topiques qui auront été prescrits. Ils surveilleront l'administration des bains, et s'assureront du degré de température de chacun d'eux.

6. Les officiers de santé en chef fixeront la température des salles des vénériens et des galeux, y feront maintenir la propreté la plus exacte.

7. Le linge de corps sera renouvelé deux fois par décade; celui des lits toutes les deux décades.

8. Pour éviter que les linges destinés aux galeux ne soient confondus avec ceux des autres malades, ils seront lessivés séparément, et leurs chemises seront faites en peignoirs.

9. Il en sera de même des linges à pansement.

TITRE IX. De la visite des malades et blessés.

Art. 1er. Les visites du matin se feront régulièrement, du 1er germinal au 1er vendémiaire, à sept heures; et du 1er vendémiaire au 1er germinal, à huit heures, et plus tôt si le nombre des malades l'exige, afin de prévenir tout retard dans les distributions.

La visite du soir sera faite, chaque jour, à l'heure jugée la plus convenable à l'état des malades auxquels elle sera destinée.

2. A l'hôpital ambulant, le jour de l'évacuation, la visite du matin précédera le départ au moins d'une demi-heure, et la visite du soir se fera une demi-heure après l'arrivée, et lorsque les malades auront été placés convenablement.

3. La prescription du régime précédera toujours celle des médicamens; l'une et l'autre seront faites en français.

Il n'y sera employé d'autres abréviations que celles adoptées à la suite du formulaire.

4. Les cahiers de visite seront alternatifs, afin que l'officier de santé qui prescrit, ayant toujours sous la main et sous les yeux le cahier de la veille, puisse vérifier plus sûrement si les prescriptions en alimens et médicamens ont été fidèlement exécutées, et juger de leurs effets.

5. Ces cahiers auront été préparés dès la veille par les officiers de santé qui doivent suivre les visites.

6. A la suite du numéro et du nom de chaque malade, le chirurgien et le pharmacien écriront généralement sur leurs cahiers respectifs tout ce qui sera prescrit. Ils se conformeront strictement au modèle du cahier annexé au formulaire.

7. Les cahiers seront tenus dans la plus grande propreté, écrits lisiblement et exactement, signés à la fin de chaque visite par l'officier de santé qui l'aura faite, et par ceux qui l'auront suivie.

8. Immédiatement après la visite, les officiers de santé qui l'auront faite et suivie se réuniront pour collationner leurs cahiers respectifs, et rectifier les erreurs qui auraient pu s'y glisser.

9. L'infirmier-major et ceux de la salle où se fait la visite la suivront attentivement, afin de prendre les avis des officiers de santé sur les soins à donner aux malades et blessés.

10. Si, dans l'intervalle d'une visite à l'autre, il se présentait plusieurs malades ou blessés, ou quelque accident grave, les officiers de santé de garde feront appeler sur-le-champ l'officier de santé en chef.

11. Lorsque les circonstances demanderont et permettront aux officiers de santé de conseiller des promenades aux malades ou convalescens, ils désigneront nominativement et par écrit les malades auxquels ils doivent procurer ces avantages, le lieu et l'heure de la promenade; et le commissaire des guerres donnera, en conséquence, aux sous-officiers chargés de les accompagner, les ordres et les consignes que le bien du service exigera.

TITRE X. Des alimens et de leur distribution.

Art. 1er. La portion d'alimens pour chaque malade ou blessé sera, par jour, d'une livre de viande poids de marc, deux tiers de bœuf, et l'autre tiers de veau ou de mouton, laquelle livre, cuite et sans os, doit revenir à dix onces; de vingt-quatre onces de pain de pur froment, entre le bis et le blanc, bien cuit, et d'une chopine de vin de bonne qualité et vieux. Il sera fourni aux malades le vinaigre et le sel nécessaires.

2. Il sera donné des œufs, de la panade, du riz et des pruneaux, lorsque ces légers alimens auront été spécialement prescrits par les officiers de santé.

3. La viande sera belle, bien saignée et de bonne qualité, sans qu'il puisse y être admis des têtes, cœurs, fressures ni pieds.

4. Les pesées de la viande du matin et du soir seront faites en présence du sous-officier de garde. La clef du dépôt lui sera confiée dans l'intervalle de la pesée, au moment où la viande en sera tirée, pour être mise à la marmite. Pendant tout le temps de la cuis-

son, une sentinelle sera posée à la cuisine, avec la consigne de ne rien laisser tirer de la marmite jusqu'à l'heure de la distribution.

5. La distribution du matin se fera à dix heures, celle du soir à quatre; et néanmoins le commissaire des guerres, d'après l'avis seul des officiers de santé, est autorisé à changer les heures de distribution.

6. Le commissaire des guerres et les officiers de santé feront la dégustation des alimens et boissons, pour en juger les qualités, et ils se rendront quelquefois aux heures des distributions pour s'assurer de leur régularité.

7. Les portions, après avoir été pesées devant le sous-officier de garde, seront portées dans les salles respectives par les infirmiers, qui en feront la distribution en présence des chirurgiens des salles, et sous la direction des infirmiers-majors, qui désigneront à haute voix les alimens prescrits.

8. Aucune distribution ne pourra être faite que sous la direction de l'officier de santé de garde, ayant à la main le cahier des visites.

9. Cet officier de santé peut et doit interdire les alimens solides aux malades auxquels la fièvre, ou quelqu'autre accident qui exige la diète, seraient survenus depuis la visite; mais il instruira l'officier de santé en chef de la salle, des motifs qui l'auront déterminé.

10. Les malades à la diète devant avoir le nombre de bouillons dont la quotité aura été fixée par l'officier de santé qui leur donne des soins, l'officier de santé de garde tiendra la main à ce que les bouillons leur soient exactement servis aux heures prescrites.

11. Lorsqu'un malade sera désigné pour la portion entière, il ne pourra lui être prescrit d'autre aliment que ce qui est réglé par l'article 1er.

12. Les infirmiers et autres servans seront nourris dans les hôpitaux, et leur ration quotidienne sera la portion entière : leur livre de viande sera mise à la marmite, mais ils ne seront jamais servis qu'après les malades et convalescens; et, s'il manquait de viande, il y serait substitué des œufs ou tout autre genre d'alimens.

13. Dans les ambulances et les détachemens éloignés de ressources pour la nourriture, les directeurs d'hôpitaux ou leurs préposés sont tenus de fournir aux officiers de santé détachés les quantités de pain, vin et viandes portées aux bons que ceux-ci délivreront.

14. Ces bons seront remis aux officiers de santé pour comptant, à la première échéance de leurs appointemens.

15. A la réserve de ces cas de nécessité, il est expressément défendu à quelque officier de santé que ce soit de tirer aucune subsistance des hôpitaux, ainsi qu'aux agens de l'administration de leur en fournir aucune, même en payant.

16. Dans les pays qui ne produisent point de vin, il pourra y être suppléé, pour les sous-employés seulement, par l'usage de la bière ou du cidre, dont la portion sera double de celle fixée pour le vin.

17. Pour assurer convenablement le service de l'hôpital ambulant, et pour que les malades qui peuvent y arriver à chaque instant trouvent toujours du bouillon, le directeur sera autorisé par écrit, par le commissaire des guerres, à faire mettre chaque jour à la marmite de précaution la quantité de viande qu'il lui indiquera par son ordre.

TITRE XI. Magasin général de médicamens.

Art. 1er. Il sera établi près l'administration des hôpitaux des armées de la République un magasin de médicamens simples, et un laboratoire où l'on préparera les médicamens composés. Cet établissement sera sous la surveillance immédiate de la commission de santé, et portera le nom de magasin général des médicamens.

2. Il sera attaché au magasin général des médicamens un nombre suffisant de pharmaciens de différens grades, habitués à exécuter en grand les opérations pharmaceutiques et les expéditions.

3. Le magasin général sera approvisionné des médicamens simples et composés, conformément au formulaire, et dans les proportions réglées d'après un rapport de la commission de santé, qui indiquera en même temps à l'administration les sources d'où il faudra les tirer, et le moment le plus opportun pour se les procurer.

4. Aucun médicament simple ne sera admis au magasin général, sans avoir été préalablement examiné par des commissaires de la commission de santé, qui surveilleront toutes les opérations du laboratoire.

5. Il sera dressé tous les mois un inventaire du magasin général des médicamens, d'après lequel la commission de santé pourra juger si l'approvisionnement répond aux besoins, et dans quelle quantité les remplacemens nécessaires doivent être demandés.

6. On tiendra au magasin général des médicamens plusieurs divisions et subdivisions de pharmacie, toujours prêtes à être expédiées et composées d'après un état de la commission de santé, où seront spécifiées les quantités et les espèces.

7. Indépendamment du magasin général, il y aura à la suite de chaque armée un dépôt de médicamens simples et composés, destinés à approvisionner les pharmacies fixes et ambulantes des hôpitaux de l'arrondissement.

8. Les médicamens réunis dans le dépôt seront tirés du magasin central, achetés ou

préparés sur les lieux, selon les ressources du pays, mais toujours d'après un état rédigé et signé par le pharmacien en chef, de concert avec les autres officiers de santé en chef de l'armée.

9. Chaque dépôt de médicamens sera confié à un pharmacien de première classe, sous sa responsabilité, et aura pour surveillant le pharmacien en chef de l'armée, qui entretiendra avec le conseil de santé et l'administration une correspondance active sur cette partie du service.

10. Les demandes en médicamens seront toujours adressées à l'administration ou à ses directeurs, et faites un mois d'avance et pour trois mois, d'après des états signés par les chefs du service de santé, et visés par le commissaire des guerres.

11. Les pharmaciens, quel que soit leur grade, ne pourront, sous aucun prétexte, faire des achats en médicamens; leurs fonctions se borneront à guider l'administration ou ses directeurs sur les qualités, les quantités et les prix.

TITRE XII. Du concours pour l'admission et le classement des officiers de santé (1).

Art. 1er. Tous les officiers de santé sont à la disposition du conseil exécutif provisoire, pour être répartis dans les armées de la République, conformément aux besoins du service.

2. Ils adresseront au conseil de santé des attestations authentiques qui constatent leur nom, le lieu de leur naissance, leur âge, leur civisme, le temps depuis lequel ils exercent leur profession, et trois mémoires dont le sujet sera déterminé par le conseil de santé, la rédaction confiée à la surveillance des municipalités et des sociétés populaires.

Cette surveillance des communes et des sociétés populaires sera exercée d'après une instruction qui sera envoyée par la commission de santé, après avoir été approuvée par le conseil exécutif.

3. Les médecins donneront la mesure de leurs connaissances par écrit, et en réponse aux trois séries de questions qui leur seront adressées par la commission de santé.

4. Les chirurgiens et pharmaciens donneront cette mesure : 1° en opérant sous les yeux des gens de l'art, qui en dresseront procès-verbal, et l'adresseront au ministre de la guerre; 2° en répondant par écrit aux questions qui leur seront adressées par la commission de santé.

5. Nul officier de santé ne sera admis à servir la République dans les armées, s'il n'a satisfait aux conditions ci-dessus.

6. Tous les officiers de santé actuellement employés sont soumis à la même loi, sauf destitution en cas de refus.

7. Ceux jugés incapables d'occuper le grade qu'ils occupent passeront dans les classes subséquentes.

8. Les premiers postes seront donnés à ceux que l'opinion publique ou des talens supérieurs et un civisme éprouvé y désigneront.

TITRE XIII. Des médecins.

Art. 1er. Le nombre des médecins employés dans un hôpital est fixé à un pour cent fiévreux et au-dessus, non compris les convalescens; deux pour deux cents et au-dessus, jusqu'à trois cents, aussi non compris les convalescens, et ainsi de suite dans les mêmes proportions.

2. Le médecin en chef de l'armée répartira ses collègues dans les divers établissemens, selon les convenances.

3. Le poste du médecin en chef sera au quartier-général.

4. Le médecin en chef se fera remettre chaque jour le mouvement de l'hôpital ambulant, et le plus souvent possible le relevé de ceux des hôpitaux fixes.

5. Il se rendra souvent à l'hôpital ambulant, et, autant que faire se pourra, aux hôpitaux fixes, pour y donner ses avis, et pour se mettre à portée d'en rendre compte au commandant et au commissaire général de l'armée, ainsi qu'à la commission de santé.

6. L'objet principal de ses fonctions et de celles de chirurgien et pharmacien en chef de l'armée étant la salubrité générale, ils prendront, et par eux-mêmes, et par la correspondance la plus suivie avec leurs collègues, une connaissance exacte, non-seulement des qualités des comestibles, mais encore de la topographie médicale des diverses positions de l'armée, afin d'indiquer à temps et d'une manière précise les précautions propres à prévenir les inconvéniens dont la santé des troupes pourrait être menacée à raison des localités, des alimens et des saisons.

7. Les fonctions attribuées au premier médecin font également partie essentielle des devoirs de chaque médecin ordinaire, dans la place qu'il occupe.

8. Pour se mettre en état de les remplir d'une manière convenable, les médecins d'armée et de toutes les places feront de fréquentes visites dans les camps, dans les tentes et chambrées. Ils se réuniront, autant que faire se pourra, avec les chirurgiens en chef des hôpitaux et des corps; ils donneront les conseils appropriés aux circonstances, et sur l'ensemble des localités et des habitudes du soldat, et sur les indispositions personnelles qui n'exigent pas l'hôpital.

(1) *Voy.* loi du 9 messidor an 2.

9. Toutes les fois que ces visites auront donné lieu à des observations intéressantes, les officiers de santé en feront part aux commandans des corps militaires et autorités constituées. Ils n'oublieront pas d'en faire mention dans leur correspondance, soit avec leurs chefs, soit avec la commission de santé.

10. Tous les médecins suivront l'hôpital ambulant, jusqu'au moment où chacun d'eux sera départi dans un des principaux hôpitaux fixes de l'armée; mais il restera toujours un médecin de service à l'hôpital ambulant.

11. Le médecin attaché à l'hôpital ambulant ne partira qu'après les malades. Il arrivera long-temps avant eux à leur destination, afin de reconnaître le local, et de le faire disposer de la manière la plus avantageuse.

12. Toutes les fois que les malades seront transférés d'un hôpital dans un autre, le médecin de l'hôpital ambulant et ceux des hôpitaux fixes d'où partira le convoi, après avoir désigné les hommes qui en doivent faire partie, feront dresser par le pharmacien une feuille exacte de leur cahier de visite.

Les médecins, avant de signer cet extrait, rempliront eux-mêmes la colonne des observations, afin d'instruire celui qui doit recevoir les malades des principaux symptômes et remèdes relatifs à chacun d'eux.

Ces feuilles, qui seront confiées au chirurgien chargé du convoi, sont absolument indépendantes de celles de l'administration; elles seront conservées par les médecins pour les représenter au besoin, et pour faciliter leur correspondance et leurs observations.

13. Les médecins ne permettront pas qu'il soit reçu dans les salles affectées aux fiévreux, ni blessés, ni vénériens, ni galeux.

14. Les médecins sont autorisés à faire l'ouverture des cadavres, lorsque les circonstances en indiqueront la nécessité.

15. Les médecins de l'armée correspondront avec le médecin en chef, sur tous les objets qui intéressent le service, et spécialement sur les épidémies.

16. Pour faciliter le service des malades ou blessés au quartier-général, il y sera envoyé un détachement suffisant d'officiers de santé et d'employés, à la disposition des officiers de santé en chef.

Titre XIV. Des chirurgiens.

Art. 1er. Dans chaque armée il y aura un chirurgien en chef, dont les fonctions seront déterminées ci-après.

2. L'un d'eux sera constamment au quartier-général; il sera chargé de répartir les officiers de santé et chirurgiens, suivant que le bien du service l'exigera, et de la correspondance générale et particulière.

3. Si le bien du service exigeait un autre chirurgien en chef, l'un d'eux visitera continuellement les hôpitaux de l'armée; il en surveillera immédiatement le service. L'un et l'autre seront tenus de se concerter pour tous les objets qui y seront relatifs, et d'en rendre compte au ministre et au conseil de santé.

4. Il sera de plus attaché à l'armée un nombre convenable de chirurgiens de différentes classes.

5. Le nombre des chirurgiens de troisième classe employés dans chaque hôpital, y compris les chirurgiens de première et seconde classes, sera fixé à raison d'un pour vingt-cinq malades indistinctement.

6. Les chirurgiens des différentes classes n'entreprendront aucune opération sans s'être réciproquement consultés.

7. Chaque jour il sera nommé, pour le service de l'hôpital ambulant, un chirurgien de première classe, un de seconde, et un nombre de la troisième classe proportionné à celui des malades et blessés. Sous aucun prétexte, les chirurgiens ne pourront s'absenter de l'hôpital ambulant pendant tout le temps de leur grade.

8. Pour prévenir toute espèce de contestation et de plainte réciproques entre les chirurgiens et les agens de l'administration, relativement au linge à pansement, les chirurgiens chargés du service et autorisés à délivrer des bons, au lieu de parler d'une manière vague et indéterminée de la réception d'un drap ou d'un demi-drap, spécifieront expressément les dimensions de longueur et de largeur du linge qu'ils auront reçu, ainsi que le poids de la charpie qui leur aura été délivrée.

9. A l'égard du linge nécessaire à la formation des appareils de tout genre, dont les chefs de la chirurgie auront toujours soin d'avoir en réserve un approvisionnement proportionné à la force des hôpitaux ou aux évènemens prévus, les bons ne pourront être délivrés que par les officiers de santé en chef et en chirurgie.

10. Tous les chirurgiens de seconde classe, dans les intervalles de leur fonctions près des blessés, seront employés à la confection de ces appareils, sous la direction des chefs, lesquels demeureront responsables, non-seulement de la négligence de leur collaborateur des classes inférieures à s'en acquitter, mais même de leur inaptitude à cette partie intéressante de l'art.

11. Après les opérations où l'on aura employé quelques instrumens tirés des caisses du trépan ou d'amputation, le chirurgien de seconde classe sera particulièrement chargé et responsable du soin de placer ces instrumens, après les avoir mis dans l'état de propreté convenable, et s'être assuré qu'ils n'ont besoin d'aucune réparation.

12. Tous les nonidis, après les pansemens

du matin, les chirurgiens en chef de chaque hôpital se feront représenter par leurs collaborateurs les instrumens portatifs dont chacun d'eux doit être muni, consistant en un étui à six lancettes et un étui à la Garangeole garni. Dans le cas où ces instrumens ne se trouveraient pas en bon état, les officiers de santé seront tenus, sous peine de destitution, de les représenter tels qu'ils doivent être dans le plus court délai, qui leur sera fixé par l'officier de santé.

13. Lorsqu'une action aura été prévue, le chirurgien en chef de l'armée rappellera à l'ambulance tous les chirurgiens des diverses classes qui ne seraient pas absolument utiles dans les hôpitaux fixes. En retournant à leurs postes, ils accompagneront les blessés qui pourraient y être transportés.

14. Dans tous les cas où les chirurgiens des hôpitaux ne pourraient suffire à l'urgence du service, les chirurgiens de demi-brigades et des différens corps de troupes seront appelés par le chirurgien en chef pour les suppléer.

15. Le jour d'une bataille, l'administrateur de l'hôpital ambulant formera au centre en arrière, et environ une lieue ou deux de l'armée, un établissement où seront réunis tous les objets nécessaires au pansement des blessés, tels que charpie, bandes, compresses, draps à pansement, du vin, du vinaigre, du sel, de l'eau-de-vie, du pain, du bouillon. De ce centre de secours seront tirées trois divisions, pour être portées, l'une au centre, la seconde à droite, l'autre à gauche, de manière à pouvoir se replier l'une sur l'autre ou se réunir toutes, suivant le besoin et les ordres qui seront donnés.

16. A la suite de chacune de ces divisions se trouveront autant de brancards et de voitures qu'il aura été jugé nécessaire pour transporter les blessés au grand dépôt, d'où il sera fait successivement le plus de transports possible sur l'hôpital fixe le plus prochain.

17. Dans ces cas, ainsi que dans celui d'un détachement de guerre, lorsque les corps de réserve seront portés en avant ou sur les ailes de l'armée, le chirurgien en chef ordonnera le nombre de chirurgiens nécessaire, ainsi que les caisses d'instrumens, et généralement tous les objets convenables au pansement des blessés.

18. Lors du siége d'une place, à l'heure où l'on relève la tranchée, le chirurgien en chef commandera chaque jour le nombre d'officiers de santé nécessaire en raison des circonstances.

19. La correspondance prescrite entre les médecins de l'armée et le médecin en chef aura pareillement lieu entre les chirurgiens des diverses classes chargés d'un service particulier et le chirurgien en chef de l'armée.

20. Tout ce qui est prescrit pour les médecins aux articles du titre précédent sera pareillement exécuté par les chirurgiens des diverses classes dans les hôpitaux dont ils seront chargés.

21. Il ne sera reçu, dans les salles affectées à la chirurgie, que des blessés. Tout homme attaqué d'une maladie interne, vénérienne ou de gale, sera renvoyé aux établissemens qui leur seront spécialement destinés.

22. Les chirurgiens attachés aux demi-brigades et aux régimens des autres armes visiteront tous les jours les casernes ou les tentes. Ils feront envoyer de suite à l'hôpital les hommes dont l'état l'exige, et ne conserveront à la chambre ou sous la tente que des blessures ou indispositions légères.

23. Ces chirurgiens s'attacheront à reconnaître toutes les causes d'insalubrité ou de maladie dans les corps auxquels ils appartiennent. Ils feront part de leurs observations aux commandans de leurs corps, aux officiers de santé en chef de l'armée ou des hôpitaux, et correspondront directement sur tous ces objets avec la commission de santé, ou les officiers de santé en chef de l'armée.

24. Ils se rendront pareillement aux hôpitaux pour assister aux visites et pansemens des malades de leur brigade, donner aux officiers de santé en chef des renseignemens utiles, consulter sur l'état des citoyens de leur brigade, en rapporter au commandant du corps des comptes exacts sur leur nombre et leur situation.

TITRE XV. Des pharmaciens.

Art. 1er. Les pharmaciens des diverses classes employés à l'armée recevront et exécuteront les ordres du pharmacien en chef, non-seulement pour le service des salles et de la pharmacie, mais encore pour celui du laboratoire et du magasin.

2. Dans les cas où un pharmacien attaché à une salle quelconque ne pourrait vaquer à son service, il sera à l'instant suppléé par les pharmaciens des classes supérieures.

3. Les pharmaciens chargés de l'exécution des visites se rendront dans leurs salles respectives, deux heures avant la visite du matin, pour administrer les médicamens prescrits la veille.

4. Dans tous les hôpitaux, les officiers de santé y faisant les fonctions en chef se concerteront pour la distribution des chirurgiens et pharmaciens qui doivent suivre la visite.

5. Le nombre de pharmaciens de troisième classe employés dans chaque hôpital, y compris les pharmaciens de première et deuxième classes, sera fixé à raison d'un pour cinquante malades indistinctement.

6. A la suite de chaque visite, tous les médicamens, notés à l'instant, seront préparés et portés à l'instant même.

7. Les médicamens prescrits à la visite du

matin pour le lendemain seront toujours préparés dans la soirée.

8. La distribution des médicamens se fera toujours le cahier à la main : chaque pharmacien les verra prendre aux malades, afin d'éviter les erreurs, et de se mettre plus en état de rendre compte, et d'expliquer les raisons pour lesquelles, de concert avec le chirurgien de garde, il aurait jugé à propos d'en suspendre l'administration.

9. Les pharmaciens de toutes classes se conformeront, au surplus, à tout ce qui leur est prescrit dans les différens articles du titre des visites et celui des médicamens.

10. Le pharmacien en chef de l'armée se fera rendre des comptes fréquens de l'état de toutes les pharmacies de l'armée, et il entretiendra avec la commission de santé la même correspondance que les chefs des deux autres parties du service.

11. Dans les hôpitaux fixes et dans les hôpitaux ambulans, le commissaire des guerres et les officiers de santé en chef choisiront un ou plusieurs infirmiers propres à être employés au service de la pharmacie.

12. Autant que faire se pourra, les officiers de santé seront logés dans les hôpitaux, ou le plus près possible de ces établissemens.

TITRE XVI. Des pharmacies.

Art. 1er. Le pharmacien en chef de l'hôpital se concertera avec le commissaire des guerres, pour que la pharmacie soit toujours placée dans un local suffisamment éclairé, sec, commode, ayant différens accessoires, tels que laboratoire, tisanerie, jardin, grenier et cave.

2. Le service de la pharmacie exigeant une activité continuelle, la pharmacie ne sera jamais fermée. Le pharmacien en chef ou celui du grade suivant s'y trouvera toujours pendant le temps des visites et des distributions.

3. Tous les jours le pharmacien en chef désignera, pour être de garde pendant vingt-quatre heures, le nombre de pharmaciens nécessaires au service, et chacun à leur tour.

4. L'approvisionnement de la pharmacie sera toujours calculé selon les besoins, de manière que les articles susceptibles de s'altérer puissent être renouvelés dans le cours d'une année.

5. Dans le cas où un médicament ne se trouverait pas dans la pharmacie, les pharmaciens ne se permettront jamais d'en substituer un autre ; ils avertiront l'officier de santé qui l'aura prescrit, afin qu'il indique les moyens d'y suppléer.

6. Les officiers de santé en chef d'une armée ou d'un hôpital visiteront souvent le dépôt des médicamens et la pharmacie de l'hôpital, pour constater l'état et la nature des objets qu'ils renferment, et s'assurer si les quantités sont dans les proportions réglées sur les consommations.

7. Les médicamens simples ou composés ne pourront être employés à d'autres usages qu'à ceux des malades portés sur le cahier de visite, sans une autorisation par écrit du commissaire des guerres, sous sa responsabilité.

8. Si, dans un cas de retraite, on était forcé de laisser à l'hôpital des malades, le pharmacien donnera, sur son reçu, au chirurgien chargé de les traiter, les médicamens jugés nécessaires par les officiers de santé en chef.

9. Lorsque les circonstances exigeront le déplacement de l'hôpital, le pharmacien en chef ou ses collaborateurs remettront eux-mêmes les médicamens et ustensiles dans les caisses qu'ils auront conservées avec soin; ils en feront l'inventaire, en dresseront les états, et les vérifieront à leur arrivée.

10. Les pharmaciens d'une division d'ambulance ne se sépareront jamais qu'en cas d'une subdivision nécessaire; ils accompagneront le convoi, et ne perdront pas de vue le caisson employé au transport des médicamens.

11. Les pharmaciens, pour s'exercer dans l'art de sécher, monder et conserver les plantes, s'occuperont à les ramasser dans leurs saisons respectives, lorsque le service le permettra; ils feront des excursions botaniques dans les saisons les plus favorables, pour appliquer les ressources locales au service dont ils sont chargés.

12. Nul pharmacien ne pourra être employé en chef dans un hôpital fixe, lorsqu'il aura un établissement sur les lieux.

TITRE XVII. Des infirmiers et servans.

Art. 1er. Tous les infirmiers et sous-employés seront aux ordres et sous la police immédiate du commissaire des guerres ; ils se conformeront à tout ce qui leur sera prescrit par les officiers de santé, directeurs et commis de l'agence, pour le service des malades.

2. Ils seront immédiatement subordonnés à l'infirmier en chef, qui répondra de leur service.

3. L'infirmier en chef distribuera les infirmiers dans les salles, à proportion du nombre de malades et de la gravité des maladies. S'il y a plusieurs infirmiers dans la même salle, il sera assigné à chacun d'eux un nombre de lits déterminé de tel à tel numéro.

4. L'infirmier servira chaque malade, lui procurera sa boisson au degré de température prescrit, lui rappellera le moment où il doit prendre les remèdes qui lui sont confiés, fera son lit, entretiendra la propreté de tous ses ustensiles.

5. Les infirmiers balaieront les salles deux fois le jour, immédiatement après la visite

du matin, et immédiatement après les repas.

6. L'infirmier en chef est spécialement chargé de faire observer ces règles de propreté générale : il surveillera avec exactitude les soins à donner à chaque malade, et particulièrement le renouvellement du linge à ceux pour qui il aura été prescrit.

7. Dans chaque salle, il sera commandé, pour être de garde et pour veiller la nuit, un nombre suffisant d'infirmiers, et ce nombre sera déterminé par les officiers de santé chargés en chef du service.

8. Les fautes relatives au service seront punies par le commissaire des guerres, sur les plaintes des officiers de santé et des directeurs, d'après les dispositions du Code de police correctionnelle militaire.

9. Sur le rapport et les bons témoignages des officiers de santé et des agens de l'administration, le commissaire des guerres chargé de la police tiendra des notes sur la conduite et le zèle de chacun d'eux, et le commissaire général accordera à chacun de ceux qui seront jugés l'avoir mérité une récompense de quinze livres tous les trois mois.

10. Les infirmiers et sous-employés seront nourris dans les hôpitaux, ainsi qu'il est réglé au titre des alimens.

11. Sous la dénomination de *sous-employés*, sont compris les portiers, cuisiniers, aides de cuisine, ceux attachés à la pharmacie, au bois, au bain et à l'amphithéâtre, enfin ceux connus ci-devant sous le nom de *servans*.

12. Leurs salaires seront payés tous les mois par les directeurs, et il leur sera fourni en sus, chaque année, par l'administration, une soubre-veste et un pantalon de toile pour les mois d'été, et pareil vêtement en étoffe de laine pour l'hiver.

13. Les infirmiers qui tomberont malades dans l'exercice de leur service seront traités comme les soldats.

14. Dans les hôpitaux fixes, le nombre des infirmiers est fixé à un par douze malades indistinctement, sans y comprendre l'infirmier en chef : mais, à l'hôpital ambulant, le nombre des infirmiers sera déterminé par les officiers de santé en chef, selon le besoin habituel, proportionné au nombre des malades. Celui-ci venant à diminuer momentanément, le nombre des infirmiers ne sera pas réduit : les directeurs profiteront de ces intervalles pour les employer à des objets de propreté et de salubrité générales, qui seront indiqués par les commissaires des guerres, d'après l'avis et les observations des officiers de santé.

TITRE XVIII. De la surveillance et de la correspondance relatives au service de santé.

Art. 1er. La commission de santé établie auprès du conseil exécutif est chargée de diriger et surveiller tout ce qui est relatif à la santé des troupes.

Ses fonctions seront d'examiner les officiers de santé destinés aux armées, de les proposer au ministre; de juger de la qualité des médicamens et des alimens; d'analyser les remèdes proposés; d'indiquer les moyens jugés les plus convenables pour combattre les épidémies; d'examiner les blessures des soldats, pour, d'après son rapport, être déterminé sur la nature de leur retraite; de correspondre avec tous les officiers de santé des armées; de rédiger les observations intéressantes qui lui seront envoyées, et de surveiller la conduite de tous les officiers de santé des armées.

2. La commission de santé s'assemblera tous les jours depuis neuf heures jusqu'à trois.

3. Elle rédigera toutes les instructions qui seront de sa compétence, telles que celles relatives à la salubrité des camps, et aux précautions propres à préserver la santé des troupes dans les marches et autres positions d'une armée.

4. Elle composera un formulaire de médicamens, tel qu'il convient à la circonstance de guerre.

5. D'après ce formulaire, elle dressera un état d'approvisionnemens relatif à la force de chaque armée; elle fixera les quantités, déterminera les qualités, inspectera et vérifiera en détail tous les envois, ou les fera vérifier par les officiers de santé en chef de l'armée, dans le cas où les approvisionnemens auraient été faits sur les lieux.

6. Les mêmes fixations, inspections et vérifications auront lieu pour les caisses d'instrumens destinés à la chirurgie et pour les bandages.

7. La commission de santé proposera au conseil exécutif les sujets les plus capables pour tous les emplois de médecins, chirurgiens et pharmaciens de divers grades : elle choisira parmi ceux qui se seront le plus distingués dans les concours dont le mode est déterminé par le présent réglement.

8. Elle entretiendra avec les officiers de santé en chef de chaque armée la correspondance la plus suivie sur tous les objets qui intéressent la science, l'expérience de l'art, et la conduite de ceux qui l'exercent.

9. Les chirurgiens, médecins et pharmaciens en chef des armées et des hôpitaux militaires fixes seront tenus de correspondre, au moins tous les quinze jours, avec la commission de santé, d'après le mémoire instructif qui sera envoyé à chacun d'eux, afin que ladite commission soit toujours en état de rendre au conseil exécutif un compte exact de la situation des hôpitaux, et à portée de proposer tout ce qui pourrait contribuer à l'amélioration du service.

10. Indépendamment de cette correspondance des chefs, les autres officiers de santé de toutes les classes s'adresseront directement à la commission, lorsqu'ils le jugeront convenable.

11. Dans tous les cas d'épidémie, et toutes les fois que le conseil exécutif jugera convenable au bien du service d'employer un ou plusieurs membres de la commission de santé en inspection dans les hôpitaux, ils se conformeront aux instructions rédigées par la commission de santé et approuvées par le conseil exécutif; ils rapporteront à leur retour, ou même, si des circonstances urgentes l'exigent, ils adresseront au ministre, pendant le cours de leur inspection, les procès-verbaux de leurs visites dans les divers établissemens de santé.

12. Les inspecteurs seront remboursés de leurs frais de route et de séjour.

TITRE XIX. Des inhumations.

Art. 1er. Immédiatement après le décès d'un malade, l'infirmier du rang en avertira le chirurgien de garde, qui ordonnera le transport du corps dans le lieu destiné à l'ensevelissement, et qui sera absolument séparé des salles.

2. La fourniture du lit qui aura servi au décédé sera sur-le-champ enlevée en entier; la paille sera brûlée. Si le matelas était gâté, la laine en sera lavée, cardée avant de resservir, et elle ne pourra être employée de nouveau que lorsqu'on aura pris toutes les précautions nécessaires pour qu'elle ne puisse nuire à la salubrité générale et particulière.

3. Aussitôt après l'enlèvement du décédé, la fourniture du lit qui aura servi à son usage sera transportée hors de la salle, les couvertures et la laine des matelas lavées, et la paille brûlée.

4. Les morts ne seront pas enterrés avant les vingt-quatre heures, à moins qu'il n'y eût du danger à les conserver, et ces cas ne seront décidés que par les officiers de santé en chef.

5. Les enterremens seront faits, autant qu'il sera possible, à la pointe du jour.

6. Les directeurs veilleront à ce que les fosses individuelles aient au moins quatre pieds de profondeur, et soient très-exactement recouvertes de terre bien foulée.

7. Les dimensions des fosses communes à plusieurs cadavres seront réglées par le commissaire des guerres, d'après l'avis des officiers de santé. Il ne sera procédé à l'enterrement que lorsque l'ordre pour les dimensions aura été ponctuellement exécuté.

8. Dans tous les cas, les cimetières seront éloignés des hôpitaux, ainsi que des camps et habitations. Leur emplacement sera fixé par le commissaire des guerres, d'après les observations des officiers de santé, qui indiqueront la position la moins défavorable à la salubrité.

9. Indépendamment du registre tenu par l'officier public chargé par la loi de constater les décès, le directeur de chaque hôpital sera tenu d'avoir un registre coté et paraphé à chaque page par le commissaire des guerres; il y inscrira tous les malades et blessés qui seront décédés, avec toutes les conditions énoncées aux articles 1er et 2 du titre IV pour les billets d'entrée; la date d'admission à l'hôpital et celle du décès s'y trouveront en toutes lettres.

10. Aucun extrait mortuaire délivré par le directeur n'aura de valeur que revêtu du visa de l'officier public dans les hôpitaux fixes, et du visa du commissaire des guerres dans les hôpitaux ambulans.

11. Dans le cas où il y aurait une bataille, un siége ou quelque action, le commissaire des guerres et le directeur se procureront, dans les régimens, les noms de ceux qui auraient été tués, pour les inscrire sur les registres, afin de fournir aux familles les extraits mortuaires dont elles pourraient avoir besoin.

12. Dans les deux premiers jours de chaque mois, le directeur sera tenu de remettre au commissaire des guerres, pour les faire parvenir au ministre, deux extraits complets de son registre mortuaire.

13. Immédiatement après une bataille, les officiers de santé en chef seront tenus de requérir le commissaire-ordonnateur de donner les ordres les plus prompts pour faire procéder à l'inhumation de tous les cadavres, à une profondeur telle que les plus près de la surface de la terre en soient au moins à six pieds.

TITRE XX. De l'administration ou agence et de la comptabilité générale de chaque armée.

Art. 1er. Toutes les parties de l'administration des hôpitaux ambulans et fixes seront confiées à l'un des agens généraux, auquel tous les directeurs, garde-magasins, commis, ouvriers, et généralement les employés quelconques, sont tenus d'obéir en tout ce qui concerne leur service respectif.

2. L'agent principal sera chargé de distribuer les emplois dans les divers établissemens, selon les degrés de capacité connus, observant de laisser toujours à l'ambulance un nombre convenable d'employés, afin que ce service n'éprouve ni difficulté ni retard.

3. Avant d'entrer en campagne, l'agent principal se concertera avec l'administration générale, à l'effet de pourvoir, d'après les ordres du conseil exécutif, à tous les approvisionnemens en fournitures, linges, ustensiles et denrées nécessaires au service d'un nombre de malades égal au huitième de l'armée.

4. L'état détaillé de ces approvisionne-

nens sera remis d'avance tous les deux mois, par l'agent, au commissaire général et au commissaire-ordonnateur chargé de la police de l'ambulance. Il leur remettra également un état de tous les employés dans les hôpitaux, et les préviendra de tous les changemens survenus ou à faire d'après leurs ordres.

5. L'agent principal sera secondé par un directeur principal, choisi, autant qu'il sera possible, parmi ceux qui ont déjà fait ce service à l'armée.

6. L'agent principal exercera une surveillance active sur tous les magasins d'effets, de fournitures et d'ustensiles, sur tous les approvisionnemens en denrées, sur la boulangerie, la boucherie, la buanderie, et généralement sur toutes les parties du service économique, pour s'assurer de la conservation des effets, ou pourvoir aux remplacemens nécessaires.

7. L'agent principal tiendra strictement la main à ce que les états de recette et de dépense en deniers et consommations de tout genre lui soient exactement adressés tous les mois par les directeurs, et généralement par tous les employés comptables, et que lesdits états soient conformes aux modèles et instructions donnés auxdits employés, et revêtus des visa et certificats des commissaires des guerres.

8. Sur tous les objets, l'agent principal prendra les ordres du commissaire général, et l'attaché du bureau de l'agence, avec lequel il entretiendra une correspondance suivie, comme il l'exigera de tous les principaux employés qu'il ne serait pas à portée d'inspecter par lui-même.

9. Lorsqu'un officier de santé ou employé de tout grade quittera un hôpital ou une division pour passer dans une autre, il aura soin de se munir d'un certificat de cessation de paiement, qui constatera qu'il a été payé jusqu'à telle époque, et qu'à compter de telle autre ses appointemens sont dus : à défaut de cette précaution, il ne pourra être payé, dans la division à laquelle il passera, qu'à compter du jour où il reprendra son service.

10. Lorsque les officiers de santé en chef des armées seront obligés de faire des courses extraordinaires, ordonnées par le général en chef ou le commissaire général, pour des objets de service, ils seront indemnisés de leurs frais de route.

TITRE XXI. Des directeurs et commis, et de leur comptabilité.

Art. 1er. Il y aura non-seulement à l'hôpital ambulant, mais encore dans chaque hôpital fixe à la suite de l'armée, un directeur qui, sous sa responsabilité et d'après les instructions de l'agent ou du directeur principal, sera chargé de la tenue et de l'administration économique, tant en ce qui concerne le service direct des malades et blessés, que relativement à l'entretien et à la conservation des effets.

2. Les directeurs seront secondés, dans les divers détails de leurs fonctions et de leur comptabilité, par des agens qui, sous le nom de commis aux entrées, aux écritures, garde-magasins et dépensiers, seront répartis en tel nombre que le service de chaque hôpital l'exigera.

3. Les directeurs des hôpitaux fixes s'adresseront pour tous leurs besoins, soit en deniers, soit en fournitures ou denrées, à l'agent ou au directeur principal; en leur faisant parvenir leur état de situation, ils y joindront les aperçus de leurs consommations présumées.

4. Les directeurs sont tenus de faire fournir les alimens et les boissons strictement tels que le réglement les détermine. Il leur est enjoint d'entretenir, avec le plus grand soin, la propreté dans toutes les parties de l'hôpital.

5. Si, par des causes impérieuses et imprévues, il arrivait qu'il manquât à l'hôpital quelque objet prescrit, le directeur en préviendra sur-le-champ le commissaire des guerres, pour qu'il ordonne ce qui conviendra le mieux à la circonstance.

6. Les directeurs ne pourront faire aucun achat, qu'ils n'aient été préalablement autorisés par écrit par le commissaire des guerres chargé de la police de l'hôpital : ledit commissaire visera les quittances relatives à ces dépenses.

7. Dans les premiers jours de chaque mois, les directeurs enverront à l'agent principal les états et journées du mois précédent, le double des feuilles de retenue, s'il y a lieu, les états de consommations en denrées, et extrait de leurs registres de dépenses en deniers, avec les pièces justificatives à l'appui de tous ces états.

8. Au commencement de chaque mois, les directeurs feront arrêter par le commissaire des guerres les registres des journées des malades, ainsi que tous les états de dépenses et paiemens qui auront eu lieu pendant le mois précédent.

9. Tous les commis, employés et sous-employés qui n'auront encore été départis dans aucun établissement spécial, suivront l'hôpital ambulant, sous les ordres du directeur principal, afin qu'il puisse les distribuer en nombre suffisant partout où le bien du service l'exigera.

10. Le directeur de l'hôpital ambulant veillera à ce qu'il y ait toujours une provision suffisante de pain, vin et viande de première qualité, et que les caissons qui renferment ces objets soient toujours à sa proximité, afin

que le service le plus urgent ne souffre aucun retard.

TITRE XXII. Des fournitures, linges et ustensiles, et du magasin qui leur est destiné.

Art. 1er. Il ne sera employé dans les hôpitaux ambulans et fixes à la suite de l'armée, jusqu'en troisième ligne intérieure exclusivement, pour le coucher des malades, que des demi-fournitures, consistant en une paillasse, un sac à paille, deux paires de draps et une couverture.

2. Outre ces demi-fournitures, il y aura en réserve, et ce en raison du vingtième du nombre total des premières fournitures, une certaine quantité de matelas pour ceux des malades ou blessés auxquels les officiers de santé les jugeront indispensables.

3. Dans les autres hôpitaux fixes, il ne sera employé que des fournitures complètes, consistant en une paillasse, un matelas, deux paires de draps, une couverture et un traversin.

4. Chaque couchette aura trois pieds de largeur sur six de longueur, sera élevée de terre de vingt-deux à vingt-quatre pouces, et garnie d'un fond sanglé.

Les montans de chevet seront maintenus à leur extrémité supérieure par une traverse solide: une tablette de bois de chêne, de huit pouces de largeur, ayant la saillie en dehors et un rebord sur trois faces, sera enclavée au moyens de deux supports dans les deux traverses du dossier, de manière qu'on puisse la retirer et la replacer à volonté.

5. Chaque couchette sera garnie:

1° D'un matelas composé de vingt livres de laine cuisse de Nangis, de dix livres de crin et d'une toile grise, forte et lessivée, avec la précaution de placer le crin de manière qu'il forme la hanche inférieure du matelas;

2° D'un traversin ayant trois pieds de pourtour, de même toile que celle du matelas, rempli de paille d'avoine hachée;

3° De deux couvertures, dont une en réserve pendant les temps de chaleur, lesquelles seront composées de laine verte, et auront huit pieds de longueur sur cinq pieds et demi à six de largeur.

Il sera de plus entretenu par vingt couchettes un matelas de crin, de même poids que celui ci-dessus, pour des usages particuliers qui seront indiqués par les officiers de santé en chef.

6. On substituera, pour l'usage des malades qui gâteront sous eux, des paillasses aux matelas; lesdites paillasses, composées de la même toile que les matelas, seront remplies de trente-six livres de paille d'avoine hachée, ne seront employées que pour cet usage, et demeureront en conséquence en réserve au nombre prescrit par l'article précédent.

7. On entretiendra par chaque lit:

Trois paires de draps d'une toile lavée, conforme à l'échantillon qui sera adressé; chaque drap aura neuf pieds de longueur sur cinq pieds et demi à six de largeur;

Trois chemises d'une toile conforme à l'échantillon qui sera pareillement envoyé, et composées comme ci-après:

Le collet aura deux pouces et demi sans boutonnière;

Le pan de derrière, à partir du collet, trois pieds deux pouces de longueur;

Le pan de devant, deux pieds dix pouces de longueur; la largeur de chaque pan, deux pieds deux pouces;

L'ouverture du pan de devant, quatorze pouces;

Les manches auront chacune, depuis le défaut de l'épaule, un pied huit pouces de longueur sur huit à neuf pouces de largeur, avec un gousset au haut de chacune. Il y aura, outre cela, un vingt-cinquième de chemises de mêmes forme et toile, qui seront ouvertes par devant du haut en bas, avec quatre rubans de toile de chaque côté, qui puissent les fermer, pour les malades et blessés qui ne pourront pas facilement changer de linge;

Un autre vingt-cinquième de même dimension que les autres, sans être ouvertes entièrement sur le devant, qui seront d'une grosse toile grise, pour les vénériens;

Deux bonnets de drap commun, qui auront dix pouces de hauteur sur dix de largeur, ployés;

Trois coiffes de bonnet, de même toile que les chemises, coupées en rond par le haut, ayant deux pieds deux pouces de hauteur sur un pied de largeur, ployées.

On entretiendra pour chaque lit en place une capote ou robe de chambre de drap, dont l'échantillon sera envoyé; elle sera longue d'environ quatre pieds, y compris le collet, dont l'ampleur par le bas sera d'environ sept pieds, et, au milieu du corps, de quatre pieds et demi, les manches larges et en proportion: ladite robe fermée par le collet, vers le milieu du corps, par une boutonnière.

8. Les draps, chemises, coiffes de bonnets, bonnets et capotes seront toujours, soit à l'hôpital ambulant, soit dans les hôpitaux fixes, en quantité suffisante et proportionnée au nombre des fournitures et des demi-fournitures.

9. Il y aura au moins une baignoire dans quelque hôpital que ce soit fixe. Dans les hôpitaux plus considérables, leur nombre sera au moins dans la proportion de deux pour cent malades ou blessés ordinaires, d'une pour cinquante galeux, et une pour vingt-cinq vénériens.

10. Sous aucun prétexte, la baignoire destinée aux galeux ne sera employée au ser-

vice d'un vénérien, ni réciproquement, et, dans aucun cas, ni l'une ni l'autre ne seront au service des autres malades.

11. Toute baignoire sera vidée, nettoyée et rincée avant que l'eau en soit refroidie; l'infirmier-major répondra de l'inexécution de cet article.

12. Il y aura à la proximité de chaque salle, et pour que les malades puissent se laver les mains, des fontaines ou au moins des seeaux garnis d'un robinet, ainsi que des baquets pour recevoir l'eau; ces baquets seront vidés et nettoyés tous les matins, l'essuie-main renouvelé tous les jours.

13. L'hôpital ambulant sera pourvu de brancards pour le transport des blessés.

14. Tous les objets dénommés au présent titre seront confiés à un garde-magasin sous sa responsabilité, sous la surveillance de l'agent et du directeur principal.

15. Le magasin général où sera déposé le fond de l'approvisionnement de l'ambulance sera placé sur les derrières et à portée de l'armée, afin qu'on en puisse tirer facilement les choses nécessaires.

16. Le magasin général sera tenu, ainsi que les magasins particuliers, dans le plus grand ordre. Tous les ballots, tonneaux et caisses renfermant des effets, des ustensiles ou denrées, seront numérotés et étiquetés.

17. L'agent principal et les directeurs veilleront à ce que la tenue des registres des garde-magasins soit exact.

18. Tous les envois qu'ils feront seront constatés par des états détaillés, approuvés par le commissaire des guerres, ainsi que les récépissés qu'ils recevront des directeurs pour leur décharge.

19. Dès l'instant qu'il arrivera dans un magasin général ou particulier une expédition de denrées ou effets, le garde-magasin aura soin, avant d'en charger ses registres, d'en informer le commissaire des guerres ou, à son défaut, la municipalité du lieu, pour qu'il soit procédé, à vue de la lettre de voiture ou feuille d'envoi, à la vérification des quantités et des qualités des objets qui composent l'envoi: il sera dressé procès-verbal de cette vérification, afin qu'en cas de déficit ou de défectuosité on puisse en découvrir la cause, et en faire supporter le préjudice à ceux qui y auraient donné lieu par négligence ou infidélité.

20. Aussitôt après la clôture du procès-verbal de réception mentionné dans l'article précédent, le garde-magasin inscrira sur son livre les objets reçus, et en adressera dans les vingt-quatre heures son récépissé, visé du commissaire des guerres, au garde-magasin ou fournisseur qui aura fait l'envoi; il accompagnera son récépissé d'une expédition du procès-verbal susdit, dont il sera également envoyé un double à l'administration ou à l'agent principal.

21. Le garde-magasin ne pourra faire aucune livraison ou expédition, qu'au préalable il n'en ait reçu l'ordre ou l'autorisation de l'agent ou de l'administration générale.

22. Les garde-magasins généraux et particuliers seront tenus d'adresser, au moins deux fois par mois, à l'agent ou à l'administration générale, leur état de situation, afin qu'il soit pourvu à temps au remplacement des consommations.

23. L'agent, en son absence le directeur principal, ainsi que les directeurs particuliers, visiteront souvent les ustensiles de cuivre, pour s'assurer de leur état, ordonner l'étamage, les réparations et remplacemens nécessaires.

24. Ils donneront la même attention aux ustensiles de fer-blanc, afin de prévenir la rouille, et de les faire entretenir dans l'état de propreté convenable.

25. Les remplacemens en tout genre se feront au magasin général, par les soins de l'administration, d'après les ordres immédiats du conseil exécutif.

Titre XXIII. Des établissemens accessoires au service des hôpitaux ambulans.

Section Ire. *Des couteliers, chaudronniers-ferblantiers et tonneliers.*

Art. 1er. Il sera établi à la suite de l'hôpital ambulant, pour le service de tous les chirurgiens de l'armée, un coutelier expert en cette partie.

2. Il sera chargé des réparations des caisses d'instrumens, et du soin de les entretenir dans le meilleur état de propreté et de service.

3. Il sera sous les ordres immédiats du chirurgien en chef de l'armée.

4. Ledit coutelier sera soumis à la surveillance de l'administrateur et du directeur principal.

5. Le coutelier sera toujours à l'hôpital ambulant, à la suite du caisson sur lequel seront chargés les caisses d'instrumens de chirurgie et les outils dudit coutelier.

6. Pour l'entretien de tous les ustensiles de pharmacie, de cuisine et des vases destinés au service des malades, il y aura à la suite de l'hôpital ambulant un chaudronnier-ferblantier.

7. Il prendra sur tous ces objets les ordres des directeurs.

8. Il sera aussi entretenu à la suite de l'hôpital ambulant un tonnelier pour veiller à la conservation des liquides.

9. Ce tonnelier sera encore chargé de faire et de réparer les ustensiles de buanderie et de boulangerie.

SECTION II. De la buanderie.

Art. 1er. Pour que les draps, chemises et autres linges à l'usage des malades et blessés soient toujours entretenus dans l'état de propreté nécessaire, il sera formé, à la portée de l'hôpital ambulant, un établissement de blanchisseurs et blanchisseuses en nombre convenable.

2. Leur service sera commandé immédiatement par un maître blanchisseur, qui répondra de tout, et qui sera aux ordres du garde-magasin et du directeur.

3. Les officiers de santé en chef visiteront souvent cet établissement, pour s'assurer de la régularité de cette partie essentielle du service, et surveiller l'exacte séparation des objets qui ne doivent pas être lessivés ensemble.

4. Lesdits officiers de santé avertiront le directeur des abus qu'ils auraient observés, et, dans le cas où il n'aurait pas été fait droit à leurs représentations, ils en rendront compte au commissaire des guerres.

SECTION III. De la boulangerie.

Art. 1er. L'agent principal placera toujours à la suite de l'ambulance un nombre convenable de boulangers, avec les farines et ustensiles nécessaires pour assurer le service.

2. Lesdits boulangers formeront une division commandée par un brigadier, à la charge duquel seront les farines, dont il sera comptable envers le directeur, ainsi que des sacs vides et ustensiles qui lui auront été confiés.

SECTION IV. De la boucherie.

Art. 1er. Lorsqu'il sera passé des marchés pour la fourniture générale de la viande aux hôpitaux de l'armée, les agens principaux veilleront seulement à ce que le fournisseur fasse entretenir, à la suite de l'ambulance, le nombre de bœufs et moutons proportionné à la consommation journalière pour six semaines.

2. Le fournisseur ne pourra faire de livraisons que sur la demande et les bons du directeur de l'ambulance.

3. Les officiers de santé en chef surveilleront la santé des bestiaux, et s'assureront que la viande ait les qualités requises, et surtout qu'elle soit bien saignée.

4. Le commissaire des guerres exercera sur tous ces objets une surveillance active.

SECTION V. De l'équipage.

Art. 1er. Quelque modification que reçoive l'administration des équipages et charrois de l'armée, soit qu'elle continue à être en agence générale, soit qu'elle soit mise en entreprise, il sera mis, avant l'ouverture de la campagne, à la disposition de l'agent principal des hôpitaux de l'armée, le nombre d'hommes, de chevaux et de caissons reconnu nécessaire, tant pour le transport des effets destinés au service des hôpitaux ambulans, que pour l'organisation des divisions et subdivisions d'ambulance.

2. Chaque caisson sera attelé de quatre chevaux, et recouvert d'une toile cirée. Sur le berceau seront inscrits, en gros caractères, ces mots : *Hôpital ambulant, n°* .

3. Cet équipage demeurera exclusivement affecté aux hôpitaux ambulans. Il est expressément défendu aux commissaires des guerres et autres agens de la République, quels que soient leurs grades et leurs pouvoirs, d'en distraire une portion pour une destination étrangère à ce service : les caissons ne doivent même servir au transport des malades que dans le cas d'absolue nécessité.

4. Les chefs de l'équipage exécuteront et feront exécuter par leurs subordonnés les ordres qui leur seront donnés par l'agent principal ou par les directeurs des ambulances, en conséquence de ceux qu'ils auront eux-mêmes reçus du commissaire-ordonnateur.

5. Les capitaines, conducteurs et autres chefs de l'équipage se tiendront toujours à portée de recevoir les ordres et instructions de l'agent principal ou du directeur de l'ambulance ; ils veilleront à ce que les charretiers soient à leurs postes, et à ce que les caissons soient en état de partir au premier avis.

6. Ils feront chaque jour la visite des chevaux, caissons et harnais, et feront exécuter sur-le-champ les réparations nécessaires : ils seront pareillement responsables des retards qui pourront être attribués à leur négligence.

7. Lorsqu'un agent des équipages aura donné lieu à des plaintes fondées de la part de l'agent principal ou des directeurs des hôpitaux, sur un fait relatif au service, il sera dénoncé au commissaire des guerres, qui, selon l'exigence du cas, prononcera sa suspension ou sa destitution ; il en sera de suite donné avis à l'administration ou entreprise des charrois, qui pourvoira sans délai à son remplacement.

8. Les capitaines et conducteurs sont responsables des objets renfermés dans les caissons dont on leur aura confié la conduite.

9. Il sera formé de chaque chargement un état double, l'un pour le garde-magasin de l'ambulance, l'autre pour le garde-magasin qui aura livré les effets. Chacun de ces garde-magasins certifiera lesdits états, qui devront être visés par le commissaire des guerres.

10. Les directeurs se trouveront, autant que faire se pourra, au chargement et au dé-

chargement des caissons, pour les faire disposer d'une manière convenable, et afin que rien ne s'endommage.

11. Ils donneront la plus grande attention à ce que les numéros de chaque caisson correspondent exactement à ceux des états où les objets seront nominativement désignés.

TITRE XXIV. Du service en général.

Art. 1er. Dans tous les hôpitaux, les officiers de santé en chef réunis assigneront à leurs collaborateurs les différentes parties du service auxquelles ils sont attachés, chacun dans leur partie respective.

2. Indépendamment de la subordination immédiate à laquelle sont tenus envers leurs chefs chacun des ouvriers et employés attachés à ces divers établissemens, laquelle subordination s'observera entre eux à raison de leurs grades, tous indistinctement seront aux ordres des commis et employés de l'agence chargée de diriger leur service; et les chefs de tous les établissemens accessoires exécuteront et feront exécuter les ordres qui leur seront transmis par les directeurs et l'agent principal, en conséquence de ceux qu'ils auront reçus eux-mêmes des commissaires des guerres, d'après ceux du commissaire-ordonnateur et du commissaire général.

3. La dernière décade de chaque mois, à midi, le réglement sera lu en présence du conseil de surveillance d'administration, qui désignera le citoyen qui doit en faire la lecture.

4. Tous les citoyens employés à l'hôpital, quels que soient leurs fonctions et leurs grades, sont tenus d'assister à cette lecture, et ne peuvent s'en exempter sous aucun prétexte.

5. La République confie au patriotisme et aux talens des employés de toutes fonctions et de tout grade le soin de remplir leurs fonctions respectives avec le zèle et l'intérêt dont les défenseurs de la liberté sont dignes.

VENTOSE an 2 (21 février 1794). — Décret relatif à l'exécution de l'article 120 du décret du 24 août sur la dette publique. (B. 40, 12; Mon. du 5 ventose an 2.)

Art. 1er. Pour l'exécution de l'article 120 de la loi du 24 août dernier, sur la consolidation de la dette publique, les commissaires de la comptabilité seront tenus de commettre un d'entre eux pour signer les certificats nécessaires aux opérations de la liquidation générale du liquidateur de la Trésorerie et les payeurs des rentes; ils feront transporter, dans le jour, les registres du ci-devant contrôle-général dans les dépôts du bureau de comptabilité.

2. Les commissaires de la comptabilité sont autorisés à employer, provisoirement, les commis des gardes des registres des contrôles aux expéditions et transports ordonnés par l'article précédent.

---

3 VENTOSE an 2 (21 février 1794). — Décrets d'ordre du jour relatifs aux peines encourues pour établissement de petites loteries, et aux individus attachés aux ci-devant monastères par des vœux simples. (B. 40, 11.)

---

3 VENTOSE an 2 (21 février 1794). — Décret qui annule un jugement du juge-de-paix du canton de Labande. (B. 40, 12.)

---

3 VENTOSE an 2 (21 février 1794). — Décret relatif aux créanciers du ci devant comtat d'Avignon. (B. 40, 13.)

---

3 VENTOSE an 2 (21 février 1794). — Décrets qui accordent des secours et pensions à la veuve Braconnier et aux citoyens Héral et Beauregard. (B. 40, 13 et 14.)

---

3 VENTOSE an 2 (21 février 1794). — Décret qui admet comme député le citoyen Desrues. (B. 40, 17.)

---

3 VENTOSE an 2 (21 février 1794). — Décret qui supprime le contrôleur général des caisses de la Trésorerie, et établit deux contrôleurs. (B. 40, 25.)

---

3 VENTOSE an 2 (21 février 1794). — Décret portant nomination du citoyen Johanneau à la place du citoyen Goujon, dans la commission des subsistances et approvisionnemens de la République. (B. 40, 25.)

---

3 VENTOSE an 2. — Marine des bâtimens de commerce. *Voy.* 24 PLUVIOSE an 2.

---

4 VENTOSE an 2 (22 février 1794). — Décret relatif au mode de paiement des instituteurs des petites écoles, et à l'organisation des écoles primaires. (L. 17, 502; B. 40, 26.)

Art. 1er. Les arrérages dus jusqu'au 15 germinal prochain aux instituteurs et institutrices des petites écoles, dont les salaires étaient acquittés en tout ou en partie sur les revenus des fabriques et autres biens mis à la disposition de la nation, ainsi que ceux des octrois et autres droits ou établissemens supprimés, seront payés sur les ordonnances des corps administratifs, comme les créances au-dessous de huit cents livres.

2. Les instituteurs et institutrices dont le traitement fixe ou casuel ne s'élève pas à quatre cents livres dans les communes qui ont une population moindre de cinq mille

ames, ou à six cents livres dans les autres, recevront une augmentation de traitement pour toute l'année 1793 et jusqu'au 15 germinal, jusqu'à due concurrence.

3. Les fonds de cette augmentation de traitement seront faits dans la commune, par la voie des sous additionnels au rôle des contributions foncière et mobilière de 1793, et l'avance par les dix plus forts contribuables, sur le mandat des officiers municipaux.

4. Les salaires des instituteurs ou des institutrices des écoles primaires qui ne seraient point organisées, conformément au décret du 29 frimaire, au 15 germinal prochain, seront acquittés sur les biens des administrateurs chargés de l'exécution dudit décret.

---

4 VENTOSE an 2 (22 février 1794). — Décret relatif aux districts en retard pour la vente des biens des émigrés. (L. 17, 503; B. 40, 29.)

---

4 VENTOSE an 2 (22 février 1794). — Décret d'ordre du jour relatif au prix des chevaux fournis par les sociétés populaires et à la culture des terres des cultivateurs passés à l'ennemi. (L. 17, 504; B. 40, 29.)

---

4 VENTOSE an 2 (22 février 1794). — Décret qui ordonne de mettre en liberté des citoyens détenus à Saint-Quentin, et le citoyen Dupleix. (B. 40, 28.)

---

4 VENTOSE an 2 (22 février 1794). — Décret relatif aux citoyens employés dans les comités de la Convention qui accompagneront les représentans du peuple en qualité de secrétaires. (B. 40, 27.)

---

4 VENTOSE an 2 (22 février 1794). — Décret pour la mise en jugement du président et de l'accusateur public du tribunal criminel de Rhône-et-Loire. (B. 40, 28.)

---

4 VENTOSE an 2. — Ennemis de la révolution. *Voy.* 22 FRIMAIRE an 2.

---

5 VENTOSE an 2 (23 février 1794). — Décrets qui accordent des secours à la veuve Forêt, et aux père et mère de la citoyenne Chapuy. (B. 40, 32 à 33.)

---

5 VENTOSE an 2 (23 février 1794). — Décret relatif aux renseignemens à donner sur le général Westermann. (B. 40, 31.)

---

5 VENTOSE an 2 (22 février 1794). — Décret qui surseoit à la procédure commencée à la commission militaire de Tours, contre les frères Gerboin. (B. 40, 30.)

---

5 VENTOSE an 2 (23 février 1794). — Décret sur la pétition des citoyens de Belleville. (B. 40, 31.)

---

5 VENTOSE an 2 (23 février 1794). — Décret qui ordonne l'envoi direct du bulletin de la Convention à diverses autorités constituées, civiles et militaires. (B. 40, 30.)

---

5 VENTOSE an 2 (23 février 1794). — Décret sur la détention de Gilbert Ogier, maire d'Arlonne, district de Riom. (B. 40, 32.)

---

5 VENTOSE an 2 (23 février 1794). — Décret qui accorde six cents livres à la citoyenne Riquetti Mirabeau, à compte de sa pension. (B. 40, 32.)

---

5 VENTOSE an 2 (23 février 1794). — Décret qui réintègre le citoyen Vergé dans son domicile. (B. 40, 31.)

---

5 VENTOSE an 2 (23 février 1794). — Décret de mention honorable de la demande du citoyen Lahaye. (B. 40, 33.)

---

5 VENTOSE an 2. — Receveurs des loteries supprimées. *Voy.* 3 VENTOSE an 2.

---

6 = 10 VENTOSE an 2 (24 = 28 février 1794). — Décret relatif à une fixation des denrées et marchandises soumises à la loi du *maximum*. (L. 17, 504; B. 40, 41.)

Voy. loi du 30 VENTOSE an 2.

Art. 1er. Les prix de toutes les denrées et marchandises soumises à la loi du *maximum* dans les lieux de production ou de fabrication, sont ceux déterminés dans les tableaux du *maximum* qui viennent d'être présentés par la commission des subsistances et des approvisionnemens de la République.

2. Ces tableaux seront imprimés et envoyés à chaque district, au plus tard au 1er germinal, la commission demeurant chargée de l'impression des tableaux du *maximum*, et responsable des retards de l'impression et de l'envoi des exemplaires aux districts à l'époque ci-dessus désignée.

3. L'agent national de chaque district sera tenu, dans le délai de dix jours au plus tard, à compter du jour de la réception, d'appliquer les frais de transport à raison des distances, à chaque espèce de marchandises employées dans son district, conformément aux bases établies dans l'article 4 ci-après. Il sera envoyé par la commission une instruction sur les moyens d'exécution; cette instruction devra être approuvée par la Convention nationale.

4. Le tableau fait par l'agent national contiendra :

1° Les noms des objets et marchandises que les habitans du district sont dans l'usage de consommer;

2° L'indication du lieu de production ou de fabrication desdits objets;

3° La distance du chef-lieu de district;

4° Le *maximum* du prix de production ou de fabrication, ainsi qu'il est porté dans les tableaux envoyés par la commission des subsistances et approvisionnemens;

5° L'évaluation des frais de transport, d'après les bases posées dans l'article suivant;

6° Il sera ajouté à ces deux premières bases cinq pour cent de bénéfice, pour former le *maximum* du marchand en gros;

7° Il sera ajouté, outre les cinq pour cent ci-dessus, dix pour cent de bénéfice, pour former le prix à vendre au consommateur par le détaillant.

5. L'administration de district déterminera le nombre d'exemplaires de ce travail, qu'il est nécessaire de publier pour que l'objet en soit connu aux municipalités; les frais de l'impression seront acquittés par les receveurs de district, et leurs récépissés seront reçus comme comptant à la Trésorerie nationale.

Les prix des transports des grains et fourrages, déterminés par l'art. 15 de la troisième section du décret du 11 septembre, à cinq sous par lieue de poste par la grande route, et six sous pour la traverse, demeurent réduits à quatre sous six deniers par lieue de poste par la grande route, et à cinq sous pour la traverse.

6. Les prix des transports pour les autres denrées et marchandises seront évalués par chaque lieue de poste, grande route, par quintal poids de marc quatre sous, et pour les routes de traverse quatre sous six deniers.

7. Les prix de transport pour toute espèce de denrées et marchandises seront évalués, par eau, en remontant, deux sous; en descendant neuf deniers; et par les canaux de navigation, un sou neuf deniers par chaque lieue de poste, en calculant la distance par le nombre de lieues de poste qu'il y a, par la route de terre, du lieu du départ à celui de de l'arrivée.

8. Les agens nationaux des districts désigneront dans le tableau les articles qui, pouvant leur parvenir par eau, ne devront supporter que les frais de transport par cette voie; ils pourront seulement, dans les cas d'impossibilité de transport par eau, y substituer le prix du transport par terre.

9. Les prix des transports ci-dessus indiqués ne seront point applicables aux bois et charbons, dont les transports ne se paient pas au quintal.

Les agens nationaux près les districts des lieux de consommation sont chargés de faire l'évaluation des frais de transport à ajouter au prix de ces marchandises, et ils prendront pour base de leur évaluation les prix des transports de 1790, auxquels ils ajouteront la moitié en sus.

10. Les lieux d'arrivage, pour toutes marchandises venant de l'étranger, seront regardés comme lieux de fabrication ou de production.

11. Les sels, tabacs et savons étant compris dans les tableaux du *maximum*, le décret du 29 septembre, qui en fixait le prix, est rapporté.

12. Le *maximum* du prix des charbons et des bois à brûler demeure fixé, conformément à la loi du 27 septembre, au vingtième en sus du prix de 1790, auquel il sera ajouté les frais de transport, ainsi qu'il est porté dans les articles précédens, et dix pour cent seulement de bénéfice pour le marchand détaillant.

13. La commission des subsistances et des approvisionnemens est autorisée à prendre toutes les mesures nécessaires pour l'exécution du présent décret, dont elle demeurera responsable et rendra compte au comité de salut public. L'insertion au Bulletin tiendra lieu de publication.

---

6 = 13 VENTOSE an 2 (14 février = 3 mars 1794). — Décret relatif au mode de procéder pour les délits connexes à ceux mentionnés dans les décrets des 7 et 30 frimaire an 2. (L. 17, 515; B. 40, 36.)

La Convention nationale, après avoir entendu le rapport de son comité de législation sur les questions proposées par l'accusateur public du tribunal criminel du département du Puy-de-Dôme, relativement au mode d'exécution du décret du 7 frimaire, concernant les malversations commises dans les biens et effets nationaux, tendant à savoir :

1° Si un prévenu renvoyé par un jury d'accusation avant la publication du décret du 7 frimaire, peut être poursuivi de nouveau en vertu de ce décret;

2° Si, lorsque tous les témoins essentiels dans une affaire criminelle n'ont pas été entendus devant le jury d'accusation, quoiqu'ils aient été assignés à y comparaître, et qu'ils eussent précédemment déposé devant le juge-de-paix, on peut prendre comme nouvelles charges les faits résultant de la déclaration de ces témoins;

3° Si les complices des personnes énoncées dans l'article 1er du décret du 7 frimaire doivent être jugés dans la même forme que leurs coaccusés, quoiqu'ils ne soient ni fonctionnaires publics, ni commissaires ou gardiens préposés à la vente, régie ou administration des biens et effets nationaux;

4° Si un accusé qui est dans le cas d'être poursuivi dans la forme réglée par le décret du 7 frimaire, pour plusieurs délits connexes, mais dont l'un aurait, par sa nature, exigé une instruction différente de celle que détermine ce décret, peut être jugé sur tous en même temps; et, dans ce cas, le mode de procéder qui doit être suivi;

Considérant: 1° que le décret du 7 frimaire n'a point dérogé à la disposition du décret du 16 septembre 1791 sur la procédure criminelle, qui ne permet de poursuivre de nouveau les prévenus acquittés par le jury d'accusation, que lorsqu'il survient contre eux de nouvelles charges, et que déjà la Convention nationale s'en est expliquée formellement par un décret rendu, le 3 nivose, sur la pétition du citoyen *Picort ;*

2° Qu'il n'y a nul doute qu'on ne doive considérer comme nouvelles charges les déclarations des témoins qui n'ont pas été entendues devant le jury d'accusation, lorsqu'elles sont de nature, soit à fortifier des preuves que le jury d'accusation a pu trouver trop faibles, soit à donner aux faits des développemens utiles à la manifestation de la vérité;

3° Qu'il est généralement reconnu que les complices doivent, tant pour le mode de jugement que pour la peine, suivre le sort de leurs coaccusés,

Déclare qu'il n'y a pas lieu à délibérer sur les trois premières questions proposées, et, à l'égard de la quatrième, décrète ce qui suit :

Art. 1er. Le mode de procéder prescrit par les décrets des 7 et 30 frimaire est commun à tous les délits connexes à ceux y mentionnés, dont se trouvent en même temps prévenues les personnes qui sont directement traduites, en vertu de ces lois, devant les tribunaux criminels.

2. S'il y a difficulté sur la connexité ou non-connexité des délits, le tribunal criminel en décide, soit sur la réclamation du prévenu, soit sur le référé de l'accusateur public.

3. Si le tribunal prononce qu'il n'y a pas connexité, le prévenu n'est jugé dans la forme prescrite par les décrets des 7 et 30 frimaire que sur les délits énoncés en ces décrets, et, sur le surplus, on se règle par les articles 38, 39 et 40 du titre VII de la seconde partie du décret du 16 septembre 1791, et par les dispositions y correspondantes du décret en forme d'instruction du 29 du même mois.

---

6 VENTOSE an 2 (24 février 1794). — Décret relatif à la réquisition des bois de chêne de l'âge de vingt ans et au-dessus. (L. 17, 517; B. 40, 52.)

---

6 VENTOSE an 2 (24 février 1794). — Décrets qui accordent des secours aux citoyens Mangin, Durand, aux veuves Bouilly, Michard et Turguet, et des récompenses aux citoyens Faguet et Charon. (B. 40, 34 à 36 et 50.)

---

6 VENTOSE an 2 (24 février 1794). — Décret et réglement pour l'imprimerie des administrations publiques. (L. 17, 528; B. 40, 44.)

---

6 VENTOSE an 2 (24 février 1794). — Décret relatif au directeur de la liquidation de la liste civile. (B. 40, 34.)

---

6 VENTOSE an 2 (24 février 1794). — Décrets d'ordre du jour sur la vente d'eau-de-vie en détail au-dessus du *maximum*, la signature du directeur du jury d'accusation, la compétence des tribunaux de district quant aux délits emportant la peine afflictive ou infamante; et l'indemnité pour fabrication de papier-assignat par le citoyen Didot. (B. 40, 39, 44 et 51.)

---

6 VENTOSE an 2 (24 février 1794). — Décret qui nomme le citoyen Hardoin juge au tribunal révolutionnaire. (B. 40. 41.)

---

6 VENTOSE an 2 (24 février 1794). — Décret qui annule l'arrêté du département de la Haute-Garonne, relativement aux deux suppléans. (B. 40, 34.)

---

6 VENTOSE an 2 (24 février 1794). — Décret relatif à la dénonciation faite par les administrateurs du district de Caen. (B. 40, 38.)

---

6 VENTOSE an 2 (24 février 1794). — Décret relatif à la poursuite de plusieurs officiers et sous-officiers, et au chirurgien-major du 17e régiment de cavalerie. (B. 40, 40.)

---

6 VENTOSE an 2 (24 février 1794). — Décret qui met un million à la disposition du ministre de l'intérieur, pour fournir aux dépenses de l'imprimerie de l'administration. (B. 40, 50.)

---

6 VENTOSE an 2 (24 février 1794). — Décret qui établit un bureau de poste dans la commune de Sollier. (B. 40, 51.)

---

6 VENTOSE an 2 (24 février 1794). — Décret qui surseoit aux poursuites contre les délégués et secrétaires du député Faure. (B. 40, 43.)

---

6 VENTOSE an 2 (24 février 1794). — Décret relatif à une fixation générale des denrées et marchandises soumises à la loi du *maximum*. (B. 40, 41.)

---

6 VENTOSE an 2 (24 février 1794). — Décret qui accorde des fonds pour le transport des dépouilles des églises. (B. 40, 51.)

---

6 VENTOSE an 2 (24 février 1794). — Décret relatif au citoyen Jean-Mathieu Trelis, traduit au tribunal révolutionnaire. (B. 40, 44.)

---

6 VENTOSE an 2. — Biens d'émigrés. *Voy.* 4 VENTOSE an 2. — Frais d'administration. *Voy.* 3 VENTOSE an 2. — Petites écoles primaires. *Voy.* 4 VENTOSE an 2.

---

7 = 27 VENTOSE an 2 (25 février = 7 mars 1794). — Décret relatif aux états de navigation, de commerce et de comptabilité ordonnés par les décrets des 7 brumaire et 26 frimaire an 2. (L. 17, 518; B. 40, 97.)

Art. 1er. Les états de navigation, de commerce et de comptabilité, dont la formation, la publication et l'affiche dans chaque douane sont ordonnées par les décrets des 7 brumaire et 26 frimaire derniers, seront rédigés conformément aux différens modèles annexés au présent décret, que le ministre des affaires étrangères est autorisé à faire imprimer; tous autres états de navigation et de commerce sont supprimés.

2. Les deux états sous les nos 5 et 5 *bis* seront suivis par les receveurs des douanes des chefs-lieux d'inspection, et par ceux de Bordeaux, Saint-Malo, Rouen : les receveurs des autres douanes remettront à l'inspecteur, et à son choix, ou des états semblables, ou des copies de leurs registres de navigation et de commerce, tenus suivant les modèles nos 3 et 4, pour le tout être compris par l'inspecteur dans ses tableaux récapitulatifs.

3. L'inspecteur ne pourra viser les quittances d'appointemens des receveurs qu'après la remise, chaque mois, de leurs états. Faute par eux et les inspecteurs de se conformer, en ce qui les concerne, aux précédens décrets sur cet objet, ils seront destitués.

4. Pour faciliter les calculs et accélérer les opérations, à compter du 1er germinal prochain, les deniers sont supprimés dans tous les comptes des douanes, et il ne pourra être perçu moins de cinq, dix, quinze et vingt sous pour toute fraction de livre qui, dans la liquidation des droits, ne s'éleverait pas à chacune de ces sommes de cinq, dix, quinze et vingt sous.

---

7 VENTOSE an 2 (25 février 1794). — Décret relatif à la question proposée par l'administrateur des domaines nationaux, si la régie nationale de l'enregistrement et des domaines peut recevoir le rachat qui lui est offert, pour le compte de la nation, d'une rente de 35 setiers de blé, qualifiée foncière et seigneuriale. (B. 40, 95.)

Voy. loi du 17 JUILLET 1793.

La Convention nationale, après avoir entendu le rapport de son comité de législation sur la question proposée par l'administrateur des domaines nationaux, si la régie nationale de l'enregistrement et des domaines peut recevoir le rachat qui lui est offert, pour le compte de la nation, d'une rente de trente-cinq setiers de blé, qualifiée foncière et seigneuriale par le titre primitif ou bail d'héritage dans lequel est en même temps stipulé un droit de cens emportant lods et ventes;

Considérant que déjà elle a déclaré, par un décret d'ordre du jour du 2 octobre 1793, qu'elle avait entendu par la loi du 17 juillet précédent supprimer sans indemnité les rentes foncières qui avaient été créées même par concession de fonds, avec mélange de cens et autres signes de seigneuries ou féodalité,

Déclare qu'il n'y a lieu à délibérer.

Le présent décret ne sera publié que par la voie du bulletin de correspondance; il en sera adressé une expédition manuscrite à l'administrateur des domaines nationaux.

---

7 VENTOSE an 2 (25 février 1794.) — Décret relatif à la loi du 29 brumaire, qui excepte de la peine de déportation et de réclusion les ecclésiastiques, lorsqu'ils sont mariés, et que les conditions de leur mariage sont réglées par acte authentique. (B. 40, 54.)

La Convention nationale, après avoir entendu le rapport de son comité de législation sur les nombreuses pétitions et mémoires adressés par les administrations de district et de département, qui demandent si la loi du 29 brumaire dernier, qui excepte de la peine de la déportation et de réclusion les ecclésiastiques lorsqu'ils sont mariés, ou que les conditions de leur mariage sont réglées par acte authentique, ou leurs bans publiés antérieurement à ladite loi, doit comprendre ceux qui sont dans un des cas prévus, soit antérieurement à la publication, soit antérieurement à la date de cette loi;

Considérant que, le 12 frimaire aussi dernier, la Convention nationale a prononcé sur cette question, mais que le décret n'a pas été imprimé,

Décrète qu'il sera inséré au Bulletin, sans délai, avec le présent décret, et à la suite d'icelui.

---

7 VENTOSE an 2 (25 février 1794). — Décret relatif aux inspecteurs généraux des charrois. (L. 17, 519; B. 40, 53.)

---

7 VENTOSE an 2 (25 février 1794). — Décret relatif à la liquidation des créances réclamées par le canton de Bâle. (B 40, 53.)

---

7 VENTOSE an 2 (25 février 1794). — Décret du renvoi de la pétition du citoyen Pardessus. (B. 40, 34.)

---

7 VENTOSE an 2 (25 février 1794). — Décret qui surseoit à deux jugemens de 1767 et 1779, contre les communes de Saint-Christophe et de Neuville. (B. 40, 55.)

---

7 VENTOSE an 2 (25 février 1794). — Décret concernant les hôpitaux militaires de la République française. (B. 40, 56.) *Voy.* 3 VENTOSE an 2.

7 VENTOSE an 2 (25 février 1794). — Décret qui érige le couvent du Val-de-Grace en hospice. (B. 40, 56.)

7 VENTOSE an 2 (25 février 1794). — Décret qui mande à la barre le général Lapoype et son chef de brigade. (B. 40, 93.)

7 VENTOSE an 2 (25 février 1794). —Décret qui accorde une pension au citoyen Lecoq fils, et un secours au citoyen Bertrand. (B. 40, 93.)

7 VENTOSE an 2 (25 février 1794).— Décret sur le mode de rédaction des états de navigation, de commerce et de comptabilité des douanes de la République. (B. 40, 97.)

7 VENTOSE an 2 (25 février 1794). — Décret qui annule un jugement relatif aux citoyens Potin, Barrat, Fauché et Trulet. (B. 40, 96.)

7 VENTOSE an 2 (25 février 1794). — Décret relatif à la pétition du citoyen Rey. (B. 40, 99.)

7 VENTOSE an 2 (25 février 1794) —Décret qui envoie à la Monnaie l'argenterie et l'or déposés par les citoyens de Chinon-la-Montagne. (B. 40, 98.)

7 VENTOSE an 2 (25 février 1794). — Décret qui donne à la régie des poudres et salpêtres le nom d'*Agence nationale*. (L. 17, 520.)

7 VENTOSE an 2 (25 février 1794). — Décret relatif à la pétition du citoyen l'Honoré. (B. 40, 97.)

7 VENTOSE an 2 (25 février 1794). — Décret d'ordre du jour sur la mise en liberté du citoyen Nicoleau, sur les adjudications des biens d'émigrés, l'audition des dénonciateurs comme témoins. (B. 40, 53, 94 à 96.)

7 VENTOSE an 2. — Annuaire du cultivateur; Etapes. *Voy.* 30 PLUVIOSE an 2.

8 = 8 VENTOSE an 2 (26 = 26 février 1794). — Décret relatif aux personnes incarcérées qui réclament leur liberté, et au séquestre des biens des ennemis de la révolution. (L. 17, 521.)

La Convention nationale, après avoir entendu le rapport des comités de salut public et de sûreté générale réunis, décrète que le comité de sûreté générale est investi du pouvoir de mettre en liberté les patriotes détenus. Toute personne qui réclamera sa liberté rendra compte de sa conduite depuis le 1er mai 1789.

Les propriétés des patriotes sont inviolables et sacrées. Les biens des personnes reconnues ennemies de la révolution seront séquestrés au profit de la République; ces personnes seront détenues jusqu'à la paix, et bannies ensuite à perpétuité.

Le rapport ainsi que le présent décret seront imprimés, et envoyés sur-le-champ par des courriers extraordinaires aux départemens, aux armées et aux sociétés populaires.

8 VENTOSE an 2 (26 février 1794). — Décret portant que les citoyens acquittés par le tribunal révolutionnaire reprendront leurs fonctions. (L. 17, 522; B. 40, 101.)

8 VENTOSE an 2 (26 février 1794). — Décret relatif aux revendeuses de légumes de Paris. (B. 40, 99.)

8 VENTOSE an 2 (26 février 1794). — Décret relatif à une dénonciation de la commune de Saint-Remi, contre celle d'Eygalières. (B. 40, 100.)

8 VENTOSE an 2 (26 février 1794). —Décret portant que les trois premiers articles du décret du 6 nivose, relatif à la célébration d'une fête nationale en l'honneur de la prise de Toulon, omis dans le procès-verbal de la séance dudit jour 6 nivose, seront rétablis dans la séance de ce jour. (B. 40, 99.)

8 VENTOSE an 2 (26 février 1794). — Décret qui renvoie à l'accusateur public du tribunal révolutionnaire l'imprimé ayant pour titre: *Tableau du* maximum *des denrées et marchandises, divisé en cinq sections, décrété le 4 ventose.* (B. 40, 102.)

8 VENTOSE an 2 (26 février 1794). —Décret relatif aux créances réclamées par le gouvernement de Bâle. (B. 40, 100.)

8 VENTOSE an 2 (26 février 1794). —Décret qui ordonne le paiement de mille livres au citoyen Dabbadie. (B. 40, 101.)

9 = 12 VENTOSE an 2 (27 février = 2 mars 1794). — Décret relatif aux certificats des officiers militaires démissionnaires, destitués ou suspendus. (L. 17, 523.)

La Convention nationale, après avoir entendu le rapport de son comité de législation, décrète que tout officier militaire démissionnaire, destitué ou suspendu, est autorisé à requérir et obtenir des certificats de résidence par un fondé de pouvoir, lorsqu'il ne peut se présenter en personne sans encourir la peine prononcée par la loi du 11 septembre dernier (vieux style), et que ces certificats suppléeront à ceux qui auraient dû être fournis en sa présence et signés par lui, en exécution du décret du 28 mars dernier contre les émigrés.

Le présent décret sera inséré au Bulletin des lois.

---

9 = 14 VENTOSE an 2 (27 février = 4 mars 1794). — Décret relatif aux créances sur les ennemis de la France, les émigrés, les déportés, les prêtres reclus et les personnes mises hors de la loi, ou condamnées par jugemens emportant confiscation de biens. (L. 17, 524; B. 40, 109; Mon. du 10 ventose an 2.)

Voy. lois du 2 SEPTEMBRE 1792; du 25 JUILLET 1793; du 6 THERMIDOR, du 4 FRUCTIDOR an 2, et du 1er FLORÉAL an 3.

Art. 1er. Les tableaux nominatifs qui, aux termes de la loi du 26 frimaire, doivent être dressés de toutes les personnes dont les biens ont été ou seraient ci-après confisqués au profit de la République, seront envoyés et proclamés de la même manière que la liste générale des émigrés, et seront en outre affichés dans chaque chef-lieu de district seulement.

En conséquence, l'impression de ces tableaux ne pourra être tirée au-delà de dix mille exemplaires.

2. Dans la décade qui suivra la publication du présent décret, il sera formé des listes particulières des Anglais, des Espagnols et des princes étrangers en guerre avec la République ou au service de ses ennemis, qui ont en France des biens, soit meubles, soit immeubles, ou des créances.

Ces listes seront faites par les municipalités respectives dans l'arrondissement desquelles ils possèdent des biens ou des créances, et elles indiqueront ces créances et ces biens.

3. Elles seront, dans la décade suivante, adressées par les agens nationaux des communes à l'administration du district, qui les vérifiera, y ajoutera, s'il y a lieu, et en formera un état général, que l'agent national adressera, dans la troisième décade, à l'administration du département, à l'administration des domaines nationaux et à la régie nationale de l'enregistrement et des domaines.

4. Seront en outre tenus les agens nationaux près les districts d'adresser, tous les mois, à l'administration de leur département, à l'administrateur des domaines nationaux et à la régie nationale de l'enregistrement et des domaines, les nouveaux renseignemens qu'ils se sont procurés sur les biens et créances de chacun des individus compris dans l'article 2.

5. L'administrateur des domaines nationaux comprendra ces listes et ces renseignemens dans les tableaux mentionnés en l'article 1er du présent décret, et dans les états dont la formation est ordonnée par l'article 10 du décret du 26 frimaire.

6. Les créanciers des émigrés n'auront désormais qu'une seule déclaration et qu'un seul dépôt de titres à faire.

Ils les feront au secrétariat du district du dernier domicile de leurs débiteurs, indiqué par la liste générale arrêtée en conformité de l'article 2 du décret du 27 brumaire.

7. Les créanciers des déportés, des prêtres reclus, des Anglais, des Espagnols et des princes étrangers qui sont en guerre avec la République ou au service de ses ennemis, des personnes mises hors de la loi ou condamnées avec confiscation de biens, sont assujétis aux mêmes déclarations et dépôts de titres que les créanciers des émigrés.

8. Ces déclarations et dépôts seront faits par les créanciers des émigrés et autres dont il est parlé à l'article précédent, dans les quatre mois, à compter du jour de la publication faite au chef-lieu du district de leur domicile, des listes générales ou tableaux sur lesquels leurs débiteurs se trouveront placés.

Ce délai passé, ils seront déchus de leurs créances.

9. Les dépositaires publics et particuliers, les débiteurs, les comptables, les fermiers et les détenteurs des biens des émigrés et autres compris dans les listes ou tableaux généraux mentionnés au présent décret, feront, dans le même délai, les déclarations prescrites par les décrets des 25 novembre 1792, 25 juillet 1793 et 26 frimaire, et ce, sous les peines qu'ils prononcent.

10. Les dispositions des décrets des 2 septembre et 25 novembre 1792, 13 janvier 1793, 26 frimaire, et autres qui sont contraires à celles du présent décret, sont rapportées.

---

9 VENTOSE an 2 (27 février 1794). — Décret relatif aux délais fixés pour l'enregistrement des certificats de résidence. (L. 17, 526; B. 40, 105.)

La Convention nationale, après avoir entendu le rapport de son comité de législation, décrète que le délai de huitaine pour l'enregistrement des certificats de résidence, fixé à peine de nullité dans les cas déterminés par les articles 25 et 26 de la sixième section du décret du 28 mars 1793 sur les émigrés, ne commence à courir que du jour du *visa* donné par le département.

---

9 VENTOSE an 2 (27 février 1794). — Décret qui ordonne de déposer au Muséum, des coquilles qui ornent l'Église de Saint-Sulpice. (B. 40, 103.)

---

9 VENTOSE an 2 (27 février 1794). — Décret relatif aux secondes expéditions qui seront demandées par les citoyens, de décrets qui accordent des secours provisoires, payables à vue du décret. (B. 40, 104.)

---

9 VENTOSE an 2 (27 février 1794). — Décret qui autorise le citoyen Petit à retourner dans son département, sous la garde de deux gendarmes. (B. 40, 102.)

---

9 VENTOSE an 2 (27 février 1794). — Décret qui renvoie à la commune de Paris une demande en délivrance de passeport, réclamé par le citoyen Cellier. (B. 40, 103.)

---

9 VENTOSE an 2 (27 février 1794). — Décret qui supprime le mot de *régie* et *régisseur*. (B. 40, 104.)

---

9 VENTOSE an 2 (27 février 1794). — Décret qui renvoie au ministre de l'intérieur une adresse et pétition du conseil général de la commune de Maubeuge. (B. 40, 105.)

---

9 VENTOSE an 2 (27 février 1794). — Décret relatif à l'enregistrement des certificats de résidence. (B. 40, 105.)

---

9 VENTOSE an 2 (27 février 1794). — Décret qui surseoit à l'exécution de l'arrêté du département de la Meuse, contre le citoyen Brigeat. (B. 40, 106.)

---

9 VENTOSE an 2 (27 février 1794). — Décret qui accorde cent cinquante livres de secours au citoyen Hack, pour l'aider à retourner dans son département. (B. 40, 106.)

---

9 VENTOSE an 2 (27 février 1794). — Décret relatif à Pierre Gravelais. (B. 40, 108.)

---

9 VENTOSE an 2 (27 février 1794). — Décret relatif à Pierre Nicoleau. (B. 40, 108.)

---

9 VENTOSE an 2 (27 février 1794). — Décrets qui accordent trois cents livres de secours à la citoyenne Desmoulins et à ses enfans, à la veuve Guive, et au citoyen qui a épousé Anne-Marie Panteau. (B. 40, 108.)

---

9 VENTOSE an 2 (27 février 1794). — Décret relatif à la pétition du citoyen Roger. (B. 40, 110.)

---

9 VENTOSE an 2 (27 février 1794). — Décret relatif à la fabrication de canons et fusils, par la compagnie Marette. (B. 40, 104.)

---

10 VENTOSE an 2 (28 février 1794). — Décret qui ordonne le prompt jugement de Fontenay. (B. 40, 115.)

---

10 VENTOSE an 2 (28 février 1794). — Décret qui autorise une imposition à Périgueux, pour l'établissement de réverbères. (B. 40, 111.)

---

10 VENTOSE an 2 (28 février 1794). — Décret relatif à l'arrestation du citoyen Blavelle. (B. 40, 115.)

---

10 VENTOSE an 2 (28 février 1794). — Décret qui accorde des congés aux citoyens Lambert, Bertucat et Cosnard. (B. 40, 111, 115 et 118.)

---

10 VENTOSE an 2 (28 février 1794). — Décrets qui accordent une pension de retraite aux officiers des ci-devant troupes de ligne, retirés pour cause d'infirmités ou après de longs services. (B. 40, 113.)

---

10 VENTOSE an 2 (28 février 1794). — Décret relatif à la pétition de la citoyenne Piat, femme Bastien. (B. 40, 116.)

---

10 VENTOSE an 2 (28 février 1794). — Décret qui accorde un secours de quatre cents livres à la veuve de Charles-François Remi. (B. 40, 117.)

---

10 VENTOSE an 2 (28 février 1794). — Décret relatif à la pétition du citoyen Etienne-Jacques Coquereau. (B. 40, 118.)

---

10 VENTOSE an 2 (28 février 1794). — Décret relatif à l'arrestation de J.-L. Gibon. (B. 40, 118.)

---

10 VENTOSE an 2 (28 février 1794). — Décret qui prescrit des mesures pour empêcher l'exportation d'objets d'arts. (B. 40, 116.)

---

10 VENTOSE an 2 (28 février 1794). — Décret relatif à l'échange des Nantais faits prisonniers de guerre à Bellegarde. (B. 40, 116.)

---

10 VENTOSE an 2 (28 février 1794). — Décret qui autorise la commune de Béthisy à disposer des bancs de l'église pour les écoles. (B. 40, 111.)

---

10 VENTOSE an 2 (28 février 1794). — Décret relatif à la soumission du citoyen Maire, pour établir, à Dijon, une fabrique de baïonnettes. (B. 40, 112.)

---

10 VENTOSE an 2 (28 février 1794). — Décret qui surseoit à la vente de la bibliothèque du receveur général Gigot-d'Orcy. (B. 40, 115.)

---

10 VENTOSE an 2. — Citoyens acquittés par le tribunal révolutionnaire. *Voy.* 8 VENTOSE an 2. — Imprimerie des administrations publiques. *Voy.* 6 VENTOSE an 2. — *Maximum* des marchandises. *Voy.* 6 VENTOSE an 2.

---

11 = 14 VENTOSE an 2 (1er = 4 mars 1794). — Décret relatif aux dépôts de diamans, pierres précieuses, perles et autres bijoux. (L. 17, 530; B. 40, 126; Mon. du 13 ventose an 2.)

Art. 1er. Les diamans, pierres précieuses, perles et autres bijoux montés ou non montés qui sont actuellement déposés à l'administration des domaines nationaux, seront transportés, sans délai, à l'administration des monnaies, à Paris, avec les procès-verbaux descriptifs qui existent entre les mains de l'administrateur des domaines nationaux.

2. Les effets mentionnés en l'article précédent seront remis au caissier établi près l'administration des monnaies, à Paris, par le caissier de l'administration des domaines nationaux, en présence des administrateurs des monnaies, auxquels il remettra les procès-verbaux descriptifs.

3. Lesdits effets, avec les procès-verbaux descriptifs, seront déposés dans une caisse à trois clefs, dont une restera au pouvoir du caissier, une au pouvoir des administrateurs des monnaies, et la troisième au pouvoir de l'inspecteur national.

4. Les administrateurs des monnaies feront démonter de suite les diamans, perles et pierres précieuses qui leur seront remis; ils feront déterminer la valeur et le poids de chaque objet séparément.

5. Il sera donné un numéro à chaque objet dont la valeur et le poids auront été déterminés; le caissier s'en chargera en recette, en rappelant le numéro du procès-verbal d'estimation, et il les déposera ensuite dans la caisse à trois clefs.

6. Le dernier jour de chaque décade, le caissier de la Monnaie fera passer au caissier général de la Trésorerie nationale les diamans, perles et pierres précieuses qui auront été démontés dans la décade; il y joindra un bordereau contenant le numero et la valeur estimative de chaque objet, qu'il fera viser par les administrateurs des monnaies.

7. Le caissier des monnaies tiendra un compte séparé de ses recettes en diamans, perles et pierres précieuses, et des remises qu'il en fera à la Trésorerie.

8. Le caissier général de la Trésorerie nationale portera en recette le montant de l'estimation des effets qui lui seront remis, en indiquant le bordereau qui les accompagnera; il les rangera par ordre de poids dans la caisse à trois clefs, dans laquelle il déposera les bordereaux d'envoi.

9. Les diamans, perles et pierres précieuses qui seront déposés à la Trésorerie nationale, ne pourront en sortir qu'en vertu d'un décret du Corps-Législatif, ou d'un arrêté du comité de salut public, et seulement pour l'échange ou le solde des denrées ou marchandises de première nécessité tirées de l'étranger.

10. Le poids des matières d'or et d'argent qui seront séparées des diamans et pierres précieuses sera constaté par un procès-verbal, signé par les administrateurs et l'agent national des monnaies; et le caissier des monnaies s'en chargera de suite en recette au compte des matières d'or et d'argent.

11. Les diverses dispositions ci-dessus prescrites à l'égard des diamans, perles et effets précieux actuellement à l'administration des domaines nationaux, seront observées pour tous les objets de cette nature appartenant à la nation, ou dont elle pourra devenir propriétaire; en conséquence, lesdits objets seront de suite portés ou envoyés directement à l'administration des monnaies, à Paris, qui en fera délivrer un récépissé par le caissier chargé de la recette.

12. Il sera dressé un procès-verbal particulier de l'estimation des diamans, perles et effets précieux provenant des émigrés, en y indiquant le nom du ci-devant propriétaire de chaque objet. Le montant de leur estimation sera déposé en assignats dans la serre du produit des biens des émigrés; les commissaires de la Trésorerie nationale en enverront un double à la régie de l'enregistrement, afin qu'elle puisse en porter le montant à l'actif du compte de l'émigré auquel ils ont appartenu.

13. Les effets d'or et d'argent qui, par la main-d'œuvre, auront une valeur supérieure de moitié à celle de la matière, ne seront plus fondus.

14. Il seront réparés à neuf; les marques de royauté ou de féodalité qui s'y trouveront seront enlevées: ils seront ensuite estimés, et transportés à la Trésorerie nationale, avec un numéro à chaque objet, et un bordereau indicatif de leur estimation et de leur poids.

15. Le caissier général de la Trésorerie nationale portera en recette la valeur estimative des objets qu'il recevra; il les déposera avec leur bordereau dans la caisse à trois clefs.

16. Ces objets ne pourront sortir de la caisse à trois clefs que sur le pied de leur estimation et d'après un arrêté du comité de salut public, et seulement pour servir à l'échange et au solde des denrées et marchandises de première nécessité.

17. Il sera nommé par le conseil exécutif trois personnes pour démonter et estimer les diamans, perles et pierres précieuses, et un orfèvre pour estimer et réparer les effets d'or et d'argent qui doivent être conservés en exécution du présent décret.

18. Le comité des assignats et monnaies nommera deux de ses membres pour surveiller les transports et opérations mentionnés au présent décret.

19. La commission des approvisionnemens et subsistances se conciliera avec les commissaires de la Trésorerie nationale pour l'emploi des effets mentionnés au présent décret.

20. Les comités des finances et d'instruction nommeront deux membres pour enlever les scellés apposés sur des caisses contenant

des médailles, qui sont déposées à la Trésorerie nationale.

21. Ils feront un inventaire des effets qui s'y trouveront; ils feront porter au cabinet des médailles celles qui seront dans le cas d'être conservées, et à la Monnaie de Paris celles qui devront être fondues.

22. L'administration des monnaies sera tenue de faire terminer, dans deux mois, la fonte et estimation des effets et matières d'or et d'argent, et des diamans et autres effets précieux qui sont actuellement à la Monnaie ou à l'administration des domaines nationaux, et de les faire porter, dans ce délai, à la Trésorerie nationale.

---

11 = 15 VENTOSE an 2 (1er = 5 mars 1794). — Décret relatif aux scellés apposés après le décès des citoyens dont les défenseurs de la patrie sont héritiers. (L. 17, 534; B. 40, 131.)

Voy. lois des 16 et 29 FRUCTIDOR an 2; du 6 BRUMAIRE an 5, et du 13 JANVIER 1817.

Art. 1er. Immédiatement après l'apposition des scellés sur les effets et papiers délaissés par les père et mère des défenseurs de la patrie, et autres parens dont ils sont héritiers, le juge-de-paix qui les a apposés en avertira ses héritiers, s'il sait à quel corps ou armée ils sont attachés; il en instruira pareillement le ministre de la guerre, et le double de ses lettres sera copié à la suite de son procès-verbal, avant de le présenter à l'enregistrement, sans augmentation de droits.

2. Le délai d'un mois expiré, si l'héritier ne donne pas de ses nouvelles et n'envoie pas de procuration, l'agent national de la commune dans laquelle les père et mère seront décédés convoquera sans frais, devant le juge-de-paix, la famille, et, à son défaut, les voisins et amis, à l'effet de nommer un curateur à l'absent.

3. Ce curateur provoquera la levée des scellés, assistera à leur reconnaissance, pourra faire procéder à l'inventaire et vente des meubles, en recevoir le prix, à la charge d'en rendre compte, soit au militaire absent, soit à son fondé de pouvoir.

4. Il administrera les immeubles en bon père de famille (1).

---

11 VENTOSE an 2 (1er mars 1794). — Décret portant qu'il n'y a lieu à délibérer sur une question proposée par le ministre de la justice sur l'article 75, section 2 de la loi du 14 frimaire,

---

(1) Les règles à suivre pour les intérêts des militaires absens sont tracées par cette loi spéciale, et non par le Code civil; le curateur qu'il y aurait lieu d'établir à cet effet ne peut être nommé que par un conseil de famille, et non par le tribunal (3 mai 1815; Colmar, S. 16, 2, 47); 9 mars 1824; Cass. S. 24, 1, 203).

La loi du 11 ventose an 2 s'appliquait non-seulement aux militaires présens au corps, mais à ceux qui en avaient été séparés, et dont on n'avait plus eu de nouvelles (9 mars 1819; Cass. S. 19, 1, 343).

Cette loi ne peut être entendue en ce sens, qu'on puisse réclamer, au nom d'un militaire dont l'existence n'est pas reconnue au moment de l'ouverture de la succession, sa part dans cette succession, contrairement aux articles 135 et 136 du Code civil; cette loi a seulement pour objet de constater et de conserver d'une manière spéciale les droits éventuels des militaires absens (29 janvier 1817; Rouen, S. 19, 2, 79; 22 mai 1827; Bordeaux, S. 28, 2, 32; D. 28, 2, 3.)

En conséquence, les héritiers du militaire qui obtiennent l'envoi en possession de ses biens ne peuvent réclamer sa part dans les successions ouvertes depuis ses dernières nouvelles, qu'en prouvant (selon le droit commun) que le militaire existait lors de l'ouverture de ces successions (1er mars 1827; Nancy, S., 29, 2, 63; D. 28, 2, 252).

Egalement la régie de l'enregistrement ne peut exiger des droits de mutation à raison de successions échues à des militaires absens, tant qu'il n'est pas prouvé que le militaire absent appelé à les recueillir existait au jour de leur ouverture (17 février 1829; Cass. S. 30, 1, 238; D. 29, 1, 151).

Cela est vrai, surtout depuis la paix générale de 1814 (24 janvier 1820; Nancy, S. 20, 2, 138).

Depuis la paix générale, ou du moins depuis la loi du 13 janvier 1817, la loi du 11 ventose an 2 a été implicitement abrogée, en ce sens non-seulement que la capacité de recueillir les droits successifs ouverts, durant l'absence, doit être réglée d'après le Code civil, mais même en ce sens qu'au lieu des règles spéciales prescrites par la loi du 11 ventose pour l'administration des biens des militaires, on doit appliquer les règles générales du Code civil (28 janvier 1823; Nîmes, S. 25, 2, 82. *Voy.* aussi un arrêt de cassation du 9 mars 1819, S. 19, 1, 343).

Décidé en sens contraire que la loi du 11 ventose an 2 n'a été abrogée, ni par la paix générale, ni par la loi du 13 janvier 1817.

Qu'ainsi les mesures conservatoires prescrites par cette loi, en cas de succession échue pendant l'absence d'un militaire, doivent être observées lors même que l'existence du militaire absent n'est ni prouvée ni reconnue. Les règles générales du Code civil ne lui deviennent applicables qu'autant que son absence a été déclarée conformément à la loi de 1817 (5 juillet 1826; Poitiers, S. 27, 2, 32; D. 27, 2, 10; 20 novembre 1826; Bourges, S. 27, 2, 173; 1er mars 1827; Nancy, S. 29, 2, 63; D. 28, 2, 252; 12 août 1829; Orléans, S. 29, 2, 329; 15 novembre 1829; Limoges, S. 30, 2, 301; D. 30, 2, 286).

portant que l'application des lois militaires appartient aux tribunaux militaires (B. 40, 123.)

La Convention nationale, après avoir entendu le rapport de son comité de législation, sur la question proposée par le ministre de la justice, si, par l'article 7 de la section II de la loi du 14 frimaire, portant que l'application des lois militaires appartient aux tribunaux militaires, il est dérogé à l'article 3 de la loi du 16 août 1793, qui délègue aux tribunaux criminels ordinaires et aux juges-de-paix civils la connaissance des délits commis par les militaires formant les dépôts, à la charge de se conformer en tout à la loi sur l'établissement des tribunaux militaires et au Code pénal du 12 mai précédent;

Considérant que les tribunaux criminels ordinaires et les justices de paix sont considérés, dans les cas prévus par la loi du 16 août 1793, comme des tribunaux militaires; qu'ainsi l'attribution que leur donne cette loi ne peut être censée, sous aucun rapport, leur avoir été retirée par la loi du 14 frimaire;

Déclare qu'il n'y a pas lieu à délibérer.

Le présent décret ne sera publié que par la voie du bulletin de correspondance.

---

11 VENTOSE an 2 (1er mars 1794). — Décret relatif aux créances des marins qui ont servi dans la flotille de Thurot, en 1759 et 1760. (L. 17, 527; B. 40, 119.)

---

11 VENTOSE an 2 (1er mars 1794). — Décret qui alloue quatre mille cinq cent cinquante-neuf livres aux citoyens Verlet et Bernaret. (B. 40, 118.)

---

11 VENTOSE an 2 (1er mars 1794). — Décret qui ordonne la mise en liberté du citoyen Lefèvre. (B. 40, 120.)

---

11 VENTOSE an 2 (1er mars 1794). — Décret relatif au citoyen Prouverant, receveur de Villefranche. (B. 40, 125.)

---

11 VENTOSE an 2 (1er mars 1794). — Décret qui ordonne un tableau général des assignats depuis leur création. (B. 40, 126.)

---

11 VENTOSE an 2 (1er mars 1794). — Décret qui détermine les preuves de résidence. (B. 40, 121.)

---

11 VENTOSE an 2 (1er mars 1794). — Décrets d'ordre du jour sur les preuves d'émigration; le ressort dans lequel un notaire peut exercer ses fonctions; la condamnation à la déportation; l'exécution des baux emphytéotiques; la procédure criminelle et la composition d'un répertoire des lois et décrets. (B. 40, 121 à 124.)

---

11 VENTOSE an 2 (1er mars 1794). — Décret relatif au citoyen Leblois, officier de santé, déporté arbitrairement de Saint-Domingue en France. (B. 40, 120.)

---

11 VENTOSE an 2 (1er mars 1794). — Décret qui ordonne la remise d'un état des billets de caisse en circulation au 17 avril 1790. (L. 17, 527; B. 40, 129.)

---

11 VENTOSE an 2 (1er mars 1794). — Décret de mention honorable des canonniers de Meulan. (B. 40, 130.)

---

11 VENTOSE an 2 (1er mars 1794). — Décret relatif au citoyen Bonhomme, libraire à l'Aigle. (B. 40, 132.)

---

11 VENTOSE an 2 (1er mars 1794). — Décret qui accorde un secours de trois cents livres au citoyen Commelard; de trois cents livres au citoyen Lethorre et à sa femme; de cent cinquante livres au citoyen Brechon, imputables sur sa pension; de deux cents livres au citoyen Lavérou; de cent cinquante livres au citoyen Orange; de cent cinquante livres à la citoyenne veuve Georges. (B. 40, 132 à 135.)

---

12 VENTOSE an 2 (2 mars 1794). — Décret qui ordonne l'envoi des soixante mille livres accordées à la ville de Maubeuge. (B. 40, 135.)

---

12 VENTOSE an 2 (2 mars 1794). — Décret qui fixe les pensions du citoyen Bacholes et de la veuve et des enfans de Lécuyer. (B. 40, 135.)

---

12 VENTOSE an 2 (2 mars 1794). — Décret sur le mode de liquidation des créances des habitans de Lyon et de Toulon. (B. 40, 137.)

---

12 VENTOSE an 2 (2 mars 1794). — Décret qui destitue les juges du tribunal militaire du 1er arrondissement de l'armée des Ardennes. (B. 40, 137.)

---

13 VENTOSE an 2. — Certificats des officiers militaires. *Voy.* 9 VENTOSE an 2. — Inspecteurs des charrois. *Voy.* 7 VENTOSE an 2.

---

13 = 13 VENTOSE an 2 (3 = 3 mars 1794). — Décret relatif aux envoyés des gouvernemens étrangers. (L. 17, 536; B. 40, 143.)

La Convention nationale interdit à toute autorité constituée d'attenter en aucune manière à la personne des envoyés des gouvernemens étrangers; les réclamations qui pourraient s'élever contre eux seront portées au comité de salut public, qui seul est compétent pour y faire droit.

13 = 16 VENTOSE an 2 (3 = 6 mars 1794). — Décret qui prescrit l'heure des publications de criées. (L. 17, 539; B. 40, 141.)

La Convention nationale, après avoir entendu son comité de législation,

Décrète, comme article additionnel au décret du 16 nivose dernier, que les publications des criées seront faites entre quatre heures et demie et cinq heures (nouveau style).

---

13 VENTOSE an 2 (3 mars 1794). — Décret qui ordonne le séquestre des biens de la compagnie Masson et d'Espagnac. (L. 17, 538; B. 40, 142.)

---

13 VENTOSE an 2 (3 mars 1794). — Décret relatif à la confection d'un état des patriotes indigens, et à l'examen de la conduite des détenus depuis mai 1789. (L. 17, 537; B. 40, 141.)

---

13 VENTOSE an 2 (3 mars 1794). — Décret portant que le département de l'Yonne a bien mérité de la patrie. (B. 40, 138.)

---

13 VENTOSE an 2 (3 mars 1794). — Décret sur les pétitions des citoyens Cotin, Calas et Deruddes. (B. 40, 139 et 140.)

---

13 VENTOSE an 2 (3 mars 1794). — Décret qui fixe le traitement des inspecteurs généraux des charrois, et qui alloue trente millions pour les transports et convois. (B. 40, 142 et 143.)

---

13 VENTOSE an 2 (3 mars 1794). — Décret qui charge les commissaires inspecteurs de faire changer les cartes d'entrée, tant pour les députés que pour les citoyens employés dans les comités de la Convention. (B. 40, 138.)

---

13 VENTOSE an 2 (3 mars 1794). — Décret portant que les représentans du peuple envoyés en commission adresseront au comité des secours publics la liste des citoyens auxquels ils ont accordé ou accorderont des secours provisoires. (B. 40, 139.)

---

13 VENTOSE an 2 (3 mars 1794). — Décret qui accorde un congé d'un mois et demi au citoyen Borie Cambert, représentant du peuple. (B. 40, 141.)

---

13 VENTOSE an 2. — Poudres et salpêtres. *Voy.* 7 VENTOSE an 2.

---

14 VENTOSE an 2 (4 mars 1794). — Décret relatif au marché de Sermaise à Pithiviers. (B. 40, 144.)

---

14 VENTOSE an 2 (4 mars 1794). — Décret qui annexe le hameau du Val à la commune de Meudon. (B. 40, 144.)

---

14 VENTOSE an 2 (4 mars 1794). — Décret qui ordonne le dépôt à la Bibliothèque d'une lettre de Charles IX à son frère le duc d'Alençon. (B. 40, 144.)

---

14 VENTOSE an 2 (4 mars 1794). — Décret qui accorde un secours à la veuve Einholtzer. (B. 40, 145.)

---

14 VENTOSE an 2 (4 mars 1794). — Décret qui fixe la pension du capitaine Deposse, Suédois. (B. 40, 146.)

---

14 VENTOSE an 2 (4 mars 1794). — Décret qui autorise le citoyen Taillon à se pourvoir contre des arrêts du parlement de Besançon et du conseil privé. (B. 40, 148.)

---

14 VENTOSE an 2 (4 mars 1794). — Décret qui crée une commission des transports militaires. (L. 17, 543; B. 40, 149.)

---

14 VENTOSE an 2 (4 mars 1794). — Décret relatif aux fournitures de souliers. (L. 17, 540; B. 40, 153.)

---

14 VENTOSE an 2 (4 mars 1794). — Décret qui alloue vingt millions pour secours. (L. 17, 541; B. 40, 147.)

---

14 VENTOSE an 2 (4 mars 1794). — Décret qui suspend la vente des biens des émigrés de Trèves. (B. 40, 149.)

---

14 VENTOSE an 2 (4 mars 1794). — Décret qui ordonne l'insertion au procès-verbal de celui de la commune de Cahors, relatif à une fête civique pour célébrer l'anniversaire de la mort de Louis XVI. (B. 40, 143.)

---

14 VENTOSE an 2 (4 mars 1794). — Décret qui approuve une instruction sur le tableau du *maximum*. (B. 40, 154.)

---

14 VENTOSE an 2 (4 mars 1794). — Décret portant que le citoyen Dario, premier suppléant du département de la Haute-Garonne, se rendra sans délai à son poste. (B. 40, 145)

---

14 VENTOSE an 2. — Billets de caisse. *Voy.* 11 VENTOSE an 2. — Certificats de résidence; Créances sur les émigrés, etc. *Voy.* 9 VENTOSE an 2. — Diamans, etc. *Voy.* 11 VENTOSE an 2 — Patriotes indigens et détenus. *Voy.* 13 VENTOSE an 2. — Réquisitions de bois de chêne. *Voy.* 6 VENTOSE an 2.

---

15 = 18 VENTOSE an 2 (5 = 8 mars 1794). — Décret qui défend de faire passer des fonds aux habitans des villes occupées par les ennemis. (L. 17, 549; B. 40, 156.)

La Convention nationale décrète que les lois qui interdisent aux citoyens de faire asser des fonds hors de la République, auont leur exécution à l'égard des débiteurs es personnes actuellement dans les villes au ouvoir des ennemis; les débiteurs de ces ersonnes sont soumis aux dispositions des ıêmes lois; il leur est défendu, sous les eines y portées, de les payer directement, u de leur faire passer des fonds par quelque oie que ce puisse être.

---

5 VENTOSE an 2 (5 mars 1794).—Décret relatif aux offrandes et demandes de la commune du Mont-Saint-Père. (B. 40, 154.)

---

5 VENTOSE an 2 (5 mars 1794). — Décret qui rappelle au sein de la Convention le citoyen Carelli. (B. 40, 154.)

---

5 VENTOSE an 2 (5 mars 1794). — Décret qui accorde une indemnité au citoyen Tremblay. (B. 40, 155.)

---

5 VENTOSE an 2 (5 mars 1794). — Décret relatif à l'hommage d'un drapeau fait par les Liégeois réfugiés. (B. 40, 155.)

---

5 VENTOSE an 2. — Biens des défenseurs de la République. *Voy.* 11 VENTOSE an 2. — Secours, fournitures de souliers. *Voy.* 14 VENTOSE an 2.

---

5 = 16 VENTOSE an 2 (6 = 6 mars 1794). — Décret qui accorde des secours pour les citoyens pauvres incapables de travailler, et interdit la mendicité aux individus valides. (L. 17, 550; B. 40, 156.)

Art. 1er. La Trésorerie nationale tiendra à ı disposition du ministre de l'intérieur une omme de cinq cent mille livres, pour venir rovisoirement au secours des citoyens inrmes sans fortune et incapables de travailler.

2. Le comité des secours publics fera, dans plus bref délai, un rapport sur les mesures prendre pour éteindre la mendicité dans oute l'étendue de la République.

3. Les autorités constituées sont tenues, ous leur responsabilité, de veiller à ce que es individus valides ne mendient point, et occupent des travaux utiles à la société.

---

6 VENTOSE an 2 (6 mars 1794). — Décret qui nomme des commissaires pour les transports et convois militaires. (L. 17, 543; B. 40, 162.)

---

6 VENTOSE an 2 (6 mars 1794). — Décret relatif à des moyens proposés pour la conservation des animaux utiles. (B. 40, 158.)

---

6 VENTOSE an 2 (6 mars 1794). — Décret relatif aux pamphlets répandus dans les halles et marchés. (L. 17, 543; B. 40, 157.)

---

16 VENTOSE an 2 (6 mars 1794). — Décret qui ordonne de déposer les sabres de trente pouces de lame et au-dessus. (L. 17, 551; B. 40, 158.)

---

16 VENTOSE an 2 (6 mars 1794). — Décret qui ordonne la poursuite des auteurs et distributeurs du tableau comparatif des cinq appels nominaux sur le jugement de Louis XVI. (B. 40, 157.)

---

16 VENTOSE an 2 (6 mars 1794). — Décret qui renvoie au représentant du peuple, dans le département de l'Allier, la pétition du citoyen Lepeintre, relative à une taxe révolutionnaire décernée contre lui. (B. 40, 156.)

---

16 VENTOSE an 2 (6 mars 1794). — Décret portant que la commune de Buis n'est pas en état de rébellion. (B. 40, 162.)

---

16 VENTOSE an 2. — Heure de publication des criées. *Voy.* 13 VENTOSE an 2. — Service des armées et hôpitaux militaires. *Voy.* 6 VENTOSE an 2. — Transports militaires. *Voy.* 14 VENTOSE an 2.

---

17 = 18 VENTOSE an 2 (7 = 8 mars 1794). — Décret interprétatif de celui du 13 brumaire an 2, sur les personnes préposées à la garde des détenus évadés. (L. 17, 556; B. 40, 172.)

La Convention nationale, après avoir entendu le rapport de son comité de législation, décrète que, dans le cas prévu par l'article 5 du décret du 13 brumaire, relatifs aux geôliers, gardiens, gendarmes et autres qui étaient préposés à la garde des détenus évadés, les tribunaux criminels pourront, suivant les circonstances, réduire à un emprisonnement qui ne pourra être moindre de deux mois les peines prononcées par cet article, lorsque, avant le jugement, il sera constaté que les personnes évadées ont été reprises et reconstituées en maison d'arrêt ou de justice.

---

17 = 18 VENTOSE an 2 (7 = 8 mars 1794). — Décret qui supprime les pensions accordées à titre de *nouveaux convertis*, et celles établies sur les économats et le clergé. (L. 17, 559; B. 40, 167.)

Art. 1er. Les pensions accordées à titre de *nouveaux convertis* sont supprimées. Toutes celles établies anciennement sur les économats ou le clergé le sont également.

2. Les titulaires de ces pensions seront payés des termes échus et de celui courant, jusqu'au 1er germinal prochain, suivant l'usage et dans les formes prescrites par les lois aux créanciers ou pensionnaires pour recevoir ce qui leur est dû.

3. Ceux qui jouissaient de pensions à titre de *nouveaux convertis* auront droit à la bien-

faisance nationale, comme citoyens, dans la répartition des secours publics.

4. Ceux qui avaient des pensions sur les économats, à tout autre titre, se retireront vers le directeur général de la liquidation, pour être compris, s'il y a lieu, parmi les autres pensionnaires de l'Etat.

5. La Trésorerie nationale tiendra à la disposition du ministre de l'intérieur, qui en rendra compte, les fonds nécessaires pour acquitter les termes échus et courans jusqu'au 1er germinal, en exécution du présent décret.

---

17 = 21 VENTOSE an 2 (7 = 11 mars 1794). — Décret qui fixe à onze le nombre des jurés dans les affaires dont l'instruction aura lieu suivant la forme prescrite par les décrets des 7 et 30 frimaire an 2. (L. 17, 561; B. 40, 173.)

La Convention nationale, après avoir entendu le rapport de son comité de législation sur la question proposée par plusieurs tribunaux criminels, et tendant à savoir quelle marche il doit être tenu à l'égard des accusés mis en jugement dans la forme prescrite par les décrets des 7 et 30 frimaire, lorsqu'il y a partage de voix entre les jurés;

Considérant que les décrets des 7 et 30 frimaire ayant, à l'instar de celui du 10 mars 1793 sur le tribunal révolutionnaire, exigé la pluralité absolue des voix des jurés, pour former une déclaration d'après laquelle un accusé peut être condamné, il est par cela seul évident qu'en cas de partage l'accusé doit être acquitté;

Déclare qu'il n'y a pas lieu à délibérer, et néanmoins décrète ce qui suit:

Art. 1er. Dans le procès dont l'examen s'ouvrira après la publication du présent décret, soit au tribunal révolutionnaire, soit par-devant les tribunaux criminels, dans les cas prévus par les décrets des 7 et 30 frimaire, il ne pourra être procédé que par onze jurés à la déclaration des faits imputés aux accusés.

2. Le juré qui, dans les tribunaux criminels, se trouvera inscrit le douzième sur le tableau du jury, sera tenu de se retirer lorsqu'il se présentera des procès de nature à être jugés dans la forme prescrite par les décrets des 7 et 30 frimaire.

3. Les jurés adjoints se retireront pareillement en ce cas.

---

17 VENTOSE an 2 (7 mars 1794). — Décret relatif aux bureaux de poste de Sijean et de Las-Peyrès. (B. 40, 163.)

---

17 VENTOSE an 2 (7 mars 1794). — Décret qui fixe la pension du citoyen Hallot. (B 40, 166.)

---

17 VENTOSE an 2 (7 mars 1794). — Décret qui déclare de bonne prise le navire pris par le citoyen Thueux. (B. 40, 166.)

---

17 VENTOSE an 2 (7 mars 1794). — Décret pour le remplacement des avances faites par la Trésorerie, en nivose. (B. 40, 168.)

---

17 VENTOSE an 2 (7 mars 1794). — Décret relatif à l'établissement des eaux de Vichy. (B. 40, 169.)

---

17 VENTOSE an 2 (7 mars 1794). — Décret qui charge le tribunal révolutionnaire, toute affaire cessante, de juger Crique et Maffioli. (B. 40, 171.)

---

17 VENTOSE an 2 (7 mars 1794). — Décret d'ordre du jour, sur les attributions en matière de police correctionnelle. (B. 40, 172.)

---

17 VENTOSE an 2 (7 mars 1794). — Décret qui défend d'interrompre, même les décadis, les sessions des jurés de jugement. (B. 40, 173.)

---

17 VENTOSE an 2 (7 mars 1794). — Décret sur la destitution de Jérôme Micas. (B. 40, 174.)

---

17 VENTOSE an 2 (7 mars 1794). — Décret relatif à la vérification des assignats. (L. 17, 557; B. 40, 170.)

---

17 VENTOSE an 2 (7 mars 1794). — Décret relatif aux ordonnances que peuvent délivrer les commissaires-ordonnateurs. (L. 17, 560; B. 40, 163.)

---

17 VENTOSE an 2 (7 mars 1794). — Décret qui alloue un million pour la dépense des invalides. (B. 40, 163.)

---

17 VENTOSE an 2 (7 mars 1794). — Décret qui renvoie au ministre de la guerre le cavalier présenté par la société populaire de Dreux, pour lui donner la route, et l'incorporer dans Chamboran. (B. 40, 162.)

---

17 VENTOSE an 2 (7 mars 1794). — Décret qui accorde des pensions, secours et indemnités à des employés supprimés. (B. 40, 164.)

---

17 VENTOSE an 2 (7 mars 1794). — Décret qui ordonne un rapport pour constater l'état des dons présentés à la Convention. (B. 40, 175.)

---

17 VENTOSE an 2 (7 mars 1794). — Décret qui accorde un congé d'une décade au citoyen Roy, député de Seine-et-Oise. (B. 40, 175.)

---

17 VENTOSE an 2 (7 mars 1794). — Décret d'ordre du jour sur la saisie des biens de Lauze-Duperret. (B. 40, 176.)

VENTOSE an 2 (7 mars 1794). — Décret qui renvoie à l'accusateur public, près le tribunal révolutionnaire, un placard manuscrit commençant par ces mots : *Sans-culotte, il est temps, fais battre la générale*. (B. 40, 176.)

VENTOSE an 2 (8 mars 1794). — Décret relatif à l'organisation des compagnies de canonniers volontaires. (L. 17, 562; B. 40, 180.)

La Convention nationale, sur le rapport ı comité de salut public, décrète que les mpagnies des canonniers volontaires sernt dans les armées de la République sent organisées sur le même pied que celles s régimens d'artillerie, et recevront la ème paie.

= 21 VENTOSE an 2 (8 = 11 mars 1794). — Décret interprétatif de celui du 19 juillet 1790, concernant l'abolition du retrait lignager. (L. 17, 563; B. 40, 178.)

Voy. loi du 13 JUIN 1790 et les notes.

La Convention nationale, après avoir ouï rapport fait au nom de son comité d'aliétion et des domaines réunis, et de celui de gislation, sur la demande en interprétation l'article 2 du décret du 19 juillet 1790, ncernant l'abolition du retrait lignager; nsidérant qu'une demande en retrait, contie, équivaut à un jugement en dernier ssort, nonobstant la réserve de l'action rocatoire;

Passe à l'ordre du jour.

VENTOSE an 2 (8 mars 1794). — Décret qui proroge le congé accordé au député Revel. (B. 40, 177 et 179.)

VENTOSE an 2 (8 mars 1794). — Décret qui accorde des secours au citoyen Pagnier. (B. 40, 178.)

VENTOSE an 2 (8 mars 1794). — Décret relatif à la pétition du citoyen Mauger. (B. 40, 177.)

VENTOSE an 2 (8 mars 1794). — Décret relatif aux ouvriers tanneurs de la première réquisition. (B. 40, 177.)

VENTOSE an 2 (8 mars 1794). — Décret relatif à un arrêté pris par Proches et Bernard, représentans du peuple, contre plusieurs aristocrates reclus à Dijon. (B. 40, 178.)

VENTOSE an 2 (8 mars 1794). — Décret qui déclare fausse l'inculpation faite au citoyen Boiron, représentant du peuple. (B. 40, 180.)

VENTOSE an 2. — Assignats; Commissaires-ordonnateurs; Détenus évadés. *Voy.* 17 VENTOSE an 2. — Habitans des villes occupées par l'ennemi. *Voy.* 15 VENTOSE an 2. — Nouveaux convertis et économats. *Voy.* 17 VENTOSE an 2.

19 = 21 VENTOSE an 2 (9 = 11 mars 1794). — Décret qui ordonne la formation d'un conseil d'administration dans chacun des bataillons d'infanterie et d'infanterie légère à la solde de l'Etat. (L. 17, 566; B. 40, 181; Mon. du 22 ventose an 2.)

Voy. lois du 24 VENTOSE an 2; du 25 FRUCTIDOR an 5; décret du 21 DÉCEMBRE 1808.

Art. 1er. Il sera formé, dans chacun des bataillons d'infanterie et d'infanterie légère à la solde de la République, un conseil d'administration qui sera chargé de tous les détails relatifs à l'administration intérieure des corps, ainsi que de toutes les recettes et dépenses, tant en numéraire qu'en effets, et de la comptabilité qui en est la suite.

2. Ce conseil sera composé du chef de bataillon, qui en sera le président, d'un capitaine, d'un lieutenant, d'un sous-lieutenant, un sergent-major, un sergent, un caporal-fourrier, un caporal et cinq soldats.

3. Le capitaine membre du conseil d'administration sera nommé, à la majorité absolue des suffrages, par tous les capitaines du bataillon réunis. Le lieutenant sera nommé de la même manière par les lieutenans, et ainsi de suite pour tous les grades d'officiers et sous-officiers. Il sera nommé dans la même forme un officier et un sous-officier de chaque grade, pour suppléer les membres du conseil qui seront absens ou malades.

4. Chaque compagnie de bataillon présentera un soldat pour être membre du conseil d'administration; il sera nommé par tous les soldats de la compagnie, et à la majorité absolue des suffrages. Les cinq plus anciens d'âge, parmi les soldats présentés par différentes compagnies, seront membres du conseil d'administration; les autres seront suppléans, suivant leur rang d'ancienneté et d'âge.

5. Les officiers et sous-officiers des compagnies de canonniers attachées à chaque demi-brigade concourront à l'élection des membres du conseil d'administration, chacun suivant leur grade, avec le premier bataillon, si les trois bataillons sont réunis, ou avec celui des trois qui se trouvera le plus à leur proximité, s'ils sont séparés.

Les canonniers présenteront l'un d'eux pour être membre du conseil d'administration, dans la même forme que les soldats des compagnies des bataillons.

L'adjudant-major et les sous-officiers attachés à l'état-major de la demi-brigade voteront également, chacun dans son grade, avec le premier bataillon, si les trois bataillons sont réunis, ou avec celui qui sera le plus à proximité de l'état-major, s'ils sont séparés.

6. Le conseil d'administration formé dans les bataillons embrigadés sera éventuel, et n'exercera de fonctions que lorsque le bien du service exigera que les bataillons soient séparés, et à plus de cinq lieues de distance de l'état-major de la demi-brigade.

7. Il sera formé dans chaque demi brigade un conseil d'administration; ce conseil sera composé de vingt-trois membres, savoir: le chef de brigade, le plus ancien chef de bataillon, six officiers, six sous-officiers et neuf soldats.

8. Les officiers, sous-officiers et soldats seront pris parmi les membres des conseils d'administration éventuels formés dans les trois bataillons composant la demi-brigade; en conséquence, chacun de ces conseils choisira dans son sein deux officiers, deux sous-officiers et trois soldats pour être membres du conseil d'administration de la demi-brigade : le choix sera fait à la majorité absolue des suffrages.

9. Si le bien du service exige la séparation des bataillons, le conseil d'administration de la demi-brigade restera attaché à l'état-major.

10. Le quartier-maître-trésorier assistera au conseil d'administration de la demi-brigade, sans y avoir voix délibérative; il y fera les fonctions de secrétaire; il rendra compte au conseil de tous les détails relatifs à la comptabilité, et lui fournira tous les éclaircissemens dont il aura besoin.

11. Les bataillons séparés de l'état-major, et dont le conseil devra être en activité, aux termes de l'article 6, ne fourniront que quatre membres au conseil d'administration de la demi-brigade, savoir : un officier, un sous-officier et deux soldats. Ces quatre membres seront pris parmi les suppléans nommés conformément à ce qui est prescrit par les articles 3 et 4, et seront choisis par les conseils d'administration du bataillon.

Le conseil d'administration de la demi-brigade sera réduit proportionnellement : si le chef du bataillon détaché se trouve être membre du conseil d'administration de la demi-brigade, il sera remplacé par le plus ancien des deux autres chefs de bataillon.

12. Le conseil d'administration de bataillon, qui devra être séparé, nommera un officier pour remplir provisoirement les fonctions de quartier-maître-trésorier.

13. Le chef de brigade assistera au conseil d'administration du bataillon, lorsqu'il en sera à portée; il le présidera, y aura voix délibérative, et visitera le registre des délibérations.

14. Dans tous les cas, le chef de bataillon sera tenu, sous peine de destitution, d'adresser sans délai au chef de brigade copie du procès-verbal de chaque séance du conseil d'administration.

Le chef de brigade sera tenu, sous les mêmes peines, de communiquer de suite le procès-verbal au conseil d'administration de la demi-brigade.

15. Le conseil d'administration de la demi-brigade restera toujours chargé de l'administration générale; en conséquence, à la réunion des bataillons, le conseil d'administration du bataillon détaché rendra compte à celui de la demi-brigade de son administration pendant tout le temps de la séparation; le compte sera rendu dans la quinzaine de la réunion, sous peine de destitution contre tous les membres composant le conseil d'administration du bataillon détaché.

16. Le commissaire des guerres chargé de la police d'un corps aura l'entrée du conseil, toutes les fois qu'il sera nécessaire, pour arrêter la comptabilité; il y sera également admis lorsqu'il se présentera pour communiquer au conseil quelques objets relatifs au bien du service.

Lorsque le commissaire des guerres assistera au conseil, il y aura la seconde place; il n'y aura pas voix délibérative, et pourra seulement faire les observations qu'il jugera convenables.

17. Les membres des conseils d'administration seront nommés pour six mois, et pourront être continués par de nouvelles élections.

18. A l'exception des chefs de brigade et de bataillon, nul autre ne pourra être en même temps membre du conseil d'administration et du conseil de discipline.

19. Il ne pourra être choisi ni présenté pour le conseil d'administration que des militaires sachant lire et écrire.

20. Tous les membres des conseils d'administration auront voix délibérative; ils nommeront entre eux le rapporteur à la majorité des suffrages.

---

19 VENTOSE an 2 (9 mars 1794). — Décret relatif à la faculté accordée à des acquéreurs de biens nationaux dans lesquels étaient compris des droits supprimés, de renoncer à leurs adjudications. (L. 17, 570; B. 40, 192; Mon. du 21 ventose an 2.)

Art. 1er. La faculté accordée, par l'article 5 du décret du 17 juillet 1793, aux acquéreurs de biens nationaux dans lesquels seraient compris des droits supprimés par ledit décret, de renoncer à leurs adjudications dans le mois de la publication de ce même décret, est rendue commune aux acquéreurs qui, en vertu de l'article 16 du décret du 25 août 1792, s'étaient pourvus en réduction des droits supprimés par ledit décret, avant la publication de celui du 17 juillet 1793.

2. Ces derniers acquéreurs pourront, en conséquence, faire la déclaration ordonnée par le susdit article 5 du décret du 17 juillet 1793, dans le délai d'un mois, à compter également de la publication du présent décret; et, à défaut par eux de faire cette déclaration dans ledit délai, ils ne pourront réclamer aucune indemnité pour raison des droits supprimés compris dans leurs adjudications, ni jouir de l'effet des demandes en réduction qu'ils auraient déjà formées en exécution du décret du 25 août 1792, même de celles qui auraient été accueillies.

3. Les comptes et liquidations résultant du présent décret et de celui du 17 juillet 1793, se feront ainsi qu'il est prescrit par ce dernier décret et par l'article 4 de celui du 18 juin = 6 juillet 1792.

---

19 VENTOSE an 2 (9 mars 1794). — Décret qui ordonne l'arrestation des membres de l'assemblée coloniale et de celle de Saint-Marc. (L. 17, 564; B. 40, 192.)

---

19 VENTOSE an 2 (9 mars 1794). — Décret d'ordre du jour sur la pétition du citoyen Prunaire. (B. 40, 193.)

---

19 VENTOSE an 2 (9 mars 1794). — Décret qui accorde un congé aux députés Thureau et Bourboste. (B. 40, 181 et 191.)

---

19 VENTOSE an 2 (9 mars 1794). — Décret portant que désormais on ne lira plus à la tribune aucune lettre annonçant des navires chargés de grains. (B. 40, 193.)

---

19 VENTOSE an 2 (9 mars 1794). — Dércret qui mande à la barre le général Josnet. (B. 40, 184.)

---

19 VENTOSE an 2 (9 mars 1794). — Décret qui réunit les communes de Seyssel. (B. 40, 185.)

---

19 VENTOSE an 2 (9 mars 1794). — Décrets qui accordent des pensions et secours aux citoyens Tachon, Delmas, Carneron, Duez et Ledier, et aux veuves Bocquenet, Lecrept et Dezé. (B. 40, 185, 186, 187, 188 et 190.)

---

19 VENTOSE an 2 (9 mars 1794). — Décret d'ordre du jour sur des stipulations faites en remplacement des dîmes, et sur l'application des lois par les tribunaux criminels. (B. 40, 191 et 193.)

---

19 VENTOSE an 2. — Sabres. *Voy.* 16 VENTOSE an 2.

---

20 VENTOSE an 2 (10 mars 1794). — Décret qui accorde des congés aux députés Baraillon, Gérard, Sellier et Pélissier. (B. 40, 194 et 195.)

---

20 VENTOSE an 2 (10 mars 1794). — Décret qui permet au citoyen Chambet, curé de Bruyères, de rester sur le territoire de sa paroisse. (B. 40, 194.)

---

20 VENTOSE an 2 (10 mars 1794). — Décret qui ordonne des secours aux citoyens Anet et Grapotte, et à la veuve Dumoustier. (B. 40, 194 et 196.)

---

20 VENTOSE an 2 (10 mars 1794). — Décret portant que le sabre apporté dans la séance du 19 ventose sera remis au citoyen François Leroux, sous-lieutenant du 6e régiment de carabiniers. (B. 40, 195.)

---

20 VENTOSE an 2 (10 mars 1794). — Décret relatif à la translation des cimetières hors de Paris. (B. 40, 195.)

---

21 VENTOSE an 2 (11 mars 1794). — Décret relatif à l'exportation des productions des arts et du luxe. (L. 17, 575; B. 40, 204; Mon. du 22 ventose an 2.)

La Convention nationale, voulant faire jouir les nations alliées ou neutres de tous les avantages de la réciprocité des échanges et du commerce, et ouvrir les véritables sources de la prospérité publique aux peuples et aux gouvernemens qui n'ont pris et ne prendront aucune part à la coalition des tyrans contre la souveraineté du peuple français,

Décrète qu'il est permis à tous Français, à tous étrangers des nations alliées ou neutres, d'exporter des productions, matières et marchandises surabondantes et superflues, les productions territoriales dont la quantité excède évidemment les besoins, ainsi que celles des arts et du luxe, en se conformant aux dispositions réglementaires que la commission des subsistances et approvisionnemens présentera à l'approbation du comité de salut public.

---

21 VENTOSE an 2 (11 mars 1794). — Décret qui met en liberté le citoyen Courbis. (B. 40, 199.)

---

21 VENTOSE an 2 (11 mars 1794). — Décret qui affecte la maison Beaujon à la commission de l'envoi des lois. (B. 40, 199.)

---

21 VENTOSE an 2 (11 mars 1794). — Décret relatif aux glaces et meubles de luxe des maisons occupées par les établissemens publics. (B. 40, 199.)

---

21 VENTOSE an 2 (11 mars 1794). Décret portant établissement d'une commission des travaux publics. (L. 17, 371; B. 40, 202.)

---

21 VENTOSE an 2 (11 mars 1794). — Décret portant que les employés des vivres et char-

rois se monteront à leurs frais. (L. 17, 576 ; B. 40, 197.)

---

21 VENTOSE an 2 (11 mars 1794). — Décret sur une inculpation faite à la commune de Longjumeau. (B. 40, 197.)

---

21 VENTOSE an 2 (11 mars 1794). — Décret portant que la commune de Brioude a bien mérité de la patrie. (B. 40, 198.)

---

21 VENTOSE an 2 (11 mars 1794). — Décret qui accorde des congés à Ducros-Aubert et au député Rameau. (B. 40, 196.)

---

21 VENTOSE an 2 (11 mars 1794). — Décret qui ordonne l'impression d'une lettre de New-York par les députés de Saint-Domingue à leurs commettans. (B. 40, 197.)

---

21 VENTOSE an 2 (11 mars 1794). — Décret relatif à l'arrestation du citoyen Isnard, de la commune d'Aigalière. (B. 40, 198.)

---

21 VENTOSE an 2 (11 mars 1794). — Décret sur des épreuves faites pour la fabrication plus économique du pain et des cuirs de Roussy et de Caseau. (B. 40, 198.)

---

21 VENTOSE an 2 (11 mars 1794). — Décret qui continue les pouvoirs du comité de salut public. (B. 40, 200.)

---

21 VENTOSE an 2 (11 mars 1794). — Décrets qui accordent des secours aux citoyens Lafoux, Regnault, et à la veuve Tapin. (B. 40, 201 et 202.)

---

21 VENTOSE an 2 (11 mars 1794). — Décret qui adjoint à la commission des dépêches les citoyens Daujou et Van-Delaunay. (B. 40, 200.)

---

21 VENTOSE an 2. — Jurés. *Voy.* 17 VENTOSE an 2. — Retrait lignager. *Voy.* 18 VENTOSE an 2.

---

22 VENTOSE an 2 (12 mars 1794). — Décret qui déclare acquis à l'Etat les biens des ecclésiastiques et frères converts ou lais qui sont ou ont été déportés, et contient un mode d'exécution du décret du 17 septembre 1793, relatif aux déportés. (L. 17, 577 ; B. 40, 206 ; Mon. du 25 ventose an 2.)

Voy. lois du 17 SEPTEMBRE 1793 ; du 30 VENDÉMIAIRE an 2 ; du 22 FRUCTIDOR an 2.

Art. 1er. Les biens des ecclésiastiques séculiers ou réguliers, frères convers et lais, donnés ou tierçaires, qui se sont déportés volontairement, ou qui l'ont été nominativement en exécution du décret du 26 août 1792, ou des arrêtés des corps administratifs, ou pour cause d'incivisme, en vertu des décrets des 21, 22 avril et 30 vendémiaire derniers, des vieillards et infirmes reclus, et de ceux qui ont préféré la déportation à la réclusion, sont acquis à la République.

2. Le numéro 3 de l'article 8 de la section IV du décret du 28 mars 1793 est rapporté.

3. Le décret du 17 septembre dernier, qui déclare applicables en tous points aux déportés les dispositions des lois contre les émigrés, sera exécuté ainsi qu'il suit :

4. La confiscation à l'égard des biens des ecclésiastiques nominativement déportés en exécution du décret du 26 août 1792, ou des arrêtés des corps administratifs, et de ceux des vieillards et infirmes reclus en vertu de ce décret et autres postérieurs, a lieu à compter du décret dudit jour 17 septembre dernier.

5. En conséquence, sont déclarés valables tous les actes de vente, cession, transports, obligations, donations, dettes, hypothèques, faits et contractés par eux antérieurement audit décret, pourvu que les actes aient été passés en forme authentique, ou aient acquis la fixité de date par enregistrement, dépôt public ou jugement avant le 17 septembre, sans néanmoins, à l'égard des donations, déroger aux dispositions adoptées par le décret du 17 nivose dernier.

6. Leurs héritiers sont valablement saisis de leurs successions ouvertes avant cette époque.

7. A l'égard des ecclésiastiques qui se sont déportés volontairement ou qui ont préféré la déportation à la réclusion, leurs biens sont frappés de la confiscation, à compter du jour de leur sortie du territoire français.

8. Toutes dispositions de ces biens et tous contrats par eux consentis depuis cette époque sont de nul effet.

9. Les biens des déportés pour cause d'incivisme, antérieurement au décret du 17 septembre dernier, sont confisqués du jour de l'arrêté en vertu duquel leur déportation s'est effectuée.

10. Quant à ceux déportés depuis pour les mêmes causes, la confiscation de leurs biens a lieu du jour de la dénonciation prescrite par le décret du 30 vendémiaire dernier et autres antérieurs.

11. Les dispositions du décret du 17 frimaire dernier, relatives à la séquestration des biens des pères et mères qui ont des enfans émigrés, ne sont pas applicables aux pères et mères des déportés et reclus, si ce n'est dans le cas où ils seraient dans la classe ci-devant noble.

12. La Convention renvoie à ses comités des secours publics et des finances, réunis, les pétitions des parens des déportés et reclus qui demandent que les biens de leurs enfans soient exceptés de la confiscation, par forme de secours.

Article additionnel au décret ci-dessus.

Les titres cléricaux n'existent plus à l'égard des ecclésiastiques déportés; en conséquence, les citoyens qui les avaient faits moyennant une pension en sont déchargés, et ceux qui, au même effet, avaient cédé des biens en jouissance, sont autorisés à s'en remettre en possession.

---

22 et 23 = 29 VENTOSE an 2 (12 et 13 = 19 mars 1794). — Décrets relatifs aux donations et successions. (L. 17, 579; B. 40, 210.)

Voy. lois du 17 NIVOSE an 2; du 9 FRUCTIDOR an 2.

---

22 VENTOSE an 2 (12 mars 1794). — Premier décret, portant qu'il n'y a pas lieu à délibérer sur diverses questions relatives au décret du 17 nivose dernier.

La Convention nationale, après avoir entendu le rapport de son comité de législation sur un grand nombre de pétitions relatives au décret du 17 nivose dernier, formant un ensemble qui tend, savoir :

1° A ce qu'il soit établi des exceptions au décret du 17 nivose, en faveur des citoyens de la ci-devant province de Normandie, où les garçons, appelés par le statut à succéder au préjudice des filles, conféraient dans la maison paternelle des travaux et même des revenus dont ils exposent que le partage égal avec leurs sœurs mariées deviendrait pour eux une source de lésion.

Considérant,

Sur la *première question*, que, dans un partage de succession, l'on ne saurait, sans bouleverser l'ordre social, avoir égard ni au nombre d'années pendant lesquelles les enfans sont restés en la maison paternelle, ni au plus ou moins de travaux que chacun a pu y conférer ; que s'il y a eu des apports étrangers, on peut les prélever; que s'il y a eu pacte qui puisse être assimilé à une société, on peut user du bénéfice de l'article 51 du décret du 17 nivose; mais que, dans tous les cas, un article spécial pour les habitans de la ci-devant Normandie est une chose inadmissible, lorsque l'uniformité des lois est un des premiers besoins d'un peuple composé d'hommes égaux et libres.

2° A ce que, dans tout le territoire de la République, les dispositions qui n'offrent qu'une restitution des choses que le donateur tenait anciennement de la famille du donataire, soient exceptées de la nullité prononcée par la loi.

Sur la *seconde question*, que l'exception demandée ferait en quelque sorte revivre le système des propres ou anciens, et introduirait des distinctions souvent frauduleuses, mais plus souvent encore hérissées d'embarras et d'incertitudes; qu'enfin, et pour ne pas énerver le nouveau système, il a bien fallu prendre les hommes et les biens en l'état où ils étaient le 14 juillet 1789, sans reporter la vue au-delà.

3° A ce que les avantages postérieurs au 14 juillet 1789 soient maintenus, quand ils se trouveront faits au profit d'enfans que le donateur aura nourris et élevés.

Sur la *troisième question*, que, s'il s'agit d'enfans que le donateur ait eus hors du mariage, une loi spéciale leur a restitué tous leurs droits depuis le 14 juillet 1789; et que, s'il est question d'autres enfans dont l'humanité seule ait engagé à prendre soin, ils peuvent, outre les bienfaits de l'éducation, recueillir encore le bénéfice des exceptions que la loi a établies, et qui, suffisantes pour tous, ne le sont pas moins spécialement pour eux.

4° A ce que toutes successions ouvertes, même avant le 14 juillet 1789, soient adjugées aux héritiers naturels, quand il y aura procès subsistant à cet égard.

Sur la *quatrième question*, que l'on ne saurait s'arrêter à l'objet dont il s'agit, sans mettre l'effet rétroactif en question ; et que, s'il n'y en a point à dater du 14 juillet 1789, parce que la loi n'a fait que développer les principes proclamés dès lors par un grand peuple qui se ressaisissait de ses droits, l'effet rétroactif commencerait là seulement où l'on dépasserait cette limite; que d'ailleurs, si la réclamation des héritiers naturels, pour ce qui appartient aux époques antérieures, était fondée, ils n'ont pas besoin du secours de la loi nouvelle, et que, si elle ne l'était pas, il serait immoral d'accorder plus de faveur à celui qui a fait un mauvais procès qu'au citoyen tranquille qui a respecté les lois de ce temps.

5° A ce que les legs pieux faits en faveur des hôpitaux, administrations des biens des pauvres, et autres établissemens de ce genre, soient conservés et exceptés de la nullité légale, au moins pour le passé.

Sur la *cinquième question*, que des maisons de secours ne peuvent jouir du privilége de dépouiller les héritiers naturels, et que, sauf la quotité héréditaire réservée au titre universel, ou les avantages conservés au titre particulier, ces sortes d'établissemens ne peuvent ni ne doivent jouir d'une autre condition que les citoyens.

6° A ce qu'il soit formellement décrété que les dispositions de la loi du 17 nivose, qui permettent, en certains cas, de distraire de l'hérédité plus du dixième en ligne directe, et du sixième en ligne collatérale, ne s'appliquent qu'aux libéralités échues antérieurement à la promulgation du décret du 5 brumaire.

Sur la *sixième question*, que l'article 16 du décret du 17 nivose explique assez qu'à l'avenir, et à quelque titre que les dons soient conférés, il n'y aura qu'un dixième de disponible si le testateur a des enfans, ou le sixième s'il n'en a point, sauf les dons entre époux, et qu'ainsi les plus amples réserves ou retenues, dans les cas déterminés par le décret du 17 nivose, ne sont que pour les dispositions du passé, et toutefois ouvertes antérieurement à la promulgation du décret du 5 brumaire.

7° A ce qu'il soit formellement déclaré que les retenues attribuées par le décret du 17 nivose ne s'appliquent point au cas où les dispositions étaient essentiellement nulles antérieurement à ce décret.

Sur la *septième question*, que, quand la loi a validé certaines dispositions, elle n'a eu pour objet que celles qui se trouvaient légalement faites, expressions qui se trouvent même littéralement inscrites dans les articles 1er et 13; et que les retenues qu'elle a attribuées ne peuvent de même s'appliquer qu'aux dispositions qui, annulées par le décret du 17 nivose, pouvaient légalement subsister auparavant.

8° A ce qu'il soit expliqué si le religieux qui a émis ses vœux postérieurement au 14 juillet 1789 peut reprendre ses biens et droits héréditairement recueillis par ses parens.

Sur la *huitième question*, qu'il n'y a plus de difficulté que dans le cas où un homme réputé mort, et dont on se serait partagé la succession, reparaîtrait, et que, les lois ayant annulé toute émission de vœux postérieure au 14 juillet 1789, la réintégration du ci-devant religieux dans ses biens et droits, à dater de la même époque, n'est que la conséquence de ce principe.

9° A ce qu'il soit clairement défini si tous vœux religieux émis avant l'âge de vingt-un ans sont annulés par l'article 5 du décret du 17 nivose.

Sur la *neuvième question*, que, l'article cité n'invalidant que les vœux émis avant l'âge requis par les lois, il faut distinguer les époques; qu'ainsi, et avant l'édit de 1768, l'âge de seize ans étant proclamé suffisant par les lois d'alors, il n'y aurait nullité qu'autant que les vœux auraient été émis avant cet âge; de même que depuis il faudrait seulement tenir pour nulles les professions faites avant vingt-un an pour les hommes, et dix-huit ans pour les femmes.

10° A ce que les avantages conférés par les statuts aux époux soient maintenus comme ceux qui étaient l'effet de la stipulation.

Sur la *dixième question*, que cette indemnité sort évidemment des termes de l'article 13 du décret du 17 nivose, qui maintient les dispositions, même statutaires, sous la foi desquelles les époux s'étaient engagés, tandis que l'article 14 leur permet de plus toute autre stipulation à l'avenir; latitude politique qui fait assez apercevoir que le système restrictif n'est pas pour les dispositions entre époux, sauf la réductibilité à l'usufruit de moitié, en cas qu'il y ait des enfans.

11° A ce qu'il soit prononcé sur le sort des dispositions entre conjoints, par lesquelles l'un d'eux, en donnant à l'autre, aurait déclaré qu'il s'en rapporte à celui-ci pour l'exécution de ce qui lui a été recommandé en secret.

Sur la *onzième question*, qu'une telle disposition n'est qu'un fidéi-commis, ou, si l'on veut, un acte visiblement dirigé au profit d'un tiers qui n'est point, comme le conjoint, capable de recueillir, et que, sous ce rapport, une semblable disposition ne peut subsister.

12° A ce qu'il soit décidé si la disponibilité entre époux ne cessera point, lorsque la nation représentera leurs successibles naturels.

Sur la *douzième question*, que, d'une part, les lois, et notamment le décret du 28 mars, se bornent en ce cas à frapper de nullité les dispositions qui seraient faites en ligne directe; que, d'une part, la République, placée dans des circonstances extraordinaires, aux droits d'un tiers, peut bien se les attribuer dans leur intégrité, mais ne doit pas les étendre, et que, dans le cas particulier, les droits de la République ne sont pas d'une autre nature que ceux de la famille privée dans les cas ordinaires.

13° A ce qu'il soit loisible au conjoint qui aurait été avantagé par l'époux prédécédé, de transmettre à des parens de cet époux les biens qu'il tiendrait de lui.

Sur la *treizième question*, qu'outre que cette faculté deviendrait une disposition réelle entre autres qu'époux, et contrarierait ainsi le système général, la loi a bien dû se garder d'établir un intermédiaire dont on pourrait se servir pour gratifier tel parent au préjudice de tel autre, et rétablir ainsi l'inégalité, au lieu qu'avertis de l'impossibilité de ce transport, les époux seront plus circonspects, ou, du moins, de meilleure foi dans leurs dons réciproques.

14° A ce qu'il soit déclaré si, pour fixer le *maximum* de fortune à l'égard d'un époux donataire particulier d'un tiers, l'on peut avoir égard à la fortune de l'autre conjoint.

Sur la *quatorzième question*, que, de même que les fortunes des époux restent distinctes, sauf les acquêts communs, de même il faut les estimer séparément, avec d'autant plus de raison que la confusion des revenus, pouvant cesser par le divorce, par la mort, ou même par toute autre stipulation, laisserait en véritable éviction celui qui la veille aurait été privé par la seule considération d'une cause aussi fugitive.

15° A ce qu'il soit déclaré si les avantages stipulés entre époux divorcés auront leur effet,

Sur la *quinzième question*, que la seule faveur due aux mariages a fait, en cette matière, prévaloir un système de libéralité qui cesse lorsque, en rompant le contrat, les époux redeviennent étrangers l'un à l'autre.

16° A ce que toutes dispositions faites avec la réserve de les révoquer, et toutes donations subordonnées au changement de la volonté du donateur, n'aient, à quelque titre qu'elles aient été faites, d'autres règles ni d'autres effets que ceux propres aux dispositions à cause de mort.

Sur la *seizième question*, qu'il résulte bien assez évidemment, et de l'ensemble de la loi, et des seuls termes de la raison, que les dispositions révocables au seul gré du donateur ne sont, dans quelques actes qu'elles aient été inscrites, que des dispositions à cause de mort, puisque jusque là le donateur a pu les changer.

17° A ce que la faculté d'élire qui n'a pas été consommée par un acte entre-vifs ou par le décès de l'électeur, le tout antérieurement au 14 juillet 1789, soit assimilée à celle qui, faite depuis, est annulée par l'article 23 du décret du 17 nivose.

Sur la *dix-septième question*, qu'elle se résout par les mêmes principes que la précédente, et que l'élection qui a été susceptible de révocation depuis le 14 juillet 1789 n'est pas d'autre condition que celle qui a été conférée depuis la même époque.

18° A ce que les démissions de biens soient nettement classées parmi les dispositions entre-vifs ou à cause de mort.

Sur la *dix-huitième question*, que, si le décret du 17 nivose ne s'est point particulièrement expliqué sur les démissions de biens, c'est que ces dispositions, révocables en certains pays, ne l'étaient pas en d'autres, et que, pour ne pas changer la condition de ces sortes d'actes, le principe posé, la classification n'offrait que l'application de la loi; qu'ainsi, et dans les lieux où les démissions étaient irrévocables, elles seront considérées comme donations entre-vifs et maintenues si elles sont antérieures au 14 juillet 1789, et qu'ailleurs elles seront considérées comme simples dispositions à cause de mort.

19° A ce que la loi fasse nettement connaître si les donations ou constitutions de biens à venir, faites entre-vifs avant le 14 juillet 1789, sont maintenues ou annulées, dans le cas où leur auteur n'est décédé que depuis.

Sur la *dix-neuvième question*, qu'il n'y a point de différence entre une donation ou constitution de biens à venir, et l'institution dans les biens à venir, qui est annulée par l'article 2, quoique inscrite dans des dispositions contractuelles et entre-vifs, quand l'auteur de la libéralité est mort depuis le 14 juillet 1789.

20° A ce que les dispositions dont il est parlé en l'exception portée par l'article 15 du décret du 17 nivose, ne puissent s'appliquer qu'aux *donations entre-vifs*, et non aux *simples institutions*.

Sur la *vingtième question*, que l'esprit du décret du 17 nivose n'est point équivoque, et que l'exception portée par l'article 15 n'a pas eu pour objet de valider les simples institutions contractuelles faites depuis le 14 juillet 1789, puisque celles mêmes qui sont antérieures sont frappées de nullité, quand l'instituant est mort depuis cette époque; mais seulement de confirmer les vraies et pures donations entre-vifs, dans le cas prévu par cet article.

21° A ce qu'il soit déclaré si le maintien prononcé par ce même article des donations faites depuis le 14 juillet 1789, selon l'exception prévue, invalide, par la règle des inclusions, celles de même nature qui seraient antérieures à cette époque.

Sur la *vingt-unième question*, que la chicane seule a pu donner lieu d'élever cette question, et que, s'il ne s'agit, dans l'article qui l'a fournie, que du maintien d'un certain genre de donations entre-vifs postérieures au 14 juillet 1789, c'est qu'il fallait marquer une exception, ce qui a été fait sans toucher à la validité des donations antérieures à cette époque, bien plus sacrées sans doute, et bien formellement maintenues par les dispositions générales de la loi.

22. A ce qu'il soit expliqué si la donation à charge de nourrir le donateur est maintenue, quand d'ailleurs elle est antérieure au 14 juillet 1789.

Sur la *vingt-deuxième question*, qu'elle est véritablement oiseuse, en ce que la donation entre-vifs, accompagnée de conditions onéreuses, ne peut être de moindre faveur que la donation purement gratuite, et qu'il est déraisonnable d'élever des doutes sur le maintien des donations de ce genre qui sont antérieures au 14 juillet 1789.

23° A ce qu'il soit nettement décidé si l'héritier naturel décédé avant les lois qui ont établi ses droits, mais postérieurement à l'époque assignée pour leur restitution, en a été saisi et les a transmis à ses successeurs ou ayant-droit.

Sur la *vingt-troisième question*, qu'elle est décidée par les principes généraux, et qu'il impliquerait contradiction de ne pas considérer comme ayant été saisi celui qui vivait à une époque tout à la fois postérieure et au 14 juillet 1789, et à l'ouverture de la succession.

24° A ce que, dans ce cas néanmoins, si la disposition annulée se trouvait nominativement faite au profit d'un ou plusieurs de ses successibles ou héritiers, ceux-ci, recouvrant, du chef de leur auteur immédiat, une part actuelle et effective à la succession, ne puissent user de la retenue autorisée à leur profit singulier, par les articles 22 et 42 du décret du 17 nivose, à moins qu'ils ne renoncent à leur part héréditaire.

Sur la *vingt-quatrième question*, que la retenue accordée à l'institué ou donataire déchu, bien qu'il soit successible, ou, en d'autres termes, héritier présomptif du rappelé, n'ayant pour objet que de l'indemniser d'une expropriation que ne saurait remplacer un espoir souvent éloigné, ce motif cesse avec ses effets lorsque, dans le partage, et lors de la remise, le donataire déchu se trouve avoir, même par représentation, un droit d'hérédité *actuel* et effectif, à moins qu'il ne renonce à sa part héréditaire.

25° A ce qu'en expliquant la quotité de la retenue permise au donataire *à titre universel* déchu, il soit dit si cette quotité se prendra sur tous les biens, ou seulement sur ce qui restera après les dettes et legs particuliers prélevés.

Sur la *vingt-cinquième question*, que, résolue par la simple raison, elle ne l'est pas moins clairement par l'article 17 du décret du 17 nivose, sainement entendu; qu'en effet, la défalcation préalable des dettes et legs ne permet pas de douter que la quotité réservée au titre universel ne s'exerce que sur ce qui reste après ce prélèvement.

26° A ce qu'il soit décidé si, dans la déclaration prescrite par l'article 7 du décret du 17 nivose aux ci-devant religieux ou religieuses qui auront succédé ou succéderont en vertu de ce décret, il sera fait déduction des dots qui leur auront été imputées conformément à l'article 6 du même décret.

Sur la *vingt-sixième question*, qu'il n'y a plus de difficulté, s'agissant d'une déduction naturelle et de droit, et la seule raison dictant que la déclaration n'est due que de ce qu'on recueille effectivement.

27° A ce que l'on retire de l'article 59 du décret du 17 nivose tout ce qui exclurait le républicole héritier naturel d'un étranger de la faculté de poursuivre, sur les biens situés en France, la révocation des dispositions que l'étranger aurait faites depuis le 13 juillet 1789.

Sur la *vingt-septième question*, que le décret du 17 nivose se concilie encore parfaitement avec ce qu'on demande; qu'en effet, et de ce que le donataire conserve le fruit de la disposition qu'un tiers aurait faite à son profit et au préjudice d'un étranger sujet de l'une des puissances coalisées, qui, sans l'extranéité, serait dans le cas du rappel, il ne s'ensuit pas que les héritiers naturels de celui-ci fussent inhabiles à réclamer contre la disposition qu'il aurait personnellement faite à leur détriment depuis le 14 juillet 1789, sauf les droits de la nation, et que les deux espèces mises en opposition sont très-distinctes.

28° A ce que les legs particuliers et dons modiques, maintenus par le décret du 17 nivose aux citoyens peu fortunés, le soient sans déduction du peu qu'ils possédaient auparavant.

Sur la *vingt-huitième question*, que ce que l'on demande est non-seulement dans l'esprit, mais encore dans la lettre du décret, qui, pour rendre le fait sensible par un exemple, permet au donataire déchu, et qui, sans enfans, n'a que dix mille livres de fortune, de retenir de plus l'effet du don particulier, jusqu'à concurrence d'une somme égale.

29° A ce qu'en expliquant l'article 34 du décret, il soit décrété que les avantages de même nature, et qui réuniront les mêmes conditions, inscrits dans un testament antérieur au 14 juillet 1789, mais dont l'effet ne se sera ouvert que depuis, soient maintenus de la même manière que ceux faits depuis et compris le 14 juillet 1789, et échus lors de la promulgation du décret du 5 brumaire.

Sur la *vingt-neuvième question*, que, d'après les principes développés ci-dessus, le legs inscrit dans un testament antérieur au 14 juillet 1789, et dont l'effet ne s'est ouvert que depuis, et toutefois avant la promulgation du décret du 5 brumaire, ne saurait être de pire condition que celui fait depuis la même époque du 14 juillet, et que deux espèces aussi analogues ne peuvent avoir que des règles communes.

30° A ce que, dans le cas où les dons particuliers épuiseraient la succession d'une manière notable, l'héritier naturel ait droit de concourir avec les donataires pauvres, s'il n'a pas lui-même la somme de fortune qui rend le donataire *particulier* habile à la retenue.

Sur la *trentième question*, qu'elle est sans doute une de celles qui présentent le plus de difficulté; que cependant, et d'une part, on peut considérer qu'elle se présentera rarement, parce que des dons à titre *particulier* ne sont presque jamais que de faibles émanations de successions qu'ils n'épuisent pas; à la différence du titre *universel*, que la loi a indéfiniment restreint à la retenue d'une quotité héréditaire, parce qu'on y trouve toujours l'expropriation complète des héritiers naturels; que, d'une autre part, et dans l'espèce proposée, ce serait une lutte ouverte entre plusieurs citoyens tous pauvres, pour de chétifs avantages, et que l'exiguité même de leurs moyens respectifs convertirait souvent en un fléau le stérile recours d'une liquidation qui ne ferait que les épuiser tous sans rien laisser à aucun; qu'en cet état, il a fallu se fixer sur celui qui était de condition plus favorable, et que l'homme peu aisé qui avait la possession a paru remporter cet avantage sur celui de sa catégorie qui, après tout, ne perd que l'occasion de gagner.

31° A ce qu'il soit déclaré si le sixième, jusqu'à concurrence duquel les legs sont maintenus dans le cas de l'article 41 du décret du 17 nivose, est le sixième des *legs*, ou le sixième de *l'hérédité*.

Sur la *trente-unième question*, que la retenue spéciale et sans examen que l'article 41 du décret du 17 nivose a introduite en faveur des *legs particuliers*, jusqu'à concurrence d'un *sixième*, dans les successions où les héritiers naturels recueillent plus de deux cent mille livres, n'a jamais pu s'entendre que du sixième de l'hérédité, et non du legs, sans quoi la loi eût évidemment manqué son but.

32° A ce que la loi s'explique particulièrement sur les dons rémunératoires et sur ceux conférés à des domestiques.

Sur la *trente-deuxième question*, que, si la loi se fût particulièrement occupée des dons rémunératoires, chacun aurait, sur ce fondement, demandé le maintien de ses avantages; et qu'à l'égard des domestiques, outre que l'on n'en reconnaît plus, il n'a pas dû y avoir de règles spéciales pour eux, parce que, s'ils sont indigens, ils profiteront des retenues légales, et que, s'ils sont riches, ils ne méritent pas plus de faveur que les autres citoyens.

33° A ce qu'en toute succession où l'on vient par représentation, l'on soit tenu au rapport, et des libéralités personnelles qu'on a recueillies du même chef, et de celles qu'a reçues la personne représentée.

Sur la *trente-troisième question*, qu'il est d'abord incontestable que, dans l'espèce proposée, on doit le rapport de ce qu'on a personnellement reçu, et qu'il ne l'est pas moins qu'entrant aux droits de ses auteurs, celui qui succède, à ce titre, doit rapporter ce qu'a reçu la personne représentée.

34° A ce qu'il soit décidé si le rapport est dû des fonds que le successible aurait eus par droit de retrait lignager.

Sur la *trente-quatrième question*, qu'il ne s'agit pas de choses que le successible tienne de la libéralité de celui à qui il succède, et qu'un fonds qui était irrévocablement sorti du domaine de ce dernier par la voie ordinaire des transactions commerciales, et qui n'est rentré au pouvoir d'un de ses héritiers que par l'effet de la volonté propre de celui-ci, aidée du statut, ne présente qu'un contrat dont l'objet ne peut être réputé sujet à rapport.

35° A ce qu'il soit expliqué si, par l'art. 33 du décret du 17 nivose, on a entendu tirer pleinement des dispositions de ce décret, et notamment du rapport ordonné par l'article 8, les donations qui, bien que grevées d'usufruit, étaient, quant à la propriété, acquises avant le 14 juillet 1789.

Sur la *trente-cinquième question*, que quand on a déclaré ces sortes de donations *non comprises dans les dispositions de la loi*, on n'a dit ni entendu dire autre chose, sinon que ces donations n'étaient point frappées de nullité pour être grevées d'usufruit, mais sans les dispenser du rapport à la succession échue depuis le 14 juillet 1789, quand le donataire, en même temps successible, veut y prendre part.

36° A ce qu'il soit déclaré si celui qui a reçu un don particulier antérieurement au 14 juillet 1789, ne peut conserver le don qui lui aurait été fait postérieurement à la même époque, sans rapporter le premier.

Sur la *trente-sixième question*, que, hors le cas du retour à succession, il n'y a point de rapport à faire; que, pour déclarer la validité ou la nullité du don particulier postérieur au 14 juillet 1789, la loi n'a admis d'autre base que la fortune à cette dernière époque, et que c'est sous ce rapport seulement que l'ancien don pourrait faire obstacle à la reprise du second, s'il en était résulté pour le donataire une fortune telle qu'il devînt inhabile à conserver l'effet de la dernière libéralité.

37° A ce qu'il soit déclaré si, dans le cas du titre universel, la retenue du dixième ou du sixième ne peut s'exercer sans le rapport ou l'imputation des libéralités particulières que l'institué déchu aurait recueillies avant le 14 juillet 1789.

Sur la *trente-septième question*, qu'elle présente une différence très-sensible d'avec la précédente, et que, de la diversité des principes, il doit résulter diversité dans les conséquences; qu'en effet, il s'agit ici de prendre une quotité héréditaire et de concourir à un partage, ce qui exige le rapport, à moins qu'en renonçant à cette quotité héréditaire, on ne s'en tienne aux avantages conférés et acquis avant le 14 juillet 1789.

38° A ce qu'il soit déclaré si la retenue du sixième ou du dixième s'exercera même sur les objets rapportés.

Sur la *trente-huitième question*, que les objets rapportés faisant partie de la masse de la succession, et la retenue s'exerçant sur cette masse, la question proposée ne saurait être problématique.

39° A ce que, dans les nouveaux partages, l'héritier naturel rappelé soit, comme l'institué ou donataire déchu, tenu de rapporter en nature tout ce qu'il aurait, par quelque arrangement et à quelque titre que ce fût, antérieurement perçu de la même hoirie, et conservé au même état.

Sur la *trente-neuvième question*, que le rapport respectif qu'elle a pour objet, fondé sur l'équité et sur les règles les plus communes en matière de partage, se trouve ici fortifié par la circonstance que celui qui gagne tout au moyen de la loi ne peut se dispenser de rapporter en nature, s'il les a conservés en cet état, des biens sur lesquels, comme sur tous les autres, le déchu a une modique retenue à exercer.

40° A ce que, dans le concours de plusieurs institués déchus pour la retenue du dixième ou du sixième, et en cas de renonciation de l'un d'eux à sa part dans cette quotité, il soit déclaré à qui cette part accroîtra.

Sur la *quarantième question*, que, d'une part, le fait d'un tiers ne doit ici rendre la condition de l'autre pire ni meilleure; et que, d'un autre côté, il y aurait injustice si l'on attribuait à celui-ci le bénéfice d'une renonciation qui tourne au détriment de la masse, soit qu'elle ait pour objet d'y prendre une part plus forte, soit qu'elle n'ait pour but que d'éviter le rapport d'avantages antérieurs; qu'ainsi c'est à la masse de la succession qu'accroît naturellement la part dont il s'agit.

41° A ce que les règles propres à l'estimation des avantages en propriété ou en usufruit s'appliquent à ceux qui participent de l'un et l'autre genre.

Sur la *quarante-unième question*, qu'elle ne présente aucun doute raisonnable; qu'ainsi, et dans le cas proposé, la propriété d'un fonds de cinq mille livres et l'usufruit d'un autre fonds en valeur de dix mille livres ne représentent ensemble qu'une libéralité évaluée au capital de dix mille livres.

42° A ce que, dans les donations à charge de nourrir le donateur, postérieures au 14 juillet 1789, et annulées par cette raison, le donataire déchu soit autorisé à répéter les frais de nourriture.

Sur la *quarante-deuxième question*, que l'article 49 du décret du 17 nivose autorise à répéter toutes les charges qui ne sont pas attachées à la jouissance; mais que, celle-ci en descendant, le donataire ne peut les répéter qu'en renonçant aux fruits, et les rapportant.

43° A ce que l'institué déchu soit autorisé à imputer ce qu'il vérifiera avoir payé de bonne foi, d'après l'intention du testateur, bien que non écrite.

Sur la *quarante-troisième question*, qu'elle appartient plus à la conscience des arbitres qu'à la loi même, qui ne doit pas poser un principe dont on pourrait abuser.

44° A ce qu'il soit interdit, d'une manière précise, à celui qui a fait depuis le 14 juillet 1789, ou qui fera à l'avenir une donation entre-vifs, soit en faveur de mariage, soit en avancement d'hoirie ou autrement, de réclamer personnellement contre l'effet de sa propre libéralité, et sauf aux héritiers, à son décès, à faire valoir leurs droits.

Sur la *quarante-quatrième question*, qu'elle est véritablement résolue par l'article 57 du décret du 17 nivose; qu'en effet, l'attribution faite par cet article aux seuls héritiers, et à dater seulement du jour où leur droit est ouvert, décide bien nettement que nul droit, à cet égard, ne réside dans la personne du donateur même.

45° A ce qu'il soit expliqué si, par l'article 25 du décret du 17 nivose, on a entendu laisser le donateur libre de tenir ou de ne pas tenir les conditions qu'il s'était imposées.

Sur la *quarante-cinquième question*, que l'article 57 prononce bien le contraire, en ne conférant qu'aux héritiers le droit de réclamer le bénéfice de la loi; et que, tout ce que l'on doit induire de l'article 25, c'est que si les dispositions de la nature de celles qui y sont rappelées étaient postérieures au 14 juillet 1789, et avaient été converties en un paiement effectif, le produit de ce paiement, devenu vrai capital, serait sujet au rapport forcé dans la succession.

46° A ce qu'il soit expliqué à qui et sur quel pied les retenues légales sont affectées, quand la succession échue ou les fonds donnés depuis le 14 juillet 1789 ont passé au même titre gratuit en d'autres mains.

Sur la *quarante-sixième question*, que, la restitution étant principalement adjugée aux héritiers naturels qui ont souffert de la première disposition, les retenues ne peuvent avoir lieu que de la même manière que le premier institué ou donataire déchu les eût exercées lui-même, et dans le cas où il y aurait été admis, sauf à ces héritiers personnels à le représenter pour ces retenues, ou à ses donataires particuliers à les exercer dans les cas déterminés par la loi, jusqu'à concurrence seulement de la part qui lui fût personnellement avenue.

47° A ce qu'il soit déclaré si les retenues légales auront lieu par rapport aux dispositions à cause de mort, contenant titre universel, dont l'effet ne s'est ouvert que depuis la promulgation du décret du 5 brumaire, sans qu'il y ait eu nouvelle disposition circonscrite dans les termes du droit nouveau.

Sur la *quarante-septième question*, que la loi a aboli ces anciennes dispositions, et que, si elle a simplement réduit à une quotité celles dont l'auteur décédé ne pouvait refaire un nouvel acte, ce motif a cessé lorsque cet auteur a survécu à la promulgation de la loi du 5 brumaire; qu'ainsi, et s'il ne l'a pas fait, l'ancienne disposition est nulle pour le tout, sans quoi il n'y aurait pas de raison pour ne pas attribuer le même effet aux dispositions de cette nature qui pourraient échoir dans vingt ou trente ans, ce qui ferait ainsi concourir deux sortes de législations qui ne doivent plus rien avoir de commun par la suite (1).

(1) Une disposition testamentaire à titre universel faite en 1790 est nulle, même quant à la quotité disponible, encore que l'auteur de la disposition soit décédé après la loi du 4 germi-

48° A ce qu'il soit décidé si l'institution, soit dans une universalité de meubles, soit dans une universalité d'acquêts, soit dans une universalité de propres seulement, constitue un titre universel; et si, en ce cas, la retenue du sixième ou du dixième s'exerce toujours sur les biens de tous genres.

Sur la *quarante-huitième question*, que le titre universel est celui qui porte sur l'universalité ou sur une quotité, soit des meubles et effets mobiliers, soit des acquêts, soit des propres de celui qui dispose; et que la retenue du dixième ou du sixième doit toujours avoir lieu sur l'universalité de la succession, et selon les termes généraux de la loi, à moins que les héritiers naturels rappelés ne préfèrent de laisser au déchu l'effet de la disposition.

49° A ce que la loi prononce formellement sur la conservation ou l'abolition du tiers coutumier qui, en certains lieux, assurait aux enfans une portion du bien de leur père, en rendant dans ses mains cette portion non susceptible des transactions commerciales ordinaires.

Sur la *quarante-neuvième question*, qu'il ne peut y avoir qu'une législation uniforme en France, et que, l'article 61 abolissant les transmissions statutaires, la question se trouve résolue par ce seul point.

50° A ce qu'il soit déclaré si, dans les partages qui auront lieu en successions collatérales, en cas de décès de tous les héritiers du premier degré, ceux du second succéderont toujours par représentation de leurs auteurs.

Sur la *cinquantième question*, que les règles ont paru devoir être communes en ligne directe et collatérale, et qu'il a semblé plus simple et plus moral qu'en tout genre de successions, et sans égard à des prédécès, on suivît toujours la condition de son auteur, en venant par représentation là où cet auteur vivant eût été le premier successible; qu'au surplus, ne s'agissant ici que de l'interprétation du décret du 17 nivose, ses divers articles combinés ne laissent aucun doute sur ce point.

51° A ce qu'il soit expliqué si le frère consanguin ou utérin doit, d'après les nouveaux principes, prendre dans la succession de son frère une part égale à celle qu'y prendra le frère germain, en cas de concours, et si, dans l'absence de frères germains et de tout descendant d'eux, il prendra non-seulement la moitié affectée à sa ligne, mais encore la moitié affectée à l'autre ligne, au préjudice des ascendans qui pourraient appartenir à cette dernière ligne.

Sur la *cinquante-unième question*, que l'abolition du privilége du double lien doit être sainement entendue; qu'il en résulte bien que le frère germain n'exclut pas généralement, comme par le passé, l'utérin ou le consanguin, mais qu'en restituant à celui-ci ses droits naturels, la loi n'a ni pu ni dû les étendre; qu'ainsi, et dans tous les cas, la succession se divisant en deux parts, il aura un droit égal à celui du frère germain dans la moitié affectée à sa ligne, mais ne concourra pas avec ce dernier dans les biens de l'autre ligne à laquelle il est étranger, non plus qu'il n'y succédera quand il n'y aurait que des ascendans ou même des oncles ou grands-oncles; le droit de succéder de l'une des lignes à l'autre ne commençant que là où les parens de l'une des deux manquent entièrement, selon que le tout résulte évidemment du décret du 17 nivose.

52° A ce que les substitutions et leurs effets soient abolis, à dater de la même époque que les autres dispositions.

Sur la *cinquante-deuxième question*, qu'il n'y a pas de doute que les substitutions créées le 14 juillet 1789 et depuis, ou même antérieurement à cette époque, lorsque leur auteur n'est décédé que postérieurement, ne soient annulées sous la dénomination générique de *dispositions à cause de mort*; qu'à l'égard des effets des substitutions antérieures, on doit s'en tenir au décret des 25 octobre et 14 novembre 1792; que ce décret a fait assez, en conférant au possesseur la pleine propriété, pour faire cesser une indisponibilité aristocratique, funeste, d'ailleurs, au commerce et aux transactions sociales; mais que nulle faveur n'était due ni au grevé, ni au substitué, ni aux leurs, qui n'étaient, à vrai dire, que des privilégiés de famille, pour discuter ou changer leur condition respective, dans l'intervalle du 14 juillet 1789, au moment où fut portée la loi d'abolition des substitutions; qu'à cette époque, on ne vit que la possession pour y consolider la propriété, et que cette loi, qui ne dut son existence qu'à des considérations politiques, n'a

---

nal an 8 (29 brumaire an 12; Cass. S. 4, 1, 89; 26 juin 1809; S. 9, 1, 300; S. 8, 1, 123).

Cette décision s'applique aux dispositions à titre universel postérieures à la loi du 22 ventose, aussi bien qu'aux dispositions antérieures (19 thermidor an 12; Cass. S. 5, 1, 1; 1er juin 1820; Cass. S 21, 1, 30).

Mais les dispositions universelles ouvertes sous le Code ont été revivifiées, en ce que le Code ne s'est pas borné, comme la loi du 14 germinal an 8, à étendre la quotité disponible, et qu'il a autorisé les dispositions universelles. *Voy.* la note placée dans Sirey, t. 9, 1, 302. *Voy.* aussi les notes sur la loi du 17 nivose an 2.

La nullité des dispositions universelles n'entraîne pas la nullité des legs particuliers contenus dans le même acte (19 thermidor an 12; Cass. S. 5, 1, 1, 11 nivose an 9; Cass. S. 5, 1, 5). *Voy.* les notes sur la loi du 17 nivose an 2.

rien de commun avec celle du 17 nivose; qu'enfin, et s'il y avait ici quelqu'un de favorable sous les rapports de la nature, ce seraient les parens expropriés du substituant, et non ceux des grevés ou substitués; mais que, s'agissant, à l'égard des premiers, de dispositions consommées avant le 14 juillet 1789, il faut respecter cette limite, et s'en tenir à la stricte observation des lois respectivement rendues sur cette double matière.

53° A ce que la légitime ou toute autre portion qui en tenait lieu, et que certaines coutumes ne déféraient aux filles en propriétés qu'au cas que la ligne masculine vînt à défaillir, soit aujourd'hui déclarée leur appartenir irrévocablement.

Sur la *cinquante-troisième question*, qu'elle ne présente qu'une substitution statutaire, qui ne peut exister d'après l'abolition de toutes substitutions, prononcée par le décret des 25 octobre et 14 novembre 1792, et qu'ainsi la pleine propriété ne peut être aujourd'hui contestée à des légitimaires déjà trop mal partagés (1).

54° A ce que le parent gratifié par un acte postérieur au 14 juillet 1789 soit autorisé à conserver l'effet de cette disposition, dans le cas où son cosuccessible avantagé à son préjudice dans une autre succession antérieure au 14 juillet 1789, n'en ferait point le rapport.

Sur la *cinquante-quatrième question*, que ce qui est bon et sage dans le partage d'une seule et même succession, prend un autre caractère lorsqu'on veut en faire l'application à des successions diverses; qu'en effet, ce serait remettre en partage des actes irrévocablement consommés avant le 14 juillet 1789, et dépasser une limite sans laquelle il n'y aurait plus rien de fixe dans le système, ni de certain dans ses effets.

55° A ce qu'en expliquant l'article 26 du décret du 17 nivose, relatif aux ventes à fonds perdu faites à des successibles, il soit décrété que les ventes faites à autre titre antérieurement à ce décret sont maintenues quand elles ont lieu de bonne foi, sans lésion, et sans aucun des vices qui peuvent annuler les contrats.

Sur la *cinquante-cinquième question*, que la loi valide ce qu'elle n'annule pas; qu'ayant anéanti entre successibles les ventes à fonds perdu faites depuis le 14 juillet 1789, sources trop fréquentes de donations déguisées, parce que les bases d'estimation manquent, elle n'y a pas compris les autres transactions commerciales contre lesquelles on n'invoquait ni lésion, ni défaut de paiement.

56° A ce qu'il soit décidé si les transactions et renonciations antérieures au 14 juillet 1789, sont annulées comme celles qui sont postérieures à cette époque.

Sur la *cinquante-sixième question*, que, s'il s'agit de donations acquises ou de successions ouvertes avant le 14 juillet 1789, la transaction, même postérieure, n'est pas annulée, parce que l'effet de ces anciennes dispositions est maintenu, et que la transaction vaut quand la manière n'est pas changée; mais que, s'il s'agit de renonciations anticipées à des droits ouverts depuis cette époque, outre que l'article 11 du décret du 17 nivose les écarte dans les contrats de mariage, seule espèce d'actes où elles fussent autorisées, les lois, même anciennes, réprouvaient en tous autres actes les transactions qui intervenaient sur des successions d'hommes encore vivans.

57° A ce qu'il soit déclaré si l'article 44, en conservant aux exécuteurs testamentaires une partie des émolumens attachés à ce titre, leur laisse quelque droit à la gestion.

Sur la *cinquante-septième question*, qu'il est étonnant qu'on tire de l'indemnité accordée l'occasion de demander s'il reste quelque fonction à remplir en exécution d'un titre qui n'existe plus, et qui a nécessairement pris fin avec sa cause.

58° A ce que, dans les lieux où le contrôle n'était pas en usage, la date des dispositions soit déclarée suffisamment établie par la rédaction devant des officiers publics.

Sur la *cinquante-huitième question*, qu'elle est résolue par les règles les plus communes, et que, pour constater la date et l'authenticité d'un acte, on ne peut raisonnablement exiger d'autres formalités que celles qui étaient admises par l'usage.

59° A ce qu'il soit décidé si le juge-de-paix saisi de la nomination des arbitres doit être celui du lieu où le disposant est mort, ou celui du domicile qu'il habitait ordinairement à l'époque du décès.

Sur la *cinquante-neuvième question*, que les règles constantes ont toujours été de considérer comme le lieu de l'ouverture des successions celui où le défunt avait son domicile, sans égard à celui où il sera décédé pendant un voyage ou tout autre séjour momentané, et que les lois nouvelles n'ont apporté aucune dérogation à ce principe.

60° Enfin, à ce qu'il soit déterminé si le recours en cassation sera admis contre les jugemens des arbitres qui prononceront en cette matière.

(1) Les filles normandes, qui n'avaient, d'après l'article 268 de la coutume de Normandie, que l'usufruit de leur légitime, sauf le cas de mariage ou d'extinction de la ligne masculine, en ont acquis la propriété irrévocable par l'effet de cette disposition (5 juillet 1826; Cass. S. 27, 1, 84; D. 26, 1, 83).

Sur la *soixantième question*, que, si l'on a craint les involutions de procédures et interdit l'appel en cette matière, le recours en cassation ne l'a pas été de même, et qu'il était bon sans doute de laisser aux citoyens cette ressource contre les infractions formelles de la loi;

Décrète sur le tout qu'il n'y a pas lieu à délibérer.

---

23 VENTOSE an 2 (13 mars 1794). — Deuxième décret contenant un mode d'exécution du décret du 17 nivose. (L. 17, 598; B. 40, 230; Mon. du 25 ventose an 2.)

La Convention nationale, après avoir entendu son comité de législation, décrète:

Art. 1er. Lorsqu'il y aura plus de deux parties dans les contestations qui s'éleveront sur l'exécution du décret du 17 nivose dernier, les institués ou donataires déchus, d'une part, et les héritiers naturels rappelés, d'une autre part, en quelque nombre qu'ils soient respectivement, se concilieront sur le choix de leurs arbitres, de telle sorte qu'il n'y en ait que deux de chaque part.

En cas que l'on ne s'accorde pas sur ce point, le juge-de-paix choisira lui-même les arbitres; savoir: deux parmi les citoyens inscrits sur les listes qui lui seront remises par les divers institués ou donataires déchus, et les deux autres sur les listes qui lui seront fournies par les héritiers naturels rappelés.

2. La disposition précédente ne fait point obstacle à ce que les parties conviennent unanimement d'un moindre ou d'un plus grand nombre d'arbitres; mais, en cas de dissentiment de l'une ou de plusieurs d'entre elles, l'article 1er sera invariablement observé.

3. Dans les donations qui ne comprennent que des meubles, lorsqu'elles ont été faites à la charge de nourrir ou loger le donateur, il est loisible au donataire, si l'auteur de la disposition est encore vivant, ou de répudier la donation, ou de faire procéder à ses frais, dans le délai d'un mois, par un expert que le juge-de-paix nommera à la prisée des meubles donnés.

4. Lorsque cette estimation aura été faite, le donataire est autorisé, à l'époque de l'ouverture de la succession du donateur, ou à rapporter les meubles en nature, ou seulement leur valeur, telle qu'elle aura été fixée par l'expert.

5. Il n'est rien innové par l'article 74 du décret du 17 nivose, à l'égard des donations antérieures au 5 brumaire, aux effets du retour légal dans les pays et pour les cas où ce droit avait lieu; néanmoins il ne pourra être exercé sur les biens du donataire acquis à la République par droit de confiscation ou autrement.

6. Dans le cas où les citoyens obligés aux restitutions ordonnées par le décret du 17 nivose ne pourraient les effectuer actuellement sans que leurs affaires en fussent sensiblement dérangées, les arbitres sont autorisés à leur accorder un délai qui ne pourra néanmoins excéder le terme d'une année.

7. Le dépôt des jugemens des arbitres se fera au greffe du tribunal du district du lieu de l'ouverture de la succession.

8. Les dispositions du présent décret et de celui du 17 nivose demeurent, quant au mode de procéder, déclarées communes aux enfans nés hors du mariage qui réclameront leurs droits successifs, en vertu du décret du 12 brumaire.

9. Tout citoyen qui, en vertu du décret du 17 nivose, voudra déposséder un tiers déchu, sera tenu d'exercer son action dans le délai d'un an, à compter de la promulgation du présent décret: après ce délai, il n'y sera plus recevable.

---

22 VENTOSE an 2 (12 mars 1794). — Décret relatif aux moyens de pourvoir aux besoins du département du Bec-d'Ambès. (B. 40, 205.)

---

22 VENTOSE an 2 (12 mars 1794). — Décret qui autorise le citoyen Clemendot à rester à Paris, jusqu'à ce qu'il soit décidé dans quelle armée il sera envoyé. (B. 40, 204.)

---

22 VENTOSE an 2 (12 mars 1794). — Décret qui renvoie la pétition du général de brigade Nucé au comité de salut public. (B. 40, 205.)

---

22 VENTOSE an 2 (12 mars 1794). — Décret qui surseoit à l'exécution de celui du 15 de ce mois, relatif aux Liégeois. (B. 40, 205.)

---

22 VENTOSE an 2 (12 mars 1794). — Décret qui accorde des secours et pensions aux employés supprimés des directoires de Lyon et de Toulon, et aux citoyens Plé, Rapigeon et Dubois. (B. 40, 207 et 209.)

---

22 VENTOSE an 2. — Commission des travaux publics. *Voy.* 21 VENTOSE an 2. — Conseil d'administration. *Voy.* 19 VENTOSE an 2. — Productions des arts et du luxe. *Voy.* 21 VENTOSE an 2.

---

23 VENTOSE an 2 (13 mars 1794). — Décret contenant des mesures répressives des conspirations contre la liberté. (L. 17, 601; B. 40, 238.)

---

23 VENTOSE an 2 (13 mars 1794). — Décret sur les attributions du comité de salut public, relativement aux députés en mission. (B. 40, 232.)

---

23 VENTOSE an 2 (13 mars 1794). — Décret qui autorise la démolition de l'église et du presbytère d'Indre-Libre. (B. 40, 232.)

23 VENTOSE an 2 (13 mars 1794). — Décrets qui accordent des secours aux citoyens Jouveneaux et Lefèvre, et aux citoyennes Leblanc, femme Fauvelle, et Brossier. (B. 40, 233 et 234.)

---

23 VENTOSE an 2 (13 mars 1794). — Décrets d'ordre du jour sur des rentes constituées et des demandes en annulation de jugemens. (B. 40, 234 et 236.)

---

23 VENTOSE an 2 (13 mars 1794). — Décret qui annule les jugemens du juge-de-paix de Vigny contre les citoyens Petit et Chevalier. (B. 40, 235.)

---

23 VENTOSE an 2 (13 mars 1794). — Décret qui ordonne le paiement du traitement du citoyen Mollas. (B. 40, 237.)

---

23 VENTOSE an 2 (13 mars 1794). — Décret qui confirme la nomination du citoyen Lenain au tribunal de cassation. (B. 40, 237.)

---

24 = 25 VENTOSE an 2 (14 = 15 mars 1794). — Décret qui ordonne la formation d'un conseil d'administration dans chaque régiment et escadron de cavalerie et de cavalerie légère à la solde de l'Etat. (L. 17, 603; B. 40, 240.)

Voy. lois du 19 VENTOSE an 2; du 25 FRUCTIDOR an 5; décret du 21 DÉCEMBRE 1808.

Art. 1er. Il sera formé, dans chacun des escadrons de cavalerie et de cavalerie légère à la solde de la République, un conseil d'administration, qui sera chargé de tous les détails relatifs à l'administration intérieure des corps, ainsi que de toutes les recettes et dépenses, tant en numéraire qu'en effets, et de la comptabilité qui en est la suite (1).

2. Ce conseil sera composé du chef d'escadron, qui en sera le président, d'un officier, d'un sous-officier et deux cavaliers.

3. L'officier sera nommé, à la majorité absolue des suffrages, par tous les officiers de l'escadron réunis. Le sous-officier sera nommé de la même manière par les sous-officiers.

Il sera nommé, dans la même forme, un officier et un sous-officier destinés à suppléer les membres du conseil qui seront absens ou malades.

4. En cas d'absence du chef d'escadron, il sera remplacé par le plus ancien capitaine.

Si le plus ancien capitaine se trouve avoir été nommé membre du conseil d'administration, l'officier suppléant y entrera, et y aura voix délibérative pendant l'absence du chef d'escadron.

5. Chaque compagnie de l'escadron présentera deux cavaliers pour le conseil d'administration; ils seront nommés, à la majorité absolue des suffrages, par tous les cavaliers de la compagnie.

Le plus ancien d'âge des deux cavaliers nommés dans chaque compagnie sera membre du conseil; l'autre sera suppléant.

6. Les membres des conseils d'administration seront nommés pour six mois, et pourront être continués par de nouvelles élections.

7. Les conseils d'administration, formés dans chaque escadron de cavalerie et de cavalerie légère, seront éventuels, et n'exerceront de fonctions que lorsque le bien du service exigera que les escadrons soient séparés, et à plus de cinq lieues de distance de l'état-major.

8. Il sera formé, dans chaque régiment de cavalerie et de cavalerie légère, un conseil d'administration. Ce conseil sera composé ainsi qu'il suit, savoir : dans les régimens de six escadrons, du chef de brigade, de trois officiers, trois sous-officiers et six cavaliers.

Dans les régimens de quatre escadrons, du chef de brigade, de deux officiers, deux sous-officiers et quatre cavaliers.

Les officiers, sous-officiers et cavaliers seront pris parmi les membres des conseils éventuels formés dans les escadrons composant le régiment.

9. Le chef de brigade présidera le conseil d'administration du régiment.

10. En cas d'absence du chef de brigade, il sera remplacé par le plus ancien chef d'escadron.

11. Lors de la première élection, qui se fera en exécution du présent décret, les officiers nommés membres des conseils éventuels des trois premiers escadrons dans les régimens de six escadrons, et des deux premiers dans les régimens de quatre escadrons, seront membres du conseil d'administration du régiment; les autres seront suppléans.

Les sous-officiers nommés membres des conseils éventuels des trois derniers escadrons dans les régimens de six escadrons, et des deux derniers dans les régimens de quatre escadrons, seront membres du conseil du régiment; les autres seront suppléans.

12. Lors de la seconde élection, qui se fera après les six mois révolus, les officiers nommés membres des conseils éventuels des trois derniers escadrons dans les régimens de six escadrons, et des deux derniers dans les régimens de quatre escadrons, seront membres du conseil du régiment; les autres seront suppléans.

Les sous-officiers nommés membres des

---

(1) Le conseil d'administration d'un régiment n'a pas qualité pour défendre à une action dirigée contre le régiment à raison de dégâts commis par une partie des militaires qui composent ce régiment (2 juin 1832; Aix, S. 32, 2, 521; D. 32, 2, 151).

conseils éventuels des trois premiers escadrons dans les régimens de six escadrons, et des deux premiers dans les régimens de quatre escadrons, seront membres du conseil du régiment; les autres seront suppléans.

Et ainsi de suite alternativement à chaque nouvelle élection.

13. Le plus ancien d'âge des deux cavaliers nommés membres du conseil éventuel formé dans chaque escadron, sera membre du conseil du régiment; l'autre sera suppléant.

14. Les sous-officiers attachés à l'état-major du régiment concourront à la nomination des membres du conseil d'administration avec le premier escadron, si les escadrons sont réunis, ou avec celui qui sera le plus à leur proximité, s'ils sont séparés.

15. Le quartier-maître-trésorier assistera au conseil d'administration du régiment, sans y avoir voix délibérative; il y fera les fonctions de secrétaire: il rendra compte au conseil de tous les détails relatifs à la comptabilité, et lui fournira tous les éclaircissemens dont il aura besoin.

16. Si le bien du service exige la séparation des escadrons, le conseil d'administration du régiment restera attaché à l'état-major.

17. Lorsque le bien du service exigera la séparation des escadrons, les membres du conseil éventuel formé dans l'escadron détaché, qui étaient membres du conseil du régiment, rentreront au conseil d'administration de l'escadron, pour y exercer leurs fonctions.

18. Si deux escadrons se trouvent détachés ensemble, ils auront un conseil d'administration commun, qui sera composé du chef d'escadron et des officiers, sous-officiers et cavaliers membres des conseils des deux escadrons.

19. S'il y a plus de deux escadrons détachés ensemble, les membres des conseils éventuels formés dans les escadrons nommeront dans leur sein, à la majorité absolue des suffrages, deux officiers, deux sous-officiers et quatre cavaliers, pour former, avec le chef d'escadron, le conseil d'administration commun.

S'il y avait plus d'un chef d'escadron présent, le plus ancien sera membre du conseil.

20. Le conseil d'administration de chaque escadron détaché nommera, à la majorité absolue des suffrages, un militaire pour être membre du conseil du régiment pendant la séparation; ce militaire sera choisi, sans distinction de grade, parmi les suppléans nommés dans l'escadron, conformément aux articles 3 et 5.

Le conseil du régiment sera réduit proportionnellement.

21. Le conseil d'administration des escadrons détachés nommera un officier pour remplir provisoirement les fonctions de quartier-maître-trésorier.

22. Le chef de brigade assistera au conseil d'administration des escadrons détachés, lorsqu'il en sera à portée; il le présidera, y aura voix délibérative, et visera le registre des délibérations.

23. Dans tous les cas, le chef d'escadron sera tenu, sous peine de destitution et d'être déclaré incapable de servir dans les armées, d'adresser sans délai au chef de brigade copie du procès-verbal de chaque séance du conseil d'administration de l'escadron détaché.

Le chef de brigade sera tenu, sous les mêmes peines, de communiquer de suite le procès-verbal au conseil d'administration du régiment.

24. Le conseil d'administration du régiment restera toujours chargé de l'administration générale; en conséquence, à la réunion des escadrons, le conseil d'administration des escadrons détachés rendra compte à celui du régiment de son administration pendant tous le temps de la séparation. Ce compte sera rendu dans la quinzaine de la réunion, sous peine de destitution contre tous les membres composant le conseil d'administration des escadrons détachés, et d'être déclarés incapables de servir dans les armées.

25. Le commissaire des guerres, chargé de la police du corps, aura l'entrée du conseil, toutes les fois qu'il sera nécessaire, pour arrêter la comptabilité; il y sera également admis lorsqu'il se présentera pour communiquer au conseil quelques objets relatifs au bien du service.

Lorsque le commissaire des guerres assistera au conseil, il y aura la seconde place: il n'y aura pas voix délibérative, et pourra seulement faire les observations qu'il jugera convenables.

26. A l'exception des chefs de brigade et d'escadron, nul autre ne pourra être en même temps membre du conseil d'administration et du conseil de discipline.

27. Il ne pourra être choisi ni présenté, pour les conseils d'administration, que des militaires sachant lire et écrire.

28. Tous les membres des conseils d'administration auront voix délibérative; ils nommeront entre eux le rapporteur, à la majorité des suffrages.

---

24 VENTOSE an 2 (14 mars 1794). — **Décret de mention honorable de la conduite des Bordelais.** (B. 40, 239.)

---

24 VENTOSE an 2 (14 mars 1794). — **Décret d'ordre du jour sur la mission du député Couthon, dans le département du Rhône.** (B. 40, 240.)

---

24 VENTOSE an 2 (14 mars 1794). — **Décret qui accorde quatre cents livres au citoyen Rocher.** (B. 40, 244.)

24 VENTOSE an 2. — Bibliothèques publiques. *Voy.* 8 PLUVIOSE an 2. — Linge provenant des églises. *Voy.* 28 NIVOSE an 2. — Paiement des rentes viagères dues par l'Etat. *Voy.* 18 PLUVIOSE an 2. — Pensions, etc., dues aux défenseurs de la patrie *Voy.* 21 PLUVIOSE an 2.

25 VENTOSE an 2 (15 mars 1794). — Décret portant que le département du Gard a bien mérité de la patrie. (B. 40, 245.)

25 VENTOSE an 2 (15 mars 1794). — Décret qui ordonne de placer dans le salon de la Liberté le modèle du vaisseau la Montagne. (B. 40, 245.)

25 VENTOSE an 2 (15 mars 1794). — Décret qui autorise le citoyen Tilly à rester à Paris. (B. 40, 247.)

25 VENTOSE an 2 (15 mars 1794). — Décret qui rétablit dans leurs droits les acquéreurs des biens provenant des bénédictins et du prieuré de La Charité-sur-Loire. (B. 40, 247.)

25 VENTOSE an 2 (15 mars 1794). — Décrets qui accordent des secours et indemnités aux citoyens Duhard et Perrinet, et à la femme Rey. (B. 40, 247 et 248.)

25 VENTOSE an 2 (15 mars 1794). — Décret qui autorise le député Duquesnoy à se rendre à Arras, où il est appelé en témoignage. (B. 40, 248.)

25 VENTOSE an 2 (15 mars 1794). — Décret relatif aux sociétés populaires de Richemont et de Montreuil, près Paris. (B. 40, 249.)

25 VENTOSE an 2 (15 mars 1794). — Décret qui érige les églises en temples de la Raison. (B. 40, 249.)

25 VENTOSE an 2 (15 mars 1794). — Décret qui suspend les poursuites contre divers habitans de Marcigny. (B. 40, 250.)

25 VENTOSE au 2 (15 mars 1794). — Décret qui charge le comité des décrets d'écrire à d'Artigoeyte, représentant du peuple, pour qu'il laisse au citoyen Darie, premier suppléant du département de la Haute-Garonne, mis en arrestation à Toulouse, la liberté de se rendre sans délai à son poste. (B. 40, 245.)

25 VENTOSE an 2 (15 mars 1794). — Décret qui annule l'arrestation du citoyen Palloy, et ordonne sa mise en liberté. (B. 40, 246.)

25 VENTOSE an 2 (15 mars 1794). — Décret qui accorde un congé au député Desgroüas. (B. 40, 246.)

25 VENTOSE an 2. — Biens nationaux. *Voy.* 19 VENTOSE an 2. — Conseils d'administration. *Voy.* 24 VENTOSE an 2.

26 VENTOSE an 2 (16 mars 1794). — Décret portant qu'on n'entendra à la barre que la raison en prose. (B. 40, 251.)

26 VENTOSE an 2 (16 mars 1794). — Décret portant que les employés à la liquidation, sans exception, sont en état de réquisition jusqu'au premier fructidor prochain. (B. 40, 252.)

26 VENTOSE an 2 (16 mars 1794). — Décret qui exige un certificat de civisme, pour être arbitre. (B. 40, 251.)

26 VENTOSE an 2 (16 mars 1794). — Décret relatif à l'estimation et au paiement du jeu de paume de Versailles. (B. 40, 251.)

26 VENTOSE an 2. — Vivres et charrois. *Voy.* 22 VENTOSE an 2.

27 VENTOSE an 2 (17 mars 1794). — Décret qui confirme l'arrestation des députés Hérault de Séchelles et Simon. (B. 40, 254.)

27 VENTOSE an 2 (17 mars 1794). — Décret qui nomme les membres de la commission des travaux publics. (L. 17, 609; B. 40, 254.)

27 VENTOSE an 2 (17 mars 1794). — Décret qui ordonne la mise en liberté des citoyens Gravelais, Silvain, Dupuis, Chapuis, Bazénerie, Blanchard et Dumont. (B. 40, 253.)

27 VENTOSE an 2 (17 mars 1794). — Décret qui supprime les commissions de salpêtriers, données par le conseil exécutif. (B. 40, 254.)

27 VENTOSE an 2. — Etats de navigation. *Voy.* 7 VENTOSE an 2.

28 VENTOSE = 3 GERMINAL an 2 (18 = 23 mars 1794). — Décret qui détermine de nouveaux cas pour lesquels il y a lieu à cassation en matière criminelle. (L. 17, 609; B. 40, 262.)

La Convention nationale, après avoir entendu son comité de législation,

Décrète qu'outre les cas déterminés par le décret du 1er brumaire, il y a lieu à cassation en matière criminelle :

1° Si, l'accusateur public ayant requis l'exécution d'une formalité quelconque prescrite par la loi, cette formalité n'a pas été remplie ;

2° Si, l'accusateur public ayant requis l'annulation d'un ou de plusieurs actes de procédure faits en contravention à la loi, ces actes ont été maintenus par le tribunal criminel ;

3° S'il a été omis par le tribunal criminel

de prononcer sur une réquisition quelconque de l'accusateur public.

Le présent décret sera inséré au bulletin de correspondance: il ne sera adressé officiellement qu'au tribunal de cassation et aux tribunaux criminels.

---

28 VENTOSE an 2 (18 mars 1794). — Décret sur le partage par tête des bois dépendans des biens communaux. (B. 40, 259.)

La Convention nationale, après avoir entendu le rapport de son comité de législation sur la pétition des officiers municipaux de la Neuville-en-Hey, district de Clermont-Oise, tendant à faire prononcer sur plusieurs questions relatives au partage des biens communaux, et notamment sur celle de savoir si la loi du 26 nivose doit avoir un effet rétroactif; considérant qu'en voulant, par la loi du 26 nivose dernier, que les bois alors coupés provenant des biens communaux fussent partagés par tête et non par feux, la Convention n'a fait que confirmer les dispositions de la loi du 10 juin; qu'ainsi tout partage de bois, coupe faite depuis cette époque, est inégal et nul,

Décrète qu'il n'y a lieu à délibérer.

Le présent décret ne sera pas imprimé; il sera inséré au Bulletin, et le ministre de l'intérieur veillera à l'exécution des lois précitées, dans la commune de la Neuville-en-Hey.

Sur les autres questions présentées par cette commune, la Convention nationale renvoie à son comité de législation, pour être prises en considération lors de la révision des lois sur les biens communaux.

---

28 VENTOSE an 2 (18 mars 1794). — Décrets qui accordent des secours et indemnités aux citoyens Deschamps, Bourtin, Haudhui, Barnerac, Vichy, Barré, Delonde, et à la veuve Firmin. (B. 40, 255, 256, 262 et 263.)

---

28 VENTOSE an 2 (18 mars 1794). — Décrets relatifs aux réclamations contre les inscriptions sur la liste des émigrés, et à une promesse de bail sous seing privé avec le père d'un émigré. (B. 40, 257.)

---

28 VENTOSE an 2 (18 mars 1794). — Décrets d'ordre du jour des saisies et ventes de biens; des demandes en décharge de condamnations prononcées pour infraction aux décrets du *maximum*, pour fabrication et distribution de faux assignats, et des réclamations de successions. (B. 40, 259 à 261.)

---

28 VENTOSE an 2 (18 mars 1794). — Décret qui ordonne l'épuration des autorités de Paris. (B. 40, 256.)

---

28 VENTOSE an 2 (18 mars 1794). — Décret qui suspend le paiement de la pension du citoyen Leclerc-Vrainville. (B. 40, 255.)

---

28 VENTOSE an 2 (18 mars 1794). — Décrets relatifs au paiement des agens forestiers de la Corse. (B. 40, 256.)

---

28 VENTOSE an 2. — Caissons, etc., pour la viande. *Voy.* 27 VENTOSE an 2. — Ecclésiastiques et déportés. *Voy.* 22 VENTOSE an 2. — Travaux pour le compte de l'Etat. *Voy.* 26 VENTOSE an 2.

---

29 VENTOSE an 2 (19 mars 1794). — Décret qui ordonne le jugement de l'émigré Helvard-Vernas. (B. 40, 264.)

---

29 VENTOSE an 2 (19 mars 1794). — Décrets qui accordent des secours aux citoyens Thibaudier, Gravelais, Dupuis et Chapuis. (B. 40, 264 et 265.)

---

29 VENTOSE an 2 (19 mars 1794). — Décret qui ordonne l'arrestation de Marino. (B. 40, 265.)

---

29 VENTOSE an 2 (19 mars 1794). — Décret d'accusation contre les députés Delaunay, Julien, Fabre d'Eglantine, Chabot et Bazire. (B. 40, 265.)

---

29 VENTOSE an 2 (19 mars 1794). — Décret qui ordonne le paiement des employés des douanes. (B. 40, 266.)

---

29 VENTOSE an 2. — Administration des monnaies. *Voy.* 26 PLUVIOSE an 2. — Délits dans les forêts. *Voy.* 27 PLUVIOSE an 2. — Donations et successions. *Voy.* 23 VENTOSE an 2. — Grades militaires, qu'on ne peut avoir si on ne sait ni lire ni écrire; Jugemens contre les ecclésiastiques. *Voy.* 27 PLUVIOSE an 2. — Officiers hollandais. *Voy.* 28 PLUVIOSE an 2.

---

30 = 30 VENTOSE an 2 (20 = 20 mars 1794). — Décret interprétatif de celui portant fixation des marchandises soumises au *maximum*. (L. 17, 610; B. 40, 268.)

La Convention nationale, après avoir entendu le rapport du comité de salut public, décrète que les cinq pour cent de bénéfice accordés au marchand en gros par l'article 4 du décret du 6 de ce mois (ventose), seront calculés sur le total des deux bases réunies, qui sont le prix des matières et les frais de transport.

---

30 VENTOSE = 9 GERMINAL an 2 (20 = 29 mars 1794). — Décret qui suspend l'exécution du décret du 10 frimaire an 2, en ce qui concerne les aliénations à condition de bâtir ou démolir. (L. 17, 611; B. 40, 267.)

La Convention nationale, sur la proposition 'un membre, suspend l'exécution du décret du 10 frimaire en ce qui concerne les aliénations à condition de bâtir ou démolir, et charge ses comités d'aliénation et des finances de lui faire incessamment un rapport sur ces objets.

---

30 VENTOSE an 2 (20 mars 1794). — Décret qui rectifie la date du décret et de l'acte d'accusation contre Chabot et autres. (B. 40, 267.)

---

30 VENTOSE an 2 (20 mars 1794). — Décret qui met en arrestation Héron, puis en suspend l'exécution. (B. 40, 267.)

1er=5 GERMINAL an 2 (21=25 mars 1794).— Décret relatif à la remise des contrats et titres des rentes viagères, qui ont été déclarées dettes nationales. (B. 41, 3; Mon. du 2 germinal an 2.)

Voy. Loi du 2 GERMINAL an 2.

§ Ier. Remise des titres.

Art. 1er. Tous les propriétaires de rentes viagères qui ont été déclarées dettes nationales, provenant des emprunts faits par l'ancien gouvernement, par les ci-devant états provinciaux, les ci-devant chapitres, maisons religieuses et autres établissemens ecclésiastiques supprimés, ou par les corporations de judicature et ministérielles, communautés d'arts et métiers, villes et communes, seront tenus de remettre, d'ici au 1er vendémiaire de la troisième année républicaine, à la Trésorerie nationale, les contrats et titres desdites rentes viagères; et faute par eux de les remettre dans le délai prescrit, ils sont dès à présent déclarés déchus de toute répétition envers la République.

2. Les créanciers viagers qui ont remis leurs titres au directeur général de la liquidation les retireront pour les rapporter à la Trésorerie nationale, dans le délai prescrit par l'article précédent, sous la peine qui y est portée.

3. Les propriétaires des rentes viagères joindront à leurs titres et contrats originaux:

1° Les certificats de vie, suivant les modèles nos 1 et 2, de toutes les têtes sur lesquelles lesdites rentes viagères sont dues, soit actuellement, soit par droit de survie: lesdits certificats ne pourront être datés antérieurement au 1er germinal;

2° Les actes de naissance de toutes les têtes ayant droit de survie, toutes les fois qu'ils ne seront pas énoncés dans les contrats.

4. Les pièces mentionnées en l'article précédent seront séparées.

5. Ceux dont les certificats de vie n'auront pas été remis à la Trésorerie dans le délai fixé par l'article 1er, seront réputés morts, et leurs droits acquis au profit de la République; mais le défaut de représentation du certificat de vie de quelque tête, dans le délai prescrit, n'empêchera pas la liquidation des parties cointéressées avec celles qui se seront mises en règle.

§ II. Paiemens des arrérages.

6. Après la remise des titres et pièces désignés aux articles 1er et 3, les arrérages des rentes viagères qui seront dus seront payés à la Trésorerie à bureau ouvert, en fournissant: 1° un certificat, suivant le modèle no 4, du payeur, trésorier ou autre agent qui aura fait le dernier paiement desdites rentes, constatant le net de ce qui en sera dû au 1er germinal an deuxième de la République; 2° un certificat constatant que le jouissant réside en France depuis le 9 mai 1792, sans interruption; 3° un certificat de non-détention, à l'époque de leur demande, pour cause de suspicion ou de contre-révolution; 4° un certificat de non-émigration; 5° une seule quittance, enregistrée dans l'ancienne forme, pour toutes les sommes qui seront dues d'après les divers certificats de payeurs ci-dessus mentionnés.

7. Les certificats de résidence seront fournis par les municipalités, et à Paris par les comités civils des sections, visés par les directoires de district; ceux de non-émigration le seront par les directoires de district; et ceux de non-détention par les municipalités, et à Paris par les comités civils des sections: lesdits certificats seront enregistrés, et vaudront pendant trois mois de la date de l'enregistrement.

8. Les certificats des payeurs, trésoriers ou autres agens qui auront fait le dernier paiement, autres que ceux qui seront fournis par les payeurs dits *de l'Hôtel-de-Ville de Paris*, seront visés et vérifiés par l'agent national de la résidence du payeur, sur la représentation des anciens livres du comptable.

9. Le directeur-général de la liquidation fournira les certificats des arrérages dus pour les titres dont les états lui auront été fournis. Lesdits certificats n'auront pas besoin d'être visés.

10. Si quelque payeur, trésorier ou autre agent précédemment chargé du paiement était détenu, mort ou absent, le directoire du district commettra un agent pour délivrer les certificats d'après le registre du comptable: lesdits certificats seront visés et vérifiés par l'agent national de la commune.

11. Les payeurs, trésoriers ou autres agens feront mention, dans leurs certificats, s'il subsiste ou non des oppositions sur lesdites rentes; et, s'il en existe, ils donneront les dates et les noms des opposans.

12. Le présent décret sera inséré au Bulletin, ce qui tiendra lieu de publication.

1er GERMINAL an 2 (21 mars 1794). — Décret qui ordonne de déposer à la Trésorerie les diamans du Garde-Meuble. (B. 41, 2.)

1er GERMINAL an 2 (21 mars 1794).—Décret relatif aux réquisitions des chevaux et fourrages des messageries. (B. 41, 2.)

1er GERMINAL an 2 (21 mars 1794). — Décrets relatifs à la formation de la liste des officiers de santé des armées et à l'habillement des vétérans préposés à la garde des monumens publics. (B. 41, 1 et 2.)

1er GERMINAL an 2 (21 mars 1794). — Décret sur les vols faits au domaine public par le connétable de Luynes. (B. 41, 7.)

---

2 = 3 GERMINAL an 2 (22 = 23 mars 1794).— Décret qui ordonne de surseoir à la vente de laines provenant de la tonte des moutons qui se trouvent dans les places de guerre. (B. 41, 16; Mon. du 4 germinal an 2.)

Art. 1er. Dans toutes les places de guerre où il se trouve des moutons d'approvisionnement en cas de siége, il sera sursis à la vente des laines provenant de la tonte actuelle de ces moutons; et le ministre de la guerre donnera des ordres aux commissaires-ordonnateurs des guerres, pour qu'ils arrêtent sur-le-champ celles de ces ventes qui pourraient être commencées.

2. Les laines provenant de la tonte des moutons d'approvisionnement en cas de siége des places de guerre, seront provisoirement déposées dans les magasins de la République, pour être ensuite mises à la disposition de la commission des subsistances et des approvisionnemens.

3. Les commissaires des guerres, accompagnés de deux officiers municipaux et de deux experts, constateront par procès-verbal les quantités et qualités des laines provenant de la tonte des moutons d'approvisionnement en cas de siége; ces procès-verbaux seront adressés, sans délai, au ministre de la guerre et à la commission des subsistances et approvisionnemens.

4. Aussitôt que ces procès-verbaux auront été envoyés, la commission des subsistances et approvisionnemens prendra les mesures convenables pour la conservation de ces laines, et pour qu'elles soient incessamment employées à l'habillement ou au coucher des troupes, suivant leurs différentes qualités.

---

2 = 3 GERMINAL an 2 (22 = 23 mars 1794). — Décret qui fixe le mode de paiement des frais de transport des grains mis en vente. (B. 41, 15; Mon. du 4 germinal an 2.)

Voy. loi du 23 BRUMAIRE an 3.

Art. 1er. Les grains arrivés de l'étranger, distribués aux districts, aux communes, ne seront vendus au peuple que sur le pied du *maximum*.

2. Il sera ajouté au *maximum*, pour tous frais de transport des grains rendus dans chaque chef-lieu de district ou de dépôt, la somme de cinquante sous par quintal, équivalente aux frais de transport de dix lieues.

3. Il ne pourra être ajouté aux prix des grains transportés d'un département ou d'un district dans un autre, qu'une somme équivalente aux frais de transport pour la distance de dix lieues seulement: le surplus sera acquitté par la nation.

4. Il ne sera payé aucuns frais de transport aux cultivateurs pour transporter leurs grains dans les chefs-lieux de district, ou de marché, ou de dépôt, dans l'étendue de leur district.

5. Les frais de transport des grains et farines d'un district dans le district immédiatement voisin, seront à la charge du consommateur, quelle que soit la distance des chefs-lieux de district.

6. Lorsqu'il y aura un district intermédiaire entre les deux districts, les frais de transport seront acquittés par la nation, distraction faite de cinquante sous par quintal pour la distance de dix lieues, cette dernière portion de frais devant être à la charge des consommateurs, suivant l'article 3.

7. Les frais de transport qui devront être à la charge de la nation seront acquittés sur le certificat de la municipalité du lieu du versement, énonciatif de la réquisition de la commission des subsistances et approvisionnemens de la République, et le mandat du directoire du district, qui sera expédié au bas du certificat.

8. La municipalité en fera l'avance aux charretiers et conducteurs de voitures, et en sera remboursée par le collecteur, qui les donnera comme comptant au receveur du district, ou par ledit receveur, qui les enverra comme comptant à la Trésorerie nationale, sur la quittance des charretiers et conducteurs, écrite sur le mandat du directoire du district.

---

2 = 3 GERMINAL an 2 (22 = 23 mars 1794). — Décret qui interdit la faculté de négocier, vendre, céder, transporter ou partager aucun titre de rente viagère sur l'État. (B. 41, 8; Mon. du 4 germinal an 2.)

Art. 1er. A compter de ce jour à Paris, et dans dix jours dans le reste de la République, aucun titre de créance viagère sur la République, de quelque nature qu'il soit, ne pourra être négocié, vendu, cédé, transporté ni partagé, directement ni indirectement, sous peine de nullité de l'acte de vente, négociation, cession, transport ou partage, et de trois mille livres d'amende, payables par le propriétaire, l'acheteur, le notaire, courtier de change ou autre agent, qui auraient participé auxdites ventes, cessions, transports, négociations ou partages.

2. A compter des mêmes époques, il est défendu aux préposés du droit d'enregistrement d'enregistrer aucun acte de vente, négociation, transport ou partage prohibé par l'article précédent, sous peine de mille livres d'amende, et d'être destitués de leur emploi.

3. L'insertion du présent décret au Bulletin lui servira de promulgation.

---

2 GERMINAL an 2 (22 mars 1794). — Décret contenant une proclamation au peuple français. (B. 41, 9.)

---

2 GERMINAL an 2 (22 mars 1794). — Décret qui prolonge le congé de Champigny, et en accorde un au citoyen Bailly. (B. 41, 8.)

---

3 GERMINAL an 2 (23 mars 1794). — Décret relatif au service des postes et messageries (B. 41, 21.)

La Convention nationale, après avoir entendu son comité des finances, décrète que les fermiers dont les baux auront été résiliés par l'administration des postes et messageries avant le 1er avril prochain (vieux style), en exécution du décret du 24 juillet dernier, seront tenus de maintenir le service ordinaire jusqu'au 20 floréal prochain, sous les peines prescrites par les précédens décrets.

L'administration des postes est tenue de pourvoir à ce que le service soit continué sans interruption.

---

3 GERMINAL an 2 (23 mars 1794). — Décret portant qu'il n'y a lieu à délibérer sur la question de savoir si, lorsque, sur le débat élevé dans un tribunal criminel sur un acte d'accusation qui parle d'un vol avec violence contre les personnes, il paraît que les violences ont été commises dans le dessein de tuer, ce qui constitue un assassinat, il y a lieu d'observer l'article 21 de la seconde partie de la loi du 16 septembre 1791. (B. 41, 27.)

La Convention nationale, après avoir entendu son comité de législation sur la question proposée par le tribunal de cassation, et transmise par le ministre de la justice, si, lorsque, par le débat élevé dans un tribunal criminel sur un acte d'accusation qui parle d'un vol avec violence envers les personnes, il paraît que les violences ont été commises dans le dessein de tuer, ce qui constitue un assassinat, il y a lieu d'observer l'article 21 du titre 7 de la seconde partie de la loi du 16 septembre 1791, et si, en conséquence, la question relative à l'intention d'assassinat peut, comme résultante du débat, être posée par le président et décidée par le juré de jugement, ou s'il doit être dressé un nouvel acte d'accusation sur le fait d'assassinat, conformément aux articles 38, 39 et 40 du même titre;

Considérant que, dans le cas proposé, l'acte d'accusation énonçant des violences qui peuvent constituer une attaque, le débat doit naturellement conduire à examiner si cette attaque a été faite à dessein de tuer; ainsi on ne peut pas dire que ce soit un délit étranger à l'acte d'accusation qui sort du débat, et que, par conséquent, il y a lieu de poser et de décider la question intentionnelle, quoique, par sa solution, elle puisse amener une peine plus grave que celle infligée au vol avec violence envers les personnes;

Déclare qu'il n'y a pas lieu à délibérer.

Le présent décret ne sera publié que par la voie du bulletin de correspondance; il en sera adressé une expédition manuscrite au tribunal de cassation.

---

3 GERMINAL an 2 (23 mars 1794). — Décret relatif au paiement des frais de fabrication des assignats. (B. 41, 18.)

---

3 GERMINAL an 2 (23 mars 1794). — Décret qui accorde trois cents livre à la veuve Bonnieux. (B. 41, 18.)

---

3 GERMINAL an 2 (23 mars 1794). — Décret qui surseoit à l'exécution du jugement de Châtelain et Dessessart, condamnés à mort. (B. 41, 17.)

---

3 GERMINAL an 2 (23 mars 1794). — Décret relatif à l'arrestation du citoyen Charles Delonchamp, comme colon de Saint-Domingue. (B. 41, 17.)

---

3 GERMINAL an 2 (23 mars 1794). — Décrets qui allouent des fonds pour les écoles nationales, les prisonniers de l'Abbaye, les recettes des contributions, et les remplacemens des avances faites par la Trésorerie, en pluviose. (B. 41, 19 et 20.)

---

3 GERMINAL an 2 (23 mars 1794). — Décret qui accepte le don de la pension du citoyen Teissier. (B. 41, 21.)

---

3 GERMINAL an 2 (23 mars 1794). — Décret qui établit un bureau de poste à Frangy. (B. 41, 21.)

---

3 GERMINAL an 2 (23 mars 1794). — Décret sur l'exécution des trois tirages faits pour le complément du contingent du canton d'Ivry. (B. 41, 22.)

---

3 GERMINAL an 2 (23 mars 1794). — Décret de liquidation d'offices de judicature et ministériels. (B. 41, 23.)

---

3 GERMINAL an 2 (23 mars 1794). — Décret qui annule l'arrêté du conseil exécutif sur la veuve Sanguia. (B. 41, 24.)

3 GERMINAL an 2 (23 mars 1794). — Décret portant qu'il n'y a lieu à délibérer sur la réclamation du citoyen Leblanc. (B. 41, 23.)

3 GERMINAL an 2 (23 mars 1794). — Décret relatif à la pétition du citoyen Thierry. (B. 41, 24.)

3 GERMINAL an 2 (23 mars 1794). — Décret relatif à l'article 2 de la loi du 28 ventose, concernant le montant du traitement des agens forestiers de l'île de Corse. (B. 41, 18).

3 GERMINAL an 2 (23 mars 1794). — Décret interprétatif de celui sur le rachat des rentes foncières. (B. 41, 25.)

3 GERMINAL an 2 (23 mars 1794). Décret qui ordonne le prompt jugement de Thiry et de ses complices. (B. 41, 28.)

3 GERMINAL an 2. — Accusations en matières criminelles. *Voy.* 28 VENTOSE an 2. — Grains en vente; Rentes viagères sur l'Etat; Vente de laines. *Voy.* 2 GERMINAL an 2.

4 GERMINAL an 2 (24 mars 1794). — Décret relatif aux commissaires nommés par les autorités constituées. (B. 41, 29.)

La Convention nationale, après avoir entendu le rapport du comité de salut public, décrète que les commissaires nommés par les autorités constituées pour les mesures dont l'exécution leur est textuellement confiée par un décret ou par un arrêté du comité de salut public, et en ce qui concerne seulement l'exécution de ce décret et de ces arrêtés, ne sont pas compris dans les dispositions portées contre les commissaires par le décret du 23 ventose.

4 GERMINAL an 2 (24 mars 1794). — Décret interprétatif de celui du 10 mai 1793, sur les baux par anticipation. (B. 41, 42.)

La Convention nationale, interprétant son décret du 10 mai dernier (vieux style), décrète que les baux par anticipation annulés par ce décret sont ceux qui ont été renouvelés depuis le 2 novembre 1789, plus d'un an avant l'expiration du bail précédent.

4 GERMINAL an 2 (24 mars 1794). — Décret qui règle les formalités à observer pour les réclamations d'indemnités de la part des citoyens chargés d'enfans abandonnés. (B. 41, 43; Mon. du 5 germinal an 2)

Art. 1er. Les citoyens qui sont demeurés chargés d'enfans abandonnés, lesquels n'étaient pas à la charge des ci-devant seigneurs, recevront l'indemnité accordée par le décret du 19 août 1793 (vieux style), quelle que soit l'époque à laquelle ils ont eu ces enfans à leur charge, en se conformant d'ailleurs aux formalités prescrites par les lois.

2. Les parens d'enfans abandonnés, qui s'en étaient chargés, ne participeront point à ces indemnités, à moins qu'ils ne justifient de leur indigence; en conséquence, tout citoyen qui réclamera une pareille indemnité sera tenu de déclarer, devant le conseil général de sa commune ou à sa section, qu'il n'est pas parent de l'enfant; et, en cas de parenté, de faire constater également son indigence.

3. Celui qui sera convaincu de fausse déclaration sera condamné à une amende de dix fois la valeur de l'indemnité réclamée, laquelle sera versée dans la caisse du receveur du district.

Les agens des communes sont chargés des poursuites que pourrait nécessiter l'exécution du présent décret.

4 = 15 GERMINAL an 2 (24 mars = 4 avril 1794). — Décret qui détermine les cas où les jugemens peuvent et doivent être annulés en matière civile. (L. 17, 614; B. 41, 39; Mon. du 7 nivose an 2.)

Voy. lois du 27 NOVEMBRE, du 1er DÉCEMBRE 1790, et du 7 NIVOSE an 5.

La Convention nationale, après avoir entendu le rapport de son comité de législation sur la pétition du citoyen *Jean-Jacques Ducreté*, tendant à faire annuler le jugement du tribunal de cassation qui a confirmé celui du tribunal du district de Metz du 2 mars 1793, contre lequel il s'était pourvu comme ayant été rendu dans une forme différente de celle prescrite par l'article 13 du décret du 27 novembre 1790, relatif au tribunal de cassation;

Considérant que la disposition équivoque de l'article 3 du décret du 27 novembre 1790 a pu jusqu'à présent faire penser que le tribunal de cassation ne pouvait pas annuler les jugemens sur rapports qui n'étaient pas exactement conformes à l'article 13 du même décret; mais qu'il importe de faire cesser à cet égard toute incertitude, de déterminer avec précision les cas où les jugemens peuvent et doivent être annulés en matière civile pour défaut de formes, et de prononcer sur quelques autres difficultés relatives aux demandes en cassation, décrète ce qui suit:

Art. 1er. Il n'y a pas lieu à délibérer sur la pétition du citoyen *Jean-Jacques Ducreté*.

2. A l'avenir, toute violation ou omission des formes prescrites en matière civile par les décrets émanés des représentans du peu-

ple depuis 1789, quand même ils ne prononceraient pas expressément la peine de nullité, donnera ouverture à la cassation.

3. En conséquence, la disposition de l'article 3 du décret du 27 novembre 1790, qui, jusqu'à la formation d'un code unique des lois civiles, ne permet de casser les jugemens pour violation de formes que lorsqu'il s'agit de formes prescrites sous peine de nullité, demeure restreinte aux formes déterminées par les lois antérieures à 1789 qui ne sont pas encore abrogées (1).

4. Si c'est par le fait de l'une des parties ou des fonctionnaires publics agissant à sa requête qu'a été omise ou violée une forme prescrite, soit à peine de nullité par les lois antérieures à 1789, soit purement et simplement par les décrets émanés des représentans du peuple, cette violation ou omission ne peut donner ouverture à la cassation, que lorsqu'elle a été alléguée par d'autre partie devant le tribunal dont celle-ci prétend faire annuler le jugement pour n'y avoir pas eu égard (2).

5. Il ne peut également y avoir lieu à cassation au préjudice des mineurs, des interdits, des absens indéfendus, des femmes mariées, des communes ou de la République, sous prétexte que le commissaire national n'aurait pas été entendu dans les affaires qui les intéressaient, et qui ont été jugées à leur avantage.

6. A l'avenir, tous les jugemens par lesquels le tribunal de cassation rejettera des requêtes en cassation seront motivés.

7. Les parties qui, à l'époque de la publication du décret du 3 brumaire, portant suppression des avoués, n'avaient plus qu'un mois pour se pourvoir en cassation, sont relevées de la déchéance qu'elles ont pu encourir par le défaut de présensation de leur requête dans le terme fatal, et il leur est accordé, pour la présenter, un nouveau délai d'un mois à compter du présent décret, dans le chef-lieu du district de leur domicile.

8. Seront restituées à qui de droit les amendes qui ont été consignées sur les demandes en cassation de jugemens rendus en matière de biens communaux, de retrait féodal, de prises et autres semblables, pourvu que ces demandes n'aient pas été rejetées avant les décrets qui en ont ôté la connaissance au tribunal de cassation.

4 GERMINAL an 2 (24 mars 1794). — Décret relatif aux mariages que peuvent contracter les filles ou femmes d'émigrés. (B. 41, 42; Mon. du 5 germinal an 2.)

Voy. loi du 25 PRAIRIAL an 3.

La Convention nationale, après avoir entendu le rapport du comité de salut public, décrète ce qui suit :

Nulle femme ou fille d'émigré, soit qu'elle soit divorcée ou non, ne pourra épouser un étranger, ni sortir du territoire de la République, ni vendre ses biens, sous peine d'être traitée comme émigrée.

---

4 GERMINAL an 2 (24 mars 1794). — Décret qui prescrit les formalités à observer de la part des militaires qui réclament une indemnité pour leurs équipages de guerre pris par l'ennemi. (B. 41, 29; Mon. du 5 germinal an 2.)

Art. 1er. Tout militaire dont les équipages de guerre auront été pris par l'ennemi sera tenu d'en faire constater l'état, dans la décade de la perte, par le conseil d'administration du corps dans lequel il sera employé; cet état sera certifié par le commissaire des guerres, visé par un officier de l'état-major, et adressé au ministre de la guerre dans le mois au plus tard à dater du jour de la perte, le tout sous peine de déchéance.

2. Les militaires dont les équipages de guerre ont été pris antérieurement à la promulgation du présent décret seront tenus, sous peine de déchéance, d'en faire la réclamation dans le mois qui suivra cette promulgation, dans la forme prescrite par le décret du 7 mai dernier (vieux style).

3. Il ne sera à l'avenir accordé aucune indemnité pour des pertes antérieures au 1er frimaire dernier, à moins que la réclamation n'en ait été faite et adressée au ministre de la guerre avant l'époque du 1er germinal présent mois.

4. Le décret du 7 mai dernier continuera d'être exécuté en tout ce qui n'est pas contraire au présent décret.

5. L'insertion du présent décret au Bulletin tiendra lieu de promulgation.

---

4 GERMINAL an 2 (24 mars 1794). — Décret relatif au commerce maritime et aux douanes. (B. 41, 30.)

Voy. lois du 5 = 22 AOUT 1791; du 23

---

(1) L'irrégularité résultante de ce qu'une section de tribunal a statué sur l'opposition à un jugement par défaut rendu par une section différente, ne donne pas ouverture à cassation (1er brumaire an 12; Cass. S. 4, 2, 46).

(2) On ne peut alléguer, comme moyen de cassation, que le jugement a reçu une opposition formée après les délais, lorsque cette fin de non-recevoir n'a pas été articulée devant les juges dont on critique la décision (14 messidor an 13; Cass. S. 7, 2, 1074).

L'exception prise du défaut de citation en conciliation devant le bureau de paix n'est pas proposable en cassation, si elle n'a pas été alléguée devant les premiers juges (Divers arrêts, S. 4, 2, 21).

BRUMAIRE an 3; du 14 FRUCTIDOR an 3; du 10 BRUMAIRE an 5; du 9 FLORÉAL an 7; du 9 FLORÉAL an 8; du 29 FLORÉAL an 10; du 8 FLORÉAL an 11; du 22 VENTOSE an 12; du 1er PLUVIOSE an 13; du 7 SEPTEMBRE 1807; du 28 AVRIL 1816; du 21 AVRIL 1818.

TITRE Ier. Traité de commerce; bâtimens étrangers exclus des îles de la France en Europe; prohibition d'importer en France les objets importés des Etats-Unis dans les colonies françaises.

Art. 1er. Les traités de navigation et de commerce existant entre la France et les nations avec lesquelles elle est en paix seront exécutés selon leur forme et teneur.

2. Tous les peuples dont le gouvernement est en paix avec la République ont le même droit à la justice, à l'amitié du peuple français. Toutes les nations étrangères qui ne commettent pas d'hostilités envers lui seront traitées également.

3. Dans tous les ports et lieux de France, on se conformera aux mêmes lois, décrets et tarifs.

4. Les bâtimens étrangers et les bâtimens français venant de l'étranger ne seront point admis dans les îles de Corse, de Groix, Bouin, la Croisière, Noirmoutier, Ile-Dieu, Belle-Ile, Ouessant, île de la Montagne, Mollenchedic, l'île des Saints, les îles de Ré, d'Oleron (1) et autres îles et îlots, hors les cas de détresse ou de relâche forcée, constatés par les préposés des douanes.

5. Les denrées et productions du sol, de la pêche, et le sel tiré des lieux indiqués article 4, ne paieront aucun droit pour entrer en France : aucun objet manufacturé ne pourra être importé desdits lieux en France, tant qu'on ne justifiera pas qu'il existe dans lesdits lieux des manufactures reconnues par le Corps-Législatif, dont lesdits objets manufacturés seront le produit.

6. Les bâtimens français pourront être expédiés des lieux indiqués article 4, d'un port à l'autre, comme pour un port de la République.

7. Les articles dont l'importation est permise des Etats-Unis d'Amérique dans les colonies françaises, ne pourront point être importés desdites colonies en France.

TITRE II. Bâtimens en fraude dans les quatre lieues des côtes; manifeste des cargaisons; visite des bâtimens; relâche forcée; marchandises naufragées; vivres et provisions des bâtimens.

Art. 1er. Aucune marchandise ne sera importée par mer, soit d'un port étranger, soit d'un port français, sans un manifeste signé du capitaine, qui exprimera la nature de la cargaison, avec les marques et numéros en toutes lettres des caisses, balles, barils, boucauts, etc. (2).

2. Si le manifeste n'est pas exhibé, si quelques marchandises n'y sont pas comprises, ou s'il y a différence entre les marchandises et le manifeste, le capitaine sera personnellement condamné à une somme égale à la valeur des marchandises omises ou différentes, et à une amende de 1,000 livres (3).

3. Le capitaine, arrivé dans les quatre lieues de la côte, remettra, lorsqu'il en sera requis, une copie du manifeste au préposé qui viendra à son bord, et qui en visera l'original.

4. Trois jours après l'arrivée du bâtiment, l'armateur ou consignataire donnera par écrit et signera l'état des marchandises qui lui appartiennent ou qui lui seront consignées, en spécifiant les marques, nombre et contenu des balles, caisses, etc., les quantités et qualités, avec évaluation des objets sur lesquels le droit est perceptible à la valeur (4).

5. Les préposés pour la vérification des bâtimens et cargaisons pourront, au coucher du soleil, fermer les écoutilles, pour n'être ouvertes qu'en leur présence. Les rapports faits par eux seront comparés avec les manifestes et déclarations des capitaines, propriétaires ou consignataires : la différence ou non-différence sera mentionnée sur le registre (5).

6. Si un bâtiment entre par détresse dans un port qui n'est pas celui de sa destination, le préposé de la douane permettra la décharge du bâtiment, la vente des objets de nature périssable, ou qu'il sera nécessaire de vendre pour payer les frais de radoub, conformément aux lois et tarifs : le surplus pourra être rechargé, et le bâtiment partir pour le port de sa destination, en payant le droit de tonnage et un demi pour cent de la valeur des objets non vendus, pour frais de magasin.

7. Les capitaines et autres officiers et préposés sur les bâtimens du service des douanes, ceux du commerce ou de marine militaire, pourront visiter tous bâtimens au-dessous de cent tonneaux, étant à l'ancre ou louvoyant dans les quatre lieues des côtes de France, hors le cas de force majeure. Si ces bâtimens ont à bord des marchandises dont l'entrée ou la sortie est prohibée en France, ils seront

(1) *Voy.* loi du 19 nivose an 3.

(2 et 3) Des objets destinés à la réparation d'un navire pendant le voyage, notamment des caisses de clous, peuvent être considérés comme provision de bord; et, par suite, le capitaine n'est pas tenu à les porter sur son manifeste, comme les autres marchandises composant la cargaison (10 décembre 1821; Cass. S. 22, 1, 267).

(4 et 5) Les avaries, donnant lieu à la réduction proportionnelle des droits de douanes, sont

confisqués, ainsi que les cargaisons, avec amende de cinq cents livres contre les capitaines des bâtimens (1).

8. Les préposés des douanes pourront aller à bord de tout bâtiment, même de ceux de guerre, entrant dans les ports ou rades, ou en sortant, montant ou descendant les rivières, y demeurer jusqu'au déchargement ou sortie, ouvrir les écoutilles, chambres, armoires, caisses, balles, ballots, tonneaux et autres enveloppes.

9. Si, outre les manifestes donnés par les capitaines des bâtimens, et les déclarations sommaires faites par les conducteurs par terre, des déclarations en détail ne sont pas présentées, les marchandises seront retenues ou déposées dans le magasin de la douane pendant deux mois, et les propriétaires tenus de payer un pour cent pour droit de magasinage en sus des droits. S'il n'y a pas réclamation et déclaration en détail après ce délai, les marchandises seront vendues au profit de la République, à la charge de réexporter à l'étranger celles dont l'entrée est prohibée.

10. Si des marchandises dont l'entrée ou la sortie est prohibée sont importées ou exportées par mer ou par terre, elles seront confisquées, ainsi que les bâtimens, voitures et animaux servant au transport (2).

11. Les marchandises naufragées ou chargées sur des bâtimens en relâche forcée et constatée par les préposés des douanes, pourront être importées ou devront être renvoyées à l'étranger, conformément aux lois et tarifs du Code général des douanes, ou concernant leurs différentes espèces.

12. Les vivres et provisions d'un bâtiment venant de l'étranger seront soumis aux lois et tarifs d'entrée pour toute quantité qui excédera le nécessaire.

13. Les vivres et provisions embarqués sur bâtimens expédiés pour l'étranger seront soumis aux lois et tarifs de sortie pour toute quantité qui excédera le nécessaire. En cas de contestations, elles seront jugées dans les formes prescrites par le présent décret.

TITRE III. Déclarations, visites, paiement des droits.

Art. 1er. Dans les lieux où il y aura deux lignes de bureaux sur les côtes ou frontières, les droits d'entrée seront acquittés dans les bureaux extérieurs, et ceux de sortie dans les bureaux intérieurs.

2. Les marchandises seront, après le permis, transportées à bord des bâtimens ou conduites par terre à l'étranger, ou introduites dans l'intérieur immédiatement et sans délai, sans emmagasinage ni transport rétrograde.

---

valablement constatées par la déclaration du capitaine, faite dans les formes et délais prescrits par les lois spéciales des 6=22 août 1791 et du 4 germinal an 2. Il n'y a pas lieu d'appliquer les art. 243, 244 et 247, Code de commerce, qui règlent d'une manière générale les formes et délais de la déclaration du capitaine à son arrivée (16 juin 1823; Cass. S. 23, 1, 428).

(1) Sont saisissables tous bâtimens au-dessous de cent tonneaux qui relâchent dans les ports de France, chargés de marchandises prohibées, encore que la relâche ait été nécessitée par fortune de mer, poursuite d'ennemis ou autres cas fortuits (19 décembre 1807; Cass. S. 7, 2, 731).

Lorsqu'un bâtiment qui porte avec sa cargaison des marchandises prohibées vient mouiller dans un port français, la confiscation n'en peut être prononcée si, avant toute visite des préposés de la douane, le capitaine a fait la déclaration de toutes ses marchandises sous leur véritable dénomination. Peu importe que le bâtiment soit au-dessous ou au-dessus de cent tonneaux (10 juillet 1816; Cass. S. 18, 1, 332).

La faculté donnée par les conventions diplomatiques aux navires espagnols qui seraient chargés de marchandises de contrebande, de prévenir toutes poursuites en faisant, dans les 24 heures de leur entrée dans un port français, une déclaration de relâche forcée, ne peut être exercée par un navire au-dessous de 100 tonneaux saisi louvoyant dans le rayon de 2 myriamètres de la côte avec des marchandises prohibées..... alors surtout qu'il a été reconnu que la relâche n'était pas forcée (27 avril 1830; Cass. S. 30, 1, 182; D. 30, 1, 227).

L'exception de relâche forcée alléguée ne peut être invoquée par un bâtiment, bien qu'il se trouve par ce motif, soit à l'ancre, soit louvoyant en-deçà des distances déterminées, s'il profite de sa position pour opérer ou tenter des versemens frauduleux de marchandises prohibées (2 décembre 1824; Cass. S. 25, 1, 216; D. 25, 1, 99).

(2) Lorsque des marchandises prohibées sont trouvées sur une diligence, il y a lieu de prononcer l'amende avec confiscation des marchandises, de la voiture et des chevaux, encore que la saisie ait eu lieu au moment du départ, et avant que la feuille du conducteur, sur laquelle les objets saisis ne se trouvaient pas portés, ait été arrêtée et signée (26 avril 1828; Cass. S. 28, 1, 429; D. 28, 1, 228).

La disposition de l'art. 29, tit. 2 de la loi des 6=22 août 1791, qui exemptait au cas de transport de marchandises prohibées de la confiscation des voitures et chevaux, les régisseurs et entrepreneurs des messageries exploitées alors pour le compte de l'État, n'était point applicable aux entreprises privées de messageries, pas même à celles qui seraient autorisées à se qualifier de *messageries royales*; au reste l'article 29, titre 2 de la loi du 6=22 août 1791 a été abrogé, soit par l'article 10, titre 2 de la loi du 4 germinal an 2, soit par les articles 41 et 51 de la loi du 28 avril 1816 (26 avril 1828; Cass. S. 28, 1, 430; D. 28, 1, 228).

3. Les marchandises pourront être visitées dans chaque bureau d'entrée ou de sortie sur la route.

4. Toutes marchandises importées par terre en France seront conduites au premier bureau d'entrée, à peine de confiscation et de deux cents livres d'amende : sous les mêmes peines, les marchandises qui doivent être exportées seront conduites au premier bureau de sortie par la route la plus directe (1).

5. Il y aura lieu aux mêmes condamnations pour les objets saisis après avoir dépassé le bureau sans permis.

6. Les déclarations faites dans les bureaux sur les côtes et frontières seront enregistrées par les préposés, et signées par les déclarans : si le conducteur ne sait pas signer, il en sera fait mention.

7. Les courriers des malles seront soumis aux visites de chaque bureau ; ils ne se chargeront d'aucune marchandise, à peine de confiscation, de trois cents livres d'amende, et d'être exclus de tout emploi dans les postes.

8. Les conducteurs des messageries et voitures publiques seront soumis aux lois des douanes : si des objets ne sont pas portés sur la feuille de voyage, ils seront personnellement condamnés à une amende de trois cents livres ; les marchandises en contravention seront confisquées, de même les voitures et chevaux, et les fermiers ou régisseurs intéressés seront solidaires avec le conducteur pour l'amende de trois cents livres.

9. Les transports, déballage, remballage et pesage des marchandises seront aux frais des propriétaires.

10. Les droits ne seront payés que sur les quantités constatées par la vérification.

11. Les droits seront payés comptant et sans délai.

12. Le droit de tonnage sera payé dans les vingt jours de l'arrivée, et avant le départ du bâtiment.

TITRE IV. Fidélité des préposés des douanes ; peine contre ceux qui s'opposent à l'exercice de leurs fonctions.

Art. 1er. Tous les préposés des douanes recevront une commission du conseil exécutif, et en seront toujours porteurs, ainsi que du Code.

2. Toute personne qui s'opposera à l'exercice des préposés des douanes sera condamnée à une amende de cinq cents livres : dans le cas où il y aurait voies de fait, il en sera dressé procès-verbal, qui sera envoyé au directeur du jury d'accusation pour en poursuivre les auteurs, et leur faire infliger les peines portées par le Code pénal contre ceux qui s'opposent avec violence à l'exercice des fonctions publiques (2).

3. Si les préposés des douanes reçoivent directement ou indirectement quelque récompense, gratification ou présent, ils seront condamnés aux peines portées dans le Code pénal contre les fonctionnaires publics qui se laissent corrompre.

4. Si un des coupables dénonce la corruption, il sera absous des peines, amende et confiscation.

TITRE V. Droit de préemption.

Art. 1er. Les préposés pourront, en offrant et payant la valeur déclarée au lieu d'importation ou d'exportation des marchandises dont les droits sont perceptibles sur la valeur, et le dixième en sus, les retenir par droit de préemption au compte de la République.

2. Dans les cas de préemption exercée sur des marchandises importées, les préposés du bureau auront, sur le produit de la vente qui sera faite à l'enchère, moitié de la somme qui excédera l'évaluation, le dixième en sus et les droits d'entrée.

3. Si la préemption a lieu sur des marchandises déclarées pour exportation, les préposés du bureau auront également moitié du produit de vente excédant l'évaluation, et le dixième en sus.

4. Dans les deux cas de préemption, les préposés du bureau feront raison à l'Etat du déficit du produit de vente au montant de l'évaluation, du dixième en sus et des droits.

5. La retenue ne sera soumise à aucune autre formalité qu'à celle de l'offre signifiée, qui constatera l'engagement d'en payer la valeur déclarée et le dixième en sus, dans un mois, sur quittance du propriétaire ou de son fondé de pouvoir.

TITRE VI. Contraventions, saisies, condamnations, partage du produit des amendes et confiscations.

Art. 1er. Aucune marchandise ne pourra

(1) Lorsqu'un procès-verbal, en matière de douane, constate qu'un voiturier a été trouvé dans un chemin désigné, venant de la frontière, et ajoute que ce chemin n'est pas le plus direct, le prévenu qui allègue, pour sa justification, que ce chemin est le plus direct, ne peut être admis à prouver cette assertion qu'en s'inscrivant en faux contre le procès-verbal, bien que son allégation contrarie, non le fait qu'il a été trouvé dans tel chemin, mais seulement l'opinion des préposés sur la nature du chemin (30 juillet 1822 ; Cass. S. 23, 1, 54).

(2) Les auteurs d'injures, d'oppositions à exercice contre les préposés aux douanes, sont punissables, non aux termes de l'art. 224 du Code pénal, mais aux termes de l'art. 14 du tit. 13 de la loi du 22 août 1791 et de cet article ou de l'art. 12, tit. 6. — Les procès-verbaux des préposés des douanes font foi quand ils constatent des oppositions à exercice avec injures (24 août 1816 ; Cass. S. 17, 1, 186).

être embarquée ou déchargée qu'en plein jour entre le lever et le coucher du soleil, et après un permis du préposé des douanes.

2. Quiconque cachera ou achètera des objets saisissables, ou participera à une contravention aux lois des douanes, sera condamné à une amende de dix fois la valeur des objets cachés ou achetés en fraude.

3. Les objets qui doivent être pesés ou jaugés ne pourront être déplacés du quai et autre lieu de décharge qu'après avoir été pesés ou jaugés, avec le permis des préposés.

4. La République est préférée à tous créanciers, pour droits, confiscation, amende et restitution, et avec la contrainte par corps (1).

5. La facture faite au lieu de l'exportation sera jointe à l'évaluation donnée au lieu d'importation.

6. Toute personne a droit de saisir et arrêter pour contravention aux lois sur la navigation et le commerce. Tout saisissant, préposé des douanes ou non, aura une moitié du produit des amendes et confiscations ; l'autre moitié sera au profit de la République.

7. Dans toute action sur une saisie, les preuves de non-contravention sont à la charge du saisi (2).

8. Un ou plusieurs préposés des douanes saisissant bâtimens ou marchandises feront, dans les vingt-quatre heures, un rapport énonciatif du fait de contravention, et descriptif de l'objet saisi.

9. Les rapports de saisie seront soumis à l'enregistrement.

10. Le lendemain du jour de la saisie, le rapport sera transcrit sur le registre du bureau des douanes le plus prochain.

11. Les expéditions et toutes pièces relatives aux bâtimens, cargaisons et voitures de la saisie seront déposés au même bureau.

12. Ce rapport sera affiché à la porte du bureau dans le jour du dépôt, et contiendra sommation à la partie saisie, nommée ou inconnue, de comparaître dans trois jours devant le juge-de-paix du lieu le plus prochain (3).

13. Le rapport et les pièces jointes seront présentés au juge-de-paix, qui recevra l'affirmation du saisissant, et l'entendra sur le fait de la saisie.

14. Si la saisie est jugée bonne, et qu'il n'y ait pas d'appel dans les trois jours suivans, le quatrième jour le préposé du bureau indiquera la vente des objets confisqués, par affiche mise à la porte du bureau et à celle de l'auditoire, et procédera à la vente cinq jours après.

15. Les délais d'appel et de vente expirés, toutes répétitions et actions seront non-recevables.

16. S'il y a appel, le tribunal du district de la situation du bureau prononcera en dernier ressort.

17. En première instance et sur l'appel,

---

(1) La direction des douanes a privilége sur les meubles des cautions de ses redevables, comme sur les meubles des redevables eux-mêmes (12 décembre 1822 ; Cass. 23, 1, 164).

Voy. sur la même question, un arrêt du 14 mai 1816 (Cass. S. 16, 1, 257).

(2) En matière de douanes, celui chez qui sont trouvés des objets prohibés est présumé de droit auteur de la contravention. L'allégation que les objets ont été introduits à son insu, par son domestique, et l'aveu de celui-ci, ne suffisent pas pour détruire la présomption de culpabilité (14 septembre 1821 ; Cass. S. 22, 1, 26).

Bien qu'un voiturier ait, sans le savoir, chargé des objets de contrebande ; bien qu'il indique le propriétaire ou l'expéditeur de ces objets ; bien qu'en un mot il n'y ait aucune mauvaise intention de sa part, il ne peut être excusé qu'autant que l'indication qu'il donne désigne une personne solvable, aux poursuites de l'administration des douanes. Pour justifier ce système rigoureux, on dit que si les voituriers n'ont pas le droit d'ouvrir les ballots et paquets qui leur sont confiés, ils peuvent du moins se mettre en mesure de désigner les expéditeurs, et ne se charger de transports qu'autant que les expéditeurs leur présentent des garanties suffisantes (21 juillet 1827 ; Cass. S. 27, 1, 498 ; D. 27, 1, 316 ; 30 mai 1827 ; Cass. S. 28, 1, 342 ; D. 28, 1, 260).

Ces raisons sont plus ingénieuses que solides ; on sent combien cette jurisprudence établie en matière fiscale, qu'il y a culpabilité indépendamment de l'intention, est contraire à tous les principes, et l'on s'efforce de trouver quelques moyens de la rendre moins odieuse. Peut-être l'intérêt du fisc exige-t-il que ce système soit suivi ; mais il est évident qu'obliger le voiturier à s'enquérir de la solvabilité des expéditeurs, c'est, sinon exiger l'impossible, du moins entraver d'une manière fâcheuse le commerce de roulage.

Lorsqu'un procès-verbal a été produit devant le tribunal correctionnel, la cour royale, et même la Cour de cassation, sans être attaqué ni par les parties intéressées, ni par le ministère public, sous le rapport de sa régularité et de la véracité de ses énonciations, et que plus tard, après cassation et devant la cour de renvoi, ce procès-verbal disparaît, le prévenu est non-recevable à en réclamer la représentation, sous prétexte qu'il peut offrir l'inobservation de quelques-unes des formes prescrites à peine de nullité (26 avril 1828 ; Cass. S. 28, 1, 429 ; D. 28, 1, 228).

(3) Un juge-de-paix peut, en matière de douanes, connaître d'une inscription de faux, incidente à une instance compétemment portée devant lui (13 messidor an 13 ; Cass. S. 6, 1, 32).

En matière de douanes, le juge-de-paix est seul compétent pour viser les contraintes (7 fructidor an 10 ; Cass. S. 2, 2, 363).

l'instruction sera verbale, sur simple mémoire et sans frais de justice à répéter de part ni d'autre (1).

18. Le préposé du bureau interjettera appel du jugement du juge-de-paix, si la saisie n'est pas déclarée verbale.

19. Si le tribunal d'appel déclare qu'il n'y avait pas une probabilité fondée de contravention, les objets saisis seront rendus au propriétaire, et les préposés des douanes ou autres saisissans seront condamnés personnellement envers lui en un intérêt d'indemnité pour le temps écoulé depuis la saisie jusqu'à la restitution, à raison de dix pour cent d'intérêt par an de la valeur des objets saisis (2).

20. S'il y a lieu à procédure criminelle, on suivra les règles prescrites par le Code pénal et les lois sur la justice criminelle.

21. Toutes transactions, compositions, départs et remises avant ou après le jugement, sont prohibés et déclarés nuls.

22. Tous les condamnés sur une saisie sont solidaires pour la confiscation et l'amende (3).

23. Aucun juge ne modérera ni les droits, ni la confiscation, ni l'amende, sous peine d'en répondre personnellement.

24. Dans les cas de saisie ou de préemption, il est expressément interdit au conseil exécutif, à chaque ministre en particulier et aux corps administratifs, de donner des décisions.

TITRE VII. Franchise des importations et exportations entre les ports français; acquits-à-caution; suppression de la douane de Paris; révocation des lois contraires au présent décret.

Art. 1er. Les marchandises françaises ou étrangères ayant payé les droits pourront être exportées franches de tout droit, d'un port français à un autre port français, en donnant soumission et caution d'en payer la valeur, avec amende de six cents livres si le certificat de décharge n'est pas rapporté au bureau de départ dans le délai qui sera fixé.

2. Le délai pour rapporter les acquits-à-caution déchargés ne sera pas fatal si les capitaines des bâtimens justifient les causes forcées de ce retard ou fortune de mer, par des rapports faits en mer, affirmés et déposés au bureau des douanes.

3. Les soumissionnaires et cautions ne cesseront d'être garans de la fidélité du certificat de décharge qu'après quatre mois pour le commerce en France, six en Europe, dix pour les Indes-Occidentales et l'Afrique jusqu'au Cap de Bonne-Espérance, et deux ans pour tous les lieux situés au-delà du Cap de Bonne-Espérance, pour les îles de France et de la Réunion, et les Grandes-Indes.

4. Les délais expirés, les préposés des douanes décerneront contrainte contre les soumissionnaires et cautions, pour amende et valeur des marchandises expédiées sur acquit-à-caution non déchargé.

5. Le bureau de douanes particulières à Paris est supprimé.

6. Toutes les lois contraires aux dispositions du présent décret sont révoquées.

---

4 GERMINAL an 2 (24 mars 1794). — Décret qui ordonne l'exécution du nouveau mode de comptabilité établi par le décret du 23 août 1793. (B. 41, 46.)

Voy. loi du 28 PLUVIOSE an 3.

Art. 1er. Immédiatement après la réception du présent décret, les directoires des départemens qui n'ont pas encore mis à exécution le titre Ier du décret du 23 août 1793 (vieux style), qui établit un nouveau mode de comptabilité, seront tenus de se conformer aux dispositions qui y sont contenues, sous les peines portées par le décret du 14 frimaire sur le gouvernement provisoire et révolutionnaire.

2. Les commissaires des départemens et des districts, nommés en exécution de l'article précédent, procéderont, avant le 15 floréal prochain, à la vérification de l'état de situation des ci-devant receveurs particuliers des finances, situés dans leur arrondissement : la même vérification sera faite dans les ci-devant pays d'état, chez les trésoriers ou receveurs des contributions.

---

(1) L'administration des douanes n'est dispensée d'employer le ministère des avoués, qu'autant qu'elle se borne à une instruction sur simple mémoire, comme elle en a la faculté. Mais elle doit être nécessairement assistée d'un avoué, lorsque ses agens se présentent devant le tribunal pour prendre des conclusions et pour plaider (10 décembre 1821; Cass. S. 22, 1, 267).

Les jugemens par défaut rendus par les juges-de-paix en matière de douanes sont susceptibles d'opposition (1er fructidor an 8; Cass. S. 1, 2, 651).

En matière de douanes, les jugemens par défaut de la justice de paix ne sont pas susceptibles d'appel (4 floréal an 10; Cass. S. 2, 1, 273).

(2) Une indemnité pour saisie illégale est due non-seulement au propriétaire de la marchandise, mais encore au propriétaire du navire ou de la voiture, pour raison ou de détention ou de privation instantanée de leur chose (8 germinal an 11; Cass. S. 4, 1, 19).

(3) La confiscation des objets servant à transporter des marchandises prohibées doit être prononcée, ainsi qu'une amende contre le conducteur des marchandises, encore qu'il ne soit pas voiturier public, et que le propriétaire, présent à la saisie, ait déclaré que les marchandises lui appartenaient (27 mars 1818; Cass. S. 18, 1, 344).

3. Cet état de situation sera dressé en la forme ci-après prescrite; ceux qui peuvent avoir été déjà rédigés, en exécution du susdit décret du 23 août 1793, seront refaits de la même manière : les commissaires qui ont procédé sont en conséquence autorisés à revenir, en tant que de besoin, sur leurs opérations, quoique déjà terminées;

4. L'état de situation des comptables sera divisé en autant de chapitres qu'il y a d'exercices à vérifier, en partant du dernier compte soldé et apuré.

5. Chaque chapitre contiendra la mention :

1° De la somme qui devait être recouvrée;

2° De celle qui l'a été en effet;

3° De celle qui reste due par les collecteurs ou contribuables.

6. La partie des recouvremens qui reste à faire sur les collecteurs ou contribuables sera divisée en autant d'articles qu'il y a de communes en retard.

7. Les commissaires des districts s'assureront de la réalité des recouvremens à faire sur les communes de leur ressort; ils adresseront pour le même objet, aux directoires des districts respectifs, l'état des articles des communes réunies à un autre département ou district : les uns et les autres appelleront, au besoin, auprès d'eux les anciens collecteurs, pour se faire exhiber les rôles et quittances, et constater ainsi le montant des sommes dues sur l'arriéré des contributions.

8. Les décharges et modérations qui ont pu être accordées jusqu'à ce jour, soit par les anciens officiers compétens, soit par les corps administratifs sur l'arriéré des contributions, sortiront à effet. Il en sera fait mention sur les états de situation, mais il ne pourra en être délivré aucun autre.

9. L'état de situation des comptables mentionné dans les articles précédens sera fait en triple original. Le premier sera gardé dans les archives des départemens; le deuxième sera remis aux comptables; le troisième sera envoyé au ministre des contributions publiques avant le 1er prairial prochain.

10. Le ministre des contributions publiques délivrera aux receveurs généraux qui pourront en avoir besoin, des copies certifiées des états de situation mentionnés dans les articles précédens, pour leur servir à établir dans leur compte définitif le montant des recouvremens qui auraient dû être faits par eux et les receveurs particuliers, leur tenir lieu de compte arrêté de capitation et des vingtièmes, et lever à cet égard l'obstacle à l'obtention du décret de *quitus*.

11. Le recouvrement de ce qui reste dû sur les contributions arriérées sera fait en ce qui concerne les exercices antérieurs à 1790, pour le compte des receveurs généraux et particuliers, conformément à leurs obligations respectives, par les receveurs de district, chacun dans son ressort. Ils en compteront directement à la Trésorerie nationale, en observant de diviser leur compte en autant d'articles qu'il se trouvera de receveurs particuliers intéressés. Les sommes en provenant demeureront en dépôt à la Trésorerie nationale jusqu'au décret de *quitus*, sauf à en faire la compensation jusqu'à due concurrence, lors de l'apurement de leur compte : cependant la Trésorerie nationale pourra les restituer aux receveurs particuliers qui justifieront d'en avoir fait l'avance pour solder leur compte.

12. Les receveurs du district retiendront, sur les sommes qui seront par eux recouvrées, trois deniers pour livre pour leurs remises et taxations; et, au moyen de ce, rien ne pourra être retenu par les anciens comptables sur les restes à recouvrer.

13. Le recouvrement des sommes dues sera fait d'ici au 1er messidor, sous les peines prononcées par les lois relatives aux contributions directes.

14. Les ci-devant receveurs généraux des finances remettront, d'ici au 1er messidor, s'ils ne l'ont déjà fait, au bureau de la comptabilité, les comptes définitifs des exercices qui n'ont pas encore été apurés; ces comptes contiendront en résultat la mention :

1° De la somme qui devrait être recouvrée;

2° De celle qui a été versée au Trésor public;

3° De celle qui reste due.

15. Dans le courant du présent mois de germinal, les ci-devant receveurs généraux seront tenus de retirer la totalité de leurs rescriptions pour les exercices antérieurs à 1790, et de solder le débet provenant de leur fait. Ils solderont de même, lors de la remise de leur compte définitif, le montant de tout ce qui restera dû sur leurs exercices, à peine de confiscation de leurs biens, qui sera acquise en vertu du présent décret.

16. Les intérêts de rescriptions dus seront comptés du jour de leur échéance; ceux des débets le seront, pour l'exercice de 1787, à compter du 31 décembre 1788; pour celui de 1788, à compter du 31 décembre 1789, et pour ceux de 1789 et 1790, à compter du 31 décembre 1790.

17. Les ci-devant receveurs généraux paieront ce qu'ils doivent au Trésor public, ou avec les fonds qu'ils peuvent avoir à leur disposition, ou avec ceux qu'ils pourront emprunter ou se procurer par la vente de leurs biens, ou par la voie de l'extinction de leurs inscriptions sur le grand-livre de la dette publique, et de celles qu'ils recevront des receveurs particuliers, sur le pied de quinze fois la rente.

Les comptables qui justifieront, lors de leur décret de *quitus*, avoir payé plus qu'ils ne doivent, tant en capital qu'en intérêts, seront remboursés de la même manière qu'ils auront effectué leurs paiemens.

18. Les ci-devant receveurs-généraux qui, pour effectuer leurs paiemens, voudront emprunter, pourront stipuler en faveur de leur prêteur la subrogation du privilége de la nation. Cette subrogation sera acquise par la délivrance du duplicata du récépissé de la Trésorerie nationale. Ce récépissé contiendra la mention de la personne de qui proviennent les fonds.

19. Les ci-devant receveurs-généraux qui voudront, pour le même objet, vendre leurs immeubles en tout ou en partie, pourront y faire procéder par-devant le directoire de district de la situation des biens, en la forme prescrite pour l'aliénation des domaines nationaux.

20. Les ci-devant receveurs généraux qui voudront vendre leurs immeubles pour l'acquit de leur paiement en feront, dans les quinze jours de la publication du présent décret, leur déclaration au directoire du district de la situation des biens, pour qu'il soit incessamment procédé à leur vente; le certificat qu'ils en rapporteront à la Trésorerie nationale leur fera obtenir le délai nécessaire pour la vente et le versement du prix de la part des acquéreurs. Les corps administratifs chargés de procéder à l'aliénation feront apposer les premières affiches dans les cinq jours de la déclaration.

21. Les acquéreurs des biens ainsi aliénés seront tenus, dans les trois mois de l'adjudication et avant de pouvoir se mettre en possession, d'en payer le prix en assignats à la Trésorerie nationale. Ce paiement leur tiendra lieu de main-levée du séquestre établi, et même de lettres de ratification.

22. Les ci-devant receveurs généraux qui n'ont pas été payés par les receveurs particuliers de tout le montant des sommes qui auraient dû être par eux recouvrées, sont autorisés, s'ils ne sont pas payés dans le mois de la publication du présent décret, ou à se faire subroger à leur inscription sur le grand-livre, sur le pied de quinze fois la rente, ou à poursuivre la vente de leurs immeubles par-devant le directoire du district de la situation des biens, en la forme prescrite pour l'aliénation des biens nationaux.

23. Les biens aliénés en exécution de l'article précédent le seront nonobstant toutes saisies antérieures : le prix en sera versé dans les trois mois, et avant la prise de possesion, par les acquéreurs à la Trésorerie nationale, jusqu'à concurrence des sommes dues aux ci-devant receveurs généraux en capital et intérêts et frais légitimement exposés; le surplus, s'il y en a, sera payé aux receveurs particuliers, ou versé, en cas de saisie, dans la caisse du dépôt du district. Le paiement tiendra lieu aux acquéreurs de main-levée des saisies et de lettre de ratification.

24. Les ci-devant receveurs généraux qui auront retiré la totalité de leurs rescriptions sur les exercices antérieurs à 1790, et soldé le débet provenant de leur fait, en la forme ci-dessus prescrite, obtiendront immédiatement après, s'il n'existe d'autre empêchement que leur comptabilité, leur liberté provisoire, sous la surveillance d'un seul garde.

25. Ils obtiendront pareillement la libre disposition de leurs maisons et effets mobiliers, description sommaire préalablement faite par le juge-de-paix, pour en demeurer dépositaires et responsables jusqu'à l'apurement de leur compte : un double de la description sera remis à la Trésorerie nationale.

26. Le séquestre établi sur le surplus de leurs biens sera maintenu jusqu'à ce qu'ils aient obtenu le décret de *quitus ;* mais il leur sera fait remise sur leurs revenus, s'ils le comportent, jusqu'à concurrence d'une somme de dix-huit livres par jour.

27. Les ci-devant receveurs généraux, soit ceux qui étaient en exercice en 1790, soit ceux qui l'ont été depuis 1781, ou à leur défaut leurs héritiers, déposeront à la Trésorerie nationale, le jour de la remise de leur compte définitif, et ceux qui l'ont déjà fourni, dans les dix jours de la publication du présent décret, leur livre-journal, pour y être examiné, et rapport en être fait par le comité des finances.

28. Il est dérogé par le présent décret aux lois antérieures, en ce qui concerne les dispositions qui peuvent lui être contraires.

---

4 GERMINAL an 2 (24 mars 1794). — Décret qui rectifie une erreur de date qui s'est glissée dans le décret du 26 ventose, concernant les employés de la liquidation. (B. 41, 43.)

---

4 GERMINAL an 2 (24 mars 1794). — Décret qui ordonne l'estimation de la maison nationale des Filles-de-Saint-Thomas. (B. 41, 28.)

---

4 GERMINAL an 2 (24 mars 1794). — Décret relatif aux pensions des citoyens Desrochers et Darasse-Rauzolle. (B. 41, 38 et 42.)

---

4 GERMINAL an 2 (24 mars 1794). — Décret sur l'établissement d'une manufacture d'armes et d'une fabrique de limes à Roanne. (B. 41, 41.)

---

4 GERMINAL an 2 (24 mars 1794). — Décret relatif à l'adjudication de la maison de l'émigré Lebœuf, située à Valdahon. (B. 41, 44.)

---

4 GERMINAL an 2 (24 mars 1794). — Décret relatif aux commissaires nommés par les autorités constituées. (B. 41, 29.)

4 GERMINAL an 2 (24 mars 1794). — Décret de liquidation de pensions proposé par le ministre des contributions publiques. (B. 41, 45.)

---

4 GERMINAL an 2 (24 mars 1794). — Décret qui accorde un congé au député Poulain-Grandpré, et prolonge celui accordé au citoyen Cosnard. (B. 41, 51.)

---

4 GERMINAL an 2 (24 mars 1794). — Décrets qui accordent des indemnités aux citoyens Abit et Aguttes. (B. 41, 44 et 45.)

---

5 GERMINAL an 2 (25 mars 1794). — Décrets qui accordent des secours et indemnités aux citoyens Laurey, Terry et Raffier, et aux citoyennes Christine et Bourdin. (B. 41, 51, 52, 53 et 64.)

---

5 GERMINAL an 2. — Rentes viagères. *Voy.* 1er GERMINAL an 2.

---

6 GERMINAL an 2 (26 mars 1794). — Décret relatif à la refonte des papiers imprimés. (B. 41, 53; Mon. du 7 germinal an 2.)

Art. 1er. Dans les deux décades qui suivront la publication du présent décret, tous ceux qui se proposent de former des établissemens pour la refonte des papiers imprimés dont la suppression a été ou sera ordonnée, seront tenus de le déclarer à la commission des subsistances et approvisionnemens, d'indiquer l'étendue qu'ils entendent donner à cette fabrication, et l'époque à laquelle elle sera en activité.

2. Les entrepreneurs feront connaître à ladite commission les procédés et matières qu'ils veulent y employer.

3. Ils ne pourront se servir de *potasse, salin, cendre gravelée, védasse, cendre de bois*, ni d'aucune autre espèce d'*alcali végétal*, qu'en donnant, préalablement à tout emploi, la déclaration de la quantité, et se soumettant de reverser dans les affineries de salpêtre, immédiatement après leur opération, toute la quantité dudit alcali qui aura passé dans leurs chaudières, sauf le déchet de cinq centièmes au plus, qui sera vérifié par l'aréomètre.

4. Les entrepreneurs seront autorisés à se faire délivrer par les conseils généraux des communes les papiers imprimés mis en dépôt en exécution du décret du 12 frimaire, à la charge par eux de les faire dénaturer immédiatement après le transport, et d'en faire dresser acte en présence d'un membre du conseil général de la commune du lieu de l'établissement.

5. Dans le cas où il ne se présenterait aucun entrepreneur dans le délai fixé par l'article 1er, ou que ceux qui se présenteraient n'annonceraient pas des moyens suffisans pour atteindre et consommer la quantité mise en réserve, la commission des subsistances et approvisionnemens fera rédiger et publier sans délai une instruction sur ce nouvel art, pour le mettre à la portée des citoyens qui voudraient se livrer à ce genre d'industrie.

6. Ladite commission ordonnera, s'il est nécessaire, des essais en grand; elle pourra même établir des ateliers à la proximité des dépôts les plus considérables, où les opérations seront portées au point de dénaturer lesdits papiers imprimés, pour mettre en délivrance la pâte qui en proviendra, laquelle sera préalablement séchée à la presse, pour en prévenir l'altération.

7. La commission est chargée de faire examiner si les papiers couverts d'écriture devenus inutiles ou dont la suppression aurait été ordonnée, sont de même susceptibles d'être remis en pâte.

8. Il est accordé à la citoyenne Masson une somme de 3,500 livres, qui lui sera payée par la Trésorerie nationale sur les fonds destinés à l'encouragement des arts, en considération des travaux qu'elle a faits pour parvenir à la refonte des papiers imprimés.

9. L'insertion au Bulletin du présent décret tiendra lieu de publication.

---

6 GERMINAL an 2 (26 mars 1794). — Décret relatif au paiement des arrérages de pensions à la charge de l'Etat qui seront dus à l'époque du 1er germinal an 2. (B. 41, 56; Mon. du 7 germinal an 2.)

Art. 1er. Tous les arrérages de pensions à la charge de la République qui seront dus à l'époque du 1er germinal, seront payés d'après les formes et les lois existantes.

2. Pour éviter la multiplicité des certificats, faciliter et accélérer le paiement des pensionnaires, ils ne seront tenus de se procurer qu'un seul certificat dans les formes ci-après.

3. Le certificat mentionné en l'article précédent sera délivré par les municipalités, et visé par les directoires de district; et à Paris, par les comités civils des sections, et visé par le directoire du département.

Ces certificats seront enregistrés, et vaudront pendant trois mois de la date de leur enregistrement.

4. Tous les pensionnaires dont le paiement se faisait à Paris seront payés à bureau ouvert à la Trésorerie nationale, en fournissant :

1° Un certificat du payeur, trésorier, caissier ou receveur qui aura fait le dernier paiement, lequel constatera le montant de la pension, sa nature, et jusqu'à quelle époque les arrérages en ont été payés;

2° Une seule quittance enregistrée et dans

l'ancienne forme, pour tous les arrérages dus d'après le certificat du payeur ci-dessus mentionné, et qui contiendra la déclaration du pensionnaire qu'il ne possède point d'autre pension, et qu'il ne jouit d'aucun traitement d'activité.

5. Les payeurs de département, receveurs de district ou autres agens ne pourront payer les arrérages des pensions que jusqu'au 1er germinal de la présente année.

6. Ils ne paieront les arrérages échus au 1er germinal que lorsque les pensionnaires présenteront le certificat mentionné en l'article 2. Cependant ils pourront admettre les certificats de vie, de non-émigration, de résidence, de non détention, de civisme et du paiement des contributions qui auront été obtenus avant ce jour, pourvu qu'ils soient encore dans le délai fixé pour leur remise.

7. Les payeurs des pensions à Paris sont supprimés; ils verseront à la Trésorerie nationale le solde de leur caisse, s'ils en ont: ils fourniront en outre toutes les pièces et renseignemens qu'ils auront et qui leur seront demandés.

8. Le comité des finances présentera, dans un mois, un projet de décret pour régler les pensions d'après des bases démocratiques qui écartent de leur liquidation tout ce qui serait contraire à l'égalité, et le mode du paiement dans les districts.

Département d   district d
Commune d

Nous, officiers municipaux de la commune d. . . . . . sur l'attestation de (mettre les noms, surnoms et demeures de trois citoyens résidant dans ladite commune), et que nous déclarons bien connaître;

Certifions que (mettre les nom, prénoms, demeure et date exacte de naissance) est vivant, s'étant présenté aujourd'hui devant nous; qu'il réside en France depuis le 1er mai 1792 jusqu'à présent sans interruption; qu'il n'a point émigré, et qu'il n'est point détenu;

Certifions en outre que ledit. . . . nous a représenté en bonne forme: 1° sa quittance d'imposition mobilière de 1792; 2° celle de toute sa contribution patriotique; et 3° le certificat de son civisme, que nous lui avons délivré dans les formes prescrites par la loi.

Suit le signalement du citoyen.

Fait à la commune de. . . . . le. . . . l'an. . . . de la République une et indivisible.

Nota. 1° Ce certificat doit être signé de deux officiers municipaux, du secrétaire de la commune, des trois témoins et du requérant;

2° Il doit être visé par deux membres du directoire du district, dans le courant d'une décade, et enregistré aussi dans la décade de la date dudit *visa*.

Il sera sur papier timbré.

Modèle du certificat du payeur des pensions.

PENSIONS NATIONALES PAYÉES A PARIS.

N° du registre. . . . . . Produit net annuel de la pension.

Je, soussigné (payeur au trésor, etc.), certifie que (mettre les nom, prénoms et date exacte du jour et année de la naissance) a droit de (mettre le net annuel de la pension depuis le dernier décret qui fixe au maximum de trois mille livres); que les arrérages lui en sont dus depuis le (en toutes lettres, sans surcharge) jusqu'au 1er germinal, et qu'il n'y a pas d'opposition sur ladite rente.

S'il y a des oppositions, elles seront énoncées par dates et noms d'opposans.

---

6 GERMINAL an 2 (26 mars 1794). — Décret qui maintient dans ses fonctions le capitaine Degastine. (B. 41, 53.)

---

6 GERMINAL an 2 (26 mars 1794). — Décret qui exige un certificat de civisme pour être arbitre. (B. 41, 55.)

---

6 GERMINAL an 2 (26 mars 1794). — Décrets d'ordre du jour sur les pétitions de l'épouse de feu La Tour-Maubourg et du citoyen Canales-Oglon. (B. 41, 56.)

---

6 GERMINAL an 2 (26 mars 1794). — Décret qui annule le jugement rendu par le juge-de-paix de Mont-Mort contre le citoyen Lévêque. (B. 41, 59.)

---

6 GERMINAL an 2 (26 mars 1794). — Décrets d'ordre du jour sur la restitution des fruits des biens nationaux; la succession d'un condamné à la déportation temporaire, mort avant l'expiration de sa peine; des demandes en remise de biens séquestrés, et en annulation de jugemens. (B. 41, 61, 62 et 63.)

---

6 GERMINAL an 2 (26 mars 1794). — Décret sur la demande en résiliation des marchés des fournisseurs Ninon et Prunier. (B. 41, 59.)

---

6 GERMINAL an 2 (26 mars 1794). — Décret sur diverses questions relatives au paiement des droits féodaux. (B. 41, 60.)

---

6 GERMINAL an 2 (26 mars 1794). — Décret sur la pétition de la veuve Durand, maire de Montpellier. (B. 41, 59.)

---

6 GERMINAL an 2 (26 mars 1794). — Décret qui ordonne un rapport sur les indemnités dues aux citoyens qui ont fait des sacrifices pour la République. (B. 41, 64.)

---

6 GERMINAL an (26 mars 1794). — Décret qui ordonne un rapport sur les moyens de faciliter la pêche et d'assurer la navigation. (B. 41, 65.)

6 GERMINAL an 2 (26 mars 1794). — Décret qui rétablit une omission dans les décrets des 22 et 23 ventose sur les successions (1). (B. 41, 63.)

---

6 GERMINAL an 2. — Commissaires. *Voy.* 4 GERMINAL an 2.

---

7 GERMINAL an 2 (27 mars 1794). — Décret qui accorde des secours aux citoyens français expulsés ou réfugiés des pays étrangers. (B. 41, 65.)

Art. 1er. La Trésorerie nationale tiendra à la disposition du ministre de l'intérieur une somme de cent mille livres, pour être distribuée en secours provisoires aux citoyens français expulsés ou réfugiés des pays étrangers, et qui ont été forcés d'y abandonner leurs propriétés.

2. Ces secours ne seront accordés qu'à ceux desdits citoyens qui rapporteront un certificat des comités de surveillance, attestant leurs besoins et leur civisme depuis qu'ils résident dans l'arrondissement de ces comités.

---

7 GERMINAL an 2 (27 mars 1794). — Décret qui licencie l'armée révolutionnaire. (L. 17, 47; B. 41, 68.)

---

7 GERMINAL an 2 (27 mars 1794). — Décret qui alloue des fonds pour les orphelins des hospices, et les enfans abandonnés ou allaités par leurs mères. (L. 17, 643; B. 41, 66.)

---

7 GERMINAL an 2 (27 mars 1794.) — Décret qui met en liberté les administrateurs de la Meurthe. (B. 41, 65.)

---

7 GERMINAL an 2 (27 mars 1794). — Décret relatif au citoyen Dario. (B. 41, 71.)

---

7 GERMINAL an 2 (27 mars 1794). — Décret relatif à l'établissement des marchés de la commune de Tain. (B. 41, 66.)

---

7 GERMINAL an 2 (27 mars 1794). — Décret sur la démission du citoyen Mony, chargé de la dette constituée de Commune-Affranchie. (B. 41, 74.)

---

7 GERMINAL an 2 (27 mars 1794). — Décrets qui accordent de l'avancement aux citoyens Jordy et Germach, et trois cents livres au citoyen Desprès. (B. 41, 67 et 68.)

---

7 GERMINAL an 2. — Postes et messageries. *Voy.* 3 GERMINAL an 2.

---

8 GERMINAL an 2 (28 mars 1794). — Décret de liquidation de créances sur le ci-devant clergé et les pays d'états. (B. 41, 69.)

8 GERMINAL an 2 (28 mars 1794). — Décret qui accorde des secours aux citoyens Barois, Delormel et Odienne, et à la veuve Meunier, et des pensions à des militaires infirmes. (B. 41, 71, 72, 73 et 74.)

---

8 GERMINAL an 2 (28 mars 1794). — Décret qui confirme les deux établissemens des sourds-muets de Paris et de Bordeaux. (B. 41, 75.)

---

8 GERMINAL an 2 (28 mars 1794). — Décret qui ordonne le dépôt des sommes dues aux habitans de Lyon et de Toulon. (L. 17, 645; B. 41, 70.)

---

8 GERMINAL an 2 (28 mars 1794). — Décret qui ordonne l'incorporation des gendarmes licenciés de l'armée du Rhin. (L. 17, 644; B. 41, 75.)

---

8 GERMINAL an 2 (28 mars 1794). — Décret relatif au recouvrement des effets provenant de la dépouille des églises. (B. 41, 69.)

---

9 GERMINAL an 2 (29 mars 1794). — Décret relatif au recouvrement du montant des liquidations provisoires indûment faites par les corps administratifs. (B. 41, 87.)

La Convention nationale, après avoir entendu son comité des finances, décrète que l'agent du Trésor public poursuivra, par la médiation des agens nationaux, le recouvrement du montant des liquidations provisoires indûment faites par les corps administratifs, pour les créances qui étaient soumises à leur vérification; auquel effet le directeur général de la liquidation adressera à l'agent du Trésor public les extraits en forme des décisions qui auront révoqué en définitif ces liquidations provisoires.

---

9 GERMINAL an 2 (29 mars 1794). — Décret qui prescrit les formalités à remplir pour les envois de fonds en assignats ou en espèces à la Trésorerie nationale. (B. 41, 85; Mon. du 11 germinal an 2.)

Art. 1er. Les deux membres du directoire de chaque district qui sont chargés, par le décret du 24 novembre 1790, de vérifier la caisse du receveur, se transporteront le 1er de chaque mois au bureau de recette, pour assister au comptage des assignats et autres valeurs que le receveur sera dans le cas d'adresser au caissier des recettes journalières de la Trésorerie nationale; les administrateurs suivront avec le plus grand soin tous les détails de cette opération.

2. Les assignats en valeur et les assignats annulés seront comptés séparément : les uns et les autres seront classés d'après leur valeur; et, lorsque leur nombre et leur montant

---

(1) L'omission a été réparée en rapportant le texte du décret.

seront bien constatés, il en sera formé par le receveur un bordereau détaillé par nombre et par somme, lequel sera certifié par le receveur, et visé par les deux membres du directoire.

3. Les assignats seront alors placés avec le bordereau sous deux bandes croisées qui seront fermées de deux cachets, l'un de l'administration du district, et le second du receveur; ils seront mis ensuite, soit sous une enveloppe en papier ou en toile, soit dans une caisse, si le volume du paquet l'exige; et l'enveloppe ou la caisse seront resserrées par une ficelle dont les deux extrémités seront fixées par deux cachets aux mêmes empreintes que celles ci-dessus désignées.

4. Les assignats annulés pourront être enfermés dans le même paquet ou dans la même caisse que les assignats en valeur; mais ils devront être accompagnés d'un bordereau particulier, et placés sous des bandes particulières.

5. Les paquets ou caisses, ainsi formés, seront remis au bureau du directeur de la messagerie, lequel en fera l'enregistrement en présence des deux administrateurs du directoire et du receveur, et remettra à ce dernier un extrait de l'enregistrement et du chargement, signé des uns et des autres.

6. Dans les chefs-lieux de district où il n'existe point de bureau de messageries, les directoires sont autorisés à pourvoir au transport des fonds de la recette au bureau des messageries le plus voisin, en prenant toutes les précautions nécessaires contre les dangers des routes: ils régleront le prix dudit transport, et en expédieront leur mandat, qui sera remboursé par le directeur des messageries auquel l'envoi sera remis; la Trésorerie en tiendra compte à l'administration des postes et messageries, en retirant les envois.

7. Lorsque les receveurs auront à faire passer, soit des matières d'or et d'argent à la Monnaie de Paris, soit des espèces à la Trésorerie nationale, elles seront d'abord pesées, et ensuite renfermées dans des barils à double fond, ou dans des caisses resserrées dans les encoignures par des pattes de fer: lesdites opérations seront faites en présence des deux administrateurs du directoire, lesquels feront transporter de suite lesdits barils ou caisses au bureau de la messagerie, où le poids en sera constaté et désigné dans le procès-verbal de chargement.

8. Les frais que ces envois exigeront seront avancés et remboursés comme il est dit en l'article 6; auquel effet la quittance qui accompagnera l'envoi sera remise à la Trésorerie nationale, comme pièce comptable.

9. Il sera établi à la Trésorerie nationale deux officiers publics, sous le titre d'inspecteurs des envois des receveurs de district. Ces inspecteurs seront tenus d'être présens à la vérification, qui continuera d'être faite contradictoirement entre les préposés de la Trésorerie nationale et des préposés de l'administration des postes et messageries: les paquets leur seront présentés avant d'être ouverts, afin qu'ils puissent en constater l'état.

10. Lorsqu'il se trouvera quelque déficit dans un envoi, les inspecteurs en dresseront de suite procès-verbal; si le paquet contenant ledit envoi a été reconnu en bon état avant son ouverture, il sera remis expédition du procès-verbal au caissier des recettes journalières, qui se fera tenir compte du montant du déficit par le payeur principal des dépenses de la Trésorerie nationale, sauf à en poursuivre le recouvrement sur les auteurs du déficit.

11. Les délits de ce genre seront dénoncés au juge-de-paix de la section dans l'étendue de laquelle la Trésorerie nationale se trouve placée: il lui sera remis par les inspecteurs une expédition du procès-verbal: les objets propres à servir à l'instruction de l'affaire seront conservés à la caisse des recettes journalières; le juge-de-paix préparera l'instruction nécessaire pour parvenir à la découverte des auteurs du délit.

12. Dans le cas, au contraire, où le paquet n'aurait pas été reconnu sain et entier, alors l'expédition du procès-verbal sera remise à l'administration des postes et messageries, qui sera tenue d'en remplir de suite le déficit, et de faire toutes les recherches nécessaires pour en découvrir les auteurs.

13. Les deux inspecteurs créés par l'article 9 ci-dessus seront choisis par le comité de salut public et nommés par la Convention nationale; leur traitement sera de trois cents livres par mois.

---

9 GERMINAL an 2 (29 mars 1794). — Décret portant que le beurre salé et le fromage cesseront de faire partie de l'approvisionnement des places de guerre. (L. 17, 647; B. 41, 76.)

---

9 GERMINAL an 2 (29 mars 1794). — Décret qui réforme des erreurs dans les contrats de rentes viagères. (B. 41, 76.)

---

9 GERMINAL an 2 (29 mars 1794). — Décret qui établit un bureau de poste dans la commune d'Oisemont-et-d'Isle. (B. 41, 84.)

---

9 GERMINAL an 2 (29 mars 1794). — Décret de liquidation de l'office du citoyen Girard. (B. 41, 84.)

---

9 GERMINAL an 2 (29 mars 1794). — Décret sur l'enlèvement de chevaux appartenant au citoyen Charlemagne et à la veuve Barbier. (B. 41, 87.)

---

9 GERMINAL an 2 (29 mars 1794). — Décret sur l'arrestation arbitraire des citoyens Poyer, Chéron et Guenet. (B. 41, 88.)

9 GERMINAL an 2 (29 mars 1794). — Décret qui autorise l'adjudant-général Dardenne à rester à Paris. (B. 41, 88.)

9 GERMINAL an 2 (29 mars 1794). — Décret sur la pétition de cinq administrateurs du département de la Sarthe, détenus à Chartres. (B. 41, 88.)

9 GERMINAL an 2 (29 mars 1794). — Décrets qui allouent des fonds pour la construction des fontaines d'Aigue-Perse, et pour les subsistances militaires. (B. 41, 89.)

9 GERMINAL an 2 (29 mars 1794). — Décret qui ordonne la confection des effets d'habillement et de campement offerts en dons patriotiques. (B. 41, 90.)

9 GERMINAL an 2 (29 mars 1794). — Décret sur la rectification du *maximum* des linons et batistes à Saint-Quentin. (B. 41, 90.)

9 GERMINAL an 2 (29 mars 1794). — Décret qui accorde un congé au député Danjou. (B. 41, 90.)

9 GERMINAL an 2. — Aliénation avec condition de démolir et de bâtir. *Voy.* 30 VENTOSE an 2. — Français expulsés des pays étrangers. *Voy.* 7 GERMINAL an 2. — Orphelins et enfans abandonnés. *Voy.* 7 GERMINAL an 2.

10 GERMINAL an 2 (30 mars 1794). — Décret qui prescrit des mesures pour la recherche des biens appartenant à l'Etat. (L. 17, 652; B. 41, 93.)

10 GERMINAL an 2 (30 mars 1794).—Décret qui suspend l'exécution de l'arrêté du département de Paris, relatif aux locations des jardins des domaines nationaux. (B. 41, 93.) *Voy.* loi du 28 MESSIDOR an 2.

10 GERMINAL an 2 (30 mars 1794). — Décret qui permet l'enlèvement des meubles réclamés par des personnes attachées à la duchesse de Bourbon. (B. 41, 91.)

10 GERMINAL an 2 (30 mars 1794). — Décret qui traduit Pichard au tribunal révolutionnaire. (B. 41, 92.)

10 GERMINAL an 2 (30 mars 1794). — Décret qui accorde six cents livres à la citoyenne Legardie, et un passeport au citoyen Lefebvre. (B. 41, 94.)

11 GERMINAL an 2 (31 mars 1794). — Décret d'accusation contre Camille-Desmoulins, Hérault, Danton, Philippeaux et Lacroix. (B. 41, 94.)

11 GERMINAL an 2 (31 mars 1794). — Décret qui ordonne la vente de la bibliothèque et du cabinet d'histoire naturelle du citoyen Gigot-d'Orcy. (B. 41, 95.)

11 GERMINAL an 2 (31 mars 1794). — Décret qui fixe le traitement des professeurs de l'Observatoire. (B. 41, 95.)

12 = 13 GERMINAL an 2 (1er = 2 avril 1794). — Décret qui supprime le conseil exécutif provisoire, et remplace le ministère par douze commissions. (L. 17, 654; B. 41, 101.)

Voy. loi du 30 GERMINAL an 2. *Voy.* aussi constitution du 24 juin 1793, et lois du 19 VENDÉMIAIRE an 2 et 14 FRIMAIRE an 2.

La Convention nationale, après avoir entendu le rapport de son comité de salut public, décrète :

Art 1er. Le conseil exécutif provisoire est supprimé, ainsi que les six ministres qui le composent.

Toutes leurs fonctions cesseront au 1er floréal prochain.

2. Le ministère sera suppléé par douze commissions, dont l'énumération suit :

1° Commission des administrations civiles, police et tribunaux ; 2° commission de l'instruction publique; 3° commission de l'agriculture et des arts ; 4° commission du commerce et des approvisionnemens ; 5° commission des travaux publics ; 6° commission des secours publics ; 7° commission des transports, postes et messageries ; 8° commission des finances ; 9° commission de l'organisation et du mouvement de l'armée de terre ; 10° commission de la marine et des colonies ; 11° commission des armes, poudres et exploitation des mines ; 12° commission des relations extérieures.

3. Chacune de ces commissions, à l'exception de celles dont il sera parlé dans l'article suivant, sera composée de deux membres et d'un adjoint : cet adjoint fera les fonctions de secrétaire et de garde des archives de la commission.

4. La commission des administrations civiles, police et tribunaux, et celle de l'instruction publique, seront composées chacune d'un commissaire et deux adjoints.

La commission des relations extérieures ne sera que d'un seul commissaire sans adjoint.

Celle de la guerre et celle de la marine ne seront également chacune que d'un seul commissaire et d'un adjoint.

Celle des finances sera de cinq commissaires et un adjoint.

La Trésorerie nationale, le bureau de comptabilité et celui de la liquidation générale seront indépendans des susdites commissions, et correspondront directement avec la Convention nationale et le comité de salut public,

5. La commission des administrations civiles, police et tribunaux comprendra celle qui est aujourd'hui désignée sous le nom de *Commission de l'envoi des lois.*

Elle sera chargée du sceau de la République et des archives du sceau;

De l'impression des lois, de leur publication et de leur envoi à toutes les autorités civiles et militaires;

Du maintien général de la police, de la surveillance des tribunaux et de celle des corps administratifs et municipaux.

6. La commission de l'instruction publique sera chargée de la conservation des monumens nationaux, des bibliothèques publiques, musées, cabinets d'histoire naturelle, et collections précieuses;

De la surveillance des écoles et du mode d'enseignement;

De tout ce qui concerne les inventions et recherches scientifiques;

De la fixation des poids et mesures;

Des spectacles et fêtes nationales;

De la formation des tableaux de population et d'économie politique.

7. La commission d'agriculture, arts et manufactures sera chargée de tout ce qui concerne l'économie rurale, les desséchemens et défrichemens, l'éducation des animaux domestiques, les écoles vétérinaires, les arts mécaniques, les usines, les filatures, et tout ce qui tient à l'industrie manufacturière.

8. La commission du commerce et des approvisionnemens sera chargée de la circulation intérieure des subsistances et denrées de toute espèce, des importations et exportations;

De la formation des greniers d'abondance et magasins de tout genre;

De la subsistance des armées, et de leurs fournitures en effets d'habillement, d'équipement, casernement et campement.

Elle exercera seule le droit de préemption, sous la surveillance du comité de salut public.

9. La commission des travaux publics sera chargée de la construction des ponts-et-chaussées, du système général des routes et canaux de la République;

Du travail des ports et défense des côtes;

Des fortifications et travaux défensifs de la frontière;

Des monumens et édifices nationaux, civils et militaires.

10. La commission des secours publics sera chargée de tout ce qui concerne l'administration des hôpitaux civils et militaires, les secours à domicile, l'extinction de la mendicité, les invalides, les sourds et muets, les enfans abandonnés, la salubrité des maisons d'arrêt.

11. La commission des transports, postes et messageries sera chargée de tout ce qui concerne le roulage, la poste aux chevaux, la poste aux lettres, les remontes, les charrois, convois et relais militaires de tout genre.

12. La commission des finances sera chargée de tout ce qui concerne l'administration des domaines et revenus nationaux, les contributions directes, les bois et forêts, les aliénations des domaines, les assignats et monnaies.

13. La commission de l'organisation et du mouvement des armées de terre sera chargée:

De la levée des troupes et de leur organisation;

De l'exercice et de la discipline des gens de guerre;

Des mouvemens et opérations militaires.

14. La commission de la marine et des colonies aura la levée des gens de mer, les classes et l'organisation des armées navales;

La défense des colonies;

La direction des forces et expéditions maritimes.

15. La commission des armes et poudres est chargée de tout ce qui concerne les manufactures d'armes à feu et armes blanches, les fonderies, bouches à feu et machines de guerre quelconques;

Des poudres, salpêtres et munitions de guerre;

Des magasins et arsenaux, tant pour la guerre que pour la marine;

16. Enfin la commission des relations extérieures sera chargée des affaires étrangères et et des douanes.

17. Ces douze commissions correspondront avec le comité de salut public, auquel elles sont subordonnés: elles lui rendront compte de la série et des motifs de leurs opérations respectives.

Le comité annulera ou modifiera celles de ces opérations qu'il trouvera contraires aux lois ou à l'intérêt public. Il hâtera près d'elles l'expédition des affaires, fixera leurs attributions respectives et les lignes de démarcation entre elles.

18. Chacune des commissions remettra, jour par jour, au comité de salut public:

1° L'état de situation sommaire de son département;

2° La dénonciation des abus et difficultés d'exécution qui se seront rencontrés;

3° Ses vues sur les réformes, le perfectionnement et la célérité des mesures d'ordre public.

Les membres de chacune des commissions particulières sont solidairement responsables pour leurs actes illégaux et pour leur négligence, conformément au décret du 14 frimaire relatif au gouvernement révolutionnaire.

19. Tous les emplois ou commissions, tant civils que militaires, seront donnés au nom

de la Convention, et délivrés sous l'approbation du comité de salut public.

20. Les membres des commissions et leurs adjoints seront nommés par la Convention nationale, sur la présentation du comité de salut public.

Ces commissions organiseront sans délai leurs bureaux, sous l'approbation du comité de salut public. Les nominations des employés lui seront également soumises, et devront être confirmées par lui.

21. Le traitement de chacun des commissaires sera de douze mille livres; celui des adjoints sera de huit mille livres; celui des employés dans les bureaux sera arrêté par le comité de salut public, et ne pourra excéder six mille livres.

22. Le comité de salut public est chargé de prendre toutes les mesures nécessaires à l'exécution du présent décret.

---

12 = 13 GERMINAL an 2 (1er = 2 avril 1794). — Décret interprétatif de celui du 26 juillet 1793 sur les accaparemens. (L. 17, 659; B. 41, 98; Mon. du 11 germinal an 2.)

Voy. loi du 8 VENDÉMIAIRE an 2.

Art 1er. Les marchands en gros et fabricans seront tenus de déclarer, dans la décade qui suivra la publication de la présente loi, à leur municipalité ou à leur section :

1° La quantité, qualité et nature des marchandises, denrées ou matières premières qu'ils possèdent dans l'étendue de la commune de leur domicile;

2° La quantité, qualité et nature de celles qui leur appartiennent dans tous les autres lieux de la République; ils désigneront de plus les dépôts où elles sont placées.

2. Sont considérés comme négocians en gros tous ceux qui achètent des denrées ou marchandises, et les conservent en magasin.

3. Ils afficheront, à la porte extérieure de leur domicile et à celle de la maison où seront leurs magasins, une inscription ou tableau lisible, qui contiendra leur nom et la nature des marchandises et denrées qui y seront déposées.

Les fabricans y indiqueront la nature de leurs fabriques.

4. Les fabricans justifieront aussi, lorsqu'ils en seront requis par leur municipalité, ou de la vente ou de l'emploi des matières premières dans leurs fabriques.

5. Les marchands en détail ne seront assujétis aux déclarations et inscriptions prescrites par les articles ci-dessus, que pour les magasins qu'ils auront en outre de l'atelier ou boutique où ils vendent en détail.

6. Tous les négocians en gros, les fabricans, les marchands en détail ayant des magasins, et les dépositaires, seront obligés de faire et de renouveler tous les mois la déclaration ci-dessus prescrite, dans les municipalités ou sections où ils ont des denrées ou des marchandises.

Les dépositaires feront aussi placer des inscriptions à la porte extérieure de la maison où sont leurs magasins; ils y désigneront le nom du propriétaire des marchandises.

Des peines.

7. Tous ceux qui n'auront point fait, dans les dix jours de la publication du présent décret, les déclarations prescrites par les articles 1er et 6, ou qui en auront fait d'inexactes, seront punis par la confiscation des denrées ou marchandises qui auraient dû être déclarées; ils seront en outre condamnés à deux ans de fers.

8. Ceux qui, ayant fait une déclaration, n'auront point affiché les inscriptions prescrites par les articles 3 et 6, seront condamnés à une amende égale à la valeur du cinquième de la marchandise déposée dans les magasins sur la maison desquels on aura omis de mettre l'inscription.

9. Tout marchand ou fabricant en gros qui refusera de vendre en gros, tout marchand en détail qui refusera de vendre en détail des denrées ou marchandises qu'il aura chez lui ou dans ses magasins, sera puni par la confiscation de toute la marchandise de l'espèce de celle qu'il aura refusé de vendre.

10. Tout marchand en gros ou en détail qui aura vendu au-delà du *maximum* sera puni, pour la première fois, d'une amende égale à dix fois la valeur de l'objet vendu, et la marchandise vendue sera confisquée en entier au profit du dénonciateur.

11. Dans le cas où celui qui aurait été condamné à l'amende, en exécution du présent article, viendrait à récidiver, il sera puni par la confiscation de toutes les marchandises de l'espèce de celles qu'il aura vendues au-dessus du *maximum;* il sera condamné en outre à la peine de deux ans de détention.

Dans ce cas, la confiscation aura lieu en entier au profit du dénonciateur.

12. Ceux qui, avant la promulgation du présent décret, n'auront pas fait la déclaration prescrite par l'article 5 du décret du 26 juillet dernier (vieux style); ceux qui n'auront pas fait cette déclaration dans le délai et la forme qui y sont indiqués, ou ceux qui auraient contrevenu aux articles 9 et 11 dudit décret du 26 juillet, seront punis des peines portées par l'article 7 ci-dessus.

13. Ceux qui n'auront pas mis les inscriptions et affiches mentionnées par l'article 10 dudit décret du 26 juillet, ou ceux qui ne l'auront pas fait dans la forme et le délai qu'il prescrit, seront punis des peines portées par l'article 8 du présent décret.

14. Ceux qui seront convaincus d'avoir recelé des subsistances et marchandises de nature à servir à l'approvisionnement des armées, dans l'intention de favoriser les projets des ennemis intérieurs ou extérieurs de la liberté, seront condamnés à la peine de mort, et leurs biens confisqués au profit de la nation.

15. Ceux qui, par malveillance, auraient fait ou laissé volontairement périr des denrées propres aux subsistances, seront punis de mort, et leurs biens confisqués au profit de la nation.

16. Dans tous les cas où il y aura confiscation de denrées ou de marchandises, s'il y a un dénonciateur, elle aura lieu, excepté dans le cas des articles 10 et 11, moitié au profit du dénonciateur, moitié au profit de la commune du lieu où les marchandises ont été saisies.

17. Celui qui dénoncera des marchandises ou des denrées de la nature de celles indiquées dans les articles 14 et 15, et qui auront été volontairement détruites, recevra une gratification égale à la moitié de la valeur de ces marchandises avant leur destruction, et dans le cas où la quantité n'en pourrait être constatée, et où elle n'excéderait pas la somme de trois cents livres, la gratification ne pourra être moindre que cette somme.

Elle sera prélevée sur les biens du condamné : s'il n'en a point, elle sera payée sur le Trésor national.

18. Les commissaires aux accaparemens sont supprimés : les sections de Paris et les conseils généraux des communes des autres départemens nommeront dans leur sein, tous les décadis, un ou plusieurs de leurs membres, pour en remplir gratuitement les fonctions.

19. Les municipalités enverront les procès-verbaux au tribunal de police correctionnelle, dans le cas où il n'écherra que de prononcer la confiscation et l'amende.

20. Dans les cas où le présent décret prononce des peines afflictives, les municipalités ou toutes autres autorités constituées feront arrêter les prévenus; elles seront tenues de les dénoncer sans délai au directeur du jury, qui fera les fonctions d'officier de police.

21. Le directeur du jury sera tenu de dresser l'acte d'accusation dans les vingt-quatre heures de la remise des pièces et procès-verbaux de contravention, et de le soumettre au jury dans la plus prochaine séance.

22. Des jurys spéciaux d'accusation et de jugement prononceront sur ces délits; ils seront formés en la manière prescrite par le paragraphe IV du décret du 2 nivose.

23. Au moyen des dispositions ci-dessus, le décret du 26 juillet dernier et tout autre décret contraire au présent sont abrogés.

24. La Convention annoncera, par un décret particulier, l'époque où le présent décret cessera d'être en vigueur.

---

12 GERMINAL an 2 (1er avril 1794). — **Décrets** qui accordent des secours aux citoyens Dufour-Lebreton et Bouin, et à la veuve Lehot. (B. 41, 95, 96 et 97.)

---

12 GERMINAL an 2 (1er avril 1794). — **Décret** qui surseoit à l'exécution d'un arrêté contre les cultivateurs de Lauris. (B. 41, 97.)

---

12 GERMINAL an 2 (1er avril 1794). — **Décret** qui renvoie au représentant du peuple Delille la pétition relative à la détention du citoyen Riquet, grenadier volontaire au 1er bataillon des Lombards. (B. 41, 97.)

---

12 GERMINAL an 2 (1er avril 1794). — **Décret** qui abolit l'esclavage des nègres dans les colonies. (B. 41, 101.)

---

12 GERMINAL an 2. — Approvisionnemens des places de guerre. *Voy.* 9 GERMINAL an 2. — Envoi de fonds à la Trésorerie nationale. *Voy.* 9 GERMINAL an 2. — Gendarmes de l'armée du Rhin. *Voy.* 8 GERMINAL an 2. — Jardins des domaines nationaux. — Recherche des biens de l'État. *Voy.* 10 GERMINAL an 2. — Recouvremens des liquidations. *Voy.* 9 GERMINAL an 2.—Sommes dues à Lyon et à Toulon. *Voy.* 8 GERMINAL an 2.

---

13 = 14 GERMINAL an 2 (2 = 3 avril 1794). — Décret qui prescrit aux anciens employés des ci-devant compagnies de finances, un délai pour la remise des mémoires en réclamation des intérêts de leurs cautionnemens. (L. 17, 664; B. 41, 107.)

Art. 1er. Tous les anciens employés des ci-devant compagnies de finances, leurs cessionnaires ou délégataires, liquidés et remboursés du montant de leurs cautionnemens avant le décret du 24 août dernier, mais qui n'ont point touché de ces compagnies les intérêts desdits cautionnemens antérieurs à leur liquidation, seront tenus de remettre et justifier, avant le 16 prairial prochain exclusivement, à peine de déchéance, au directeur général de la liquidation, leur mémoire en réclamation desdits intérêts, et déclarations signées d'eux ou de leurs fondés de pouvoir *ad hoc*, qu'ils sont propriétaires ou non d'autres créances sur la République, qui, réunies, excèdent ou n'excèdent pas la somme de trois mille livres.

2. Dans les cas où ces déclarations n'excéderaient pas la somme de trois mille livres, ils y joindront, dans le même délai, et sous la même peine de déchéance, leur quittance ou celle de leur fondé de pouvoir, avec un certificat du conservateur des hypothèques,

constatant qu'il n'y a pas d'opposition sur eux.

3. Lesdits intérêts arriérés ne leur seront alloués par le directeur général de la liquidation que sur le pied de quatre pour cent, à partir seulement du 1er janvier 1791 jusqu'au 1er vendémiaire de la seconde année républicaine.

---

13 = 14 GERMINAL an 2 (2 = 3 avril 1794). — Décret relatif à la remise des titres de créances des militaires. (L. 17, 665; B. 41, 108.)

Art. 1er. Les militaires de tous grades et de toutes armes, créanciers directs et immédiats de la nation, pour charges, offices, maîtrises et jurandes, cautionnemens, créances sur les corps et communautés supprimés, rentes, pensions, indemnités ou secours; les commissaires civils près les armées et les prisonniers de guerre qui, à raison de leur service dans l'une des armées de terre et de mer de la République, n'auraient pu produire leurs pièces et titres dans les formes et les délais prescrits par les précédentes lois sur la liquidation, seront liquidés de la manière suivante :

2. Ces militaires déposeront ou feront parvenir leurs titres et pièces au bureau du liquidateur de la Trésorerie nationale, lequel les enregistrera, en délivrera des récépissés, et donnera des avis motivés sur l'objet de chaque réclamation.

3. Le liquidateur de la Trésorerie nationale remettra les pièces et avis à fur et à mesure au comité des finances, lequel en rendra compte à la Convention nationale par des rapports particuliers pour chaque réclamation, et fera liquider les créances et droits reconnus légitimes, en prenant pour base les lois existantes sur la liquidation de la dette publique.

4. Pour jouir du bénéfice de ces dispositions, les réclamans justifieront qu'ils servaient ou qu'ils étaient partis pour servir dans l'une des armées de la République, à titre d'engagement, enrôlement ou réquisition, ou qu'ils étaient prisonniers de guerre, avant l'expiration des délais fixés pour la déchéance.

5. A cet effet, ils joindront aux pièces et titres qu'ils produiront un certificat, soit de l'état-major ou du conseil d'administration de leurs régimens respectifs, constatant l'époque à laquelle leur service a commencé, s'ils l'ont continué, ou les motifs pour lesquels ils auraient pu le cesser.

6. Les veuves et héritiers desdits militaires seront admis à la liquidation dans les cas prévus par les précédens décrets, en faisant les justifications ordonnées par les articles 4 et 5.

7. Les dispositions du présent décret n'auront pas lieu à l'égard des militaires qui auront été renvoyés de l'armée pour cause d'incivisme ou de lâcheté.

8. Les militaires actuellement en activité de service qui ont des pensions à recevoir sur le Trésor national, fourniront un certificat de civisme délivré par le conseil d'administration de leur bataillon, visé par le commandant ou par le commissaire des guerres.

---

13 = 14 GERMINAL an 2 (2 = 3 avril 1794). — Décret relatif au traitement des bataillons de sapeurs créés par le décret du 25 frimaire an 2. (L. 17, 667; B. 41, 109.)

La Convention nationale, après avoir entendu son comité de la guerre, décrète, par article supplémentaire au décret du 25 frimaire, portant création des bataillons de sapeurs, que les officiers, sous-officiers et sapeurs de ces bataillons jouiront, à compter du moment de leur formation, du supplément de campagne, comme toutes les autres troupes de la République, conformément au décret du 30 brumaire.

---

13 GERMINAL an 2 (2 avril 1794). — Décret qui rétablit une erreur de nom qui s'est glissée dans le décret rendu par l'Assemblée législative, concernant le citoyen Drouillard. (B. 41, 108.)

---

13 GERMINAL an 2 (2 avril 1794). — Décrets qui accordent un habillement aux gendarmes Guyot et Prévot, et des secours aux citoyens Marcot, Laury et Dumay. (B. 41, 106.)

---

13 GERMINAL an 2 (2 avril 1794). — Décret qui alloue des fonds pour les manufactures de Sèvres, des Gobelins, de la Savonnerie, et la machine de Marly. (B. 41, 107.)

---

13 GERMINAL an 2 (2 avril 1794). — Décret relatif à une demande d'indemnité par le citoyen Dambrière. (B. 41, 107.)

---

13 GERMINAL an 2 (2 avril 1794). — Décret qui renvoie au tribunal révolutionnaire les pièces relatives à la compagnie Masson et d'Espagnac. (B. 41, 108.)

---

13 GERMINAL an 2 (2 avril 1794). — Décret qui surseoit à l'exécution d'un jugement rendu contre la commune de Clémery. (B. 41, 108.)

---

13 GERMINAL an 2 (2 avril 1794). — Décret qui ordonne la remise de deux paquets d'assignats, expédiés à l'adresse des citoyens Gouge et Gaillard, à Commune-Affranchie. (B. 41, 107.)

---

13 GERMINAL an 2 (2 avril 1794). — Décret qui approuve le mandat d'arrêt décerné contre le général Westermann (B. 41, 109.)

13 GERMINAL an 2 (2 avril 1794). — Décret relatif à la liquidation des receveurs des consignations et commissaires aux saisies-réelles. (B. 41, 107 *bis*.)

---

13 GERMINAL an 2 — Accaparemens; Conseil exécutif provisoire. *Voy.* 12 GERMINAL an 2.

14=19 GERMINAL an 2 (3=8 avril 1794). — Décret qui prescrit la manière de procéder, à l'égard des faux témoins, devant les tribunaux criminels militaires. (L. 17, 668; B. 41, 110.)

Art. 1er. L'article 41 du titre VII de la seconde partie du décret du 16 septembre 1791, continuera d'être exécuté relativement aux personnes prévenues d'avoir porté faux témoignages devant les tribunaux criminels ordinaires, sans qu'il puisse être fait, à cet égard, aucune distinction entre les militaires et les non-militaires.

2. En cas de déposition évidemment fausse devant un tribunal criminel militaire, le président sera tenu, soit d'office, soit sur la réquisition de l'accusateur public ou de l'accusé, d'en dresser procès-verbal, de faire arrêter sur-le-champ le prévenu de faux témoignage, de l'interroger, et de délivrer contre lui un mandat d'arrêt.

3. Si le prévenu est militaire, ou s'il est employé ou attaché à la suite de l'armée, il sera, en vertu de ce mandat d'arrêt, et sans autre formalité, traduit au tribunal criminel militaire devant lequel il a déposé; et l'acte d'accusation sera, dans ce cas, dressé par le président.

4. Si, parmi plusieurs témoins prévenus à la foi de fausse déposition dans la même affaire, un ou plusieurs sont, ou militaires, ou employés à l'armée, ou attachés à sa suite, le délit sera poursuivi à l'égard de tous de la manière prescrite par l'article précédent.

5. Il en sera de même, quel que soit l'état du prévenu, lorsque la séance du tribunal militaire à laquelle il a été déposé aura été tenue hors du territoire français.

6. Dans tout autre cas, le prévenu non militaire et non employé ou attaché à la suite de l'armée sera, par le mandat d'arrêt mentionné en l'article 2, renvoyé devant le directeur du jury du district dans l'étendue duquel il a déposé.

7. Les règles de compétence établies par le présent décret auront également lieu relativement aux personnes prévenues d'avoir porté faux témoignage devant les tribunaux de police correctionnelle, soit militaires, soit ordinaires.

Mais, dans ce cas, le mandat d'arrêt sera délivré par l'officier de police qui présidera le tribunal de police correctionnelle, et le prévenu ne sera traduit au tribunal criminel, soit ordinaire, soit militaire, qu'après avoir été mis en état d'accusation de la manière déterminée, soit par le titre Ier de la seconde partie du décret du 16 septembre 1791, soit par le titre VI du décret du 3 pluviose, suivant les distinctions convenues aux articles précédens.

8. Les dispositions ci-dessus auront leur effet à l'égard des prévenus de faux témoignage dont le procès ne sera pas encore jugé définitivement à l'époque de la publication du présent décret.

14=19 GERMINAL an 2 (3=8 avril 1794). — Décret relatif aux mandats d'amener qui seront délivrés contre les personnes prévenues de malversation dans la garde ou vente des biens nationaux, d'embauchage, de complicité d'émigration et de fabrication ou introduction de faux assignats ou de fausse monnaie. (L. 17, 670; B. 41, 112.)

Art. 1er. Les municipalités, les comités de surveillance, les directoires de district, les agens nationaux près les districts, les juges-de-paix, les commissaires de police, et les commissaires nationaux près les tribunaux civils, ne délivreront dorénavant que des mandats d'amener à la charge des personnes prévenues, soit de soustraction, divertissement ou malversation commis dans la garde, régie ou vente des biens ou effets nationaux, soit d'embauchage, soit de complicité d'émigration, soit de fabrication, distribution ou introduction de faux assignats ou fausse monnaie; et il est dérogé, quant à ce, à l'article 3 du décret du 7 frimaire, et à l'article 3 de celui du 30 du même mois.

2. Ces mandats d'amener contiendront l'ordre de conduire les prévenus devant le directeur du jury, qui remplira, à leur égard, toutes les fonctions de la police de sûreté, tant pour la recherche des preuves existant contre eux, que pour leur traduction au tribunal criminel, par le moyen d'un mandat d'arrêt.

3. Lorsqu'il s'agira de faux assignats, les fonctionnaires désignés dans l'article 1er seront tenus de les parapher et faire parapher par les prévenus, et de les adresser au directeur du jury, sous une enveloppe dûment scellée et souscrite tant par eux que par les prévenus mêmes.

Si les prévenus ne veulent ou ne peuvent écrire, il en sera fait mention dans un procès-verbal dressé à cet effet.

4. Les fonctionnaires qui manqueront aux formalités prescrites par l'article précédent encourront les peines portées par l'article 4 de la section V du décret du 14 frimaire sur le Gouvernement provisoire et révolutionnaire, sans néanmoins que l'inobservation de ces formalités puisse être un titre d'impunité pour les prévenus de fabrication, distribution ou introduction de faux assignats, à

la charge desquels il existerait d'autres moyens de conviction.

5. Les décrets des 7 et 30 frimaire continueront d'être exécutés dans tous les points auxquels il n'est pas innové par le présent.

---

14 GERMINAL an 2 (3 avril 1794). — Décret qui accorde des secours et pensions aux blessés du 10 août. (L. 17, 672; B. 41, 109.)

---

14 GERMINAL an 2 (3 avril 1794). — Décret qui traduit au tribunal révolutionnaire le chef de bataillon Chopplet. (B. 41, 110.)

---

14 GERMINAL an 2. — Employés des compagnies des finances. *Voy.* 13 GERMINAL an 2. — Pensions. *Voy.* 1er GERMINAL an 2. — Refonte des papiers imprimés. *Voy.* 6 GERMINAL an 2. — Sapeurs; Titres de créances des militaires. *Voy.* 13 GERMINAL an 2.

---

15 = 15 GERMINAL an 2 (4 = 4 avril 1794). — Décret relatif aux prévenus de conspiration qui résisteraient ou insulteraient à la justice nationale. (L. 17, 673; B. 41, 115.)

La Convention nationale décrète que le tribunal révolutionnaire continuera l'instruction relative à la conjuration de Lacroix, Danton, Chabot et autres; que le président emploiera tous les moyens que la loi lui donne pour faire respecter son autorité et celle du tribunal révolutionnaire, et pour réprimer toute tentative de la part des accusés pour troubler la tranquillité publique et entraver la marche de la justice;

Décrète que tout prévenu de conspiration qui résistera ou insultera à la justice nationale, sera mis hors des débats, et jugé sur-le-champ.

---

15 GERMINAL an 2 (4 avril 1794). — Décrets qui accordent des secours et indemnités au citoyen Richon et à la veuve Corré, et un brevet de chef de brigade au citoyen Targe. (B. 41, 113 et 114.)

---

15 GERMINAL an 2 (4 avril 1794). — Décret qui autorise le citoyen Clapier à rester à Paris. (B. 41, 115.)

---

15 GERMINAL an 2. — Baux par anticipation; Commerce maritime et douanes; Enfans abandonnés; Jugemens en matière civile; Mariage de filles d'émigrés; Militaires. *Voy.* 4 GERMINAL an 2.

---

16 = 22 GERMINAL an 2 (5 = 11 avril 1794). — Décrets qui fixent le traitement des agens nationaux établis près les administrations de district, et déterminent le mode de leur remplacement. (L. 17, 674; B. 41, 118.)

1er DÉCRET. La Convention nationale, après avoir entendu le rapport de son comité des finances, décrète :

Art. 1er. Les agens nationaux établis près des administrations de district par la loi sur le gouvernement provisoire, recevront un traitement annuel de deux mille quatre cents livres.

2. Au moyen de ce traitement, ils ne pourront prétendre à aucune indemnité pour frais de transport, de bureau ou autres, de quelque espèce qu'ils soient.

3. Ce traitement sera payé à raison de deux cents livres chaque mois, par le receveur de district, sur les contributions, et alloué dans ses comptes sur la simple quittance de la partie prenante, qui sera tenue d'ailleurs de joindre à sa quittance la justification du paiement de sa contribution mobilière de 1793.

2e DÉCRET. La Convention nationale, sur l'observation faite par un membre, que plusieurs agens nationaux de districts et de communes se trouvant forcés, soit pour raison de santé, soit pour d'autres motifs, de renoncer à leurs fonctions, il est indispensable de consacrer par un décret le mode de leur remplacement, passe à l'ordre du jour, motivé sur ce que les représentans du peuple envoyés dans les départemens sont autorisés à prononcer sur les remplacemens de ce genre.

---

16 = 22 GERMINAL an 2 (5 = 11 avril 1794). — Décret relatif aux jardins botaniques et aux plantes rares qui s'y trouvent. (L. 17, 675; B. 41, 118.)

La Convention nationale, sur la proposition d'un membre, décrète ce qui suit :

Les administrations de district constateront l'état des jardins botaniques et des plantes rares qui se trouvent dans leurs arrondissemens respectifs; elles prendront, sans délai, les mesures les plus actives pour leur conservation provisoire et leur entretien.

---

16 = 22 GERMINAL an 2 (5 = 11 avril 1794). — Décret relatif aux comptes à rendre par les receveurs des consignations et les commissaires aux saisies-réelles. (L. 17, 676; B. 41, 119.)

Voy. loi du 23 SEPTEMBRE 1793, et décret du 12 FÉVRIER 1812.

Art. 1er. Les ci-devant receveurs des consignations et les commissaires aux saisies-réelles rendront compte de leur gestion et de celle de leurs prédécesseurs, à partir de l'époque où les fonds de leurs caisses ont été versés au Trésor public et convertis en contrats de constitution, en vertu de la déclaration du 24 juin 1721. Néanmoins, ceux des receveurs ou commissaires qui justifieraient de comptes légalement rendus et apurés depuis cette époque, ne seront comptables que des gestions postérieures (1).

2. Lesdits receveurs et commissaires dont les offices auront été levés aux parties casuelles purement et simplement, sans l'intervention des veuves et héritiers de ceux à qui ils avaient précédemment appartenu, et sans charge d'aucun débet et comptabilité, ne compteront que du jour où leur exercice aura commencé.

3. Les titulaires dont les offices supprimés ont été recréés, et ceux qui, en ayant acquis après la faillite des pourvus, ont été déchargés spécialement de toute comptabilité antérieure, soit par des lettres-patentes ou autres lois, ne compteront que de leurs exercices personnels.

4. Lesdits ci-devant receveurs et commissaires dresseront les comptes qu'ils ont à rendre, consignation par consignation, bail judiciaire par bail judiciaire, et le procès-verbal qu'ils en dresseront contiendra l'énonciation des pièces à l'appui.

5. Ils présenteront ces comptes, le 30 frimaire prochain au plus tard, aux municipalités de leurs résidences respectives, lesquelles nommeront deux commissaires pris dans leur sein, pour les examiner, les vérifier par l'application des pièces justificatives, et donner leur avis par écrit sur l'état desdits comptes, dans deux mois à partir de la remise qui leur en aura été faite.

6. Dans la décade suivante, lesdits ci-devant titulaires remettront ces comptes et l'avis des commissaires, savoir: ceux qui avaient leur résidence à Paris, au directoire du département de Paris; et les autres, aux directoires de leurs districts respectifs, lesquels les vérifieront, rectifieront, s'il y a lieu, et les arrêteront définitivement dans le même délai de deux mois, à partir de la remise qui leur en aura été faite.

7. Seront tenus lesdits receveurs et commissaires de remettre, aussitôt après la vérification de leurs comptes, les sommes dont ils seront jugés reliquataires, savoir: les receveurs des consignations, entre les mains des receveurs de leurs districts respectifs; et les commissaires aux saisies-réelles, en celles des receveurs de l'enregistrement de leur résidence, conformément au décret du 23 septembre dernier.

8. Seront néanmoins lesdits ci-devant titulaires, leurs successeurs ou ayant-cause, personnellement garans et responsables de la validité des paiemens énoncés aux comptes rendus tant par eux que par leurs prédécesseurs, ainsi que des erreurs ou omissions qui se trouveraient y être faites, même de toutes les réclamations qui pourraient avoir lieu pour raison des gestions antérieures à la déclaration du 24 juin 1721.

9. Dans aucun cas, la nation ne sera responsable des dépôts faits entre les mains des ci-devant receveurs des consignations ou commissaires aux saisies-réelles, que jusqu'à concurrence des sommes qui auront été versées au Trésor public, provenant de leurs caisses.

10. Faute par eux de présenter leurs comptes dans le délai fixé par l'article 5, ils y seront contraints, à la diligence de l'agent national du district de leur résidence, par toutes les voies de droit, même par corps, comme rétentionnaires de deniers publics; et, jusqu'à l'apurement desdits comptes, ils ne pourront rien toucher du prix de la liquidation de leurs offices.

11. Dans le cas où quelques-uns d'eux n'auraient pas présenté leurs comptes dans le délai ci-dessus déterminé, le montant de leur liquidation sera réduit d'un tiers par chaque mois de retardement, au profit de la nation, le tout sans préjudice des poursuites mentionnées en l'article précédent.

---

16 GERMINAL an 2 (5 avril 1794). — **Décret qui accorde des secours et indemnités aux patriotes de Marseille et au citoyen Pujol.** (L. 17, 679; B. 41, 116.)

---

16 GERMINAL an 2 (5 avril 1794). — **Décret relatif à l'exploitation des mines de Saint-Hilaire et de Beaurins.** (B. 41, 116.)

---

16 GERMINAL an 2 (5 avril 1794). — **Décret qui surseoit aux poursuites contre les accusés Corneille, Gaurin Cantenaux** (B. 41, 116.)

---

16 GERMINAL an 2 (5 avril 1794). — **Décret relatif à la pépinière du Roule, et à celles du département de Seine-et-Oise.** (B. 41, 117.)

---

16 GERMINAL an 2 (5 avril 1794). — **Décret qui approuve la nomination du citoyen Goujon au ministère de l'intérieur.** (B. 41, 102.)

---

17 = 27 GERMINAL an 2 (6 = 16 avril 1794). — **Décret qui prescrit le mode de procéder pour les actions en rabattement.** (L. 17, 681; B. 41, 126; Mon. du 21 germinal an 2.)

---

(1) Les comptes des commissaires aux saisies-réelles ne les ont libérés qu'autant qu'ils ont été communiqués au directeur des domaines, débattus et vérifiés. A défaut de ces formalités, les choses sont entières. — La contestation, entre le domaine et le commissaire, doit être portée aux tribunaux (28 juillet 1819; ordonnance du Roi sur avis du comité contentieux du 16 juillet 1819; S. 20, 2, 144; J. C. t. 5, p. 182).

Voy. lois du 12=13 février 1793, et du 25 brumaire an 6.

La Convention nationale, après avoir entendu le rapport de son comité de législation sur des pétitions relatives au rabattement de décret qui avait lieu dans le ressort du ci-devant parlement de Toulouse ; interprétant et modifiant le décret du 12 février 1793, décrète ce qui suit :

Art. 1er. En prononçant sur les actions en rabattement, les juges se conformeront aux dispositions de la déclaration du 16 janvier 1736, auxquelles il n'est pas dérogé par ledit décret du 12 février, ou par le présent décret.

2. Ceux qui ont à exercer des actions en rabattement contre des adjudications par décret, antérieures à la publication du décret du 25 août 1792, ne pourront les former que d'ici au 1er vendémiaire prochain exclusivement, soit que les décrets aient été interposés par le ci-devant parlement de Toulouse, ou par les ci-devant cours des aides de Montauban ou de Montpellier, ou par des tribunaux inférieurs : après l'expiration de ce terme, aucune demande en rabattement ne pourra être admise. Le délai ci-dessus courra contre les pupilles et mineurs, sauf leurs recours contre les tuteurs et curateurs, conformément à l'article 14 de la déclaration de 1736.

3. Il n'est rien ajouté par les articles précédens au droit de ceux dont les actions en rabattement, d'après les délais ci-devant usités, se trouveraient prescrites avant le 1er vendémiaire prochain.

4. Les améliorations faites sur les biens décrétés avant la publication du décret du 25 août 1792, seront liquidées et remboursées à l'adjudicataire, selon les principes qui avaient été jusqu'alors pratiqués. Quant aux améliorations faites dans l'intervalle de la publication du décret du 25 août à la publication du décret du 12 février, elles seront toutes liquidées et remboursées à l'adjudicataire, sans aucune distinction ou exception.

Les adjudicataires dépossédés depuis la publication du décret du 12 février pourront réclamer la liquidation et le remboursement de celles des améliorations faites dans ledit intervalle qui ne leur auraient pas été allouées.

5. Le décret du 12 février sera exécuté dans toutes les dispositions qui ne sont pas contraires à celles du présent décret.

6. L'insertion du présent décret dans le bulletin de correspondance tiendra lieu de publication.

---

17 germinal = 3 floréal an 2 (6 = 22 avril 1794). — **Décret relatif aux pensionnaires et gagistes de la ci-devant liste civile.** (L. 17, 683 ; B. 41, 128 ; Mon. du 18 germinal an 2.)

Titre Ier. De la liquidation des offices de la maison du ci-devant Roi.

Art. 1er. Les décrets des 9 juin 1790 et 27 août 1793, concernant les personnes attachées au service de la maison du ci-devant Roi, sont rapportés.

2. Les officiers de la maison du ci-devant Roi qui justifieront d'un versement fait au Trésor public, seront liquidés sur le montant des quittances de finance.

3. Ceux qui ne pourront pas justifier de versemens faits au Trésor public ne seront point admis à liquidation.

4. Sont pareillement déchus de tout droit de liquidation les titulaires qui ne se seraient pas conformés à l'article 8 du décret du 27 août dernier.

5. Sont déclarés nuls et comme non avenus tous actes de vente, cession, subrogation, démission, transmission, sous quelque dénomination que ce soit, faits postérieurement à l'époque du décret du mois d'août 1789, qui supprime la vénalité des charges.

6. Les acquéreurs, cessionnaires ou démissionnaires qui auront payé le tout ou partie des sommes portées auxdits actes, sont autorisés à les réclamer contre leurs vendeurs par les voies de droit.

Titre II. Des pensions.

Art. 1er. Le gagiste âgé de cinquante ans, et qui aura cinq années de service au moins, obtiendra, à titre de pension, le quart de ses appointemens annuels, qui ne pourra jamais être au-dessus de mille livres ; il aura de plus, pour chaque année de service au-delà de ces cinq années, un trentième des trois quarts restans, pourvu que le tout n'excède pas mille livres.

2. Le gagiste qui a mille livres de revenu ne peut prétendre à aucune pension : s'il jouit d'un revenu moindre de mille livres, mais qui, joint à la pension qui lui est accordée par l'article 1er, s'élève au-dessus de cette somme, la pension sera réduite à ce qui est nécessaire pour former en totalité la somme de mille livres.

3. Les pensions de retraite précédemment accordées à des personnes autres que celles de la maison militaire du ci-devant Roi, soit sur brevet, soit sur des états particuliers de réforme, sont supprimées. Ceux qui en jouissaient ou qui prétendront y avoir droit, remettront leurs titres et mémoires au commissaire-liquidateur de la liste civile, qui fixera les pensions d'après les principes établis dans le présent décret.

4. Les pensions ci-devant accordées sur les cassettes, domaines et aumônes, seront conservées, jusqu'au *maximum* seulement de quatre cents livres, pour ceux qui rapporteront un certificat d'indigence émané du con-

seil général de leur commune, visé au district.

5. Ceux auxquels il a été accordé de petites pensions de retraite, et par supplément la continuation de l'habillement, du coucher et du logement pour le reste de leurs jours, obtiendront, par augmentation de pension et pour tenir lieu dudit supplément, la somme annuelle de cent livres.

6. Ceux qui avaient précédemment obtenu des pensions de cent livres, ou qui seraient dans le cas d'en prétendre pour services dans la maison militaire du ci-devant Roi, et ceux qui en avaient obtenu pour services étrangers à la personne du ci-devant Roi et à la famille ci-devant royale, mais dont les brevets, timbrés: *Maison du Roi*, les avaient fait renvoyer à la liste civile, seront traités conformément aux décrets rendus pour tous les pensionnaires à la charge du Trésor national, pourvu qu'ils aient précédemment déposé à la direction générale, ou entre les mains du liquidateur de la liste civile, le certificat de leur résidence en France depuis le 9 mai 1792, dans la forme prescrite par les décrets des 26 mars 1793, 14 et 19 pluviose dernier.

7. La liquidation de leur pension se fera par le directeur-général de la liquidation, par ordre d'ancienneté d'âge, et simultanément avec celle des autres pensionnaires de la République. Ils toucheront, comme ces derniers, les secours provisoires accordés par les lois antérieures, à dater du 1er janvier 1790, sauf la déduction des sommes qu'ils pourraient avoir reçues de la liste civile.

Titre III. Des secours.

Art. 1er. Il sera accordé, à titre de secours une fois payé, à chacun des gagistes qui ont moins de cinquante ans et qui n'ont pas mille livres de revenu, le montant des appointemens d'une année de service, pourvu que ce montant n'excède pas mille livres; s'il excède, il sera réduit à cette somme.

2. Le gagiste âgé de plus de cinquante ans, et qui n'aura pas cinq années de service, obtiendra le secours fixé dans l'article précédent, et sous les mêmes conditions.

Titre IV. Mesures générales.

Art. 1er. Pour obtenir ou conserver des secours ou pensions en vertu du présent décret, hors des cas énoncés dans l'article 6 du titre II, les gagistes seront tenus de faire la déclaration de leur fortune par-devant les conseils généraux de la commune de leur domicile.

2. Les conseils généraux en vérifieront l'exactitude, soit en se faisant représenter par le réclamant la cote des diverses contributions, soit en prenant d'autres renseignemens, s'ils le jugent à propos. Ils seront tenus de délivrer une expédition de leur avis dans le mois, à dater du jour où la déclaration aura été faite, sous peine de tous dommages et intérêts envers la partie.

3. Si la déclaration est trouvée fausse, le gagiste sera déchu de l'indemnité ou de la pension.

4. La remise de la déclaration, revêtue de l'avis du conseil général, sera faite au commissaire-liquidateur de la liste civile d'ici au 30 messidor prochain, sous peine de déchéance.

5. Cette déclaration et le visa seront renouvelés à chaque paiement des arrérages qui écherront: si le revenu du pensionnaire se trouve augmenté, la pension sera réduite conformément à l'article 5 du titre II, dont la disposition est applicable à toutes les différentes pensions dont il est parlé dans le présent décret, à l'exception de celles qui seront liquidées en exécution de l'art. 6 du titre II.

6. Le temps de service depuis l'année 1780 sera certifié, sur la demande du commissaire-liquidateur de la liste civile, soit par les commissaires de la comptabilité, soit par le commissaire-général de la liquidation, d'après les états déposés dans leurs bureaux respectifs.

A l'égard du temps antérieur à 1780, il sera délivré des certificats par le gagiste le plus ancien d'entre ceux qui servaient dans la même partie que les réclamans, pourvu qu'il soit reconnu pour bon citoyen par le conseil général de la commune de sa résidence, qui visera sa signature. Ces certificats seront demandés et remis au commissaire de la liste civile d'ici au 30 messidor prochain, sous peine de déchéance par ceux qui voudront en faire usage.

Celui qui sera convaincu d'avoir attesté des services qui n'auraient pas eu lieu sera privé pour toujours de la pension à laquelle il aurait personnellement droit de prétendre.

7. Les pensions et secours qui seront fixés en vertu du présent décret commenceront à courir le 1er janvier 1793, sauf la réduction des secours provisoires accordés depuis cette époque, tant sur lesdites pensions que sur les secours définitifs, pour les six premiers mois de 1793.

8. Ces pensions et ces secours sont insaisissables pour moitié.

9. Ils ne pourront être reçus qu'à la charge de remplir toutes les autres formalités prescrites pour tous les pensionnaires de la République.

10. La liquidation des pensions de toutes les personnes attachées à la liste civile, autres que celles désignées dans l'article 6 du titre II, sera faite, d'ici au 30 fructidor, par le commissaire-liquidateur de la liste civile, qui en adressera les états à la Convention nationale ou au Corps-Législatif, pour être

décrété sur les observations et le rapport du comité de liquidation.

11. Tous les prétendans à une pension ou secours en vertu du présent décret adresseront, d'ici au 30 messidor prochain, leurs demandes et leurs titres au commissaire-liquidateur de la liste civile, qui sera tenu de vérifier les faits, sous sa responsabilité, sur pièces authentiques ou états remis entre ses mains.

12. Il sera livré des brevets à tous ceux qui obtiendront des pensions ou dont les anciennes pensions seront conservées en vertu du présent décret.

13. Les sections de la direction générale de la liquidation qui sont chargées de la liquidation des offices, de même que les sections formées par le commissaire-liquidateur de la liste civile pour la liquidation des objets compris dans les titres II et III, termineront les opérations qui leur sont confiées, d'ici au 30 fructidor de la seconde année.

Dans ces sections on recevra une gratification de trois mois d'appointemens, si ces opérations sont terminées avant cette époque: si elles ne le sont pas, on sera obligé de travailler sans appointemens jusqu'à la confection de la liquidation.

---

17 GERMINAL an 2 (6 avril 1794). — Décret qui fixe le prix des coches de la Haute-Seine, de la Saône et du Rhône. (L. 17, 680; B. 41, 122.)

---

17 GERMINAL an 2 (6 avril 1794). — Décret d'ordre du jour sur le régiment provincial de Paris, et sur Thomas-Launoy, condamné à six ans de fers. (B. 41, 122.)

---

17 GERMINAL an 2 (6 avril 1794). — Décret qui annule la procédure instruite contre le citoyen Carion. (B. 41, 122.)

---

17 GERMINAL an 2 (6 avril 1794) — Décret qui ordonne l'embrigadement des bataillons formés à Orléans. (B. 41, 123.)

---

17 GERMINAL an 2 (6 avril 1794). — Décrets qui accordent des secours au citoyen Boutlier et à la veuve Constant, et une récompense au citoyen Chatel. (B. 41, 124.)

---

17 GERMINAL an 2 (6 avril 1794). — Décret qui ordonne la résiliation des baux des maisons servant aux messageries. (B. 41, 124.)

---

17 GERMINAL an 2 (6 avril 1794). — Décret qui ordonne la remise des papiers de la Ferme et de la Régie générales, pour le travail de la liquidation. (B. 41, 125.)

---

17 GERMINAL an 2 (6 avril 1794). — Décret relatif au traitement de l'inspecteur-général des relais Gilbert. (B. 41, 125.)

---

17 GERMINAL an 2. — Nouveau mode de comptabilité. *Voy.* 4 GERMINAL an 2.

---

18 = 23 GERMINAL an 2 (7 = 12 avril 1794). — Décret qui ordonne la construction de voitures propres au transport des fourrages, et règle la manière dont ce service sera provisoirement fait. (L. 17, 689; B. 41, 144.)

Art. 1er. La commission des transports militaires fera construire, sous le plus bref délai, six mille voitures propres au transport des fourrages.

2. En attendant la confection de ces voitures, la commission pourra en louer ou mettre en réquisition un nombre suffisant pour assurer le service; elle pourra également en acheter, si elle en trouve de propres aux transports auxquels elles sont destinées.

3. Ces voitures seront particulièrement attachées au transport des foins, pailles et avoines des magasins de l'intérieur aux armées; elles seront disposées pour recevoir vingt-cinq à trente quintaux.

4. Ces transports s'effectueront par le moyen des relais, calculés sur des distances de cinq, six et sept lieues, suivant les localités.

5. La commission des transports militaires pourra se servir au besoin, et lorsque les circonstances l'exigeront, des mêmes moyens pour faire parvenir aux armées les effets de campement, habillement et équipement.

6. Les propriétaires des chevaux seront payés à la fin du retour de chaque course, et sur le pied du *maximum* fixé par quintal et par lieue pour le transport des subsistances.

7. La commission des transports militaires fera les fonds nécessaires à ces différentes dépenses, et la Trésorerie nationale tiendra à sa disposition la somme de dix millions pour ce service.

---

18 GERMINAL an 2 (7 avril 1794). — Décret qui prononce des peines contre les fonctionnaires qui suspendent les réquisitions. (L. 17, 699.)

---

18 GERMINAL an 2 (7 avril 1794). — Décret qui ordonne une levée extraordinaire de chevaux et de mulets. (L. 17, 691; B. 41, 138.)

---

18 GERMINAL an 2 (7 avril 1794). — Décrets qui accordent des congés aux députés Crevelier, Berlier et Rameau. (B 41, 132, 133 et 136.)

---

18 GERMINAL an 2 (7 avril 1794). — Décret qui alloue des fonds pour dénonciation de faux assignats. (B. 41, 132.)

---

18 GERMINAL an 2 (7 avril 1794). — Décrets qui accordent des secours aux citoyens Collette et Devillars, et à la veuve Roujol. (B. 41, 133 et 134.)

---

18 GERMINAL an 2 (7 avril 1794). — Décret relatif aux honneurs publics mérités par le député Beauvais. (B. 41, 135.)

---

18 GERMINAL an 2 (7 avril 1794). — Décret qui supprime la caisse établie par l'administration des domaines. (B. 41, 135.)

---

18 GERMINAL an 2 (7 avril 1794). — Décret de renvoi de la pétition du citoyen Tinel aux représentans du peuple près l'armée d'Italie. (B. 41, 135.)

---

18 GERMINAL an 2 (7 avril 1794). — Décret d'accusation contre Simon. (B. 41, 137.)

---

18 GERMINAL an 2 (7 avril 1794). — Décret sur le mode de remplacement des domaines nationaux et du ministre des contributions publiques. (B. 41, 137.)

---

18 GERMINAL an 2 (7 avril 1794). — Décret qui renvoie au citoyen Bernard, représentant du peuple, la pétition du citoyen Roberjot. (B. 41, 137.)

---

18 GERMINAL an 2 (7 avril 1794). — Décret relatif aux réquisitions de la commission des subsistances et des approvisionnemens. (B. 41, 138.)

---

18 GERMINAL an 2 (7 avril 1794). — Décret relatif aux frais de réparation du presbytère de la commune de Vaux. (B. 41, 136.)

---

19 GERMINAL an 2 (8 avril 1794). — Décret qui accorde une récompense au citoyen Gechter. (B. 41, 145.)

---

19 GERMINAL an 2 (8 avril 1794). — Décret relatif aux pensions des citoyens Fragnier et Angran, et à la veuve Legros. (B. 41, 146.)

---

19 GERMINAL an 2 (8 avril 1794). — Décret qui traduit au tribunal révolutionnaire le préposé des subsistances Hardi. (B. 41, 148.)

---

19 GERMINAL an 2 (8 avril 1794). — Décret relatif aux rapports pour l'admission des suppléans. (B. 41, 151.)

---

19 GERMINAL an 2 (8 avril 1794). — Décret qui confirme l'adjudication de l'abbaye de Clairvaux au citoyen Causon. (B. 41, 149.)

19 GERMINAL an 2 (8 avril 1794). — Décret qui accorde des secours aux citoyens Debrienne et Lioult. (B. 41, 150.)

---

19 GERMINAL an 2 (8 avril 1794). — Décret qui accorde un congé au député Michel-Edme Petit. (B. 41, 145.)

---

19 GERMINAL an 2 (8 avril 1794). — Décret relatif à deux abus commis par le greffier de la maison de justice de Toulouse et les officiers de police de sûreté. (B. 41, 147.)

---

19 GERMINAL an 2 (8 avril 1794). — Décret sur la pétition des pélerins de Saint-Jacques. (B. 41, 145.)

---

19 GERMINAL an 2 (8 avril 1794). — Décret portant qu'il n'y a lieu à délibérer sur la réclamation de Feucher, Barral Thurler. (B. 41, 147.)

---

19 GERMINAL an 2 (8 avril 1794). — Décret qui approuve et confirme l'arrêté pris le 25 septembre dernier par les représentans du peuple envoyés dans les départemens de la Seine-Inférieure, relativement à des citoyens des communes de Bréauté et de Breuzeville. (B. 41, 147.)

---

19 GERMINAL an 2 (8 avril 1794). — Décret qui confirme la nomination des citoyens Herman et Lanne au ministère de l'intérieur. (B. 41, 151.)

---

19 GERMINAL an 2. — Blessés du 10 août; Faux témoins; Malversations dans les biens nationaux. *Voy.* 14 GERMINAL an 2.

---

20 GERMINAL an 2 (9 avril 1794). — Décret qui accorde des secours à la veuve Leteste. (B. 41, 151.)

---

21 GERMINAL an 2 (10 avril 1794). — Décret qui accorde un passeport au citoyen Lachaume. (B. 41, 152.)

---

21 GERMINAL an 2 (10 avril 1794). — Décret qui accorde cent cinquante livres au citoyen Dhéré. (B. 41, 152.)

---

21 GERMINAL an 2 (10 avril 1794). — Décret relatif aux débiteurs des habitans de Lyon et de Toulon. (B. 41, 153.)

---

21 GERMINAL an 2 (10 avril 1794). — Décret relatif au citoyen Brunet, détenu à Lorient. (B. 41, 151.)

---

21 GERMINAL an 2 (10 avril 1794). — Décret qui proroge pour un mois les pouvoirs du comité de salut public. (B. 41, 154.)

---

21 GERMINAL an 2 (10 avril 1794). — Décret relatif à la destitution du citoyen Froidure. (B. 41, 153.)

21 GERMINAL an 2 (10 avril 1794). — Décret qui oblige de produire la quittance du paiement de l'amende encourue au bureau de paix, pour être admis à plaider devant les tribunaux. (B. 41, 153.)

---

21 GERMINAL an 2. — Abolition de l'esclavage des nègres. *Voy.* 16 PLUVIOSE an 2.

22 GERMINAL = 1er FLORÉAL an 2 (11 = 20 avril 1794). — Décret relatif aux receleurs d'ecclésiastiques sujets à la déportation. (L. 17, 700; B. 41, 158.)

Art. 1er. A compter de la promulgation du décret du 30 vendémiaire, concernant les ecclésiastiques, sujets à la déportation, et en exécution de l'article 17 de ce décret, celui qui aura recelé un ecclésiastique sujet à la déportation ou réclusion, ou ayant encouru la peine de mort, sera puni de la déportation.

2. A compter de la publication du présent décret, le receleur d'ecclésiastiques soumis aux peines énoncées en l'article 1er sera regardé et puni comme leur complice.

3. Le présent décret sera publié par la voie du bulletin de correspondance.

---

22 GERMINAL = 1er FLORÉAL an 2 (11 = 20 avril 1794). — Décret qui ordonne l'exécution immédiate du titre premier du décret du 3 pluviose an 2, relatif à la juridiction des tribunaux militaires. (L. 17, 701; B. 41, 161.)

Art. 1er. Le titre Ier du décret du 3 pluviose, relatif à la juridiction des tribunaux militaires, sera dès à présent exécuté comme si l'organisation ordonnée par ce décret était achevée et en activité.

En conséquence, toutes les dispositions de ce titre où il est parlé des tribunaux militaires s'appliqueront aux tribunaux et commissions qui actuellement en tiennent lieu.

2. Ces dispositions auront leur effet même à l'égard des délits commis antérieurement au présent décret et à celui du 3 pluviose.

3. Ne pourront néanmoins les tribunaux et commissions mentionnés en l'article 1er, ni même les tribunaux criminels militaires qui seront organisés conformément au décret du 3 pluviose, connaître, en aucun cas, des crimes de fabrication, distribution ou introduction de faux assignats; et il est dérogé, quant à ce, aux articles 3 et 4 de ce dernier décret.

4. Le présent décret sera inséré au Bulletin de demain, et cette insertion tiendra provisoirement lieu de publication.

---

22 GERMINAL = 1er FLORÉAL an 2 (11 = 20 avril 1794). — Décret relatif au mode de jugement des prévenus de fabrication ou distribution de faux assignats en pays étrangers. (L. 17, 702; B. 41, 163.)

La Convention nationale, après avoir entendu le rapport de ses comités de salut public et de législation sur la question proposée par le tribunal criminel du département des Ardennes, si un individu prévenu de fabrication ou distribution de faux assignats en pays étranger, saisi en pays étranger même et amené en France, peut être poursuivi devant les tribunaux français, et si ces tribunaux peuvent lui infliger la peine portée par l'article 2 de la section VI du titre Ier de la seconde partie du Code pénal;

Considérant que, si le prévenu de fabrication ou distribution de faux assignats en pays étranger est Français, la question se résout d'elle-même, en ce que, par cela seul qu'il manœuvre hors de son pays pour en détruire la fortune publique, il est évidemment complice des ennemis tant intérieurs qu'extérieurs de la France, et par conséquent soumis à la peine portée par l'article 4 de la Ire section du titre Ier de la seconde partie du Code pénal, et par l'article 4 de la seconde section du même titre;

Considérant que, si le prévenu est étranger, la question proposée ne trouve plus une solution dans le Code pénal; mais qu'il importe de la décider par une loi expresse, en prenant pour guide le droit inné de la nature et le droit commun des nations, qui autorisent chaque peuple à punir les crimes commis, même hors de son territoire, contre sa sûreté, sa liberté et sa souveraineté;

Considérant néanmoins que cette mesure n'est nécessaire qu'à l'égard des prévenus saisis en pays ennemi ou sur le territoire français, les nations alliées ou neutres ne pouvant pas manquer de punir elles-mêmes les fabricateurs ou distributeurs de faux assignats qui se trouveraient dans leur sein, comme la République française, de son côté, fait justice en France de ceux qui osent y contrefaire leurs monnaies, ainsi qu'il résulte du décret du 2 frimaire, décrète:

Art 1er. Tout individu qui, ayant en pays ennemi fabriqué, exposé, gardé sciemment, ou cherché à introduire en France de faux assignats, sera arrêté sur le territoire français, ou qui, soit par l'effet des incursions des troupes de la République, soit autrement, pourra l'être, même en pays ennemi, et amené en France, sera traduit au tribunal criminel le plus voisin du lieu de son arrestation, jugé dans la forme prescrite par le décret du 30 frimaire, et puni, en cas de conviction, comme si son délit eût eu lieu dans le territoire français.

2. Sera jugé et puni de même tout individu qui, ayant, en pays allié ou neutre, fabriqué, exposé, gardé sciemment, ou cherché à introduire en France de faux assignats, viendrait à être saisi sur le territoire français.

3. Le présent décret sera adressé aux ministres de la République près les puissances alliées ou neutres.

22 GERMINAL = 1er FLORÉAL an 2 (11 = 20 avril 1794). — Décret qui détermine l'empreinte du sceau que portera en filigrane le papier destiné à l'impression des lois. (L. 17, 704; B. 41, 156.)

Art. 1er. Le nouveau papier qui sera fabriqué pour l'impression des lois portera en filigrane un sceau qui représentera un homme nu, d'une stature colossale, appuyé d'une main sur sa massue, et tenant de l'autre la figure de la Liberté et de l'Egalité, foulant aux pieds les débris du despotisme et de la superstition; et sur le fond seront inscrites les lettres initiales *R. F.*, c'est-à-dire *République française.*

2. Le comité des inspecteurs de la salle donnera tous les ordres nécessaires pour faire exécuter ce filigrane par le citoyen Dupré, graveur choisi à cet effet.

---

22 GERMINAL = 1er FLORÉAL an 2 (11 = 20 avril 1794). — Décret relatif à la confection des catalogues des bibliothèques nationales. (L. 17, 705; B. 41, 156.)

La Convention nationale, après avoir entendu le rapport de son comité d'instruction publique, décrète :

Les administrations de district rendront compte à la Convention nationale du travail relatif à la confection des catalogues de chacune des bibliothèques de leurs arrondissemens respectifs, dans la décade qui suivra immédiatement la réception du présent décret.

La Convention nationale décrète que le rapport et le décret seront envoyés aux administrations et aux sociétés populaires.

---

22 GERMINAL an 2 (11 avril 1794).—Décret qui accorde un congé au député Boudin. (B. 41, 154.)

---

22 GERMINAL an 2 (11 avril 1794). — Décret qui réunit à la commune de Montivilliers les trois municipalités des faubourgs. (B. 41, 155.)

---

22 GERMINAL an 2 (11 avril 1794). — Décret qui accorde un secours à l'adjudant-général Dardenne. (B. 41, 155.)

---

22 GERMINAL an 2 (11 avril 1794).—Décret qui ordonne le séquestre des biens d'Espagnac. (B. 41, 156.)

---

22 GERMINAL an 2 (11 avril 1794). —Décret relatif à un marché de toile fait avec la maison Bayard. (B. 41, 157.)

---

22 GERMINAL an 2 (11 avril 1794).—Décret qui rectifie la rédaction de celui du 16 pluviose, sur l'abolition de l'esclavage des nègres. (B. 41, 157.)

---

22 GERMINAL an 2 (11 avril 1794). — Décret d'ordre du jour sur des demandes en restitution de biens, et en annulation de jugemens en matière de faillite, de déportation et de réception d'actes de mariage. (B. 41, 158, 159, 160 et 161.)

---

22 GERMINAL an 2 (11 avril 1794).—Décret qui annule la déclaration du jury contre le citoyen Pertois. (B. 41, 159.)

---

22 GERMINAL an 2 (11 avril 1794). —Décret qui annule le jugement rendu contre les citoyens Morel, Postel, Picard et Mulot. (B. 41, 162.)

---

22 GERMINAL an 2 (11 avril 1794). — Décrets d'ordre du jour sur l'exercice des droits de créanciers unis et sur les biens d'émigrés et de communautés religieuses. (B. 41, 164.)

---

22 GERMINAL an 2. — Agens nationaux; Jardins botaniques; Receveurs des consignations. *Voy.* 16 GERMINAL an 2.

---

23 GERMINAL = 3 FLORÉAL an 2 (12 = 22 avril 1794).—Décret portant qu'il sera sursis à l'exécution des jugemens à mort rendus contre des citoyens qui n'ont pu se faire rayer des listes d'émigrés par un défaut de justification des formalités prescrites. (L. 17, 706; B. 41, 175.)

La Convention nationale, après avoir entendu le rapport de son comité de législation, sur un mémoire tendant à obtenir un décret qui fasse cesser la différence que mettent dans l'exécution de celui du 28 mars, concernant les émigrés, les tribunaux criminels, dont les uns condamnent à la peine de mort et les autres à la déportation les personnes qui, prétendant n'avoir point quitté le territoire de la République, ont été inscrites sur des listes d'émigrés, et n'ont pu obtenir leur radiation, parce qu'elles n'ont point justifié qu'elles eussent rempli les formalités prescrites par ledit décret du 28 mars (vieux style);

Décrète le renvoi du mémoire de la commission des émigrés, qu'elle charge d'en faire son rapport sous trois jours; décrète en outre, sur la proposition d'un membre, qu'il sera sursis, jusqu'après le rapport, à l'exécution de tout jugement qui aurait prononcé la peine de mort contre les personnes désignées au présent décret.

Son insertion au Bulletin tiendra lieu de promulgation.

---

23 GERMINAL an 2 (12 avril 1794). — Décrets qui accordent des secours et indemnités à la veuve Gouchon, à diverses familles d'Angoulême, aux citoyens Thomassin et Frezard. (B. 41, 168 et 169.)

---

23 GERMINAL an 2 (12 avril 1794). — Décret relatif à la liquidation de l'ancienne compagnie des Indes. (B. 41, 166.)

23 GERMINAL an 2 (12 avril 1794). — Décrets d'ordre du jour sur une réclamation contre un jugement criminel, les bris de scellés, les délits d'embauchage et de complicité d'émigration, les redevances seigneuriales et les délais pour se pourvoir en cassation en matière criminelle. (B. 41, 166, 167, 170, 171, 172 et 174.)

---

23 GERMINAL an 2 (12 avril 1794). — Décret relatif au traitement des femmes employées dans l'hospice de Tours. (B. 41, 168.)

---

23 GERMINAL an 2 (12 avril 1794). — Décret relatif au remplacement des jurés absens. (B. 41, 169.)

---

23 GERMINAL an 2 (12 avril 1794). — Décret portant que les dons patriotiques qui seront annoncés à la Convention nationale comme étant faits sur les lieux, seront envoyés au comité des finances. (B. 41, 173.)

---

23 GERMINAL an 2 (12 avril 1794). — Décret qui refuse le legs universel au citoyen Anthoine. (B. 41, 170.)

---

23 GERMINAL an 2 (12 avril 1794). — Décret qui ordonne l'insertion au Bulletin de la liste fournie par le district de Montglonne des individus mis hors la loi par les décrets des 7 et 17 septembre 1793. (B. 41, 173.)

---

23 GERMINAL an 2 (12 avril 1794). — Décret qui charge la Trésorerie nationale de payer au citoyen Guiraut, rédacteur de la table alphabétique des décrets, deux cent cinquante livres par mois. (B. 41, 173.)

---

23 GERMINAL an 2 (12 avril 1794). — Décret qui prolonge un congé accordé au député Turreau. (B. 41, 175.)

---

23 GERMINAL an 2. — Chevaux et mulets; Fourrages. *Voy.* 28 GERMINAL an 2. — Patriotes de Marseille, et citoyen Pujol. *Voy.* 26 GERMINAL an 2.

---

24 GERMINAL = 3 FLORÉAL an 2 (13 = 22 avril 1794). — Décret qui suspend l'exécution de celui du 10 frimaire an 2, en ce qui concerne les aliénations de petites portions de terrain à cens et rente. (L. 17, 707; B. 41, 183.)

La Convention nationale, après avoir entendu le rapport de son comité d'aliénation, suspend l'exécution du décret du 10 frimaire, en ce qui concerne les aliénations à cens et rentes de petites portions de terrain, faites par les ci-devant rois ou engagistes; et charge ses comités d'aliénation et des finances réunis, de lui faire incessamment un rapport sur les exceptions ou modifications que peut exiger ledit décret.

---

24 GERMINAL an 2 (13 avril 1794). — Décret relatif aux appels des jugemens de première instance. (B. 41, 179.)

La Convention nationale, après avoir entendu le rapport de son comité de législation sur la nécessité d'expliquer la loi du 16 = 24 août 1790, afin qu'à l'avenir elle reçoive une application uniforme dans la République, décrète :

Art. 1er. Les appels des jugemens de première instance ne pourront être reçus qu'autant que la partie qui ajournera la première sur l'appel fera signifier, en tête de l'ajournement, copie du certificat du bureau de paix, constatant que son adversaire y a été inutilement cité, ou pour se concilier, ou qu'il a employé sans fruit sa médiation.

2. Les jugemens rendus jusqu'à ce jour, sans que la formalité prescrite par la présente loi ait été observée, sont maintenus.

3. Toutes demandes formées en nullité de ces jugemens au tribunal de cassation sont éteintes; les dépens demeureront compensés, et l'amende sera restituée.

4. Le présent décret ne sera point imprimé: l'insertion au Bulletin lui servira de publication.

---

24 GERMINAL an 2 (13 avril 1794). — Décret qui ordonne le paiement des rentes sur l'Hôtel-de-Ville. (L. 17, 707; B. 41, 177.)

---

24 GERMINAL an 2 (13 avril 1794). — Décret sur la liquidation des créances des citoyens de Berne (B. 41, 176.)

---

24 GERMINAL an 2 (13 avril 1794). — Décret qui fixe le traitement des employés de la Trésorerie. (B. 41, 176.)

---

24 GERMINAL an 2 (13 avril 1794). — Décret qui renvoie aux tribunaux de Fribourg les contestations relatives à la succession de Barral. (B. 41, 180.)

---

24 GERMINAL an 2 (13 avril 1794). — Décret qui rétablit une erreur commise dans celui du 13 brumaire concernant les fabriques et fondations. (B. 41, 181.)

---

24 GERMINAL an 2 (13 avril 1794). — Décret qui fixe l'indemnité annuelle du citoyen Gousselat. (B. 41, 181.)

---

24 GERMINAL an 2 (13 avril 1794). — Décret qui accorde un congé au député Guiet-Laprade. (B. 41, 179.)

---

24 GERMINAL an 2 (13 avril 1794). — Décret qui traduit Marino au tribunal révolutionnaire. (B. 41, 182.)

---

24 GERMINAL an 2 (13 avril 1794). — Décret relatif au paiement des consignations faites entre les mains du citoyen Perret. (B. 41, 182.)

24 GERMINAL an 2 (13 avril 1794). — Décret qui accepte un don fait par le citoyen Chaillon. (B. 41, 183.)

24 GERMINAL an 2 (13 avril 1794). — Décret relatif à la pétition de la citoyenne Moreau. (B. 41, 184.)

24 GERMINAL an 2. — Réquisitions. *Voy.* 23 GERMINAL an 2.

25 GERMINAL an 2 (14 avril 1794). — Décrets qui accordent des secours à la veuve Creté et au citoyen Wargemont. (B. 41, 184 et 188.)

25 GERMINAL an 2 (14 avril 1794).—Décret qui accorde un congé au député Engerran. (B. 41, 184.)

25 GERMINAL an 2 (14 avril 1794).—Décret relatif à l'indemnité réclamée par la citoyenne Debordeliers, pour pertes dans le service des postes. (B. 41, 185)

25 GERMINAL an 2 (14 avril 1794).—Décret portant que les corps administratifs du département de l'Aube prononceront définitivement sur la réclamation du citoyen Fodoas, relativement à sa cotisation dans les rôles de 1791 et 1792. (B. 41, 186.)

25 GERMINAL an 2 (14 avril 1794).—Décret qui déclare les fonctions des comités révolutionnaires incompatibles avec celles d'exécuteur des jugemens, et toute autre fonction publique. (B. 41, 185 et 186.)

25 GERMIMAL an 2 (14 avril 1794). — Décret sur la suspension des coupes de bois. (B. 41, 186.)

25 GERMINAL an 2 (14 avril 1794).— Décret qui transfère au Panthéon les cendres de J.-J. Rousseau. (B. 41, 187.)

26 = 29 GERMINAL an 2 (15 = 18 avril 1794). —Décret contenant une nouvelle rédaction de celui qui supprime les compagnies financières. (L. 17, 711; B. 41, 189; Mon. du 23 germinal an 2.)

La Convention nationale, après avoir entendu le rapport du comité des finances,

Déclare faux et supposé le décret qui supprime les compagnies financières, inséré dans le procès-verbal de la séance du 17 du premier mois, et ordonne qu'il sera remplacé par celui qui suit :

La Convention nationale, après avoir entendu la commission des finances, décrète ce qui suit :

Art. 1er. Les compagnies financières sont et demeurent supprimées. Il est défendu à tous banquiers, négocians et autres personnes quelconques, de former aucun établissement de ce genre, sous aucun prétexte et sous quelque dénomination que ce soit.

2. Les décrets des 27 août et 29 novembre 1792 seront exécutés contre toutes les compagnies dont les portions d'intérêt circulaient à l'époque desdites lois sous la forme d'actions au porteur, et qui, ayant converti lesdites portions d'intérêt en inscriptions sur leurs propres registres, ont établi, pour leurs négociations, des transferts particuliers; et les percepteurs du droit d'enregistrement feront verser au Trésor public les sommes déjà dues à la nation par lesdites compagnies, pour le triple droit encouru à raison de leurs transferts.

3. A compter du jour de la publication du présent décret, la Compagnie des Indes ne pourra expédier aucun vaisseau pour le commerce de l'Inde, et aucune société de négocians français ne pourra, dans aucun cas et sous aucun prétexte, prendre le titre de *Compagnie des Indes.*

4. Les scellés apposés sur les effets et marchandises de la Compagnie des Indes ne pourront être levés que lorsque le mode de liquidation aura été décrété et organisé. Les commissaires-liquidateurs seront chargés de liquider les sommes dues à la nation, et d'en faire verser le montant au Trésor public.

5. Toutes les marchandises prohibées ou non prohibées seront vendues dans l'intérieur de la République, et par petits lots. Dans le cas où, parmi les effets et marchandises, il se trouverait des objets utiles à la République, lesdits objets seront retenus pour le compte de la nation, et leur valeur imputée sur les sommes dues par la compagnie; il en sera de même des vaisseaux appartenant à la compagnie, s'il s'en trouve qui puissent être utiles à la République.

6. Tous les établissemens, chantiers, magasins, ateliers, bâtimens, et généralement toutes les concessions gratuites faites ci-devant à la Compagnie des Indes par le Gouvernement, seront remis à la disposition du ministre de la marine.

La vente et la liquidation de ladite compagnie seront achevées dans le délai de trois mois, à partir du jour de la publication du présent décret.

A l'égard des vaisseaux actuellement en mer, il sera procédé à la vente et liquidation de leur cargaison, dans les trois mois qui suivront le jour de leur arrivée.

8. Dans le cas où, par le résultat de leur liquidation, les actionnaires ou intéressés se trouveraient perdre portion ou totalité de leurs capitaux, ils ne pourront exercer contre la nation aucun recours, ni lui demander aucune indemnité.

26 GERMINAL an 2 (15 avril 1794). — Décret portant que l'armée d'Italie a bien mérité de la patrie. (L. 17, 713 ; B. 41, 193.)

26 GERMINAL an 2 (15 avril 1794). — Décret relatif au mode de publication des avis du comité de salut public. (L. 17, 714 ; B. 41, 194.)

26 GERMINAL an 2 (15 avril 1794). — Décret qui accorde un secours à la veuve Cauvin. (B. 41, 190.)

26 GERMINAL an 2 (15 avril 1794). — Décret qui admet comme député le citoyen Goujon, et accorde un congé au député Thierret. (B. 41, 188.)

26 GERMINAL an 2 (15 avril 1794). — Décret qui annule l'arrêté pris à Chambéry par les représentans du peuple Simon et Dumas, sur le paiement des contributions. (B. 41, 192.)

26 GERMINAL an 2 (15 avril 1794). — Décret qui approuve la transaction entre la Trésorerie et la dame Joubert. (B. 41, 190.)

26 GERMINAL an 2 (15 avril 1794). — Décret qui accorde quatre cents livres de secours à la veuve du citoyen Vanakre. (B. 41, 192.)

26 GERMINAL an 2 (15 avril 1794). — Décret qui ordonne la poursuite de l'attentat commis à Auch sur le député Dartigoge. (B. 41, 193.)

26 GERMINAL an 2 (15 avril 1794). — Décret relatif aux formalités à remplir par les députés, pour obtenir des congés. (B. 41, 194.)

27 GERMINAL = 5 FLORÉAL an 2 (16 = 24 avril 1794). — Décret concernant la répression des conspirateurs, l'éloignement des nobles, et la police générale. (L. 17, 715 ; B. 41, 203 ; Mon. des 27 et 28 germinal an 2.)

Voy. lois du 28 GERMINAL an 2 ; du 7 FLORÉAL an 2 ; du 19 FLORÉAL an 2 ; du 18 FRIMAIRE an 3.

Art. 1er. Les prévenus de conspiration seront traduits, de tous les points de la République, au tribunal révolutionnaire de Paris.

2. Les comités de salut public et de sûreté générale rechercheront promptement les complices des conjurés, et les feront traduire au tribunal révolutionnaire.

3. Les commissions populaires seront établies pour le 15 floréal.

4. Il est enjoint à toutes les administrations et à tous les tribunaux civils de terminer, dans trois mois à compter de la promulgation du présent décret, les affaires pendantes, à peine de destitution ; et, à l'avenir, toutes les affaires privées devront être terminées dans le même délai, sous la même peine.

5. Le comité de salut public est expressément chargé de faire inspecter les autorités, et les agens publics chargés de coopérer à l'administration.

6. Aucun ex-noble, aucun étranger des pays avec lesquels la République est en guerre, ne peut habiter Paris, ni les places fortes, ni les villes maritimes, pendant la guerre. Tout noble ou étranger dans le cas ci-dessus, qui y serait trouvé dans dix jours, est mis hors la loi.

7. Les ouvriers employés à la fabrication des armes à Paris, les étrangères qui ont épousé des patriotes français, les femmes nobles qui ont épousé des citoyens non-nobles, ne sont point compris dans l'article précédent.

8. Les étrangers ouvriers vivant du travail de leurs mains antérieurement au présent décret, les marchands détaillans établis aussi antérieurement au présent décret, les enfans au-dessous de quinze ans, et les vieillards âgés de plus de soixante-dix ans, sont pareillement exceptés (1).

9. Les exceptions relatives aux nobles et étrangers militaires sont renvoyées au comité de salut public, comme mesure de gouvernement.

10. Le comité de salut public est également autorisé à retenir, par réquisition spéciale, les ci-devant nobles et les étrangers dont il croira les moyens utiles à la République.

11. Les comités révolutionnaires délivreront les ordres de *passe* ; les individus qui les recevront seront tenus de déclarer le lieu où ils se retirent ; il en sera fait mention dans l'ordre.

12. Les comités révolutionnaires tiendront registre de tous les ordres de *passe* qu'ils délivreront, et feront passer un extrait de ce registre, chaque jour, aux comités de salut public et de sûreté générale.

13. Les ci-devant nobles et les étrangers compris dans le présent décret seront tenus de faire viser leur ordre de *passe*, au moment de leur arrivée, par la municipalité dans l'étendue de laquelle ils se retireront. Ils seront également tenus de se représenter tous les jours à la municipalité de leur résidence.

14. Les municipalités seront tenues d'adresser, sans délai, aux comités de salut public et de sûreté générale, la liste de tous les ci-devant nobles et des étrangers demeu-

(1) *Voy.* loi du 29 germinal = 1er floréal an 2.

rant dans leur arrondissement, et de tous ceux qui s'y retireront.

15. Les ci-devant nobles et étrangers ne pourront être admis dans les sociétés populaires et comités de surveillance, ni dans les assemblées de commune ou de section.

16. Le séjour de Paris, des places fortes, des villes maritimes, est interdit aux généraux qui n'y sont point en activité de service.

17. Le respect envers les magistrats sera religieusement observé; mais tout citoyen pourra se plaindre de leur injustice, et le comité de salut public les fera punir selon la rigueur des lois.

18. La Convention nationale ordonne à toutes les autorités de se renfermer rigoureusement dans les limites de leurs institutions, sans les étendre ni les restreindre.

19. Elle ordonne au comité de salut public d'exiger un compte sévère de tous les agens, de poursuivre ceux qui serviront les complots, et auront tourné contre la liberté le pouvoir qui leur aura été confié.

20. Tous les citoyens sont tenus d'informer les autorités de leur ressort et le comité de salut public, des vols, des discours inciviques et des actes d'oppression dont ils auraient été victimes ou témoins.

21. Les représentans du peuple se serviront des autorités constituées, et ne pourront déléguer de pouvoirs.

22. Les réquisitions sont interdites à tous autres que la commission des subsistances et les représentans du peuple près les armées, sous l'autorisation expresse du comité de salut public.

23. Si celui qui sera convaincu désormais de s'être plaint de la révolution vivait sans rien faire, et n'était ni sexagénaire ni infirme, il sera déporté à la Guiane: ces sortes d'affaires seront jugées par les commissions populaires.

24. Le comité de salut public encouragera par des indemnités et des récompenses les fabriques, l'exploitation des mines, les manufactures, le desséchement des marais. Il protégera l'industrie, la confiance entre ceux qui commercent; il fera des avances aux négocians patriotes qui offriront des approvisionnemens au *maximum*. Il donnera des ordres de garanties à ceux qui améneront des marchandises à Paris, pour que les transports ne soient pas inquiétés; il protégera la circulation des rouliers dans l'intérieur, et ne souffrira pas qu'il soit porté atteinte à la bonne foi publique.

25. La Convention nationale nommera dans son sein deux commissions, chacune de trois membres: l'une chargée de rédiger en un code succinct et complet les lois qui ont été rendues jusqu'à ce jour, en supprimant celles qui sont devenues confuses; l'autre commission sera chargée de rédiger un corps d'institutions civiles, propres à conserver les mœurs et l'esprit de la liberté. Ces commissions feront leur rapport dans un mois.

26. Le présent décret sera proclamé demain, à Paris, et son insertion au Bulletin tiendra lieu de publication dans les départemens.

---

27 GERMINAL an 2 (16 avril 1794). — Décret relatif à la reddition des comptes du directeur de la manufacture des Gobelins. (B. 41, 195.)

---

27 GERMINAL an 2 (16 avril 1794). — Décret relatif aux actionnaires de la compagnie des eaux de Paris. (B. 41, 196.)

---

27 GERMINAL an 2 (16 avril 1794). — Décret qui accorde une pension au citoyen Lefèvre, et un secours au citoyen Rosa. (B. 41, 196 et 197.)

---

27 GERMINAL an 2 (16 avril 1794). — Décret qui traduit au tribunal révolutionnaire les administrateurs de la Moselle qui ont signé l'arrêté qui suspendait la vente de l'abbaye de Wadgasse. (B. 41, 197.)

---

27 GERMINAL an 2 (16 avril 1794). — Décret de liquidation de receveurs généraux et particuliers des finances, de tailles et taillons. (B. 41, 198.)

---

27 GERMINAL an 2 (16 avril 1794). — Décret d'ordre du jour sur des demandes en réforme de jugemens en matière de déportation, et d'amende pour violation des décrets du *maximum*. (B. 41, 200, 201 et 202.)

---

27 GERMINAL an 2. — Actions en rabattemens; Coches de la Haute-Saône, etc. *Voy.* 17 GERMINAL an 2.

---

28 GERMINAL an 2 (17 avril 1794). — Décret contenant une exception et une nouvelle disposition au décret du 27 germinal an 2, relatifs aux conspirateurs, aux nobles et à la police générale. (L. 17, 720; B. 41, 206.)

Art. 1er. Sont exceptés du décret des 26 et 27 de ce mois (germinal) les étrangers domiciliés en France depuis vingt ans, et ceux qui, étant domiciliés depuis six ans seulement, ont épousé une française non-noble.

2. Sont assimilés aux nobles et compris dans la même loi ceux qui, sans être nobles suivant les idées ou les règles de l'ancien régime, ont usurpé ou acheté les titres ou les priviléges de la noblesse, et ceux qui auraient plaidé ou fabriqué de faux titres pour se les faire attribuer.

---

28 GERMINAL = 6 FLORÉAL an 2 (17 = 25 avril 1794). — Décret relatif aux jugemens sur délits emportant peine afflictive ou infamante, par lesquels il aurait été déclaré n'y avoir lieu à accusation. (L. 17, 721 ; B. 41, 206.)

La Convention nationale, après avoir entendu le rapport de son comité de législation sur la lettre du ministre de la justice, relative aux jugemens du tribunal du district de la Marche, des 15 février et 26 avril 1793, qui ont déclaré n'y avoir pas lieu de présenter au jury d'accusation, et ont renvoyé à la police correctionnelle des procédures instruites contre les fonctionnaires publics et autres, pour malversations commises dans les meubles et effets, tant de la ci-devant abbaye de Flabemont que de l'émigré *Leclerc Sermille*, et sur le jugement du tribunal de cassation du 11 octobre dernier (vieux style), qui a déclaré n'y avoir lieu de statuer sur la requête de l'accusateur public du tribunal criminel du département des Vosges, en cassation du premier de ces jugemens ;

Considérant que le tribunal du district de la Marche a, par ses deux jugemens des 15 février et 26 avril 1793, contrevenu aux articles du décret du 16 septembre 1791, ainsi qu'aux dispositions y correspondantes du décret en forme d'instruction du 29 du même mois, desquelles il résulte que tout délit de nature à emporter peine afflictive ou infamante doit être présenté au jury d'accusation, et que cette contravention est mise en évidence par le rapprochement des peines afflictives contre les malversations dont il s'agit.

Considérant que le tribunal de cassation aurait dû, par son jugement du 11 octobre, réprimer cette contravention, et qu'il importe de lever les doutes qu'il a pu avoir sur l'étendue de l'autorité dont la loi l'investit à cet égard, décrète :

Art. 1er. Les jugemens ci-dessus mentionnés du tribunal du district de la Marche et du tribunal de cassation sont annulés.

2. Le tribunal criminel du département des Vosges procédera sans délai, dans la forme prescrite par le décret du 7 frimaire, au jugement des prévenus des délits ci-dessus énoncés.

3. Le tribunal de cassation est tenu d'annuler les jugemens des tribunaux de district qui, dans les délits emportant par leur nature peine afflictive ou infamante, se seraient déterminés, soit par les circonstances du fait, soit par le défaut prétendu de preuves suffisantes, à déclarer qu'il n'y a pas lieu de présenter les prévenus au jury d'accusation.

Le présent décret ne sera adressé qu'aux tribunaux de cassation, criminels et de district : son insertion au bulletin de correspondance tiendra provisoirement lieu de publication.

---

28 GERMINAL an 2 (17 avril 1794). — Décret qui accorde des secours à la veuve Dufour-Villeneuve, ainsi qu'à la veuve et aux enfans du général Dietmann. (B. 41, 218.)

---

28 GERMINAL an 2 (17 avril 1794). — Décret relatif aux baux des biens nationaux. (B. 41, 219.)

---

28 GERMINAL an 2 (17 avril 1794). — Décret qui met en liberté les citoyens Doucet, Protain et Legros. (B. 41, 219.)

---

28 GERMINAL an 2 (17 avril 1794). — Décret qui ordonne de graver sur une colonne élevée dans le Panthéon les noms des citoyens morts le 10 août 1792. (L. 17, 720 ; B. 41, 217.)

---

28 GERMINAL an 2 (17 avril 1794). — Décret d'ordre du jour relatif au traitement des agens nationaux de district. (B. 41, 217.)

---

28 GERMINAL an 2 (17 avril 1794). — Décret portant des peines contre les malversations et concussions des membres des comités révolutionnaires. (B. 41, 223.)

---

29 GERMINAL = 1er FLORÉAL an 2 (18 = 20 avril 1794). — Décret qui règle les pensions des officiers, sous-officiers et soldats suisses licenciés. (L. 17, 723 ; B. 41, 228 ; Mon. du 30 germinal an 2.)

Voy. loi du 17 MESSIDOR an 2.

Art. 1er. Tous officiers, sous-officiers et soldats suisses licenciés par le décret du 20 août 1792, qui avaient à cette époque dix années de service accomplies, auront droit à une pension : elle sera susceptible d'une augmentation progressive relativement aux années excédant les dix premières.

2. Conformément à l'article 2 du titre II du décret du 3 = 22 août 1790, les pensions des officiers suisses seront réglées sur le pied de celles des officiers de l'infanterie française ; leur traitement sera calculé sur le grade de cette infanterie correspondant à celui que les officiers suisses ont eu dans leurs régimens.

3. Après dix années de service, lesdits officiers auront droit, pour leur retraite, à une pension d'un huitième du traitement attribué au grade reconnu : cette pension sera augmentée d'un quatre-vingtième en sus pour chaque année de service fait après les dix ans, de sorte que, pour vingt ans, elle sera d'un quart de leur traitement ; au-dessus de vingt ans, elle sera augmentée, pour chaque année de service, du vingtième des trois quarts restans de ce même traitement, de

manière que celui qui aurait fait quarante années aura la totalité de son traitement pour retraite.

4. Les sous-officiers et soldats qui auront fait dix années de service recevront soixante livres de pension annuelle. Il y sera ajouté un huitième de la haute-paie qu'avaient les sous-officiers à raison de leur grade, et les soldats à raison de l'ancienneté de leurs services; cette pension sera augmentée, pour chaque année excédant les dix premières jusqu'à la quarantième, d'un trentième du cumul formé de la solde fixée sur le pied de l'infanterie française à cent quatre-vingt-deux livres dix sous, du total des masses affectées à son entretien, et de la haute-paie pour ceux qui en jouissaient, distraction préalablement faite des soixante livres et du huitième de la haute-paie attribués aux dix premières années de service.

5. Le *maximum* de la pension des officiers sera fixé d'après les dispositions de l'article 18 du titre Ier du décret du 3 = 22 août 1790. Le *maximum* des pensions pour les sous-officiers et soldats suisses sera fixé ainsi qu'il suit:

Pour le sergent-major des grenadiers, quatre cent quarante livres huit sous quatre deniers; sergent-major des fusiliers, quatre cent vingt-deux liv. trois sous quatre deniers; sergent des grenadiers, trois cent soixante-treize livres dix sous; sergent des fusiliers, trois cent cinquante-cinq livres cinq sous; caporal des grenadiers, trois cent livres dix sous; caporal des fusiliers, deux cent quatre-vingt-deux livres cinq sous; appointé des grenadiers, deux cent cinquante-quatre livres douze sous six deniers; appointé des fusiliers, deux cent trente-six livres douze sous six deniers; grenadier, deux cent quarante-cinq livres quinze sous; fusilier, deux cent vingt-sept livres dix sous.

6. Il sera accordé à tous militaires suisses licenciés, depuis le soldat jusqu'au capitaine inclusivement, qui n'ont pas fait dix ans de service, une gratification une fois payée pour chaque année, dans la proportion suivante:

Au capitaine, quarante livres; au lieutenant, trente livres; au sous-lieutenant, vingt livres; au sous-officier, quinze livres; au soldat, dix livres.

7. Les officiers des régimens auxquels la constitution de leur canton défend d'accepter des pensions des puissances étrangères recevront une gratification une fois payée: cette gratification sera le décuple de la pension annuelle à laquelle ils auraient eu droit de prétendre d'après les années de service qu'ils ont faites. Les sous-officiers et soldats des régimens mentionnés dans le présent article sont assimilés à ceux des autres régimens suisses licenciés, quant à leurs retraites et pensions, ainsi que les sous-officiers et soldats invalides du régiment de Steine, qui, depuis le licenciement général des Suisses, ont cessé d'être payés par l'Etat de Zurich sur la somme de huit mille livres qui lui était précédemment fournie par la France pour cet objet.

8. Seront admis au bénéfice du présent décret les officiers, sous-officiers et soldats suisses licenciés qui se sont retirés dans leur patrie ou en pays neutre, ou qui sont restés en France.

Sont formellement exclus d'y participer ceux qui auraient porté les armes chez les puissances avec lesquelles la République française est en guerre, ou qui seraient reconnus pour avoir pris part à des complots tramés contre la liberté depuis le commencement de la révolution.

9. Les conditions prescrites en l'article précédent seront justifiées en pays neutre par un certificat des magistrats civils du domicile du réclamant, légalisé par l'agent de la République française.

Les réclamans domiciliés en France seront soumis aux formalités prescrites pour les pensions et indemnités perçues par les citoyens français.

Dans le cas où la résidence des réclamans en France aurait été interrompue, ils fourniront le certificat exigible de ceux qui résident en pays neutre. Le domicile en France sera constaté par une année de résidence continuelle.

Les formalités prescrites par le présent article seront exigées pour toucher à l'époque de chaque paiement.

10. Tous les réclamans susceptibles de pensions ou gratifications seront tenus de faire parvenir au bureau de la guerre, dans le délai de trois mois à dater de ce jour, les titres nécessaires, ainsi que les attestations et certificats exigés par l'article précédent. Ils feront remettre aux mêmes bureaux les brevets et décorations qu'ils auraient reçus du Roi. Les pensionnaires qui auraient d'anciens titres les feront parvenir dans le même délai, pour être échangés. Ceux qui n'auront pas satisfait à ce qui est prescrit par le présent article seront censés avoir renoncé à toutes pensions ou gratifications auxquelles ils auraient pu prétendre.

11. Un mois après le délai ci-dessus prescrit, un état général desdites pensions et indemnités, ainsi que des sommes qui auraient pu être payées jusqu'alors sous l'autorisation du comité des finances, sera dressé de concert par la commission de la guerre et le commissaire de la liquidation. Cet état sera produit au comité de liquidation, qui le présentera sans délai à la Convention nationale, pour être approuvé et réglé définitivement, et les brevets être ensuite délivrés aux titulaires.

12. Les pensions commenceront à courir du jour où les régimens suisses licenciés ont cessé d'être à la solde de la nation française. Elles seront payées de six mois en six mois par le payeur du district où sera le domicile de ceux qui résident en France; et par un payeur nommé pour résider en Suisse, à cet effet, à ceux qui seront retirés dans leur patrie : le payeur nommé ne pourra être qu'un citoyen français; il jouira de quatre mille livres de traitement.

13. Les pensionnaires qui résideront en pays neutre opteront pour toucher leurs pensions en France ou dans leur patrie. Les déclarations nécessaires pour que les fonds parviennent aux différentes caisses qui devront payer les pensionnaires seront faites par eux en retirant leurs brevets.

14. L'agent de la République française aura une surveillance immédiate sur le payeur établi auprès de lui en Suisse; il visera toutes les pièces justificatives pour obtenir le paiement, dont le payeur resterait responsable sans cette formalité : il correspondra avec la Trésorerie nationale pour la demande des fonds nécessaires au service du payeur. Il est dérogé, seulement en ce qui concerne l'exécution du présent décret, aux dispositions des précédens décrets qui lui seraient contraires.

Le présent décret sera de suite envoyé au ministre des affaires étrangères, qui l'expédiera par un courrier extraordinaire à l'agent de la République auprès des cantons helvétiques, pour qu'il obtienne la plus grande publicité.

15. La Convention nationale charge son comité de salut public de faire traduire le présent décret et le rapport qui l'a précédé dans toutes les langues.

---

29 GERMINAL = 1er FLORÉAL an 2 (18 = 20 avril 1794). — Décret contenant une nouvelle rédaction de l'article 8 de celui du 27 germinal an 2 sur la police générale. (L. 17, 728 ; B. 41, 224 ; Mon. du 30 germinal an 2.)

La Convention nationale décrète que l'article 8 du décret rendu dans la séance du 27 germinal, sur la police générale, demeurera définitivement rédigé dans les termes suivans :

Les étrangers ouvriers vivant du travail de leurs mains antérieurement au décret du mois d'août (vieux style), relatif aux mesures de police contre les étrangers; ceux des étrangers seulement qui seront reconnus pour avoir été marchands détaillans antérieurement au mois de mai 1789; les enfans au-dessous de quinze ans, et les vieillards âgés de plus de soixante-dix ans, sont pareillement exceptés.

---

29 GERMINAL an 2 (18 avril 1794). — Décret qui ordonne le brûlement des herbes qui ne servent ni à la nourriture des animaux, ni aux usages domestiques ou ruraux. (L. 17, 731 ; B. 41, 225 ; Mon. du 1er floréal an 2.)

Art. 1er. Toutes les herbes qui ne servent ni à la nourriture des animaux, ni aux usages domestiques ou ruraux, et qui ne font que surcharger des terrains, seront de suite brûlées pour servir à l'exploitation du salpêtre, ou converties en salins.

Sont compris dans cette classe les fougères, les mousses, genêts, bruyères et autres plantes qui croissent dans les bois et lieux incultes.

Sont exceptées de cette classe les fougères ou autres plantes de même nature, dans les lieux où il est d'usage de les faire servir à l'engrais des terres ou à couvrir les habitations.

2. Tous les propriétaires ou fermiers des bois et lieux incultes où croissent ces herbes sont tenus de les faire brûler et d'en faire apporter les cendres dans les communes les plus voisines où l'on fabrique le salpêtre, si mieux ils n'aiment lessiver leurs cendres eux-mêmes, et en préparer du salin chez eux.

Ces cendres ou ces salins leur seront payés comme il sera dit ci-après.

3. Si, dans l'espace de deux mois à compter du jour du présent décret, les propriétaires ou fermiers n'ont pas exécuté ce décret, les agens nationaux prendront les moyens les plus convenables pour faire couper et brûler lesdites herbes, en invitant les citoyens à se livrer à ce travail, et surtout les femmes et les enfans, qui auront pour salaire le produit de la vente des cendres.

4. Les cendres provenant de la combustion des mauvaises herbes seront portées, dans chaque commune, au magasin qui sera indiqué par la municipalité; et l'agent national les fera payer suivant le prix fixé par l'agent du district, en raison du prix du salin fixé par le *maximum*. Les sommes nécessaires pour le paiement des cendres seront prises sur les fonds destinés à l'exploitation révolutionnaire du salpêtre, et la commission des armes et poudres pourvoira aux avances nécessaires ou au remplacement des fonds.

5. Les cendres seront distribuées aux ateliers de la fabrication du salpêtre révolutionnaire qui en auront besoin; la valeur en sera payée directement par ces ateliers, ou acquittée ultérieurement par eux, sur le produit de la vente de leur salpêtre.

L'agent national de chaque commune est chargé de l'exécution de cette partie.

Si les cendres excèdent la quantité nécessaires pour la fabrication du salpêtre, ce excédant sera à la disposition de la commis sion des armes et poudres, qui l'emploiera convenablement.

6. Les citoyens qui, au lieu de se borner à livrer leurs cendres aux agens nationaux des municipalités, préféreront de les convertir eux-mêmes en salin, afin de se réserver les cendres lessivées pour servir d'engrais à leurs terres, seront tenus de livrer ce salin au magasin de la commune, dont il a été parlé : il leur sera payé au prix du *maximum*.

7. Le citoyen qui aura ainsi livré du salin pourra réclamer auprès de l'agent national du district une somme de six livres par quintal de salin, comme encouragement, en sus du prix du *maximum*; cet encouragement n'aura lieu que pendant une année à compter de la date du présent décret.

8. Le comité de salut public est chargé de faire publier une instruction simple sur l'art de fabriquer le salin.

9. Les administrations de district sont chargées de veiller à l'exécution du présent décret, de le faire imprimer et distribuer, ainsi que l'instruction qui y sera jointe, dans toutes les communes de leur arrondissement, et de prendre toutes les précautions nécessaires pour qu'il n'en résulte aucune dégradation dans les forêts : les agens nationaux rendront compte de l'exécution au comité de salut public.

---

29 GERMINAL an 2 (18 avril 1794). — Décret qui nomme les membres des douze commissions remplaçant le ministère. (L. 17, 729; B. 41, 232.)

---

29 GERMINAL an 2 (18 avril 1794). — Décret pour le remplacement des avances faites par la Trésorerie en ventose. (B. 41, 224.)

---

29 GERMINAL an 2 (18 avril 1794). — Décret qui ordonne l'emploi en rentes constituées des trois milles livres léguées par le citoyen Ribault, au profit des communes d'Agdès, Nointel et Breuil-le-Sec. (B. 41, 227.)

---

29 GERMINAL an 2 (18 avril 1794). — Décret qui confirme l'adjudication du ci-devant sépulcre, à Paris. (B. 41, 232.)

---

29 GERMINAL an 2 (18 avril 1794). — Décret relatif à l'indemnité réclamée par le citoyen Marquet. (B. 41, 239.)

---

29 GERMINAL an 2 (18 avril 1794). — Décrets qui accordent des secours aux citoyens Colard, Maillard, Durand, Desprez, à la citoyenne Harty, et aux veuves Cécile et Hérault. (B. 41, 234, 235, 237, 238 et 240.)

---

29 GERMINAL an 2 (18 avril 1794). — Décret qui accorde des fonds pour les dépenses du Temple et des prisonniers. (B. 41, 235.)

---

29 GERMINAL an 2 (18 avril 1794). — Décret d'ordre du jour sur les distributions de pain à Thorigny; des saisies de tonneaux de suif; des résiliations de baux, et sur la mise en vente des bois nationaux, sans en avoir constaté la contenance. (B. 41, 236, 237, 240 et 241.)

---

29 GERMINAL an 2 (18 avril 1794). — Décret qui met en liberté les citoyens Yvernes et Turgis. (B. 41, 236.)

---

29 GERMINAL an 2 (18 avril 1794). — Décret qui fixe le traitement du citoyen Nécard. (B. 41, 239.)

---

29 GERMINAL an 2 (18 avril 1794). — Décret qui établit un bureau de poste à Ivoy-le-Prel. (B. 41, 240.)

---

29 GERMINAL an 2. — Armée d'Italie; Comité de salut public; Compagnies financières. *Voy.* 26 GERMINAL an 2.

---

30 GERMINAL an 2 (19 avril 1794). — Décret relatif à la comptabilité des douze commissions créées par décret du 12 germinal an 2. (L. 17, 733; B. 41, 241; Mon. du 1er floréal an 2.)

Art. 1er. La comptabilité des douze commissions qui ont été créées par décret du 12 germinal sera distincte et séparée de celle des anciens ministères, commissions ou administrations qui ont été supprimés.

2. Les nouvelles commissions ne pourront point disposer des fonds qui ont été mis à la disposition des anciens ministres, ordonnateurs, commissaires ou administrateurs qu'elles remplacent : toute disposition de fonds qui aurait été décrétée et qui n'a pas été employée, est annulée.

3. A l'avenir, la Trésorerie nationale ne pourra acquitter aucune ordonnance que sur les fonds qui auront été mis à la disposition de l'ordonnateur, par un décret de la Convention.

4. Sont exceptées des dispositions de l'article précédent les dépenses de solde, subsistances et traitemens des troupes de terre et de mer, dont la quotité est réglée par les lois, la Trésorerie nationale demeurant chargée de les faire payer, comme par le passé, sur les revues et états ordonnancés.

5. Chaque commission présentera, dans le courant du mois de floréal, l'état détaillé et par aperçu des fonds nécessaires au service qui lui est confié, jusqu'au 30 prairial prochain, qui termine le troisième trimestre de l'an deuxième.

Elle présentera en même temps un état des dépenses arriérées qui seront dues.

6. Avant le 20 avril du dernier mois de chaque trimestre, chaque commission présentera de pareils états pour la dépense par aperçu du trimestre suivant.

7. Afin que le service public n'éprouve pas de retard, il sera mis provisoirement, et jusqu'à la remise des états, à la disposition :

1° De la commission des administrations civiles, police et tribunaux, jusqu'à concurrence d'un million cinq cent mille livres ;

2° De celle de l'instruction publique, jusqu'à concurrence de deux millions ;

3° De celle de l'agriculture et des arts, jusqu'à concurrence d'un million cinq cent mille livres ;

4° De celle du commerce et des approvisionnemens, jusqu'à concurrence de cent millions ;

5° De celle des travaux publics, jusqu'à concurrence de six millions ;

6° De celle des secours publics, jusqu'à concurrence de vingt millions ;

7° De celle des transports, postes et messageries, jusqu'à concurrence de dix-huit millions ;

8° De celle des revenus nationaux, jusqu'à concurrence de deux millions ;

9° De celle de l'organisation et du mouvement des armées de terre, jusqu'à concurrence de trois millions ;

10° De celle de la marine et des colonies, jusqu'à concurrence de douze millions ;

11° De celle des armes et poudres, jusqu'à concurrence de vingt millions ;

12° De celle des relations extérieures, jusqu'à concurrence d'un million.

8. Les ministres, ordonnateurs, commissaires, administrateurs, payeurs, receveurs, trésoriers, et tous ceux qui ont disposé, perçu ou administré les deniers de la République, ou qui ont établi des contributions, taxes, emprunts, saisies ou échanges, ou qui ont été chargés de l'argenterie des églises depuis le 1er juillet 1791, époque de l'établissement de la Trésorerie nationale, seront tenus de dresser et fournir aux commissaires de la Trésorerie nationale, dans le délai de trois mois, le compte en débit et crédit de leur administration ; et ils fourniront à l'appui les pièces justificatives et acquits comptables qui sont relatifs à leur comptabilité.

9. Les ministres, administrateurs et commissaires dont les fonctions qui leur étaient confiées sont déléguées aux douze nouvelles commissions, leur rendront compte des dépenses arriérées qui sont encore dues.

10. Les commissaires de la Trésorerie nationale surveilleront l'exécution de l'article 8 ; ils en rendront compte aux comités de salut public et des finances ; ils seront tenus de leur dénoncer les abus qui auraient pu être commis dans l'administration des deniers de la République, et la négligence des comptables qui n'exécuteront pas, dans le délai prescrit, les obligations qui leur sont imposées par le présent décret.

30 GERMINAL an 2 (19 avril 1794). — Décret relatif aux comptes à rendre par les anciens receveurs de district. (L. 17, 736 ; B. 41, 243 ; Mon. du 1er floréal an 2.)

Art. 1er. Les receveurs de district qui ont quitté ou quitteront leurs places sans conserver la suite des exercices par eux commencés comprendront, dans le compte de clerc à maître qu'ils doivent rendre à leurs successeurs, les recettes et dépenses qu'ils auront faites pour le paiement tant des frais du culte et pensions ecclésiastiques, que de tous autres objets pour l'acquittement desquels lesdits receveurs reçoivent des fonds directement du Trésor public.

2. Ceux des receveurs remplacés qui ont conservé la suite des exercices par eux commencés rendront, dans le délai de quinze jours, à leurs successeurs, le compte de clerc à maître de leurs recettes et de leurs dépenses sur les objets énoncés en l'article précédent, et seront tenus de verser de suite, dans les mains des receveurs actuels, les reliquats desdits comptes.

3. Les nouveaux receveurs comprendront, en conséquence, les recettes et dépenses dont il leur aura été ainsi rendu compte par leurs prédécesseurs, dans le bordereau général de situation au 1er germinal, que les commissaires de la Trésorerie nationale ont été autorisés à demander à tous les receveurs de la République.

4. D'après ces dispositions, les receveurs anciens qui ont conservé la suite des exercices par eux commencés pour le recouvrement des contributions directes n'auront plus à compter personnellement et directement, vis-à-vis de la nation, que du montant desdites contributions.

5. Ceux des receveurs anciens qui auraient déjà rendu leurs comptes, en la forme précédemment réglée, des frais de culte et autres objets acquittés avec des fonds tirés du Trésor national, remettront lesdits comptes avec les pièces justificatives à leurs successeurs, lesquels seront tenus de comprendre les recettes et dépenses desdits comptes dans le bordereau général mentionné en l'article 3 ci-dessus.

6. Il est dérogé au décret du 16 juillet 1793 (vieux style), en tout ce qui serait contraire au présent décret.

---

30 GERMINAL an 2 (19 avril 1794). — Décret d'ordre du jour sur les demandes des citoyens Robillard et Courroux. (B. 41, 244 et 245.)

---

30 GERMINAL an 2 (19 avril 1794). — Décret qui accorde un secours à la citoyenne Berger. (B. 41, 245.)

---

30 GERMINAL an 2 (19 avril 1794). — Décret relatif aux jardins susceptibles d'être mis en culture. (B. 41, 246.)

30 GERMINAL an 2 (19 avril 1794). — Décret sur la mise en liberté du citoyen Denoyelle. (B. 41, 245.)

1er = 5 FLORÉAL an 2 (20 = 24 avril 1794). — Décret relatif aux militaires absens de leurs corps pour maladies, blessures ou autres causes légitimes. (L. 17, 739; B. 42, 2; Mon. du 3 floréal an 2.)

Art. 1er. Les militaires blessés ou malades, ceux retenus dans une place assiégée, ceux absens par mission du Gouvernement, ou remplissant, d'après le vœu de la loi, les fonctions d'aides-de-camp et d'adjoints aux états-majors, qui n'ont pu rejoindre leurs bataillons dans les délais fixés par les décrets des 8 mars 1793, 5 septembre dernier (vieux style), 22 frimaire dernier, et par les arrêtés des représentans du peuple, et qui cependant, sous prétexte d'exécution de ces lois et arrêtés, ont été remplacés, conserveront leur rang sans interruption de service, et toucheront leurs appointemens à compter du jour où ils ont cessé d'être payés par la République, en justifiant par eux de leur maladie, blessure, ou autre cause légitime d'absence, dans la forme ci-après prescrite.

2. Ceux qui voudront jouir des dispositions de l'article précédent présenteront à la commission de la guerre, dans le courant de prairial pour tout délai, savoir :

Les blessés et malades, un certificat de l'officier de santé ou des médecins et chirurgiens qui les auront traités pendant leur maladie ou blessure, lequel constatera, sous peine de nullité, la nature et la durée de la maladie ou blessure.

3. Lorsque les blessés ou malades auront été traités dans un hôpital, ce certificat sera visé par un des directeurs de l'hôpital, et par le commissaire des guerres qui en a l'inspection.

4. Lorsqu'ils auront été traités chez eux ou hors des hôpitaux, la véracité du certificat devra en outre être attestée par quatre citoyens qui auront eu connaissance du traitement, lesquels ne seront ni parens ni alliés du malade jusqu'au degré de cousin issu de germain inclusivement, et il sera visé par la municipalité et le comité de surveillance du lieu où le malade aura résidé, et par le directoire du district dans l'arrondissement duquel la commune se trouvera située.

5. Ceux qui seront dans ce dernier cas justifieront, de plus, du congé en forme qu'ils ont dû obtenir pour se rendre chez eux ou hors des hôpitaux, et des attestations des médecins et chirurgiens d'après lesquelles ce congé aura été accordé.

6. Les militaires qui se sont trouvés retenus dans des places assiégées justifieront des motifs qu'ils ont eus de se rendre dans ces villes, et rapporteront un certificat du commandant de la place ou du conseil de défense, qui constate que, pendant le siége, ils ont fait le service et ont concouru à défendre la ville.

7. Les aides-de-camp et adjoints aux états-majors justifieront que, depuis leur absence du corps, ils ont constamment et sans interruption rempli leurs fonctions d'aides-de-camp ou d'adjoints, et en outre que, conformément à l'article 12 du titre VIII du décret du 21 février 1793, ils font partie des deux militaires par bataillon ou d'un par escadron qui sont autorisés à remplir ces fonctions sans perdre leurs places.

8. Les militaires qui se sont absentés de leurs corps pour remplir une mission du Gouvernement rapporteront l'ordre qu'ils ont reçu à cet effet, et justifieront de plus qu'ils ont rempli l'objet de la mission qui leur avait été confiée.

9. Tous les militaires ci-dessus désignés qui prétendront n'avoir pas encouru la perte de leur emploi devront, en outre, justifier qu'aussitôt leur rétablissement, ou dès qu'ils ont été libres de retourner à leurs corps, ils ont fait près du ministre, ou près de leur bataillon, les démarches nécessaires pour être réintégrés dans leurs places.

10. Les articles 2 et 3 du décret du 22 vendémiaire, relatif aux citoyens qui prétendent être dispensés d'obéir à la réquisition pour cause de maladie ou d'infirmité, seront transcrits en tête des certificats, attestations et congés ci-dessus exigés.

11. Les peines prononcées par ces deux articles, tant contre les militaires qui font attester des faits faux que contre les officiers de santé qui les attesteront, seront applicables aux citoyens qui attestent des faits faux, sans préjudice de plus forte peine, s'il y avait un faux matériel dans la fabrication des certificats et attestations.

12. La commission de la guerre ne pourra envoyer à leurs corps ni faire payer de leurs appointemens les citoyens qui prétendront être dans le cas de l'article 1er du présent décret, que lorsqu'ils auront justifié des causes légitimes de leur absence, dans la forme ci-dessus prescrite.

13. Les militaires qui auront justifié de leur maladie, blessure, ou autre absence légitime, dans les cas et les formes ci-dessus indiqués, seront, comme les officiers en activité, habiles à être nommés commandans temporaires ou adjudans de place, s'ils ont les qualités requises pour remplir ces fonctions.

14. Ceux d'entre eux qui ne seraient pas promus à ces places ou à d'autres qui sont à la disposition du Gouvernement seront renvoyés par la commission de la guerre à leurs bataillons respectifs, pour y reprendre le grade qu'ils occupaient avant leur absence,

ou celui auquel ils auraient droit de prétendre par leur ancienneté de service, conformément au décret du 21 février sur le mode d'avancement ; et ceux qui les occupent en ce moment reprendront le grade qu'ils avaient avant d'y être promus.

15. Les militaires qui, contre le vœu de l'article précédent, refuseraient de remettre la place aux citoyens qui, en exécution du présent décret, seront renvoyés à leurs corps, et les membres des conseils d'administration et commandans des corps qui ne les feraient pas réintégrer dans leur emploi, seront, en cas de désobéissance légalement constatée, renvoyés du corps et traités comme suspects, sans préjudice de plus fortes peines, s'il y a lieu, en cas de résistance et de rébellion.

16. Les membres des conseils d'administration et commandans des corps qui souffriront à l'avenir qu'on procède, dans leurs corps, au remplacement des militaires blessés ou malades, des aides-de-camp et adjoints aux états-majors, autorisés par la loi, et de ceux absens pour toute autre cause légitime, seront renvoyés du corps et traités comme suspects.

17. Les dispositions du présent décret ne sont pas applicables aux militaires contre lesquels il a été pris des mesures de sûreté générale.

1er FLORÉAL an 2 (20 avril 1794). — Décret relatif au remplacement des militaires qui n'ont pu se rendre à leur poste. (L. 17, 738.)

1er FLORÉAL an 2 (20 avril 1794). — Décret qui réintègre dans sa maison le citoyen Nogaret, sous la garde de gendarmes. (B. 42, 2.)

1er FLORÉAL an 2 (20 avril 1794). — Décret relatif à l'affermissement de la République démocratique. (L. 17, 743 ; B. 42, 9.)

1er FLORÉAL an 2 (20 avril 1794). — Décret qui ordonne la radiation du mot *seule* dans le procès-verbal du 21 ventose, où il est question de la commune de Brioude. (B. 42, 1.)

1er FLORÉAL an 2 (20 avril 1794). — Décrets qui accordent des secours aux citoyens Curé, Duval et Bertrand. (B. 42, 6 et 7.)

1er FLORÉAL an 2 (20 avril 1794). — Décret qui établit une fabrique de fusils dans la chartreuse de Grenoble. (B. 42, 7.)

1er FLORÉAL an 2. — Anciens receveurs des districts. *Voy.* 30 GERMINAL an 2. — Bibliothèques nationales. *Voy.* 22 GERMINAL an 2. — Comptabilité des commissions. *Voy.* 30 GERMINAL an 2. — Faux assignats. *Voy.* 22 GERMINAL an 2. — Officiers, etc. *Voy.* 29 GERMINAL an 2. — Papiers pour l'impression des lois. *Voy.* 22 GERMINAL an 2. — Police générale. *Voy.* 29 GERMINAL an 2. — Receleurs d'ecclésiastiques. *Voy.* 22 GERMINAL an 2. — Suisses licenciés. *Voy.* 29 GERMINAL an 2.

---

2 FLORÉAL an 2 (21 avril 1794). — Décret sur la perception du montant des rôles supplétifs de la contribution mobilière. (B. 42, 11.)

---

2 FLORÉAL an 2 (21 avril 1794). — Décret qui accorde des secours aux citoyens Lartigue et Hunquier, et à la veuve Morel. (B. 42, 12 et 13.)

---

2 FLORÉAL an 2 (21 avril 1794). — Décret qui accorde un congé au député Carpentier. (B. 42, 9.)

---

2 FLORÉAL an 2 (21 avril 1794). — Décret qui renvoie aux représentans du peuple la pétition de François-Auguste Laussel, procureur de la commune de Commune Affraanchie, de son épouse et de Marie-Françoise-Amour Cler. (B. 42, 14.)

---

2 FLORÉAL an 2 (21 avril 1794). — Décret qui résilie le bail des salines de Peccais, fait à Archinard. (B. 42, 14)

---

2 FLORÉAL an 2 (21 avril 1794). — Décret relatif à une dénonciation du citoyen Paradis, cultivateur. (B. 42, 16.)

---

2 FLORÉAL an 2 (21 avril 1794). — Décret qui alloue des fonds pour les Quinze-Vingts. (B. 42, 16.)

---

2 FLORÉAL an 2 (21 avril 1794). — Décret qui ordonne le brisement de la voiture dite du Sacre, et autres voitures de la cour. (B. 42, 9.)

---

2 FLORÉAL an 2 (21 avril 1794). — Décret sur les questions relatives au paiement des taxes dans l'emprunt forcé et à l'emprunt volontaire. (B. 42, 10.)

---

2 FLORÉAL an 2 (21 avril 1794). — Décret qui renvoie devant les tribunaux de Gênes les contestations relatives à la succession de Gaetan Cervellera. (B. 42, 11.)

---

2 FLORÉAL an 2. — Commissions remplaçant le ministère. *Voy.* 29 GERMINAL an 2.

---

3 = 5 FLORÉAL an 2 (22 = 24 avril 1794). — Décret relatif aux effets d'habillement et d'équipement qui auront été distraits par des militaires, et à la visite de leurs malles et paquets. (L. 17, 745 ; B. 42, 22 ; Mon. du 5 floréal an 3.)

Voy. loi du 12 MAI 1793 ; arrêté du 19 VENDÉMIAIRE an 12 ; ordonnance du 21 FÉVRIER 1816.

Art. 1er. Tout militaire qui distraira, sous quelque prétexte que ce soit, des effets d'habillement, d'équipement, d'armement ou de campement fournis par la République, encourra la peine de cinq ans de fers prononcée par l'article 13 du décret du 12 mai 1793 (1).

2. Lorsqu'un militaire, présent au corps, aura des envois à faire, soit par des voitures publiques, soit particulières, ou par quelque voie que ce soit autre que par les voitures attachées aux armées, il sera tenu d'en faire sa déclaration à la municipalité du lieu où il se trouvera.

3. Les malles ou paquets seront soigneusement visités et fermés, en présence du militaire et d'un officier ou sous-officier du détachement, par deux membres du conseil général de la commune, qui y apposeront le cachet de la municipalité, et délivreront un permis.

Dans le cas où il se trouverait des effets d'habillement, d'équipement, d'armement ou de campement appartenant à la République, ils en feront la saisie.

4. Si l'armée se trouve hors du territoire de la République, le commissaire des guerres suppléera aux officiers municipaux; il apposera sur les malles ou paquets le cachet de la République, et il fera mention sur le permis de l'endroit du départ.

5. Il est défendu à tous employés aux messageries et autres citoyens de se charger du transport d'aucun paquet appartenant à des militaires en activité de service, à moins que les conditions ci-dessus prescrites n'aient été remplies; et ce, à peine de deux ans de fers.

6. Tout citoyen qui facilitera de pareils envois au préjudice des dispositions ci-dessus sera également puni de deux ans de fers.

7. Tous effets d'équipement ou d'armement saisis seront déposés, par les soins de la municipalité du lieu où se fera la saisie, à l'administration du district, qui en informera sur-le-champ le comité de la guerre de la Convention et la commission du commerce et des approvisionnemens.

8. Les commissaires des guerres qui, en vertu de l'article 4 ci-dessus, auront saisi des effets militaires, seront tenus de les déposer dans les magasins de l'armée, et d'en rendre compte aussitôt.

---

3 = 8 FLORÉAL an 2 (22 = 27 avril 1794). — Décret relatif aux nominations d'adjudans faites par les représentans du peuple dans des places fortes et forteresses. (L. 17, 747; B. 42, 22.)

La Convention nationale, après avoir entendu le rapport de son comité de la guerre, décrète que les nominations faites par les représentans du peuple près les armées aux fonctions d'adjudans dans les places et forteresses où la nécessité des circonstances exige qu'il y en ait d'établis, et qui ne sont pas compris dans l'état annexé au décret du 8 = 10 juillet 1791, ni à celui du 22 mai (vieux style), ne sont que provisoires et momentanées; les militaires chargés de les remplir conserveront leur rang dans la ligne.

---

3 FLORÉAL an 2 (22 avril 1794). — Décret relatif à la proposition de faire disparaître les titres de nobles dans les actes de l'état civil. (B. 42, 20.)

---

3 FLORÉAL an 2 (22 avril 1794). — Décret qui charge le comité de salut public de rédiger le cours d'institutions civiles. (B. 42, 20.)

---

3 FLORÉAL an 2 (22 avril 1794). — Décret relatif aux citoyens de la première réquisition et autres militaires réformés des troupes à cheval ou de la marine. (B. 42, 17.)

---

3 FLORÉAL an 2 (22 avril 1794). — Décret qui nomme les membres de la commission chargée de rédiger un Code des lois. (L. 17, 747; B. 42, 20.)

---

3 FLORÉAL an 2 (22 avril 1794). — Décret qui accorde des secours aux citoyens Petin et Fischer, et à la veuve Dorion. (B. 42, 18 et 19.)

---

3 FLORÉAL an 2 (22 avril 1794). — Décret relatif aux secours accordés aux réfugiés de Chollet. (B. 42, 19.)

---

3 FLORÉAL an 2 (22 avril 1794). — Décret qui fixe à Saint-Péravy la résidence de la brigade de gendarmerie de Patay. (B. 42, 21.)

---

3 FLORÉAL an 2 (22 avril 1794). — Décret qui accorde à la citoyenne Quatresols, employée depuis 1791 à la conduite des chevaux d'artillerie dans diverses armées, une pension de trois cents livres, et ordonne qu'il lui sera en outre payé cent cinquante livres pour se procurer des vêtemens. (B. 42, 21.)

---

3 FLORÉAL an 2 (22 avril 1794). — Décret qui fixe le traitement des commandans amovibles dans les places de guerre. (B. 42, 22.)

---

3 FLORÉAL an 2. — Listes d'émigrés. *Voy.* 23 GERMINAL an 2. — Pensionnaires, etc., de la liste civile. *Voy.* 17 GERMINAL an 2. — Rentes sur l'Hôtel-de-Ville; Terrains à cens et rentes. *Voy.* 24 GERMINAL an 2.

---

(1) Il y a fausse application de la loi militaire, lorsqu'un simple détournement d'effets militaires est puni comme s'il était accompagné de désertion (1er août 1818; Cass. S. 18, 1, 388).

4=9 FLORÉAL an 2 (23=28 avril 1794). — Décret contenant des dispositions additionnelles à celui du 20 septembre 1792 sur le divorce. (L. 17, 748; B. 42, 29; Mon. du 6 floréal an 3.)

Voy. lois du 4 FLORÉAL an 2; du 15 THERMIDOR an 3.

Art. 1er. Lorsqu'il sera prouvé, par un acte authentique ou de notoriété publique, que deux époux sont séparés de fait depuis plus de six mois, si l'un d'eux demande le divorce, il sera prononcé sans aucun délai d'épreuve, conformément à l'article 17 du paragraphe II du décret du 20 septembre 1792 : l'acte de notoriété publique sera donné par le conseil général de la commune ou par les comités civils des sections, sur l'attestation de six citoyens. L'époux qui demandera le divorce pourra, dans le cas d'une résidence de six mois dans une nouvelle commune, faire citer l'autre par-devant l'officier public de ce nouveau domicile.

La citation sera donnée à la personne de l'époux défendeur, ou au dernier domicile commun, chez l'agent national, qui sera tenu de l'afficher, pendant une décade, à la porte de la maison commune.

2. S'il est constaté, par acte authentique ou de notoriété publique, que la séparation des époux a lieu par l'abandon fait par l'un d'eux du domicile commun, sans donner de ses nouvelles, l'époux abandonné pourra obtenir son divorce sur la seule présentation de l'acte authentique ou de notoriété, six mois après cet abandon, et sans avoir besoin d'appeler l'époux absent.

3. Dans les cas prévus dans les deux articles précédens, les époux se pourvoiront dans la forme ordinaire, tant pour le réglement de leurs droits que pour ce qui concerne l'éducation et l'intérêt de leurs enfans.

4. Les femmes des défenseurs de la patrie et des fonctionnaires éloignés de leur domicile pour le service de la République ne pourront néanmoins, pendant l'absence de leur mari, demander le divorce que par-devant l'officier public de leur dernier domicile commun, ou par-devant celui de la résidence actuelle de leur mari.

Elles ne pourront réclamer pendant son absence que ce qu'elles ont apporté en mariage, et tous les réglemens qu'elles feront faire de leurs droits ne seront que provisoires jusqu'au retour de leur mari.

5. Tous officiers municipaux qui ne voudront pas recevoir une action en divorce, ou qui refuseront de le prononcer dans les cas prévus par les articles 1er et 2 ci-dessus, seront destitués, et pourront être condamnés à des dommages et intérêts envers les parties, sans préjudice des peines portées par l'article 8 de la section V du décret du 14 frimaire, qui leur seront appliquées, s'il y a lieu.

6. Le divorce ne pourra être attaqué par la voie de l'appel, s'il a été prononcé avant l'accomplissement des délais; on pourra le faire prononcer de nouveau après leur expiration (1).

7. La femme divorcée peut se marier aussitôt qu'il sera prouvé, par un acte de notoriété publique, qu'il y a dix mois qu'elle est séparée de fait de son mari. Celle qui accouche après son divorce est dispensée d'attendre ce délai.

8. Les divorces qui ont été effectués en vertu du principe que le mariage n'est qu'un contrat civil, et qui ont été constatés par des déclarations authentiques faites par-devant des officiers municipaux, des juges-de-paix ou des notaires, depuis la déclaration de ce principe et avant la promulgation du décret du 20 septembre 1792, sont confirmés.

---

4 FLORÉAL an 2 (23 avril 1794). — Décret qui met en liberté les membres du bureau de commerce de Marseille. (B. 42, 24.)

---

4 FLORÉAL an 2 (23 avril 1794). — Décret d'ordre du jour sur la demande de secours par le chef de brigade Sandoz. (B. 42, 26.)

---

4 FLORÉAL an 2 (23 avril 1794). — Décret qui charge le conseil général de la commune de Laon, de rédiger un procès-verbal des fraudes et malversations commises dans la distribution des secours aux familles des défenseurs de la patrie. (B. 42, 24.)

---

4 FLORÉAL an 2 (23 avril 1794). — Décret qui accorde des secours aux citoyens Sirejean, Quenion, et à la veuve Gorlier. (B. 42, 26 et 27.)

---

4 FLORÉAL an 2 (23 avril 1794). — Décret relatif aux dépôts des pièces remises à la commission des Vingt-un, lors de la rédaction de l'acte d'accusation contre le dernier tyran des Français. (B. 42, 28.)

---

4 FLORÉAL an 2 (23 avril 1794). — Décret qui résilie le bail emphytéotique fait au citoyen Laboulaye par le grand-prieur de France. (B. 42, 28.)

---

(1) Les tribunaux sont incompétens pour statuer, même incidemment, sur l'appel d'un divorce prononcé sous l'empire et en exécution de cette loi (2 brumaire an 6; Cass. S. 2, 2, 520).

La ponctuation de cet article a été changée, par un décret du 12 ventose an 3, ainsi qu'il suit : « Le divorce ne pourra être attaqué par la « voie de l'appel. S'il a été prononcé avant l'ac« complissement des délais, on pourra le faire « prononcer de nouveau après leur expiration. »

5 = 7 FLORÉAL an 2 (24 = 26 avril 1794). — Décret sur une question relative à l'article 6 du paragraphe premier du décret du divorce, relatif aux jugemens de séparation non exécutés, ou attaqués par voie d'appel ou de cassation. (L. 17, 750; B. 42, 31.)

La Convention nationale, après avoir entendu le rapport de son comité de législation sur la lettre du ministre de la justice en date du 17 ventose dernier, et sur les pétitions et mémoires du citoyen Etienne Simon et Louise Belle, sa femme, rapporte le décret du 13 frimaire dernier, rendu sur la pétition de Louise Belle;

Et sur la question proposée par le tribunal du district de Romans, tendant à savoir si, par ces termes de l'article 6 du § Ier du décret du 20 septembre 1792, sur le divorce: « les jugemens de séparation non exécutés, « ou attaqués par appel ou par voie de cassa- « tion, demeurent comme non avenus, » la loi a voulu comprendre les jugemens de séparation contre lesquels on s'est pourvu par requête civile;

Considérant qu'il est évidemment dans l'esprit de cet article de comprendre les jugemens qui sont attaqués par des voies légales;

Déclare qu'il n'y a pas lieu à délibérer.

---

5 = 7 FLORÉAL an 2 (24 = 26 avril 1794). — Décret concernant l'organisation et la paie des compagnies de canonniers volontaires en activité de service dans les armées. (B. 42, 34; Mon. du 8 floréal an 3.)

Art. 1er. Chaque compagnie de canonniers volontaires en activité de service dans les armées de la République sera composée ainsi qu'il suit :

Un capitaine commandant, un second capitaine, un premier lieutenant, deux seconds lieutenans, un sergent-major, cinq sergens, un caporal-fourrier, cinq caporaux, trente-cinq premiers canonniers, quarante seconds canonniers, dont quatre artificiers et quatre ouvriers, un tambour. Total quatre-vingt-treize.

2. Les appointés sont supprimés, tant dans les régimens d'artillerie que dans les compagnies de canonniers volontaires; cependant ceux actuellement existans conserveront le traitement dont ils jouissent, jusqu'à ce qu'ils aient passé à un grade supérieur.

Le traitement des officiers de canonniers volontaires sera fixé sur le terme moyen des appointemens attribués aux différentes classes de chaque grade correspondant dans les régimens d'artillerie; en conséquence,

Les appointemens des capitaines commandant les compagnies de canonniers volontaires seront de deux mille six cents livres; ceux des capitaines en second, de dix-huit cents livres; ceux des premiers lieutenans, de onze cent cinquante livres; ceux des seconds lieutenans, de mille livres; sans préjudice au traitement de guerre.

4. La solde des sergens, caporaux, canonniers de première et deuxième classes, artificiers, ouvriers et tambours, sera la même que celle des grades correspondans dans les régimens d'artillerie.

5. Les compagnies de canonniers volontaires attachées aux demi-brigades seront tenues de fournir des détachemens pour le service du parc ou des places, toutes les fois qu'elles en seront requises.

6. Les compagnies de canonniers volontaires attachées aux bataillons non encore embrigadés conserveront, jusqu'à l'embrigadement, l'organisation qu'elles avaient au 18 ventose dernier : toute augmentation faite depuis cette époque dans le nombre des officiers, sous-officiers et canonniers desdites compagnies, en sus de celui attribué à leur ancienne organisation, demeure nulle et comme non avenue.

Les officiers, sous-officiers et canonniers de ces compagnies qui seront conservés d'après les dispositions des lois existantes, recevront, à dater du 18 ventose, le traitement accordé à leur grade par les articles 3 et 4 du présent décret; les canonniers seront, en conséquence, divisés en deux classes, dans la même proportion que celle fixée par l'article 1er.

7. Les représentans du peuple chargés de l'embrigadement pourront, lorsqu'ils le croiront utile, organiser en compagnies détachées les officiers, sous-officiers et canonniers des compagnies de canonniers volontaires attachées aux bataillons, qui ne pourront pas trouver place dans les compagnies attachées aux demi-brigades : ces compagnies détachées recevront l'organisation et la paie déterminées par les articles 1, 2, 3 et 4 du présent décret, et seront destinées au service des places ou à celui du parc à l'armée.

8. Les officiers et sous-officiers des compagnies qui seront formées en exécution de l'article précédent, seront pris parmi les militaires des grades correspondans des anciennes compagnies qui n'auront pas pu trouver place dans la formation des compagnies attachées aux demi-brigades, et qui seraient dans le cas de conserver leurs appointemens jusqu'à leur remplacement, conformément à l'article 6 du titre Ier du décret du 21 février 1793.

---

5 FLORÉAL an 2 (24 avril 1794). — Décret qui accorde une pension au citoyen Pérille, et des secours aux veuves Maillard et Lebreton-Noel, et aux citoyens Jaglin Bourdois et François. (B. 42, 31, 32 et 44.)

---

5 FLORÉAL an 2. — Effets d'habillement soustraits. *Voy.* 3 FLORÉAL an 2. — Conspirations, Nobles, etc. *Voy.* 27 GERMINAL an 2. — Mili-

taires absens de leur corps. — Remplacement de militaires. *Voy.* 1er FLORÉAL an 2.

6 FLORÉAL an 2 (25 avril 1794). — Décret portant qu'il n'y a lieu à délibérer sur la question de savoir si la jouissance en usufruit donné par un mari à sa femme, en 1774, pour avoir son effet jusqu'à la majorité de ses enfans, doit cesser lorsqu'ils seront parvenus à vingt-un ans. (B. 42, 36.)

La Convention nationale, après avoir entendu le rapport de son comité de législation sur une lettre du ci-devant ministre de la justice, présentant la question de savoir si la jouissance en usufruit donné par un mari à sa femme, en 1774, pour avoir son effet jusqu'à la majorité de ses enfans, doit cesser lorsqu'ils sont parvenus à vingt-un ans, attendu que l'intention du père semblait être de proroger cette jouissance jusqu'à vingt-cinq ans;

Considérant que la loi, qui a porté la majorité à vingt-un ans, a fixé à cet âge l'aptitude pour pouvoir gérer ses biens, et qu'elle n'a admis aucune exception;

Décrète qu'il n'y a lieu à délibérer.

Le présent décret ne sera point imprimé.

6 FLORÉAL an 2 (25 avril 1794). — Décret relatif à la révision des jugemens rendus par le tribunal militaire du premier arrondissement de l'armée des Ardennes. (B. 42, 39.)

6 FLORÉAL an 2 (25 avril (1794). — Décret d'ordre du jour sur des demandes en restitution de biens; la peine de la déportation; l'impression et l'affiche des jugemens criminels; la contrefaçon de la marque d'or et d'argent, et la remise en liberté des condamnés avant d'avoir fini leur peine. (B. 42, 36 à 43.)

6 FLORÉAL an 2 (25 avril 1794). — Décret relatif à la pétition du citoyen Jean Bosmant. (B. 42, 42.)

6 FLORÉAL an 2 (25 avril 1794). — Décret portant qu'il n'y a pas lieu à délibérer sur des observations faites par des commissaires-vérificateurs nommés dans la commune de Vaugirard, en vertu de la loi du 21 pluviose. (B. 42, 43.)

6 FLORÉAL an 2 (25 avril 1794). — Décret portant qu'il n'y a pas lieu à délibérer sur une pétition de la citoyenne veuve Thibout. (B. 42, 44.)

6 FLORÉAL an 2 (25 avril 1794). — Décret qui autorise la Trésorerie nationale à payer au citoyen Sievers, Danois, la somme de huit cents livres. (B. 42, 45.)

6 FLORÉAL an 2 (25 avril 1794). — Décret qui autorise la municipalité de Paris à payer, sur les sous additionnels, la somme de trois livres à chaque commissaire civil de section, par chaque journée qu'il justifiera avoir employée au service public des citoyens de cette commune. (B. 42, 46.)

6 FLORÉAL an 2 (25 avril 1794). — Décret qui autorise la commission des transports, postes et messageries à établir un service pour le transport des dépêches d'Amiens. (B. 42, 46.)

6 FLORÉAL an 2 (25 avril 1794). — Décret qui accorde au citoyen Philippe Rousseau une rente viagère de trois cents livres par an. (B. 42, 46.)

6 FLORÉAL an 2 (25 avril 1794). — Décret qui accorde cinq cents livres à chacun des jeunes Irlandais, pour fournir aux frais de leur voyage. (B. 42, 47.)

6 FLORÉAL an 2 (25 avril 1794). — Décret relatif aux jardins des plantes botaniques négligés ou abandonnés. (B. 42, 48.)

6 FLORÉAL an 2 (25 avril 1794). — Décret relatif à la demande du citoyen Bois. (B. 42, 48.)

6 FLORÉAL an 2 (25 avril 1794). — Décret de mention honorable relativement à la portion de l'armée révolutionnaire qui était à Commune-Affranchie. (B. 42, 49.)

6 FLORÉAL an 2 (25 avril 1794). — Décret concernant les persécutions faites aux horlogers de Besançon. (B. 42, 49.)

6 FLORÉAL an 2 (25 avril 1794). — Décret relatif aux biens acquis par Jacques-Alexandre Gauthier. (B. 42, 50.)

6 FLORÉAL an 2 (25 avril 1794). — Décret sur les peines encourues par les individus qui compromettent les citoyens en leur écrivant des lettres anonymes ou sous des noms supposés. (B. 42, 42.)

6 FLORÉAL an 2. — Colonne dans le Panthéon; Délits emportant peine afflictive et infamante. *Voy.* 28 GERMINAL an 2.

7 = 10 FLORÉAL an 2 (26 = 29 avril 1794). — Décret qui ordonne le dépôt et le brûlement des passes accordées en vertu du décret du 27 germinal an 2. (L. 17, 754; B. 42, 52.)

La Convention nationale, après avoir entendu le rapport du comité de salut public, décrète que les citoyens qui, en vertu du décret du 27 germinal, ont obtenu des *passes* des comités révolutionnaires indiqués par ledit décret, seront tenus de les déposer dans la municipalité où ils ont choisi leur résidence, après les avoir fait enregistrer dans le délai de huit jours, à compter du jour de leur arrivée : les *passes* seront brûlées publiquement par la municipalité.

---

7 = 10 FLORÉAL an 2 (26 = 29 avril 1794). — Décret qui ordonne l'exécution de celui du 14 pluviose an 2, par lequel les cautionnemens sont supprimés. (L. 17, 755; B. 42, 50.)

Un membre expose que certaines administrations exigent encore des citoyens pourvus des places de receveurs, des cautionnemens, sous prétexte que le décret qui les supprime n'est pas encore publié; il demande que le décret du 14 pluviose, qui abolit lesdits cautionnemens, soit inséré au Bulletin; que l'insertion tienne lieu de publication, et que ledit décret ait son exécution à compter du 14 pluviose dernier. Toutes ces propositions sont décrétées.

(*Suit la teneur du décret.*)

Vauthier, nommé receveur du district de la Montagne-sur-Aisne par les représentans du peuple, écrit à la Convention qu'il lui est impossible d'offrir le cautionnement exigé par la loi.

La Convention nationale décrète qu'il ne sera plus exigé de cautionnement, et charge son comité des finances de lui présenter sur cet objet un projet de décret.

---

7 = 10 FLORÉAL an 2 (26 = 29 avril 1794). — Décret qui interdit la faculté de percevoir d'autre traitement que celui attaché à la fonction qu'on exerce. (L. 17, 756; B. 42, 51; Mon. du 8 floréal an 2.)

La Convention nationale, après avoir entendu le rapport du comité de salut public, rapporte le décret de l'Assemblée législative qui permettait à ceux qui réunissaient sur leur tête deux fonctions d'opter entre les deux traitemens qui y étaient affectés, et décrète que nul citoyen ne pourra désormais percevoir d'autre traitement que celui attaché à la fonction qu'il exercera.

---

7 = 10 FLORÉAL an 2 (26 = 29 avril 1794). — Décret qui accorde des secours aux familles des infirmiers morts pendant l'exercice de leurs fonctions. (L. 17, 756; B. 42, 52.)

La Convention nationale, après avoir entendu le rapport de son comité de salut public, décrète que les familles des infirmiers morts pendant l'exercice de leurs fonctions sont assimilées, pour les secours à obtenir de la République, à celles des défenseurs de la patrie.

---

7 FLORÉAL an 2 (26 avril 1794). — Décret relatif à une somme de douze cents livres provenant d'une fouille faite chez un fabricateur de faux assignats, à Soissons. (B. 42, 51.)

---

7 FLORÉAL an 2 (26 avril 1794). — Décret qui approuve la promotion d'un sergent de l'armée de Luenon au grade d'officier. (B. 42, 51.)

---

7 FLORÉAL an 2 (26 avril 1794). — Décret qui approuve les exceptions faites à celui contre les nobles et étrangers. (B. 42, 52.)

---

7 FLORÉAL an 2. — Canonniers volontaires; Jugemens de séparation non exécutés. *Voy.* 5 FLORÉAL an 2.

---

8 FLORÉAL an 2 (27 avril 1794). — Décret relatif à la rétribution des meuniers pour leurs moutures, et à l'entretien et réparations des moulins (B. 42, 58.)

Art. 1er. Les meuniers qui, en contravention à l'article 15 du décret du 11 septembre dernier, refuseront d'être payés en monnaie courante pour les moutures au compte de la République ou des particuliers, ceux qui exigeront une somme excédant le *maximum* fixé par les corps administratifs, d'après l'avis des municipalités où sont situés les moulins, seront condamnés à mille livres d'amende au profit de la République.

2. Lesdits meuniers qui feront extraire plus de quinze livres de son par quintal de toute espèce de grains, contre les dispositions du décret du 25 brumaire aussi dernier, seront punis de la même amende.

3. En cas de récidive, l'amende sera double, et les contrevenans seront regardés comme suspects et traités comme tels.

4. Le juge-de-paix du canton prononcera, dans les trois jours, et sans appel, d'après les preuves écrites ou testimoniales.

5. Les administrations de district veilleront à ce que les moulins soient entretenus en état de mouture; elles sont autorisées à y faire faire les réparations indispensables, aux frais des meuniers ou des propriétaires, après un refus de leur part.

6. Ces réparations seront constatées, estimées et reçues par la municipalité, qui se fera accompagner d'un expert, et le montant en sera exigé sur le mandat du directoire de district, et sera décerné contre le meunier locataire, s'il est tenu des réparations : dans le cas contraire, il le sera contre le propriétaire. Si le propriétaire et le fermier ne justifient aux frais de qui doivent se faire les réparations, ils seront poursuivis solidairement pour paiement du mandat.

8 FLORÉAL an 2 (27 avril 1794). — Décret relatif au citoyen Gamain, se prétendant empoisonné par Louis XVI. (B. 42, 53.)

8 FLORÉAL an 2 (27 avril 1794). — Décrets qui accordent des secours aux citoyens Billès et Lebis, et aux citoyennes Cauvin et Viéton. (B. 42, 53, 55 et 56.)

8 FLORÉAL an 2 (27 avril 1794). — Décret qui révoque l'échange des principautés de Sedan et Raucourt. (B. 42, 54.)

8 FLORÉAL an 2 (27 avril 1794). — Décret d'ordre du jour sur des domaines engagés ou aliénés. (B. 42, 56.)

8 FLORÉAL an 2 (27 avril 1794). — Décret qui accorde neuf cents livres à chacun des citoyens Chaveroche et Barrot. (B. 42, 62.)

8 FLORÉAL an 2 (27 avril 1794). — Décret qui liquide le prix d'un office de ci-devant garde de l'Hôtel-de-Ville, sur le pied de huit cents livres. (B. 42, 63).

8 FLORÉAL an 2 ('72 avril 1794). — Décret qui annule les jugemens rendus par le tribunal de Verneuil contre le citoyen Poincellier. (B. 42, 57.)

8 FLORÉAL an 2 (27 avril 1794). — Décret qui ordonne à la Trésorerie de payer deux mille livres à la veuve du général Lecomte. (B. 42, 61.)

8 FLORÉAL an 2 (27 avril 1794). — Décret qui liquide l'office du citoyen Gratard. (B. 42, 63.)

8 FLORÉAL an 2 (27 avril 1794). — Décret relatif à un don patriotique de trois mille trois cents livres en assignats pour être distribués aux épouses, pères, mères et parens des huit gendarmes vainqueurs de la Bastille, qui ont été tués par les brigands de la Vendée. (B. 42, 58.)

8 FLORÉAL an 2 (27 avril 1794). — Décret qui accorde un secours à la veuve du citoyen Phélix Poma, et trois cents livres au citoyen Despujolz. (B. 42, 59.)

8 FLORÉAL an 2 (27 avril 1794). — Décret qui annule un jugement du tribunal de police correctionnelle du Pont-de-l'Arche. (B. 42, 60.)

8 FLORÉAL an 2. — Code des lois; Nominations d'adjudans. *Voy.* 3 FLORÉAL an 2.

9 FLORÉAL an 2 (28 avril 1794). — Décret qui approuve les mesures prises contre Benoît, concierge de la prison du Luxembourg, et le médecin Scheffer. (B. 42, 68.)

9 FLORÉAL an 2 (28 avril 1794). — Décret qui surseoit au départ de Valagnose, condamné à douze années de fers. (B. 42, 61.)

9 FLORÉAL an 2 (28 avril 1794). — Décret d'ordre du jour sur les biens d'un condamné comme contre-révolutionnaire, sur la fabrication et émission d'assignats à effigie démonétisés, et sur des condamnations pour crime de faux. (B. 42, 66 et 67.)

9 FLORÉAL an 2 (28 avril 1794). — Décret relatif aux jeunes gens de la première réquisition qui abandonnent leur poste. (L. 17, 758; B. 42, 69.)

9 FLORÉAL an 2 (28 avril 1794). — Décret qui accorde des secours aux incendiés de Vitry et à la veuve Allignière. (B. 42, 65.)

9 FLORÉAL an 2 (28 avril 1794). — Décret qui ordonne de détenir à Rochefort le prêtre Monnet. (B. 42, 65.)

9 FLORÉAL an 2 (28 avril 1794). — Décret qui abolit toute distinction pour les rations fournies aux invalides. (B. 42, 71.)

9 FLORÉAL an 2 (28 avril 1794). — Décret de mention honorable du zèle des habitans de Meudon. (B. 42, 71.)

9 FLORÉAL an 2 (28 avril 1794). — Décret qui ordonne d'inscrire les noms des généraux Haxo et Moulins en tête de la colonne du Panthéon. (B. 42, 71.)

9 FLORÉAL an 2 (28 avril 1794). — Décret qui ordonne la levée des scellés apposés sur les effets du citoyen Forestier, décédé à Paris, en présence d'un commissaire du comité de sûreté générale. (B. 42, 64.)

9 FLORÉAL an 2 (28 avril 1794). — Décret relatif à l'armée des Pyrénées-Orientales, au général Dagobert et au citoyen Baudrier. (B. 42, 68.)

9 FLORÉAL an 2 (28 avril 1794). — Décret qui charge le comité de salut public de lui présenter un rapport sur les personnages auxquels les honneurs du Panthéon ont été décernés, et dont la mémoire n'en sera pas digne. (B. 42, 72.)

9 FLORÉAL an 2. — Dispositions sur le divorce. *Voy.* 4 FLORÉAL an 2.

10 = 18 FLORÉAL an 2 (29 avril = 7 mai 1794). — Décret portant qu'aucun fonctionnaire public ne peut renoncer à son traitement. (L. 17, 761; B. 42, 72.)

La Convention nationale décrète en principe qu'elle ne recevra, de la part d'aucun fonctionnaire public salarié par la République, la renonciation au traitement qui est attaché au service de son emploi, sauf à ces fonctionnaires à propager, par les moyens qu'ils préféreront, les actes de vertu, de générosité et de fraternité dont le peuple français ne cessera de donner l'exemple.

---

10 FLORÉAL an 2 (29 avril 1794). — Décret qui prescrit des mesures pour recouvrer les fonds de la succession de la veuve Schoenfeld. (B. 42, 72.)

---

10 FLORÉAL an 2. — Brûlement des passes; Infirmiers; Suppression des cautionnemens; Traitemens. *Voy.* 7 FLORÉAL an 2.

---

11 FLORÉAL an 2 (30 avril 1794). — Décret d'ordre du jour sur la confiscation des marchandises expédiées de Beaucaire à Lyon. (B. 42, 73.)

---

11 FLORÉAL an 2 (30 avril 1794). — Décret de liquidation d'anciens pensionnaires. (B. 42, 73.)

---

11 FLORÉAL an 2 (30 avril 1794). — Décrets qui accordent des pensions et secours aux citoyens Dupont, Goffin, Blanchard, Delsoupé, Dufour, Royer, et aux veuves Lehot et Deroual. (B. 42, 79 à 82.)

---

11 FLORÉAL an 2 (30 avril 1794). — Décret qui porte que l'armée des Alpes a bien mérité de la patrie, décerne les honneurs du Panthéon au général Dagobert, et approuve l'avancement du général Bagdelone. (B. 42, 83.)

---

11 FLORÉAL an 2. — Brûlement des pièces. *Voy.* 29 GERMINAL an 2.

---

12 FLORÉAL an 2 (1er mai 1794). — Décret portant que l'armée du Nord ne cesse de bien mériter de la patrie. (L. 17, 762; B. 42, 84.)

---

12 FLORÉAL an 2 (1er mai 1794). — Décret qui alloue deux cent mille livres pour secourir les incendiés de Vitry-sur-Marne. (B. 42, 83.)

---

12 FLORÉAL an 2 (1er mai 1794). — Décret d'ordre du jour relatif à la levée du séquestre sur les biens de F. Gerbier. (B. 42, 84.)

---

13 FLORÉAL an 2 (2 mai 1794). — Décret qui ordonne un sursis à la vente des biens de ceux qui prétendent avoir été mal à propos compris dans la liste des émigrés. (B. 42, 88.)

Sur un projet de décret du comité de législation, pour le sursis de la vente des biens de ceux qui prétendent avoir été mal à propos compris dans la liste des émigrés,

La Convention renvoie le projet aux comités de législation, d'aliénation, domaines et commission des émigrés, pour faire son rapport dans trois jours, le séquestre tenant sur les propriétés qui ont été réclamées; et cependant surseoit à la vente desdits objets;

Décrète que la liste des réclamans sera imprimée à la suite du rapport, et que leurs noms, qualités et demeures y seront mentionnés;

Décrète en outre que la commission des émigrés sera tenue de présenter, le 20 floréal, son travail sur la révision générale des lois relatives aux émigrés.

---

13 FLORÉAL an 2 (2 mai 1794). — Décret relatif au tirage des lettres adressées à l'étranger, et retenues dans les bureaux de poste. (B. 42, 85.)

---

13 FLORÉAL an 2 (2 mai 1794). — Décret relatif à la confection des rôles des contributions directes du Mont-Terrible. (B. 42, 85.)

---

13 FLORÉAL an 2 (2 mai 1794). — Décret d'ordre du jour sur une adjudication de domaines nationaux. (B. 42, 86.)

---

13 FLORÉAL an 2 (2 mai 1794). — Décret qui adjuge la maison des Filles-Saint-Thomas de Saint-Germain-en-Laye. (B. 42, 86.)

---

13 FLORÉAL an (2 mai 1794). — Décret qui accorde un crédit d'un million aux inspecteurs de la salle. (B. 42, 87.)

---

13 FLORÉAL an 2 (2 mai 1794). — Décrets qui accordent des secours aux veuves Vaast-Cerisier et Douzenelle. (B. 42, 89.)

---

13 FLORÉAL an 2 (2 mai 1794). — Décret portant que l'armée des Ardennes a bien mérité de la patrie. (L. 17, 762; B. 42, 90.)

---

13 FLORÉAL an 2. — Armée du Nord. *Voy.* 12 FLORÉAL an 2.

---

14 = 18 FLORÉAL an 2 (3 = 7 mai 1794). — Décret portant que le prix d'habitation des boutiques, échoppes, etc., cesse d'être affranchi de la contribution mobilière, depuis la suppression du droit de patente. (L. 17, 764; B. 42, 92.)

La Convention nationale, après avoir entendu le rapport du comité des finances sur la question faite par les corps administratifs, relativement à l'application de l'article 5 du décret du 21 mars 1793, portant suppression du droit de patente;

Considérant que le prix d'habitation des boutiques, échoppes ou étaux de marchands, ateliers, hangards, chantiers, magasins, greniers et caves servant de magasins, n'avait été affranchi de la contribution mobilière que parce qu'il était représenté par le droit de patente, et que la valeur de ces objets est la seule indicative des revenus d'industrie dont il est question dans l'article 5 du décret du 21 mars 1793, portant suppression du droit de patente;

Décrète qu'il n'y a pas lieu à délibérer.

Le présent décret sera inséré au bulletin de correspondance.

---

14 = 18 FLORÉAL an 2 (3 = 7 mai 1794). — Décret portant que les tribunaux criminels militaires seront tenus d'appeler des jurés pour prononcer sur les faits. (L. 17, 765; B. 42, 93.)

Art. 1er. Les articles 1, 2, 3, 7, 9 et suivans du titre III, et les titres VI et X du décret du 3 pluviose, concernant les tribunaux militaires, seront dès à présent exécutés, comme le titre Ier du même décret a dû l'être depuis le décret du 22 germinal.

2. En conséquence, ceux des tribunaux criminels militaires qui ont été jusqu'à présent autorisés à juger sans intervention de jurés, seront tenus à l'avenir d'appeler des jurés pour prononcer sur les faits.

L'insertion du présent décret au Bulletin tiendra lieu de publication.

---

14 FLORÉAL an 2 (3 mai 1794). — Décret qui prescrit le mode de restitution pour surtaxe de contribution patriotique. (L. 17, 764; B. 42, 92.)

---

14 FLORÉAL an 2 (3 mai 1794). — Décrets d'ordre du jour sur des demandes en révision et annulation de jugemens rendus en matière d'adjudication et acquisition de biens nationaux, et en matière criminelle; sur la compétence des municipalités régies par la coutume de Luxembourg; sur le serment des religieuses, et sur la réintégration dans la propriété de terrains usurpés par les ci-devant seigneurs. (B. 42, 90, 91, 93 à 96.)

---

14 FLORÉAL an 2 (3 mai 1794). — Décret qui accorde un secours à la veuve Leblond. (B. 42, 96.)

---

14 FLORÉAL an 2 (3 mai 1794). — Décret qui ordonne la mise en liberté des administrateurs et agens secondaires de l'administration de l'habillement et équipement militaires, maintient en état d'arrestation le citoyen Lequêne, et traduit au tribunal révolutionnaire Provenchère et Dorly. (B. 42, 95.)

---

15 = 18 FLORÉAL an 2 (4 = 7 mai 1794). — Décret qui met en réquisition ceux qui contribuent à la manipulation, au transport et au débit des denrées et marchandises de première nécessité. (L. 17, 366; B. 42, 97.)

Art. 1er. Tous ceux qui contribuent à la manipulation, aux transport et débit des denrées et marchandises de première nécessité, autres toutefois que ceux qui sont compris dans les décrets des 26 et 27 germinal sur la police générale de la République, sont mis en réquisition.

2. L'accusateur public recherchera et traduira au tribunal révolutionnaire tous ceux désignés dans l'article précédent qui feraient une coalition criminelle contre les subsistances du peuple.

---

15 FLORÉAL an 2 (4 mai 1794). — Décret qui accorde un secours provisoire au citoyen Petit et à sa femme. (B. 42, 97.)

---

15 FLORÉAL an 2 (4 mai 1794). — Décret qui nomme les membres de la commission de santé. (B. 42, 98.)

---

15 FLORÉAL an 2. — Liste d'émigrés. *Voy.* 13 FLORÉAL an 2.

---

16 FLORÉAL an 2 (5 mai 1794). — Décret pour la conservation des maisons et jardins de Saint-Cloud, Bellevue, Versailles, etc. (L. 17, 767; B. 42, 102.)

---

16 FLORÉAL an 2 (5 mai 1794). — Décrets qui accordent des secours aux citoyen et citoyenne Petit et à la veuve Jacob. (B. 42, 99.)

---

16 FLORÉAL an 2 (5 mai 1794). — Décret qui réunit la commune de Saint-Gérand à celle de Levignac. (B. 42, 100.)

---

16 FLORÉAL an 2 (5 mai 1794). — Décrets d'ordre du jour relatifs à des contestations concernant la délimitation de départemens, au séquestre des biens nationaux, et à la réclamation du citoyen Cailly. (B. 42, 100, 101 et 102.)

---

16 FLORÉAL an 2 (5 mai 1794). — Décret relatif à la connaissance de l'affaire du citoyen Roberjot. (B. 42, 98.)

---

16 FLORÉAL an 2 (5 mai 1794). — Décret qui accorde un congé aux députés Barailon et Creuzet. (B. 42, 98.)

---

16 FLORÉAL an 2 (5 mai 1794). — Décret relatif à la liquidation des appointemens du citoyen Rocher. (B. 42, 99.)

---

16 FLORÉAL an 2 (5 mai 1794). — Décret relatif aux certificats de résidence des militaires et des fonctionnaires publics. (B. 42, 101.)

---

16 FLORÉAL an 2 (5 mai 1794). — Décret de liquidation d'offices de judicature et ministériels, et des receveurs de loteries. (B. 42, 102 et 103.)

---

16 FLORÉAL an 2 (5 mai 1794). — Décret qui met en liberté le citoyen George. (B. 42, 111.)

---

16 FLORÉAL an 2 (5 mai 1794). — Décret qui renvoie au tribunal révolutionnaire les ci-devant fermiers généraux intéressés dans les baux de David, Salzard et Mager. (B. 42, 109.)

---

16 FLORÉAL an 2 (5 mai 1794). — Décret qui surseoit à toutes poursuites contre Herbon, sa femme et Durand. (B. 42, 111.)

---

17 FLORÉAL an 2 (6 mai 1794). — Décret qui prolonge le congé du député Petit. (B. 42, 112.)

---

17 FLORÉAL an 2 (6 mai 1794). — Décret portant que l'armée d'Italie continue de bien mériter de la patrie, et que celle des Pyrénées-Orientales en a bien mérité dans la journée du 10 floréal. (L. 17, 768; B. 42, 112.)

---

17 FLORÉAL an 2 (6 mai 1794). — Décret qui nomme les citoyens Théry et Ducos secrétaires de la commission de santé. (B. 42, 113.)

---

18 FLORÉAL an 2 (7 mai 1794). — Décret qui institue des fêtes décadaires. (L. 17, 769; B. 42, 113.)

---

18 FLORÉAL an 2 (7 mai 1794). — Décret relatif aux honneurs à décerner à la mémoire de Barra et d'Agricole Viala. (L. 17, 772; B. 42, 116.)

---

18 FLORÉAL an 2 (7 mai 1794). — Décret relatif à l'impression de l'instruction aux marins. (B. 42, 113.)

---

18 FLORÉAL an 2 (7 mai 1794). — Décrets qui accordent un congé aux députés Esnue-Lavallée et Louvet. (B. 42, 113.)

---

18 FLORÉAL an 2. — Armées d'Italie et des Pyrénées-Orientales. *Voy.* 17 FLORÉAL an 2. — Boutiques, échoppes, etc.; Contribution patriotique; Denrées, etc., de première nécessité. *Voy.* 14 FLORÉAL an 2. — Traitement des fonctionnaires. *Voy.* 10 FLORÉAL an 2. — Tribunaux criminels militaires. *Voy.* 14 FLORÉAL an 2.

---

19 = 29 FLORÉAL an 2 (8 = 18 mai 1794). — Décret qui règle la compétence du tribunal révolutionnaire de Paris et des tribunaux criminels de France. (L. 17, 772; B. 42, 122; Mon. du 30 floréal an 2.)

Voy. lois du 22 PRAIRIAL an 2; du 8 NIVOSE an 3.

Art. 1er. En exécution de l'article 1er du décret du 27 germinal sur la police générale de la République, le tribunal révolutionnaire établi à Paris connaîtra exclusivement, sauf les exceptions ci-après, de tous les crimes contre-révolutionnaires énoncés dans les décrets des 10 mars 1793, 23 ventose et autres, en quelque partie de la République qu'ils aient été commis.

2. En conséquence, les tribunaux et commissions révolutionnaires établis dans quelques départemens par les arrêtés des représentans du peuple sont supprimés, et il ne pourra en être établi aucun à l'avenir, si ce n'est en vertu de décrets de la Convention nationale.

3. Pourra néanmoins le comité de salut public conserver les tribunaux ou commissions révolutionnaires qu'il jugera utiles, et autoriser, lorsque les circonstances l'exigeront, tels tribunaux criminels qu'il trouvera convenir, à juger dans un arrondissement déterminé, et selon le mode prescrit par le décret du 30 frimaire, l'universalité ou partie des crimes réservés à la connaissance exclusive du tribunal révolutionnaire.

4. Les tribunaux criminels continueront de connaître concurremment avec le tribunal révolutionnaire, dans la forme prescrite par le décret du 30 frimaire, des crimes d'embauchage, de fabrication, distribution ou introduction de faux assignats.

Les décrets des 19 mars et 9 avril 1793 et autres sont rapportés en ce qu'ils ont de contraire tant au présent article qu'à l'article 1er.

5. Les tribunaux criminels continueront pareillement de juger dans les formes prescrites par les décrets des 28 mars 1793, 30 vendémiaire et 26 frimaire, les émigrés et déportés rentrés en France, ainsi que les individus mis hors de la loi par les décrets des 7 et 17 septembre 1793, sans préjudice de la concurrence du tribunal révolutionnaire à l'égard des uns et des autres, et sans déroger aux dispositions des mêmes lois qui déterminent les cas où ils doivent être jugés par des commissions militaires.

6. Il n'est pareillement rien innové aux dispositions du décret du 16 juin 1793, sur la manière de juger les espions, ni à celle des décrets du 3 pluviose et du 22 germinal, sur la compétence des tribunaux criminels militaires.

7. Les peines infligées aux fonctionnaires publics négligens ou coupables, soit par la section V dudit décret du 14 frimaire, soit par tous autres décrets, seront poursuivies ainsi qu'il suit:

8. Les membres des commissions exécutives ne pourront être jugés que par le tribunal révolutionnaire, et ne pourront être traduits dans les maisons d'arrêt qu'après que leur arrestation aura été approuvée par le comité de salut public.

9. Les juges criminels et les accusateurs publics seront jugés par le même tribunal. Ils pourront être mis en état de surveillance par les comités révolutionnaires; mais ils ne

pourront être traduits ou mis en état d'arrestation dans les maisons d'arrêt qu'en vertu de mandat du tribunal révolutionnaire, ou d'un arrêté du comité de salut public, ou de sûreté générale, ou des représentans du peuple envoyés dans les départemens ou près les armées.

10. Les officiers municipaux, les administrateurs de département et de district, les juges civils, les agens et commissaires nationaux, et tous les autres fonctionnaires publics compris dans la section V du décret du 14 frimaire (les militaires exceptés), qui seront prévenus de négligence ou de délits non contre-révolutionnaires dans l'exercice de leurs fonctions, seront jugés par le tribunal criminel du département où ils sont employés, et il sera procédé à leur égard dans la forme prescrite par le décret du 30 frimaire.

11. Quant aux militaires et aux individus attachés aux armées ou employés à leur suite, les règles de compétence établies par les décrets des 3 pluviose et 22 germinal continueront d'être exécutées pour les délits commis dans l'exercice de leurs fonctions, comme pour tous autres.

12. Les dispositions du présent décret seront observées, même pour les délits antérieurs à sa publication, sur lesquels il ne sera pas, à cette époque, intervenu de jugement définitif.

---

19 = 29 FLORÉAL an 2 (8 = 18 mai 1794). — Décret relatif aux déclarations sur l'état civil des enfans. (L. 17, 775; B. 42, 124.)

Voy. Code civil, art. 35.

La Convention nationale, après avoir entendu le rapport de son comité de législation sur l'exposé qui lui a été fait, que l'officier public de la commune de Paris a refusé de recevoir la déclaration faite par une citoyenne, que l'enfant dont elle est devenue mère est d'un autre que de son mari;

Considérant qu'il est dans les principes de notre législation que la loi ne reconnait d'autre père que celui qui est désigné par le mariage; qu'une déclaration contraire est immorale, et qu'une mère ne saurait être admise à disposer à son gré de l'état des enfans de son mari (1);

Approuve le refus fait par l'officier public de la commune de Paris de recevoir une semblable déclaration, et décrète que l'acte de naissance énoncé dans celui fait par le commissaire de la section Châlier, le 23 pluviose, n° 85, sera rédigé sans faire mention de cette déclaration, et que, si elle a été insérée sur le registre de la section, elle y sera rayée.

---

19 FLORÉAL an 2 (8 = 18 mai 1794). — Décret qui déclare compris dans la suppression des retraits le retrait de convenance ou successoral. (B. 42, 118.)

Voy. loi du 13 JUIN 1790 et les notes.

La Convention nationale, après avoir entendu le rapport de son comité de législation sur la pétition de Nicolas-Jacques Darras, tendante à obtenir la réforme d'un jugement rendu le 10 avril 1793, en ce qu'il admet à l'exercice d'une espèce de retrait qui doit être anéanti par les décrets, et à ce que la Convention veuille bien expliquer si les lois qui suppriment les retraits lignagers, de demi-denier féodal, censuel et autres, comprennent aussi dans leur suppression le retrait de convenance ou successoral;

Considérant que, d'après les décrets rendus jusqu'ici sur cette matière, il ne peut plus exister aucune des espèces de retraits introduits par les anciennes lois, coutumes et usages locaux; que la Convention s'est suffisamment expliquée à cet égard par ses décrets des 2 et 30 septembre dernier (vieux style), déclare qu'il n'y a pas lieu à délibérer.

Considérant néanmoins que le tribunal du district de Breteuil a rendu, le 10 avril 1793, un jugement qui admet des héritiers à l'exercice du droit de retrait successoral, déclare la disposition de ce jugement nulle et comme non avenue (2).

---

19 FLORÉAL an 2 (8 mai 1794). — Décrets qui accordent des secours aux veuves Grenier, O'Naré, Lever et ses enfans, et aux citoyens Perdereau et Mallet. (B. 42, 117, 118, 121 et 124.)

---

19 FLORÉAL an 2 (8 mai 1794). — Décret relatif à la signature des actes préliminaires de mariage dans la commune de Paris. (B. 42, 119.)

---

19 FLORÉAL an 2 (8 mai 1794). — Décret d'ordre du jour sur des demandes en révision de procès criminels et sur les pourvois en cassation. (B. 42, 119 et 120.)

---

19 FLORÉAL an 2 (8 mai 1794). — Décret relatif aux adjoints des ci-devant fermiers-généraux. (B. 42, 117.)

---

(1) La reconnaissance d'un enfant naturel par un père qui lui imprime le caractère d'enfant adultérin, ne peut avoir aucun effet contre l'enfant (11 novembre 1819; Cass. S. 20, 1, 222).

(2) Ce décret, n'ayant pas été légalement publié, n'a jamais eu force obligatoire; en conséquence, le retrait successoral n'a pas été aboli dans les pays où il était autorisé, et il a pu être exercé (dans ces pays) à l'égard de toutes cessions faites sous l'empire des lois intermédiaires, comme il aurait pu l'être avant (20 mars 1828; Cass. S. 28, 1, 373; D. 28, 1, 185).

19 FLORÉAL an 2 (8 mai 1794).— Décret relatif à la répartition de secours aux sections de Paris. (B. 42, 125.)

---

20 FLORÉAL an 2 (9 mai 1794).—Décrets qui accordent des secours aux citoyens Neuville, Montmessin et Sarrette, et aux citoyennes Petit-Pas, Dusain, veuve Gaillard, Boulanger-Rolland, Minet, Demazure et Dayan. (B. 42, 126.)

---

21 FLORÉAL = 1er PRAIRIAL an 2 (10 = 20 mai 1794). — Décret qui fixe aux créanciers de l'État un délai pour faire procéder à leur liquidation. (L. 17, 776; B. 42, 130.)

La Convention nationale, après avoir entendu son comité des finances, décrète que les créanciers de la République domiciliés dans les communes, districts et départemens réunis à la République depuis le 14 juillet 1789, seront tenus de faire procéder à leurs liquidations respectives, et à l'exécution des décrets des 24 août et 9 brumaire derniers, d'ici au 1er vendémiaire prochain : passé lequel temps, ceux qui n'auront pas fourni toutes pièces nécessaires au directeur général de la liquidation sont dès à présent déclarés déchus.

---

21 FLORÉAL = 1er PRAIRIAL an 2 (10 mai 1794). —Décret relatif à la reddition des comptes des agens comptables envers la nation mis en état d'arrestation. (L. 17, 777; B. 42, 131; Mon. du 22 floréal an 2.)

Art. 1er. Tous les payeurs et autres agens comptables envers la nation qui sont ou seront mis en arrestation, seront tenus, dans les trois jours qui suivront leur détention, de choisir un citoyen domicilié dans le lieu où ils exerçaient leurs fonctions, et de lui donner un pouvoir spécial à l'effet de rendre les comptes dont ils sont tenus, et d'en remettre les pièces justificatives à qui de droit.

2. Faute par eux de nommer un fondé de procuration dans le délai fixé par l'article précédent, il y sera pourvu par le directoire du district, qui commettra un citoyen, et le chargera de rendre, aux frais du comptable détenu, les comptes qu'il devra à la République.

3. Aussitôt cette nomination faite, il sera procédé à la levée des scellés et à l'inventaire des papiers du détenu, à la réquisition d'un des préposés de la Trésorerie nationale, et à la poursuite et diligence de l'agent national du district.

4. Lesdites levée de scellés et inventaire seront faits en présence d'un membre du directoire du district, de l'agent national, du préposé de la Trésorerie et du fondé de pouvoir ou représentant du détenu.

5. Les registres et journaux du comptable seront arrêtés par les parties comparantes à l'inventaire : les biens meubles et immeubles seront séquestrés et mis sous la main de la nation, à la même réquisition, poursuite et diligence que dessus, jusqu'à l'apurement définitif des comptes.

6. Dans le cas où un agent comptable de la Trésorerie, hors de fonctions, et qui n'aurait pas encore rendu et fait apurer ses comptes, laisserait passer plus de quarante jours sans correspondre avec les commissaires de la Trésorerie nationale, il sera réputé émigré, et son nom sera adressé par lesdits commissaires de la Trésorerie nationale à la commission des revenus nationaux, pour le faire comprendre dans la liste supplémentaire des émigrés.

7. Dans le cas prévu par l'article précédent, les corps administratifs, en faisant procéder à l'apposition des scellés sur les meubles et effets, en distrairont les registres, titres et papiers relatifs à la comptabilité dont était tenu le comptable réputé émigré, et les adresseront de suite aux commissaires de la Trésorerie nationale, qui feront procéder à l'inventaire desdits papiers en la forme ordinaire.

8. Les dispositions de l'article précédent recevront leur application dans tous les cas où la confiscation des biens aura lieu contre aucun desdits comptables.

9. Les commissaires de la Trésorerie, après avoir fait inventorier les pièces, feront de suite procéder à la rédaction des comptes, et à l'établissement des bordereaux finaux desdits comptables; ils commettront des préposés à cet effet, et fixeront provisoirement, avec l'autorisation du comité des finances de la Convention nationale, le traitement qui leur sera accordé.

10. Ces comptes et bordereaux seront arrêtés et signés en la forme ordinaire. Les commissaires de la Trésorerie nationale enverront un extrait de ces arrêtés à la régie du droit d'enregistrement, pour qu'en conformité de l'article 22, § II de la Ve section du décret du 25 juillet 1793 (vieux style), elle fasse employer la République suivant ses droits et priviléges, dans l'ordre à établir entre les créanciers des comptables dont les biens auront été confisqués.

---

21 FLORÉAL = 1er PRAIRIAL an 2 (10 = 20 mai 1794). — Décret relatif aux tableaux qui seront exécutés en tapisserie à la manufacture des Gobelins. (L. 17, 780; B. 42, 136; Mon. du 22 floréal an 2.)

Art. 1er. Les tableaux qui, d'après le jugement du jury des arts, auront obtenu les récompenses nationales, seront exécutés en tapisserie à la manufacture nationale des Gobelins.

2. Il sera fait incessamment, sous la surveil-

lance de David, des copies soignées des deux tableaux de *Marat* et *Pelletier*, pour être remises à cette manufacture et y être exécutées.

21 FLORÉAL = 16 PRAIRIAL an 2 (10 mai 1794). — Décret qui établit un nouveau mode de comptabilité à la Trésorerie nationale. (L. 17, 780; B. 42, 132; Mon. du 22 floréal an 2.)

Art. 1er. La division des recettes et des dépenses en ordinaires et extraordinaires qui existe dans les comptes que la Trésorerie nationale présente, chaque mois, de ses recettes et de ses dépenses, est supprimée à compter du 1er floréal présent mois.

2. La Trésorerie nationale distinguera, dans les comptes du mois, les recettes en assignats annulés ou valeurs mortes, le brûlement desdits assignats, les recettes provenant du produit des biens des émigrés, déportés ou condamnés, des dépôts et consignations, et des paiemens qui auront été faits sur ces diverses parties.

3. Les assignats et autres valeurs provenant du produit des biens des émigrés et des dépôts et consignations ne feront pas partie des recettes destinées aux dépenses publiques; ils continueront d'être déposés dans la caisse à ce destinée.

4. La Convention statuera, chaque mois, par un décret particulier, quelle sera la somme que les commissaires de la Trésorerie seront autorisés à faire sortir de la caisse de la fabrication des assignats, pour compléter le déficit qui existera entre les recettes et les dépenses du mois, d'après le compte qui sera présenté par la Trésorerie nationale.

21 FLORÉAL = 1er PRAIRIAL an 2 (10 = 20 mai 1794). — Décret relatif au mode de procéder contre les personnes prévenues de vente ou achat de numéraire, de propos tendant à décréditer les assignats, etc., etc. (L. 17, 782; B. 42, 139; Mon. du 22 floréal an 2.)

Art. 1er. Les dispositions des décrets des 7 et 30 frimaire et 14 germinal, relatives aux prévenus de malversation dans les biens nationaux, d'embauchage, de fabrication, distribution ou introduction de faux assignats ou fausse monnaie, régleront pareillement à l'avenir le mode de procéder contre les personnes prévenues d'avoir vendu ou acheté du numéraire; d'avoir arrêté ou proposé différens prix d'après le paiement en numéraire ou en assignats; d'avoir tenu des discours tendant à décréditer les assignats; d'avoir refusé les assignats en paiement; de les avoir donnés ou reçus à une perte quelconque, ou d'avoir demandé, avant de conclure ou même d'entamer un marché, en quelle monnaie le paiement sera effectué.

2. Elles seront également exécutées contre ceux qui, d'après l'article 11 du décret du 12 germinal, seraient dans le cas de subir la peine de deux années de détention pour vente au-delà du *maximum*.

3. Les délits mentionnés, tant dans les articles précédens que dans les décrets des 7 et 30 frimaire, seront jugés par un jury spécial, qui sera formé, pour chaque affaire, suivant le mode déterminé par le paragraphe IV du décret du 2 nivose.

4. Hors le cas de distribution ou introduction de faux assignats ou fausse monnaie, le président du tribunal criminel ne posera aucune question intentionnelle, à moins qu'il n'y soit invité par le vœu des jurés, énoncé publiquement, et formé par la majorité des voix.

5. Les dispositions ci-dessus seront observées même à l'égard des prévenus de délits antérieurs à la publication du présent décret qui, à cette époque, ne seront pas encore jugés définitivement.

6. Les articles 2 et 3 du décret du 11 avril 1793 continueront d'être exécutés contre ceux qui seront convaincus, soit d'avoir vendu ou acheté du numéraire, soit d'avoir donné ou reçu des assignats à une perte quelconque, soit d'avoir arrêté ou proposé différens prix d'après le paiement en numéraire ou en assignats, soit d'avoir demandé, avant de conclure ou même d'entamer un marché, en quelle monnaie le paiement serait effectué.

7. La peine portée par le décret du 1er août 1793 demeure restreinte à ceux qui refusent des assignats en paiement; et nul ne pourra s'y soustraire, dans l'étendue du territoire de la République, sous prétexte qu'il ne serait pas Français.

8. Sera puni de même tout discours tendant à décréditer les assignats.

9. Conformément à l'article 4 du décret du 5 septembre 1793, il y aura lieu à la peine de mort et à la confiscation des biens, toutes les fois que les délits mentionnés dans les trois articles précédens auront été commis dans l'intention de favoriser les entreprises des ennemis, soit intérieurs, soit extérieurs de la République.

La question relative à cette intention sera posée par le président du tribunal criminel, toutes les fois que les débats y donneront lieu, ou que l'accusateur public y aura conclu.

10. Il n'est point dérogé par les articles 6 et 7 aux pouvoirs attribués à la commission du commerce et des approvisionnemens sur le mode de traiter avec les étrangers.

11. Les décrets du 5 septembre 1793 et autres ci-dessus mentionnés continueront d'être exécutés dans tout ce qui n'est pas contraire au présent décret.

21 FLORÉAL an 2 (10 mai 1794).—Décret relatif au traitement des employés de la comptabilité. (B. 42, 129.)

21 FLORÉAL an 2 (10 mai 1794). — Décret sur les retenues à faire à soixante-quatre pensionnaires qui ont touché plus qu'ils n'auraient dû. (B. 42, 129.)

21 FLORÉAL an 2 (10 mai 1794). — Décret relatif au remboursement des actions de la carte générale de France. (B. 42, 130.)

21 FLORÉAL an 2 (10 mai 1794).—Décret relatif à la remise des titres de créances des Génois. (B. 42, 133.)

21 FLORÉAL an 2 (10 mai 1794).—Décret relatif au remboursement des avances de la Trésorerie pendant le mois de germinal. (B. 42, 134.)

21 FLORÉAL an 2 (10 mai 1794). — Décret qui accorde des pensions de retraite à des militaires blessés. (B. 42, 135.)

21 FLORÉAL an 2 (10 mai 1794).—Décret relatif à l'insertion au Bulletin de la liste des condamnés à mort ou mis hors la loi du district d'Uzerche. (B. 42, 127.)

21 FLORÉAL an 2 (10 mai 1794). — Décret qui autorise la nommée Mahéo à se faire rejuger. (B. 42, 138.)

21 FLORÉAL an 2 (10 mai 1794).— Décret relatif à la culture des terres des défenseurs de la patrie. (B. 42, 127.)

21 FLORÉAL an 2 (10 mai 1794). — Décret qui accorde une indemnité aux bateliers de Saint-Omer. (B. 42, 128.)

21 FLORÉAL an 2 (10 mai 1794).—Décret d'ordre du jour sur les sursis à l'exécution de la peine de mort, les jugemens de fabrication de faux assignats démonétisés, le délai pour la communication des baux de biens nationaux à l'acquéreur, la manière de procéder à l'égard des individus qui demandent la révision des jugemens de condamnation à peines afflictives ou infamantes rendus contre eux dans l'ancienne forme, et dont les procédures sont égarées. (B. 42, 141 à 145.)

21 FLORÉAL an 2 (10 mai 1794). — Décret interprétatif des articles 9, 10, 11, 12 et 13 du décret du 15 frimaire, et de l'article 38 du décret des 6 et 11 août 1790 sur les baux. (B. 42, 141.)

21 FLORÉAL an 2 (10 mai 1794). — Décret qui annule un jugement rendu contre E.-J. Muret. (B. 42, 143.)

21 FLORÉAL an 2 (10 mai 1794).— Décret qui ordonne la formation d'une nouvelle liste de jurés du département de Paris. (B. 42, 144.)

21 FLORÉAL an 2 (10 mai 1794).— Décrets qui accordent des secours aux citoyens Mézeray et Minet, et à la veuve Lorry. (B. 42, 145 et 146.)

21 FLORÉAL an 2. — Maisons et jardins de Saint-Cloud, Bellevue et Versailles. *Voy.* 16 FLORÉAL an 2.

22 FLORÉAL an 2 (11 mai 1794).— Décret portant qu'un citoyen sera détenu jusqu'à la paix, pour désobéissance à la loi. (L. 17, 758.)

Voy. Avis du Conseil-d'Etat du 8 février 1812.

La Convention nationale, après avoir entendu le rapport de son comité de législation sur la lettre du ci-devant ministre de la justice, relative à un citoyen du canton de Triel, district de la Montagne de Bon-Air, qui, nonobstant trois jugemens consécutifs du juge-de-paix de ce canton, s'est permis de rétablir par voies de fait, et en tenant des propos despectueux à l'autorité publique, une barrière qu'il avait été condamné à abattre, et au moyen de laquelle il interceptait à son voisin un droit de passage commun entre eux;

Considérant que la liberté, l'égalité et la souveraineté du peuple ne peuvent se maintenir que par le respect le plus religieux pour la loi et tous les actes émanés des magistrats chargés de son application; que quiconque leur résiste favorise par le fait les projets liberticides des conspirateurs, en donnant à ses concitoyens l'exemple d'une désobéissance scandaleuse, et qui ne peut que pervertir l'esprit public, décrète:

Art. 1er. L'agent national du district de la Montagne de Bon-Air, sur la copie qui lui sera adressée de la lettre ci-dessus mentionnée, et d'après les renseignemens qui lui seront donnés en conséquence par le juge-de-paix du canton de Triel, fera, sans aucun délai, arrêter l'individu qui y est désigné, et le fera conduire dans une maison de détention, où il restera jusqu'à la paix.

2. A l'avenir, les peines portées par les articles 1, 2, 3, 4 et 6 de la IVe section du titre Ier de la IIe partie du Code pénal auront lieu, soit que la formule *obéissance à la loi* eût été prononcée ou non, et seront infligées à quiconque emploiera, même après l'exécution des actes émanés de l'autorité publique, soit des violences, soit des voies de

fait, pour interrompre cette exécution ou en faire cesser l'effet (1).

Le présent décret ne sera adressé qu'aux tribunaux : il sera inséré au Bulletin, et cette insertion tiendra lieu de publication.

---

22 = 27 FLORÉAL an 2 (11 = 16 mai 1794). — Décret relatif à la reclusion des ecclésiastiques infirmes ou sexagénaires. (L. 17, 786 ; B. 42, 149 ; Mon. du 23 floréal an 2.)

Art. 1er. A compter de la publication du présent décret, tous ecclésiastiques infirmes ou sexagénaires sujets à la reclusion sont tenus, dans deux décades, de se transporter au chef-lieu de leurs départemens respectifs, pour être reclus dans les maisons destinées à cet effet.

2. Tous ceux infirmes ou sexagénaires qui seront trouvés sur le territoire de la République et hors des maisons de reclusion, ce délai expiré, seront jugés et punis suivant les termes des articles 5 et 15 du décret du 30 vendémiaire dernier.

3. Les certificats d'infirmité présentés par ceux qui soutiendront n'être pas dans le cas de la déportation seront mis à l'administration du département, qui nommera deux officiers de santé pour visiter l'infirme et vérifier la sincérité de son certificat.

4. Dans le cas où les officiers de santé nommés par le département jugeraient que les certificats sont inexacts ou faux, ils donneront leur avis par écrit ; et, d'après l'arrêté du département, la déportation sera prononcée et effectuée.

---

22 = 27 FLORÉAL an 2 (11 = 16 mai 1794). — Décret qui ordonne la formation d'un *livre de la bienfaisance nationale*. (L. 17, 788 ; B. 42, 155 ; Mon. du 24 floréal an 2.)

Article unique. Il sera ouvert dans chaque département un registre qui aura pour dénomination : *Livre de la bienfaisance nationale*.

Le titre Ier sera intitulé : *Cultivateurs vieillards ou infirmes ;*

Le IIe, *Artisans vieillards ou infirmes ;*

Le IIIe sera consacré *aux mères et aux veuves ayant des enfans dans les campagnes.*

TITRE Ier. Des cultivateurs vieillards ou infirmes.

Art. 1er. L'inscription sur ce livre, de laquelle il sera délivré un extrait par l'administration du département au cultivateur vieillard ou infirme qui l'aura obtenue, lui servira de titre pour recevoir annuellement un secours de cent soixante livres, payables en deux termes, de six mois en six mois, et par avance.

2. Pour être inscrit, il faudra être indigent, âgé de soixante ans, et muni d'un certificat qui atteste que, pendant l'espace de vingt ans, il a été employé, sous quelque rapport que ce soit, au travail de la terre : ceux qui auront des infirmités acquises par ce genre de travail pourront jouir du secours de cent soixante livres, quoiqu'ils ne soient pas sexagénaires, si d'ailleurs ils ne peuvent se procurer leur existence.

3. Les certificats de temps de travail et d'indigence seront délivrés par la commune du lieu de résidence du cultivateur ou de l'artisan vieillard ou infirme.

L'état d'infirmité sera attesté par deux chirurgiens du district, dont l'un sera toujours l'officier de santé de l'arrondissement, qui remplira cette fonction gratuitement.

Ces pièces, visées par l'agent national de la commune, seront par lui adressées sans délai au district.

4. Le nombre des inscriptions pour les cultivateurs vieillards ou infirmes demeure fixé à quatre cents par chaque département.

Ce nombre pourra être augmenté dans la proportion de quatre inscriptions sur mille individus, pour les départemens dont la population des campagnes sera reconnue excéder cent mille habitans.

5. Les villes et les bourgs dont la population est de trois mille ames et au-dessous seront considérés comme faisant partie de la population des campagnes.

6. Les départemens seront tenus d'adresser au comité de salut public, avant le 15 prairial au plus tard, les états qui constatent que leur population agricole excède cent mille ames, et dans quelle proportion, afin qu'ils puissent jouir, le plus promptement possible, du surplus des inscriptions qui devront leur être accordées au-dessus des quatre cents inscriptions dont ils doivent jouir sur-le-champ.

7. Chaque district adressera à l'administration du département, dans huitaine au plus tard à compter du jour de la réception du présent décret, les demandes en inscrip-

---

(1) Cet article n'a point été abrogé par le Code pénal. Ainsi, celui qui, après avoir été condamné au délaissement d'un fonds, et qui, après avoir exécuté le jugement, exerce sur ce fonds des actes de propriété, peut être poursuivi par la voie criminelle (7 juin 1811 ; Cass. S. 11, 1, 325).

L'avis du Conseil-d'État du 8 février 1812 décide précisément le contraire.

L'article 255 du Code pénal (ni aucune autre disposition pénale) n'est applicable au débiteur saisi qui enlève des effets saisis chez lui, et mis sous la garde d'un séquestre judiciaire par l'huissier saisissant ; il n'y a contre ce débiteur que l'action civile (29 oct. 1812 ; Cass. S. 17, 1, 96).

L'art. 400 du Code pénal modifié en 1832, contient des dispositions répressives à cet égard,

tion et les pièces à l'appui qu'il aura reçues des agens nationaux des communes. Chaque administration de département, après avoir réuni tout ce qui lui aura été adressé à cet égard par les districts de son arrondissement, et après un examen préalable des pièces, sera tenue de faire procéder sur-le-champ aux inscriptions sur le livre de la bienfaisance nationale, et d'en faire délivrer des expéditions aux citoyens inscrits.

8. En cas que le nombre des demandes en inscriptions excède le nombre des inscriptions fixé par le présent décret pour chaque département, la préférence sera donnée aux citoyens les plus avancés en âge.

9. Toutes ces opérations relatives aux inscriptions seront terminées dans le délai d'un mois au plus tard, à compter de la réception du présent décret.

10. La jouissance des secours pour ceux qui seront inscrits lors de la première formation du livre de la bienfaisance nationale aura lieu à compter de la date de l'arrêté qui en sera fait par chaque département; et pour ceux qui y seront inscrits par la suite, à compter de la date de leur inscription.

11. Pour recevoir la somme de cent soixante livres, qui sera payée de six mois en six mois, et par avance, le cultivateur vieillard ou infirme sera tenu de présenter un certificat de résidence dans le département, délivré par l'agent national de la commune, qui attestera en outre la continuation de l'état d'indigence ou d'infirmité.

12. Le cultivateur inscrit sera tenu de se présenter en personne au receveur du district; et en cas de maladie ou de tout autre empêchement légitime, il se fera représenter, en désignant à l'agent national le citoyen qui doit le remplacer: dans ce dernier cas, il sera fait, au bas du certificat de résidence, mention des motifs d'empêchement. Le certificat délivré par l'agent national et la copie de l'inscription seront les seules pièces nécessaires pour recevoir le secours déterminé ci-dessus.

13. Pour l'exécution du présent décret, il sera mis annuellement par la Trésorerie nationale à la disposition de la commission exécutive des secours publics, la somme de sept millions cinq cent quarante-quatre mille livres, à distribuer entre les départemens de la République.

TITRE II. Des artisans vieillards ou infirmes.

Art. 1er. Les artisans qui, dans les campagnes, sont attachés aux arts mécaniques, ont droit également à la bienfaisance nationale et aux inscriptions.

2. Leur inscription sur ce livre, de laquelle il sera délivré un extrait par l'administration du département à celui qui l'aura obtenue, servira de titre pour recevoir annuellement une somme de cent vingt livres payable de six mois en six mois, et par avance.

3. Pour être inscrit, l'artisan vieillard ou infirme sera tenu de faire certifier que depuis vingt-cinq ans il exerce, hors des villes, une profession mécanique; il réunira en outre les conditions exigées par les articles 3 et 4 du titre précédent, concernant les cultivateurs vieillards ou infirmes, soit pour l'obtention de l'inscription, soit pour les diverses formalités à remplir.

4. Le nombre des inscriptions pour les artisans vieillards ou infirmes demeure fixé à deux cents pour chaque département.

5. Ce nombre ne pourra être augmenté, dans les départemens qui ont une population de cent mille ames, que dans la proportion de deux inscriptions sur mille individus, et aux mêmes conditions que celles portées dans l'article 5 du titre Ier, concernant les cultivateurs vieillards ou infirmes.

6. Pour l'exécution du présent décret, il sera mis annuellement par la Trésorerie nationale à la disposition de la commission des secours publics, la somme de deux millions quarante mille livres, à distribuer entre les départemens de la République.

TITRE III.

Art. 1er. Les mères et les veuves chargées d'enfans, et habitant les campagnes, ont aussi droit à la bienfaisance nationale et aux inscriptions.

2. Pour obtenir une inscription sur le livre, il faudra être femme ou veuve indigente de cultivateur ou d'artisan domicilié à la campagne.

Les mères qui auront deux enfans au-dessous de l'âge de dix ans, et qui en allaiteront un troisième, auront droit au secours.

Quant aux veuves, il suffira qu'elles aient un enfant au-dessous de l'âge de dix ans, et qu'elles en allaitent un second.

3. Les mères et les veuves inscrites recevront annuellement une somme de soixante livres, et vingt livres de supplément, si, à l'expiration de la première année de nourriture, elles représentent leurs enfans existans à l'agent national de la commune.

4. Sur l'attestation qui leur en sera donnée par l'agent national de la commune, et qu'elles présenteront au district, le secours de soixante livres leur sera continué jusqu'à ce que l'enfant ait atteint l'âge de trois ans, terme de la plus longue durée de l'inscription.

5. L'état d'indigence, la résidence de la mère, le nombre, l'âge, la vie des enfans, sont des conditions indispensablement nécessaires à l'obtention de l'inscription et à la jouissance du secours.

Elles seront certifiées dans les mêmes formes que celles prescrites par les articles 4 et

10 du présent décret, titre Ier, concernant les cultivateurs vieillards ou infirmes.

6. Les mères et les veuves, pour toucher le montant de leur inscription, se présenteront en personne, ou, en cas d'empêchement, elles rempliront les conditions prescrites par l'article 11 du présent décret, titre Ier.

7. Ce nombre d'inscription sera de trois cent cinquante par chaque département.

Il pourra être augmenté suivant les mêmes proportions, et en remplissant les mêmes formalités que celles indiquées et prescrites par l'article 7 de ce décret, titre Ier, concernant les cultivateurs vieillards ou infirmes.

8. Indépendamment des secours assurés aux mères et aux veuves qui allaitent, il sera accordé cent cinquante inscriptions par département, à raison de soixante livres chacune, pour les veuves indigentes d'artisans ou de cultivateurs.

Dans le cas où elles seraient infirmes ou chargées de plus de deux enfans au-dessous de l'âge de quinze ans, les conditions pour l'inscription seront les mêmes que celles prescrites par les articles précédens.

9. Pour l'exécution du présent décret, il sera mis annuellement à la disposition de la commission des secours publics la somme de trois millions soixante mille livres, à distribuer entre les départemens de la République.

Titre IV. Secours à domicile donnés dans l'état de maladie aux citoyens et citoyennes ayant des inscriptions.

Art. 1er. Les citoyens et citoyennes ayant des inscriptions sur le livre de la bienfaisance nationale ci-dessus mentionné recevront des secours gratuits à domicile dans leurs maladies: ils ont également droit de réclamer ce secours pour les enfans à leur charge.

2. A cet effet, il sera établi dans chaque chef-lieu de district un officier de santé, et deux autres dans l'étendue de son territoire.

Le service des maladies sera réparti entre ces officiers de santé par l'administration du district, qui déterminera l'arrondissement de chacun d'eux.

3. Le traitement de l'officier de santé du chef-lieu de district sera de cinq cents livres: ses fonctions seront de faire le service de son arrondissement, et de suivre le traitement des maladies qui se manifestent dans l'étendue du district. Il sera attribué à chacun des deux autres une somme de trois cent cinquante livres. Ces officiers de santé se prêteront mutuellement secours pour assurer le service en cas de surcharge dans quelqu'un des arrondissemens.

Il sera délivré aux officiers de santé une liste nominative des individus portés sur le livre de bienfaisance, chacun pour son arrondissement.

4. Il sera distribué par district des boites de remèdes les plus usuels et les plus simples. Le nombre en sera fixé à huit par chaque district: deux seront remises à chacune des municipalités du lieu de résidence des officiers de santé; elles seront confiées à l'un des membres de la commune, ou à toute autre personne désignée par elle: les deux autres resteront en réserve au district, qui en disposera suivant que les circonstances l'exigeront.

5. La composition de ces boites sera déterminée par des officiers de santé au choix du comité de salut public, et leur confection confiée à des pharmaciens également au choix du même comité.

Ces boites pourront être employées, en cas de besoin, au traitement des épidémies; il sera ajouté à chacune une provision de farine de riz et de fécule de pommes de terre; et pour le tout, il sera fait un fonds de cent soixante mille neuf cent cinquante livres.

6. Pour assurer aux malades les moyens de se procurer les secours en alimens et de pourvoir aux autres dépenses que leur état exigera, il leur sera alloué une somme par jour: cette somme est fixée à dix sous, et à six sous seulement pour les enfans au-dessous de dix ans.

7. L'agent national de la commune, sur la demande qui lui en sera faite, requerra l'officier de santé de l'arrondissement, lequel se transportera sans délai auprès du malade.

Sur son rapport, qu'il remettra par écrit et signé à l'agent national, dont la forme sera déterminée, le secours en argent, mentionné en l'article précédent, sera avancé au malade par la municipalité du lieu, qui en sera remboursée par la caisse du district, ainsi qu'il sera expliqué ci-après.

8. Le secours en argent ne sera accordé que dans le cas où l'officier de santé en reconnaîtra la nécessité, et il l'attestera dans son rapport: il spécifiera le nombre de jours qu'il croira que ce secours devra être accordé, lequel ne pourra excéder la durée d'une décade.

Si la suite d'une maladie exige une prolongation, il l'attestera dans un nouveau rapport, qu'il remettra à cet effet à l'agent national de la commune du lieu.

9. Ces rapports, remis aux agens nationaux, qui les viseront, serviront aux municipalités pour se faire rembourser de leurs avances; à cet effet, elles devront les adresser aux administrations des districts.

10. Pour assurer la surveillance et la comptabilité de ce service, il sera tenu pour chaque malade, par l'officier de santé, une feuille de visite et de dépense, imprimée suivant le mode qui sera envoyé par la commission des secours publics.

Ces feuilles seront adressées tous les mois aux administrateurs des districts.

11. Il ne sera délivré aucun remède des boites que sur billet signé de l'officier de

santé de l'arrondissement; il y sera fait mention des quantités à délivrer, ainsi que du nom du malade et du lieu de sa résidence : ces billets resteront entre les mains de la municipalité du lieu où les boîtes auront été déposées, et serviront à vérifier cet objet de consommation.

12. Chaque commune dans les campagnes fera cultiver, autant que lui permettront les localités, les plantes les plus usuelles en médecine qui leur seront indiquées par l'officier de santé. Il est fait une invitation civique aux citoyens de l'arrondissement, de cultiver dans leurs jardins quelques-unes de ces plantes, et d'en fournir gratuitement aux malades.

13. Les officiers de santé des différens arrondissemens feront passer tous les mois à l'administration du district un état certifié du nombre de leurs visites; ces actes seront vérifiés séparément par chaque commune où les malades auront été soignés, et devront être visés par les agens nationaux de chacune d'elles.

14. Les agens nationaux des communes veilleront à ce qu'il ne s'introduise aucun abus dans ce service, soit par la négligence des officiers de santé, soit par leur trop grande facilité à faire accorder des secours à des malades qui n'en auraient pas un besoin réel, ou à en autoriser la prolongation; ils porteront leurs plaintes à l'administration du district.

15. Les agens nationaux des communes où les boîtes de médicamens seront déposées auront particulièrement la surveillance sur la distribution des remèdes. Dans les cas où les officiers de santé fourniraient des médicamens particuliers, il ne leur en sera tenu aucun compte.

TITRE V. Du mode d'exécution, et de la cérémonie civique.

Art. 1er. La première fête nationale qui sera célébrée est celle consacrée à honorer le malheur, par le décret du 18 floréal.

2. Le décadi où elle sera célébrée sera indiqué par un décret, aussitôt que les tableaux demandés par les précédens articles auront été fournis dans chaque district, et envoyés par les départemens.

3. La formation prompte de ces tableaux est recommandée à l'humanité et au patriotisme des municipalités, des administrateurs des districts et des départemens.

Ils en sont responsables à la patrie, et leur négligence sera punie conformément aux lois du gouvernement révolutionnaire.

4. Les agens nationaux des districts et des communes sont expressément chargés d'accélérer l'exécution du présent décret, pour ce qui les concerne, sous leur responsabilité personnelle.

Les administrations de département sont tenues, sous la même responsabilité, d'envoyer les tableaux au comité de salut public dans le délai prescrit.

5. Le jour consacré au soulagement du malheur par le décret sur les fêtes nationales et décadaires, il y aura dans chaque chef-lieu de district une cérémonie civique, dans laquelle les agriculteurs et les artisans vieillards ou infirmes, les mères et les veuves désignées par les articles précédens, ayant des inscriptions, seront honorés, et recevront, en présence du peuple, le paiement du premier semestre de la bienfaisance nationale.

6. Le livre de la bienfaisance nationale sera lu par l'agent national du district, en présence des autorités constituées et des jeunes citoyens des écoles primaires, dans le lieu où les citoyens se rassemblent les décadis.

7. Le livre de la bienfaisance nationale sera ouvert chaque décadi, pour recevoir les inscriptions qui seront demandées conformément aux articles du présent décret.

8. Le décret de la Convention nationale qui règle le mode de cette bienfaisance y sera lu par le président du district : la dignité de la profession agricole et l'utilité des arts mécaniques y seront célébrées par un discours et par des hymnes patriotiques.

9. La commission des secours publics demeure expressément chargée de l'exécution prompte du présent décret, et d'en rendre compte, tous les huit jours, au comité de salut public.

---

22 FLORÉAL an 2 (11 mai 1794). — Décret relatif au placement du buste des martyrs de la liberté et des grands hommes dans la salle de la Convention. (B. 42, 147.)

---

22 FLORÉAL an 2 (11 mai 1794). — Décret d'ordre du jour relatif à l'exécution du décret du 1er frimaire et au sursis de la vente des biens d'un ancien curé. (B. 42, 148.)

---

22 FLORÉAL an 2 (11 mai 1794). — Décret relatif à l'arrestation des fonctionnaires publics destitués. (B. 42, 153.)

---

22 FLORÉAL an 2 (11 mai 1794). — Décret qui traduit au tribunal révolutionnaire Corentin-Perron, Turpin et André. (B. 42, 154.)

---

22 FLORÉAL an 2 (11 mai 1794). — Décret qui proroge les pouvoirs du comité de salut public. (B. 42, 155.)

---

22 FLORÉAL an 2 (11 mai 1794). — Décret qui ordonne la levée des scellés mis sur les papiers et effets des membres de la Convention mis en arrestation ou hors la loi. (B. 42, 156.)

---

22 FLORÉAL an 2 (11 mai 1794). — Décret qui ordonne l'élargissement de quatre-vingts cultivateurs de la Corrèze. (B. 42, 157.)

22 FLORÉAL an 2 (11 mai 1794). — Décret qui annule les poursuites contre les citoyens Girardin, Rattal, Legay, Andau, Gocey, etc. (B. 42, 156.)

22 FLORÉAL an 2 (11 mai 1794). — Décret portant nomination des citoyens Bréard, Laloy-Delcher et Beaudot, pour former la commission établie par décret du 18 pluviose, pour lever les scellés mis sur les papiers et effets des membres de la Convention qui ont été mis en état d'arrestation et hors la loi. (B. 42, 156.)

22 FLORÉAL an 2 (11 mai 1794). — Décret contenant des additions et changemens dans celui du 19 floréal, relatif à la compétence du tribunal révolutionnaire et des tribunaux criminels. (B. 42, 156.)

22 FLORÉAL an 2 (11 mai 1794). — Décret portant qu'un homme marié, condamné aux fers et dont les biens produisent un revenu sujet à l'emprunt forcé, ne peut retenir sur ce revenu les quinze cents livres dont la loi du 3 septembre 1793 permet la retenue aux personnes mariées. (B. 42, 152.)

22 FLORÉAL an 2 (11 mai 1794). — Décret contenant un article additionnel à celui du 21 floréal sur le discrédit des assignats. (B. 42, 154.)

22 FLORÉAL an 2 (11 mai 1794). — Décret qui accorde une indemnité à la veuve Mercier. (B. 42, 149.)

22 FLORÉAL an 2 (11 mai 1794). — Décret relatif à la nomination aux places vacantes d'exécuteur des jugemens criminels. (B. 42, 150.)

22 FLORÉAL an 2 (11 mai 1794). — Décret qui attribue au tribunal révolutionnaire la connaissance du délit de Delpy. (B. 42, 152.)

23 FLORÉAL = 8 PRAIRIAL an 2 (12 = 27 mai 1794). — Décret sur les rentes viagères déclarées dettes nationales. (B. 42, 166; Mon. des 23, 24 floréal et 9 prairial an 2.)

Voy. lois du 24 AOUT 1793; du 8 MESSIDOR an 2; du 13 BRUMAIRE et du 8 FLORÉAL an 3; du 8 NIVOSE an 6, art. 5 et suivans.

§ Ier. Remise des titres.

Art. 1er. Tous les propriétaires de rentes viagères qui ont été déclarées dettes nationales, provenant des emprunts faits par l'ancien gouvernement, par les ci-devant états provinciaux, les ci-devant chapitres, maisons religieuses et autres établissemens ecclésiastiques supprimés, ou par les corporations de judicature et ministérielles, communautés d'arts et métiers, villes et communes, seront tenus de remettre, d'ici au 1er vendémiaire de la troisième année républicaine, à la Trésorerie nationale, les contrats et titres desdites rentes viagères; et, faute par eux de les remettre dans le délai prescrit, ils sont dès à présent déclarés déchus de toute répétition envers la République.

2. Les créanciers viagers qui ont remis leurs titres au directeur général de la liquidation les retireront pour les rapporter à la Trésorerie nationale, dans le délai prescrit par l'article précédent, sous la peine qui y est portée.

3. Les propriétaires de rentes viagères joindront à leurs titres et contrats originaux :

1° Les certificats de vie, suivant les modèles nos 1 et 2, de toutes les têtes sur lesquelles lesdites rentes viagères sont dues, soit actuellement, soit par droit de survie; lesdits certificats ne pourront être datés antérieurement au 1er germinal;

2° Les actes de naissance de toutes les têtes sur lesquelles les rentes sont assises, toutes les fois qu'ils ne seront pas énoncés dans les contrats.

4. En Suisse, les certificats de vie pourront être fournis aux habitans naturels de cette République par les magistrats civils; ils seront visés et légalisés par l'agent de la République qui y réside.

5. Les propriétaires des rentes viagères, et ceux qui auront droit au capital qui sera liquidé, seront tenus, en remettant leurs pièces et titres, de fournir la déclaration suivant le modèle n° 3, s'ils veulent ou non jouir de la portion de rente viagère conservée par le présent décret; et, s'ils veulent en jouir, ils y joindront leurs actes de naissance.

6. Cette déclaration, une fois remise à la Trésorerie nationale, ne pourra plus être changée; elle sera sur papier libre, faite et signée par le propriétaire ou par le fondé de pouvoir, porteur des titres, et par les pères, mères, tuteurs ou curateurs représentant les mineurs ou interdits, sans qu'il soit nécessaire d'aucune autorisation spéciale pour cet objet.

7. Les pièces mentionnées aux articles 3 et 5 seront séparées.

8. Ceux dont le certificat de vie n'aura pas été remis à la Trésorerie dans le délai fixé par l'article 1er seront réputés morts, et leurs droits acquis au profit de la République : mais le défaut de représentation du certificat de vie de quelque tête, dans le délai prescrit, n'empêchera pas la liquidation des parties co-intéressées avec celles qui se seront mises en règle.

§ II. Paiement des arrérages.

9. Après la remise des titres et pièces désignés aux articles 1, 3 et 5, les arrérages des rentes viagères qui seront dus seront payés à la Trésorerie, à bureau ouvert, en fournissant :

1° Un certificat, suivant le modèle n° 4, du payeur, trésorier ou autre agent qui aura fait le dernier paiement desdites rentes, constatant le net de ce qui en sera dû au 1er germinal an 2 de la République;

2° Un certificat constatant que le jouissant réside en France depuis le 9 mai 1792, sans interruption;

3° Un certificat de non détention, à l'époque de leur demande, pour cause de suspicion ou de contre-révolution;

4° Un certificat de non-émigration;

5° Et une seule quittance, enregistrée dans l'ancienne forme, pour toutes les sommes qui seront dues d'après les divers certificats des payeurs ci-dessus mentionnés.

10. Les arrérages de rentes dus au 1er germinal ne pourront être payés qu'à l'époque du 1er vendémiaire, si les propriétaires ne fournissent pas toutes les pièces relatives aux droits des expectans, ou s'ils ne justifient de leur mort ou émigration.

11. Les certificats de résidence seront fournis par les municipalités, et, à Paris, par les comités civils des sections, visés par les directoires de district : ceux de non-émigration le seront par les directoires de district, et ceux de non-détention par les municipalités, et, à Paris, par les comités civils des sections; lesdits certificats seront enregistrés, et vaudront pendant trois mois de la date de l'enregistrement.

12. Pour accélérer et faciliter le paiement des rentes viagères, les propriétaires pourront réunir en un seul certificat ceux mentionnés en l'article 9, et celui constatant le paiement des contributions. Ce nouveau certificat sera conforme au modèle n° 5 ci-après, lequel sera délivré par les municipalités et visé par les directoires du district, et, à Paris, par les comités civils des sections, visé par le directoire de département; il sera enregistré, et vaudra aussi pendant trois mois.

13. A compter de ce jour, les créanciers en rentes viagères seront tenus de se procurer le certificat mentionné en l'article précédent : cependant les paiemens pourront être continués, sur la remise des certificats qui sont expédiés dans l'ancienne forme, jusqu'à leur surannation.

14. Les certificats des payeurs, trésoriers ou autres agens qui auront fait le dernier paiement, autres que ceux qui seront fournis par les payeurs dits de l'hôtel-de-ville de Paris et par le trésorier de la commune de Paris, seront visés et vérifiés par l'agent national de la résidence du payeur, sur la représentation des anciens livres du comptable.

15. Le directeur général de la liquidation fournira les certificats des arrérages dus pour les titres dont les états lui auront été fournis : lesdits certificats n'auront pas besoin d'être visés.

16. Si quelque payeur, trésorier ou autre agent précédemment chargé du paiement était détenu, mort ou absent, le directoire du district commettra un agent pour délivrer les certificats d'après le registre du comptable; lesdits certificats seront visés et vérifiés par l'agent national de la commune.

17. Les payeurs, trésoriers ou autres agens feront mention, dans les certificats, s'il subsiste ou non des oppositions sur lesdites rentes; et, s'il en existe, ils donneront les dates et les noms des opposans.

18. Les payeurs ne pourront plus recevoir d'oppositions sur les rentes viagères postérieurement à la date de leurs certificats.

19. Les propriétaires qui auront remis leurs titres et les pièces mentionnées aux articles 3 et 5 avant le 1er vendémiaire de la troisième année, conserveront leurs droits, quoiqu'ils n'aient pas fourni les pièces exigées par l'art. 9.

20. Les certificats de vie ne seront reçus à la Trésorerie que pendant deux mois de leur date; et la remise, dans ce délai, desdits certificats, accompagnés de la déclaration mentionnée en l'article 5, déterminera les droits résultant du présent décret, pour convertir les rentes viagères en un capital transmissible.

§ III. Défense de vendre, céder ni partager les rentes viagères.

21. A compter de ce jour, à Paris, et dans dix jours pour le reste de la République, aucun titre de créance viagère sur la République, de quelque nature qu'il soit, ne pourra être négocié, vendu, cédé, transporté ni partagé, directement ni indirectement, sous peine de nullité de l'acte de vente, négociation, cession, transport ou partage, et de trois mille livres d'amende, payables par le propriétaire, l'acheteur, le notaire, courtier de change ou autres agens qui auraient participé auxdites ventes, cessions, transports, négociations ou partages.

22. A compter des mêmes époques, il est défendu aux préposés du droit d'enregistrement d'enregistrer aucun acte de vente, négociation, transport ou partage, prohibé par l'article précédent, sous peine de mille livres d'amende, et d'être destitués de leurs emplois.

§ IV. De la liquidation des rentes viagères, et de leur conversion en un capital.

23. Il sera formé un capital du produit de toutes les rentes ou intérêts de la dette viagère de la République, d'après la proportion et les bases établies aux tables jointes au présent décret, savoir :

Pour les rentes viagères sur une tête, suivant la table n° 1;

Sur deux têtes, suivant la table n° 2;

Sur trois têtes, suivant la table n° 3;

Sur quatre têtes, suivant la table n° 4.

24. Dans aucun cas, le capital provenant de cette liquidation ne pourra excéder la somme qui aura été fournie dans l'emprunt.

25. Si le contrat ne fait pas mention du capital fourni dans l'emprunt, ou si ce capital provient des lots, primes ou chances qui ont été accordés par l'ancien gouvernement, on l'établira d'après les tables annexées au présent décret; mais, dans aucun cas, la somme ne pourra excéder dix fois le montant de la rente sur une tête, 11 111/1000e fois sur deux têtes, 11 765/1000e fois sur trois têtes; 12 5/10e fois sur quatre têtes.

26. Sont exceptées des dispositions des articles précédens les rentes ci-devant tontines, lesquelles seront calculées d'après les bases portées aux diverses tables, sans avoir égard au capital fourni.

27. Les propriétaires de rentes et intérêts viagers seront crédités sur le grand-livre de la dette consolidée, les intérêts à cinq pour cent du capital de leur liquidation, sauf les exceptions ci-après.

§ V. De la faculté accordée de conserver les rentes viagères.

28. Les propriétaires de rentes viagères, ou ceux qui auront droit au capital qui proviendra de la liquidation desdites rentes, qui sont domiciliés en France ou en pays ami de la République française, pourront convertir ce capital en une rente viagère, qui ne pourra cependant pas excéder mille livres, s'ils sont âgés de trente ans et au-dessus; mille cinq cents, de trente à quarante ans; deux mille livres, de quarante à cinquante ans; trois mille livres, de cinquante à soixante ans; quatre mille livres, de soixante à soixante-dix ans; cinq mille livres, de soixante-dix à quatre-vingts ans; sept mille cinq cents livres; de quatre-vingts à quatre-vingt-dix ans; dix mille livres, de quatre-vingt-dix ans et au-dessus.

Le surplus du capital, s'ils en ont, sera inscrit sur le grand-livre de la dette consolidée, à raison de cinq pour cent.

29. Sont considérés comme ayant droit au capital qui sera liquidé pour les rentes viagères :

1° Ceux qui sont propriétaires d'un droit de survie;

2° Ceux qui, par un acte ayant date certaine et authentique antérieure au 1er germinal, ont acquis des délégations sur les rentes viagères, ou des portions desdites rentes.

30. Les compagnies de finances qui sont propriétaires de rentes viagères ne pourront jouir de la faveur mentionnée en l'article précédent.

31. Dans aucun cas, les rentes viagères conservées ne pourront être vendues, cédées ni transportées.

32. Les rentes viagères conservées ne pourront être constituées que sur une seule tête, tout droit de réversibilité ou de succession à cet égard étant supprimé.

§ VI. De la répartition des capitaux provenant des rentes viagères.

33. Pour régler la rente viagère qui sera conservée, le liquidateur de la Trésorerie nationale liquidera toujours quel est le capital qui est dû, d'après les bases établies par les articles précédens, sans que jamais ce capital puisse excéder la somme qui aurait été fournie dans l'emprunt; une fois le capital établi, la rente viagère sera calculée d'après le taux fixé pour chaque âge par la table n° 5.

34. La portion du capital qui appartiendra aux propriétaires jouissant actuellement, et ceux appelés à la jouissance, sera réglée et liquidée par le liquidateur de la Trésorerie, quelles que soient les conditions du contrat, et sauf les exceptions ci-après, proportionnellement aux évaluations portées dans les tables n° 6 à 17, pour les cas qui y sont prévus.

35. S'il se trouve des cas non prévus dans lesdites tables, la répartition du capital en sera faite d'après les bases qui ont servi aux calculs desdites tables, lesquelles bases seront déterminées par le bureau des calculs qui sera établi à la Trésorerie nationale.

36. Si, lors du placement en rentes viagères sur plusieurs têtes, le jouissant actuel a seul fourni l'entier capital prêté, et si, par le résultat de la liquidation desdites rentes et par la répartition qui en sera faite, ce jouissant éprouvait une diminution en viager dont les propriétaires expectans dussent profiter, ces derniers n'auront droit au capital liquidé que déduction faite de la somme qui sera nécessaire pour conserver au jouissant la même rente qu'il reçoit actuellement.

37. Les pères et les mères actuellement existans qui, lors des placemens en viager, ont fourni tous les fonds, et ont stipulé une jouissance après leur mort en faveur d'un ou de plusieurs de leurs enfans, seront propriétaires du capital qui reviendra par la liquidation et répartition à l'enfant expectant.

38. Dans le cas où les fonds auront été fournis par des inconnus, le capital qui sera liquidé et réparti appartiendra aux personnes jouissantes ou expectantes qui y ont droit, quelles que soient les conditions qui pourraient se trouver dans le contrat.

39. Les jouissans des rentes viagères, et

ceux appelés à la jouissance d'un même contrat, pourront cependant faire entre eux telles stipulations, partages et transactions qu'ils jugeront à propos, pourvu que la portion de chacun ne soit pas au-dessous de cinquante livres de rente viagère, ou d'inscription sur le grand-livre de la dette consolidée : il ne sera payé que trente sous pour droit d'enregistrement de ces actes.

40. Si ces propriétaires veulent profiter de l'avantage qui leur est accordé par le présent décret, de conserver une partie de la rente viagère, le capital nécessaire pour constituer ladite rente sera prélevé sur la portion de celui qui leur reviendra par la liquidation; et le taux de l'intérêt dudit capital sera réglé ainsi qu'il est prescrit par l'article 33, et suivant la table n° 5.

§ VII. Du grand-livre de la dette viagère et de son dépôt.

41. Toute la dette publique viagère qui sera conservée sera enregistrée, par ordre alphabétique des noms des créanciers, sur un grand-livre, en un ou plusieurs volumes.

41. Chaque créancier de la République y sera crédité en un seul et même article, et sous un même numéro, de la rente dont il sera propriétaire.

43. Il ne pourra être fait aucune inscription sur le grand-livre pour une somme au-dessous de cinquante livres de rente viagère.

44. Pour la facilité des calculs et des paiemens, si, par la réunion des diverses parties de rentes viagères qui seront conservées, ou si, par le titre actuel, il était dû des sous ou deniers, la fraction au-dessous de dix sous serait supprimée, et il sera ajouté la fraction nécessaire pour compléter la livre à celle de dix et au-dessus.

45. Il sera ouvert sur le grand-livre de la dette publique viagère un compte de la nation au crédit duquel seront portées toutes les extinctions, afin qu'on puisse reconnaître et constater dans tous les temps le montant des diminutions que la dette viagère aura éprouvées.

46. Le grand-livre de la dette publique viagère sera le titre unique et fondamental de tous les créanciers viagers de la République.

47. Le grand-livre de la dette publique viagère sera sommé, arrêté et signé par trois commissaires de la Convention ou du Corps-Législatif, par les commissaires de la Trésorerie nationale et par le payeur principal de la dette publique; il sera ensuite déposé aux archives nationales.

48. Il sera fait deux copies du grand-livre, qui seront sommées et signées par les commissaires de la Trésorerie nationale et par le payeur principal de la dette publique.

49. Une de ces copies sera déposée aux archives de la Trésorerie nationale; l'autre restera dans les bureaux du payeur principal de la dette publique.

§ VIII. De la contribution de la dette publique viagère.

40. Toute la dette publique viagère inscrite sur le grand-livre sera assujétie par moitié au principal de la contribution foncière qui sera réglée chaque année par le Corps-Législatif.

51. Le paiement de cette contribution sera fait par retenue sur les feuilles de paiement annuel.

§ IX. Des saisies et oppositions sur les rentes viagères.

52. A l'avenir, il ne pourra être fait aucune saisie ni opposition sur les rentes viagères qui seront conservées.

53. Les saisies ou oppositions qui existent sur les rentes viagères seront transportées sur leur inscription au grand-livre de la dette consolidée.

§ X. Des extraits d'inscription provisoire.

54. Le liquidateur de la Trésorerie pourra délivrer des extraits d'inscription provisoire aux propriétaires des rentes viagères qui seront converties en une inscription sur le grand-livre de la dette consolidée.

55. Les formes à suivre pour porter les oppositions qui existent sur les rentes viagères, sur le grand-livre de la dette consolidée, et pour délivrer les inscriptions provisoires, seront les mêmes que celles qui ont été fixées par la loi du 24 août 1793 et subséquentes sur la consolidation de la dette publique.

56. Les inscriptions provenant de la liquidation des rentes viagères seront admises en paiement des domaines nationaux, ainsi qu'il est prescrit par la loi du 24 août dernier, pour celles provenant de la dette exigible.

§ XI. Des états à fournir par le liquidateur de la Trésorerie.

57. Le liquidateur de la Trésorerie nationale annulera les titres de créance viagère qui lui seront fournis : il dressera chaque décade :

1° Un état par nom et prénoms du propriétaire et du capital provenant de la liquidation;

2° Un état aussi par nom et prénoms du propriétaire, avec le montant des rentes viagères qui seront conservées.

58. Il enverra, chaque décade, ces états au payeur principal de la dette publique,

qui fera créditer sur le grand-livre de la dette publique les propriétaires des capitaux, du montant de l'intérêt à cinq pour pour cent, et les propriétaires des rentes viagères, du montant desdites rentes sur le grand-livre qui sera à ce destiné.

§ XII. De la comptabilité du payeur principal.

59. Le payeur principal de la dette publique, chargé de la direction en chef du grand-livre de la dette publique viagère, sera comptable de cette opération.

60. Il n'aura sa décharge complète que lorsqu'il aura justifié aux commissaires de la Trésorerie, qui en rendront compte à la Convention ou au Corps-Législatif, que le montant de la dette publique transcrite sur le grand-livre est égal à celui des états fournis par le liquidateur.

§ XIII. De la délivrance de l'extrait d'inscription.

61. Il sera délivré aux propriétaires des rentes viagères inscrites sur le grand-livre, qui le demanderont, un extrait d'inscription conforme à celui qui a été prescrit par la loi du 24 août dernier sur la consolidation de la dette publique.

62. L'extrait d'inscription ne pourra être délivré au propriétaire qu'après le certificat du liquidateur de la Trésorerie.

63. Le liquidateur de la Trésorerie ne pourra délivrer son certificat qu'après avoir vérifié et s'être fait remettre les titres justificatifs de la propriété.

§ XIV. De la remise et de l'annulation des titres de créance viagère.

64. Tous les contrats et autres titres qui seront remis par les propriétaires en retirant le certificat du liquidateur, après le décret du Corps-Législatif sur leur vérification définitive, seront annulés et détruits.

65. Dans le mois qui suivra le dépôt du grand-livre de la dette viagère aux archives nationales, les commissaires surveillans du bureau de comptabilité se feront remettre, par les notaires de Paris, les minutes de tous les contrats et autres titres constatant la dette viagère de la nation, portés sur leurs répertoires; ils les feront annuler et détruire; ils feront annuler aussi l'indication portée sur le répertoire.

66. Dès que le dépôt du grand-livre de la dette viagère sera fait aux archives nationales, les commissaires de la Trésorerie en préviendront les administrations du département et de district, qui seront tenues de se faire remettre de suite, par tous les dépositaires publics, tous les titres, pièces et indications qui constatent les créances viagères dues par la nation, lesquels seront annulés et détruits.

67. A compter de la publication du présent décret, il ne pourra être délivré par les officiers publics aucune expédition ou extrait de titres de créance viagère sur la nation, de quelque nature qu'ils soient, sous peine de dix ans de fers.

68. Les titres III, IV, VI et VII de la loi du 21 frimaire dernier, qui règlent le mode de suppléer les titres perdus ou qui sont sous les scellés, ou aux Indes, ou aux colonies, ou qui appartiennent aux émigrés, condamnés ou déportés, seront applicables à la remise des titres des rentes viagères : mais le droit d'enregistrement qui a été établi par les articles 11 et 12 de la loi du 21 frimaire ne sera que d'un cinquième de la rente viagère.

69. La régie nationale du droit d'enregistrement et des domaines sera tenue de rechercher et faire remettre tous les titres de créances viagères appartenant aux détenus pour cause de suspicion ou de contre-révolution, ainsi qu'elle en a été chargée par le titre VI de la loi du 21 frimaire, pour les titres appartenant aux émigrés, condamnés ou déportés.

70. Les titres qui se trouvent déposés chez les notaires ou entre les mains d'autres particuliers, pour servir de gage ou d'hypothèque, ou à quelqu'autre titre que ce soit, pourront être remis à la Trésorerie nationale par les dépositaires, à la charge de notifier ou faire tous les actes conservatoires pour leur sûreté ou celle d'autrui.

71. Les propriétaires qui ont acquis des portions de rentes viagères, ou des délégations, pourront contraindre les dépositaires des titres qui leur servent d'hypothèques ou de gages de les remettre à la Trésorerie nationale; ils seront tenus de remettre, dans les délais prescrits, les titres constatant leurs droits.

72. Si l'acte de vente, cession ou délégation, antérieur au 1er germinal, passé en pays étranger actuellement ami de la République, par un officier public, n'est pas encore enregistré, il pourra l'être en payant un cinquième du montant de la rente pour droit de mutation.

§ XV. Des dépenses pour l'exécution.

73. Les commissaires de la Trésorerie nationale rendront compte au comité des finances du travail et du zèle que mettront les payeurs dits de l'Hôtel-de-Ville de Paris à l'expédition des certificats exigés par le présent décret, et il sera statué sur la gratification qui leur sera accordée d'après ledit rapport.

74. Il sera mis à la disposition des commissaires de la Trésorerie nationale jusqu'à la concurrence de cinq cent mille livres, pour les frais de la liquidation des rentes

viagères, ou pour les changemens à faire à la Trésorerie pour y établir le paiement des rentes.

§ XVI. Du paiement des inscriptions viagères conservées.

75. A compter du jour de la publication du présent décret, il ne pourra être payé aucuns arrérages de rentes viagères nationales par aucuns receveurs, caissiers, régisseurs ou administrateurs autres que ceux de la Trésorerie nationale; ils seront rejetés des états ou comptes où ils seraient portés en dépense.

76. Le paiement annuel des inscriptions viagères sera fait les 1er vendémiaire et 1er germinal de chaque année, à bureau ouvert, sans attendre l'ordre alphabétique des noms actuellement usité.

77. Tous les créanciers viagers pourront recevoir dans le chef-lieu de district le montant de leur inscription viagère: cependant, le paiement du premier semestre, après le 1er germinal, ne pourra être fait qu'à la Trésorerie nationale, le comité des finances demeurant chargé de présenter un projet de décret pour le mode de paiement annuel et les pièces à fournir par les rentiers.

§ XVII. Création du bureau des calculs à la Trésorerie.

78. Les commissaires de la Trésorerie nationale choisiront les citoyens qui seront nécessaires pour la formation du bureau des calculs, pour liquider des rentes viagères: le chef de ce bureau signera tous les arbitrages qui y seront décidés; il en tiendra registre. Il lui sera alloué huit mille livres par an.

§ XVIII. Impression, envoi et publication du décret.

79. La commission des administrations civiles, police et tribunaux fera imprimer le présent décret chez Baudouin, avec le rapport et les tables, en tel nombre d'exemplaires qui lui seront nécessaires pour en faire l'envoi direct aux corps constitués et fonctionnaires publics.

80. Les corps administratifs et municipaux feront imprimer et afficher le présent décret et le rapport, en annonçant aux citoyens que les tables sont déposées dans leur secrétariat, et que les citoyens peuvent venir en prendre communication.

81. Le présent décret et le rapport, sans les tables, seront imprimés au Bulletin, ce qui servira de promulgation, et le rapport, d'instruction.

Renvoi au comité de salut public et des finances.

82. La Convention renvoie aux comités de salut public et des finances, pour examiner s'il ne serait pas d'une justice rigoureuse de diminuer les capitaux qui seront liquidés en faveur des compagnies de finances propriétaires de rentes viagères, d'après une proportion combinée sur le temps de leur jouissance, le taux de l'intérêt viager qui leur en a été payé, et l'âge des têtes sur lesquelles les rentes sont constituées.

N° Ier.

Modèle du certificat de vie pour l'intérieur de la République.

Nous, officiers municipaux de la commune de . . . . . . district de . . . . . . département de . . . . . certifions que (nom, prénoms du requérant), né le . . . . . demeurant à . . . . . est vivant, pour s'être présenté cejourd'hui devant nous.

A . . . . . ce . . . . . . l'an . . . . . de la République une et indivisible. Et a signé avec nous.

Nota. 1° Les personnes domiciliées à Paris pourront, sur l'attestation de deux témoins, obtenir leur certificat de vie par le ministère d'un juge-de-paix ou officier public ayant à cet effet autorisation du département, avec mention, dans ledit certificat, qui constate que la personne certifiée ou les deux témoins sont connus dudit officier public;

2° Ces certificats seront assujétis au droit d'enregistrement;

3° Si les officiers municipaux ne connaissaient pas bien l'individu, ils feront appuyer leur certificat de deux témoins qu'ils dénommeront et feront signer avec eux;

4° Si, par le jeune âge, infirmité, maladie ou autre cause, le certifié ne sait ou ne peut signer, il en sera fait mention.

N° II.

Certificat de vie pour les pays hors la République.

Je soussigné, agent de la République française à (mettre le lieu de la résidence de l'agent), certifie que (mettre les nom, prénoms du certifié), né le . . . . . demeurant à . . . . . est vivant, pour s'être cejourd'hui présenté devant nous; cette existence attestée par (remplir les noms, prénoms et demeures de quatre témoins connus de l'agent).

A . . . . . ce . . . . . . l'an . . . . . de la République une et indivisible. Et a ledit . . . . avec lesdits témoins et moi, signé ledit certificat.

Nota. 1° Ce certificat doit être légalisé par un chef des bureaux du ministre des affaires étrangères, enregistré à Paris, et certifié véritable par la personne qui touchera la rente.

2° Si, par le jeune âge, infirmité, maladie ou autre cause valable, l'individu ne sait ou ne peut signer, il en sera fait mention.

N° III.

Modèle de la déclaration du rentier viager.

Je soussigné (mettre les nom, prénoms et

date de naissance) . . . . . déclare qu'en conséquence de l'article 5, § 1er du décret du . . . . . sur les rentes viagères, mon intention est de (conserver telle portion) de rente viagère (ou) de renoncer à conserver aucune portion de rente viagère.

A . . . . . ce . . . . . l'an de la République une et indivisible.

N° IV.

Modèle de certificat du payeur, trésorier, etc., pour constater les arrérages des rentes viagères qui sont dus.

RENTES VIAGÈRES NATIONALES.

Certificats d'arrérages dus au 1er germinal an 2 de la République.

Année de l'acte de création . . . . . . n° du registre. . . . . . Produit net de la rente annuelle.

Je soussigné, (payeur ou trésorier, etc.), certifie que (mettre les nom et prénoms du jouissant, pour les payeurs des rentes à Paris), a droit de . . . . . . (mettre le net de la rente viagère ou de toutes les rentes viagères énoncées au tableau qui sera en tête, et pour les autres payeurs, receveurs, ou trésoriers) a été payé le . . . . . d'une rente viagère annuelle montant net. . . . . et que les arrérages lui en sont dus depuis le . . . . . (en toutes lettres) jusqu'au 1er germinal an 2 de la République, et qu'il n'y a pas d'opposition sur ladite rente.

A . . . . . . ce . . . . . . l'an 2 de la République une et indivisible.

Nota. S'il y a des oppositions, elles seront énoncées par la date et noms des opposans.

Si le présent certificat est délivré par tout autre que par le payeur des rentes à Paris, ou par le directeur général de la liquidation, il sera visé et vérifié par l'agent national de la résidence du trésorier ou payeur.

N° V.

Modèle de certificat unique de résidence, de non-émigration, non-détention, etc.

Département d. . . . . .
District d. . . . . .
Commune d. . . . . .

Nous, officiers municipaux de la commune d. . . . . . . sur l'attestation de (mettre les noms, prénoms et demeures de trois citoyens résidant dans ladite commune), et que nous déclarons bien connaître,

Certifions que (mettre les nom, prénoms et demeure du requérant) s'est présenté ce-jourd'hui devant nous; qu'il a résidé en France depuis le 9 mai 1792 jusqu'à présent, sans interruption; qu'il n'a point émigré, et qu'il n'est point détenu pour cause de suspicion ou de contre-révolution.

Certifions en outre que ledit . . . . . nous a présenté en bonne forme: 1° sa quittance d'imposition mobilière de 1792;

2° Celle du dernier tiers de sa contribution patriotique.

(*Suit le signalement du citoyen.*)

Fait à . . . . . . le . . . . . l'an . . . . . de la République une et indivisible.

Nota. 1° Ce certificat doit être signé de deux officiers municipaux, du secrétaire de la commune, des trois témoins et du requérant;

2° Il doit être visé par deux membres du directoire du district, dans le courant de la décade, et enregistré dans la décade de la date du *visa*;

3° Il sera sur papier timbré.

---

23 FLORÉAL = 1er PRAIRIAL an 2 (12 = 20 mai 1794). — Décret relatif aux rentes viagères dues par les émigrés, déportés ou condamnés. (L. 17, 799; B. 42, 231.)

La Convention nationale, sur la proposition d'un membre, décrète que les bases de liquidation adoptées pour les rentes viagères dues par la République, et pour la répartition du capital en provenant, seront appliquées aux rentes viagères qui étaient dues par les émigrés, déportés ou condamnés.

---

23 FLORÉAL = 1er PRAIRIAL an 2 (12 = 20 mai 1794). — Décret relatif au mode de nomination aux places de greffiers des juges-de-paix. (L. 17, 800; B. 42, 230.)

La Convention nationale, après avoir entendu le rapport de son comité de législation,

Décrète que le mode réglé par le décret du 8 nivose, pour la nomination aux places de juges-de-paix, est commun à celles de leurs greffiers.

---

23 FLORÉAL an 2 (12 mai 1794).— Décret relatif à la liste des individus mis hors la loi dans le district de Paimbœuf. (B. 42, 227.)

---

23 FLORÉAL an 2 (12 mai 1794) — Décret qui accorde un congé au citoyen Sallèles. (B. 42, 227.)

---

23 FLORÉAL an 2 (12 mai 1794). — Décrets qui accordent des secours et indemnités aux citoyens Tassier, Blandin, Epery, Nivelle, Montmessin, Sirret et Goret, et aux citoyens Lefébure, Berliex et Pasquier. (B. 42, 227, 231 à 233.)

---

23 FLORÉAL an 2 (12 mai 1794). — Décret qui ordonne de nouveaux tableaux de jurés de jugement dans le département de Paris. (B. 42, 238.)

---

23 FLORÉAL an 2 (12 mai 1794). —Décret d'ordre du jour sur l'élection et le remplacement des juges-de-paix, et sur une réclamation du citoyen Gohier contre deux jugemens. (B. 42, 229 et 234.)

23 FLORÉAL an 2 (12 mai 1794).—Décret relatif à la translation à Paris des cendres de J.-J. Rousseau. (B. 42, 231.)

23 FLORÉAL an 2 (12 mai 1794).—Décret rectificatif de l'article 4 de la loi du 21 de ce mois sur les délits relatifs au discrédit des assignats. (B. 42, 228.)

23 FLORÉAL an 2 (12 mai 1794). — Décret qui renvoie aux représentans du peuple, dans le département de Seine-et-Oise, une pétition de la citoyenne Denois, qui réclame son mari détenu. (B. 42, 234.)

23 FLORÉAL an 2 (12 mai 1794).—Décret relatif à la réunion du tribunal d'appel de Gex à celui de Nantua. (B. 42, 234.)

24 FLORÉAL = 2 PRAIRIAL an 2 (13 = 21 mai 1794). — Décret relatif au domicile où le divorce peut être poursuivi. (L. 17, 800.)

La Convention nationale, après avoir entendu le rapport de son comité de législation sur la pétition du citoyen Nicolas Primaut, gendarme de la vingt-neuvième division, tendant à demander si la Convention a entendu exiger, par le décret du 4 floréal, une nouvelle résidence de six mois de la part de ceux qui, ayant été séparés de fait plus de six mois de leurs femmes, viennent poursuivre leur divorce dans leur ancien domicile ;

Considérant que, lorsqu'un citoyen ne se prévant pas d'un domicile nouvellement acquis, il est évidemment autorisé à se pourvoir par-devant l'officier public du lieu de son dernier domicile, et qu'en cas de refus de la part de l'officier public de prononcer le divorce, conformément aux articles 1er et 2 du décret du 4 floréal, le pétitionnaire peut se pourvoir contre lui à la forme de l'article 5 du même décret ;

Passe à l'ordre du jour.

24 FLORÉAL an 2 (13 mai 1794).—Décret relatif aux secours accordés aux parens des militaires partis en remplacement. (L. 17, 801 ; B. 42, 245.)

La Convention nationale, après avoir entendu le rapport de son comité des secours publics,

Décrète qu'à compter du 1er germinal dernier, les parens des militaires partis en remplacement jouiront également, dans les mêmes cas et dans les mêmes proportions, des secours accordés aux familles des défenseurs de la patrie par le décret du 21 pluviose dernier et par les décrets antérieurs ;

Déroge, quant à ce, à l'article 1er du titre V du décret du 21 pluviose, et à l'article 3 de celui du 4 mars 1793.

24 FLORÉAL = 2 PRAIRIAL an 2 (13 = 21 mai 1794). — Décret qui fixe l'époque à dater de laquelle les suppléans admis à la représentation nationale doivent toucher leur indemnité. (L. 17, 802 ; B. 42, 235.)

La Convention nationale décrète que les suppléans appelés et admis à la représentation nationale en remplacement, toucheront leur indemnité à dater du jour de leur vérification aux archives et de leur inscription au comité des décrets.

24 FLORÉAL an 2 (13 mai 1794). — Décret qui met en liberté le citoyen Genebrier. (B. 42, 235.)

24 FLORÉAL an 2 (13 mai 1794). — Décret qui admet comme député le citoyen Déléage. (B. 42, 235.)

24 FLORÉAL an 2 (13 mai 1794).—Décret relatif aux domaines reçus par les auteurs de La Tour-d'Auvergne, en échange des principautés de Sedan et Raucourt. (B. 42, 236.)

24 FLORÉAL an 2 (13 mai 1794). — Décrets qui accordent des secours aux veuves Castelou, Guelle et Dalenzi, et aux citoyens Coupart, Japierre, Bursat et Laguerre. (B. 42, 237, 238, 244, 245, 246 et 247.)

24 FLORÉAL an 2 (13 mai 1794).— Décret relatif aux contributions locales, pour 1793, dans les communes nouvellement réunies à la France. (B. 42, 238.)

24 FLORÉAL an 2 (13 mai 1794). — Décrets d'ordre du jour sur les marchandises expédiées en transit, le défaut de réception des marchandises vendues, les jugemens par contumace, le retrait féodal, la révision des jugemens criminels et la pétition du citoyen Michelin. (B. 42, 241, 242 à 244.)

24 FLORÉAL an 2 (13 mai 1794). — Décret qui accorde une indemnité au citoyen Caire. (B. 42, 241.)

24 FLORÉAL an 2 (13 mai 1794). — Décret relatif aux ventes de domaines nationaux dont la première enchère a été reçue avant le 15 mai 1791. (B. 42, 236.)

24 FLORÉAL an 2 (13 mai 1794).—Décret sur la réclamation de membres de la société populaire de Cany, département de Seine-Inférieure. (B. 42, 239.)

25 FLORÉAL an 2 (14 mai 1794).— Décret portant que les habitans de Nantes n'ont pas cessé de bien mériter de la patrie. (B. 42, 247.)

25 FLORÉAL an 2 (14 mai 1794). — Décrets qui accordent des gratifications aux citoyens Faure et Masélié. (B. 42, 247 et 248.)

26 FLORÉAL = 27 PRAIRIAL an 2 (15 mai = 15 juin 1794). — Décret qui autorise le bureau de comptabilité à délivrer les immatricules et certificats de non-opposition aux créanciers des ci-devant états de Bourgogne. (B. 42, 251.)

La Convention nationale, après avoir entendu son comité des finances, décrète que le bureau de comptabilité est autorisé à délivrer les immatricules et certificats de non-opposition qui étaient délivrés ci-devant aux créanciers des ci-devant états de Bourgogne, par le citoyen Chartraire, ci-devant trésorier desdits états, qui est en arrestation.

---

26 FLORÉAL an 2 (15 mai = 30 juin 1794). — Décret qui supprime les commissaires préposés à la vérification et à l'évaluation des indemnités à accorder aux citoyens, pour raison des pertes éprouvées par l'invasion des ennemis ou l'incursion des rebelles. (B. 22, 253.)

Art. 1er. Les dispositions relatives à l'institution des commissaires préposés à la vérification et à l'évaluation des indemnités à accorder aux citoyens pour raison des pertes éprouvées par le fait de l'invasion des ennemis ou de l'incursion des rebelles, sont rapportées; en conséquence, les commissaires envoyés par le ci-devant conseil exécutif provisoire sont supprimés et rappelés; leur pouvoir en finit le jour de la réception du Bulletin.

2. Sont substitués à ces agens des commissaires qui seront choisis par les directoires de district, et ne pourront être pris dans les municipalités réclamantes.

3. Ces commissaires rempliront, relativement aux évaluations d'indemnité, les fonctions des agens supprimés, et procéderont, conjointement avec ceux qui déjà ont été pris dans le sein des districts, en exécution de l'article 4 de la loi du 27 février et 14 août 1793, aux opérations prescrites par lesdites lois et celles du 6 frimaire et 14 ventose: mais, en ce qui concerne les pertes des récoltes recueillies, ils adopteront les bases déterminées par ladite loi et celles du 6 frimaire et 14 ventose derniers.

Les commissaires nommés par les districts pour remplacer ceux rappelés par le présent décret appliqueront, pour l'évaluation des pertes de meubles, maisons et récoltes sur pied, les bases déterminées par les lois des 27 février, 14 août, 6 frimaire et 14 ventose; mais, en ce qui concerne les pertes des récoltes recueillies, ils adopteront les bases déterminées par la loi du 20 février sur les intempéries des saisons.

5. Les départemens rendront compte, dans le plus bref délai, à la commission des secours publics, de tous les fonds qui ont pu être mis à leur disposition par le ci-devant conseil exécutif provisoire, pour raison de l'exécution des lois ci-dessus.

6. La commission des secours publics est autorisée à fixer, sur l'avis des directoires de district, à chacun des commissaires qui remplaceront les agens supprimés, une indemnité proportionnée aux frais que pourront occasioner leurs déplacemens, laquelle indemnité sera payée sur les fonds mis à la disposition de la commission.

Ces commissaires, tant que dureront leurs fonctions, rendront compte, chaque décade, à la commission des secours, de leurs opérations.

7. L'insertion du présent décret dans le Bulletin servira de publication.

---

26 FLORÉAL = 2 THERMIDOR an 2 (15 = 26 mai 1794). — Décret relatif aux billets aux porteurs, autrement dits de confiance, émis par des autorités des compagnies et associations. (B. 42, 251.)

Art. 1er. Un mois après la publication du présent décret, les officiers municipaux, les préposés des corps, compagnies ou associations qui ont émis des billets au porteur, autrement dits de confiance, dans les communes de la République, et qui n'auront pas satisfait aux dispositions de l'article 10 de la loi du 11 ventose, seront poursuivis par l'agent national devant les tribunaux de district, et seront condamnés solidairement et par corps au versement de la totalité de la somme.

2. Les agens nationaux rendront compte au comité de salut public de l'exécution du présent décret.

Les receveurs verseront les fonds à la Trésorerie, et les commissaires de la Trésorerie nationale feront part, chaque décade, au comité de salut public, des fonds que les receveurs des districts auront reçus ou transmis.

---

26 FLORÉAL an 2 (15 mai 1794). — Décret qui déclare nationale une maison acquise par le citoyen Saint-Léger. (B. 42, 252.)

---

26 FLORÉAL an 2 (15 mai 1794). — Décret d'ordre du jour sur la jouissance d'un bien donné à bail à rente foncière. (B. 42, 252.)

---

26 FLORÉAL an 2 (15 mai 1794). — Décret portant qu'il n'y a pas lieu à réformer le jugement contre le citoyen Augarde. (B. 42, 253.)

---

26 FLORÉAL an 2 (15 mai 1794). — Décret qui accorde un congé au député Bourgeois. (B. 42, 248.)

---

26 FLORÉAL an 2 (15 mai 1794). — Décret qui admet comme député le citoyen Dépuligny. (B. 42, 249.)

26 FLORÉAL an 2 (15 mai 1794). — Décrets qui accordent des secours aux citoyens Leblond et Bernaix. (B. 42, 250.)

---

27 FLORÉAL an 2 (16 mai 1794). — Décret qui accorde un congé au député Poulain-Grand-Pré. (B. 42, 258.)

---

27 FLORÉAL an 2 (16 mai 1794). — Décret qui annule un jugement du tribunal correctionnel d'Aigue-Perse contre le citoyen Rixain. (B. 42, 259.)

---

27 FLORÉAL an 2 (16 mai 1794). — Décret qui casse l'adjudication de la maison des ci-devant Capucins de Beaucaire. (B. 42, 260.)

---

27 FLORÉAL an 2 (16 mai 1794). — Décret portant que les jacobins et les citoyens de leurs tribunes ont bien mérité de la patrie. (L. 17, 803; B. 42, 261.)

---

27 FLORÉAL an 2 (16 mai 1794). — Décret qui change le nom de la commune de Saint-Martin-d'Héré. (B. 42, 254.)

---

27 FLORÉAL an 2 (16 mai 1794). — Décrets qui accordent des secours au citoyen Fougère et autres. (B. 42, 255 à 258.)

---

27 FLORÉAL an 2 (16 mai 1794). — Décret relatif à ceux qui entraveraient la fabrication des armes. (B. 42, 261.)

---

27 FLORÉAL an 2 (16 mai 1794). — Décret portant que la Trésorerie nationale rendra compte, chaque jour, des recettes et des dépenses de la veille, de celui des assignats créés, fabriqués, etc., etc. (B. 42, 261.)

---

27 FLORÉAL an 2 (16 mai 1794). — Décret d'ordre du jour sur la compétence des directeurs de jury en matière de mise en liberté, et sur la nature du délit commis par ceux qui ont envoyé des fonds aux prêtres déportés. (B. 42, 262.)

---

27 FLORÉAL an 2 (16 mai 1794).—Décret qui ordonne l'envoi du Bulletin aux juges-de-paix et aux tribunaux. (B. 42, 264.)

---

27 FLORÉAL an 2. — Ecclésiastiques infirmes; Livre de la bienfaisance publique. *Voy.* 22 FLORÉAL an 2.

---

28 FLORÉAL an 2 (17 mai 1794). — Décret qui accorde une pension de douze cents livres au citoyen Gamin, empoisonné par Louis Capet, le 22 mai 1792. (B. 42, 264.)

---

28 FLORÉAL an 2 (17 mai 1794). — Décret qui accorde un secours aux citoyens Merienne et Morange. (B. 42, 266.)

---

28 FLORÉAL an 2 (17 mai 1794). — Décret portant qu'il sera délivré au citoyen Fairre le brevet de capitaine, et qu'il lui sera payé une pension de trois mille deux cents livres, et une récompense de trois cents livres au citoyen Muselier. (B. 42, 265).

---

28 FLORÉAL an 2 (17 mai 1794). — Décret relatif à la levée des scellés chez les députés mis hors la loi. (B. 42, 264, 266.)

---

29 FLORÉAL = 9 PRAIRIAL an 2 (18 = 28 mai 1794). — Décret relatif à la manière de procéder, au cas de destruction ou enlèvement de minutes de jugemens non exécutés ou de procédures criminelles encore indécises. (L. 17, 803; B. 42, 270; Mon. du 1er prairial an 2.)

Art. 1er. Lorsque, par l'effet de l'invasion, soit des ennemis extérieurs de la République, soit des rebelles, ou par toute autre cause, des minutes de jugemens rendus pour ou contre des accusés et non encore exécutés, ou de procédures criminelles encore indécises, auront été détruites, enlevées ou autrement égarées, et qu'il ne sera pas possible de les rétablir dans leurs dépôts, il sera procédé ainsi qu'il suit :

2. S'il existe une expédition ou copie authentique du jugement, elle sera considérée comme minute, et elle sera, en conséquence, remise dans le dépôt destiné à la conservation des jugemens.

3. A cet effet, tout officier public et tout individu détenteur d'une expédition ou copie authentique d'un jugement sera tenu, sous peine de deux années d'emprisonnement, de la remettre au greffe du tribunal de qui le jugement est émané, sur l'ordre qui en sera donné par le président, lequel lui servira de décharge envers ceux qui ont intérêt à la pièce.

4. Lorsqu'il n'existe plus d'expédition authentique du jugement, si la déclaration du jury qui l'avait précédé existe encore en minute ou en copie authentique, il sera procédé, d'après cette déclaration, à un nouveau jugement.

5. Si, dans le même cas, la déclaration du jury ne peut plus être représentée, l'instruction du procès sera recommencée à partir du plus ancien acte qui se trouvera égaré, et qu'on ne pourra représenter, ni en minute, ni en expédition ou copie authentique.

6. Dans le nouveau débat qui aura lieu en conséquence du précédent article, il pourra être produit des témoins, tant par l'accusateur public que par l'accusé, pour rendre compte des circonstances et du résultat de la déclaration du jury et du jugement égarés, sauf aux jurés à y avoir tel égard que de raison.

7. Si la procédure égarée en tout ou en partie avait été instruite dans la forme qui

avait lieu avant l'institution des jurés, elle sera recommencée en entier dans la forme prescrite par les lois relatives à cette institution ; et ce qui pourra rester de la procédure égarée servira seulement de renseignement.

8. Néanmoins, dans ce dernier cas, le décret de prise de corps ou d'ajournement personnel, s'il en existe un, et s'il peut être représenté en minute, ou en expédition ou copie authentique, tiendra lieu d'acte d'accusation, et l'affaire sera portée immédiatement devant le jury de jugement.

9. Dans tous les cas et pour tous effets, le jugement de condamnation non exécuté qui ne sera représenté ni en minute, ni en expédition ou copie authentique, sera considéré comme n'ayant jamais existé, et il ne pourra servir de base pour prononcer la peine de récidive déterminée par le titre II de la première partie du Code pénal.

---

29 FLORÉAL = 9 PRAIRIAL an 2 (18 = 28 mai 1794). — Décret relatif à la compétence des juges-de-paix et des tribunaux criminels pour délits militaires. (L. 17, 806; B. 42, 269.)

Art. 1er. Les juges-de-paix et les tribunaux criminels ordinaires connaîtront (en se conformant pour le fond aux lois pénales militaires) des délits militaires commis hors de l'arrondissement des armées, soit que les auteurs ou complices de ces délits fassent ou ne fassent pas partie des dépôts mentionnés dans le décret du 16 août 1793.

2. A l'égard des délits commis par les militaires dans l'arrondissement des armées, quoique hors des camps, cantonnemens ou garnisons, la connaissance en appartient aux tribunaux militaires, conformément au titre Ier de la loi du 3 pluviose, et sous les exceptions y énoncées.

3. L'arrondissement d'une armée comprend tout le territoire dans lequel s'étend le commandement militaire du général qui la commande en chef.

4. Les dispositions ci-dessus seront observées même à l'égard des délits antérieurs au présent décret sur lesquels il ne sera pas intervenu de jugement définitif avant sa publication.

---

29 FLORÉAL an 2 (18 mai 1794). — Décret qui déclare que les rentes convenancières sont comprises dans la suppression des droits féodaux. (B. 42, 272.)

La Convention nationale, après avoir entendu le rapport de son comité de législation sur la question proposée par le tribunal du district de Pontrieux, département des Côtes-du-Nord, relativement aux rentes convenancières ;

Considérant que, par l'article 1er de la loi du 17 juillet 1793 (vieux style), toute redevance ou rente entachée originairement de la plus légère marque de féodalité est supprimée sans indemnité, quelle que soit sa dénomination, quand même elle aurait été déclarée rachetable par les lois antérieures, et qu'ainsi il ne peut y avoir de conservées que les rentes convenancières qui ont été créées originairement, sans aucun mélange ni signe de féodalité ;

Déclare qu'il n'y a lieu à délibérer.

Le présent décret ne sera point imprimé ; il sera inséré au bulletin de correspondance.

---

29 FLORÉAL an 2 (18 mai 1794). — Décret qui accorde un congé au député Servan. (B. 42, 267.)

---

29 FLORÉAL an 2 (18 mai 1794). — Décret relatif à la conduite tenue envers le citoyen Salvet par la municipalité et le district de Quillan et le département de l'Aude. (B. 42, 268.)

---

29 FLORÉAL an 2 (18 mai 1794). — Décret qui rectifie les décrets des 18 pluviose et 22 floréal. (B. 42, 267.)

---

29 FLORÉAL an 2 (18 mai 1794). — Décret d'ordre du jour sur la destruction des tours seigneuriales, des mains-levées de séquestre, des demandes en nullité de jugemens et en modification des bases de la liquidation. (B. 42, 267, 268, 272 et 273.)

---

29 FLORÉAL an 2 (18 mai 1794). — Décret relatif à la pétition du citoyen Robert. (B. 42, 273.)

---

29 FLORÉAL an 2 (18 mai 1794). — Décret qui renvoie au comité de sûreté générale une lettre du citoyen Langlois, qui réclame la liberté de de son fils. (B. 42, 273.)

---

29 FLORÉAL an 2 (18 mai 1794). — Décret relatif à la compétence du tribunal de police correctionnelle relativement aux suspects. (B. 42, 270.

---

29 FLORÉAL an 2. — Barra et Agricole Viala. *Voy.* 18 FLORÉAL an 2. — Etat civil des enfans; Tribunaux révolutionnaires de Paris. *Voy.* 18 FLORÉAL an 2.

---

30 FLORÉAL an 2 (19 mai 1794). — Décret qui accorde trois cents livres au citoyen François Courbevoie. (B. 42, 274.)

---

30 FLORÉAL an 2 (19 mai 1794). — Décret qui complète les commissions exécutives. (L. 17, 807.)

---

30 FLORÉAL an 2. — Fêtes décadaires. *Voy.* 18 FLORÉAL an 2.

1er PRAIRIAL an 2 (20 mai 1794). — Décret relatif au paiement du trousseau des orphelins de la patrie admis à l'école du citoyen Léonard Bourdon. (B. 43, 1.)

1er PRAIRIAL an 2 (20 mai 1794). — Décret relatif aux secours distribués aux réfugiés de Chôlet. (B. 43, 1.)

1er PRAIRIAL an 2 (20 mai 1794). — Décret qui accorde des secours à la veuve Pénard et au citoyen Cairié. (B. 43, 2.)

1er PRAIRIAL an 2 (20 mai 1794). — Décret qui ordonne le séquestre des biens de Gombaut, et sa translation à Paris. (B. 43, 3.)

1er PRAIRIAL an 2. — Agens-comptables. *Voy.* 21 FLORÉAL an 2. — Greffiers des juges-de-paix; Rentes viagères dues par les émigrés. *Voy.* 23 FLORÉAL an 2. — Tapisseries des Gobelins; Vente de numéraire. *Voy.* 21 FLORÉAL an 2.

2 PRAIRIAL an 2 (21 mai 1794). — Décret qui interprète celui du 10 juin 1793, relatif au recouvrement et à la vente du mobilier distrait de la ci-devant liste civile. (L. 17, 806; B. 43, 4.)

La Convention nationale, interprétant, en tant que de besoin, l'article 36 de la section V du décret du 10 juin dernier, relatif au recouvrement et à la vente du mobilier distrait de celui de la ci-devant liste civile,

Décrète que les citoyens agens, domestiques ou employés de la ci-devant liste civile qui se trouvent en possession de meubles en dépendant, sans être porteurs d'un titre tel qu'il est prescrit par ledit article, pourront conserver les meubles indispensables à leur usage, mais jusqu'à la concurrence de la somme de quatre cents livres seulement, sur l'estimation qui en a été ou sera faite par les experts désignés par ledit décret, et à la charge par eux de rapporter aux commissaires chargés de la recherche et de la vente du mobilier de la ci-devant liste civile un certificat de civisme, ensemble un certificat d'indigence, délivrés par leur section ou municipalité, et visés par le district et le département. Le surplus desdits meubles sera rapporté dans les magasins nationaux, dans un mois pour tout délai à compter de la publication du présent décret, sous les peines portées par l'article 37 dudit décret du 10 juin dernier.

2 PRAIRIAL an 2 (21 mai 1794). — Décret portant que les baux à culture perpétuelle sont soumis au rachat, et que ce rachat ne peut être exercé que par celui qui possède réellement le bien grevé de la prestation rachetable. (B. 43, 7; Mon. du 4 prairial an 2.)

La Convention nationale, après avoir entendu le rapport de son comité de législation sur les questions proposées par le commissaire national, et au nom du tribunal du district de Commune-Franche, si les baux de fonds donnés à culture perpétuelle sont sujets au rachat, et, en cas d'affirmative, quel est du bailleur ou du preneur celui qui est autorisé à l'effectuer;

Considérant que, d'après les dispositions des lois des 18 décembre 1790 et 27 août 1792, sur les baux à locaterie perpétuelle et à domaine congéabe, il est impossible de ne pas regarder les baux à culture perpétuelle comme soumis au rachat, suivant le mode déterminé par la première de ces lois pour le rachat des redevances ou rentes consistant en qualité de fruits, et que, suivant les principes reçus en cette matière, ce rachat ne peut être exercé que par celui qui détient et possède réellement le bien grevé de la prestation rachetable, conséquemment par le premier, dans le cas proposé;

Déclare qu'il n'y a pas lieu à délibérer.

Le présent décret ne sera publié que par la voie du Bulletin; il en sera adressé une expédition manuscrite au tribunal du district de Commune-Franche.

2 PRAIRIAL an 2 (21 mai 1794). — Décret qui autorise les patriotes réfugiés de Liége à se faire payer par leurs débiteurs. (B. 43, 5.)

2 PRAIRIAL an 2 (21 mai 1794). — Décret qui annule des jugemens contre le citoyen Guillot et les héritiers Huilmay. (B. 43, 5.)

2 PRAIRIAL an 2 (21 mai 1794). — Décret qui rejette la demande de révision d'un jugement contre le citoyen Bourceret. (B. 43, 6.)

2 PRAIRIAL an 2 (21 mai 1794). — Décrets qui accordent des indemnités au citoyen Gozelle, dit Forville, et aux incendiés de la commune d'Albert, et des secours aux citoyens Lebon, etc. (B. 43, 4, 8, 9 et 10.)

2 PRAIRIAL an 2 (21 mai 1794). — Décret qui accorde un congé au député Lecarlier. (B. 43, 5.)

2 PRAIRIAL an 2 (21 mai 1794). — Décret d'ordre du jour relatif aux baux à ferme et à loyer. (B. 43, 6.)

2 PRAIRIAL an 2 (21 mai 1794). — Décret relatif à la réunion de plusieurs communes du département de l'Aube à celui de l'Ariége, et à la translation du district de Mirepoix à Pamiers. (L. 17, 809; B. 43, 3.)

2 PRAIRIAL an 2. — Indemnités dues aux suppléans; Militaires remplaçans. *Voy.* 24 FLORÉAL an 2.

3 = 11 PRAIRIAL an 2 (22 = 30 mai 1794). — Décret relatif au paiement des frais d'administration des biens des émigrés condamnés ou déportés, et des créances et rentes par eux dues. (L. 17, 801; B. 43, 13; Mon. du 4 prairial an 2.)

Art. 1er. Les frais d'administration des biens des émigrés, condamnés ou déportés, seront payés par la Trésorerie nationale, sur les états de distribution et sur les fonds mis à la disposition de la commission des revenus nationaux.

A compter du 1er messidor, le paiement des créances de huit cents livres et au-dessous, et des arrérages des rentes perpétuelles et viagères dues par les émigrés, condamnés ou déportés, et qui a été ordonné par les décrets du 25 juillet 1793 (vieux style), sera fait avec les fonds qui sont ou seront déposés à la Trésorerie nationale dans la caisse particulière des biens des émigrés, et sur les états de distribution que la commission des revenus nationaux fera dresser d'après la liquidation des corps administratifs, qui sera accompagnée d'un certificat du receveur des revenus nationaux, constatant que les fonds libres sur ceux rentrés de l'actif de l'émigré débiteur suffisent audit paiement.

3. D'ici à cette époque, les paiemens seront continués comme par le passé.

---

3 PRAIRIAL an 2 (22 mai 1794). — Décret relatif au mode d'obtention des certificats de résidence des personnes sorties de Paris ou des places frontières et maritimes. (L. 17, 812; B. 43, 14.)

---

3 PRAIRIAL an 2 (22 mai 1794). — Décret qui annule un jugement contre le citoyen Bourgeois. (B. 43, 12.)

---

3 PRAIRIAL an 2 (22 mai 1794). — Décret relatif à la nomination de commissaires pour lever les scellés sur la caisse des diamans, à la Trésorerie. (B. 43, 13.)

---

3 PRAIRIAL an 2 (22 mai 1794). — Décret relatif à l'expédition du décret sur les rentes viagères. (B. 43, 14.)

---

3 PRAIRIAL an 2 (22 mai 1794). — Décret relatif au mode des restitutions sur le prix des domaines nationaux et adjudications annulées, ou de surtaxe sur la contribution patriotique ou l'emprunt forcé. (L. 17, 813; B. 43, 15.)

---

3 PRAIRIAL an 2 (22 mai 1794). — Décret relatif au paiement des ouvriers des manufactures confisquées. (B. 43, 15.)

---

3 PRAIRIAL an 2 (22 mai 1794). — Décrets qui accordent des secours aux citoyens Dumas et autres. (B. 43, 11, 12, 13, 14, 16 et 17.)

---

4 PRAIRIAL an 2 (23 mai 1794). — Décret qui met en liberté et réintègre dans leurs fonctions les citoyens Gerboin frères. (B. 43, 17.)

---

4 PRAIRIAL an 2 (23 mai 1794). — Décrets d'ordre du jour sur l'exécution des marchés passés avec des émigrés. (B. 43, 19.)

---

4 PRAIRIAL an 2 (23 mai 1794). — Décret qui annule le jugement rendu contre le citoyen Jourdan. (B. 43, 23.)

---

4 PRAIRIAL an 2 (23 mai 1794). — Décret relatif à la compétence pour les délits des tribunaux. (B. 43, 24.)

---

4 PRAIRIAL an 2 (23 mai 1794). — Décret relatif à la déchéance encourue par les fermiers des biens ci-devant ecclésiastiques. (B. 43, 24.)

---

4 PRAIRIAL an 2 (23 mai 1794). — Décret qui rejette la demande des citoyens Garret frères, à fin de nouveau délai pour se pourvoir en cassation. (B. 43, 25.)

---

4 PRAIRIAL an 2 (23 mai 1794). — Décret relatif à l'assassinat du député Collot-d'Herbois. (L. 17, 814; B. 43, 26.)

---

4 PRAIRIAL an 2 (23 mai 1794). — Décret portant que les communes de Bouillon, Sedan, Libreville et autres communes voisines, ont bien mérité de la patrie. (L. 43, 26.)

---

4 PRAIRIAL an 2 (23 mai 1794). — Décrets qui accordent des secours aux citoyens Pamoy et autres. (B. 43, 17, 18, 20, 21 et 22.)

---

4 PRAIRIAL an 2 (23 mai 1794). — Décret qui traduit au tribunal révolutionnaire Leglorence et Legoie. (B. 43, 25.)

---

4 PRAIRIAL an 2. — Commissions exécutives. *Voy.* 30 FLORÉAL an 2.

---

5 PRAIRIAL an 2 (24 mai 1794). — Décret qui accorde une pension au citoyen Tollin. (B., 43, 27.)

---

5 PRAIRIAL an 2. — Collot-d'Herbois. *Voy.* 4 PRAIRIAL an 2. — Jacobins et citoyens des tribunes. *Voy.* 27 FLORÉAL an 2.

---

6 PRAIRIAL an 2 (25 mai 1794). — Décret qui accorde un secours au citoyen Mangy et à la citoyenne Bourguet. (B. 43, 27 et 29.)

---

7 PRAIRIAL an 2 (26 mai 1794). — Décret qui ordonne l'impression du discours de Robespierre sur les moyens de corruption employés par les ennemis de la République. (B. 43, 29.)

---

7 PRAIRIAL an 2 (26 mai 1794). — Décret qui ordonne de ne faire aucun prisonnier anglais ou hanovrien. (L. 17, 816; B. 43, 28.)

---

7 PRAIRIAL an 2 (26 mai 1794). — Décret relatif aux secours accordés aux communes des départemens envahis par l'ennemi. (L 17, 816; B. 43, 27.)

---

8 PRAIRIAL an 2 (27 mai 1794). — Décret qui suspend les poursuites contre le citoyen Mallot. (B. 43, 33.)

---

8 PRAIRIAL an 2 (27 mai 1794). — Décrets qui accordent des secours aux citoyens Pemel et autres. (B. 43, 29, 30, 31, 32 et 33.)

---

8 PRAIRIAL an 2 (27 mai 1794).—Décret qui rectifie celui du 17 nivose, relatif au bail fait au citoyen Schiler. (B. 43, 31.)

---

8 PRAIRIAL an 2 (27 mai 1794). — Décret pour l'établissement de prisons dans la Haute-Loire. (B. 43, 31.)

---

8 PRAIRIAL an 2 (27 mai 1794). — Décret relatif à l'audition de la dénonciation contre le citoyen Laligna-Morillon. (B. 43, 33.)

---

8 PRAIRIAL an 2. — Aude, Arriége et Mirepoix; Mobilier de la liste civile. *Voy.* 2 PRAIRIAL an 2. — Rentes viagères déclarées dettes nationales. *Voy.* 23 FLORÉAL an 2.

---

9 = 13 PRAIRIAL an 2 (28 mai = 1er juin 1794). — Décret relatif à la liquidation des droits appartenant à l'Etat sur les titres et papiers de la ci-devant compagnie des *Assurances sur la vie*. (L. 17, 818; B. 43, 34; Mon. du 11 prairial an 2.)

Art. 1er. Les scellés apposés sur les titres et papiers de la ci-devant compagnie des *Assurances sur la vie*, seront levés à la diligence de l'agent national près le département de Paris, en présence des syndics actuels de cette compagnie et d'un préposé de l'administration de l'enregistrement; il sera procédé de suite à l'inventaire sommaire des titres et papiers mis sous les scellés.

2. La régie de l'enregistrement fera liquider, dans le délai de deux mois, tous les droits qui appartiennent à la République sur les biens de ladite compagnie, soit à titre d'amende, créance, droits ou actions.

3. Cette liquidation sera faite par un ou deux préposés de la régie, à la participation des syndics actuels de la compagnie, ou de ceux que les actionnaires pourront nommer, à cet effet, dans une assemblée générale qui sera convoquée par le directeur, et tenue dans la huitaine de la notification du présent décret.

4. La régie de l'enregistrement fera parvenir, dans ledit délai de deux mois, le résultat de ladite liquidation au comité des finances, qui en fera rapport à la Convention, pour être statué sur le paiement ainsi qu'il appartiendra.

5. Provisoirement, et jusqu'audit paiement, il est sursis à toute poursuite judiciaire de la part des créanciers et actionnaires de la compagnie: les biens, actions et revenus qui appartiennent à cette compagnie, sont séquestrés et mis sous la main de la nation; l'administration de l'enregistrement autorisera un des syndics à régir, payer les charges courantes et percevoir tout ce qui est dû, à charge de lui rendre compte, et de verser dans la caisse des dépôts, à la Trésorerie, chaque décade, le montant de ce qu'il aura reçu, les charges courantes prélevées.

---

9 PRAIRIAL an 2 (28 mai 1794). — Décret qui rejette la demande des citoyen et citoyenne Lesueur, pour être remis en possession d'héritages prétendus usurpés sur leurs aïeux. (B. 43, 36.)

---

9 PRAIRIAL an 2 (28 mai 1794). — Décret relatif à la dénonciation faite par le ministre de la justice, le 24 germinal, d'un jugement du tribunal de police correctionnelle du Pont-de-l'Arche. (B. 43, 36.)

---

9 PRAIRIAL an 2 (28 mai 1794). — Décret relatif à la compétence en matière de commerce d'armes. (B. 43, 36.)

---

9 PRAIRIAL an 2 (28 mai 1794). — Décret relatif au jugement des hussards du troisième régiment, Chosel, Wels, Roualt, Baudevin, Win et Phinte. (B. 43, 38.)

---

9 PRAIRIAL an 2 (28 mai 1794). — Décret qui accorde une indemnité au citoyen Manveillière et un secours au citoyen Adam Errard. (B. 43, 34 et 35.)

---

9 PRAIRIAL an 2 (28 mai 1794). — Décret relatif à l'opposition formée par les députés de Saint-Domingue sur ce qui est dû par l'État au citoyen Planche. (B. 43, 35.)

---

9 PRAIRIAL an 2 (28 mai 1794). — Décrets d'ordre du jour sur des demandes en révision de procès criminels et sur la falsification du timbre des papiers nationaux. (B. 43, 35, 37 et 39.)

---

9 PRAIRIAL an 2 (28 mai 1794). — Décret relatif à la suspension des séances des tribunaux criminels le jour de la fête de l'Etre-Suprême. (B. 43, 38.)

---

9 PRAIRIAL an 2 (28 mai 1794). — Décrets qui annulent des jugemens contre les citoyens Leborgne, Flayeux, Facaine, Obry, et J. et A. Humbert. (B. 43, 39 et 40.)

9 PRAIRIAL an 2 (28 mai 1794). — Décret relatif à une dénonciation des habitans de Poupes contre le citoyen Roux, et au jugement du juge-de-paix. (B. 43, 41.)

---

9 PRAIRIAL an 2. — Délits militaires; Enlèvement des minutes de jugemens. *Voy.* 29 FLORÉAL an 2.

---

10 PRAIRIAL an 2 (29 mai 1794). — Décret relatif aux représentans du peuple envoyés en mission, et qui sont rappelés. (B. 43, 42.)

---

10 PRAIRIAL an 2 (29 mai 1794). — Décret qui renvoie une pétition de Michel Martin, ancien militaire à la commission des mouvemens des armées de terre, pour l'employer s'il y a lieu. (B. 43, 43.)

---

10 PRAIRIAL an 2 (29 mai 1794). — Décret relatif à la pétition du citoyen Patey, agent national de la commune de Douvres. (B. 43, 43.)

---

10 PRAIRIAL an 2 (29 mai 1794). — Décret relatif aux familles des jeunes Barra et Viala. (B. 43, 43.)

---

11 = 15 PRAIRIAL an 2 (30 mai = 3 juin 1794). — Décret relatif au Code complet des lois. (L. 17, 821; B. 43, 51; Mon. du 18 prairial an 2.)

Art. 1er. La Convention nationale autorise le plan de travail arrêté par la commission du recensement et de la rédaction complète des lois, et les mesures d'exécution qu'elle a prises.

2. Le Code complet des lois sera divisé en autant de codes particuliers que les attributions données aux douze commissions exécutives.

3. Il y aura un travail séparé pour ce qui concerne la Trésorerie nationale, le bureau de comptabilité et la liquidation générale.

4. Les divers comités de la Convention, chacun dans leur partie, se concerteront avec les commissions pour présenter les changemens et additions qu'ils croiront nécessaires pour baser les lois sur les principes de la liberté et de l'égalité, les compléter et les rendre concordantes.

5. Tous les citoyens, et, en particulier, les fonctionnaires publics, sont invités à transmettre leurs vues à la commission.

6. La commission est chargée de mettre la plus grande célérité dans ses travaux, sans être cependant limitée par aucun terme.

7. Elle présentera à la Convention chaque code particulier, aussitôt qu'il sera achevé. Elle se concertera avec le comité de salut public sur la dernière rédaction de chaque code, comme sur celle du plan général, afin que le même esprit se rencontre dans la législation et dans les vues du Gouvernement.

---

11 PRAIRIAL an 2 (30 mai 1794). — Décret relatif à l'examen du procès des citoyens Casses et Lapachure et de la dame Nostrac. (B. 43, 46.)

---

11 PRAIRIAL an 2 (30 mai 1794). — Décret qui casse le bail et l'adjudication de la ferme de Lagny-le-Sec. (B. 43, 47.)

---

11 PRAIRIAL an 2 (30 mai 1794). — Décret qui alloue cent cinquante mille livres pour les dépenses des jardins botaniques. (B. 43, 48.)

---

11 PRAIRIAL an 2 (30 mai 1794). — Décret qui charge la Trésorerie d'ouvrir un crédit de cent soixante-quatorze millions. (L. 17, 823; B. 43, 45.)

---

11 PRAIRIAL an 2 (30 mai 1794). — Décret qui met en réquisition les gens de la campagne pour les travaux des récoltes. (L. 17, 824; B. 43, 48.)

---

11 PRAIRIAL an 2 (30 mai 1794). — Décrets qui accordent des secours aux citoyens Viette et autres. (B. 43, 44, 46, 48 et 50.)

---

11 PRAIRIAL an 2 (30 mai 1794). — Décret qui ordonne l'examen de la conduite du citoyen Defroment. (B. 43, 44.)

---

11 PRAIRIAL an 2 (30 mai 1794). — Décret relatif au compte à rendre des jugemens rendus contre les complices de Dusaillant. (B. 43, 45.)

---

11 PRAIRIAL an 2 (30 mai 1794). — Décret qui fixe les sommes à payer aux citoyens Bouguin et Lambert. (B. 43, 46.)

---

11 PRAIRIAL an 2 (30 mai 1794). — Décret relatif à l'acquisition de l'enclos des ci-devant Cordeliers d'Issoudun, pour y établir un cimetière. (B. 43, 49.)

---

11 PRAIRIAL an 2 (30 mai 1794). — Décret d'ordre du jour relatif aux déclarations à faire par les fermiers des biens nationaux. (B. 43, 49.)

---

11 PRAIRIAL an 2 (30 mai 1794). — Décret qui rétablit à Montbrisson l'administration du district. (B. 43, 50.)

---

11 PRAIRIAL an 2. — Biens d'émigrés; Ouvriers des manufactures confisquées; Restitutions. *Voy.* 3 PRAIRIAL an 2.

---

12 PRAIRIAL an 2 (31 mai 1794). — Décret relatif à la liquidation des frais de transport de la guillotine. (L. 17, 825; B. 43, 55.)

La Convention nationale, après avoir entendu son comité des finances, décrète que dans la liquidation des frais pour le transport de la guillotine seront compris les frais faits pour le transport des condamnés, soit au lieu de l'exécution, soit au lieu de la sépulture, ainsi que la fourniture des paniers, son, cordages, sangles, clous et cartons nécessités pour l'exécution des jugemens criminels.

Ces frais seront payés en la forme prescrite par l'article 2 du décret du 3 frimaire.

---

12 PRAIRIAL an 2 (31 mai 1794). — Décrets qui accordent des secours aux citoyens Géant et Rougeant; aux veuves Grosjean, Muller et Grandin, et aux citoyennes Baudon et Liancourt, et d'Arnoult Van'hamerick. (B. 43, 51, 52, 53 et 55.)

---

12 PRAIRIAL an 2 (31 mai 1794). — Décret relatif à la recherche des auteurs et complices du massacre des citoyens de la Chapelle, près Paris. (B. 43, 54.)

---

12 PRAIRIAL an 2 (31 mai 1794). — Décret relatif aux préposés des douanes que l'invasion de l'ennemi aurait forcés de se retirer dans l'intérieur. (B. 43, 54.)

---

12 PRAIRIAL an 2 (31 mai 1794). — Décret qui alloue douze millions cinq cents livres pour les frais de culture des jardins des Tuileries et du Luxembourg. (B. 43, 55.)

---

12 PRAIRIAL an 2 (31 mai 1794). — Décret relatif au certificat de résidence du citoyen Rougeant de la Fosse, de Valenciennes. (B. 43, 54.)

---

12 PRAIRIAL an 2 (31 mai 1794). — Décret relatif à la vente de la maison du citoyen Marquet-Montbreton. (B. 43, 55.)

---

12 PRAIRIAL an 2 (31 mai 1794). — Décret relatif au paiement des brevets de la loterie, connus sous le nom d'annexes. (B. 43, 56.)

---

12 PRAIRIAL an 2. — Travaux des récoltes. *Voy.* 11 PRAIRIAL an 2.

---

13 = 16 PRAIRIAL an 2 (1er = 4 juin 1794). — Décret qui détermine le mode de distribution des secours aux familles de défenseurs de la patrie. (L. 17, 825; B. 43, 59; Mon. du 16 prairial an 2.)

Voy. lois du 21 PLUVIOSE an 2; du 29 FRIMAIRE an 6.

TITRE Ier.

Art. 1er. Toute citoyenne veuve d'un citoyen mort en défendant la patrie, ou faisant un service requis et commandé au nom de la République, aura droit à une pension de trois cents livres, en justifiant de ses besoins, conformément à l'article 1er du décret du 4 juin 1793 (vieux style).

2. La pension de la veuve sera susceptible d'augmentation, relativement à l'ancienneté de service du citoyen son époux; elle ne le sera point relativement au grade (1).

3. L'augmentation progressive de ces pensions sera de cinquante livres par chaque année de service effectif du citoyen; la dernière année sera comptée double.

4. Le *maximum* de la pension des veuves sera de quinze cents livres.

5. La veuve dont le mari sera mort sur le champ de bataille ou de la suite de blessures reçues dans le combat, recevra une indemnité provisoire, non sujette à être retenue.

6. L'indemnité provisoire pour les veuves sera d'une année de la solde des militaires morts n'ayant point grade d'officiers, et d'une demi-année de ceux morts ayant grade d'officiers; le *maximum* de ces indemnités sera de trois mille livres.

7. Les enfans des défenseurs de la patrie recevront, jusqu'à l'âge de douze ans, la moitié des pensions, indemnités et secours provisoires payés aux veuves; les enfans infirmes et hors d'état d'agir en jouiront pendant toute leur vie, quelle que soit l'époque de leurs infirmités.

8. Les pères et mères et autres parens des défenseurs de la patrie morts dans les combats ou en faisant un service requis et commandé, recevront en secours provisoire une année de ce qu'ils ont droit de prétendre, conformément aux articles 8 et 9 du titre IV du décret du 21 pluviose, sauf retenue sur le définitif (2).

9. Les soldats gravement mutilés recevront cumulativement tout ce qui leur est attribué par le décret en indemnités ou pensions, relativement à leur ancienneté de service et à leurs blessures. Il n'y aura point de *maximum* qui leur soit applicable. Ils recevront en provisoire le tiers de ce qu'ils ont droit de prétendre par année, sauf retenue sur ce qui leur sera attribué définitivement.

10. Le service des défenseurs de la patrie datera toujours de l'époque où ce service actif a commencé, et les secours pour leurs familles sont applicables à tout le temps de son activité maintenue par la loi.

11. Les pensions des veuves, payées en exécution et relativement à la date et aux dispositions des lois précédentes, continueront à l'être sur le même pied, à moins que les veuves ne déclarent préférer le traitement qui leur est attribué par les lois postérieures: elles ne pourront opter qu'une fois.

12. Les citoyennes qui réuniront à la fois les titres de mères et d'épouses, de veuves et épouses, ou tout ensemble de mères, veuves

---

(1) *Voy.* loi du 26 brumaire an 3.
(2) *Voy.* la loi du 26 brumaire an 3.

et épouses de défenseurs de la patrie, recevront cumulativement les pensions et indemnités attribuées par la loi à chacun de ces titres respectables.

13. Les citoyennes devenues mères par adoption, qui ont soigné dès l'enfance leurs fils adoptifs employés à la défense de la patrie ou requis pour la servir;

Les belles-mères dont le mariage a précédé l'enrôlement du volontaire devenu leurs fils;

Les enfans reconnus par les défenseurs, qui sont restés orphelins, ou réunis à leur domicile en famille, ainsi que leurs mères lorsqu'elles auront rempli fidèlement les devoirs de la maternité par des soins continués avant et depuis l'enrôlement du père, jouiront de tous les bienfaits du décret envers les enfans, mères et veuves des défenseurs de la patrie.

14. Lorsque le défenseur de la patrie sera reconnu avoir eu le caractère de père de famille envers ses frères et sœurs ou parens orphelins, il leur transmettra, par l'activité de son service, les mêmes droits que le père de famille vivant et les secourant de son travail aurait pu leur transmettre étant en état de service.

TITRE II. De l'exécution des lois relatives aux secours.

Art. 1er. Les paiemens de toutes les pensions, indemnités et provisoires, se feront dans les communes et sections par les commissaires-distributeurs.

Les indemnités et provisoires seront payés sur *visa*, approuvés par les commissaires-vérificateurs des communes et sections.

Tous les brevets et titres de pension seront délivrés ultérieurement et définitivement par la commission des mouvemens des armées, visés à la commission des secours, après en avoir communiqué l'état au comité de liquidation de la Convention nationale.

2. Les provisoires seront payés sur titres simples et attestations, tels que le réclamant aura pu se les procurer des chirurgiens, de ses frères d'armes réunis, ou des officiers municipaux; les blessures elles-mêmes, suivant les cas, seront un titre suffisant; le vœu des vérificateurs suffira pour en décider l'authenticité.

3. Si l'on ne pouvait produire aucune preuve de l'existence d'un soldat républicain à son bataillon ou comme prisonnier, ni de sa mort au champ de bataille ou dans les hôpitaux, les secours pourront être continués sur les attestations des conseils et états-majors du bataillon, que le patriotisme du citoyen dont il s'agit était éprouvé et reconnu, et sur la même attestation collectivement donnée du patriotisme de ses parens par les communes ou sections qu'ils habitent.

4. Il sera fait mention sur le premier titre produit en réclamation, de la première somme payée, quelle qu'elle soit; les commissaires-distributeurs prendront note de tous les paiemens de cette nature, et les feront parvenir chaque décade, sans délai, par la voie du district, aux bureaux des commissions, qui feront délivrer aux réclamans les titres ultérieurement nécessaires.

5. En délivrant le titre ou brevet de pension, tous les autres titres seront retirés; les retenues des provisoires qui y seront sujets suivant la loi se feront sur les deux premières années : aucune autre retenue particulière ne pourra avoir lieu, au nom des communes ou sections, pour les avances qu'elles diraient avoir faites.

6. Les subsistances ne seront accordées aux militaires réclamans que pour un mois seulement.

7. Les citoyens aisés, ayant des moyens assurés et connus de pourvoir à leurs besoins, qui réclameront des secours contre le vœu de la loi, seront sujets à restitution.

Ceux qui ont des revenus et une fortune vérifiée par la cote des impositions, et qui, par de pareilles réclamations, auront usurpé le patrimoine de la vertu indigente, seront notés comme dilapidateurs des deniers publics et traités comme tels.

8. Le dernier décadi de prairial, il sera nommé de nouveaux commissaires-vérificateurs et distributeurs dans chaque commune ou section de la République.

Ils pourront se faire aider dans leurs fonctions par ceux qui les auront précédés, actuellement en exercice.

9. Le paiement du trimestre de messidor, pour les secours, pensions et indemnités, sera effectué dans les deux premières décades de ce mois, sur les notes additionnelles qui ont servi au paiement de germinal, conformément à l'article 8 du titre VII du décret du 21 pluviose, ainsi que sur les notes pareilles qui seront faites, d'après les mêmes bases, pour les nouvelles réclamations.

10. Les listes des bataillons seront envoyées conformément au titre VIII du décret du 21 pluviose, dans le courant du trimestre de messidor, aux différens départemens, sans plus de délai; les états définitifs de paiement seront envoyés au comité de liquidation de la Convention nationale et à la commission.

11. Dès que le vu des commissaires-vérificateurs aura validé une réclamation, les commissaires-distributeurs ou autres fonctionnaires qui retarderaient par négligence ou mauvaise intention le bienfait de la loi, seront tenus à dédommagement : il ne pourra être moindre d'un tiers de la somme réclamée.

L'agent national agira pour faire payer ce dédommagement.

Il sera, dans tous les cas, responsable des abus qu'il n'aurait pas dénoncés.

12. Dans la troisième décade de messidor, les commissaires-vérificateurs des communes de chaque arrondissement de canton se rassembleront au chef-lieu de ce canton; ils y formeront, réunis, un jury qui prononcera, dans le courant de la décade, sur toutes les questions que les commissaires-vérificateurs de chaque commune auraient laissées indécises ou sujettes à réclamation. A la fin de messidor, tous les paiemens devront être terminés.

13. Les jurys de vérificateurs pourront se diviser en différentes sections; il ne pourra y avoir moins de cinq vérificateurs à chaque section : les vérificateurs seront défrayés du déplacement pendant la tenue du jury, ainsi qu'il est réglé pour les commissaires de district, article 15 du titre VII du décret du 21 pluviose.

Dans les communes où il n'y aurait pas dix réclamations de secours, et celles aussi où il n'y aurait que des citoyennes réclamantes, le plus ancien officier municipal fera les fonctions de vérificateur : les secours seront envoyés par le receveur de district, sur son mandat visé par la municipalité : s'il y a difficulté relativement à ces décisions, elle sera portée au jury des vérificateurs de canton.

14. Tout ce qu'il y aurait de contraire aux dispositions du présent décret dans les décrets précédens est révoqué ; les dispositions de celui du 21 pluviose et autres précédens qui restent en vigueur, seront imprimées collectivement avec le présent décret, pour que rien ne puisse désormais en retarder l'exécution.

15. Il sera mis une somme de cent millions à la disposition des commissaires des secours publics, pour fournir aux caisses de district qui seraient insuffisantes. Le compte de cette somme et de toutes celles précédemment délivrées pour le même objet sera définitivement réglé dans le trimestre de messidor.

16. La commission des secours fera composer et distribuer sans délai un tableau de forme concise, pour indiquer ce qui est dû par mois, par jour et par décade, en raison des réclamations motivées sur le présent décret; elle y joindra l'instruction nécessaire aux commissaires-vérificateurs : cette instruction et ces tableaux seront envoyés aux districts, qui en feront de suite réimprimer le nombre nécessaire aux différentes communes.

---

13 = 18 PRAIRIAL an 2 (1er = 6 juin 1794). — Décret sur la formation de l'École de Mars dans la plaine des Sablons, près Paris. (L. 17, 833; B. 43, 64; Mon. du 15 prairial an 2.)

Art. 1er. Il sera envoyé à Paris, de chaque district de la République, six jeunes citoyens, sous le nom d'*Elèves de l'Ecole de Mars*, dans l'âge de 16 à 17 ans et demi, pour y recevoir, par une éducation révolutionnaire, toutes les connaissances et les mœurs d'un soldat républicain.

2. Les agens nationaux des districts feront, sans délai, le choix des six élèves parmi les enfans des sans-culottes.

La moitié des élèves sera prise parmi les citoyens peu fortunés des campagnes; l'autre moitié, dans les villes, et, par préférence, parmi les enfans des volontaires blessés dans les combats, ou qui servent dans les armées de la République.

3. Les agens nationaux choisiront les mieux constitués, les plus robustes, les plus intelligens, et qui ont donné des preuves constantes de civisme et de bonne conduite.

Ils seront tenus de faire imprimer et afficher dans le district le tableau des citoyens qu'ils auront choisis.

4. Les élèves de l'école de Mars viendront à Paris, à pied et sans armes; ils voyageront comme les défenseurs de la République, et recevront l'étape en route.

L'un d'eux sera chargé par le district d'une surveillance fraternelle sur ses collègues en route, et sera responsable de leur conduite.

5. Les agens nationaux des districts sont autorisés à leur donner l'état de route nécessaire pour se rendre à Paris : ils prendront des mesures telles que les élèves de leur arrondissement soient en route dix jours après la réception du décret par la voie du Bulletin.

6. Il ne sera pas reçu d'élèves dans l'école de Mars après le 20 messidor.

7. L'école de Mars sera placée à la plaine des Sablons, près Paris.

Les élèves y trouveront à leur arrivée un commissaire des guerres chargé de les recevoir et de les placer.

8. La commune de Paris, à raison de sa population, fournira quatre-vingts élèves : l'agent national de la commune les choisira selon les mêmes conditions que ceux des districts, et en soumettra la liste à l'approbation du comité de salut public.

9. Les élèves de l'école de Mars seront habillés, armés, campés, nourris et entretenus aux frais de la République.

10. Ils seront exercés au maniement des armes, aux manœuvres de l'infanterie, de la cavalerie et de l'artillerie.

Ils apprendront les principes de l'art de la guerre, les fortifications de campagne et l'administration militaire.

Ils seront formés à la fraternité, à la discipline, à la frugalité, aux bonnes mœurs, à l'amour de la patrie et à la haine des rois.

11. Les élèves resteront sous la tente tant que la saison le permettra.

Aussitôt que le camp sera levé, et en attendant qu'ils aillent faire leur service aux armées, ils retourneront dans leurs foyers, où ils seront admis à d'autres genres d'instruction, suivant l'aptitude et le zèle qu'ils auront montrés.

12. L'école de Mars est placée sous la surveillance immédiate du comité de salut public, qui est autorisé à prendre toutes les mesures nécessaires pour l'exécution du présent décret; et, pour remplir l'objet de cette institution révolutionnaire, il choisira les instituteurs et agens qui doivent être employés près des élèves, et les plus propres à leur donner les principes et l'exemple des vertus républicaines.

---

13 PRAIRIAL an 2 (1er juin 1794). — Décrets qu accordent des secours aux citoyens Rozeguay F. d'Angoulême et Vaillant. (B. 43, 57 et 59.

---

13 PRAIRIAL an 2 (1er juin 1794). — Décret portant qu'Etienne et autres coaccusés, détenus à Amiens, seront mis en liberté. (B. 43, 56.)

---

13 PRAIRIAL an 2 (1er juin 1794). — Décret qui déclare que les gendarmes de la 35e division de la gendarmerie, arrivant de la Vendée, ont bien mérité de la patrie. (B. 43, 56.)

---

13 PRAIRIAL an 2 (1er juin 1794). — Décret portant qu'il n'y a lieu à résilier le contrat d'acensement passé au profit de la veuve Huroy par le prince de Conti. (B. 43, 58.)

---

13 PRAIRIAL an 2 (1er juin 1794). — Décret qui suspend l'exécution de celui du 3 prairial, concernant les rentes viagères. (B. 43, 63.)

---

13 PRAIRIAL an 2 (1er juin 1794). — Décrets qui réunissent les communes de Bauconville et de Condé au district de Grand-Pré, de Plainville à celle de Méridon, d'Armentières *extrà muros* à celle d'Armentières *intrà muros*. (B. 43, 57 et 58.)

---

13 PRAIRIAL an 2. — Assurances sur la vie. *Voy.* 9 PRAIRIAL an 2.

---

14 PRAIRIAL an 2 (2 juin 1794). — Décret qui rectifie le décret du 6 pluviose relatif à la commune de Breteuil. (B. 43, 65.)

---

14 PRAIRIAL an 2 (2 juin 1794). — Décrets qui accordent une indemnité à la veuve Delcambe, et des secours au citoyen Turpin et autres. (B. 43, 66, 67, 68 et 69.)

---

14 PRAIRIAL an 2 (2 juin 1794). — Décret relatif à l'entretien de la pépinière et des plantations étrangères qui existent à Liancourt. (B. 43, 66.)

---

14 PRAIRIAL an 2 (2 juin 1794). — Décret d'ordre du jour relatif à la liquidation de la compagnie des étapes et convois militaires. (B. 43, 69.)

---

14 PRAIRIAL an 2 (2 juin 1794). — Décret de liquidation d'offices de finances et militaires. (B. 43, 69.)

---

15 PRAIRIAL an 2 (3 juin 1794). — Décret portant que l'armée des Pyrénées-Orientales ne cesse de bien mériter de la patrie. (L. 17, 386; B. 43, 70.)

---

15 PRAIRIAL an 2 (3 juin 1794). — Décret qui accorde des secours aux veuves Vernier et Borne. (B. 43, 69 et 70.)

---

15 PRAIRIAL an 2 (3 juin 1794). — Décret qui change les noms de Fort-Saint-Elme et de Port-Vendre, en ceux de Fort-du-Rocher et de Port-de-la-Victoire. (B. 43, 70.)

---

15 PRAIRIAL an 2. — Code complet des lois; Crédit de cent soixante-quatorze millions. *Voy.* 11 PRAIRIAL an 2.

---

16 = 27 PRAIRIAL an 2 (4 = 15 juin 1794). — Décret relatif à l'application du sursis prononcé par l'article 3 de la loi du 16 août 1793, en faveur des Français expulsés d'Espagne. (B. 43, 71.)

La Convention nationale, après avoir entendu le rapport de son comité de législation et des finances sur la pétition du citoyen Lanusse, Français expulsé d'Espagne, tendant à obtenir la faculté de poursuivre le paiement d'une créance résultant de trois lettres-de-change qui lui ont été souscrites par le citoyen Lordon, autre Français expulsé d'Espagne, décrète que le sursis prononcé par l'article 3 de la loi du 16 août 1793 ne s'applique point aux poursuites commencées par le citoyen Lanusse contre le citoyen Lordon, et qu'elles pourront être reprises et continuées devant les tribunaux compétens.

---

16 PRAIRIAL an 2 (4 juin 1794). — Décret d'ordre du jour sur la nullité d'un jugement rendu contre le citoyen Bondenis. (B. 43, 71.)

---

16 PRAIRIAL an 2 (4 juin 1794). — Décret qui traduit au tribunal révolutionnaire Labbé et Levasseur. (B. 43, 71.)

---

16 PRAIRIAL an 2 (4 juin 1794). — Décret qui ordonne un rapport sur les moyens d'exécution pour une nouvelle grammaire et un nouveau vocabulaire. (B. 43, 75.)

---

16 PRAIRIAL an 2 (4 juin 1794). — Décret qui accorde un congé au député Albitte. (B. 43, 73.)

---

16 PRAIRIAL an 2 (4 juin 1793). — Décret qui ordonne de verser à la Trésorerie les espèces et les assignats trouvés sur Grand-Clos. (B. 43, 72.)

---

16 PRAIRIAL an 2. — Armées des Pyrénées-Orientales. *Voy.* 15 PRAIRIAL an 2. — Défenseurs de la patrie. *Voy.* 13 PRAIRIAL an 2.

17 = 25 PRAIRIAL an 2 (5 = 13 juin 1794). — Décret portant qu'il sera établi, pour cette année seulement, une contribution extraordinaire de guerre. (B. 43, 76)

Art. 1er. Il sera établi, pour cette année seulement, une contribution extraordinaire de guerre; elle sera du dixième des sommes portées aux rôles de l'emprunt forcé établi par la loi du 3 septembre dernier.

2. Cette contribution extraordinaire sera acquittée par tous ceux qui ont été portés sur ces rôles, ou par leurs héritiers solidairement, d'après la proportion fixée par l'article 1er, et en raison de la somme à laquelle ils ont été cotisés.

3. A cet effet, il sera formé dans chaque municipalité, dans la décade qui suivra la réception du présent décret, un rôle particulier de tous les contribuables cotisés aux rôles de l'emprunt forcé.

4. Les rôles de la contribution extraordinaire de guerre seront clos et vérifiés par la municipalité, rendus exécutoires par l'administration de district, et remis au percepteur dans la décade suivante.

5. Ces nouveaux rôles contiendront quatre colonnes. Dans la première seront inscrits les noms des contribuables; dans la seconde seront rapportées les sommes inscrites dans la colonne correspondante au rôle de l'emprunt forcé; dans la troisième, le dixième de cette somme formant la cote du contribuable; et la quatrième sera réservée pour la mention des paiemens.

6. Cette contribution sera exigible par tiers, de mois en mois, à compter du jour de la publication du rôle; et les contribuables en retard seront poursuivis par les voies de rigueur prescrites en matière de contributions.

7. Le produit en sera versé chaque mois, par le percepteur, dans la caisse du receveur du district, et, à Paris, directement à la Trésorerie nationale, dans la décade qui suivra l'époque de chaque échéance.

8. Les agens nationaux près des districts et des communes sont tenus de veiller, chacun en ce qui le concerne, à l'exécution du présent décret: ils en sont responsables.

17 = 25 PRAIRIAL an 2 (5 = 13 juin 1794). — Décret qui, en abolissant l'impôt de remplacement des droits supprimés sur les sels, cuirs, etc., détermine la manière dont il sera suppléé. (B. 43, 76.)

Art. 1er. Les lois des 21 = 30 mars, 22 = 24 mars, 22 mars = 5 avril, et 25 septembre 1790, sur l'impôt de remplacement des droits supprimés sur les sels, les cuirs, les fers, les huiles, le savon et l'amidon, sont rapportées en ce qui concerne l'établissement, la répartition et la perception de cet impôt.

2. Dans le cas où la totalité ou partie de cet impôt aurait été acquittée dans quelques communes de la République, il sera fait compte aux contribuables, sur leurs contributions foncières et mobilières de 1793 et des années suivantes, de la somme par eux payée pour cet objet.

3. Pour suppléer à l'impôt de remplacement supprimé par le présent décret, les corps administratifs verseront à la Trésorerie nationale, dans le délai d'un mois à compter de la publication du présent décret, la partie qui reste disponible du produit des rôles supplétifs des six derniers mois 1789.

L'art. 3 du décret du 26 = 27 septembre 1789 est rapporté.

17 = 25 PRAIRIAL an 2 (25 = 13 juin 1794). — Décret relatif aux honneurs du Panthéon à décerner à Barra et à Viala, et au costume national. (B. 43, 77.)

17 PRAIRIAL an 2 (5 juin 1794). — Décret relatif à la vente des bestiaux aux marchés de Neufbourg, de Poissy et de Sceaux. (B. 43, 75.)

17 PRAIRIAL an 2 (5 juin 1794). — Décrets d'ordre du jour sur un jugement de référé, une demande en révision de jugement et en exception des dispositions des décrets contre les ecclésiastiques. (B. 43, 74 et 75)

17 PRAIRIAL an 2 (5 juin 1794). — Décret relatif aux dépenses concernant la conservation et la vente du mobilier de la liste civile. (B. 43, 73.)

17 PRAIRIAL an 2. — Transport de la guillotine. *Voy.* 12 PRAIRIAL an 2.

18 = 19 PRAIRIAL an 2 (6 = 7 juin 1794). — Décret relatif aux dépositions des militaires cités comme témoins devant les tribunaux. (L. 17, 837; B. 43, 79.)

Voy. loi du 7 THERMIDOR an 2.

Art. 1er. Les militaires et les citoyens attachés aux armées ou employés à leur suite dont le témoignage sera requis dans les affaires criminelles ou de police correctionnelle qui s'instruiront, soit devant un tribunal militaire de leur arrondissement, soit devant un tribunal ordinaire siégeant dans la place où ils seraient en garnison, seront entendus, et donneront leurs déclarations de la même manière que les autres personnes citées en justice pour déposer.

2. Lorsque le témoignage de militaires ou

de citoyens attachés aux armées ou employés à leur suite sera requis dans les affaires criminelles ou de police correctionnelle, portées, soit devant un autre tribunal militaire que celui de leur arrondissement, soit devant un autre tribunal ordinaire que celui de leur garnison, il sera procédé ainsi qu'il suit :

3. L'officier de police civile ou militaire, le directeur du jury, l'accusateur public ou militaire, qui jugera nécessaire de faire entendre des témoins de la qualité énoncée en l'article précédent, rédigera et communiquera au prévenu ou accusé la série des questions auxquelles il croira qu'il doit répondre : il tiendra note des observations du prévenu ou accusé, les lui fera signer, ou fera mention de la cause pour laquelle il n'aura pas signé, et adressera le tout à l'accusateur militaire de l'armée où ils seront employés, ou, s'il l'ignore, à la commission de l'organisation et du mouvement des armées de terre, qui en fera l'envoi dans les trois jours à l'accusateur militaire dont il vient d'être parlé (1).

4. La même forme sera observée à l'égard des témoins de la qualité énoncée en l'article 2, que le prévenu ou accusé voudrait faire entendre pour sa justification, sauf qu'en ce cas le prévenu ou accusé pourra rédiger lui-même sa série de questions.

5. L'accusateur militaire à qui auront été adressées les questions et observations mentionnées dans les deux articles précédens, les fera, de suite, passer à l'officier de police de sûreté militaire le plus à portée des témoins à entendre ; et il veillera à ce que cet officier reçoive, sans délai et par écrit, leurs déclarations sur chacune des questions qui lui auront été transmises, et à ce qu'il les fasse parvenir, sans le moindre retard, à l'officier de police, directeur du jury, ou accusateur public ou militaire, qui aura envoyé les questions et observations ci-dessus.

6. Immédiatement après avoir reçu ces déclarations, l'officier de police, directeur du jury, ou accusateur public ou militaire, les communiquera au prévenu ou accusé.

7. Il tiendra note des observations que le prévenu ou accusé fera sur ces déclarations, et les lui fera signer, ou fera mention de la cause pour laquelle il ne les aura point signées.

8. Le prévenu ou accusé pourra, en conséquence de ces observations, requérir l'officier de police, directeur du jury, ou accusateur public ou militaire, de faire interroger une seconde fois les témoins qui auront donné ces déclarations.

L'officier de police, directeur du jury, ou accusateur public ou militaire, pourra, également d'office, les faire interroger une seconde fois.

Dans l'un et l'autre cas, les règles prescrites par les articles 3, 4 et 5 pour la première audition seront observées pour la seconde.

9. Pour l'exécution des articles précédens, les tribunaux criminels sont autorisés, nonobstant les articles 21 et 22 du titre VI de la seconde partie du décret du 16 septembre 1791, à prononcer tous les délais nécessaires, soit sur la demande des accusés, soit sur les réquisitions des accusateurs publics.

10. Les déclarations données par écrit de la manière qui vient d'être déterminée seront considérées comme dépositions orales par les officiers de police, par les tribunaux de police correctionnelle, par les directeurs du jury, par les jurés d'accusation.

11. Dans les affaires portées devant les jurés de jugement, ces déclarations et les observations faites par l'accusé, en conséquence des art. 3 et 7, seront lues publiquement lors du débat.

12. Après le débat et la position des questions auxquelles il donnera lieu, le président demandera aux jurés de jugement s'ils sont en état de prononcer sans entendre oralement les témoins, soit militaires, soit attachés aux armées ou employés à leur suite, dont les déclarations auront été lues.

13. Les jurés se retireront dans leur chambre, et décideront d'abord cette dernière question à la pluralité absolue des voix.

14. S'ils la décident pour l'affirmative, ils passeront de suite à l'examen des questions du fond, telles qu'elles auront été posées par le président.

15. S'ils la décident pour la négative, ils rentreront sur-le-champ dans l'auditoire, et annonceront, dans la forme ordinaire, le résultat de leur délibération.

16. Dans ce cas, s'il s'agit d'un délit contre-révolutionnaire, le tribunal ordonnera que les témoins, soit militaires, soit attachés aux armées ou employés à leur suite, seront assignés à comparaître en personne, et que le débat sera entièrement recommencé devant les mêmes jurés et à jour fixé.

Il ne pourra néanmoins faire citer les généraux en chef ou de division qu'après y avoir été autorisé par le comité de salut public.

(1) Un juge d'instruction n'est pas tenu de procéder à une audition de témoins militaires ou non militaires, en vertu d'une commission rogatoire à lui adressée par le capitaine-rapporteur d'un conseil de guerre, lorsqu'il y a un conseil de guerre dans le lieu même où les témoins désignés doivent être entendus (11 février 1830; Cass. S. 30, 1, 235; D. 30, 1, 124).

17. S'il s'agit d'un délit ordinaire, le tribunal déclarera qu'il est sursis à prononcer sur l'acte d'accusation jusqu'à ce que les témoins dont l'audition orale aura été jugée nécessaire cessent d'être employés activement à l'armée, ou jusqu'à ce que le comité de salut public ait déclaré qu'ils peuvent être assignés à comparaître en personne.

18. Les dispositions ci-dessus seront observées même dans les procès commencés avant la publication du présent décret.

---

18 PRAIRIAL an 2 (6 juin 1794). — Décrets qui accordent des secours au citoyen Terrasson et à sa fille, et aux citoyens Deverniue et autres, etc. (B. 43, 118.)

---

18 PRAIRIAL an 2 (6 juin 1794). — Décret qui accorde un crédit de six millions à la commission des travaux publics. (B. 43, 81.)

---

18 PRAIRIAL an 2. — École de Mars. *Voy.* 13 PRAIRIAL an 2.

---

19 PRAIRIAL an 2 (7 juin 1794). — Décrets qui accordent des secours aux citoyens Guichot, Quentin et autres. (B. 43, 83 à 88.)

---

19 PRAIRIAL an 2 (7 juin 1794). — Décret qui maintient l'étang de Saint-Pierre-le-Moutier dans l'état de desséchement où il se trouve. (B. 43, 83.)

---

19 PRAIRIAL an 2 (7 juin 1794). — Décret relatif à l'examen des baux des maisons garnies à Paris. (B. 43, 83.)

---

19 PRAIRIAL an 2 (7 juin 1794). — Décret relatif aux secours à accorder aux patriotes Belges, Mayençais et Liégeois. (B. 43, 84.)

---

19 PRAIRIAL an 2 (7 juin 1794). — Décret relatif à l'arrestation du citoyen Bouvet. (B. 43, 82.)

---

19 PRAIRIAL an 2 (7 juin 1794). — Décret qui annule un jugement du tribunal de police correctionnelle de la commune de Brienon, contre Jacques Dubois et Jean-Jacques Crévaux, et le jugement du district de Mont-Armance, ci-devant Saint-Florentin. (B. 43, 82.)

---

19 PRAIRIAL an 2 (7 juin 1794). — Décret qui maintient l'adjudication faite par le district de Vue de la ferme de dessus le Mont. (B. 43, 83.)

---

19 PRAIRIAL an 2 (7 juin 1794). — Décret qui ordonne que l'instruction présentée par le comité d'agriculture, pour la conservation et la multiplication des abeilles, sera imprimée au Bulletin, avec le rapport et la recommande à la surveillance des municipalités. (B. 43, 82.)

---

19 PRAIRIAL an 2. — Militaires cités comme témoins. *Voy.* 18 PRAIRIAL an 2.

---

21 PRAIRIAL an 2 (9 juin 1794). — Décret sur la question de savoir si un accusé, acquitté par la déclaration du jury d'accusation, peut être renvoyé devant un tribunal de police correctionnelle, à raison du même fait. (B. 43, 97.)

La Convention nationale, après avoir entendu le rapport de son comité de législation sur la question proposée par le jugement du tribunal du district de Chaumont, département de la Haute-Marne, en date du 5 de ce mois, et tendant à savoir si, après une déclaration du jury d'accusation portant qu'il n'y a pas lieu à accusation, le tribunal de district peut renvoyer le prévenu devant le tribunal de police correctionnelle, avec les pièces de la procédure instruite contre lui ;

Considérant qu'aux termes de l'article 28 du titre Ier de la seconde partie de la loi du 16 = 29 septembre 1791, lorsque les jurés prononcent qu'il n'y a pas lieu à accusation, le prévenu doit être mis en liberté, et ne peut plus être poursuivi à raison du même fait, à moins qu'il ne survienne contre lui de nouvelles charges ; que le tribunal de district ne peut pas se rendre juge de la déclaration du jury, ni par conséquent décider qu'elle n'a pas été motivée, soit sur ce que le fait n'était pas constant, soit sur ce que le prévenu a paru absolument irréprochable ; qu'ainsi on ne peut pas, sans violer essentiellement l'institution des jurés, assimiler ce cas à celui où, le tribunal de district jugeant que l'accusation n'est pas de nature à être présentée au jury, l'article 36 du titre cité lui enjoint de renvoyer, s'il y a lieu, à la police correctionnelle ;

Déclare qu'il n'y a pas lieu à délibérer.

---

21 PRAIRIAL an 2 (9 juin 1794). — Décret relatif aux détenteurs de portions du rivage de la mer. (B. 43, 90.)

La Convention nationale maintient provisoirement dans leur possession tous les détenteurs des portions du rivage de la mer qu'ils avaient rencloses et cultivées avant le mois de juillet 1789 : elle annule tout partage qui pourrait en avoir été fait par les communes riveraines, et charge ses comités d'aliénation et domaines réunis, et d'agriculture, de lui présenter incessamment un projet de loi générale sur les parties du rivage de la mer susceptibles d'être utilisées.

---

21 PRAIRIAL an 2 (9 juin 1794). — Décret relatif aux poursuites des délits antérieurs aux nouvelles divisions faites ou à faire de quelques portions du territoire de la République. (B. 43, 96.)

Les délits antérieurs aux nouvelles divisions qui ont été ou pourraient être faites de quelques portions de territoire de la République, doivent être poursuivis par les officiers de police, et jugés par les tribunaux auxquels en appartenait la connaissance au moment où ils ont été commis.

21 PRAIRIAL an 2 (9 juin 1794). — Décret relatif à la compétence des tribunaux pour connaître des revendications faites par les citoyens, des fonds ci-devant possédés par des émigrés. (B. 43, 94.)

La Convention nationale, après avoir ouï le rapport du comité de législation sur la pétition du citoyen Leblanc fils, habitant de Beaumont, ensemble sur le référé fait par le tribunal du district de Mont-Unité, ci-devant Saint-Gaudens, du point de savoir si les tribunaux sont compétens pour connaître des revendications faites par les citoyens, des fonds ci-devant possédés par des émigrés, ou si la loi du 25 juillet 1793 attribue aux corps administratifs la faculté de prononcer même sur la propriété en pareil cas;

Considérant que les lois précédemment rendues n'attribuent aux corps administratifs que la connaissance des actions relatives aux dettes passives des émigrés, et non de celles en désistance qui auraient pu être dirigées contre eux; qu'ainsi, et sur ce point, les choses sont restées dans le droit commun, et que, dans le cas particulier, la compétence judiciaire est d'autant moins douteuse, que le jugement d'une requête civile sort essentiellement des fonctions administratives;

Décrète qu'il n'y a pas lieu à délibérer.

21 PRAIRIAL an 2 (9 juin 1794). — Décret relatif à la représentation et au paraphe des baux des fermiers du ci-devant ordre de Malte. (B. 43, 97.)

La Convention nationale, après avoir entendu le rapport de son comité de législation sur le référé du tribunal du district de Béziers, tendant à savoir si un fermier du ci-devant ordre de Malte qui n'a pas représenté et fait parapher son bail au secrétariat de district dans la quinzaine de la publication de la loi du 19 septembre 1792, peut, pour éviter la déchéance prononcée par l'article 38 de la loi des 6 et 11 = 24 août 1790, s'aider de la partie du décret du 28 germinal dans laquelle il est parlé des fermiers du ci-devant ordre de Malte;

Considérant que le décret du 28 germinal a seulement déclaré que les fermiers du ci-devant ordre de Malte n'avaient pas dû représenter et fait parapher leurs baux dans la quinzaine de la publication de la loi des 6 et 11 = 24 août 1790, et qu'il n'a pas dérogé à l'article 8 de la loi du 19 septembre 1792, qui avait rendu les articles 37 et 38 de la loi des 6 et 11 = 24 août 1790 communs aux biens du ci-devant ordre de Malte, et d'après lesquels les fermiers de ces biens étaient tenus, à peine de déchéance, de représenter et faire parapher leurs baux dans la quinzaine de la publication de la loi du 19 septembre 1792;

Déclare qu'il n'y a pas lieu à délibérer.

21 PRAIRIAL an 2 (9 juin 1794). — Décret relatif à l'insertion au procès-verbal de la fête célébrée le 20 prairial. (B. 43, 89.)

21 PRAIRIAL an 2 (9 juin 1794). — Décret relatif au mode d'exécution du décret sur l'emprunt forcé, dans le département du Mont-Blanc. (B. 43, 90.)

21 PRAIRIAL an 2 (9 juin 1794). — Décrets qui accordent un congé aux députés Massieu et Petit. (B. 43, 89 et 94.)

21 PRAIRIAL an 2 (9 juin 1794). — Décret relatif au contingent de la contribution mobilière des districts de Machecoul et Clisson, pour 1793. (B. 43, 89.)

21 PRAIRIAL an 2 (9 juin 1794). — Décrets qui traduisent au tribunal révolutionnaire Descaines père et fils, et Braulet. (B. 43, 95.)

21 PRAIRIAL an 2 (9 juin 1794). — Décret relatif au citoyen Massey, commissaire des guerres. (B. 43, 90.)

21 PRAIRIAL an 2 (9 juin 1794). — Décrets qui accordent des secours aux veuves Larivière et autres. (B. 43, 90 à 93.)

21 PRAIRIAL an 2 (9 juin 1794). — Décrets d'ordre du jour sur la compétence pour connaître des revendications de fonds ci-devant possédés par des émigrés; le droit de mesurage. (B. 43, 94, 96 et 97.)

22 PRAIRIAL an 2 (10 juin 1794). — Décret concernant le tribunal révolutionnaire. (1, Bull. 11, n° 1 (1); B. 43, 101; Mon. du 24 prairial an 2.)

Voy. lois du 19 FLORÉAL an 2; des 14 et 22 THERMIDOR an 2; du 8 NIVOSE an 3.

(1) Comme nous l'avons dit dans l'introduction, dans les renvois au *Bulletin*, le premier chiffre indique la *série*; le second, le n° du Bulletin, et le troisième, le n° de la loi. A partir de cette époque, les actes législatifs sont intitulés *Lois* dans le Bulletin, et *Décrets* dans la collection *Baudouin* : nous conserverons cette dernière dénomination jusqu'au *Directoire*.

Art. 1er. Il y aura au tribunal révolutionnaire un président et quatre vice-présidens, un accusateur public, quatre substituts de l'accusateur public et douze juges.

2. Les jurés seront au nombre de cinquante.

3. Les diverses fonctions seront exercées par les citoyens dont les noms suivent :

Président : Dumas ; vice-présidens : Coffinhal, Sellier, Naulin, Ragmey.

Accusateur public : Fouquier ; substituts : Gribauval, Royer, Liendon, Givois, agent national du district de Cusset.

Juges : Deliége, Foucaut, Verteuil, Maire, Bravet, Barbier (de Lorient), Harny, Garnier-Launay, Paillet, professeur de rhétorique à Châlons ; Laporte, membre de la commission militaire à Tours ; Félix, *idem ;* Loyer, section Marat.

Jurés : Renaudin, Benoitrais, Fauvetti, Lumière, Feneaux, Gauthier, Meyère, Chatelet, Petit-Tressin, Trinchard, Topino-Lebrun, Pijot, Girard, Presselin, Didier, Vilatte, Dix-Août, Laporte, Gauney, Brochet, Aubry, Gemont, Prieur, Duplay, Devèze, Desboisseaux, Nicolas, Gravier, Billon, tous jurés actuels ; Subleyras, Laveyron l'aîné, cultivateur à Creteil ; Fillon, fabricant à Commune-Affranchie ; Potheret, de Châlons-sur-Saône ; Masson, cordonnier à Commune-Affranchie ; Marbel, artiste ; Laurent, membre du comité révolutionnaire de la section des Piques ; Villers, rue Caumartin ; Moulin, section de la République ; Depréau, artiste, rue du Sentier ; Emery, marchand chapelier, département du Rhône ; Lafontaine, de la section du Muséum ; Blachet, payeur général à l'armée des Alpes ; Debeaux, greffier du tribunal de district de Valence ; Gouillard, administrateur du district de Béthune ; Dereys, section de la Montagne ; Duquenel, du comité révolutionnaire de Lorient ; Hannoyer, *idem ;* Butins, section de la République ; Pecht, faubourg Honoré, n° 169 ; Muguin, du comité de surveillance de Mirecourt.

Le tribunal révolutionnaire se divisera par sections, composées de douze membres, savoir : trois juges et neuf jurés, lesquels jurés ne pourront juger en moindre nombre que celui de sept.

4. Le tribunal révolutionnaire est institué pour punir les ennemis du peuple.

5. Les ennemis du peuple sont ceux qui cherchent à anéantir la liberté publique, soit par la force, soit par la ruse.

6. Sont réputés ennemis du peuple ceux qui auront provoqué le rétablissement de la royauté, ou cherché à avilir ou à dissoudre la Convention nationale et le gouvernement révolutionnaire et républicain dont elle est le centre ;

Ceux qui auront trahi la République dans le commandement des places et des armées, ou dans toute autre fonction militaire ; entretenu des intelligences avec les ennemis de la République, travaillé à faire manquer les approvisionnemens ou le service des armées ;

Ceux qui auront cherché à empêcher les approvisionnemens de Paris, ou à causer la disette dans la République ;

Ceux qui auront secondé les projets des ennemis de la France, soit en favorisant la retraite et l'impunité des conspirateurs et de l'aristocratie, soit en persécutant et calomniant le patriotisme, soit en corrompant les mandataires du peuple, soit en abusant des principes de la révolution, des lois ou des mesures du Gouvernement, par des applications fausses et perfides ;

Ceux qui auront trompé le peuple ou les représentans du peuple, pour les induire à des démarches contraires aux intérêts de la liberté ;

Ceux qui auront cherché à inspirer le découragement, pour favoriser les entreprises des tyrans ligués contre la République ;

Ceux qui auront répandu de fausses nouvelles pour diviser ou pour troubler le peuple ;

Ceux qui auront cherché à égarer l'opinion et à empêcher l'instruction du peuple, à dépraver les mœurs et à corrompre la conscience publique, à altérer l'énergie et la pureté des principes révolutionnaires et républicains, ou à en arrêter les progrès, soit par des écrits contre-révolutionnaires ou insidieux, soit par toute autre machination ;

Les fournisseurs de mauvaise foi qui compromettent le salut de la République, et les dilapidateurs de la fortune publique autres que ceux compris dans les dispositions de la loi du 7 frimaire ;

Ceux qui, étant chargés de fonctions publiques, en abusent pour servir les ennemis de la révolution, pour vexer les patriotes, pour opprimer le peuple ;

Enfin, tous ceux qui sont désignés dans les lois précédentes relatives à la punition des conspirateurs et contre-révolutionnaires, et qui, par quelques moyens que ce soit et de quelques dehors qu'ils se couvrent, auront attenté à la liberté, à l'unité, à la sûreté de la République, ou travaillé à en empêcher l'affermissement.

7. La peine portée contre tous les délits dont la connaissance appartient au tribunal révolutionnaire, est la mort.

8. La preuve nécessaire pour condamner les ennemis du peuple est toute espèce de documens, soit matérielle, soit morale, soit verbale, soit écrite, qui peut naturellement obtenir l'assentiment de tout esprit juste et raisonnable ; la règle des jugemens est la

conscience des jurés éclairés par l'amour de la patrie; leur but, le triomphe de la République et la ruine de ses ennemis; la procédure, les moyens simples que le bon sens indique pour parvenir à la connaissance de la vérité, dans les formes que la loi détermine.

Elle se borne aux points suivans :

9. Tout citoyen a le droit de saisir et de traduire devant les magistrats les conspirateurs et les contre-révolutionnaires. Il est tenu de les dénoncer dès qu'il les connaît.

10. Nul ne pourra traduire personne au tribunal révolutionnaire, si ce n'est la Convention nationale, le comité de salut public, le comité de sûreté générale, les représentans du peuple commissaires de la Convention, et l'accusateur public du tribunal révolutionnaire.

11. Les autorités constituées en général ne pourront exercer ce droit sans en avoir prévenu le comité de salut public et le comité de sûreté générale, et obtenu leur autorisation.

12. L'accusé sera interrogé à l'audience et en public: la formalité de l'interrogatoire secret qui précède est supprimée comme superflue; elle ne pourra avoir lieu que dans les circonstances particulières où elle serait jugée utile à la connaissance de la vérité.

13. S'il existe des preuves, soit matérielles, soit morales, indépendamment de la preuve testimoniale, il ne sera point entendu de témoins, à moins que cette formalité ne paraisse nécessaire, soit pour découvrir des complices, soit pour d'autres considérations majeures d'intérêt public.

14. Dans le cas où il y aurait lieu à cette preuve, l'accusateur public fera appeler les témoins qui peuvent éclairer la justice, sans distinction de témoins à charge ou à décharge.

15. Toutes les dispositions seront faites en public, et aucune déposition écrite ne sera reçue, à moins que les témoins ne soient dans l'impossibilité de se transporter au tribunal; et, dans ce cas, il sera nécessaire d'une autorisation expresse des comités de salut public et de sûreté générale.

16. La loi donne pour défenseurs aux patriotes calomniés des jurés patriotes: elle n'en accorde point aux conspirateurs.

17. Les débats finis, les jurés formeront leurs déclarations, et les juges prononceront la peine de la manière déterminée par les lois.

Le président posera la question avec clarté, précision et simplicité. Si elle était présentée d'une manière équivoque ou inexacte, le jury pourrait demander qu'elle fût posée d'une autre manière.

18. L'accusateur public ne pourra, de sa propre autorité, renvoyer un prévenu adressé au tribunal ou qu'il y aurait fait traduire lui-même; dans le cas où il n'y aurait pas matière à une accusation devant le tribunal, il en sera fait un rapport écrit et motivé à la chambre du conseil, qui prononcera. Mais aucun prévenu ne pourra être mis hors de jugement avant que la décision de la chambre ait été communiquée aux comités de salut public et de sûreté générale, qui l'examineront (1).

19. Il sera fait un registre double des personnes traduites au tribunal révolutionnaire, l'un pour l'accusateur public, et l'autre au tribunal, sur lequel seront inscrits tous les prévenus, à mesure qu'ils seront traduits.

20. La Convention déroge à toutes celles des dispositions des lois précédentes qui ne concorderaient point avec la présente loi, et n'entend pas que les lois concernant l'organisation des tribunaux ordinaires s'appliquent aux crimes de contre-révolution et à l'action du tribunal révolutionnaire.

21. Le rapport du comité sera joint au présent décret comme instruction.

---

22 PRAIRIAL an 2 (10 juin 1794). — Décret relatif à la poursuite des contre-révolutionnaires qui entraveraient la fabrication des assignats, des armées, etc. (1, Bull. 3, n° 14; B. 43, 109.)

---

22 PRAIRIAL an 2 (10 juin 1794). — Décret interprétatif du décret du 20 sept. 1793, sur les certificats de civisme. (1, Bull. 3, n° 13; B. 43, 110.)

---

22 PRAIRIAL an 2 (10 juin 1794).—Décret d'ordre du jour relatif aux pensions et indemnités des chantres et officiers laïques des ci-devant églises. (B. 43, 100.)

---

22 PRAIRIAL an 2 (10 juin 1794). — Décret qui accorde à chacun des citoyens Soulaire et Malherbe la somme de douze cents livres, à titre de gratification et indemnité. (B. 43, 98.)

---

22 PRAIRIAL an 2 (10 juin 1794). — Décret qui accorde la somme de cent cinquante livres, à titre de secours provisoire, au citoyen Pierre Lacombe, blessé à la journée du 10 août. (B. 43, 99.)

---

22 PRAIRIAL an 2 (10 juin 1794).— Décret relatif à deux jugemens rendus les 11 et 12 brumaire par la ci-devant commission révolutionnaire de Strasbourg, l'un contre Suzanne Madelaine Mathis, marchande de fruits et de vin, accusée d'accaparemens de draps, et

---

(1) *Voy.* loi du 26 prairial an 2.

l'autre contre Jean-Jacques Kolb, boulanger. (B. 43, 100.)

22 PRAIRIAL an 2 (10 juin 1794). — Décret qui fixe la pension du citoyen Nicolas Passepont, capitaine invalide, à la somme de trois mille livres. (B. 43, 99.)

22 PRAIRIAL an 2 (10 juin 1794). — Décret qui confirme la nomination du citoyen Hérispe à la place d'adjudant-général de brigade. (B. 43, 109.)

22 PRAIRIAL an 2 (10 juin 1794). — Décret qui proroge les pouvoirs du comité de salut public. (B. 43, 110.)

23 PRAIRIAL an 2 (11 juin 1794). — Décret portant qu'il n'y a pas lieu à remboursement ni indemnité du brevet de retenue de M. Rohan-Soubise. (1, Bull. 7, n° 232; B. 43, 112.)

23 PRAIRIAL an 2 (11 juin 1794). — Décret qui déclare le citoyen Dario inadmissible comme député. (1, Bull. 7, n° 33; B. 43, 112.)

23 PRAIRIAL an 2 (11 juin 1794). — Décret qui ordonne de traduire au tribunal révolutionnaire Scian, Touron et Serda. (1, Bull. 6, n° 24; B. 43, 115.)

23 PRAIRIAL an 2 (11 juin 1794). — Décret qui fixe définitivement à Yvetot le chef-lieu de district y transféré. (1, Bull. 6, n° 25; B. 43, 113.)

23 PRAIRIAL an 2 (11 juin 1794).—Décret d'ordre du jour sur le mode de paiement du prix des marchandises livrées dans les magasins de l'Etat, et le droit de décréter d'accusation les députés et de les traduire en jugement. (B. 43, 113 et 114.)

24 PRAIRIAL an 2 (12 juin 1794). — Décret qui surseoit à la peine de mort prononcée contre Lohis-Vaudry. (B. 43, 115.)

24 PRAIRIAL an 2 (12 juin 1794). — Décrets qui accordent des secours à Marie-Françoise Pluche et autres. (B. 43, 110, 111, 114.)

24 PRAIRIAL an 2 (12 juin 1794). — Décret qui rapporte le considérant inséré dans le décret du 23, sur une proposition relative à celui de la veille, concernant le tribunal révolutionnaire. (B. 43, 116.)

25 PRAIRIAL an 2 (13 juin 1794). — Décret qui accorde une indemnité au citoyen Moreau et des secours au citoyen Rondot et autres. (B. 43, 116 à 119.)

25 PRAIRIAL an 2 (13 juin 1794). — Décret qui accorde un congé au député Martin. (B. 43, 119.)

25 PRAIRIAL an 2. — Barra et Viala; Costume national; Contributions extraordinaires de guerre; Droits sur les sels, cuirs, etc. *Voy.* 17 PRAIRIAL an 2.

26 PRAIRIAL an 2 (14 juin 1794). — Décret relatif au jugement de l'Amiral, de la fille Renaud et de plusieurs complices de la conjuration de Batz. (1, Bull. 2, n° 6; B. 43, 120.)

26 PRAIRIAL an 2 (14 juin 1794). — Décret qui rétablit l'art. 18 de la loi du 22 de ce mois, sur le tribunal révolutionnaire. (1, Bull. 2, n° 6.)

26 PRAIRIAL an 2 (14 juin 1794). — Décret qui annule des jugemens rendus entre le citoyen Dufresne et les frères Neyraud. (B. 43, 121.)

26 PRAIRIAL an 2 (14 juin 1794). — Décret qui autorise les propriétaires à réclamer contre les fermiers le paiement des dîmes et rentes dont les biens étaient grevés avant leur abolition. (B. 43, 122.)

26 PRAIRIAL an 2 (14 juin 1794).—Décret d'ordre du jour sur des demandes en retrait féodal. (B. 43, 121.)

26 PRAIRIAL an 2 (14 juin 1794).— Décrets qui accordent des secours aux veuves Desruels Forêt et autres. (B. 43, 123, 124, 125, 126 et 127.)

26 PRAIRIAL an 2 (14 juin 1794). — Décret qui suspend la procédure intentée contre le citoyen Bouret. (B. 43, 124.)

26 PRAIRIAL an 2 (14 juin 1794). — Décret qui accorde un congé au député Martel. (B. 43, 125.)

26 PRAIRIAL an 2 (14 juin 1794).— Décret qui accorde à la citoyenne Thépault mille livres imputables sur les biens de C. H. J. H. Delure de Saluces. (B. 43, 124.)

26 PRAIRIAL an 2 (14 juin 1794). — Décret relatif à la destination de la pomme-de-terre. (B. 43, 127.)

26 PRAIRIAL an 2 (14 juin 1794). — Décret qui accorde des secours à plusieurs habitans de la commune de Port-Sainte-Marie. (B. 43, 128.)

26 PRAIRIAL an 2 (14 juin 1794).—Décret qui réunit à la commune de Sariac les hameaux de la Gariède-Maridan et la Commanderie. (B. 43, 125.)

27 PRAIRIAL an 2 (15 juin 1794).— Décret relatif aux gagistes, pensionnaires et salariés les plus indigens de la liste civile. (B. 43, 132.)

Art. 1er. La Trésorerie nationale tiendra à

la disposition du commissaire liquidateur de la liste civile la somme de six cent mille livres, pour être distribuée provisoirement aux gagistes, pensionnaires et salariés les plus indigens de ladite liste civile, pour les six derniers mois de 1793, en proportion d'un *maximum* de mille livres par an, selon le mode adopté par le décret du 17 germinal : le paiement sera fait aux individus par la Trésorerie nationale, conformément au décret du 3 ventose, sur les reconnaissances du commissaire-liquidateur ; le tout à imputer sur ce qui sera reconnu devoir être accordé en définitif à chacun desdits pensionnaires et gagistes.

2. Pour participer aux secours décrétés par l'article précédent, lesdits gagistes, pensionnaires et salariés de la liste civile seront tenus de justifier d'un certificat d'indigence, dans la forme prescrite par le décret du 17 germinal.

---

27 PRAIRIAL an 2 (15 juin 1794). — Décret relatif à l'amalgame des divisions de la gendarmerie. (B. 43, 129; Mon. du 30 prairial an 2.)

Art. 1er. Les trentième et trente-unième divisions de gendarmerie ne formeront plus qu'une seule division, sous la dénomination de trentième division.

Les trente-deuxième et trente-quatrième formeront la trente-unième division.

Les trente-troisième et trente-cinquième formeront la trente-deuxième division.

2. Les compagnies de canonniers attachées aux divisions amalgamées seront réunies de manière qu'il n'y ait plus qu'une seule compagnie par chaque nouvelle division.

3. Les compagnies de canonniers, jusqu'à leur réunion, conserveront l'organisation qu'elles avaient au 18 ventose dernier : toute augmentation faite depuis cette époque dans le nombre des officiers, sous-officiers et canonniers desdites compagnies, en sus de celui attribué à leur ancienne organisation, demeure nulle et comme non avenue.

4. L'amalgame des gendarmes se fera par compagnies, en réunissant les compagnies les plus faibles aux plus fortes.

5. Les gendarmes qui, par le décret du 28 avril 1793, devaient compléter les divisions près l'armée du Nord, seront incorporés individuellement dans les nouvelles divisions, et, de préférence, dans les plus faibles.

6. Ceux de ces gendarmes qui ont été promus légalement aux grades d'officiers et de sous-officiers avant le 1er prairial, conserveront leurs grades, et seront répartis en nombre égal dans les nouvelles divisions; ils concourront, avec les officiers et sous-officiers adjoints, aux premières places vacantes, conformément à l'article 11 du présent décret.

7. Les divisions de gendarmerie à pied n'ayant été créées que pour récompenser les ci-devant gardes-françaises, les vainqueurs de la Bastille et les blessés du 10 août des services qu'ils ont rendus à la révolution, ne pourront être recrutées sous aucun prétexte.

8. Il ne sera plus procédé à aucune nomination d'officiers et sous-officiers dans la gendarmerie, jusqu'à l'organisation générale de cette troupe : toutes nominations faites depuis le 1er prairial sont déclarées nulles.

9. Les états-majors des divisions et les capitaines sont responsables de l'inexécution des articles 7 et 8 du présent décret; toute infraction à ces deux articles sera punie conformément à la loi sur le gouvernement révolutionnaire.

10. Les citoyens qui, malgré la loi du 25 août 1792, se sont introduits dans les divisions à pied, sans être compris dans les états nominatifs formés à la municipalité de Paris et déposés aux archives nationales, ne recevront point le supplément accordé aux hommes du 14 juillet, aux vainqueurs de la Bastille et aux blessés du 10 août.

11. Les officiers et sous-officiers qui, par une suite de l'amalgame, se trouveront sans emploi, continueront leur service comme adjoints, et prendront les premières places vacantes de leur grade, d'après leur rang d'ancienneté dans ce même grade.

12. Les officiers et sous-officiers adjoints seront tenus d'envoyer au comité de salut public et à la commission de l'organisation des armées de terre, un état contenant leurs noms, prénoms, le lieu de leur naissance et domicile, la date de leurs brevets ou les procès-verbaux de leurs différentes nominations ou promotions, le temps de leur service dans chaque grade, la qualité ou profession qu'ils avaient, prenaient ou exerçaient à l'époque de leur entrée dans la gendarmerie, ainsi que le nom de la division où ils font le service comme adjoints.

13. Le comité de salut public veillera à ce que la commission de l'organisation des armées de terre fasse remplacer lesdits officiers et sous-officiers aussitôt la vacance des places qui leur sont destinées, chacun suivant son grade et l'époque de sa nomination à ce grade.

14. Les officiers, sous-officiers et gendarmes que leurs infirmités, leur âge ou leurs blessures empêcheront de continuer un service actif, recevront leur retraite conformément aux lois.

15. La commission du mouvement des armées de terre est chargée spécialement de l'exécution du présent décret ; elle en rendra compte au comité de salut public, lui adressera les procès-verbaux de réunion et l'état nominatif des officiers, sous-officiers et gendarmes avant et après l'amalgame.

27 PRAIRIAL an 2 (15 juin 1794). — Décret qui autorise le contrôleur de la caisse générale de la Trésorerie à retirer de la caisse à trois clefs jusqu'à la concurrence de deux cent trenteneuf millions cent soixante-quatre mille vingtcinq livres quinze sous six deniers. (1, Bull. 3, n° 15; B. 43, 130.)

27 PRAIRIAL an 2 (15 juin 1794). — Décret qui ordonne l'impression et l'envoi aux autorités constituées, etc., du rapport sur la conspiration dont sont prévenus Dom Gerle, Catherine Théos, se disant la mère de Dieu, et autres. (1, Bull. 5, n° 21; B. 43, 133.)

27 PRAIRIAL an 2 (15 juin 1794). — Décret relatif au paiement des employés conservés pour la liquidation des passeports, des fermes, et de ceux du ci-devant contrôle des finances. (B. 43, 132.)

27 PRAIRIAL an 2 (15 juin 1794). — Décret qui établit des bureaux de poste à Bussy, Jouvance, Danville, Veurdre, Lurcy-le-Sauvage, Main-Libre et Saint-Vit. (B. 43, 132.)

27 PRAIRIAL an 2 (15 juin 1794). — Décret qui accorde un secours provisoire de la somme de trois cents livres au citoyen Legou, grenadier de la légion des Francs. (B. 43, 128.)

27 PRAIRIAL an 2 (15 juin 1794). — Décret qui lève le sursis à l'exécution de la peine de mort contre Lobys-Vaudry. (B. 43, 133.)

27 PRAIRIAL an 2 (15 juin 1794). — Décret qui confisque les biens de la succession de la veuve Schœnfeld. (B. 43, 134.)

27 PRAIRIAL an 2 (15 juin 1794). — Décret qui autorise le citoyen Landry à vendre son domaine de Freneux, pour acquitter son débet. (B. 43, 134.)

27 PRAIRIAL an 2. — Créanciers des Etats de Bourgogne. *Voy.* 26 FLORÉAL an 2. — Français expulsés. *Voy.* 16 PRAIRIAL an 2.

28 PRAIRIAL an 2 (16 juin 1794). — Décret relatif à une question sur la peine à infliger à un collecteur des impositions de 1790, convaincu de concussion et de falsification de ses rôles. (B. 43, 138.)

La Convention nationale, après avoir entendu le rapport de son comité de législation sur la question proposée par le tribunal criminel du département de la Manche, tendant à savoir quelle peine doit être infligée à un collecteur des impositions de 1790 déclaré par le jury de jugement convaincu de concussion et de falsification de ses rôles, en altérant les chiffres, en augmentant les sommes à la charge des redevables, et se faisant payer sur le pied des augmentations qu'il avait fabriquées;

Considérant que l'article 15 de la Ve section du titre Ier de la seconde partie du Code pénal détermine clairement la peine qui doit être infligée à tout fonctionnaire public convaincu de faux dans l'exercice de ses fonctions;

Déclare qu'il n'y a pas lieu à délibérer.

28 PRAIRIAL an 2 (16 juin 1794). — Décret relatif aux procédures qui, après avoir été détruites ou égarées, ont été réparées en vertu de jugemens exécutés avant la publication de la loi du 29 floréal. (B. 43, 137.)

La Convention nationale, après avoir entendu le rapport de son comité de législation sur une pétition tendant à savoir si, d'après l'article 7 de la loi du 29 floréal, les procédures criminelles faites dans la forme qui avait lieu avant l'institution des jurés, et détruites par force majeure, ou égarées par toute autre cause, doivent être recommencées de la manière prescrite par cet article, lorsqu'elles ont été réparées en vertu de jugemens antérieurs à la publication de cette loi;

Considérant que les procédures qui, après avoir été détruites ou égarées, ont été réparées en vertu de jugemens exécutés avant la publication de la loi du 29 floréal, doivent être considérées comme n'ayant jamais été détruites ni égarées; qu'ainsi il est évident que ce cas n'est nullement compris dans l'article 7 de cette loi;

Déclare qu'il n'y a pas lieu à délibérer.

28 PRAIRIAL an 2 (16 juin 1794). — Décret portant circonscription et réunion de quelques cantons et communes des districts de Wissembourg et Neuf-Saarvert. (1, Bull. 6, n° 26; B. 43, 136.)

28 PRAIRIAL an 2 (16 juin 1794). — Décret relatif à l'examen des jugemens rendus par les tribunaux criminels des districts de la Lozère pour cause d'émigration, de rébellion, ou de complicité dans les conspirations de Saillant, Charlier, Allier et Plombat. (B. 43, 134).

28 PRAIRIAL an 2 (16 juin 1794). — Décret qui surseoit à l'incarcération du citoyen Jacques-Ignace Pezard, de la commune de Dole, et à la vente de ses propriétés. (B. 43, 135.)

28 PRAIRIAL an 2 (16 juin 1794). — Décret qui autorise le secrétaire qui a rédigé le procès-verbal de la séance du 20 nivose, d'y rétablir le décret du même jour concernant les militaires blessés ou retirés du service, etc. (B, 43, 135.)

28 PRAIRIAL an 2 (16 juin 1794). — Décret qui accorde la somme de soixante livres, à titre d'indemnité, au citoyen Thomas Rousseau. (B. 43, 136.)

---

28 PRAIRIAL an 2 (16 juin 1794). — Décret qui annule la déclaration du juré et le jugement du tribunal du département du Nord, et ordonne que Delvoy sera traduit au tribunal criminel du département du Pas-de-Calais. (B. 43, 137.)

---

28 PRAIRIAL an 2 (16 juin 1794).—Décret d'ordre du jour relatif au délai pour se pourvoir en cassation. (B. 43, 138.)

---

29 PRAIRIAL an 2 (17 juin 1794).—Décret relatif à la liquidation des offices dépendant des ci-devant justices de Pézenas et Clermont en Argonne. (1, Bull. 6, n° 28; B. 43, 147.)

---

29 PRAIRIAL an 2 (17 juin 1794).—Décret relatif à la signature des expéditions des procès-verbaux à déposer aux archives, ou à livrer à l'impression. (B. 43, 139.)

---

29 PRAIRIAL an 2 (17 juin 1794).—Décret portant que le don patriotique de trois cents livres fait par le citoyen Guilleminot le 21 septembre 1792, et qui n'a point été porté sur la liste, y sera rétabli. (B. 43, 140.)

---

29 PRAIRIAL an 2 (17 juin 1794). — Décret qui surseoit à l'exécution du jugement porté contre le sieur Fouquet par le tribunal criminel du département de l'Orne. (B. 43, 140.)

---

29 PRAIRIAL an 2 (17 juin 1794). —Décret qui accorde un secours de trois cents livres imputable sur sa pension à la citoyenne veuve Duvivier et autres. (B. 43, 143 à 148.)

---

29 PRAIRIAL an 2 (17 juin 1794). — Décrets d'ordre du jour sur les distributions des secours par les sociétés philanthropiques, le remboursement des sommes avancées aux communes par des particuliers, les liquidations d'offices, l'exécution des baux entre particuliers, la remise des condamnations en matière civile. (B. 43, 142, 146, 147 et 148.)

---

29 PRAIRIAL an 2 (17 juin 1794). — Décret relatif aux réformations d'erreurs et vérifications de noms. (B. 43, 146.)

---

29 PRAIRIAL an 2 (17 juin 1794). — Décret qui accorde une avance de deux cents livres au citoyen Humbert. (B. 43, 145.)

---

29 PRAIRIAL an 2 (17 juin 1794). — Décret sur la pétition du citoyen Hugues, marchand. (B. 43, 145.)

---

29 PRAIRIAL an 2 (17 juin 1794). — Décret sur la pétition du citoyen Robert, habitant de Machefroy. (B. 43, 146.)

---

30 PRAIRIAL an 2 (18 juin 1794). — Décret relatif au mode de paiement du traitement de l'institut des aveugles travailleurs, et de celui des sourds-muets. (B. 43, 148.)

---

30 PRAIRIAL an 2 (18 juin 1794). — Décret qui accorde deux cents livres de secours au citoyen Torchepot. (B. 43, 149.)

1er MESSIDOR an 2 (19 juin 1794). —Décret qui annule des jugemens et actes en vertu desquels des fermiers seraient privés de la récolte prochaine. (B. 44, 7.)

Art. 1er. Tous jugemens antérieurs à la publication du décret du 28 germinal qui, d'après la loi du 15 frimaire, et par une fausse interprétation de ses dispositions, ont privé de la récolte prochaine les fermiers compris dans les articles 9 et 17 de cette loi, sont déclarés nuls et comme non avenus, dépens compensés.

2. Sont pareillement déclarés nuls et non avenus tous actes par lesquels, dans l'intervalle de la publication de la loi du 15 frimaire à celle du décret du 28 germinal, des fermiers, se considérant, par erreur, comme privés de la récolte prochaine, y auraient renoncé, ou l'auraient rachetée des acquéreurs.

3. Tous procès sur appel des jugemens, ou sur rescision des actes mentionnés dans les deux articles précédens, sont anéantis sans dépens.

4. Les acquéreurs qui, en conséquence des jugemens ou actes ci-dessus annulés, ont ensemencé des terres dont la récolte prochaine appartient aux fermiers, seront remboursés par ceux-ci de leurs frais de labour et de semences; et, s'il s'élève des difficultés sur l'estimation de ces frais, elles seront terminées en dernier ressort par des arbitres qui seront choisis par les parties ou nommés par le juge-de-paix de la situation des biens; et, en cas de dispersion des biens dans différens cantons, par celui de la situation du chef-lieu de leur exploitation.

1er MESSIDOR an 2 (19 juin 1794). —Décret portant création d'assignats. (B. 44, 8; Mon. du 2 messidor an 2.)

Art. 1er. Il est créé deux cent millions en assignats de cinq livres; trois cent millions en assignats de cent vingt-cinq livres; quatre cent millions en assignats de deux cent cinquante livres; deux cent millions en assignats de mille livres; cent millions en assignats de deux mille livres; cinq millions en assignats de quinze sous, pour compléter la fabrication déjà faite dans cette coupure.

2. Ces assignats seront versés, à fur et mesure de leur fabrication, dans la serre à trois clefs de la fabrication qui est à la Trésorerie nationale, et seront employés au paiement des échanges et aux dépenses publiques, d'après les décrets qui seront rendus pour ordonner leur mise en circulation.

1er MESSIDOR an 2 (19 juin 1794).— Décret portant que le commandant d'un vaisseau au poste duquel la ligne se trouverait coupée sera puni de mort. (B. 44, 2; Mon. du 3 messidor an 2, Rap. Barrère.)

La Convention nationale, après avoir entendu le rapport du comité de salut public, décrète qu'aucun capitaine de vaisseau ne souffrira que la ligne soit coupée : si l'ennemi manœuvrait pour la couper devant ou derrière lui, il manœuvrera pour l'empêcher; et il se laissera plutôt aborder que de le souffrir. Le commandant d'un vaisseau au poste duquel la ligne se trouverait coupée sera puni de mort.

La Convention nationale renvoie au comité de salut public, pour les mesures et réglemens à prendre sur les devoirs respectifs des généraux, commandans et officiers des escadres de la République.

1er MESSIDOR an 2 (19 juin 1794).— Décret qui nomme les citoyens Joret et Brunet inspecteurs des envois des receveurs de district. (1, Bull. 6, n° 29; B. 44, 2.)

1er MESSIDOR an 2 (19 juin 1794). —Décret qui ordonne d'envoyer aux armées les nouvelles officielles de la prise d'Ypres et des succès de l'armée du Nord. (1, Bull. 6, n° 30; B. 44, 2.)

1er MESSIDOR an 2 (19 juin 1794).— Décret qui accorde un crédit de cent quatre-vingt-quinze millions à cinq commissions. (1, Bull. 7, n° 37; B. 44, 3.)

1er MESSIDOR an 2 (19 juin 1794). — Décret concernant l'offre du citoyen Halé, d'une pendule divisée par décimales, avec sonnerie. (B. 44, 1.)

1er MESSIDOR an 2 (19 juin 1794).— Décret relatif à la réintégration de soixante agriculteurs de Marennes et Brouage dans la possession de terrains cédés par arrêt du conseil au maréchal de Richelieu. (B. 44, 4.)

1er MESSIDOR an 2 (19 juin 1794). — Décret qui accorde des secours à Henri d'Ardenne et autres. (B. 44, 3, 4, 6 et 7.)

1er MESSIDOR an 2 (19 juin 1794). — Décret relatif à un projet de décret sur les contestations relatives aux biens nationaux et communaux. (B. 44, 6.)

1er MESSIDOR an 2 (19 juin 1794). — Décret qui surseoit à l'exécution de deux sentences arbitrales au profit des communes de Saint-Blaye, Serrec, et autres riveraines, contre le ci-devant procureur-syndic du département du Haut-Rhin, pour l'Etat. (B. 44, 8.)

---

2 MESSIDOR an 2 (20 juin 1794). — Décret qui fixe le délai dans lequel tous dépositaires de faux assignats ou d'instrumens propres à leur fabrication, etc., seront tenus d'en faire la remise. (B. 44, 11; Mon. du 4 messidor an 2.)

Art. 1er. Dans les dix jours qui suivront la publication du présent décret, tous caissiers, receveurs, juges-de-paix, administrateurs, officiers-municipaux, membres de comité de surveillance, commissaires de police ou de section, agens nationaux, et généralement tous les fonctionnaires publics, et dépositaires, même privés, qui ont en leur possession ou sous leur garde, soit des assignats faux, soit des instrumens propres à les fabriquer, soit des notes, déclarations, renseignemens, plaintes ou procès-verbaux tendant à rechercher, arrêter ou convaincre les auteurs et complices de leur fabrication, distribution, exposition ou introduction dans le territoire français, seront tenus de les apporter ou faire remettre au greffe du tribunal du district de leur arrondissement; et, dans le département de Paris, au greffe du tribunal central des directeurs du jury.

2. Sont exceptées les pièces qui serviraient à des recherches ou perquisitions actuelles, et dont seraient nantis les fonctionnaires publics chargés, par la loi du 14 germinal, de décerner les mandats d'amener, dans les délits relatifs aux faux assignats.

Ils conserveront ces pièces en dépôt tant que dureront les recherches et perquisitions tendant au mandat d'amener, et ils les transmettront avec ce mandat, quand ils l'auront décerné, au directeur du jury.

Et, s'ils ne peuvent parvenir à décerner un mandat d'amener, ils seront tenus de les déposer au greffe indiqué par l'article 1er, dans le deuxième jour qui suivra celui où ils auront cessé toute recherche ou perquisition.

3. Les mêmes règles et les mêmes délais seront observés à l'égard des pièces qu'ils découvriront ou qui leur seront remises à l'avenir.

4. Le directeur du jury sera tenu, dans le dixième jour qui suivra celui où l'apport ordonné par les articles précédens aura été effectué, de faire remettre au greffe du tribu-

nal criminel toutes les pièces qui ne serviraient pas, de sa part, à des poursuites ou procédures actuelles.

5. Quant aux pièces qui lui seraient nécessaires pour des poursuites ou procédures actuelles, il ne les adressera au greffe du tribunal criminel qu'avec le mandat d'arrêt auquel elles donneront lieu.

Et, si elles ne donnent lieu à aucun mandat d'arrêt, le délai de dix jours pour leur remise au greffe du tribunal criminel courra du jour où il aura cessé toute espèce d'instruction.

6. Dans tous les cas, les pièces seront remises en minute et original, soit au greffe indiqué par l'article 1er, soit à celui du tribunal criminel.

7. Le vérificateur général des assignats est autorisé à se faire délivrer des copies de toutes les pièces relatives aux faux assignats, qui pourront exister, soit dans les greffes indiqués par l'article 1er, soit dans ceux des tribunaux criminels.

8. Tout fonctionnaire public qui aura reçu des déclarations ou plaintes en matière de faux assignats, qui aura saisi des pièces tendant à conviction, ou qui en aura fait la perquisition sans parvenir à aucune saisie, sera tenu d'en donner avis, dans les cinq jours, au vérificateur général des assignats.

Il lui adressera en même temps, conformément à l'article 2 de la loi du 23 avril 1793, copie de ces déclarations ou plaintes, et des procès-verbaux faits en conséquence, ou qui en tiendraient lieu.

9. Avant de traduire en jugement les prévenus de fabrication, distribution ou introduction de faux assignats, l'accusateur public enverra les assignats saisis sur eux comme faux au vérificateur général, pour qu'ils soient par lui vérifiés définitivement, et renvoyés sans délai au greffe du tribunal criminel.

Ces envois et renvois seront chargés à la poste, sans qu'il puisse être exigé, pour raison de ce, aucune taxe.

10. Les accusateurs publics poursuivront, conformément à l'article 10 de la loi du 19 floréal, les fonctionnaires publics qui apporteraient quelque négligence dans l'exécution du présent décret.

11. Il n'est rien dérogé par le présent décret à celui du 14 pluviose, qui met sous la surveillance immédiate du comité des assignats et monnaies l'agence de la poursuite des fabricateurs et distributeurs de faux assignats, et ce comité continuera de prendre toutes les mesures propres, soit à prévenir toute distribution et introduction, soit à faire rechercher et poursuivre les prévenus de pareil crime.

L'insertion du présent décret au Bulletin tiendra lieu de publication.

2 MESSIDOR an 2 (20 juin 1794). — Décret sur une question relative aux baux des biens ci-devant dépendant de l'ordre de Malte. (B. 44, 16.)

La Convention nationale, après avoir entendu le rapport de son comité de législation sur la question proposée par le tribunal du district de Beaugency, et tendant à savoir si les baux des biens ci-devant dépendant de l'ordre de Malte on été assujétis aux formalités imposées par la loi du 5 = 11 février 1791 aux corps, maisons, communautés et établissemens publics, tant ecclésiastiques que laïques, alors conservés, et auxquels l'administration de leurs biens avait été laissée provisoirement;

Considérant que l'ordre de Malte est compris dans les décrets des 14, 16 et 20 = 22 avril, et 23 et 28 octobre = 5 novembre 1790, parmi les établissemens pour lesquels a été portée la loi du 5 = 11 février 1791;

Déclare qu'il n'y a pas lieu à délibérer.

---

2 MESSIDOR an 2 (20 juin 1794.) — Décret sur une question relative aux formalités à observer lorsque des témoins essentiels sont dans l'impossibilité de comparaître devant les jurés. (B. 44, 15.)

La Convention nationale, après avoir entendu le rapport de son comité de législation sur la question proposée par la commission des administrations civiles, police et tribunaux, et consistant à savoir ce que doivent faire les tribunaux criminels lorsque des témoins essentiels se trouvent dans l'impossibilité physique de comparaître devant les jurés;

Considérant que, s'il s'agit d'un délit ordinaire, la loi du 16 = 29 septembre 1791 s'explique suffisamment sur cette question, par cela seul que, d'une part, elle n'admet que des dépositions orales, et que, de l'autre, elle défend aux tribunaux criminels de renvoyer, dans aucun cas, l'examen d'un procès plus d'un mois au-delà du jour où il devrait avoir lieu d'après la règle générale; que si, au contraire, il s'agit d'un crime dont les tribunaux criminels sont autorisés par les articles 4 et 5 de la loi du 19 floréal, à connaître concurremment avec le tribunal révolutionnaire, il est aussi juste que nécessaire de leur rendre commune la disposition de l'article 15 de la loi du 22 prairial, relative à ce dernier tribunal, décrète:

Art. 1er. Il n'y a pas lieu à délibérer sur la question proposée, en ce qui concerne les délits ordinaires.

2. Dans les procès sur les crimes mentionnés dans les articles 4 et 5 de la loi du 19 floréal, si un témoin essentiel se trouve dans l'impossibilité physique de comparaître devant les jurés, le tribunal criminel s'adres-

sera aux comités de salut public et de sûreté générale, pour être autorisé à recevoir et à soumettre aux jurés sa déposition écrite.

3. Cette autorisation ne sera accordée que sur le vu du certificat d'un officier de santé, qui constatera l'impossibilité physique du témoin de se transporter au lieu des séances du tribunal criminel.

Ce certificat sera visé par la municipalité du lieu de la résidence actuelle du témoin.

4. Tout officier de santé qui aura, dans un certificat de cette nature, attesté un fait faux, sera condamné à deux années de fers.

5. Si l'autorisation est accordée par les comités de salut public et de sûreté générale, la déclaration du témoin sera reçue par le directeur du jury du district, lequel, à cet effet, se transportera auprès de lui aussitôt qu'il en aura été requis par l'accusateur public.

6. Seront au surplus observées, relativement à cette déclaration, les formalités prescrites par les articles 3, 4, 6, 7 et 8 de la loi du 18 prairial, concernant les témoins militaires.

L'insertion de la présente loi au Bulletin tiendra lieu de publication.

---

2 MESSIDOR an 2 (20 juin 1794). — Décret sur une question concernant la poursuite de faits relatifs à la vente ou à l'achat du numéraire avant la publication de la loi du 11 avril 1793. (B. 44, 14.)

La Convention nationale, après avoir entendu le rapport de son comité de législation sur la pétition du citoyen Pinsol, tendant à savoir si, par l'article 5 de la loi du 21 floréal, elle a entendu faire rétrograder au-delà de la publication de la loi du 11 avril 1793 la poursuite et la punition des délits consistant, soit à vendre ou acheter du numéraire, soit à arrêter ou proposer différens prix d'après le paiement en numéraire ou en assignats;

Considérant que l'article 5 de la loi du 21 floréal n'est relatif qu'au mode de procéder contre les prévenus des délits ci-dessus énoncés; que ce n'est par conséquent que pour le mode de procéder qu'il donne un effet rétroactif aux dispositions des articles précédens de la même loi, et qu'il ne peut pas plus que les articles précédens être appliqué à des faits qui ne pouvaient être réputés délits avant que la loi du 11 avril 1793 ne les eût défendus.

Déclare qu'il n'y a pas lieu à délibérer.

---

2 MESSIDOR an 2 (20 juin 1794). — Décret concernant l'exécution de l'arrêté du comité de salut public sur les moyens provisoires d'abolir la mendicité. (1, Bull. 8, n° 38; B. 44, 17.)

---

2 MESSIDOR an 2 (20 juin 1794). — Décret relatif à divers afficheurs prévenus d'avoir vendu à leur profit une partie des exemplaires du Bulletin, jugemens, etc., qu'ils avaient été chargés d'afficher. (B. 44, 9.)

---

2 MESSIDOR an 2 (20 juin 1794). — Décret concernant les jugemens et référés relatifs à Vanhoof, Lacoste, Guiraud-Ganté, Bigné dit Marmiesse, et qui les renvoie au tribunal révolutionnaire. (B. 44, 10.)

---

2 MESSIDOR an 2 (20 juin 1794). — Décret relatif à la pétition de Pierre Bretorq. (B. 44, 16.)

---

2 MESSIDOR an 2 (20 juin 1794). — Décret qui adjoint un quatrième commissaire au tribunal central des directeurs du jury du département de Paris. (B. 44, 13.)

---

2 MESSIDOR an 2 (20 juin 1794). — Décret qui rectifie l'article 3 du décret du 21 floréal, sur les délits relatifs au discrédit des assignats. (B. 44, 14.)

---

3 MESSIDOR an 2 (21 juin 1794). — Décret qui détermine les formes à suivre dans le jugement des préposés à la garde des détenus, qui, d'après l'évasion de ceux-ci, seraient dans le cas des poursuites ordonnées par la loi du 13 brumaire. (B. 44, 22.)

La Convention nationale, après avoir entendu le rapport de son comité de législation sur les questions proposées par le tribunal criminel du département de la Manche, et tendant à savoir :

1° Si, lorsqu'il est prouvé que l'évasion d'un détenu n'a eu lieu que par l'effet du mauvais état de la prison, il y a lieu, contre le gardien, à la peine de destitution et de deux années d'emprisonnement;

2° Si l'on peut considérer comme opérée par force majeure et imprévue une évasion qui n'est que l'effet d'une effraction faite à une prison jugée incapable de contenir des prisonniers avec sûreté;

3° De quelle manière doit être posée aux jurés la question relative à l'exception de force majeure et imprévue alléguée par un accusé;

Considérant,

Sur la première question, que la loi du 13 brumaire affranchit de toute peine le cas de force majeure et imprévue; mais que c'est aux jurés à décider si, dans la circonstance d'une évasion procurée par le mauvais état de la prison, la vigilance du concierge a été assez assidue et assez sévère pour qu'il puisse être considéré comme ayant fait tout ce qui était en son pouvoir pour prévenir cette évasion;

Sur la seconde question, qu'elle se résout

par les mêmes principes que la précédente, et qu'il n'y a pareillement que les jurés qui puissent décider si la vigilance du concierge a eu tous les caractères nécessaires pour que l'effraction et le mauvais état de la prison soient regardés comme force majeure et imprévue;

Sur la troisième question, que, les jurés ayant non-seulement à constater le fait d'où l'accusé induit son exception de force majeure ou imprévue, mais encore à juger si la force majeure ou imprévue résulte véritablement de ce fait, il est clair que les questions à poser par le président doivent être rédigées sous ce double point de vue;

Déclare qu'il n'y a pas lieu à délibérer sur les trois questions proposées; et, au surplus, décrète :

Art. 1er. La faculté attribuée aux tribunaux criminels par la loi du 17 ventose, de réduire les peines portées par l'article 5 de la loi du 13 brumaire, aura lieu même dans le cas où, dans les deux mois qui suivront le jugement du gendarme, concierge ou autre préposé à la garde des détenus, les individus évadés auront été repris et reconstitués en maison d'arrêt ou de justice.

2. La disposition de l'article précédent est commune aux gendarmes, concierges ou autres préposés à la garde des détenus, qui auront été jugés avant la publication du présent décret.

3. Les formes prescrites par les lois des 7 et 30 frimaire, 12 nivose et 14 germinal, pour le jugement des prévenus de malversation dans les biens nationaux, d'embauchage, de fabrication, distribution ou introduction de faux assignats, seront à l'avenir observées à l'égard des gendarmes, gardiens, concierges et autres préposés à la garde des détenus, qui, d'après l'évasion de ceux-ci, seraient dans le cas des poursuites ordonnées par la loi du 13 brumaire.

4. La disposition de l'article précédent aura lieu relativement aux gendarmes, gardiens, concierges et autres préposés semblables à l'égard desquels il aurait pu, en contravention à l'article 3 de la loi du 13 brumaire, être déclaré qu'il n'y a pas lieu à accusation, quoique le fait matériel de l'évasion fût constaté.

5. Les commandans des postes établis près les maisons d'arrêt et de justice sont compris dans la loi du 13 brumaire, dans celle du 17 ventose, et dans la présente, sous la dénomination générique de *préposés à la garde des détenus.*

Néanmoins, la peine portée par l'article 5 de la loi du 13 brumaire ne pourra leur être infligée si, par la situation des lieux, il est constaté qu'ils n'ont pu prévenir ni empêcher l'évasion, ou si les citoyens armés qui étaient de service sous leur commandement n'ont pas exécuté leurs ordres.

Dans ce dernier cas, la loi du 13 brumaire s'appliquera aux citoyens armés qui se seront rendus coupables de désobéissance; et il sera procédé à leur égard suivant l'article 4 de la présente loi, sans qu'ils puissent jouir du bénéfice de l'article 2 de la même loi, ni de celle du 17 ventose.

---

3 MESSIDOR an 2 (21 juin 1794). — Décret qui accorde des secours au citoyen Pérés et autres. (B. 44, 17, 18, 20, 21, 25.)

---

3 MESSIDOR an 2 (21 juin 1794). — Décret qui annule des arrêtés qui prononcent la confiscation et la vente de grains trouvés chez les citoyens Dervieux. (B. 44, 19.)

---

3 MESSIDOR an 2 (21 juin 1794). — Décret qui rapporte celui du 9 prairial dernier. (B. 44, 19.)

---

3 MESSIDOR an 2 (21 juin 1794). — Décret portant qu'il n'y a pas lieu à délibérer sur la pétition du citoyen Girault de Saint-Fargeau. (B. 44, 21.)

---

3 MESSIDOR an 2 (21 juin 1794). — Décret qui accorde un congé au député Pocholle. (B. 44, 22.)

---

3 MESSIDOR an 2 (21 juin 1794). — Décret contenant une rectification dans celui du 29 prairial, concernant les jugemens entre les citoyens Hugue et Lepelletier-Daunai. (B. 44, 22.)

---

3 MESSIDOR an 2 (21 juin 1794). — Décret sur les pétitions du citoyen Charlemagne-Mignen et veuve Barbier, de Fontenay-les-Louvres, et du citoyen Olivier. (B. 44, 26.)

---

3 MESSIDOR an 2 (21 juin 1794). — Décret qui annule un jugement du tribunal criminel du département de la Charente-Inférieure. (B. 44, 27.)

---

3 MESSIDOR an 2 (21 juin 1794). — Décrets d'ordre du jour sur les poursuites contre les cohéritiers qui s'approprient les biens dépendant d'une succession, au préjudice d'un absent, le paiement des acquisitions de bois communaux, la résiliation des adjudications faites par des particuliers à des corps administratifs, les appelans de jugemens arbitraux. (B. 44, 20, 21, 24.)

---

3 MESSIDOR an 2 (21 juin 1794). — Décret qui nomme les citoyens Frézel, Guérin et Niel, commissaires auprès des manufactures de papiers pour l'impression du Bulletin des Lois. (B. 44, 25.)

---

3 MESSIDOR an 2 (21 juin 1794).— Décret relatif à l'emploi de bons délivrés pour prix de chevaux. (B. 44, 26.)

---

4 MESSIDOR an 2 (22 juin 1794). — Décret qui réunit le hameau de Cense-Rancière à la commune de Tranqueville, et les municipalités de Montleau et Montcoupeau à celle de Montmirail. (1, Bull. 9, nos 44 et 45 ; B. 44, 28.)

---

4 MESSIDOR an 2 (22 juin 1794). — Décret qui ordonne l'armement de la gendarmerie du département du Mont-Terrible, et sa réunion à la 16e division. (B. 44, 28.)

---

4 MESSIDOR an 2 (22 juin 1794). — Décret qui accorde des secours aux citoyens Sizon, Barrère, aux veuves Gillet et Leclerc. (B. 44, 31.)

---

4 MESSIDOR an 2 (22 juin 1794).— Décret relatif à la pétition du citoyen Harnou. (B. 44, 29.)

---

5 MESSIDOR an 2 (23 juin 1794). — Décret qui accorde des secours à Jean-Baptiste Sonnet et autres. (B. 44, 32 à 36.)

---

5 MESSIDOR an 2 (23 juin 1794). — Décret qui accorde un congé au député Goupilleau. (B. 44, 30.)

---

5 MESSIDOR an 2 (23 juin 1794). — Décret qui décharge la citoyenne Bauzin d'une amende contre elle prononcée. (B. 44, 31.)

---

5 MESSIDOR an 2 (23 juin 1794).—Décret d'ordre du jour sur la liquidation d'offices de la maison de Bouillon. (B. 44, 36.)

---

5 MESSIDOR an 2 (23 juin 1794). — Décret portant que le directeur général de la liquidation rendra le compte exigé de lui par la loi du 30 germinal dernier, par ordre d'objets liquidés. (B. 44, 36.)

---

5 MESSIDOR an 2 (23 juin 1794). — Décret qui met en liberté les citoyens J. et G. Leblond, Beugniet, Danneller et Danton, et les réintègre dans la possession de leurs biens. (B. 44, 37.)

---

6 MESSIDOR an 2 (24 juin 1794).—Décret concernant les moyens de se procurer des expéditions d'actes reçus par des notaires détenus ou condamnés. (B. 44, 44 ; Mon. du 8 messidor an 2.)

Art. 1er. Les dispositions des articles 17 et 18 du titre IV de la loi du 21 frimaire sont communes à tous notaires ou dépositaires de titres et papiers, détenus ou condamnés.

2. Les expéditions ou copies collationnées d'actes reçus par des notaires détenus ou condamnés, ou de pièces déposées en leur étude, seront délivrées par le premier notaire requis.

Il sera responsable des dommages qu'il occasionerait aux propriétaires par sa négligence ou son refus.

---

6 MESSIDOR an 2 (24 juin 1794).—Décret relatif à l'ouverture d'un concours pour la restauration des monumens rassemblés au Muséum. (1, Bull. 9, n° 47 ; B. 44, 44.)

---

6 MESSIDOR an 2 (24 juin 1794). — Décret portant que le nom de Vincent-Malignon, mort martyr de la liberté, sera inscrit sur la colonne du Panthéon, et que les auteurs ou complices de son assassinat seront traduits sur-le-champ au tribunal révolutionnaire. (B. 44, 39.)

---

6 MESSIDOR an 2 (24 juin 1794). — Décret portant que les citoyens Lautonnet, receveur ; Adessaulx, instituteur national ; Henriot, Valleron et Guillon, administrateurs du district de Bar-sur-Ornain ; Henriot, agent national près le même district, et Pérard, greffier du tribunal, seront mis sur-le-champ en liberté. (B. 44, 39.)

---

6 MESSIDOR an 2 (24 juin 1794). — Décrets qui allouent des fonds pour le paiement de divers créanciers de l'Etat, et ordonnent l'inscription au grand-livre de plusieurs parties de liquidation. (1, Bull. 27, nos 122 et 123.)

6 MESSIDOR an 2 (24 juin 1794).—Décret relatif à l'indemnité du droit de péage sur les ponts de Meulan, demandée par les citoyens Aubé et Cavelier. (B. 44, 40.)

---

6 MESSIDOR an 2 (24 juin 1794). — Décret qui improuve la conduite du citoyen Badou ; casse et annule le jugement rendu par le tribunal du district d'Argenton qui met en liberté les citoyens Jacques Marchand et Jean-Baptiste Lesueur ; ordonne que lesdits Marchand et Lesueur seront traduits au tribunal révolutionnaire, ainsi que les nommés Crochereau fils et Désaignes. (B. 44, 39.)

---

6 MESSIDOR an 2 (24 juin 1794). — Décret portant qu'il n'y a lieu à délibérer sur la demande de Sophie Leplumée. (B. 44, 41.)

---

6 MESSIDOR an 2 (24 juin 1794). — Décret relatif aux offices de finances militaires, fonds d'avance et de cautionnement. (B. 44, 41.)

---

6 MESSIDOR an 2 (24 juin 1794). — Décret qui accorde trois cents livres de secours à Marie Mougenot. (B. 44, 44.)

---

6 MESSIDOR an 2 (24 juin 1794). — Décret relatif à la pétition du citoyen Moreau. (B. 44, 43.)

6 MESSIDOR an 2 (24 juin 1794). — Décret qui rejette une demande en indemnité relativement à des baraques démolies. (B. 44, 40.)

---

6 MESSIDOR an 2 (24 juin 1794). — Décrets sur le remboursement des redevances en grains. (B. 44, 41.)

---

7 MESSIDOR an 2 (25 juin 1794). — Décret qui détermine le mode de procéder dans toutes contestations de la compétence des tribunaux de famille où il aura été ordonné quelques ventes de fonds indivis avec les mineurs. (B. 44, 46; Mon. du 8 messidor an 2.)

Voy. loi du 9 VENTOSE an 4.

Art. 1er. En toutes contestations de la compétence des tribunaux de famille où il aura été ordonné quelques ventes ou licitations de fonds indivis avec des mineurs, il sera procédé ainsi qu'il suit :

2. Le tribunal de famille indiquera un notaire public pour recevoir les enchères et rédiger l'acte de délivrance.

3. Le même tribunal nommera un ou plusieurs de ses membres pour y assister.

La délivrance sera précédée des affiches et publications prescrites pour les ventes judiciaires, et elle sera prononcée, au nom du tribunal, par les commissaires qu'il aura nommés (1).

---

7 MESSIDOR an 2 (25 juin 1794). — Décret qui détermine la peine à infliger aux fonctionnaires publics et autres qui auraient commis les délits prévus par l'article 27 du titre II de la loi concernant la police municipale, etc. (B. 44, 51.)

Lorsque les délits proscrits par l'article 27 du titre II de la loi du 19 = 22 juillet 1791 concernant la police municipale, et par l'article 12 de la loi du [illegible] avril 1793 concernant l'administration et vente des biens meubles et immeubles appartenant à la République, auront été commis par des fonctionnaires publics, commissaires, gardiens et dépositaires, les coupables et leurs complices seront punis de douze années de fers, et jugés par les tribunaux criminels, dans les formes prescrites par les lois des 7 frimaire et 14 germinal.

---

7 MESSIDOR an 2 (25 juin 1794) — Décret concernant l'organisation des archives établies auprès de la représentation nationale. (B. 44, 52; Mon. du 9 messidor an 2.)

Voy. loi du 3 BRUMAIRE an 3.

Basses fondamentales de l'organisation.

Art. 1er. Les archives établies auprès de la représentation nationale sont un dépôt central pour toute la République.

2. Ce dépôt renferme:

1° La collection des travaux préliminaires aux états généraux de 1789, depuis leur convocation jusqu'à leur ouverture.

Le commissaire des administrations civiles, de police et des tribunaux, fera rétablir aux archives tout ce que le département de la justice avait retenu ou distrait de cette collection;

2° Les travaux des assemblées nationales et de leurs divers comités;

3° Les procès-verbaux des corps électoraux;

4° Les sceaux de la République;

5° Les types des monnaies;

6° Les étalons des poids et mesures;

On y déposera :

7° Les procès-verbaux des assemblées chargées d'élire les membres du Corps-Législatif et ceux du conseil exécutif;

8° Les traités avec les autres nations;

9° Le titre général tant de la fortune que de la dette publique;

10° Le titre des propriétés nationales situées en pays étrangers;

11° Le résultat computatif du recensement qui sera fait annuellement des naissances et décès, sans nomenclature, mais avec distinction du nombre d'individus de chaque sexe; le tout dans la forme et à l'époque qui seront déterminées pour la confection du *tableau de population* prescrit par l'article 6 du décret du 12 germinal;

12° D'après ce qui sera réglé par l'article 4 ci-dessous, l'état sommaire des titres qui existent dans les divers dépôts de la République, notamment à Versailles dans celui des affaires étrangères, et à Paris dans ceux des divers départemens du ci-devant ministère;

13° Tout ce que le Corps-Législatif ordonnera d'y déposer.

Au Corps-Législatif seul appartient d'ordonner le dépôt aux archives.

---

(1) Les formes prescrites par cette loi pour la vente devant notaire des biens de mineurs (au cas de contestation de famille) n'ont pas été abolies par la loi du 9 ventose an 4, portant suppression des tribunaux de famille (9 avril 1806; Cass. S. 6, 1, 275).

Un arrêt du 27 février 1828 (Bourges, S. 29, 2, 169; D. 29, 1, 195) a décidé implicitement que sous le Code civil, et avant le Code de procédure, l'apposition des trois affiches prescrites au cas de vente de biens de mineurs devait être constatée par procès-verbal d'huissier.

Lorsque l'apposition des affiches, qui précèdent la vente ou licitation des biens indivis avec des mineurs, n'est pas constatée par un procès-verbal d'huissier, suivant les lois du 7 messidor an 2 et du 11 brumaire an 7, la preuve testimoniale de l'apposition ne peut jamais être admise (18 décembre 1810; Cass. S. 11, 1, 82).

3. Tous dépôts publics de titres ressortissent aux archives nationales comme à leur centre commun, et sont mis sous la surveillance du Corps-Législatif et sous l'inspection du comité des archives.

4. Dans tous les dépôts de titres et pièces actuellement existant, ou qui seront établis dans toute l'étendue de la République, il sera formé un état sommaire de leur contenu, suivant une instruction qui sera dressée, et une expédition de chaque état sera fournie aux archives.

5. Les préposés à la garde de diverses agences exécutives établies ou qui pourront l'être, ne sont point exceptés des dispositions des deux articles précédens, sans préjudice de leur subordination immédiate et de leur correspondance directe déterminée par les lois.

6. Tous les titres domaniaux, en quelque lieu qu'ils existent, appartiennent au dépôt de la section domaniale des archives, qui sera établie à Paris, et sont dès à présent susceptibles d'y être transférés, sur la première demande qu'en fera le comité des archives.

7. Les lois des 4 et 7 septembre 1790, 27 décembre 1791 et 10 octobre 1792, concernant l'organisation et la police des archives, sont maintenues dans toutes leurs dispositions.

Division générale et triage des titres.

8. Le comité des archives fera, sans délai, procéder au triage des titres domaniaux qui peuvent servir au recouvrement des propriétés nationales; et quelque part qu'ils soient trouvés, notamment dans les dépôts indiqués par l'article 12 ci-dessous, ils seront renvoyés à la section domaniale dont il sera parlé ci-après, et l'état en sera fourni de suite au comité des archives, qui le fera passer à celui des domaines.

9. Seront dès à présent anéantis:

1° Les titres purement féodaux;

2° Ceux qui sont rejetés par un jugement contradictoire, dans la forme prescrite par les décrets;

3° Ceux qui, n'étant relatifs qu'à des domaines déjà recouvrés et aliénés, seront reconnus n'être plus d'aucune utilité;

4° Ceux qui concernent des domaines définitivement adjugés depuis 1790.

10. Le comité fera procéder également, dans les greffes de tous les tribunaux supprimés, au triage de toutes les pièces qui seront jugées nécessaires au maintien des propriétés nationales et particulières, pour être ensuite, d'après son rapport et celui du comité de législation, statué par la Convention.

11. Sont réputés nécessaires au maintien de la propriété tous jugemens contradictoires et transactions judiciaires ou homologuées en justice, contenant adjudication, cession, reconnaissance, échange et mise en possession d'héritages fonciers, immeubles réels, droits incorporels non féodaux, et conditions de jouissance improprement appelées *servitudes*.

12. Le comité fera retirer dans tous les dépôts de titres, soit domaniaux, soit judiciaires, soit d'administration, comme aussi dans les collections et cabinets de tous ceux dont les biens ont été ou seront confisqués, les chartes et manuscrits qui appartiennent à l'histoire, aux sciences et aux arts, ou qui peuvent servir à l'instruction, pour être réunis et déposés, savoir : à Paris, à la Bibliothèque nationale, et dans les départemens, à celle de chaque district; et les états qui en seront fournis au comité des archives seront par lui transmis au comité d'instruction publique.

13. Les plans et cartes géographiques, astronomiques ou marines trouvés dans les dépôts et cabinets dont il a été parlé dans l'article précédent, seront réunis au dépôt général établi à Paris pour la formation des cartes.

14. Les livres imprimés qui sont actuellement aux archives seront, à l'exception des recueils reliés des distributions faites aux assemblées, déposés à la Bibliothèque nationale; et la destination des tableaux, gravures, médailles et autres objets relatifs aux arts, qui sont aux archives, sera déterminée d'après l'examen qu'en fera faire le comité d'instruction publique; et réciproquement les manuscrits qui intéressent le domaine et la fortune publique, et qui pourraient se trouver à la Bibliothèque nationale, seront renvoyés à la section domaniale des archives.

Moyens d'exécution du triage.

15. Au moyen du renvoi qui sera fait aux bibliothèques, des chartes et manuscrits spécifiés en l'article 12, le surplus des titres existant hors de l'enceinte des archives est partout divisé en deux sections, l'une domaniale, l'autre judiciaire et administrative.

16. Pour parvenir au triage prescrit, il sera choisi des citoyens versés dans la connaissance des chartes, des lois et des monumens; leur nombre, qui ne pourra excéder celui de neuf, sera déterminé par le comité des archives, dans la proportion qu'exigeront les besoins du service.

17. Ces citoyens seront proposés par le comité des archives, et nommés par la Convention. Leur réunion sera désignée sous le nom d'*agence temporaire des titres*.

18. Leurs fonctions ne dureront que six mois, à compter du jour où ils entreront en activité.

19. Dans chaque département, le triage sera fait par trois citoyens qui auront les connaissances requises par l'article 16. Ils prendront le titre de *préposés au triage*.

20. Néanmoins, dans les départemens où se trouveront plusieurs grands dépôts provenant

des anciens établissemens publics, tels que les ci-devant parlemens, chambres des comptes, cours des aides, bureaux des finances, etc., le nombre des citoyens chargés de l'opération du triage pourra être augmenté jusqu'à concurrence de neuf, sur les observations de l'administration principale du département, préalablement soumises au comité des archives.

21. Les citoyens qui seront préposés au triage seront présentés par le comité des archives, et nommés par la Convention; ils seront surveillés, dans chaque district, par l'agent national, et termineront leur travail dans quatre mois au plus tard, à compter du jour de leur nomination.

22. Tous les dépôts des titres et pièces leur seront ouverts, et soumis à leurs recherches; et partout où le décret des 23 et 28 octobre = 5 novembre 1790, relatif aux chartriers des ci-devant chapitres et monastères, n'a pas reçu sa pleine exécution, tous scellés qui s'y trouveraient encore apposés seront levés à la première réquisition des préposés au triage, et à la poursuite de l'agent national du district.

23. Tous les détenteurs ou dépositaires de titres manuscrits ou autres pièces spécifiées en l'article 10, et appartenant à la République, excepté les agens en activité auxquels il en aurait été confié pour l'exercice de leurs fonctions, seront tenus de les remettre, ou au moins d'en faire la déclaration, dans un mois, à l'agent national du district de leur domicile, à peine d'être déclarés suspects. Les préposés au triage sont autorisés à visiter les cabinets des anciens fonctionnaires publics ou de leurs héritiers qui n'auraient fait aucune déclaration pendant le mois, à la charge : 1° d'être accompagnés de l'agent national ou d'un commissaire par lui délégué, qui pourra mettre le scellé sur les objets qu'il jugera appartenir à la nation; 2° de ne rien extraire qu'après avoir rendu compte au comité des archives, et reçu de nouvelles instructions.

24. Il sera de suite fait et envoyé au comité des archives un inventaire des titres domaniaux, qui resteront provisoirement dans les dépôts respectifs où ils se trouvent, jusqu'à ce qu'il en ait été autrement ordonné.

25. Les pièces susceptibles d'être envoyées aux bibliothèques de districts, d'après l'article 12, le seront par l'agent national, sur la désignation des préposés au triage.

26. Les pièces relatives à l'ordre judiciaire, et qui sont dans les greffes ou autres dépôts, seront divisées en deux classes, destinées, l'une à être anéantie, et l'autre conservée provisoirement.

27. Les préposés au triage formeront ces deux classes d'après les principes établis par l'article 11, et désigneront l'une et l'autre par des étiquettes portant respectivement ces mots : *anéantir*, *conserver*. Ils en adresseront un bref état au comité, conformément à l'article 4, et ils en confieront la garde provisoire aux greffiers des tribunaux, partout où la réunion en a été précédemment faite aux greffes. A l'égard des dépôts de ce genre qui se trouveraient séparément établis, ils resteront provisoirement à la garde de ceux qui en sont chargés.

28. Les agens nationaux auront droit de surveillance sur tous les dépôts, sans exception; et ils adresseront au comité, ainsi que les préposés au triage, leurs observations sur le mode de conservation, sur le nombre et la qualité des concierges, et sur les frais de garde.

Formation des dépôts à Paris.

29. L'agence temporaire des titres s'occupera, aussitôt qu'elle sera mise en activité, du triage de tous les titres qui existent à Paris, et de l'examen des inventaires qui seront envoyés dans les départemens.

30. Elle désignera ceux des titres domaniaux qui seront susceptibles de l'anéantissement, dans les cas prévus par l'article 9.

31. Elle proposera le renvoi à la Bibliothèque nationale, de toutes les pièces qui doivent y être réunies, aux termes de l'article 12.

32. Elle distinguera, dans la section judiciaire, les pièces qui doivent être anéanties ou conservées provisoirement, en rangeant dans cette dernière classe celles qui sont essentielles au maintien de la propriété, conformément à l'art. 11.

33. La conservation du dépôt auquel le triage réduira chacune des deux sections domaniale et judiciaire sera confiée, à Paris, à deux dépositaires, un pour chaque section.

34. Ces deux dépositaires seront présentés par le comité des archives, nommés par la Convention et subordonnés à l'archiviste.

35. Ils seront logés dans l'enceinte du local où seront établis les dépôts respectifs.

36. Le dépositaire de la section domaniale aura droit de faire toutes les recherches qu'il croira nécessaires dans la section judiciaire; d'en extraire, sous son récépissé, les pièces et registres dont il aura besoin; d'entamer et de suivre les correspondances relatives au recouvrement des domaines de la République.

Dispositions générales.

37. Tout citoyen pourra demander dans tous les dépôts, aux jours et aux heures qui seront fixés, communication des pièces qu'ils renferment : elle leur sera donnée sans frais et sans déplacement, et avec les précautions convenables de surveillance. Les expéditions

ou extraits qui en seront demandés seront délivrés à raison de quinze sous du rôle (1).

38. Tous citoyens qui avaient produit, dans des procès terminés ou non, des titres non féodaux ou des procédures, seront admis à les réclamer avant la clôture du triage ordonné par le présent décret; et, ce délai expiré, leurs productions seront supprimées. Les dépositaires sont autorisés à les remettre, avant ce terme, à ceux qui justifieront qu'elles leur appartiennent, et à la condition d'en fournir leur décharge.

39. Toute nomination faite jusqu'à ce jour par quelque autorité et sous quelque désignation que ce soit, notamment dans la commune de Paris, d'agens préposés aux triage et inventaire ou à la garde des titres et pièces, quelle que soit leur nature, est expressément annulée, et toutes opérations commencées cesseront immédiatement après la publication du présent décret. Néanmoins, les gardiens actuels des greffes et autres dépôts continueront provisoirement d'en être chargés, jusqu'à ce qu'il y ait été pourvu, et il leur sera tenu compte de leurs salaires.

40. Les employés aux archives nationales, et les adjoints des commissions exécutives établies par le décret du 12 germinal, ne seront point compris dans la suppression prononcée par l'article précédent.

Frais des triages, et traitement des divers agens.

41. Chacun des membres de l'agence temporaire des titres, instituée à Paris par les articles 16 et 17, recevra 12 livres par jour pendant la durée de son travail, et sera payé chaque mois à la Trésorerie nationale, sur la quittance visée de trois membres du comité des archives, sans autre formalité.

42. Chacun des préposés au triage, institués pour les départemens par l'article 19, recevra 10 livres par jour, et en sera payé chaque mois par le receveur du district, sur la quittance visée de l'agent national, sans autre formalité.

43. Les dépenses accessoires qu'exigera le triage seront proposées par les comités des archives et des finances à la Convention, qui en réglera le montant.

44. Chacun des deux dépositaires des sections domaniale et judiciaire établies à Paris par l'article 33, aura quatre mille livres de traitement, et un commis à deux mille quatre cents livres.

45. Le comité des archives présentera chaque mois à la Convention, à dater du 1er thermidor, l'aperçu sommaire des progrès du triage, dont il sera rendu par lui un compte général lorsque le travail sera terminé, ainsi que des dépenses qu'il aura nécessitées.

46. Tous agens employés jusqu'à ce jour au triage ou à la conservation des titres, à l'exception des citoyens à l'indemnité desquels il a été pourvu par les articles 12 et 13 du décret du 12 brumaire, adresseront au comité des archives, savoir: directement pour ceux qui sont à Paris; et à l'égard de ceux qui sont dans les départemens, par l'intermédiaire et avec l'avis motivé de l'agent national de chaque district, l'état de ce qu'ils prétendront leur rester dû pour leurs précédens services légalement justifiés.

47. La remise ou l'envoi de ces états se fera dans deux mois, pour tout délai, à compter du jour de la publication du présent décret, pour être ensuite définitivement pourvu, sur le rapport des comités des archives et des finances, au paiement de tous les arrérages de traitement restés en souffrance.

48. Les décrets des 12 brumaire, sur les archives nationales, et 10 frimaire, concernant les domaines aliénés, sont rapportés dans tout ce qu'ils contiennent de contraire au présent décret.

---

7 MESSIDOR an 2 (25 juin 1794). — Décrets qui réunissent les municipalités d'Orrelac, Quié, Arignac, Bonpas et Arnave à celle de Tarascon; le hameau de Talvoisin à la commune d'Ymeray, et la commune du Taur à celle du Montants. (1, Bull. 9, n° 48; B. 44, 45 et 46.)

---

7 MESSIDOR an 2 (25 juin 1794). — Décret portant que les notaires ne doivent pas recevoir le dépôt des dispositions olographes d'un citoyen dont les biens sont confisqués. (B. 44, 46.)

---

7 MESSIDOR an 2 (25 juin 1794).—Décret relatif au jugement du procès criminel concernant la prétendue spoliation de l'hoirie Chalut. (B. 44, 47.)

---

7 MESSIDOR an 2 (25 juin 1794). — Décret qui détermine le mode des jugemens des procès nés dans l'arrondissement du tribunal de Bordeaux non encore jugés. (B. 44, 49.)

---

(1) Toutes les premières expéditions des décisions des autorités administratives, de préfectures, de sous-préfectures et de municipalités, doivent être délivrées gratuitement. Mais les secondes ou ultérieures expéditions de ces décisions, et celles des titres, pièces et renseignemens déposés aux archives, doivent être délivrées à raison de 15 sous le rôle (4 août 1807; avis du Conseil-d'Etat; S. 7, 2, 947).

7 MESSIDOR an 2 (25 juin 1794).—Décret relatif aux minutes, registres et papiers de la justice de paix de la section des Arcis. (B. 44, 48.)

---

7 MESSIDOR an 2 (25 juin 1794). — Décret de liquidation de créances sur le ci-devant clergé, dettes exigibles, pays d'états, administrations et communes. (B. 44, 50.)

---

7 MESSIDOR an 2 (25 juin 1794). — Décret qui accorde des secours à la veuve Dorigny et au citoyen Garrud. (B. 44, 49.)

---

7 MESSIDOR an 2 (25 juin 1794).—Décret sur la demande en liquidation du citoyen Dufour. (B. 44, 49.)

---

7 MESSIDOR an 2 (25 juin 1794). — Décret qui ordonne le renouvellement du comité d'instruction publique. (B. 44, 51.)

---

7 MESSIDOR an 2 (25 juin 1794).—Décret relatif à la ferme de Plonich et dépendances, et à la veuve et héritiers Laîné. (B. 44, 52.)

---

8 MESSIDOR an 2 (26 juin 1794).— Décret relatif aux usufruits qui reposaient sur les têtes des ecclésiastiques décédés en état de réclusion. (B. 44, 62.)

La Convention nationale décrète que la mort naturelle des ecclésiastiques décédés en état de réclusion fait cesser les usufruits qui reposaient sur leurs têtes.

---

8 MESSIDOR an 2 (26 juin 1794).—Décret relatif aux rentes viagères. (B. 44, 66; Mon. du 10 messidor an 2.)

Voy. lois du 23 FLORÉAL an 2; du 4e jour complémentaire an 2; du 13 brumaire an 3, et du 8 FLORÉAL an 3.

Art. 1er. Le *maximum* fixé par l'article 28 de la loi du 23 floréal sera augmenté de cinq cents livres pour les propriétaires actuellement reconnus créanciers directs des rentes viagères, et qui en jouissent actuellement; le *maximum* qu'ils conserveront ne pourra éprouver aucune diminution sur l'intérêt stipulé dans le contrat, mais la rente sera toujours transportée sur la tête même des propriétaires.

2. Les propriétaires des rentes viagères qui ne peuvent pas produire les actes de naissance exigés par l'article 3 de la loi du 23 floréal, soit parce que ces actes sont en pays avec lequel nous sommes en guerre, ou dans les îles ou aux Indes, soit parce qu'ils ont été transcrits sur des registres qui n'ont pas un caractère authentique, ou qui ont été brûlés ou adirés, soit parce qu'ils n'ont jamais été constatés sur aucun registre, pourront les suppléer par un acte de notoriété passé sans frais devant le juge-de-paix de leur canton, certifié par trois témoins, qui déclareront connaître le lieu, l'époque de la naissance de la personne sur laquelle la rente viagère est assise, son nom et son surnom, et l'impossibilité où elle se trouve de pouvoir fournir l'acte de naissance, occasionée par un des cas exprimés.

3. Les certificats de vie des militaires en activité de service leur seront délivrés par le conseil d'administration de leur bataillon, visés par le commissaire des guerres de la division.

4. Les défenseurs de la patrie ayant leurs pères, mères ou enfans, qui sont propriétaires de rentes viagères placées sur leur tête et qui sont morts, ou qui ont été ou seront faits prisonniers de guerre en défendant la liberté, ou qui se trouvent dans une position qui rend toute communication avec la République impossible à cause de leur service, pourront être représentés par leurs pères, mères, femmes ou enfans, qui seront admis à recevoir les arrérages échus, en suppléant le certificat de vie par un certificat du départ du défenseur de la patrie, qui sera fourni *gratis* par sa municipalité, visé par le directoire du district.

5. Les pères et mères, femmes ou enfans des défenseurs qui ont été tués en défendant la liberté, auront droit, en outre, au capital provenant desdites rentes, d'après les bases fixées de la liquidation; ils auront, en outre, le droit de les constituer en rentes viagères: ils seront tenus de fournir le certificat qui constatera la mort du défenseur de la patrie.

6. Les pères, mères, femmes ou enfans des défenseurs de la patrie, dans les cas exprimés par l'article précédent, qui sont propriétaires de rentes viagères assises sur la tête desdits défenseurs, jouiront aussi des avantages mentionnés en l'article 3, et pourront en transporter la propriété sur leur tête.

7. Pour faciliter la liquidation des rentes viagères et la remise des titres à la Trésorerie, les propriétaires jouissant actuellement desdites rentes n'auront à produire, relativement aux droits des expectans, que leur acte de naissance, ou l'acte de notoriété indiqué par l'article 1er, pour les cas qui y sont exprimés.

8. Dans les cas exprimés par l'article précédent, les jouissans, en remettant les titres qui les concernent, recevront les arrérages échus qui leur appartiennent: la répartition du capital entre les jouissans et expectans se fera toujours d'après les bases fixées par l'article 34 de la loi du 23 floréal; la portion de l'expectant sera considérée comme lui appartenant, pourvu qu'il remette ses titres et pièces dans les délais prescrits; faute de quoi il encourra la déchéance pour la portion lui

appartenant, qui sera dévolue à la République.

9. Les pères et mères encore existans qui ont la jouissance des rentes assises sur la tête de leurs enfans non mariés, ou qui à l'époque du contrat n'avaient pas atteint l'âge de vingt-un ans, jouiront des exceptions portées par l'article 38 de la loi du 23 floréal, si les fonds desdites rentes ont été fournis par des inconnus.

10. Les certificats de vie des personnes détenues pourront être suppléés par un extrait de l'écrou, signé du concierge, visé par le juge-de-paix de l'arrondissement.

11. Les payeurs dits de l'Hôtel-de-Ville et le trésorier de la commune de Paris donneront sans frais, en marge des contrats, un certificat de décès et autres mutations qui leur auront été notifiés : ces certificats serviront à constater la propriété.

12. L'époque pour déterminer l'âge des rentiers viagers est fixée au 1er germinal an 2 (1).

13. Le bureau des calculs, établi à la Trésorerie nationale, est chargé expressément d'instruire, *gratis*, les citoyens porteurs de contrats viagers, sur le résultat de la loi, pour ce qui les concerne.

14. Les citoyens habitant Paris qui ont des titres sur lesquels ils auront délivré des délégations partielles, ou qui en sont dépositaires, et ceux qui ont entre leurs mains des certificats de vie nécessaires pour constater une rente viagère, les remettront dans quinzaine à la Trésorerie nationale, sous peine d'être condamnés à une amende égale à la valeur desdits titres.

15. Les personnes qui ont acquis des rentes viagères avec la condition de réméré n'auront droit qu'à un capital qui ne pourra pas excéder celui qu'elles auront fourni : les comités de salut public et des finances demeurent chargés d'examiner les pétitions des citoyens indigens qui auraient vendu avec condition de réméré, et d'y statuer, en rendant aux indigens le bénéfice résultant pour la nation par la disposition du présent article.

16. Ceux qui abuseront des dispositions de la présente loi seront réputés dilapidateurs des deniers publics, punis comme tels, et jugés par le tribunal révolutionnaire.

17. La suspension portée sur l'exécution de la loi relative aux rentes viagères est levée; les citoyens qui ont déjà fait leur déclaration pour opter une inscription sur le livre de la dette consolidée, ou une rente viagère, pourront la rectifier d'ici à la fin de messidor présent mois.

8 MESSIDOR an 2 (26 juin 1794). — Décret relatif à la récolte actuelle. (B. 44, 62.)

Voy. loi du 3 NIVOSE an 3.

Art. 1er La conservation de la récolte actuelle, en tout genre de grains et de fourrages, est mise sous la surveillance et confiée au patriotisme de tous les citoyens.

2. Les grains de toute nature et les fourrages de la présente récolte sont soumis à la réquisition du Gouvernement, pour les besoins de toute la République et des armées.

3. Il sera fait, après la récolte, un recensement général de tous les grains et fourrages qui pourront se trouver dans les communes.

4. Tout citoyen sera tenu de faire à la municipalité de sa commune une déclaration détaillée du produit de ses différentes récoltes, aux époques des 20 des mois de thermidor et vendémiaire.

5. Il sera ouvert pour cet objet dans chaque commune, aussitôt après la publication de la loi, un registre qui sera destiné à recevoir les déclarations des citoyens, leurs noms, et la quantité des diverses espèces de grains et fourrages qu'ils auront récoltés.

6. Les déclarations seront lues dans une assemblée des citoyens convoqués, à cet effet, le premier décadi qui suivra la clôture du registre.

7. Le conseil général de la commune nommera deux membres pris dans son sein, chargés de vérifier les déclarations qu'il soupçonnera d'être évidemment frauduleuses.

8. Celui dont la déclaration sera trouvée évidemment fausse sera puni par la confiscation, au profit de la République, de ce qu'il n'aura pas déclaré. Le juge-de-paix du canton prononcera la peine et le cas où elle doit être appliquée. Le jugement sera affiché, pendant trois décades, au lieu des séances de la commune.

9. Tout cultivateur sera obligé de faire battre une partie de ses grains pendant la récolte, pour l'approvisionnement des marchés des citoyens des communes, et pour satisfaire aux réquisitions qui pourraient être faites pour les besoins des armées.

10. Le tableau qui contiendra le recensement des grains et fourrages de chaque commune sera adressé sans délai au directoire du district, qui le fera parvenir de suite à la commission du commerce et des approvisionnemens.

11. Les lois concernant l'accaparement et l'exportation des grains hors la République demeurent dans toute leur vigueur.

12. Les municipalités, les agens nationaux

(1) *Voy.* ci-après loi du même jour.

des communes et des districts sont responsables, sous peine de destitution, de l'exécution de la présente loi.

---

8 MESSIDOR an 2 (26 juin 1794). — Décret relatif au décret sur les secours à accorder aux campagnes. (1, Bull. 11, n° 53; B. 44, 70)

---

8 MESSIDOR an 2 (26 juin 1794). — Décret qui accorde un congé au député Esnue-Lavallée. (B. 44, 60.)

---

8 MESSIDOR an 2 (26 juin 1794). — Décret portant que le citoyen Laisnés sera compris dans le tableau des citoyens admis pour remplacer les notaires de Paris démissionnaires du district. (B. 44, 61.)

---

8 MESSIDOR an 2 (26 juin 1794). — Décrets concernant le remplacement des notaires du département de Paris. (B. 44, 60.)

---

8 MESSIDOR an 2 (26 juin 1794). — Décret qui ordonne un rapport sur les changemens à faire à la loi du 11 septembre 1793, concernant les subsistances. (B. 44, 65.)

---

8 MESSIDOR an 2 (26 juin 1794). — Décret qui réunit les trois municipalités de Colleville, Port-de-l'Heure et la Pescherie à la commune d'Harfleur. (B. 44, 66.)

---

8 MESSIDOR an 2 (26 juin 1794). — Décret relatif à la formation d'un livre de bienfaisance nationale. (B. 44, 69.) *Voy.* 22 FLORÉAL an 2.

---

8 MESSIDOR an 2 (26 juin 1794). — Décret qui supprime l'article 12 de la loi sur les rentes viagères. (B. 44, 66.)

---

9 MESSIDOR an 2 (27 juin 1794). — Décret qui supprime la dénomination de chirurgien major, qui était donnée aux officiers de santé attachés aux corps. (1, Bull. n° 56; B. 44, 82; Mon. du 11 messidor an 2.)

Art. 1er. La dénomination de chirurgien-major, qui était donnée aux officiers de santé attachés aux corps, est supprimée.

2. Les officiers de santé attachés aux corps, et connus sous le nom de chirurgiens-majors, seront officiers de santé de seconde classe, d'après le tableau annexé au décret du 3 ventose; et ceux connus sous le nom d'élèves seront officiers de santé de troisième classe.

3. Ces officiers de santé seront, comme tous ceux des armées et des hôpitaux militaires, sous l'inspection de la commission de santé, ainsi que sous la surveillance des officiers en chef, leurs collaborateurs. Lorsque l'urgence du service l'exigera, et d'après les réquisitions des officiers en chef, visées par le commissaire-ordonnateur et approuvées du général divisionnaire, ils devront faire le service dans les hôpitaux ambulans ou sédentaires de la division de l'armée à laquelle ils sont employés.

4. La commission de santé est chargée de prendre, sans délai, les mesures les plus expéditives pour s'assurer des connaissances et du civisme des officiers de santé attachés aux corps.

---

9 MESSIDOR an 2 (27 juin 1794). — Décret qui ordonne la rectification d'une erreur qui s'est glissée dans le Code pénal. (B. 44, 82.)

La Convention nationale déclare que, dans l'article 25 de la première section du titre II de la seconde partie du Code pénal, la disjonctive *ou* a été, par erreur de copiste, substituée à la conjonctive *et*;

En conséquence, décrète que cette erreur sera rectifiée, tant sur la minute que sur les expéditions du Code pénal, et que les tribunaux criminels sont tenus de réformer les extensions de peines auxquelles elle a pu donner lieu dans les condamnations prononcées par eux jusqu'à ce jour.

---

9 MESSIDOR an 2 (27 juin 1794). — Décret qui nomme les membres du jury de restauration des monumens rassemblés au Muséum. (B. 44, 80.)

---

9 MESSIDOR an 2 (27 juin 1794). — Décret qui fait remise aux préposés des douanes ayant moins de mille livres de salaire, du montant de la contribution mobilière de 1792 et 1793. (B. 44, 81.)

---

9 MESSIDOR an 2 (27 juin 1794). — Décret qui accorde diverses sommes, à titre de dons particuliers et de gratifications, aux familles des citoyens Tiremois et autres, qui ont été fusillés par les brigands de la Vendée. (B. 44, 78.)

---

9 MESSIDOR an 2 (27 juin 1794). — Décrets qui accordent des secours à Louis Louesdon et autres. (B. 44, 80, 81, 86, 87, 83 et 89.)

---

9 MESSIDOR an 2 (27 juin 1794). — Décret portant qu'il n'y a pas lieu à délibérer sur les réclamations de la citoyenne Delaferrière. (B. 44, 83.)

---

9 MESSIDOR an 2 (27 juin 1794). — Décret qui annule le jugement du tribunal criminel du département de la Seine-Inférieure, qui condamne Pierre-Antoine Morin à huit années de fers, et celui du tribunal de cassation, et ordonne qu'il sera traduit de nouveau au tribunal criminel du département de l'Eure. (B. 44, 84.)

---

9 MESSIDOR an 2 (27 juin 1794). — Décret relatif aux gendarmes de la 35e division. (B. 44, 91.)

9 MESSIDOR an 2 (27 juin 1794). — Décret relatif à la pétition du citoyen Thahorset, ex-religieux. (B. 44, 90.)

9 MESSIDOR an 2 (27 juin 1794). — Décret relatif à l'exclusion des ecclésiastiques des fonctions publiques. (B. 44, 91.)

9 MESSIDOR an 2 (27 juin 1794). — Décrets qui accordent un congé aux députés Calon et Beauchamp, et Albite. (B. 44, 90.)

9 MESSIDOR an 2 (27 juin 1794).—Décret d'ordre du jour sur les ci-devant pèlerins de Saint-Jacques. (B. 44, 83.)

10 MESSIDOR an 2 (28 juin 1794). — Décret relatif à la pétition du citoyen Sainctelleti. (B. 44, 92.)

10 MESSIDOR an 2 (28 juin 1794). — Décret portant que les chirurgiens Ruffin et Legras ont bien mérité de la patrie. (B. 44, 92.)

10 MESSIDOR an 2 (28 juin 1794). — Décret qui accorde quinze cents livres à la veuve Dagobert. (B 44, 91.)

10 MESSIDOR an 2 (28 juin 1794).—Décret qui accorde un secours de quatre cents livres au citoyen Souliers. (B. 44, 92.)

11 MESSIDOR an 2 (29 juin 1794). —Décret qui modifie l'article 4 de la loi du 8 pluviose, relative aux titres et actes ci-devant féodaux. (B. 44, 101.)

Art. 1er. Pourront les notaires, greffiers, et autres dépositaires publics et privés, délivrer des extraits, expéditions ou copies des actes désignés dans la loi du 8 pluviose, sans les purger, aux termes de l'article 4 de ladite loi, sur la demande par écrit des communes, autorités constituées et agens nationaux.

2. Lesdites autorités constituées sont spécialement chargées de veiller et à ce qu'il ne soit point fait, desdits actes, d'usage contraire à la loi, et à ce qu'ils soient déposés aux époques et aux lieux qui seront indiqués pour le brûlement général.

11 MESSIDOR an 2 (29 juin 1794).—Décret portant que les armées du Nord, des Ardennes et de la Moselle, ne cessent de bien mériter de la patrie, et qui leur donne le nom d'armée de Sambre-et-Meuse. (1, B. 10, n° 50.)

11 MESSIDOR an 2 (29 juin 1794). — Décrets qui accordent des pensions et gratifications à d'anciens employés supprimés, aux citoyens Panières et Vermot-Tiercelin. (B. 44, 94, 96 et 97.)

11 MESSIDOR an 2 (29 juin 1794). — Décret qui accorde un congé au député Detles. (B. 44, 93.)

11 MESSIDOR an 2 (29 juin 1794). — Décrets qui accordent des secours aux citoyens Claude Lenoir et autres. (B. 44, 93, 97 et 98.)

11 MESSIDOR an 2 (29 juin 1794). — Décret relatif au citoyen Hopton et à sa fille, anglais. (B. 44, 100.)

11 MESSIDOR an 2 (29 juin 1794). — Décret relatif à la pétition du citoyen Buie. (B. 44, 102.)

11 MESSIDOR an 2 (29 juin 1794). — Décret relatif à la pétition des citoyens Remy et Bigourg. (B. 44, 103.)

11 MESSIDOR an 2 (29 juin 1794). — Décret qui ordonne aux débiteurs de Pierre Baille et compagnie de verser à la Trésorerie les sommes par eux dues. (B. 44, 93.)

11 MESSIDOR an 2 (29 juin 1794). — Décrets d'ordre du jour sur le jugement d'un procès entre les associés, à raison du compte de leur société formée pour une ferme de cens, rentes, lods et ventes, sur les redevances féodales et les jugemens en expulsion de locataires. (B. 44, 99, 102 et 103.)

11 MESSIDOR an 2 (29 juin 1794). — Décrets sur une pétition des cultivateurs détenus à Fontainebleau. (B. 44, 104.)

11 MESSIDOR an 2 (29 juin 1794). — Décrets qui accordent des secours à la veuve Baugé-Lecordier, et aux citoyens Laribaux et Mayeux. (B. 44, 105, 106 et 107.)

11 MESSIDOR an 2 (29 juin 1794). — Décrets qui ordonnent de rayer de la liste des émigrés les citoyens Denon, J. Lebrecq et Aubert. (B. 44, 100, 102.)

12 MESSIDOR an 2 (30 juin 1794). — Décret relatif à l'époque de la déchéance pour les titres qui auraient dû être fournis depuis les scellés apposés chez L.-P.-J. d'Orléans. (B. 44, 107.)

La Convention nationale, après avoir entendu la pétition des créanciers-unis de L.-P.-J. Orléans, dit *Egalité*, dont la demande a été convertie en motion par un membre,

Décrète que la déchéance pour les titres qui auraient dû être fournis depuis les scellés apposés chez Orléans, ne courra que du premier jour de la deuxième décade où la commission aura fini ses travaux.

12 MESSIDOR an 2 (30 juin 1794). — Décret relatif au replacement des sous-lieutenans en second supprimés dans l'arme de la cavalerie par la loi du 21 nivose. (B. 44, 106.)

12 MESSIDOR an 2 (30 juin 1794). — Décret qui accorde une augmentation aux ouvriers des manufactures des Gobelins et de la Savonnerie. (B. 44, 104.)

12 MESSIDOR an 2 (30 juin 1794). — Décrets relatifs aux îles, îlots et attérissemens du Rhône. (B. 44, 104 et 105.)

13 MESSIDOR an 2 (1er juillet 1794). — Décret portant que les percepteurs enverront aux receveurs de l'agence de l'enregistrement l'avis et la mention de la somme due pour les contributions des biens appartenant à l'Etat. (B. 44, 111.)

Art. 1er Les percepteurs des contributions enverront l'avis et la mention de la somme due pour les contributions des biens appartenant à la République, au receveur de l'agence de l'enregistrement, qui certifiera que la nation est en possession de ces biens.

2. Ces certificats, visés par les municipalités et par les directoires de district, seront reçus comme comptant par les percepteurs, les receveurs de district et la Trésorerie nationale.

3. Lorsque la contribution portera sur des biens séquestrés ou confisqués, le receveur de l'agence se chargera en recette, sur son compte général, de la somme portée aux certificats, et il en portera le montant en dépense au compte du séquestre desdits biens.

4. Aucune remise ni taxation ne sera allouée aux receveurs ou percepteurs sur ces recettes fictives.

5. Les administrations de département et de district, et les municipalités qui auront à réclamer le paiement des sous additionnels imposés sur lesdits biens, en feront certifier l'état et le montant par l'agence de l'enregistrement; ils l'adresseront aux directoires de département, qui en feront passer un état général à la commission des revenus nationaux, qui en ordonnera le paiement dans les caisses de district.

13 MESSIDOR an 2 (1er juillet 1794). — Décret qui ordonne le versement à la Trésorerie nationale des fonds provenant de la vente des quarts de réserve des bois appartenant aux communes. (B. 44, 113.)

Art. 1er. Les commissaires de la Trésorerie veilleront à ce que les receveurs de district versent, sans délai, à la Trésorerie nationale, tous les fonds provenant de la vente des quarts de réserve des bois appartenant aux communes.

2. Ils feront déposer ces fonds dans la caisse des dépôts et consignations, pour être employés, au fur et à mesure des besoins, au paiement des dépenses légalement autorisées qui seront ordonnées sur lesdits fonds, et jusqu'à concurrence des sommes déposées, sauf la déduction du droit de garde.

3. Les paiemens de ces dépenses seront faits par les receveurs de district; les commissaires de la Trésorerie veilleront à ce que les caisses soient suffisamment garnies, pour les acquitter lors des besoins.

13 MESSIDOR an 2 (1er juillet 1794). — Décret qui assujétit au paiement du droit proportionnel les domaines nationaux vendus qui se trouveraient dans une succession, donation, etc. (B. 44, 113.)

Art. 1er. Les domaines nationaux vendus qui se trouveront dans une succession, donation, legs, seront assujétis au paiement du droit proportionnel, conformément à la loi du 5 = 19 décembre 1790 et au tarif y annexé (1).

2. Les ventes et reventes, et autres cessions de ces biens recueillis à titre de succession, donation, donneront pareillement ouverture au droit proportionnel de l'enregistrement, conformément à la même loi.

13 MESSIDOR an 2 (1er juillet 1794). — Décret relatif aux drapeaux pris à Ypres, et qui érige les bâtimens des barrières de Paris en monumens publics. (1, B. 15, n° 68, B. 44, 108.)

13 MESSIDOR an 2 (1er juillet 1794). — Décrets d'ordre du jour sur la peine pour complicité de vol, et les poursuites contre les avoués prévenus de prévarication. (B. 44, 114.)

13 MESSIDOR an 2 (1er juillet 1794). — Décret qui ordonne l'arrestation du nommé Philippe et sa traduction au comité de sûreté générale. (B. 44, 114.)

13 MESSIDOR an 2 (1er juillet 1794). — Décrets qui accordent des secours aux citoyens Giguat et autres. (B. 44, 109, 110, 111 à 118.)

13 MESSIDOR an 2 (1er juillet 1794). — Décret sur la pétition du citoyen Jacquelin. (B. 44, 112.)

13 MESSIDOR an 3 (1er juillet 1794). — Décret qui nomme le citoyen Besson pour remplacer, au bureau, le citoyen Lacombe-Saint-Michel. (B. 44, 114.)

(1) *Voy.* loi du 21 messidor an 2.

13 MESSIDOR an 2 (1er juillet 1794). — Décret qui accorde un congé au député Dusieur. (B. 44, 112.)

---

14 MESSIDOR an 2 (2 juillet 1794). — Décret qui détermine les formalités à observer par les propriétaires, pour retirer les extraits d'inscription définitive sur le grand-livre. (B. 44, 116.)

Art. 1er. Les extraits d'inscription définitive sur le grand-livre de la dette consolidée seront délivrés, à compter du 1er thermidor, aux propriétaires dont les noms commencent par les lettres A, B, C, D, E, F et H.

2. A mesure que les créances d'une autre lettre alphabétique seront inscrites sur le grand-livre, les commissaires de la Trésorerie nationale annonceront, par des avis et par les journaux, que la délivrance des inscriptions définitives va être faite, et que les propriétaires peuvent venir les retirer.

3. Pour retirer les inscriptions, les propriétaires remettront les divers certificats de propriété, ou les inscriptions provisoires qui leur auront été délivrées, avec un bordereau contenant leurs noms, prénoms, leur demeure, et le montant total de leur inscription; il leur sera fourni un récépissé provisoire, portant promesse de remettre, dans deux décades, l'inscription demandée.

4. Après avoir retiré l'inscription définitive, les propriétaires pourront exiger de suite le paiement du semestre échu le 1er germinal dernier, qui sera fait sans retard à la Trésorerie nationale, en fournissant le certificat dont le modèle est joint à la présente loi.

5. Il ne sera plus délivré d'inscriptions provisoires des créances pour lesquelles la délivrance des inscriptions définitives sera ouverte; mais on continuera d'en délivrer pour celles dont la transcription ne sera pas terminée, jusqu'à ce que la remise en soit annoncée par les commissaires de la Trésorerie.

6. Les émargemens pour le paiement des inscriptions au grand-livre ne seront assujétis ni au timbre ni à l'enregistrement.

7. La retenue à faire sur les inscriptions au grand-livre, pour la contribution de l'an 2 de la République, est fixée au cinquième.

8. Au moyen de la retenue du cinquième des inscriptions, il ne sera pas nécessaire de justifier de l'acquit des contributions pour recevoir le paiement; le certificat de résidence exigé par l'article 4 ne sera sujet ni au timbre ni à l'enregistrement.

9. Les conservateurs des saisies et oppositions continueront leurs fonctions jusqu'au 1er thermidor, à laquelle époque ils les cesseront, et remettront leurs livres, titres et documens à la Trésorerie nationale, qui les continuera, et délivrera les certificats sans frais.

Modèle de certificat de résidence, de non-émigration, de non-détention et d'existence.

Département d District d Commune d

Nous (*indiquer si ce sont des officiers municipaux ou des membres des comités de sections qui délivrent le présent certificat*), sur l'attestation de (*mettre les noms, surnoms et demeures des citoyens résidant dans la commune ou section*) et que nous déclarons bien connaître,

Certifions que (*mettre les nom, prénoms et demeure*) s'est présenté devant nous cejourd'hui; qu'il réside en France depuis le 1er mai 1792 jusqu'à présent, sans interruption; qu'il n'a point émigré, et qu'il n'est point détenu pour cause de suspicion ou de contre-révolution.

(*Suit le signalement du citoyen.*)

Fait à la (*commune ou section*) le (*la date du mois*) de l'an.... de la République une et indivisible.

Nota. Ce certificat doit être signé : 1° par le requérant; 2° par les trois témoins; 3° si c'est à Paris, par deux membres et le secrétaire du comité civil de la section : ensuite il sera visé et vérifié par le directoire du département; 4° si c'est dans les autres départemens, il sera signé par deux officiers municipaux et le secrétaire-greffier de la commune; 5° il doit être visé par deux membres du directoire du district.

---

14 MESSIDOR an 2 (2 juillet 1794). — Décret relatif à une question sur les contestations nées ou à naître entre les époux divorcés, leurs parens, etc. (B. 44, 115.)

La Convention nationale, après avoir entendu le rapport de son comité de législation sur la question proposée par le tribunal du sixième arrondissement de Paris, si les contestations nées ou à naître entre les époux divorcés, leurs parens ou alliés au degré fixé par l'art. 12 du titre X de la loi du 16 = 24 août 1790, doivent être portées devant un tribunal de famille;

Considérant que le divorce fait cesser tous les effets de l'alliance entre les époux qu'il désunit, quoique ces effets subsistent à l'égard des enfans du divorcé;

Décrète qu'il n'y a pas lieu à délibérer.

---

14 MESSIDOR an 2 (2 juillet 1794). — Décret qui annule un jugement contre les citoyens Madias, Varennes et autres, et ordonne leur mise en liberté. (B. 44, 118.)

---

14 MESSIDOR an 2 (2 juillet 1794). — Décret d'ordre du jour sur les prises faites sur les rebelles. (B. 44, 115.)

---

15 MESSIDOR an 2 (3 juillet 1794). — Décret relatif aux succès des armées du Nord et de Sambre-et-Meuse, et qui ordonne d'inscrire le nom de J. Ivernot sur la colonne du Panthéon. (1, B. 13, n° 62; B. 44, 122.)

15 MESSIDOR an 2. — Congés limités. *Voy.* 22 PLUVIOSE an 2.

16 MESSIDOR an 2 (4 juillet 1794). — Décret relatif aux certificats qui doivent être délivrés aux créanciers pour toucher leurs créances, conformément au décret du 27 brumaire. (B. 44, 123.)

Voy. loi du 16 BRUMAIRE an 3.

Art. 1er. Les certificats qui, aux termes du décret du 27 brumaire, doivent être délivrés par les dépositaires aux créanciers ou parties prenantes, pour pouvoir toucher leurs créances ou collocations à la Trésorerie nationale, continueront d'être donnés par les dépositaires vivans ou non détenus, ainsi qu'il est porté audit décret.

2. A l'égard des dépositaires dont les biens sont confisqués, ou qui sont décédés, ou enfin qui se trouvent détenus, les certificats nécessaires seront délivrés, savoir :

Dans le premier cas, par l'agent national près le département, ou par le commissaire par lui nommé à cet effet ;

Dans le second, par les héritiers représentant le dépositaire, en justifiant à la Trésorerie de leurs droits de représentation ;

Et dans le troisième, par un fondé de pouvoir du dépositaire détenu, lequel, à cet effet, est autorisé à passer toute procuration nécessaire.

Dans tous les cas, on se conformera aux articles 2, 3 et 4 du décret du 27 brumaire dernier.

16 MESSIDOR an 2 (4 juillet 1794). — Décret portant qu'aucune indemnité définitive sur les pertes éprouvées par l'invasion des ennemis ne sera acquittée qu'en vertu d'un décret. (B. 44, 126.)

Art. 1er. Aucune indemnité définitive sur les pertes éprouvées par l'invasion et le ravage des ennemis ne sera acquittée qu'en vertu d'un décret rendu d'après l'examen que les comités des secours publics et des finances auront fait du travail de la commission des secours, sur les procès-verbaux et rôles d'évaluation desdites pertes.

2. Et néanmoins la commission des secours est autorisée à continuer de distribuer des secours provisoires, conformément à la loi du 14 ventose et autres lois postérieures.

16 MESSIDOR an 2 (4 juillet 1794). — Décret concernant une question relative aux déclarations du jury et aux actes d'accusation. (B., 44, 124.)

La Convention nationale, après avoir entendu le rapport de son comité de législation sur le référé du tribunal du district de Mayenne, par lequel, en dénonçant un jugement du tribunal criminel du département de la Mayenne, du 7 ventose, qui, sur la réquisition de l'accusateur public, a renvoyé au tribunal du district de Mayenne la déclaration d'un jury d'accusation, pour y être annulée, comme faite en contravention des articles 22 et 24 du titre Ier de la seconde partie de la loi du 16 = 29 septembre 1791, en ce que les jurés avaient fait une déclaration particulière sur chacun des prévenus; il présente les questions :

1° Si le jury d'accusation n'a pas le droit d'examiner si le délit mérite peine infamante ou afflictive, et si, lorsqu'il trouve un commencement de preuve déterminante contre quelques-uns des prévenus, et seulement des soupçons ou une simple prévention contre les autres, il n'a pas le droit de diviser sa déclaration;

2° Si le directeur du jury, lorsqu'il y a plusieurs prévenus, peut dresser plusieurs actes d'accusation ;

Considérant que l'article 6 de la seconde partie de la loi du 16 = 29 septembre 1791 réserve aux tribunaux le droit de prononcer sur la nature de la peine que mérite le délit; que la loi n'a tracé d'autres règles aux jurés, pour émettre leur opinion dans la forme qu'elle prescrit, que leur conviction intime; que prétendre les astreindre à prononcer cumulativement contre plusieurs accusés, lorsqu'ils sont convaincus qu'il y a lieu à distinguer entre eux, ce serait gêner leur conscience, dont l'impulsion doit seule les déterminer, et les forcer à excuser le coupable avec l'innocent, ou à confondre l'innocent avec le coupable ; que, si la loi du 3 juin 1793 leur prescrit de se conformer aux articles 22 et 24 de la seconde partie de la loi du 16 = 29 septembre 1791, elle a entendu exiger une affirmation ou une négation positive sur les actes d'accusation qui leur sont présentés, mais non leur interdire de prononcer séparément à l'égard des accusés suivant leur intime conviction ;

Que, sur la seconde question, la loi du 16 = 29 septembre 1791 laisse au directeur du jury la faculté de dresser un ou plusieurs actes d'accusation, suivant ce qui résulte des dénonciations ou de la déclaration préliminaire des témoins, sur les différentes espèces de délits;

Décrète que, sur l'une et l'autre question, il n'y a pas lieu à délibérer;

Renvoie, au surplus, le référé du tribunal du district de Mayenne à la commission des administrations civiles, police et tribunaux, pour dénoncer au tribunal de cassation le jugement du tribunal criminel du département de la Mayenne du 7 ventose, ainsi que ceux qui l'ont suivi.

L'insertion du présent décret au bulletin de correspondance tiendra lieu de publication.

---

16 MESSIDOR an 2 (4 juillet 1794). — Décret relatif à l'impression du rapport du citoyen Barrère, sur la prise d'Ostende et de Tournay. (B. 44, 129.)

---

16 MESSIDOR an 2 (4 juillet 1794). — Décret portant que les armées du Nord et de Sambre-et-Meuse ne cessent de bien mériter de la patrie, et relatif aux troupes des rois coalisés renfermées dans les places de la frontière du Nord. (1, B. 13, n° 63; B. 44, 128.)

---

16 MESSIDOR an 2 (4 juillet 1794). — Décret qui destitue les juges du tribunal criminel du département de la Mayenne. (B. 44, 124.)

---

16 MESSIDOR an 2 (4 juillet 1794). — Décret qui admet comme députés les citoyens Boisson et Garnot. (B. 44, 126.)

---

16 MESSIDOR an 2 (4 juillet 1794). — Décret d'ordre du jour relatif aux pensions des marins. (B. 44, 128.)

---

16 MESSIDOR an 2 (4 juillet 1794). — Décret qui annule le jugement qui condamne le citoyen Contant, de Bar-sur-Ornain, à quatre années de fers, et le renvoie devant le tribunal criminel du département de la Moselle. (B. 44, 127.)

---

16 MESSIDOR an 2 (4 juillet 1794). — Décret qui accorde douze cents livres à la veuve Deléchaux, et six cents livres à chacune des veuves Jamain et Carrière. (B. 44, 122.)

---

16 MESSIDOR an 2 (4 juillet 1794). — Décret qui accorde un secours au citoyen Sanguier. (B. 44, 126.)

---

17 MESSIDOR an 2 (5 juillet 1794). — Décret qui proroge jusqu'au 1er vendémiaire le délai accordé aux Suisses par la loi du 29 germinal, pour la remise des titres qui justifient leurs services militaires en France. (B. 44, 131.)

Art. 1er. Le délai de trois mois accordé par l'article 5 de la loi du 29 germinal, pour la remise des titres qui justifient les services des Suisses qui ont servi en France, et leur donnent droit aux pensions et gratifications accordées par la même loi, est prorogé jusqu'au 1er vendémiaire prochain.

2. Les réclamans pourront remettre leurs titres à l'ambassadeur de la République en Suisse, qui les adressera de suite au commissaire-liquidateur à Paris.

3. La loi du 29 germinal ne s'applique qu'aux pensions accordées pour services militaires.

---

17 MESSIDOR an 2 (5 juillet 1794). — Décret qui accorde un sabre d'honneur au citoyen Bernoville. (B. 44, 129.)

---

17 MESSIDOR an 2 (5 juillet 1794). — Décret sur une dénonciation contre le député Dumont. (B. 44, 130.)

---

17 MESSIDOR an 2 (5 juillet 1794). — Décret qui ordonne la vente des droits d'Evrard dans les constructions qu'il a fait commencer avec autres entre la rue Feydeau et celle des Filles-Saint-Thomas. (B. 44, 131.)

---

17 MESSIDOR an 2 (5 juillet 1794). — Décrets qui accordent des congés aux députés Loiseau et Treilhard. (B. 44, 133.)

---

17 MESSIDOR an 2 (5 juillet 1794). — Décret relatif à la pétition de Paul Gagnette. (B. 44, 133.)

---

17 MESSIDOR an 2 (5 juillet 1794). — Décret relatif à une somme offerte par Paul Nairac. (B. 44, 133.)

---

17 MESSIDOR an 2 (5 juillet 1794). — Décret portant que le moulin Dugai, dans la commune de Baulne, sera adjugé au citoyen Grignet, sur l'estimation qui en sera faite par deux experts nommés, l'un par la commission des revenus nationaux, l'autre par le district d'Etampes. (B. 44, 133.)

---

17 MESSIDOR an 2 (5 juillet 1794). — Décret portant que les billets de confiance, qui, en exécution de la loi du 11 ventose, doivent être remboursés, seront brûlés, après avoir été vérifiés. (B. 44, 130; 1, Bull. 16, n° 76.)

---

17 MESSIDOR an 2 (5 juillet 1794). — Décret qui rectifie le décret du 8 messidor relatif aux rentes viagères. (B. 44, 132.)

---

18 MESSIDOR an 2 (6 juillet 1794). — Décret qui fixe le délai dans lequel devront être déposés tous fonds ou effets appartenant aux habitans des pays qui sont en guerre avec la France. (B. 44, 140.)

Art. 1er. Ceux qui ont entre leurs mains des fonds ou effets appartenant aux habitans des pays qui sont en guerre avec la République les déposeront, dans un mois de la publication du présent décret par le Bulletin pour ce qui est échu, et à fur et à mesure des échéances pour ce qui ne sera pas échu dans les caisses des receveurs de district; et à Paris, à la Trésorerie nationale : il leur en sera fourni un récépissé.

2. Les monnaies étrangères qui seront dues seront réduites en monnaie de France, d'après le cours des changes à Paris, à l'époque du décret qui ordonne la saisie et séquestre des biens des étrangers; et leur montant, ainsi calculé, sera déposé en assignats.

3. Les commissaires de la Trésorerie nationale constateront le cours des changes mentionné en l'article précédent; ils l'enverront sans délai aux directoires et receveurs de district.

4. L'agence de l'enregistrement et des domaines prendra possession des meubles et immeubles appartenant aux habitans des pays avec lesquels la République est en guerre; elle les administrera comme les autres biens nationaux, et leur produit sera versé dans les caisses des receveurs de district.

5. Les receveurs de district enverront de suite à la Trésorerie nationale les fonds qui leur seront versés, lesquels seront déposés dans la serre à trois clefs destinée à recevoir les dépôts et consignations.

6. Il sera tenu un compte particulier des versemens qui seront faits en exécution du présent décret, en se conformant à l'ordre prescrit pour les dépôts et consignations.

7. Ceux qui n'auront pas satisfait aux dispositions du présent décret dans le délai prescrit, seront condamnés à une amende égale au quart de la valeur non déposée.

8. Les agens nationaux veilleront à l'exécution du présent décret; ils poursuivront ceux qui seront en retard, les employés de l'agence de l'enregistrement étant chargés, sous peine de destitution, de les leur dénoncer.

9. La présente loi sera imprimée dans le Bulletin de demain.

---

18 MESSIDOR an 2 (6 juillet 1794). — Décret qui détermine la manière dont seront effectués dans les caisses nationales les paiemens autres que ceux de pensions, intérêts et remboursemens de la dette publique, etc. (B. 44, 141.)

Art. 1er. Les paiemens autres que ceux relatifs aux pensions, intérêts et remboursemens de la dette publique, et restitution des sommes provenant des dépôts et consignations ou saisies-réelles qui se font à la Trésorerie nationale ou aux caisses des payeurs et receveurs de la République, seront effectués sur une quittance non-timbrée, sous signature privée, qui pourra être faite sur la pièce ou mandat justifiant la dépense, sans qu'il soit besoin de fournir aucun certificat.

2. Les commissions ou agences suppléeront, par une déclaration en marge des rôles qui s'acquittent par émargement, aux signatures des citoyens qui ne savent pas signer : cette déclaration sera signée par un commissaire ou agent, et par le commis principal.

3. Les parties prenantes qui reçoivent, en vertu d'un mandat, ordre ou facture, et qui ne savent pas signer, en feront leur déclaration au payeur, caissier ou trésorier, qui sera obligé de la transcrire de suite, en leur présence, sur la pièce justifiant la dépense, de la signer et faire signer par deux témoins présens à ladite déclaration.

4. Les paiemens mentionnés en l'article 1er qui auront été effectués, depuis le 1er juillet 1791, sur quittance non timbrée et sur des acquits signés de la partie prenante au bas des mandats, ordonnances et autres pièces justifiant la dépense, ne pourront être rejetés pour ce défaut de forme.

---

18 MESSIDOR an 2 (6 juillet 1794). — Décret qui nomme les membres du jury d'examen des livres élémentaires remis au concours. (1, Bull. 17, n° 78; B. 44, 139.)

---

18 MESSIDOR an 2 (6 juillet 1794). — Décret qui ordonne le jugement de Boisse, dit Montemart. (B. 44, 134.)

---

18 MESSIDOR an 2 (6 juillet 1794). — Décret qui accorde des secours à la veuve Basire et autres. (B. 44, 133, 138 et 139.)

---

18 MESSIDOR an 2 (6 juillet 1794). — Décret portant que Méret, Lepetit et autres seront traduits au tribunal révolutionnaire. (B. 44, 135.)

---

18 MESSIDOR an 2 (6 juillet 1794). — Décret qui accorde un congé aux députés Deville et Petit. (B. 44, 142 et 143.)

---

18 MESSIDOR an 2 (6 juillet 1794). — Décret relatif à l'examen de la conduite du citoyen Pupiau. (B. 44, 142.)

---

18 MESSIDOR an 2 (6 juillet 1794). — Décrets qui annulent des jugemens rendus contre l'État, au profit de J.-C. Bernique, contre Dupay et contre Scheven-Retter. (B. 44, 134, 136 et 137.)

---

19 MESSIDOR an 2 (7 juillet 1794). — Décret qui fixe définitivement à Aurillac l'administration du département du Cantal. (1, Bull. 17, n° 81; B. 44, 146.)

---

19 MESSIDOR an 2 (7 juillet 1794). — Décret qui accorde des secours à plusieurs citoyens et citoyennes. (B. 44, 144.)

---

19 MESSIDOR an 2 (7 juillet 1794). — Décret d'ordre du jour sur diverses demandes du citoyen Hoffmann, pour l'encouragement de ses manufactures de garence. (B. 44, 143.)

19 MESSIDOR an 2 (7 juillet 1794). — Loi qui surseoit à l'exécution d'un jugement portant confiscation de blé accordé à un boulanger pour sustenter sa commune. (B. 44, 146.)

---

19 MESSIDOR an 2 (7 juillet 1794). — Décret qui accorde un congé au député Cruverx, et une somme de sept cents livres au citoyen Tassier. (B. 44, 147.)

---

21 MESSIDOR an 2 (9 juillet 1794). — Décret qui fixe le délai dans lequel devront être versés dans les caisses de district les fonds appartenant aux négocians émigrés, ou condamnés par les tribunaux révolutionnaires. (B. 44, 159.)

Art. 1er. Tous les marchands, négocians, banquiers et autres commerçans qui, ayant des associés émigrés ou condamnés par des tribunaux révolutionnaires comme coupables de délits attentatoires à la liberté et à l'affermissement de la République, auront poursuivi la liquidation de leur société et perçu la portion de leurs associés émigrés ou condamnés, seront tenus, dans les quinze jours après la publication de la présente loi, de verser dans la caisse du receveur de leur district la portion des fonds appartenant auxdits associés, et qui, par les lois, sont confisqués au profit de la nation.

2. Les débiteurs desdits négocians émigrés, qui, aux termes de la loi, devaient s'envisager comme dépositaires des sommes dues aux négocians émigrés ou condamnés, seront, concurremment avec leurs associés, solidaires desdites sommes, et, à défaut de restitution de leur part, tenus de les réintégrer au Trésor national.

3. Par l'exécution de la présente loi, les associés des négocians émigrés ou condamnés seront tenus de remettre, dans quinzaine, au directoire de leur district, le bilan de leurs affaires au moment de l'émigration de leurs associés; ils remettront pareillement, dans les vingt-quatre heures, leur livre-journal, lequel sera sur-le-champ coté et paraphé par l'administration du district, afin que, sur la vérification qui en sera faite par les administrateurs, l'agent national puisse poursuivre la rentrée des sommes appartenant à la nation.

4. Les fonds qui rentreront par l'effet des précédentes dispositions seront soumis, pour leur versement à la Trésorerie nationale, aux mêmes formes que les autres fonds provenant de la vente des domaines nationaux.

---

21 MESSIDOR an 2 (9 juillet 1794). — Décret qui fixe le traitement des agens et des employés de l'agence de l'enregistrement et des domaines. (B. 44, 160.)

Art. 1er. A compter du 1er prairial de la seconde année de la République, les traitemens des agens et de tous les employés de l'agence de l'enregistrement et des domaines, autres que les receveurs, seront payés à chacun d'eux sur le pied porté au tableau joint au présent décret.

2. Les receveurs continueront de jouir des remises et *minimum* de remises qui leur sont attribués par la loi du 14 août 1793; mais, à compter du même jour 1er prairial, leurs remises annuelles ne pourront excéder six mille livres.

3. Il sera payé, pour frais de loyer et de bureau, aux directeurs et à ceux des receveurs dont la recette annuelle sera de trois cent mille livres et au-dessus, une somme de quinze cents livres par chacun des commis que le besoin du service exigera dans leurs bureaux. Le nombre des commis sera fixé par la commission des revenus nationaux, sur la proposition des agens.

4. Les traitemens et remises accordés par la loi du 14 août 1793 seront calculés sur un produit de cent quatre-vingt millions par an, à quelque somme qu'il se soit élevé.

Neuf agens à six mille livres; quatorze directeurs à cinq mille cinq cents livres; quatorze sous-directeurs à cinq mille livres; onze premiers commis à quatre mille cinq cents livres; treize premiers commis en second à quatre mille livres; douze vérificateurs des comptes à quatre mille livres; douze commis principaux des comptes à trois mille livres; treize commis principaux de correspondance à trois mille livres; quatre-vingts expéditionnaires à deux mille livres; un greffier de lettres de ratification à trois mille livres; un enregistreur d'oppositions à deux mille cinq cents livres; un vérificateur d'oppositions à deux mille cinq cents livres; un enregistreur de lettres de ratification à deux mille cinq cents livres; un délivreur d'extraits à deux mille cinq cents livres; un garde-magasin des impressions à deux mille sept cents livres; un chef du bureau des locations à cinq mille livres; un sous-chef à quatre mille livres; trois commis principaux à trois mille livres; six commis principaux des bureaux de perception à trois mille livres; deux visiteurs de locations à dix-huit cents livres; quatre architectes appointés à deux mille cinq cents livres; un défenseur appointé à trois mille livres; deux défenseurs aussi appointés à deux mille livres; vingt-quatre commis expéditionnaires à la perception à deux mille livres; quatre-vingt-huit directeurs dans les départemens à six mille livres; cent quatre-vingt-six inspecteurs à six mille livres; deux cent quatre vérificateurs à quatre mille livres; un garde-magasin du timbre, à Paris, à trois milles livres; quatre-vingt-sept *idem* dans les départemens, à deux mille cinq cents livres;

deux contrôleurs du timbre à deux mille cinq cents livres; un surveillant à deux mille cinq cents livres; quatre compteurs à douze cents livres; trois *idem* à mille livres; six timbreurs à douze cents livres; cent *idem* à neuf cents livres; six tourne-feuilles à six cents livres; cent *idem* à quatre cents livres.

---

21 MESSIDOR an 2 (9 juillet 1794). — Décret qui ordonne une rectification dans celui du 13 messidor, relative au paiement du droit proportionnel résultant de la vente des domaines nationaux. (B. 44, 162.)

La Convention nationale, sur la proposition d'un membre, décrète que les termes: *seront assujétis* et *donneront*, insérés dans les articles 1er et 2 du décret du 13 messidor relatif au *paiement du droit proportionnel résultant de la vente des domaines nationaux*, seront remplacés par ceux-ci : *continueront d'être assujétis*, et *continueront de donner.*

Autorise le comité des décrets à faire la rectification, tant sur les minutes que sur les expéditions dudit décret qui auraient été délivrées.

---

21 MESSIDOR an 2 (9 juillet 1794).— Décret relatif à la mise en liberté provisoire des laboureurs, moissonneurs, etc., des communes au-dessous de douze cents habitans, détenus comme suspects. (1, Bull. 17, n° 82; B. 44, 148.)

---

21 MESSIDOR an 2 (9 juillet 1794). — Décret qui ordonne de donner de préférence des places dans les voitures publiques aux personnes assignées pour venir en déposition au tribunal révolutionnaire. (1, Bull. 17, n° 83; B. 44, 150.)

---

21 MESSIDOR an 2 (9 juillet 1794). — Décret relatif au vaisseau de ligne le *Vengeur*, et aux braves composant son équipage. (1, Bull. 18, n° 87; B. 44, 163.)

---

21 MESSIDOR an 2 (9 juillet 1794).—Décret concernant les biens de la succession Soubise. (1, Bull. 18, n° 87; B. 44, 151.)

---

21 MESSIDOR an 2 (9 juillet 1794). — Décrets qui accordent des secours aux citoyens Cornu et autres. (B. 44, 147, 150, 156 et suiv.)

---

21 MESSIDOR an 2 (9 juillet 1794).— Décret qui accorde des pensions à plusieurs veuves de défenseurs de la patrie. (B. 44, 149.)

---

21 MESSIDOR an 2 (9 juillet 1794). — Décret qui accorde des pensions de retraite à plusieurs militaires retirés du service pour cause de blessures et d'infirmités. (B. 44, 153.)

---

21 MESSIDOR an 2 (9 juillet 1794).— Décret d'ordre du jour sur les opérations du député Lebon dans le département du Pas-de-Calais. (1, Bull. 19, n° 88; B. 44, 162.)

---

21 MESSIDOR an 2 (9 juillet 1794).— Décret qui déclare nul et comme non avenu le jugement rendu le 2 nivose par le tribunal criminel militaire du 5e arrondissement de l'armée du Rhin, qui condamne Guillaume Régis à six années de fers. (B. 44, 155.)

---

21 MESSIDOR an 2 (9 juillet 1794).— Décret portant que Louis Remis-Fresson, garde-général des forêts de la ci-devant province de Champagne, sera payé en entier de ses appointemens pour les années 1789, 1792 et 1793. (B. 44, 156.)

---

21 MESSIDOR an 2 (9 juillet 1794). — Décret qui ordonne de rayer de la liste des émigrés le citoyen Lemoine. (B. 44, 159.)

---

22 MESSIDOR an 2 (10 juillet 1794).— Décret relatif aux aveugles nécessiteux. (B. 44, 164.)

La Convention nationale, sur la pétition des aveugles nécessiteux, convertie en motion par un membre,

Décrète qu'outre les quinze sous qui leur sont comptés par l'administration des Quinze-Vingts, il leur sera de plus compté, dans leurs sections respectives, un secours de dix sous pour leurs femmes, et celui de cinq sous pour chacun de leurs enfans.

---

22 MESSIDOR an 2 (10 juillet 1794).— Décret additionnel à celui du 21 messidor, sur les détenus des campagnes. (1, Bull. 18, n° 86; B. 00, 169.)

---

22 MESSIDOR an 2 (10 juillet 1794). — Décrets qui accordent des secours à plusieurs citoyens et citoyennes. (B. 44, 164.)

---

23 MESSIDOR an 2 (11 juillet 1794). — Décret relatif aux prises faites par les vaisseaux de guerre. (B. 4, 177.)

Art. 1er. Les consignataires et les préposés à la vente des prises faites par les vaisseaux de guerre de la République, sont tenus d'adresser à la commission de la marine et des colonies les états et comptes de leur gestion, avec le montant des sommes que les ventes faites jusqu'à ce jour ont produites, ainsi que le manifeste ou facture des marchandises composant les cargaisons restées encore à bord des navires ou dans les magasins, invendues, quinze jours au plus tard après l'insertion de la présente loi dans le Bulletin.

2. Du moment où les prises faites par les vaisseaux de guerre de la République seront mouillées dans une rade ou dans un port, elles

seront mises sous la surveillance et à la disposition du commissaire de la marine et des colonies. Les juges-de-paix et les préposés à ladite surveillance, aussitôt qu'ils seront informés de l'arrivée d'un bâtiment pris, dans une rade ou dans un port, se rendront sur-le-champ à bord du bâtiment, pour y apposer les scellés sur toutes les écoutilles et sur toutes les portes fermant à clef.

3. Tous les chefs conducteurs des bâtimens pris sont tenus de faire, sous vingt-quatre heures de leur arrivée, par-devant le juge-de-paix et le surveillant préposé par le commissaire de la marine et des colonies, le rapport ou déclaration de tout ce qui concerne les bâtimens pris qu'ils auront conduits.

4. Il sera, dans les vingt-quatre heures après la déclaration du conducteur des prises, procédé, à la diligence du commissaire de la marine et des colonies, à l'instruction de la procédure pour parvenir au jugement des prises.

Cette instruction consistera dans la position des scellés, la réception de la déclaration du capitaine, conducteur, l'interrogatoire de trois prisonniers au moins, dans le cas où il s'en trouverait un pareil nombre, et le translat des pièces de bord; il sera ensuite dressé inventaire de toutes ces pièces, qui seront, dans deux jours pour tout délai, adressées au commissaire de la marine et des colonies, avec les états ou manifestes des chargemens.

5. Le comité de salut public est chargé de régler le mode de vente qui devra être observé pour les marchandises provenant desdites prises.

---

23 MESSIDOR an 2 (11 juillet 1794). — Décret sur la réunion de l'actif et passif des hôpitaux, maisons de secours, de pauvres, etc., au domaine national; la liquidation du passif de ces établissemens; la prorogation du délai pour la remise des titres de créances sur les communes; le rapport de la déchéance de six mois d'intérêts, et autres dispositions générales sur la liquidation de la dette publique (1). (B. 44, 169; Mon. du 27 messidor an 2, Rap. Cambon.)

Voy. lois du 24 AOUT 1793; du 25 SEPTEMBRE 1793; du 14 VENTOSE an 3; du 25 MESSIDOR an 3; du 15 GERMINAL an 4; du 16 VENDÉMIAIRE an 5. *Voy.* les art. 16 et 17 de la loi du 27 AVRIL 1823.

§ Ier. L'actif et passif des hôpitaux et autres établissemens de bienfaisance, déclarés nationaux.

Art. 1er. Les créances passives des hôpitaux, maisons de secours, hospices, bureaux des pauvres et autres établissemens de bienfaisance, sous quelque dénomination qu'ils soient, sont déclarés dettes nationales (2).

2. L'actif des établissemens mentionnés en l'article précédent fait partie des propriétés nationales; il sera administré ou vendu conformément aux lois existantes pour les domaines nationaux.

3. Les administrateurs des établissemens mentionnés en l'article 1er fourniront les états de l'actif et passif, et rendront leurs comptes aux directoires de district d'ici au 1er vendémiaire prochain; ils continueront d'acquitter les intérêts de la dette constituée ou viagère qui seront dus jusqu'à cette époque. Les agens de la commission des revenus nationaux, chargés de l'enregistrement, poursuivront la rentrée de ce qui sera dû auxdits établissemens.

4. La commission des secours publics pourvoira, avec les fonds mis à sa disposition, aux besoins que ces établissemens pourront avoir pour le paiement des intérêts mentionnés en l'article précédent, ou pour leur dépense courante, jusqu'à ce que la distribution des secours soit définitivement décrétée.

§ II. De la remise des titres, et des déchéances.

5. Les créanciers des établissemens mentionnés en l'article 1er remettront leurs titres originaux, savoir: ceux de la dette viagère, à la Trésorerie nationale, et ceux de la dette constituée et exigible, au directeur général

---

(1) Cette loi, qui déclara propriété nationale tout ce qui appartenait aux hospices (loi dont l'effet a duré jusqu'à la loi du 16 vendémiaire an 5, qui a rendu aux hospices l'administration de leurs biens) produisit cet effet que le capital d'une rente antérieure à 1792 put être remboursé du consentement de l'administration. — Le sursis prononcé par la loi du 25 messidor an 3 avait été levé par celle du 15 germinal an 4 (ordonnance du 9 septembre 1818; S. 18, 2, 324).

(2) Les dettes des hospices qui étaient *échues* avant la loi de messidor an 2, et devenues par conséquent *dettes nationales*, ne sont pas redevenues dettes des hospices à l'époque où la loi de vendémiaire an 5 leur a rendu leurs biens non aliénés (10 janvier 1826; Cass. S. 26, 1, 424).

Il y a exception au principe dans le cas où, la dette étant à terme, le terme n'est point échu, soit avant la loi du 23 messidor an 2, soit avant celle du 16 vendémiaire an 5 (20 avril 1826; Cass. S. 26, 1, 425; D. 26, 1, 253).

Un hospice qui était débiteur d'une rente envers une fabrique, et qui n'en a pas été envoyé en possession antérieurement à l'arrêté du 7 thermidor an 11, ne peut pas, pour se libérer, faire valoir la confusion opérée dans les mains de l'Etat, en vertu des lois des 21 août 1790 et 22 messidor an 2, 19 février 1823 (Mac. ord. 5, 100).

de la liquidation, d'ici au 1er nivose de l'an 3; et faute de les remettre dans ce délai, ils sont dès à présent déchus de toute répétition envers la République.

6. Le délai fixé pour la remise des titres des créances dues par les communes, districts et départemens, et par l'école militaire de Paris et les douze colléges en dépendant, est prorogé jusqu'au 1er nivose de l'an 3: ceux qui ne remettront pas, d'ici à cette époque, les titres de la dette viagère à la Trésorerie nationale, et les autres au directeur général de la liquidation, sont définitivement déchus de toute répétition envers la République.

7. Les citoyens qui, ayant perdu leurs titres, n'ont pas pu profiter des avantages de la loi du 21 frimaire dernier pour les remplacer, parce que les minutes étaient transcrites sur des registres, pourront s'en faire délivrer des extraits certifiés par les dépositaires, visés par les directoires de district, qui affirmeront que l'usage local était de transcrire sur des registres les actes établissant la propriété des créances; ils sont tenus de remettre lesdits extraits au directeur général de la liquidation, d'ici au 1er vendémiaire prochain; faute par eux de les remettre, ils sont déchus de toute répétition envers la République.

8. Les titres constatant la dette exigible qui était due par les ci-devant pays d'états, élections, généralités et administrations provinciales, ou pour réparations et constructions d'église, ou circonscriptions de paroisses, et ceux constatant la dette constituée, d'où qu'elle provienne, qui ont été déposés à la liquidation avant le 13 messidor, seront admis à la liquidation.

9. La déchéance de six mois d'intérêts prononcée par les lois des 24 août et 25 septembre derniers, demeure abrogée pour ceux qui ont remis leurs titres avant le délai prescrit pour la déchéance absolue.

10. La Trésorerie nationale, le directeur général de la liquidation, les payeurs des rentes et les corps administratifs qui ont reçu, avant les délais fixés pour les déchéances, des titres de créance de la dette constituée dont la liquidation ne leur était pas confiée, se les renverront réciproquement, savoir: pour Paris, dans quinzaine, et dans un mois pour les départemens. Le directeur général de la liquidation provoquera l'exécution de cette mesure par lettre chargée.

§ III. Des titres à remettre, et des formalités dont ils doivent être accompagnés.

11. Ceux qui ont des titres de créances à remettre à la liquidation fourniront les titres authentiques, ou sous seing privé, *sans minute,* qui leur ont été remis; les expéditions ou extraits des titres authentiques, pris sur les minutes ou sur les grosses déposées pour en tenir lieu, et délivrées par les dépositaires d'icelles antérieurement au 24 août 1793; les extraits des registres des établissemens débiteurs, délivrés par les détenteurs, lorsque les créances ne seront constatées que par lesdits registres; les mémoires des frais ministériels, ouvrages et fournitures, taxés et réglés.

12. Les copies collationnées des quittances de finances antérieures à 1793, celles des droits accessoires, de quelque date qu'elles soient, attachées sous le contre-scel des provisions, seront considérées comme titres originaux.

13. Les mémoires pour frais ministériels, quand bien même ils auraient été réglés, seront présentés au directoire de district de la situation de l'établissement débiteur, avec un précis sommaire de la contestation qui en fait l'objet.

14. Les directoires de district rejetteront les mémoires dont le fond du procès aura été occasioné par la mauvaise foi ou la chicane du réclamant, et se feront remettre les pièces à l'appui. Ils déclareront, pour les autres, que les frais légitimement exposés doivent être réglés.

15. Les mémoires qui seront admis pour être réglés, et les pièces à l'appui, seront ensuite présentés aux tribunaux qui remplacent ceux par-devant lesquels l'instance avait été réglée en dernier lieu, et, à Paris, au tribunal du domicile du réclamant, à l'époque de la suppression des tribunaux, pour y être taxés sans frais.

Le montant de la taxe sera sommé au bas du mémoire, et signé par deux juges au moins.

16. Les agens de la commission des revenus nationaux, chargés de l'enregistrement, se feront remettre par les détenteurs ou par les tribunaux les pièces des procédures qui pourraient servir à établir un actif pour la République, et ils seront tenus d'en poursuivre le recouvrement: les autres pièces de procédures seront déposées aux greffes des tribunaux.

17. Les mémoires pour ouvrages et fournitures seront présentés aux directoires de district de la situation des établissemens débiteurs, qui s'informeront et certifieront, au bas, que les ouvrages et fournitures ont été légalement ordonnés et exécutés.

Après cette déclaration, les directoires nommeront deux experts, qui procéderont au réglement desdits mémoires. Les experts en sommeront le montant au bas du mémoire, et cette déclaration servira de base à la liquidation. Les pièces à l'appui seront déposées au greffe du directoire de district.

18. Les titres de créances et les mémoires pour frais ministériels, ouvrages ou fournitures, réglés, devront être accompagnés du

certificat dont le modèle est joint au présent décret, lequel sera fourni par les administrateurs des établissemens débiteurs, ou par ceux qui les remplacent, et visé par les directoires de district.

19. Ces certificats suffiront pour autoriser la liquidation des créances, qui ne pourra plus être retardée par défaut d'envoi des états ou comptes exigés par les précédentes lois : les citoyens dénommés dans les certificats seront reconnus propriétaires ; et, s'il survient quelque mutation dans la propriété, il en sera justifié à la Trésorerie nationale.

20. Ces certificats ou arrêtés remplaceront la liquidation préparatoire confiée aux corps administratifs, qui est supprimée.

Les corps administratifs n'ordonneront plus de paiement par à-comptes, mais ils continueront la liquidation des créances de huit cents livres et au-dessous, sur les titres et mémoires visés et arrêtés.

21. Le directeur général de la liquidation, le liquidateur de la Trésorerie nationale et les corps administratifs reconnaîtront pour propriétaire celui qui a été indiqué par les établissemens débiteurs, au moment où la République s'est chargée de leurs dettes : ils n'exigeront de justification de propriété que pour les mutations postérieures : ils n'entreront pas dans l'examen ou discussion des droits ou prétentions résultant des dispositions de la loi du 17 nivose dernier, sauf aux prétendans de faire à la Trésorerie nationale telles oppositions qu'ils croiront nécessaires à leurs intérêts.

22. Les dépositaires des actes ou minutes, et les détenteurs des registres d'immatricules des paiemens précédemment faits à la décharge de l'Etat, sont autorisés à délivrer aux créanciers porteurs d'une demande faite par le directeur général de la liquidation, par la Trésorerie nationale ou par les corps administratifs, tous les extraits desdits registres servant à constater les droits à la propriété de l'objet liquidé, nonobstant les dispositions de l'article 121 de la loi du 24 août 1793, sur la consolidation de la dette publique.

23. Les propriétaires des créances autres que celles soumises aux certificats et arrêtés des corps administratifs, justifieront de leur propriété dans les trois mois de l'avertissement qui leur en sera donné par lettre chargée par le directeur général de la liquidation, à peine de déchéance. Les délais accordés par la loi du 25 septembre sont abrogés, sans rien innover néanmoins à la déchéance encourue ou à encourir par ceux auxquels il a été écrit en exécution de ladite loi, et qui n'y ont pas satisfait ou n'y satisferont pas dans les délais qu'elle prescrit.

24. Les créanciers qui ont déjà produit leurs titres dans les délais précédemment prescrits, mais dont la liquidation se trouve arrêtée, soit à défaut des états exigés par les différentes lois, soit par défaut des avis des corps administratifs, ou pour toute autre formalité dont l'omission n'entraîne pas la déchéance, en seront prévenus par lettre chargée par le directeur général de la liquidation, et ils seront tenus de se conformer aux dispositions mentionnées aux articles précédens, dans les trois mois de l'avertissement, sous peine de déchéance.

25. Le directeur général de la liquidation est autorisé à correspondre directement avec les corps administratifs, pour faire mettre en règle les pièces fournies à la liquidation.

26. Tout créancier liquidé préparatoirement par les corps administratifs, jusqu'à la publication de la présente loi, sera tenu de produire, si fait n'a été, à la liquidation générale, d'ici au 1er nivose inclusivement, lesdits avis et arrêtés, et les pièces justificatives d'iceux, à peine de déchéance.

Ceux non liquidés, mais ayant produit en temps utile aux corps administratifs, aux termes des précédentes lois, produiront à la liquidation générale leurs titres visés dans les formes ci-dessus prescrites, d'ici au 1er nivose prochain inclusivement, à peine de déchéance.

27. A l'avenir, le liquidateur général, le liquidateur de la Trésorerie nationale, ne s'occuperont plus des oppositions qui pourront subsister sur les créanciers liquidés, à quelque titre et pour quelque cause que ce soit, non plus que des lettres de ratification à obtenir avant le remboursement à faire aux créanciers, pour cause de vente d'immeubles à l'ancien Gouvernement; la justification des mains-levées de toutes lesdites oppositions se fera à la Trésorerie nationale.

28. Les créanciers joindront à leurs productions la mention de leurs noms, prénoms, domicile et adresse, afin de pouvoir être informés lorsque leur liquidation sera terminée.

29. Les dispositions de l'article 15 de la loi du 14 = 27 avril 1791, en ce qui concerne les intérêts des créances exigibles sur les corporations supprimées, sont rapportées.

Néanmoins, les intérêts accordés jusqu'à ce jour sont maintenus.

§ IV. Remboursement des créances au-dessous de cinquante livres d'inscriptions, et des déchéances.

30. A compter de ce jour, les créances qui auront été rejetées de l'inscription du grand-livre de la dette consolidée, comme étant au-dessous de cinquante livres d'inscription, seront remboursées par la Trésorerie nationale, à bureau ouvert, sur leur pied de vingt fois leur net produit annuel, ainsi que les intérêts échus jusqu'au 1er germinal.

31. Les propriétaires qui voudront obtenir ce remboursement seront tenus de remettre :

1° Le certificat de la remise des titres originaux aux agens qui ont été chargés de fournir des états pour l'inscription au grand-livre;

2° Une déclaration qu'ils n'ont pas d'autres créances inscrites ou à inscrire sur le grand-livre.

32. En cas de fausses déclarations, les propriétaires desdites créances remboursées seront déchus de toute autre répétition envers la République, et en outre condamnés au paiement d'une somme double de celle qu'ils auront reçue.

33. Ceux qui n'auront pas réclamé leur remboursement d'ici au 1er nivose prochain sont, dès à présent, déclarés déchus de toute répétition envers la République.

34. Il n'est pas dérogé par les articles précédens aux articles 36, 71 et 74 de la loi du 24 août 1793, sur la consolidation de la dette publique, qui continueront d'avoir leur entière exécution.

35. Les capitaux provenant des rentes ou intérêts de vingt livres et au-dessous, rejetés des états des payeurs, en exécution des arrêts du conseil des 26 décembre 1784 et 18 août 1785, ne sont pas compris dans les dispositions de la présente loi; ils sont, au contraire, regardés comme définitivement éteints au profit de la République.

§ V. Des certificats à fournir, et attribution au comité des finances de statuer par arrêté (1).

36. Le certificat de résidence, non-émigration, non-détention, et de paiement de contribution, nécessaire pour obtenir le remboursement des capitaux, sera le même que celui qui a été prescrit par la loi du 23 floréal sur la dette viagère; mais les certificats qui ont été délivrés jusqu'à ce jour serviront jusqu'à leur surannation.

37. Les certificats de résidence, non-émigration, non-détention, et du paiement des contributions, nécessaires pour recevoir à la Trésorerie nationale, pourront être enregistrés à Paris.

38. La Convention nationale autorise son comité des finances à statuer, par arrêté, sur les difficultés auxquelles pourraient donner lieu les dispositions de la présente loi, et celles des autres lois relatives à la liquidation de la dette publique.

Nous soussignés (mettre ici les noms et fonctions de ceux qui signeront le visa) avons visé le ou les pièces ci au nombre de de nous cotées et paraphées, aux termes de la loi du pour être par (mettre ici le nom du créancier, ses prénoms et domicile) liquidé de (telle somme en capital) et des intérêts (s'il y en a) sur le pied de

(indiquer le taux auquel ils ont cours), à compter du

Fait à ce

Vérifié et reconnu l'exactitude du visa ci-dessus,

Par nous administrateurs du district de (ou du département de dans le cas où le premier visa doit être fourni par le district, et le second par le département).

Nota. Si le titre n'appartient plus à celui qui y est dénommé, indiquer celui ou ceux qui en sont les propriétaires actuels, par leurs noms, prénoms et domiciles, en indiquant sommairement pour quelle portion et à quel titre ils en sont propriétaires; par exemple, pour un tiers, un quart, un dixième, un vingtième, etc., comme héritiers, légataires, donataires ou cessionnaires de. . . . . au profit de qui le titre existait originairement.

---

23 MESSIDOR an 2 (11 juillet 1794). — Décret qui accorde six cents livres, à titre de reconnaissance nationale, au citoyen Tournier. (B. 44, 178.)

---

23 MESSIDOR an 2 (11 juillet 1794). — Décret relatif à la pétition de la citoyenne Mioche. (B. 44, 179.)

---

23 MESSIDOR an 2 (11 juillet 1794). — Décret relatif à la fête ordonnée en l'honneur de Barra et Viala. (1, Bull. 20, n° 94; B. 44, 179 et 180.)

---

24 MESSIDOR an 2 (12 juillet 1794). — Décret relatif à la proposition faite de suspendre l'effet de toutes créances et actions civiles contre les défenseurs de la patrie. (B. 44, 192.)

La Convention nationale, après avoir entendu le rapport de son comité de législation sur la proposition de suspendre l'effet de toutes créance et action civiles contre les défenseurs de la patrie,

Décrète qu'il n'y a pas lieu à délibérer.

---

24 MESSIDOR an 2 (12 juillet 1794). — Décret sur les nouveaux succès des armées du Nord et de Sambre-et-Meuse. (1, Bull. 35, n° 195 et B. 44, 194.)

---

24 MESSIDOR an 2 (12 juillet 1794). — Décret portant que la Trésorerie nationale ouvrira un crédit d'un million à la commission des administrations civiles, de police et tribunaux; de cent cinquante millions à celle du commerce et des approvisionnemens; de huit millions à celle des travaux publics. (B. 44, 184.)

---

(1) *Voy.* loi du 23 fructidor an 2.

24 MESSIDOR an 2 (12 juillet 1794). — Décret sur la liquidation de l'actif et du passif de l'ancienne compagnie des Indes. (B. 44, 180.)

---

24 MESSIDOR an 2 (12 juillet 1794). — Décrets qui accordent des secours à la veuve Gérard, au citoyen Munier et autres. (B. 44, 182, 186 à 193.)

---

24 MESSIDOR an 2 (12 juillet 1794). — Décret qui annule un jugement du tribunal de commerce de Nevers, qui condamne le citoyen Fromental. (B. 44, 185.)

---

24 MESSIDOR an 2 (12 juillet 1794). — Décret qui renvoie au 10 thermidor la fête ordonnée en l'honneur du jeune Barra et d'Agricole Viala. (B. 44, 179.)

---

24 MESSIDOR an 2 (12 juillet 1794). — Décret qui annule un arrêt du ci-devant parlement de Paris, du 27 juin 1787, qui a condamné le citoyen Julan à servir comme esclave la citoyenne Ruste, créole, femme de l'ex-député de la Martinique. (B. 44, 183.)

---

24 MESSIDOR an 2 (12 juillet 1794). — Décret sur la pétition de la citoyenne Christine Jann, veuve Denis Voudière. (B. 44, 183.)

---

24 MESSIDOR an 2 (12 juillet 1794). — Décret qui déclare nul un jugement arbitral rendu contre le citoyen Leroy. (B. 44, 192.)

---

24 MESSIDOR an 2 (12 juillet 1794). — Décret qui ordonne la restitution au citoyen Bournel, horloger, des objets saisis chez lui, et annule la procédure commencée contre lui. (B. 44, 193.)

---

24 MESSIDOR an 2 (12 juillet 1794). — Décret qui proroge les pouvoirs du comité de salut public. (B. 44, 194.)

---

24 MESSIDOR an 2 (12 juillet 1794). — Décret qui accorde un congé au député Baudot. (B. 44, 194.)

---

25 MESSIDOR an 2 (13 juillet 1794). — Décret d'ordre du jour sur les liquidations d'offices. (B. 44, 195.)

---

25 MESSIDOR an 2 (13 juillet 1794). — Décret qui accorde une indemnité à la femme Gandelet. (B. 44, 195.)

---

25 MESSIDOR an 2 (13 juillet 1794). — Décret qui maintient la liquidation de l'office de notaire du citoyen Broust. (B. 44, 195.)

---

26 MESSIDOR an 2 (14 juillet 1794). — Décret portant que les secours provisoires accordés aux anciens pensionnaires de la fondation des écoles militaires, continueront de leur être payés jusqu'à la liquidation définitive de leurs pensions. (B. 44, 197.)

Les secours provisoires accordés par le décret du 13 juin 1793 aux anciens pensionnaires de la fondation des écoles militaires, pour les six derniers mois de l'année 1792 et pour l'année 1793, continueront de leur être payés jusqu'à la liquidation définitive de leurs pensions, ainsi et de la même manière qu'ils sont payés aux autres pensionnaires de l'Etat non liquidés, en conformité des lois des 3 = 22 août 1790, 20 = 25 février, 2 = 20 juillet 1791, et par le décret du 20 = 28 juillet 1792; à la charge néanmoins de justifier qu'ils ont remis à la direction générale de la liquidation les titres de leurs pensions; qu'ils y ont pareillement déposé, dans les délais fixés par les lois, leur certificat de résidence, en se conformant d'ailleurs aux lois rendues pour tous les pensionnaires de l'Etat.

---

26 MESSIDOR an 2 (14 juillet 1794). — Décret qui détermine les formes à observer pour la rectification des erreurs commises dans l'énonciation des noms, prénoms et actes de naissance des pensionnaires. (B. 44, 197.)

Art. 1er. Les erreurs commises dans l'énonciation des noms, prénoms et actes de naissance des pensionnaires, soit dans les certificats de résidence par eux fournis pour parvenir à la liquidation, soit dans les décrets qui liquident les pensions, seront rectifiées à l'avenir dans les formes ci-après.

2. Si l'erreur a été commise dans le certificat de résidence, elle sera rétablie, sur le vu de l'acte de naissance, par une attestation des officiers municipaux de la commune qui auront certifié la résidence, suivant le modèle annexé au présent décret, n° 1er.

3. Si l'erreur a été faite dans le décret de liquidation, elle sera rectifiée par un certificat des officiers municipaux de la commune dans laquelle le pensionnaire fait sa résidence, qui attestera l'individualité du citoyen qui n'a pas été désigné sous ses vrais noms, pour avoir droit à la pension liquidée, à raison de ses services publics dans telle ou telle place, suivant le modèle annexé au présent décret, n° 2.

4. Ces certificats seront visés par le directoire du district; ils ne seront sujets ni au timbre ni à l'enregistrement.

N° 1er. Modèle de certificat.

Nous, maire et officiers municipaux de la commune de (à Paris, nous, membres du comité civil de la section de) certifions que le citoyen (mettre les vrais nom, prénoms et date de naissance) a été annoncé par erreur se nommer, ou être né le (mettre les nom et prénoms tels qu'ils avaient été précédemment écrits, ou la date de naissance telle qu'elle avait été donnée par erreur) dans un certificat de résidence qui lui a été délivré le (mettre la date du certificat de résidence); attendu que ses vrais nom et date de naissance sont (répéter les véritables nom, prénoms et date de naissance), ainsi qu'il résulte de l'acte de naissance à nous représenté et rendu.

Donné à la maison commune de, etc.

N° II. Modèle de certificat.

Nous, maire et officiers municipaux de la commune de (à Paris, nous, membres du comité civil de la section de), certifions, sur l'attestation de (faire comparaître les trois témoins) qui nous ont déclaré bien connaître le citoyen (mettre les vrais nom, prénoms et date de naissance du pensionnaire), pour avoir exercé l'emploi de (énoncer ici l'emploi) à (mettre le lieu où l'emploi était exercé) où il était en fonctions à l'époque de sa suppression, que ledit citoyen est celui qui a droit à la pension liquidée à son profit par décret du à la somme de sous le nom de (mettre les nom, prénoms et date de naissance portés au décret), pour raison de l'emploi ci-dessus énoncé.

Donné à la maison commune de, etc.

Nota. Le certificat sera signé de trois témoins.

---

26 MESSIDOR an 2 (14 juillet 1794). — Décret qui supprime l'agence nationale. (1, Bull. 21, n° 95; B. 44, 204.)

---

26 MESSIDOR an 2 (14 juillet 1794). — Décret relatif aux individus convaincus de complicité d'un crime dont l'auteur est mort avant sa condamnation. (1, Bull. 21, n° 96; B. 44, 205.)

---

26 MESSIDOR an 2 (14 juillet 1794). — Décret concernant les anciens domestiques de feu Stanislas Ier, dont le décret du 29 juillet 1793 avait conservé les pensions. (1, Bull. 21, n° 97; B. 44, 202.)

---

26 MESSIDOR an 2 (14 juillet 1794). — Décret relatif à la compétence des tribunaux révolutionnaires. (1, Bull. 21, n° 99; B. 44, 200.)

---

26 MESSIDOR an 2 (14 juillet 1794). — Décret d'ordre du jour sur la peine pour récidive du crime de faux et d'escroquerie. (B. 44, 205.)

---

26 MESSIDOR an 2 (14 juillet 1794). — Décret qui annule deux jugemens contre les frères Févrieux et Soulié. (B. 44, 207.)

---

26 MESSIDOR an 2 (14 juillet 1794). — Décret relatif aux certificats de résidence nécessaires pour la conservation ou le rétablissement des pensions. (1, Bull. 21, n° 98; B. 44, 199.)

---

26 MESSIDOR an 2 (14 juillet 1794). — Décrets qui accordent des secours à la veuve Beauconnais et autres. (B. 44, 196 à 207.)

---

26 MESSIDOR an 2 (14 juillet 1794). — Décret pour l'insertion au Bulletin des listes des individus mis hors la loi dans plusieurs communes du district de Douai. (B. 44, 208.)

---

27 MESSIDOR an 2 (15 juillet 1794). — Décret concernant les référés des directeurs du jury. (B. 44, 211; Mon. du 29 messidor an 2.)

La Convention nationale, après avoir entendu le rapport de son comité de législation sur les questions proposées par le tribunal du district de Quingey, et transmises par la commission des administrations civiles, police et tribunaux: 1° si les tribunaux de district peuvent prononcer au nombre de trois juges, sur les référés des directeurs du jury; 2° si les directeurs du jury ont voix délibérative dans les référés qu'ils font aux tribunaux dont ils sont membres;

Considérant, sur la première question, qu'aucune loi n'a dérogé à la règle générale, qui ne permet aux tribunaux de district de juger en dernier ressort qu'au nombre de quatre juges;

Sur la deuxième question, que, dans les référés dont il s'agit, les directeurs du jury font les fonctions de rapporteur, et que les rapporteurs ont nécessairement voix délibérative dans les jugemens qui interviennent sur leurs rapports;

Déclare qu'il n'y a pas lieu à délibérer.

---

27 MESSIDOR an 2 (15 juillet 1794). — Décrets d'ordre du jour relatifs à la redevance de la ferme de Grand-Charlieu, et à la demande du citoyen Lorain, ancien architecte de la maison de Condé. (B. 44, 211 et 212.)

---

27 MESSIDOR an 2 (15 juillet 1794). — Décret qui rejette la demande en main-levée du séquestre mis sur les biens de J.-A. Pérey. (B. 44, 210.)

---

27 MESSIDOR an 2 (15 juillet 1794). — Décret relatif à la pétition du citoyen d'Hédouville. (B. 44, 209.)

---

27 MESSIDOR an 2 (15 juillet 1794). — Décret qui annule la déclaration des jurés du tribunal criminel du département de l'Hérault, sur l'accusation portée contre Rosier. (B. 44, 209.)

---

27 MESSIDOR an 2 (15 juillet 1794). — Décret qui accorde un secours de huit cents livres à Jean Cansole. (B. 44, 210.)

---

27 MESSIDOR an 2 (15 juillet 1794). — Décrets qui accordent des secours à la veuve Marque et autres. (B. 44, 212 à 224.)

---

28 MESSIDOR an 2 (16 juillet 1794). — Décret interprétatif de celui du 10 germinal, qui attribue à l'agence des domaines la location des biens nationaux, et qui ordonne le versement dans le Trésor national des sommes existant dans les dépôts publics, provenant des émigrés et des condamnés. (B. 44, 217; Mon. du 30 messidor an 2, Rap. Mallarme.)

Art. 1er. L'agence de l'enregistrement et des domaines nationaux continue d'être chargée de l'exécution de l'article 1er du décret du 10 germinal.

2. La location des domaines se fera d'après les règles et suivant les formes prescrites par les décrets des 23 et 28 octobre = 5 novembre 1790 et 19 août = 12 septembre 1791.

3. Les préposés de ladite agence sont personnellement responsables de la négligence qu'ils auraient apportée à provoquer auprès des directoires des districts la location des domaines appartenant à la République. Ils rendront compte à l'agence, au commencement de chaque décade, des locations faites dans la décade précédente et de celles qui resteront à faire; l'agence en formera un état général, qu'elle présentera, chaque décade, à la commission des revenus nationaux.

4. Il sera expédié par les receveurs de district et par la Trésorerie nationale, pour les sommes qui auraient pu être versées dans leurs caisses en conséquence de l'article 3 du décret du 10 germinal, des récépissés au profit des préposés de l'agence des domaines, entre les mains desquels elles auraient dû être versées en conséquence de l'article 5 du décret du 25 juillet 1793 : ces préposés en feront emploi en recette et en dépense dans leurs comptes.

5. Dans la décade qui suivra la promulgation du présent décret, les accusateurs publics et les greffiers des tribunaux criminels et commissions militaires feront verser dans les caisses des préposés de l'agence nationale de leur situation les sommes, tant en argent qu'en assignats, dont ils se trouvent dépositaires, et qui auront appartenu à des individus contre lesquels la confiscation aura été prononcée : ces versemens se feront distinctement pour chaque condamné.

6. Ils feront, dans le même délai, dresser un inventaire particulier des effets qui ont appartenu à chaque individu désigné dans l'article précédent, et dont ils se trouveront dépositaires : ces effets seront déposés conformément à l'article 17, section II de la loi du 25 juillet 1793, et les directoires de district s'en chargeront au pied dudit inventaire, dont un double, certifié véritable par lesdits accusateurs publics ou secrétaires-greffiers, leur sera remis pour servir à la vente desdits effets.

7. Les deux articles ci-dessus recevront à l'avenir leur exécution dans les trois jours après que la confiscation aura été prononcée.

8. Il est dérogé aux dispositions du décret du 10 germinal qui seraient contraires au présent et à la loi du 25 juillet 1793.

---

28 MESSIDOR an 2 (16 juillet 1794). — Décret qui rend communes à des comptables les dispositions de la loi du 4 germinal, concernant le mode de paiement des sommes dues par les ci-devant receveurs-généraux des finances. (B. 44, 214.)

La Convention nationale décrète que les dispositions de la loi du 4 germinal, concernant le *mode de paiement des sommes dues par les ci-devant receveurs généraux des finances*, seront communes à tous les comptables de la République dont la comptabilité est antérieure à 1791, et qui ne sont pas obligés de payer en numéraire.

---

28 MESSIDOR an 2 (16 juillet 1794). — Décret qui autorise les administrations de département à ordonnancer jusqu'à concurrence de la somme de huit cents livres, au profit des créanciers de ceux dont les biens sont séquestrés. (B. 44, 212.)

La Convention nationale décrète que les administrations de département sont autorisées à ordonnancer jusqu'à concurrence de la somme de huit cents livres, au profit des créanciers de ceux dont les biens sont mis en séquestre en exécution des lois précédentes; et ce, sur les deniers provenant de la recette desdits biens séquestrés.

---

28 MESSIDOR an 2 (16 juillet 1794). — Décret concernant la procédure relative à une carrière appartenant à la commune de Neuvi. (B. 44, 213.)

---

28 MESSIDOR an 2 (16 juillet 1794). — Décret d'ordre du jour relatif aux moyens de justification des accusés. (B. 44, 216.)

---

29 MESSIDOR an 2 (17 juillet 1794). — Décret qui détermine la manière dont il sera procédé dans les contestations de la compétence des tribunaux de famille, qui devront être suivies de ventes ou licitations de fonds indivis avec des absens ou interdits. (B. 44, 220; Mon. du 1er thermidor an 2.)

Art. 1er. En toutes contestations de la compétence des tribunaux de famille qui devront être suivies de ventes, ou licitations de fonds indivis avec des absens ou interdits, il y sera procédé ainsi qu'il est établi à l'égard des fonds indivis avec des mineurs, par la loi du 7 de ce mois, qui demeure déclarée commune.

2. Dans le cas où les ventes et licitations, objets tant de la présente loi que de celle du 7 de ce mois, auraient été ordonnées par jugemens des tribunaux ordinaires, suivis d'affiches et publications, le tout antérieurement à la promulgation respective desdites lois, il sera passé outre à l'exécution.

3. Dans le cas contraire, et nonobstant toute procédure préliminaire au jugement, le tribunal de famille se rassemblera et pourvoira aux ventes et licitations dans les formes prescrites par la loi du 7 de ce mois.

---

29 MESSIDOR an 2 (17 juillet 1794). — Décret sur la question, si les dispositions de l'art. 11 de la quatrième section du Code pénal militaire doivent s'appliquer à la provocation au duel par le militaire inférieur envers son supérieur, hors le cas de service. (B. 44, 227.)

La Convention nationale, après avoir entendu le rapport de son comité de législation sur le jugement de référé du tribunal criminel du département de Seine-et-Oise, présentant la question si les dispositions de l'article 11 de la IVe section du Code pénal militaire doivent s'appliquer à la provocation au duel par le militaire inférieur envers son supérieur, hors le cas du service;

Considérant que l'application de la loi doit être restreinte au cas qu'elle a prévu, et que l'article cité n'offre ni sens ni expression qui s'applique à la provocation au duel;

Décrète qu'il n'y a pas lieu à délibérer;

Renvoie à la commission du recensement et de la rédaction complète des lois, pour examiner et proposer les moyens d'empêcher les duels, et la peine à infliger à ceux qui s'en rendraient coupables ou qui les provoqueraient.

Le présent décret ne sera point imprimé; il en sera adressé une copie manuscrite au tribunal criminel du département de Seine-et-Oise.

---

29 MESSIDOR an 2 (17 juillet 1794). — Décret qui ordonne de rayer le citoyen G.-M. Flecheux de la liste des émigrés. (B. 44, 230.)

---

29 MESSIDOR an 2 (17 juillet 1794). — Décret portant que les gardes nationales, les enfans d'Avesnes et tous les citoyens de Maubeuge, Avesnes, etc., ont bien mérité de la patrie. (1, Bull. 22, n° 105; B 44, 232.)

---

29 MESSIDOR an 2 (17 juillet 1794). — Décret de liquidation d'offices de judicature et ministériels. (B. 44, 232.)

---

29 MESSIDOR an 2 (17 juillet 1794). — Décret qui renvoie Tiengout à se pourvoir au tribunal de cassation contre un réglement de juges. (B. 44, 230.)

---

29 MESSIDOR an 2 (17 juillet 1794). — Décret relatif aux notaires de la vallée de Barcelonnette. (B. 44, 231.)

---

29 MESSIDOR an 2 (17 juillet 1794). — Décret qui adjuge au citoyen Simon la forge de Beaucamp et ses dépendances. (B. 44, 225.)

---

29 MESSIDOR an 2 (17 juillet 1794). — Décret qui annule un jugement de juge-de-paix. (B. 44, 224.)

---

29 MESSIDOR an 2 (17 juillet 1794). — Décret qui accorde une récompense à un dénonciateur de distributeurs de faux assignats. (B. 44, 226.)

---

29 MESSIDOR an 2 (17 juillet 1794).—Décret relatif à la pétition de Marguerite Bourgain. (B. 44, 227.)

---

29 MESSIDOR an 2 (17 juillet 1794). — Décret qui accorde des secours au citoyen Pignon et autres. (B. 44, 228.)

---

30 MESSIDOR an 2 (18 juillet 1794). — Décret qui proroge le délai accordé aux pensionnaires et gagistes de la liste civile, pour remplir les formalités prescrites par la loi du 17 germinal. (B. 44, 233.)

---

30 MESSIDOR an 2 (18 juillet 1794). — Décret relatif à la nomination aux places d'assesseurs des juges-de-paix pendant la durée du gouvernement révolutionnaire. (B. 44, 234.)

---

30 MESSIDOR an 2 (18 juillet 1794). — Décret d'ordre du jour relatif à des assignats démonétisés. (B. 44, 233.)

---

30 MESSIDOR an 2 (18 juillet 1794).— Décrets qui accordent des secours à la citoyenne Rouelle et au citoyen Gero. (B. 44, 234.)

---

30 MESSIDOR an 2 (18 juillet 1794). — Décret portant que les armées de Sambre-et-Meuse, de la Moselle et du Nord ne cessent de bien mériter de la patrie. (B. 44, 235.)

1er THERMIDOR an 2 (19 juillet 1794).—Décret relatif au mode d'avancement dans les grades militaires. (B. 44, 5; Mon. du 3 thermidor an 2.)

Voy. lois du 21 FÉVRIER 1793 et du 14 GERMINAL an 3.

Art. 1er. Dans tous les corps, le tiers des emplois, depuis le grade de sous-lieutenant jusqu'à celui de chef de bataillon ou d'escadron inclusivement, demeure affecté à la ré-

16 THERMIDOR an 2 (3 août 1794). — Décret relatif à la répartition de la contribution mobilière de 1793, dans les districts infestés par les ennemis du dedans ou du dehors. (B. 45, 115.)

---

16 THERMIDOR an 2 (3 août 1794). — Décret qui accorde une prolongation de congé de deux décades au citoyen Esnue Lavallée. (B. 45, 112.)

---

16 THERMIDOR an 2 (3 août 1794). — Décret qui renvoie aux comités de salut public et de sûreté générale la proposition tendante au rappel de tous les députés qui sont en commission. (B. 45, 113.)

---

17 THERMIDOR an 2 (4 août 1794). — Décret qui accorde un congé au député Poullain-Grandpray. (B. 45, 116.)

---

17 THERMIDOR an 2 (4 août 1794). — Décret qui renvoie une pétition du citoyen Lever au représentant du peuple dans le département de l'Yonne. (B. 45, 116.)

---

17 THERMIDOR an 2 (4 août 1794). — Décret qui accorde des secours à Jean Fleuriot, Devaux, Valas, Martin, Lorget, Larroque. (B. 45, 117 à 120.)

---

17 THERMIDOR an 2 (4 août 1794). — Décret qui renvoie au comité des domaines le rapport et le projet de décret présenté au nom du comité de législation, sur les nouveaux droits de gruerie, grairie et ségrairie, pour être discuté de nouveau et délibéré par les comités des domaines et de législation. (B. 45, 120.)

---

17 THERMIDOR an 2 (4 août 1794). — Décret relatif à la résidence des personnes que la loi du 26 germinal astreint à quitter Paris. (B. 45, 116.)

---

17 THERMIDOR an 2 (4 août 1794). — Décret qui suspend l'exécution du décret d'accusation contre les citoyens Polverel et Santhonax. (B. 45, 117.)

---

17 THERMIDOR an 2 (4 août 1794). — Décret relatif aux actions courageuses des citoyens Traullé et Cathala. (B. 45, 121.)

---

17 THERMIDOR an 2 (4 août 1794). — Décret qui confirme la promotion des citoyens Renaud et Cardenot au grade d'adjudant général chef de bataillon. (B. 45, 122.)

---

18 THERMIDOR an 2 (5 août 1794). — Décret relatif aux citoyens détenus comme suspects. (B. 45, 124.)

Art. 1er. Le comité de sûreté générale est chargé de faire mettre en liberté tous les citoyens détenus comme suspects, pour des motifs qui ne sont pas désignés par la loi du 17 septembre 1793.

2. Tous les comités de surveillance ou révolutionnaires de la République seront tenus de donner aux détenus, ou à leurs parens ou amis, copie des motifs de leur arrestation.

3. Les motifs des mandats d'arrêts décernés par les représentans du peuple et par les comités de salut public et de sûreté générale, seront également communiqués aux détenus, ou à leurs parens ou amis.

---

18 THERMIDOR an 2 (5 août 1794). — Décret portant que les ci-devant ministres du culte, religieux et religieuses pensionnés, toucheront sans délai l'arriéré des sommes qui leur sont dues. (B. 45, 125.)

Art. 1er. Les ci-devant ministres du culte, religieux et religieuses pensionnés de la République toucheront sans délai, chez les receveurs de district, l'arriéré des sommes qui leur sont dues en exécution des décrets précédemment rendus, et continueront à l'avenir à être payés par trimestre, sur le même pied.

2. Les commissaires de la Trésorerie nationale seront tenus, sous leur responsabilité, d'envoyer aux receveurs de district les fonds nécessaires pour acquitter les mandats ordonnancés par les administrations dont ils dépendent, d'après les états réglés par elles, et continueront de trimestre en trimestre, de telle sorte que les pensionnés de la République n'éprouvent jamais aucun retard.

---

18 THERMIDOR an 2 (5 août 1794). — Décret portant qu'un citoyen pourra réunir traitement et pension, lorsque l'un et l'autre n'excéderont pas la somme de mille livres. (B. 45, 126.)

La Convention nationale décrète, en interprétant en tant que de besoin la loi du 7 floréal, qu'un citoyen pourra réunir traitement et pension, lorsque l'un et l'autre n'excéderont pas la somme de mille livres.

---

18 THERMIDOR an 2 (5 août 1794). — Décret relatif aux militaires retirés avant la guerre de la liberté, et qui se sont de nouveau dévoués au service de la République. (B. 45, 127.)

Un membre propose, par amendement au décret qui interdit aux fonctionnaires de cumuler deux traitemens ou pensions, d'excepter les militaires qui, retirés avec traitement ou pension avant la guerre de la liberté, se sont de nouveau dévoués au service de la République.

La Convention passe à l'ordre du jour, motivé sur le décret de l'Assemblée législative qui, en appelant les citoyens à la défense de la patrie, a assuré à ses anciens défenseurs le traitement en retraite qu'ils pourraient avoir obtenu, cumulativement à leurs appointemens.

---

18 THERMIDOR an 2 (5 août 1794). — Décret portant que les inscriptions provisoires de la dette consolidée continueront d'être admises en paiement des domaines nationaux. (B. 45, 128.)

Art. 1er. Les inscriptions provisoires de la dette consolidée continueront d'être admises en paiement des domaines nationaux, conformément aux dispositions de la loi du 24 août 1793, jusqu'à ce que la délivrance des inscriptions définitives soit ouverte.

2. Les citoyens qui ont déjà présenté des inscriptions provisoires en paiement de domaines nationaux seront admis à les faire calculer d'après le taux déterminé à l'époque de la présentation.

---

18 THERMIDOR an 2 (5 août 1794). — Décret concernant la solde des militaires de tout grade dans le génie et dans les compagnies de mineurs. (B. 45, 145; Mon. du 22 thermidor an 2.)

Art. 1er. A compter du 1er vendémiaire prochain, la solde des militaires de tout grade dans le génie et dans les compagnies de mineurs sera payée conformément au tarif annexé au présent décret.

2. Il n'y aura à l'avenir dans le génie qu'une classe de chefs de brigade et une classe de lieutenans.

La solde des chefs de bataillon sera divisée en deux classes; celle des capitaines sera divisée en trois classes.

Ces classes seront égales en nombre.

3. Les compagnies de mineurs conserveront, jusqu'à ce qu'il en soit autrement ordonné, leur composition actuelle.

La solde des capitaines et celle des lieutenans seront divisées en deux classes chacune.

4. Les officiers de mineurs rouleront entre eux pour l'avancement jusqu'au grade de capitaine inclusivement. Les capitaines rouleront avec ceux du génie pour l'avancement aux grades supérieurs, et prendront rang suivant leur ancienneté de service; en conséquence, le nombre des chefs de brigade du génie sera porté à vingt-deux, et celui des chefs de bataillon à quarante-quatre.

5. Le nombre des adjoints ne pourra être porté au-delà de deux cents.

Leur solde sera divisée en deux classes.

Un tiers des adjoints sera de la première classe, et jouira d'une solde de sept livres par jour, deux rations de vivres et trois rations de fourrages.

Les deux autres tiers seront de la seconde classe, et jouiront d'une solde de six livres par jour, deux rations de vivres et deux rations de fourrages.

6. Les gardes et éclusiers des fortifications seront divisés en quatre classes.

Ceux de la première auront rang de sergent-major, avec une solde égale à celle des sergens-majors de mineurs.

Ceux de la seconde auront rang et solde de sergent.

Ceux de la troisième auront rang et solde de caporal-fourrier.

Ceux de la quatrième auront rang et solde de caporal.

7. Les commandans amovibles des places de guerre et postes militaires recevront la solde qui leur est attribuée par la loi du 15 nivose dernier, sans aucun supplément ni fournitures. Dans les villes assiégées, et tant que durera le siége, ils recevront en outre, et sans diminution de leur solde, les rations de vivres attribuées à leur grade.

8. Les adjudans de place du grade de capitaine recevront une solde de neuf livres quinze sous par jour, sans aucune ration de vivres.

Les adjudans du grade de lieutenant recevront une solde de six livres cinq sous par jour, aussi sans aucune ration de vivres.

Dans les villes assiégées, et tant que durera le siége, les adjudans de place recevront en outre, et sans diminution de leur solde, les rations de vivres attribuées à leur grade.

9. A compter du 1er vendémiaire prochain, les secrétaires écrivains de place, créés par l'article 24 du titre III de la loi du 8 = 10 juillet 1791, seront supprimés; leurs fonctions, ainsi que la garde et le soin du secrétariat des places, seront confiées aux secrétaires attachés aux commandans amovibles des places en vertu de la loi du 15 nivose dernier.

10. A compter de la même époque, les secrétaires attachés aux places de première classe recevront une somme de cinq livres dix sous par jour.

Ceux de la deuxième classe recevront une solde de quatre livres cinq sous.

Ceux de la troisième recevront une solde de trois livres. Dans les villes assiégées, et tant que durera le siége, les secrétaires attachés aux places recevront en outre, et sans diminution de leur solde, chacun une ration de vivres.

11. Les portiers et concierges des places de première ligne recevront une solde de trente-trois sous par jour.

Ceux des places de deuxième ligne recevront une solde de une livre sept sous six deniers par jour.

Ceux des places de troisième ligne recevront une solde de une livre deux sous par jour; le tout sans aucune ration de vivres.

---

18 THERMIDOR an 2 (5 août 1794). — Décret relatif à la condamnation de Coffinal et autres individus mis hors de la loi. (B. 45, 125.)

18 THERMIDOR an 2 (5 août 1794). — Décret relatif à la dénonciation de divers arrêtés de J. Lebon. (B. 45, 124.)

18 THERMIDOR an 2 (5 août 1794). — Décret d'ordre du jour sur la proposition d'autoriser les représentans en mission à mettre en liberté les citoyens mis en arrestation par d'autres représentans. (B. 45, 123.)

18 THERMIDOR an 2 (5 août 1794). — Décret qui ordonne l'envoi au comité de salut public des arrêtés pris par les représentans en mission. (B. 45, 123.)

18 THERMIDOR an 2 (5 août 1794). — Décret portant que le jugement de la ci-devant section révolutionnaire du tribunal criminel du département de Loire-Inférieure est nul. (B. 45, 127.)

18 THERMIDOR an 2 (5 août 1794). — Décret portant que l'administration et le tribunal de district établis au Quesnoy tiendront provisoirement leurs séances à Landrecies. (B. 45, 125.)

18 THERMIDOR an 2 (5 août 1794). — Décret qui relève le Trésor public du temps écoulé du 25 brumaire, époque du jugement obtenu au tribunal de cassation par Blanquet, ex-régisseur des loteries, contre Isnard et Laugier, au 18 messidor. (B. 45, 126.)

19 THERMIDOR an 2 (6 août 1794). — Décret relatif à la liquidation des offices des ci-devant lieutenans des maréchaux de France, conseillers, rapporteurs et secrétaires-greffiers du point-d'honneur. (B. 45, 144; Mon. du 21 thermidor an 2.)

Art. 1er. Les pensions attribuées aux ci-devant lieutenans des maréchaux de France, conseillers, rapporteurs et secrétaires-greffiers du point-d'honneur, par la déclaration du 13 janvier 1771, sont supprimées. La loi du 29 mai = 3 juin 1791 demeure comme non avenue pour cet objet.

2. Les gages, appointemens ou rentes de quatre cents livres, trois cents livres et deux cents livres, qui étaient respectivement attribués aux susdits officiers, seront considérés comme des rentes viagères.

3. Les pourvus de ces offices remettront, d'ici au 1er vendémiaire prochain, leurs titres et provisions en original à la Trésorerie nationale, pour être liquidés conformément à la loi du 8 prairial sur la dette viagère; ils y joindront les pièces et certificats indiqués par la même loi; et faute par eux de les remettre, ils sont dès à présent déchus de toute répétition envers la République.

19 THERMIDOR an 2 (6 août 1794). — Décret qui ordonne de dresser des tableaux des travaux des commissions exécutives. (B. 45, 129.)

19 THERMIDOR an 2 (6 août 1794). — Décret de mention honorable de la conduite des commissaires envoyés aux Iles-du-Vent, et des patriotes qui se sont réunis à eux pour la reprise de la Guadeloupe. (B. 45, 142.)

19 THERMIDOR an 2 (6 août 1794). — Décret qui règle la solde des compagnies de vétérans et celle de l'artillerie à cheval. (B. 45, 147.)

19 THERMIDOR an 2 (6 août 1794). — Décret qui déclare nul un arrêté qui ordonne l'arrestation du citoyen Santerre. (B. 45, 142.)

19 THERMIDOR an 2 (6 août 1794). — Décret qui ordonne de remettre à la Trésorerie les registres de la compagnie Masson et d'Espagnac. (B. 45, 143.)

19 THERMIDOR an 2 (6 août 1794). — Décret qui nomme les citoyens Thierry, Mathis et Remoissenet commandans de la 17e division militaire. (B. 45, 148.)

19 THERMIDOR an 2 (6 août 1794). — Décret concernant l'organisation de la garde nationale de Paris. (B. 45, 147.)

19 THERMIDOR an 2 (6 août 1794). — Décrets qui accordent des secours à divers citoyens. (B. 45, 129, 137, 139 et 140.)

19 THERMIDOR an 2 (6 août 1794). — Décret de renvoi aux comités de salut public et de la guerre, relatif à des déserteurs et prisonniers de guerre qui divaguent dans les départemens pour piller, etc. (B. 45, 137.)

19 THERMIDOR an 2 (6 août 1794). — Décret qui déclare nul un jugement rendu contre Etienne Josse. (B. 45, 138.)

19 THERMIDOR an 2 (6 août 1794). — Décret qui renvoie au comité de législation la proposition tendante à accorder la main-levée du séquestre apposé par les administrations sur les biens des veuves et enfans dont les parens sont morts en détention, antérieurement à la loi sur le séquestre des biens des détenus. (B. 45, 138.)

19 THERMIDOR an 2 (6 août 1794). — Décret de renvoi au comité de législation, relatif à l'assassinat de deux défenseurs de la patrie par des déserteurs espagnols. (B. 45, 141.)

19 THERMIDOR an 2 (6 août 1794). — Décret qui renvoie au comité de législation la demande qu'il soit décrété que les cohéritiers des ci-

toyens non-nobles ni parens d'émigrés qui sont détenus comme suspects, ne sont pas compris dans la rigueur des articles 30 et 31 du décret du 17 nivose. (B. 45, 141.)

19 THERMIDOR an 2 (6 août 1794). — Décret portant que le comité d'agriculture fera, sous trois jours, le rapport sur l'affaire du citoyen Vincent Denis, cultivateur à Briénon. (B. 45, 143.)

19 THERMIDOR an 2 (6 août 1794). — Solde des militaires de tout grade, etc. *Voy.* 18 THERMIDOR an 2.

20 THERMIDOR an 2 (7 août 1794). — Décret portant suspension des mandats d'arrêt contre Parturand, Silvain-Grandprey et autres de la même commune, et que les trois incarcérés seront mis en liberté. (B. 45, 149.)

20 THERMIDOR an 2 (7 août 1794). — Décret de renvoi aux comités de sûreté générale et de législation des pétitions de Xavier Bernard et de la femme Guyod. (B. 45, 149.)

20 THERMIDOR an 2 (7 août 1794). — Décret qui ajourne la proposition de faire concourir le comité de la guerre avec ceux de salut public et de sûreté générale, pour la surveillance de la garde nationale de Paris. (B. 45, 150.)

20 THERMIDOR an 2 (7 août 1794). — Décret qui renvoie la demande en élargissement du citoyen Lecoq au comité de sûreté générale. (B. 45, 150.)

20 THERMIDOR an 2 (7 août 1794). — Décret qui renvoie au comité de salut public la pétition de la citoyenne Préveraud. (B. 45, 150.)

20 THERMIDOR an 2 (7 août 1794). — Décret qui renvoie la pétition de la citoyenne Pavin au comité des secours, et celle de Victor Langlois et de Rousselie au comité de sûreté générale; au comité de législation, celle de la veuve Pélissier. (B. 45, 151 et 152.)

20 THERMIDOR an 2 (7 août 1794). — Décret qui renvoie la demande en élargissement du citoyen Robbé au représentant du peuple Crassous. (B. 45, 151.)

20 THERMIDOR an 2 (7 août 1794). — Décret qui renvoie la pétition de Marguerite Porcherat aux représentans du peuple en mission dans le département de l'Aube. (B. 45, 152.)

20 THERMIDOR an 2 (7 août 1794). — Décrets qui accordent des congés aux députés Lecarlier et Martin. (B. 45, 151 et 152.)

21 THERMIDOR an 2 (8 août 1794). — Décret relatif à l'organisation des écoles primaires et au traitement de leurs instituteurs. (B. 45, 154.)

Art. 1er. La commission d'instruction publique rendra compte, dans le délai de trois jours, des fonds mis à sa disposition pour le traitement des instituteurs des écoles primaires.

2. Elle rendra compte, dans le même délai, de l'état où se trouve maintenant l'organisation desdites écoles dans toute la République.

3. Les administrations de district feront, sans délai, passer au comité d'instruction publique un état exact des écoles primaires établies dans leur arrondissement.

4. Tout instituteur qui se sera conformé à la loi du 29 frimaire, et qui présentera les pièces qu'elle exige pour recevoir son traitement, sera payé sur-le-champ.

21 THERMIDOR an 2 (8 août 1794). — Décret sur une proposition relative au jugement de faits antérieurs aux lois qui les ont prohibés. (B. 45, 157.)

La Convention nationale, sur la proposition faite par un membre, que nul ne pourra être traduit au tribunal révolutionnaire pour des faits antérieurs aux lois qui les ont prohibés et leur ont infligé des peines;

Considérant que, par l'article 14 de la *Déclaration des droits de l'Homme et du Citoyen*, nul ne doit être jugé et puni qu'en vertu d'une loi promulguée antérieurement au délit; que la loi qui punirait des délits commis avant qu'elle existât serait une tyrannie, et que l'effet rétroactif donné à la loi serait un crime;

Déclare qu'il n'y a pas lieu à délibérer.

21 THERMIDOR an 2 (8 août 1794). — Décret portant que l'armée des Pyrénées-Orientales a bien mérité de la patrie. (B. 45, 155.)

21 THERMIDOR an 2 (8 août 1794). — Décret relatif aux candidats aux places vacantes de notaires dans la commune de Paris. (B. 45, 153.)

21 THERMIDOR an 2 (8 août 1794). — Décret de mention honorable de la conduite du citoyen Lamarque, et qui lui confère le grade de chef de bataillon. (B. 45, 155.)

21 THERMIDOR an 2 (8 août 1794). — Décret portant que le citoyen Lamarre, député et détenu, sera transféré de suite dans le domicile de son épouse, pour rester sous la surveillance d'un garde jusqu'à son parfait rétablissement. (B. 45, 156.)

21 THERMIDOR an 2 (8 août 1794).—Décret qui renvoie la demande de la section de l'Arsenal au comité de sûreté générale. (B. 45, 156.)

---

21 THERMIDOR an 2 (8 août 1794). — Décret qui accorde un congé de trois jours au citoyen Dameron. (B. 45, 157.)

---

21 THERMIDOR an 2 (8 août 1794).—Décret qui accorde trois cents livres de secours à Charlotte Cariolis. (B. 45, 154.)

---

21 THERMIDOR an 2 (8 août 1794).—Décret qui ordonne de traduire Fouquier-Thinville à la barre. (B. 45, 155.)

---

22 THERMIDOR an 2 (9 août 1794). — Décret portant que les arrêtés et jugemens en vertu desquels des citoyens auront été mis en liberté leur serviront de passeport pour se rendre à leur domicile. (B. 45, 157.)

---

22 THERMIDOR an 2 (9 août 1794). — Décret relatif au remboursement de l'excédant des dépenses de la Trésorerie pendant le mois de prairial. (B. 45, 160.)

---

22 THERMIDOR an 2 (9 août 1794).—Décret relatif au récolement et à la remise définitive au directeur de la liquidation des titres produits par les créanciers de la commune de Paris dans les bureaux de la commune. (B. 45, 159.)

---

22 THERMIDOR an 2 (9 août 1794).—Décret qui rapporte celui du 18 messidor, qui traduit au tribunal révolutionnaire les citoyens Morel, Gauthier, Rogeron, Vilneau et Berot, et les réintègre dans leurs fonctions. (B. 45, 160.)

---

22 THERMIDOR an 2 (9 août 1794).—Décret qui accorde des congés aux représentans du peuple Gentil, Thabaud et Guomard. (B. 45, 158 et 159.)

---

23 THERMIDOR an 2 (10 août 1794). — Décrets relatifs aux citoyennes non-nobles dont les demandes en divorce avec les ci-devant nobles étaient formées avant la loi du 27 germinal. (B. 45, 170; Mon. du 26 thermidor an 2.)

La Convention nationale décrète que les citoyennes non-nobles dont les demandes en divorce avec des ci-devant nobles étaient formées avant la loi du 27 germinal, et n'avaient été suspendues que par l'effet de cette loi, sont autorisées à rentrer dans Paris ou dans les communes d'où il leur était enjoint de sortir, à la charge par elles de se présenter, à leur rentrée, devant les comités de surveillance de leurs communes, d'y faire leur déclaration, et d'y justifier du jugement qui prononcera leur divorce, aussitôt qu'il sera rendu.

23 THERMIDOR an 2 (10 août 1794). — Décret qui annule la condamnation à une amende de quinze cents livres prononcée contre le citoyen Chaillon. (B. 45, 161.)

---

23 THERMIDOR an 2 (10 août 1794). — Décret relatif à la levée des scellés sur les papiers de Robespierre, Couthon, Saint-Just, Lebas, les membres de la commune qui ont pris part à la conspiration, etc. (B. 45, 162.)

---

23 THERMIDOR an 2 (10 août 1794). — Décret relatif à la main-levée du séquestre des biens acquis de Mont-Boissier par divers individus. (B. 45, 162.)

---

23 THERMIDOR an 2 (10 août 1794). — Décret qui suspend les poursuites commencées contre le citoyen Cagnion, pour le paiement d'adjudication de bois. (B. 45, 164.)

---

23 THERMIDOR an 2 (10 août 1794). — Décret qui réintègre le citoyen Pérard dans sa place de greffier. (B. 45, 165.)

---

23 THERMIDOR an 2 (10 août 1794). — Décret pour la mise en activité du tribunal révolutionnaire. (B. 45, 163.)

---

23 THERMIDOR an 2 (10 août 1794). — Décret qui enjoint aux jurés du tribunal révolutionnaire de déclarer l'intention dans laquelle les faits ont été commis. (B. 45, 163.)

---

23 THERMIDOR an 2 (10 août 1794). — Décret qui ordonne l'impression des noms, qualités, etc., des citoyens élargis depuis le 11 thermidor. (B. 45, 167.)

---

23 THERMIDOR an 2 (10 août 1794). — Décrets qui ordonnent de rayer de la liste des émigrés les noms des citoyens Marc-Aurelle, Berthelin fils, et Corbière père et fils. (B. 45, 165, 166 à 168.)

---

23 THERMIDOR an 2 (10 août 1794). — Décret qui ordonne la levée des scellés apposés sur les biens de la citoyenne Drouhin. (B. 45, 166.)

---

23 THERMIDOR an 2 (10 août 1794). — Décret qui nomme les membres et jurés du tribunal révolutionnaire. (B. 45, 171.)

---

23 THERMIDOR an 2 (10 août 1794). — Décret portant que le comité de législation présentera, dans trois jours, un projet de décret qui règle l'exercice des actions des créanciers sur les biens des détenus. (B. 45, 161.)

---

23 THERMIDOR an 2 (10 août 1794). — Décrets qui accordent des congés aux représentans du peuple Jorraud, Vardon et Francastel. (B. 45, 170.)

23 THERMIDOR an 2 (10 août 1794). — Décret sur la pétition du citoyen Bounier, tendante à obtenir un décret qui l'autorise à se pourvoir en dommages-intérêts contre le citoyen Harreng. (B. 45, 164.)

23 THERMIDOR an 2 (10 août 1794). — Décret de renvoi au comité de salut public, relatif aux autorités constituées qui, sous prétexte de quelques légères difficultés, se dispensent de faire exécuter les lois, pour se soustraire à la responsabilité. (B. 45, 165.)

23 THERMIDOR an 2 (10 août 1794). — Décret qui déclare nulle et comme non avenue la procédure criminelle commencée contre Garnier, à Orléans. (B. 45, 168.)

23 THERMIDOR an 2 (10 août 1794). — Décret portant qu'il sera payé à chacun des dix-sept individus dénommés au présent décret la somme de trois cents livres, à titre de secours. (B. 45, 169.)

24 THERMIDOR an 2 (11 août 1794). — Décret qui nomme le citoyen Dobsent président du tribunal révolutionnaire. (B. 45, 176.)

24 THERMIDOR an 2 (11 août 1794). — Décret qui enjoint aux secrétaires-commis des divers comités de la Convention de se faire remplacer pour le service de la garde nationale. (B. 45, 177.)

24 THERMIDOR an 2 (11 août 1794). — Décret qui ordonne l'impression du rapport des adresses, des lettres officielles et de la correspondance du général Dugommier avec le général espagnol. (B. 45, 178.)

24 THERMIDOR an 2 (11 août 1794). — Décret de renvoi de la pétition des citoyens Garin et Lionnet au représentant du peuple en mission dans le département de l'Ain. (B. 45, 175.)

24 THERMIDOR an 2 (11 août 1794). — Décret portant que la somme de douze cents livres accordée à la citoyenne Jeanne Robert est imputable sur ce qu'elle a droit de réclamer. (B. 45, 175.)

24 THERMIDOR an 2 (11 août 1794). — Décrets qui accordent des congés aux citoyens Thomas, Laboissière, Boutrau. (B. 45, 175 et 176.)

24 THERMIDOR an 2 (11 août 1794). — Décret qui renvoie la pétition du citoyen Bagnères au comité de secours. (B. 45, 176.)

25 THERMIDOR an 2 (12 août 1794). — Décret qui adjuge définitivement au citoyen Grignet le moulin Dugai. (B. 45, 182.)

25 THERMIDOR an 2 (12 août 1794). — Décret qui autorise l'administration du district de Port-Brieux à occuper provisoirement une partie de la maison de l'émigré Picot. (B. 45, 182.)

25 THERMIDOR an 2 (12 août 1794). — Décret qui autorise la municipalité de Provins à transférer provisoirement les malades de l'hôpital de cette commune dans la maison des ci-devant Jacobins de Provins. (B. 45, 183.)

25 THERMIDOR an 2 (12 août 1794). — Décret qui charge le comité de sûreté générale d'examiner les dénonciations faites contre les citoyens Clémence et Marchand. (B. 45, 183.)

25 THERMIDOR an 2 (12 août 1794). — Décrets qui accordent des secours à divers citoyens. (B. 45, 178, 181 à 186.)

25 THERMIDOR an 2 (12 août 1794). — Décrets qui accordent des congés aux citoyens Lecointe Puyraveau, Pierret et Lehaut. (B. 45, 181.)

25 THERMIDOR an 2 (12 août 1794). — Décret qui ordonne la mise en liberté de Altasoche et autres. (B. 45, 185.)

25 THERMIDOR an 2 (12 août 1794). — Décrets de renvoi aux comités de secours publics et de sûreté générale des pétitions des citoyens Mattey, Jean Molimé, Gracchus Hulet. (B. 45, 185 et 186.)

25 THERMIDOR an 2 (12 août 1794). — Décret portant nomination à des emplois vacans dans l'armée. (B. 45, 187.)

25 THERMIDOR an 2 (12 août 1794). — Décrets d'ordre du jour sur les étrangers mis en état d'arrestation. (B. 45, 184.)

26 THERMIDOR an 2 (13 août 1794). — Décret portant que les missions des représentans du peuple, près les armées, ne pourront durer plus de six mois. (B. 45, 188.)

26 THERMIDOR an 2 (13 août 1794). — Décret qui rappelle les députés en congé ou en mission. (B. 45, 187.)

26 THERMIDOR an 2 (13 août 1794). — Décret qui rapporte celui du 23 thermidor concernant l'élargissement des détenus. (B. 45, 189.)

26 THERMIDOR an 2 (13 août 1794). — Décret qui accorde un crédit à diverses commissions exécutives. (B. 45, 188.)

27 THERMIDOR an 2 (14 août 1794). — Décret qui détermine la manière dont le ministre plé-

nipotentiaire des États-Unis de l'Amérique sera introduit au sein de la Convention nationale. (B. 45, 191.)

Art. 1er. Le ministre plénipotentiaire des États-Unis sera introduit au sein de la Convention nationale; il présentera l'objet de sa mission. Le président lui donnera l'accolade fraternelle, en signe de l'amitié qui unit le peuple américain et le peuple français.

2. Le président de la Convention écrira au président du congrès américain, en lui envoyant le procès-verbal de la séance.

---

27 THERMIDOR an 2 (14 août 1794). — Décret additionnel à celui du 6 juin 1793, relatif aux pensions des militaires blessés ou infirmes. (B. 45, 189; Mon. du 29 thermidor an 2, Rap. Pottier.)

Art. 1er. Les militaires estropiés dans les combats, ou mis hors d'état de continuer leur service, soit par suite de leurs blessures, soit par des infirmités contractées dans l'exercice de leurs fonctions, qui, par le décret du 6 juin 1793, ont droit à des pensions, et dont les cas ne se trouveraient pas expressément prévus et exprimés dans les différens articles de cette loi, seront traités d'après la gravité de leurs blessures ou de leurs infirmités, en distinguant les cas où ces militaires seront mis hors d'état de pourvoir à leur subsistance, de ceux où ils seraient seulement hors d'état de continuer le service militaire.

2. Ces pensions, proposées par la commission des secours, seront liquidées par le comité de liquidation, et décrétées par la Convention nationale, sur les rapports particuliers qui lui en seront faits.

3. L'augmentation d'un tiers sur les récompenses accordées aux défenseurs de la patrie blessés en combattant pour elle, fixée par l'article 3 du 5 nivose, est applicable aux soldats et sous-officiers seulement que des infirmités contractées par l'exercice de leurs fonctions mettent hors d'état de continuer leur service.

4. Cette augmentation aura également lieu pour les soldats et sous-officiers seulement qui, par des blessures ou infirmités contractées par l'exercice de leurs fonctions, sont forcés de se retirer, et qui, ayant plus de trente ans de service, ont droit à des pensions susceptibles d'être liquidées d'après les bases déterminées par la loi du 3 = 22 août 1790, pourvu néanmoins que leurs blessures ou leurs infirmités soient survenues pendant leur service dans la guerre entreprise pour la cause de la liberté.

5. Les pensions des militaires blessés seront liquidées à l'avenir sur deux certificats:

L'un, de l'officier de santé de l'armée, visé par un officier de l'état-major ou par un commandant, ou de l'officier de santé de l'hôpital dans lequel le militaire aura été transporté et soigné, visé par la municipalité du lieu ou par un directeur de l'hôpital;

L'autre donné, ou par le conseil d'administration du bataillon, ou par un officier général, ou par dix frères d'armes; lequel certificat attestera l'époque et la cause de la blessure ou de l'infirmité.

6. Cette disposition aura son effet pour ceux des militaires blessés ou infirmes dont les pensions ne sont pas encore liquidées, et dont les certificats sont produits dans les formes exprimées dans l'article précédent.

7. Le comité chargé de la liquidation des pensions des militaires blessés ou infirmes et des veuves présentera, tous les dix jours, à la Convention nationale, le travail fait pendant la décade.

---

27 THERMIDOR an 2 (14 août 1794). — Décret qui renvoie au comité de la guerre et des secours publics la proposition de décréter que des appointemens seront payés aux fonctionnaires publics, civils et militaires, salariés, qui, ayant été mis en arrestation, seront élargis à compter de leur arrestation. (B. 45, 191.)

---

27 THERMIDOR an 2 (14 août 1794).—Décret qui accordent à divers des secours. (B. 45, 192.)

---

27 THERMIDOR an 2 (14 août 1794). — Décret portant que le ministre plénipotentiaire des États-Unis d'Amérique sera admis au sein de la Convention demain à 2 heures. (B. 45, 192.)

---

27 THERMIDOR an 2 (14 août 1794). — Décret qui surseoit à l'exécution du jugement du tribunal du district de Mont-Armance. (B. 45, 191.)

---

27 THERMIDOR an 2 (14 août 1794). — Décret qui renvoie aux comités de salut public et de sûreté générale la dénonciation d'un arrêté qui investit les agens nationaux d'une surveillance immédiate sur les autorités constituées. (B. 45, 192.)

---

27 THERMIDOR an 2 (14 août 1794). — Décret portant que les frais de pansement et la maladie du citoyen Meltral, membre du comité révolutionnaire de la section du Temple, seront supportés par la République. (B. 45, 193.)

---

27 THERMIDOR an 2 (14 août 1794). — Décret de renvoi aux comités de salut public et de sûreté générale des pièces dont Barras vient de donner lecture. (B. 45, 193.)

---

28 THERMIDOR an 2 (15 août 1794). — Décret portant que les fermiers des biens nationaux qui sont dans l'impossibilité de satisfaire à celui du 16 brumaire concernant le paiement en

nature, pourront se libérer en assignats. (B. 45, 198; Mon. du 29 thermidor an 2.)

Les fermiers des biens nationaux qui sont dans l'impossibilité de satisfaire à la loi du 16 brumaire dernier, concernant le paiement des fermages et contributions en nature de denrées, soit parce que leur consommation absorbe leur récolte, soit parce qu'ils ont été obligés de livrer, sur des réquisitions, ce qu'ils avaient d'excédant, pourront se libérer en assignats du montant des fermages et contributions, en rapportant le certificat de leur municipalité et l'attestation du directoire du district, comme ils sont réellement dans l'un de ces cas ci-dessus désignés.

---

28 THERMIDOR an 2 (15 août 1794). — Décret qui reconnaît et proclame ministre plénipotentiaire des Etats-Unis d'Amérique le citoyen James Monroë. (B. 45, 199.)

---

28 THERMIDOR an 2 (15 août 1794). — Décret qui accordent des secours à divers. (B. 45, 194 à 198.)

---

28 THERMIDOR an 2 (15 août 1794). —Décret qui remplace divers membres de la commission chargée de la levée des scellés apposés sur les papiers des conspirateurs. (B. 45, 196.)

---

28 THERMIDOR an 2 (15 août 1794). — Décret portant qu'il n'y a lieu à remboursement ni indemnité du brevet de retenue de J.-H. de Bouillon, ci-devant prince de Turenne. (B. 45, 199.)

---

28 THERMIDOR an 2 (15 août 1794). — Décret de renvoi de la demande des militaires détenus dans les prisons d'Arras à la commission chargée du mouvement des troupes. (B. 45, 198.)

---

29 THERMIDOR an 2 (16 août 1794). — Décret qui rapporte la disposition de l'article 1er de celui du 21 messidor, qui limite son effet aux communes au-dessous de douze cents habitans. (B. 45, 200.)

---

29 THERMIDOR an 2 (16 août 1794). — Décret qui accorde un congé au représentant du peuple Jorrand. (B. 45, 201.)

---

29 THERMIDOR an 2 (16 août 1794). — Décret relatif à la demande d'appliquer aux soldats marins et ouvriers des ports qui ne vivent que de leur solde, la loi du 21 messidor. (B. 45, 201.)

---

29 THERMIDOR an 2 (16 août 1794). — Décret concernant le visa des certificats de résidence et de civisme, délivrés par les districts et les comités révolutionnaires de la commune de Paris. (B. 45, 201.)

---

29 THERMIDOR an 2 (16 août 1794). — Décret relatif aux citoyennes Azéma. (B. 45, 202.)

---

29 THERMIDOR an 2 (16 août 1794). — Décret relatif à la mise en liberté des citoyens arrêtés antérieurement au 9 thermidor. (B. 45, 200.)

---

29 THERMIDOR an 2 (16 août 1794). — Décrets qui ordonnent de rayer Mathey et Forceville de la liste des jurés du tribunal révolutionnaire. (B. 45, 200 à 202.)

---

29 THERMIDOR an 2 (16 août 1794). — Décret d'ordre du jour relatif à une addition proposée dans le décret sur la mise en liberté des ouvriers et cultivateurs. (B. 45, 202.)

---

29 THERMIDOR an 2 (16 août 1794). — Décret qui accorde des secours. (B. 45, 203 et 204.)

---

29 THERMIDOR an 2 (16 août 1794).—Décrets qui renvoie la pétition de la citoyenne Boyt au comité de sûreté générale. (B. 45, 203.)

---

29 THERMIDOR an 2 (16 août 1794). — Décret portant que Jacques Leroux sera mis sur-le-champ en liberté. (B. 45, 203.)

---

29 THERMIDOR an 2 (16 août 1794). — Décret relatif aux pièces concernant Raimond Sévérac. (B. 45, 204.)

---

29 THERMIDOR an 2 (16 août 1794). — Décret relatif à la procédure contre Lebourgeois. (B. 45, 205.)

---

29 THERMIDOR an 2 (16 août 1794). — Décret qui autorise la veuve Desrousses à rester à Paris jusqu'à ce qu'elle soit parfaitement rétablie. (B. 45, 206.)

---

29 THERMIDOR an 2 (16 août 1794). — Décret qui rapporte celui du 27 août dernier (vieux style), relatif à la commune de Château-Ponsac. (B. 45, 210.)

---

30 THERMIDOR an 2 (17 août 1794). — Décret qui détermine les lois qui sont susceptibles d'être insérées, soit dans le Bulletin des Lois, soit dans celui de correspondance. (B. 45, 207; Mon. du 2 fructidor an 2.)

La Convention nationale décrète :

Art. 1er. Les lois d'intérêt public ou d'exécution générale, dont elle aurait ordonné, pour des motifs particuliers, la promulgation par la voie du bulletin de correspondance, seront néanmoins imprimées dans le Bulletin des Lois.

2. Aucun décret dont l'objet sera individuel ou local ne sera imprimé dans le Bulletin des Lois, à moins que la Convention n'en ordonne autrement.

3. Les lois qui auront pour objet un intérêt public, ou qui seront d'une exécution générale, porteront cette disposition : « Le présent décret sera imprimé dans le Bulletin « des Lois. » Les décrets qui n'auront pour objet qu'un intérêt local ou individuel porteront cette disposition : « Le présent décret « sera inséré au bulletin de correspondance. »

---

30 THERMIDOR an 2 (17 août 1794). — Décret portant que ceux des patriotes d'Orléans injustement détenus, mis en liberté par arrêté du comité de sûreté générale, et qui étaient fonctionnaires publics, reprendront leurs fonctions. (B. 45, 204.)

---

30 THERMIDOR an 2 (17 août 1794). — Décret qui ordonne la mise en liberté des officiers sous-officiers et hussards du 9e régiment. (B. 45, 209)

---

30 THERMIDOR an 2 (17 août 1794). — Décrets qui ordonnent de rayer de la liste des émigrés les citoyens Revel et Devouges. (B. 45, 208 et 209.)

---

30 THERMIDOR an 2 (17 août 1794). — Décret qui nomme le représentant Courtois à la place du représentant Chalier, pour la levée des scellés de Robespierre et de ses complices. (B. 45, 209.)

---

30 THERMIDOR an 2 (17 août 1794). — Décret portant que les troupes qui ont fait le siége du Quesnoy ont bien mérité de la patrie. (B. 45, 209.)

---

30 THERMIDOR an 2 (17 août 1794). — Décret qui nomme les représentans auprès de l'armée de l'Ouest, dans les ports de Brest et de l'Orient, et le général de l'armée de l'Ouest. (B. 45, 205.)

---

30 THERMIDOR an 2 (17 août 1794). — Décret qui nomme les citoyens Garreau, Beaudot et Delcher représentans près l'armée des Pyrénées-Occidentales, et le citoyen Moncey général en chef de la même armée. (B. 45, 205.)

1er FRUCTIDOR an 2 (18 août 1794). — Décret qui renvoie l'adresse des députés extraordinaires de l'administration du district et de la société populaire de Nîmes au comité de sûreté générale. (B. 46, 1.)

1er FRUCTIDOR an 2 (18 août 1794). — Décret qui accorde des secours à Pierre-Louis Decosse. (B. 46, 2.)

1er FRUCTIDOR an 2 (18 août 1794). — Décret qui renvoie à la commission chargée de présenter la réorganisation des comités toutes les propositions tendantes à ce qu'il soit donné aux individus détenus les motifs qui ont déterminé leur détention. (B. 46, 2.)

1er FRUCTIDOR an 2 (18 août 1794). — Décret portant que les deux Renaut seront sur-le-champ mis en liberté. (B. 46, 2.)

---

2 FRUCTIDOR an 2 (19 août 1794). — Décret relatif à l'habillement et équipement des troupes. (B. 46, 3; Mon. du 4 fructidor an 2, Rap. Cochon.)

Art. 1er. A dater du 1er vendémiaire prochain, le remplacement des effets d'habillement, équipement, linge et chaussure, sera fait aux troupes entretenues par la République, conformément au tableau annexé au présent décret, et en conséquence de la durée qui y est déterminée pour chaque objet..

2. Les remplacemens seront faits par la commission de commerce et approvisionnemens, sur des états nominatifs qui lui seront fournis chaque mois: ces états seront dressés par compagnie, certifiés par le capitaine et le conseil d'administration, ainsi que par le commissaire des guerres; ils constateront les dernières époques auxquelles les effets ont été fournis aux militaires, et celles auxquelles ils doivent être renouvelés, d'après le tableau annexé au présent décret.

3. La commission de commerce et approvisionnemens tiendra un compte ouvert avec chaque conseil d'administration, sur lequel seront inscrites toutes les fournitures qu'elle aura faites, tant pour les remplacemens que pour l'habillement et équipement des nouvelles levées: copies des revues des différens corps lui seront remises par la commission de l'organisation et mouvement des armées de terre, afin de les comparer avec les états nominatifs qui lui auront été remis en exécution de l'article précédent, et de s'assurer que les fournitures n'ont pas excédé les proportions réglées par la loi.

(*Suit le tableau des effets d'habillement, équipement et petit équipement qui seront fournis aux troupes de la République, sans retenue sur leur solde, par la commission de commerce et approvisionnemens, d'après l'effectif des corps, avec la durée de chacun desdits effets pour régler les remplacemens.*)

---

2 FRUCTIDOR an 2 (19 août 1794). — Décret relatif aux rentes et pensions viagères déléguées sur le prix des domaines de l'Ile-Adam et autres. (B. 46, 11; Mon. du 3 fructidor an 2.)

Voy. loi du 16 JUIN 1793.

Art. 1er. En exécution de la loi du 16 juin 1793, confirmative de la vente des domaines de l'Ile-Adam, Stors, Tryes et autres, faite au ci-devant Roi par Louis-François-Joseph Bourbon-Conti, le 7 octobre 1783, les rentes viagères et pensions comprises dans l'état annexé au présent décret, dressé par le directeur général de la liquidation d'après les états de délégation joints au contrat de vente susdaté, sont déclarées faire partie des rentes viagères nationales.

2. Les citoyens compris dans l'état certifié par le directeur général de la liquidation seront payés des arrérages, et seront liquidés à la Trésorerie nationale, conformément aux dispositions des décrets des 1er germinal, 23 floréal et 3 prairial derniers.

3. Le directeur général de la liquidation fera passer à la Trésorerie nationale, avant le 1er vendémiaire prochain : 1° une copie certifiée par lui dudit état ; 2° l'expédition du contrat de vente et des états de délégation y annexés ; 3° l'état contenant l'époque des derniers paiemens desdits arrérages, lequel état lui a été fourni par les citoyens Larcher et Luxure, derniers payeurs ; 4° les titres particuliers produits à la liquidation générale par chacun des créanciers.

4. Les créanciers de rentes viagères non compris dans l'état dressé par le directeur général de la liquidation, qui n'ont pas encore réclamé individuellement et produit leurs contrats ou brevets particuliers à la liquidation générale, les remettront avant le 1er vendémiaire prochain, sous peine de déchéance, à la Trésorerie nationale, où ils seront payés des arrérages échus, et liquidés conformément aux décrets ci-dessus énoncés.

5. A l'égard des pensionnaires portés dans les états de délégation joints au contrat de vente, auxquels il n'a pas été expédié de brevets, et qui, ne s'étant pas présentés individuellement, ne sont pas compris dans l'état annexé à la présente loi, ils pourront, sans être tenus de représenter aucun titre particulier, être liquidés et payés à la Trésorerie nationale d'après les états de délégation, qui sont leurs titres.

6. Les pensionnaires désignés dans l'article précédent seront tenus seulement de remplir les formalités prescrites par les décrets des 1er germinal, 23 floréal et 3 prairial, et de rapporter un certificat d'individualité du citoyen Larcher, ci-devant trésorier, ou du citoyen Luxure, ci-devant caissier de Bourbon-Conti.

7. Les pensionnaires délégués de Bourbon-Conti étant devenus, par les ventes et délégations datées dans l'art. 1er, créanciers de la République, les lois relatives à la remise des certificats de résidence à la direction générale de la liquidation, de la part des pensionnaires de la nation, ne leur seront point applicables.

8. Conformément à l'article 206 de la loi du 24 août 1793, le directeur général de la liquidation demeure autorisé à liquider, sous sa responsabilité, les rentiers perpétuels colloqués dans les états de délégation.

9. Attendu que, par le décret du 16 juin 1793, les rentiers perpétuels de Bourbon-Conti, compris dans la délégation, ont été déclarés créanciers de la République, ceux qui n'ont pas produit leurs titres à la direction générale dans les délais fixés par l'article 76 de la loi du 24 août, sont déclarés avoir encouru les déchéances qui y sont prononcées, sauf la modification portée par l'article 9 du paragraphe II du décret du 23 messidor.

---

2 FRUCTIDOR an 2 (19 août 1794). — Décret qui accorde un congé au citoyen Genin. (B. 46, 3.)

---

2 FRUCTIDOR an 2 (19 août 1794). —Décret qui rapporte celui du 29 mars 1793, relatif aux frais de route et dépenses des représentans en mission. (B. 46, 13.)

---

2 FRUCTIDOR an 2 (19 août 1794).— Décret qui envoie le représentant Lion dans les départemens de la Charente-Inférieure, d'Ille-et-Vilaine, etc. (B. 46, 12.)

---

2 FRUCTIDOR an 2 (19 août 1794). — Décret concernant le sursis au séquestre des biens de Louis Cabanel. (B. 46, 12.)

---

2 FRUCTIDOR an 2 (19 août 1794). — Décrets qui accordent des pensions et secours. (B. 46, 3 à 13.)

---

2 FRUCTIDOR an 2 (19 août 1794). — Décret de renvoi au comité des finances, pour présenter un projet de décret sur le traitement des employés dans les bureaux des comités de la Convention, et dans ceux des commissions exécutives. (B. 46, 12.)

---

3 FRUCTIDOR an 2 (20 août 1794).— Décret qui annule le jugement du tribunal criminel du département du Loiret contre Etienne-François Larousse. (B. 46, 13.)

---

3 FRUCTIDOR an 2 (20 août 1794).— Décret qui renvoie la proposition d'accorder un secours de trois cents livres à Etienne-François Larousse. (B. 46, 14.)

---

3 FRUCTIDOR an 2 (20 août 1794).— Décret qui charge le comité de salut public de donner de l'emploi et de l'avancement au citoyen Gagnebin. (B. 46, 14.)

---

3 FRUCTIDOR an 2 (20 août 1794). — Décrets qui accordent des secours aux citoyens Hamel, Camus. (B. 46, 15 à 17.)

---

3 FRUCTIDOR an 2 (20 août 1794).—Décret portant que le comité des secours publics se fera rendre compte de l'état des maisons de détention, et qu'il en fera son rapport incessamment. (B. 46, 15.)

---

3 FRUCTIDOR an 2 (20 août 1794). — Décret qui autorise les représentans du peuple, inspecteurs aux procès-verbaux, à rectifier une erreur qui s'est glissée dans le nom d'un des juges du tribunal révolutionnaire, tant sur la minute que sur les expéditions du décret portant nomination des membres et jurés de ce tribunal. (B. 46, 17.)

---

3 FRUCTIDOR an 2 (20 août 1794). — Décret relatif à l'incendie de la maison de l'Unité. (B. 46, 17.)

---

4 FRUCTIDOR an 2 (21 août 1794). — Décret qui rend communes aux citoyens qui ont des propriétés indivises avec les ecclésiastiques déportés ou reclus, les dispositions des articles 7 et 8 de la loi du 9 ventose dernier. (B. 46, 26.)

Art. 1er. Les dispositions des articles 7 et 8 de la loi du 9 ventose dernier sont déclarées communes aux citoyens qui ont des propriétés indivises avec les ecclésiastiques déportés ou reclus.

2. Sont déclarés nuls et comme non avenus les arrêtés des administrations de district ou de département qui ont rejeté le dépôt des titres de copropriétaires indivis, quoique fait dans le temps prescrit par les articles précités.

---

4 FRUCTIDOR an 2 (21 août 1794). — Décret portant que les militaires qui se sont retirés ou se retireront de la maison nationale des Invalides, pour jouir de la pension représentative de cette maison, toucheront, à compter du 1er vendémiaire prochain, trois cents livres par an. (B. 46, 18.)

Art. 1er. Les invalides qui se sont retirés ou se retireront, par la suite, de la maison nationale des Invalides, pour jouir de la pension représentative de cette maison, toucheront, à compter du 1er vendémiaire prochain, trois cents livres par an, au lieu de deux cent quarante qui leur étaient précédemment attribuées.

2. Au moyen du traitement ci-dessus, ces anciens militaires ne pourront prétendre droit à l'habillement ni à aucune autre fourniture, de quelque genre que ce soit.

---

4 FRUCTIDOR an 2 (21 août 1794). — Décrets portant que les assemblées de sections n'auront plus lieu que les décadis. (B. 46, 25.)

---

4 FRUCTIDOR an 2 (21 août 1794). — Décret portant nomination des membres d'un jury pour décider les diverses questions relatives au nouveau système horaire. (B. 46, 17.)

---

4 FRUCTIDOR an 2 (21 août 1794). — Décret qui ordonne de remettre au dépôt de la guerre les planches de la carte générale de la Belgique, par Ferrari. (B. 46, 21.)

4 FRUCTIDOR an 2 (21 août 1794). — Décret de mention honorable de l'hommage fait par le citoyen Debugny, d'un mémoire et de dessins relatifs à l'invention d'une nouvelle espèce de voiles. (B. 46, 219.)

---

4 FRUCTIDOR an 2 (21 août 1794). — Décret concernant l'impression des résultats des comptes des représentans qui ont été chargés de missions. (B. 46, 25.)

---

4 FRUCTIDOR an 2 (21 août 1794). — Décrets qui accordent des secours à divers. (B. 46, 20, 22 à 24.)

---

4 FRUCTIDOR an 2 (21 août 1794). — Décret qui déclare nul et comme non avenu le jugement rendu contre la veuve Serpette. (B. 46, 21.)

---

4 FRUCTIDOR an 2 (21 août 1794). — Décret portant que le comité des inspecteurs de la salle fera imprimer, dans le mois, les résultats des comptes des représentans du peuple qui ont été chargés de missions; que le comité des finances recevra le compte des dépenses secrètes. (B. 46, 25.)

---

4 FRUCTIDOR an 2 (21 août 1794). — Décret portant que le comité de législation présentera incessamment un projet de décret pour déterminer et assurer les effets de la garantie sociale, notamment de la liberté de la presse. (B. 46, 25.)

---

4 FRUCTIDOR an 2 (21 août 1794). — Décret portant nomination de représentans du peuple pour divers départemens et près des armées. (B. 46, 26.)

---

4 FRUCTIDOR an 2 (21 août 1794). — Décret concernant une condamnation au paiement de dix mille livres prononcée contre le maire et les officiers municipaux de Mesnil-la-Horgne, au profit de Marguerite Bontemps. (B. 46, 20.)

---

4 FRUCTIDOR an 2 (21 août 1794). — Décret portant nomination à sept emplois vacans dans l'armée. (B. 46, 26.)

---

5 FRUCTIDOR an 2 (22 août 1794). — Décrets qui annulent des jugemens de tribunaux criminels militaires contre Charpentier, Meyer-Lazarre, Wolf, Lévy et Netier. (B. 46, 30.)

---

5 FRUCTIDOR an 2 (22 août 1794). — Décret qui prononce le séquestre des biens du citoyen Ducros. (B. 46, 32.)

---

5 FRUCTIDOR an 2 (22 août 1794). — Décret qui ordonne de rayer de la liste des émigrés le nom d'Andoche-Guiod, et de lever le séquestre apposé sur les biens de ses père et mère. (B. 46, 33.)

---

5 FRUCTIDOR an 2 (22 août 1794). — Décrets qui accordent des secours à divers. (B. 46, 27, 28, 32.)

5 FRUCTIDOR an 2 (22 août 1794.) — Décret qui déclare nul et comme non avenu le jugement rendu contre François Edeline. (B. 46, 29.)

5 FRUCTIDOR an 2 (22 août 1794). — Décret de renvoi au comité des finances et des secours publics, de la question de savoir s'il est dû des indemnités aux citoyens détenus en vertu de dénonciations particulières ou d'actes arbitraires et mis en liberté. (B. 46, 32.)

5 FRUCTIDOR an 2 (22 août 1794).—Décret qui renvoie aux comités de salut public et de sûreté générale, marine et colonies, diverses propositions relatives aux colons. (B. 46, 33.)

5 FRUCTIDOR an 2 (22 août 1794). —Décrets qui accordent des congés aux représentans du peuple Boussion, Bertézène. (B. 46, 34 et 35.)

5 FRUCTIDOR an 2 (22 août 1794).— Décret portant que le comité de salut public fera, sous trois jours, un rapport sur la conduite de l'envoyé de la République à Genève. (B. 46, 34.)

5 FRUCTIDOR an 2 (22 août 1794). — Décret de renvoi de la pétition des détenus à Vannes aux comités de législation et de sûreté générale, et celle de la société populaire de Riom au comité des décrets. (B. 46, 34.)

5 FRUCTIDOR an 2 (22 août 1794).—Décret portant que le comité de sûreté générale constatera, dans le plus court délai, la présence des députés décrétés d'arrestation, soit dans les prisons ou maisons d'arrêt, soit dans leur domicile à Paris. (B. 46, 36.)

5 FRUCTIDOR an 2 (22 août 1794). —Décret qui rapporte la partie du décret du 7 août 1793 qui suspendait de leurs fonctions les membres du directoire, de la municipalité, et le juge-de-paix de Saint-Yrieix. (B. 46, 29.)

5 FRUCTIDOR an 2 (22 août 1794).—Décret qui fixe l'heure à laquelle l'envoyé de la république de Genève sera admis dans le sein de la Convention. (B. 46, 33.)

5 FRUCTIDOR an 2 (22 août 1794).—Décret portant que l'armée des Pyrénées Orientales ne cesse de bien mériter de la patrie. (B. 46, 34.)

5 FRUCTIDOR an 2 (22 août 1794).—Décret qui ordonne l'examen de la conduite des administrateurs du district de Semur. (B. 46, 33.)

5 FRUCTIDOR an 2 (22 août 1794).—Décret d'ordre du jour sur la demande d'empêcher que les réclamations ne parviennent aux représentans par la voie de la distribution. (B. 46, 35.)

5 FRUCTIDOR an 2 (22 août 1794). — Décret qui renvoie le représentant Maure dans le département de l'Aube. (B. 46, 36.)

6 FRUCTIDOR an 2 (23 août 1794).—Décret relatif aux envoyés qui seront introduits auprès de la représentation du peuple français. (B. 46, 40.)

La Convention nationale décrète qu'à l'avenir les envoyés introduits auprès de la représentation du peuple français ne seront entendus qu'après la lecture et l'acceptation des lettres de créance.

6 FRUCTIDOR an 2 (23 août 1794).—Décret portant qu'aucun citoyen ne pourra porter de nom ni de prénom autres que ceux exprimés dans son acte de naissance. (B. 46, 36; Mon. du 8 fructidor an 2.

Voy loi du 19 NIVOSE an 6 et du 11 GERMINAL an 11, art. 4.

Art. 1er. Aucun citoyen ne pourra porter de nom ni de prénom autres que ceux exprimés dans son acte de naissance : ceux qui les auraient quittés seront tenus de les reprendre (1).

2. Il est également défendu d'ajouter aucun surnom à son nom propre, à moins qu'il n'ait servi jusqu'ici à distinguer les membres d'une même famille, sans rappeler les qualifications féodales ou nobiliaires.

3. Ceux qui enfreindraient les dispositions des deux articles précédens seront

(1) La prohibition de cette loi ne peut s'entendre en ce sens, qu'on ne puisse changer de nom même avec l'autorisation du Gouvernement; cette autorisation rend licite le changement (13 janvier 1813; Cass. S. 13, 1, 97). *Voy*. l'ordonnance d'Amboise du 26 mars 1635.

On ne peut conserver un nom qui n'est pas exprimé dans son acte de naissance, au cas de réclamation des tiers intéressés, alors même que l'individu serait en possession de ce nom depuis sa naissance et qu'on le lui aurait attribué dans divers actes émanant de l'autorité (29 juin 1825; Cass. S. 26, 1, 405; D. 25, 1, 351).

Un arrêt du 30 août 1827 a décidé que cette loi a été abrogée par les lois postérieures; qu'en tout cas, elle ne pourrait être invoquée contre un étranger (30 août 1827; Lyon, S. 27, 2, 214).

condamnés à six mois d'emprisonnement et à une amende égale au quart de leur revenu. La récidive sera punie de la dégradation civique.

4. Il est expressément défendu à tous fonctionnaires publics de désigner les citoyens dans les actes autrement que par le nom de famille, les prénoms portés en l'acte de naissance, ou les surnoms maintenus par l'article 2, ni d'en exprimer d'autres dans les expéditions et extraits qu'ils délivreront à l'avenir.

5. Les fonctionnaires qui contreviendraient aux dispositions de l'article précédent seront destitués, déclarés incapables d'exercer aucune fonction publique, et condamnés à une amende égale au quart de leur revenu.

6. Tout citoyen pourra dénoncer les contraventions à la présente loi à l'officier de police, dans les formes ordinaires.

7. Les accusés seront jugés pour la première fois par le tribunal de police correctionnelle, et, en cas de récidive, par le tribunal criminel du département.

---

6 FRUCTIDOR an 2 (23 août 1794). — Décret qui déclare comme nul et non avenu le jugement rendu par le tribunal criminel militaire contre Joseph Fouillette. (B. 46, 37.)

---

6 FRUCTIDOR an 2 (23 août 1794). — Décret qui déclare nul et comme non avenu l'arrêté du département de la Côte-d'Or. (B. 46, 38.)

---

6 FRUCTIDOR an 2 (23 août 1794). — Décret qui renvoie au comité de sûreté générale la proposition tendante à ce qu'aucun citoyen ne puisse rester au secret plus de quarante-huit heures. (B. 46, 38.)

---

6 FRUCTIDOR an 2 (23 août 1794). — Décret portant que la pension de trois cents livres accordée à Langlois par le décret du 19 août 1793, est reversible à sa femme. (B. 46, 39.)

---

6 FRUCTIDOR an 2 (23 août 1794). — Décret qui accorde un congé au citoyen Lacrampe. (B. 46, 39.)

---

6 FRUCTIDOR an 2 (23 août 1794). — Décret relatif aux congés accordés pour cause de santé. (B. 46, 39.)

---

6 FRUCTIDOR an 2 (23 août 1794). — Décret portant que le drapeau de la république de Genève sera suspendu aux voûtes de la salle des séances de la Convention nationale. (B. 46, 41.)

---

6 FRUCTIDOR an 2 (23 août 1794.). — Décret relatif aux séquestres et confiscations prononcés par les autorités constituées. (B. 46, 39.)

---

6 FRUCTIDOR an 2 (23 août 1794). — Décret portant que, dans le délai d'une décade, le comité d'instruction publique fera le rapport ordonné, relatif à la translation des cendres de J.-J. Rousseau au Panthéon. (B. 46, 40.)

---

6 FRUCTIDOR an 2 (23 août 1794). — Décret portant que, dans chaque section de Paris, les passeports seront délivrés par le comité civil, sans qu'il soit besoin d'en référer à l'assemblée générale de la section. (B. 46, 38.)

---

7 FRUCTIDOR an 2 (24 août 1794). — Décret relatif à la liquidation des offices levés aux parties casuelles postérieurement à l'édit de 1771. (B. 46, 47 ; Mon. du 8 fructidor an 2.)

La Convention nationale, après avoir entendu le rapport de ses comités de liquidation et des finances sur la question proposée par le directeur général de la liquidation, tendant à savoir si le citoyen de Cayeux, ci-devant receveur des consignations à Amiens, qui a levé son office aux parties casuelles postérieurement à l'édit de 1771, mais qui l'a évalué dans les six mois de la promulgation, doit être liquidé sur le pied de l'évaluation, conformément à l'article 2 de la loi du 7 pluviose, ou sur celui de la finance versée au Trésor public, conformément à l'article 7 de la même loi ;

Considérant que l'office en question était sujet à l'évaluation prescrite par l'édit de 1771; qu'il a été évalué en temps utile, c'est-à-dire dans les six mois de la promulgation qui en a été faite dans la ci-devant province de Picardie, et que l'évaluation en a été envoyée et admise au ci-devant conseil ;

Considérant que l'article 7 de la loi du 7 pluviose ne peut s'appliquer qu'aux offices levés aux parties casuelles postérieurement aux délais prescrits par l'édit, soit pour faire les évaluations, ou pour les faire admettre au conseil, décrète :

Art. 1er. L'office de receveur des consignations dont était pourvu le citoyen de Cayeux sera liquidé sur le pied de son évaluation, conformément à l'article 2 de la loi du 7 pluviose.

2. Les offices levés aux parties casuelles postérieurement à l'édit de 1771, mais qui ont été évalués avant le 1er janvier 1772, seront liquidés sur le pied de l'évaluation, dans le cas seulement où elles auraient été admises et comprises au rôle arrêté au ci-devant conseil.

3. Les dispositions de l'article précédent n'auront pas lieu à l'égard des offices déjà liquidés.

---

7 FRUCTIDOR an 2 (24 août 1794). — Décret relatif à la réorganisation des comités de la Convention nationale. (B. 46, 48.)

---

7 FRUCTIDOR an 2 (24 août 1794). — Décret qui supprime les adjonctions des comités de la Convention nationale, autres que celles déterminées par la loi. (B. 46, 41.)

7 FRUCTIDOR an 2 (24 août 1794). — Décret qui renvoie une pétition des citoyennes épouses des juges du tribunal du premier arrondissement des Ardennes, au comité révolutionnaire. (B. 46, 41.)

7 FRUCTIDOR an 2 (24 août 1794). — Décret portant que le comité de salut public rendra compte, dans le délai de dix jours, de la situation de Commune-Affranchie. (B. 46, 41.)

7 FRUCTIDOR an 2 (24 août 1794). — Décret qui renvoie au représentant du peuple Berlier une pétition de la société populaire de Boulogne-sur-mer. (B. 46, 42.)

7 FRUCTIDOR an 2 (24 août 1794). — Décret qui renvoie au comité de secours publics une pétition des habitans du hameau de la Pointe. (B. 46, 45.)

7 FRUCTIDOR an 2 (24 août 1794). — Décret qui accorde deux cents livres à divers membres du comité révolutionnaire de Luçon. (B. 46, 46.)

7 FRUCTIDOR an 2 (24 août 1794). — Décret relatif aux renseignemens sur les suppléans, avant de les appeler en remplacement à la représentation nationale. (B. 46, 46.)

7 FRUCTIDOR an 2 (24 août 1794). — Décret concernant l'organisation des comités révolutionnaires. (1, B. 47, n° 247.)

7 FRUCTIDOR an 2 (24 août 1794). — Décret qui accorde un congé de quatre décades au citoyen Taillefer. (B. 46, 46.)

7 FRUCTIDOR an 2 (24 août 1794). — Décret qui renvoie la pétition des citoyens de la Meuse au comité de sûreté générale. (B. 46, 47.)

7 FRUCTIDOR an 2 (24 août 1794). — Décret portant que l'accusateur public auprès du tribunal criminel du département de la Loire sera tenu d'envoyer au comité de législation toutes les pièces qui ont servi de base au jugement qui condamne J. Claude Terray. (B. 46, 48.)

7 FRUCTIDOR an 2 (24 août 1794). — Décret relatif aux congés accordées à des députés pour raison de santé. (B. 46, 46.)

7 FRUCTIDOR an 2 (24 août 1794). — Décret sur la police générale de la France. (B. 46, 42.)

7 FRUCTIDOR an 2 (24 août 1794). — Décret qui ordonne la mise en liberté des citoyens qui, traduits à la commission révolutionnaire de Lyon, ont été acquittés. (B. 46, 45.)

8 FRUCTIDOR an 2 (25 août 1794). — Décret relatif à l'arrestation des ci-devant nobles et prêtres vivant à Aix. (B. 46, 59.)

8 FRUCTIDOR an 2 (25 août 1794). — Décret portant que le comité d'instruction publique proposera incessamment le projet d'une commission qui sera chargée d'examiner tous les livres et manuscrits uniques et rares, afin d'en extraire et d'en publier par la voie de l'impression tout ce qui peut être utile. (B. 46, 59.)

8 FRUCTIDOR an 2 (25 août 1794). — Décret portant que le rapport fait sur le télégraphe de Chappe, par le représentant Lakanal, au comité d'instruction publique, sera réimprimé et distribué aux membres de la Convention nationale. (B. 46, 60.)

8 FRUCTIDOR an 2 (25 août 1794). — Décret portant que le rapporteur du comité de législation aura demain la parole à midi, sur les projets d'articles additionnels à la loi du 17 nivose concernant les successions. (B. 46, 60.)

8 FRUCTIDOR an 2 (25 août 1794). — Décret portant que la société populaire de Dole se réuniront au comité de sûreté générale, pour y être entendus, dans les vingt-quatre heures, sur l'objet de leur pétition. (B. 46, 60.)

9 FRUCTIDOR an 2 (26 août 1794). — Loi additionnelle à celle du 17 nivose sur les successions. (B. 46, 70; Mon. du 11 fructidor an 2, Rap. Berlier.)

Voy. lois du 17 nivose an 2; du 5 floréal an 3.

La Convention nationale, après avoir entendu son comité de législation, décrète:

Art. 1er. En successions ouvertes dans les colonies françaises, et lorsque les héritiers naturels résideront *tous* dans le continent, la nomination des arbitres demeure attribuée au juge-de-paix du lieu que le défunt habitait avant son départ.

Cette exception cessera toutes les fois que les héritiers naturels résideront, partie dans les îles, et partie dans le continent.

2. Les successions des absens partis avant le 1er juillet 1789, et pour le réglement desquelles il y avait eu procédure avant le 9 février 1792, seront partagées, savoir:

Celles dans lesquelles l'absence remontait à moins de dix ans avant le 14 juillet 1789, selon les principes établis par la loi du 17 nivose;

Et toutes celles plus anciennes, selon les règles adoptées dans les partages provisoires déjà faits, et qui vaudront comme définitifs.

3. L'article 23 de la loi du 17 nivose demeure déclaré commun, au cas même où la faculté d'élire a été conférée à tous autres qu'à des époux, si l'élection n'a eu son effet que le 14 juillet 1789, ou depuis.

4. Les ventes à fonds perdus faites dans un *contrat de mariage* à l'un des conjoints, bien que successible, ou descendant de successible depuis le 14 juillet 1789, mais antérieurement à la promulgation de la loi du 5 brumaire, sont maintenues en ce cas, pourvu que le vendeur fût sans enfans, et sous les conditions de rapport portées par l'art. 15 de la loi du 17 nivose, en cas de retour à la succession.

5. Les parens qui avaient été saisis des biens ci-devant connus sous le nom de *propres* ou *anciens*, et qui, dans le cas de l'article 69 et suivans de la loi du 17 nivose, sont tenus d'en faire la restitution, auront droit aux retenues légales, de la même manière que ceux qui ont été déchus du bénéfice d'une institution.

6. Tous traités, transactions ou nouveaux partages faits en exécution de la loi du 17 nivose, ne pourront être attaqués sous prétexte de lésion dans le prix.

Il n'est point dérogé par cet article à la faculté de revenir contre les actes erronnés qui auraient pu avoir lieu dans l'intervalle de la loi du 5 brumaire à celle du 17 nivose.

7. Les dépens adjugés par jugemens passés en force de chose irrévocable, antérieurement à la publication des nouvelles lois, resteront à la charge de ceux qui y ont été condamnés.

A l'égard des procédures arrêtées par l'effet de la loi du 17 nivose, les arbitres prononceront sur les frais qu'elles ont occasionés.

8. En toutes contestations résultant de l'exécution de la loi du 17 nivose, les arbitres sont récusables :

1° S'ils sont parens de l'une ou de l'autre des parties jusqu'au degré de cousin issu de germain inclusivement ;

2° S'ils ont des contestations personnelles semblables à celles qui leur sont soumises.

9. Les parties ne deviennent non-recevables à proposer ces causes de récusation que lorsqu'elles y ont formellement renoncé.

10. En cas que la récusation n'ait pas été proposée avant le jugement, il est valide.

Il n'y aura ouverture à cassation que dans le cas où elle aurait été valablement proposée et injustement rejetée.

11. La connaissance des causes de récusation appartient au juge-de-paix accompagné de deux assesseurs.

12. Le juge-de-paix et ses deux assesseurs connaîtront aussi des plaintes portées à raison de la négligence des arbitres.

Ils pourront, après que les parties auront été citées devant eux, nommer d'autres arbitres, s'il y échet.

13. La partie qui a été constituée en retard, et pour laquelle il a été nommé des arbitres d'office, est déchue du droit d'en nommer elle-même.

Elle n'y est admise, après l'expiration des délais ordinaires, qu'autant que la nomination d'office n'a pas encore eu lieu.

14. Les décisions du juge-de-paix et de ses assesseurs, dans les cas ci-dessus déterminés, ne seront, comme celles des arbitres, sujettes qu'au recours en cassation, s'il y a lieu.

Elles seront, même en ce cas, exécutées par provision.

---

9 FRUCTIDOR an 2 (26 août 1794). — **Loi sur diverses questions relatives aux donations, successions et substitutions.** (B. 46, 73.)

Voy. lois du 5 brumaire an 2 ; du 17 nivose an 2 ; des 22 et 23 VENTOSE an 2 ; du 5 FLORÉAL an 3.

La Convention nationale, après avoir entendu le rapport de son comité de législation sur diverses pétitions relatives aux lois intervenues sur les donations, successions et substitutions, lesquelles pétitions forment un ensemble qui tend, savoir :

1° A ce qu'il soit statué sur le sort de dispositions qui, bien que qualifiées institutions contractuelles, avaient dessaisi le donateur, soit en ce qu'il aurait borné ses droits à un simple usufruit, soit en ce qu'il se serait particulièrement réservé les dispositions de tel ou tel fonds, soit enfin en ce qu'il y aurait eu tradition effective ; le tout antérieurement au 14 juillet 1789.

Considérant,

Sur la première question, que les contrats doivent s'apprécier bien plutôt par la substance que par la dénomination ; qu'ainsi, et si l'acte qui contient la disposition était non-seulement irrévocable de la part du disposant, mais qu'en même temps celui-ci n'ait pu aliéner ou hypothéquer tout ou partie des biens qui en faisaient la matière, on ne peut plus voir dans un tel acte qu'une disposition entre-vifs qui avait saisi le donataire de tout ce que le donateur ne pouvait plus aliéner, à la différence de l'acte qui, bien que qualifié donation, eût réservé au donateur la faculté d'aliéner ce qui en était l'objet ; qu'enfin, au double caractère, et de l'irrévocabilité de l'acte, et de l'inaliénabilité de la part du disposant, à aucun titre, des choses ou de partie des choses qui en sont l'objet, les arbitres ont un point certain pour reconnaître les dispositions que la loi maintient en tout ou en partie, si elles sont antérieures au 14 juillet 1789, tout de même que l'absence de l'un de ces deux caractères leur indique les dispositions annulées par la loi; qu'ainsi les institutions et promesses d'instituer, pures et simples, qui, dans certains pays, en ôtant à l'instituant la faculté d'instituer tout autre héritier, lui laissaient néanmoins celle de disposer à autre titre du tout ou partie de ses biens, restent, dans les cas et à la forme de l'article 1er de la loi du 17 nivose, sans effet pour les biens qu'il pouvait aliéner.

2° A ce qu'on détermine l'effet des dispositions qui, originairement révocables par condition du fait de l'homme ou des statuts, ont cessé de l'être avant le 14 juillet 1789.

Sur la seconde question, qu'elle se résout par les principes développés dans la précédente; et que le moment où la disposition est devenue irrévocable, et son objet inaliénable par le fait du disposant, est devenu aussi celui où elle a dû obtenir son entier effet, si cette chance a reçu son accomplissement avant le 14 juillet 1789.

3° A ce que les hospices de charité et maisons de secours soient, en expliquant la sixième réponse inscrite au décret du 22 ventose, déclarés habiles à conserver l'effet des libéralités particulières, jusqu'à concurrence de 10,000 liv., sans considération du degré de fortune donné pour base générale à cette habileté.

Sur la troisième question, que la raison qui a fait déclarer les citoyens peu fortunés aptes à cette retenue militait ici pour les maisons de secours, et que la loi avait fait assez pour l'intérêt des familles particulières, quand elle avait, par rapport à ces sortes d'établissemens, limité, par un *maximum* commun, l'effet des libéralités à eux faites; et qu'ainsi circonscrites dans ces termes, elles doivent subsister aujourd'hui au profit de la nation, qui représente ces hospices, d'après la loi du 24 messidor.

4° A ce qu'il soit particulièrement statué sur la forme des déclarations que les ci-devant religieux auront à faire, en exécution de l'article 7 de la loi du 7 nivose, quand leurs droits ne seront ni liquidés ni connus.

Sur la quatrième question, que, d'après les règles du simple bon sens, ils n'auront en ce cas autre chose à déclarer que ce fait, et d'autres soumissions à faire que de rapporter ou imputer après la liquidation, sauf, sur ce point comme sur tous autres de même nature, les peines attachées aux fausses déclarations par l'article cité.

5° A ce qu'il soit pourvu aux renonciations que certains ci-devant religieux pourraient faire de droits à eux échus, dans la vue de gratifier d'autant leurs familles, et de conserver ainsi leurs pensions au détriment du Trésor public.

Sur la cinquième question, que c'est un principe sacré que nul ne peut être héritier malgré soi, et qu'ici même ce principe doit être respecté, sauf, s'il y échet, aux agens nationaux à exercer les droits du renonçant, seul moyen de concilier le droit essentiel de tout citoyen avec l'intérêt de la République.

6° A ce qu'en expliquant la réponse donnée à la neuvième question posée dans le décret du 22 ventose, il soit déclaré si les vœux religieux prononcés par les hommes avant vingt-un ans, et par les femmes avant dix-huit, sont, bien qu'antérieurs au 14 juillet 1789, annulés, même dans les pays réunis où l'édit de 1768 n'était pas en vigueur.

Sur la sixième question, que la négative est évidente, et résulte du principe même posé dans la réponse citée, qui, en distinguant les époques, marque l'esprit de la loi, et conduit aussi naturellement à la distinction des lieux qui, avant le 14 juillet 1789, étaient soumis à d'autres règles, n'y ayant de nullité commune que pour les vœux émis postérieurement à cette époque.

7° A ce qu'il soit prononcé sur le sort des avantages entre époux, lorsque, concourant avec des avantages *aussi maintenus* en faveur d'autres personnes, la succession se trouve insuffisante pour remplir les uns et les autres.

Sur la septième question, que, si les avantages sont inscrits dans le même acte, chacun des donataires n'en recueille l'effet qu'au marc la livre; mais qu'au cas contraire, le premier légitimement saisi est celui qui garde: principe de tous les temps, et auquel la législation nouvelle n'a pas dérogé.

8° A ce que la loi décide qui, de la femme ou de l'héritier naturel du mari, recueillera l'effet d'une disposition faite par ce dernier au profit d'un tiers, depuis le 14 juillet 1789, d'objets qui, sans cette disposition, fussent avenus à la femme.

Sur la huitième question, que la validité des dons entre époux est une opération des conventions et non de la nature; qu'ainsi, et dans les cas où la femme a été légalement privée par une volonté contraire, l'exercice des actions de la loi n'appartient qu'aux héritiers naturels, que les restitutions prononcées par la loi du 17 nivose regardent seuls.

9° A ce qu'il soit décidé si ce que certains statuts accordaient aux femmes, non à titre de communauté, mais par droit de préciput ou d'hérédité, sur certains genres de biens de leurs maris, n'est qu'un avantage réductible à un usufruit de moitié, lorsqu'il y a des enfans.

Sur la neuvième question, qu'elle n'est point douteuse pour la réductibilité dans le cas prévu, ne pouvant être question d'une appropriation à titre de bénéfice de communauté là où cette communauté n'existait point.

10° A ce qu'il soit décidé si les ascendans à qui il était dû une légitime, et qui l'ont recueillie, seront tenus d'en faire le rapport dans les

compense des défenseurs de la patrie qui se seront distingués dans les armées par des traits de bravoure ou par des actions héroïques.

2. En conséquence, l'avancement, à compter du jour de la publication du présent décret, aura lieu de la manière suivante :

Le tiers des emplois énoncés dans l'article précédent sera donné par la Convention nationale ;

Les deux autres tiers continueront de se donner à l'ancienneté et au choix.

3. Le premier emploi vacant dans un grade sera donné à l'ancienneté, et le second sera donné par élection, conformément à la loi du 21 février 1793 ;

Le troisième sera au choix de la Convention.

4. Lorsqu'un militaire aura mérité, par une action distinguée, d'être avancé en grade, quel que soit celui dont on le juge digne, la nomination sera faite par la Convention nationale, sur le rapport du comité de salut public.

5. Si, après les récompenses décernées, il reste des emplois disponibles à la nomination de la Convention nationale, elle en disposera, en la même forme, en faveur des militaires qu'elle jugera les plus dignes de la confiance nationale par leurs principes, leur conduite et leurs talens.

6. Le droit de nomination réservé à la Convention par le présent décret s'applique aux emplois qui sont vacans dans ce moment, comme à ceux qui viendront à vaquer par la suite.

7. Les chefs de corps seront tenus, sous peine de destitution, de faire connaître sans retard au comité de salut public les nominations à faire dès à présent.

Il leur est enjoint, sous les mêmes peines, de l'avertir chaque fois qu'il vaquera un des emplois dont la Convention nationale se réserve la nomination.

8. Sont déclarées nulles toutes les nominations qui seront faites au préjudice de cette réserve.

Les chefs de corps qui ne les auront pas empêchées seront punis aux termes de l'article précédent.

9. L'état des nominations qui seront faites par la Convention nationale sera imprimé, et distribué, chaque décade, à la Convention nationale et aux armées.

1er THERMIDOR an 2 (19 juillet 1794). — Décret qui surseoit à la vente de terrains réclamés par la commune de Meaux. (B. 45, 3.)

1er THERMIDOR an 2 (19 juillet 1794). — Décret qui annule un jugement du juge-de-paix de Magny contre le citoyen Petit, et des jugemens confirmatifs d'une exhérédation faite sans cause. (B. 45, 4 à 7.)

1er THERMIDOR an 2 (19 juillet 1794). — Décret d'ordre du jour sur la main-levée des biens confisqués aux complices de rébellion. (B. 45, 4.)

1er THERMIDOR an 2 (19 juillet 1794). — Décrets qui accordent des secours à Jean-Pierre et autres. (B. 45, 1 à 3.)

---

2 THERMIDOR an 2 (20 juillet 1794). — Décret portant qu'à compter du jour de sa publication, nul acte public ne pourra, dans quelque partie que ce soit du territoire français, être écrit qu'en langue française. (B. 45, 9 ; Mon. du 4 thermidor an 2.)

Voy. loi du 16 FRUCTIDOR an 2.

Art. 1er. A compter du jour de la publication de la présente loi, nul acte public ne pourra, dans quelque partie que ce soit du territoire de la République, être écrit qu'en langue française.

2. Après le mois qui suivra la publication de la présente loi, il ne pourra être enregistré aucun acte, même sous seing privé, s'il n'est écrit en langue française.

3. Tout fonctionnaire ou officier public, tout agent du Gouvernement qui, à dater du jour de la publication de la présente loi, dressera, écrira ou souscrira, dans l'exercice de ses fonctions, des procès-verbaux, jugemens, contrats ou autres actes généralement quelconques conçus en idiômes ou langues autres que la française, sera traduit devant le tribunal de police correctionnelle de sa résidence, condamné à six mois d'emprisonnement, et destitué (1).

4. La même peine aura lieu contre tout receveur du droit d'enregistrement qui, après le mois de la publication de la présente loi, enregistrera des actes, même sous seing privé, écrits en idiômes ou langues autres que la française.

---

2 THERMIDOR an 2 (20 juillet 1794). — Décret sur la solde des troupes. (1, Bull. n° 129 ; B. 45, 9 ; Mon. des 21 et 22 thermidor an 2, Rap. Cochon.)

Voy. loi du 27 BRUMAIRE an 3.

TITRE Ier. Dispositions générales.

Art. 1er. A compter du 1er vendémiaire prochain, le traitement des militaires, de

---

(1) Toutefois, on ne peut prétendre que les actes faits en langue étrangère soient nuls ; ainsi, un jugement arbitral n'est pas nul par cela seul qu'il aurait été rédigé en langue espagnole. Il peut être ainsi revêtu de l'ordonnance d'*exequatur*, lorsqu'il a été déposé au greffe avec une traduction française faite par un interprète juré (1er mars 1830 ; Cass. S. 30, 1, 83 ; D. 30, 1, 144).

quelque grade qu'ils soient, sera composé d'une somme fixe en deniers, et de fournitures faites en nature.

2. La partie de traitement payable en deniers sera désignée sous la dénomination de solde journalière; elle ne sera sujette à aucune retenue pour raison des fournitures accordées par la loi.

3. La solde comprendra les salaires perçus jusqu'à présent sous différens titres, tels que traitement ordinaire, supplément de campagne, gratification accordée par la loi du 8 avril, indemnité de fourrages, haute-paie, prêt et six deniers de poche: en conséquence, nul ne pourra prétendre à aucun supplément de traitement, sous quelque dénomination que ce soit, en sus de la solde attribuée à son arme et à son grade par la présente loi.

4. Il sera établi trois taux de solde journalière, savoir :

La solde payable aux militaires présens à leur corps;

La solde payable aux militaires à l'hôpital;

Et la solde payable aux militaires isolés en route ou éloignés de leur corps.

TITRE II. De la solde payable aux militaires présens à leur corps.

Art. 1er. A compter du 1er vendémiaire prochain, la solde des militaires présens à leur corps sera réglée et payée conformément au tarif annexé au présent décret.

2. Les corps et détachemens recevront la même solde dans toutes les situations, en pays étrangers, aux frontières, dans l'intérieur, soit que les troupes soient campées, cantonnées, en garnison ou en route.

3. La solde des militaires présens à leur corps sera payée indépendamment des fournitures de pain, viande, fourrages, habillement, équipement, logement et chauffage, qui seront faites en nature par la République, sans aucune retenue.

4. Les militaires absens de leur corps, pour quelque cause que ce soit, cesseront d'être compris dans l'effectif du corps du jour de leur départ, et ceux qui rentreront ne seront admis à la solde de présence que du lendemain de leur retour.

TITRE III. De la solde payable aux militaires à l'hôpital.

Art. 1er. A compter du 1er vendémiaire prochain, les militaires qui seront traités dans les hôpitaux recevront individuellement, pour chaque journée de séjour qu'ils y feront, la solde fixée par le tarif annexé à la présente loi.

2. La solde ne sera payable qu'à la sortie de l'hôpital; elle sera acquittée par le payeur ou par le receveur du district le plus voisin, sur un billet de sortie portant décompte, signé du directeur de l'hôpital, et visé du commissaire des guerres qui en a la police : ce billet restera entre les mains du payeur ou receveur, comme pièce de comptabilité, et sera indépendant de l'ordre de route qui sera donné au militaire pour se rendre à son corps.

3. Les militaires malades ou blessés qui se feront traiter ailleurs que dans les hôpitaux n'auront droit à aucune solde, tant qu'ils seront absens de leur corps.

4. Les militaires convalescens pourront cependant obtenir des permissions d'aller changer d'air dans leurs foyers ou ailleurs, lorsqu'il sera jugé nécessaire pour le rétablissement de leur santé.

Mais, dans ce cas, cette nécessité devra être constatée par un certificat des officiers de santé et du directeur de l'hôpital où les militaires auront été traités; ce certificat déterminera la durée du séjour à faire par les militaires, sans que cette fixation puisse les dispenser de se rendre à leur corps aussitôt leur rétablissement, s'il était opéré avant l'expiration du temps qui leur aura été accordé.

Le certificat sera visé par le commissaire des guerres ayant la police de l'hôpital, qui délivrera un ordre de route en conséquence.

5. Les militaires qui seront dans le cas de l'article précédent recevront, tant pour se rendre à leur destination et pour rejoindre leur corps que pour le temps du séjour, la solde accordée aux militaires de même arme et de même grade, absens par mission ou pour le service.

6. La solde leur sera payée individuellement sur extrait de revue d'un commissaire des guerres, accompagné de certificats de médecins ou chirurgiens, revêtu des formalités prescrites par l'article 4 de la loi du 1er floréal.

Le commissaire des guerres sera tenu de faire mention, dans l'extrait de revue, de la représentation qui lui aura été faite du certificat dont les militaires doivent être pourvus en exécution de l'article 4 ci-dessus.

TITRE IV. De la solde payable aux militaires isolés en route ou absens de leur corps.

Art. 1er. A compter du 1er vendémiaire prochain, les militaires isolés ou absens de leur corps n'auront droit à la solde que dans les cas déterminés par les articles suivans.

2. A compter de la même époque, la solde des militaires absens de leur corps sera payée conformément au tarif annexé au présent décret. Elle sera composée d'une somme fixe en deniers, et des rations de fourrages accordées par la loi, sans aucune fourniture de vivres.

3. Les militaires absens de leur corps, par

permission ou pour le service, recevront, tant pour la route que pour le temps du séjour, la solde ci-dessus déterminée.

4. Les militaires absens par congé ou permission recevront la solde en route pour se rendre à leur destination et pour rejoindre leur corps : ils n'auront droit à aucune solde pendant leur séjour.

5. La solde due aux militaires isolés en route leur sera payée en raison du chemin, sur des coupons détachés de l'ordre de route qui leur aura été délivré.

Les coupons qui n'auront pas été acquittés en route le seront au lieu de la destination, pourvu que le militaire y soit arrivé au terme fixé par l'ordre de route.

6. Les militaires absens de leur corps qui, sans être en route, auront droit à la solde, la toucheront individuellement sur extrait de revue d'un commissaire des guerres, qui relatera la date de l'ordre de s'absenter, les motifs qui y ont donné lieu, le temps que doit durer l'absence, les noms des chefs qui ont signé l'ordre, et celui du commissaire des guerres qui l'a visé.

7. La journée de marche sera de cinq lieues de poste.

8. Si la distance du dernier gîte au lieu d'arrivée ne forme pas une journée de marche, elle sera comptée et payée pour une journée entière, pourvu qu'elle forme moitié de la distance ci-dessus : au-dessous de moitié, elle sera comptée pour demi-journée.

9. Les militaires détenus ou suspendus qui seront réhabilités dans leurs fonctions recevront, pour tout le temps qu'aura duré la suspension, la solde accordée aux militaires de même arme et de même grade absens par mission ou pour le service; cette solde leur sera payée sur extrait de revue d'un commissaire des guerres, auquel sera joint le certificat de l'autorité qui les aura réhabilités : ce certificat indiquera la date de la suspension.

10. Les routes seront délivrées par la commission de l'organisation et du mouvement des troupes, ou par les directeurs d'hôpitaux, ou par les commissaires des guerres, conformément aux modèles qui leur seront adressés par ladite commission.

11. En l'absence des commissaires des guerres, les directoires de district pourront expédier des ordres de route aux militaires de leur arrondissement allant rejoindre leur corps, à la charge d'en rendre compte, dans la décade, à la commission du mouvement.

TITRE V. Des fournitures en vivres et en fourrages.

Art. 1er. A compter du 1er vendémiaire prochain, les militaires en activité de service et présens à leur corps recevront, sans aucune retenue sur la solde, les rations de pain, de viande et de fourrages attribuées à leur arme et à leur grade par les tarifs annexés à la présente loi.

La délivrance des rations de vivres et de fourrages ne sera faite que pour les hommes et les chevaux présens et effectifs, sans que, sous aucun prétexte, il puisse être rien exigé ni fourni pour les absens.

2. Les rations seront de mêmes poids et qualité pour tous les grades : celles de pain seront de vingt-huit onces; celles de viande, de huit onces.

3. Les militaires de tout grade en activité de service et présens à leur corps recevront en outre des rations d'une once de ris ou de deux onces de légumes secs, jusqu'à concurrence du nombre des rations de pain attribuées à leur grade : lorsque les rations de ris ou de légumes secs ne pourront être fournies, les militaires présens à leur corps recevront un supplément de solde de douze deniers par jour.

4. Il ne sera fourni aucune ration de vivres aux militaires isolés en route ou absens de leur corps.

5. Les militaires isolés, absens de leur corps par mission ou pour le service, recevront, tant pour la route que pour le temps du séjour, les rations de fourrages déterminées par le tarif.

6. Il ne sera fourni aucune ration de fourrage en route, ni dans le lieu du séjour, aux militaires absens de leur corps par congé ou permission : néanmoins les chevaux de tout militaire dans ce cas, qui seront restés au corps, recevront les rations de fourrages dans le nombre fixé selon l'arme et le grade de chacun.

7. Il est défendu, sous peine de cinq ans de fers, à tout militaire ou employé dans les armées, de recevoir le remboursement des rations de fourrages, ou de les vendre.

Il est défendu, sous les mêmes peines, à tout individu de les acheter.

8. Les rations de fourrages, pour les poids et mesures, resteront ainsi qu'elles ont été réglées par la loi du 23 vendémiaire, qui continuera d'être exécutée en tout ce qui n'est pas contraire à la présente loi.

9. Nul individu ne pourra, sous peine de six ans de fers, exiger ni percevoir des rations en vivres ou fourrages au-delà du nombre prescrit par la loi, et hors les cas qu'elle a prévus.

TITRE VI. Des fournitures en effets d'habillement et d'équipement.

Art. 1er. A compter du 1er vendémiaire prochain, les effets d'habillement, d'équipement et de linge et chaussure, nécessaires aux troupes, leur seront fournis des magasins de la République, sans aucune retenue;

ils ne pourront excéder les quantités réglées par le tableau annexé à la présente loi.

2. Les officiers n'auront aucun droit aux fournitures d'habillement et d'équipement.

3. Les effets d'habillement et d'équipement seront délivrés par les garde-magasins, sur les bons des conseils d'administration, visés par les commissaires des guerres.

4. Les conseils d'administration seront responsables de l'emploi des effets qui auront été fournis sur leurs bons.

5. Les effets militaires qui seront indispensablement nécessaires aux militaires convalescens sortant des hôpitaux pourront, sur les certificats ou bons des directeurs des hôpitaux, visés par les commissaires des guerres, leur être délivrés des magasins établis dans chaque district.

A défaut de commissaires des guerres, ces certificats ou bons seront visés par l'agent national du district où seront établis les magasins.

6. Tout homme recevra, avant de s'éloigner de son corps, ou à sa sortie de l'hôpital, tout ce qui lui sera nécessaire en effets d'habillement ou de linge et chaussure; en conséquence, aucun effet de ce genre ne sera délivré en route aux militaires voyageant isolément.

7. En cas de besoins extraordinaires d'un corps en effets d'habillement, d'équipement ou de linge et chaussure, qui excèdent les proportions déterminées par le tableau annexé à la présente loi, la commission du mouvement et de l'organisation des armées de terre pourra seule y satisfaire, et accorder un supplément convenable, après s'être assurée de la réalité des besoins et des circonstances qui les auront occasionés.

TITRE VII. *Des dépenses remboursables.*

Art. 1er. A l'avenir, les seules dépenses auxquelles il pourra être pourvu par forme de remboursement seront les dépenses d'entretien des effets d'habillement, d'équipement et armement des corps;

Le logement pour les militaires auxquels il n'aura pu être fourni en nature;

Les frais de bureau pour les états-majors des armées et les commissaires des guerres.

2. Le *maximum* des dépenses d'entretien est fixé à deux livres cinq sous par mois pour chaque homme d'infanterie, et quatre livres pour chaque homme de cavalerie.

3. Les conseils d'administration seront chargés des dépenses d'entretien, et en compteront chaque mois, sur des états certifiés par eux, visés, vérifiés et arrêtés par les commissaires des guerres, et appuyés de quittances et autres pièces justificatives, lesquelles seront également visées par les commissaires des guerres.

4. Pour mettre les conseils d'administration en état de subvenir aux dépenses d'entretien, il leur sera avancé par la Trésorerie nationale un mois au complet du corps, sur le pied réglé par l'article 2.

5. Les états de dépenses seront remboursés à la fin de chaque mois; ils seront appuyés d'une feuille d'effectif, certifiée par le conseil d'administration et par le commissaire des guerres : cette feuille sera remise au payeur, qui sera responsable du remboursement des dépenses qui excéderaient le *maximum* fixé par l'article 2, proportionnellement à l'effectif certifié dans la feuille qui lui aura été remise.

6. Les conseils d'administration seront responsables du bon emploi des sommes affectées à l'entretien : dans aucun cas, les militaires n'auront droit de réclamer le partage des sommes qui n'auraient pas été employées.

7. Le logement ne sera payé aux officiers que lorsqu'il n'aura pu leur être fourni en nature, et qu'ils justifieront l'avoir payé chez le citoyen.

8. Le logement sera remboursé dans la proportion réglée pour chaque grade par la loi du 23 mai 1792 = 18 janvier 1793, sur ordonnance des commissaires-ordonnateurs, en suite des états arrêtés par un commissaire des guerres, qui certifiera qu'il n'a pu être fourni en nature.

Les quittances du paiement des loyers seront jointes auxdits états, pour opérer la décharge du payeur.

9. Il ne sera alloué de frais de bureau qu'aux états-majors généraux ou de divisions des armées (et ce, sans aucune attribution individuelle), au commissaire des guerres, ordonnateur en chef attaché à chaque armée, et aux commissaires-ordonnateurs et ordinaires, tant aux armées qu'en résidence.

10. Les frais de bureau des états-majors et du commissaire-ordonnateur en chef attaché à chaque armée seront remboursés tous les mois, sur états certifiés, ordonnancés par le commissaire-ordonnateur, et appuyés de quittances et pièces justificatives.

Ceux des commissaires-ordonnateurs et des commissaires des guerres seront remboursés dans la même forme : mais ils ne pourront excéder trois cents livres par mois pour les commissaires-ordonnateurs, et deux cents livres par mois pour les commissaires des guerres.

11. Les généraux en chef et les commissaires-ordonnateurs ne pourront, dans aucun cas, ordonnancer des paiemens pour frais de bureau, sur les fonds mis à leur disposition.

TITRE VIII. *De la comptabilité.*

SECTION Ire. *De la solde.*

Art. 1er. La solde de présence sera payée

au corps sur quittance du conseil d'administration, appuyée d'une feuille de prêt qui constatera l'effectif des militaires de tout grade présens au corps la veille du prêt.

2. La feuille de prêt sera certifiée par le conseil d'administration, qui demeurera responsable des faux qu'elle contiendrait; elle sera également certifiée par le commissaire des guerres chargé de la police du corps, d'après les états de mutations et mouvemens qui lui auront été fournis.

3. A cet effet, le quartier-maître remettra, tous les cinq jours, au commissaire des guerres ayant la police du corps, les états de mutations et mouvemens, visés par le commandant du corps ou détachement.

4. Lorsque les états de mutations et mouvemens ne pourront être remis au commissaire des guerres, soit pour cause d'absence, soit parce que le corps aura passé sous la police d'un autre commissaire, ils seront remis au conseil d'administration, qui, après les avoir vérifiés sur le contrôle, constatera cette remise sur le registre des mutations et mouvemens, et réservera les états pour les remettre au commissaire des guerres ou à son successeur, aussitôt que les circonstances le permettront.

Le commissaire des guerres vérifiera de nouveau ces états sur le registre des mutations et mouvemens, qu'il visera en conséquence.

5. Dans le cas où les états de mutations ou mouvemens n'auraient pas été remis exactement au commissaire des guerres, il visera simplement la feuille de prêt; il fera mention dans son *visa* que les états ne lui ont pas été fournis, et en préviendra sur-le-champ le général d'armée, la commission de l'organisation et du mouvement des armées de terre, et l'accusateur militaire, pour faire les poursuites nécessaires, s'il y a négligence ou prévarication.

6. La feuille de prêt de la dernière décade de chaque mois, certifiée par le conseil d'administration, sera produite double, par le quartier-maître, au commissaire des guerres: l'une servira à recevoir le prêt, et restera entre les mains du payeur; le commissaire des guerres enverra l'autre, dans le courant de la première décade de chaque mois, à la commission de l'organisation et du mouvement des armées de terre, après avoir inscrit et certifié au dos de cette feuille l'état des paiemens faits au corps pendant le mois précédent, d'après le relevé qu'il en fera sur le livret du quartier-maître.

7. Lorsqu'il y aura impossibilité absolue de faire certifier la feuille de prêt par le commissaire des guerres, les conseils d'administration ou commandans de détachemens seront tenus de motiver et attester cette impossibilité, en certifiant la feuille de prêt sous leur responsabilité, conformément à l'article 2 du présent titre: ils suppléeront le commissaire des guerres pour l'envoi qui devra en être fait à la commission de l'organisation et du mouvement des armées de terre, conformément à l'article précédent.

8. Indépendamment de la feuille de prêt et de la quittance du conseil d'administration, le quartier-maître produira au payeur un livret sur lequel la date et le montant de chaque somme payée seront inscrits avec signature par le payeur.

9. Le livret sera coté et paraphé par le commissaire des guerres; en tête, seront les signatures des membres composant le conseil d'administration, afin que comparaison puisse être faite, au besoin, avec celles des quittances rapportées aux payeurs: il sera renouvelé chaque année.

L'ancien sera adressé à la commission du mouvement des troupes, pour servir au contrôle des décomptes de l'année précédente. Le conseil d'administration lui adressera en outre, tous les trois mois, le relevé des paiemens inscrits sur le livret.

10. Les à-comptes de solde seront payés par toute la République le primidi de chaque décade, et pour dix jours: les quartiers-maîtres continueront néanmoins de faire le prêt à la troupe tous les cinq jours.

La solde des officiers sera payée à l'expiration de chaque mois, et, le premier du mois suivant, sur un état nominatif certifié et quittancé par le conseil d'administration, et visé par le commissaire des guerres.

Un double de cet état, certifié par le conseil d'administration, sera remis au commissaire des guerres, qui le visera et l'adressera, dans le courant de la première décade, à la commission de l'organisation et du mouvement des armées de terre, avec l'état de prêt de la dernière décade du mois précédent.

11. Les sans-culottides seront ajoutées à l'à-compte délivré pour la dernière décade de l'année pour les sous-officiers et soldats, et au dernier mois de l'année pour les officiers.

12. Lorsque, par l'effet des mutations, le montant du prêt pour une décade ne se trouvera pas consommé à la fin de cette décade, la somme qui restera en caisse sera imputée en déduction sur le montant du prêt de la décade suivante, de manière à balancer la recette et la dépense.

Les conseils d'administrations et les commissaires des guerres sont spécialement chargés de veiller à l'exécution de cet article.

13. Les détachemens d'un corps qui n'en seront pas éloignés de plus de cinq lieues recevront leur subsistance en masse avec le corps, dont ils ne seront pas censés séparés.

14. Les détachemens qui seront distans

du corps de plus de cinq lieues recevront la solde directement du payeur, d'après les autorisations par écrit données par le conseil d'administration au militaire commandant le détachement.

15. Ces autorisations seront inscrites en tête d'un livret particulier formé pour le détachement; elles seront rédigées de manière à indiquer le nombre des militaires de tout grade dont il sera composé, le montant particulier de l'avance qui aura été faite au commandant pour attendre le prêt du primidi, et pour subvenir aux dépenses d'entretien jusqu'à la fin du mois.

16. Au moyen de ces pouvoirs, le commandant d'un détachement remplacera, pour la troupe qui lui sera confiée, le conseil d'administration: il sera tenu à la même surveillance, assujéti aux mêmes formalités, et sera personnellement responsable des abus.

17. Lorsque le détachement sera composé d'un bataillon ou d'un escadron entier, il conservera le conseil d'administration qui y aura été établi en exécution des lois des 19 et 24 ventose: ce conseil sera tenu de se conformer à tout ce qui est prescrit au présent titre pour la comptabilité.

18. A la rentrée d'un détachement au corps, les à-comptes que le commandant de ce détachement aura reçus, tant pour la subsistance que pour l'entretien des effets d'habillement et d'équipement des hommes qui le composaient, seront reportés, article par article, sur les registres du conseil d'administration du corps, et sur le livret du quartier-maître, pour rentrer dans la comptabilité générale du corps.

19. Les militaires qui seront mis en subsistance dans un corps autre que le leur y recevront la solde sur une feuille de prêt distincte et séparée de celle de ce corps: ils y resteront jusqu'à ce qu'il leur ait été délivré une route pour rejoindre le corps auquel ils appartiennent. Pendant leur séjour, ils feront le service et seront soumis à la discipline de celui dans lequel ils seront mis en subsistance.

20. Les militaires composant le grand état-major de l'armée, les aides-de-camp et les officiers sans troupe seront payés individuellement de leur solde, d'après les états arrêtés par le commissaire-ordonnateur, et sur la présentation d'un livret sur lequel la date et le montant de la somme payée seront inscrits avec signature par le payeur; en conséquence, ceux desdits militaires qui sont attachés à des corps ne seront point compris dans les états nominatifs, et seront rappelés pour mémoire dans les revues de trimestre.

21. Les militaires en mission feront viser leur ordre, au moment de leur arrivée et à celui de leur départ, par les chefs militaires, et, à leur défaut, par les autorités constituées du lieu où ils devront se rendre et séjourner. Le commissaire des guerres fera mention du *visa* dans les extraits de revue fournis pour le paiement des journées de séjour, en se conformant, en outre, à l'art. 6 du titre IV.

22. En cas de dégradations ou de dégâts dans les bâtimens, ameublemens et fournitures destinés au logement des troupes, le commissaire des guerres constatera, par procès-verbal et dans les formes usitées, la nature et l'estimation de ces dégâts ou dégradations. A la présentation de ces procès-verbaux visés du commissaire-ordonnateur, le payeur est autorisé à en acquitter le montant, en faisant quittancer lesdits procès-verbaux par les parties prenantes.

23. Lors du premier paiement à faire aux corps ou individus par qui les dégâts ou dégradations auront été commis, le payeur leur remettra pour comptant les procès-verbaux ainsi quittancés, pourvu que le montant n'excède pas le cinquième de la solde à payer aux corps ou individus.

24. Lorsque le montant des procès-verbaux excédera le cinquième de la solde à payer aux corps ou individus, le payeur retiendra sur ce premier paiement jusqu'à concurrence du cinquième, et en donnera son récépissé aux corps ou individus; le surplus sera retenu sur les paiemens subséquens, de manière que la retenue n'excède jamais le cinquième du paiement à faire. Lors du dernier paiement, le payeur remettra aux corps ou individus les procès-verbaux quittancés, et retirera ses récépissés.

25. Les conseils d'administration et les quartiers-maîtres feront ensuite, sur la solde de chacun des individus du corps, la répartition proportionnelle de la somme qui aura été retenue; les commissaires-ordonnateurs des guerres tiendront la main à l'exécution des présentes dispositions, et enverront le double des procès-verbaux à la commission de l'organisation et du mouvement des armées, laquelle, en cas de difficultés, prendra les mesures convenables pour assurer l'effet des retenues sur les corps ou sur les individus qui se seront mis dans le cas d'en éprouver.

26. Les compagnies détachées de vétérans nationaux recevront la solde déterminée par le tarif annexé au présent décret. Les rations de vivres leur seront fournies comme à l'infanterie; mais les fournitures en effets d'habillement, d'équipement et de linge et chaussures pour lesdites compagnies, seront réglées seulement à raison de moitié de ce qui est accordé à l'infanterie: elles auront droit au remboursement des dépenses d'entretien.

27. La gendarmerie à cheval employée aux armées, soit à la police, soit à tout autre service, sera traitée, tant pour la solde que

pour les fournitures en tout genre, comme la cavalerie.

La gendarmerie à pied employée aux armées sera traitée comme l'infanterie. Les officiers seront traités, respectivement à leurs grades, comme ceux des armes auxquelles ils appartiennent.

28. Les gendarmes employés aux armées à l'époque de la publication du présent décret, et qui jouissent, en vertu des lois existantes, d'un traitement plus fort que celui qui leur est attribué par la présente loi, recevront, pendant tout le temps qu'ils seront en activité de service aux armées, un supplément de solde égal à la différence qui existe entre leur traitement actuel et celui dont ils jouiront à l'avenir.

Ce supplément leur sera payé tous les mois dans la forme prescrite par les articles suivans, d'après le tarif annexé au présent décret, et seulement jusqu'au moment où les gendarmes parviendront à un grade dont la solde sera équivalente à leur traitement actuel.

Les officiers de gendarmerie n'auront droit à aucun supplément.

29. Les conseils d'administration des divisions de gendarmerie, conjointement avec les commissaires des guerres, dresseront un état nominatif de tous les sous-officiers et gendarmes qui font le service aux armées, à l'époque du présent décret, pour établir leur droit au supplément accordé par l'article ci-dessus; ils délivreront à chacun des individus qui y seront inscrits un extrait dudit état certifié.

30. A la fin de chaque mois, il sera dressé dans chacun des corps de gendarmerie employés à l'armée, un nouvel état nominatif des sous-officiers et gendarmes ayant droit au supplément en vertu des articles précédens, avec désignation de ce qui revient à chaque individu pour le mois écoulé : cet état, certifié par le conseil d'administration, sera vérifié par le commissaire des guerres, qui le certifiera d'après les états de mutations et mouvemens qui lui auront été remis tous les cinq jours, et la représentation du premier état nominatif fait en exécution de l'article 29 ci-dessus.

Cet état nominatif, ainsi certifié, et indépendant de la feuille de prêt, servira à recevoir le supplément qui sera acquitté par le payeur sur quittance du conseil d'administration, indépendamment et séparément de la solde ordinaire.

31. En cas d'absence du commissaire des guerres, l'état de supplément pourra être acquitté sous la responsabilité personnelle du conseil d'administration, lequel sera tenu d'attester et motiver l'impossibilité absolue où il se sera trouvé de faire viser et certifier cet état par un commissaire des guerres.

32. Les états nominatifs et les extraits qui en seront délivrés seront conformes aux modèles qui seront arrêtés par la commission de l'organisation et du mouvement des armées de terre. Dans tous les cas, les doubles de ces états seront adressés à ladite commission, qui en fera passer des copies aux comités de salut public, de la guerre, et à la Trésorerie nationale.

33. La gendarmerie faisant le service de l'intérieur continuera de jouir du traitement qui lui est accordé par les lois précédentes.

34. Les gardes nationales sédentaires mises en réquisition, dans les villes frontières, pour la défense des places, recevront trente sous chaque jour de service seulement, sans distinction de grades ou de fonctions, et sans fournitures. Les gardes montées d'un jour à l'autre ne compteront que pour un jour de service.

35. Les gardes nationales mises en réquisition qui feront le service dans les villes assiégées, et qui quitteront leurs foyers pour combattre les ennemis de la République, recevront, chacun selon son grade, la solde, les fournitures en vivres et les fourrages attribués à l'infanterie.

Il ne leur sera fait aucune fourniture d'effets en nature : en conséquence, outre la solde ordinaire, il sera alloué cinq sous par jour à chaque sous-officier et citoyen soldat, pour indemnité de son habillement et équipement.

36. Les gardes nationales ne pourront être mises en réquisition que dans le cas d'urgence et dans le nombre strictement nécessaire au bien du service. Elles ne seront jamais requises par légions, mais seulement par bataillons ou par compagnies; en conséquence, les chefs de légion, les adjudans généraux et sous-adjudans-généraux ne pourront à l'avenir être requis ni prétendre à la solde en cette qualité.

37. Les réquisitions n'auront d'effet que pendant un mois au plus : la solde cessera d'avoir lieu si les réquisitions ne sont pas renouvelées à l'expiration de ce délai par les représentans du peuple ou les généraux des armées.

SECTION II. De la comptabilité des effets d'habillement et d'équipement.

Art. 1er. Les conseils d'administration et les garde-magasins se conformeront, pour la comptabilité des effets d'habillement, équipement, linge et chaussure, aux formalités prescrites par les articles 1, 2, 5, 6, 7, 8, 9, 13, 14, 15, 16, 17 et 18 de la section Ire du présent titre. Les livraisons ne seront faites que dans la proportion réglée par les tableaux annexés au présent décret : les livres et feuilles d'effectif seront les mêmes que pour la solde.

2. Ne seront compris dans les effets fournis aux corps ceux qui seront délivrés aux convalescens, des magasins des districts, sur les bons des directeurs des hôpitaux, visés du commissaire des guerres.

3. En conséquence de cette exception, les commissaires des guerres, ou, à leur défaut, les agens nationaux qui auront visé les bons fournis sur les magasins de district par les directeurs d'hôpitaux, seront tenus d'adresser à la commission de l'organisation et du mouvement des armées de terre des copies certifiées desdits bons.

La commission en donnera avis aux corps auxquels ces militaires appartiennent, pour que la vérification des effets qui leur auront été fournis soit faite lors de leur rentrée au corps.

4. Il sera désigné, dans chaque corps, un militaire du grade de capitaine qui sera spécialement chargé de la répartition, par compagnies, des effets d'habillement et d'équipement, et de la surveillance sur la consommation; les autres capitaines rendront compte à cet officier, qui lui-même sera comptable envers le conseil d'administration, dont il ne pourra être membre, et le conseil sera comptable envers la République.

Section III. Des revues, et de la tenue des registres.

Art. 1er. Les revues continueront d'être faites par trimestre; elles ne comprendront dans le décompte que les hommes présens pendant le trimestre, et pour le nombre de jours qu'ils auront été sous les drapeaux; les absens y seront rappelés *pour mémoire;* elles seront adressées, dans les deux premières décades qui suivront le trimestre, à la commission de l'organisation et du mouvement des armées de terre, qui en fera arrêter les décomptes.

2. Il sera ouvert dans chaque corps un registre de caisse destiné à enregistrer, date par date, toutes les sommes qui seront versées dans la caisse ou qui en sortiront. A la fin de chaque mois, ce registre sera arrêté et certifié par le conseil d'administration, de manière à établir la situation de la caisse; il sera fait deux relevés de cette situation, certifiés par le conseil d'administration, conformes au registre: l'un sera adressé, dans la première décade de chaque mois, à la commission de l'organisation et du mouvement des armées, et l'autre au commissaire-ordonnateur.

3. Le commissaire des guerres vérifiera et arrêtera le registre de caisse, au moins une fois par trimestre, à l'époque des revues, et il adressera, dans le cours de la décade suivante, à la commission de l'organisation et du mouvement des armées, l'extrait de situation de la caisse, certifié par lui.

4. Il sera en outre ouvert, dans chaque corps, des registres pour l'enregistrement des délibérations du conseil, pour établir la comptabilité en deniers et fournitures d'effets, et pour constater les mutations et mouvemens.

5. Indépendamment des registres ci-dessus prescrits, les capitaines tiendront des journaux particuliers pour la dépense en deniers, et pour la consommation en effets de leurs compagnies respectives.

6. Le nombre et la forme de ces registres seront déterminés dans le réglement qui sera présenté à la Convention nationale par la commission de l'organisation et du mouvement des armées de terre. Le prix en sera compris et alloué dans les états de dépenses d'entretien.

Titre IX. De la publication et exécution de la présente loi.

Art. 1er. En conséquence des articles ci-dessus, les masses, sous quelque dénomination qu'elles existent, les retenues de toute espèce pour fournitures en tout genre, et tout rappel de solde ou d'appointemens, sont et demeurent supprimés.

2. Du 20 au 30 fructidor prochain, les registres de tous les corps seront arrêtés par les commissaires des guerres, et les fonds qui se trouveront en caisse, versés dans celles des payeurs.

3. Le récépissé du payeur sera pris en déduction sur les sommes dues par les corps à la République.

4. La présente loi sera imprimée et adressée à tous les corps, départemens, districts et municipalités, pour y être lue et distribuée dans toutes les tentes, casernes et chambrées, afin qu'aucun militaire ou agent préposé au paiement des troupes n'en prétendent cause d'ignorance: toutes lois ou décrets contraires aux dispositions qu'elle renferme sont et demeurent annulés.

5. La commission de l'organisation et du mouvement des armées de terre présentera, dans le plus court délai, à la Convention, le réglement et les modèles qui doivent être adressés aux corps pour l'exécution du présent décret.

6. Les représentans du peuple, les corps administratifs et les généraux ne pourront prendre aucun arrêté ni faire aucune proclamation tendant à étendre, modifier ou interpréter les dispositions de la présente loi.

---

2 THERMIDOR an 2 (20 juillet 1794). — Décret portant que le rapport fait au nom des comités de salut public, des finances, de l'examen des marchés et de la guerre, qui a précédé la loi rendue cejourd'hui sur la solde des troupes, sera imprimé en tête de ladite loi et envoyé aux armées. (B. 45, 8.)

2 THERMIDOR an 2 (20 juillet 1794). — Décret d'ordre du jour sur la demande du citoyen Laforêt aîné, premier suppléant de la partie du nord de Saint-Domingue. (B. 45, 7.)

2 THERMIDOR an 2 (20 juillet 1794). — Décret qui fixe le délai dans lequel sont tenus de retourner à leur domicile les citoyens qui se sont soustraits à l'exécution des mandats d'arrêt, les fonctionnaires publics suspendus ou remplacés, etc. (B. 45, 8.)

3 THERMIDOR an 2 (21 juillet 1794). — Décret relatif aux meuniers détenteurs de domaines nationaux dont les baux ne comprendront que des moulins. (B. 45, 38.)

Les meuniers détenteurs de domaines nationaux dont les baux ne comprendront que des moulins ne sont point tenus d'acquitter en grains le prix de leur loyer, quand même le bail l'aurait stipulé.

3 THERMIDOR an 2 (21 juillet 1794). — Décret relatif aux délits non contre-révolutionnaires commis par des fonctionnaires publics dans l'exercice de leurs fonctions. (B. 45, 26.)

3 THERMIDOR an 2 (21 juillet 1794).—Décrets qui accordent des secours au citoyen Etienne Gauthier et autres. (B. 45, 27 à 37.)

3 THERMIDOR an 2 (21 juillet 1794). — Décret qui renvoie aux comités de secours publics et de sûreté générale la demande tendante à ce qu'il soit présenté par le comité des secours un projet de réglement pour les hôpitaux qui ne sont pas encore supprimés. (B. 45, 38.)

4 THERMIDOR an 2 (22 juillet 1794). — Décret sur les contumaces. (B. 45, 39; Mon. des 4 et 7 thermidor an 2, Rap. Merlin de Douai.)

Voy. Code du 3 BRUMAIRE an 4.

Art. 1er. Lorsque, sur une ordonnance de prise de corps ou de se représenter en justice, l'accusé n'aura pas pu être saisi, et ne se présentera pas dans les dix jours de la notification qui en aura été faite à son domicile;

Lorsque, après s'être présenté ou avoir été saisi, il viendra à s'évader;

Ou enfin lorsque, après avoir été admis à caution, il ne se représentera pas au jour fixé pour l'examen du procès,

Le président du tribunal criminel rendra une ordonnance portant qu'il sera fait perquisition de sa personne, et que tout citoyen est tenu d'indiquer le lieu où il se trouve.

2. Cette ordonnance et celle de prise de corps ou de se représenter en justice seront publiées le décadi suivant à son de trompe ou de caisse, et affichées à la porte du domicile de l'accusé, ainsi qu'à celle de son domicile élu, et, s'il n'est pas domicilié, à celle de l'auditoire du tribunal criminel.

Elles seront également notifiées à ses cautions, s'il en a fourni.

Le tout à la diligence de l'accusateur public.

3. Le dixième jour après cette publication, le président du tribunal rendra une seconde ordonnance, portant qu'un tel est rebelle à la loi; qu'en conséquence il est déchu du titre et des droits de citoyen français; que ses biens vont être et demeureront séquestrés au profit de la République, pendant tout le temps de sa contumace; que toute action en justice lui est interdite pendant le même temps, et qu'il va être procédé contre lui malgré son absence.

4. Dans le jour suivant, cette ordonnance sera adressée, par l'accusateur public, à l'agence des domaines nationaux et à son préposé, dans le lieu du domicile du contumax.

Elle sera en outre publiée, affichée et notifiée, sans aucun délai, aux lieux indiqués par l'article 2.

5. Après un nouveau délai de dix jours, le procès sera porté à l'audience du tribunal criminel.

6. Aucun conseil ou fondé de pouvoirs ne pourra se présenter pour défendre l'accusé contumax, soit sur les faits, soit sur l'application de la loi, soit sur la forme de la procédure.

Seulement, s'il est dans l'impossibilité absolue de se rendre, il pourra envoyer son excuse, et en faire plaider la légitimité par un fondé de pouvoirs.

Ses parens et ses amis auront la même faculté, en justifiant de son absence hors du territoire continental de la République, en vertu de passeports réguliers, avant les premières poursuites faites contre lui.

7. Si le tribunal trouve l'excuse légitime, il ordonnera qu'il sera sursis au jugement de l'accusé et au séquestre de ses biens, pendant un temps qu'il fixera, eu égard à la nature de l'excuse et à la distance des lieux.

8. Il n'interviendra point de jurés dans les jugemens des accusés contumax.

9. Après la lecture de l'acte d'accusation, des ordonnances mentionnées dans les articles 1 et 3, et des procès-verbaux dressés pour en constater la proclamation et l'affiche, le président, après avoir entendu l'accusateur public, prendra l'avis des juges sur la régularité ou irrégularité de l'instruction faite contre l'accusé.

10. Si l'instruction n'est pas conforme à la loi, le tribunal la déclarera nulle, et ordonnera qu'elle sera recommencée à partir du plus ancien acte qui sera jugé illégal.

11. Si l'instruction est régulière, le tribunal déclarera que l'accusé est réputé, par la loi, coupable du délit énoncé, caractérisé et circonstancié par l'acte d'accusation, et le condamnera à la peine portée contre ce délit.

12. Cette condamnation sera, dans les cinq jours de sa prononciation, et à la diligence de l'accusateur public, affichée par l'exécuteur des jugemens criminels à un poteau qui sera planté au milieu de la place publique du lieu où s'est tenue l'assemblée du jury d'accusation.

13. En aucun cas, la contumace d'un accusé ne pourra suspendre ni retarder l'instruction à l'égard de ses coaccusés présens.

Elle ne pourra non plus, après le jugement de ceux-ci, empêcher la remise des effets déposés au greffe comme pièces de conviction, lorsqu'ils seront réclamés par les propriétaires intéressés à cette remise.

Cette remise sera précédée d'un procès-verbal de description, dressé par le président ou par un juge qu'il aura commis à cette fin.

14. Tous les fruits, revenus et produits qui seront, en exécution de l'ordonnance mentionnée dans l'article 4, perçus par les receveurs des droits d'enregistrement, et par eux versés dans les caisses de district, appartiendront irrévocablement à la République, sauf les secours à accorder à la femme, aux enfans, au père ou à la mère de l'accusé, s'ils sont dans le besoin.

Ces secours seront réglés par le Corps-Législatif.

15. Si l'accusé se constitue prisonnier, ou s'il est pris et arrêté, le jugement rendu et les procédures faites contre lui depuis l'ordonnance de prise de corps seront anéantis de plein droit, et il sera procédé à son égard dans la forme ordinaire.

16. Néanmoins, les dépositions écrites des témoins décédés pendant son absence seront lues aux jurés, qui y auront tel égard que de raison, en observant toujours que les preuves écrites ne sont point la règle unique de leurs décisions, et qu'elles ne leur servent que de renseignemens.

17. L'accusé contumax, à compter soit du jour où il a été arrêté, soit de celui où il se sera de lui-même constitué prisonnier, rentrera dans l'exercice de tous ses droits, et ses biens, à l'exception des fruits perçus ou échus antérieurement, lui seront rendus.

18. Dans le cas même d'absolution, l'accusé qui a été contumax sera condamné, par forme de correction, à garder la prison pendant une décade; le juge lui fera en public une réprimande pour avoir douté de la justice et de la loyauté de ses concitoyens, et il ne lui sera accordé aucun recours contre son dénonciateur.

19. La peine infligée par la loi au délit dont le contumax est accusé sera prescrite par vingt ans, à compter de la date de sa condamnation.

20. Mais, ce temps passé, il ne sera plus reçu à se présenter pour purger sa contumace.

21. Après la mort du contumax prouvée légalement, ou après cinquante ans de la date de la condamnation, ses biens, l'exception des fruits perçus ou échus antérieurement, seront restitués à ses héritiers légitimes.

22. Toutes les procédures contre des accusés absens, qui, à l'époque de la publication de la présente loi, auront été faites d'après le titre IX de la deuxième partie de la loi du 16 septembre 1791, et qui ne seront pas terminées par des jugemens définitifs de contumace, seront recommencées suivant le mode ci-dessus prescrit.

23. Il n'est point dérogé, par la présente loi, aux dispositions de celles relatives aux émigrés.

24. Il n'est pareillement rien innové à la disposition du décret du 23 ventose, par laquelle les prévenus de conspiration contre la République qui se seront soustraits à l'examen de la justice, sont mis hors de la loi; et cette disposition est déclarée commune aux prévenus de fabrication, distribution ou introduction de faux assignats.

25. En conséquence, ceux contre qui il a été ou sera ci-après rendu, soit un décret d'arrestation, soit un arrêté pris aux mêmes fins par des représentans du peuple à qui le droit d'arrestation est délégué, soit un mandat d'arrêt ou ordonnance de prise de corps, avec l'expression formelle qu'ils sont prévenus de conspiration contre la République, ou de fabrication, distribution ou introduction de faux assignats, encourront de plein droit la mise hors de la loi dans les deux cas suivans :

1° Lorsqu'ils ne se seront pas présentés dans le mois qui suivra le jour où le décret, arrêté, mandat d'arrêt ou ordonnance de prise de corps, aura été proclamé à son de trompe ou de caisse, et affiché à la porte de leur dernière résidence;

2° Lorsque, après s'être présentés ou avoir été saisis, ils viendront à s'évader.

26. Dans l'un et l'autre cas, l'arrêté ou décret d'arrestation, ordonnance de prise de corps ou mandat d'arrêt, et le procès-verbal, soit de la proclamation et de l'affiche qui en auront été faites, soit de l'évasion du prévenu, seront, sans aucun délai, adressés à l'administration du district, qui sera tenue d'en envoyer de suite une expédition à la commission des revenus nationaux, et d'agir, au surplus, ainsi qu'il est prescrit par la loi du 26 frimaire relative aux biens confisqués.

---

4 THERMIDOR an 2 (22 juillet 1794). — Décrets qui accordent des secours au citoyen Leborgne. (B. 45, 43.)

---

4 THERMIDOR an 2 (22 juillet 1794). — Décret relatif à diverses parties du mobilier du château de la Muette. (B. 45, 43.)

4 THERMIDOR an 2 (22 juillet 1794). — Décret qui affecte à sa destination le don patriotique offert par les sociétés populaires du Mas-d'Azil et de Carlat-le-Peuple. (B. 45, 38.)

5 THERMIDOR an 2 (23 juillet 1794). — Décret interprétatif de celui du 2 thermidor, relatif aux fonctionnaires publics destitués, remplacés ou suspendus. (B 45, 51.)

5 THERMIDOR an 2 (23 juillet 1794). — Décrets qui accordent des secours à la veuve Claude et autres (B. 45, 51.)

5 THERMIDOR an 2 (23 juillet 1794). — Décret qui renvoie la pétition des quatre enfans de Françoise Navé, veuve Legrand, au comité de sûreté générale, pour y être statué dans trois jours. (B. 45, 52.)

5 THERMIDOR an 2 (23 juillet 1794). — Décret qui renvoie une pétition du citoyen Pionin à l'examen des comités de législation et de sûreté générale, pour en faire un rapport sous trois jours. (B. 45, 54.)

5 THERMIDOR an 2 (23 juillet 1794). — Décret relatif au don d'une somme de douze cents livres, destiné à la famille du brave citoyen Delechaux, magistrat de Maubeuge. (B. 45, 54.)

5 THERMIDOR an 2 (23 juillet 1794). — Décret portant que les comités des domaines et finances feront le rapport, sous trois jours, sur la demande en rapport du décret rendu le 6 prairial, relativement aux déclarations à fournir par les détenteurs des domaines nationaux. (B. 45, 53.)

5 THERMIDOR an 2 (23 juillet 1794). — Décret portant que les articles 12 et 14 de celui du 29 septembre 1793, sur le *maximum*, ne sont pas applicables aux adjudications de coupes de bois faites en bloc, etc. (B. 45, 53.)

5 THERMIDOR an 2 (23 juillet 1794). — Décret qui suspend toutes poursuites par le receveur des biens nationaux à Abbeville, contre les citoyens Lecat et Hubert. (B. 45, 52.)

5 THERMIDOR an 2 (23 juillet 1794). — Décret d'ordre du jour sur la résiliation d'une adjudication faite au profit du citoyen Perné. (B. 45, 54.)

6 THERMIDOR an 2 (24 juillet 1794). — Décret sur les difficultés élevées dans l'exécution de l'article 7 de la loi du 9 ventose, relative aux condamnés pour crimes emportant confiscation. (B. 45, 57; Mon. du 7 thermidor an 2, Rap. Merlin.)

Art. 1er. Les condamnés pour crimes emportant confiscation dont le dernier domicile n'est point désigné dans les jugemens qui contiennent leur condamnation, sont censés, relativement à tout ce qui concerne l'exécution de la loi du 9 ventose, avoir eu pour dernier domicile le lieu de leur naissance indiqué par ces jugemens.

2. Si ces jugemens ne désignent pas le lieu de leur naissance, ils sont censés avoir eu pour dernier domicile le chef-lieu du département où siége le tribunal qui les a condamnés.

3. Les condamnés qui ont été portés dans les deux premières parties de la liste ordonnée par la loi du 9 ventose, sans que leur dernier domicile y fût désigné, seront réemployés, de la manière prescrite par les deux articles précédens, dans la partie de la même liste qui sera publiée immédiatement après la présente loi; et le délai fixé par les articles 8 et 9 de la loi du 9 ventose ne courra, à l'égard de leurs créanciers et débiteurs, que du jour de cette publication.

6 THERMIDOR an 2 (24 juillet 1794). — Décret sur les biens et les dettes des académies et sociétés littéraires supprimées. (B. 45, 58; Mon. du 7 thermidor an 2, Rap. Ramel.)

Les biens des académies et sociétés littéraires patentées ou dotées par la nation, et supprimées par la loi du 8 août dernier, font partie des propriétés de la République: les dettes passives de ces mêmes établissemens sont déclarées dettes nationales; les créanciers remettront leurs titres originaux, savoir: ceux de la dette viagère à la Trésorerie nationale, et ceux de la dette constituée exigible au directeur-général de la liquidation, d'ici au 1er nivose de l'an 3; et faute de les remettre dans ce délai, ils sont dès à présent déchus de toute répétition envers la République. L'actif sera administré et le passif liquidé conformément aux dispositions de la loi du 23 messidor dernier.

6 THERMIDOR an 2 (24 juillet 1794). — Décret sur le mode de paiement des frais de conservation et de vente du mobilier de la liste civile. (B. 45, 58.)

La Convention nationale décrète, par disposition additionnelle au décret du 17 prairial dernier, que les états de frais et de dépenses relatifs à la conservation et à la vente du mobilier de la ci-devant liste civile seront, avant d'être payés, vérifiés, visés et ordonnancés par la commission des revenus nationaux.

6 THERMIDOR an 2 (24 juillet 1794). — Décret relatif aux certificats de résidence. (B. 45, 58.)

6 THERMIDOR an 2 (24 juillet 1794). — Décret qui supprime les municipalités d'O, de Murigny et d'Argentan. (B. 45, 56.)

6 THERMIDOR an 2 (24 juillet 1794). — Décrets qui accordent des secours à la veuve Verneuil et à la citoyenne Françoise Boudfroy. (B. 45, 55.)

6 THERMIDOR an 2 (24 juillet 1794). — Décret d'ordre du jour sur la demande d'un tribunal criminel, de s'abstenir de la connaissance d'un procès concernant des dilapidations dans la vente des biens d'un émigré. (B. 45, 56.)

7 THERMIDOR an 2 (25 juillet 1794). — Décret relatif à une pétition du citoyen Lambert, en interprétation des lois des 30 mars et 10 juillet 1791, portant que les acquéreurs de domaines nationaux ne peuvent prendre que les fruits qui y sont pendans par les racines au jour de l'adjudication. (B. 45, 63; Mon. du 9 thermidor an 2.)

La Convention nationale, après avoir entendu le rapport de son comité d'aliénation et des domaines réunis, sur la pétition du citoyen Lambert, cultivateur, demeurant à Saint-Vaubourg, tendant à ce qu'en expliquant les lois des 23 février = 30 mars et 3 = 10 juillet 1791, il soit décrété, relativement aux simples fermes de labourage, qu'il n'y a pas lieu à ventilation, quand, à l'instant de l'adjudication, une partie des fermes des domaines que l'on aliène est pendante par les racines, et qu'une autre partie en est recueillie; mais que, dans ce cas, la totalité desdits fruits ou des fermages qui les représentent reste à la nation si ces fruits sont entièrement recueillis; que la totalité en appartient à l'acquéreur si la récolte entière du domaine n'est pas alors achevée, et que cette récolte n'est censée faite qu'autant que l'adjudication est postérieure au 9 vendémiaire ou 30 septembre;

Considérant que les lois des 24 février = 30 mars et 3 = 10 juillet 1791 ne donnent aux acquéreurs de biens nationaux que les fruits pendans par les racines au jour de l'adjudication, ou les fermages qui les représentent;

Passe à l'ordre du jour, motivé sur les lois desdits jours 24 février = 30 mars et 3 = 10 juillet 1791.

7 THERMIDOR an 2 (25 juillet 1794).—Décret qui rend communes aux procès commencés avant l'installation des tribunaux criminels, les dispositions de celui du 18 prairial sur la manière d'entendre les témoins militaires. (B. 45, 63; Mon. du 9 thermidor an 2, Rap. Merlin.)

Art. 1er. Les dispositions de la loi du 18 prairial, sur la manière d'entendre les témoins militaires ou attachés aux armées, sont communes aux procès qui, ayant été commencés avant l'installation des tribunaux criminels, doivent être jugés suivant les anciennes formes par les tribunaux du district.

2. En conséquence, les juges de district, en procédant au jugement de ceux de ces procès où il aura été produit des témoins militaires ou attachés aux armées, délibéreront, après l'examen de l'instruction, s'ils peuvent, ou non, prononcer sans récolement et confrontation de ces témoins; et ils agiront, après avoir statué sur cette question, ainsi qu'il est prescrit par les articles 14 et suivans de la loi ci-dessus rappelée.

7 THERMIDOR an 2 (25 juillet 1794). — Décret d'ordre du jour sur des jugemens du tribunal de commerce de Nantes, relativement à des actions et créances contre des défenseurs de la patrie. (B. 45, 59.)

7 THERMIDOR an 2 (25 juillet 1794). — Décret d'ordre du jour sur une demande en interprétation des articles 2 et 14 du titre V de la loi du 16 août 1790, fondé sur ce que la loi est claire, et que c'est aux tribunaux à l'appliquer. (B. 45, 60.)

7 THERMIDOR an 2 (25 juillet 1794). — Décret sur la liquidation de l'office du citoyen Gratard. (B. 45, 61.)

7 THERMIDOR an 2 (25 juillet 1794). — Décret sur le projet de décret pénal contre les calomniateurs. (B. 45, 62.)

7 THERMIDOR an 2 (25 juillet 1794). — Décret qui accorde des secours à la veuve Daniont-Maurel. (B. 45, 59 et 61.)

7 THERMIDOR an 2 (25 juillet 1794). — Décret qui autorise les inspecteurs des procès-verbaux à rayer dans le décret du 26 messidor rendu sur la pétition des frères Févrieux, ces mots: *Sauf à Soulié à faire valoir ses droits suivant les formes régulières prescrites par les lois*. (B. 45, 60.)

7 THERMIDOR an 2 (25 juillet 1794).—Décret de renvoi au représentant du peuple dans le département de la Charente-Inférieure, relatif au citoyen Jean-Baptiste-Augustin Deprat, détenu en la commune de Brouage. (B. 45, 60.)

7 THERMIDOR an 2 (25 juillet 1794). — Décret de renvoi aux comités de salut public et de sûreté générale, relatif à des observations du citoyen Dubois-Crancé, pour faire un rapport dans le plus bref délai. (B. 45, 62.)

7 THERMIDOR an 2 (25 juillet 1794). — Décret qui annule l'adjudication passée au citoyen Drouet, et ordonne l'exécution de celle faite au citoyen Bellecoste. (B. 45, 64.)

8 THERMIDOR an 2 (26 juillet 1794). — Décret relatif aux indemnités accordées pour pertes occasionées par l'intempérie des saisons et autres accidens imprévus. (B. 45, 67.)

La Convention nationale, après avoir entendu le rapport de ses comités des secours publics et des finances, sur la question proposée par les commissaires aux secours publics, de savoir si, avant d'acquitter définitivement les indemnités relatives aux pertes éprouvées par l'intempérie des saisons et autres accidens imprévus, ils doivent soumettre leur travail à l'examen des comités des secours publics et des finances, ainsi qu'il a été décrété, le 16 messidor, à l'égard des indemnités résultant de l'invasion ou des ravages des ennemis,

Décrète que le même mode prescrit par la loi du 16 messidor, pour le réglement définitif des indemnités relatives aux pertes souffertes par l'invasion ou le ravage des ennemis, sera exécuté à l'égard de celles occasionées par l'intempérie des saisons et autres accidens imprévus.

---

8 THERMIDOR an 2 (26 juillet 1794). — Décret de mention honorable du don fait par le citoyen Mazier, de modèles d'obus et de boulets en fonte de son invention. (B. 45, 65.)

---

8 THERMIDOR an 2 (26 juillet 1794). — Décrets qui accordent des secours à la veuve Charlet-Décombe et autres. (B. 45, 65 à 67.)

---

9 THERMIDOR an 2 (27 juillet 1794). — Décret relatif à l'indemnité à accorder aux militaires dont les équipages de guerre auront été pris par les ennemis. (B. 45, 74; Mon. du 10 thermidor an 2.)

Art. 1er. Tous militaires dont les équipages de guerre auront été pris par les ennemis recevront une indemnité.

2. L'indemnité ne sera accordée qu'à ceux qui, dans la quinzaine, auront fait constater l'état de leur perte par le conseil d'administration du corps auquel ils sont attachés. Cet état sera certifié par le commissaire des guerres, visé par un officier de l'état-major, et adressé dans le mois à la neuvième commission, qui pourra seule fixer et ordonnancer les sommes que les payeurs seront tenus d'acquitter.

3. Ces états, ainsi ordonnancés et acquittés, seront reçus à décharge par la Trésorerie nationale.

4. Dans aucun cas, l'indemnité pour les officiers ne pourra excéder la gratification de campagne accordée à leur grade par la loi du 1er = 5 mai 1792.

5. Les sous-officiers et soldats recevront en nature le remplacement des effets de petit équipement qui leur auront été pris; et, dans le cas où les magasins de la République ne pourraient pas les leur fournir sur-le-champ, la neuvième commission leur en fera payer le prix d'après les traités que l'administration des équipemens aura faits avec les divers fournisseurs.

6. Les militaires dont les équipages auront été pris antérieurement au 1er frimaire ne recevront aucune indemnité, à moins que leur réclamation n'ait été faite et adressée à la neuvième commission avant le 1er floréal.

7. Ceux qui ont éprouvé des pertes depuis le 1er frimaire jusqu'au 1er prairial feront, sous peine de déchéance, leurs réclamations avant le 1er fructidor.

8. A l'avenir, les militaires blessés, malades ou retenus dans une place assiégée, qui ne pourront remplir, dans le délai fixé par l'article 2, les formalités exigées par ce même article, auront droit à l'indemnité, en justifiant, à la neuvième commission, de leurs maladies, blessures ou autres obstacles légitimes, dans le mois pour tout délai, à dater du jour de leur guérison ou de la cessation de leur absence forcée.

9. Aucun militaire ne pourra profiter des dispositions de l'article précédent s'il n'a fait constater ou sa maladie, ou ses blessures, ou son absence forcée, selon les formes exigées par la loi du 1er floréal, relatives aux militaires remplacés.

---

9 THERMIDOR an 2 (27 juillet 1794). — Décrets qui ordonnent la mise en arrestation de Maximilien Robespierre et de son frère, de Saint-Just, Couthon, Lebas, Dumas, Henriot, Boulanger, Lavalette, Dufraise, Daubigny, Prosper-Sijas. (B. 45, 83 et suiv.)

---

9 THERMIDOR an 2 (27 juillet 1794). — Décret qui supprime tout commandement supérieur à celui de chef de légion dans la garde nationale, et contenant des mesures relatives à la sûreté de la représentation nationale. (B. 45, 81.)

---

9 THERMIDOR an 2 (27 juillet 1794). — Décret qui mande à la barre la municipalité et le département de Paris. (B. 45, 85.)

---

9 THERMIDOR an 2 (27 juillet 1794). — Décrets qui nomment commandant général de la force armée le représentant Barras, et lui adjoignent plusieurs autres représentans. (B. 45, 87.)

---

9 THERMIDOR an 2 (27 juillet 1794). — Décrets qui mettent hors de la loi Robespierre l'aîné et tous ceux qui se sont soustraits aux décrets d'arrestation décernés contre eux; le maire et les officiers municipaux rebelles de la commune de Paris. (B. 45, 86.)

---

9 THERMIDOR an 2 (27 juillet 1794). — Décret qui défend aux sections de Paris d'obéir à la municipalité mise hors de la loi. (B. 45, 86.)

---

9 THERMIDOR an 2 (27 juillet 1794). — Proclamation de la Convention au peuple français. (B. 45, 84.)

---

9 THERMIDOR an 2 (27 juillet 1794). — Décrets qui accordent des secours et indemnités au citoyen Caveyron et autres. (B. 45, 69 à 82.)

---

9 THERMIDOR an 2 (27 juillet 1794). — Décret qui annule les jugemens qui ont condamné Giquet à la peine de mort, et le renvoie devant le tribunal criminel de l'Oise. (B. 45, 77.)

---

9 THERMIDOR an 2 (27 juillet 1794). — Décret qui désigne la Convention comme centre de ralliement des autorités constituées et de la force publique. (B. 45, 86.)

---

9 THERMIDOR an 2 (27 juillet 1794). — Décret qui annule l'instruction criminelle faite contre Rengné, Hugard, Widet et Marx, et ordonne de les traduire au tribunal révolutionnaire. (B. 45, 68.)

---

9 THERMIDOR an 2 (27 juillet 1794). — Décret qui met en liberté les citoyennes Lanne et Billot. (B. 45, 87.)

---

10 THERMIDOR an 2 (28 juillet 1794). — Décret relatif à l'exécution des décrets rendus le 9 thermidor contre les députés et autres déclarés traîtres à la patrie et mis hors la loi. (B. 45, 90.)

---

10 THERMIDOR an 2 (28 juillet 1794). — Décret qui enjoint aux membres du tribunal révolutionnaire de se retirer par-devant les comités de salut public et de sûreté générale. (B. 45, 88.)

---

10 THERMIDOR an 2 (28 juillet 1794). — Décret qui nomme provisoirement le citoyen Deliége vice-président du tribunal révolutionnaire. (B. 45, 88.)

---

10 THERMIDOR an 2 (28 juillet 1794). — Décret qui met Prosper Sijas hors de la loi, et sa femme en état d'arrestation. (B. 45, 88.)

---

10 THERMIDOR an 2 (28 juillet 1794). — Décret qui accorde des secours au citoyen Fristol. (B. 45, 89.)

---

10 THERMIDOR an 2 (28 juillet 1794). — Décret qui abroge la reconnaissance d'identité des conspirateurs mis hors de la loi. (B. 45, 89.)

---

10 THERMIDOR an 2 (28 juillet 1794). — Décret qui met le nommé Vivier hors de la loi. (B. 45, 91.)

10 THERMIDOR an 2 (28 juillet 1794). — Décret portant que les sections de Paris ne cessent de bien mériter de la patrie. (B. 45, 90.)

---

10 THERMIDOR an 2 (28 juillet 1794). — Décret qui ordonne le prompt jugement des détenus comme suspects. (B. 45, 93.)

---

10 THERMIDOR an 2 (28 juillet 1794). — Décret de mention honorable de la conduite du gendarme Médale. (B. 45, 89.)

---

10 THERMIDOR an 2 (28 juillet 1794). — Décret qui ordonne de traduire au tribunal révolutionnaire Beauvoisin, Lavalette et Target. (B. 45, 94.)

---

10 THERMIDOR an 2 (28 juillet 1794). — Proclamation de la Convention nationale, sur la proclamation de Robespierre, Couthon, Saint-Just, Lebas, Henriot, etc., contre la République. (B. 45, 92.)

---

10 THERMIDOR an 2 (28 juillet 1794). — Décret de renvoi aux comités de salut public et de sûreté générale, de la proposition faite d'entendre le citoyen Lafond sur les dénonciations qu'il a à porter contre les dilapidations exercées dans l'armée d'Italie par le traître Robespierre cadet, à l'aide d'un banquier. (B. 45, 92.)

---

10 THERMIDOR an 2 (28 juillet 1794). — Décret qui ordonne l'impression d'une proclamation et d'un rapport des comités de salut public et de sûreté générale, et l'envoi aux départemens et aux armées par des courriers extraordinaires. (B. 45, 91.)

---

10 THERMIDOR an 2 (28 juillet 1794). — Décret qui renvoie les commissions populaires qui ont été nommées pour juger les détenus, à l'examen des comités de salut public et de sûreté générale, pour être épurées. (B. 45, 91.)

---

10 THERMIDOR an 2 (28 juillet 1794). — Décret relatif à l'impression des séances des 9 et 10 thermidor. (B. 45, 94.)

---

11 THERMIDOR an 2 (29 juillet 1794). — Décret de renvoi au comité de salut public, à l'effet de pourvoir à l'avancement du citoyen Belloy. (B. 45, 95.)

---

11 THERMIDOR an 2 (29 juillet 1794). — Décret qui ordonne de rétablir le nom du citoyen Auguis dans le décret qui nomme des adjoints au représentant Barras. (B. 45, 98.)

---

11 THERMIDOR an 2 (29 juillet 1794). — Décret qui ordonne de mettre Soisson en état d'arrestation, et de le conduire au comité de sûreté générale. (B. 45, 95.)

11 THERMIDOR an 2 (29 juillet 1794).— Décrets qui annulent des jugemens contre les citoyens Hecht et Roques. (B. 45, 96 et 97.)

11 THERMIDOR an 2 (29 juillet 1794). — Décret portant que le citoyen Gadeau jouira de sa liberté. (B. 45, 96.)

11 THERMIDOR an 2 (29 juillet 1794). — Décret qui déclare que l'armée de Sambre-et-Meuse ne cesse de bien mériter de la patrie. (B. 45, 97.)

11 THERMIDOR an 2 (29 juillet 1794). — Décret qui défend aux autorités constituées de se présenter à la Convention accompagnées de gardes. (B. 45, 95.)

11 THERMIDOR an 2 (29 juillet 1794). — Décret qui met hors de la loi Lerebours et Payan l'aîné. (B. 45, 98.)

11 THERMIDOR an 2 (29 juillet 1794). — Décret relatif au mode de renouvellement des comités de la Convention. (B. 45, 98.)

12 THERMIDOR an 2 (30 juillet 1794). — Décret qui ordonne la mise en arrestation d'Hermann et Lanne. (B. 45, 99.)

12 THERMIDOR an 2 (30 juillet 1794). — Décret qui ordonne de mettre en liberté les citoyens Legrey et Saintomer. (B. 45, 99.)

12 THERMIDOR an 2 (30 juillet 1794). — Décrets qui renvoient au comité de salut public la dénonciation faite par la section du Muséum; la demande en rapport du décret portant nomination des douze représentans du peuple pour diriger la force armée de Paris, et de la cessation de leurs pouvoirs; la lettre du représentant du peuple Barras. (B. 45, 100 et 101.)

12 THERMIDOR an 2 (30 juillet 1794). — Décret portant que l'appel nominal, pour le remplacement des membres du comité de salut public et de sûreté générale, aura lieu demain à midi précis. (B. 45, 100.)

12 THERMIDOR an 2 (30 juillet 1794). — Décret concernant l'épuration des instituteurs de l'école de Mars. (B. 45, 99.)

12 THERMIDOR an 2. — Billets de confiance ou au porteur; Pertes causées par l'ennemi. *Voy.* 26 FLORÉAL an 2.

13 THERMIDOR an 2 (31 juillet 1794). — Décret de mention honorable de la conduite du citoyen Mathis. (B. 45, 101.)

13 THERMIDOR an 2 (31 juillet 1794). — Décret qui accorde des secours au citoyen Louis-Joseph Moreau. (B. 45, 102.)

13 THERMIDOR an 2 (31 juillet 1794). — Décret qui annule tous les congés donnés dans la maison ci-devant dite des Pages. (B. 45, 103.)

13 THERMIDOR an 2 (31 juillet 1794). — Décret qui rapporte celui qui autorise les comités de salut public et de sûreté générale à mettre en état d'arrestation les membres de la Convention. (B. 45, 102.)

13 THERMIDOR an 2 (31 juillet 1794). — Décret qui rapporte le décret qui astreint les députés à s'adresser préalablement au comité de sûreté générale pour obtenir des congés. (B. 45, 103.)

14 THERMIDOR an 2 (1er août 1794). — Décret qui ordonne de traduire Fouquier-Thinville au tribunal révolutionnaire. (B. 45, 105.)

14 THERMIDOR an 2 (1er août 1794). — Décret qui rapporte celui du 22 prairial concernant l'organisation du tribunal révolutionnaire. (B. 45, 104.)

14 THERMIDOR an 2 (1er août 1794). — Décret qui lève la permanence des séances de la Convention. (B. 45, 103.)

14 THERMIDOR an 2 (1er août 1794). — Décret relatif aux fonctionnaires administratifs qui doivent assister au tirage des tableaux des jurés. (B. 45, 104.)

14 THERMIDOR an 2 (1er août 1794). — Décret qui suspend la vente des biens du citoyen Bourdin. (B. 45, 104.)

14 THERMIDOR an 2 (1er août 1794). — Décret portant que le commandant général de la 17e division militaire ne peut exercer aucune autorité sur la garde nationale de Paris. (B. 45, 105.)

15 THERMIDOR an 2 (2 août 1794).— Décret portant en principe qu'il y a incompatibilité entre le commandement de la garde nationale parisienne et celui de la dix-septième division militaire. (B. 45, 105.)

La Convention nationale décrète en principe qu'il y a incompatibilité entre le commandement temporaire de la garde nationale parisienne et le commandement de la dix-septième division militaire de la République.

Renvoie à ses comités de la guerre et de sûreté générale l'examen de ceux qui avaient cumulé ces deux commandemens sur la tête du traître *Henriot*.

15 THERMIDOR an 2 (2 août 1794). — Décret relatif aux pouvoirs des représentans Peyssart et Brival, en ce qui concerne la surveillance de l'école de Mars. (B. 45, 111.)

15 THERMIDOR an 2 (2 août 1794). — Décret qui réunit la collection des tableaux, gravures et statues provenant de la ci-devant académie de peinture et sculpture. (B. 45, 106.)

15 THERMIDOR an 2 (2 août 1794). — Décrets qui ordonnent l'arrestation de Haller, Rossignol, Héron, Baptiste, David, Joseph Lebon, Clémence et Marchand. (B. 45, 106.)

15 THERMIDOR an 2 (2 août 1794). — Décret qui ordonne la nomination d'un commandant de la 17e division militaire. (B. 45, 107.)

15 THERMIDOR an 2 (2 août 1794). — Décret qui renvoie au comité de salut public la proposition de rappeler le représentant du peuple Ricord; au comité de sûreté générale la pétition du citoyen Desjean, la dénonciation faite par la section de l'Observatoire, l'arrestation arbitraire de deux mille citoyens d'Avignon, la dénonciation contre Lebon; au comité de salut public la pétition du citoyen Hû, la dénonciation de la conduite du représentant du peuple Maignet. (B. 45, 108 à 111.)

15 THERMIDOR an 2 (2 août 1794). — Décret qui ordonne l'impression et l'envoi des lettres officielles de l'armée du Nord et autres armées de la République. (B. 45, 111.)

15 THERMIDOR an 2 (2 août 1794). — Décret qui charge les comités de salut public et de législation de faire, dans le plus bref délai, un rapport sur l'organisation de la municipalité et des autres autorités constituées de Paris. (B. 45, 109.)

15 THERMIDOR an 2 (2 août 1794). — Décret qui exclut les ministres de tout culte et les ci-devant nobles de toutes les fonctions publiques civiles et militaires. (B. 45, 109.)

15 THERMIDOR an 2 (2 août 1794). — Décret qui rappelle le nommé Garnerin, agent en mission dans le département du Haut-Rhin. (B. 45, 110.)

16 THERMIDOR an 2 (3 août 1794). — Décret portant que les sommes qui seront dues en monnaies étrangères aux habitans des pays qui sont en guerre avec la France, par des ouvriers, des manufacturiers et des marchands, pour des marchandises sujettes au *maximum*, ne seront calculées qu'un tiers en sus du pair du change ordinaire, etc. (B. 45, 113; Mon. du 17 thermidor an 2.)

Art. 1er. Les sommes qui seront dues en monnaies étrangères aux habitans des pays qui sont en guerre avec la République, par des ouvriers, des manufacturiers ou des marchands, pour des marchandises sujettes au *maximum*, ne seront calculées qu'un tiers en sus du pair du change ordinaire, qui sera déterminé par les commissaires de la Trésorerie nationale, et approuvé par le comité des finances.

Les sommes qui sont dues aux habitans des villes de Hambourg, Lubeck, Dantzick, Brême et Ausbourg, seront exemptes du dépôt ordonné.

3. Les manufacturiers, ouvriers ou marchands qui sont débiteurs des habitans des pays en guerre avec la République, et qui sont en même temps créanciers, seront admis à la compensation.

4. Pour être admis en compensation, les ouvriers, manufacturiers ou marchands seront tenus de prouver que leurs créances ont une cause postérieure au 1er avril 1792, époque de la première déclaration de guerre; qu'elles proviennent d'un envoi de marchandises de leur fabrique ou de leur commerce habituel; ils seront aussi tenus de remettre un compte en débit et crédit de leurs dettes et créances sur les habitans de pays en guerre avec la République, certifié véritable, avec une déclaration par laquelle ils affirmeront que leurs débiteurs n'ont suspendu ni arrêté leur paiement pour cause de faillite ou d'insolvabilité; ils fourniront en outre leur certificat de résidence et de non-émigration.

5. Ceux qui feront une fausse déclaration ou qui fourniront un faux état seront condamnés à une amende du triple de l'erreur qu'ils auront commise.

6. Le délai fixé par la loi du 18 messidor, pour faire les dépôts, est prorogé jusqu'au 15 fructidor prochain.

7. Le présent décret sera inséré dans le bulletin de correspondance, ce qui servira de promulgation provisoire.

16 THERMIDOR an 2 (3 août 1794). — Décret qui déclare fausses et calomnieuses les inculpations portées contre le citoyen Allard, et l'admet comme représentant. (B. 45, 112.)

16 THERMIDOR an 2 (3 août 1794). — Décret de mention honorable de la conduite que les orphelins des défenseurs de la patrie, réunis sous le titre de Société de jeunes Français, ont tenue dans la nuit du 9 thermidor. (B. 45, 114.)

16 THERMIDOR an 2 (3 août 1794). — Décret qui rapporte celui du 15 thermidor, relatif aux ci-devant prêtres et nobles. (B. 45, 115.)

16 THERMIDOR an 2 (3 août 1794). — Décret qui autorise les commissaires de la Trésorerie nationale à nommer un contrôleur pour viser les inscriptions de la dette consolidée, sous l'approbation du comité de salut public. (B. 45, 113.)

successions ouvertes depuis le 14 juillet 1789, ou si l'article 43 de la loi du 17 nivose les autorise à la garder.

Sur la dixième question, qu'il y a distinction à faire; qu'en effet, et si l'intérêt des ascendans se trouve simplement en opposition avec celui de tiers institués ou donataires, ces premiers doivent profiter du bénéfice attribué par l'article cité à la ligne directe dont ils font partie; mais que, s'il y a des descendans d'eux qui soient appelés à recueillir, non plus en vertu d'un titre restreint, mais par l'effet de la loi, l'article 10 de celle du 17 nivose résout la question, et établit la nécessité du rapport.

11° A ce que, dans le cas où un frère utérin exclut sa mère d'une succession que, comme ascendante, elle recueillerait seule sans sa présence, il soit décidé si la totalité n'en doit pas appartenir à ce frère, comme cause de l'exclusion.

Sur la onzième question, que si, dans l'espèce proposée, il paraît, en adoptant la négative, y avoir quelque contrariété entre la cause et l'effet, c'est néanmoins le résultat simple de la démarcation entre la ligne ascendante et la ligne collatérale, et que ce point, indiqué pour principe de la division entre l'utérin et les parens de l'autre ligne, doit être observé, sans toucher aux principes d'après lesquels la mère exclurait, soit les ascendans plus éloignés, soit les collatéraux de l'autre ligne, si elle n'eût pas eu d'autres enfans qui, placés, par rapport à leur frère défunt, dans la ligne collatérale, donnent ouverture au concours avec ses parens paternels, et que la même décision s'applique au cas où le frère consanguin exclut son père.

12° A ce qu'il soit décidé de quelle manière s'exerceront les retenues attribuées au titre universel, quand il y aura à la fois un légataire universel de l'usufruit et un autre de la propriété.

Sur la douzième question, qu'après avoir assigné la retenue en usufruit, conformément à l'article 18 de la loi du 17 nivose, celle en propriété peut et doit, après cet usufruit, s'exercer sur les mêmes objets jusqu'à concurrence de la quotité légale, ce qui s'opère successivement, et ne grève personne.

13° A ce qu'il soit statué sur l'effet qu'obtiendra la retenue légale affectée au titre universel détruit, lorsque les libéralités particulières et autres charges de l'hoirie l'absorberont entièrement.

Sur la treizième question, qu'elle est oiseuse, en ce que, si les libéralités particulières, devenues d'autant plus favorables qu'elles ne sont maintenues qu'au profit de gens peu fortunés, absorbent tout, il n'y a plus de retenue pour le titre universel là où il ne reste rien, ni pour l'institué, ni même pour les héritiers naturels rappelés.

14° A ce que la loi fasse cesser l'effet des parts accroissantes à raison des enfans, là où ces enfans ont cessé d'être à la charge de leurs pères et mères.

Sur la quatorzième question, que si la loi, en adjugeant ces parts accroissantes, a pris en considération la charge résultant du nombre des enfans, elle y a vu aussi la division future de son bienfait sur plusieurs têtes, et qu'elle doit être indéfiniment exécutée.

15° A ce que l'on détermine comment s'opérera la prise et le partage des parts accroissantes à la retenue légale, lorsque cette retenue principale est concurremment dévolue à plusieurs institués ou donataires déchus, dont les uns avaient des enfans et les autres non.

Sur la quinzième question, que l'esprit et la lettre de la loi annoncent assez évidemment qu'après la division de la retenue principale, les parts additionnelles également dues par la succession n'accroissent, par l'effet d'une seconde opération, qu'au lot de celui qui avait des enfans, et à raison de la valeur particulière de ce lot.

16° A ce que, pour arriver à la fixation des fortunes, dans les cas où elle est considérée comme condition préliminaire de la retenue, on ne comprenne pas les pensions qui auraient été supprimées dans l'intervalle de la donation au nouveau partage, et que, de même, l'institué déchu soit dispensé de rapporter la valeur des droits qui auraient été abolis en ses mains dans le même intervalle.

Sur la seizième question, que, dans l'un comme dans l'autre cas, le fait supérieur de la loi vient naturellement au secours et de celui qui fut pensionnaire, mais qui a cessé de l'être à l'époque du nouveau partage, et de celui qui a été légalement dépossédé.

17° A ce que la loi explique si celui qui a recueilli l'effet d'une donation particulière antérieure au 14 juillet 1789, et qui depuis cette époque, mais antérieurement au 5 brumaire dernier, avait recueilli du même chef un titre universel annulé, ne peut que conserver la retenue accordée à ce titre, et est tenu de rapporter la donation particulière.

Sur la dix-septième question, que si l'acte d'héritier, fait postérieurement à la promulgation des lois nouvellement rendues sur cette matière, le comporte naturellement ainsi, cette disposition appliquée aux actes antérieurs serait injuste, et rendrait la loi illusoire, en enlevant le bénéfice de l'option à ceux pour lesquels il a été introduit; qu'ainsi il peut garder le don particulier antérieur au 14 juillet 1789, s'il remet en totalité ce qu'il avait recueilli à titre universel.

18° A ce qu'il soit décrété qu'il n'est point dérogé à la nullité des donations, même antérieures au 14 juillet 1789, dans les cas où elle pouvait s'opérer par la survenance d'enfans.

Sur la dix-huitième question, que toutes

les dispositions de la loi du 17 nivose, en maintenant ce qui est antérieur au 14 juillet 1789, en présupposent l'existence légale, et sont loin d'avoir anéanti les moyens de retour à l'ordre naturel que les lois anciennes admettaient.

19° A ce qu'il soit clairement déterminé si l'institution faite par un mari à sa femme, ou par une femme à son mari, avec charge expresse de rendre l'hérédité à tel de leurs enfans que l'institué voudra choisir, renferme une substitution ou une simple faculté d'élire.

Sur la dix-neuvième question, que, s'il s'agit de dispositions postérieures au 14 juillet 1789, l'effet en est nécessairement réduit à la portion d'usufruit que la loi rend disponible quand il y a des enfans; et que, si ces dispositions sont antérieures, le mari, comme grevé, et sauf la légitime des enfans, jouit bien du bénéfice des lois des 25 octobre et 14 novembre 1792, mais n'a pu élire utilement l'un de ses enfans au préjudice des autres, à moins que l'élection, avec ses effets, ne fût conférée avant le 14 juillet 1789.

20° A ce que la loi détermine la date et les effets d'une institution directe faite au profit de l'aîné des enfans que *laissera* un citoyen désigné, avec disposition d'usufruit au profit de celui-ci.

Sur la vingtième question, qu'au nom près, une telle disposition ne présente qu'une substitution dont l'usufruitier se trouvait grevé envers l'aîné de ses enfans, et doit suivre les mêmes règles.

21° A ce qu'en corrigeant les principes établis par la loi des 25 octobre et 14 novembre 1792, concernant les effets des substitutions, la loi en remette l'objet aux héritiers naturels dépouillés, au lieu de le laisser aux grevés.

Sur la vingt-unième question, qu'un double inconvénient existerait dans l'interversion proposée : le premier, d'ôter aux grevés une propriété qui, dans leurs mains, a été consolidée à l'usufruit par une loi solennelle, et dont ils ont pu disposer sous la foi même de cette loi; le second, de rappeler indéfiniment à l'exercice de droits perdus depuis long-temps pour les héritiers naturels; qu'en cet état, l'ordre social, bien supérieur à l'intérêt de quelques particuliers, sollicite le maintien des règles rappelées en la cinquante-deuxième réponse inscrite au décret du 22 ventose.

22° A ce qu'il soit décidé si les donations d'une valeur déterminée, et néanmoins assignées en fonds héréditaires, comportent, dans les cas où elles sont maintenues, l'estimation de ces mêmes fonds, à la date du jour où le droit a été ouvert, ou seulement de celui de la délivrance.

Sur la vingt-deuxième question, que si, en partage de chose indivise, l'époque du partage entre cohéritiers est la seule que l'on consulte, parce que les augmentations ou diminutions sont communes à la masse, il en est autrement par rapport au tiers donataire; et qu'ainsi les fonds à lui donnés jusqu'à concurrence d'une valeur déterminée reçoivent naturellement, pour leur estimation, la date du jour où ils lui sont légitimement échus.

23° A ce que les dispositions de la loi du 17 nivose obtiennent leur effet, nonobstant toutes clauses par lesquelles un enfant aurait été exhérédé pour fait de mariage sans le consentement de son père, ou une femme privée de ses avantages pour cause de remariage.

Sur la vingt-troisième question, que toute exhérédation, qui tend nécessairement à donner à l'un ce dont on prive l'autre, est implicitement abolie avec tous ses effets depuis le 14 juillet 1789; qu'au surplus, et tant dans la première que dans la seconde espèce proposée, l'article 12 de la loi du 17 nivose annule clairement de pareilles clauses comme contraires à la liberté, lorsque l'effet ne s'en est ouvert que postérieurement à l'époque générale déterminée par cette loi.

24° A ce que les coutumes qui consacraient certains modes de partage, ou admettaient des droits de choix, et celles qui établissaient un douaire, même en faveur des enfans, soient déclarées abolies.

Sur la vingt-quatrième question, que l'article 61 de la loi du 17 nivose ramène tout à l'uniformité par l'abolition des coutumes sur le fait des dispositions depuis le 14 juillet 1789, et qu'ainsi la question proposée se trouve déjà affirmativement décidée par les termes généraux de la loi.

25° A ce qu'il soit décidé si de plusieurs institués déchus, successibles ou non, celui qui a acquis, par licitation ou autrement, les parts des autres, antérieurement au 5 brumaire, doit être pour ces parts assimilé aux tiers possesseurs à titre onéreux, et maintenu, sauf l'action des héritiers naturels sur le prix, en quelques mains qu'il soit ou qu'il ait passé.

Sur la vingt-cinquième question, que l'affirmative n'est pas douteuse, et que, sans cela, l'acquéreur, même par licitation, tenu au rapport de ces parts, dont souvent il aurait soldé le prix, resterait en éviction, ou courrait, pour le recouvrement, des risques qui concernent plus naturellement les héritiers rappelés; qu'enfin, et par rapport à ces parts, le contrat ne présente qu'une tierce acquisition à titre onéreux.

26° A ce que, dans le cas où les héritiers naturels de celui qui a disposé sont en partie républicoles, et en partie étrangers sujets des puissances ennemies, il soit décidé à qui accroîtront les parts de ces derniers.

Sur la vingt-sixième question, que, si l'effet total de la disposition est, pour le passé, maintenu, quand il n'y a point de successibles républicoles, alliés ou neutres, il en résulte assez clairement que, dans le concours allégué, les parts des exclus restent aux républicoles institués, l'effet de l'incapacité puisée dans le droit politique n'accroissant pas nécessairement aux héritiers naturels.

27° A ce que le partage des successions restituées aux protestans réfugiés soit fait, dans tous les cas, comme si elles étaient ouvertes depuis 1789.

Sur la vingt-septième question, que ces citoyens ne sont pas d'autre condition que les autres, et que leurs droits se régissent d'après les règles communes, et selon les dates effectives de l'ouverture des successions (1).

28° A ce que toute vente ou cession de droits à un cohéritier par son cohéritier ou copartageant, soit exceptée de la nullité prononcée par l'art. 59 de la loi du 17 nivose.

Sur la vingt-huitième question, que, si l'article cité a généralement eu pour objet d'empêcher des acquéreurs de droits litigieux de venir troubler les familles, il perd ici son application, et ne laisse apercevoir, dans l'espèce proposée, qu'un arrangement licite, quand la bonne foi y préside.

29° A ce qu'il soit expliqué si les articles 57 et 60 de la loi du 17 nivose, en ne parlant que de l'action restituée aux héritiers naturels, font obstacle à celle qui résulte des avantages maintenus contre la succession, soit que les héritiers naturels l'aient revendiquée, soit qu'elle soit restée aux mains de l'institué, ou de toute autre manière.

Sur la vingt-neuvième question, qu'elle n'offre pas une difficulté sérieuse; qu'en effet la loi ne devait procurer des moyens de restitution qu'à ceux qui avaient été injustement privés, mais que les avantages maintenus conservent essentiellement l'action qui leur est propre, et que la matière ne comportait pas une disposition spéciale sur un point aussi clair.

30° A ce que l'hypothèque des femmes leur soit conservée sur les biens restitués par leurs maris, en exécution de la loi, lorsqu'elles l'auront épuisée sur leurs autres biens libres, et à ce qu'il soit pourvu à la manière d'assolider leurs droits.

Sur la trentième question, que l'article 45 de la loi du 17 nivose est commun aux femmes comme à tous autres créanciers hypothécaires, et qu'au surplus il n'y a nulle action nouvelle à introduire en leur faveur pour l'assolidation future de leurs droits, sauf à elles, en cas de péril, à user du bénéfice des lois préexistantes.

31° A ce que, dans le cas où le déchu est héritier naturel, et opte pour la retenue légale, il soit décidé si cette retenue doit s'imputer sur la part affectée à sa ligne, ou se prendre sur la masse.

Sur la trente-unième question, que, la retenue se prenant sur la masse de la part de l'institué non successible, il y a même raison dans le cas particulier, puisque la qualité d'héritier naturel se perd par l'option; et qu'il y a encore justice, en ce que la ligne à laquelle appartient le déchu serait nécessairement lésée si elle supportait seule l'effet d'une retenue qui ne manquerait pas d'excéder la part naturelle de ce déchu.

32° A ce que l'on concilie les art. 9 et 42 de la loi du 17 nivose, en ce que le premier exige indéfiniment, de la part du successible, le rapport des avantages postérieurs au 14 juillet 1789, tandis que l'autre défère la faculté d'opter entre le don et la qualité d'héritier.

Sur la trente-deuxième question, que ces deux dispositions se concilient naturellement, en ce que l'une offre le principe général, et l'autre une exception en faveur de ceux-là seulement qui n'avaient ni le degré de fortune qui rend inhabile à conserver une donation particulière, ni recueilli à ce titre au-delà de ce que la loi permet; et qu'en ce cas, pour ne pas rendre la condition du successible, pour le passé, pire que celle de l'étranger, il fallait bien lui déférer l'option.

33° A ce qu'il soit expliqué si l'obligation de refaire de nouveaux actes, dont il est parlé en la réponse à la quarante-septième question inscrite dans le décret du 22 ventose, s'applique au cas où la disposition plus ancienne n'est que d'objets particuliers non excédant la quotité disponible aujourd'hui.

Sur la trente-troisième question, qu'outre que la raison résiste à cette interprétation, la lettre même de la loi la rejette, lorsqu'elle ne s'est ainsi expliquée qu'à l'égard des dispositions contenant titre universel, non restreint à la quotité disponible, ou à une quotité moindre.

34° A ce qu'il soit décidé si le tiers coutumier que le statut de la ci-devant Normandie accordait aux enfans est atteint par la loi, quand il a été réglé avant le 14 juillet 1789, contradictoirement avec les parties intéressées.

Sur la trente-quatrième question, qu'il ne peut, en ce cas, y avoir de doute pour le maintien de tels actes, qui présentent indubitablement un contrat entre-vifs valable par sa date (2).

---

(1) *Voy.* la loi du 9 = 15 décembre 1790.

(2) Le tiers coutumier qui, avant la loi du 17 nivose an 2, a été assigné aux enfans par un jugement rendu entre leur père et ses créanciers, est aboli par cette loi. L'article 34 de la loi du 9 fructidor an 2 ne s'entend que des réglemens conventionnels (31 octobre 1809; Cass. S. 9, 1, 447).

35° A ce qu'il soit statué sur le sort des dispositions entre époux, lorsque, faites avant le 14 juillet 1789, elles excédaient le point indiqué, soit par les conventions, soit par les lois d'alors.

Sur la trente-cinquième question, que, s'il s'agit de dispositions dont l'effet ait été ouvert avant le 14 juillet 1789, elles doivent être ramenées à ce terme; mais qu'à l'égard des dispositions dont l'effet s'est ouvert depuis, elles n'ont d'autre règle que les articles 13 et 14 de la loi du 17 nivose.

36° A ce qu'il soit dit si les tribunaux ordinaires restent compétens pour connaître des contestations relatives à des droits ouverts avant le 14 juillet 1789, et qui ne seront pas formées en exécution de la loi du 17 nivose.

Sur la trente-sixième question, que l'affirmative résulte évidemment de la loi, qui n'assujétit au jugement par arbitres que les contestations relatives à l'exécution de cette même loi;

Décrète, sur le tout, qu'il n'y a pas lieu à délibérer.

---

9 FRUCTIDOR an 2 (26 août 1794). — Décret portant qu'il ne sera fait aucun usage de la poudre dans les fêtes publiques, pendant toute la durée de la guerre, etc. (B. 46, 66.)

---

9 FRUCTIDOR an 2 (26 août 1794). — Décret portant qu'à l'avenir aucun secours provisoire ne sera plus accordé que sur le rapport du comité des secours publics. (B. 46, 64.)

---

9 FRUCTIDOR an 2 (26 août 1794). — Décrets qui accordent des secours à divers. (B. 46, 61, 62, 63, 65, 66, 67, 68 et 69.)

---

9 FRUCTIDOR an 2 (26 août 1794). — Décret qui renvoie une pétition de la société populaire d'Argenton au représentant commissaire dans le département de l'Indre. (B. 46, 62.)

---

9 FRUCTIDOR an 2 (26 août 1794). — Décret portant que les scellés qui ont pu être apposés dans le domicile des cultivateurs mis en liberté par le décret du 21 messidor, seront levés par les juges-de-paix de l'arrondissement. (B. 46, 62.)

---

9 FRUCTIDOR an 2 (26 août 1794). — Décret qui renvoie une pétition de la commune de Versailles, relative aux subsistances, aux comités de salut public et de sûreté générale. (B. 46, 64.)

---

9 FRUCTIDOR an 2 (26 août 1794). — Décret qui charge la commission des administrations civiles, police et tribunaux, de reprendre sous sa responsabilité les fonctions qui lui sont attribuées par la loi du 12 germinal. (B. 46, 61.)

---

9 FRUCTIDOR an 2 (26 août 1794). — Décret qui accorde un congé de deux décades au représentant Bidaut. (B. 46, 73.)

---

9 FRUCTIDOR an 2 (26 août 1794). — Décret qui indique les départemens dans lesquels plusieurs représentans du peuple en mission exercèrent leurs pouvoirs. (B. 46, 72.)

---

9 FRUCTIDOR an 2 (26 août 1794). — Décret qui admet le citoyen Pautrisel comme député. (B. 46, 70.)

---

10 FRUCTIDOR an 2 (27 août 1794). — Décret qui renvoie au représentant du peuple Bollet la pétition des deux citoyens Delisle. (B. 46, 84.)

---

11 FRUCTIDOR an 2 (28 août 1794). — Décret qui abolit toutes procédures existantes pour cause d'infraction aux lois sur le paiement des droits de marques d'or et d'argent. (B. 46, 91; Mon. du 13 fructidor an 2, Rap. Thibault.)

Art. 1er. Toutes les procédures existantes pour cause d'infraction aux lois et réglemens sur le paiement des droits de marque d'or et d'argent, sont abolies.

2. Toutes les autres procédures et l'exécution de tous jugemens rendus jusqu'à ce jour sur le surplus de cette matière, sont suspendues.

3. Le comité des finances fera, dans le plus court délai, un rapport général sur la marque d'or et d'argent, et sur les moyens d'en assurer le titre.

---

11 FRUCTIDOR an 2 (28 août 1794). — Décret qui règle le mode de liquidation des délégations ou effets au porteur dont le gage repose sur les rentes viagères dues par l'Etat. (B. 46, 84; Mon. du 19 fructidor an 2, Rap. Cambon.)

TITRE Ier.

Art. 1er. Les particuliers qui ont transporté ou délégué individuellement ou collectivement, par acte public et authentique non notifié aux ci-devant payeurs des rentes, plusieurs portions de rentes viagères dues par la République, seront tenus de remettre à la Trésorerie nationale, savoir: ceux qui habitent Paris, dans le délai de quinzaine, et ceux qui résident hors de Paris, dans le délai d'un mois, sous peine de trois mille livres d'amende, les transports et autres actes servant à établir lesdites délégations, et un état indiquant le nom des premiers délégataires, et celui des propriétaires actuels qui leur seront connus.

2. Ceux qui ont émis des effets au porteur dont la valeur est représentée par des rentes viagères dues directement par la République seront aussi tenus de remettre, dans le même

délai, à la Trésorerie nationale, sous les mêmes peines, un état contenant le nombre et le numéro des effets au porteur qu'ils auront émis, la date de leur émission, expédition de l'acte qui l'a déterminée, les délégations, transports et actes constatant la propriété des rentes viagères, et le nombre et montant des coupons qui restent à acquitter.

3. Les propriétaires actuels desdites délégations ou effets au porteur seront tenus de rapporter, d'ici au 1er brumaire prochain, à la Trésorerie nationale, le titre constatant ou mentionnant leur droit, ensemble les coupons qui y sont joints; et faute de les remettre dans ce délai, ils seront dès à présent déchus de toute répétition envers la République.

4. Les délégations faites en France et les effets au porteur souscrits en France ou en pays étranger qui n'auront pas été enregistrés, ne seront pas admis en liquidation, leur valeur étant acquise à la République, conformément à la loi du 27 août 1792.

5. Les délégations faites en pays étranger ami de la République ayant une date certaine et authentique antérieure au 1er germinal, seront enregistrées, quoiqu'il y ait eu plusieurs mutations intermédiaires; elles seront assujéties à un droit du cinquième de la rente qui était due à l'époque de la dernière mutation.

6. Cet enregistrement pourra être fait sur des états collectifs, au choix des parties intéressées. Ces états seront déposés à la Trésorerie, afin que le liquidateur puisse vérifier si toutes les délégations partielles qui lui seront présentées sont comprises dans lesdits états.

7. Les propriétaires des délégations ou des effets au porteur seront tenus de joindre à leur titre leur déclaration s'ils entendent, ou non, conserver des rentes viagères.

8. Ceux qui voudront conserver des rentes viagères fourniront leur acte de naissance.

9. Les propriétaires des effets au porteur ou des délégations dont la mutation aura été faite depuis le 9 mai 1792, ne seront admis en liquidation qu'en justifiant, par un certificat de la municipalité, et, à Paris, du comité civil des sections, que le cédant résidait en France à l'époque de la cession.

10. La liquidation des délégations ou effets au porteur sera faite d'après l'ordre de numéros qui sera établi lors de leur dépôt à la Trésorerie, sans qu'il soit nécessaire d'attendre la remise de tous les titres qui sont relatifs à une même association; elle n'aura lieu que jusqu'à concurrence de la somme qui sera due par la République à chaque association, d'après les contrats originaires qui auront été déposés à la Trésorerie.

TITRE II. Paiement des arrérages.

11. Les personnes qui ont émis des délégations ou des effets au porteur sur des rentes viagères dues par la République, sont tenues de déposer, savoir: celles qui habitent Paris, dans quinzaine, et celles qui résident hors de Paris, dans un mois, à la Trésorerie nationale, le certificat des payeurs constatant les arrérages dus par la République jusqu'au 1er germinal dernier.

12. Ils seront tenus, en outre, de remettre à la Trésorerie un état, par numéros, des parties qui n'ont pas réclamé les arrérages qui sont entre leurs mains, et de verser dans la décade à ladite Trésorerie les sommes provenant desdits arrérages, à peine d'une amende double de la somme qu'ils n'auraient pas déposée.

13. La Trésorerie nationale paiera, à bureau ouvert, aux propriétaires des délégations ou des effets au porteur qui auront déposé leurs titres, les arrérages, d'après les états qu'elle aura reçus, ou d'après le certificat de la personne qui a émis lesdites délégations ou effets au porteur, ou de ceux qui les représentent, jusqu'à concurrence des sommes dues par la République : ce certificat indiquera le montant de la somme due et le certificat du payeur, ou les états d'arrérages sur lesquels elle doit être imputée.

---

11 FRUCTIDOR an 2 (28 août 1794). — Décret relatif aux certificats de vie des personnes non françaises habitant les pays qui sont en guerre avec la France. (B. 46, 89.)

Art. 1er. Les certificats de vie des personnes non françaises habitant les pays qui sont en guerre avec la République, qui seront délivrés et signés par les agens de deux puissances neutres, seront admis par la Trésorerie nationale.

2. Ces certificats devront être rédigés conformément au modèle n° 2 joint au décret du 23 floréal dernier.

---

11 FRUCTIDOR an 2 (28 août 1794). — Décrets qui accordent des secours. (B. 46, 86, 87, 89 et 90.)

---

11 FRUCTIDOR an 2 (28 août 1794). — Décret qui déclare nul le jugement rendu contre Apollinaire Bernard. (B. 46, 87.)

---

11 FRUCTIDOR an 2 (28 août 1794). — Décret qui renvoie la pétition de Jean-Nicolas Toustain au comité de sûreté générale. (B. 46, 88.)

---

11 FRUCTIDOR an 2 (28 août 1794). — Décret qui accorde des pensions de retraite à plusieurs militaires blessés et infirmes. (B. 46, 90.)

11 FRUCTIDOR an 2 (28 août 1794). — Décret qui accorde un congé de cinq décades au citoyen Maillie. (B. 46, 88.)

11 FRUCTIDOR an 2 (28 août 1794). — Décret portant que Langebeaujour, actuellement en exercice près le tribunal criminel du département de la Somme, continuera ses fonctions en ce tribunal jusqu'au jugement définitif du procès de l'ex-administrateur Petit. (B. 46, 91.)

11 FRUCTIDOR an 2 (28 août 1794). — Décret qui charge le comité des décrets de rendre compte de l'exécution du décret qui porte que les commissaires de la Convention, rappelés par le comité de salut public, qui ne seraient pas revenus dans la quinzaine de l'arrêt de l'appel, seront censés avoir abdiqué. (B. 46, 91.)

11 FRUCTIDOR an 2 (28 août 1794). — Décret portant nomination à dix emplois vacans dans l'armée. (B. 46, 92.)

11 FRUCTIDOR an 2 (28 août 1794). — Décret qui renvoie la pétition du tribunal criminel du département du Puy-de-Dôme au représentant du peuple envoyé dans ce département. (B. 46, 93.)

11 FRUCTIDOR an 2 (28 août 1794). — Décret portant que les troupes de la République qui ont fait le siége de l'Ecluse ont bien mérité de la patrie. (B. 46, 89.)

12 FRUCTIDOR an 2 (29 août 1794). — Décret qui permet à tous particuliers d'aller ramasser les glands, les faînes et autres fruits sauvages dans les forêts et bois appartenant à l'Etat. (B. 46, 95.)

Art. 1er. Il est permis à tous particuliers d'aller ramasser les glands, les faînes et autres fruits sauvages dans les forêts et bois qui appartiennent à la nation, en observant, d'ailleurs, les lois concernant leur conservation (1).

2. Les troupeaux de porcs ne pourront y être introduits qu'au 10 brumaire, dans les lieux où cet usage est reçu.

12 FRUCTIDOR an 2 (29 août 1794). — Décret relatif aux ci-devant titulaires d'offices dans les ci-devant apanages. (B. 46, 96.)

Art. 1er. Les ci-devant contrôleurs des finances des ci-devant apanagistes, faisant les fonctions de gardes des registres du contrôle, leurs héritiers ou ayant-cause, ou tous autres détenteurs des registres du contrôle des droits casuels et de centième denier concernant lesdits offices qui n'auraient pas encore déposé, soit à la ci-devant chambre des comptes, soit au bureau de comptabilité, les registres de leur contrôle, sont tenus de les remettre, dans le courant de la première décade, au bureau de la comptabilité, et il leur en sera donné décharge.

2. Dans le cas où lesdits registres seraient sous les scellés, lesdits contrôleurs, leurs héritiers ou ayant-cause, ou tous autres détenteurs, pourront requérir le juge-de-paix ou tel autre officier public qui les aura apposés, de les lever de suite pour lesdits registres leur être remis, ou, en cas de détention, à leur fondé de pouvoir.

3. Les commissaires de la comptabilité délivreront des certificats de radiation desdites quittances de droits casuels et de centième denier, ainsi qu'ils y sont autorisés, pour les offices ci-devant royaux, par la loi du 21 frimaire, mais seulement pour ceux à fournir à la liquidation générale, et sur la demande du directeur général de la liquidation.

12 FRUCTIDOR an 2 (29 août 1794). — Décret portant que le papier blanc restant de la fabrication des assignats émis et à émettre sera refondu, et que les instrumens servant à la fabrication de faux assignats ou de fausse monnaie, déposés dans les greffes des tribunaux, seront brisés et brûlés. (B. 46, 83.)

12 FRUCTIDOR an 2 (29 août 1794). — Décret relatif aux représentans du peuple qui ont rempli des missions auprès des armées et dans les départemens. (B. 46, 94.)

12 FRUCTIDOR an 2 (29 août 1794). — Décret qui autorise le district de Beaugency à porter jusqu'à la somme de quinze cents livres le loyer de son emplacement. (B. 46, 95.)

(1) Les lois des 12 et 28 fructidor, qui, par dérogation à l'ordonnance de 1669, ont accordé aux particuliers la faculté de jouir des glands dans les forêts nationales, et ont fait défense aux autorités d'en passer aucune adjudication, n'ayant point été limitées quant à leur durée, sont encore actuellement en vigueur (2 mars 1825; Cass. S. 25, 1, 237; D. 25, 1, 77).

Voy. les articles 61 et suivans du Code forestier de 1827. Il ne faut pas se borner à remarquer dans cet arrêt la décision spéciale qu'il contient, il faut aussi saisir le principe général qu'il pose, et sur lequel il est fondé à savoir qu'on ne peut, sous prétexte que des lois sont faites pour des circonstances passagères, conclure que la cessation des circonstances emporte abrogation de la loi; que le législateur est le seul juge de la question de savoir si la loi cesse d'exister par l'effet du changement des circonstances.

12 FRUCTIDOR an 2 (29 août 1794). — Décret qui autorise le contrôleur de la caisse générale à retirer de la serre à trois clefs la somme de deux cent vingt-six millions six cent quatre-vingt-dix mille cinq cent soixante-six livres quatorze sous. (B. 46, 93.)

---

12 FRUCTIDOR an 2 (29 août 1794). — Décret portant que les représentans du peuple qui sont dans les départemens sont rappelés sur-le-champ. (B. 46, 95.)

---

12 FRUCTIDOR an 2 (29 août 1794.) — Décret portant que les représentans du peuple qui ont rempli des missions auprès des armées et dans les départemens, et qui sont rappelés d'après les dispositions du décret du 11, ne pourront être réélus à d'autres commissions qu'après avoir passé trois mois dans le sein de la Convention. (B. 46, 95.)

---

12 FRUCTIDOR an 2 (29 août 1794). — Décret qui ordonne l'impression du discours du citoyen Jean de Brie. (B. 46, 96.)

---

12 FRUCTIDOR an 2 (29 août 1794). — Décret portant que le comité de salut public fera passer la liste des députés envoyés en mission au comité des décrets, et que ce comité fera passer auxdits députés les décrets qui les concernent. (B. 46, 96.)

---

12 FRUCTIDOR an 2 (29 août 1794). — Décret qui autorise le comité civil de chaque section de Paris à viser les certificats d'indigence. (B. 46, 94.)

---

12 FRUCTIDOR an 2 (29 août 1794). — Décret qui modifie celui du 26 thermidor concernant les représentans du peuple en mission. (B. 46, 94.)

---

13 FRUCTIDOR an 2 (30 août 1794). — Décret relatif aux officiers du génie promus extraordinairement aux grades supérieurs à ceux dont ils étaient revêtus. (B. 46, 101.)

La Convention nationale décrète que les officiers du génie promus extraordinairement, pour récompense de leurs services, aux grades supérieurs à ceux dont ils étaient revêtus, pourront néanmoins continuer de rester dans leur corps, et d'y remplir les fonctions qu'ils y exerçaient précédemment.

---

13 FRUCTIDOR an 2 (30 août 1794). — Décret portant que la commune de Condé, dont la restitution à la République vient d'être annoncée par le télégraphe, portera désormais le nom de Nord-Libre. (B. 46, 99.)

---

13 FRUCTIDOR an 2 (30 août 1794). — Décrets qui accordent des secours à divers. (B. 46, 97, 98, 99, 101, 102, 103, 104, 105 et 106.)

13 FRUCTIDOR an 2 (30 août 1794). — Décret de renvoi aux comités des finances et de salut public réunis, relatif à une imposition de neuf millions sur la commune de Strasbourg. (B. 46, 102.)

---

13 FRUCTIDOR an 2 (30 août 1794). — Décret sur la pétition d'Antoine Maurel, tendante au rapport du décret du 9 nivose. (B. 46, 103.)

---

13 FRUCTIDOR an 2 (30 août 1794). — Décret qui déclare fausses et calomnieuses les inculpations produites contre plusieurs membres du comité de salut public et de sûreté générale. (B. 46, 107.)

---

13 FRUCTIDOR an 2 (30 août 1794). — Décret qui indique les départemens dans lesquels plusieurs représentans du peuple sont envoyés en mission. (B. 46, 100.)

---

13 FRUCTIDOR an 2 (30 août 1794). — Décret qui indique les départemens dans lesquels le représentant du peuple Sautrau, de la Nièvre, est envoyé en mission. (B. 46, 100.)

---

13 FRUCTIDOR an 2 (30 août 1794). — Décret relatif à l'armée qui a fait restituer Condé à la République. (B. 46, 99.)

---

13 FRUCTIDOR an 2 (30 août 1794). — Décret qui confirme le licenciement du ci-devant 26e régiment de cavalerie. (B. 46, 106.)

---

13 FRUCTIDOR an 2 (30 août 1794). — Décret interprétatif des divers articles du décret du 16 septembre 1791, sur la procédure criminelle. (B. 46, 103.)

---

14 FRUCTIDOR an 2 (31 août 1794). — Décret qui recommande à la surveillance de tous les bons citoyens les bibliothèques et tous les autres monumens nationaux de sciences et d'arts. (B. 46, 109; Mon. du 16 fructidor an 2.)

Art. 1er. Les bibliothèques et tous les autres monumens de sciences et d'arts appartenant à la nation sont recommandés à la surveillance de tous les bons citoyens : ils sont invités à dénoncer aux autorités constituées les provocateurs et les auteurs de dilapidations et dégradations de ces bibliothèques et monumens.

2. Ceux qui seront convaincus d'avoir, par malveillance, détruit ou dégradé des monumens de sciences et d'arts, subiront la peine de deux années de détention, conformément au décret du 13 avril 1793.

3. Le présent décret sera imprimé dans le Bulletin des Lois.

4. Il sera affiché dans le local des séances des corps administratifs, dans celui des séances des sociétés populaires, et dans tous les

lieux qui renferment des monumens de sciences et d'arts.

Article additionnel. Tout individu qui a eu sa possession des manuscrits, titres, chartes, médailles, antiquités, provenant des maisons ci-devant nationales, sera tenu de les remettre, dans le mois, au directoire de district de son domicile, à compter de la promulgation du présent décret, sous peine d'être traité et puni comme suspect. Le rapport sera imprimé et envoyé aux autorités constituées et aux sociétés populaires.

---

14 FRUCTIDOR an 2 (31 août 1794).— Décret qui détermine comment et par qui sera administrée la commune de Paris. (B. 46, 111.)

---

14 FRUCTIDOR an 2 (31 août 1794). — Décret qui assure des secours aux citoyens blessés et aux parens de ceux qui auraient pu périr ou être blessés par l'effet de l'explosion de la poudrière de Grenelle. (B. 46, 109.)

---

14 FRUCTIDOR an 2 (31 août 1794). — Décret concernant le remplacement provisoire de fonctionnaires publics appelés pour former le tribunal révolutionnaire. (B. 46, 110.)

---

14 FRUCTIDOR an 2 (31 août 1794). — Décret portant nomination de représentans du peuple pour se rendre près des sections de Paris, rassurer les citoyens, et les inviter à veiller à la tranquillité et à la sûreté publique. (1, Bull. 48, n° 251; B. 46, 109.)

---

14 FRUCTIDOR an 2 (31 août 1794).— Proclamation de la Convention nationale sur l'explosion de la poudrière de Grenelle. (1, Bull. 48, n° 251; B. 46, 108.)

---

14 FRUCTIDOR an 2 (31 août 1794). — Décret portant que les représentans du peuple Roux, Carrier, Goujon et Thirion se rendront au comité de salut public, pour se concerter avec lui, et établir une correspondance très-active entre la Convention et le comité. (B. 46, 107.)

---

14 FRUCTIDOR an 2 (31 août 1794). — Décret portant que les quatre commissaires nommés par la Convention pour établir une correspondance active entre elle et le comité de salut public, se réuniront à l'instant audit comité, pour rédiger de concert une proclamation aux citoyens de Paris. (B. 46, 107.)

---

14 FRUCTIDOR an 2 (31 août 1794). — Décret qui autorise les comités de salut public et de sûreté générale à requérir la force armée pour les mettre en situation de prendre les mesures qu'exigent les circonstances. (B. 46, 107.)

---

14 FRUCTIDOR an 2 (31 août 1794). — Décret portant que les détails des mesures prises par le comité de salut public et le décret qui accorde l'indemnité des pertes et les secours aux parens de ceux qui pourraient avoir péri ou être blessés, seront imprimés à la suite de la proclamation. (B. 46, 108.)

---

14 FRUCTIDOR an 2 (31 août 1794). — Décret qui déclare nul et comme non avenu le jugement du tribunal de cassation qui casse des jugemens du tribunal de Saint-Omer. (B. 46, 110.)

---

14 FRUCTIDOR an 2 (31 août 1794). — Décret qui renvoie la lettre de David au comité de sûreté générale. (B. 46, 111.)

---

14 FRUCTIDOR an 2 (31 août 1794). — Décret qui charge les comités de salut public, de sûreté générale et de législation de faire le plus tôt possible un rapport sur les évènemens qui se sont passés du 9 au 10 thermidor. (B. 46, 111.)

---

15 FRUCTIDOR an 2 (1er septembre 1794).—Décret qui proroge le délai accordé aux ouvriers, manufacturiers, marchands et autres débiteurs, pour le dépôt de fonds ou effets appartenant aux habitans des pays qui sont en guerre avec la France. (B. 46, 115.)

Art. 1er. Le délai accordé aux ouvriers, manufacturiers, marchands et autres débiteurs, par les lois des 18 messidor et 16 thermidor, pour le dépôt des fonds ou effets appartenant aux habitans des pays qui sont en guerre avec la République, est prorogé jusqu'au 15 vendémiaire prochain.

2. Ceux desdits ouvriers, manufacturiers, marchands et débiteurs qui n'auraient pas fait leur déclaration, conformément à la loi du 18 messidor, avant le 1er vendémiaire prochain, ne seront pas admis à jouir du bénéfice du présent décret.

---

15 FRUCTIDOR an 2 (1er septembre 1794).—Décret relatif à la liquidation de six notaires de Provins. (B. 46, 115.)

---

15 FRUCTIDOR an 2 (1er septembre 1794). —Décret qui ordonne la mention honorable du zèle des citoyens du Paris et des communes environnantes, lors de l'explosion de la poudrière de Grenelle. (B. 46, 116.)

---

15 FRUCTIDOR an 2 (1er septembre 1794).—Décret sur les secours à accorder aux citoyens blessés et aux parens de ceux qui ont été blessés ou ont péri par l'explosion de la poudrière de Grenelle. (B. 46, 113.)

---

15 FRUCTIDOR an 2 (1er septembre 1794). —Décret qui accorde des secours à Jean-Baptiste Lemaire. (B. 46, 115.)

15 FRUCTIDOR an 2 (1er septembre 1794).—Décret portant que l'adresse présentée par les officiers et soldats de l'armée de la Moselle sera imprimée, insérée au Bulletin, et envoyée à toutes les armées de la République. (B. 46, 116.)

15 FRUCTIDOR an 2 (1er septembre 1794).— Décret relatif à plusieurs individus prévenus de contravention à la loi du *maximum*. (B. 46, 116.)

16 FRUCTIDOR an 2 (2 septembre 1794). — Décret qui restreint à ceux qui étaient attachés aux armées ou employés à leur suite les dispositions des lois relatives aux fonctionnaires publics et autres non rentrés dans l'intérieur de la France après l'invasion du lieu de leur résidence. (B. 46, 122; Mon. du 18 fructidor an 2, Rap. Merlin.)

Art. 1er. Les dispositions de l'article 2 du décret du 17 septembre 1793, et des articles 4 et suivans de celui du 26 frimaire, relatifs aux fonctionnaires publics et autres non rentrés dans l'intérieur de la République après l'invasion du lieu de leur résidence ou de l'exercice de leurs fonctions, demeurent restreintes à ceux qui étaient attachés aux armées ou employés à leur suite lors de cette invasion.

2. Le décret du 26 frimaire continuera d'être exécuté à l'égard des individus mis hors de la loi, tant par le décret du 7 septembre que par celui du 17 du même mois, restreint ainsi qu'il est dit par l'article précédent.

16 FRUCTIDOR an 2 (2 septembre 1794). — Décret qui suspend l'exécution de celui du 2 thermidor relatif à la nécessité d'écrire en français tous les actes publics. (B. 46, 123.)

La Convention nationale décrète que l'exécution de la loi du 2 thermidor sera suspendue jusqu'à ce qu'il lui ait été fait un nouveau rapport sur cette matière par ses comités de législation et d'instruction publique.

16 FRUCTIDOR an 2 (2 septembre 1794). — Décret additionnel à celui du 11 ventose relatif aux scellés apposés sur les effets et papiers des parens des défenseurs de la patrie. (B. 46, 119; Mon. du 19 fructidor an 2, Rap. Bézard.)

Voy. lois du 11 VENTOSE an 2 et du 6 brumaire an 5.

Art. 1er. Les dispositions de la loi du 11 ventose concernant les défenseurs de la patrie sont communes aux officiers de santé et à tous autres citoyens attachés au service des armées de la République.

2. Lorsque les citoyens compris dans l'article 1er et dans la loi précitée se trouveront soit en pays ennemi, soit au bivouac, n'ayant pas de notaire pour recevoir leur procuration, ils pourront s'adresser au conseil d'administration du corps auquel ils appartiennent.

3. Cette procuration sera signée et certifiée par les membres du conseil; elle sera scellée du sceau de l'administration.

4. Le fondé de pouvoir sera tenu de soumettre à la formalité de l'enregistrement l'acte de procuration qui lui aura été adressé, avant d'en faire usage, à peine de nullité.

5. Les procurations données antérieurement à la présente loi, dans la forme prescrite par les articles précédens, sont valables.

16 FRUCTIDOR an 2 (2 septembre 1794). — Décret qui nomme le représentant Levasseur membre du comité de sûreté générale. (B. 46, 117.)

16 FRUCTIDOR an 2 (2 septembre 1794). — Décret qui ordonne la mention honorable de trois ouvrages du citoyen Thiébault. (B. 46, 118.)

16 FRUCTIDOR an 2 (2 septembre 1794).—Décret relatif aux indemnités dues aux greffiers des tribunaux de district, pour l'expédition des affaires criminelles jusqu'au 1er janvier 1793. (B. 46, 122.)

16 FRUCTIDOR an 2 (2 septembre 1794). —Décret qui accorde un congé au citoyen Grosse du Rocher. (B. 46, 117.)

16 FRUCTIDOR an 2 (2 septembre 1794). — Décret qui accorde des secours à Jérôme Micas. (B. 46, 118.)

16 FRUCTIDOR an 2 (2 septembre 1794). — Décret qui annule le jugement du tribunal de cassation relatif à François Dauvergne. (B 46, 119.)

16 FRUCTIDOR an 2 (2 septembre 1794). — Décret qui annule le jugement qui condamne Jean-Nicolas Cazin. (B. 46, 120.)

16 FRUCTIDOR an 2 (2 septembre 1794). — Décret qui surseoit provisoirement à l'exécution de deux jugemens rendus contre le citoyen Gauthier-Coustance. (B. 46, 120.)

16 FRUCTIDOR an 2 (2 septembre 1794). — Décret qui déclare nul un jugement rendu contre Louis Couturier et autres. (B. 46, 121.)

16 FRUCTIDOR an 2 (2 septembre 1794). — Décret qui fixe l'époque de la discussion du projet de loi sur les émigrés, présenté par la commission. (B. 46, 123.)

16 FRUCTIDOR an 2 (2 septembre 1794). — Décret qui ordonne au receveur du district de

la Canne de payer au citoyen Jacques Houlés quatre cents livres. (B. 46, 123.)

16 FRUCTIDOR an 2 (2 septembre 1794). — Décret qui annule le jugement qui condamne Mioque. (B. 46, 124.)

16 FRUCTIDOR an 2 (2 septembre 1794). — Décret qui ordonne l'impression du système du représentant Bordas, sur la liquidation de la dette des émigrés. (B. 46, 123.)

17 FRUCTIDOR an 2 (3 septembre 1794). — Décret qui règle le mode de liquidation de la ci-devant nouvelle compagnie des Indes. (B. 46, 125; Mon. du 19 fructidor an 2, Rap. Ramel.)

Art. 1er. Dans les dix jours de la publication du présent décret, la commission des revenus nationaux et celle de commerce et approvisionnemens nommeront, la première sous l'approbation du comité des finances, et la seconde sous celle du comité de commerce, chacune deux commissaires-vérificateurs. Ces commissaires seront chargés de prendre connaissance de l'actif et du passif de la ci-devant nouvelle compagnie des Indes, de calculer les sommes par elles dues à la République, et celles à répéter, s'il y a lieu, du Trésor public; de se faire remettre les vaisseaux, et d'exercer le droit de préemption sur les marchandises et effets de la compagnie qui peuvent être utiles à la nation.

2. Les deux commissions réunies enverront deux de ces commissaires au port de Lorient; les autres resteront à Paris. Ils termineront leurs opérations avant le 1er nivose prochain, à peine de les continuer sans rétribution. Leur traitement sera de cinq cents livres par mois, indépendamment des frais de voyage, réglés à six livres par poste.

3. Les directeurs, syndics et préposés de la ci-devant compagnie des Indes se réuniront aux commissaires-vérificateurs pour leur rendre les comptes de la compagnie, et vérifier ce qui est dû à la République, ou à répéter du Trésor public. Ceux qui sont en état d'arrestation obtiendront, à cet effet, leur élargissement provisoire, sous la surveillance d'un garde pour chacun d'eux.

4. Les comptes des directeurs, syndics et préposés de la compagnie, seront présentés à la discussion et approbation d'une assemblée générale des actionnaires, convoquée en la forme prescrite par les statuts et réglemens. Les commissaires-vérificateurs y auront séance pour y défendre les intérêts de la République, à raison des actions qui lui sont échues.

5. Les commissaires-vérificateurs, réunis aux agens et préposés de la compagnie, procéderont à la levée des scellés, sans qu'il soit nécessaire de faire inventaire des effets sur lesquels ils sont apposés.

6. Les commissaires-vérificateurs rendront le compte de leurs opérations au comité des finances. La partie de la comptabilité sera divisée en trois chapitres:

Le premier contiendra l'état des sommes dues à la République:

1° Pour le triple droit dû pour les mutations des actions de la compagnie et les inscriptions au livre des transferts, effectuées sans que le droit d'enregistrement ait été acquitté;

2° Pour le timbre des actions qui n'ont pas été soumises à la prestation de ce droit;

3° Pour le quart des bénéfices et dividendes revenant à la République à titre de contribution, en exécution de l'article 22 de la loi du 27 août 1792;

4° Pour les dividendes déjà échus, et revenant aux actions acquises à la République;

5° Pour le loyer des établissemens nationaux dont la compagnie a conservé la jouissance depuis le 3 avril 1790.

7. Le second chapitre contiendra l'état des actions acquises à la République par défaut de *visa* ou de transcription sur le livre des transferts, par confiscation, déshérence ou autrement.

8. Le troisième chapitre contiendra la mention, appuyée de pièces justificatives, des sommes que la compagnie se croira en droit, s'il y a lieu, de répéter du Trésor public. Les marchandises prises par droit de préemption seront estimées sur le pied du dernier *maximum*; les vaisseaux, d'après le rapport des experts nommés par la commission de la marine, sous l'approbation du comité de la marine.

9. Les mêmes commissaires-vérificateurs procéderont à la visite de l'état des lieux concédés en France à la compagnie, et à leur réception, après qu'ils auront été remis dans l'état prescrit par l'arrêt du conseil du 14 avril 1785. Les locaux situés au-delà du cap de Bonne-Espérance seront vérifiés et reçus par les commissaires civils de la République, qui en constateront l'état.

10. Les agens et préposés de la compagnie procéderont, en présence des commissaires-vérificateurs, à la vente de toutes les marchandises et effets qui ne seront pas pris pour le compte de la nation. Le produit en sera versé, ainsi que tout l'actif de la compagnie, à la Trésorerie nationale, pour faire fonds à la liquidation.

11. Le même versement de fonds à la Trésorerie nationale aura lieu à l'égard de toutes les sommes confiées à la garde des préposés, sauf la déduction des sommes dues aux employés pour leur traitement échu ou à échoir jusqu'au 1er nivose prochain.

Il en sera usé de même à l'égard de toutes

ces sommes dues à la compagnie; les débiteurs ne pourront se libérer valablement qu'à la Trésorerie nationale.

12. Le résidu des sommes qui resteront à la Trésorerie nationale, prélèvement fait de ce qui est dû : 1° à la République, pour les objets mentionnés dans l'article 6 ci-dessus; 2° aux créanciers légitimes de la compagnie, sera partagé entre les intéressés, et distribué, sans retenue, au marc la livre des actions. La part et portion de la République pour les actions qui lui sont échues sera réglée sur la même proportion et au même rang.

13. La distribution ordonnée par l'article précédent ne sera effectuée que lorsque les sommes dues à la République auront été reconnues et fixées par un décret ultérieur. Le rapport des commissaires-liquidateurs sera remis, à cet effet, au comité des finances, avant le 1er nivose prochain.

14. Les agens et préposés de la compagnie joindront à l'état de l'actif et du passif la liste de ses créanciers, avec la mention des sommes qui leur sont dues: ceux-ci et tous autres prétendans-droit seront tenus de se faire connaître, et de produire leurs titres entre les mains des agens, préposés et commissaires-vérificateurs, avant le 1er nivose prochain, à peine de déchéance.

15. Il est sursis au paiement de toutes les sommes dues par la compagnie, jusqu'au 1er nivose prochain; ce délai passé, et après le décret à rendre ultérieurement sur la fixation des sommes revenant à la République, le paiement des sommes légitimement dues sera effectué sans délai et sans retenue: les parties non réclamées seront acquises à la République, comme représentant les créanciers en retard.

---

17 FRUCTIDOR an 2 (3 septembre 1794).— Décret sur la liquidation des offices des payeurs des rentes du clergé. (B. 46, 124.)

---

17 FRUCTIDOR an 2 (3 septembre 1794). — Décret d'ordre du jour relatif à un droit de péage sur la navigation de la Loire, depuis Roanne jusqu'à Saint-Rambert. (B. 46, 128.)

---

17 FRUCTIDOR an 2 (3 septembre 1794). — Décret qui renvoie au comité de secours publics une pétition du citoyen Boirot. (B. 46, 124.)

---

17 FRUCTIDOR an 2 (3 septembre 1794). — Décret portant qu'il n'y a pas lieu à délibérer sur la pétition du citoyen Quenet. (B. 46, 127.)

---

18 FRUCTIDOR an 2 (4 septembre 1794). — Décret relatif au délit d'un individu prévenu d'avoir mutilé des assignats de quatre cents livres et de dix sous. (B. 46, 137.)

La Convention nationale, après avoir entendu son comité de législation sur un référé de l'accusateur public près le tribunal criminel du département de Paris, dans lequel il demande une loi qui mette le tribunal criminel en état de prononcer sur le délit d'un individu prévenu d'avoir mutilé des assignats de quatre cents livres et de dix sous, c'est-à-dire de les avoir divisés en quatre parties, puis d'avoir réuni trois de ces parties seulement pour en former un tout, en combinant le rapprochement des morceaux détachés, de manière à former de trois assignats quatre, dans l'intention de faire ensuite rembourser par la Trésorerie nationale seize cents livres, au lieu de douze cents livres;

Considérant qu'il y a dans ce délit tout à la fois altération de papiers nationaux ayant cours de monnaie, et faux; qu'ainsi la loi s'est suffisamment expliquée dans l'article 2 de la section VI de la seconde partie du Code pénal;

Décrète qu'il n'y a pas lieu à délibérer sur le référé dont il s'agit.

---

18 FRUCTIDOR an 2 (4 septembre 1794). — Décret relatif à l'envoi pour comptant à la Trésorerie nationale, de récépissés et bons en paiement des contributions. (B. 46, 135; Mon. du 20 fructidor an 2, Rap. Cambon.)

Art. 1er. Les receveurs de district sont autorisés à envoyer pour comptant, directement à la Trésorerie nationale, les récépissés des garde-magasins, expédiés pour valeur des grains remis en paiement, soit des contributions directes, soit des fermages des domaines nationaux et des biens d'émigrés: lesdits récépissés seront revêtus du *visa* des directoires de district, qui énonceront la somme pour laquelle desdites valeurs devront être reçues par les percepteurs.

2. Le montant desdits récépissés sera porté en recette à la Trésorerie nationale, d'après les indications qui seront données par les receveurs, et il sera également porté en dépense au chapitre des achats de subsistances.

3. La commission de commerce et approvisionnemens se fera rendre compte par les directoires de district des quantités de grains résultant des récépissés qu'ils auront visés, et elle fera ajouter ces quantités à celles provenant des achats faits par ses ordres.

4. Au moyen de ces dispositions, celles des décrets des 16 brumaire et 24 frimaire sont abrogées: les récépissés des garde-magasins qui n'auraient pas encore été convertis en *bons* applicables au paiement des contributions seront rendus par les directoires de district, après qu'ils les auront visés conformément à l'article 1er, aux receveurs, lesquels les comprendront pour comptant dans le plus prochain envoi à la Trésorerie nationale.

Il en sera usé de même à l'égard des récépissés des garde-magasins provenant de fermages des domaines nationaux et des biens d'émigrés.

5. Les bons délivrés aux propriétaires de chevaux employés au service de la nation, et que ces propriétaires sont autorisés à donner en paiement de leurs contributions, seront pareillement envoyés pour comptant par les receveurs de district, directement à la Trésorerie nationale, qui en portera le montant en recette sur les contributions, en dépense au chapitre des achats de chevaux.

6. La commission du mouvement des armées de terre se fera rendre compte, par les directoires de district, du nombre de chevaux résultant des *bons* qu'ils auront visés pour être donnés en paiement des contributions; et ladite commission fera ajouter le nombre des chevaux obtenus par cette voie au produit des achats faits par ses ordres.

---

18 FRUCTIDOR an 2 (4 septembre 1794). — Décret qui assujétit au droit proportionnel d'enregistrement les mutations par décès, donations ou legs, des inscriptions au grand-livre. (B. 46, 137.)

La Convention nationale décrète que les mutations par décès, donations ou legs, des inscriptions au grand-livre, sont assujétis au droit proportionnel d'enregistrement, sur le pied réglé par les quatrième, cinquième, sixième, septième et huitième sections de la première classe du tarif annexé à la loi du 5 = 19 décembre 1790.

---

18 FRUCTIDOR an 2 (4 septembre 1794). — Décret qui applique aux héritiers des défenseurs de la patrie morts en activité de service ou prisonniers de guerre, celui du 29 septembre = 9 octobre 1791 sur la perception du droit d'enregistrement. (B. 46, 136.)

La Convention nationale, après avoir entendu le rapport de son comité des finances, décrète que la loi du 29 septembre = 9 octobre 1791, sur la perception du droit d'enregistrement, s'applique aux héritiers des défenseurs de la patrie morts en activité de service ou prisonniers de guerre; en conséquence, les six mois pour la déclaration des immeubles réels ou fictifs dépendant de leurs successions ne courront que du jour où leurs héritiers auront pris la succession, sauf aux receveurs de l'enregistrement, s'ils sont légalement informés du décès, à faire dès lors les poursuites convenables.

---

18 FRUCTIDOR an 2 (4 septembre 1794). — Décret qui ordonne de distraire des papiers de Joseph Lebon ceux concernant les détenus dans les départemens du Pas-de-Calais et du Nord. (B. 46, 128.)

---

18 FRUCTIDOR an 2 (4 septembre 1794). — Décret qui alloue cinquante mille livres pour être réparties aux habitans de la vallée d'Aure dont les troupeaux ont été enlevés par les Espagnols. (B. 46, 133.)

---

18 FRUCTIDOR an 2 (4 septembre 1794). — Décret qui fixe le délai dans lequel des militaires, des ci-devant fonctionnaires publics et d'autres citoyens seront tenus de sortir de Paris pour se rendre dans le lieu de leur résidence. (1, Bull. 54, n° 283; B. 46, 139.)

---

18 FRUCTIDOR an 2 (4 septembre 1794). — Décret portant nomination de représentans du peuple pour se rendre dans les départemens et près des armées. (1, Bull. 54, n° 283; B. 46, 138.)

---

18 FRUCTIDOR an 2 (4 septembre 1794). — Décret relatif aux défenseurs de la patrie qui servent sous les drapeaux de la République par suite de l'enrôlement fait par les communes ou les sections. (1, Bull. 54, n° 284; B. 46, 135.)

---

18 FRUCTIDOR an 2 (4 septembre 1794). — Décret qui enjoint aux directoires de district de fournir les états de ceux portés ou à porter sur la liste des émigrés de leur arrondissement dont l'absence est reconnue avoir pour objet le service dans les armées de la République. (1, Bull. 57, n° 307; B. 46, 141.)

---

18 FRUCTIDOR an 2 (4 septembre 1794). — Décrets qui accordent des secours à divers. (B. 46, 130, 131, 132, 133, 138.)

---

18 FRUCTIDOR an 2 (4 septembre 1794). — Décret qui annule des jugemens du tribunal criminel du département de Paris et de cassation et celui de la première division de l'armée du Nord. (B. 46, 129.)

---

18 FRUCTIDOR an 2 (4 septembre 1794). — Décret portant que la commission des administrations civiles, de police et des tribunaux et la commission des revenus nationaux veilleront, chacune en ce qui les concerne, à la réapposition de tous les scellés qui auraient pu être brisés par l'explosion de la poudrière de Grenelle. (B. 46, 135.)

---

18 FRUCTIDOR an 2 (4 septembre 1794). — Décret qui déclare nul l'arrêté pris par Jean-Claude Revin. (B. 46, 140.)

---

18 FRUCTIDOR an 2 (4 septembre 1794). — Décret de renvoi au comité de salut public de la proposition tendante à ce que les comités révolutionnaires de la République soient chargés de vérifier toutes les exemptions accordées dans leurs arrondissemens aux citoyens de la première réquisition. (B. 46, 141.)

---

18 FRUCTIDOR an 2 (4 septembre 1794). — Décret portant que le comité de salut public fera, sous trois jours, un rapport sur la suspension du décret qui exclut les ci-devant nobles et prêtres de toutes fonctions publiques. (B. 46, 140.)

18 FRUCTIDOR an 2 (4 septembre 1794). — Décret relatif au compte à rendre de la situation de la France par les comités de la Convention. (B. 46, 137.)

19 FRUCTIDOR an 2 (5 septembre 1794). — Décret portant que la solde, fixée par jour de service, sera payée les sans-culottides, et que le traitement par mois ou par année n'éprouvera aucun changement pour les mêmes jours. (B. 46, 151.)

Art. 1er. La solde et les traitemens qui sont fixés à raison d'un prix déterminé par jour seront payés, les sans-culottides, à ceux qui auront fait leur service pendant lesdits jours.

2. Les appointemens ou traitemens qui sont fixés à raison d'un prix déterminé par mois ou par année n'éprouveront aucune augmentation ni changement pour les sans-culottides.

19 FRUCTIDOR an 2 (5 septembre 1794). — Décret sur les sous pour livre additionnels, et sur la comptabilité des receveurs de district. (B. 46, 152; Mon. du 21 fructidor an 2, Rap. Cambon.)

Art. 1er. La distinction qui avait été faite, lors de l'établissement des contributions foncière et mobilière, entre le principal et les sous pour livre additionnels, pour les dépenses de département et de district, est et demeure supprimée: lesdits sous pour livre sont réunis au principal, pour ne former qu'une seule masse, et être versés indistinctement au Trésor public.

2. Les frais d'administration des départemens et des districts, et ceux des tribunaux et juges, font partie des dépenses générales de la République. Les receveurs de district enverront en conséquence, pour comptant, à la Trésorerie nationale, les mandats par eux acquittés, depuis leur création, pour ces objets, et il leur en sera délivré récépissé à valoir sur les produits de leurs recettes indistinctement.

3. Les directoires de département et de district formeront, sans délai, un état des dépenses fixes de leur administration et de celle des tribunaux ou juges dans leurs arrondissemens respectifs, à partir du 1er vendémiaire de la troisième année républicaine; ils comprendront dans cet état la somme qu'ils jugeront nécessaire pour les dépenses variables, dont ils rendront compte à la fin de chaque année.

4. Les directoires adresseront lesdits états, dans la première décade de vendémiaire de la troisième année républicaine, à la commission des administrations civiles, police et tribunaux, laquelle, après en avoir rendu compte au comité des finances, en adressera un double, arrêté par elle, à chacun des directoires, avec autorisation de délivrer leurs mandats, jusqu'à due concurrence, sur les receveurs de district, et, pour Paris, sur la Trésorerie nationale directement: en conséquence, le payeur des dépenses administratives du département de Paris est supprimé à compter du 1er vendémiaire prochain.

Une expédition de chacun desdits états sera pareillement adressée, par ladite commission, aux commissaires de la Trésorerie nationale, qui pourvoiront à l'acquittement de ces dépenses dans les districts de la République.

5. Les directoires de département et de district ne pourront, sous aucun prétexte, délivrer des mandats sur les receveurs de district, ni ces derniers en acquitter pour une somme supérieure à celles portées auxdits états, à peine d'en être personnellement garans et responsables.

6. A l'avenir, le montant des dépenses de département et de district, ci-devant assignées sur les sous pour livre additionnels, sera compris, d'après les états qui en seront dressés en exécution de la présente loi, dans le tableau général des dépenses publiques, qui doit servir de base à la fixation des contributions de chaque année.

7. Le montant des sous additionnels de la commune de Paris sera pareillement versé, par les percepteurs, à la Trésorerie nationale, qui subviendra aux dépenses en la forme provisoirement déterminée.

8. Au 1er vendémiaire prochain, les recettes et dépenses faites par les receveurs de district et par les percepteurs de Paris, sur toutes les parties, depuis l'époque de leur création, seront constatées par les commissaires de la Trésorerie nationale: les receveurs seront tenus d'en solder le compte par appoint; et les recettes et les dépenses de la troisième année républicaine seront portées par lesdits receveurs à compte nouveau.

Les mêmes opérations auront lieu à l'avenir, à la même époque, d'année en année.

9. La commission des revenus nationaux, chargée, d'après les lois antérieures, de la vérification provisoire des comptes des receveurs de district, tant pour les capitaux et fruits des domaines nationaux et autres recettes y relatives, que pour la contribution patriotique, transmettra à la Trésorerie nationale les comptes de ladite contribution qui lui auraient été adressés par les receveurs de district, avec les pièces justificatives. Les recettes et dépenses desdits comptes seront

réunies au compte général à rendre par les receveurs de district, conformément à l'article précédent.

10. A l'égard des recettes et dépenses faites sur les domaines nationaux d'ancienne et de nouvelle origine, la commission des revenus nationaux fera former un relevé général des copies de journaux qui auront été fournies successivement par les receveurs de district, pour constater le montant de leurs recettes, depuis l'origine jusqu'au 1er vendémiaire prochain : ledit relevé, certifié par la commission des revenus nationaux, sera adressé par elle aux commissaires de la Trésorerie nationale, pour servir de contrôle à la recette établie par chaque receveur dans le compte général mentionné aux articles précédens.

11. Les pièces de dépense desdits comptes qui auraient été envoyées par les receveurs au ci-devant administrateur des domaines nationaux seront pareillement transmises à la Trésorerie nationale par la commission des revenus nationaux.

12. Quant aux pièces de dépense qui seraient restées entre les mains des receveurs de district, ils les comprendront au nombre des acquits qu'ils sont autorisés à envoyer chaque mois, pour comptant, à la Trésorerie nationale; et ils en useront ainsi à l'avenir, de mois en mois.

13. En conséquence des dispositions portées aux articles précédens, la fonction de la commission des revenus nationaux, relativement à la comptabilité de district sur les domaines nationaux d'ancienne et de nouvelle origine, se bornera à faire vérifier les copies de journaux qui devront continuer de lui être adressées chaque mois par les receveurs de district, à constater la régularité des recettes et des dépenses, et à faire former, à la fin de chaque année, un relevé général du montant des recettes seulement, pour être remis à la Trésorerie nationale, conformément à l'article 10 ci-dessus.

14. Les receveurs de district sont autorisés à porter en dépense dans le bordereau général de leurs recettes et de leurs dépenses, depuis leur création jusqu'au 1er vendémiaire prochain :

1° Les ordonnances, tant de dégrèvemens que de décharges et modérations, remises et réductions qu'ils auront reçues pour comptant sur les contributions directes, et ils joindront lesdites ordonnances à leur bordereau;

2° Leurs taxations, telles qu'elles ont été réglées par les lois des 14 = 24 novembre 1790, 16 et 25 juillet 1793, sur la totalité de leur recette effective, autre que celle provenant tant du prix des immeubles des domaines nationaux d'ancienne et de nouvelle origine, et des dépôts et consignations, que des fonds par eux reçus du Trésor national pour l'acquittement des dépenses publiques.

15. A l'égard des taxations relatives à la recette du prix des immeubles provenant des domaines nationaux d'ancienne et de nouvelle origine, elles seront réglées par la commission des revenus, conformément à la loi du 16 juillet 1793, et les receveurs en seront payés par la Trésorerie nationale, en vertu d'états de distribution de ladite commission.

---

19 FRUCTIDOR an 2 (5 septembre 1794). — Décret portant que le dernier jour de l'année républicaine, cinquième sans-culottide, sera consacré à une fête nationale. (1, Bull. 55, n° 290; B. 46, 150.)

---

19 FRUCTIDOR an 2 (5 septembre 1794). — Décrets qui ordonnent de rayer de la liste des émigrés les noms des citoyens Bébian, Joseph Massin, Pichon-Presmêlé et Trémonderie, et de lever le séquestre apposé sur leurs biens. (B. 46, 147, 148 et 149.)

---

19 FRUCTIDOR an 2 (5 septembre 1794). — Décret relatif à la demande faite d'excepter des dispositions de celui du 18 fructidor les suppléans de la Convention. (1, Bull. 55, n° 290; B. 46, 144.)

---

19 FRUCTIDOR an 2 (5 septembre 1794). — Décret qui déclare non applicable à J.-B. Jangeol, étranger entré sur le territoire français, l'article 12 de la loi du 6 septembre 1793. (B. 46, 148.)

---

19 FRUCTIDOR an 2 (5 septembre 1794). — Décret qui proroge jusqu'au 1er nivose prochain le concours ouvert pour la composition des livres élémentaires. (1, Bull. 55, n° 291; B. 46, 151.)

---

19 FRUCTIDOR an 2 (5 septembre 1794). — Décret qui annule des arrêtés pris par le département de l'Aisne dans l'affaire de Victor Pelletier. (B. 46, 146.)

---

19 FRUCTIDOR an 2 (5 septembre 1794). — Décret qui approuve les motifs des démissions des citoyens Dubois et Monnot des fonctions d'administrateurs du district de Beaune, et pourvoit à leur remplacement. (B. 46, 147.)

---

19 FRUCTIDOR an 2 (5 septembre 1794). — Décret relatif à la pétition de la citoyenne Chaumont. (B. 46, 149.)

---

19 FRUCTIDOR an 2 (5 septembre 1794). — Décret sur la pétition de la société populaire de Rouen. (B. 46, 150.)

---

19 FRUCTIDOR an 2 (5 septembre 1794). — Décret d'ordre du jour motivé, relatif au citoyen Clemarots, employé dans la commission des subsistances et de commerce. (B. 46, 155.)

19 FRUCTIDOR an 2 (5 septembre 1794). — Décret portant que le représentant du peuple Prost, envoyé près de l'armée d'Italie et des Alpes, se rendra sur-le-champ à Paris, pour conférer avec le comité de salut public sur des objets importans. (B. 46, 155.)

19 FRUCTIDOR an 2 (5 septembre 1794). — Décret qui accorde une prolongation de congé au citoyen Thabaut. (B. 46, 156.)

19 FRUCTIDOR an 2 (5 septembre 1794). — Décret relatif au citoyen Prolhac. (B. 46, 143.)

19 FRUCTIDOR an 2 (5 septembre 1794). — Décret qui renvoie les pièces et contestations entre la commune d'Aires et la nouvelle municipalité de Subthargues, au représentant du peuple Monestier. (B. 46, 144.)

19 FRUCTIDOR an 2 (5 septembre 1794). — Décret de renvoi au comité des finances, relatif au citoyen Shmitt. (B. 46, 144.)

19 FRUCTIDOR an 2 (5 septembre 1794). — Décret de secours à divers. (B. 46, 145, 151 et 152.)

19 FRUCTIDOR an 2 (5 septembre 1794). — Décret d'ordre du jour relatif aux municipaux qui n'ont pris aucune part à la rébellion de la commune de Paris. (B. 46, 147.)

19 FRUCTIDOR an 2 (5 septembre 1794). — Décret qui autorise à payer aux Cent-Suisses de la garde de Louis XVI le prix de leur logement pour 1789 et les six premiers mois de 1790. (B. 46, 155.)

20 FRUCTIDOR an 2 (6 septembre 1794). — Décret qui accorde aux citoyens mis en liberté depuis le 10 thermidor, et qui étaient obligés de travailler pour vivre, des secours pour les aider à retourner dans leur domicile. (1, Bull. 55, n° 293; B. 46, 158.)

20 FRUCTIDOR an 2 (6 septembre 1794) — Décret qui indique les armées près lesquelles se rendront les représentans du peuple Ritter et Vidal. (1, Bull. 55, n° 294; B. 46, 159.)

20 FRUCTIDOR an 2 (6 septembre 1794). — Décret concernant les citoyens acquittés et mis en liberté par le tribunal révolutionnaire. (1, Bull. 55, n° 295; B. 46, 159.)

20 FRUCTIDOR an 2 (6 septembre 1794). — Décret qui permet de distraire des scellés apposés chez le duc de Villeroy les registres de la compagnie. (B. 46, 156.)

20 FRUCTIDOR an 2 (6 septembre 1794). — Décrets qui accordent des secours à divers. (B. 46, 156 et 157.)

20 FRUCTIDOR an 2 (6 septembre 1794). — Décret qui suspend le décret rendu dans la séance d'hier contre la veuve Dubosc. (B. 46, 158.)

20 FRUCTIDOR an 2 (6 septembre 1794). — Décret qui accorde un congé au citoyen Lehaut. (B. 46, 159.)

20 FRUCTIDOR an 2 (6 septembre 1794). — Décret qui renvoie la pétition de la veuve Cahière au représentant du peuple Sautereau. (B. 46, 160.)

20 FRUCTIDOR an 2 (6 septembre 1794). — Décrets relatifs aux citoyens Grapporte, Bertin, Rengny, Isambert. (B. 46, 160 et 161.)

20 FRUCTIDOR an 2 (6 septembre 1794). — Décret relatif à une adresse de la société générale d'Aix, département des Bouches-du-Rhône. (B. 46, 161.)

21 FRUCTIDOR an 2 (7 septembre 1794). — Décret qui proroge le délai fixé pour le *maximum* du prix des denrées, matières et marchandises. (B. 46, 163.)

La Convention nationale décrète que le délai fixé par l'article 3 du décret du 29 septembre 1793 pour le *maximum* du prix des denrées, matières et marchandises, est prorogé jusqu'au 1er vendémiaire de la quatrième année de la République.

21 FRUCTIDOR an 2 (7 septembre 1794). — Décret portant que deux membres de la commission administrative de police municipale, créée par le décret du 14 fructidor, choisis par elle, sont autorisés à apposer leur signature à tous ceux des actes de l'état civil de la commune de Paris qui se trouvent inscrits sur les registres auxquels manque la signature des précédens officiers chargés de les recevoir. (B. 46, 165; Mon. du 22 fructidor an 2.)

La Convention nationale, après avoir entendu le rapport de son comité de législation sur la lettre des officiers publics provisoires de la commune de Paris, de laquelle il résulte que les officiers chargés précédemment de recevoir les actes de l'état civil ont négligé d'apposer leur signature à une grande partie de ces actes; qu'il n'est pas possible d'en délivrer des extraits, puisqu'ils sont imparfaits tant qu'ils ne sont pas revêtus des signatures des fonctionnaires préposés pour les recevoir;

Que, d'un autre côté, les maires de Paris ne se sont pas conformés à la loi qui exige que les registres de l'état civil seront paraphés, et qu'il y en a un grand nombre sur lesquels cette formalité n'a point été remplie, décrète ce qui suit;

Art. 1er. Deux membres de la commission administrative de police municipale, créée par le décret du 14 fructidor, choisis par elle, sont autorisés à apposer leur signature à tous ceux des actes de l'état civil de la commune de Paris qui se trouvent inscrits sur les registres auxquels manque la signature des précédens officiers chargés de les recevoir.

2. Ces deux membres sont chargés de parapher les registres où s'inscrivent les actes de l'état civil, pour suppléer à la formalité prescrite par l'article 2 du titre II de la loi du 20 septembre 1792.

3. Ces deux membres sont aussi chargés de visiter ces registres, de constater, de croiser les blancs qui pourront s'y trouver, et de dresser procès-verbal de l'état où sont ces mêmes registres.

---

21 FRUCTIDOR an 2 (7 septembre 1794). — Décret qui autorise le contrôleur de la caisse générale à retirer de la serre à trois clefs la somme de cent quatre-vingt-treize millions vingt-sept mille cent trois livres quatre sous six deniers. (1, Bull. 55, n° 296 ; B. 46, 162.)

---

21 FRUCTIDOR an 2 (7 septembre 1794). — Décret qui ordonne la rédaction d'un procès-verbal historique de tout ce qui s'est passé dans les séances permanentes des 9, 10 et 11 thermidor. (B. 46, 161.)

---

21 FRUCTIDOR an 2 (7 septembre 1794). — Décret qui accorde un crédit à diverses commissions exécutives et à la Trésorerie. (B. 46, 162.)

---

21 FRUCTIDOR an 2 (7 septembre 1794). — Décret qui accorde un congé au citoyen Gertoux. (B. 46, 162.)

---

21 FRUCTIDOR an 2 (7 septembre 1794). — Décret relatif aux citoyens Malbrancq et Jacquet. (B. 46, 163.)

---

21 FRUCTIDOR an 2 (7 septembre 1794). — Décret qui renvoie au comité de législation la pétition des citoyens Vaflard et Bouillard. (B. 46, 163.)

---

21 FRUCTIDOR an 2 (7 septembre 1794). — Décret portant que le comité d'instruction publique présentera, dans un mois et demi, un plan d'instructions républicaines. (B. 46, 164.)

---

21 FRUCTIDOR an 2 (7 septembre 1794). — Décret portant que le Code civil sera mis à l'ordre du jour pour être discuté, après que le rapporteur chargé de ce travail en aura fait lecture à la Convention. (B. 46, 164.)

---

21 FRUCTIDOR an 2 (7 septembre 1794). — Décret de renvoi au comité d'aliénation, relatif à l'aliénation des domaines appartenant à la nation. (B. 46, 164.)

---

21 FRUCTIDOR an 2 (7 septembre 1794). — Décret de renvoi au comité des finances, relatif aux créanciers des émigrés et aux défenseurs de la patrie. (B. 46, 164.)

---

22 FRUCTIDOR an 2 (8 septembre 1794). — Décret relatif au citoyen Cocquet. (B. 46, 166.)

---

22 FRUCTIDOR an 2 (8 septembre 1794). — Décret qui renvoie au comité d'instruction publique des réflexions sur la décence à observer dans les monumens qui doivent rester exposés aux regards du public. (B. 46, 166.)

---

22 FRUCTIDOR an 2 (8 septembre 1794). — Décret qui accorde des secours à divers individus. (B. 46, 167, 169, 170 et 171.)

---

22 FRUCTIDOR an 2 (8 septembre 1794). — Décret qui autorise le comité de finances à fixer les sommes à allouer aux dénonciateurs de faux assignats, et à en faire ordonner le paiement. (B. 46, 171.)

---

22 FRUCTIDOR an 2 (8 septembre 1794). — Décret portant nomination à vingt-huit emplois vacans dans l'armée. (B. 46, 171.)

---

22 FRUCTIDOR an 2 (8 septembre 1794). — Décret portant que les représentans du peuple Thibaudeau et Leyris se rendront dans le département du Morbihan et autres. (1, Bull. 46, n° 298 ; B. 46, 177.)

---

22 FRUCTIDOR an 2 (8 septembre 1794). — Décret relatif à la réception des projets présentés pour les différens concours. (B. 46, 166.)

---

22 FRUCTIDOR an 2 (8 septembre 1794). — Décret portant que le comité de salut public fera un rapport sur les évènemens qui ont précédé, accompagné et suivi la prise de Landrecies, du Quesnoy, de Valenciennes et de Condé. (B. 46, 176.)

---

22 FRUCTIDOR an 2 (8 septembre 1794). — Décret qui affecte la maison dite *l'archevêché* à l'usage du grand hospice d'humanité de Paris. (B. 46, 167.)

---

22 FRUCTIDOR an 2 (8 septembre 1794). — Décret qui ordonne de placer dans la salle des séances de la Convention le drapeau offert au nom de la république de Genève. (B. 46, 168.)

---

22 FRUCTIDOR an 2 (8 septembre 1794).—Décret relatif aux effets et hardes des citoyens qui ont péri par l'explosion de la poudrière de Grenelle. (B. 46, 167.)

22 FRUCTIDOR an 2 (8 septembre 1794).—Décret qui admet le citoyen Desrouzièzes comme député. (B. 46, 175.)

22 FRUCTIDOR an 2 (8 septembre 1794).—Décret relatif à deux actions navales qui ont eu lieu dans la baie d'Audierne, et mention honorable des marins et canonniers qui y ont eu part. (B. 46, 176.)

23 FRUCTIDOR an 2 (9 septembre 1794).—Décret portant que les certificats exigés par celui du 23 messidor seront délivrés aux créanciers de la commune de Paris par le département. (B. 46, 181.)

Art. 1er. Les certificats exigés par la loi du 23 messidor seront délivrés aux créanciers de la commune de Paris par le département.

2. Les registres, pièces et renseignemens relatifs à ces créanciers, qui sont à la municipalité ou à la direction générale de la liquidation, seront remis sans retard au département, qui sera tenu d'expédier lesdits certificats avant le délai prescrit par la loi.

23 FRUCTIDOR an 2 (9 septembre 1794.)—Décret qui détermine l'époque où cesseront les secours accordés aux réfugiés. (B. 46, 181.)

Art. 1er. Les secours accordés aux réfugiés cesseront de leur être payés à compter de l'époque à laquelle les troupes de la République seront rentrées dans les pays qu'ils auront abandonnés.

2. Le présent décret sera inséré au bulletin de correspondance.

23 FRUCTIDOR an 2 (9 septembre 1794). — Décret qui rapporte la disposition de celui du 18 thermidor, qui ordonne que l'administration et le tribunal précédemment établis au Quesnoy tiendront provisoirement leurs séances à Landrecies. (1, Bull. 56, n° 300; B. 46, 178.)

23 FRUCTIDOR an 2 (9 septembre 1794).—Décret qui accorde un supplément de pension au citoyen Fatori, à la veuve de J.-J. Rousseau. (B. 46, 177 et 179)

23 FRUCTIDOR an 2 (9 septembre 1794).—Décret qui charge le représentant Niou de hâter l'expédition des vaisseaux et frégates dans divers ports. (B. 46, 181.)

23 FRUCTIDOR an 2 (9 septembre 1794).—Décrets qui accordent des secours à divers. (B. 46, 178, 179 et 180.)

23 FRUCTIDOR an 2 (9 septembre 1794).—Décret relatif à l'indemnité accordée aux commissaires des sections de Paris par la loi du 6 floréal. (B. 46, 182.)

23 FRUCTIDOR an 2 (9 septembre 1794).—Décret qui renvoie au comité de sûreté générale la pétition du citoyen Monedier. (B. 46, 177.)

23 FRUCTIDOR an 2 (9 septembre 1794).—Décret qui surseoit à l'exécution du jugement qui a admis la requête de Baudet. (B. 46, 179.)

23 FRUCTIDOR an 2 (9 septembre 1794).—Décret qui renvoie au comité de commerce la question de savoir si un fabricant faisant le détail ne peut vendre au prix du détaillant, sauf à vendre au prix fixé pour le négociant lorsqu'il fera le gros. (B. 46, 180.)

24 FRUCTIDOR an 2 (10 septembre 1794).—Décret qui accorde des secours à divers. (B. 46, 183 et 184.)

24 FRUCTIDOR an 2 (10 septembre 1794).—Décret portant que l'instrument odieux préparé par la tyrannie pour le représentant du peuple Drouet, trouvé à Bruxelles, et envoyé par les représentans du peuple, sera attaché au piédestal de la statue de la Liberté, sur la place de la Révolution; qu'au-dessus sera gravée une inscription portant ces mots : *Citoyens, voilà les bienfaits que vous préparent les tyrans.* (B. 46, 185.)

24 FRUCTIDOR an 2 (10 septembre 1794).—Décret portant que le citoyen Gérard a bien mérité de l'humanité, pour avoir constamment donné ses soins, et distribué, à ses frais, des alimens au représentant du peuple Drouet, tombé au pouvoir des brigands de l'Autriche, et détenu par eux dans un cachot à Bruxelles. (B. 46, 185.)

24 FRUCTIDOR an 2 (10 septembre 1794).—Décret portant que les représentans du peuple Richard et Laurent pourront rester pendant une ou deux décades près de leurs collègues, près l'armée du Nord, pour leur donner des renseignemens. (B. 46, 186.)

24 FRUCTIDOR an 2 (10 septembre 1794).—Décret portant que le citoyen Toulouse est admis en qualité de représentant du peuple. (B. 46, 186.)

25 FRUCTIDOR an 2 (11 septembre 1794).—Décret portant que le représentant du peuple Bouret se rendra à la place de Thibaudeau, dans le département du Morbihan. (1, Bull. 56, n° 304; B. 46, 187.)

25 FRUCTIDOR an 2 (11 septembre 1794).—Décret qui confirme la dénomination donnée de Port de la Liberté au port de la Pointe-à-Pitre, et Port de la Victoire au Fort du Gouvernement. (1, Bull. 56, n° 305; B. 46, 187.)

25 FRUCTIDOR an 2 (11 septembre 1794).—Décret portant que les troupes qui ont reconquis une partie de l'île de la Guadeloupe ont bien mérité de la patrie. (1, Bull. 62, n° 333 ; B. 46, 188.)

25 FRUCTIDOR an 2 (11 septembre 1794).—Décret relatif à une adresse de la société populaire des Jacobins, séante à Paris. (B. 46, 186.)

25 FRUCTIDOR an 2 (11 septembre 1794).—Décret portant qu'aucune demande en rapport de décret ne sera adoptée dans la même séance. (B. 46, 187.)

25 FRUCTIDOR an 2 (11 septembre 1794).—Décret relatif aux gens suspects. (B. 46, 187.)

25 FRUCTIDOR an 2 (11 septembre 1794) —Décret de renvoi relatif à la suspension des procès criminels intentés depuis le 9 thermidor. (B. 46, 188.)

26 FRUCTIDOR an 2 (12 septembre 1794).— Décret qui autorise les cultivateurs à se pourvoir de blés pour renouveler les semences. (B. 46, 189 ; Mon du 28 fructidor an 2)

Art. 1er. Les cultivateurs sont autorisés à se pourvoir de blés pour renouveler leurs semences, et non pour d'autres causes, dans les lieux où ils croiront en trouver de propres à leurs terrains, soit en achetant ou en échangeant de gré à gré, à la charge de prévenir à l'avance leurs municipalités respectives.

2. Les municipalités donneront aux cultivateurs acte de leurs déclarations, et préviendront, chaque décade, les administrations de district, des ventes et échanges, afin que les approvisionnemens des marchés ou les réquisitions n'éprouvent aucune contrariété.

3. Les cultivateurs saisis en contravention aux dispositions des articles précédens seront, à la diligence des agens nationaux des districts, traduits devant les juges-de-paix, qui prononceront contre les contrevenans une amende du double de la valeur des grains saisis, payable aux caisses de district.

4. Les agens nationaux des districts rendront compte à la commission de commerce et approvisionnemens, dans le courant du mois de brumaire, des quantités de blés achetées ou échangées, et désigneront les communes où les blés seront sortis et entrés.

26 FRUCTIDOR an 2 (12 septembre 1794).—Décret qui fixe le délai dans lequel les filles à qui il a été délivré des brevets d'annexe devront produire leur acte de mariage. (B. 46, 193.)

La Convention nationale décrète, par addition à la loi du 12 prairial dernier, que les filles à qui il a été délivré des brevets d'annexe, qui ne produiront pas, avant le 1er nivose de l'an 5 de la République, l'acte de leur mariage, seront, par le fait, déchues de l'effet de leur brevet d'annexe, et n'auront droit à aucun paiement après cette époque.

26 FRUCTIDOR an 2 (12 septembre 1794).— Décret qui détermine le mode de célébration du dernier jour des sans-culottides. (1 Bull. 56, n° 306 ; B. 46, 190.)

26 FRUCTIDOR an 2 (12 septembre 1794).—Décret portant que trois cent millions d'assignats de mille et de deux mille livres seront remplacés par une pareille valeur d'assignats de cinq cents livres. (1, Bull. 57, n° 309 ; B. 46, 191.)

26 FRUCTIDOR an 2 (12 septembre 1794).—Décret portant nomination des commissaires et des adjoints de la commission de l'instruction publique. (1, Bull. 57, n° 310 ; B. 46, 189.)

26 FRUCTIDOR an 2 (12 septembre 1794).—Décret portant qu'il sera fait de nouveaux envois de lois aux administrations de département ou de district dont les archives auront été pillées par les ennemis de la République. (1, Bull. 58, n° 312 ; B. 46, 194.)

26 FRUCTIDOR an 2 (12 septembre 1794).—Décret qui réintègre dans ses fonctions, près l'agence des lois, le citoyen Charles Dumont. (1, Bull. 58, n° 313 ; B. 46, 188.)

26 FRUCTIDOR an 2 (12 septembre 1794).—Décret qui ordonne la mention honorable et l'impression d'une adresse du Lycée des Arts, sur l'usage du marron d'Inde. (B. 46, 194.)

26 FRUCTIDOR an 2 (12 septembre 1794).—Décret qui renvoie aux comités de sûreté générale et de salut public la proposition de faire exécuter promptement le décret sur la réorganisation des comités de surveillance. (B. 46, 188.)

26 FRUCTIDOR an 2 (12 septembre 1794).—Décret qui prolonge le congé du citoyen Dameron. (B. 46, 188.)

26 FRUCTIDOR an 2 (12 septembre 1794).—Décret portant qu'il sera sursis à l'exécution du jugement qui condamne Waflard et Bouillard. (B. 46, 191.)

26 FRUCTIDOR an 2 (12 septembre 1794).—Décret qui accorde un congé au citoyen Yger. (B. 46, 191.)

26 FRUCTIDOR an 2 (12 septembre 1794).—Décret qui déclare nul le jugement du tribunal de Sarguemines contre Huyn. (B. 46, 191.)

26 FRUCTIDOR an 2 (12 septembre 1794).—Décret portant que la commission de l'envoi des lois fera parvenir de suite à l'administration du district de Ségré la collection complète des lois et décrets rendus par les trois assemblées nationales. (B. 46, 190.)

26 FRUCTIDOR an 2 (12 septembre 1794). — Décret qui déclare nul un jugement du tribunal criminel du département du Cantal, rendu contre Boudier. (B. 46, 192.)

26 FRUCTIDOR an 2 (12 septembre 1794).—Décret qui accorde des secours au citoyen Escot. (B. 46, 193.)

27 FRUCTIDOR an 2 (13 septembre 1794). — Décret relatif aux domaines nationaux et à la conservation du gage affecté aux assignats. (B. 46, 198 ; Mon. du 29 fructidor an 2.)

La Convention nationale décrète qu'il n'y a pas lieu à délibérer sur la motion et sur les propositions relatives à la vente des domaines nationaux, qu'elle a renvoyées les 21 et 22 fructidor aux comités des domaines, de législation et de salut public.

Elle charge le comité des finances de lui faire un rapport sur les moyens à prendre pour arrêter ou prévenir les abus qui pourraient s'être introduits dans l'administration, location et vente des domaines nationaux.

Elle déclare qu'elle veillera sans cesse au maintien de toutes les propriétés, à la conservation du gage affecté aux assignats et aux indemnités décrétées pour les défenseurs de la patrie, et qu'elle prendra toutes les mesures qui seront nécessaires, afin que le paiement annuel de la dette publique n'éprouve jamais aucun retard.

27 FRUCTIDOR an 2 (13 septembre 1794). —Décret qui réunit la commune d'Hourges à celle de Domart. (B. 46, 194.)

27 FRUCTIDOR an 2 (13 septembre 1794).—Décret portant que les représentans du peuple en mission à l'école de Mars seront au nombre de deux, et qu'ils seront renouvelés par moitié tous les mois, sur la présentation du comité de salut public. (B. 46, 198.)

27 FRUCTIDOR an 2 (13 septembre 1794).—Décret qui sursoit à l'exécution de tout jugement rendu contre les particuliers accusés de l'assassinat de Louis Cousin. (B. 46, 195.)

27 FRUCTIDOR an 2 (13 septembre 1794).—Décret qui accorde un congé à Charles Pottier. (B. 46, 194.)

27 FRUCTIDOR an 2 (13 septembre 1794).—Décret d'ordre du jour sur la pétition du citoyen Deudon. (B. 46, 196.)

27 FRUCTIDOR an 2 (13 septembre 1794).—Décret portant que le citoyen Dentzel, mis en état d'arrestation, touchera l'indemnité de représentant pendant sa détention. (B. 46, 195.)

27 FRUCTIDOR an 2 (13 septembre 1794).—Décret de renvoi au comité de sûreté générale, relatif au gardien établi dans le domicile du représentant du peuple Mercier. (B. 46, 196.)

27 FRUCTIDOR an 2 (13 septembre 1794).—Décret relatif à la mise en liberté du citoyen Claude Paté. (B. 46, 197.)

27 FRUCTIDOR an 2 (13 septembre 1794). — Décret qui annule l'acte d'accusation dressé contre Pilard. (B. 46, 197.)

27 FRUCTIDOR an 2 (13 septembre 1794).—Décret qui ordonne de rayer le nom du citoyen C.-S. Trudon de la liste des émigrés, et de lever le séquestre apposé sur ses biens. (B. 46, 196.)

28 FRUCTIDOR an 2 (14 septembre 1794). —Décret qui défend d'introduire des porcs, jusqu'au 1er frimaire, dans les bois nationaux où se trouvent des hêtres, et ordonne que la faîne de la récolte sera convertie en huile. (B. 46, 202 ; Mon. de la 1re sans-culottide de l'an 2.)

Art. 1er. Il est défendu aux particuliers d'introduire leurs porcs dans les forêts nationales, jusqu'au 1er frimaire ; les porcs pris en contravention seront confisqués.

2. Sont exceptés de cette disposition les bois nationaux dans lesquels il ne se trouve point de hêtres : les porcs peuvent y être admis cette année comme les précédentes.

3. Les autorités constituées ne pourront faire aucune adjudication de glandée ni de faînée dans les forêts nationales ; celles qui auraient pu être faites avant la promulgation du présent décret sont nulles et non avenues.

4. Les propriétaires ou possesseurs de hêtres seront tenus de déclarer à leur municipalité, avant le 20 du mois de vendémiaire, qu'ils sont dans l'intention d'en ramasser le fruit, pour être converti en huile. A défaut de déclaration, la municipalité fera proclamer qu'il est libre à tout particulier de ramasser le fruit desdits arbres.

5. Les administrations de district sont autorisées à fournir, sans prix de location, à ceux qui auront de la faîne à serrer, les emplacemens convenables qui se trouveront dans les bâtimens nationaux à leur disposition.

6. La faine des forêts nationales qui ne pourra être ramassée par des particuliers le sera, pour le compte de la nation, par les soins des administrations des districts et des municipalités.

7. La commission d'agriculture et des arts prendra toutes les autres mesures nécessaires pour que la faîne de la récolte de cette année soit exactement ramassée et convertie en huile.

8. L'insertion du présent décret au Bulletin tiendra lieu de promulgation.

---

28 FRUCTIDOR an 2 (14 septembre 1794).—Décret concernant les moyens à prendre pour vivifier l'agriculture et les arts. (1, Bull. 58, n° 316; B. 46, 199)

---

28 FRUCTIDOR an 2 (14 septembre 1794).—Décret qui charge les représentans Moreau et Bouillerot de se rendre à l'école de Mars. (B. 46, 200.)

---

28 FRUCTIDOR an 2 (14 septembre 1794).—Décrets relatifs à des liquidations d'offices. (B. 46, 201, 203.)

---

28 FRUCTIDOR an 2 (14 septembre 1794).—Décret qui suspend l'exécution de l'article 20 de celui du 9 brumaire, relativement aux employés subalternes des administrations supprimées. (1, Bull. 58, n° 317; B. 46, 201.)

---

28 FRUCTIDOR an 2 (14 septembre 1794).—Décret concernant les renseignemens à prendre sur l'existence des citoyens arrivés à Paris, avant et depuis le 9 thermidor. (B. 46, 200.)

---

28 FRUCTIDOR an 2 (14 septembre 1794).—Décret de renvoi de la pétition de la société populaire de Sauveterre. (B. 46, 198.)

---

28 FRUCTIDOR an 2 (14 septembre 1794).—Décret d'ordre du jour motivé, relatif à la demande du citoyen Derazay de voir son père, en état d'arrestation. (B. 46, 199.)

---

28 FRUCTIDOR an 2 (14 septembre 1794).—Décret portant que le comité de secours fera un rapport sur une pétition des réfugiés de la Vendée en la commune de Calais-sur-Anille. (B. 46, 199.)

---

28 FRUCTIDOR an 2 (14 septembre 1794).—Décret qui accorde des secours. (B. 46, 200.)

---

28 FRUCTIDOR an 2 (14 septembre 1794).—Décret portant qu'il n'y a pas lieu à délibérer sur la réclamation d'Augustin Mouret. (B. 46, 202.)

---

28 FRUCTIDOR an 2 (14 septembre 1794).—Décret qui accorde un congé au citoyen Guillerault. (B. 46, 203.)

---

29 FRUCTIDOR an 2 (15 septembre 1794).—Décret sur la liquidation des compagnies financières connues sous le nom de *Caisse d'escompte*, d'*Assurances sur la vie*, et d'*Assurances contre les incendies*. (B. 46, 206; Mon. de la 2e sans-culottide de l'an 2, Rap. Cambon.)

Art. 1er. Les compagnies financières connues sous les noms de *Caisse d'escompte*, d'*Assurances sur la vie*, et d'*Assurances contre les incendies*, dont la suppression et la liquidation ont été ordonnées par le décret du 17 du premier mois, seront tenues de déposer dans quinzaine, à la Trésorerie nationale, les sommes et effets non réclamés qu'elles ont entre leurs mains, appartenant à leurs créanciers, associés ou actionnaires, sous peine d'une amende d'une somme double de celle qui n'aura pas été déposée.

2. Elles remettront aussi à la Trésorerie nationale, dans le même délai et sous la même peine, tous les titres de créance qu'elles peuvent avoir sur la République, avec les pièces qui sont nécessaires pour les appuyer, ensemble les certificats des payeurs, constatant les arrérages qui pourront leur être dus, et leur quittance du montant desdits arrérages.

3. La Trésorerie nationale portera en dépense le montant desdits arrérages; elle le versera dans la caisse des dépôts, avec les sommes et effets qu'elle recevra en exécution du présent décret; elle le portera en recette au compte des dépôts, au crédit des compagnies auxquelles ces sommes appartiendront.

4. Lesdites compagnies dresseront deux états de répartition, indiquant en détail les sommes qu'elles devront à la nation et celles qui appartiendront à chacun de leurs créanciers, associés ou actionnaires; elles le remettront sans délai à la Trésorerie nationale.

5. Un de ces états comprendra la distribution des sommes et effets qui seront versés dans la caisse des dépôts;

L'autre sera relatif à la répartition des capitaux qui proviendront de la liquidation de la dette consolidée ou viagère qui pourra leur être due par la nation.

6. Ces états seront visés par la commission des revenus nationaux, qui veillera à ce que les intérêts de la nation y soient conservés:

1° Pour le triple droit dû pour les mutations des actions et les inscriptions au livre des transferts, effectuées sans que le droit d'enregistrement ait été acquitté;

2° Pour le timbre des actions qui n'ont pas été soumises à la prestation de ce droit;

3° Pour le quart des bénéfices et dividendes revenant à la République à titre de contribution, en exécution de l'article 22 de la loi du 27 août 1792;

4° Pour les actions acquises par la République, par défaut du *visa* ou de transcription sur le livre des transferts, par confiscation, déshérence ou autrement;

5° Pour les dividendes échus ou à échoir revenant auxdites actions;

6° Pour tout ce qui pourra être dû à la République.

7. La Trésorerie nationale se concertera avec la commission des revenus nationaux, pour retirer de la caisse des dépôts et porter en recette les sommes qui seront dues à la nation à tout autre titre qu'en qualité d'actionnaire ou d'associé.

8. Les sommes déposées qui resteront en caisse après le prélèvement de ce qui sera dû à la nation seront réparties, à bureau ouvert, sans retenue, par la Trésorerie nationale, aux créanciers, associés et actionnaires desdites compagnies qui seront portés sur les états, en fournissant un certificat de la compagnie, indiquant la somme qui leur reviendra et l'état où ils seront portés; ils seront aussi tenus de fournir les certificats de résidence, non-émigration, etc., exigés par la loi du 14 messidor dernier (1).

9. Les sommes provenant de la liquidation de la dette consolidée ou viagère seront portées sans frais au crédit du compte des créanciers, associés ou actionnaires qui y auront droit d'après les états de répartition, en fournissant un certificat de la compagnie, qui indiquera la somme qui leur reviendra et l'état où ils sont portés (2).

10. Si les créanciers, associés ou actionnaires ne peuvent pas former une inscription montant à cinquante livres sur le livre de la dette consolidée, par la réunion de toutes les créances non viagères sur la nation, ils seront remboursés à bureau ouvert de ce qui leur reviendra, si mieux ils n'aiment convertir leur capital en une rente viagère sur leur tête, d'après le taux fixé par la table n° 5 annexée au décret du 23 floréal, laquelle ne pourra pas cependant être moindre de cinquante livres.

11. Ceux qui seront dans le cas de recevoir leur remboursement seront tenus de fournir leur déclaration qu'ils n'ont pas d'autres créances non viagères sur la République. En cas de fausse déclaration, ils seront condamnés à une amende double de la somme qu'ils auront reçue.

12. Ceux qui voudront convertir leur capital en une rente viagère seront tenus de fournir leur acte de naissance.

13. La nation ayant des droits à réclamer, en qualité d'actionnaire, la commission des revenus nationaux fera recevoir, comme les autres actionnaires, les sommes qui seront dues à la République pour les actions qui lui sont acquises: elle en fera faire le versement avec le produit de ses autres recettes, et elle se conciliera avec la Trésorerie nationale pour les transferts qu'il y aura à faire pour lesdites actions.

14. Les créanciers, associés ou actionnaires desdites compagnies seront tenus de se faire connaître, à peine de déchéance, à la Trésorerie nationale, d'ici au premier nivose prochain, en y remettant les deux certificats mentionnés aux articles 8 et 9: les parties non réclamées, tant sur les sommes ou effets déposés que sur le produit de la liquidation des créances dues par la République, sont acquises à la nation, comme représentant les créanciers en déchéance.

15. Après le 1er nivose, la Trésorerie nationale sortira de la caisse des dépôts et portera en recette les sommes qui n'auront pas été réclamées; elle fera porter au crédit du compte de la République les sommes provenant de la liquidation qui n'auront pas été réclamées.

16. Les directeurs, syndics et autres agens des compagnies mentionnées au présent décret qui seraient détenus, et dont la présence serait nécessaire pour la reddition de leur compte ou pour la confection des états exigés par l'article 4, seront mis provisoirement sous la garde d'un citoyen, jusqu'à ce que leurs opérations soient terminées.

17. La commission des revenus nationaux assistera, par un de ses préposés, aux assemblées des actionnaires qui pourront avoir lieu, pour y faire valoir les intérêts de la République, et examiner les comptes qui seront rendus; elle en présentera le résultat, chaque décade, au comité des finances.

---

29 FRUCTIDOR an 2 (15 septembre 1794). — Décret portant l'établissement d'un bureau pour la conservation, location et vente des meubles et immeubles nationaux dans le département de Paris. (B. 46, 209; Mon. de la 3e sans-culottide de l'an 2.)

Art. 1er. Il sera établi un bureau pour la conservation, location et vente des domaines nationaux, meubles et immeubles de toute espèce, spécialement chargé des fonctions qui étaient attribuées pour cet objet au département de Paris et au district y réuni, à la commission établie à la maison de Coigny, et à celle chargée de la vente du mobilier de la liste civile au Garde-Meuble.

2. Ce bureau sera composé de trois membres; ils seront collectivement responsables de leurs opérations, qu'ils distribueront néanmoins entre eux pour l'ordre et la facilité du travail: les délibérations et la correspondance seront signées par deux d'entre eux au moins.

3. Il sera chargé, dans Paris, de l'exécution de la loi du 4 avril 1793, relative à la division des domaines nationaux ordonnée pour parvenir à une vente plus avantageuse.

(1 et 2) *Voy.* loi du 25 frimaire an 3.

4. Il sera chargé de faire apposer le scellé sur les biens des émigrés, condamnés et déportés.

Il fera procéder à la levée des scellés et à l'inventaire des effets et meubles desdits individus, et, dans la décade qui suivra la levée des scellés, à la vente de ces mêmes meubles et effets, en réservant tout ce qui sera jugé utile pour les arts ou pour les muséums nationaux, sur l'avis de la commission des arts.

5. L'article 6 du décret du 24 avril 1793, qui défend de faire plus de quatre ventes par jour dans Paris, est rapporté.

6. Le bureau fera procéder à l'inventaire et à la division des titres et papiers trouvés sous les scellés, et les fera transmettre aux diverses autorités qu'ils peuvent concerner.

7. Il vérifiera et apurera définitivement les comptes des régisseurs et autres agens des émigrés, condamnés ou déportés, et fera verser entre les mains du receveur du droit d'enregistrement et des domaines les reliquats qui pourront en résulter : ceux desdits régisseurs et autres agens qui, d'après l'apurement de leurs comptes, se trouveraient en avance, se pourvoiront de la même manière que les autres créanciers de l'Etat.

8. Il aura sur les préposés du droit de l'enregistrement, pour l'administration qui lui est confiée, la même surveillance qu'exerçait le département.

9. Il remplira toutes les fonctions attribuées aux agens nationaux de district, tant pour représenter les absens et émigrés dans les successions ouvertes et qui s'ouvriront à l'avenir, que pour l'exécution des lois des 20 mars 1793 et 10 frimaire dernier, et généralement tout ce qui a rapport aux domaines nationaux de toute nature.

10. Les frais d'administration, de garde, de vente de biens nationaux, meubles et immeubles, les traitemens et autres dépenses du bureau, seront payés sur les fonds mis à la disposition de la commission des revenus nationaux, et dans les formes prescrites pour les dépenses publiques.

11. Le département de Paris, comme ayant fait fonctions de district, la commission établie à la maison de Coigny, et celle chargée de la vente du mobilier de la liste civile au Garde-Meuble, rendront compte, dans la décade qui suivra la publication du présent décret, de leur gestion à la commission des revenus nationaux.

12. Le département de Paris, comme ayant fait fonctions de district, terminera, dans le même délai, la remise qu'il doit faire à la Trésorerie nationale de tous les bons Lecoulteux et Dibarrat, et autres effets qui ont été donnés en paiement des biens nationaux acquis dans le district de Paris.

13. Le bureau exercera les fonctions de surveillance attribuées ci-devant au département de Paris sur les deux districts de Franciade et de l'Egalité, pour l'administration et la vente des domaines nationaux.

14. Les déclarations actives prescrites par les lois des 30 octobre, 20 août, 26 frimaire et 9 ventose derniers, seront faites immédiatement au bureau; en conséquence, le bureau établi pour recevoir lesdites déclarations au secrétariat de la ci-devant commune de Paris sera réuni audit bureau (1).

---

29 FRUCTIDOR an 2 (15 septembre 1794). — Décret relatif à l'exécution de l'article 6 de celui du 1er brumaire, concernant les indemnités dues pour pertes occasionées par des accidens imprévus. (B. 46, 203; Mon. de la 1re sans-culottide de l'an 2.)

La Convention nationale, après avoir entendu le rapport de son comité des secours publics relatif à l'exécution de l'article 6 de la loi du 1er brumaire, additionnelle à celles des 20 février et 7 août 1793, concernant les indemnités ou secours dus pour des pertes occasionées par des accidens imprévus, décrète :

Si celui qui a éprouvé des pertes par un incendie ou autre accident imprévu ne jouit d'aucun revenu, ou si son revenu annuel se trouve au-dessous de cent livres, le maximum du mobilier dont il pourra être indemnisé demeure fixé à la somme de cinq cents livres.

---

29 FRUCTIDOR an 2 (15 septembre 1794). — Décret qui autorise le comité des finances à prononcer sur des demandes en relevé de déchéance, adressées par des citoyens détenus. (B. 46, 205; Mon. de la 1re sans-culottide de l'an 2.)

La Convention nationale, après avoir entendu le rapport de son comité des finances, décrète qu'elle autorise le comité des finances à prononcer sur les demandes en relevé de déchéance qui lui ont été ou lui seront adressées par les citoyens qui se sont trouvés en arrestation dans les délais utiles pour la remise et le dépôt de leurs titres.

---

29 FRUCTIDOR an 2 (15 septembre 1794). — Décret sur la réclamation du citoyen Hardi-Levaré. (B. 46, 206.)

---

(1) Ce bureau, comme remplaçant les administrateurs de district et de département, pour tout ce qui avait rapport aux domaines nationaux, avait qualité pour défendre dans un procès qui intéressait un émigré, relativement à une succession ouverte à Paris (10 janvier 1818, Paris, S. 18, 2, 155).

29 FRUCTIDOR an 2 (15 septembre 1794).—Décret relatif aux fonctions d'agent national qui doivent être exercées par un membre de chaque comité civil des sections de Paris. (1, Bull. 59, n° 318; B. 46, 207.)

29 FRUCTIDOR an 2 (15 septembre 1794). — Décret d'ordre du jour relatif au pouvoir de statuer sur le sort des détenus. (B. 46, 211.)

29 FRUCTIDOR an 2 (15 septembre 1794). — Décret de prolongation du congé du citoyen Cruvez. (B. 46, 209.)

29 FRUCTIDOR an 2 (15 septembre 1794). — Décret qui accorde des secours à divers. (B. 46, 204 et 205.)

29 FRUCTIDOR an 2 (15 septembre 1794). — Décret qui renvoie aux comités de salut public d'agriculture et des arts, la demande tendante à ce qu'il soit assuré des encouragemens des dédommagemens pour chaque découverte, surtout pour celles qui remplaceront les drogues exotiques utiles à la médecine et aux arts. (B. 46, 305.)

29 FRUCTIDOR an 2 (15 septembre 1794).—Décret relatif à la translation des cendres de J.-J. Rousseau et de Marat. (B. 46, 211.)

30 FRUCTIDOR an 2 (16 septembre 1794).—Décret qui proroge jusqu'au 30 vendémiaire le délai accordé aux gagistes et pensionnaires de la liste civile, pour faire les justifications ordonnées par le décret du 17 germinal. (B. 46, 216.)

30 FRUCTIDOR an 2 (16 septembre 1794).—Décret relatif à la demande du citoyen Sévérac. (B. 46, 212.)

30 FRUCTIDOR an 2 (16 septembre 1794).—Décret qui renvoie la demande des citoyens Henriquez et Hemery aux représentans du peuple sur les lieux. (B. 46, 212.)

30 FRUCTIDOR an 2 (16 septembre 1794).—Décret qui renvoie une pétition du citoyen Péruche aux commissaires de l'organisation et du mouvement des armées. (B. 46, 213.)

30 FRUCTIDOR an 2 (16 septembre 1794).—Décret qui réintègre le citoyen Jean-Etienne Dupuis dans le poste qu'il occupait. (B. 46, 213.)

30 FRUCTIDOR an 2 (16 septembre 1794).—Décret qui surseoit à l'exécution du jugement qui condamne Marteleur. (B. 46, 213.)

30 FRUCTIDOR an 2 (16 septembre 1794).—Décret qui accorde un congé au citoyen Elie Lacoste. (B. 46, 214.)

30 FRUCTIDOR an 2 (16 septembre 1794).—Décret portant mention honorable de l'hommage fait à la Convention d'un ouvrage intitulé : *Recherche sur les causes des principaux faits physiques.* (B. 46, 214.)

30 FRUCTIDOR an 2 (16 septembre 1794).—Décret qui renvoie le citoyen Coquery au comité des secours et à la commission des armes. (B. 46, 214.)

30 FRUCTIDOR an 2 (16 septembre 1794).—Décret qui renvoie aux comités de salut public et de sûreté générale la pétition du citoyen Guillaume Martin ; au comité de législation celle de Fouillot. (B. 46, 215.)

30 FRUCTIDOR an 2 (16 septembre 1794).—Décrets de secours à divers. (B. 46, 215, 216 et 217.)

30 FRUCTIDOR an 2 (16 septembre 1794). — Décret qui proroge jusqu'au 10 vendémiaire les dispositions de la loi du 26 ventose, relative aux employés de la liquidation. (B. 46, 217.)

30 FRUCTIDOR an 2 (16 septembre 1794). — Décret portant mention honorable de la conduite du 5e bataillon de la Corrèze. (B. 46, 217.)

1er JOUR DES SANS-CULOTTIDES (17 septembre 1794). — Décret explicatif de diverses questions sur la loi du 12 brumaire, concernant les enfans nés hors mariage. (B. 46, 220)

La Convention nationale, après avoir entendu le rapport de son comité de législation sur les pétitions qui lui ont été renvoyées relativement à l'interprétation de la loi du 12 brumaire, et qui tendent :

1° A ce qu'il soit décidé si les enfans nés hors du mariage représentent leurs pères et mères décédés depuis le 14 juillet 1789, pour recueillir la succession de leurs aïeux aussi décédés depuis cette époque ;

2° La *deuxième question* a été renvoyée au comité ;

3° A ce qu'il soit décidé si les héritiers collatéraux peuvent, en vertu de l'article 4 de la loi, réclamer le sixième lorsqu'ils sont écartés par une disposition testamentaire faite au profit d'un étranger, ou à celui de l'enfant né hors mariage lui-même ;

4° A ce qu'il soit expliqué si le sixième accordé par l'article 4 de la loi du 12 brumaire a seulement pour objet de dédommager des frais et faux frais de l'entrée en possession et de la restitution des biens, ou si ces frais doivent être rendus séparément ;

5° A ce qu'il soit déterminé si, lorsque les successions échues avant la loi du 12 brumaire sont restées entières, et la délivrance des legs suspendue jusqu'au réglement du sort des enfans nés hors du mariage, il y a lieu à la retenue du sixième ;

6° A ce qu'il soit dit si la retenue peut avoir lieu dans le cas où l'évènement de la mort qui a ouvert la succession est postérieur à la loi du 12 brumaire ;

7° A ce qu'il soit déterminé si l'héritier qui se trouvait contraint par la loi du 5 brumaire de partager avec des parens collatéraux une succession que le statut coutumier lui donnait tout entière, mais qu'un enfant né hors du mariage réclame en vertu de la loi du 12 brumaire, est obligé de partager le sixième avec ses collatéraux ;

Considérant,

Sur la *première question*, que ces enfans, ayant obtenu par les articles 1 et 2 de la loi du 12 brumaire les mêmes droits que les autres enfans dans les successions de leurs pères et mères ouvertes depuis le 14 juillet 1789, ils doivent conséquemment les représenter pour venir à la succession de leurs aïeux;

Sur la *troisième question*, que cette disposition de la loi est fondée sur la transmission des biens, et que la retenue n'est évidemment accordée qu'à ceux à qui il en a été transmis, soit *ab intestat*, soit par la disposition de l'homme; que ceux qui ont été dépouillés par la volonté du testateur, n'ayant rien reçu, ne peuvent rien retenir;

Sur la *quatrième question*, qu'elle est résolue par l'article 8 du décret additionnel à la loi du 17 nivose, rendu les 22 et 23 ventose, qui déclare les dispositions de ce décret et celles de la loi du 17 nivose communes, quant au mode de procéder, aux enfans nés hors du mariage qui réclament leurs droits successifs, en vertu de la loi du 12 brumaire; que les articles 17 et 59 de la loi du 17 nivose expliquent que la retenue doit être nette, et que défalcation doit être faite de toute espèce de charge ;

Sur la *cinquième question*, qu'il y a réellement transmission lorsqu'il y a eu un testament ou une donation dont l'effet devait avoir lieu avant les lois des 5 et 12 brumaire, et que l'héritier *ab intestat* doit être regardé aussi comme ayant été saisi d'une succession lorsque la mort de celui à qui il a succédé a eu lieu avant ces lois, et que, dans tous ces cas, la retenue est autorisée par l'art. 4;

Sur la *sixième question*, qu'il y a eu transmission en faveur des héritiers présomptifs, si l'enfant né hors du mariage n'a pas été reconnu authentiquement par-devant l'officier public de l'état civil, seul acte de reconnaissance qui ne soit pas susceptible d'être contesté, qui puisse lui procurer de plein droit la saisie légale, et en dépouiller les plus proches parens du défunt et les héritiers testamentaires;

Sur la *septième question*, que, la loi du 5 brumaire ayant admis les plus proches parens du défunt, ou ceux qui le représentent, à lui succéder, cette loi a saisi les collatéraux du droit de partager la succession, et qu'ils doivent, par conséquent, avoir part à la retenue du sixième.

Les autres articles sont ajournés à une autre séance, depuis et compris la huitième question jusqu'à la fin.

1er JOUR DES SANS-CULOTTIDES an 2 (17 septembre 1794). — Décret qui renvoie au comité des finances et de sûreté générale réunis des observations relatives à la vente de la maison et du jardin de l'émigré Mandel. (B. 46, 217.)

1er JOUR DES SANS-CULOTTIDES an 2 (17 septembre 1794). — Décret portant que tous les élèves de l'école de Mars participeront à la fête du dernier jour des sans-culottides. (B. 46, 218.)

1er JOUR DES SANS-CULOTTIDES an 2 (17 septembre 1794). — Décret qui renvoie au comité de sureté générale la dénonciation de la mise en liberté du nommé Mulot. (B. 46, 218.)

1er JOUR DES SANS-CULOTTIDES an 2 (17 septembre 1794). — Décret qui surseoit à la peine de mort prononcée contre plusieurs individus. (B. 46, 219.)

1er JOUR DES SANS-CULOTTIDES an 2 (17 septembre 1794). — Décret qui accorde un congé aux citoyens Blutel et D'Artigoyte. (B. 46, 219.)

1er JOUR DES SANS-CULOTTIDES an 2 (17 septembre 1794). — Décret qui accorde des secours. (B. 46, 219 à 222.)

1er JOUR DES SANS-CULOTTIDES an 2 (17 septembre 1794). — Décret qui annule le jugement rendu contre Autexier. (B. 46, 222.)

2e JOUR DES SANS-CULOTTIDES an 2 (18 septembre 1794). — Décret qui exempte du dépôt ordonné par celui du 18 messidor les débiteurs des habitans de Nuremberg. (B. 46, 230.)

Les débitans de la ville de Nuremberg sont exempts du dépôt ordonné par la loi du 18 messidor.

2e JOUR DES SANS-CULOTTIDES an 2 (18 septembre 1794). — Décret qui détermine les formalités à remplir par des propriétaires de rentes dites *ancien clergé*, pour être admis en liquidation. (B. 46, 230; Mon. de la 5e sans-culottide de l'an 2.)

Les propriétaires des rentes dites *ancien clergé* qui, ne pouvant pas fournir les ordonnances de liquidation, ont remis le double original de cette ordonnance en papier, ou qui le remettront d'ici au 1er frimaire prochain, seront admis en liquidation, en se soumettant à représenter l'original au cas qu'ils le retrouvent, sous peine d'être déchus de toute répétition.

2e JOUR DES SANS-CULOTTIDES an 2 (18 septembre 1794). — Décret relatif aux pensions ecclésiastiques. (B. 46, 228; Mon. de la 4e sans-culottide de l'an 2, Rap. Cambon.)

Voy. loi du 3 VENTOSE an 3.

Art. 1er. La République française ne paie plus les frais ni les salaires d'aucun culte.

2. Les dispositions du décret du 2 frimaire dernier qui accordent un secours annuel aux ci-devant ministres des cultes qui ont abdiqué ou abdiqueront leurs fonctions, sont communes aux ci-devant ministres qui ont continué leurs fonctions, ou qui les ont abandonnées sans avoir abdiqué leur état.

3. Le *maximum* des pensions accordées aux personnes des deux sexes pour des fonctions, places ou bénéfices supprimés, ne pourra pas excéder le taux fixé pour les secours annuels accordés par la loi du 2 frimaire dernier, et toutes les dispositions de cette loi leur seront communes.

4. Les ci-devant ministres du culte qui, en interprétant les lois précédentes, ont exigé le paiement de leur traitement pour les deux trimestres commencés le 1er germinal et 1er messidor, d'après le taux fixé par les lois antérieures à celles du 2 frimaire dernier, seront tenus de rembourser l'excédant qu'ils pourraient avoir reçu en sus dudit taux.

5. Les agens nationaux de district veilleront à ce que cet excédant soit exactement versé dans les caisses de district; et, en cas de refus, les directoires de district en retiendront le montant sur les premiers paiemens dus auxdits pensionnaires.

6. Les pensionnés des deux sexes, à raison des fonctions ou bénéfices ecclésiastiques supprimés, qui sont détenus, ne recevront point leur pension pendant le temps de leur détention : ils seront nourris aux dépens de la République, à raison de quarante sous par jour.

7. Les pensions et secours accordés par la loi du 2 frimaire ou par le présent décret, ou qui ont été accordés à raison d'une place, bénéfice ou de fonctions ecclésiastiques supprimées, seront payés, à leur échéance et par trimestre, par les receveurs de district.

8. Les dispositions de la loi du 18 thermidor, qui autorise la réunion d'un traitement et pension lorsque l'un et l'autre n'excéderont pas mille livres, sont applicables aux secours accordés et aux pensions mentionnés en l'article précédent.

2e JOUR DES SANS-CULOTTIDES an 2 (18 septembre 1794). — Décret qui détermine le mode de paiement de la dette consolidée. (B. 46, 227; Mon. du 1er vendémiaire an 3, Rap. Cambon.)

Voy. loi du 24 AOUT 1793.

Art. 1er. La délivrance des inscriptions définitives n'étant pas terminée, le paiement du second semestre de l'an 2, pour les inscriptions de la dette consolidée, commencera le 1er brumaire prochain; il sera fait à toute lettre et à bureau ouvert : celui du premier semestre de l'an 3 sera ouvert pareillement le 1er germinal prochain, et ainsi de suite de six mois en six mois.

2. Les personnes qui, ayant retiré leurs inscriptions définitives, voudront, à compter de ce jour, recevoir leur paiement annuel dans une des caisses de district de la République, pourront adresser leur demande, dans la formule ci-jointe, par lettre chargée, à la Trésorerie nationale; ils seront payés, sans frais, dans la caisse de district qu'ils auront indiquée, dans les deux mois du jour de la lettre chargée, et plus tôt si la localité le permet.

3. Les Suisses qui voudront être payés dans le lieu de la résidence de l'ambassadeur de la République en Suisse, y seront payés de la même manière qu'ils l'auraient été à la Trésorerie nationale, en se conformant aux dispositions de l'article 2; ils seront tenus de fournir au payeur le certificat d'individualité dont la forme est ci-jointe, ou une procuration, s'ils font recevoir par procureur fondé.

4. Les commissaires de la Trésorerie nationale sont tenus de prendre toutes les mesures nécessaires afin de fournir aux citoyens et aux receveurs les instructions et facilités pour l'exécution du présent décret.

5. Les dispositions contenues dans les articles 127, 128, 131, 135, 136 de la loi du 24 août 1793, sont rapportées.

N° I. Modèle de la déclaration prescrite par l'article 2.

Je soussigné (*mettre les nom et prénoms du propriétaire de l'inscription dans l'ordre qui y est observé, sa demeure et l'indication du département*), créancier de la République, déclare que j'entends être payé par le fonctionnaire public à ce préposé dans le district de. . . . . de la somme de. . . . . portée en mon nom sur le grand-livre de la dette publique consolidée, sous le n° . . . . . volume. . . . . . du registre. . . . . à compter du premier. . . . . prochain.

Fait à. . . . . . . ce. . . . . de l'an. . . . . de la République.

N° II. Modèle du certificat d'individualité prescrit par l'article 3.

Je soussigné, magistrat de (*mettre le lieu de la résidence*), certifie que le citoyen (*mettre les nom, prénoms*), citoyen suisse, (*et le signalement*), ci-présent, demeurant à . . . . est véritablement l'individu ci-dessus dénommé, pour m'être parfaitement connu; et a signé avec moi, le. . . . . de l'an. . . . . de la République.

2e JOUR DES SANS-CULOTTIDES an 2 (18 septembre 1794). — Décret qui ordonne la mise en arrestation des signataires de la lettre d'envoi de la délibération du district de Sedan du 13 août 1792, trouvée dans le portefeuille de La Fayette, etc. (B. 46, 224.)

2e JOUR DES SANS-CULOTTIDES an 2 (18 septembre 1794). — Décret de renvoi au comité de salut public de la pétition des canonniers de la section de l'Arsenal. (B. 46, 229.)

2e JOUR DES SANS-CULOTTIDES an 2 (18 septembre 1794). — Décret qui ordonne un rapport sur la réclamation du citoyen Vincent Denis. (B. 46, 229.)

2e JOUR DES SANS-CULOTTIDES an 2 (18 septembre 1794). — Décret d'ordre du jour relativement aux ci-devant ministres protestans âgés de 70 ans, et pères de famille. (B. 46, 230.)

2e JOUR DES SANS-CULOTTIDES an 2 (18 septembre 1794). — Décret qui renvoie au comité de législation une proposition tendant à ce que les titres cléricaux encore subsistans soient annulés. (B. 46, 229.)

2e JOUR DES SANS-CULOTTIDES an 2 (18 septembre 1794). — Décrets qui accordent des congés aux citoyens Cosnard et Gelin. (B. 46, 226.)

2e JOUR DES SANS-CULOTTIDES an 2 (18 septembre 1794) — Décret d'ordre du jour sur la demande de la société populaire de Lons-le-Saulnier. (B. 46, 223.)

2e JOUR DES SANS-CULOTTIDES an 2 (18 septembre 1794). — Décret portant une rectification dans l'intitulé du résultat du scrutin proclamé dans la séance du 29 fructidor. (B. 46, 225.)

2e JOUR DES SANS-CULOTTIDES an 2 (18 septembre 1794). — Décret portant que le comité de législation se fera rendre compte, dans le plus bref délai, de l'exécution de la loi relative à la déportation des prêtres. (B. 46, 226.)

2e JOUR DES SANS-CULOTTIDES an 2 (18 septembre 1794). — Décret portant que les comités de salut public et de sûreté générale feront un rapport sur la question s'il n'est pas utile de débarrasser de suite le territoire de la République des restes de la famille de Louis Capet, et d'exporter sans délai tout individu suspect. (B. 46, 226.)

2e JOUR DES SANS-CULOTTIDES an 2 (18 septembre 1794). — Décret qui ordonne la réimpression du projet de Code civil. (B. 46, 224.)

2e JOUR DES SANS-CULOTTIDES an 2 (18 septembre 1794). — Décret qui ordonne d'arrêter et de traduire au tribunal révolutionnaire Dominique Allier et ses complices. (B. 46, 225.)

3e JOUR DES SANS-CULOTTIDES an 2 (19 septembre 1794). — Décret portant que l'armée du Nord continue à bien mériter de la patrie, et qu'il sera fait mention honorable de la conduite tenue par le 8e régiment de hussards. (1, Bull. 60, n° 325; B. 46, 235.)

3e JOUR DES SANS-CULOTTIDES an 2 (19 septembre 1794). — Décret qui fixe le délai dans lequel seront tenus de sortir de Paris les citoyens qui n'y résidaient pas avant le 1er messidor. (1, Bull. 40, n° 324; B. 46, 233.)

3e JOUR DES SANS-CULOTTIDES an 2 (19 septembre 1794). — Décret qui nomme le citoyen Bertholet membre de la commission d'agriculture et des arts. (1, Bull. 62, n° 334; B. 46, 232.)

3e JOUR DES SANS-CULOTTIDES an 2 (19 septembre 1794). — Décret qui charge le comité des finances de présenter un projet de décret sur la proposition tendante à ce que désormais on ne puisse mettre en arrestation, et apposer les scellés sur le mobilier des détenus, qu'il n'en ait été fait un inventaire sommaire et descriptif en présence de la personne arrêtée. (B. 46, 231.)

3e JOUR DES SANS-CULOTTIDES an 2 (19 septembre 1794). — Décret portant que les secrétaires chargés de la rédaction des procès-verbaux des séances des mois de thermidor et fructidor, qui n'ont point encore été lus, sont tenus de les lire et de les déposer dans quatre jours à dater du présent décret. (B. 46, 231.)

3e JOUR DES SANS-CULOTTIDES an 2 (19 septembre 1794). — Décret qui annule le jugement rendu contre Vincent Denis. (B. 46, 231.)

3e JOUR DES SANS-CULOTTIDES an 2 (19 septembre 1794). — Décret de renvoi au comité de législation relatif au citoyen Deudon. (B. 46, 232.)

4e JOUR DES SANS-CULOTTIDES an 2 (20 septembre 1794). — Décret qui proroge le délai fixé pour la remise des titres de la dette viagère. (B. 46, 239; Mon. du 3 vendémiaire an 2; Rap. Cambon.)

Art. 1er. Le délai fixé pour la remise des titres de la dette viagère, et pour celle des effets au porteur ou délégations sur les rentes viagères dues par la République, est prorogé jusqu'au 1er nivose prochain inclusivement.

2. Le paiement des rentes viagères pour le deuxième semestre de l'an 2 ne commencera qu'après l'expiration du délai fixé pour la remise des titres.

3. Les certificats de vie des personnes qui habitent les pays conquis par les armées de la République, qui seront rédigés dans la forme prescrite par la loi du 23 floréal, signés par le magistrat du lieu de l'habitation

et visés par les représentans du peuple auprès des armées, ou par le préposé qu'ils pourront nommer à cet effet, seront admis à la Trésorerie.

4. Les citoyens qui, ayant remis leurs titres à la Trésorerie, n'ont pas déclaré s'ils entendent ou non convertir en rentes viagères le capital de leur liquidation, pourront faire leur déclaration d'ici au 1er nivose prochain : ceux qui ne la feront pas seront censés avoir opté pour conserver des rentes viagères jusqu'à concurrence du *maximum* fixé par la loi.

5. Les personnes qui, se trouvant dans le cas mentionné en l'article précédent, voudront convertir en une inscription sur le grand-livre de la dette consolidée le capital ou partie de ce qui leur reviendra par la liquidation, seront tenues, en faisant leur déclaration, de fournir un nouveau certificat de vie d'une date postérieure au 1er vendémiaire prochain.

6. Les citoyens qui, ayant déclaré vouloir convertir en inscriptions sur le grand-livre de la dette consolidée le montant ou partie du capital provenant de leur liquidation, voudraient aujourd'hui le conserver en *rente viagère*, seront admis, d'ici au 1er nivose prochain, à changer la déclaration qu'ils ont faite; mais, dans aucun cas, ils ne pourront conserver des rentes viagères au-dessus du *maximum* fixé par la loi.

7. Le comité des finances est autorisé à statuer sur les demandes en rectification des déclarations qui ont été adressées et remises à la Trésorerie nationale pour les rentes viagères.

8. Le présent décret sera imprimé dans les Bulletins des Lois et de correspondance.

4e JOUR DES SANS-CULOTTIDES an 2 (20 septembre 1794). — Décret qui renvoie aux comités des finances, de commerce et d'agriculture, l'adresse des députés de la société populaire de Commune-Affranchie. (B. 46, 235.)

4e JOUR DES SANS-CULOTTIDES an 2 (20 septembre 1794) — Décrets qui accordent des secours à divers. (B. 46, 235, 236, 237, 238 et 239.)

4e JOUR DES SANS-CULOTTIDES an 2 (20 septembre 1794). — Décret qui accorde un congé au citoyen Dautriche. (B. 46, 241.)

4e JOUR DES SANS-CULOTTIDES an 2 (20 septembre 1794). — Décret qui charge les comités de commerce et des finances de faire, sous trois jours, un rapport sur les pétitions et mémoires des marchands tenus de verser dans les caisses de district de la Trésorerie nationale les sommes dont ils sont débiteurs envers les étrangers des nations avec lesquelles la République est en guerre. (B. 46, 244.)

4e JOUR DES SANS-CULOTTIDES an 2 (20 septembre 1794). — Décret qui charge les comités de commerce et des finances de faire un rapport sur les moyens les plus avantageux de rendre à la circulation et au commerce toutes les matières et marchandises expédiées pour Commune-Affranchie. (B. 46, 243.)

4e JOUR DES SANS-CULOTTIDES an 2 (20 septembre 1794). — Décret qui ordonne que le rapport sur la situation de la République sera imprimé et distribué. (B. 46, 244.)

4e JOUR DES SANS-CULOTTIDES an 2 (20 septembre 1794). — Décret qui charge les comités de commerce et des finances de faire un rapport sur les avantages et désavantages qui peuvent résulter de la liberté indéfinie de l'exportation des marchandises de luxe. (B. 46, 243.)

4e JOUR DES SANS-CULOTTIDES an 2 (20 septembre 1794). — Décret qui charge le comité d'instruction publique de présenter, dans deux décades, un projet d'école normale. (B. 46, 242.)

4e JOUR DES SANS-CULOTTIDES an 2 (20 septembre 1794). — Décret portant que le refus de certificats de civisme devra être motivé. (1, Bull. 62, n° 336; B. 46, 241.)

4e JOUR DES SANS-CULOTTIDES an 2 (20 septembre 1794). — Décret qui ordonne l'examen des réclamations des pères et mères des défenseurs de la patrie, des citoyens, agriculteurs, artistes et commerçans mis en état d'arrestation. (1, Bull. 64, n° 336; B. 46, 241.)

4e JOUR DES SANS-CULOTTIDES an 2 (20 septembre 1794). — Décret portant que les femmes sont comprises dans les dispositions de la loi rendue hier, relative aux citoyens venus à Paris depuis le 1er messidor. (1, Bull. 60, n° 326; B. 46, 240.)

4e JOUR DES SANS-CULOTTIDES an 2 (20 septembre 1794). — Décret contenant des exceptions à celui rendu hier, relatif aux citoyens venus à Paris depuis le 1er messidor. (1, Bull. 60, n° 327; B. 46, 242.)

4e JOUR DES SANS-CULOTTIDES an 2 (20 septembre 1794). — Décret concernant la mise en liberté des colons détenus. (B. 46, 239.)

4e JOUR DES SANS-CULOTTIDES an 2 (20 septembre 1794). — Décret qui charge le comité d'instruction publique de rédiger, dans le cours de chaque décade, un cahier d'instructions pour affermir les principes de la morale, rappeler les grands évènemens de la révolution, etc. (B. 46, 242.)

5e JOUR DES SANS-CULOTTIDES an 2 (21 septembre 1794). — Décret relatif aux troubles survenus dans la commune de Marseille. (1, Bull. 61, n° 332; B. 46, 247.)

5e JOUR DES SANS-CULOTTIDES an 2 (21 septembre 1794). — Décret portant que la Convention nationale fera une station au club des Cordeliers. (B. 46, 248.)

5e JOUR DES SANS-CULOTTIDES an 2 (21 septembre 1794). — Décret qui fait mention honorable de la conduite de la section n° 11 de la commune de Marseille. (1, Bull. 62, n° 337; B. 46, 247.)

5e JOUR DES SANS-CULOTTIDES an 2 (21 septembre 1794). — Décret qui ordonne l'insertion au procès-verbal des pièces lues par l'un des représentans nommés pour recevoir les cendres de Marat. (B. 46, 245.)

1er VENDÉMIAIRE an 3 (22 septembre 1794). — Décret qui déclare que l'armée de Sambre-et-Meuse ne cesse de bien mériter de la patrie. (1, Bull. 62, n° 338; B. 47, 1.)

1er VENDÉMIAIRE an 3 (22 septembre 1794). — Décret qui approuve les mesures prises pour la restitution des places de Landrecies, Le Quesnoy, Valenciennes et Nord-Libre. (1, Bull. 62, n° 339; B. 47, 1.)

1er VENDÉMIAIRE an 3 (22 septembre 1794). — Décret qui accorde un congé aux représentans Soubrany, David et Maure. (B. 47, 2 à 10.)

1er VENDÉMIAIRE an 3 (22 septembre 1794). — Décret portant nomination à des emplois vacans dans l'armée. (B. 47, 2.)

1er VENDÉMIAIRE an 3 (22 septembre 1794). — Décret qui surseoit à l'exécution du jugement rendu contre Marie-Anne Tacheau. (B. 47, 9.)

1er VENDÉMIAIRE an 3 (22 septembre 1794). — Décret qui renvoie au comité d'instruction publique l'ouvrage du citoyen Grétry. (B. 47, 10.)

2 VENDÉMIAIRE an 3 (23 septembre 1794). — Décret qui autorise une rectification dans le décret relatif aux troubles de Marseille. (B. 47, 11.)

2 VENDÉMIAIRE an 3 (23 septembre 1794). — Décret qui accorde des secours et pensions. (B. 47, 12 et 13.)

2 VENDÉMIAIRE an 3 (23 septembre 1794). — Décret qui ordonne l'impression d'un discours sur les fondemens de la morale publique. (B. 47, 13)

3 VENDÉMIAIRE an 3 (24 septembre 1794). — Décret relatif à l'examen des papiers de Robespierre. (B. 47, 15.)

3 VENDÉMIAIRE an 3 (24 septembre 1794) — Décret concernant la lecture de ceux qui accordent des secours. (B. 47, 16.)

3 VENDÉMIAIRE an 3 (24 septembre 1794). — Décret qui maintient le marché existant avant 1789 en la commune d'Achères. (B. 47, 22.)

3 VENDÉMIAIRE an 3 (24 septembre 1794). — Décret portant que l'armée des Pyrénées-Orientales ne cesse de bien mériter de la patrie, et qu'il sera célébré une fête pour l'évacuation entière du territoire de la République. (1, Bull. 63, n° 340; B. 47, 14.)

3 VENDÉMIAIRE an 3 (24 septembre 1794). — Décret qui ordonne la mise en liberté du citoyen Raffet. (B. 47, 15.) — Suspendu le même jour.

3 VENDÉMIAIRE an 3 (24 septembre 1794). — Décrets qui accordent des congés aux députés d'Artigoyte, Froyer et Jean Debry. (B. 47, 14 et 15.)

3 VENDÉMIAIRE an 3 (24 septembre 1794). — Décrets qui accordent des secours à divers. (B. 47, 16.)

3 VENDÉMIAIRE an 3 (24 septembre 1794). — Décret relatif aux six cents louis en or déposés par Crussol d'Amboise entre les mains de Chalette, son ancien domestique. (B. 47, 21.)

3 VENDÉMIAIRE an 3 (24 septembre 1794). — Décret qui renvoie au comité de sûreté générale la pétition du citoyen Robert Smith. (B. 47, 21.)

4 VENDÉMIAIRE an 3 (25 septembre 1794). — Décret qui ordonne la mention honorable de la conduite des deux divisions de l'armée des Alpes qui ont combattu le 28 fructidor. (B. 47, 26.)

4 VENDÉMIAIRE an 3 (25 septembre 1794). — Décret relatif à l'expédition des brevets et commissions à tous les officiers nommés par les représentans près les armées. (B. 47, 26.)

4 VENDÉMIAIRE an 3 (25 septembre 1794). — Décret qui ordonne de rayer de la liste des émigrés le nom de Pierre Florent Louvet, député. (B. 47, 22.)

4 VENDÉMIAIRE an 3 (25 septembre 1794). — Décret relatif aux abatis extraordinaires et précipités d'ormeaux et de frênes, sur les plantations des émigrés condamnés, et autres domaines nationaux. (B. 47, 22.)

4 VENDÉMIAIRE an 3 (25 septembre 1794). — Décret qui ordonne le paiement des gages des anciens domestiques de l'ex-fermier général Douet. (B. 47, 24.)

4 VENDÉMIAIRE an 3 (25 septembre 1794). — Décret qui déclare le citoyen Jourde représentant du peuple. (B. 47, 25.)

4 VENDÉMIAIRE an 3 (25 septembre 1794). — Décret concernant les personnes arrivées à Paris depuis la publication de la loi du 3e jour des sans-culottides, et celles qui s'y rendront à l'avenir. (1, Bull. 63, n° 341; B. 47, 27.)

4 VENDÉMIAIRE an 3 (25 septembre 1794). — Décret qui accorde un secours de 15 sous par lieue à ceux des réfugiés liégeois qui, se trouvant dans le besoin, retourneront dans leurs foyers. (1, Bull. 64, n° 343; B. 47, 26.)

4 VENDÉMIAIRE an 3 (25 septembre 1794). — Décrets relatif à la pétition du citoyen Merviel. (B. 47, 23.)

4 VENDÉMIAIRE an 3 (25 septembre 1794). — Décrets qui accordent des secours à divers. (B. 47, 23, 25 et 26.)

4 VENDÉMIAIRE an 3 (25 septembre 1794). — Décret qui confirme les dispositions de la loi qui fait remise aux contribuables des sommes arriérées de taxes révolutionnaires non encore payées. (B. 47, 23.)

4 VENDÉMIAIRE an 3 (25 septembre 1794). — Décret relatif à l'administration municipale de Sainte-Marie-aux-Mines. (B. 47, 24.)

4 VENDÉMIAIRE an 3 (25 septembre 1794). — Décret qui réunit la commune de Dourier à celle d'Airaines. (B. 47, 24.)

4 VENDÉMIAIRE an 3 (25 septembre 1794). — Décret portant que les comités d'agriculture et des domaines présenteront, dans deux décades, à la discussion, un projet de Code forestier. (B. 47, 26.)

5 VENDÉMIAIRE an 3 (26 septembre 1794). — Décret qui approuve le régime suivi à l'établissement des épreuves de Meudon. (1, Bull. 44, n° 344; B. 47, 29.)

5 VENDÉMIAIRE an 3 (26 septembre 1794). — Décret qui ordonne de nommer une commission pour l'examen de l'affaire des colonies. (B. 47, 27.)

5 VENDÉMIAIRE an 3 (26 septembre 1794). — Décret qui accorde des secours aux déportés de la Martinique, de la Guadeloupe et de Sainte-Lucie. (B. 47, 28.)

5 VENDÉMIAIRE an 3 (26 septembre 1794). — Décret qui déclare représentant du peuple le citoyen Champigny-Aubin. (B. 47, 28.)

5 VENDÉMIAIRE an 3 (26 septembre 1794). — Décret relatif à l'hommage fait par la veuve de J.-J. Rousseau d'un dépôt littéraire fait entre ses mains par son mari. (B. 47, 28.)

5 VENDÉMIAIRE an 3 (26 septembre 1794). — Décret qui autorise le citoyen Chantepie à remplir les fonctions de notaire à Dammartin. (B. 47, 29.)

5 VENDÉMIAIRE an 3 (26 septembre 1794). — Décret relatif à une pétition des citoyens nés étrangers qui réclament la liberté de leurs concitoyens. (B. 47, 29.)

5 VENDÉMIAIRE an 3 (26 septembre 1794). — Décret qui surseoit à l'exécution du jugement du jury militaire tenu à Niort. (B. 47, 30.)

5 VENDÉMIAIRE an 3 (26 septembre 1794). — Décret relatif à une adresse de la société populaire de Montpellier. (B. 47, 30.)

5 VENDÉMIAIRE an 3 (26 septembre 1794). — Décret qui ordonne la mise en liberté des citoyens Marchand et Clémence. (B. 47, 30.)

6 VENDÉMIAIRE an 3 (27 septembre 1794). — Décret relatif à la question de savoir si une accusation intentée par un particulier lésé, pour un délit de nature à blesser l'ordre public, doit être poursuivie nonobstant la réconciliation des parties. (B. 47, 33.)

La Convention nationale, après avoir entendu le rapport de son comité de législation sur une lettre de l'accusateur public du tribunal criminel du département de Paris, proposant la question de savoir si l'accusation intentée contre le nommé Jean-François Barré, en bris de scellés apposés à la requête de sa femme demanderesse en divorce, sur les effets de la communauté, desquels scellés ledit Barré avait été établi gardien, doit être poursuivie nonobstant la réconciliation qui s'est opérée entre les époux, et qui a rendu sans objet, pour la femme, la plainte par elle rendue contre le mari;

Considérant que les délits sont poursuivis par les accusateurs publics moins parce qu'ils lèsent l'intérêt particulier que parce qu'ils blessent l'ordre public;

Que, sous ce dernier rapport, il ne dépend pas des citoyens, quand bien même ils seraient désintéressés, subséquemment à une accusation par eux intentée, d'arrêter le cours de la vindicte publique, qui ne peut être satisfaite que par un jugement;

Décrète qu'il n'y a lieu à délibérer.

6 VENDÉMIAIRE an 3 (27 septembre 1794). — Décret portant qu'aucune femme ne pourra être établie gardienne de scellés. (B. 47, 34; Mon. du 8 vendémiaire an 3, Rap. Pons.)

Voy. loi du 21 VENDÉMIAIRE an 3.

La Convention nationale, après avoir entendu le rapport de son comité de législation sur la pétition de la citoyenne Vincent, veuve

Blanchard, qui réclame contre un jugement du tribunal criminel du département de Paris qui l'a condamnée à deux ans d'emprisonnement, par forme de police correctionnelle, pour raison d'un bris de scellés confiés à sa garde;

Considérant qu'à la vérité l'article 6 de la loi du 20 nivose dernier porte que tout gardien de scellés qui ne sera pas convaincu d'être auteur ou complice de leur rupture, mais qui ne prouvera pas qu'elle est l'effet d'une force majeure, sera condamné à la peine portée contre la veuve Blanchard;

Mais que des pièces recouvrées depuis le jugement dont elle se plaint, et qui n'avaient point été mises sous les yeux des jurés, les eussent sans doute décidés à déclarer que la rupture des scellés confiés à la garde de ladite veuve était l'effet d'une force majeure, circonstance qui eût pleinement justifié l'accusée;

Déclare nul et de nul effet le jugement du tribunal criminel du département de Paris rendu le 5 prairial contre ladite veuve Blanchard, et ce qui l'a précédé et suivi; la renvoie par-devant les directeurs du jury du tribunal central du même département, pour y être dressé contre elle un nouvel acte d'accusation, s'il y a lieu;

Décrète en outre qu'à l'avenir aucune femme ne pourra être établie gardienne de scellés.

---

6 VENDÉMIAIRE an 3 (27 septembre 1794). — Décret qui met en liberté le citoyen Marvielle. (B. 47, 31.)

6 VENDÉMIAIRE an 3 (27 septembre 1794). — Décret qui accorde un congé au citoyen Choudieu. (B. 47, 31.)

---

6 VENDÉMIAIRE an 3 (27 septembre 1794). — Décret qui ajourne le projet de loi sur les émigrés. (B. 47, 35.)

---

6 VENDÉMIAIRE an 3 (27 septembre 1794). — Décret qui ordonne la rédaction d'une table alphabétique des lois insérées au Bulletin des Lois de la République. (1, Bull. 64, n° 345; B. 47, 31.)

---

6 VENDÉMIAIRE an 3 (27 septembre 1794). — Décret relatif à la demande en rapport du décret qui mettait en liberté Clémence et Marchand. (B. 47, 35.)

---

6 VENDÉMIAIRE an 3 (27 septembre 1794). — Décret qui annule le jugement rendu contre Guilleminet, par la commission militaire d'Ancenis. (B. 47, 32.)

---

6 VENDÉMIAIRE an 3 (27 septembre 1794). — Décret d'ordre du jour sur la révision des jugemens des condamnés à mort. (B. 47, 31.)

---

6 VENDÉMIAIRE an 3 (27 septembre 1794). — Décret d'ordre du jour sur une plainte contre un jugement arbitral. (B. 47, 33.)

---

7 VENDÉMIAIRE an 3 (28 septembre 1794). — Décret relatif aux comptes à rendre par les gardiens des dépôts et greffes situés dans la commune de Paris. (B. 47, 44.)

Art. 1er. Les gardiens, dépositaires et commis de différens dépôts et greffes situés dans la commune de Paris, qui ont perçu des émolumens sur les expéditions qu'ils ont délivrées, à la charge d'en tenir compte à la municipalité, seront tenus de faire arrêter leur compte de recette par la régie générale des droits d'enregistrement, et en verseront de suite le montant à la Trésorerie nationale, qui leur en donnera décharge.

2. Ils ne pourront toucher aucun traitement échu qu'en justifiant de leur décharge auprès des deux comités.

---

7 VENDÉMIAIRE an 3 (28 septembre 1794). — Décret relatif à l'école centrale des travaux publics à Paris. (B. 47, 41; Mon. du 11 vendémiaire an 3, Rap. Fourcroy.)

Art. 1er. L'école centrale des travaux publics, préparée à Paris en exécution de la loi du 21 ventose dernier, sera ouverte le 10 frimaire prochain.

2. Il ne sera admis en qualité d'élèves que des jeunes gens qui auront justifié de leur bonne conduite, ainsi que de leur attachement aux principes républicains, et qui auront prouvé leur intelligence en subissant un examen sur l'arithmétique et sur les élémens d'algèbre et de géométrie.

3. Cet examen aura lieu en même temps dans plusieurs communes distribuées sur le territoire de France, et où les candidats pourront se rendre, suivant la proximité des lieux et la facilité des communications.

Pour l'année actuelle, ces communes seront: Dune-Libre, Amiens, Mézières, Caen, Rouen, Reims, Paris, Metz, Strasbourg, Brest, Rennes, Nantes, Tours, Auxerre, Dijon, Rochefort, Bordeaux, Bayonne, Toulouse, Montpellier, Marseille et Grenoble.

4. La commission des travaux publics nommera, pour chacune de ces communes, un examinateur, qui sera chargé de juger des qualités intellectuelles et de l'instruction des candidats sur les sciences mathématiques mentionnées à l'article 2.

L'agent national du district y nommera également un citoyen recommandable par la pratique des vertus républicaines, qui sera chargé de juger de la moralité et de la bonne conduite des candidats.

5. Les examens commenceront, au plus tard, le 1er brumaire. La commission des travaux publics donnera les ordres pour que les examinateurs soient rendus à leur poste à cette époque; elle leur adressera les instructions nécessaires, ainsi qu'aux autorités qui doivent participer à cette mesure.

6. Tous les jeunes citoyens âgés de seize à vingt ans, autres que ceux qui sont compris dans la première réquisition, pourront se présenter à l'examen.

Ceux qui feraient partie de la première réquisition, ou qui seraient attachés à d'autres services publics, ne le pourront qu'autant qu'ils en auront reçu l'autorisation expresse du comité de salut public.

7. Nul ne pourra se présenter à l'examen s'il n'est porteur d'une attestation de la municipalité du lieu de son domicile qui prouve qu'il a toujours eu une bonne conduite, et qu'il a constamment manifesté l'amour de la liberté et de l'égalité, et la haine des tyrans.

8. En arrivant dans la commune où ils doivent être examinés, les candidats se rendront à la municipalité, pour y apprendre le lieu et le jour où ils pourront se présenter à l'examen.

9. L'examen se fera en public, et dans le local qui aura été préparé par la municipalité.

10. Les examens seront terminés le 10 brumaire.

11. Dans les trois premiers jours qui suivront la fin de l'examen, les deux examinateurs rendront compte à la commission des travaux publics, et en commun, du résultat de l'examen qu'ils auront fait, et dans la forme qui leur aura été prescrite.

12. D'après les comptes rendus par tous les examinateurs, la commission des travaux publics déterminera le nombre des élèves de chaque examen à admettre, pour compléter les quatre cents pour lesquels les dispositions préparatoires de l'école ont été faites, et de manière que ceux qui, par leur moralité et par leur intelligence, donneront plus d'espérance, y soient compris: cependant, pour cette admission, la commission ne pourra intervertir l'ordre de mérite dans lequel les candidats auront été présentés par leurs examinateurs respectifs.

13. Les élèves appelés par la commission se rendront à Paris avant le 10 frimaire prochain.

Ils recevront, pour ce voyage, le traitement des militaires isolés en route, comme canonniers de première classe, conformément au décret du 2 thermidor.

14. A compter du jour de leur arrivée, ils jouiront du traitement de douze cents livres par an, pour tous le temps qu'ils resteront à l'école.

Dans aucun cas, ce temps ne pourra se prolonger de plus d'un an au-delà des trois années nécessaires aux cours ordinaires des études.

15. Les élèves, après ce temps d'étude, seront employés aux fonctions d'ingénieurs pour les différens genres de travaux publics, d'après la capacité et l'aptitude qu'ils auront montrées.

Ceux qui n'auront pas acquis les connaissances suffisantes retourneront chez eux, et cesseront de recevoir le traitement.

16. Le comité de salut public est cependant autorisé à tirer de l'école les élèves qui pourraient être employés utilement par la République, lorsque les besoins du service l'exigeront.

17. La commission des travaux publics, sous l'autorité de laquelle l'école centrale est placée, est chargée de l'exécution de toutes les mesures de détail nécessaires pour achever l'établissement et la parfaite organisation de cette école; et elle les soumettra à l'approbation des comités de salut public, d'instruction publique et des travaux publics réunis.

---

7 VENDÉMIAIRE an 3 (28 septembre 1794). — Décret interprétatif de celui du 6 fructidor, concernant les passeports. (B. 47, 36; Mon. du 10 vendémiaire an 3, Rap. Porcher.)

La Convention nationale, après avoir entendu le rapport de son comité de législation sur une lettre des administrateurs du département de Paris, par laquelle ils demandent en quelle forme et par qui, depuis la loi du 6 fructidor, les passeports pour l'étranger doivent être accordés, décrète ce qui suit:

Art. 1er. Les dispositions de la loi du 6 fructidor dernier relatives aux passeports, ne sont applicables qu'à ceux qui sont délivrés pour voyager dans l'intérieur de la République.

2. Le département de Paris continuera, comme par le passé, à délivrer ceux qui seront demandés pour sortir du territoire français, après avoir pris l'avis des comités civil et révolutionnaire dans l'arrondissement desquels le réclamant aura son domicile, et dans le cas seulement où ces deux comités approuveraient la demande du passeport, et en trouveraient les motifs légitimes.

---

7 VENDÉMIAIRE an 3 (28 septembre 1794). — Décret qui renvoie au 30 vendémiaire la célébration des victoires des armées de la République. (1, Bull. 66, n° 349; B. 47, 38.)

---

7 VENDÉMIAIRE an 3 (28 septembre 1794). — Décret portant que le représentant Elie Lacoste se rendra près la manufacture d'armes de Tulle. (1, Bull. 65, n° 351; B. 47, 45.)

---

7 VENDÉMIAIRE an 3 (28 septembre 1794). — Décret d'ordre du jour relatif à une demande en réformation d'acte mortuaire. (B. 47, 38.)

---

7 VENDÉMIAIRE an 3 (28 septembre 1794). — Décret qui nomme provisoirement le citoyen Emery aux fonctions de président du tribunal criminel du département de Paris. (B. 47, 39.)

---

7 VENDÉMIAIRE an 3 (28 septembre 1794). — Décret qui ordonne de compléter la composition et l'organisation de toutes les autorités constituées avant le 1er brumaire. (1, Bull. 65, n° 352; B. 47, 39.)

---

7 VENDÉMIAIRE an 3 (28 septembre 1794). — Décret qui lève la suspension prononcée contre Dubois Laverne. (B. 47, 37.)

---

7 VENDÉMIAIRE an 3 (28 septembre 1794). — Décret relatif à un contrat de mariage resté informe par le défaut de signature d'un notaire tombé sous le glaive de la loi. (B. 47, 35.)

---

7 VENDÉMIAIRE an 3 (28 septembre 1794). — Décret qui accorde un congé au citoyen Gauthier. (B. 47, 39.)

---

7 VENDÉMIAIRE an 3 (28 septembre 1794). — Décret relatif à la pétition de la citoyenne Foret. (B. 47, 36.)

---

7 VENDÉMIAIRE an 3 (28 septembre 1794). — Décret qui accorde des secours à la veuve Godard. (B. 47, 37.)

---

7 VENDÉMIAIRE an 3 (28 septembre 1794). — Décret sur les pétitions du citoyen Bourret. (B. 47, 37.)

---

7 VENDÉMIAIRE an 3 (28 septembre 1794). — Décret qui charge le comité d'instruction publique de présenter un projet de fête nationale. (B. 47, 38.)

---

7 VENDÉMIAIRE an 3 (28 septembre 1794). — Décret qui charge le comité d'instruction publique de faire un rapport sur l'enseignement des élémens des mathématiques appliqués aux arts utiles. (B. 47, 44.)

---

7 VENDÉMIAIRE an 3 (28 septembre 1794). — Décret qui charge le comité de salut public de procurer de l'emploi dans les armées à Pavillon fils. (B. 47, 39.)

---

7 VENDÉMIAIRE an 3 (28 septembre 1794). — Décret qui renvoie au comité d'instruction publique la proposition de créer des écoles pratiques de marine dans les différens ports. (B. 47, 44.)

---

8 VENDÉMIAIRE an 3 (29 septembre 1794). — Décret portant que les commissionnaires et entrepreneurs du roulage ne sont point assujétis à faire la déclaration et l'affiche des marchandises déposées chez eux en transit. (B. 47, 48; Mon. du 11 vendémiaire an 3, Rap. Oudot.)

La Convention nationale, après avoir entendu le rapport de son comité de législation sur la lettre de la commission du commerce et des approvisionnemens de la République, relative à la pétition d'Antoine-François Bricard, entrepreneur et commissionnaire de roulage, qui se plaint de ce que le commissaire aux accaparemens de la section des *Amis de la Patrie* a fait une saisie de différentes marchandises adressées chez lui pour les faire parvenir à leur destination, sous prétexte qu'il n'en avait point fait de déclaration, conformément à la loi du 12 germinal;

Considérant que les entrepreneurs de messageries, les commissionnaires qui font le roulage, ne sont point assujétis à la déclaration ni à l'affiche prescrites par la loi du 12 germinal, pour les marchandises qu'ils expédient; mais qu'il est nécessaire de ne laisser aucun doute sur ce point;

Considérant d'ailleurs que, dans l'ordre hiérarchique des pouvoirs, c'est au directeur du jury d'accusation à casser une saisie qui aurait été faite sans être fondée sur une disposition précise de la loi, décrète:

Art. 1er. Il n'y a pas lieu à délibérer sur la pétition d'Antoine-François Bricard.

2. Les commissionnaires et entrepreneurs du roulage ne sont point compris, dans la loi du 12 germinal, parmi ceux qui sont assujétis à faire la déclaration et l'affiche des marchandises déposées chez eux en *transit*.

---

8 VENDÉMIAIRE an 3 (29 septembre 1794). — Décret qui autorise les personnes sorties de Paris et des places frontières à y rentrer pour faire prononcer leur mariage ou leur divorce. (B. 47, 49; Mon. du 11 vendémiaire an 3.)

Art. 1er. Les comités de surveillance de Paris et des places frontières et maritimes pourront autoriser les personnes qui sont sorties en exécution de la loi du 27 germinal à y rentrer pour faire prononcer leur mariage ou leur divorce, lorsqu'elles justifieront, par un certificat de la municipalité du lieu où elles ont demeuré depuis cette loi, qu'elles n'y ont occasioné aucun trouble.

2. Ces personnes seront tenues de justifier aux comités de surveillance que l'objet de leur rentrée est de faire prononcer leur mariage ou leur divorce, et seront obligées de sortir desdites communes et places dans le jour qui suivra leur mariage ou leur divorce.

---

8 VENDÉMIAIRE an 3 (29 septembre 1794). — Décret relatif à l'examen du procédé proposé par Creusé Pascal pour favoriser le succès des armes de la France. (B. 47, 47.)

---

8 VENDÉMIAIRE an 3 (29 septembre 1794). — Décret qui confirme l'acte de constitution de pension créé par l'émigré Saint-Morys au profit de Valton. (B. 47, 47.)

---

8 VENDÉMIAIRE an 3 (29 septembre 1794). — Décret qui met en état d'arrestation Thureau, général de l'armée de l'Ouest. (B. 47, 48.)

---

8 VENDÉMIAIRE an 3 (29 septembre 1794). — Décret relatif à l'examen des plaintes portées contre le général Carpentier. (B. 47, 49.)

---

8 VENDÉMIAIRE an 3 (29 septembre 1794). — Décret qui ordonne l'impression de tous les arrêtés et de toutes lettres relatifs à la guerre de la Vendée. (B. 47, 50.)

---

8 VENDÉMIAIRE an 3 (29 septembre 1794). — Décret qui étend au semestre échu le 1er vendémiaire les secours provisoires accordés aux ci-devant pensionnaires. (1, Bull. 66, n° 365; B. 47, 45.)

---

8 VENDÉMIAIRE an 3 (29 septembre 1794). — Décret qui autorise la Trésorerie à ouvrir un crédit aux différentes commissions exécutives. (B 47, 46.)

---

8 VENDÉMIAIRE an 3 (29 septembre 1794). — Décrets qui accordent des secours à divers. (B. 47, 45, et 46.)

---

9 VENDÉMIAIRE an 3 (30 septembre 1794). — Décret qui ordonne la formation d'une commission de neuf membres, pour l'examen et le rapport de l'affaire des colonies. (1, Bull. 66, n° 357; B. 47, 54.)

---

9 VENDÉMIAIRE an 3 (30 septembre 1794). — Décret qui continue les secours accordés aux Belges et autres réfugiés. (1, Bull. 66, n° 358; B. 47, 51.)

---

9 VENDÉMIAIRE an 3 (30 septembre 1794). — Décret qui accorde une indemnité au citoyen Mercklein. (B. 47, 54.)

---

9 VENDÉMIAIRE an 3 (30 septembre 1794). — Décret qui étend aux départemens des Hautes et Basses-Alpes les pouvoirs donnés au représentant du peuple Gautier. (1, Bull. 66, n° 359; B. 47, 51.)

---

9 VENDÉMIAIRE an 3 (30 septembre 1794). — Décret qui met en état d'arrestation les généraux de l'armée de l'Ouest, Heuchet et Gignon. (B. 47, 51.)

---

9 VENDÉMIAIRE an 3 (30 septembre 1794). — Décret qui renvoie au comité de législation la motion de rapporter le décret du 9 fructidor sur la première question relative au décret du 17 nivose sur les successions. (B. 47, 50.)

---

9 VENDÉMIAIRE an 3 (30 septembre 1794). — Décret qui accorde un congé aux députés Bernard et Mailhe. (B. 47, 50 à 53.)

---

9 VENDÉMIAIRE an 3 (30 septembre 1794). — Décrets qui accordent des secours à divers (B. 47, 51.)

---

10 VENDÉMIAIRE an 3 (1er octobre 1794). — Décret qui improuve une adresse de la société populaire de Richelieu. (B. 47, 55.)

---

10 VENDÉMIAIRE an 3 (1er octobre 1794). — Décret qui ordonne de rayer de la liste des émigrés le nom du représentant Marcy. (B. 47, 55.)

---

10 VENDÉMIAIRE an 3 (1er octobre 1794). — Décret relatif aux détentions jusqu'à la paix prononcées par les tribunaux pour motif de suspicion. (B. 47, 57.)

---

10 VENDÉMIAIRE an 3 (1er octobre 1794). — Décret relatif à la pétition des citoyens Guillaume Cane et Goutaut. (B. 47, 55, 56 et 57.)

---

10 VENDÉMIAIRE an 3 (1er octobre 1794). — Décret qui charge le comité d'aliénation des domaines nationaux de faire son rapport relativement à la salle du club électoral. (B. 47, 56.)

---

10 VENDÉMIAIRE an 3 (1er octobre 1794). — Décret relatif au citoyen Menu. (B. 47, 57.)

---

11 VENDÉMIAIRE an 3 (2 octobre 1794). — Décret qui accorde des congés aux députés Lambert et Milhaud. (B. 47, 58 et 59.)

---

11 VENDÉMIAIRE an 3 (2 octobre 1794). — Décret portant que les trois comités réunis présenteront incessamment un projet d'adresse au peuple français, sur les principes politiques qui doivent rallier tous les citoyens. (B. 47, 58.)

---

11 VENDÉMIAIRE an 3 (2 octobre 1794). — Décret relatif à la demande du renouvellement du comité de correspondance et de pétitions. (B. 47, 58.)

11 VENDÉMIAIRE an 3 (2 octobre 1794). — Décrets relatifs à la salle de la société populaire de la section de la Cité, et à l'adresse de la société populaire d'Ussel. (B. 47, 59.)

12 VENDÉMIAIRE an 3 (3 octobre 1794). — Décret qui approuve les mesures prises par les représentans du peuple en mission dans le département des Bouches-du-Rhône. (1, Bull. 67, n° 360; B. 47, 62.)

12 VENDÉMIAIRE an 3 (3 octobre 1794). — Décret portant que le tribunal révolutionnaire continuera l'instruction sur la conspiration de Robespierre. (I, Bull. 67, n° 361; B 47, 62.)

12 VENDÉMIAIRE an 3 (3 octobre 1794). — Décret qui déclare que les marins américains qui se sont détournés de leur route pour ramener à Brest des Français naufragés ont bien mérité de la patrie. (1, Bull. 67, n° 262; B. 47, 59.)

12 VENDÉMIAIRE an 3 (3 octobre 1794). — Décret qui charge Pajou de faire le buste de Beauvais, en marbre. (B. 47, 60.)

12 VENDÉMIAIRE an 3 (3 octobre 1794). — Décret portant qu'il n'y a pas lieu à inculpation contre les représentans Barrère, Billaud-Varennes et Collot-d'Herbois. (B. 47, 59.)

12 VENDÉMIAIRE an 3 (3 octobre 1794). — Décret relatif à l'impression du Code civil tel qu'il a été décrété. (B. 47, 60.)

12 VENDÉMIAIRE an 3 (3 octobre 1794). — Décret qui surseoit à l'exécution du jugement criminel du département des Ardennes contre Claude Caron. (B. 47, 60.)

12 VENDÉMIAIRE an 3 (3 octobre 1794). — Décret portant qu'il ne sera statué désormais sur aucune pétition en liberté, sans un renvoi préalable au comité de sûreté. (B. 47, 61.)

12 VENDÉMIAIRE an 3 (3 octobre 1794). — Décret qui ordonne l'arrestation de Clémence, Marchand et Chrétien. (B. 47, 61.)

13 VENDÉMIAIRE an 3 (4 octobre 1794). — Décret qui accorde un secours provisoire de mille livres à J.-B. Gautier. (B. 47, 61.)

13 VENDÉMIAIRE an 3 (4 octobre 1794). — Décret concernant les secours à accorder aux déportés des colonies. (B. 47, 63.)

13 VENDÉMIAIRE an 3 (4 octobre 1794). — Décret qui casse et annule le jugement à mort prononcé contre Claire Monnier. (B. 47, 64.)

13 VENDÉMIAIRE an 3 (4 octobre 1794). — Décret qui charge le comité de sûreté générale de statuer définitivement sur l'affaire de Philippe Lalonde et Pierre Deschamps. (B. 47, 63.)

13 VENDÉMIAIRE an 3 (4 octobre 1794). — Décret qui accorde trois cents livres à Philippe Caret et à plusieurs autres. (B. 47, 63.)

13 VENDÉMIAIRE an 3 (4 octobre 1794). — Décret qui charge les comités de législation, de salut public et de sûreté générale, de faire un rapport sur le fédéralisme, et de présenter un projet de loi pour faire cesser l'arbitraire qui règne dans les tribunaux révolutionnaires sur l'application des lois. (B. 47, 64.)

13 VENDÉMIAIRE an 3 (4 octobre 1794). — Décret sur la régénération des Jacobins. (B. 47, 64.)

13 VENDÉMIAIRE an 3 (4 octobre 1794). — Décret portant qu'il n'y a lieu à aucune inculpation contre les représentans Barras et Fréron. (B. 47, 65.)

14 VENDÉMIAIRE an 3 (5 octobre 1794). — Décret portant que la question relative à l'intention sera posée à l'avenir dans toutes les affaires soumises à des jurés de jugement. (B. 47, 78.)

La Convention nationale, après avoir entendu le rapport de son comité de législation sur la pétition de Marie-Anne-Geneviève Leduy, par laquelle elle réclame contre le jugement du tribunal criminel du département de la Marne du 18 thermidor, qui la condamne à six années de gêne pour faux témoignage en matière civile, et contre le jugement du tribunal de cassation du 17 fructidor dernier, qui rejette son mémoire en cassation;

Considérant qu'il ne peut pas exister de crime là où il n'y a point eu intention de le commettre; que le grand bienfait de l'institution des jurés consiste principalement en ce que l'intention des prévenus doit être examinée et appréciée, à la différence de l'ancienne instruction criminelle, qui ne s'arrêtait qu'aux faits;

Considérant que la nécessité de cet examen et de la déclaration qui en doit être la suite résulte évidemment des articles 19, 21, 26, 27, 30 et 33 du titre VII de la deuxième partie de la loi du 16 = 29 septembre 1791, et en particulier, pour le crime de faux dont il s'agit, de l'article 41, section II, titre II de la deuxième partie du Code pénal;

Déclare nuls les susdits jugemens des 18

thermidor et 15 fructidor derniers, et tout ce qui s'en est suivi ; renvoie ladite Marie-Anne-Geneviève Leduy par-devant le tribunal criminel du département de l'Aube, pour y être jugée de nouveau;

Décrète en outre, pour ne laisser aucun doute sur la lettre et l'esprit des susdites lois, qu'à l'avenir, dans toutes les affaires soumises à des jurés de jugement, les présidens des tribunaux criminels seront tenus de poser la question relative à l'intention, et les jurés d'y prononcer par une déclaration formelle et distincte; et ce, à peine de nullité.

---

14 VENDÉMIAIRE an 3 (5 octobre 1794). — Décret additionnel à celui du quatrième jour des sans-culottides, concernant les certificats de civisme. (1, Bull. 68, n° 363; B. 47, 75.)

---

14 VENDÉMIAIRE an 3 (5 octobre 1794). — Décret qui étend aux départemens des Vosges et de la Nièvre les pouvoirs donnés aux représentans du peuple Michaud et Musset. (1, Bull. 68, n° 365; B. 47, 68.)

---

14 VENDÉMIAIRE an 3 (5 octobre 1794). — Décret relatif aux secours à accorder aux veuves et enfans des citoyens massacrés dans la journée du Champ-de-Mars. (1, Bull. 68, n° 366; B. 47, 71.)

---

14 VENDÉMIAIRE an 3 (5 octobre 1794). — Décret qui nomme les cinq membres de la commission de commerce et approvisionnemens. (1, Bull. 69, n° 363; B. 47, 79.)

---

14 VENDÉMIAIRE an 3 (5 octobre 1794). — Décret qui autorise le citoyen Olivier à établir des fours, pour la fabrication du minium. (B. 47, 76.)

---

14 VENDÉMIAIRE an 3 (5 octobre 1794). — Décret portant que le comité des secours proposera un membre pour se rendre dans les départemens du Nord et de l'Aisne, et entendre les réclamations des citoyens pillés ou incendiés par l'ennemi. (B. 47, 66.)

---

14 VENDÉMIAIRE an 3 (5 octobre 1794). — Décret qui suspend l'exécution de l'arrêté de l'administration du district de Brioude. (B. 47, 67.)

---

14 VENDÉMIAIRE an 3 (5 octobre 1794). — Décret portant que le citoyen Garnier est représentant du peuple français. (B. 47, 67.)

---

14 VENDÉMIAIRE an 3 (5 octobre 1794). — Décrets qui accordent des secours à divers. (B. 47, 67, 68, 69, 70, 71, 72, 73, 74, 75, 76 et 77.)

---

14 VENDÉMIAIRE an 3 (5 octobre 1794). — Décret relatif à la pétition de Lormoy. (B. 47, 76.)

---

14 VENDÉMIAIRE an 3 (5 octobre 1794). — Décret qui annule le jugement du tribunal criminel du département de la Vienne. (B. 47, 77.)

---

15 VENDÉMIAIRE an 3 (6 octobre 1794). — Décret qui, pour la commune de Paris, attribue le visa des certificats au directoire du département. (B. 47, 83; Mon. du 18 vendémiaire an 3.)

La Convention nationale décrète que tous les certificats qui devaient ci-devant être visés par l'agent national de la commune de Paris, ou par tout autre fonctionnaire public, seront, à compter de ce jour, visés par le directoire du département de Paris.

---

15 VENDÉMIAIRE an 3 (6 octobre 1794). — Décret portant que l'armée de Sambre-et-Meuse ne cesse de bien mériter de la patrie. (1, Bull. 68, n° 367; B. 47, 83.)

---

15 VENDÉMIAIRE an 3 (6 octobre 1794). — Décret qui charge le représentant du peuple Roger-Ducos d'accélérer la distribution des secours provisoires accordés aux citoyens pillés ou incendiés dans les départemens du Nord et de l'Aisne. (1, Bull. 69, n° 370; B. 47, 81.)

---

15 VENDÉMIAIRE an 3 (6 octobre 1794). — Décrets qui accordent des secours à divers. (B. 47, 81 et 82.)

---

15 VENDÉMIAIRE an 3 (6 octobre 1794). — Décret relatif à des avances faites par deux citoyens dans l'organisation de la force révolutionnaire. (B. 47, 80.)

---

15 VENDÉMIAIRE an 3 (6 octobre 1794). — Décret portant que le représentant du peuple Dentzel sera transféré dans son domicile. (B. 47, 83.)

---

15 VENDÉMIAIRE an 3 (6 octobre 1794). — Décrets qui accordent des congés au citoyen C. Pinet et Berlezène. (B. 47, 84.)

---

15 VENDÉMIAIRE an 3 (6 octobre 1794). — Décret qui charge le représentant du peuple Lemoine de surveiller les travaux de l'exploitation des mines et de manufactures d'armes dans les départemens de la Loire, Haute-Loire et Ardèche. (1, Bull. 69, n° 371; B. 47, 84.)

---

16 VENDÉMIAIRE an 3 (7 octobre 1794). — Décret qui rend à Commune-Affranchie son ancien nom de Lyon. (B. 47, 84; Mon. des 18 et 19 vendémiaire an 3, Rap. Villers.)

Art. 1er. *Commune-Affranchie* reprendra son ancien nom de *Lyon* : elle n'est plus en état de rébellion et de siége.

2. L'article 5 du décret du 21 vendémiaire, qui ordonne l'élévation d'une colonne por

tant ces mots : *Lyon fit la guerre à la liberté, Lyon n'est plus*, est rapporté.

3. La confiscation prononcée par l'article 1er du décret du 25 pluviose n'aura lieu que pour les objets d'équipement déjà confectionnés, d'armement et munitions de guerre.

4. Les objets d'armement et munitions de guerre seront mis sur-le-champ à la disposition de la commission des armes et poudres, et les équipemens à celle de la commission du commerce et des approvisionnemens.

5. Les propriétaires des marchandises expédiées, soit antérieurement soit postérieurement au décret qui déclare en état de rébellion la commune de leur destination, seront admis à les réclamer devant la municipalité du lieu où elles se trouveront arrêtées.

---

16 VENDÉMIAIRE an 3 (7 octobre 1794). — Décret portant que la commune de Lons-le-Saulnier n'est plus en état de rébellion. (B. 47, 85.)

---

16 VENDÉMIAIRE an 3 (7 octobre 1794). — Décret relatif au desséchement de l'étang du citoyen Perrault. (B. 47, 86.)

---

16 VENDÉMIAIRE an 3 (7 octobre 1794). — Décret qui accorde un congé au citoyen Michel. (B. 47, 86.)

---

16 VENDÉMIAIRE an 3 (7 octobre 1794). — Décret qui charge le comité de salut public de présenter de nouveau la rédaction du décret du 4 fructidor qui a été égaré, et qui fixait des secours pour les patriotes corses réfugiés. (B. 47, 86.)

---

16 VENDÉMIAIRE an 3 (7 octobre 1794). — Décret qui autorise la rectification des erreurs qui ont pu se glisser dans le tableau du *maximum*. (B. 47, 85.)

---

17 VENDÉMIAIRE an 3 (8 octobre 1794). — Décret qui nomme les généraux Canclaux, Dumas et Moulins, généraux en chef des armées de l'Ouest, des côtes de Brest et des Alpes. (1, Bull. 69, n° 373; B, 47, 88.)

---

7 VENDÉMIAIRE an 3 (8 octobre 1794). — Décret qui accorde des secours provisoires aux patriotes corses réfugiés sur le continent. (1, Bull. 69, n° 374 ; B. 47, 89.)

---

7 VENDÉMIAIRE an 3 (8 octobre 1794). — Décret qui destine une somme de trois cent mille livres pour encouragement à accorder aux savans, aux gens de lettres et aux artistes. (1, Bull. 72, n° 382 ; B. 47, 89.)

---

17 VENDÉMIAIRE an 3 (8 octobre 1794). — Décret relatif au paiement des arrérages dus aux militaires destitués ou suspendus, et rétablis dans leurs fonctions. (B. 47, 87.)

---

17 VENDÉMIAIRE an 3 (8 octobre 1794). — Décret qui ordonne l'impression d'un projet de restauration des écoles vétérinaires et d'éducation des animaux domestiques. (B. 47, 87.)

---

17 VENDÉMIAIRE an 3 (8 octobre 1794). — Décret relatif aux congés des citoyens Creuzé Latouche et Charles Pottier. (B. 47, 87 et 90.)

---

17 VENDÉMIAIRE an 3 (8 octobre 1794). — Décrets qui accordent des secours à divers. (B. 47, 88, 90 et 91.)

---

17 VENDÉMIAIRE an 3 (8 octobre 1794). — Décret qui autorise le comité de sûreté générale à prononcer définitivement sur l'affaire de la citoyenne Thierry et autres. (B. 47, 90.)

---

17 VENDÉMIAIRE an 3 (8 octobre 1794). — Décret relatif à l'impression et distribution d'un rapport sur l'établissement d'un conservatoire des arts et métiers. (B. 47, 92.)

---

17 VENDÉMIAIRE an 3 (8 octobre 1794).—Décret relatif au délai pour la reddition des comptes de J.-M. Chailly. (B. 47, 88.)

---

17 VENDÉMIAIRE an 3 (8 octobre 1794). — Décret relatif aux officiers réformés de la garde nationale parisienne. (B. 47, 91.)

---

18 VENDÉMIAIRE an 3 (9 octobre 1794). — Proclamation de la Convention nationale au peuple français. (1, Bull. 70, n° 375; B. 47, 104.)

---

18 VENDÉMIAIRE an 3 (9 octobre 1794). — Décret relatif au compte rendu par le directeur de la liquidation des offices, des maîtrises et des jurandes. (B. 47, 96.)

---

18 VENDÉMIAIRE an 3 (9 octobre 1794). — Décret relatif à la nomination des vérificateurs et distributeurs des secours accordés aux défenseurs de la patrie. (B. 47, 103.)

---

18 VENDÉMIAIRE an 3 (9 octobre 1794) — Décret relatif à des paiemens de créances sur les ci-devant économats, rentes foncières sur biens nationaux, offices domaniaux, offices de la maison du Roi et brevets de retenue. (B. 47, 95.)

---

18 VENDÉMIAIRE an 3 (9 octobre 1794).—Décret qui envoie les représentans du peuple en mission dans les départemens de l'Orne, de la Sarthe et de la Côte-d'Or. (1, Bull. 71, n° 376; B. 47, 103.)

---

18 VENDÉMIAIRE an 3 (9 octobre 1794). — Décret sur la liquidation de la charge du ci-devant lieutenant de roi de la ville de Nantes. (B 47. 96.)

18 VENDÉMIAIRE an 3 (9 octobre 1794). — Décret qui exempte la forêt de la Harte de la coupe extraordinaire de bois décrétée le 13 pluviose. (B. 47, 94.)

---

18 VENDÉMIAIRE an 3 (9 octobre 1794). — Décret qui accorde un congé au citoyen Loiseau. (B. 47, 92.)

---

18 VENDÉMIAIRE an 3 (9 octobre 1794). — Décrets qui accordent des secours à Charles Morel et Jean Goussé. (B. 47, 93.)

---

18 VENDÉMIAIRE an 3 (9 octobre 1794). — Décret portant que les pièces qui restent de leur commission aux représentans du peuple envoyés en mission seront déposées au comité de salut public. (B. 47, 93.)

---

18 VENDÉMIAIRE an 3 (9 octobre 1794). — Décret qui renvoie au comité d'instruction publique la proposition tendante à ce que chaque année, au jour de la fête des Récompenses, le comité fasse un rapport solennel sur les secours et récompenses à accorder aux savans et gens de lettres. (B. 47, 94.)

---

18 VENDÉMIAIRE an 3 (9 octobre 1794). — Décret portant paiement de pensions et gratifications. (B. 47, 97.)

---

18 VENDÉMIAIRE an 3 (9 octobre 1794). — Décret qui renvoie au comité de sûreté générale une adresse de la société populaire de Clermont-Ferrand. (B. 47, 108.)

---

19 VENDÉMIAIRE an 3 (10 octobre 1794). — Décret relatif aux formalités à observer lorsque les témoins essentiels ne peuvent comparaître devant les jurés. (B. 47, 119 ; Mon. du 23 vendémiaire an 3, Rap. Pepin.)

La Convention nationale, après avoir entendu son comité de législation, rapporte l'article 2 de la loi du 2 messidor, qui enjoignait aux tribunaux criminels de s'adresser aux comités de salut public et de sûreté générale, pour être autorisés à recevoir et à soumettre aux jurés la déposition écrite des témoins essentiels qui se trouveraient dans l'impossibilité physique de comparaître devant ces mêmes jurés, dans les procès intentés sur les crimes mentionnés dans les articles 4 et 5 de la loi du 19 floréal,

Et ordonne qu'à l'avenir le comité de législation statuera seul sur de pareilles demandes.

---

19 VENDÉMIAIRE an 3 (10 octobre 1794). — Décret relatif au tribunal correctionnel de Paris. (B. 47, 111.)

Art. 1er. A Paris, le tribunal de police correctionnelle sera composé de quinze juges, servant par tour pendant l'espace d'une décade : ils tiendront audience tous les jours, et se diviseront en trois sections, qui leur seront assignées par le sort.

2. Les deux premières de ces sections prononceront sur toutes les causes dont la connaissance est dévolue à la police correctionnelle.

La troisième aura pour attribution le contentieux de la police municipale. Elles pourront toutes juger au nombre de trois juges.

3. Il y aura près de ce tribunal un agent national et trois substituts. La Convention nomme, pour remplir la place d'agent national, le citoyen Saquotot, et pour substituts, les citoyens Fallet, Leroy et Jolly.

4. L'agent national sera seul chargé de la poursuite des délits, de la suite des jugemens, des arrivées, renvois, transférement des prisonniers ; en un mot, de toute l'exécution, aux termes des lois, tant de la police correctionnelle que municipale.

5. Les trois substituts seront chargés du travail des audiences. Ils rempliront tour-à-tour, dans chacune des trois sections, suivant l'ordre de leur nomination, les fonctions attribuées au ministère public. En cas de maladie ou de tout autre légitime empêchement, ils en préviendront l'agent national, qui sera tenu de les remplacer.

6. Le greffier de la police correctionnelle présentera autant de commis-greffiers qu'il est établi de sections par la présente loi.

7. Il sera extrait du greffe de la police municipale contentieuse tout ce qui est relatif à cet objet depuis le 14 juillet 1789, pour être transporté dans le local du ci-devant Châtelet, où le tribunal de police correctionnelle tient ses séances.

8. Tout ce qui est antérieur à cette époque sera réuni aux archives de la maison commune : l'archiviste de cette maison et le greffier de la police correctionnelle, chacun en ce qui le concerne, en donneront décharge au ci-devant greffier de la police municipale, au bas du procès-verbal qui sera dressé de la remise des pièces.

9. Cette remise s'effectuera dans le délai d'un mois au plus tard, jusqu'à ce qu'elle soit entièrement opérée, mais sans que le retard puisse excéder l'époque fixée par la présente loi. Le citoyen Boyenval, ancien greffier, qui est chargé de ce dépôt, recevra le traitement ordinaire qui lui est attribué, en proportion du temps de son exercice.

10. Les commissaires de police, à Paris, seront compétens pour donner seuls un mandat d'amener devant eux ou devant un autre commissaire de police. Ils pourront également décerner des mandats d'arrêt, en se faisant assister de deux commissaires civils, qui auront voix délibérative.

11. Pour accélérer le jugement des procès, les commissaires de police feront directe-

ment, dans les vingt-quatre heures, l'envoi des procès-verbaux et des pièces servant à conviction aux greffes des différentes autorités qui en doivent connaître. Ils seront tenus d'énoncer, dans l'ordonnance de renvoi, le texte de la loi qui les aura déterminés.

12. L'envoi direct, prescrit par l'article précédent, n'empêchera pas le compte journalier qu'ils sont dans l'usage de rendre à l'administration de police, qui aura toujours le droit de l'exiger.

---

19 VENDÉMIAIRE an 3 (10 octobre 1794). — Décret relatif aux notaires démissionnaires, suspendus ou destitués, faute d'avoir produit un certificat de civisme. (B. 47, 118.)

Les notaires qui, depuis la loi du 29 septembre = 6 octobre 1791, ayant continué leurs fonctions, ont été suspendus ou destitués faute d'avoir produit, dans le délai prescrit, le certificat de civisme exigé par la loi; ceux qui, n'ayant pu l'obtenir, ont donné leur démission pour ne pas encourir la peine de suspicion, et qui néanmoins l'ont produit depuis ou le produiront à l'avenir, seront immédiatement réintégrés dans leurs fonctions.

Le présent décret sera publié dans le Bulletin des Lois.

---

19 VENDÉMIAIRE an 3 (10 octobre 1794). — Décret portant établissement d'un conservatoire des arts et métiers. (B. 47, 116; Mon. du 22 vendémiaire an 3, Rap. Grégoire.)

Art. 1er. Il sera formé à Paris, sous le nom de *Conservatoire des arts et métiers*, et sous l'inspection de la commission d'agriculture et des arts, un dépôt de machines, modèles, outils, dessins, descriptions et livres dans tous les genres d'arts et métiers. L'original des instrumens et machines inventés ou perfectionnés sera déposé au Conservatoire.

2. On expliquera la construction et l'emploi des outils et machines utiles aux arts et métiers.

3. La commission d'agriculture et des arts, sous l'autorisation du comité avec lequel elle est en relation, transmettra partout, quand elle le jugera utile à la République, tous les moyens de perfectionner les arts et métiers, par l'envoi de descriptions, dessins, et même par des modèles.

4. Le Conservatoire des arts et métiers sera composé de trois démonstrateurs et d'un dessinateur.

5. Les membres du Conservatoire des arts et métiers seront nommés par la Convention nationale, sur la présentation du comité d'agriculture et des arts.

6. Il sera attribué à chacun une indemnité annuelle de quatre mille livres.

7. Les dépenses de cet établissement seront prises sur les sommes qui sont mises à la disposition de la commission d'agriculture et des arts.

8. Les membres du Conservatoire présenteront à la commission d'agriculture et des arts un projet de réglement pour la discipline intérieure et l'ouverture de cet établissement : ce réglement sera soumis à l'approbation définitive du comité d'agriculture et des arts.

9. La commission d'agriculture et des arts et celle d'instruction publique feront rédiger au plus tôt et publier les découvertes consignées dans les rapports du bureau de consultation des arts, du lycée des arts, dans les manuscrits de la ci-devant académie des sciences, dans les cartons de l'ancienne administration de commerce, et dans les divers ouvrages qui offriront pour cet objet des matériaux utiles.

10. Le comité d'agriculture et des arts se concertera avec celui des finances pour le choix du local où sera placé le Conservatoire des arts et métiers.

11. La commission d'agriculture et des arts est chargée de prendre au plus tôt les mesures nécessaires pour l'exécution du présent décret.

---

19 VENDÉMIAIRE an 3 (10 octobre 1794). — Décret qui ordonne la continuation de la vente des immeubles nationaux. (B. 47, 120.)

Art. 1er. La vente des immeubles nationaux, suspendue par arrêté du comité de salut public du 10 messidor, sera continuée.

2. Le bureau des domaines de Paris ne pourra faire procéder à la vente d'aucun immeuble que d'après un avis de la commission des artistes préposés pour la division de Paris, confirmé par un arrêté du comité des finances.

---

19 VENDÉMIAIRE an 3 (10 octobre 1794). — Décrets qui déclarent que les armées de Sambre-et-Meuse et du Nord ne cessent de bien mériter de la patrie. (1, Bull. 71, n° 377; B. 47, 115 et 117.)

---

19 VENDÉMIAIRE an 3 (10 octobre 1794). — Décret qui nomme les représentans du peuple Trulard et Rougemont commissaires à l'établissement de Meudon. (1, Bull. 75, n° 396; B. 47, 117.)

---

19 VENDÉMIAIRE an 3 (10 octobre 1794). — Décret qui met en liberté P. Gerardin. (B. 47, 112.)

---

19 VENDÉMIAIRE an 3 (10 octobre 1794). — Décret qui ordonne de former, dans le tribunal criminel du département du Nord, une section pour juger les individus compris dans le décret de mise hors de la loi du 7 septembre 1793. (B. 47, 118.)

---

19 VENDÉMIAIRE an 3 (10 octobre 1794). — Décrets relatifs aux déclarations de pourvoi et aux requêtes en cassation. (B. 47, 113.)

---

19 VENDÉMIAIRE an 3 (10 octobre 1794). — Décret qui ordonne la réorganisation de la commune de Livry. (B. 47, 119.)

---

19 VENDÉMIAIRE an 3 (10 octobre 1794). — Décret concernant la taxe révolutionnaire imposée sur le département de l'Aveyron. (B. 47, 109.)

---

19 VENDÉMIAIRE an 3 (10 octobre 1794). — Décret concernant la réception des cendres de J.-J. Rousseau. (B. 47, 110.)

---

19 VENDÉMIAIRE an 3 (10 octobre 1794). — Décret qui renvoie au comité de législation la demande tendant à la levée des séquestres mis sur les biens des détenus. (B. 47, 109.)

---

19 VENDÉMIAIRE an 3 (10 octobre 1794). — Décret qui accorde des secours. (B. 47, 110.)

---

19 VENDÉMIAIRE an 3 (10 octobre 1794). — Décret relatif à la demande en liberté de Théophile Duvernet et de la veuve Dubosc. (B. 47, 114 et 115.)

---

20 VENDÉMIAIRE an 3 (11 octobre 1794). — Décret qui renvoie au comité de législation la demande en sursis d'un jugement rendu contre Anatolle Gros. (B. 47, 120.)

---

20 VENDÉMIAIRE an 3 (11 octobre 1794). — Décret portant que les administrateurs du département de Paris accompagneront le cortège qui doit déposer au Panthéon les cendres de J.-J. Rousseau. (B. 47, 120.)

---

21 VENDÉMIAIRE an 3 (12 octobre 1794). — Décret qui exclut des fonctions publiques ceux qui, ayant fait faillite, ne se sont pas libérés. (B. 47, 121.)

La Convention nationale décrète que ceux qui, ayant fait faillite, ne se sont pas complétement libérés avec leurs créanciers, ne peuvent exercer aucune fonction publique.

---

21 VENDÉMIAIRE an 3 (12 octobre 1794). — Décret relatif aux femmes gardiennes de scellés, et à la levée de ceux apposés sur les meubles et effets des émigrés, déportés, condamnés ou détenus. (B. 47, 122.)

La Convention nationale décrète :

Art. 1er. Les dispositions du décret du 6 du présent, portant que les femmes ne peuvent pas être gardiennes de scellés, ne s'appliquent qu'aux scellés mis sur les effets et meubles appartenant à la nation.

2. Le bureau des domaines nationaux de Paris et les corps administratifs, chacun en ce qui le concerne, sont tenus de faire lever, dans le délai de deux décades, sous peine de supporter les frais de garde, tous les scellés qui ont été ou seront apposés sur les meubles et effets des émigrés, déportés, condamnés ou detenus, pour lesdits effets ou meubles être vendus ou inventoriés.

---

21 VENDÉMIAIRE an 3 (12 octobre 1794). — Décret qui renvoie aux trois comités réunis la demande tendant à ce qu'il soit fait une loi pour assurer la liberté des opinions dans les assemblées du peuple. (B. 47, 121.)

---

21 VENDÉMIAIRE an 3 (12 octobre 1794). — Décret relatif à une pétition de la municipalité de Turckheim. (B, 47, 121.)

---

21 VENDÉMIAIRE an 3 (12 octobre 1794). — Décret qui prolonge le congé du citoyen Guillerault. (B. 47, 122.)

---

22 VENDÉMIAIRE an 3 (13 octobre 1794). — Décrets relatifs à l'érection d'un monument à J.-J. Rousseau dans la commune d'Emile, et au dépôt à la Bibliothèque nationale des manuscrits qui ont servi à la dernière édition de ses œuvres. (B. 47, 128.)

---

22 VENDÉMIAIRE an 3 (13 octobre 1794). — Décret relatif à la levée des scellés et à l'inventaire des effets appartenant à Héron et Pijaud. (B. 47, 130.)

---

22 VENDÉMIAIRE an 3 (13 octobre 1794). — Décret portant que le représentant du peuple Boisset se rendra dans le département de l'Allier. (1, Bull. 72, n° 386 ; B. 47, 129.)

---

22 VENDÉMIAIRE an 3 (13 octobre 1794). — Décret relatif au procès des membres du ci-devant comité révolutionnaire de Nantes. (B. 47, 127.)

---

22 VENDÉMIAIRE an 3 (13 octobre 1794). — Décret qui accorde un congé au représentant du peuple Pflieger. (B. 47, 122.)

---

22 VENDÉMIAIRE an 3 (13 octobre 1794). — Décrets qui accordent des secours. (B. 47, 123, 124, 125, 126, 127.)

---

22 VENDÉMIAIRE an 3 (13 octobre 1794). — Décret relatif au rapport à faire sur les députés détenus, et au citoyen André Juliard. (B. 47, 128.)

22 VENDÉMIAIRE an 3 (13 octobre 1794). — Décret qui ordonne l'arrestation et la traduction au tribunal révolutionnaire de l'adjudant-général Lefaivre, et de ceux qui ont exécuté ses ordres pour noyer quarante personnes à Paimbœuf. (B. 47, 128.)

22 VENDÉMIAIRE an 3 (13 octobre 1794). — Décret relatif au rapport à faire par les trois comités réunis sur les soixante-treize députés détenus, et sur ceux du département de la Haute-Vienne. (B. 47, 129.)

23 VENDÉMIAIRE an 3 (14 octobre 1794). — Décret relatif aux militaires employés dans une arme, présentés pour passer dans une autre. (B. 47, 143.)

23 VENDÉMIAIRE an 3 (14 octobre 1794). — Décret qui approuve la conduite du représentant Boisset, relativement à la société populaire de Montluel. (B. 47, 134.)

23 VENDÉMIAIRE an 3 (14 octobre 1794). — Décret qui accorde un secours de 78.582 livres pour les incendiés de la maison de l'Unité. (B. 47, 145.)

23 VENDÉMIAIRE an 3 (14 octobre 1794). — Décret sur les mesures à prendre pour faciliter à tous les citoyens les moyens de parvenir, sans retard et sans confusion, dans les bureaux des commissions et agences. (B. 47, 130.)

23 VENDÉMIAIRE an 3 (14 octobre 1794). — Décret qui surseoit à l'exécution du jugement à mort prononcé contre la veuve Bonchamp. (B. 47, 131.)

23 VENDÉMIAIRE an 3 (14 octobre 1794). — Décret qui rapporte celui qui accordait un congé au représentant du peuple Escudier. (B. 47, 131.)

23 VENDÉMIAIRE an 3 (14 octobre 1794). — Décrets qui accordent des secours à divers. (B. 47, 131, 132, 143, 144.)

23 VENDÉMIAIRE an 3 (14 octobre 1794). — Décret relatif au bulletin de la Convention. (B. 47, 134.)

23 VENDÉMIAIRE an 3 (14 octobre 1794). — Décret portant que les pétitionnaires ne seront entendus que jusqu'à deux heures. (B. 47, 134.)

23 VENDÉMIAIRE an 3 (14 octobre 1794). — Décret portant que les représentans du peuple Villers et Desrues se rendront à Brest et à Lorient. (B. 47, 135.)

23 VENDÉMIAIRE an 3 (14 octobre 1794). — Décrets sur les mesures à prendre pour utiliser et répartir tous les objets de première nécessité qui sont emmagasinés ou dans le voisinage des armées. (B. 47, 142.)

23 VENDÉMIAIRE an 3 (14 octobre 1794). — Décret relatif à l'erreur qui s'est glissée dans la rédaction des noms de Jouennault et Nouneron. (B. 47, 143.)

24 VENDÉMIAIRE an 3 (15 octobre 1794). — Décret sur l'incompatibilité des fonctions administratives et judiciaires. (B. 47, 149; Mon. du 27 vendémiaire an 3, Rap. Garan.)

TITRE Ier. Incompatibilité des fonctions administratives et judiciaires.

Art. 1er. Les membres du tribunal de cassation, les juges des tribunaux criminels de département, les accusateurs publics de ces tribunaux et leurs substituts, les juges des tribunaux de district, les commissaires nationaux auprès de ces tribunaux, les juges des tribunaux de commerce, les juges-de-paix et leurs assesseurs, les membres des bureaux de paix et de conciliation, les greffiers de ces divers établissemens et tribunaux, ne pourront être membres des directoires de département et de district, officiers municipaux, présidens, agens nationaux, ou greffiers de ces diverses administrations.

2. Ils ne pourront non plus être notaires publics, membres des administrations forestières, receveurs de district ou de l'enregistrement, employés dans le service des douanes, postes et messageries, ni remplir des fonctions publiques sujettes à comptabilité pécuniaire.

3. Cette incompatibilité cessera néanmoins pour les assesseurs des juges-de-paix, quant aux places d'officiers municipaux, dans les communes dont la population est au-dessous de quatre mille ames.

4. Les présidens et vice-présidens, les juges, l'accusateur public et ses substituts, les jurés auprès du tribunal révolutionnaire, ne pourront remplir d'autres fonctions publiques, tant qu'ils seront attachés à ce tribunal; ils seront provisoirement remplacés par d'autres citoyens dans l'exercice de ces fonctions, qu'ils reprendront après que leur service au tribunal révolutionnaire aura cessé, conformément à la disposition de la loi du 27 mars 1793, article 1er.

TITRE II. De l'incompatibilité des diverses fonctions administratives entre elles.

Art. 1er. Aucun citoyen ne pourra exercer ni concourir à l'exercice d'une autorité chargée de la surveillance médiate ou immédiate des fonctions qu'il exerce dans une autre qualité.

2. En conséquence, les membres des administrations de département et de district, ceux des municipalités, les agens nationaux

et les greffiers de l'une et l'autre de ces administrations, ne pourront cumuler des fonctions diverses dans l'une ou l'autre de ces administrations.

3. Ils ne pourront non plus être receveurs de district ou du droit d'enregistrement, membres des administrations forestières, employés dans le service des douanes, postes et messageries, ni remplir d'autres fonctions publiques sujettes à comptabilité pécuniaire.

4. La même exclusion aura lieu pour les officiers chargés de constater l'état civil des citoyens, et pour les membres des comités civils ou de bienfaisance des sections de la commune de Paris.

5. Il y a incompatibilité entre les fonctions de notaire public et celles de membre de directoire de district et de département, ou d'agens nationaux et de greffiers de l'une et l'autre de ces administrations.

TITRE III. De l'incompatibilité des diverses fonctions judiciaires entre elles.

Les membres du tribunal de cassation, les juges et accusateurs publics des tribunaux criminels des départemens, les juges et commissaires nationaux des tribunaux de district, les juges des tribunaux de commerce, les juges-de-paix et leurs assesseurs, les greffiers de ces divers tribunaux et leurs commis salariés par la République, ne pourront cumuler avec leurs fonctions celles attachées à quelques-unes des autres places énoncées dans le présent article.

TITRE IV. Dispositions générales.

Art. 1er. Les instituteurs salariés par la nation et les membres des comités révolutionnaires ne pourront cumuler avec ces fonctions aucune autre fonction publique.

2. Les fonctionnaires publics qui réuniraient actuellement des fonctions incompatibles, seront tenus de faire leur option dans le délai d'une décade après la publication de la présente loi par la voie du Bulletin, à peine d'être destitués des unes et des autres après ce délai expiré.

3. Ceux qui seraient appelés à l'avenir à remplir des fonctions incompatibles avec celles qu'ils exerceraient déjà seront pareillement tenus, sous la même peine, de faire leur option dans la décade qui suivra la notification qui leur sera faite du nouveau choix qui aura eu lieu en leur faveur.

4. Les suppléans des tribunaux ne seront néanmoins tenus de faire leur option entre les autres fonctions qu'ils pourraient remplir et celles de juges, que lorsqu'ils seront appelés définitivement aux fonctions de juges par la mort ou la destitution de ceux qu'ils étaient appelés à remplacer (1).

5. Il est dérogé, par le présent décret, aux dispositions contraires des lois précédentes sur les incompatibilités.

---

24 VENDÉMIAIRE an 3 (15 octobre 1794). — Décret relatif aux mémoires sur les opérations maritimes et sur les moyens de faire prospérer la navigation et la pêche. (B. 47, 156 ; Mon. du 27 vendémiaire an 3.)

Art. 1er. Les corps administratifs et municipaux établis dans les communes maritimes de la République sont tenus d'adresser, sous trois décades, au comité de marine et des colonies, des mémoires sur les opérations maritimes qui y ont lieu ; sur les facilités que les établissemens actuels offrent pour la pêche, la navigation, la construction, l'armement et l'équipement des navires ; sur le nombre et l'instruction des gens de mer, et sur les moyens qui peuvent être proposés d'établir, d'accroître et de faire prospérer les diverses institutions relatives à la marine.

Ces mémoires contiendront encore des observations sur les établissemens maritimes qui pourraient être formés pour la sûreté et la protection de la navigation et de la pêche.

2. Les citoyens instruits de la théorie et de la pratique de la pêche, de la navigation, du commerce, des arts et des sciences maritimes, et en particulier les sociétés populaires, sont invités à adresser, sous le plus court délai, au comité de marine et des colonies, leurs vues, plans et projets sur tous les objets désignés en l'article 1er, et sur la composition matérielle et l'organisation personnelle de la marine de la République.

3. Le comité de marine et des colonies est autorisé à appeler auprès de lui quelques armateurs ou négocians des principales communes maritimes de la République, quelques navigateurs de commerce et quelques officiers civils ou militaires de la marine, choisis entre les plus intelligens de ceux dont le dévouement à la cause du peuple a été le plus prononcé, afin de discuter les principaux points de la législation relatifs à la marine, et de donner leur opinion sur les diverses questions qui leur seront soumises par le comité.

Il est autorisé à leur accorder une juste indemnité pour leur déplacement et leur séjour à Paris, et à employer cette dépense dans l'état qui est formé, chaque mois, de celles relatives à ses bureaux.

---

(1) Les fonctions de commissaires de police ne sont pas incompatibles avec celles de suppléant de juge ; elles ne le sont qu'alors que le suppléant devient juge par la mort, la démission ou la destitution de l'un des juges qu'il était appelé à suppléer (2 juin 1807 ; Cass. S. 7, 2, 142)

Le comité fera imprimer et distribuer le tableau indicatif des citoyens appelés à concourir, ainsi qu'il est dit ci-dessus, aux travaux préparatoires de la législation de la marine.

4. Le comité de marine et des colonies est tenu de présenter le résultat de son travail sur la législation et l'organisation de la marine, sous trois mois.

5. Le présent décret sera inséré au bulletin de correspondance; le rapport qui le précède sera imprimé et distribué.

---

24 VENDÉMIAIRE an 3 (15 octobre 1794). — Décret qui annule tous jugemens rendus à raison du transport, sans acquit-à-caution, des grains appartenant à des propriétaires, ou reçus pour prix de travaux. (B. 47, 152)

La Convention nationale, après avoir entendu le rapport de son comité de législation sur la lettre de la commission des administrations civiles, police et tribunaux, dans laquelle elle expose que trois moissonneurs de la commune d'Ingrande se sont plaints de ce que, retournant chez eux après la moisson et emmenant trois quintaux de grains qui étaient le prix de leur travail, leurs grains, la voiture et les chevaux qui les transportaient ont été confisqués, sous le prétexte qu'ils n'avaient point d'acquit-à-caution;

Considérant qu'un grand nombre de plaintes ont été déjà portées sur le même objet, et qu'elle a déjà décidé qu'elle n'avait pas voulu assujétir à la formalité de l'acquit-à-caution les cultivateurs et les propriétaires, à raison du transport des grains qu'ils se partagent après la récolte et qu'ils conduisent dans leur domicile, non plus que les moissonneurs ou les batteurs qui emportent des grains qu'on leur a donnés pour salaire de leurs travaux, décrète :

Art. 1er. Sont déclarés nuls et comme non avenus tous jugemens qui auraient été rendus contre des propriétaires ou cultivateurs, à raison du transport qu'ils auraient fait des grains provenant de leurs fonds après la récolte, ou contre des ouvriers batteurs ou moissonneurs, pour avoir emmené des grains qui leur ont été cédés pour prix de leurs travaux, sous le prétexte qu'ils n'étaient pas munis d'acquit-à-caution pour les transporter dans leur domicile.

2. Les grains, chevaux et voitures qui auront été confisqués en vertu de ces jugemens, ou leur valeur, s'ils ont été vendus, et l'amende, si elle a été payée, seront restitués à ceux qui auront essuyé ces condamnations.

3. Le présent décret sera inséré au bulletin de correspondance.

---

24 VENDÉMIAIRE an 3 (15 octobre 1794). — Décret relatif aux poursuites en divorce contre un émigré ou un absent. (B. 47, 153.)

La Convention nationale décrète que celui qui, poursuivant le divorce, établira, par un acte authentique ou de notoriété publique, que son époux est émigré ou qu'il est résidant en pays étranger ou dans les colonies, sera dispensé de l'assigner au dernier domicile, et le divorce sera prononcé sans aucune citation (1).

---

24 VENDÉMIAIRE an 3 (15 octobre 1794). — Décret qui accorde des secours aux patriotes réfugiés dans les départamens de l'Ouest. (B. 47, 157.)

---

24 VENDÉMIAIRE an 3 (15 octobre 1794). — Décret portant qu'il sera fait un rapport contre la calomnie. (B. 47, 149.)

---

24 VENDÉMIAIRE an 3 (15 octobre 1794). — Décret relatif au compte à rendre de la distribution des secours accordés aux défenseurs de la patrie. (B. 47, 152.)

---

24 VENDÉMIAIRE an 3 (15 octobre 1794). — Décret relatif au citoyen Charlemagne Grinchon. (B. 47, 153.)

---

24 VENDÉMIAIRE an 3 (15 octobre 1794). — Décret qui accorde des pensions aux veuves des citoyens morts en défendant la patrie. (B. 47, 155.)

---

24 VENDÉMIAIRE an 3 (15 octobre 1794). — Décret relatif à la papeterie de Buges. (B. 47, 154.)

---

25 VENDÉMIAIRE an 3 (16 octobre 1794). — Décret qui défend toutes affiliations, agrégations, fédérations, ainsi que toutes correspondances en nom collectif entre sociétés. (B. 47, 160; Mon. du 26 vendémiaire an 3.)

Art. 1er Toutes affiliations, agrégations, fédérations, ainsi que toutes correspondances en nom collectif entre sociétés, sous quelque dénomination qu'elles existent, sont défendues comme subversives du Gouvernement, et contraires à l'unité de la République.

2. Aucunes pétitions ou adresses ne peuvent être faites en nom collectif; elles doivent être individuellement signées.

3. Il est défendu aux autorités constituées de statuer sur les adresses ou pétitions faites en nom collectif.

---

(1) Le mariage d'un émigré (actuellement en France) a pu être dissous sans citation préalable (5 thermidor an 12; Cass. S. 5, 1, 46).

4. Ceux qui signeront, comme présidens ou secrétaires, des adresses ou pétitions faites en nom collectif, seront arrêtés et détenus comme suspects.

5. Chaque société dressera, immédiatement après la publication du présent décret, le tableau de tous les membres qui la composent.

Ce tableau indiquera les noms et prénoms de chacun des membres, son âge, le lieu de sa naissance, sa profession et demeure avant et depuis le 14 juillet 1789, et la date de son admission dans la société.

6. Copie de ce tableau sera, dans les deux décades qui suivront la publication du présent décret, adressée à l'agent national du district.

7. Il en sera, dans le même délai, adressé une autre copie à l'agent national de la commune dans laquelle chaque société est établie; cette copie sera et demeurera affichée dans le lieu des séances de la municipalité.

8. A Paris, l'envoi prescrit par l'article précédent sera fait à l'agent national près la commission de police administrative; et l'affiche ordonnée par le même article aura lieu dans la salle des séances de cette commission.

9. La formation, l'envoi et l'affiche des tableaux ordonnés par les trois articles précédens seront renouvelés dans les deux premières décades de nivose prochain, et ensuite de trois mois en trois mois.

10. Tout contrevenant à une disposition quelconque du présent décret sera arrêté et détenu comme suspect.

---

25 VENDÉMIAIRE an 3 (16 octobre 1794). — Décret qui autorise tout particulier à conduire et faire conduire librement les voyageurs, les ballots, paquets et marchandises. (B. 47, 158; Mon. du 28 vendémiaire an 3, Rap. Bodin.)

Voy. lois du 26 AOUT 1790 et du 9 VENDÉMIAIRE an 6, tit. VII.

Art. 1er. La partie de l'article 2 de la troisième section de la loi du 26 = 29 août 1790, qui défend à tout particulier ou compagnies, autres que les fermiers généraux des messageries, coches et voitures d'eau, d'annoncer des départs à jours et heures fixes, ni d'établir des relais, non plus que de se charger de reprendre et conduire des voyageurs qui arriveraient en voitures suspendues, si ce n'est d'après un intervalle du jour au lendemain entre l'époque de l'arrivée desdits voyageurs et celle de leur départ, est rapportée, ainsi que l'article 3 de la même section en son entier.

2. En conséquence, tout particulier est autorisé à conduire ou faire conduire librement les voyageurs, ballots, paquets, marchandises, ainsi et de la manière que les voyageurs, expéditionnaires et voituriers conviendront entre eux, sans qu'ils puissent être troublés ni inquiétés pour quelque motif et sous quelque prétexte que ce soit.

3. Les entrepreneurs de voitures libres ne pourront se prévaloir des autres dispositions des différentes lois relatives aux messageries nationales.

4. Toute procédure commencée, tout jugement rendu et non exécuté contre des entrepreneurs de messageries particulières, pour contravention aux articles de la loi du 26 = 29 août 1790 ci-dessus rapportés, sont annulés.

---

25 VENDÉMIAIRE an 3 (16 octobre 1794). — Décret qui prescrit les justifications à faire par les comptables propriétaires d'inscriptions sur le grand-livre, pour recevoir leur paiement annuel. (1, Bull. 74, n° 395.)

---

25 VENDÉMIAIRE an 3 (16 octobre 1794). — Décret relatif au projet de jonction de la Sambre à l'Oise. (B. 47, 157.)

---

25 VENDÉMIAIRE an 3 (16 octobre 1794). — Décret relatif à des domestiques de feu Ménage Pressigny et autres. (B. 47, 158.)

---

25 VENDÉMIAIRE an 3 (16 octobre 1794). — Décret relatif aux demandes en secours faites par les déportés de Saint-Domingue et autres. (B. 47, 158.)

---

25 VENDÉMIAIRE an 3 (16 octobre 1794). — Décret relatif au mémoire du lycée des arts sur l'alcali que l'on peut retirer du lilas, des marrons d'Inde et autres substances végétales. (B. 47, 160.)

---

25 VENDÉMIAIRE an 3 (16 octobre 1794) — Décret relatif à la demande faite par Maillié. (B. 47, 159.)

---

26 VENDÉMIAIRE an 3 (17 octobre 1794). — Décret relatif à l'encouragement de l'importation des matières premières propres à l'aliment des fabriques. (B. 47, 162; Mon. du 29 vendémiaire an 3.)

Art. 1er. Tout citoyen dont l'industrie et les relations tendent à vivifier le commerce et les manufactures, ou à introduire dans la République des matières propres à les alimenter, mérite bien de la patrie.

2. Le droit de réquisition et de préemption ne pourra être exercé sur les matières premières que les fabricans justifieront avoir fait venir de l'étranger pour l'aliment de leurs fabriques.

---

26 VENDÉMIAIRE an 3 (17 octobre 1794). — Décret relatif à la taxation accordée aux collecteurs pour la levée de la taille, en 1789, dans

les anciens gouvernemens d'Ardres et de Calais. (B. 47, 162.)

---

26 VENDÉMIAIRE an 3 (17 octobre 1794).— Décret qui ordonne d'inscrire le citoyen Lagrange au grand-livre de la dette publique viagère, pour une somme de 6,000 liv. (B. 47, 163.)

---

26 VENDÉMIAIRE an 3 (17 octobre 1794).—Décret qui nomme les membres de la commission de police administrative de la commune de Paris. (1, Bull. 74, n° 394; B. 47, 168.)

---

26 VENDÉMIAIRE an 3 (17 octobre 1794).—Décret qui envoie près les armées du Nord et de Sambre-et-Meuse les représentans du peuple Portiez (de l'Oise) et Joubert (de l'Hérault). (1, Bull. 80, n° 418; B. 47, 174.)

---

26 VENDÉMIAIRE an 3 (17 octobre 1794).—Décret portant que Paul Olavide, dit Pilos, sera considéré comme citoyen français. (B. 47, 163.)

---

26 VENDÉMIAIRE an 3 (17 octobre 1794). — Décret qui accepte le don de la pension de l'ex-curé Bobon. (B. 47, 163.)

---

26 VENDÉMIAIRE an 3 (17 octobre 1794).—Décret qui adjuge aux citoyens Beaulaton, Albert fils et Talon, les bâtimens dépendant de l'hôpital général de Riom. (B 47, 166.)

---

26 VENDÉMIAIRE an 3 (17 octobre 1794).— Décret relatif aux secours accordés aux jeunes Irlandais du ci-devant séminaire de Toulouse. (B. 47, 170.)

---

26 VENDÉMIAIRE an 3 (17 octobre 1794). — Décret qui confirme la vente de la ferme du Vieux-Quem au citoyen Elluin. (B. 47, 172.)

---

26 VENDÉMIAIRE an 3 (17 octobre 1794). — Décret de liquidation de différentes créances sur le ci-devant clergé, pays d'états, etc. (B. 47, 174.)

---

26 VENDÉMIAIRE an 3 (17 octobre 1794).— Décret relatif aux citoyens compris dans l'état des dons patriotiques fournis par le directeur général de la liquidation. (B. 47, 168.)

---

26 VENDÉMIAIRE an 3 (17 octobre 1794).— Décret relatif à l'examen et au jugement des réclamations relatives à l'emprunt forcé. (B. 47, 170.)

---

26 VENDÉMIAIRE an 3 (17 octobre 1794).— Décret qui prescrit les justifications à faire par les comptables propriétaires d'inscriptions sur le grand-livre, pour recevoir leur paiement annuel. (B. 47, 171.)

---

26 VENDÉMIAIRE an 3 (17 octobre 1794).—Décret de renvoi au comité de législation relatif aux citoyens qui, obligés de se tenir cachés, ont été portés sur la liste des émigrés. (B. 47, 161.)

---

26 VENDÉMIAIRE an 3 (17 octobre 1794). — Décret qui accorde un congé au citoyen Ferry. (B. 47, 163.)

---

26 VENDÉMIAIRE an 3 (17 octobre 1794).— Décrets qui accordent six cent quatre livres aux gendarmes Nicolas, Charpentier et Claude Laporte, et des secours à divers. (B. 47, 164 et 165.)

---

26 VENDÉMIAIRE an 3 (17 octobre 1794). — Décret qui autorise les représentans du peuple à faire imprimer, aux frais du Trésor public, les vues d'améliorations pour l'agriculture et les arts. (B. 47, 171.)

---

26 VENDÉMIAIRE an 3 (17 octobre 1794).—Décret portant que le représentant du peuple Lamare restera chez lui sans garde. (B. 47, 171.)

---

26 VENDÉMIAIRE an 3 (17 octobre 1794).— Décrets portant qu'il sera fait un rapport sur l'indemnité provisoire à accorder à Charles Messier, et que le représentant du peuple Blavies sera transféré dans son appartement. (B. 47, 172.)

---

26 VENDÉMIAIRE an 3 (17 octobre 1794).— Décrets qui accordent des secours à divers, et un congé au citoyen Teiller. (B. 47, 173.)

---

27 VENDÉMIAIRE an 3 (18 octobre 1794).— Décret qui accorde des secours aux réfugiés des départemens et possessions françaises envahis par les ennemis de la France. (B. 47, 180; Mon. du 1er brumaire an 3, Rap. Meunau.)

Voy. loi du 7 NIVOSE an 3.

Art. 1er. Les citoyens réfugiés des départemens envahis par les brigands et autres ennemis de la République; ceux des îles du Vent, sous le Vent, déportés, et les Corses, ainsi que ceux de tous les établissemens français en-deçà ou au-delà du cap de Bonne-Espérance, soit en Afrique, soit en Asie, ont droit à un secours.

2. Ce secours sera distribué suivant les bases ci-après déterminées.

3. Les réfugiés et déportés âgés de moins de soixante ans recevront le secours de soixante-quinze livres par mois; les femmes et les enfans au-dessus de douze ans recevront les deux tiers de cette somme; les enfans au-dessous de cet âge ne recevront que le tiers.

4. Les réfugiés ou déportés âgés de plus de soixante ans recevront trois livres par jour, et les femmes du même âge quarante sous.

5. Les déportés ou réfugiés qui, ayant exercé un état ou profession quelconque, ne l'exerceront pas dans le lieu ou ils se seront retirés, quoiqu'on leur en fournisse l'occasion, ne recevront pas les secours dont il est parlé dans les articles précédens. Les agens nationaux des municipalités veilleront à la stricte exécution de la présente disposition.

6. Les déportés ou réfugiés qui travailleront ou seront employés suivant leur état ou profession conserveront le tiers des secours accordés par les articles précédens.

7. Ces secours cesseront d'être payés aux réfugiés ou déportés dès l'instant où ils pourront rentrer dans leurs foyers.

8. La commission des secours publics prendra sur les vingt millions mis à sa disposition par la loi du 24 messidor, et fera verser sans délai dans la caisse des receveurs des districts, et ceux-ci feront remettre aux municipalités que les réfugiés ou déportés auront choisies pour leur séjour, les fonds nécessaires pour fournir aux dépenses déterminées par la présente loi.

9. Les municipalités seront tenues d'envoyer exactement au directoire de leur district un état très-détaillé du nombre des réfugiés ou déportés sur leur territoire, de leur état et profession, de leur âge et de leur sexe; le tout sous leur responsabilité.

10. La commission des secours publics fournira, chaque décade, deux états en règle des fonds qu'elle aura envoyés, l'un au comité des secours publics, et l'autre à la Trésorerie nationale.

11. Les agens nationaux provisoires près les districts surveilleront l'exécution de la présente loi.

12. Les directoires de district recevront et prononceront provisoirement sur les réclamations qui pourront être faites par les réfugiés ou déportés, sur l'inexécution de la loi; ils enverront de suite leur décision motivée à la commission exécutive, qui en fera son rapport au comité des secours publics.

Articles additionnels. Art. 1er. Indépendamment du secours accordé par le présent décret, il sera payé à chaque déporté ou réfugié la somme de cent cinquante livres, imputable sur l'indemnité à laquelle a droit tout citoyen français qui a souffert de l'invasion de l'ennemi, conformément au décret du 14 août 1793.

2. Les réfugiés ou déportés recevront les secours depuis l'époque où le paiement en a été arrêté, suivant le mode établi par la présente loi.

L'insertion de la présente loi au bulletin de correspondance tiendra lieu de publication.

---

27 VENDÉMIAIRE an 3 (18 octobre 1794). — Décret qui fixe l'indemnité à accorder aux troupes de terre et de mer dont les équipages ont été pris dans les colonies françaises. (B. 47, 186.)

Art. 1er. L'indemnité accordée, par la loi du 7 mai 1793, aux militaires employés dans les armées de la République dont les équipages de guerre auront été pris par les ennemis, sera portée à un tiers en sus pour les troupes de terre et de mer dont les équipages auront été pris dans les colonies françaises.

2. En ce cas, le délai fixé par la loi du 4 germinal dernier, pour faire les réclamations, ne courra qu'à compter du retour des réclamans en France, légalement constaté.

3. Les citoyens Laroque Montel, chef de bataillon; Forestier, capitaine, et Virgile, lieutenant au premier bataillon du 31e régiment d'infanterie, qui ont perdu leurs équipages à Tabago, ont été faits prisonniers, et, après leur échange, ont été détenus en France, recevront l'indemnité de la perte de leurs équipages ainsi qu'elle est fixée par le présent décret, nonobstant le délai qui s'est écoulé depuis la perte qu'ils ont faite.

---

27 VENDÉMIAIRE an 3 (18 octobre 1794). — Décret sur le théâtre des Arts. (B. 47, 183.)

---

27 VENDÉMIAIRE an 3 (18 octobre 1794). — Décret qui admet comme représentant le citoyen Vaugeois. (B. 47, 179.)

---

27 VENDÉMIAIRE an 3 (18 octobre 1794). — Décret qui rappelle à la Convention le représentant Mallarmé. (B. 47, 182.)

---

27 VENDÉMIAIRE an 3 (18 octobre 1794). — Décret qui réunit une partie de la commune de Sane-la-Vie à la portion qui faisait partie du district de Louhans. (B. 47, 182.)

---

27 VENDÉMIAIRE an 3 (18 octobre 1794). — Décret qui charge le représentant Loysel d'organiser les comités révolutionnaires dans le département de la Moselle. (B. 47, 182.)

---

27 VENDÉMIAIRE an 3 (18 octobre 1794). — Décret qui improuve et annule les délibérations prises par la société populaire d'Autun sur l'emprunt forcé. (B. 47, 183.)

---

27 VENDÉMIAIRE an 3 (18 octobre 1794). — Décret sur le plan de la fête des Victoires. (B. 47, 184.)

---

27 VENDÉMIAIRE an 3 (18 octobre 1794). — Décret qui ordonne de rayer F. Decoure-Thomazeau de la liste des émigrés. (B. 47, 186.)

27 VENDÉMIAIRE an 3 (18 octobre 1794). — Décret relatif à des particuliers condamnés pour avoir attesté et signé de faux certificats de résidence. (B. 47, 187.)

27 VENDÉMIAIRE an 3 (18 octobre 1794). — Décret relatif à l'envoi au tribunal révolutionnaire de toutes les pièces relatives au citoyen Pottofeux. (B. 47, 179.)

27 VENDÉMIAIRE an 3 (18 octobre 1794). — Décrets qui accordent des secours. (B. 47, 183.)

27 VENDÉMIAIRE an 3 (18 octobre 1794). — Décret portant que le représentant Boham sortira sur-le-champ, sans garde, de la maison des Carmes, où il est détenu. (B. 47, 187.)

27 VENDÉMIAIRE an 3 (18 octobre 1794). — Décret relatif à la pétition du citoyen Dendon, du citoyen Cheviron père. (B. 47, 187 et 189.)

27 VENDÉMIAIRE an 3 (18 octobre 1794). — Décret qui sursoit à l'exécution du jugement du tribunal criminel du département de l'Orne, et annule celui rendu contre le citoyen Adam. (B. 47, 188.)

28 VENDÉMIAIRE an 3 (19 octobre 1794). — Décret qui excepte du séquestre les biens des Français absens avant le 1er juillet 1789, dont la jouissance avait été antérieurement accordée à leurs héritiers. (B. 47, 197.)

Les biens des Français absens du territoire de la République avant le 1er juillet 1789, dont la jouissance avait été accordée, antérieurement à cette époque, à leurs héritiers ou ayant-droit, ne sont pas compris dans les dispositions de la loi du 11 brumaire, qui ordonne le séquestre des biens des Français qui, sortis de la République avant le 1er juillet 1789, n'étaient pas rentrés le 11 brumaire.

28 VENDÉMIAIRE an 3 (19 octobre 1794). — Décrets relatifs à la pétition du citoyen Treuttel, à des manuscrits de J.-J. Rousseau, et à l'indemnité à accorder à la veuve Mazuyer. (B. 47, 190.)

28 VENDÉMIAIRE an 3 (19 octobre 1794). — Décrets qui accordent des secours à divers. (B. 47, 191 et 198.)

28 VENDÉMIAIRE an 3 (19 octobre 1794). — Décrets portant que le représentant du peuple Faye reviendra dans son domicile, et qui autorise Blanqui à se faire transporter chez lui. (B. 47, 193.)

28 VENDÉMIAIRE an 3 (19 octobre 1794). — Décret qui renvoie au comité de sûreté générale la demande que tous les émigrés soient traduits au tribunal révolutionnaire. (B. 47, 195.)

28 VENDÉMIAIRE an 3 (19 octobre 1794). — Décret portant que, dans le cas de doute sur le caractere des délits, le comité de législation distinguera ceux qui seront de la compétence du tribunal révolutionnaire. (1, Bull. 76, n° 402; B. 47, 194.)

28 VENDÉMIAIRE an 3 (19 octobre 1794). — Décret relatif à des jugemens sur la propriété et possession de l'île de Bade. (B. 47, 194.)

28 VENDÉMIAIRE an 3 (19 octobre 1794). — Décret qui prolonge le congé de Jorrand. (B. 47, 196.)

28 VENDÉMIAIRE an 3 (19 octobre 1794). — Décret qui autorise Garithe à se faire transporter chez lui. (B. 47, 196.)

28 VENDÉMIAIRE an 3 (19 octobre 1794). — Décret relatif aux prisons, maisons d'arrêt, etc. (B. 47, 195.)

28 VENDÉMIAIRE an 3 (19 octobre 1794). — Décret relatif aux comités civils des sections de Paris. (B. 47, 197.)

29 VENDÉMIAIRE an 3 (20 octobre 1794). — Décret portant réunion du hameau de la Gravière à la commune de Fronteneau, et de la commune de Tagis à celle de Saluant. (B. 47, 200.)

29 VENDÉMIAIRE an 3 (20 octobre 1794). — Décret qui suspend l'exécution des changemens proposés sur l'organisation du district de Moutiers. (B. 47, 201.)

29 VENDÉMIAIRE an 3 (20 octobre 1794). — Décret qui annule le jugement qui condamne Jean Penty. (B. 47, 198.)

29 VENDÉMIAIRE an 3 (20 octobre 1794). — Décrets qui accordent des secours à divers. (B. 47, 199 et 201.)

29 VENDÉMIAIRE an 3 (20 octobre 1794). — Décret portant que les pièces relatives au nommé Jean-Julien Leroy seront remises au comité de législation. (B. 47, 201.)

29 VENDÉMIAIRE an 3 (20 octobre 1794). — Décret sur l'exécution de celui du 20 vendémiaire, relatif aux Nantais traduits au tribunal révolutionnaire. (B. 47, 202.)

29 VENDÉMIAIRE an 3 (20 octobre 1794). — Décret relatif à l'acte signé par les soixante-treize députés détenus. (B. 47, 202.)

1er BRUMAIRE an 3 (22 octobre 1794). — Décret qui ordonne l'impression du discours prononcé au Champ de la Réunion par le président de la Convention. (B. 48, 1.)

1er BRUMAIRE an 3 (22 octobre 1794). — Décret qui surseoit à toute déchéance de la pension que la citoyenne Touchard réclame, jusqu'après le rapport du comité des finances. (B. 48, 2.)

1er BRUMAIRE an 3 (22 octobre 1794). — Décret qui accorde un secours à J.-B. Charlemont. (B. 48, 2.)

1er BRUMAIRE an 3 (22 octobre 1794). — Décret qui renvoie au comité d'instruction publique une pièce de théâtre offerte par le citoyen Gamas. (B. 48, 3.)

1er BRUMAIRE an 3 (22 octobre 1794). — Décret sur la proposition de mettre en liberté les représentans du peuple détenus. (B. 48, 3.)

1er BRUMAIRE an 3 (22 octobre 1794). — Décret portant que les pièces envoyées des départemens du Midi, relatives aux mouvemens fédéralistes, seront imprimées et distribuées. (B. 48, 4.)

1er BRUMAIRE an 3 (22 octobre 1794). — Décret qui ordonne de faire un canal d'art et de navigation pour joindre la rivière d'Oise à celle de la Sambre. (B. 48, 1.)

---

2 BRUMAIRE an 3 (23 octobre 1794). — Décret qui envoie en mission dans les départemens de la Haute-Garonne et du Gers le représentant du peuple Bouillerot. (1, Bull. 76, n° 403; B. 48, 10.)

---

2 BRUMAIRE an 3 (23 octobre 1794). — Décrets qui accordent des congés aux représentans du peuple Servonat et d'Artigoyte. (B. 48, 4.)

2 BRUMAIRE an 3 (23 octobre 1794). — Décret relatif à la demande d'une pension faite par Jérôme Clavrie. (B. 48, 4.)

---

2 BRUMAIRE an 3 (23 octobre 1794). — Décret portant que Ruault, Michel et seize autres représentans du peuple détenus seront transférés dans leur domicile, à Paris, pour y rétablir leur santé. (B. 48, 5.)

---

2 BRUMAIRE an 3 (23 octobre 1794). — Décret portant que le député Dubois Crancé a bien rempli ses devoirs dans ses différentes missions. (1, Bull. 76, n° 405; B. 48, 9.)

---

2 BRUMAIRE an 3 (23 octobre 1794). — Décrets qui accordent des secours à différens citoyens. (B. 48, 5, 6, 7 et 8.)

---

2 BRUMAIRE an 3 (23 octobre 1794). — Décret relatif au citoyen Michel Simon. (B. 48, 9.)

---

2 BRUMAIRE an 3 (23 octobre 1794). — Décret qui ordonne la levée du camp des Sablons. (1, Bull. 76, n° 404; B. 48, 10.)

---

2 BRUMAIRE an 3 (23 octobre 1794). — Décret de mention honorable de l'offrande patriotique de deux cent cinquante sabres, faite par le district de Coutances. (B. 48, 10.)

---

2 BRUMAIRE an 3 (23 octobre 1794). — Décret concernant la levée des scellés apposés chez Héron et Pijaud. (B. 48, 9.)

---

3 BRUMAIRE an 3 (24 octobre 1794). — Décret qui indique les dépôts dans lesquels seront réunis à Paris les titres formant les archives domaniales et judiciaires. (B. 48, 15; Mon. du 6 brumaire an 3, Rap. L'Official.)

Art. 1er. Le citoyen Cheyré, ancien dépositaire des archives du Louvre, est dépositaire de la section domaniale de la République.

2. Le citoyen Terrasse, ci-devant gardien du dépôt judiciaire au Palais-de-Justice, est dépositaire de la section judiciaire desdites archives.

3. Tous dépôts judiciaires existant à Paris seront, après le triage ordonné par l'article 8 de la loi du 7 messidor, réunis au local du Palais-de-Justice.

4. L'appartement occupé actuellement par le dépositaire de la section domaniale, et ceux qui sont à la suite, occupés par le balayeur du Louvre, les citoyens Cohade, ancien capitaine des invalides, et Sauvage, peintre, seront employés, en supplément de l'ancien local, pour recueillir les titres domaniaux : en conséquence, l'inspecteur des bâtimens de la République se fera remettre sans délai lesdits appartemens, et sera tenu de les faire réparer et distribuer convenablement, en sorte qu'au 1er frimaire, au plus tard, ils puissent recevoir les titres de la section domaniale.

5. L'inspecteur des bâtimens fera placer dans le nouveau local les tablettes qui existent dans les anciens dépôts supprimés, et lesquelles il est autorisé à se faire délivrer. Les mémoires des dépenses que ces réparations et distributions exigeront seront arrêtés par le comité des décrets et archives, et ordonnancés par le comité des inspecteurs de la salle.

6. Le dépositaire de la partie domaniale sera logé immédiatement au-dessous des archives, dans l'appartement qu'occupe la citoyenne Delaitre, peintre.

7. Les citoyens déplacés par les dispositions des articles précédens seront logés, s'il y a

lieu, dans les autres appartemens du Louvre qui sont vacans.

8. Tous gardiens et dépositaires des différens dépôts, greffes et archives situés dans la commune de Paris, cesseront leurs fonctions à compter du jour de la publication de la présente loi, et leurs traitemens cesseront à la même époque.

9. Le comité des décrets et archives présentera incessamment la liste des citoyens qui doivent former l'agence temporaire des titres, en exécution des articles 16 et 17 de la loi du 7 messidor.

10. Le comité des décrets et archives est autorisé à prendre toutes les mesures nécessaires à la conservation des titres, et même à faire apposer les scellés sur les dépôts et archives dont les gardiens sont supprimés.

---

3 BRUMAIRE an 3 (24 octobre 1794). — Décret concernant la vente des meubles de Charles-Philippe, frère de Louis XVI. (B. 48, 16.)

---

3 BRUMAIRE an 3 (24 octobre 1794). — Décret qui accorde diverses sommes à l'agence des secours de Versailles. (B. 48, 17.)

---

3 BRUMAIRE an 3 (24 octobre 1794). — Décret portant que Georges Chabot ne sera point admis comme député. (B. 48, 19.)

---

3 BRUMAIRE an 3 (24 octobre 1794). — Décret qui enjoint aux représentans Derbès-Latour et Dartigoeyte de se rendre à leur poste. (B. 48, 19.)

---

3 BRUMAIRE an 3 (24 octobre 1794). — Décrets qui accordent des secours à divers. (B. 48, 12, 13, 14, 17, 18, 19.)

---

3 BRUMAIRE an 3 (24 octobre 1794). — Décret relatif au citoyen Bezodis, employé dans les charrois militaires. (B. 48, 16.)

---

3 BRUMAIRE an 3 (24 octobre 1794). — Décret relatif à la remise des procès-verbaux par les secrétaires de la Convention. (B. 48, 18.)

---

3 BRUMAIRE an 3 (24 octobre 1794). — Décret sur la peine à infliger aux représentans qui, après le terme de leur mission, exercent encore des actes d'autorité. (B. 48, 20.)

---

3 BRUMAIRE an 3 (24 octobre 1794). — Décret qui accorde un congé au représentant du peuple Castaing. (B. 48, 20.)

---

3 BRUMAIRE an 3 (24 octobre 1794). — Décret qui autorise les citoyens Quinette, Peyre et vingt-deux autres représentans détenus, à se faire transférer dans leur domicile. (B. 48, 14.)

---

4 BRUMAIRE an 3 (25 octobre 1794). — Décret portant que les objets pris sur les bâtimens ennemis, et propres à enrichir le Muséum national, seront adressés par les capteurs à la Convention. (B. 48, 24; Mon. du 8 brumaire an 3, Rap. Baraillon.)

Art. 1er. Les graines, plants, plantes, arbres et arbustes exotiques, les échantillons de carrières et de mines, les livres et manuscrits étrangers, les machines ou modèles de machines inconnues en France, tous les objets en général qui appartiennent à de nouvelles découvertes, propres à faciliter les progrès des sciences et des arts ou à enrichir le Muséum national, tels que tableaux, médailles, statues, antiquités, estampes, cartes et gravures qui seront pris à l'avenir sur les bâtimens ennemis, seront adressés directement à la Convention nationale par les capteurs, après l'inventaire préalable de l'officier public.

2. Sur le rapport qui lui en sera fait par ses comités d'instruction publique, d'agriculture et des arts, elle accordera aux capteurs des dédommagemens convenables.

---

4 BRUMAIRE an 3 (25 octobre 1794). — Décret qui autorise le comité des décrets et archives à statuer sur les demandes en remplacement de collections de lois. (1, Bull. 78, n° 410.)

---

4 BRUMAIRE an 3 (25 octobre 1794). — Décrets qui accordent des secours à divers. (B. 48, 21.)

---

4 BRUMAIRE an 3 (25 octobre 1794). — Décret qui accorde vingt-cinq mille livres à la citoyenne Louise Monnerqué. (B. 48, 21.)

---

4 BRUMAIRE an 3 (25 octobre 1794). — Décrets qui accordent des congés à divers. (B. 48, 23.)

---

4 BRUMAIRE an 3 (25 octobre 1794). — Décret portant que le citoyen Girault, actuellement détenu au château de Brest, en sortira, et restera dans la commune de Brest. (B. 48, 24.)

---

4 BRUMAIRE an 3 (25 octobre 1794). — Décret qui ordonne l'arrestation de Desbarreaux, Jarville, Gelas, Barrousse et Arteau. (B. 48, 24.)

---

5 BRUMAIRE an 3 (26 octobre 1794). — Décret qui réintègre provisoirement dans la jouissance de leurs propriétés les prévenus d'émigration qui ont obtenu des arrêtés favorables des corps administratifs. (B. 48, 25.)

Art. 1er. Les prévenus d'émigration portés sur les listes des émigrés, ou dont les biens ont été séquestrés, qui ont réclamé et justifié de leur résidence en temps utile sur le territoire de la République, et par suite obtenu des arrêtés favorables des administrations de département, seront provisoirement réintégrés dans la jouissance de leurs propriétés.

2. Pour cet effet, les administrateurs de département enverront aux directoires de district, dans la décade de la réception de la présente loi, un extrait desdits arrêtés, afin qu'il soit pourvu sans délai, par l'agent national du district, à leur exécution.

3. Les prévenus d'émigration seront tenus de donner caution solvable de la valeur de leur mobilier, et ne pourront aliéner leurs immeubles jusqu'à ce qu'il ait été définitivement statué sur leurs réclamations par le comité de législation.

4. Les produits des biens versés dans les caisses des receveurs des domaines nationaux ne leur seront également restitués qu'à cette époque: sont néanmoins autorisés les directoires de district à leur accorder provisoirement, sur ces produits, les secours qu'ils justifieront leur être nécessaires.

5. Les frais du séquestre seront à la charge des prévenus d'émigration, et ils seront tenus de les acquitter avant d'entrer en possession de leurs propriétés.

6. Les directoires de district feront parvenir au comité de législation l'état de tous ceux qui auront été dans le cas de jouir de l'effet des dispositions de la présente loi.

---

5 BRUMAIRE an 3 (26 octobre 1794). — Décret qui fixe les appointemens des employés de douanes qui se sont enrôlés à Marseille pour faire partie de l'armée de Carteaux. (B. 48, 29.)

---

5 BRUMAIRE an 3 (26 octobre 1794). — Décret qui suspend l'adjudication définitive des bâtimens et terrains de la ci-devant abbaye de Montmartre. (B. 48, 29.)

---

5 BRUMAIRE an 3 (26 octobre 1794). — Décrets qui accordent des secours à divers. (B. 48, 26, 27 et 28.)

---

5 BRUMAIRE an 3 (26 octobre 1794). — Décret portant que les représentans du peuple Fayole et Blad pourront se faire transférer dans leur domicile. (B. 48, 28.)

---

5 BRUMAIRE an 3 (26 octobre 1794). — Décret qui accorde un congé au représentant du peuple Humbert. (B. 48, 29.)

---

5 BRUMAIRE an 3 (26 octobre 1794). — Décret sur la proposition de rapporter la disposition du décret du 23 ventose qui met hors la loi tous les prévenus de conspiration qui se sont soustraits à l'examen de la justice. (B. 48, 28.)

---

5 BRUMAIRE an 3 (26 octobre 1794). — Décret relatif au dictionnaire de la langue française entrepris par le citoyen Poujens. (B. 48, 29.)

---

5 BRUMAIRE an 3 (26 octobre 1794). — Décret relatif à la demande du rapport du décret du 6 août 1793, concernant la commune de Bordeaux, et au département du Bec-d'Ambès. (B. 48, 30.)

---

5 BRUMAIRE an 3 (26 octobre 1794). — Décret sur la pétition de la citoyenne Branlard. (B. 48, 30.)

---

5 BRUMAIRE an 3 (26 octobre 1794). — Décret qui charge le comité de législation de lui faire un rapport sur les prisons. (B. 48, 30.)

---

5 BRUMAIRE an 3 (26 octobre 1794). — Décret relatif à l'ordre du général Thureau, pour déclarer en rébellion la ville des Sables. (B. 48, 31.)

---

5 BRUMAIRE an 3 (26 octobre 1794). — Décret qui approuve les mesures prises contre le président et les secrétaires du club électoral. (B. 48, 30.)

---

6 BRUMAIRE an 3 (27 octobre 1794). — Décret relatif au traitement des officiers de santé de mer. (B. 48, 33.)

La Convention nationale décrète que les officiers de santé de mer recevront, à compter du 3 ventose, le traitement accordé par la loi du même jour aux officiers de santé de terre.

---

6 BRUMAIRE an 3 (27 octobre 1794). — Décret qui désigne les places auxquelles les anciens marins sont admissibles. (B. 48, 33.)

La Convention nationale décrète que les anciens marins sont, ainsi que les anciens ouvriers des ports, admissibles aux places de gardiens de vaisseaux, ports, ateliers, bureaux et magasins des arsenaux de la marine.

---

6 BRUMAIRE an 3 (27 octobre 1794). — Décret qui envoie près les armées du Rhin et de la Moselle le représentant du peuple Merlin de Thionville. (1, Bull. 77, n° 409; B. 48, 35.)

---

6 BRUMAIRE an 3 (27 octobre 1794). — Décret qui accorde des congés à divers représentans. (B. 48, 31.)

---

6 BRUMAIRE an 3 (27 octobre 1794). — Décret qui accorde des secours à divers. (B. 48, 31, 32 et 33.)

---

6 BRUMAIRE an 3 (27 octobre 1794). — Décret de renvoi au comité de sûreté générale de la demande du citoyen Fayolle. (B. 48, 34.)

---

6 BRUMAIRE an 3 (27 octobre 1794). — Décret qui annule le jugement rendu contre Jean David par la commission militaire établie à Bordeaux. (B. 48, 34.)

6 BRUMAIRE an 3 (27 octobre 1794). — Décret qui annule la nomination faite par le représentant du peuple Crassous, du citoyen Boursier, aux fonctions d'exécuteur des jugemens criminels pour le département de Seine-et-Oise. (B. 48, 35.)

6 BRUMAIRE an 3 (27 octobre 1794). — Décret relatif à la demande en indemnités faite par les citoyens Bernard Nieuvvenhuissen et Louis Blondet. (B. 48, 36.)

6 BRUMAIRE an 3 (27 octobre 1794). — Décret qui rétablit dans leurs fonctions les membres du tribunal criminel du département de la Mayenne. (B. 48, 34.)

6 BRUMAIRE an 3 (27 octobre 1794). — Décret relatif aux dons patriotiques faits par Joseph-Allain Fromy et Anne-Thérèse Dufresne. (B. 48, 36.)

6 BRUMAIRE an 3 (27 octobre 1794). — Décret qui rectifie celui du 3 brumaire relatif au dépôt des titres formant les archives domaniales et judiciaires. (B. 48, 36.)

7 BRUMAIRE an 3 (28 octobre 1794). — Décret qui suspend toute exploitation de bois dans laquelle des communes seraient entrées en vertu de sentences arbitrales. (B. 48, 39.)

Voy. lois du 25 VENTOSE an 3; des 10 et 29 FLORÉAL an 3; du 28 BRUMAIRE an 7.

La Convention nationale décrète que toute exploitation de bois dans laquelle des communes seraient entrées en vertu de sentences arbitrales, demeurera suspendue jusqu'à ce qu'il en ait été autrement ordonné.

7 BRUMAIRE an 3 (28 octobre 1794). — Décrets qui accordent des secours à divers. (B. 48, 37, 38 à 40.)

7 BRUMAIRE an 3 (28 octobre 1794). — Décret relatif à la réclamation du citoyen Larieux, par laquelle il demande une augmentation de traitement. (B. 48, 39.)

7 BRUMAIRE an 3 (28 octobre 1794). — Décret sur la pétition de Gervais-Leroi, tendant à obtenir la cassation d'un jugement qui le condamne à quatre années de fers. (B. 48, 40.)

7 BRUMAIRE an 3 (28 octobre 1794). — Décret qui surseoit à la vente des biens qui ont été donnés en dot au citoyen Melin fils. (B. 48, 41.)

7 BRUMAIRE an 3 (28 octobre 1794). — Décret sur la proposition de rétablir à Aix l'administration et le tribunal criminel du département des Bouches-du-Rhône, transférés à Marseille. (B. 48, 41.)

7 BRUMAIRE an 3 (28 octobre 1794). — Décret sur la pétition de Jacques-François Bougon. (B. 48, 41.)

7 BRUMAIRE an 3 (28 octobre 1794). — Décret qui annule le jugement arbitral et celui du tribunal de cassation, entre P.-F. Dufour, C.-N. et Marie-Catherine Dufour. (B. 48, 37.)

7 BRUMAIRE an 3 (28 octobre 1794). — Décret relatif au monument voté par la commune de Langres. (B. 48, 39.)

8 BRUMAIRE an 3 (29 octobre 1794). — Décret qui règle le mode de procéder à l'égard d'un représentant du peuple dénoncé. (B. 48, 45; Mon. du 11 brumaire an 3, Rap. Merlin.)

Art. 1er. Toute dénonciation contre un représentant du peuple sera portée ou renvoyée devant les comités de salut public, de sûreté générale et de législation réunis, et elle lui sera communiquée avant qu'il puisse en être rendu compte à la Convention nationale.

2. Si les trois comités pensent qu'il doit être donné suite à la dénonciation, ils déclareront à la Convention nationale qu'ils estiment qu'il y a lieu à examen.

Cette déclaration ne sera point motivée.

3. Il sera, immédiatement après, nommé au sort une commission de vingt-un membres de la Convention nationale, pour lui faire un rapport sur les faits dénoncés et sur les preuves produites à l'appui.

4. Pour parvenir à effectuer cette nomination, il sera fait un appel nominal de tous les membres de la Convention nationale, distraction faite de ceux qui seront en mission ou absens en vertu de décrets, ainsi que des membres des trois comités ci-dessus désignés, et du prévenu.

5. Chaque membre appelé se présentera à la tribune; il inscrira son nom sur un bulletin disposé à cet effet, qu'il remettra ostensiblement au président.

Le président en fera lecture, et le déposera dans une urne qui sera placée sur le bureau.

6. Si un membre appelé n'est pas présent à la séance, il sera suppléé, pour l'inscription de son nom, par l'un des secrétaires, qui signera le bulletin.

7. L'appel nominal terminé, le président agitera l'urne, et l'un des secrétaires en tirera successivement vingt-un bulletins.

Le nom de chaque membre compris dans le bulletin sorti sera vérifié par deux secrétaires, et remis au président, qui le proclamera à haute voix.

8. Aucun des membres désignés par le sort ne pourra être récusé ni se récuser.

9. Le rapport de la commission ne pourra porter que sur les faits compris dans la dénonciation sur laquelle les trois comités auront déclaré qu'il y a lieu à examen, ou résultant des pièces remises par eux à la commission.

10. Avant de présenter son rapport à la Convention nationale, la commission entendra le prévenu, lui communiquera les pièces, sans déplacement, et lui en fera délivrer copie, s'il le demande.

11. Après le rapport, s'il tend au décret d'accusation, la Convention nationale décidera s'il y a lieu à l'arrestation provisoire.

12. Le rapport et les pièces y relatives seront imprimés et distribués.

La discussion ne pourra s'ouvrir que trois jours après la distribution.

13. Le prévenu pourra faire imprimer et distribuer aux membres de la Convention nationale telles pièces et mémoires qu'il jugera utiles à sa défense.

14. Le prévenu sera présent à la discussion, et y sera entendu sur les faits articulés et précisés qui devront servir de base à l'acte d'accusation.

15. Il ne pourra être rendu de décret d'accusation qu'à l'appel nominal.

16. Si la Convention nationale décrète qu'il y a lieu à accusation contre le prévenu, la commission présentera le lendemain l'acte d'accusation, qui contiendra les faits articulés et précisés sur lesquels le prévenu aura été entendu dans la Convention nationale, et sur lesquels l'instruction devra porter.

17. Le tribunal qui sera chargé d'instruire ne pourra informer et juger que sur les faits compris dans l'acte d'accusation.

---

8 BRUMAIRE an 3 (29 octobre 1794). — Décret qui déclare les agens nationaux et les administrateurs de district responsables des destructions et dégradations commises sur les monumens de sciences et arts. (B. 48, 44; Mon. du 11 brumaire an 4, Rap. Grégoire.)

Art. 1er. Les agens nationaux et les administrateurs de district sont individuellement et collectivement responsables des destructions et dégradations commises dans leurs arrondissemens respectifs, sur les livres, les antiques et les autres monumens de sciences et d'arts, à moins qu'ils ne justifient de l'impossibilité réelle où ils ont été de les empêcher.

2. Dans la décade qui suivra la réception du présent décret, ils rendront compte à la commission d'instruction publique de l'état des bibliothèques et de tous les monumens de sciences et d'arts qui sont dans leur arrondissement, ainsi que des dégradations et dilapidations qui auraient été commises.

La commission d'instruction publique et la commission temporaire des arts prendront toutes les mesures nécessaires pour l'exécution du présent décret, sous la surveillance du comité d'instruction publique : il dénoncera à la Convention nationale les administrations qui auraient négligé de s'y conformer.

---

8 BRUMAIRE an 3 (29 octobre 1794). — Décret qui ordonne de remettre au vérificateur en chef des assignats quatre mille cinq cent quarante-cinq livres en assignats reconnus faux. (B. 48, 42.)

---

8 BRUMAIRE an 3 (29 octobre 1794). — Décrets qui accordent des congés à divers représentans. (B. 48, 42 à 44.)

---

8 BRUMAIRE an 3 (29 octobre 1794). — Décret relatif à la détention de J. Athol Woold, officier anglais. (B. 48, 43.)

---

8 BRUMAIRE an 3 (29 octobre 1794). — Décrets qui accordent des secours à divers. (B. 48, 43.)

---

8 BRUMAIRE an 3 (29 octobre 1794). — Décret portant que la garde du député Julien Lefèvre se retirera. (B. 48, 45.)

---

8 BRUMAIRE an 3 (29 octobre 1794). — Décrets relatifs à la commission des Vingt-Un, chargée de faire un rapport sur la conduite du représentant Carrier. (B. 48, 47 et 51.)

---

9 BRUMAIRE an 3 (30 octobre 1794). — Décret relatif à l'établissement des écoles normales. (B. 48, 49; Mon. du 12 brumaire an 3, Rap. Lakanal.)

Voy. loi du 18 FRIMAIRE an 3.

Art. 1er. Il sera établi à Paris une Ecole normale, où seront appelés de toutes les parties de la République des citoyens déjà instruits dans les sciences utiles, pour apprendre, sous les professeurs les plus habiles dans tous les genres, l'art d'enseigner.

2. Les administrations de district enverront à l'Ecole normale un nombre d'élèves proportionné à la population. La base proportionnelle sera d'un pour vingt mille habitans. A Paris, les élèves seront désignés par l'administration du département.

3. Les administrateurs ne pourront fixer leur choix que sur des citoyens qui unissent à des mœurs pures un patriotisme éprouvé, et les dispositions nécessaires pour recevoir et pour répandre l'instruction.

4. Les élèves de l'Ecole normale ne pourront être âgés de moins de vingt-un ans.

5. Ils se rendront à Paris avant la fin de frimaire prochain; ils recevront pour ce voyage, et pendant la durée du cours normal, le traitement accordé aux élèves de l'Ecole centrale des travaux publics.

6. Le comité d'instruction publique désignera les citoyens qu'il croira les plus propres à remplir les fonctions d'instituteurs dans l'Ecole normale, et en soumettra la liste à l'approbation de la Convention. Il fixera leur salaire, de concert avec le comité des finances.

7. Ces instituteurs donneront des leçons aux élèves sur l'art d'enseigner la morale, et former le cœur des jeunes républicains à la pratique des vertus publiques et privées.

8. Ils leur apprendront d'abord à appliquer à l'enseignement de la lecture, de l'écriture, des premiers élémens du calcul, de la géométrie pratique, de l'histoire et de la grammaire française, les méthodes tracées dans les livres élémentaires adoptés par la Convention nationale et publiés par ses ordres.

9. La durée du cours normal sera au moins de quatre mois.

10. Deux représentans du peuple, désignés par la Convention nationale, se tiendront près l'Ecole normale, et correspondront avec le comité d'instruction publique sur tous les objets qui pourront intéresser cet important établissement.

11. Les élèves formés à cette école républicaine rentreront, à la fin du cours, dans leurs districts respectifs; ils ouvriront, dans les trois chefs-lieux de canton désignés par l'administration de district une Ecole normale, dont l'objet sera de transmettre aux citoyens et aux citoyennes qui voudront se vouer à l'instruction publique la méthode d'enseignement qu'ils auront acquise dans l'Ecole normale de Paris.

12. Ces nouveaux cours seront au moins de quatre mois.

13. Les Ecoles normales des départemens seront sous la surveillance des autorités constituées.

14. Le comité d'instruction publique est chargé de rédiger le plan de ces Ecoles nationales, et de déterminer le mode d'enseignement qui devra y être suivi.

15. Chaque décade, le comité d'instruction publique rendra compte à la Convention de l'état de situation de l'Ecole normale de Paris, et des Ecoles normales secondes qui seront établies, en exécution du présent décret, sur toute la surface de la République.

---

9 BRUMAIRE an 3 (30 octobre 1794). — Décret qui déclare que l'armée des Pyrénées-Occidentales ne cesse de bien mériter de la patrie. (1, Bull. 79, n° 416; B. 48, 51.)

---

9 BRUMAIRE an 3 (30 octobre 1794). — Décret qui nomme les citoyens Vandermonde, Leroy, Cantel et Beuvelot pour remplir les fonctions de démonstrateurs et dessinateurs au Conservatoire des arts et métiers. (B, 48, 48.)

---

9 BRUMAIRE an 3 (30 octobre 1794). — Décret qui surseoit à l'exécution du jugement rendu contre Guillemot. (B. 48, 47.)

---

9 BRUMAIRE an 3 (30 octobre 1794). — Décret qui accorde des secours à divers. (B. 48, 47.)

---

9 BRUMAIRE an 3 (30 octobre 1794). — Décret relatif à la pétition de la citoyenne Marie-Anne Bourgoin, et accorde un congé au représentant du peuple Faure. (B. 48, 49.)

---

9 BRUMAIRE an 3 (30 octobre 1794). — Décret qui annule le jugement du tribunal criminel du département de l'Eure contre dix-sept particuliers. (B. 48, 48.)

---

9 BRUMAIRE an 3 (30 octobre 1794). — Décret sur la demande en rapport du décret qui déclare la commune de Beauvais en état de rébellion. (B. 48, 49.)

---

10 BRUMAIRE an 3 (31 octobre 1794). — Décret relatif au citoyen Mercier. (B. 48, 52.)

---

10 BRUMAIRE an 3 (31 octobre 1794). — Décrets qui accordent des secours à divers. (B. 48, 52, 53, 54 et 55.)

---

10 BRUMAIRE an 3 (31 octobre 1794). — Décret relatif aux mesures à prendre pour que les instituteurs des écoles primaires soient payés de leur traitement. (B. 48, 55.)

---

10 BRUMAIRE an 3 (31 octobre 1794). — Décret relatif à une demande du comité de bienfaisance de la section du Bonnet-Rouge. (B. 48, 55.)

---

11 BRUMAIRE an 3 (1er novembre 1794). — Décret qui charge le comité de division de faire un rapport sur les demandes des communes, tendant à prendre leur ancien nom. (B. 48, 56.)

---

11 BRUMAIRE an 3 (1er novembre 1794). — Décret portant mention honorable du don fait par Chawili, de la traduction en langue arabe de l'adresse au peuple français. (B. 48, 48.)

---

11 BRUMAIRE an 3 (1er novembre 1794). — Décret portant qu'un huissier sera envoyé au domicile du citoyen Bonnet, pour lui enjoindre de se rendre sans délai à la commission des Vingt-Un. (B. 48, 57.)

---

11 BRUMAIRE an 3 (1er novembre 1794). — Décret qui renvoie au comité d'instruction pu-

blique la comédie des *Montagnards*. (B. 48, 58.)

11 BRUMAIRE an 3 (1er novembre 1794). — Décret relatif au citoyen Pulchérie Leconte, et qui accorde des secours à Louis Boisset. (B. 48, 57.)

11 BRUMAIRE an 3 (1er novembre 1794). — Décret qui fixe le mode de la délibération de la commission des Vingt-Un. (B. 48, 58)

11 BRUMAIRE an 3 (1er novembre 1794). — Décret qui charge la Trésorerie d'ouvrir un crédit aux différentes commissions exécutives. (B. 48, 55.)

12 BRUMAIRE an 3 (2 novembre 1794). — Décret relatif au paiement des pensions. (B. 48, 58.)

Art. 1er. Toutes les pensions accordées par décret portant le nom des pensionnaires seront payées par la Trésorerie nationale sur le vu du décret, sans autres formalités que la production du certificat exigé par la loi du 6 germinal.

2. Les certificats de résidence exigibles pour les paiemens à faire à la Trésorerie nationale seront valables pendant les six mois de la date du *visa* du directoire de district.

12 BRUMAIRE an 3 (2 novembre 1794). — Décret relatif aux biens des détenus. (B. 48, 62; Mon. des 13 et 14 brumaire an 3, Rap. Oudot)

Art. 1er. Le scellé sera apposé sur les papiers de toute personne arrêtée comme suspecte, en sa présence, ou en celle de son fondé de pouvoir, et de deux citoyens appelés comme témoins.

2. Dans les trois jours, il sera procédé à la reconnaissance et à la levée du scellé; l'examen des papiers et effets sur lesquels il a été mis sera fait aussi en présence du détenu ou de son fondé de pouvoir, et de deux témoins, ce dont il sera dressé procès-verbal.

3. S'il se trouve des preuves ou indices de délit ou de crime, le commissaire à la levée du scellé est autorisé à distraire les pièces qui y sont relatives, après les avoir paraphées et fait signer par les témoins, par le détenu ou son fondé de pouvoir, et après avoir fait mention du tout dans son procès-verbal, auquel ces pièces demeureront annexées.

Expédition de cet acte sera donnée au détenu dans les vingt-quatre heures.

4. Les personnes arrêtées pour simple cause de suspicion conserveront l'administration de leurs biens meubles et immeubles pendant leur détention.

5. Elles pourront avoir communication, aux heures prescrites par la municipalité, avec un ou deux parens ou conseils, pour la gestion de leurs affaires. Les parens ou conseils seront agréés ou désignés par le comité révolutionnaire du district ou de la commune, s'il y en a un.

6. Aussitôt après la publication de la présente loi, il sera donné main-levée à tous les détenus simplement comme suspects du séquestre qui peut avoir été mis sur leurs biens, et la libre administration de leurs meubles et de leurs revenus leur sera rendue.

7. Néanmoins, le séquestre demeurera et continuera d'être mis sur les biens des pères et mères des émigrés, sur ceux des agens comptables envers la République détenus pour n'avoir pas apuré leurs comptes, et sur les biens de tous ceux à l'égard desquels il est ordonné en vertu d'une disposition précise des lois.

8. Les biens de celui contre lequel il aura été décerné un mandat d'arrêt pour cause de suspicion, et qui n'aura pu être arrêté, demeureront ou seront aussi séquestrés, sauf à accorder des secours à sa femme ou à ses enfans, ou à ses père et mère, s'ils en ont besoin.

La femme du suspect contumax ne pourra rien obtenir, ni pour elle ni pour ses enfans, si elle demande la distraction de ses propres biens, conformément à l'article 17 ci-après.

9. Il est défendu à tous administrateurs de mettre le séquestre sur les biens des détenus comme suspects, ou autres individus prévenus de crimes ordinaires, si ce n'est dans les cas prévus par les lois, à peine de tous dommages et intérêts, et d'être poursuivis conformément à la loi du 14 frimaire

10. Toute aliénation, transport, obligation, ou tous autres actes translatifs de la propriété d'immeubles, ou tendant à les grever d'hypothèque, faits ou consentis par les détenus comme suspects ou leurs fondés de pouvoir, depuis leur arrestation, et postérieurement à la loi du 8 ventose, sont nuls et de nul effet à l'égard de la nation.

11. Sont néanmoins exceptés ceux de ces actes qui auraient eu pour objet d'acquitter des dettes des détenus constatées par actes authentiques avant leur arrestation, et qui auraient été réellement payées.

Dans ce cas, ces actes pourront être confirmés par les directoires de district.

12. Les contestations qui s'éleveront sur la propriété de leurs biens immeubles, et celles qui auront pour objet des sommes plus considérables que le montant de leur revenu, ne pourront être décidées qu'après avoir entendu l'avis motivé et écrit de l'agent national de la commune, si elles sont portées pardevant le juge-de-paix ou des arbitres, ou du commissaire national, si elles sont pendantes au tribunal de district; en conséquence, l'agent ou le commissaire national exigera la

communication des pièces trois jours avant le jugement.

Les transactions que les détenus pourront faire sur ces contestations n'auront d'effet qu'autant qu'elles seront confirmées par le directoire du district.

13. Les détenus ne pourront être cités devant les bureaux de paix ou de conciliation, sur les contestations mentionnées dans l'article précédent.

14. Ils pourront néanmoins être autorisés par l'administration du district à vendre leurs fonds, si cela est nécessaire pour acquitter une dette exigible constatée par acte authentique avant leur arrestation, ou pour faire des réparations indispensables.

15. Ceux des individus suspects jugés devoir être détenus jusqu'à la paix, sans néanmoins être condamnés à la déportation, paieront une taxe annuelle sur leur revenu.

16. Cette taxe sera égale à celle de l'emprunt forcé établi par la loi du 3 septembre 1793, et sera payée tous les ans, tant que durera leur détention, à compter de l'année correspondante à 1794, d'après les déclarations, formalités et modifications établies par cette loi, et sur les biens qui y sont mentionnés.

17. Néanmoins, l'époux d'une personne détenue comme suspecte jusqu'à la paix pourra, s'il n'est pas jugé devoir être aussi détenu, demander la distraction des revenus de ses propres biens.

Dans ce cas, il sera chargé de l'entretien et de l'éducation des enfans ; il ne sera rien déduit à leur égard pour la fixation de la taxe imposée au détenu.

18. Cette taxe sera payée au profit de la République, sans répétition, à la fin de chaque année, par le détenu ou les préposés chargés de la gestion de ses biens, entre les mains des receveurs du district, sur le rôle qui sera arrêté par le directoire, et dont il sera envoyé des copies au comité des finances et à la commission des contributions publiques.

Les quittances qui en seront données au détenu ne serviront qu'à constater sa libération.

19. Si la déclaration qu'il a faite n'est point exacte, il sera puni des peines portées dans la loi du 3 septembre, et, en outre, sa détention sera prolongée d'un an après la paix.

20. Au moyen de la taxe ci-dessus mentionnée, le séquestre est levé sur les biens des détenus jusqu'à la paix.

21. Les parens des détenus morts en état d'arrestation pour simple cause de suspicion, ou qui devaient rester en détention jusqu'à la paix, sans qu'il y ait eu contre eux un jugement portant accusation d'un crime contre-révolutionnaire, leur succéderont comme s'ils étaient décédés en liberté, sans rien préjuger cependant pour ce qui concerne la succession des pères et mères des émigrés.

---

12 BRUMAIRE an 3 (2 novembre 1794). — Décret portant qu'il sera dressé un compte général, en débit et crédit, des matières d'or et d'argent versées dans les hôtels des monnaies depuis le 14 juillet 1789, etc. (B. 48, 61; Mon. du 15 brumaire an 3.)

Art. 1er. La commission des revenus nationaux fera dresser sans délai un compte général, en débit et crédit, de toutes les matières d'or et d'argent qui ont été versées dans les hôtels des monnaies de la République depuis le 14 juillet 1789 jusqu'à ce jour, et des versemens en espèces monnayées en provenant, qui ont été faits à la Trésorerie nationale, dans les caisses des receveurs de district, ou dans celles des payeurs des départemens ou des armées.

2. Ce compte sera remis aux commissaires de la Trésorerie nationale, qui le joindront au compte général qu'ils ont été chargés de dresser de toutes les recettes et dépenses de la République depuis le 1er juillet 1791, époque de l'établissement de la Trésorerie, jusqu'à ce jour.

3. Indépendamment du compte exigé par l'article 1er, la commission des revenus nationaux fera procéder au compte du denier fin de toutes les matières d'or et d'argent déposées dans tous les hôtels des monnaies ; elle est autorisée à employer à la vérification du titre des monnaies fabriquées les peuilles ou pièces de monnaie adressées par les commissaires nationaux, en se conformant d'ailleurs aux dispositions de la loi du 3=10 avril 1791.

4. Les municipalités de la République et les sections de Paris enverront sans délai au comité des finances le procès-verbal contenant le poids des matières d'or, d'argent, fer, métal de cloches, cuivre, étain, etc., qui auront été prises dans les églises, ou provenant des dons patriotiques de leur territoire ; elles indiqueront le nom des personnes auxquelles elles ont été remises : ces procès-verbaux seront classés par ordre de districts, et serviront de contrôle au compte général demandé à la commission des revenus nationaux.

---

12 BRUMAIRE an 3 (2 novembre 1794). — Décret portant qu'il ne sera plus exercé de poursuites en vertu de l'art. 11 de la loi du 6 août 1793, à la soi-disant commission populaire de Bordeaux. (1, Bull. 80, n° 419 ; B. 48, 60.)

---

12 BRUMAIRE an 3 (2 novembre 1794). — Décret portant que les femmes employées à l'infirmerie des Invalides continueront provisoirement leurs fonctions (rapporté le lendemain). (B. 48, 59.)

12 BRUMAIRE an 3 (2 novembre 1794). — Décret qui ordonne un rapport pour régler la différence entre les séquestres mis sur les biens des pères et mères des émigrés, des prévenus de crimes contre-révolutionnaires, et autres individus non jugés, avec la main-mise de la nation sur les biens confisqués. (B. 48, 59.)

12 BRUMAIRE an 3 (2 novembre 1794). — Décret relatif à la demande du citoyen Manger, tendante à obtenir le paiement de son traitement. (B. 48, 59.)

12 BRUMAIRE an 3 (2 novembre 1794). — Décret qui accorde un congé au représentant du peuple Couchey. (B. 48, 60.)

12 BRUMAIRE an 3 (2 novembre 1794). — Décrets qui accordent des secours à divers. (B. 48, 60.)

12 BRUMAIRE an 3 (2 novembre 1794). — Décret tendant à faire un rapport sur les moyens d'employer les femmes dans les hôpitaux en qualité d'infirmières. (B. 48, 62.)

12 BRUMAIRE an 3 (2 novembre 1794). — Décret portant que la commission des colonies fera continuer la levée des scellés apposés sur le dépôt des papiers dits *Archives coloniales*. (B. 48, 65.)

13 BRUMAIRE an 3 (3 novembre 1794). — Décret relatif aux rentes viagères vendues avec faculté de réméré. (B. 48, 66; Mon. du 15 brumaire an 3, Rap. Cambon.)

Art. 1er. Les personnes qui ont vendu leurs rentes viagères avec faculté de réméré pourront rentrer, d'ici au 1er nivose prochain, dans la propriété de leursdites rentes, en apportant à la Trésorerie, d'ici à cette époque, le consentement de leur acheteur.

2. Ceux qui ne rapporteront pas le consentement dans le délai fixé, mais qui se présenteront d'ici au 1er ventose prochain à la Trésorerie nationale, auront droit au capital provenant de la liquidation qui excédera la somme qu'ils ont reçue lors de l'aliénation.

3. Les vendeurs avec faculté de réméré auront l'option de convertir en une inscription sur le grand-livre de la dette consolidée, ou sur le grand-livre de la dette viagère, le capital qui leur reviendra par la liquidation, ainsi qu'il est fixé par les décrets des 23 floréal et 8 messidor derniers.

4. Ceux qui n'auront pas déclaré, d'ici au 1er ventose prochain, s'ils entendent ou non conserver des rentes viagères, seront considérés avoir opté pour des rentes viagères, jusqu'à concurrence du *maximum* déterminé par les lois.

13 BRUMAIRE an 3 (3 novembre 1794). — Décret qui fixe les sommes à payer par mois aux commandans amovibles, pour leur tenir lieu de logement. (B. 48, 69.)

Art. 1er. A l'avenir, il sera payé chaque mois aux commandans amovibles, pour leur tenir lieu de logement, savoir :

Aux commandans amovibles, dans les places de première ligne, cent livres.

A ceux dans les places de deuxième ligne, quatre-vingts livres.

A ceux dans les places de troisième ligne, cinquante livres.

2. Il est dérogé, en ce qui est contraire aux dispositions ci-dessus, à la loi du 15 nivose, portant établissement de commandans amovibles.

3. Le logement leur sera payé à compter du 1er frimaire prochain.

4. Les commandans amovibles des postes militaires désignés dans le tableau annexé à la loi du 15 nivose, continueront d'être logés en nature, conformément à l'article 10 de ladite loi; il leur sera fourni la même quantité de meubles et ustensiles qu'aux chefs de bataillon, sans qu'ils puissent, sous aucun prétexte, rien prétendre au-delà.

13 BRUMAIRE an 3 (3 novembre 1794). — Décret portant que les officiers et fonctionnaires militaires qui, sans permission, retireront un militaire d'un bataillon pour l'employer dans leurs bureaux, subiront la peine prononcée par l'article 20 de la quatrième section de la loi du 12 mai 1793. (B. 48, 68.)

Art. 1er. La peine prononcée par l'article 20 de la quatrième section de la loi du 12 mai 1793, contre le commandant de troupe qui sera convaincu d'avoir reçu ou de garder sciemment dans sa troupe un soldat sorti d'un autre corps, sans qu'il soit porteur d'un congé en bonne forme, est applicable à tout officier, quel que soit son grade, commandant temporaire, commissaire des guerres et autre fonctionnaire militaire quelconque, qui retirera d'un bataillon un militaire pour l'employer dans ses bureaux, sans une permission par écrit des représentans du peuple aux armées, ou du comité de salut public.

2. Tous ceux qui ont, en ce moment, des militaires employés auprès d'eux, sont tenus de les faire rentrer dans leurs bataillons respectifs d'ici au premier nivose, à moins qu'avant cette époque ils n'aient été autorisés à les conserver.

13 BRUMAIRE an 3 (3 novembre 1794). — Décret qui nomme commissaire des relations extérieures le citoyen Mangourit. (1, Bull. 81, n° 425; B. 48, 68.)

13 BRUMAIRE an 3 (3 novembre 1794). — Décret qui nomme Schérer commandant en chef de l'armée d'Italie. (1, Bull. 81, n° 426; B. 48, 68.)

13 BRUMAIRE an 3 (3 novembre 1794).—Décret qui enjoint aux officiers des troupes et employés dans l'administration militaire de terre ou de mer, retirés du service depuis le 14 juillet 1789, et non pensionnés, de déclarer le lieu de leur résidence actuelle. (1, Bull. 81, n° 428 ; B. 48, 70.)

13 BRUMAIRE an 3 (3 novembre 1794).—Décret relatif au paiement de trente-sept mille cent douze livres, montant de l'évaluation des pertes en meubles et fruits éprouvées par plusieurs citoyens, lors de l'explosion de la poudrière de Grenelle. (B. 48, 71.)

13 BRUMAIRE an 3 (3 novembre 1794).—Décret relatif au prix de la vente du sloop anglais le Spœvvel. (B. 48, 74.)

13 BRUMAIRE an 3 (3 novembre 1794).—Décret qui applique aux gendarmes en pied la disposition de la loi du 22 décembre 1792. (1, Bull. 81, n° 429 ; B. 48, 69.)

13 BRUMAIRE an 3 (3 novembre 1794).—Décret qui déclare valables les ventes faites par le receveur de l'enregistrement de Vauréas, de créances nationales. (B. 48, 67.)

13 BRUMAIRE an 3 (3 novembre 1794).—Décret qui accordent des secours à divers. (B. 48, 66.)

13 BRUMAIRE an 3 (3 novembre 1794).—Décret relatif aux indemnités réclamées par le citoyen Druge. (B. 48, 67.)

13 BRUMAIRE an 3 (3 novembre 1794).—Décret relatif à la pétition du citoyen Boulayex, inspecteur pour la bonneterie au magasin de Trenel. (B. 48, 74.)

13 BRUMAIRE an 3 (3 novembre 1794).—Décret relatif au traitement à accorder aux citoyens Roudil et Lebègue. (B. 48, 75.)

13 BRUMAIRE an 3 (3 novembre 1794).—Décret relatif à l'avancement militaire des citoyens Dufort, Gouthas et Soudez. (B. 48, 75.)

13 BRUMAIRE an 3 (3 novembre 1794).—Décret qui valide les jugemens rendus sur les questions d'état par les tribunaux (rapporté le 14 brumaire). (B. 48, 76.)

14 BRUMAIRE an 3 (4 novembre 1794).—Décret qui annule le jugement du tribunal de cassation du 25 prairial, qui déclare qu'il y a lieu à la prise à partie intentée par le citoyen Bernard contre les juges du district séant au Blanc. (B. 48, 77.)

14 BRUMAIRE an 3 (4 novembre 1794).—Décret qui suspend l'exécution du jugement du tribunal de police correctionnelle de Sezanne, rendu contre Jacques Rosier. (B. 48, 76.)

14 BRUMAIRE an 3 (4 novembre 1794).—Décret qui rapporte celui du 13 de ce mois, qui valide les jugemens sur les questions d'état rendues par les tribunaux. (B. 48, 77.)

14 BRUMAIRE an 3 (4 novembre 1794).—Décret sur la nouvelle réclamation de la commune de Champ-Libre, ci-devant Saint-Nicolas. (B. 48, 77.)

14 BRUMAIRE an 3 (4 novembre 1794).—Décret portant que la détention de Louis-Victor-Xavier Geoffroy, condamné le 18 floréal à cette peine pendant deux ans, comptera dudit jour 18 floréal. (B. 48, 78.)

14 BRUMAIRE an 3 (4 novembre 1794).—Décret qui charge les comités de commerce, des finances et de salut public, de présenter un rapport sur les inconvéniens de la loi du *maximum*, et sur les moyens d'y remédier. (B. 48, 79.)

14 BRUMAIRE an 3 (4 novembre 1794).—Décret qui surseoit à la vente des biens de la veuve Laroche-Lambert. (B. 48, 79.)

14 BRUMAIRE an 3 (4 novembre 1794). — Décret qui renvoie une pétition des prêtres détenus dans la maison d'arrêt de Grenoble, aux représentans du peuple. (B. 48, 80.)

14 BRUMAIRE an 3 (4 novembre 1794). — Décret concernant l'exécution de celui qui ordonne la mise en liberté des cultivateurs vivant de leur travail. (B. 48, 78.)

15 BRUMAIRE an 3 (5 novembre 1794). — Décrets qui accordent des secours à divers. (B. 48, 80 à 85.)

15 BRUMAIRE an 3 (5 novembre 1794). — Décrets qui accordent des congés à divers représentans. (B. 48, 85.)

15 BRUMAIRE an 3 (5 novembre 1794). — Décrets qui rétablissent à Evreux l'administration du district placée provisoirement à Vernon, et à Quimper l'administration du département du Finistère. (B. 48, 86.)

15 BRUMAIRE an 3 (5 novembre 1794). — Décret d'ordre du jour sur la proposition de rapporter la réponse à la première des questions résolues par le décret du 9 fructidor. (B. 48, 86.)

15 BRUMAIRE an 3 (5 novembre 1794). — Décret qui ordonne un rapport sur les agitations et

discours par lesquels on cherchcrait à entraîner les sociétés populaires dans la révolte et l'insurrection. (B. 48, 87.)

16 BRUMAIRE an 3 (6 novembre 1794). — Décret qui ordonne la rectification d'une erreur dans la loi du 16 messidor, relative aux certificats à délivrer aux créanciers. (B. 48, 87.)

Un membre, inspecteur aux procès-verbaux, observe qu'il s'était glissé une erreur dans la loi du 16 messidor, relative aux certificats qui doivent être délivrés aux créanciers par les agens nationaux, le décret portant : *les agens nationaux près les départemens*, au lieu d'y mettre *près les districts* : il demande à être autorisé à en faire la correction.

La Convention nationale autorise les inspecteurs des procès-verbaux à faire cette correction sur la minute.

16 BRUMAIRE an 3 (6 novembre 1794). — Décret qui supprime l'établissement connu sous le nom de congrégation des Miramiones, et celui connu sous le nom de l'Enfant-Jésus. (B. 48, 88.)

16 BRUMAIRE an 3 (6 novembre 1794). — Décret qui supprime l'hospice dit Beanjon. (B 48, 91.)

16 BRUMAIRE an 3 (6 novembre 1794). — Décret qui nomme commissaires et adjoints de la commission des secours publics, les citoyens Martiques, Derdigniau et Havet. (1, Bull. 82, n° 430; B. 48, 91.)

16 BRUMAIRE an 3 (6 novembre 1794). — Décret portant que les pouvoirs des représentans du peuple Mallarmé et Bouillerot, envoyés en mission dans les départemens de la Haute-Garonne et du Gers, s'étendront sur le département du Tarn. (1, Bull. 82, n° 431; B. 48, 90.)

16 BRUMAIRE an 3 (6 novembre 1794). — Décret qui accorde un congé au représentant du peuple Moreau. (B. 48, 88.)

16 BRUMAIRE an 3 (6 novembre 1794). — Décrets qui accordent des secours à divers. (B. 48, 88 et 89.)

16 BRUMAIRE an 3 (6 novembre 1794). — Décret portant que les meubles fournis à loyer par le citoyen Mula au citoyen Filhon et Emmery seront distraits des scellés apposés sur ceux prévenus de complicité avec Robespierre. (B. 48, 90.)

16 BRUMAIRE an 3 (6 novembre 1794). — Décret qui ordonne que plusieurs citoyens se disant commissaires patriotes de Saint-Domingue seront provisoirement mis en liberté. (B. 48, 92.)

16 BRUMAIRE an 3 (6 novembre 1794). — Décret d'ordre du jour sur une motion tendant à faire déclarer qu'aucun représentant ne puisse être membre d'une société politique. (B. 48, 92.)

16 BRUMAIRE an 3 (6 novembre 1794). — Titre IV concernant les émigrés. *Voy.* le décret général sous la date du 25 brumaire. (B. 48, 92.)

17 BRUMAIRE an 3 (7 novembre 1794). — Décret qui rapporte l'article 3 de la loi du 15 nivose, qui défend de préparer le cuir de veau à la manière dite *à l'anglaise*. (B. 48, 97.)

La Convention nationale, après avoir entendu le rapport de son comité d'agriculture et des arts, rapporte l'article 3 du décret du 15 nivose, qui défend, sous les peines de confiscation et de quatre années de fers, de préparer le cuir de veau à la manière dite *à l'anglaise*.

17 BRUMAIRE an 3 (7 novembre 1794). — Décret qui ordonne la mise en liberté de colons des îles françaises autres que ceux qui composaient le club de Massiac. (1, Bull. 82, n° 433; B. 48, 97.)

17 BRUMAIRE an 3 (7 novembre 1794). — Décret qui envoie près l'armée des Pyrénées-Orientales les représentans du peuple Goupilleau, de Fontenay, et Projean. (1, Bull. 83, n° 26; B. 48, 98.)

17 BRUMAIRE an 3 (7 novembre 1794). — Décret qui déclare que les colons des Iles-du-Vent qui ont constamment repoussé le fédéralisme et le royalisme ont bien mérité de la patrie. (1, Bull. 85, n° 442; B. 48, 98.)

17 BRUMAIRE an 3 (7 novembre 1794). — Décrets qui accordent des secours à divers. (B. 48, 93, 94, 95 et 96.)

17 BRUMAIRE an 3 (7 novembre 1794). — Décret qui prolonge le congé accordé au représentant du peuple Cruvès. (B. 48, 97.)

17 BRUMAIRE an 3 (7 novembre 1794). — Décret qui adjoint quatre membres au comité des finances. (B. 48, 98.)

18 BRUMAIRE an 3 (8 novembre 1794). — Décret qui charge le représentant du peuple Biou de l'exécution du décret relatif à J.-B.-A. Deprat. (B. 48, 98.)

18 BRUMAIRE an 3 (8 novembre 1794). — Décrets qui accordent des secours à divers. (B. 48, 99, 100 et 101.)

18 BRUMAIRE an 3 (8 novembre 1794). — Décret qui nomme commissaire des relations extérieures le citoyen Miot. (1, Bull. 83, n° 436; B. 48, 109.)

18 BRUMAIRE an 3 (8 novembre 1794).—Décret qui déclare nulle la prise de possession faite par le régisseur du domaine, de différens domaines provenant de Jean Guillot. (B. 48, 102.)

---

18 BRUMAIRE an 3 (8 novembre 1794).—Décret qui autorise l'envoyé près les Etats-Unis d'Amérique à faire payer au capitaine Barney quatre cent un mille quatre-vingt-quatre livres quinze sols. (B. 48, 102.)

---

18 BRUMAIRE an 3 (8 novembre 1794).—Décrets qui déclarent que les armées de Sambre-et-Meuse et de la Moselle ne cessent de bien mériter de la patrie. (1, Bull. 83, n° 437.)

---

18 BRUMAIRE an 3 (8 novembre 1794).—Décret qui accorde une indemnité au citoyen Baston. (B. 48, 103.)

---

18 BRUMAIRE an 3 (8 novembre 1794).—Décret qui autorise le comité de salut public à envoyer en mission, pour une opération secrète, deux représentans du peuple à son choix. (B. 48, 103.)

---

18 BRUMAIRE an 3 (8 novembre 1794).—Décret portant nomination à des emplois vacans dans l'armée. (B. 48, 103.)

---

18 BRUMAIRE an 3 (8 novembre 1794).—Décret sur les émigrés. *Voy.* le décret général à la date du 25 brumaire. (B. 48, 109.)

---

19 BRUMAIRE an 3 (9 novembre 1794).—Décret relatif aux réquisitions de denrées, subsistances et autres objets de nécessité publique. (B. 48, 114; Mon. du 22 brumaire an 3, Rap. Eschasseriaux.)

Art. 1er. Toutes denrées, subsistances et autres objets nécessaires aux besoins de la République, peuvent être mis en réquisition en son nom.

2. Il n'y aura plus de réquisitions illimitées.

3. Chaque réquisition désignera l'espèce, la quantité des objets requis, le délai dans lequel sera faite la livraison, et l'époque du paiement.

4. Elle désignera aussi les districts où elle sera exercée.

5. Elle sera fixée, autant qu'il sera possible, sur les lieux les plus voisins de ceux où les subsistances et approvisionnemens devront être transportés.

6. Les réquisitions ne pourront être faites que par la commission des approvisionnemens; elles seront sous la surveillance du comité de salut public.

7. Chaque commission fournira au comité un état des besoins et approvisionnemens en tout genre qu'exige le service particulier dont elle est chargée.

8. Lorsque des circonstances extraordinaires l'exigeront, les commissions pourront être autorisées par le comité de salut public à faire des réquisitions particulières.

9. Un double des états de toutes les réquisitions sera remis au comité de salut public.

10. Les représentans du peuple près les armées de terre et de mer pourront, dans les cas urgens seulement, requérir ce qui sera nécessaire aux besoins des troupes; leurs réquisitions seront soumises à toutes les dispositions ci-dessus. Ils seront tenus d'envoyer, sans délai, copie de leurs réquisitions au comité de salut public et à la commission.

11. Toute réquisition sera enregistrée à l'administration du district dans l'arrondissement duquel elle aura été ou devra être exécutée.

12. Les municipalités des communes sur lesquelles porteront les réquisitions seront tenues de les faire exécuter, et d'en rendre compte à l'administration du district, sous les peines portées par la loi du 14 frimaire.

13. Les agens nationaux sont tenus de les faire exécuter, dans le délai fixé, sous les peines portées par l'article précédent.

14. Tout citoyen sera tenu d'y satisfaire, sous peine de confiscation des objets requis. Les agens nationaux de district sont tenus de faire les diligences nécessaires pour faire prononcer la confiscation par les tribunaux de district.

15. Tout agent, tout administrateur ou commissaire qui sera convaincu d'avoir tourné à son profit, directement ou indirectement, les réquisitions, sera condamné à six ans de fers.

16. Tout individu qui fera, au nom et pour le compte de la République, des réquisitions sans y être autorisé, conformément aux dispositions de la présente loi, ou qui excéderait celles qu'il serait chargé d'exécuter, sera puni de six ans de fers.

17. Sont néanmoins exceptées les réquisitions qui pourraient être faites par les autorités constituées, lorsqu'elles seraient nécessitées par des marches et des mouvemens imprévus de troupes, et desquelles il sera rendu compte, ainsi qu'il est prescrit par l'article 21.

18. Il sera pourvu, comme par le passé, à l'approvisionnement des marchés et des communes.

19. Toute réquisition actuellement existante, qui ne sera pas renouvelée dans les deux mois, à dater de la présente loi, sera regardée comme nulle.

20. Il est dérogé à toutes dispositions contraires à la présente loi.

Article additionnel. 21. La commission de commerce et approvisionnemens rendra compte, d'ici au 1er nivose, de toutes les réquisitions de denrées et marchandises qui ont été faites par elle ou ses agens, en désignant la quantité et la qualité desdites denrées et marchandises. Les agens nationaux de district et les garde-magasins de la République, chacun pour ce qui le concerne, enverront au comité de salut public les états ou bordereaux desdites réquisitions.

Tous les citoyens sont invités à dénoncer les abus ou fraudes qui ont lieu sur cet objet.

---

19 BRUMAIRE an 3 (9 novembre 1794). — Décret relatif à la fixation du prix des grains et fourrages. (B. 48, 112; Mon. du 22 brumaire an 3, Rap. Lindet.)

Art. 1er. A compter du jour de la publication du présent décret, le *maximum* du prix de chaque espèce de grains, de foins, de pailles, de fourrages, sera fixé, dans chaque district, sur le prix commun de 1790, augmenté de deux tiers en sus; de sorte que, dans les districts où le prix du froment était, en 1790, de dix livres le quintal, il sera fixé à seize livres treize sous quatre deniers; dans les districts où il était de douze livres, il sera fixé à vingt livres, et sera réglé, dans tous les districts, dans la même proportion et suivant la même progression.

2. Dans les districts où l'abondance des grains avait fait descendre le prix du quintal de froment au-dessous de dix livres, et avait fait descendre le prix des autres grains dans la même proportion, le *maximum* du prix du froment ne pourra être fixé au-dessous de seize livres le quintal, et celui des autres grains sera fixé dans la même proportion.

3. Les agens nationaux près les districts feront dresser et arrêter, dans le jour de la réception du présent décret, par les directoires de district, le tableau du *maximum* du prix des grains, foins, pailles et fourrages, et en adresseront dans le jour une expédition à la commission du commerce et des approvisionnemens, avec l'extrait certifié des registres des marchés de 1790.

On distinguera dans les tableaux le *maximum* du prix des matières suivant leurs différentes qualités.

4. Dans les districts où il y a plusieurs marchés dans lesquels on tenait registre du prix des grains, le *maximum* sera réglé sur le prix commun de tous les marchés en 1790, augmenté des deux tiers en sus.

5. Tous les grains, foins, pailles et fourrages qui seront fournis et livrés dans les magasins nationaux, à compter de ce jour, seront payés sur le pied fixé par le présent décret.

Ceux qui auront reçu, sur le pied du précédent *maximum*, le paiement des grains, pailles et fourrages qu'ils verseront dans les magasins nationaux, dans l'intervalle de ce jour à celui de la réception du présent décret dans les districts, recevront le supplément du prix qui leur sera dû.

6. Dans les communes chefs-lieux de district, le prix du pain sera fixé par la municipalité, et vérifié par le directoire de district.

Pour les autres communes, le prix sera fixé par la municipalité du chef-lieu de canton, qui en informera l'agent national du district.

La fixation réglée par les municipalités sera provisoirement exécutée; et, dans le cas où les directoires de district jugeraient qu'il y aurait erreur, et que les municipalités persisteraient à soutenir leur fixation, l'agent national du district en rendra compte à la commission du commerce, qui en fera son rapport aux comités de salut public et de commerce, chargés de régler toutes les difficultés d'exécution.

7. Nul ne pourra vendre ses grains, foins, pailles et fourrages à un prix supérieur à celui du *maximum* fixé pour le lieu où la vente aura été faite, sous peine d'une amende égale au prix de l'objet vendu, pour la première contravention.

En cas de récidive, l'amende sera égale au double du prix de l'objet vendu.

Elle sera égale au triple, au quadruple de l'objet vendu, en cas de troisième ou quatrième contravention.

Ces peines seront prononcées par le juge-de-paix du lieu du domicile du vendeur ou du lieu où la vente aura été faite, sur la poursuite de l'agent national de la commune ou du district, ou sur celle du dénonciateur.

8. La commission du commerce et des approvisionnemens est chargée de faire exécuter la présente loi, qui sera publiée par la voie du Bulletin de la Convention nationale.

---

19 BRUMAIRE an 3 (9 novembre 1794). — Décret relatif à l'établissement du compte général, en débet et crédit, des matières et denrées achetées, requises, vendues ou consommées pour le service public. (B. 48, 116.)

La Convention nationale décrète que les commissions, les administrations, les ministres, et divers agens, réuniront, à la commission de commerce et des approvisionnemens, toutes les pièces nécessaires pour établir, d'ici au 1er germinal, le compte général, en débet et crédit, de l'emploi de toutes les matières et denrées qui ont été achetées, requises vendues ou consommées pour le compte de la République, depuis le 1er juillet 1791.

Le comité des finances présentera ses vues sur les moyens à employer pour vérifier et juger le compte des deniers qui sera présenté par la Trésorerie, et le compte des matières demandé par la présente loi.

---

19 BRUMAIRE an 3 (9 novembre 1794). — Décret relatif à la composition de la commission des colonies. (B. 48, 110.)

19 BRUMAIRE an 3 (9 novembre 1794). — Décrets qui accordent des secours à divers. (B. 48, 109 et 112.)

19 BRUMAIRE an 3 (9 novembre 1794). — Décret qui renvoie au comité militaire la pétition de divers gendarmes. (B. 48, 110.)

19 BRUMAIRE an 3 (9 novembre 1794). — Décret qui renvoie au comité de salut public l'examen des mesures à prendre pour que les citoyens n'éprouvent aucun retard pour le paiement des objets mis en réquisition entre leurs mains. (B. 48, 112.)

19 BRUMAIRE an 3 (9 novembre 1794). — Décret relatif à la demande en résiliation du bail des mines et verreries de Berain-la-d'Heume. (B. 48, 110.)

19 BRUMAIRE an 3 (9 novembre 1794). — Décret qui renvoie aux comités de salut public et de législation l'observation faite sur les citoyens qui se servent du prétexte d'une réquisition pour refuser la vente de leurs denrées. (B. 48, 116.)

19 BRUMAIRE an 3 (9 novembre 1794). — Décret portant nomination de douze instituteurs à l'école normale. (B. 48, 111.)

19 BRUMAIRE an 3 (9 novembre 1794). — Décret qui établit un marché dans la commune d'Arrou. (B. 48, 111.)

20 BRUMAIRE an 3 (10 novembre 1794). — Décret qui surseoit à l'exécution du jugement rendu contre le citoyen Menesson. (B. 48, 119.)

20 BRUMAIRE an 3 (10 novembre 1794). — Décret qui accorde une prolongation de congé au représentant du peuple Castaing. (B. 48, 119.)

20 BRUMAIRE an 3 (10 novembre 1794). — Décret relatif à l'acquisition de la maison et enclos de Chezy, par le citoyen Fabre, pour y établir une nitrière artificielle. (B. 48, 117.)

21 BRUMAIRE an 3 (11 novembre 1794). — Décret portant mention honorable de l'offrande faite par le citoyen Laffecteur de son ouvrage sur les effets de son remède. (B. 48, 118.)

21 BRUMAIRE an 3 (11 novembre 1794). — Décret relatif à l'arrestation provisoire du représentant Carrier. (B. 48, 119.)

22 BRUMAIRE an 3 (12 novembre 1794). — Décret qui envoie en mission dans les ports y désignés les représentans du peuple Ludot, Pomme, Blutel et Mariette. (1, Bull. 85, n° 443; B. 48, 127.)

22 BRUMAIRE an 3 (12 novembre 1794). — Décret portant que le considérant ne sera point mis en tête du *maximum*, et qu'il ne fait point partie de la loi du 19 brumaire. (B. 48, 119.)

22 BRUMAIRE an 3 (12 novembre 1794). — Décret portant que la tête du crocodille trouvé à Maestricht sera envoyée au Muséum d'histoire naturelle. (B. 48, 124.)

22 BRUMAIRE an 3 (12 novembre 1794). — Décret qui nomme les citoyens Siéyes et Lakanal représentans à l'école normale. (B. 48, 125.)

22 BRUMAIRE an 3 (12 novembre 1794). — Décret qui déclare que l'armée du Nord ne cesse de bien mériter de la patrie. (1, Bull. 85, n° 444; B. 48, 124.)

22 BRUMAIRE an 3 (12 novembre 1794). — Décret qui déclare que la division du contre-amiral Nielly continue à bien mériter de la patrie. (1, Bull. 85, n° 445; B. 48, 124.)

22 BRUMAIRE an 3 (12 novembre 1794). — Décret qui approuve les mesures prises relativement à la société des Jacobins de Paris. (1, Bull. 86, n° 450; B. 48, 125.)

22 BRUMAIRE an 3 (12 novembre 1794). — Décret d'ordre du jour sur la pétition des citoyens Jean Guynard et autres. (B. 48, 119.)

22 BRUMAIRE an 3 (12 novembre 1794). — Décrets qui accordent des secours à divers. (B. 48, 120, 121, 122, 123 à 127.)

22 BRUMAIRE an 3 (12 novembre 1794). — Décret relatif à la proposition d'approvisionner les grandes communes de fabriques des marchandises qui se trouvent encombrées dans les ports. (B. 48, 124.)

22 BRUMAIRE an 3 (12 novembre 1794). — Décret portant mention honorable d'un écrit présenté par le citoyen Mandel. (B. 48, 126.)

22 BRUMAIRE an 3 (12 novembre 1794). — Décret relatif au citoyen Henri Stevens. (B. 48, 126.)

22 BRUMAIRE an 3 (12 novembre 1794). — Décret portant que Grenot restera chez lui. (B. 48, 128.)

22 BRUMAIRE an 3 (12 novembre 1794). — Décret relatif au projet présenté par le représentant du peuple Barailon, contre les diverses dilapidations de la fortune publique. (B. 48, 128.)

23 BRUMAIRE an 3 (13 novembre 1794).—Décret qui modifie des dispositions de la loi du 4 germinal qui défendent de faire aucune remise sur les saisies concernant les douanes. (B. 48, 130; Mon. du 24 brumaire an 3, Rap. Geraud.)

Art. 1er. Lorsqu'une saisie pour contravention aux lois sur les douanes ne sera motivée que sur l'omission d'une formalité, et que les circonstances feront présumer que la contravention est involontaire, la commission des revenus nationaux est autorisée, d'après le compte qui lui en sera rendu par le receveur et l'inspecteur, à faire sur la confiscation et l'amende telle remise qu'elle jugera convenable, à la charge de fournir, à la fin du mois, au comité chargé de la surveillance des douanes, l'état des affaires ainsi terminées, avec les motifs de la remise accordée.

2. Les dispositions de l'article ci-dessus auront leur exécution pour les saisies effectuées depuis la promulgation de la loi du 4 germinal.

---

23 BRUMAIRE an 3 (13 novembre 1794).—Décret qui suspend la perception du droit de vingt pour cent sur les cotons en laine, les laines non filées, etc. (B. 48, 135.)

La Convention nationale, après avoir entendu le rapport de son comité de commerce et approvisionnemens, suspend, jusqu'à ce qu'il en soit autrement ordonné, la perception du droit de vingt pour cent de la valeur, ordonnée par la loi du 21 = 29 juillet 1791, sur les cotons en laine, les laines non filées, les poils de chameau et de chèvre, ainsi que sur la noix de galle et la gomme.

---

23 BRUMAIRE an 3 (13 novembre 1794).—Décret qui accorde des indemnités aux cultivateurs qui, en vertu de réquisitions, transporteront leurs grains d'un endroit à un autre. (B. 48, 134.)

Art. 1er. Les cultivateurs qui transporteront leurs grains d'un endroit à un autre en vertu des réquisitions qui leur seront faites, ne recevront aucune indemnité pour les frais de transports, lorsque les lieux de dépôt qui leur seront indiqués pour le versement ne seront éloignés de leur domicile que de deux lieues.

2. Dans le cas où les lieux de dépôt seront éloignés de plus de deux lieues de poste, ils seront payés de leurs frais de transport pour la distance excédante, suivant la fixation portée par la loi du 6 ventose.

3. La loi du 2 germinal continuera d'être exécutée dans toutes les dispositions qui ne sont pas contraires au présent décret.

---

23 BRUMAIRE an 3 (13 novembre 1794).—Décret relatif au buste de Sauveur. (B. 48, 128.)

---

23 BRUMAIRE an 3 (13 novembre 1794).—Décrets qui accordent des secours à divers. (B. 48, 129, 130, 136, 137.)

---

23 BRUMAIRE an 3 (13 novembre 1794).—Décret qui accorde un congé au citoyen Gleizal. (B. 48, 131.)

---

23 BRUMAIRE an 3 (13 novembre 1794). — Décret qui ordonne l'insertion au Bulletin de la lettre qui annonce la mort de Pratity, un des agens du conspirateur Dusaillant. (B. 48, 132.)

---

23 BRUMAIRE an 3 (13 novembre 1794). — Décret qui renvoie au comité de législation une pétition relative au paiement que l'on exige des redevances pour raison d'obits et de fondations. (B. 48, 133.)

---

23 BRUMAIRE an 3 (13 novembre 1794).—Décret qui rapporte les art. 13 et 14 de celui du 23 août 1793, relatif au paiement des contributions en grains pour la levée de la première réquisition. (1, Bull. 85, n° 447; B. 48, 136.)

---

23 BRUMAIRE an 3 (13 novembre 1794). — Décret relatif au représentant Carrier. (B. 48, 128.)

---

23 BRUMAIRE an 3 (13 novembre 1794). — Décret relatif aux prêtres appelés *constitutionnels* et prêtres non constitutionnels. (B. 48, 129.)

---

23 BRUMAIRE an 3 (13 novembre 1794). — Décret qui fixe les bases d'estimation des bâtimens, bois et autres objets destinés à l'établissement de la fabrique de fusils de Grenoble. (B. 48, 131.)

---

23 BRUMAIRE an 3 (13 novembre 1794). — Décret qui affecte la maison de Lebègue d'Oysille à l'établissement du lieu des séances du district de Pithiviers. (B. 48, 135.)

---

23 BRUMAIRE an 3 (13 novembre 1794). — Décret relatif à l'ouverture des écluses du canal d'Orléans, pour faire passer les bateaux chargés de vin pour Paris et Versailles. (B. 48, 133.)

---

23 BRUMAIRE an 3 (13 novembre 1794). — Décret qui fait mention honorable de l'ouvrage du citoyen Hoffmann, intitulé : *Observations sur le maximum.* (B. 48, 133.)

---

23 BRUMAIRE an 3 (13 novembre 1794). — Décret relatif aux acquisitions de biens nationaux faites par les entrepreneurs du canal d'Essonne. (B. 48, 134.)

---

23 BRUMAIRE an 3 (13 novembre 1794). — Décret relatif au citoyen Bryou. (B. 48, 136.)

24 BRUMAIRE an 3 (14 novembre 1794). — Décret qui proroge l'exercice des fonctions des syndics des gens de mer pendant la durée du gouvernement révolutionnaire. (B. 48, 140.)

24 BRUMAIRE an 3 (14 novembre 1794). — Décret sur les différentes créances sur le ci-devant clergé, pays d'états, etc. (B. 48, 140.)

24 BRUMAIRE an 3 (14 novembre 1794). — Décret qui annule les dispositions de l'arrêté du district de Rouen, concernant l'exécution du *maximum*. (B. 48, 143.)

24 BRUMAIRE an 3 (14 novembre 1794).—Décret qui annule l'arrêté pris par le représentant du peuple Isabeau. (B. 48, 143.)

24 BRUMAIRE an 3 (14 novembre 1794). — Décret qui décharge le citoyen Guezennec du paiement d'une amende. (B. 48, 144.)

24 BRUMAIRE an 3 (14 novembre 1794). — Décret portant que les représentans du peuple secrétaires de la Convention qui n'ont pas encore remis leurs procès-verbaux audit comité, sont tenus d'y satisfaire sous dix jours pour tout délai. (B. 48, 139.)

24 BRUMAIRE an 3 (14 novembre 1794). — Décrets qui accordent des secours. (B. 48, 136 à 145.)

24 BRUMAIRE an 3 (14 novembre 1794). — Décret portant mention honorable du courage de Flahaut. (B. 48, 145.)

24 BRUMAIRE an 3 (14 novembre 1794). — Décret qui ordonne l'impression et l'envoi du rapport et du décret relatif à la société des Jacobins de Paris. (B. 48, 140.)

24 BRUMAIRE an 3 (14 novembre 1794). — Décret qui prolonge le congé du sieur Guillerault. (B. 48, 140.)

24 BRUMAIRE an 3 (14 novembre 1794). — Décret d'ordre du jour relatif aux pensions, secours et retraites accordés aux défenseurs de la patrie. (B. 48, 145.)

24 BRUMAIRE an 3 (14 novembre 1794). — Décret qui rapporte celui du 19 pluviose relatif à la liquidation du citoyen Lejeune et consorts. (B. 48, 145.)

25 BRUMAIRE an 3 (15 novembre 1794). — Décret concernant les émigrés. (1, Bull. 89, n° 464; B. 48, 146; Mon. du 22 brumaire an 3, Rap. Eschassériaux.)

Voy. lois du 28 MARS 1793; du 12 VENTOSE an 8; arrêté du 28 VENDÉMIAIRE an 9; sénatus-consulte du 16 FLORÉAL an 10 (1).

TITRE Ier. De l'émigration et de sa complicité.

SECTION Ire. *De l'émigration.*

Art. 1er. Sont émigrés :

1° Tout Français qui, sorti du territoire de la République depuis le 1er juillet 1789, n'y était pas rentré au 9 mai 1792;

2° Tous Français qui, absens de leur domicile, ou s'en étant absentés depuis le 9 mai 1792, ne justifieraient pas, dans les formes ci-après prescrites, qu'ils ont résidé sans interruption sur le territoire de la République depuis cette époque ;

3° Toute personne qui, ayant exercé les droits de citoyen en France, quoique née en pays étranger, ou ayant un double domicile, l'un en France et l'autre en pays étranger, ne constaterait pas également sa résidence depuis le 9 mai 1792;

4° Tout Français convaincu d'avoir, durant l'invasion faite par les armées étrangères, quitté le territoire de la République non envahi, pour résider sur celui occupé par l'ennemi;

5° Tout agent du Gouvernement qui, chargé d'une mission auprès des puissances étrangères, ne serait pas rentré en France dans les trois mois du jour de son rappel notifié;

6° Ne pourra être opposée pour excuse la résidence dans les pays réunis à la République, pour le temps antérieur à la réunion proclamée.

Exceptions.

2. Ne seront pas réputés émigrés :

1° Les enfans de l'un et de l'autre sexe qui, au jour de la promulgation de la loi du 28 mars 1793, n'étaient pas âgés de quatorze ans, pourvu qu'ils soient rentrés en France dans les trois mois du jour de ladite promulgation, et qu'ils ne soient pas convaincus d'ailleurs d'avoir porté les armes contre la patrie ;

2° Les enfans de l'un et de l'autre sexe qui, ayant moins de dix ans à l'époque de la promulgation de la loi du 28 mars 1793, seront rentrés en France dans les trois mois du jour où ils auront atteint l'âge de dix ans accomplis;

3° Les Français chargés de mission par le Gouvernement dans les pays étrangers; leurs épouses, pères, mères, enfans, les personnes de leur suite et celles attachées à leur service, sans que celles-ci puissent être admises au-delà du nombre que chacun de ces fonctionnaires en emploie habituellement ;

4° Les négocians, leurs facteurs et les ouvriers notoirement connus pour être dans l'usage de faire, en raison de leur commerce

(1) *Voy.* loi additionnelle du 12 frimaire an 3.

ou de leur profession, des voyages chez l'étranger, et qui en justifieront par des certificats authentiques des conseils généraux des communes de leur résidence, visés par les directoires de district et vérifiés par les directoires de département; les épouses et enfans desdits négocians demeurant avec eux, leurs commis et les personnes employées à leur service, dans le nombre que chacun d'eux en entretient habituellement; à la charge, par ceux qui sont sortis de France depuis la loi du 9 = 12 février 1792, de justifier de passeports dans lesquels les épouses, enfans, commis et personnes employées à leur services, auront été dénommés et signalés;

5° Les Français qui, n'ayant aucune fonction publique, civile ou militaire, justifieront qu'ils se sont livrés à l'étude des sciences, arts et métiers; qu'ils ont été notoirement connus, avant leur départ, pour s'être consacrés exclusivement à cette étude, et ne s'être absentés que pour acquérir de nouvelles connaissances dans leur état.

Ne seront pas compris dans la présente exception ceux qui n'ont cultivé les sciences et les arts que comme amateurs, ni ceux qui, ayant quelque autre état, ne font pas leur profession unique de l'étude des sciences et des arts, à moins que, par des arrêtés des conseils généraux des communes de leur résidence, visés et vérifiés par les directoires de district et de département, antérieurement au 10 août 1792, ils n'eussent été reconnus être dans l'exception portée par l'article 6 de la loi du 30 mars = 8 avril 1792, en faveur des sciences et des arts;

6° Les enfans que leurs parens, leurs tuteurs ou ceux qui en sont chargés, ont envoyés en pays étranger pour apprendre le commerce ou pour leur éducation; à la charge de fournir des certificats délivrés par les conseils généraux des communes de leur résidence, visés et vérifiés par les directoires de district et de département, lesquels constateront qu'il est notoirement connu que lesdits enfans ont été envoyés pour le commerce ou leur éducation;

7° Les Français établis ou naturalisés en pays étranger antérieurement au 1er juillet 1789; mais ils sont assujétis, pour ce qui concerne les biens qu'ils possèdent en France, aux dispositions des décrets relatifs aux différentes nations chez lesquelles ils résident.

3. Quant aux Français absens avant le 1er juillet 1789, et n'ayant point d'établissement en pays étranger antérieurement à cette époque, qui n'étaient pas rentrés en France au 11 brumaire an 2, leurs propriétés sont mises sous la main de la nation. Il leur est défendu de rentrer en France tant que durera la guerre, à peine d'être détenus, par mesure de sûreté, jusqu'à la paix.

Ils seront néanmoins assimilés aux émigrés, ainsi que ceux désignés dans le paragraphe précédent, s'ils se sont retirés, depuis les hostilités commencées, sur le territoire des puissances en guerre contre la France, ou si, n'ayant point, avant l'époque desdites hostilités, habité d'autre territoire que celui des puissances en guerre avec la France, ils se sont retirés depuis dans les électorats et évêchés du Rhin, dans les cercles intérieurs de l'empire, ou dans les cercles de Bourgogne.

4. Sont exceptés des dispositions de l'article précédent, relativement à leurs biens,

Les Français absens depuis plus de dix ans avant le 1er juillet 1789, dont l'existence était ignorée avant cette époque, et a depuis continué de l'être.

5. Les Suisses et leurs alliés composant la confédération helvétique ne sont point compris dans les dispositions de la présente loi.

SECTION II. De l'émigration dans les pays réunis à la République.

6. Sont émigrés :

Département du Mont-Blanc. — 1° Tous ci-devant Savoisiens qui, domiciliés dans le département du Mont-Blanc, en sont sortis avant le 1er août 1792, et n'étaient pas rentrés sur son territoire ou toute autre partie de celui de la République au 27 janvier 1793 (1);

Département des Alpes maritimes. — 2° Tous citoyens domiciliés dans le ci-devant comté de Nice qui en sont sortis depuis le 27 septembre 1792, et dans la ci-devant principauté de Monaco qui s'en sont absentés depuis le 30 décembre de la même année, s'ils ne justifient qu'ils étaient rentrés sur leurs territoires respectifs ou sur toute autre partie de celui de la République, savoir: ceux domiciliés dans le ci-devant comté de Nice, au 25 mars 1793, et ceux dans la ci-devant principauté de Monaco, au 1er avril de la même année;

Département du Mont-Terrible. — 3° Tous citoyens domiciliés dans la ci-devant Rauracie qui, sortis de son territoire depuis le 23 mars 1793, n'étaient pas rentrés sur celui de la République au 23 mai suivant;

Autres pays réunis à la République. — 4° Tous citoyens domiciliés dans les pays réunis à la République, autres que ceux dénommés ci-dessus, qui en étaient sortis depuis l'émission du vœu des habitans pour leur réunion, et n'y sont pas rentrés dans le délai de trois mois, à compter du jour où le décret de ladite réunion à la République a été proclamé.

7. Les exceptions prononcées en faveur des

(1) *Voy.* loi du 14 frimaire an 3.

Français compris dans les dispositions de l'article 2 du présent titre, sont applicables aux citoyens des pays réunis à la République qui justifieront être dans les mêmes circonstances.

8. Quant aux citoyens des pays réunis à la République, absens avant l'époque de leurs révolutions respectives, et non établis en pays étrangers antérieurement à cette même époque, qui n'étaient pas rentrés sur le territoire de la République au 1er messidor an 2, ils sont assimilés aux Français, en ce qui concerne les dispositions de l'article 3 du présent titre.

Leurs biens sont également mis sous la main de la nation; et il leur est défendu de rentrer sur le territoire de la République, tant que durera la guerre, à peine d'être détenus jusqu'à la paix, ou traités comme les émigrés, s'ils ont participé à leurs complots ou porté les armes contre la République, depuis la réunion de leurs pays respectifs.

Section III. Complices des émigrés.

9. Sont réputés complices des émigrés ceux qui seront convaincus d'avoir, depuis le 9 mai 1792:

1° Favorisé les projets hostiles des émigrés;

2° De leur avoir fourni des armes, des chevaux, des munitions ou toutes autres provisions de guerre, ou des secours pécuniaires;

3° D'avoir envoyé leurs enfans ou soudoyé des hommes sur terre étrangère;

4° D'avoir provoqué à l'émigration et fait émigrer des citoyens par séduction, promesses ou sommes données;

5° D'avoir sciemment recelé des émigrés, ou facilité leur rentrée sur le territoire de la République;

6° D'avoir fabriqué de faux certificats de résidence pour les émigrés.

Titre II. Des certificats de résidence.

Section Ire. *Des certificats de résidence des non-prévenus d'émigration.*

Art. 1er. Tout citoyen non prévenu d'émigration, absent de son domicile, justifiera légalement de sa résidence sur le territoire de la République, en produisant au directoire du district dudit domicile un certificat revêtu des formes qui vont être prescrites, et dont le modèle sera joint à la présente loi.

Sont exceptés de la disposition du présent article les représentans du peuple, qui demeurent dispensés de rapporter des certificats de résidence pour prouver leur non-émigration, pendant la durée tant de la session de la Convention nationale que de celle de l'Assemblée législative.

2. Le certificat exigé par l'article précédent sera délivré par le conseil général de la commune, ou par l'assemblée de section de la résidence à certifier, sur l'attestation de trois témoins domiciliés dans ladite commune ou section.

Il désignera le lieu de la résidence, et spécialement la maison où le certifié demeure ou aura demeuré; il contiendra en outre les nom, surnom, prénoms, profession et signalement dudit certifié.

3. Le certificat sera signé, ainsi que les registres sur lesquels il sera inscrit, par les attestans et le certifié, au moment où celui-ci se présentera pour l'obtenir : si le certifié, les attestans ou quelques-uns d'eux ne savent pas signer, il en sera fait mention sur le certificat et sur les registres.

Le certificat ne sera délivré par la municipalité ou l'assemblée de section qu'après avoir été publié et affiché, pendant trois jours, à la porte de la maison commune; il sera visé par le directoire de district, et soumis à l'enregistrement dans la décade du *visa*.

4. Les certificats dont peuvent avoir justifié les citoyens non prévenus d'émigration, d'après les formes déterminées par les lois précédentes, vaudront pour parfaire la continuité de la résidence exigée par la loi.

5. L'absence pour voyage dans l'intérieur de la République n'interrompra pas la continuité de résidence, pourvu qu'elle soit justifiée par des passeports visés par les municipalités.

Section II. Des certificats de résidence des prévenus d'émigration.

6. Les prévenus d'émigration seront tenus, pour justifier de la résidence exigée par la loi, de représenter les certificats de huit citoyens domiciliés dans la commune de la résidence à certifier, y compris le propriétaire ou le principal locataire de la maison dans laquelle le certifié demeure ou aura demeuré.

A défaut du propriétaire ou du principal locataire, le certifié pourra y suppléer par le témoignage de deux citoyens domiciliés dans ladite commune, lesquels, ainsi que les autres attestans, excepté les propriétaires ou principaux-locataires, ne seront ni parens, ni alliés, ni fermiers, ni créanciers, ni débiteurs, ni agens des certifiés, ni employés à leur service.

7. Le certificat contiendra les mêmes désignations que celles exprimées à l'article 2 du présent titre, et sera soumis, ainsi que les registres, quant à la signature, aux formalités prescrites par l'article 8 suivant; il sera publié et affiché, pendant six jours, tant dans la commune de la résidence à certifier que dans le chef-lieu du canton dans l'arrondissement duquel se trouve ladite commune, et ne pourra être délivré que cinq jours après lesdites publication et affiche.

8. La signature du certifié sur les registres des municipalités ou sections et sur les certificats est de forme essentielle : il ne pourra y être dérogé que dans les cas ci-après déterminés.

9. Dans les communes où il existe des assemblées de section, le certificat sera délivré dans l'assemblée générale de la section de la résidence à certifier; il sera visé et vérifié par le conseil général de la commune, le directoire du district et l'administration du département, il sera signé par six membres au moins, tant de l'assemblée générale de la section que du conseil général de la commune, et par deux membres au moins du directoire du district et de l'administration du département, sans qu'aucune signature, même celle du secrétaire, puisse être suppléée par une griffe : ledit certificat devra, pour valoir, être enregistré dans la décade du *visa* du département.

Le *visa* de l'administration du département suffira provisoirement pour valider les certificats de résidence délivrés par les assemblées de section de Paris.

10. Les certificats délivrés jusqu'à présent, d'après les formes prescrites par la loi du 28 mars 1793, aux citoyens portés sur les listes des émigrés, ou dont les biens ont été séquestrés, seront valables pour constater leur résidence.

11. A l'avenir, les prévenus d'émigration qui auraient produit des certificats depuis le 9 mai 1792 ne seront tenus de constater leur résidence, ainsi qu'il est prescrit par la présente section, que pour le temps qui se sera écoulé depuis l'époque où ils auront obtenu le dernier certificat; pourvu d'ailleurs que la continuité de leur résidence antérieure ait été justifiée d'après les dispositions des lois alors existantes.

12. Les certificats pour les prévenus d'émigration seront faits conformément au modèle qui sera joint à la présente loi.

SECTION III. Des certificats de résidence des membres de la Convention nationale, des fonctionnaires publics et des militaires.

13. Les certificats délivrés aux membres de la Convention nationale par le président et les secrétaires, portant qu'ils sont à leur poste, suffiront pour constater leur résidence, et leur tiendront lieu, dans tous les cas, de tous autres certificats.

14. La résidence des fonctionnaires publics nommés par le peuple ou par le Gouvernement, sera constatée par un certificat du conseil général de la commune où ils exercent leurs fonctions.

Le certificat indiquera leurs noms, prénoms, signalement, et l'époque depuis laquelle ils ont résidé dans ladite commune comme fonctionnaires publics.

Il sera visé par le directoire du district, et soumis à l'enregistrement dans la décade du *visa*.

15. Tout militaire employé dans les armées de la République sera admis à justifier de sa résidence sur le territoire français, pour le temps de son activité de service, par un certificat du conseil d'administration du bataillon ou corps militaire dans lequel il sert ou a servi précédemment.

16. Ce certificat contiendra, avec son signalement, ses nom, prénoms, âge, grade, domicile, et l'époque depuis laquelle il est entré dans ledit bataillon ou corps militaire, depuis laquelle il en est sorti, et sera visé par le commissaire des guerres.

17. Le certificat de résidence sera délivré aux officiers de l'état-major, ainsi qu'à ceux qui ne tiennent à aucun corps particulier, par deux membres de l'état-major en chef, ou le général de division, ou le général de brigade, et par le commissaire des guerres.

18. Quant aux citoyens attachés aux différens services de l'armée, leur résidence sera attestée tant par le chef sous lequel ils sont immédiatement employés, que par quatre citoyens faisant le même service; le certificat sera visé par un commissaire des guerres.

19. Le fonctionnaire public, le militaire ou le citoyen attaché au service de l'armée, porté sur la liste des émigrés, qui serait dans la nécessité de constater sa résidence pour un temps antérieur à son activité de service, fera présenter, par un fondé de pouvoir, le certificat qui lui a été délivré d'après les dispositions des articles précédens, au conseil général de la commune ou à l'assemblée de section de la résidence à certifier.

20. Sur la déclaration du fondé de pouvoir et de quatre autres citoyens domiciliés dans la commune ou section, que la personne désignée dans le certificat représenté est la même que celle dont ils attestent la résidence, le conseil général ou l'assemblée de section délivrera au certifié, entre les mains de son fondé de pouvoir, et d'après les formes prescrites par l'article 3 du présent titre, un certificat pour le temps qu'il aura résidé dans ladite commune ou section.

SECTION IV. Des certificats de résidence, dans le cas d'impossibilité de déplacement.

21. Tout citoyen autre que les fonctionnaires publics et les militaires, qui se trouvera dans l'impossibilité absolue de se transporter dans la commune de la résidence à certifier, pour être présent à la délivrance du certificat, et signer le registre, présentera ses motifs au directoire du district, qui les jugera d'après les observations de la municipalité de la résidence actuelle.

22. Si la réclamation est reconnue légitime, la municipalité, sur la présentation de

l'arrêté qui l'aura admise, délivrera au réclamant une attestation d'impossibilité de transport, qui contiendra, avec son signalement, ses nom, prénoms, ci-devant qualité ou profession, et l'indication de son domicile actuel; elle sera signée par le réclamant et inscrite sur le registre de la municipalité.

23. Cette attestation sera présentée, l'identité affirmée, et le certificat de résidence délivré ainsi qu'il est prescrit par les articles 19 et 20 du présent titre. Le nombre des attestans sera dans la proportion indiquée par l'article 2 ou 6 de ce même titre, selon que le réclamant sera ou non prévenu d'émigration.

24. A l'égard des détenus, l'extrait de leur écrou, auquel sera joint leur signalement, signé par eux et le concierge, et visé par la municipalité du lieu de la détention, suppléera à l'attestation prescrite par l'article 22.

Section V. Dispositions générales concernant les certificats de résidence.

25. Tous citoyens tenus de justifier de leur résidence, aux termes de l'article 1er du présent titre, répéteront l'envoi de leurs certificats tous les trois mois au directoire du district de leur domicile seulement.

26. Il sera tenu note, sur un registre particulier, de ces certificats, qui resteront déposés au bureau de l'administration: le directoire du district n'en délivrera de récépissé qu'après avoir examiné s'ils sont conformes à la loi, et il en sera fait mention sur ledit récépissé.

27. Les citoyens qui auront acquis un nouveau domicile depuis six mois, ne seront plus tenus de justifier de leur résidence au directoire du district de celui qu'ils avaient précédemment, après qu'ils auront rapporté au directoire du district de leur nouveau domicile des certificats en règle constatant la continuité de leur résidence sur le territoire de la République, depuis le 9 mai 1792, et déclaré à celui de leur domicile antérieur le lieu où ils ont fixé leur domicile actuel: cette déclaration sera certifiée par la municipalité ou section, et visée par le directoire du district du lieu de la nouvelle résidence.

28. Les conseils généraux des communes ou sections se borneront à la délivrance des certificats de résidence pour le temps qu'elle a eu lieu dans leur arrondissement, sans exiger la preuve de la résidence dans les autres municipalités.

29. Pourront néanmoins les conseils généraux des communes, ou les sections, faire, à la suite de leurs certificats, mention de ceux qui leur seraient représentés par les certifiés, constatant leur résidence antérieure dans d'autres communes; mais le temps de cette résidence ne sera compté, pour lesdits certifiés, qu'autant que les certificats par lesquels il en est justifié seront vérifiés et jugés conformes à la loi par les directoires de district, qui l'exprimeront dans leur *visa*.

30. Les maires, les officiers municipaux et tous les membres des conseils généraux ou des assemblées générales des sections, sont garans des faits relatifs au domicile et à la résidence des certifians.

31. Les assemblées générales des sections auront la faculté de rejeter le témoignage des certifians; mais elles ne pourront le faire, ni refuser des certificats à ceux qui leur en feront la demande, sans donner leurs motifs. Les directoires de district prononceront, dans les huit jours, sur les réclamations qui leur seront présentées à cet égard.

32. S'il s'élève quelque doute ou quelques difficultés sur la forme des certificats, leur validité sera jugée par les directoires de district.

33. Les témoins qui, dans les certificats de résidence, auront attesté des faits faux, seront condamnés à six années de gêne; ils seront en outre solidairement responsables, sur tous leurs biens, des pertes que le faux aura occasionées à la République.

34. Les agens nationaux et les directoires de district seront tenus, sur leur responsabilité, de dénoncer aux accusateurs publics des tribunaux criminels les fraudes et les faux relatifs aux certificats de résidence, aussitôt qu'ils seront parvenus à leur connaissance, pour qu'il soit procédé sans délai contre les prévenus, d'après les formes prescrites par la loi.

35. Les frais d'expédition et de délivrance des certificats de résidence seront à la charge des certifiés; il sera payé dix sous par certificat, et quinze sous pour l'enregistrement.

Section VI. De la vérification des certificats délivrés aux prévenus d'émigration.

36. Tous citoyens qui ont été portés jusqu'à présent sur les listes des émigrés du district de leur domicile seulement, les militaires et les fonctionnaires publics exceptés, seront tenus de rapporter à l'administration de ce même district, dans le délai de trois mois, à compter de la publication de la présente loi, une attestation des municipalités dont ils ont représenté les certificats, pour justifier de leur résidence, et être rayés desdites listes, laquelle énoncera que lesdits certificats leur ont été réellement délivrés, et indiquera en même temps, avec leur date, le temps de la résidence qu'ils certifient.

37. Dans le cas où les registres des municipalités sur lesquels les certificats ont été inscrits auraient été enlevés ou incendiés, le directoire du district aux bureaux duquel ont dû être déposés les certificats les en-

verra sans délai, sur la demande des certifiés, aux municipalités qui les ont délivrés, pour qu'elles les reconnaissent et les vérifient.

38. Il est défendu aux citoyens dont les certificats de résidence doivent être vérifiés, d'aliéner leurs biens pendant le délai fixé par l'article 36. Les municipalités sont chargées de dénoncer les infractions de la loi, à cet égard, aux directoires de district, ainsi que les dilapidations qui pourraient être commises par les propriétaires sur ces mêmes biens.

39. Il sera procédé, à l'égard de ceux qui n'auront point satisfait aux dispositions de l'article 36 ci-dessus, comme envers les prévenus d'émigration.

TITRE III. Des listes des émigrés.

SECTION Ire. *De la formation des listes des émigrés de district.*

Art. 1er. Les directoires de district sont spécialement et exclusivement chargés de la formation des listes des émigrés (1).

2. Aussitôt la réception de la présente loi, et successivement tous les trois mois, les municipalités formeront un état des citoyens absens dont le domicile ou les biens peuvent se trouver dans leur arrondissement, avec désignation de leurs noms, prénoms, surnoms, ci-devant qualités ou professions, et de l'époque de leur absence. Elles seront tenues de le faire parvenir, dans la décade, au directoire du district.

3. Ne seront point compris dans ledit état, à raison de leur domicile, les citoyens reconnus par les municipalités pour être fonctionnaires publics ou attachés au service militaire de la République; ou, à raison de leurs biens, ceux qui le seront pour être domiciliés dans l'étendue du district ou des districts voisins.

4. Les administrations de département feront également passer, dans la décade de la publication de la présente loi, aux directoires de district, les pièces qu'elles pourraient avoir concernant la résidence des citoyens de leurs arrondissemens respectifs.

5. Les directoires de district dresseront de suite, et ainsi successivement, d'après les états et renseignemens mentionnés ci-dessus, la liste de ceux qui se trouveront prévenus d'émigration pour n'avoir pas justifié de leur résidence aux termes de la loi.

6. Cette liste contiendra les mêmes désignations que celles exprimées à l'article 2 du présent titre, avec indication de la situation des biens des prévenus d'émigration. La commission des revenus nationaux en adressera le modèle aux directoires de district.

7. Ladite liste sera imprimée, publiée et affichée dans le délai d'une décade, à dater du jour où elle aura été arrêtée. Les directoires de district seront tenus d'en adresser, dans le même délai, deux exemplaires certifiés à la commission des revenus nationaux; ils en feront également passer à l'administration de leur département un nombre suffisant, pour être affichés et publiés dans les chefs-lieux de canton des districts de son arrondissement.

8. Tous les citoyens pourront dénoncer les émigrés omis sur les listes, aux directoires de district, qui seront tenus de statuer sur la dénonciation, et de faire réparer l'omission, s'il y a lieu.

SECTION II. Formation de la liste générale des émigrés.

9. La commission des revenus nationaux formera successivement et arrêtera, tous les mois, une liste générale et par ordre alphabétique des émigrés de toute la République, d'après les listes particulières qui lui seront transmises par les directoires de district.

10. Le nombre des exemplaires de cette liste générale est fixé à cinq mille. Il en sera remis une quantité suffisante à chacune des commissions exécutives, pour être par elles adressés aux corps administratifs, aux autorités constituées et aux agens qui leur sont respectivement subordonnés dans l'exercice du pouvoir qui leur est confié.

11. Il en sera distribué un exemplaire à chaque député à la Convention nationale.

12. La commission des revenus nationaux est spécialement chargée d'envoyer cette liste générale aux directoires de district, aussitôt qu'elle aura été imprimée.

13. Les directoires de district ne feront point imprimer la liste générale des émigrés; mais ils seront tenus d'en annoncer, par voie de proclamation, le dépôt au secrétariat de leur administration, avec l'indication des lettres initiales des noms des émigrés qui s'y trouveront compris, dans la décade du jour où ils l'auront reçue, afin que les citoyens puissent en venir prendre communication. Ils adresseront à la commission des revenus nationaux un exemplaire certifié de ladite proclamation, dans les trois jours où elle aura été publiée.

SECTION III. Des réclamations contre l'inscription sur les listes des émigrés.

14. Aucun citoyen ne pourra être porté, par la suite, sur la liste des émigrés d'un district autre que celui du lieu de son domicile; ses biens ne pourront également y être sé-

(1) L'inscription sur la liste des émigrés est la seule preuve légale de l'émigration; c'est d'ailleurs à l'autorité administrative qu'il appartient exclusivement de statuer sur la question d'émigration (5 mai 1830; ord. Mac. 12, 224).

questrés que dans les cas prévus par les articles suivans.

15. Les directoires de district formeront un état des personnes absentes possessionnées dans leur arrondissement sans y être domiciliées, d'après celui qui doit leur être transmis, aux termes de l'article 2 du présent titre, par les municipalités; ils compareront cet état avec les listes générales des émigrés, aussitôt qu'elles leur seront parvenues : si les personnes portées sur ledit état se trouvent comprises sur ces listes, leurs biens seront de suite mis sous la main de la nation.

16. Pourra néanmoins le séquestre être apposé sur les biens de ces mêmes personnes avant la réception des listes générales des émigrés, d'après les preuves que les directoires de district pourraient se procurer de la non-justification de leur résidence sur le territoire de la République.

17. Les citoyens portés sur les listes des émigrés du district du lieu de leur domicile, qui n'auront pas réclamé dans le délai de cinq décades, à compter du jour de la publication de ladite liste, seront présumés émigrés.

18. Il en sera de même de ceux qui, avant réclamé à l'avenir en temps utile, ne justifieront pas dans le mois, à partir du jour de l'expiration du délai fixé par l'article précédent, de la continuité de leur résidence sur le territoire de la République depuis l'époque fixée par la loi.

19. Dans le cas où un citoyen porté sur la liste des émigrés serait décédé sur le territoire de la République avant d'avoir pu justifier de sa résidence, les municipalités sont autorisées à délivrer un certificat, pour le temps que le décédé prévenu d'émigration a demeuré dans leur arrondissement, d'après les formes légales; à la charge par les parties intéressées qui réclameront ce certificat de signer tant sur les registres que sur ledit certificat, et de se conformer d'ailleurs aux délais prescrits par la loi.

20. Il ne pourra être procédé à la vente des meubles ou immeubles des citoyens portés sur les listes des émigrés, avant l'expiration des délais prescrits par les articles précédens, ou le jugement définitif de leurs réclamations faites en temps utile, mais seulement aux recouvremens qui écherront, et au renouvellement des baux expirés ou expirans : les frais du séquestre seront à la charge des prévenus d'émigration.

21. Les directoires de district prononceront sur les réclamations des prévenus d'émigration, dans la quinzaine à compter du jour où les pièces auront été déposées au bureau de leur administration, et, lorsqu'il s'agira de justification de résidence, dans la décade au plus tard de l'expiration du délai fixé par la loi.

22. Les arrêtés des directoires de district ne seront que provisoires. Le comité de législation est chargé de prononcer définitivement, d'après lesdits arrêtés, sur les réclamations contre les listes et sur toutes celles concernant le personnel des émigrés. Il lui sera adjoint à cet effet cinq nouveaux membres.

23. Les arrêtés qui auront rejeté les réclamations des prévenus d'émigration seront adressés au comité de législation dans les trois jours où ils auront été pris : ceux au contraire qui leur auront été favorables ne lui seront envoyés qu'après que l'agent national du district se sera procuré des renseignemens ultérieurs sur les prévenus d'émigration, de la part des communes et des administrations de département et de district où les certificats de résidence leur ont été délivrés : ce qu'il sera tenu de faire dans le mois à compter de la même époque.

24. Aussitôt le mois expiré, le directoire du district prononcera sur les dénonciations ou réclamations qui pourraient lui être parvenues à la charge des prévenus d'émigration : dans le cas où il n'en existerait pas, il en dressera une déclaration, pour être jointe à ses arrêtés, qu'il enverra de suite au comité de législation.

25. Sont exceptés de cette dernière disposition les arrêtés concernant les réclamations des fonctionnaires publics, des militaires et des citoyens employés dans le service des armées de la République, lesquels seront transmis de suite au comité de législation.

26. Les décisions du comité de législation seront exécutées sans recours, soit qu'elles ordonnent la radiation sur les listes générales des émigrés, soit qu'elles renvoient aux tribunaux criminels des départemens pour les cas qui seront susceptibles de l'application des peines portées par la loi, ou qu'elles rejettent les demandes en exceptions qui ne seraient pas fondées.

27. Le comité de législation, aussitôt qu'il aura prononcé, transmettra ses décisions au directoire du district : celles favorables aux prévenus d'émigration seront publiées, à la diligence de l'agent national, dans les communes de leur domicile et de la situation de leurs biens.

28. L'état de ceux qui auront obtenu la radiation de leurs noms sur la liste des émigrés sera imprimé à la suite des listes générales supplémentaires des émigrés de la République. Le comité de législation fera passer, à cet effet, à la commission des revenus nationaux, l'extrait sommaire des arrêtés qui auront prononcé ces radiations.

29. Les arrêtés des directoires de district sur les réclamations tendant à obtenir la main-levée du séquestre, quoique le prévenu d'émigration ne soit pas porté sur la liste des

émigrés, ne seront aussi que provisoires; ils devront, dans ce cas, être également soumis à la décision définitive du comité de législation.

Des réclamations des prévenus d'émigration portés actuellement sur les listes des émigrés.

30. Les administrations de département remettront, dans la décade de la publication de la présente loi, aux directoires de district de leur arrondissement, les réclamations et les pièces à l'appui des prévenus d'émigration qu'elles peuvent avoir dans leurs bureaux, afin qu'il y soit statué ainsi qu'il vient d'être prescrit: elles feront parvenir de suite au comité de législation celles sur lesquelles elles pourraient avoir prononcé.

31. Ceux qui, étant actuellement en réclamation, soit auprès de la Convention nationale, soit auprès des corps administratifs ou du ci-devant conseil exécutif, contre leur inscription sur les listes des émigrés ou le séquestre de leurs biens, n'auraient pas joint ou ne joindraient pas à l'appui de leurs mémoires, dans le délai de quatre décades à compter de la publication de la présente loi, sauf les cas d'impossibilité constatée, des certificats en règle qui attestent leur résidence sur le territoire français, seront déchus de leurs réclamations et réputés émigrés (1).

32. Seront également réputés émigrés ceux qui, portés sur les listes des émigrés dans les cinq décades qui ont précédé la promulgation de la présente loi, n'auront pas réclamé dans cinquante jours à compter de celui de la publication desdites listes, ou qui, ayant réclamé dans ce délai, n'auront pas, par suite, justifié de leur résidence, dans quatre décades à partir du jour où ledit délai sera expiré.

33. Les prévenus d'émigration mentionnés en l'article 31 ci-dessus qui auront légalement justifié de leur résidence, même ceux qui n'auraient réclamé que postérieurement aux délais fixés par les lois antérieures, seront réintégrés dans leurs propriétés, à la charge par eux de payer les frais du séquestre.

34. Les ventes néanmoins des biens de ceux qui n'auront point réclamé ou constaté leur résidence en temps utile, aux termes de la loi du 28 mars 1793, seront maintenues en faveur des acquéreurs, sauf le droit des ci-devant propriétaires au remboursement du capital, d'après les conditions desdites ventes.

35. Tous arrêtés pris en faveur des prévenus d'émigration, qui auront été exécutés sans avoir été préalablement soumis à la décision du ci-devant conseil exécutif, sont nuls. En conséquence, il est ordonné aux corps administratifs de les transmettre, dans le mois de la publication de la présente loi, au comité de législation. Les prévenus d'émigration, dans ce cas, seront tenus de donner caution de la valeur de leur mobilier, et ne pourront aliéner leurs immeubles jusqu'au jugement définitif de leur réclamation.

36. Le comité de législation référera à la Convention nationale, tant pour ce qui concerne les réclamations actuelles que celles à venir, des cas sur lesquels la loi n'aura pas spécialement prononcé.

TITRE IV. Peines contre les émigrés et leurs complices (2).

SECTION Ire.

Art. 1er. Les émigrés sont bannis à perpétuité du territoire français, et leurs biens sont acquis à la République.

2. L'infraction de leur bannissement sera punie de mort.

3. Les enfans émigrés qui seraient rentrés ou rentreraient sur le territoire de la République après les délais fixés par la loi pour leur rentrée seront déportés s'ils n'ont pas atteints l'âge de seize ans, et punis de mort s'ils enfreignent leur bannissement après être parvenus à cet âge.

4. Ceux qui, domiciliés dans les pays réunis à la République, ne sont rentrés dans ces mêmes pays ou sur toute autre partie du territoire français que postérieurement aux époques après lesquelles ils ont dû être considérés comme émigrés, seront tenus d'en sortir dans les deux décades de la publication de la présente loi, à peine d'être traités comme les émigrés qui ont enfreint leur bannissement, ou déportés dans le même délai, s'ils sont actuellement en état de détention.

5. Les complices des émigrés, désignés dans les paragraphes 1, 2, 3 et 4 de l'article 9 du titre Ier de la présente loi, seront punis de la même peine que les émigrés.

6. Seront condamnés à dix années de fers ceux qui auront fabriqué de faux certificats de résidence pour les émigrés, et à quatre années de la même peine ceux convaincus d'avoir sciemment recelé des émigrés, ou facilité leur rentrée sur le territoire français; ils seront en outre responsables, sur leurs biens, des dommages que leur délit aura pu occasioner à la République.

SECTION II. Peines contre ceux qui ne sont rentrés en France que depuis le 9 février 1792 au 9 mai suivant.

7. La disposition de l'article 24 de la loi

(1) *Voy.* loi du 26 floréal an 3.
(2) *Voy.* loi du 11 floréal an 3.

du 30 mars = 8 avril 1792, qui soumet au paiement d'une indemnité équivalente au double de leurs impositions foncière et mobilière pour 1792, ceux qui ne sont rentrés sur le territoire de la République que dans l'intervalle du 9 février de la même année au 9 mai suivant, est maintenue.

TITRE V. Jugement et condamnation des émigrés et de leurs complices.

SECTION 1re. *Jugement des émigrés.*

Art. 1er. Tout émigré qui rentrera ou sera rentré sur le territoire de la République contre les dispositions de la loi, sera conduit devant le tribunal criminel du département, qui le fera traduire dans la maison de justice.

2. Si le département dans l'étendue duquel l'émigré aura été saisi est celui de son domicile ordinaire, l'accusateur public sera tenu de faire reconnaître, sans délai, si la personne du prévenu est la même que celle dont l'émigration est constatée par les listes des émigrés.

3. Il fera citer, à cet effet, des citoyens d'un civisme reconnu, au moins au nombre de deux, résidant dans la commune du domicile du prévenu, ou, à leur défaut, dans les communes circonvoisines. Le prévenu comparaîtra devant eux à l'audience, où ils seront entendus publiquement, et toujours en présence de deux commissaires du conseil général de la commune où le tribunal est établi : s'ils affirment l'identité, les juges prononceront contre l'émigré la peine de mort ou de déportation, aux termes des articles 2 et 3 du titre IV de la présente loi.

4. Le jugement sera exécuté dans les vingt-quatre heures, sans qu'il puisse y avoir lieu à aucun sursis, recours ou demande en cassation.

5. Dans le cas où le prévenu d'émigration prétendrait être encore dans le délai de justifier de sa résidence sur le territoire français, ou de faire valoir en sa faveur quelques dispositions de la loi, le tribunal le fera retenir à la maison de justice, et enverra sur-le-champ sa réclamation au directoire du district : celui-ci prononcera dans les trois jours du renvoi, et transmettra de suite son arrêté au comité de législation.

6. Les émigrés arrêtés dans un département autre que celui de leur domicile, pourront être jugés par le tribunal criminel de ce même département, s'il y a contre eux des preuves de conviction; mais s'il est nécessaire de constater l'identité, ou s'ils ont des réclamations à faire valoir, il seront de suite conduits, sous sûre escorte, dans la maison de justice du département de leur dernier domicile.

7. Tous les Français émigrés qui seront pris faisant partie des rassemblemens armés ou non armés, ou ayant fait partie desdits rassemblemens; ceux qui ont été ou seront pris, soit sur les frontières, soit en pays ennemi ou dans celui occupé par les troupes de la République, s'ils ont été précédemment dans les armées ennemies ou dans les rassemblemens d'émigrés; ceux qui auront été ou se trouveront saisis de congés ou de passeports délivrés par les chefs français émigrés ou par les commandans militaires des armées ennemies sont réputés avoir servi contre la France. Ils seront, en conséquence, jugés dans les vingt-quatre heures, par une commission militaire, composée de cinq personnes nommées par l'état-major de la division de l'armée dans l'étendue de laquelle ils auront été arrêtés.

8. Aussitôt après le jugement qui les aura déclarés convaincus des crimes énoncés en l'article précédent, ils seront livrés à l'exécuteur et mis à mort dans les vingt-quatre heures.

9. Il en sera de même de tous étrangers qui, depuis le 1er juillet 1789, ont quitté le service de la République, et se sont, après avoir abandonné leur poste, réunis aux émigrés.

10. Les commissions militaires renverront les émigrés qui ne se trouveront pas dans les cas prévus par l'article 7 devant les tribunaux criminels des départemens de leur domicile respectif.

11. Les procès-verbaux d'exécution seront envoyés, dans la huitaine, à la commission chargée de l'organisation et du mouvement des armées de terre, qui les fera passer à la Convention nationale.

12. Les émigrés ne pourront, dans aucun cas, être jugés par jury.

13. Il n'est point dérogé, par la présente loi, à la disposition de celle du 19 floréal, qui autorise le tribunal révolutionnaire à juger les émigrés concurremment avec les tribunaux criminels.

14. Tous citoyens qui auront dénoncé, saisi et arrêté des émigrés, recevront, après l'exécution du jugement, la somme de cent livres par chaque émigré (1).

SECTION II. Jugemens des complices des émigrés.

15. Les complices des émigrés seront jugés par le tribunal révolutionnaire.

La Convention nationale, après avoir entendu le rapport fait au nom de la commission chargée de la révision de la loi sur les émigrés, décrète :

(1) *Voy.* loi du 17 messidor an 6 et du 24 messidor an 7.

Art. 1er. Les articles sur les émigrés, décrétés dans les séances des 26 et 28 fructidor, 4, 16 et 26 vendémiaire derniers, 16, 19 et 23 brumaire présent mois, seront réunis pour ne former qu'une seule loi, qui datera du 25 brumaire troisième année de la République, et sera transcrite en entier dans le procès-verbal de ce jour.

2. Les dispositions des lois antérieures qui se rapportent à l'objet de la présente loi sont abrogées.

3. Seront maintenues néanmoins la loi du 18 fructidor, relative à la résidence des militaires, et celle du 4 brumaire troisième année, concernant les prévenus d'émigration qui ont obtenu des arrêtés favorables des corps administratifs.

(*Suivent les modèles des certificats.*)

---

25 BRUMAIRE an 3 (15 novembre 1794). — Décret qui rapporte celui du 22 du présent mois, relatif à la date de la loi sur les émigrés. (B. 48, 146.)

---

25 BRUMAIRE an 3 (15 novembre 1794). — Décrets qui accordent des secours à divers. (B. 48, 171, 172 et 173.)

---

25 BRUMAIRE an 3 (15 novembre 1794). — Décret qui renvoie au comité des finances la pétition de la citoyenne Dumond. (B. 48, 170.)

---

25 BRUMAIRE an 3 (15 novembre 1794). — Décret qui accorde un congé au citoyen Michel. (B. 48, 171.)

---

25 BRUMAIRE an 3 (15 novembre 1794). — Décret relatif à la pétition de Henri Moigenot, et d'ordre du jour sur une proposition relative à la pétition de Sthannax. (B. 48, 173.)

---

25 BRUMAIRE an 3 (15 novembre 1794). — Décret qui déclare nul le bail général de la Mense abbatiale de Villers-Bertnack. (B. 48, 174.)

---

25 BRUMAIRE an 3 (15 novembre 1794). — Décret qui surseoit à la vente des effets dépendans de la succession de Despine. (B. 48, 174.)

---

25 BRUMAIRE an 3 (15 novembre 1794). — Décret qui autorise à faire imprimer, aux frais de la nation, la traduction de Bacon. (B. 48, 170.)

---

25 BRUMAIRE an 3 (15 novembre 1794). — Décret qui déclare que le 1er bataillon de la ci-devant 33e division de gendarmerie à pied a bien mérité de la patrie. (B. 48, 175.)

---

25 BRUMAIRE an 3 (15 novembre 1794). — Décret relatif à la formation d'une compagnie de canonniers volontaires par section de Paris. (B. 48, 176.)

---

26 BRUMAIRE an 3 (16 novembre 1794). — Décret sur les secours à accorder aux réfugiés ou déportés. (1, Bull. 86, n° 454; B. 48, 179; Mon. du 28 brumaire an 3.)

La Convention nationale, après avoir entendu le rapport de son comité des secours publics sur l'interprétation à donner à l'article additionnel de la loi du 27 vendémiaire, qui détermine les secours et indemnités à accorder à tous les réfugiés ou déportés, et qui porte qu'il sera payé à chaque réfugié ou déporté, à titre de secours, une somme de cent cinquante livres,

Décrète que ce secours sera distribué, savoir : cent cinquante livres à chaque réfugié ou déporté âgé de plus de vingt ans, cent livres à chaque femme, et cinquante livres à chaque enfant âgé de moins de vingt ans.

---

26 BRUMAIRE an 3 (16 novembre 1794). — Décret portant que le secours provisoire n'est point dû aux parens du défenseur de la patrie qui a péri de mort naturelle en activité de service. (1, Bull. 91, n° 466; B. 48, 176; Mon. du 28 brumaire an 3.)

La Convention nationale, après avoir entendu la lecture de l'arrêté de son comité des secours publics, dont la teneur suit, approuve et confirme ledit arrêté.

Arrêté du comité des secours publics.

Sur la question de savoir si le défenseur de la patrie mort naturellement en activité de service ordinaire doit être assimilé, sous le rapport des secours provisoires que l'article 8 de la loi du 13 prairial dernier accorde aux parens de celui qui a été tué en combattant ou faisant un service requis et commandé, le comité, considérant que ce serait violer la disposition littérale de la loi que de l'étendre aux pères et mères et autres parens des défenseurs de la patrie morts de maladie ordinaire, puisque l'article 8 susnommé ne parle taxativement que des défenseurs de la patrie morts dans les combats, ou en faisant un service requis et commandé;

Considérant que ces derniers mots : *ou en faisant un service requis ou commandé*, ne peuvent s'entendre que d'une mort qui est la suite d'un service extraordinaire;

Arrête qu'aux termes du susdit article, le secours provisoire n'est point dû aux parens du défenseur de la patrie qui a péri de mort naturelle en activité de service ordinaire;

Arrête, en outre, que cet arrêté sera soumis, par le membre rapporteur, à la Convention nationale, pour avoir son approbation.

Fait et arrêté le 14 brumaire an 3 de la République française, une et indivisible.

---

26 BRUMAIRE an 3 (16 novembre 1794). — Décrets qui accordent des pensions et secours.

(B. 48, 177, 178, 179, 180, 181, 182, 183 et 184.)

---

26 BRUMAIRE an 3 (16 novembre 1794). — Décret qui nomme commissaire de la commission d'agriculture et des arts le citoyen l'Héritier jeune. (B. 48, 183.)

---

26 BRUMAIRE an 3 (16 novembre 1794). — Décret qui renvoie au comité de sûreté générale un mémoire du citoyen Suchet. (B. 48, 183.)

---

26 BRUMAIRE an 3 (16 novembre 1794). — Décret relatif aux actions héroïques de Savoye fils. (B. 48, 184.)

---

26 BRUMAIRE an 3 (16 novembre 1794). — Décret qui statue sur le sort des militaires qui, après avoir servi dans les corps supprimés, seront rentrés dans les troupes de la République, et que des blessures ou infirmités obligeront à demander leur retraite. (1, Bull. 86, n° 452; B. 48, 181.)

---

26 BRUMAIRE an 3 (16 novembre 1794). — Décret qui ordonne de recevoir parmi les enfans de la patrie ceux des habitans de Saint-Domingue et des autres colonies françaises, âgés de moins de quinze ans, qui se trouvent en France, et dont les parens ont souffert des troubles qui ont agité ces colonies. (1, Bull. 86, n° 453.)

---

27 BRUMAIRE an 3 (17 novembre 1794). — Décret qui étend aux marins servant sur les vaisseaux de l'Etat les dispositions de la loi du 2 thermidor, relativement à la somme accordée par chaque jour de marche aux troupes qui composent l'armée de terre. (1, Bull. 87, n° 459; B. 48, 186.)

La Convention nationale déclare commun avec les marins servant sur les vaisseaux de la République le décret rendu le 2 thermidor, relativement à la somme à accorder par chaque jour de marche aux troupes qui composent l'armée de terre; en conséquence, elle décrète :

Art. 1er. Les premiers et seconds maîtres, les contre-maîtres, les quartiers-maîtres, les premiers et seconds maîtres canonniers, les aides-canonniers, les premiers et seconds maîtres armuriers, les pilotes-côtiers, les maîtres et seconds maîtres charpentiers, les aides-charpentiers, les maîtres et seconds maîtres calfats, les aides, les maîtres et seconds voiliers, les aides ainsi que les chefs de timonerie, dont les grades sont correspondans avec ceux de sergent-major et de sergent, recevront par chaque jour de marche, calculée à cinq lieues de poste, une somme de 45 sous.

2. Les timonniers et matelots vétérans, dont les grades correspondent avec ceux de caporal-fourrier et de caporaux, recevront par chaque jour de marche, calculée comme ci-dessus, une somme de 35 sous.

3. Les matelots ordinaires, les novices et les mousses, qui sont correspondans avec les fusiliers, recevront, pour même cause et par jour, une somme de 30 sous.

---

27 BRUMAIRE an 3 (17 novembre 1794). — Décret relatif aux écoles primaires. (1, Bull. 90, n° 465; B. 48, 188; Mon. du 27 BRUMAIRE an 3, Rap. Lakanal.)

Voy. lois du 12 DÉCEMBRE 1792, et du 3 BRUMAIRE an 4.

CHAPITRE Ier. Institution des écoles primaires.

Art. 1er. Les écoles primaires ont pour objet de donner aux enfans de l'un et de l'autre sexe l'instruction nécessaire à des hommes libres.

2. Les écoles primaires seront distribuées sur le territoire de la République à raison de la population; en conséquence, il sera établi une école primaire par mille habitans.

3. Dans les lieux où la population est trop dispersée, il pourra être établi une seconde école primaire sur la demande motivée de l'administration du district, et d'après un décret de l'Assemblée nationale.

4. Dans les lieux où la population est pressée, une seconde école ne pourra être établie que lorsque la population s'élèvera à deux mille individus, la troisième à trois mille habitans complets, et ainsi de suite.

5. Dans toutes les communes de la République, les ci-devant presbytères non vendus au profit de la République sont mis à la disposition des municipalités, pour servir tant au logement de l'instituteur qu'à recevoir les élèves pendant la durée des leçons; en conséquence, tous les baux existans sont résiliés.

6. Dans les communes où il n'existe plus de ci-devant presbytères à la disposition de la nation, il sera accordé, sur la demande des administrations de district, un local convenable pour la tenue des écoles primaires.

7. Chaque école primaire sera divisée en deux sections, l'une pour les garçons, l'autre pour les filles; en conséquence, il y aura un instituteur et une institutrice.

CHAPITRE II. Jury d'instruction.

Art. 1er. Les instituteurs et les institutrices sont nommés par le peuple : néanmoins, pendant la durée du Gouvernement révolutionnaire, ils seront examinés, élus et surveillés par un *jury d'instruction* composé de trois membres désignés par l'administration du district, et pris hors de son sein parmi les pères de famille.

2. Le jury d'instruction sera renouvelé par tiers tous les six mois.

Le commissaire sortant pourra être réélu.

CHAPITRE III. Des instituteurs.

Art. 1er. Les nominations des instituteurs et des institutrices élus par le jury d'instruction seront soumises à l'administration du district.

2. Si l'administration refuse de confirmer la nomination faite par le jury, le jury pourra faire un autre choix.

3. Lorsque le jury persistera dans sa nomination, et l'administration dans son refus, elle désignera pour la place vacante la personne qu'elle croira mériter la préférence : les deux choix seront envoyés au comité d'instruction publique, qui prononcera définitivement entre l'administration et le jury.

4. Les plaintes contre les instituteurs et les institutrices seront portées directement au jury d'instruction.

5. Lorsque la plainte sera en matière grave, et après que l'accusé aura été entendu, si le jury juge qu'il y a lieu à destitution, sa décision sera portée au conseil général de l'administration du district, pour être confirmée.

6. Si l'arrêté du conseil général n'est pas conforme à l'avis du jury, l'affaire sera portée au comité d'instruction publique, qui prononcera définitivement.

7. Les instituteurs et les institutrices des écoles primaires seront tenus d'enseigner à leurs élèves les livres élémentaires composés et publiés par ordre de la Convention nationale.

8. Ils ne pourront recevoir chez eux, comme pensionnaires, ni donner de leçon particulière à aucun de leurs élèves : l'instituteur se doit tout à tous.

9. La nation accordera aux citoyens qui auront rendu de longs services à leur pays dans la carrière de l'enseignement une retraite qui mettra leur vieillesse à l'abri du besoin.

10. Le salaire des instituteurs sera uniforme sur toute la surface de la République ; il est fixé à douze cents livres pour les instituteurs, et à mille livres pour les institutrices : néanmoins, dans les communes dont la population s'élève au-dessus de vingt mille habitans, le traitement de l'instituteur sera de quinze cents livres, et celui de l'institutrice de douze cents livres.

CHAPITRE IV. Instruction et régime des écoles primaires.

Art. 1er. Les élèves ne seront pas admis aux écoles primaires avant l'âge de six ans accomplis.

2. Dans l'une et l'autre section de chaque école, on enseignera aux élèves : 1° à lire et à écrire, et les exemples de lecture rappelleront leurs droits et leurs devoirs; 2° la *Déclaration des droits de l'Homme et du Citoyen*, et la constitution de la République française; 3° on donnera des instructions élémentaires sur la morale républicaine; 4° les élémens de la langue française, soit parlée, soit écrite; 5° les règles du calcul simple et de l'arpentage; 6° les élémens de la géographie et de l'histoire des peuples libres; 7° des instructions sur les principaux phénomènes et les productions les plus usuelles de la nature. On fera apprendre le recueil des actions héroïques et les chants de triomphe.

3. L'enseignement sera fait en langue française : l'idiôme du pays ne pourra être employé que comme un moyen auxiliaire.

4. Les élèves seront instruits dans les exercices les plus propres à entretenir la santé et à développer la force et l'agilité du corps; en conséquence, les garçons seront élevés aux exercices militaires, auxquels présidera un officier de la garde nationale, désigné par le jury d'instruction.

5. On les formera, si la localité le comporte, à la natation : cet exercice sera dirigé et surveillé par des citoyens nommés par le jury d'instruction, sur la présentation des municipalités respectives.

6. Il sera publié des instructions pour déterminer la nature et la distribution des autres exercices gymnastiques propres à donner au corps de la force et de la souplesse, tels que la course, la lutte, etc.

7. Les élèves des écoles primaires visiteront plusieurs fois l'année, avec leurs instituteurs, et sous la conduite d'un magistrat du peuple, les hôpitaux les plus voisins.

8. Les mêmes jours, ils aideront, dans leurs travaux domestiques et champêtres, les vieillards et les parens des défenseurs de la patrie.

9. On les conduira quelquefois dans les manufactures et les ateliers où l'on prépare des marchandises d'une consommation commune, afin que cette vue leur donne quelque idée des avantages de l'industrie humaine, et éveille en eux le goût des arts utiles.

10. Une partie du temps destiné aux écoles sera employée à des ouvrages manuels de différentes espèces utiles et communes.

11. Il sera publié une instruction pour faciliter l'exécution des deux articles précédens, en rendant la fréquentation des ateliers et le travail de mains vraiment utiles aux élèves.

12. Des prix d'encouragement seront distribués tous les ans aux élèves, en présence du peuple, dans la fête de *la Jeunesse*.

13. Le comité d'instruction publique est chargé de publier, sans délai, des réglemens sur le régime et la discipline interne des écoles primaires.

14. Les jeunes citoyens qui n'auront pas fréquenté ces écoles seront examinés, en présence du peuple, à la fête de *la Jeunesse*;

et, s'il est reconnu qu'ils n'ont pas les connaissances nécessaires à des citoyens français, ils seront écartés, jusqu'à ce qu'ils les aient acquises, de toutes les fonctions publiques.

15. La loi ne peut porter aucune atteinte au droit qu'ont les citoyens d'ouvrir des écoles particulières et libres, sous la surveillance des autorités constituées.

16. La Convention nationale rapporte toute disposition contraire à la présente loi.

---

27 BRUMAIRE an 3 (17 novembre 1794). — Décret qui envoie en mission, dans le département des Alpes-Maritimes et circonvoisins, les représentans du peuple François (de la Sarthe) et Servières. (1, Bull. 86, n° 456 ; B. 48, 184.)

---

27 BRUMAIRE an 3 (17 novembre 1794). — Décret qui accorde des secours. (B. 48, 187.)

---

27 BRUMAIRE an 3 (17 novembre 1794). — Décret portant mention honorable du don fait par le citoyen Gillion. (B. 48, 185.)

---

27 BRUMAIRE an 3 (17 novembre 1794). — Décret relatif à la restitution des armes enlevées par ordre du comité de salut public. (B. 48, 187.)

---

27 BRUMAIRE an 3 (17 novembre 1794). — Décret relatif à la pétition des ouvriers de l'atelier d'armes de l'île de la Fraternité. (B. 48, 185.)

---

27 BRUMAIRE an 3 (17 novembre 1794). — Décret relatif à la pétition de François Boudreau. (B. 48, 186.)

---

27 BRUMAIRE an 3 (17 novembre 1794). — Décret sur la dénonciation de la négligence avec laquelle on surveille les voyageurs, et de l'inobservation de la loi sur la visite des passeports. (B. 48, 187.)

---

27 BRUMAIRE an 3 (17 novembre 1794). — Décret sur la conservation des agneaux, brebis et béliers. (B. 48, 192.) — Rapporté le 29 brumaire.

---

27 BRUMAIRE an 3 (17 novembre 1794). — Décret de mention honorable du don fait à la nation par l'armée navale, à Brest, du vaisseau anglais *l'Alexander*. (B. 48, 192.)

---

27 BRUMAIRE an 3 (17 novembre 1794). — Décret qui envoie en mission, dans les départemens y désignés, les représentans du peuple Bailly et Genevois. (1, Bull. 87, n° 457 ; B. 48, 185.)

---

28 BRUMAIRE an 3 (18 novembre 1794). — Décret relatif à la manufacture d'armes de Paris. (B. 48, 194.)

28 BRUMAIRE an 3 (18 novembre 1794). — Décret qui ordonne de remettre au citoyen Courrier le rapport de la commission des Vingt-Un, et des copies certifiées des lettres de Tronjoly. (B. 48, 194.)

---

28 BRUMAIRE an 3 (18 novembre 1794). — Décret qui nomme les membres de l'agence temporaire des titres à Paris. (1, Bull. 91, n° 467 ; B. 48, 195.)

---

28 BRUMAIRE an 3 (18 novembre 1794). — Décret relatif aux indemnités dues au représentant Sallèles. (B. 48, 199.)

---

28 BRUMAIRE an 3 (18 novembre 1794). — Décrets qui accordent des secours à divers. (B. 48, 193, 197, 198 et 199.)

---

28 BRUMAIRE an 3 (18 novembre 1794). — Décret qui accorde un congé au citoyen Ferroux. (B. 48, 194.)

---

28 BRUMAIRE an 3 (18 novembre 1794). — Décret qui annule la procédure contre Pierrette Morot, accusée de falsification de quittance. (B. 48, 196.)

---

28 BRUMAIRE an 3 (18 novembre 1794). — Décret sur la proposition d'examiner s'il n'est pas utile d'obliger les instituteurs particuliers à se servir des livres adoptés par la Convention. (B. 48, 199.)

---

28 BRUMAIRE an 3 (18 novembre 1794). — Décret portant que la discussion sur le projet du Code civil s'ouvrira le 11 frimaire. (B. 48, 200.)

---

29 BRUMAIRE an 3 (19 novembre 1794). — Décret relatif à l'établissement de bureaux pour le dépôt et la distribution des dépêches, l'enregistrement des voyageurs, etc. (B. 48, 211 ; Mon. du 1er frimaire an 3, Rap. Bion.)

Art. 1er. Le comité des transports est autorisé à établir, sur la réquisition des conseils généraux des communes et l'avis des districts, dans tous les lieux de la République où la plus grande utilité l'exigera, des bureaux pour le dépôt et la distribution des dépêches, l'enregistrement des voyageurs, le chargement et la remise des sommes et valeurs des paquets, ballots et marchandises.

2. Les changemens ou transféremens des bureaux seront faits de la même manière.

3. Le comité est autorisé à choisir et nommer les directeurs de ces différens établissemens, tant lors de leur création qu'en cas de vacance par démission, décès ou destitution, parmi trois citoyens qui lui seront présentés par les conseils généraux des communes et sur l'avis des districts.

4. Il est dérogé à toutes les lois contraires aux dispositions de la présente.

29 BRUMAIRE an 3 (19 novembre 1794). — Décret qui nomme à la place de second commissaire de la commission d'agriculture et des arts, le citoyen Lhéritier jeune. (1, Bull. 92, n° 471; B. 48, 209.)

---

29 BRUMAIRE an 3 (19 novembre 1794). — Décret qui envoie en mission, dans les départemens y désignés, les représentans du peuple Espert, Cadroi et Bordas. (1, Bull. 88, n° 460; B. 48, 200.)

---

29 BRUMAIRE an 3 (19 novembre 1794). — Décret portant qu'il sera payé au citoyen Germain la somme de dix mille trois cent soixante-dix-sept livres dix sous par la commission d'agriculture et des arts. (B. 48, 201.)

---

29 BRUMAIRE an 3 (19 novembre 1794). — Décret portant nomination de citoyens pour remplir des places vacantes. (B. 48, 201.)

---

29 BRUMAIRE an 3 (19 novembre 1794). — Décret sur la soumission faite par le citoyen Cagnon. (B. 48, 208.)

---

29 BRUMAIRE an 3 (19 novembre 1794). — Décret qui rapporte celui du 27 brumaire sur les conservations des agneaux, brebis et béliers. (B. 48, 216.)

---

29 BRUMAIRE an 3 (19 novembre 1794). — Décrets qui accordent des secours à divers. (B. 48, 209 à 212.)

---

29 BRUMAIRE an 3 (19 novembre 1794). — Décret relatif aux avances à faire aux maîtres de poste pour achats de chevaux. (B. 48, 211.)

---

30 BRUMAIRE an 3 (20 novembre 1794). — Décret qui envoie en mission, près les armées des côtes de Brest et de Cherbourg, le représentant du peuple Brue. (1, Bull. 88, n° 462; B. 48, 216.)

---

30 BRUMAIRE an 3 (20 novembre 1794). — Décret qui surseoit pendant quinze jours à l'exécution de l'ordre qu'a reçu le citoyen Hedde, officier marinier, de se rendre au Havre-Marat. (B. 48, 222.)

---

30 BRUMAIRE an 3 (20 novembre 1794). — Décret qui renvoie au comité de sûreté générale une lettre du représentant du peuple David. (B. 48, 216.)

---

30 BRUMAIRE an 3 (20 novembre 1794). — Décret qui prolonge le congé du citoyen Opoix, et en accorde un au citoyen Garreau. (B. 48, 216 et 217.)

---

30 BRUMAIRE an 3 (20 novembre 1794). — Décrets qui accordent des secours à divers. (B. 48, 217 à 221.)

---

30 BRUMAIRE an 3 (20 novembre 1794). — Décret qui surseoit provisoirement au jugement rendu contre Levasseur. (B. 48, 220.)

---

30 BRUMAIRE an 3 (20 novembre 1794). — Décret portant qu'il sera nommé une commission de six membres pour examiner les dépenses qu'ont occasionées les établissemens d'armes portatives de Paris. (B. 48, 220.)

---

30 BRUMAIRE an 3 (20 novembre 1794). — Décret relatif à la pétition de Julian de Carentan. (B. 48, 221.)

---

30 BRUMAIRE an 3 (20 novembre 1794). — Décret qui déclare que le représentant du peuple Roger-Ducos, délégué dans les départemens du Nord et de l'Aisne, est investi des mêmes pouvoirs que les autres représentans envoyés en mission. (1, Bull. 88, n° 463; B. 48, 221.)

1er FRIMAIRE an 3 (21 novembre 1794). — Décret qui annule un jugement rendu par un conseil de discipline contre le citoyen Nicaise. (B. 49, 1.)

1er FRIMAIRE an 3 (21 novembre 1794). — Décret qui surseoit provisoirement à un jugement rendu contre le citoyen Joseph Humbert. (B. 49, 1.)

1er FRIMAIRE an 3 (21 novembre 1794). — Décret qui accorde une somme de douze cents livres au citoyen Desforges. (B. 49, 2.)

1er FRIMAIRE an 3 (21 novembre 1794). — Décret qui renvoie une proposition relative à une amende prononcée contre le nommé Guillot, au comité de législation. (B. 49, 2.)

1er FRIMAIRE an 3 (21 novembre 1794). — Décret qui suspend la remise, de la part des pensionnaires des ci-devant écoles militaires, des titres en vertu desquels ils jouissent de leurs pensions. (B. 49, 7.)

---

2 FRIMAIRE an 3 (22 novembre 1794). — Décret qui accorde des indemnités et secours. (B. 49, 3, 4, 5, 6, 8 et 11.)

La remise exigée par les décrets des 13 juin 1793 et 26 messidor, de la part des pensionnaires des ci-devant écoles militaires, des titres en vertu desquels ils jouissent de leurs pensions, est suspendue à leur égard jusqu'à ce que la pension de chacun d'eux ait été liquidée définitivement.

---

2 FRIMAIRE an 3 (22 novembre 1794). — Décret portant que toutes les pièces originales relatives au représentant du peuple Carrier seront apportées sans délai au comité du sûreté générale. (B. 49, 7.)

3 FRIMAIRE an 3 (23 novembre 1794). — Décret portant que le représentant du peuple Carrier se rendra sur-le-champ dans le sein de la Convention. (B. 49, 11.)

3 FRIMAIRE an 3 (23 novembre 1794). — Décret portant que l'appel nominal relatif au décret d'accusation contre Carrier sera imprimé, distribué et envoyé aux départemens et armées. (B. 49, 11.)

4 FRIMAIRE an 3 (24 novembre 1794). — Décret d'ordre du jour sur diverses propositions faites relativement à la composition des bureaux des comités, commissions exécutives, et des administrations. (B. 49, 12.)

4 FRIMAIRE an 3 (24 novembre 1794). — Décret portant que les comités de sûreté générale et de salut public se réuniront pour faire cesser les désordres occasionés par les malveillans dans les ateliers d'armes à Paris. (B. 49, 12.)

4 FRIMAIRE an 3 (24 novembre 1794). — Décret portant que les comités des finances et de législation présenteront, dans la décade, un rapport tendant à fixer le mode de liquidation des créances sur les émigrés, et dans les trois jours un rapport sur les secours à accorder aux pères, mères, femmes et enfans d'émigrés, etc. (B. 49, 12 et 13.)

4 FRIMAIRE an 3 (24 novembre 1794). — Décret qui accorde un congé au citoyen Delecloy. (B. 49, 13.)

4 FRIMAIRE an 3 (24 novembre 1794). — Décrets qui accordent des secours et indemnités. (B 49, 13, 14, 15, 16, 17 et 18.)

4 FRIMAIRE an 3 (24 novembre 1794). — Décret qui rapporte les dispositions du décret du 17 vendémiaire an 2, relatif à la commune de Beauvais. (B. 49, 19.)

4 FRIMAIRE an 3 (24 novembre 1794). — Décret portant qu'il y a lieu à accusation contre le représentant du peuple Carrier. (1, Bull. 91, n° 469; B. 49, 11.)

5 FRIMAIRE an 3 (25 novembre 1794). — Décret contenant l'acte d'accusation contre le représentant du peuple Carrier. (1, Bull. 91, n° 470; B. 49, 25.)

5 FRIMAIRE an 3 (25 novembre 1794). — Décret portant que le nom du général Dugommier sera inscrit sur la colonne du Panthéon. (1, Bull. 92, n° 472; B. 49, 27.)

5 FRIMAIRE an 3 (25 novembre 1794). — Décret qui surseoit à toutes poursuites dirigées contre plusieurs charbonniers. (B. 49, 26.)

5 FRIMAIRE an 3 (25 novembre 1794). — Décret qui surseoit au jugement qui condamne à mort Marie Combe. (B. 49, 27.)

5 FRIMAIRE an 3 (25 novembre 1794). — Décret portant nomination d'agens administratifs dans les communes de Saint-Avold, Luxeuil, Chartres, Tonnerre et Lure. (B. 49, 19 et suiv.)

6 FRIMAIRE an 3 (26 novembre 1794). — Décret relatif aux denrées et marchandises non prohibées importées par la voie du commerce extérieur. (B. 49, 31.)

Art. 1er. Toutes les denrées et marchandises non prohibées importées par la voie du commerce extérieur seront à la libre disposition du propriétaire, et ne pourront être soumises à la réquisition.

2. Lors de l'arrivée de ces denrées ou marchandises dans les ports de France ou dans les communes de leur destination, quand cette arrivée aura lieu par les frontières de terre, il sera fait à la municipalité la déclaration de leur quantité et de leur qualité.

3. Il sera donné par la municipalité au déclarant une copie certifiée de sa déclaration.

6 FRIMAIRE an 3 (26 novembre 1794). — Décret qui fixe un délai pour l'insinuation des dons mutuels faits en faveur des veuves des défenseurs de la patrie, et de celles des fonctionnaires publics employés hors de leur domicile. (B. 49, 30; Mon. du 9 frimaire an 3, Rap. Oudot.)

La Convention nationale, après avoir entendu le rapport de son comité de législation sur les pétitions de la citoyenne Marie-Catherine Goulet, veuve Pagnon; de la citoyenne Bouley, veuve Guénin, et des citoyens de la section de la Halle-au-Blé;

Considérant que le délai de quatre mois, fixé par les lettres-patentes du 3 juillet 1769, pour faire insinuer les dons mutuels entre des époux, à compter du jour du décès du prémourant, est trop court relativement aux veuves des fonctionnaires publics employés hors de leur domicile, et des défenseurs de la patrie, qui ne peuvent souvent avoir, dans un si court espace de temps, des nouvelles certaines de la mort de leurs maris, décrète ce qui suit :

Art. 1er. La citoyenne veuve Pagnon demeure autorisée à faire insinuer la donation insérée dans son acte de mariage, en date du 30 avril 1780, pendant un mois à compter de ce jour, et cette insinuation vaudra comme si elle avait été faite dans les quatre mois.

2. L'insinuation de l'acte de donation mutuelle faite entre les époux Cuénin et Bouley, qui n'a eu lieu que huit mois et dix-sept jours après la mort du citoyen Cuénin, décédé au service de la patrie, vaudra comme si elle avait été faite dans les quatre mois après ce décès.

3. Les veuves des défenseurs de la patrie et celles des fonctionnaires publics employés hors de leur domicile ordinaire, auront un an, à compter de la mort de leurs maris, pour insinuer les dons mutuels faits en leur faveur.

---

6 FRIMAIRE an 3 (26 novembre 1794).— Décret qui envoie en mission dans le district de Reims le représentant du peuple Bô. (1, Bull. 92, n° 475; B. 49, 27.)

---

6 FRIMAIRE an 3 (26 novembre 1794).—Décret qui déclare que le citoyen Dentzel conserve le caractère de représentant du peuple. (1, Bull. 96, n° 487; B. 49, 29.)

---

6 FRIMAIRE an 3 (26 novembre 1794).— Décret qui autorise la citoyenne Lacarruyer à faire insinuer dans l'un des bureaux d'enregistrement de la commune de Paris la donation qui lui a été faite en faveur de mariage par le citoyen J.-B. Hooke. (B. 49, 28.)

---

6 FRIMAIRE an 3 (26 novembre 1794). — Décrets qui accordent des secours à divers. (B. 49, 28, 29, 30 et 33.)

---

6 FRIMAIRE an 3 (26 novembre 1794). — Décret qui renvoie au comité de sûreté générale la lettre écrite par le citoyen Couppé. (B. 49, 32.)

---

6 FRIMAIRE an 3 (26 novembre 1794).—Décret portant qu'il sera fait un rapport sur l'affaire de Laudeau, et que le représentant du peuple Dentzel reprendra de suite ses fonctions. (B. 49, 29.)

---

6 FRIMAIRE an 3 (26 novembre 1794). — Décrets qui accordent un congé au citoyen Maulde, et mettent en liberté les onze administrateurs du district de Sedan. (B. 49, 31.)

---

6 FRIMAIRE an 3 (26 novembre 1794).— Décret qui renvoie aux trois comités de salut public, de sûreté générale et de législation, la proposition tendante à ce que la conduite des représentans du peuple Joseph Lebon et David soit soumise à l'examen dans les formes décrétées. (B. 49, 32.)

---

6 FRIMAIRE an 3 (26 novembre 1794). —Décret qui renvoie au comité de législation une lettre écrite par la deuxième section du tribunal criminel du département du Nord. (B. 49, 32.)

6 FRIMAIRE an 3 (26 novembre 1794). — Décret qui renvoie au comité de sûreté générale la pétition de Jean Masse et autres. (B. 49, 33.)

---

7 FRIMAIRE an 3 (27 novembre 1794). —Décret relatif à la liquidation et au paiement des pensions. (1, Bull. 96, n° 476; B. 49, 34.)

Art. 1er. Toutes les pensions accordées par décret portant le nom des pensionnaires seront payées par la Trésorerie nationale, sur le vu du décret, sans autre formalité que la production du certificat exigé par la loi du 6 germinal.

2. Les pensionnaires liquidés par décret, sur le rapport du directeur général de la liquidation, joindront à l'extrait du décret un certificat de propriété, qui leur sera délivré par le directeur de la liquidation, suivant le modèle annexé au présent décret.

3. Les certificats de résidence exigés pour les paiemens à faire à la Trésorerie nationale seront valables pendant les six mois de la date du *visa* du directoire de district.

Modèle de certificat.

Je soussigné, directeur général de la liquidation, certifie que.... né le.... est compris dans le décret du.... pour une pension de.... dont les arrérages doivent commencer à courir à compter du.... et a rapporté à la liquidation des pièces nécessaires pour qu'il puisse toucher à la Trésorerie nationale, conformément au décret du 12 brumaire an 3, la pension qui lui a été accordée. A Paris, ce....

---

7 FRIMAIRE an 3 (27 novembre 1794). — Décret qui alloue deux cent mille livres pour la formation et exploitation d'une manufacture de mousselines superfines. (B. 49, 36.)

---

7 FRIMAIRE an 3 (27 novembre 1794). — Décret qui maintient le citoyen Berthoud dans l'emploi d'horloger mécanicien de la marine. (B. 49, 39.)

---

7 FRIMAIRE an 3 (27 novembre 1794). — Décret qui accorde des secours à divers. (B. 49, 38.)

---

7 FRIMAIRE an 3 (27 novembre 1794).— Décret qui renvoie l'examen de la loi du 27 germinal, qui exclut les ex-nobles de Paris, des villes frontières maritimes, etc., aux trois comités de salut public, de sûreté générale et de législation. (B. 49, 35.)

---

7 FRIMAIRE an 3 (27 novembre 1794). — Décret sur un référé du tribunal du département du Nord. (B. 49, 36.)

---

7 FRIMAIRE an 3 (27 novembre 1794).— Décret portant la mise en liberté du citoyen Sarget père et autres. (B. 49, 37.)

8 FRIMAIRE an 3 (28 novembre 1794).—Décrets qui accordent des secours à divers. (B. 49, 40, 41, 42, 44, 45, 46, 47 et 49.)

---

8 FRIMAIRE an 3 (28 novembre 1794). — Décret d'ordre du jour sur une lettre du représentant du peuple Carrier. (B. 49, 43.)

---

8 FRIMAIRE an 3 (28 novembre 1794). —Décret de mention honorable du don fait par le citoyen Delage, de la finance de son office de notaire. (B. 49, 48.)

---

8 FRIMAIRE an 3 (28 novembre 1794).—Décret portant qu'à l'avenir aucun membre des comités du Gouvernement ne pourra être envoyé en mission qu'un mois après qu'il sera sorti du comité dont il était membre. (B. 49, 43.)

---

8 FRIMAIRE an 3 (28 novembre 1794). — Décret de renvoi au comité de salut public relatif à la manufacture de fusils de Paris. (B. 49, 49.)

---

8 FRIMAIRE an 3 (28 novembre 1794).— Décret portant qu'il sera envoyé aux Etats-Unis d'Amérique un drapeau aux couleurs nationales. (1, Bull 92, n° 477; B. 49, 48.)

---

8 FRIMAIRE an 3 (28 novembre 1794). —Décret portant que l'armée des Pyrénées-Orientales ne cesse de bien mériter de la patrie. (1, Bull. 92, n° 478; B. 49, 47.)

---

8 FRIMAIRE an 3 (28 novembre 1794).—Décret qui envoie en mission dans les départemens y désignés les représentans du peuple Cleydel, Robin et Letellier. (1, Bull. 94, n° 480; B. 49, 43.)

---

9 FRIMAIRE an 3 (29 novembre 1794). — Décret portant que, dans tous les marchés antérieurs à la loi du 29 septembre 1793, qui avaient pour objet des marchandises non fabriquées à cette époque, et dont la fabrication a augmenté par le prix du salaire des ouvriers fixé par cette loi, les vendeurs pourront exiger une indemnité. (B. 49, 56; Mon. du 11 frimaire an 3, Rap Oudot.)

La Convention nationale, après avoir entendu le rapport de son comité de législation sur la pétition du citoyen Gris, maître de forges à Larré, district de Châtillon-sur-Seine, tendant à savoir si l'article 12 de la loi du 29 septembre 1793, relative au prix des denrées, qui confirme les marchés passés à des prix inférieurs au *maximum*, comprend aussi les marchés faits à longues années avant la loi du *maximum*, et qui ont pour objet des marchandises non fabriquées avant cette loi, et dont la fabrication est augmentée par le salaire accordé aux ouvriers en vertu de cette même loi;

Considérant qu'il serait injuste de forcer à livrer des marchandises qui n'auraient point été fabriquées, à l'époque de la loi du *maximum*, à un prix inférieur, lorsque le prix de la fabrication aurait été augmenté par cette même loi;

Décrète que, dans tous les marchés antérieurs à la loi du 29 septembre 1793, qui avaient pour objet des marchandises qui n'étaient pas fabriquées à cette époque, et dont la fabrication a augmenté par le prix du salaire des ouvriers fixé par cette loi, les vendeurs pourront exiger une indemnité.

Cette indemnité sera fixée de gré à gré par les vendeurs et les acheteurs, ou par des experts, d'après l'augmentation de la fabrique des marchandises, résultant de celle des salaires des ouvriers qui a eu lieu en vertu de la même loi.

---

9 FRIMAIRE an 3 (29 novembre 1794).—Décret portant qu'il ne sera établi à l'avenir aucun atelier d'armes, de salpêtre, ou magasin de fourrages et autres matières combustibles, dans les bâtimens où il y a des bibliothèques, muséums, cabinets d'histoire naturelle, etc. (B. 49, 50; Mon. du 11 frimaire an 3, Rap. Thibeaudeau.)

Art. 1er. Il ne sera établi à l'avenir aucun atelier d'armes, de salpêtre, ou magasin de fourrages et autres matières combustibles, dans les bâtimens où il y a des bibliothèques, muséums, cabinets d'histoire naturelle, et autres collections précieuses d'objets de sciences et d'arts.

2. Dans le cas où des ateliers ou magasins et des dépôts d'objets de sciences et d'arts se trouveraient réunis dans le même local ou dans des bâtimens voisins, les administrations de district prendront les mesures les plus promptes pour éviter les incendies, et pour déplacer même l'établissement dont la translation sera la plus facile et la moins dispendieuse.

3. Les agens nationaux de district rendront compte, dans un mois, de l'exécution de la présente loi, à la commission d'instruction publique.

4. La commission temporaire des arts est chargée de l'exécution de la présente loi à Paris.

---

9 FRIMAIRE an 3 (29 novembre 1794). — Décret portant qu'il sera nommé un jury pour juger les ouvrages de peinture, sculpture et architecture (B 49, 51; Mon. du 12 frimaire an 3, Rap. Thibeaudeau.)

Art. 1er. Il sera nommé un jury, composé de vingt-sept membres, pour juger les ouvrages de peinture, sculpture et architecture, remis aux concours ouverts par les arrêtés du comité de salut public des 5, 12 et 28 floréal.

2. Tous les citoyens qui ont concouru se réuniront le 20 frimaire dans la salle dite *du Laocoon*, au Louvre, pour désigner quarante citoyens non concurrens, dont ils transmettront les noms au comité d'instruction publique, qui en choisira vingt-sept pour former le jury, et treize pour suppléans.

3. Les objets proposés au concours seront réunis dans les salles de la ci-devant académie de peinture, au Louvre; le comité des inspecteurs du palais national y fera transporter, dans trois jours, ceux qui sont dans le vestibule de la Convention : les salles seront ouvertes à tous les membres du jury, à compter du 25 frimaire.

4. Le jury s'assemblera en séance publique le 26 frimaire.

5. Le jury prononcera d'abord, sur chaque partie du concours, s'il y a lieu à accorder des prix.

6. Si le jury estime qu'il y a lieu d'accorder des prix dans une ou plusieurs parties, les membres procéderont au jugement par appel nominal, sans discussion, et donneront par écrit les motifs de leur opinion : ils prononceront définitivement à chaque séance sur une partie du concours.

7. Chaque membre du jury donnera aussi son avis par écrit sur les prix qu'il estimera devoir être accordés, et sur les ouvrages qu'il croira dignes d'être exécutés aux frais de la nation.

8. Le jury tiendra procès-verbal de ses opérations; il le fera passer au comité d'instruction publique, qui en ordonnera l'impression, et en fera un rapport à la Convention nationale.

9. Le comité d'instruction publique fera un rapport sur les moyens d'encourager les arts d'une manière utile à la gloire de la République.

---

9 FRIMAIRE an 3 (29 novembre 1794).—Décret qui accorde un crédit à diverses commissions exécutives. (B. 49, 53.)

---

9 FRIMAIRE an 3 (29 novembre 1794).—Décrets qui accordent des secours et gratifications. (B. 49, 50, 54 et 55.)

---

9 FRIMAIRE an 3 (29 novembre 1794).—Décret qui casse l'arrêté du représentant du peuple Isabeau. (B. 49, 52.)

---

9 FRIMAIRE an 3 (29 novembre 1794).—Décret relatif à la levée des scellés apposés sur les papiers et effets de Carrier. (B. 49, 52.)

---

9 FRIMAIRE an 3 (29 novembre 1794).—Décret portant qu'il sera incessamment procédé à l'estimation exacte des bâtimens, emplacemens et effets dépendans de la filature de coton établie à Orléans. (B. 49, 53.)

---

9 FRIMAIRE an 3 (29 novembre 1794).—Décrets portant nomination à divers emplois civils. (B. 49, 58 et suiv.)

---

9 FRIMAIRE an 3 (29 novembre 1794).—Décret qui renvoie au comité de sûreté générale la proposition tendante à ce que les pouvoirs donnés par le décret d'hier au représentant du peuple Cléydel ne s'étendent qu'aux deux départemens de la Creuse et de la Vienne. (B. 49, 55.)

---

9 FRIMAIRE an 3 (29 novembre 1794).—Décret de mention honorable du don fait par le citoyen Latour. (B. 49, 55.)

---

9 FRIMAIRE an 3 (29 novembre 1794).—Décret de renvoi d'une pétition de la citoyenne Deseine. (B. 49, 56.)

---

9 FRIMAIRE an 3 (29 novembre 1794).—Décret qui accorde une prolongation de congé au citoyen Choudieu. (B. 49, 56.)

---

9 FRIMAIRE an 3 (29 novembre 1794).—Décret portant que l'écrit du représentant du peuple Gouly, ayant pour titre : *Vues générales sur l'importance, etc.*, n'a pas été imprimé par ordre de la Convention, ni par celui d'aucun de ses comités, et qu'elle en improuve les principes. (B. 49, 57.)

---

9 FRIMAIRE an 3 (29 novembre 1794).—Décret portant que le rapport sur le mode d'exécution de la loi du...... 1790 (vieux style), qui, en déclarant que les biens des condamnés seraient confisqués au profit de la nation, promettait des pensions alimentaires aux veuves et aux enfans, sera fait dans deux décades. (B. 49, 57.)

---

10 FRIMAIRE an 3 (30 novembre 1794).—Décret de mention honorable de l'hommage d'un travail général sur la législation militaire, par le citoyen Morin. (B. 49, 69.)

---

10 FRIMAIRE an 3 (30 novembre 1794).—Décret qui autorise le comité militaire à nommer deux de ses membres pour faire la visite des différens dépôts de chevaux appartenant à la République qui existent dans les environs de Paris. (B. 49, 69.)

---

10 FRIMAIRE an 3 (30 novembre 1794).—Décrets qui accordent des secours à divers. (B. 49, 69 et 70.)

---

10 FRIMAIRE an 3 (30 novembre 1794).—Décret portant que le comité d'instruction publique fera, dans une décade, un rapport sur les fêtes décadaires. (B. 49, 70.)

---

10 FRIMAIRE an 3 (30 novembre 1794).—Décret qui renvoie une pétition de la société populaire de la commune de Havre-Marat aux

comités de salut public, de sûreté générale, de commerce, de législation et des finances. (B, 49, 71.)

---

10 FRIMAIRE an 3 (30 novembre 1794). — Décret d'ordre du jour sur la proposition de renvoyer aux trois comités de salut public, de sûreté générale et de législation, la question de savoir s'il ne conviendrait pas de décréter que, dans les endroits où il éclatera des révoltes et des insurrections contre-révolutionnaires, les prêtres qui s'y trouveront seront mis en arrestation. (B. 49, 71.)

---

10 FRIMAIRE an 3 (30 novembre 1794).—Décret qui accorde un congé de six décades au représentant du peuple Escudier. (B. 49, 72.)

---

10 FRIMAIRE an 3 (30 novembre 1794). — Décret qui renvoie une pétition des citoyens déportés des Iles-du-Vent aux comités de salut public et de secours publics. (B. 49, 72.)

---

10 FRIMAIRE an 3 (30 novembre 1794). — Décret de renvoi de la pétition du citoyen Gombeau au comité de salut public. (B. 49, 72.)

---

11 FRIMAIRE an 3 (1er décembre 1794) — Décret qui accorde un congé de trois décades au représentant du peuple Legendre. (B. 49, 72.)

---

11 FRIMAIRE an 3 (1er décembre 1794). — Décret qui suspend provisoirement l'exécution d'une sentence du juge-de-paix du canton du Suippes, contre Nicolas Thiéry. (B. 49, 73.)

---

11 FRIMAIRE an 3 (1er décembre 1794). —Décret qui renvoie une adresse de députés extraordinaires de la commune de Brest au comité de salut public. (B. 49, 73.)

---

11 FRIMAIRE an 3 (1er décembre 1794). — Décret qui suspend l'enlèvement et la vente des meubles, planches, gravures et bibliothèque de J.-A. Roucher. (B. 49, 73.)

---

12 FRIMAIRE an 3 (2 décembre 1794).— Décret portant que les rebelles de la Vendée et les Chouans qui déposeront leurs armes dans le délai d'un mois ne seront ni inquiétés ni recherchés. (B. 49, 77; Mon. du 14 frimaire an 3.)

Voy. loi du 29 nivose an 3.

Art. 1er. Toutes les personnes connues dans les arrondissemens des armées de l'Ouest, des côtes de Brest et des côtes de Cherbourg, sous le nom de *Rebelles de la Vendée* et de *Chouans*, qui déposeront leurs armes dans le mois qui suivra le jour de la publication du présent décret, ne seront ni inquiétées ni recherchées dans la suite pour le fait de leur révolte.

2. Les armes seront déposées aux municipalités des communes que les représentans du peuple indiqueront.

3. Pour l'exécution du présent décret, les représentans du peuple Menuau, Delaunay, Gaudin, L'Official, Morisson et Chaillon se rendront dans les départemens qui composent l'arrondissement de l'armée de l'Ouest; et les représentans Guezno et Guermeur, dans les départemens qui composent les arrondissemens des armées des côtes de Brest et de Cherbourg. Ces représentans sont investis des mêmes pouvoirs que les autres représentans envoyés près lesdites armées et dans les départemens.

---

12 FRIMAIRE an 3 (2 décembre 1794).— Décret concernant la vente des marchandises provenant de prises et de celles venues de l'étranger par le commerce particulier. (B. 49, 79; Mon. du 14 frimaire an 3, Rap. Bédault.)

Art. 1er. Toutes les marchandises provenant des prises faites sur les ennemis de la République seront vendues en vente publique, au plus offrant et dernier enchérisseur : elles seront considérées, entre les mains de l'acquéreur, comme produit du commerce extérieur; elles pourront être vendues au prix convenu de gré à gré.

2. Sont exceptées les denrées et matières nécessaires à l'approvisionnement de la marine et des armées, qui seront laissées à la disposition de la commission de commerce et d'approvisionnemens, ainsi que les marchandises prohibées. La commission de commerce donnera aux comités de salut public et de commerce l'état des marchandises qu'elle croira nécessaire au service des armées.

3. Toutes les denrées coloniales et marchandises venues de l'étranger par le commerce particulier, même celles actuellement en réquisition, resteront à la libre disposition des expéditeurs ou commerçans, qui pourront les vendre à prix convenu et de gré à gré.

---

12 FRIMAIRE an 3 (2 décembre 1794).— Décret additionnel à celui du 25 brumaire, concernant les émigrés. (1, Bull. 95, n° 485; B. 49, 74.)

La Convention nationale, après avoir entendu le rapport de son comité de législation,

Considérant qu'il suffit aux citoyens portés sur la liste des émigrés de justifier légalement de leur résidence, depuis le 9 mai 1792, pour en être définitivement rayés; mais que, pour être dispensés de la peine pécuniaire prononcée contre les émigrés qui ne sont rentrés en France que dans l'intervalle du 9 février 1792 au 9 mai suivant, par l'article 24 de la loi du 8 avril 1792, dont la disposition a été successivement maintenue par les articles 6 de la loi du 28 mars 1793, et 7 du titre IV de la loi du 25 brumaire dernier, ils doivent constater qu'ils ne sont point dans les cas prévus par lesdites lois, décrète :

Art. 1er. Les citoyens qui, dans les certificats qu'ils ont produits pour être rayés de la liste des émigrés, n'ont pas justifié de leur résidence sur le territoire de la République depuis le 9 février 1792 au 9 mai suivant, seront tenus de faire cette justification au directoire du district chargé de l'exécution de l'arrêté définitif de radiation, dans deux mois à compter du jour où cet arrêté leur aura été notifié; passé lequel délai, ils seront assujétis, en conformité des lois précitées, au paiement d'une indemnité équivalente au double de leurs impositions foncière et mobilière pour 1792.

2. Le certificat de résidence exigé par l'article précédent sera délivré aux réclamans ou à leurs fondés de pouvoir par les conseils généraux des communes ou assemblées de sections, sur le témoignage de trois citoyens domiciliés dans lesdites communes ou sections : il sera publié et visé conformément à la section Ire du titre II de la loi du 25 brumaire dernier.

3. Seront néanmoins, indépendamment de l'exécution de l'article 1er du présent décret, réintégrés dans leurs propriétés les citoyens rayés définitivement des listes des émigrés, à la charge toutefois par eux de donner préalablement caution de la valeur de l'indemnité qu'ils seront dans le cas de payer, s'ils n'ont pas satisfait à ce qu'il prescrit.

---

12 FRIMAIRE an 3 (2 décembre 1794).—Décret qui rapporte celui qui suspend le paiement de la pension liquidée en faveur du citoyen Sébastien Leclerc Vrainville. (B. 49, 75.)

---

12 FRIMAIRE an 3 (2 décembre 1794).— Décret qui adopte les dispositions du réglement provisoire en date du 26 brumaire, concernant le service de la force armée de Paris. (1, Bull. 96, n° 488; B. 49, 81.)

---

12 FRIMAIRE an 3 (2 décembre 1794).— Décret d'ordre du jour sur une lettre du représentant du peuple Carrier. (B. 49, 75.)

---

12 FRIMAIRE an 3 (2 décembre 1794).— Décret qui renvoie une lettre du citoyen Antoine Baumé au comité des finances. (B. 49, 76.)

---

12 FRIMAIRE an 3 (2 décembre 1794).—Décret qui prolonge le congé du représentant du peuple Gertoux. (B. 49, 76.)

---

12 FRIMAIRE an 3 (2 décembre 1794).—Décret de renvoi de la relation envoyée par des habitans de la commune de Scey-sur-Saône. (B. 49, 76.)

---

12 FRIMAIRE an 3 (2 décembre 1794).—Décret qui ajourne la discussion sur le Code civil à sextidi prochain. (B. 49, 80.)

---

12 FRIMAIRE an 3 (2 décembre 1794). — Décret qui renvoie au comité de législation la demande tendante à ce que la Convention fixe un terme à l'épuration des autorités constituées. (B. 49, 80.)

---

12 FRIMAIRE an 3 (2 décembre 1794).—Décret portant que les comités de salut public et de commerce présenteront, dans trois jours, un projet de décret tendant à assurer l'état, quantité et qualité des prises qui arriveront à l'avenir dans les ports de la République. (B. 49, 80.)

---

12 FRIMAIRE an 3 (2 décembre 1794).—Décret qui renvoie aux comités de salut public, de commerce et d'approvisionnemens, la proposition de fixer, pour l'estimation des marchandises prohibées provenant des prises qui doivent rester à la disposition de la commission de commerce et approvisionnemens, un mode, etc. (B. 49, 80.)

---

12 FRIMAIRE an 3 (2 décembre 1794).—Décret qui ordonne l'impression du rapport fait par le représentant Grégoire, sur les distractions opérées par le vandalisme, et sur les moyens de le réprimer. (B. 49, 75.)

---

12 FRIMAIRE an 3 (2 décembre 1794). —Décret de mention honorable des efforts civiques du citoyen Bermond pour la culture des diverses plantes exotiques. (B. 49, 82.)

---

12 FRIMAIRE an 3 (2 décembre 1794).—Décret qui annule le jugement rendu contre Pierre Michel. (B. 49, 81.)

---

12 FRIMAIRE an 3 (2 décembre 1794).—Décrets qui nomment à divers emplois administratifs. (B. 49, 82 et suiv.)

---

12 FRIMAIRE an 3 (2 décembre 1794).—Décret suivi du réglement provisoire, en date du 26 brumaire, pour le service de la force armée de Paris. (B. 49, 88.)

---

13 FRIMAIRE an 3 (3 décembre 1794).—Décret relatif aux comptes à rendre par tous les percepteurs des recettes extraordinaires établis sans autorisation légale. (1, Bull. 95, n° 485; B. 49, 144.)

La Convention nationale, après avoir entendu le rapport du comité des finances, décrète :

Art. 1er. Tous les citoyens, autorités constituées ou agens qui, en vertu d'un ordre, mandat ou délibération, émané, soit des représentans du peuple, soit des administrations, municipalités, sections, comités civils ou révolutionnaires, armée ou association révolutionnaire, sociétés populaires, soit d'une autorité, corps ou association quelconque, ou qui, sans autorisation, mandat ni ordre, ont perçu ou reçu en dépôt, depuis le commencement de la révolution, des sommes, effets ou marchandises provenant des recettes extraordinaires qui ont été établies sans une autorisation directe et spéciale de la loi, et qui sont connues sous le nom de taxes, contributions, emprunts, saisies, dépôts, confiscations, condamnations, souscriptions, dons volontaires ou forcés, collectes, offrandes, cautionnemens, dépouilles des églises, et sous toute autre dénomination, en fourniront le compte à l'agent national de district d'ici au 1er pluviose prochain, s'ils ne l'ont déjà fait.

2. Ces comptes seront divisés selon la nature des objets; ils indiqueront les autorités ou les personnes qui ont ordonné la perception, les commissaires ou agens qui ont reçu, et les personnes imposées ou qui ont donné, ainsi que le montant des sommes et la désignation des effets et marchandises.

Toutes les sommes au-dessous de cinquante livres y seront portées en masse.

3. Le compte des dépouilles des églises indiquera l'autorité ou les personnes qui ont délibéré les dons ou envois, les citoyens qui ont fait les déplacemens et ont été chargés des envois, et ceux entre les mains de qui les effets sont restés.

4. Les rendans-compte fourniront à l'agent national les états, procès-verbaux et pièces pouvant servir à établir les recettes et dépenses; ils indiqueront les caisses nationales où les sommes ont été versées, l'objet des dépenses acquittées, les autorités ou les personnes qui les ont ordonnées ou autorisées, et les individus à qui les paiemens ont été faits.

5. L'agent national soumettra au directoire de district les comptes et pièces qu'il aura reçus: le directoire dressera ses observations sur la recette desdits comptes; il visera toutes les pièces des dépenses qu'il jugera être légitimes; il donnera son avis sur celles qu'il rejettera.

6. L'agent national fera imprimer et afficher dans toutes les communes le relevé desdits comptes, suivant les modèles qui lui ont été ou lui seront envoyés par la Trésorerie nationale : après la vérification du directoire de district, il les enverra à la Trésorerie nationale, et il fera toutes les diligences nécessaires pour que cet envoi soit fait avant le 1er germinal prochain.

7. L'agent national fera verser, sans délai, les reliquats desdits comptes en valeur métallique, assignats ou effets d'or et d'argent, à la caisse du receveur de district, qui les transmettra à Paris à la Trésorerie ou à l'atelier monétaire.

Quant aux autres effets, ils seront remis aux agens de l'enregistrement et des domaines, qui les feront vendre comme les autres effets nationaux, ou qui les feront remettre dans les magasins militaires, s'ils peuvent être utiles aux besoins de la République.

8. Les pièces des dépenses visées par le directoire de district seront rendues aux agens comptables, qui les remettront comme comptant aux receveurs de district, lesquels les enverront à la Trésorerie nationale.

9. Les officiers municipaux des communes où il a été fait quelqu'une des perceptions mentionnées en l'article 1er, et, à Paris, des commissaires nommés *ad hoc* pour chaque section, prendront les informations pour former un relevé desdites perceptions; ils le certifieront et l'adresseront, d'ici au 1er pluviose, au directoire de district : ces relevés serviront de contrôle aux comptes qui seront fournis à l'agent national.

10. Tous les citoyens sont invités à fournir aux officiers municipaux, et, à Paris, aux commissaires qui seront nommés par les sections, tous les renseignemens qu'ils peuvent avoir sur lesdites perceptions; ils pourront les adresser aussi, par double, au directoire de district, et même au comité des finances.

11. Les individus qui seraient convaincus d'avoir gardé par devers eux, sans le déclarer et sans en rendre compte d'ici au 1er pluviose prochain, des sommes, effets ou marchandises provenant des recettes extraordinaires, seront poursuivis et punis de la peine portée par l'article 6, section VI du Code pénal.

12. Les réclamations qui pourraient s'élever sur des faussetés, omissions ou mauvais emplois, seront adressées à l'agent national de district, qui fera vérifier les faits, et en transmettra le résultat aux commissaires de la Trésorerie : elles pourront être aussi adressées, par double, au directoire de district, et encore au comité des finances.

13. Le recouvrement des sommes non-acquittées et des souscriptions qui ont eu lieu à raison des taxes, contributions et emprunts qui ont été établis sans une autorisation directe et spéciale de la loi, ne pourra plus être continuée: à peine, contre ceux qui le continueraient, d'être poursuivis comme concussionnaires.

14. Il sera pourvu, par un rôle supplémentaire, et par des sous additionnels sur la contribution foncière, aux besoins que les communes ou sections pourraient avoir pour payer, en exécution du décret du 18 fructidor, l'excédant des secours et indemnités qu'elles ont promis aux défenseurs de la patrie qui, ayant plus de vingt-cinq ans, servent actuellement sous les drapeaux de la République en vertu d'un engagement volontaire contracté avec lesdites communes ou sections.

Les engagemens qui ont été contractés avec les citoyens qui étaient dans l'âge de la première réquisition sont annulés, à compter de la loi qui les a mis en réquisition.

15. Les membres des anciens comités de salut public, confirmés par la loi du 4 juin 1793; ceux des comités qui ont été établis dans les chefs-lieux de district, ou dans les communes dont la population s'élève à huit mille individus et au-dessus; ceux des comités qui ont été établis par un arrêté particulier des représentans du peuple, avec l'autorisation de recevoir une indemnité, sont les seuls qui auront droit aux trois livres par jour accordées par la loi du 5 septembre 1793.

Si l'indemnité promise par les représentans du peuple est fixée à un taux différent, elle sera payée conformément à leur arrêté.

16. Ces indemnités seront payées par les receveurs de district, sur les ordonnances des directoires, pour les journées que ceux qui y auront droit justifieront avoir employées au service public depuis le 5 septembre 1973 : à la charge par eux de justifier aussi qu'ils ont rendu les comptes exigés par l'article 1er, qu'ils sont entièrement quittes et libérés envers la République, qu'ils ont remis toutes les pièces et papiers de leur administration, et qu'ils n'ont touché directement ni indirectement de la République aucun traitement, indemnité ou secours.

17. Les commissaires de la Trésorerie correspondront avec les agens nationaux et les directoires de district, pour l'exécution du présent décret; ils rendront compte au comité des finances de ceux qui s'y seront conformés et de ceux qui seraient en retard, le 1er germinal prochain, afin que ce comité, réuni à celui de législation, puisse appliquer aux agens qui seront en retard les peines prononcées par les lois contre les fonctionnaires négligens.

18. Les commissaires de la Trésorerie feront dresser, le 1er germinal prochain, un état général des recettes, dépenses et versemens qui leur seront connus, et ils le feront distribuer aux membres de la Convention.

19. L'état général des recettes, dépenses et versemens connus jusqu'à ce jour, qui a été dressé par les commissaires de la Trésorerie, restera déposé au secrétariat du comité des finances, afin que tous les membres de la Convention puissent en prendre communication : ils sont invités à fournir audit comité tous les renseignemens qu'ils peuvent avoir sur cette partie importante de la comptabilité.

20. Les agens nationaux rendront compte au comité des finances des obstacles et des difficultés qu'ils rencontreront dans l'exécution du présent décret.

Le comité des finances statuera, par arrêté, sur les diverses réclamations auxquelles il pourra donner lieu.

---

13 FRIMAIRE an 3 (3 décembre 1794). — Décret qui supprime les commandans et adjudans des casernes de Paris. (B. 49, 139.)

---

13 FRIMAIRE an 3 (3 décembre 1794).—Décret qui fixe le traitement des adjudans-généraux, adjudans de section, etc., de la garde nationale de Paris. (B. 49, 138.)

---

13 FRIMAIRE an 3 (3 décembre 1794). — Décret relatif aux tambours détachés de la garde nationale de Paris, pour faire le service de l'école de Mars. (B. 49, 139.)

---

13 FRIMAIRE an 3 (3 décembre 1794).—Décret qui accorde deux cent mille livres d'indemnités aux propriétaires de la manufacture de fusils de Maubeuge. (B. 49, 140.)

---

13 FRIMAIRE an 3 (3 décembre 1794).—Décret qui supprime la commission chargée de surveiller les détails et l'acquittement des dépenses relatives à la garde nationale de Paris. (B. 49, 140.)

---

13 FRIMAIRE an 3 (3 décembre 1794).—Décret relatif à la délibération prise, le 22 fructidor, par l'assemblée générale des intéressés dans la manufacture d'acier d'Amboise. (B. 49, 141.)

---

13 FRIMAIRE an 3 (3 décembre 1794).—Décret qui renvoie au comité de sûreté générale l'adresse de la société populaire de Renan. (B. 49, 135.)

---

13 FRIMAIRE an 3 (3 décembre 1794).—Décrets qui accordent des secours à divers. (B. 49, 135, 136 et 137.)

---

23 FRIMAIRE an 3 (3 décembre 1794).— Décret qui renvoie au comité de salut public, de sûreté générale et de législation, la proposition de supprimer tous les comités révolutionnaires. (B. 49, 141.)

---

13 FRIMAIRE an 3 (3 décembre 1794).—Décret qui approuve les mesures prises par les représentans Roux et Loiseau, pour l'approvisionnement de Paris en grains. (B. 49, 141.)

---

13 FRIMAIRE an 3 (3 décembre 1794).—Décret qui charge le comité de salut public de donner au citoyen Polony l'avancement dont il est susceptible. (B. 49, 142.)

---

13 FRIMAIRE an 3 (3 décembre 1794) — Décret portant qu'en exécution de la loi du. . . brumaire, chaque comité donnera son avis sur la question de savoir s'il convient de maintenir, ou de changer, ou de supprimer l'organisation actuelle des commissions exécutives et des agences. (B. 49, 143.)

13 FRIMAIRE an 3 (3 décembre 1794). — Décret qui accorde un congé au citoyen Venaille. (B. 49, 143.)

13 FRIMAIRE an 3 (3 décembre 1794).—Décret sur la pétition de citoyens membres de la société populaire d'Uzès. (B. 49, 143.)

13 FRIMAIRE an 3 (3 décembre 1794).—Décret relatif aux mesures prises par les représentans Robin et Jourdan, pour l'approvisionnement de Paris en bois et en charbon. (B. 49, 142.)

14 FRIMAIRE an 3 (4 décembre 1794).— Décret portant qu'il sera établi à Paris, à Montpellier et à Strasbourg, des écoles destinées à former des officiers de santé. (1, Bull. 96, n° 489; B. 49, 149; Mon. du 16 frimaire an 3, Rap. Fourcroy.

Voy. loi du 9 NIVOSE an 3.

Art. 1er. Il sera établi une école de santé à Paris, à Montpellier et à Strasbourg; ces trois écoles seront destinées à former des officiers de santé pour le service des hôpitaux, et spécialement des hôpitaux militaires et de marine.

2. Les bâtimens destinés jusqu'ici aux écoles de médecine et de chirurgie, dans les communes de Montpellier et de Strasbourg, seront consacrés à ces écoles : celle de Paris sera placée dans le local de la ci-devant académie de chirurgie, auquel on réunira le ci-devant couvent des Cordeliers.

3. On y enseignera aux élèves l'organisation et la physique de l'homme, les signes et les caractères de ses maladies d'après l'observation, les moyens curatifs connus; les propriétés des plantes et des drogues usuelles; la chimie médicale; les procédés des opérations, l'application des appareils et l'usage des instrumens; enfin, les devoirs publics des officiers de santé. Les cours sur cette partie de l'instruction seront ouverts au public en même temps qu'aux élèves dont il sera parlé ci-après.

4. Outre cette partie de l'enseignement, les élèves pratiqueront les opérations anatomiques, chirurgicales et chimiques : ils observeront la nature des maladies au lit des malades, et en suivront le traitement dans les hospices voisins des écoles.

5. L'enseignement théorique et pratique sera donné par huit professeurs à Montpellier, six à Strasbourg et douze à Paris. Chacun de ces professeurs aura un adjoint, pour que les leçons et les travaux relatifs à l'instruction et au perfectionnement de l'art de guérir ne puissent jamais être interrompus. Ces professeurs seront nommés par le comité d'instruction publique, sur la présentation de la commission de l'instruction publique.

6. Chacune des écoles aura une bibliothèque, un cabinet d'anatomie, une suite d'instrumens et d'appareils de chirurgie, une collection d'histoire naturelle médicinale. Il y aura, dans chacune, des salles et des laboratoires destinés aux exercices pratiques des élèves dans les arts qui doivent assurer leurs succès. Le comité d'instruction publique fera recueillir, dans les différens dépôts nationaux, les matériaux nécessaires à ces collections. Il y aura dans chaque école un directeur et un conservateur : celle de Paris aura de plus un bibliothécaire.

7. Les écoles de santé de Paris, Montpellier et Strasbourg, seront ouvertes dans le courant de pluviose prochain. Les professeurs de ces écoles et leurs adjoints s'occuperont, sans relâche, de perfectionner par des recherches suivies l'anatomie, la chirurgie, la chimie animale, et en général toutes les sciences qui peuvent concourir à l'avancement de l'art de guérir.

8. Les écoles de chirurgie situées à Paris, à Montpellier et à Strasbourg, seront supprimées et refondues avec les nouvelles écoles de santé qui vont y être établies d'après le présent décret.

9. Il sera appelé de chaque district de la République un citoyen âgé de dix-sept à vingt-six ans, parmi ceux qui ne sont pas compris dans la première réquisition. Trois cents de ces élèves seront destinés pour l'école de Paris, cent cinquante pour celle de Montpellier, et cent pour celle de Strasbourg.

Le comité d'instruction publique déterminera, d'après les localités, ceux des districts dont les élèves seront envoyés à chacune des trois écoles de santé.

10. Pour choisir ces élèves, la commission de santé nommera deux officiers de santé dans chaque chef-lieu de district : ces officiers de santé, réunis à un citoyen recommandable par ses vertus républicaines, nommé par le directoire de district, choisiront l'élève sur son civisme et sur ses premières connaissances acquises dans une ou plusieurs des sciences préliminaires de l'art de guérir, telles que l'anatomie, la chimie, l'histoire naturelle ou la physique.

11. Ces élèves, munis de leur nomination signée par les examinateurs et les agens nationaux de leur district, se rendront à Paris, à Montpellier et à Strasbourg, pour le 1er pluviose prochain : ils recevront pour leur voyage le traitement des militaires isolés en route comme canonniers de première classe, conformément au décret du 2 thermidor dernier.

12. Les élèves de chacune des trois écoles de santé instituées par le présent décret seront partagés en trois classes, et suivront les différens degrés d'instruction relativement à leur avancement. Ceux qui, à quelque épo-

que de leurs études que ce soit, auront acquis les connaissances nécessaires à la pratique de leur art dans les hôpitaux et dans les armées, seront employés à ce service par la commission de santé, qui en sera informée par les professeurs réunis de chaque école.

13. Les élèves recevront par chaque année un traitement égal à celui des élèves de l'école centrale des travaux publics : ce traitement ne durera que pendant trois ans. Ceux des élèves qui sortiront avant ce terme pour être employés au service des armées seront remplacés, pendant la durée de trois ans, par un pareil nombre pris, suivant le mode déjà déterminé, dans les districts dont les élèves quitteront les écoles.

14. Les traitemens des professeurs, de leurs adjoints, des directeurs, des conservateurs, et, en général, de tous les employés des écoles de santé, seront fixés par les comités d'instruction publique et des finances, réunis.

15. Les écoles de santé seront placées sous l'autorité de la commission d'instruction publique, qui en fera acquitter les dépenses sur les fonds qui seront mis à sa disposition. Cette commission prendra toutes les mesures nécessaires à l'exécution du présent décret, en les soumettant à l'approbation du comité d'instruction publique.

16. Le comité d'instruction publique fera incessamment un rapport sur la manière d'organiser l'enseignement de l'art de guérir dans les communes de la République où étaient établies des écoles de médecine et de chirurgie, sur l'étude de la pharmacie, et sur les moyens de récompenser les services de ceux des professeurs de ces écoles que l'âge et les infirmités rendent incapables de continuer leurs fonctions.

---

14 FRIMAIRE an 3 (4 décembre 1794). — Décret qui ordonne une rectification dans la loi du 25 brumaire dernier sur l'émigration. (B. 49, 149.)

La Convention nationale décrète que, dans le § 1er de l'article 6 du titre Ier de la loi du 25 brumaire dernier, relatif à l'émigration en ce qui concerne le département du Mont-Blanc, les mots, *depuis le 1er août 1792*, seront substitués à ceux-ci, *avant le 1er août 1792*, et que cette rectification sera faite, tant sur le procès-verbal de la séance du 25 brumaire dernier que sur la minute et l'expédition de ladite loi, par deux inspecteurs des procès-verbaux.

---

14 FRIMAIRE an 3 (4 décembre 1794). — Décret qui renvoie en mission, dans les départemens y désignés, le représentant du peuple Guillemardet. (1, Bull. 96, n° 490; B. 49, 149.)

---

14 FRIMAIRE an 3 (4 décembre 1794). — Décrets qui accordent des secours. (B. 49, 148.)

---

14 FRIMAIRE an 3 (4 décembre 1794). — Décret qui accorde un congé aux citoyens Camboulas et Fayes. (B. 49, 149 et 152.)

---

14 FRIMAIRE an 3 (4 décembre 1794). — Décret portant que le rapport fait au nom du comité de salut public sera traduit en toutes langues et envoyé aux armées. (B. 49, 152.)

---

14 FRIMAIRE an 3 (4 décembre 1794). — Décret portant que les comités de salut public, de sûreté générale et de législation, seront tenus de faire, sous huit jours, un rapport sur les accusations portées contre Lebon. (B. 49, 152.)

---

14 FRIMAIRE an 3 (4 décembre 1794). — Décret qui renvoie aux comités militaire et de législation la proposition de décréter qu'il sera sursis à toute peine résultante de la loi sur les émigrés contre les citoyens des départemens des pays réunis à la République, qui, se trouvant enrôlés, antérieurement à la révolution respective desdits pays, dans les troupes des puissances en guerre avec la République, seraient, après avoir déserté, rentrés depuis. (B. 49, 153.)

---

14 FRIMAIRE an 3 (4 décembre 1794). — Décret qui nomme à divers emplois administratifs. (B. 49, 154 et suiv.)

---

14 FRIMAIRE an 3 (4 décembre 1794). — Décret qui nomme le citoyen Michel-Pierre Mars membre de l'agence temporaire des titres à Paris. (1, Bull. 96, n° 492.)

---

14 FRIMAIRE an 3 (4 décembre 1794). — Décret relatif aux frais et dépenses de l'organisation des archives nationales. (B. 49, 148.)

---

15 FRIMAIRE an 3 (5 décembre 1794). — Décret qui déclare que les armées des Pyrénées-Orientales et Occidentales continuent à bien mériter de la patrie. (1, Bull. 96, n° 496; B. 49, 161.)

---

15 FRIMAIRE an 3 (5 décembre 1794). — Décret de mention honorable des procédés du citoyen Davernes pour l'éducation des moutons espagnols. (B. 49, 161.)

---

15 FRIMAIRE an 3 (5 décembre 1794). — Décret qui maintient provisoirement les habitans de Crèvecœur dans la possession de bâtimens construits par leurs ancêtres. (B. 49, 162.)

---

15 FRIMAIRE an 3 (5 décembre 1794). — Décrets qui charge le comité de secours public de faire un rapport sur la demande du citoyen Dévérité. (B. 49, 160.)

---

15 FRIMAIRE an 3 (5 décembre 1794). — Décret de renvoi aux comités de salut public, de sûreté générale et de législation, des déclarations faites par le représentant du peuple Goupilleau, et relativement à plus de deux mille citoyens que les cruautés de Saint-Just et Lebas ont fait émigrer. (B. 49, 160.)

---

15 FRIMAIRE an 3 (5 décembre 1794). — Décret de renvoi au comité de législation d'une proposition relative à un grand nombre de citoyens qui, dans tous les départemens, se sont soustraits aux mandats d'arrêts donnés contre eux, et qui, n'osant se mettre en arrestation par crainte de perdre la vie, ont été portés sur la liste des émigrés. (B. 49, 161.)

---

15 FRIMAIRE an 3 (5 décembre 1794). — Décret qui ordonne l'impression de la dénonciation et pièces à l'appui faite par le représentant Lecointre, de Versailles, contre les représentans Billaud-Varennes, Collot-d'Herbois, Barrère, etc. (B. 49, 163.)

---

16 FRIMAIRE an 3 (6 décembre 1794). — Décret qui détermine à quels militaires est applicable celui du 22 août 1791, relatif à la faculté de cumuler les pensions avec les traitemens attachés aux grades. (B. 49, 171.)

La Convention nationale, après avoir entendu son comité des finances sur l'interprétation de la loi du 22 août 1791, portant que les défenseurs de la patrie employés aux frontières pourront cumuler leur pension et les traitemens attachés à leur grade,

Décrète que cette loi n'est applicable qu'aux sous-officiers volontaires et invalides qui sont ou ont été employés à la défense des frontières.

---

16 FRIMAIRE an 3 (6 décembre 1794). — Décret portant réglement provisoire sur les effets des adoptions faites antérieurement à la promulgation du Code civil. (B. 49, 167.)

Voy. lois du 18 JANVIER 1792 et du 25 GERMINAL an II.

La Convention nationale, après avoir entendu le rapport de son comité de législation sur le référé du juge-de-paix de la commune de Beaune, par lequel il consulte sur la validité d'une apposition de scellés et de l'établissement d'un tuteur, provoqués par lui pour la conservation des intérêts d'un enfant mineur adopté par actes authentiques;

Considérant que l'adoption a été solennellement consacrée par la Convention nationale; que, lorsqu'elle est exercée en faveur d'un individu, elle lui assure un droit dans la succession de celui qui l'a adopté; que la conservation de ce droit exige l'emploi des mesures prescrites dans tous les autres cas pour la conservation des droits des mineurs; qu'ainsi le juge-de-paix n'a fait, dans la circonstance qu'il cite, que remplir les devoirs que la loi lui prescrivait;

Décrète qu'il n'y a pas lieu à délibérer;

Décrète en outre qu'à l'avenir, et jusqu'à ce qu'il ait été statué par la Convention nationale sur les effets des adoptions faites antérieurement à la promulgation du Code civil, les juges-de-paix pourront, s'ils en sont requis par les parties intéressées, lever les scellés, pour la vente du mobilier être faite après inventaire, sur l'avis d'une assemblée de parens, sauf le dépôt jusqu'au réglement des droits des parties.

---

16 FRIMAIRE an 3 (6 décembre 1794). — Décret d'ordre du jour sur des certificats de résidence sollicités par les députés mis en état d'arrestation. (B. 49, 166.)

---

16 FRIMAIRE an 3 (6 décembre 1794). — Décrets qui annulent des jugemens rendus contre Urbain Goujeon, Lapouge et Ay-Mérich. (B. 49, 167, 168 et 169.)

---

16 FRIMAIRE an 3 (6 décembre 1794). — Décret relatif à une somme enlevée par force majeure dans la caisse du citoyen Verset, receveur de district. (B. 49, 170.)

---

16 FRIMAIRE an 3 (6 décembre 1794). — Décret portant que les héritiers Lachèse demeurent pleinement libérés du compte qu'ils doivent de la gestion que ledit Lachèse a eue comme payeur général du département de Mayenne-et-Loire. (B. 49, 171.)

---

16 FRIMAIRE an 3 (6 décembre 1794). — Décrets qui accordent des secours à divers. (B. 49, 164.)

---

16 FRIMAIRE an 3 (6 décembre 1794). — Décret de renvoi d'une lettre datée de Sarguemines au représentant du peuple Génevois, dans le département de la Moselle. (B. 49, 163.)

---

16 FRIMAIRE an 3 (6 décembre 1794). — Décret qui renvoie une pétition des citoyens de Cosne aux comités de législation et de sûreté générale. (B. 49, 163.)

---

16 FRIMAIRE an 3 (6 décembre 1794). — Décret qui accorde des congés aux citoyens Amyon et Laurent. (B. 49, 167.)

---

17 FRIMAIRE an 3 (7 décembre 1794). — Décret sur les établissemens de commerce ou manufactures dans lesquels étaient intéressés des individus dont les biens ont été confisqués. (1, Bull. 97, n° 496; B. 49, 180; Mon. du 20 frimaire an 3, Rap. Johannot.)

Voy. loi du 26 VENTOSE an 3.

TITRE Ier. Etablissemens de commerce ou manufactures dans lesquels étaient intéressés des individus dont les biens ont été confisqués au profit de la République.

Art. 1er. Les citoyens intéressés dans des établissemens de commerce ou manufactures, dont un ou plusieurs associés ont été frappés de confiscation, remettront au directoire de leur district, dans une décade de la publication du présent décret, l'acte de leur société, et tous autres qui contiendraient des stipulations d'intérêts entre eux. Ces actes seront certifiés véritables par lesdits associés, cotés et paraphés sur-le-champ par l'administration du district, qui restera dépositaire d'une copie collationnée desdits actes.

2. Ils présenteront, dans le même délai, les registres-journaux des opérations faites pour le compte de la société : ces registres seront également cotés et paraphés sur-le-champ par l'administration du district, et leur seront rendus, à la charge par eux de les représenter à toute réquisition.

3. Si les scellés empêchaient la remise des actes de société et registres désignés ci-dessus, ils seront levés sur-le-champ par le juge-de-paix, à la réquisition des parties intéressées, et réapposés, s'il y a lieu.

4. Une décade après la remise des registres et contrats de société, les associés, les veuves et enfans des individus dont les biens auront été confisqués, déclareront par écrit, entre les mains de l'administration du district, s'ils consentent à se charger, pour leur compte, de la masse de l'actif et du passif de la société, et d'entretenir en activité lesdits établissemens aux conditions portées au présent décret (1).

5. Dans le cas où les associés ou autres individus admis par l'article précédent auront déclaré qu'ils offrent de se charger de la masse de l'actif et du passif de la société, il sera nommé quatre experts-arbitres versés dans les affaires de commerce : deux seront choisis par les associés ou autres admis, et deux par le directeur des domaines du département; et, en cas de partage dans les opinions, l'administration du district nommera un sur-arbitre.

6. Ces arbitres procéderont, en présence des associés ou admis, à l'évaluation des marchandises et effets, meubles et immeubles servant à l'usage de la société, et ils dresseront l'état de l'actif et du passif, après avoir évalué séparément les créances douteuses et mauvaises.

7. Il sera alloué à chacun des experts-arbitres ou sur-arbitres quinze livres par jour, et le paiement sera pris sur la masse de la société, ainsi que tous autres frais de bureau.

8. Les experts remettront à l'administration du district, dans le délai d'un mois au plus tard à partir du jour de leur nomination, l'état arrêté et signé de l'actif et du passif, et de ce qui reviendra à la nation pour la portion compétant les associés frappés de confiscation, déduction faite de tous frais.

9. Le directoire de district, après s'y être fait autoriser par l'administration du département, donnera aux associés ou autres contractans acte de cession et abandon de toutes les propriétés de la société, à la charge par eux d'acquitter toutes ses créances, conformément aux états arrêtés et signés, portés en l'article précédent, et de payer le montant de la portion revenant à la nation, telle qu'elle aura été liquidée dans les susdits états (2).

10. Le paiement de la somme appartenant à la nation sera fait, un quart dans un mois, et les trois autres quarts de six en six mois, avec les intérêts.

11. Il sera donné par lesdits contractans, entre les mains du directoire du district, un cautionnement valable pour sûreté des engagemens et paiemens portés aux deux articles précédens.

12. Dans le cas où il résulterait des états dressés conformément à l'article 8 que l'actif de la société est inférieur au passif, le directoire du district convoquera les créanciers, et leur donnera acte de l'abandon de toute prétention de la part de la nation; et les créanciers se réuniront ensuite pour agir ainsi qu'il est d'usage à l'égard des maisons de commerce en faillite.

13. Il n'est pas dérogé par le présent décret aux conditions contenues dans les contrats de société.

TITRE II. Etablissemens de commerce et manufactures desquels les individus frappés de confiscation étaient seuls propriétaires.

14. Dans le cas où des individus frappés de confiscation possédaient seuls leurs établissemens de commerce ou manufactures, les veuves et les enfans, ou, à défaut, des citoyens versés dans cette partie de commerce, choisis par l'administration du district, seront admis à se charger de la masse de l'actif et du passif des établissemens, aux conditions portées au présent décret.

15. A défaut d'offres à cet égard, l'admi-

(1 et 2) Lorsque, par un contrat d'association, les fonds de la société sont divisés en actions, avec faculté à chaque associé de céder à qui il lui plaira le nombre de ses actions qu'il jugera à propos, les cessionnaires d'actions deviennent, par cela seul, copropriétaires des fonds sociaux, membres de la société; de sorte que les associés originaires ne peuvent réclamer à leur profit exclusif les avantages résultant de cette loi; les cessionnaires ont les mêmes droits à exercer (1er ventose an 10; Cass. S. 7, 2, 770).

nistration du district fera publier, par la voie des affiches, le détail, la nature, l'étendue et la situation desdits commerce, usines et ateliers, et les conditions portées au présent décret en faveur de ceux qui se chargeront de ces établissemens.

16. Si, un mois après la publication ordonnée par l'article 15, aucun citoyen ne s'était présenté pour se charger de la suite de ces établissemens auxdites conditions, il sera procédé à la liquidation dans les formes prescrites par les lois.

TITRE III. Dispositions générales.

17. Dans les communes de Lyon, Bordeaux, Marseille et Nantes, le directeur des domaines nationaux sera aidé, dans les liquidations ordonnées par le présent décret, par un bureau de commerce composé d'un nombre suffisant de négocians expérimentés, lesquels seront choisis par les représentans du peuple en mission, ou, à défaut, par le comité de commerce de la Convention.

Le district leur assignera un local pour leurs séances: les frais de bureau seront payés comme ceux des directoires, relatifs aux biens confisqués.

18. Seront admis à la liquidation, conformément aux usages du commerce, les billets, factures et autres effets commerciaux, quoiqu'ils n'aient pas été enregistrés, pourvu cependant qu'ils se trouvent portés à leurs dates respectives sur les registres desdits commerçans, tenus en bonne forme.

19. Les administrations de district qui, par l'article 14, doivent faire choix de citoyens, propres à se charger de la suite des commerces et ateliers, le feront dans les quatre communes ci-dessus designées, sur l'indication du bureau de commerce.

20. Les tribunaux de commerce jugeront toutes les difficultés relatives à la liquidation ordonnée par le présent décret: ces tribunaux seront promptement établis dans les communes où ils ont cessé leurs fonctions.

21. Les dispositions du présent décret sont applicables à toute espèce de commerce, même de banque, et à tout genre de fabriques et usines.

22. La Convention nationale rapporte la loi du 21 messidor, relative au recouvrement de l'actif appartenant à la République par la condamnation de banquiers et commerçans.

23. Les associés dans les établissemens dont portion se trouverait sujette au séquestre ou au dépôt en conserveront la libre et entière administration, en donnant bonne et valable caution devant le directoire de district.

---

17 FRIMAIRE an 3 (7 décembre 1794). — Décret portant que les parens et alliés, jusqu'au degré de cousin germain inclusivement, ne peuvent être en même temps, l'un receveur de district, et l'autre administrateur du directoire ou agent national du même district. (B. 49, 174; Mon. du 20 frimaire an 3.)

Art. 1er. Les parens et les alliés jusqu'au degré de cousin-germain inclusivement, ne peuvent être en même temps, l'un receveur de district, et l'autre administrateur du directoire ou agent national du même district.

2. Le parent ou allié au degré prohibé qui aura été nommé le dernier à l'une des places de receveur, d'administrateur ou d'agent national du même district, est tenu de se démettre de ses fonctions dans la décade de la publication du présent décret.

3. Il sera procédé sans délai au remplacement du démissionnaire, selon les formes prescrites.

4. Le receveur démissionnaire rendra de suite à son successeur, sous la surveillance de deux membres du directoire, le compte de clerc-à-maître prescrit par la loi, de ses recettes et de ses dépenses, depuis le 1er vendémiaire de l'an 3, sur les contributions et autres recettes de toute nature de l'année courante.

5. Les deux membres du directoire procéderont en même temps à une nouvelle vérification des registres et journaux des recettes et des dépenses de toute nature faites par le receveur démissionnaire antérieurement au 1er vendémiaire de l'an 3, en comparant les époques auxquelles les recettes et les dépenses ont été effectuées: ils compareront pareillement les résultats de cette vérification avec ceux du bordereau général du premier exercice républicain, qui a dû être envoyé par tous les receveurs à la Trésorerie nationale, en exécution de la loi du 19 fructidor.

6. Les directoires de district sont chargés de l'exécution du présent décret.

---

17 FRIMAIRE an 3 (7 décembre 1794). — Décret portant que les registres de la police municipale, contentieuse et correctionnelle de Paris, seront réunis à la section judiciaire des archives nationales. (B. 49, 177; Mon. du 20 frimaire an 3, Rap. Danjoux.)

Art. 1er. Les dispositions des articles 7, 8 et 9 de la loi du 19 vendémiaire dernier, relatives au tribunal de la police correctionnelle de Paris, sont rapportées.

2. Les titres, minutes et registres de la police municipale contentieuse et correctionnelle seront réunis à la section judiciaire des archives nationales, conformément à la loi du 7 messidor.

3. Les greffiers ou dépositaires de ces titres, minutes et registres, qui sont restés en activité de service jusqu'à présent, recevront leur traitement jusqu'au jour de la publication du présent décret.

---

17 FRIMAIRE an 3 (7 décembre 1794). — Décret qui déclare que le citoyen Beauquesne, employé en qualité de secrétaire-commis au bureau des procès-verbaux, n'a point été compris dans ceux des 9 et 10 thermidor, portant arrestation et mise hors de la loi contre Robespierre et ses complices. (1, Bull. 97, n° 501; B. 49, 178.)

17 FRIMAIRE an 3 (7 décembre 1794). — Décrets qui accordent des pensions et secours à divers. (B. 49, 172, 173, 176, 177, 179.)

17 FRIMAIRE an 3 (7 décembre 1794). — Décret portant que les comités de salut public, de législation et de sûreté générale, feront, primidi prochain, le rapport sur les soixante-treize représentans qui avaient été décrétés d'arrestation. (B. 49, 174.)

17 FRIMAIRE an 3 (7 décembre 1794). — Décrets qui nomment à divers emplois administratifs. (B. 49, 183 et suiv.)

17 FRIMAIRE an 3 (7 décembre 1794). — Décret qui renvoie aux comités réunis de salut public, de sûreté générale, de législation et des finances, les vues proposées par motion d'ordre, pour vivifier et ranimer le commerce. (B. 49, 179.)

17 FRIMAIRE an 3 (7 décembre 1794). — Décret qui renvoie à l'examen des comités d'agriculture et de commerce la proposition de prendre en considération les inconvéniens qui peuvent résulter de la loi du *maximum*. (B. 49, 179.)

17 FRIMAIRE an 3 (7 décembre 1794). — Décret qui renvoie au comité des finances la demande que la proposition d'autoriser les associés, veuves et héritiers des commerçans et manufacturiers, de retenir les effets communs sur le pied de la prisée, soit déclarée commune aux associés, veuves et héritiers des cultivateurs. (B. 49, 183.)

17 FRIMAIRE an 3 (7 décembre 1794). — Décret qui suspend l'exécution des décrets de mise hors de la loi. (B. 49, 172.)

18 FRIMAIRE an 3 (8 décembre 1794). — Décret qui rapporte celui du 27 germinal an 2 sur la police générale, à l'exception des articles 1 et 2. (B. 49, 194.)

La Convention nationale, après avoir entendu le rapport de ses comités de salut public, de sûreté générale et de législation réunis, rapporte la loi du 27 germinal sur la police générale de la République, à l'exception des articles 1 et 2, et annule tous les arrêtés du comité de salut public et des représentans du peuple portant de semblables dispositions.

18 FRIMAIRE an 3 (8 décembre 1794). — Décret qui détermine les conditions nécessaires pour être admis en qualité d'élève à l'école normale. (B. 49, 188.)

La Convention nationale décrète que les seules conditions nécessaires pour être admis en qualité d'élève à l'école normale, sont d'être âgé au moins de vingt-un ans, et de réunir à des lumières un patriotisme éprouvé et des mœurs irréprochables.

18 FRIMAIRE an 3 (8 décembre 1794). — Décret portant que l'intérêt annuel des capitaux sera compté pour et par trois cent soixante jours seulement. (B. 49, 193.)

La Convention nationale décrète que l'intérêt annuel des capitaux sera compté pour et par trois cent soixante jours seulement. Il n'aura point de cours pendant les sans-culottides.

18 FRIMAIRE an 3 (8 décembre 1794). — Décret qui rappelle dans le sein de la Convention nationale les représentans du peuple y dénommés, qui avaient été mis en état d'arrestation. (1, Bull. 96, n° 495.)

18 FRIMAIRE an 3 (8 décembre 1794). — Décret relatif aux certificats de civisme. (1, Bull. 97, n° 502; B. 49, 193.)

18 FRIMAIRE an 3 (8 décembre 1794). — Décret portant nomination à divers emplois administratifs. (B. 49, 189.)

18 FRIMAIRE an 3 (8 décembre 1794). — Décrets qui accordent des secours. (B. 49, 191, 192, 194.)

18 FRIMAIRE an 3 (8 décembre 1794). — Décret sur la pétition du citoyen Marteleur. (B. 49, 192.)

18 FRIMAIRE an 3 (8 décembre 1794). — Décret qui autorise les représentans du peuple J.-B. Lacoste et Royer-Ducos, en mission dans les départemens du Nord et du Pas-de-Calais, à statuer sur la mise en liberté de ceux des citoyens mis en état d'arrestation après la prise de Valenciennes. (B. 49, 194.)

18 FRIMAIRE an 3 (8 décembre 1794). — Décret qui renvoie la pétition de Joseph Brugier au comité de sûreté générale. (B. 49, 188.)

18 FRIMAIRE an 3 (8 décembre 1794). — Décret qui renvoie au comité de sûreté générale la dénonciation faite par l'agent national du district de Mezenc. (B. 49, 188.)

19 FRIMAIRE an 3 (9 décembre 1794). — Décret relatif à l'impression des arrêtés pris par les comités de la Convention pour l'exécution des lois. (B. 49, 196.)

19 FRIMAIRE an 3 (9 décembre 1794).— Décrets qui accordent des secours. (B. 49, 197.)

19 FRIMAIRE an 3 (9 décembre 1794).—Décret portant que le représentant du peuple Debry se rendra dans le département de la Drôme, de Vaucluse et de l'Ardèche. (B. 49, 197.)

19 FRIMAIRE an 3 (9 décembre 1794).—Décret portant que les comités de salut public et de législation feront un rapport: 1° sur les représentans du peuple mis hors la loi; 2° sur les décrets ou jugemens de mise hors la loi qui ont été portés contre des citoyens. (B. 49, 198.)

19 FRIMAIRE an 3 (9 décembre 1794).—Décret de renvoi aux comités de salut public et de sûreté générale et de législation, des réclamations des quatre-vingt-huit communes du district du Quesnoy, et d'une lettre du représentant du peuple Isabeau. (B. 49, 195.)

19 FRIMAIRE an 3 (9 décembre 1794).— Décret qui autorise la commission créée par décret du.... à remettre aux députés rentrés au sein de la Convention les papiers qui leur appartiennent. (B. 49, 195.)

19 FRIMAIRE an 3 (9 décembre 1794).—Décret qui accorde un congé de quinze jours aux représentans du peuple Mauduy et Serre. (B. 49, 196.)

19 FRIMAIRE an 3 (9 décembre 1794).—Décret qui charge le comité des transports, postes et messageries, de surveiller les abus qui se sont glissés dans cette partie. (B. 49, 198.)

19 FRIMAIRE an 3 (9 décembre 1794).—Décrets qui ordonne la révision des lois pénales et de circonstance rendues sous la tyrannie de Robespierre. (B. 49, 197.)

19 FRIMAIRE an 3 (9 décembre 1794).—Décret relatif à la pétition du citoyen Lisieux et de la citoyenne Vatar. (B. 49, 198 et 199.)

19 FRIMAIRE an 3 (9 décembre 1794). —Décret de renvoi aux comités de salut public, de législation et de sûreté générale, relatif à la proposition de rappeler au sein de la Convention nationale les représentans Réveillère-Lepaux et Daubermeuil. (B. 49, 199.)

20 FRIMAIRE an 3 (10 décembre 1794).—Décret qui suspend provisoirement toute action de la part des agens nationaux sur les biens mobiliers des condamnés et déportés. (1, Bull. 97, n° 505; B. 49, 201.)

Voy. loi du 22 FRIMAIRE an 3.

La Convention nationale, sur la proposition d'un membre, décrète la suspension provisoire de toute action, de la part des agens nationaux, sur les biens mobiliers des condamnés et déportés jusqu'au rapport des comités chargés par la Convention de présenter un projet de loi sur cet objet.

20 FRIMAIRE an 3 (10 décembre 1794).—Décret qui envoie en mission dans les départemens y désignés le représentant du peuple Jean Debry. (1, Bull. 98, n° 506.)

20 FRIMAIRE an 3 (10 décembre 1794).—Décret qui autorise Couturier à citer les représentans Richaud et Lecointre comme témoins. (B. 49, 200.)

20 FRIMAIRE an 3 (10 décembre 1794).—Décret qui mande à la barre le représentant Paschal. (B. 49, 200.)

20 FRIMAIRE an 3 (10 décembre 1794).—Décret qui accorde un congé de deux décades au représentant du peuple Cordier. (B. 49, 200.)

20 FRIMAIRE an 3 (10 décembre 1794).—Décret qui renvoie une pétition de citoyens de plusieurs communes des environs de Versailles au comité des finances, pour faire un rapport. (B. 49, 200.)

20 FRIMAIRE an 3 (10 décembre 1794).—Décret portant que les présidens et secrétaires de la Convention nationale délivreront un certificat de résidence au représentant du peuple Thabaut, détenu chez lui pour cause de maladie. (B. 49, 201.)

20 FRIMAIRE an 3 (10 décembre 1794).—Décret portant que dans la séance de demain le comité des transports, postes et messageries, rendra compte des motifs qui ont empêché que différens maîtres de la poste aux chevaux ne soient payés depuis plusieurs mois du port des malles. (B. 49, 201.)

20 FRIMAIRE an 3 (10 décembre 1794).—Décret qui charge le comité des transports et messageries d'examiner les abus résultant de la surcharge que se permettent les courriers des dépêches nationales. (B. 49, 202.)

20 FRIMAIRE an 3 (10 décembre 1794).—Décret qui renvoie la pétition du citoyen Boë au comité de salut public. (B. 49, 202.)

20 FRIMAIRE an 3 (10 décembre 1794).—Décret qui renvoie aux comités de sûreté générale et de salut public une lettre du citoyen Rouyer. (B. 49, 202.)

20 FRIMAIRE an 3 (10 décembre 1794).—Décret qui renvoie aux comités de salut public et de secours la pétition du citoyen Peullemeule. (B. 49, 203.)

20 FRIMAIRE an 3 (10 décembre 1794).—Décret contenant la liste des districts qui doivent envoyer des élèves aux écoles de santé. (B. 49, 203.)

---

20 FRIMAIRE an 3 (10 décembre 1794).—Décret qui renvoie les réclamations de tous les officiers destitués ou suspendus aux comités réunis de salut public et militaire, pour faire un rapport général. (B. 49, 202.)

---

21 FRIMAIRE an 3 (11 décembre 1794).—Décret qui concerne la délivrance des certificats des créanciers des hôpitaux de Paris, et qui proroge le délai pour le dépôt des titres de créances sur les hôpitaux. (1, Bulletin 98, n° 507; B. 49, 214; Mon. du 23 frimaire an 3, Rap. Lacombe.)

Voy. loi du 29 FRIMAIRE an 3.

Art. 1er. Les certificats exigés par l'article 18 de la loi du 23 messidor seront délivrés, pour les créanciers des hôpitaux de Paris, par les commissaires aux secours publics, chargés de l'administration immédiate de ces hôpitaux; ils ne seront soumis au *visa* d'aucun corps administratif.

2. Les commissaires aux secours publics sont pareillement chargés, pour les hôpitaux de Paris, de faire procéder au réglement des mémoires d'ouvrages et fournitures, par des experts qu'ils nommeront à cet effet, lesquels en sommeront le montant; ils déclareront que les ouvrages et fournitures détaillés aux mémoires réglés ont été légalement exécutés : cette déclaration servira de base à la liquidation. Pour les mémoires de frais ministériels, ils se conformeront aux dispositions portées aux articles 13, 14 et 15 de la loi du 23 messidor.

Les pièces à l'appui seront transmises au directeur général de la liquidation ou à la Trésorerie nationale, chacun en ce qui le concerne, lesquels en disposeront conformément aux lois.

3. Le délai fixé au 1er nivose, pour le dépôt des titres de créances sur les hôpitaux et hospices de bienfaisance, est prorogé, dans toute la République, au 1er ventose prochain : ceux des créanciers qui, à cette époque, ne l'auraient pas effectué, sont dès à présent réputés déchus de leurs droits.

5. Toutes dispositions contraires aux présentes demeurent révoquées par la présente loi.

---

21 FRIMAIRE an 3 (11 décembre 1794).—Décret relatif au jugement des individus arrêtés en exécution des lois des 7 et 17 septembre et 26 frimaire an 2, et de ceux arrêtés dans le département du Nord. (B. 49, 213.)

---

21 FRIMAIRE an 3 (11 décembre 1794).—Décrets relatifs à la réunion de terrains et maisons au Muséum d'histoire naturelle; aux dépenses de cet établissement, et à la création d'une sixième place de professeur de zoologie. (B. 49, 216.)

---

21 FRIMAIRE an 3 (11 décembre 1794).—Décret qui autorise la section de la Montagne à reprendre le nom de Butte-des-Moulins. (B. 49, 217.)

---

21 FRIMAIRE an 3 (11 décembre 1794).—Décrets qui accordent des secours à divers. (B. 49, 211, 212, 213 et 221.)

---

21 FRIMAIRE an 3 (11 décembre 1794).—Décret portant que les comités de salut public et de marine feront un rapport sur les moyens de faire rentrer dans le sein de la patrie, et d'employer utilement au service de la République les officiers, mariniers et matelots qui se trouvent en ce moment en pays étranger. (B. 49, 216.)

---

21 FRIMAIRE an 3 (11 décembre 1794).—Décret qui renvoie au comité de sûreté générale la pétition relative aux citoyens Raffet et Muller. (B. 49, 217.)

---

21 FRIMAIRE an 3 (11 décembre 1794).—Décret qui accorde un congé au représentant Bernard des Sablons. (B. 49, 217.)

---

21 FRIMAIRE an 3 (11 décembre 1794).—Décret qui renvoie une lettre de J.-N. Vallée aux comités de salut public, de sûreté générale et de législation. (B. 49, 217.)

---

21 FRIMAIRE an 3 (11 décembre 1794).—Décret d'ordre du jour sur la proposition faite de renvoyer à la commission des colonies les pièces de la conspiration dénoncée dans la séance du 20. (B. 49, 227.)

---

21 FRIMAIRE an 3 (11 décembre 1794).—Décret qui autorise les Belges et autres réfugiés à retourner dans leur domicile. (B. 49, 212.)

---

21 FRIMAIRE an 3 (11 décembre 1794).—Décret portant nomination à divers emplois administratifs. (B. 49, 217 et suiv., 223 et suiv.)

---

21 FRIMAIRE an 3 (11 décembre 1794).—Décret portant que la Trésorerie nationale tiendra à la disposition de la commission des secours publics la somme de six cent mille livres par trimestre, pour être distribuée en secours. (B. 49, 222).

---

21 FRIMAIRE an 3 (11 décembre 1794).—Décret qui renvoie les réclamations du citoyen La Rochefoucauld au représentant du peuple Bordas. (B. 49, 222.)

---

21 FRIMAIRE an 3 (11 décembre 1794).—Décret qui autorise le citoyen Burté à se présenter au comité des finances, pour y déposer les pièces de dépenses de divers comptables dont il est dépositaire. (B. 49, 223.)

---

21 FRIMAIRE an 3 (11 décembre 1794). — Décret qui renvoie aux comités de salut public, de sûreté générale et de législation, une lettre du citoyen Henri Larivière. (B. 49, 225.)

---

22 FRIMAIRE an 3 (12 décembre 1794). — Décret portant qu'il ne sera admis aucune demande en révision des jugemens criminels portant confiscation de biens. (1, Bull. 98, n° 508; B. 49, 227.)

La Convention nationale déclare qu'elle n'admettra aucune demande en révision des jugemens criminels portant confiscation de biens, rendus et exécutés pendant la révolution.

---

22 FRIMAIRE an 3 (12 décembre 1794). — Décret qui porte l'arme du génie à quatre cents officiers. (1, Bull. 98, n° 509; B. 49, 229.)

La Convention nationale décrète que l'arme du génie sera portée au nombre de quatre cents officiers, lesquels seront classés suivant la même proportion de grades que celle qui existe maintenant dans cette arme.

---

22 FRIMAIRE an 3 (12 décembre 1794). — Décret relatif au service des sexagénaires et des infirmes dans la garde nationale. (1, Bull. 98, n° 550; B. 49, 229.)

La Convention nationale décrète que les sexagénaires et les infirmes, dispensés par la loi de faire leur service en personne, sont tenus de se faire remplacer, à moins qu'ils ne produisent un certificat de leur comité civil, constatant que l'état de leur fortune ne leur permet pas de supporter les frais du remplacement.

---

22 FRIMAIRE an 3 (12 décembre 1794). — Décret qui suspend l'exécution de celui du 10 frimaire de l'an 2, concernant les domaines aliénés. (1, Bull. 101, n° 527; B. 49, 229.)

La Convention nationale, après avoir entendu un rapport fait par un de ses membres au nom du comité des finances, qui propose un projet de décret sur les réclamations élevées contre la loi du 10 frimaire de l'an 2, concernant les domaines aliénés, renvoie au comité des finances l'examen de la loi du 10 frimaire, celui du projet présenté et des observations faites par différens membres; charge ce comité de présenter un nouveau projet de loi sur les domaines aliénés, et suspend l'exécution de celle du 10 frimaire.

---

22 FRIMAIRE an 3 (12 décembre 1794).— Nouvelle rédaction de deux articles du réglement du 26 brumaire, concernant la garde nationale de Paris. (B. 49, 230.)

---

22 FRIMAIRE an 3 (12 décembre 1794). — Décret qui accorde un congé au citoyen Dévérité Eloy. (B. 49, 230.)

---

22 FRIMAIRE an 3 (12 décembre 1794). — Décret qui rapporte celui du 20 du présent mois, qui ordonnait la suspension de toute action de la part des agens de la République sur le mobilier des condamnés et déportés. (B. 49, 227.)

---

22 FRIMAIRE an 3 (12 décembre 1794).— Décret qui accorde des pensions à des citoyens morts en défendant la patrie, en faisant un service requis ou commandé au nom de la République. (B. 49, 228.)

---

22 FRIMAIRE an 3 (12 décembre 1794). — Décret qui renvoie au comité militaire pour examiner la question de savoir s'il n'est point intéressant d'augmenter la solde des officiers du génie. (B. 49, 228.)

---

22 FRIMAIRE an 3 (12 décembre 1794). — Décret portant que le comité des secours publics a la surveillance sur les comités de bienfaisance dans la commune de Paris. (B. 49, 228.)

---

23 FRIMAIRE an 3 (13 décembre 1794). — Décret portant nomination à divers emplois administratifs. (B. 49, 230 et suiv.)

---

23 FRIMAIRE an 3 (13 décembre 1794). — Décret qui renvoie aux comités de salut public, de sûreté générale et de législation, la lettre du citoyen Mollevaut. (B. 49, 236.)

---

23 FRIMAIRE an 3 (13 décembre 1794). — Décret portant que la Trésorerie nationale paiera au citoyen Juville la somme de vingt-six mille trois cent trente-trois livres. (B. 49, 236.)

---

23 FRIMAIRE an 3 (13 décembre 1794). — Décret portant que la fabrication et la réparation des fusils, à Paris, se feront par entreprise, à compter du 1er pluviose prochain. (1, Bull. 99, n° 512.)

---

23 FRIMAIRE an 3 (13 décembre 1794). — Décret qui envoie des représentans du peuple en mission à Lyon et dans le département de la Haute-Loire. (1, Bull. 99, n° 513; B. 49, 238.)

---

23 FRIMAIRE an 3 (13 décembre 1794). — Décret additionnel à celui du 14 fructidor sur l'administration de la commune de Paris. (1, Bull. 99, n° 514.)

23 FRIMAIRE an 3 (13 décembre 1794).—Décret sur le paiement des rentes et la jouissance des biens des comptables. (B. 49, 235.)

---

23 FRIMAIRE an 3 (13 décembre 1794). — Décret relatif aux pouvoirs du représentant Charles de la Croix, dans la commune de Versailles. (B. 49, 235.)

---

23 FRIMAIRE an 3 (13 décembre 1794). — Décret qui accorde des secours à divers. (B. 49, 238.)

---

23 FRIMAIRE an 3 (13 décembre 1794). — Décret qui approuve l'arrêté du comité de salut public du 16 de ce mois. (B. 49, 236.)

---

23 FRIMAIRE an 3 (13 décembre 1794). — Décret portant nomination à des emplois vacans dans l'armée. (B. 49, 239.)

---

23 FRIMAIRE an 3 (13 décembre 1794). — Décret qui adjuge à la citoyenne Fauve le mobilier de la succession de son mari. (B. 49, 245.)

---

23 FRIMAIRE an 3 (13 décembre 1794).—Décret qui renvoie aux comités de salut public, de sûreté générale et de législation, l'examen de diverses questions. (B. 49, 246.)

---

23 FRIMAIRE an 3 (13 décembre 1794).—Décret qui ajourne et ordonne l'impression et la distribution d'un projet de décret sur la liquidation des sommes dues aux ci-devant propriétaires et créanciers de la salle du théâtre des Arts. (B. 49, 247.)

---

23 FRIMAIRE an 3 (13 décembre 1794).—Décret qui complète la commission de police administrative de Paris. (B. 49, 245.)

---

23 FRIMAIRE an 3 (13 décembre 1794).—Décret sur la commission des contributions publiques de Paris. (B. 49, 246 et 247.)

---

24 FRIMAIRE an 3 (14 décembre 1794). — Décret qui envoie en mission dans le département de la Manche le représentant du peuple Legros. (1, Bull. 99, n° 515; B. 49, 252.)

---

24 FRIMAIRE an 3 (14 décembre 1794). — Décret qui surseoit à l'exécution de tout jugement portant confiscation, à raison de transport de denrées sans acquit-à-cautoin. (1, Bull. 99, n° 516.)

---

24 FRIMAIRE an 3 (14 décembre 1794). — Décret qui alloue trois cent mille livres pour être distribuées aux citoyens indigens qui ont été forcés de quitter la commune de Bedouin. (B. 49, 248)

---

24 FRIMAIRE an 3 (14 décembre 1794). — Décret qui ordonne la mise en liberté du citoyen Charles Bertholeau. (B. 49, 249.)

---

24 FRIMAIRE an 3 (14 décembre 1794). — Décret qui renvoie au comité de législation la proposition tendante à ce que Charles Delacroix, envoyé en mission à Versailles et lieux circonvoisins, avec les mêmes pouvoirs que les représentans du peuple dans les départemens, soit investi de ces mêmes pouvoirs dans toute l'étendue du département de Seine-et-Oise. (B. 49, 250.)

---

24 FRIMAIRE an 3 (14 décembre 1794). — Décret qui autorise le citoyen Clavaux à remettre au comité des travaux publics les différens plans des canaux de navigation intérieure qu'il a levés, avec leurs devis. (B. 49, 250.)

---

24 FRIMAIRE an 3 (14 décembre 1794).—Décret qui admet au sein de la Convention, aux lieu et place du citoyen Dugommier, le citoyen Fourniol. (B. 49, 251.)

---

24 FRIMAIRE an 3 (14 décembre 1794). — Décret portant que le rapport fait au nom du comité d'instruction publique, sur les monumens d'arts et les objets d'arts, de sciences, sera imprimé, inséré au Bulletin, et envoyé aux autorités constituées. (B. 49, 251.)

---

24 FRIMAIRE an 3 (14 décembre 1794). — Décret qui renvoie aux comités de salut public et des transports, postes et messageries, la proposition d'examiner s'il ne serait pas convenable d'envoyer seulement un exemplaire de chaque loi à tous les départemens, qui seraient chargés de les faire réimprimer et transmettre aux municipalités par la voie des districts. (B. 49, 251.)

---

24 FRIMAIRE an 3 (14 décembre 1794). — Décret qui annule un jugement en matière criminelle contre Tassily, marchand à Rouen. (B. 49, 249)

---

24 FRIMAIRE an 3 (14 décembre 1794).—Décret qui admet les femmes mariées suivant la coutume de Reims à partager, en cas de divorce, les meubles et conquêts immeubles de leur mariage avec leur mari. (B. 49, 253.)

---

24 FRIMAIRE an 3 (14 décembre 1794). — Décret qui accorde des secours. (B. 49, 252.)

---

24 FRIMAIRE an 3 (14 décembre 1794). — Décret qui accorde des congés à divers représentans. (B. 49, 252 et 253.)

---

24 FRIMAIRE an 3 (14 décembre 1794). — Décrets qui nomment à divers emplois administratifs. (B. 49, 251 et suiv.)

24 FRIMAIRE an 3 (14 décembre 1794). — Décret qui ajourne et renvoie au comité de salut public un projet de décret concernant les pensions à accorder aux militaires suisses licenciés. (B. 49, 252.)

25 FRIMAIRE an 3 (15 décembre 1794). — Décret qui proroge le délai pour la remise à faire, par les compagnies financières, des certificats exigés par la loi du 29 fructidor. (1, Bull. 100, n° 518; B. 49, 261.)

La Convention nationale décrète que le délai pour la remise à faire à la Trésorerie nationale, par les compagnies financières, des certificats exigés par les articles 8 et 9 de la loi du 29 fructidor, est prorogé jusqu'au 1er ventose prochain.

25 FRIMAIRE an 3 (15 décembre 1794). — Décret qui proroge le délai accordé aux créanciers de la dette publique dont les créances sont au-dessous de cinquante livres. (B. 49, 261.)

La Convention nationale décrète que le délai accordé aux créanciers de la dette publique dont les créances sont au-dessous de cinquante livres, pour réclamer leur remboursement, est prorogé de six décades.

25 FRIMAIRE an 3 (15 décembre 1794). — Décrets qui accordent des secours à divers. (B. 49, 257.)

25 FRIMAIRE an 3 (15 décembre 1794). — Décret portant que les certificats de résidence, qui, aux termes de la loi du 25 brumaire dernier, doivent être délivrés par les assemblées des sections, le seront à Paris par les comités des sections de cette commune. (B. 49, 258.)

25 FRIMAIRE an 3 (15 décembre 1794). — Décret qui autorise l'administration du département de Paris à viser les certificats de résidence délivrés d'après la loi du 28 mars 1793, qui se trouvent déposés dans ses bureaux. (B. 46, 258.)

25 FRIMAIRE an 3 (15 décembre 1794). — Décrets portant nomination à des emplois administratifs. (B. 49, 259.)

25 FRIMAIRE an 3 (15 décembre 1794). — Décret portant que le représentant du peuple Blutel est investi des mêmes pouvoirs que les représentans du peuple envoyés dans les départemens, pour l'épuration des autorités constituées du district de Rochefort. (B. 49, 260.)

25 FRIMAIRE an 3 (15 décembre 1794). — Décret portant que le contrôleur de la caisse générale retirera de la serre à trois clefs la somme de deux cent un millions sept cent soixante-quinze mille neuf cent trente-sept livres seize sous neuf deniers. (B. 49, 260.)

25 FRIMAIRE an 3 (15 décembre 1794). — Décret portant que tout militaire qui aurait obtenu un congé de plus de trois décades sera tenu de se rendre à son corps dans le délai d'un mois. (B. 49, 261.)

25 FRIMAIRE an 3 (15 décembre 1794). — Décret de mention honorable de l'hommage fait à la Convention nationale, par le citoyen Lepetit, d'un ouvrage intitulé : *Manuel poétique, etc.* (B. 49, 262.)

25 FRIMAIRE an 3 (15 décembre 1794). — Décret qui renvoie au comité de législation, pour en faire un rapport dans trois jours, la question de savoir si la loi qui exige des certificats de civisme des défenseurs officieux qui suivent les affaires dans les tribunaux, doit s'étendre aux simples fondés de procuration. (B. 49, 262.)

25 FRIMAIRE an 3 (15 décembre 1794). — Décret qui surseoit provisoirement à l'exécution du jugement qui condamne le citoyen Guéret à six années de fers, etc. (B. 49, 262.)

25 FRIMAIRE an 3 (15 décembre 1794). — Décret relatif aux femmes et filles condamnées à la détention ou à la réclusion, et qui sont maintenant dans les maisons de Vincennes, de la Salpêtrière et de la Force. (B. 49, 263.)

25 FRIMAIRE an 3 (15 décembre 1794). — Décret qui renvoie une pétition des employés des fermes générales au comité des finances, pour faire un rapport dans la prochaine décade. (B. 49, 263.)

25 FRIMAIRE an 3 (15 décembre 1794). — Décret qui renvoie aux comités des travaux publics et militaires une pétition relative au dessèchement des marais, par laquelle on propose d'y employer les prisonniers de guerre. (B. 49, 264.)

25 FRIMAIRE an 3 (15 décembre 1794). — Décret qui renvoie au comité de salut public une pétition de la citoyenne Marie-Aimée Coquille, épouse du citoyen Caza, major. (B. 49, 264.)

25 FRIMAIRE an 3 (15 décembre 1794). — Décret portant qu'il ne sera accordé de congé qu'aux militaires qui seront dans les cas désignés par la loi du 2 thermidor dernier, etc. (1, Bull. 100, n° 510; B. 49, 264.)

25 FRIMAIRE an 3 (15 décembre 1794). — Décret qui envoie en mission dans les départemens y désignés le représentant du peuple Florent Guyot. (1, Bull. 100, n° 517; B. 49, 259.)

26 FRIMAIRE an 3 (16 décembre 1794). — Décret relatif aux comptes à présenter au bureau de comptabilité par les payeurs des rentes. (1, Bull. 100, n° 521 ; B. 49, 265 ; Mon. du 28 frimaire an 3, Rap. Cambon.)

Voy. loi du 4 MESSIDOR an 3.

Art. 1er. Les payeurs des rentes présenteront, dans six mois, au bureau de comptabilité, tous les comptes des maniemens de deniers qu'ils ont eus jusqu'à la fin de l'exercice de 1793.

2. Ils jouiront de la faculté accordée à tous les comptables, de cumuler tous les exercices dans un seul et même compte, et de rendre leur compte par bref état, en le divisant en autant de colonnes qu'il y aura d'exercices, en observant dans le classement de leurs dépenses le même ordre qu'ils ont observé dans les derniers comptes par eux rendus.

3. La responsabilité des payeurs des rentes, jusqu'à la reddition et l'apurement de leurs comptes, portera seulement sur la propriété des trente mille livres de l'inscription provenant de la liquidation de leurs offices ; ils pourront en conséquence disposer, sans opposition, et recevoir l'excédant de l'inscription qu'ils peuvent avoir en leur nom.

4. Les payeurs des rentes pourront se libérer envers leurs créanciers ayant hypothèque directe et spéciale sur leurs finances, en leur cédant la totalité ou partie de l'inscription en provenant, ainsi qu'il est prescrit par l'article 66 de la loi du 24 août 1793, à la charge de l'opposition au nom de la nation, jusqu'à ce que leurs comptes soient définitivement arrêtés et liquidés.

5. Ils pourront aussi faire le transfert de la propriété des trente mille livres de leur inscription, à la charge aussi de l'opposition de la nation sur cette propriété, jusqu'à ce que leurs comptes soient définitivement apurés, en satisfaisant d'ailleurs à toutes les formalités prescrites pour les transferts, et en payant les droits d'enregistrement.

6. Jusqu'après la main-levée de l'opposition de la nation, les créanciers grevés de ladite opposition seront réservés dans tous leurs droits contre lesdits payeurs; ils pourront faire tous les actes conservatoires sur tous leurs biens-fonds et capitaux.

7. Les payeurs et leurs créanciers ou successeurs à la propriété de leur inscription, en recevront la paiement annuel, l'opposition de la nation ne portant que sur la propriété de ladite inscription.

---

26 FRIMAIRE an 3 (16 décembre 1794). — Décret qui met à la disposition de la commission de la marine tous les jeunes gens de seize ans et au-dessous détenus pour délits de police correctionnelle. (B. 49, 269 ; Mon. du 28 frimaire an 3.)

Voy. avis du Conseil-d'Etat du 25 THERMIDOR an 8.

Art. 1er. Tous les jeunes gens de l'âge de seize ans et au-dessous, actuellement détenus dans les maisons de détention de la République par jugement de police correctionnelle, ainsi que ceux de même âge détenus et non encore jugés, sont mis à la disposition de la commission de la marine, pour être employés de la manière qu'elle jugera la plus utile à la République, sans néanmoins qu'ils puissent y être contraints.

2. La commission de la marine prendra toutes les mesures nécessaires pour la plus prompte exécution du présent décret.

---

26 FRIMAIRE an 3 (16 décembre 1794). — Décret portant nomination des citoyens pour remplir les places vacantes dans les tribunaux. (B. 49, 264.)

---

26 FRIMAIRE an 3 (16 décembre 1794). — Décret qui accorde des secours. (B. 49, 268.)

---

26 FRIMAIRE an 3 (16 décembre 1794). — Décret qui renvoie au comité des secours publics et militaires une pétition du conseil général de la commune d'Arras. (B. 49, 268.)

---

26 FRIMAIRE an 3 (16 décembre 1794). — Décret qui déclare nul le jugement du tribunal criminel du département du Doubs du 1er vendémiaire, qui condamne Adrien Baillard à douze années de fers. (B. 49, 268.)

---

26 FRIMAIRE an 3 (16 décembre 1794). — Décret accordant un congé au représentant Duquesnoy. (B. 49, 270.)

---

26 FRIMAIRE an 3 (16 décembre 1794). — Décret d'ordre du jour sur la proposition d'envoyer aux armées les jeunes gens qui ont atteint l'âge de dix-huit ans depuis la loi sur la réquisition. (B. 49, 270.)

---

26 FRIMAIRE an 3 (16 décembre 1794). — Décret portant que, dans le plus bref délai, les comités réunis présenteront le mode définitif de liquidation des dettes appartenant aux créanciers des émigrés. (B. 49, 270.)

---

26 FRIMAIRE an 3 (16 décembre 1794). — Décret relatif aux citoyens indigens acquittés par le tribunal révolutionnaire. (B. 49, 266 et 267.)

---

26 FRIMAIRE an 3 (16 décembre 1794). — Décret d'ordre du jour sur la proposition tendante à obliger tous les citoyens dans l'âge de la réquisition de joindre les drapeaux victorieux dans les armées de la République. (B. 49, 270.)

27 FRIMAIRE an 3 (17 décembre 1794). — Décret relatif aux dénommés dans les décrets des 28 juillet et 3 octobre 1793, autres que les représentans du peuple rappelés à leurs fonctions par la loi du 18 frimaire, présent mois. (1, Bull. 100, n° 523; B. 49, 271.)

27 FRIMAIRE an 3 (17 décembre 1794). — Décret portant que le nom du citoyen Legros sera inscrit sur les colonnes du Panthéon. (B. 49, 270.)

27 FRIMAIRE an 3 (17 décembre 1794). — Décret qui nomme le citoyen Deleyre représentant du peuple près l'école normale de Paris. (B. 49, 271.)

27 FRIMAIRE an 3 (17 décembre 1794). — Décret qui renvoie au comité de salut public une lettre de Kellermann. (B. 49, 271.)

27 FRIMAIRE an 3 (17 décembre 1794). — Décret qui accorde un congé au représentant Taveau. (B. 49, 272.)

27 FRIMAIRE an 3 (17 décembre 1794). — Décret sur une proposition tendante à favoriser les progrès de l'agriculture des sciences et des arts. (B. 49, 272.)

27 FRIMAIRE an 3 (17 décembre 1794). — Décret de renvoi relatif à la salle où la Convention nationale tient ses séances. (B. 49, 272.)

28 FRIMAIRE an 3 (18 décembre 1794). — Décret qui suspend l'exécution des jugemens du tribunal criminel du département de l'Yonne. (B. 49, 272.)

28 FRIMAIRE an 3 (18 décembre 1794). — Décret qui accorde des secours à diverses personnes. (B. 49, 273 et 274.)

28 FRIMAIRE an 3 (18 décembre 1794). — Décret qui renvoie aux comités réunis de législation et de sûreté générale le jugement porté par le tribunal révolutionnaire de Paris, le 26 présent mois, qui déclare Goullin, Chaux, etc., convaincus d'actes arbitraires, etc. (B. 49, 276.)

28 FRIMAIRE an 3 (18 décembre 1794). — Décret portant que le tribunal révolutionnaire, séant à Paris, sera renouvelé. (B. 49, 276.)

28 FRIMAIRE an 3 (18 décembre 1794). — Décret sur les moyens de diminuer les frais énormes d'impression du bulletin, etc. (B. 49, 276.)

28 FRIMAIRE an 3 (18 décembre 1794). — Décret qui déclare nul le jugement rendu par le tribunal criminel du département de l'Oise, qui condamne le citoyen Hippolyte Lefèbre à deux années de fers. (B. 49, 276.)

28 FRIMAIRE an 3 (18 décembre 1794). — Décret qui ordonne un rapport sur toutes propositions relatives à l'amélioration du régime des postes. (B. 49, 276.)

28 FRIMAIRE an 3 (18 décembre 1794). — Décret qui renvoie la demande faite par les canonniers de la section de Guillaume-Tell à la commission des armes et poudres, pour y faire droit. (B. 49, 277.)

28 FRIMAIRE an 3 (18 décembre 1794).—Décret qui suspend toutes procédures actuellement commencées par le tribunal révolutionnaire. (B. 49, 277.)

28 FRIMAIRE an 3 (18 décembre 1794). — Décrets qui nomment le citoyen François-Joseph Bonmarchand maire de la commune de Servanes, district de Lure; le citoyen Martelet, maire de la commune de Lure, et le citoyen Danlhieme, maire de la commune de Barbaste. (B. 49, 278.)

28 FRIMAIRE an 3 (18 décembre 1794). — Décret portant nomination de citoyens pour former l'administration du district de Saint-Girons et du district de Pamiers. (B. 49, 279 et 280.)

28 FRIMAIRE an 3 (18 décembre 1794). — Décret portant nomination du citoyen Rimbault, pour remplir les fonctions d'agent national de la commune de Poissy. (B. 49, 281.)

28 FRIMAIRE an 3 (18 décembre 1794). — Décret qui renvoie en mission, dans les départemens y désignés, le représentant du peuple Bar. (1, Bull. 100, n° 524; B. 49, 277.)

28 FRIMAIRE an 3 (18 décembre 1794). — Décret qui renvoie au comité des finances la proposition de convertir en décret l'arrêté du comité des finances du... portant que les noms des créanciers de la République qui auront fourni leurs titres à la Trésorerie avant le 12 nivose prochain, et qui n'auraient pas obtenu leur inscription définitive, seront inscrits sur un registre. (B. 49, 282.)

28 FRIMAIRE an 3 (18 décembre 1794). — Décret portant nomination des citoyens pour former l'administration du district de Tarascon. (B. 49, 281.)

28 FRIMAIRE an 3 (18 décembre 1794). — Décret de mention honorable et de non acceptation du legs fait à la République par la citoyenne Toison, veuve Abbat. (B. 49, 282.)

29 FRIMAIRE an 3 (19 décembre 1794). — Décret qui étend à divers créanciers les dispositions relatives à ceux des hôpitaux, portées dans l'article 3 de la loi du 21 frimaire. (1, Bull. 102, n° 532; B. 49, 287.)

La Convention nationale décrète que les

dispositions portées dans l'article 3 de la loi du 21 frimaire courant, relatives aux créanciers des hôpitaux, sont étendues aux créanciers des communes, districts, départemens, des académies, de l'Ecole militaire, des douze colléges en dépendant, de tous les autres colléges.

---

29 FRIMAIRE an 3 (19 décembre 1794). — Décret sur la pétition du citoyen Séran. (B. 49, 282.)

---

29 FRIMAIRE an 3 (19 décembre 1794). — Décret sur le mode de constater les décès des citoyens qui ont péri le 14 fructidor par l'explosion de la poudrière de Grenelle. (B. 49, 283.)

---

29 FRIMAIRE an 3 (19 décembre 1794). — Décret additionnel à celui du 17 fructidor, concernant la ci-devant nouvelle compagnie des Indes. (B. 49, 284.)

---

29 FRIMAIRE an 3 (19 décembre 1794). — Décret qui accorde un congé au représentant Quiennec. (B. 49, 286.)

---

29 FRIMAIRE an 3 (19 décembre 1794). — Décrets qui accordent des secours à diverses personnes. (B. 49, 286.)

---

29 FRIMAIRE an 3 (19 décembre 1794). — Décret qui casse et annule les jugemens des 8 et 16 pluviose derniers, rendus par la commission militaire établie à cette époque à Commune-Affranchie, qui condamnent Louis Guibon à deux ans de prison, etc. (B. 49, 285.)

---

29 FRIMAIRE an 3 (19 décembre 1794). — Décret qui proroge jusqu'au 1er germinal prochain le délai dans lequel tout officier militaire et agent civil, soit de terre, soit de la marine, est obligé de déclarer le lieu de sa résidence actuelle. (B. 49, 287.)

---

29 FRIMAIRE an 3 (19 décembre 1794). — Décret qui autorise le comité de salut public à prendre les mesures nécessaires pour l'exécution de la loi du 23 de ce mois, concernant la rentrée en France des officiers mariniers, matelots et novices qui se trouvent en ce moment en pays étrangers. (B. 49, 288.)

---

29 FRIMAIRE an 3 (19 décembre 1794). — Décret sur différentes créances des communes, districts, départemens, offices municipaux, etc. (B. 49, 288.)

---

30 FRIMAIRE an 3 (20 décembre 1794). — Décret de renvoi sur l'organisation du tribunal révolutionnaire qui a été faite depuis le 10 thermidor, d'après le rapport du représentant du peuple Merlin de Douai, et qui ordonne que Fouquier-Thinville, Pache, Bouchotte, soient jugés sans retard. (B. 49, 290.)

30 FRIMAIRE an 3 (20 décembre 1794). — Décret qui renvoie une pétition des citoyennes Darbon, Lasaigne et autres. (B. 49, 290.)

---

30 FRIMAIRE an 3 (20 décembre 1794). — Décret qui autorise le représentant Jean Debry à examiner et liquider les indemnités des citoyens de l'Isle, du ci-devant Comtat et de la commune d'Avignon. (B. 49, 291.)

---

30 FRIMAIRE an 3 (20 décembre 1794). — Décret sur la mise en liberté de la citoyenne Sijas. (B. 49, 291.)

---

30 FRIMAIRE an 3 (20 décembre 1794). — Décret portant que le comité militaire présentera dans un mois un projet de loi tendant à fixer d'une manière irrévocable la quantité d'officiers généraux nécessaire pour le service des armées, en temps de guerre. (B. 49, 291.)

1er NIVOSE an 3 (21 décembre 1794). — Décret qui surseoit à la vente des biens des pères et mères d'émigrés. (1, Bull. 101, n° 530; B. 50, 4; Mon. du 3 nivose an 3.)

Voy. lois du 17 FRIMAIRE an 2; du 23 NIVOSE an 3; du 9 FLORÉAL an 3.

La Convention nationale décrète que les comités de législation, de salut public et des finances réunis, lui présenteront, sous trois jours pour tout délai, le mode d'exécution de la loi du 17 frimaire an 2, qui met les propriétés des pères et mères des émigrés sous la main de la nation.

La Convention nationale décrète en outre qu'il sera sursis à toute vente des biens desdits pères et mères d'émigrés.

1er NIVOSE an 3 (21 décembre 1794). — Décret qui accorde des pensions aux militaires suisses licenciés. (B. 50, 2.)

1er NIVOSE an 3 (21 décembre 1794). — Décrets qui accordent des secours à Jacques-Libre Dufour et autres. (B. 50, 1 à 3.)

1er NIVOSE an 3 (21 décembre 1794). — Décret pour délivrer une attestation de résidence au citoyen François Gruyès. (B. 50, 2.)

1er NIVOSE an 3 (21 décembre 1794). — Décret qui annule les jugemens rendus contre les citoyens Roger Dupont, Martine et Bertainvilliers, et les renvoie devant le tribunal du district de Louviers. (B. 50, 4.)

1er NIVOSE an 3 (21 décembre 1794). — Décret qui surseoit provisoirement à la vente des biens du citoyen Victor Philippier. (B. 50, 5.)

1er NIVOSE an 3 (21 décembre 1794). — Décret qui accorde une prorogation de congé au représentant du peuple Beauprey. (B. 50, 5.)

2 NIVOSE an 3 (22 décembre 1794). — Décret qui envoie en mission, dans les départemens y désignés, le représentant du peuple Porcher de l'Indre. (1, Bull. 103, n° 535; B. 50, 5.)

2 NIVOSE an 3 (22 décembre 1794). — Décret relatif au paiement des indemnités des représentans qui se sont absentés en vertu de congés. (B. 50, 6.)

2 NIVOSE an 3 (22 décembre 1794). — Décret qui charge la commune de Narbonne de la taxe de cent mille livres portée dans l'arrêté du représentant Milhaud. (B. 50, 7.)

2 NIVOSE an 3 (22 décembre 1794). — Décret qui accorde des secours à dix jeunes Irlandais. (B. 50, 5.)

2 NIVOSE an 3 (22 décembre 1794). — Décret qui ordonne la distribution du projet du Code civil aux membres de la Convention. (B. 50, 6.)

2 NIVOSE an 3 (22 décembre 1794). — Décret qui ordonne de rendre au citoyen Davot la libre disposition de ses biens. (B. 50, 6.)

2 NIVOSE an 3 (22 décembre 1794). — Décret relatif au citoyen Phelut. (B. 50, 7.)

2 NIVOSE an 3 (22 décembre 1794). — Décret relatif à l'examen de l'état du canal de navigation de Saint-Quentin. (B. 50, 8.)

3 NIVOSE an 3 (23 décembre 1794). — Décret interprétatif de celui du 8 messidor an 2, concernant les déclarations de produit des récoltes. (B. 50, 9; Mon. du 5 nivose an 3.)

La Convention nationale, expliquant, en tant que besoin serait, la loi du 8 messidor, qui enjoint à tout citoyen de faire à sa municipalité, aux époques des 20 thermidor et vendémiaire, la déclaration du produit de ses différentes récoltes, décrète que les citoyens qui n'auront pas fait la déclaration prescrite par l'article 4 de la loi, sont soumis aux peines portées en l'article 8 contre ceux qui auraient fait une déclaration fausse.

3 NIVOSE an 3 (23 décembre 1794). — Décret qui assujétit au droit proportionnel d'enregistrement les acquisitions de domaines nationaux autres que celles faites directement de la nation, et la première vente ou cession qu'en feront les acquéreurs directs. (B. 50, 10; Mon. du 6 nivose an 3.)

La Convention nationale décrète que les acquisitions de domaines nationaux autres que celles faites directement de la nation par des particuliers, et la première vente ou cession qu'en feront ses acquéreurs directs pendant les cinq années accordées par le décret du mois de juin 1790 et par celui du 8 janvier 1793, sont assujéties au droit proportionnel d'enregistrement, sur le pied fixé par la section VI de la première classe du tarif annexé à la loi du 5 = 19 décembre 1790.

3 NIVOSE an 3 (23 décembre 1794). — Décret qui casse un arrêté des représentans du peuple Gillet et Saint-Just. (B. 50, 8.)

3 NIVOSE an 3 (23 décembre 1794). — Décret qui annule un jugement sur le motif que l'un des jurés était âgé de moins de vingt-cinq ans. (B. 50, 9.)

3 NIVOSE an 3 (23 décembre 1794). — Décret qui confirme le bail des forges et fourneaux de Dambron. (B. 50, 11.)

3 NIVOSE an 3 (23 décembre 1794). — Décret qui accorde un secours au citoyen Gournai. (B. 50, 9.)

3 NIVOSE an 3 (23 décembre 1794). — Décret relatif à une lettre du citoyen Pache, tendante à obtenir un prompt jugement. (B. 50, 10.)

3 NIVOSE an 3 (23 décembre 1794). — Décret qui annule un jugement criminel contre Masson. (B. 50, 10.)

3 NIVOSE an 3 (23 décembre 1794). — Décret relatif au citoyen Dominique Allier, agent de Saillant. (B. 50, 11.)

4 NIVOSE an 3 (24 décembre 1794). — Décret qui supprime tous ceux portant fixation d'un *maximum* sur le prix des denrées et marchandises (1). (1, Bull. 104, n° 538; B. 50, 14; Mon. du 6 nivose an 3.)

Voy. lois du 4 MAI 1793; du 24 NIVOSE an 3; du 8 VENTOSE an 3; du 5 FLORÉAL an 3; du 17 MESSIDOR an 3.

Art. 1er Toutes les lois portant fixation d'un *maximum* sur le prix des denrées et marchandises, cesseront d'avoir leur effet à compter de la publication de la présente loi.

2. Toutes les réquisitions faites jusqu'à ce jour par la commission de commerce et approvisionnemens, ou par les représentans du peuple en mission, pour les subsistances des armées de terre et de mer et pour l'approvisionnement de Paris, seront exécutées.

3. Toutes les réquisitions faites pour les dis-

(1) *Voy.* loi additionnelle du 11 nivose an 3.

tricts ou communes seront maintenues jusqu'à la concurrence de la quantité de grains nécessaire à leur approvisionnement pendant deux mois.

4. Les matières-denrées ou marchandises qui seront livrées en vertu des deux articles précédens seront payées au prix courant du chef-lieu de chaque district à l'époque où elles seront délivrées, ce qui sera constaté par les mercuriales ou registres tenus à cet effet.

5. Dans le cas où les marchés ne seraient pas approvisionnés, les districts sont autorisés, pendant un mois à dater de la publication de la présente loi, chacun dans leur arrondissement, à requérir tous marchands, cultivateurs ou propriétaires de grains ou farines, d'en apporter aux marchés la quantité nécessaire pour leur approvisionnement (1).

6. La commission de commerce et approvisionnemens aura droit de préemption ou de préférence sur tous les objets nécessaires à l'approvisionnement des armées et places de guerre, jusqu'à la concurrence des besoins du service.

7. Les marchandises ou denrées ainsi préachetées seront enlevées dans le mois qui suivra la préemption, et seront payées à l'époque de la délivrance, suivant le prix commun, lors de la préemption, de la place où les achats auront été faits.

8. La commission de commerce et approvisionnemens sera tenue de présenter, dans le délai d'une décade, au comité de salut public, le tableau des préemptions à faire pour compléter les besoins des armées jusqu'à la récolte.

9. Au moyen du présent décret, la circulation des grains sera entièrement libre dans l'intérieur de la République : la formalité des acquits-à-caution ne sera maintenue que dans les deux lieues des côtes et des barrières des douanes.

10. Tout particulier qui transportera dans lesdites deux lieues des grains ou farines sera tenu de se présenter, avant l'enlèvement, à la municipalité du lieu, et d'y prendre un acquit-à-caution, lequel sera signé du maire et de l'agent national, et, en leur absence, par deux officiers municipaux.

11. Ces acquits-à-caution seront délivrés gratuitement sur papier non timbré, et porteront soumission de rapporter, dans un délai fixé à un jour par cinq lieues, certificat de l'arrivée au lieu de la destination, signé des officiers municipaux : le tout à peine de confiscation des grains ou farines, ou du paiement de la valeur.

12. Les propriétaires des grains ou farines qui ne prendront point d'acquit-à-caution dans les cas où cette formalité est exigée, seront punis par la confiscation des grains ou farines dont ils seront trouvés saisis ; ils seront en outre condamnés à une amende double du prix des grains ou farines confisqués. La moitié du produit net de la vente appartiendra au dénonciateur et saisissant, l'autre moitié à la commune du lieu où la saisie aura été faite. Les lois sur l'exportation des grains à l'étranger sont maintenues, et tout contrevenant auxdites lois sera condamné à la peine de mort.

13. En aucun cas, les chevaux et voitures ne pourront être saisis et confisqués : ceux qui le seraient en vertu du jugement rendu avant la promulgation du présent décret seront restitués aux propriétaires, s'ils ne sont pas vendus.

14. Toutes procédures commencées pour violation faite aux lois sur le *maximum* sont anéanties ; il ne pourra être donné aucune suite aux jugemens rendus sur cet objet qui n'auront pas été exécutés : les citoyens détenus en vertu de ces jugemens seront mis en liberté sans délai.

15. Toutes réquisitions de denrées ou marchandises autres que celles ci-dessus énoncées, sont annulées à compter de la publication du présent décret.

---

4 NIVOSE an 3 (24 décembre 1794). — Décrets qui accordent des pensions à divers citoyens et militaires. (B. 50, 11.)

---

4 NIVOSE an 3 (24 décembre 1794). — Décret relatif au général de division Marescot. (B. 50, 12.)

---

4 NIVOSE an 3 (24 décembre 1794). — Décret de renvoi au comité de législation, concernant les ci-devant notaires déplacés de fonctions administratives ou judiciaires. (B. 50, 12.)

---

4 NIVOSE an 3 (24 décembre 1794). — Décret qui envoie en mission dans les pays conquis, le représentant du peuple Roberjeot. (1, Bull. 105, n° 541 ; B. 50, 16.)

---

4 NIVOSE an 3 (24 décembre 1794). — Décret relatif au citoyen Hamon. (B. 50, 13.)

---

4 NIVOSE an 3 (24 décembre 1794). — Décret de liquidation concernant les citoyens Louis et Trompette. (B. 50, 13.)

---

5 NIVOSE an 3 (25 décembre 1794). — Décret relatif aux propriétaires de marchandises séquestrées, vendues sans autorisation. (B. 50, 20.)

---

(1) *Voy.* loi du 3 pluviose an 3.

5 NIVOSE an 3 (25 décembre 1794). — Décret sur les marchandises destinées pour Lyon, à restituer aux propriétaires. (B. 50, 19.)

5 NIVOSE an 3 (25 décembre 1794). — Décret qui envoie à Besançon le représentant Calès. (B. 50. 19.)

5 NIVOSE an 3 (25 décembre 1794). — Décret qui ordonne de rayer de la liste des émigrés le citoyen Pichard. (B. 50, 20.)

5 NIVOSE an 3 (25 décembre 1794). — Décret relatif aux réquisitions déjà faites sur les communes ou districts. (B. 50, 21.)

5 NIVOSE an 3 (25 décembre 1794). — Décret qui ajourne le procès-verbal des 9, 10 et 11 thermidor pour la discussion. (B. 50; 16.)

5 NIVOSE an 3 (25 décembre 1794). — Décret sur la proposition de diviser un comité en deux sections. (B. 50, 16.)

5 NIVOSE an 3 (25 décembre 1794). — Décret sur le renvoi aux divers comités des objets de leur compétence. (B. 50, 16.)

5 NIVOSE an 3 (25 décembre 1794). — Décret qui ordonne le rapport sur le séquestre des biens des pères et mères des émigrés. (B. 50, 17.)

5 NIVOSE an 3 (25 décembre 1794). — Décret sur la pétition des inspecteurs des élèves de l'école de Mars. (B. 50, 17.)

5 NIVOSE an 3 (25 décembre 1794). — Décret relatif à une erreur qui s'est glissée dans quelques exemplaires du Bulletin sur le *maximum* supprimé. (B. 50, 17.)

5 NIVOSE an 3 (25 décembre 1794). — Décrets qui accordent des secours aux citoyens Jean Verlet, Thomazo, Lagrange et autres. (B. 50, 17.)

6 NIVOSE an 3 (26 décembre 1794). — Décret qui augmente le salaire des pilotes lamaneurs de la rivière de Seine. (B. 50, 21.)

La Convention nationale, après avoir entendu le rapport de ses comités de marine, colonies et de commerce réunis,

Décrète que le salaire des pilotes lamaneurs de la rivière de Seine, fixé par un tarif du mois de mai 1793 (vieux style), sera provisoirement augmenté de moitié, et supporté par tous les bâtimens de la République indistinctement, soit qu'ils appartiennent à la nation ou au commerce, et par les bâtimens étrangers, quand même ils seraient chargés pour le compte de la République.

L'insertion du présent décret au Bulletin tiendra lieu de promulgation.

6 NIVOSE an 3 (26 décembre 1794). — Décret qui distrait la commune de Vence du district de Grasse. (B. 50, 23.)

6 NIVOSE an 3 (26 décembre 1794). — Décrets concernant la municipalité de l'Ami-des-Lois, et les communes de Saint-Pardoux, etc. (B. 50, 24 et 25.)

6 NIVOSE an 3 (26 décembre 1794). — Décret portant que le territoire de la forêt de Mont-Bessey fait partie de celui de la commune d'Igor..ay. (B. 50, 23.)

6 NIVOSE an 3 (26 décembre 1794). — Décret qui rapporte celui du 28 frimaire, qui accorde des pistolets à la compagnie des canonniers de Guillaume-Tell. (B. 50, 28.)

6 NIVOSE an 3 (26 décembre 1794). — Décret qui accorde un secours à la citoyenne Devisme, veuve Laborde, et autres. (B. 50, 21 et 22.)

6 NIVOSE an 3 (26 décembre 1794. — Décret qui met en liberté Julien Leroi. (B. 50, 29.)

6 NIVOSE an 3 (26 décembre 1794). — Décret qui augmente la gendarmerie à cheval pour Paris et les environs. (B. 50, 25.)

6 NIVOSE an 3 (26 décembre 1794). — Décret qui approuve les mesures prises par le représentant Ferraud, à Landau. (B. 50, 28.)

7 NIVOSE an 3 (27 décembre 1794). — Décret qui applique aux habitans de Saint-Domingue ou d'autres colonies françaises, les dispositions de la loi du 27 vendémiaire an 3, relatives aux colons déportés. (B. 50, 30; Mon. du 10 nivose an 3, Rap. Pagonel.)

Art. 1er. Les dispositions de la loi du 27 vendémiaire dernier, relatives aux colons déportés, seront appliquées aux habitans de Saint-Domingue ou d'autres colonies françaises domiciliés en France avant l'époque des troubles survenus dans lesdites colonies, et dont les propriétés ont été dévastées ou détruites par les ennemis de la République.

2. Ceux desdits colons qui demanderont à jouir du bienfait de la loi du 27 vendémiaire seront tenus de constater leur indigence, et de faire certifier, soit par des autorités constituées, soit par des représentans du peuple de leur députation, soit par les correspondans avec lesquels ils traitaient dans les ports ou villes de commerce de la République, qu'ils recevaient, pendant leur habitation en France et avant les désastres des colonies, des productions coloniales provenant de leurs propriétés.

3. Les enfans des colons de Saint-Domin-

gue ou d'autres îles françaises, domiciliés en France avant l'époque des troubles des colonies, âgés de moins de douze ans, seront reçus parmi les enfans de la patrie.

4. Ne sont pas compris dans le présent décret ceux des colons appelés à la défense de la patrie par les lois du 23 août 1793.

5. Les colons indigens qui ne satisferont pas à toutes les conditions exigées par l'article 2 du présent décret recevront, dans la commune de leur domicile, les secours communs, ainsi que tous les autres indigens de la République.

6. Les secours seront payés aux colons qui y auront droit, d'après les dispositions du présent décret, à compter du 27 vendémiaire dernier.

Article additionnel.

Le présent décret sera également applicable aux colons des îles de France et de la Réunion, ainsi qu'aux habitans de Pondichéry et autres établissemens français au-delà du cap de Bonne-Espérance, avec lesquels leur communication est retardée ou interdite, en se conformant aux articles précédens pour ce qui les concerne.

---

7 NIVOSE an 3 (27 décembre 1794). — Décret relatif à une proposition sur le mode de réglement du rachat des rentes foncières constituées en grains avant 1789. (1, Bull. 105, n° 544; B. 50, 32.)

Un membre propose de décréter que le rachat des rentes foncières constituées en grains avant 1789, et qui, pour diminuer les droits de contrôle, n'ont pas été portées à leur véritable valeur dans les baux à rente, soit réglé comme si ces baux ne contenaient pas l'évaluation. Cette proposition est combattue, et la Convention nationale l'a rejetée par ordre du jour.

---

7 NIVOSE an 3 (27 décembre 1794). — Décret qui envoie en mission dans le département de l'Oise, le représentant du peuple Druihe. (1, Bull. 105, n° 542; B. 50, 31.)

---

7 NIVOSE an 3 (27 décembre 1794). — Décret qui envoie en mission dans le département de Rhône-et-Loire, le représentant du peuple Richaud. (1, Bull. 105, n° 543; B. 50, 31.)

---

7 NIVOSE an 3 (27 décembre 1794). — Décret relatif au traitement du citoyen Faure. (B. 50, 32.)

---

7 NIVOSE an 3 (27 décembre 1794). — Décret qui accorde une somme au citoyen Fortin Poisson et autres. (B. 50, 29.)

---

7 NIVOSE an 3 (27 décembre 1794). — Décret sur la proposition d'étendre l'amnistie aux rebelles incarcérés au Mans. (B. 50, 29.)

---

7 NIVOSE an 3 (27 décembre 1794). — Décret qui accorde un congé au représentant du peuple Lejeune. (B. 50, 30.)

---

7 NIVOSE an 3 (27 décembre 1794). — Décret qui accorde des secours à la citoyenne Beauvais et à la citoyenne Desoche. (B. 50, 31.)

---

7 NIVOSE an 3 (27 décembre 1794). — Décret qui ordonne la nomination d'une commission de 21 membres, pour faire un rapport sur les faits imputés aux représentans du peuple Billaud-Varenne, Collot-d'Herbois, Barrère et Vadier, et les autorise à faire imprimer leurs mémoires aux frais de la République. (B. 50, 33.)

---

7 NIVOSE an 3 (27 décembre 1794). — Décret pour la réparation des grandes routes. (B. 50, 34.)

---

7 NIVOSE an 3 (27 décembre 1794). — Décret sur un changement de date dans un décret du 1er nivose. (B. 50, 34.)

---

7 NIVOSE an 3 (27 décembre 1794). — Décret qui renvoie aux comités respectifs deux objets, l'un concernant l'agence de l'envoi des lois, l'autre relatif au transport des lois dans les départemens. (B. 50, 34.)

---

8 NIVOSE an 3 (28 décembre 1794). — Décret relatif à l'organisation du tribunal révolutionnaire. (1, Bull. 103, n° 537; B. 50, 38; Mon. du 14 nivose an 3, Rap. Merlin.)

Voy. lois du 22 FLORÉAL an 5; des 5, 9 PLUVIOSE an 3; du 12 PRAIRIAL an 3.

TITRE Ier. Compétence du tribunal révolutionnaire.

Art. 1er. Le tribunal révolutionnaire connaîtra de tous les attentats contre la sûreté intérieure et extérieure de l'État, contre la liberté, l'égalité, l'unité et l'indivisibilité de la République, contre la représentation nationale, et de tous complots tendant au rétablissement de la royauté, ou à l'établissement de toute autorité attentatoire à la souveraineté du peuple.

2. Il connaîtra pareillement, conformément à la loi du 19 floréal, des négligences, malversations et autres délits mentionnés dans la loi du 14 frimaire, dont pourraient se rendre coupables les membres et adjoints des commissions exécutives, et les juges et accusateurs publics des tribunaux criminels.

3. Les tribunaux criminels continueront de connaître, concurremment avec le tribunal révolutionnaire, des délits contre-révolution-

naires dont la connaissance leur a été conservée par la loi du 19 floréal.

Ils connaîtront en outre exclusivement de tous les vols et dilapidations de deniers ou effets nationaux, quoique non compris dans la loi du 7 frimaire, en observant les formes prescrites par cette loi et par celles des 14 germinal et 21 floréal.

4. En conséquence, la loi du 29 septembre 1793, concernant les infidélités des agens ou préposés des administrations et fournisseurs de la République, demeure restreinte à celles qui seraient de nature à faire manquer les approvisionnemens des armées.

TITRE II. Composition du tribunal révolutionnaire.

5. Le tribunal révolutionnaire sera composé de douze juges, dont un président et deux vice-présidens, d'un accusateur public et de trois substituts, et d'un greffier.

6. Il y aura près le tribunal révolutionnaire trente jurés.

7. Le tribunal et le jury seront renouvelés en entier tous les trois mois.

8. Les citoyens qui seront appelés aux fonctions de juge, d'accusateur public, de substitut ou de juré du tribunal révolutionnaire, seront tenus de se rendre sans délai à leur poste : ils sont mis à cet effet en réquisition.

Les places ou emplois qu'ils occupent actuellement leur seront conservés; et, s'ils n'ont pas de suppléans, ils seront remplacés provisoirement par la Convention nationale.

9. Les frais de route leur seront remboursés, tant pour l'aller que pour le retour, sans diminution des indemnités et appointemens qui leur sont attribués par les lois antérieures.

10. Il sera attaché au tribunal révolutionnaire six commis greffiers, six commis expéditionnaires, six huissiers, un concierge et cinq garçons de bureau.

Il sera en outre attaché au parquet sept secrétaires-commis et deux garçons de bureau.

TITRE III. Ordre du service.

11. Les juges du tribunal révolutionnaire seront divisés en deux sections.

12. Chaque section sera composée de six juges.

13. Ces six juges seront tous les jours et alternativement employés, savoir : trois à tenir l'audience pour juger publiquement les accusés, et trois à faire, en chambre du conseil, les actes d'instructions qui doivent précéder le débat et l'examen public de chaque procès.

14. Les juges seront répartis au sort dans les deux sections, et ce répartiment sera renouvelé tous les mois.

15. Si néanmoins, à la fin du mois, l'examen d'un ou de plusieurs procès était ouvert, le renouvellement serait différé jusqu'au jugement de ces procès.

16. Les juges d'une section pourront suppléer ceux d'une autre section.

17. Lorsqu'un procès sera porté au tribunal révolutionnaire, le sort décidera à laquelle des deux sections il sera assigné.

18. Si néanmoins une section se trouve chargée de plus d'affaire que l'autre, elle ne sera admise au tirage qu'après que le sort en aura assigné à l'autre un nombre égal au sien.

19. Le tirage au sort se fera en présence du président, de l'accusateur public ou de l'un de ses substituts, et d'un commissaire de chaque section.

20. Les procès qui feront suite ou qui seront connexes à celui dont une section se trouvera saisie, seront portés devant cette section sans tirage au sort.

TITRE IV. Traduction des tribunaux révolutionnaires.

21. Nul ne pourra être traduit au tribunal révolutionnaire que,

Par un décret de la Convention nationale,

Ou par un arrêté du comité de sûreté générale,

Ou par un mandat d'arrêt, soit du tribunal, soit de l'accusateur public, dans les cas déterminés par les articles 22, 23 et 66 ci-après.

22. L'accusateur public pourra décerner des mandats d'arrêt contre les complices des délits dont le tribunal se trouvera saisi, et les faire juger conjointement avec les accusés principaux.

Mais, avant de les mettre en jugement, il fera décider, par la chambre du conseil, s'il y a lieu de présenter au jury l'acte d'accusation de complicité qu'il aura dressé contre eux; et, s'il est jugé qu'il n'y a pas lieu, les prévenus arrêtés seront mis en liberté.

23. Lorsque la déposition d'un témoin paraîtra évidemment fausse, le tribunal décernera contre lui, séance tenante, soit d'office soit sur la réquisition de l'accusateur public, un mandat d'arrêt en vertu duquel il sera jugé sur-le-champ par les mêmes jurés et les mêmes juges devant lesquels il aura déposé.

24. Les représentans du peuple en mission dans les départemens feront conduire au comité de sûreté générale les individus qu'ils auront mis en état d'arrestation, comme prévenus de délits de la compétence du tribunal révolutionnaire.

25. Les autorités constituées adresseront dorénavant au comité de sûreté générale les pièces relatives aux prévenus de délits contre-révolutionnaires, dont l'article 5 de la loi du 18 nivose leur enjoint de faire l'envoi à l'accusateur public près le tribunal révolutionnaire.

26. Les membres et adjoints des commissions exécutives, les généraux en chef et ceux de division ou de brigade, ne pourront être traduits au tribunal révolutionnaire que par un décret de la Convention nationale, ou par un arrêté des comités de salut public et de sûreté générale réunis.

TITRE V. De la procédure devant le tribunal révolutionnaire.

27. Aussitôt qu'un procès sera porté au tribunal révolutionnaire, le président, en présence de l'accusateur public ou de l'un de ses substituts, et d'un commissaire de la section à laquelle il aura été assigné, fera tirer au sort onze jurés, pour prononcer sur les faits imputés à l'accusé.

28. Dans chaque procès porté au tribunal révolutionnaire, et vingt-quatre heures au moins avant qu'il soit mis au débat, l'un des juges d'instruction, commis à cet effet par le président de la section à laquelle le procès aura été assigné, fera amener devant lui l'accusé, lui communiquera l'acte d'accusation, lui en fera délivrer copie, l'interrogera sur les faits y énoncés, recevra ses réponses, l'avertira que la loi lui permet de choisir un conseil muni d'un certificat de civisme, et fera tenir note du tout par le greffier.

29. Lors de l'interrogatoire, la liste des jurés destinés à prononcer sur les faits imputés à l'accusé lui sera communiquée, et il sera interpellé de déclarer à l'instant s'il entend en récuser un ou plusieurs.

30. L'accusé qui voudra récuser un ou plusieurs jurés sera tenu de proposer ses causes de récusation lors de son interrogatoire, et le tribunal en jugera la validité dans les vingt-quatre heures : il statuera, dans le même délai, sur les récusations qui auront été proposées par l'accusateur public.

Il ne sera reçu, soit de la part de l'accusé, soit de la part de l'accusateur public, aucune récusation non motivée.

31. Le conseil choisi par l'accusé ne pourra communiquer avec lui qu'après son interrogatoire, et au moyen d'un *laissez-passer* de l'accusateur public.

32. Si, avant que des témoins soient entendus à l'audience, l'accusateur public trouve utile à la manifestation de la vérité de faire recevoir par écrit leurs déclarations, elles seront reçues par l'un des juges d'instruction, commis à cet effet par le président de la section saisie du procès.

33. Ces déclarations et les notes de l'interrogatoire dont il a été parlé ci-dessus, seront remises au juge qui devra présider à l'examen et au débat, pour servir de renseignement seulement.

34. Il sera dressé autant d'actes d'accusation qu'il y aura de délits à juger.

On pourra néanmoins, dans un acte d'accusation, comprendre plusieurs délits à la charge d'une même personne.

35. Dans tous les cas, les complices d'un accusé seront compris dans le même acte d'accusation que lui, soit qu'ils se trouvent impliqués dans tous les délits qui lui sont imputés, ou qu'ils ne le soient que dans un seul.

36. Lorsqu'une même personne sera prévenue à la fois de délits contre-révolutionnaires et de délits ordinaires, l'acte d'accusation ne portera que sur les premiers; et si elle est acquittée par le tribunal révolutionnaire, ou condamnée à une peine moindre que celle à infliger aux délits ordinaires, elle sera renvoyée par-devant le tribunal criminel ou de police correctionnelle auxquels appartiennent la connaissance des autres.

37. Ne pourront être compris ni énoncés dans l'acte d'accusation qui sera dressé contre un prévenu traduit au tribunal révolutionnaire ou aux tribunaux ordinaires, les faits d'après l'exposé desquels un décret des représentans du peuple l'aura mis en liberté, ou aura déclaré qu'il n'y a pas lieu à inculpation contre lui.

38. Si le prévenu ou accusé d'un crime contre-révolutionnaire se soustrait à l'examen de la justice, il en sera usé à son égard conformément à la loi du 3 thermidor sur les contumaces.

TITRE VI. De l'examen et de la conviction.

39. Le jour fixé pour l'examen du procès, l'accusé, en présence des juges, de l'accusateur public, des jurés et des citoyens, sera amené à la barre, libre et sans fers.

40. Le président fera prêter à chacun des onze jurés le serment d'examiner, avec l'attention la plus scrupuleuse, les charges portées contre l'accusé ; de n'en communiquer avec personne jusqu'après leur déclaration, de n'écouter ni la haine ou la méchanceté, ni la crainte ou l'affection; de se décider d'après les charges et moyens de défense, suivant leur conscience et leur intime conviction, avec l'impartialité et la fermeté qui caractérisent des républicains.

41. Le serment prêté, les jurés prendront place tous ensemble sur des siéges séparés du public et du tribunal; ils seront placés en face de l'accusé et des témoins.

42. Le président dira à l'accusé qu'il peut s'asseoir, lui demandera son nom, son âge, le lieu de sa naissance, sa demeure, sa qualité et sa profession tant avant que depuis la révolution, et il fera tenir note du tout par le greffier.

43. Le président avertira l'accusé d'être attentif à tout ce qu'il va entendre; il ordonnera au greffier de lire l'acte d'accusation; après quoi il dira à l'accusé : *Voilà de quoi on t'accuse; tu vas entendre les charges qui seront produites contre toi.*

44. L'accusateur public exposera le sujet de l'accusation; il requerra la lecture de la loi sur le crime de faux témoignage; et, après cette lecture, il fera entendre les témoins.

45. Ne pourront être entendus en témoignage un mari contre sa femme, une femme contre son mari, les ascendans contre leurs descendans et réciproquement, les frères et sœurs contre leurs frères et sœurs, et les alliés au même degré.

46. Les témoins, avant de déposer, prêteront serment de parler sans haine et sans crainte, et de dire la vérité.

47. Hors les cas déterminés par les lois des 18 prairial et 2 messidor, l'examen des témoins sera toujours fait de vive voix, et sans que leurs dépositions soient écrites.

48. Les témoins ne pourront jamais s'interpeller entre eux.

Ils seront entendus séparément.

Cependant l'accusateur public pourra, après leur première déclaration, demander qu'ils soient entendus de nouveau, en présence les uns des autres; il pourra demander également que ceux qui ont déposé se retirent de l'auditoire, ou qu'un ou plusieurs d'entre eux soient introduits pour être entendus de nouveau, séparément ou en présence les uns des autres.

L'accusé aura la même faculté.

49. Chaque témoin sera tenu de déclarer s'il est parent, allié ou attaché au service de l'accusé, s'il le connaissait avant le fait qui a donné lieu à l'accusation, et s'il entend parler de l'accusé présent.

50. A chaque déposition de témoin, le président demandera à l'accusé s'il veut répondre à ce qui vient d'être dit contre lui: l'accusé pourra, ainsi que son conseil, dire, tant contre les témoins que contre leur témoignage, ce qu'il jugera utile à sa défense.

51. Les témoins assignés à la requête de l'accusé seront entendus alternativement avec ceux qui auront été produits par l'accusateur public.

52. L'accusé et son conseil seront tenus de s'exprimer avec décence et modération.

La disposition de la loi du 15 germinal qui est relative à la mise hors des débats est rapportée.

53. Les effets trouvés lors du délit, ou depuis, pouvant servir à conviction, seront représentés à l'accusé, et il lui sera demandé de répondre s'il les reconnaît.

54. Lorsqu'un débat a duré plus de trois jours, le président est tenu, à l'ouverture de la séance suivante, de demander aux jurés si leur conscience est suffisamment éclairée.

55. Si les jurés répondent *non*, l'instruction sera continuée jusqu'à ce qu'ils aient fait une déclaration contraire.

56. Si les jurés répondent qu'ils sont suffisamment instruits, il sera procédé sur-le-champ ainsi qu'il est prescrit par les articles suivans, nonobstant toute réclamation contraire.

57. A la suite des dispositions et des débats, l'accusateur public sera entendu: l'accusé ou son conseil pourra lui répondre.

58. Le président résumera l'affaire, fera remarquer aux jurés les principales preuves pour et contre l'accusé; il terminera en leur rappelant, avec simplicité, les fonctions qu'ils ont à remplir, et posera distinctement, après avoir pris l'avis du tribunal, les questions qu'ils ont à décider, tant sur les faits que sur l'intention dans laquelle ils ont été commis.

Toutes les questions seront rédigées avec simplicité: il ne pourra en être posé aucune dans laquelle il y ait rien de complexe.

L'accusé, son conseil, l'accusateur public et les jurés pourront faire des observations sur la manière dont les questions auront été posées.

59. Le président mettra par écrit les questions suivant leur ordre, et les donnera au chef du jury, qui sera toujours le plus ancien d'âge.

60. Le président ordonnera aux jurés de se retirer dans une chambre voisine; ils y resteront sans pouvoir communiquer avec personne.

61. Lorsque les jurés se trouveront en état de donner leur déclaration, ils rentreront dans l'auditoire, et feront, chacun à haute voix et publiquement, leur déclaration individuelle sur les questions qui leur auront été remises par le président.

62. Chaque juré prononcera sa déclaration dans la forme suivante: *Sur mon honneur et ma conscience, tel faite st constant*, ou *n'est pas constant; l'accusé est convaincu de tel fait*, ou *l'accusé n'en est pas convaincu; il est convaincu*, ou *il n'est pas convaincu de l'avoir commis dans telle intention.*

63. Chaque question sera décidée à la pluralité absolue des voix.

64. La déclaration du jury sera reçue par le greffier, signée de lui et de tous les juges.

65. Le jury ne pourra donner de déclaration sur un délit qui ne serait pas porté dans l'acte d'accusation, quelle que soit la déposition des témoins.

66. Si l'accusé est déclaré non convaincu du fait porté dans l'acte d'accusation, et qu'il ait été inculpé sur un autre crime par les dépositions des témoins, le tribunal, d'office ou sur la demande de l'accusateur public, ordonnera qu'il soit arrêté de nouveau: il recevra les éclaircissemens que le prévenu donnera sur ce nouveau fait; et, s'il y a lieu, il délivrera un mandat d'arrêt, et renverra le prévenu, ainsi que les témoins, devant la chambre du conseil, pour être décidé s'il y a

lieu à un nouvel acte d'accusation, en cas qu'il s'agisse d'un délit contre-révolutionnaire, et devant le directeur du jury du lieu du délit, s'il n'est question que d'un délit ordinaire.

TITRE VII. Du jugement.

67. Si l'accusé est déclaré non convaincu, le président prononcera qu'il est acquitté de l'accusation, et ordonnera qu'il soit mis sur-le-champ en liberté, à moins qu'il n'y ait lieu de le retenir en état d'arrestation, soit d'après les articles 36 et 66 ci-dessus, soit d'après l'article 10 de la loi du 17 septembre 1793.

68. Il en sera de même si les jurés ont déclaré que le fait a été commis involontairement ou sans mauvaise intention.

69. Toute personne ainsi acquittée ne pourra plus être reprise ni accusée pour raison du même fait.

70. Tout fonctionnaire public acquitté purement et simplement rentrera de plein droit dans les fonctions auxquelles il avait été appelé avant d'être accusé.

71. Lorsque l'accusé aura été déclaré convaincu, le président, en présence des citoyens, le fera comparaître, et lui donnera connaissance de la déclaration du jury.

72. L'accusateur public fera sa réquisition pour l'application de la loi : l'accusé ou son conseil pourra faire des observations; les juges prononceront ensuite la peine établie par la loi, ou acquitteront l'accusé dans le cas où le fait dont il est convaincu n'est pas défendu par elle.

L'article 3 du titre II de la loi du 10 mars 1793 est rapporté.

73. Toute condamnation à la peine de mort emportera la confiscation des biens du condamné.

74. Tout jugement du tribunal révolutionnaire énoncera le nom du condamné, son âge, le lieu de sa naissance, sa demeure, sa qualité, sa profession, tant avant que depuis la révolution.

75. Les jugemens du tribunal révolutionnaire seront exécutés sans recours au tribunal de cassation.

76. Il est dérogé à toutes dispositions des lois antérieures qui seraient contraires à la présente loi.

---

8 NIVOSE an 3 (28 décembre 1794). — Décret d'ordre du jour motivé sur un référé d'arbitres, tendant à faire décider une opposition formée à une sentence arbitrale rendue par défaut. (B. 50, 35.)

La Convention nationale, après avoir entendu le rapport de son comité de législation, sur un référé des arbitres nommés pour juger les contestations élevées entre le citoyen Anne-Louis Dumenillet et le citoyen Étienne-François Prevost, tendant à faire décider la question de savoir si l'opposition formée par ce dernier à la sentence arbitrale rendue par défaut, le 12 vendémiaire dernier, est recevable;

Considérant que la faculté de former opposition aux sentences arbitrales rendues par défaut n'a été abrogée ni par la loi du 16 août 1790, sur l'organisation judiciaire, ni par celle du 12 brumaire de l'an deuxième, concernant les enfans nés hors mariage;

Considérant que le citoyen Prevost, contre lequel la sentence arbitrale du 12 vendémiaire dernier a été rendue par défaut, a été en détention depuis le 23 prairial jusqu'au 19 vendémiaire;

Passe à l'ordre du jour, motivé sur ce que la loi du 12 brumaire an deuxième n'interdit pas aux parties la faculté de former opposition dans les formes et dans les délais fixés par la loi aux sentences arbitrales rendues par défaut.

Le présent décret ne sera pas imprimé.

Il en sera envoyé une expédition manuscrite au tribunal du quatrième arrondissement de Paris.

---

8 NIVOSE an 3 (28 décembre 1794). — Décret qui accorde un secours à la citoyenne veuve Bourg. (B. 50, 36.)

---

8 NIVOSE an 3 (28 décembre 1794). — Décret relatif au citoyen Langlade. (B. 50, 35.)

---

8 NIVOSE an 3 (28 décembre 1794). — Décret de renvoi sur la pétition du citoyen Sablière. (B. 50, 36.)

---

8 NIVOSE an 3 (28 décembre 1794). — Décret qui accorde un congé au représentant du peuple Patrin. (B. 50, 36.)

---

8 NIVOSE an 3 (28 décembre 1794). — Décret de renvoi, sur le moyen le plus conforme à l'équité républicaine de faire sortir de France le dernier rejeton des Capets. (B. 50, 37.)

---

8 NIVOSE an 3 (28 décembre 1794). — Décret portant que le représentant du peuple Lequinio sera entendu sur les fêtes décadaires. (B. 50, 37.)

---

8 NIVOSE an 3 (28 décembre 1794). — Décret qui met en liberté le représentant du peuple David. (B. 50, 37.)

---

8 NIVOSE an 3 (28 décembre 1794). — Décret de renvoi sur un article de décret concernant les obligations du président du tribunal révolutionnaire. (B. 50, 37.)

---

8 NIVOSE an 3 (28 décembre 1794). — Décret de renvoi sur un point relatif à l'organisation du tribunal révolutionnaire. (B. 50, 37.)

8 NIVOSE an 3 (28 décembre 1794). — Décret portant que Delacroix sera traduit au tribunal révolutionnaire. (1, Bull. 105, n° 545; B. 50, 46.)

8 NIVOSE an 3 (28 décembre 1794). — Décret qui ordonne une proclamation sur le rapport de la loi du *maximum*. (B. 50, 38.)

9 NIVOSE an 3 (29 décembre 1794). — Décret additionnel à celui du 14 frimaire sur les élèves des écoles de santé. (1, Bull. 105, n° 546; B. 50, 47; Mon. du 11 nivose an 3.)

La Convention nationale décrète que les examinateurs des élèves pour les écoles de santé établies par la loi du 14 frimaire pourront désigner pour chaque district, et malgré son absence, le sujet qui, étant âgé depuis seize ans jusqu'à trente accomplis, réunit le plus notoirement les qualités exigées par l'article 10 de cette même loi.

9 NIVOSE an 3 (29 décembre 1794). — Décret qui fixe le mode des paiemens à faire aux maîtres de postes aux chevaux. (B. 50, 51; Mon. du 11 nivose an 3, Rap. Bion.)

Voy. lois du 17 NIVOSE an 2, et du 16 FLORÉAL an 3.

Art. 1er. L'agence nationale de la poste aux lettres fera, dans les quinze premiers jours de chaque mois, le décompte des sommes dues à chacun des maîtres de postes aux chevaux pour le mois précédent, et fera passer directement, par des envois à découvert, la somme qui sera due à chacun d'eux pour le service, sous la retenue des avances qui leur auront été faites.

2. Dans les trois premiers jours de chaque mois, l'agence des relais sera tenue de fournir à l'agence de la poste aux lettres l'état des retenues à faire aux maîtres de poste aux chevaux, et les noms de ceux qui les auraient remplacés, soit par mort, démission ou autrement.

3. Les maîtres de postes aux chevaux continueront d'être payés, par les courriers et conducteurs, des courses des malles en supplément.

4. Le salaire des maîtres de postes est fixé à trois livres par cheval et par poste, et celui des postillons à vingt-cinq sous.

5. Les maîtres de postes aux chevaux ne pourront exiger, de la part des courriers et conducteurs, le paiement d'un plus grand nombre de chevaux ni de guides, pour la conduite des malles, que celui fixé par le réglement des postes.

6. L'agence des postes fournira, chaque mois, sous sa responsabilité solidaire, à la Trésorerie nationale, un état sommaire, par district, des décomptes des maîtres de postes.

7. La Trésorerie nationale tiendra, chaque mois, à la disposition de l'agence de la poste aux lettres, et lui remettra la somme totale à laquelle montera le décompte des maîtres de postes aux chevaux.

8. Les sommes dues à chacun des maîtres de postes seront envoyées à découvert aux directeurs des postes aux lettres les plus prochains, qui les paieront aux premiers, et sur leurs quittances.

9. Les directeurs des postes enverront à l'agence des postes les quittances dont il est question dans l'article précédent.

10. La Trésorerie nationale fera payer, dans le délai de quinze jours, si fait n'a été, par les receveurs de district dans l'arrondissement desquels se trouvent les maîtres de postes, toutes les sommes qui leur sont dues, et qui ont été ordonnancées par la commission des transports militaires, remontes, postes, relais et messageries, pour le service des malles ou pour toute autre cause.

11. La présente loi, sur le mode des paiemens à faire aux maîtres de postes, sera exécutée à compter du 1er pluviose prochain.

12. Il est dérogé à toutes les lois qui ont des dispositions contraires à la présente.

9 NIVOSE an 3 (29 décembre 1794). — Décret contenant proclamation sur l'abolition de ceux relatifs au *maximum*. (1, Bull. 104, n° 539; B. 50, 52.)

9 NIVOSE an 3 (29 décembre 1794). — Décret qui nomme le citoyen Siéyes membre de la commission des Vingt-Un. (B. 50, 54.)

9 NIVOSE an 3 (29 décembre 1794). — Décret d'ordre du jour motivé, concernant les personnes incarcérées depuis le 31 mai 1793. (B. 50, 47.)

9 NIVOSE an 3 (29 décembre 1794). — Décret qui annule le jugement de la commission militaire de Bordeaux, contre le citoyen Laguire. (B. 50, 47.)

9 NIVOSE an 3 (29 décembre 1794). — Décret qui ordonne l'impression de toutes les opinions émises par les membres de la Convention sur les fêtes décadaires. (B. 50, 48.)

9 NIVOSE an 3 (29 décembre 1794). — Décret portant nomination à des places dans les tribunaux de paix des sections de Paris. (B. 50, 48.)

9 NIVOSE an 3 (29 décembre 1794). — Décret qui ordonne la formation du tableau des juges des tribunaux de Paris qu'il convient de remplacer. (B. 50, 50.)

9 NIVOSE an 3 (29 décembre 1794). — Décrets qui nomment différens citoyens fonctionnaires publics. (B. 50, 50.)

10 NIVOSE an 3 (30 décembre 1794). — Décret qui envoie en mission près l'armée du Nord le représentant Alquier. (1, Bull. 105, n° 551; B. 50, 55).

10 NIVOSE an 3 (30 décembre 1794). — Décret qui nomme le géomètre Laplace professeur de l'école normale. (B. 50, 54.)

10 NIVOSE an 3 (30 décembre 1794). — Décret qui ordonne la mise en liberté provisoire des marins et employés civils impliqués dans les affaires de Quiberon et de Toulon. (B. 50, 56.)

10 NIVOSE an 3 (30 décembre 1794). — Décret qui envoie en mission dans les départemens y désignés le représentant Treilhard. (1, Bull. 105, n° 549; B. 50, 58.)

10 NIVOSE an 3 (30 décembre 1794). — Décret qui rapporte les dispositions de celui portant qu'il ne serait pas fait de prisonniers anglais, hanovriens et espagnols. (1, Bull. 105, n° 550; B. 50, 57.)

10 NIVOSE an 3 (30 décembre 1794). — Décret portant que l'armée du Rhin ne cesse de bien mériter de la patrie. (B. 50, 54.)

10 NIVOSE an 3 (30 décembre 1794). — Décret de renvoi sur une pétition des gendarmes de la trente-deuxième division. (B. 50, 55.)

10 NIVOSE an 3 (30 décembre 1794). — Décret de renvoi relatif au citoyen Labertèche. (B. 50, 55.)

10 NIVOSE an 3 (30 décembre 1794). — Décret de renvoi concernant une nouvelle manière de transmettre les lois aux départemens. (B. 50, 56.)

10 NIVOSE an 3 (30 décembre 1794). — Décret de renvoi relatif à la pétition du citoyen Julien de Carentan. (B. 50, 56.)

10 NIVOSE an 3 (30 décembre 1794). — Décret de renvoi relatif à la pétition de la citoyenne Montansier. (B. 50, 57.)

10 NIVOSE an 3 (30 décembre 1794). — Décrets qui accordent des secours aux citoyens Huriot et Valette. (B. 50, 57.)

10 NIVOSE an 3 (30 décembre 1794). — Décret relatif à la pétition des déportés des Iles-du-Vent. (B. 50, 58.)

10 NIVOSE an 3 (30 décembre 1794). — Décret relatif à la publication, par le comité d'instruction publique, des écrits qu'il jugera utiles. (B. 50, 57.)

11 NIVOSE an 3 (31 décembre 1794). — Décret additionnel à celui du 4 nivose sur l'abolition du *maximum*. (B. 50, 60.)

Voy. loi du 14 NIVOSE an 3.

La Convention nationale décrète, comme article additionnel à la loi du 4 nivose sur l'abolition du *maximum*, que nul ne pourra se refuser aux réquisitions portées par les articles 3 et 5 de la loi du 4 nivose, à moins qu'il ne justifie qu'il ne possède pas de grains ou de farines au-delà de sa consommation pendant six mois; et ce, à peine de confiscation des grains ou farines excédant ses besoins pendant ce temps.

11 NIVOSE an 3 (31 décembre 1794). — Décrets qui supprime les franchises de Dunkerque, de Marseille, de Bayonne et du ci-devant pays de Labour. (B 50, 63; Mon. du 13 nivose an 3, Rap. Scellier.)

Art. 1er. Les franchises de Dunkerque, de Marseille, de Bayonne et du ci-devant pays de Labour, sont supprimées.

2. Trois jours après la publication de la présente loi, les bureaux existant sur les limites intérieures de ces lieux seront fermés, et il en sera établi sur les limites extérieures.

3. Pour assurer aux productions du Levant qui excéderont la consommation nationale le débouché que lui facilitait la franchise de Marseille, toute marchandise importée du Levant par le commerce français jouira, dans le port d'arrivée, d'un entrepôt de dix-huit mois, pendant lesquels elle pourra être exportée, soit par terre, par mer, sans acquitter aucun droit de douane.

4. Toutes les marchandises manufacturées provenant dudit commerce resteront dans les magasins des négocians ou commissionnaires, en entrepôt réel: celles qui ne seraient pas exportées après le délai de dix-huit mois paieront un droit de demi pour cent par chaque mois, jusqu'à leur exportation.

5. S'il est reconnu qu'au moyen d'autres entrepôts, le commerce puisse transporter avec avantage des marchandises étrangères dans un autre pays étranger, il lui sera accordé toutes les facilités qui se concilieront avec l'intérêt national.

6. Tout bâtiment sujet à la quarantaine ne pourra mouiller dans aucun des ports de la République, s'il ne justifie, par certificat authentique, qu'il s'est soumis à cette formalité dans le port de Marseille ou de Toulon.

11 NIVOSE an 3 (31 décembre 1794). — Décret sur l'établissement et l'organisation d'écoles révolutionnaires de navigation et de canonnage maritime. (1, Bull. 105, n° 543; B. 50, 60; Mon. du 12 nivose an 3, Rap. Boissier.)

Art. 1er. Il est établi dans les ports qui seront désignés par le comité de salut public, des écoles révolutionnaires de navigation et de canonnage maritime.

2. Elles seront ouvertes à compter du 20 pluviose prochain.

Les leçons qui y seront données auront pour objet les travaux de corderie, voilerie, garniture et calfatage, qui s'exécutent dans les chantiers et ateliers des ports; ceux de carène, grément et armement, et les mouvemens des bâtimens de mer; enfin l'exercice militaire, et principalement celui de l'artillerie navale.

3. Les bâtimens légers employés à la garde des côtes, et les corvettes destinées à l'instruction pratique à la mer, seront armés dès les derniers jours de ventose.

Les leçons indiquées ci-dessus y seront également données, et seront accompagnées de la pratique, surtout relativement à la manœuvre et au canonnage.

4. Des citoyens, de l'âge de quinze à dix-neuf ans, sont appelés, de chacun des districts de la République, à profiter, pendant la campagne prochaine, de cette instruction navale révolutionnaire. Paris, relativement à sa population, en fournira deux par chaque section.

5. Pour parvenir au choix de ces élèves, les jeunes citoyens qui se présenteront, ou que leurs parens ou tuteurs, etc., présenteront, seront inscrits sur un registre tenu à cet effet au directoire de district : il y sera fait mention de l'âge, de la taille, des qualités physiques des individus, ainsi que des divers degrés d'instruction qu'ils ont déjà reçus. Ce registre, ouvert dès la réception du présent décret, sera clos le 30 nivose, et remis à l'agent national du district, qui, après avoir pris les renseignemens les plus étendus sur leur santé et leur conduite, ainsi que sur le patriotisme de leurs parens, choisira les dix jeunes citoyens qu'il croira les plus susceptibles de profiter de l'instruction navale révolutionnaire, et de pouvoir être le plus promptement utiles à la marine de la République.

6. Il sera remis par l'agent national à chaque citoyen choisi un bulletin où celui-ci sera signalé, et qui lui indiquera le port où il doit se rendre, conformément à l'indication qui lui sera donnée par la commission de la marine et des colonies.

7. Il sera également remis à chaque élève, ou à ses parens, tuteur, etc., une somme de trente livres, pour le pourvoir, s'il en est besoin, de quelques objets de première nécessité; il sera fait note du paiement de cette somme sur le bulletin : les mandats y relatifs, tirés par le directoire de district, seront acquittés par le receveur, qui les enverra de suite à la Trésorerie nationale, où ils seront reçus pour comptant.

8. L'agent national du district fournira auxdits élèves une feuille de route que ceux-ci seront tenus de suivre; ils recevront, pour chaque jour de marche, à raison de cinq lieues par jour, la somme attribuée aux soldats d'infanterie par la loi du 2 thermidor dernier, et il sera pourvu par les municipalités à ce qu'ils soient logés et reçus comme le méritent de jeunes citoyens qui sont l'espérance de la patrie.

9. La commission de la marine et des colonies indiquera à chaque agent national la route que devront tenir les élèves, et fixera des lieux de rassemblement, où se trouveront à jour fixe des agens chargés de la conduite de ces jeunes citoyens. Elle préviendra les corps administratifs et municipaux du lieu de leur passage, de leur nombre, des séjours qui pourraient leur être accordés, et désignera les objets qu'il sera nécessaire de leur fournir.

10. A leur arrivée dans les ports, il leur sera fourni les hardes et effets dont ils auront besoin, conformément aux ordres que la commission de la marine et des colonies adressera aux agens maritimes ou sous-chefs des classes, et d'après ce qui aura été arrêté à cet égard par le comité de salut public.

11. Les élèves seront entretenus aux frais de la République, et logés soit dans les bâtimens publics, soit chez des citoyens connus. Ils seront nourris et instruits gratuitement pendant toute la campagne, soit à terre, soit à la mer.

12. Les élèves auront, pendant le temps qu'ils seront employés, une somme de six livres par mois.

13. Conformément à l'usage établi dans la marine, les élèves pourront déléguer une portion ou même la totalité de leur solde à leur père ou à leur mère, et l'agent national fera note de cette disposition sur le bulletin délivré à chacun d'eux. Cet agent rendra compte de toutes les opérations dont il est chargé, relativement à l'exécution de la présente loi, à la commission de la marine et des colonies, avant le 20 pluviose prochain.

14. La commission de la marine et des colonies donnera des ordres et des instructions, pour l'exécution du présent décret, aux agens nationaux des districts et des communes des lieux de passage, aux commandans des armes et agens maritimes des ports, ainsi qu'aux agens chargés de la conduite des élèves choisis dans les districts, et aux officiers qui seront chargés du commandement des bâtimens légers et des corvettes d'instruction.

15. L'instruction sera terminée le 1er vendémiaire prochain. Il sera, à cette époque, fait un examen public des élèves, et le résultat en sera porté sur le bulletin. Il sera accordé des gratifications graduées depuis cinquante livres jusqu'à trois cents livres à ceux des professeurs, instituteurs, maîtres d'arts, d'ouvrages, de manœuvre, de canon-

nage et d'exercice militaire, dont les élèves seront reconnus avoir le plus profité de l'instruction navale révolutionnaire.

16. Après cet examen, les élèves seront employés, soit dans les ports, soit sur les vaisseaux, dans le grade dont ils auront été jugés susceptibles, et dès lors ils en auront le titre et la paie.

17. Le comité de salut public prendra toutes les mesures de détail qui doivent assurer l'exécution de la présente loi.

---

11 NIVOSE an 3 (31 décembre 1794). — Décret portant que les membres de la Convention qui se permettront des injures envers leurs collègues, dans l'assemblée, seront envoyés à l'Abbaye. (B. 50, 64; Mon. du 13 nivose an 3.)

La Convention nationale décrète que ceux de ses membres qui se permettront des injures ou des personnalités envers leurs collègues, dans le sein de l'assemblée, seront envoyés à l'Abbaye, conformément à son réglement.

---

11 NIVOSE an 3 (31 décembre 1794). — Décret d'ordre du jour sur la suppression ou révision d'articles de la loi sur les successions. (B. 50, 59.)

---

11 NIVOSE an 3 (31 décembre 1794). — Décret concernant le député à la Convention Jean-Baptiste Royer, mis par erreur au rang des individus hors la loi. (B. 50, 59.)

---

11 NIVOSE an 3 (31 décembre 1794). — Décret qui accorde un congé au représentant du peuple Guyomar. (B. 50, 59.)

---

11 NIVOSE an 3 (31 décembre 1794). — Décret sur la proposition d'envoyer un représentant du peuple dans le département de l'Eure. (B. 50, 59.)

---

11 NIVOSE an 3 (31 décembre 1794). — Décret relatif à une assemblée extraordinaire des sections de Paris. (B. 50, 60.)

---

11 NIVOSE an 3 (31 décembre 1794). — Décret d'ordre du jour, motivé sur la proposition tendante à ce que tous les fonctionnaires publics destitués depuis le 10 thermidor, soient tenus de sortir de Paris dans les vingt-quatre heures. (B. 50, 64.)

---

12 NIVOSE an 3 (1er janvier 1795). — Décret qui accorde un secours au citoyen Louis Parmentier. (B. 50, 64.)

---

12 NIVOSE an 3 (1er janvier 1795). — Décret portant que le représentant du peuple Johannot sera entendu sur les réclamations des ouvriers entrepreneurs de la commune de Rambouillet. (B. 50, 65.)

---

12 NIVOSE an 3 (1er janvier 1795). — Décret de renvoi sur la proposition d'acquitter sur-le-champ les sommes dues à tous les ouvriers, ou entrepreneurs, ou fournisseurs de la ci-devant liste civile. (B. 50, 65.)

---

12 NIVOSE an 3 (1er janvier 1795). — Décret d'ordre du jour motivé, relatif à la situation des postes. (B. 50, 66.)

---

12 NIVOSE an 3 (1er janvier 1795). — Décret portant que, sous trois jours, il sera fait un rapport sur l'agence de l'envoi des lois. (B. 50, 66.)

---

12 NIVOSE an 3 (1er janvier 1795). — Décret qui accorde un congé au citoyen Lacombe, représentant. (B. 50, 66.)

---

13 NIVOSE an 3 (2 janvier 1795). — Décret sur les finances et le crédit public. (1, Bull. 107, n° 559; B. 50, 76; Mon. du 16 nivose an 3, Rap. Johannot.)

Art. 1er. Il sera nommé une commission composée d'un membre de chaque comité, pour dresser, avec celui des finances, l'état général de situation de l'entrée et de la sortie des assignats, et de toutes les recettes et dépenses, soit en métaux, en assignats ou toutes autres valeurs, faites, tant par la caisse de l'extraordinaire que par la Trésorerie nationale, depuis leur établissement respectif jusqu'au 1er nivose, et en rendre compte à la Convention nationale.

Ce compte fera connaître d'une manière particulière la situation du Trésor public, aux époques du 27 septembre 1792 et du 16 thermidor dernier.

2. Le comité des finances présentera incessamment l'état des dépenses ordinaires du Gouvernement, et les moyens d'y pourvoir.

3. Les comités de la guerre, de la marine et de salut public réunis, proposeront, de concert avec le comité des finances, les moyens d'ordre et d'économie dont les dépenses extraordinaires peuvent être susceptibles.

4. A compter de ce jour, les commerçans, manufacturiers, cultivateurs, et généralement tous les citoyens, s'approvisionneront par la voie du commerce libre. Le Gouvernement se renfermera dans la partie des approvisionnemens des armées de terre et de mer, et d'administration générale : les matières premières qui n'y sont pas relatives, et qui se trouvent dans les magasins de la République, ou en réquisition pour son compte, seront mises, sans délai, en vente publique et à l'enchère.

Les approvisionnemens de la République se feront, autant que possible, par adjudication et au rabais.

5. Les droits d'entrée en France, sur les

marchandises de première nécessité, seront provisoirement réduits à la perception indispensablement nécessaire pour en connaître le mouvement. Le comité de commerce présentera, sans délai, l'état de ces marchandises, et de celles dont la sortie restera prohibée.

6. Il est permis aux citoyens qui ont du numéraire de l'exporter, à la charge d'en faire rentrer la contre-valeur en objets de première nécessité. Les comités de salut public, des finances et de commerce réunis, proposeront, dans deux jours, les mesures nécessaires pour régler le mode de ces exportations, désigner les objets à importer, et prévenir les abus qui pourraient s'introduire à cet égard.

7. La Convention nationale enjoint à tous les agens de la République, à tous les commandans de la force armée, aux officiers civils et militaires, de faire respecter et observer, dans toutes leurs dispositions, les traités qui unissent la France aux puissances neutres de l'ancien continent et aux États-Unis de l'Amérique. Aucune atteinte ne sera portée à ces traités. Toutes dispositions qui pourraient leur être contraires sont annulées.

8. Les créanciers des émigrés et de tout individu frappé de la confiscation de ses biens sont déclarés créanciers directs de l'État.

En conséquence, la Trésorerie nationale portera dans les recettes ordinaires les sommes provenant des biens des émigrés.

Sont exceptés les créanciers de ceux qui étaient en faillite ou notoirement insolvables à l'époque de la confiscation. L'état de situation des biens sera constaté par une enquête sommaire sur la commune renommée.

Les comités de législation et des finances présenteront incessamment leurs vues sur la manière prompte et sûre d'accélérer cette liquidation, et sur la nature des titres de créance qui seront admis.

9. Pour rendre promptement à l'agriculture les biens des émigrés et des condamnés, les mêmes comités présenteront, sans délai, le moyen de régler avec les parens des émigrés la portion qui revient à la République dans les héritages. Le séquestre mis sur les biens des familles sera levé immédiatement après le partage, et elles seront mises en liberté, s'il n'existe d'autres causes de détention.

10. Tout le mobilier des émigrés appartenant à la République sera vendu sans délai : le comité des finances proposera le moyen de le réunir, pour en faire des ventes publiques, de la manière la moins dispendieuse et la plus utile.

11. Il sera dressé incessamment, par la commission des revenus nationaux, un état des biens qu'il est utile de vendre avec célérité, de même que des bâtimens et maisons non loués qui surchargent la République de frais de garde et de réparations.

Le comité des finances présentera ses vues sur les moyens d'en accélérer l'aliénation, de manière qu'elle s'élève à un milliard dans le courant de l'année.

12. Le comité des finances fera incessamment un rapport général sur les lois portant peine de déchéance envers les créanciers de la République, afin que la Convention nationale soit à même de modifier celles qui lui paraîtront trop rigoureuses.

13. La commission chargée de reviser l'organisation actuelle du Gouvernement fera incessamment son rapport sur les moyens d'en assurer la marche, de lui donner toute l'activité et la force nécessaires, et sur les économies et les réformes que l'intérêt public et la ponctualité du service sollicitent, soit dans les commissions administratives, soit dans les attributions qui leur sont confiées.

---

13 NIVOSE an 3 (2 janvier 1795). — Décret portant que tous les effets trouvés dans les dépôts de Pigeon et Héron, non réclamés, seront remis avec l'inventaire au dépôt des dépouilles des églises. (1, Bull. 106, n° 554; B. 50, 68.)

---

13 NIVOSE an 3 (2 janvier 1795). — Décret qui envoie des représentans du peuple en mission à Landau, et près l'armée des Pyrénées-Occidentales. (1, Bull. 106, n° 556 ; B. 50, 76.)

---

13 NIVOSE an 3 (2 janvier 1795). — Décret qui déclare que l'armée du Nord ne cesse de bien mériter de la patrie. (1, Bull. 106, n° 556 ; B. 50, 73.)

---

13 NIVOSE an 3 (2 janvier 1795). — Décret qui accorde des secours annuels aux veuves âgées au moins de cinquante ans, et aux enfans d'invalides. (1, Bull. 106, n° 557 ; B. 50, 70.)

---

13 NIVOSE an 3 (2 janvier 1795). — Décret de renvoi sur une double pétition de la section de l'Unité. (B. 50, 67.)

---

13 NIVOSE an 3 (2 janvier 1795). — Décret de renvoi sur la demande relative à l'épuration de toutes les autorités, et de leurs employés. (B. 50, 67.)

---

13 NIVOSE an 3 (2 janvier 1795). — Décret qui déclare nul un jugement arbitral entre la commune de Colmar, et l'agent national du district du même lieu. (B. 50, 69.)

---

13 NIVOSE an 3 (2 janvier 1795). — Décret qui renvoie aux comités diverses propositions sur les inscriptions au grand-livre, et sur les biens des émigrés ou condamnés. (B. 50, 78.)

---

13 NIVOSE an 3 (2 janvier 1795). — Décret portant mise en liberté du citoyen Taillery Périgny. (B. 50, 69.)

13 NIVOSE an 3 (2 janvier 1795). — Décret de renvoi sur une pétition de la veuve du général Mirabelle. (B. 50, 71.)

13 NIVOSE an 3 (2 janvier 1795).—Décrets qui accordent des secours aux citoyens Cattez et autres. (B. 50, 71.)

13 NIVOSE an 3 (2 janvier 1795). —Décret portant nomination de citoyens pour composer le tribunal révolutionnaire. (B. 50, 73.)

13 NIVOSE an 3 (2 janvier 1795). — Décret de renvoi sur la demande de Robert Tvvadel, détenu comme étranger. (B. 50, 76.)

13 NIVOSE an 3 (2 janvier 1795). — Décret qui accorde des pensions aux veuves des citoyens morts en défendant la patrie, ou en faisant un service commandé au nom de la République. (1, Bull. 105, n° 606; B. 50, 70.)

14 NIVOSE an 3 (3 janvier 1795). —Décret portant qu'il ne sera plus donné de suite à ceux relatifs au séquestre et au dépôt des biens appartenant aux habitans des pays en guerre avec la France. (B. 50, 83.)

Art. 1er. Il ne sera plus donné de suite aux décrets relatifs au séquestre et dépôt des biens appartenant aux habitans des pays en guerre avec la République : les sommes versées dans les caisses publiques en conséquence de ces décrets, seront remboursées aux personnes qui les ont déposées ; les biens séquestrés et leur produit seront rendus aux propriétaires.

2. Il n'est point dérogé par la présente loi aux décrets concernant les biens des princes étrangers possessionnés en France, ni aux lois concernant les biens possédés par des corps, communautés, et bénéficiers ecclésiastiques.

3. Le séquestre et le dépôt des biens et créances appartenant aux gouvernemens qui sont en guerre avec la République, et à la banque dite *royale de Saint-Charles*, continueront d'avoir leur exécution.

4. Le présent décret sera imprimé dans toutes les langues ; la commission des relations extérieures l'enverra aux agens nationaux qui sont auprès des gouvernemens neutres : ces agens sont chargés de lui donner la plus grande publicité.

14 NIVOSE an 3 (3 janvier 1795). — Décret qui rapporte l'article additionnel à celui du 4 nivose sur l'abolition du *maximum*. (B. 50, 87.)

La Convention nationale décrète, après avoir entendu le rapport de son comité de salut public, que l'article additionnel à la loi du 4 nivose, dont la teneur suit :

« Nul ne pourra se refuser aux réquisi-
« tions portées par les articles 3 et 5 de la
« loi du 4 nivose, à moins qu'il ne justifie
« qu'il ne possède pas de grains ou farines
« au-delà de sa consommation pendant six
« mois; et ce, à peine de confiscation des
« grains ou farines excédant ses besoins
« pendant ce temps, »

Est rapporté, et renvoie la proposition qui lui avait été faite de cet article par un de ses membres, à ses trois comités de salut public, des finances et du commerce.

14 NIVOSE an 3 (3 janvier 1795). — Décret qui abolit toutes procédures commencées à raison de transports de grains ou de farines, sans acquit-à-caution, dans l'intérieur et à deux lieues des frontières. (B. 50, 88.)

La Convention nationale décrète que toutes les procédures commencées à raison de transports de grains ou de farines, sans acquit-à-caution, dans l'intérieur de la République et à deux lieues des frontières, sont abolies, et que tous les jugemens rendus sur de semblables procédures, et non encore exécutés, seront considérés comme non avenus.

14 NIVOSE an 3 (3 janvier 1795). — Décret qui déclare que, dans les mesures à prendre pour retirer des assignats de la circulation, il n'en sera adopté aucune qui aurait pour but une démonétisation quelconque. (1, Bull. 107, n° 560 ; B. 50, 83.)

14 NIVOSE an 3 (3 janvier 1795). — Décret qui porte à trois livres la solde des gardes nationales sédentaires mises en réquisition dans les places frontières pour un service extraordinaire. (1, Bull. 107, n° 564; B. 50, 83.)

14 NIVOSE an 3 (3 janvier 1795). — Décret relatif à la découverte de nouveaux procédés pour le tannage des cuirs, par le citoyen Seguin. (1, Bull. 109, n° 571 ; B. 50, 96.)

14 NIVOSE an 3 (3 janvier 1795). — Décret qui ordonne l'impression de l'ouvrage du citoyen Daubenton. (B. 50, 81.)

14 NIVOSE an 3 (3 janvier 1795). — Décret qui rectifie l'article 7 de celui relatif aux finances et au crédit public. (B. 50, 85.)

14 NIVOSE an 3 (3 janvier 1795). — Décret qui fixe le montant des créances des citoyens au canton de Berne-sur-Lyon. (B. 50, 85.)

14 NIVOSE an 3 (3 janvier 1795). — Décrets qui accordent des secours aux citoyens Navelot et autres. (B. 50, 79.)

14 NIVOSE an 3 (3 janvier 1795) — Décret qui accorde un secours à la veuve Billordot. (B. 50, 84.)

14 NIVOSE an 3 (3 janvier 1795). — Décret qui ordonne l'estimation de la forerie du Bouchelet. (B. 50, 81.)

14 NIVOSE an 3 (3 janvier 1795). — Décret de renvoi sur le journal intitulé : *Gazette nationale de France*. (B. 50, 82.)

14 NIVOSE an 3 (3 janvier 1795). — Décrets concernant les secrétaires de la Convention. (B. 50, 85.)

14 NIVOSE an 3 (3 janvier 1795). — Décret qui déclare nul un jugement du juge-de-paix du canton de Facy, contre Zacharie Butté. (B. 50, 88.)

14 NIVOSE an 3 (3 janvier 1795). — Décret portant nomination des citoyens fonctionnaires dans différens tribunaux du département de Paris. (B. 50, 89.)

14 NIVOSE an 3 (3 janvier 1795). — Décret qui rappelle de sa mission le représentant Vidal. (B. 50, 87.)

14 NIVOSE an 3 (3 janvier 1795). — Décret qui consacre trois cent mille livres pour être réparties entre des savans littérateurs ou artistes. (B. 50 92.)

15 NIVOSE an 3 (4 janvier 1795). — Décret qui envoie en mission, dans les départemens y désignés, les représentans Dubois-Dubais, Vernery et Patrin. (1, Bull. 107, n° 566 ; B. 50, 97 à 101.)

15 NIVOSE an 3 (4 janvier 1795). — Décret relatif à la déclaration du représentant Perrin des Vosges, sur les individus expulsés de la société populaire de Nîmes. (B. 50, 98.)

15 NIVOSE an 3 (4 janvier 1795). — Décret relatif à deux ouvrages du citoyen Thiébaut. (B. 50, 100.)

15 NIVOSE an 3 (4 janvier 1795). — Décrets qui accordent des secours au citoyen Pelletier et à plusieurs marins. (B. 50, 98.)

15 NIVOSE an 3 (4 janvier 1795). — Décret qui ordonne l'impression du rapport sur les pouvoirs des arbitres, relativement aux questions d'état. (B. 50, 99.)

15 NIVOSE an 3 (4 janvier 1795). — Décret portant que le comité de législation présentera incessamment les articles additionnels à la loi relative aux enfans nés hors le mariage. (B. 50, 100.)

15 NIVOSE an 3 (4 janvier 1795). — Décret sur la radiation de quelques mots au décret du 3 prairial, en faveur de la citoyenne Renusson. (B. 50, 100.)

15 NIVOSE an 3 (4 janvier 1795). — Décret de renvoi sur la proposition de faire imprimer les arrêtés des comités de la Convention par l'imprimerie des lois. (B. 50, 100.)

15 NIVOSE an 3 (4 janvier 1795). — Décret qui accorde des secours à divers particuliers. (B. 50, 101.)

15 NIVOSE an 3 (4 janvier 1795). — Décret portant nomination de citoyens à différentes fonctions publiques. (B. 50, 102.)

15 NIVOSE an 3 (4 janvier 1795). — Décret qui autorise le comité de salut public à statuer définitivement sur le sort du citoyen Philippe Rousseau. (B. 50, 104.)

16 NIVOSE an 3 (5 janvier 1795). — Décret qui détermine sur quelles communes peuvent porter les réquisitions des districts pour l'approvisionnement des marchés. (B. 50, 108.)

La Convention nationale décrète que les districts qui, en exécution de l'article 5 de la loi du 4 nivose, sont autorisés à faire, pendant un mois, des réquisitions pour l'approvisionnement des marchés, peuvent exercer et faire porter ces réquisitions sur les communes de districts voisins qui, en exécution de la loi du 18 vendémiaire, sont tenus d'approvisionner les marchés.

16 NIVOSE an 3 (5 janvier 1795). — Décret relatif à l'organisation des deux établissemens fondés à Paris et à Bordeaux pour les sourds-muets. (1, Bull. 107, n° 569 ; B. 50, 106 ; Mon. du 28 nivose an 3, Rap. Johannot.)

Art. 1er. Les deux maisons d'institution pour l'instruction des sourds-muets, établies par les précédens décrets à Paris et à Bordeaux, sont maintenues et conservées.

2. Il y aura, dans chacune des deux maisons, soixante places gratuites pour autant de sourds-muets indigens ; elles seront accordées à ceux qui, ayant plus de neuf ans et moins de seize, pourront prouver dans les formes leur indigence et l'impossibilité de payer leur pension.

3. Les plus âgés, depuis l'âge de neuf ans accomplis jusqu'à celui de seize, seront préférés.

4. La durée de leur instruction sera de cinq ans : chaque élève apprendra un métier propre à lui fournir de quoi pourvoir à sa subsistance, quand il sera rendu à sa famille.

5. Pendant le temps de leur séjour dans l'établissement, les élèves seront nourris et

entretenus aux frais de la République. Il sera payé, par an, pour chacun d'eux, la somme de cinq cents livres pendant les trois premières années; celle de deux cent cinquante pendant la quatrième, et rien pour la cinquième (1); il sera en outre accordé à chacun d'eux la somme de 200 livres, pour trousseau, en entrant dans l'établissement.

La commission des secours publics, sous l'autorisation du comité des secours, fournira à chaque maison les meubles et linge nécessaires à son usage, et les objets relatifs aux différens métiers dont les élèves seront susceptibles.

7. Le traitement du chef de cette institution sera de cinq mille livres, et celui du second instituteur de trois mille livres, et celui de chacun des deux adjoints sera de deux mille cinq cents livres : le même traitement aura lieu pour le premier et le second instituteur de la maison de Bordeaux.

8. Le traitement des deux répétiteurs est fixé, pour chacun, à douze cents livres. La place de maître d'écriture, de calcul et de géographie demeurant supprimée, ceux-ci seront conjointement chargés d'en remplir les fonctions.

9. L'un de ces deux répétiteurs sera, dès ce moment, *Jean Massieu*, sourd-muet de naissance.

10. Le traitement des deux surveillans et des deux maîtresses surveillantes sont fixés à quatre cents livres pour chacun; mais celle des deux surveillantes qui remplit les fonctions de maître d'écriture, de calcul et de géographie, auprès des filles sourdes-muettes, aura deux cents livres en sus, et son traitement s'élevera à six cents livres.

Le traitement de l'économe, qui était fixé à quinze cents livres avec la table, sera porté à trois mille livres sans la table, le bois et la lumière.

11. La Convention nationale, pour récompenser les élèves des deux sexes qui se seront distingués pendant les cinq années de leur instruction, décrète qu'il sera donné à chacun d'eux, en sortant de l'institut, une somme de trois cents livres, pour faciliter leur établissement.

12. Nul ne sera nourri dans l'établissement, à l'exception des deux surveillans et des deux surveillantes. Les uns et les autres ne pourront jamais se dispenser de manger avec les élèves; ils seront nourris de la même manière.

13. Le local occupé ci-devant par le séminaire Magloire, situé faubourg Jacques, où se trouvent actuellement les sourds-muets, est définitivement affecté à cette institution.

16 NIVOSE an 3 (5 janvier 1795). — **Décret qui proroge le congé accordé au citoyen Corbel.** (B. 50, 105.)

---

16 NIVOSE an 3 (5 janvier 1795). — **Décret qui rapporte celui contre le citoyen Nicolas-Joseph Lambert.** (B. 50, 105.)

---

16 NIVOSE an 3 (5 janvier 1795). — **Décret qui proroge le congé au représentant Legendre.** (B. 50, 106.)

---

16 NIVOSE an 3 (5 janvier 1795). — **Décret qui renvoie au lendemain la séance pour la nomination du président et des trois secrétaires de la Convention.** (B. 50, 108.)

---

16 NIVOSE an 3 (5 janvier 1795). — **Décret qui renvoie à la commission des Vingt-Un le rapport sur les pièces trouvées chez Robespierre et autres conspirateurs.** (B. 50, 108.)

---

17 NIVOSE an 3 (6 janvier 1795). — **Décret qui fixe provisoirement le salaire des maîtres de postes et celui des postillons.** (B. 50, 119.)

La Convention nationale rapporte l'article 4 de la loi du 9 de ce mois, et fixe provisoirement le salaire des maîtres de postes à quatre livres par cheval et par poste, et celui des postillons à une livre 10 sous. Cette fixation n'aura son effet qu'au 1er pluviose.

---

17 NIVOSE an 3 (6 janvier 1795). — **Décret qui supprime la commission de commerce et approvisionnemens, et en crée une nouvelle sous le nom de *Commission des approvisionnemens*.** (1, Bull. 107, n° 569; B. 50, 109.)

---

17 NIVOSE an 3 (6 janvier 1795). — **Décret qui renvoie en commission dans les départemens de la Corrèze et de la Dordogne le représentant du peuple Chauvier.** (1, Bull. 109, n° 572; B. 50, 109.)

---

17 NIVOSE an 3 (6 janvier 1795). — **Décrets qui accordent des secours à divers.** (B. 50, 109.)

---

17 NIVOSE an 3 (6 janvier 1795). — **Décret qui casse le jugement rendu contre Anne Liberge.** (B. 50, 111.)

---

17 NIVOSE an 3 (6 janvier 1795). — **Décret relatif au représentant Maignet.** (B. 50, 119.)

---

17 NIVOSE an 3 (6 janvier 1795). — **Décret qui augmente et réorganise la gendarmerie près les tribunaux de Paris.** (1, Bull. 109, n° 393; B. 50, 112.)

---

(1) La fin de l'article a été ajoutée par décret du 25 nivose an 3.

18 NIVOSE an 3 (7 janvier 1795). — Décret qui fixe l'application de ceux des 6 août 1793 et 19 vendémiaire an 2, relativement aux tribunaux du département du Bec-d'Ambès. (B. 50, 120.)

18 NIVOSE an 3 (7 janvier 1795). — Décret qui autorise le comité des finances à fixer le traitement des employés des douanes. (B. 50, 120.)

18 NIVOSE an 3 (7 janvier 1795). — Décret concernant les gagistes, pensionnaires et salariés de la liste civile. (B. 50, 121.)

18 NIVOSE an 3 (7 janvier 1795). — Décret qui autorise une fabrication d'assignats. (B. 50, 121.)

18 NIVOSE an 3 (7 janvier 1795). — Décret de renvoi sur la pétition des militaires déportés de Saint-Domingue, par Polverel et Santhonax. (B. 50, 119.)

18 NIVOSE an 3 (7 janvier 1795). — Décret qui met en liberté Louis Thillaye Duboulay et autres. (B. 50, 119.)

18 NIVOSE an 3 (7 janvier 1795). — Décret qui accorde un secours à la citoyenne veuve Boys. (B. 50, 122.)

18 NIVOSE an 3 (7 janvier 1795). — Décrets qui nomment des citoyens fonctionnaires publics. (B. 50, 122.)

18 NIVOSE an 3 (7 janvier 1795). — Décret qui proroge le congé accordé au représentant Finot. (B. 50, 124.)

18 NIVOSE an 3 (7 janvier 1795). — Décret de mention honorable et de renvoi, concernant les mesures de sûreté présentées par le citoyen Lelièvre. (B. 50, 123.)

18 NIVOSE an 3 (7 janvier 1795). — Décret portant qu'il sera fait un rapport sur l'augmentation de traitement à accorder aux fonctionnaires publics, et sur le moyen d'en diminuer le nombre. (B. 50, 124.)

18 NIVOSE an 3 (7 janvier 1795). — Décret qui ordonne de rayer de la liste des émigrés le nom du citoyen Ernest Humbert. (B. 50, 123.)

18 NIVOSE an 3 (7 janvier 1795). — Décret qui ordonne l'impression de la liste des citoyens rayés de la liste des émigrés. (B. 50, 124.)

19 NIVOSE an 3 (8 janvier 1795). — Décret qui rapporte l'article 4 de celui du 4 germinal sur les douanes, en ce qui concerne les îles d'Oléron et de Ré. (1, Bull. 109, n° 575; B. 50, 128.)

La Convention nationale décrète que l'article 4 de la loi du 4 germinal sur les douanes, est rapporté en ce qui concerne les îles d'Oléron et de Ré, et qu'en conséquence tous les navires neutres pourront y aborder comme dans les autres ports de la République.

19 NIVOSE an 3 (8 janvier 1795). — Décret portant qu'il n'y a pas lieu à inculpation contre le représentant du peuple Dentzel, etc. (1, Bull. 109, n° 574; B. 50, 130.)

19 NIVOSE an 3 (8 janvier 1795). — Décret qui nomme le citoyen Agier président du tribunal révolutionnaire. (B. 50, 128.)

19 NIVOSE an 3 (8 janvier 1795). — Décret relatif aux pouvoirs du citoyen Delacroix dans le département de Seine-et-Oise. (B. 50, 129.)

19 NIVOSE an 3 (8 janvier 1795). — Décret concernant le remplacement de l'excédant des dépenses sur les recettes dans le courant de brumaire. (B. 50, 131.)

19 NIVOSE an 3 (8 janvier 1795). — Décrets qui envoient en mission les représentans Pérès et Paganel. (B. 50, 129.)

19 NIVOSE an 3 (8 janvier 1795). — Décret qui nomme le citoyen Laharpe professeur de l'école normale. (B. 50, 129.)

19 NIVOSE an 3 (8 janvier 1795). — Décret qui accorde un crédit à différentes commissions exécutives. (B. 50, 130.)

19 NIVOSE an 3 (8 janvier 1795). — Décret portant nomination de citoyens à des fonctions publiques. (B. 50, 124.)

19 NIVOSE an 3 (8 janvier 1795). — Décret de mention honorable d'un ouvrage pour l'instruction des enfans. (B. 50, 126.)

19 NIVOSE an 3 (8 janvier 1795). — Décret de renvoi de la proposition tendant à suspendre l'exécution de la loi qui supprime les franchises des ports de Dunkerque, Marseille et Bayonne. (B. 50, 126.)

19 NIVOSE an 3 (8 janvier 1795). — Décret sur le remplacement de quatre membres dans la commission des colonies. (B. 50, 127.)

19 NIVOSE an 3 (8 janvier 1795). — Décrets qui accordent des secours aux citoyennes veuves Roger et Morlet (B. 50, 127.)

19 NIVOSE an 3 (8 janvier 1795). — Décret de renvoi sur la proposition qu'il ne soit plus fait de retenue sur les rentes constituées. (B. 50, 129.)

19 NIVOSE an 3 (8 janvier 1795). — Décret fixant une somme à payer à des employés de la ci-devant compagnie Winter. (B. 50, 132.)

19 NIVOSE an 3 (8 janvier 1795). — Décret sur les sommes à payer aux élèves de l'école normale. (B. 50, 130.)

20 NIVOSE an 3 (9 janvier 1795). — Décret relatif aux certificats à délivrer aux comptables. (B. 50, 133.)

Les certificats à délivrer aux comptables, en exécution de la loi du 13 frimaire dernier et autres antérieures, attesteront qu'il ne résulte aucun débet envers le Trésor public de la vérification des comptes faite par le bureau de comptabilité, ou de la balance faite par le comptable, lorsque les comptes de tous ses exercices n'ont pas été vérifiés; et, dans les deux cas, ils toucheront leur pension, ainsi que les intérêts de leur cautionnement, sans pouvoir disposer de leurs biens ni de leur cautionnement jusqu'à l'apurement définitif de leurs comptes.

20 NIVOSE an 3 (9 janvier 1795). — Décret qui autorise l'agence des messageries nationales à faire percevoir une augmentation de moitié. (1, Bull. 112, n° 582; B. 50, 134.)

20 NIVOSE an 3 (9 janvier 1795). — Décret sur les secours à accorder aux citoyens qui ont souffert de l'explosion de l'arsenal de Landau. (B. 50, 134.)

20 NIVOSE an 3 (9 janvier 1795). — Décret qui autorise les comités à statuer définitivement sur les demandes en indemnités et autres relativement aux décrets des 18 et 27 frimaire. (B. 50, 132.)

20 NIVOSE an 3 (9 janvier 1795). — Décrets qui accordent des secours aux citoyens Pinson, Martin, et à la citoyenne Beufre. (B. 50, 132.)

20 NIVOSE an 3 (9 janvier 1795). — Décret qui ordonne un rapport sur les propositions faites relativement aux ouvriers, laboureurs, mariniers et matelots, et retarde jusque là l'expédition du décret concernant les émigrés. (B. 50, 135.)

20 NIVOSE an 3 (9 janvier 1795). — Décret sur l'organisation de l'école vétérinaire d'Alfort. (B. 50, 136.)

20 NIVOSE an 3 (9 janvier 1795). — Décret de renvoi sur les représentans du peuple envoyés en mission. (B. 50, 136.)

20 NIVOSE an 3 (9 janvier 1795). — Décret de renvoi sur le citoyen Lalande et sur la demande d'obliger les représentans en mission de motiver leurs arrêtés. (B. 50, 137.)

20 NIVOSE an 3 (9 janvier 1795). — Décret qui envoie en mission le représentant Duport. (B. 50, 137.)

21 NIVOSE an 3 (10 janvier 1795). — Décret portant que l'anniversaire de la mort de Louis XVI sera célébré le 2 pluviose prochain, correspondant au 21 janvier. (1, Bull. 108, n° 570; B. 50, 138.)

21 NIVOSE an 3 (10 janvier 1795). — Décret de renvoi sur la proposition d'étendre à d'autres citoyens également destitués la mesure proposée pour le citoyen Lalande. (B. 50, 137.)

21 NIVOSE an 3 (10 janvier 1795). — Décret sur une pétition des instructeurs des élèves du Champs-de-Mars. (B. 50, 140.)

21 NIVOSE an 3 (10 janvier 1795). — Décret qui ordonne un rapport sur l'affaire de Julien de Carentan. (B. 50, 140.)

21 NIVOSE an 3 (10 janvier 1795). — Décret portant que les dépendances de la ci-devant maison Prémontré, restant à vendre, sont définitivement aliénées au citoyen Cagnon. (B. 50, 141.)

21 NIVOSE an 3 (10 janvier 1795). — Décret qui rejette par la question préalable la proposition d'annuler des réquisitions faites par le district de Blamont. (B. 50, 142.)

21 NIVOSE an 3 (10 janvier 1795). — Décret relatif à l'impression du compte des sommes que les représentans en mission ont reçues ou fait percevoir. (B. 50, 138.)

22 NIVOSE an 3 (11 janvier 1795). — Décret relatif à la rentrée en France des ouvriers et laboureurs, non ex-nobles ou prêtres, sortis du territoire depuis le 1er mai 1793. (1, Bull. 110, n° 577; B. 50, 145; Mon. du 25 nivose an 3, Rap. Merlin.)

Voy. loi du 4e jour complémentaire an 3.

Art. 1er. Le décret du 28 frimaire dernier, qui a chargé le représentant du peuple Bar de recueillir des renseignemens sur les émigrés des départemens du Haut et du Bas-Rhin, est rapporté.

2. Il est enjoint aux accusateurs publics et aux agens nationaux de toute la République, sous les peines portées par la loi du 14 frimaire de l'an 2 contre les fonctionnaires négligens ou coupables, de poursuivre et faire juger sans délai, suivant toute la rigueur des lois, les émigrés et

prêtres déportés qui auraient osé rentrer en France.

3. Il est néanmoins accordé aux émigrés des départemens du Haut et du Bas-Rhin qui seraient rentrés en France par l'effet d'une confiance anticipée dans les résultats présumés du décret mentionné en l'article 1er, un délai de deux décades et d'un jour en sus par cinq lieues, pour sortir du territoire de la République.

4. Ne seront pas réputés émigrés les ouvriers et laboureurs non ex-nobles ou prêtres, travaillant habituellement de leurs mains aux ateliers, aux fabriques, aux manufactures ou à la terre, et vivant de leur travail journalier; leurs femmes, et leurs enfans au-dessous de dix-huit ans, pourvu qu'ils ne soient sortis du territoire de la République que depuis le 1er mai 1793, qu'ils rentrent en France avant le 1er germinal prochain, et que, dans le mois suivant, ils produisent devant le directoire du district de leur dernière résidence une attestation de huit témoins, certifiée par le conseil général de leur commune et par le comité révolutionnaire, constatant la profession qu'ils exerçaient avant leur sortie de France, ainsi que l'époque de cette sortie.

5. Les qualités requises dans les témoins, pour les certificats de résidence, le seront également pour les attestations mentionnées en l'article précédent.

6. Ceux qui, dans les attestations mentionnées en l'article 4, auront certifié des faits faux, seront condamnés à la déportation perpétuelle, avec confiscation de leurs biens.

7. Les propriétés non encore vendues de ceux qui rentreront dans le territoire de la République en exécution de l'article 4, leur seront rendues, à la charge par eux de payer les frais de séquestre, et d'entretenir les baux qui en auront été faits par la nation pendant leur absence.

Quant à celles de leurs propriétés qui se trouveront vendues, le prix leur en sera remis à titre de secours et d'après les conditions des ventes, déduction faite des frais de séquestre et de vente (1).

8. Les baux d'immeubles faits entre particuliers pendant l'absence des individus qui rentreront au sein de la République en exécution de l'article 4, seront maintenus.

9. Les agens nationaux des districts seront tenus d'insérer dans les comptes décadaires qu'ils adresseront au comité de législation, la liste des certificats qui auront été produits devant les administrations de district, en conséquence de l'article 4.

Le comité de législation fera imprimer ces listes, et les fera distribuer à tous les membres de la Convention nationale.

10. Il n'est point dérogé par le présent décret à celui du 29 frimaire dernier, relatif aux officiers mariniers, matelots et novices qui se trouveraient à cette époque en pays étranger.

11. Le présent décret sera inséré au bulletin de correspondance, traduit dans toutes les langues, et envoyé aux départemens, aux armées et aux agens de la République près les gouvernemens alliés ou neutres.

---

22 NIVOSE an 3 (11 janvier 1795). — Décret qui suspend celui qui ordonne d'élever une colonne infamante sur les ruines du château de Caen. (B. 50, 143.)

---

22 NIVOSE an 3 (11 janvier 1795). — Décret sur l'aliénation de la manufacture de coton à Orléans. (B. 50, 144.)

---

22 NIVOSE an 3 (11 janvier 1795). — Décrets qui accordent des secours aux citoyens Lucas, Courbe et Maurice. (B. 50, 142.)

---

22 NIVOSE an 3 (11 janvier 1795). — Décret qui surseoit au jugement contre Charles-Antoine Leroi et Pierre-François Conys. (B. 50, 143.)

---

22 NIVOSE an 3 (11 janvier 1795). — Décret concernant les mesures à prendre pour établir une police dans les tribunes de la salle de la Convention. (B. 50, 144.)

---

23 NIVOSE an 3 (12 janvier 1795). — Décret relatif aux contributions directes de 1794. (1, Bull. 111, n° 581; B. 50, 151; Mon. du 26 nivose an 3)

Voy. loi du 12 THERMIDOR an 3.

Art. 1er. Les directoires de district statueront sur toutes les demandes en dégrèvement, décharges ou réductions, remises ou modérations, formées antérieurement à la publication de la présente loi, soit par les communes, soit par les particuliers, sur la contribution foncière des exercices de 1791, 1792 et 1793, et ce nonobstant toute expiration de délai, après s'être procuré tous les renseignemens locaux, avoir fait faire, s'il y a lieu, toutes les vérifications qui pourront assurer la justice de leurs décisions, et sans être astreints à s'en tenir aux évaluations faites dans les matrices des rôles.

2. Les réductions sur l'exercice de 1791 ne pourront être accordées que jusqu'à concurrence du cinquième du revenu net.

---

(1) Est valable le paiement fait par un acquéreur national du reliquat de son prix entre les mains du receveur national, quoique, au moment du paiement, l'acquéreur eût connaissance que l'ancien propriétaire était restitué dans ses biens (27 août 1816; J. C. t. 4, p. 130).

3. Les arrêtés des directoires de district seront, avant d'être mis à exécution, présentés à l'administration de département, qui pourra les admettre, les rejeter ou les modifier, s'il y a lieu.

4. Si les corps administratifs se croient dans l'indispensable nécessité de faire procéder à une vérification sommaire par experts, les frais en seront pris sur le produit des sous additionnels du district, si la réclamation est admise en entier : ils seront supportés par les réclamans, si la demande est rejetée ou n'est accueillie qu'en partie.

5. Le montant des dégrèvemens, décharges, réductions, remises ou modérations accordées en exécution du présent décret sur la contribution foncière de 1791, 1792 et 1793, ne pourra excéder, en somme totale, dans chaque département, le produit des sous additionnels pour les fonds de non-valeur seulement laissés à la disposition des corps administratifs, recouvrés sur les exercices antérieurs, et encore disponibles, et la moitié du principal du contingent de 1794.

6. Si le résultat des ordonnances déjà remises, joint à celui des dégrèvemens à accorder, excède la proportion réglée par l'article précédent, l'excédant sera ajouté au contingent de 1794, assigné aux communes sur le territoire desquelles le dégrèvement aura été accordé.

7. Les receveurs de district, conformément à l'article 14 de la loi du 19 fructidor dernier, sont autorisés à recevoir et à envoyer pour comptant à la Trésorerie nationale les ordonnances de décharges ou réductions, remises ou modérations, expédiées par les corps administratifs.

8. Les administrations de département enverront à la commission des revenus nationaux, au commencement de chaque mois, l'état détaillé et motivé de toutes les ordonnances qu'ils auront rendues dans le cours du mois précédent : la commission en rendra compte successivement au comité des finances, pour qu'il en fasse un rapport général.

9. Les directoires de département feront connaître, dans leurs comptes rendus à l'égard de chaque dégrèvement qu'ils auront accordé : 1° quel est le montant de l'évaluation portée dans la matrice du rôle ; 2° à quelle somme ils ont cru devoir la fixer ; 3° quel est le montant du dégrèvement demandé ; 4° quelle est la somme accordée ; 5° quel était le montant des contributions directes, en 1789, sur les objets compris dans la décharge.

10. La contribution foncière pour les huit mois vingt-un jours de 1794 sera perçue sur les rôles de 1793 à raison des trois quarts des cotes qui y sont portées, tant en principal que pour les sous additionnels des fonds de non-valeur et des dépenses mises à la charge des départemens et des districts ; le produit en sera versé en entier à la Trésorerie nationale, conformément à la loi du 19 fructidor dernier.

11. La contribution foncière de 1794 sera mise en recouvrement dans chaque commune, et prélevée par les percepteurs de 1793, immédiatement après la réception du présent décret : elle écherra par tiers dans les mois de pluviose, ventose et germinal prochains. Les percepteurs seront personnellement responsables de tout ce qui sera dû le 15 floréal, sauf les articles à l'égard desquels ils produiront les pièces justificatives des diligences faites en temps utile.

12. Le rôle de la contribution mobilière pour les huit mois vingt-un jours de l'exercice de 1794 est supprimé en ce qui concerne le principal et les sous additionnels des fonds de non-valeur et des dépenses mises à la charge des corps administratifs : il ne subsistera que pour les sous additionnels des dépenses des communes. Au moyen de cette suppression, les communes ne pourront former aucune demande collective en décharge sur les exercices antérieurs de la contribution mobilière : les corps administratifs n'auront à statuer que sur les réclamations individuelles, et notamment sur celles des salariés publics.

13. Les communes fourniront aux trois quarts des dépenses locales mises à leur charge pour 1794, au moyen des sous additionnels, savoir : au rôle de la contribution foncière, pour quatre cinquièmes, et à celui de la contribution mobilière conservée par l'article précédent, pour le cinquième restant.

Tous les sous additionnels répartis sur la commune de Paris seront versés directement au Trésor public.

14. Les débiteurs autorisés, par la loi du 1er décembre 1790, à faire une retenue sur les rentes foncières et les intérêts ou rentes constituées, soit en argent, soit en denrées, la feront au cinquième du montant desdites rentes ou intérêts pour l'année 1794.

Les débiteurs des rentes ou pensions viagères la feront aussi au cinquième, mais seulement sur le revenu que le capital, s'il était connu, produirait au denier vingt ; et, dans le cas où le capital ne sera pas connu, ils la feront au dixième du montant de la rente ou pension viagère ; le tout sans préjudice des baux à rente et autres contrats faits sous la condition de la non-retenue des contributions. (*Suit une instruction.*)

---

23 NIVOSE an 3 (12 janvier 1795). — **Décret portant qu'en attendant que le séquestre sur les biens des pères et mères d'émigrés soit levé, il leur sera accordé, sur le produit de ces biens, les secours qui leur sont nécessaires.** (1, Bull.

112, n° 583; B. 50, 148; Mon. du 25 nivose an 3, Rap. Eschasseriaux.)

Voy. lois du 1er NIVOSE an 3, et du 9 FLORÉAL an 3.

La Convention nationale, après avoir entendu le rapport fait au nom des comités de législation et des finances, décrète :

Art. 1er. En attendant que le séquestre sur les biens des pères et mères des émigrés soit levé par suite d'exécution du décret du 13 nivose présent mois, il sera accordé sur le produit de ces biens, auxdits pères et mères, les secours qui leur sont nécessaires.

2. Ces secours seront fixés par le directoire du district, d'après les observations des municipalités; leur quotité pourra être portée jusqu'à concurrence des deux tiers des revenus nets des biens des pères et mères d'émigrés, versés jusqu'à présent dans les caisses nationales, pourvu qu'elle n'excède pas deux mille livres par tête et douze cents livres par chaque enfant.

3. Les sommes allouées pour lesdits secours seront payées par le receveur des revenus nationaux, sur les mandats des directoires de districts, et imputées dans les comptes à régler avec les pères et mères lors de la levée du séquestre sur leurs biens.

---

23 NIVOSE an 3 (12 janvier 1795). — Décret qui accorde des pensions à des militaires, pour cause d'infirmités ou blessures. (1, Bull. 120, n° 634; B. 50, 150.)

---

23 NIVOSE an 3 (12 janvier 1795). — Décret qui porte à trente-six livres par jour l'indemnité des représentans du peuple. (B. 50, 147.)

---

23 NIVOSE an 3 (12 janvier 1795). — Décret de mention honorable de l'hommage fait à la Convention par le citoyen Chantereau d'un ouvrage. (B. 50, 159.)

---

23 NIVOSE an 3 (12 janvier 1795). — Décret qui renvoie au comité d'instruction publique tous les projets des fêtes décadaires. (B. 50, 147.)

---

23 NIVOSE an 3 (12 janvier 1795). — Décret de renvoi sur les hôtels des monnaies. (B. 50, 147.)

---

23 NIVOSE an 3 (12 janvier 1795). — Décret qui annule un jugement rendu contre Babaud et Gilbert Sersiron. (B. 50, 148.)

---

23 NIVOSE an 3 (12 janvier 1795). — Décret portant nomination à différentes fonctions du tribunal révolutionnaire. (B. 50, 149.)

23 NIVOSE an 3 (12 janvier 1795). — Décret qui accorde une pension au citoyen Bancart. (B. 50, 149.)

---

24 NIVOSE an 3 (13 janvier 1795). — Décret qui maintient tous les marchés faits pour les denrées et marchandises avant l'abrogation de la loi du *maximum*, etc. (1). (1, Bull. 110, n° 578; B. 50, 166; Mon. du 26 nivose an 3, Rap. Giraud.)

Voy. loi du 17 MESSIDOR an 3.

Art. 1er. Tous les marchés faits pour des denrées et marchandises avant l'abrogation de la loi du *maximum*, sont maintenus.

2. Le prix des denrées ou marchandises stipulées au prix du *maximum* dans les marchés ou arrhemens faits entre particuliers, qui n'auront pas été livrées, expédiées ou mises en route lors de la publication de la loi qui abroge celle sur le *maximum*, sera élevé au prix que la liberté du commerce leur a donné, et payé en conséquence : il sera libre à l'acquéreur de résilier les marchés, s'il le juge convenable; néanmoins il est tenu de faire connaître au vendeur son intention dans la décade.

3. Les tribunaux de commerce et de district feront constater ces prix par des arbitres qu'ils pourront nommer à cet effet, pour se déterminer dans les questions qu'ils auront à décider sur l'exécution des marchés.

---

24 NIVOSE an 3 (13 janvier 1795). — Décret relatif à la liquidation des créanciers de la ci-devant liste civile. (1, Bull. 110, n° 579; B. 50, 164.)

Art. 1er. Il sera procédé par le liquidateur de la liste civile à la liquidation des sommes dues par Louis XVI, dernier Roi des Français, tombé sous le glaive de la loi.

2. Les sommes dues aux entrepreneurs, constructeurs des bâtimens et fournisseurs, à raison des avances faites postérieurement au 10 août 1791, seront payées en assignats : ce qui était dû antérieurement sera remboursé aux créanciers, au moyen d'une inscription au grand-livre de la dette publique, égale au vingtième du capital liquidé.

3. Les sommes dues qui n'excéderont pas trois mille livres seront payées par la Trésorerie nationale, sur l'état remis par le liquidateur, sous sa responsabilité. Les sommes plus considérables ne pourront l'être qu'en vertu d'un décret rendu sur le rapport du comité des finances.

4. Les sommes dues inférieures à trois mille livres seront payées en assignats aux citoyens qui n'ont pas d'autres créances sur la République.

---

(1) *Voy.* loi additionnelle du 8 ventose an 3.

5. Les citoyens intéressés à la liquidation autorisée par la présente loi remettront leurs titres, si fait n'a été, au liquidateur de la liste civile, avant le 1er germinal prochain: ce délai passé, ils sont dès à présent déclarés déchus de toute répétition.

6. La liquidation ci-dessus mentionnée sera terminée avant le 1er messidor, à peine d'être continuée sans rétribution par le liquidateur et ses employés.

7. Il est dérogé, par le présent, aux décrets antérieurs qui pourraient contenir des dispositions contraires, et notamment à celui du 14 août 1793.

---

24 NIVOSE an 3 (13 janvier 1795). — Décret relatif à la solde des vétérans nationaux. (B. 50, 160.)

---

24 NIVOSE an 3 (13 janvier 1795). — Décret sur le salaire des facteurs des messageries. (B. 50, 162.)

---

24 NIVOSE an 3 (13 janvier 1795). — Décret qui envoie en mission, dans les départemens qui environnent Paris, les représentans Soulignac, Froger, Lequinio et Jacomin. (B. 50, 166.)

---

24 NIVOSE an 3 (13 janvier 1795). — Décret qui envoie en mission, dans les départemens y désignés, le représentant Beauprey. (1, Bull. 110, n° 580; B. 50, 166.)

---

24 NIVOSE an 3 (13 janvier 1795). — Décret portant que les veuves et enfans, etc., dont les pensions ont été supprimées par la loi du 17 germinal, recevront un secours annuel. (1, Bull. 122, n° 645; B. 50, 161.)

---

24 NIVOSE an 3 (13 janvier 1795). — Décret qui accorde des secours au citoyen Lambert et autres. (B. 50, 159.)

---

24 NIVOSE an 3 (13 janvier 1795). — Décret qui casse les arrêtés du district de Neufchâtel relatifs à la succession de François Duval, ci-devant curé. (B. 50, 160.)

---

24 NIVOSE an 3 (13 janvier 1795). — Décret relatif au citoyen Hubert. (B. 50, 163.)

---

24 NIVOSE an 3 (13 janvier 1795). — Décret qui accorde un secours à différentes citoyennes. (B. 50, 163.)

---

24 NIVOSE an 3 (13 janvier 1795). — Décret qu accorde un congé au représentant Daunou. (B. 50, 165.)

---

24 NIVOSE an 3 (13 janvier 1795). — Décret qui accorde des secours au citoyen Pellerin et autres. (B. 50, 167.)

---

24 NIVOSE an 3 (13 janvier 1795). — Décret qui accorde une indemnité au citoyen Prosny. (B. 50, 168.)

---

24 NIVOSE an 3 (13 janvier 1795). — Décret d'ordre du jour motivé, sur la demande du représentant Trehouard, en mission, d'un certificat de résidence. (B. 50, 165.)

---

24 NIVOSE an 3 (13 janvier 1795). — Décret qui accorde la somme de cinq cents livres, par forme de reconnaissance nationale, au citoyen Beauquey. (B. 50, 167.)

---

24 NIVOSE an 3 (13 janvier 1795). — Décret concernant la proclamation du représentant Jean Debry, en mission. (B. 50, 168.)

---

24 NIVOSE an 3 (13 janvier 1795). — Décret qui accorde un congé au représentant du peuple Lacombe. (B. 50, 168.)

---

24 NIVOSE an 3 (13 janvier 1795). — Décret de renvoi sur la révision des jugemens rendus pour faits contre-révolutionnaires, par les tribunaux criminels de l'Ardèche, de la Lozère et de l'Aveyron. (B. 50, 168.)

---

24 NIVOSE an 3 (13 janvier 1795). — Décret qui approuve un arrêté relatif à Rossignol, Pache, Bouchotte et autres détenus. (B. 50, 169.)

---

25 NIVOSE an 3 (14 janvier 1795). — Décret qui attribue aux tribunaux de district la connaissance de toutes les contestations qui s'éleveront sur l'état civil des enfans nés hors mariage, et des procès existant sur des questions d'état civil. (B. 50, 171; Mon. du 28 nivose an 3, Rap. Beauchamp.)

Art. 1er. Toutes les contestations qui pourront s'élever sur l'état civil privé des enfans nés hors mariage seront jugées par les tribunaux de district.

2. Les tribunaux de district sont pareillement autorisés à connaître des procès actuellement existans sur des questions d'état, quand même il aurait été nommé des arbitres, conformément à l'article 18 de la loi du 12 brumaire an 2.

3. Les jugemens rendus jusqu'à ce jour sur des questions d'état, soit par des tribunaux, soit par des arbitres, et qui ne seraient attaqués que par voie d'incompétence, sont maintenus.

4. Toutes les dispositions de la loi du 12 brumaire qui seraient contraires à la présente loi, sont rapportées.

---

25 NIVOSE an 3 (13 janvier 1795). — Décret additionnel à celui du 16 nivose sur les sourds-muets. (B. 50, 170.)

La Convention nationale, sur l'observation d'un membre au nom du comité des secours, que, dans le décret du 16 nivose en faveur des sourds-muets, article 5, il a été fait une omission qu'il propose de rectifier, en décrétant, par addition audit article 5, les mots : « Il sera en outre accordé à chacun d'eux la somme de deux cents livres pour trousseau, en entrant dans l'établissement, »

Décrète cette proposition.

---

25 NIVOSE an 3 (14 janvier 1795). — Décret qui porte à cinquante sous par jour la paie de tout volontaire en route. (1, Bull. 112, n° 586; B. 50, 170.)

---

25 NIVOSE an 3 (14 janvier 1795). — Décret qui ordonne que la clôture des registres pour l'inscription aux écoles révolutionnaires de navigation et de canonnage maritime, n'aura lieu que le 30 pluviose prochain. (1, Bull. 122, n° 645; B. 50, 172.)

---

25 NIVOSE an 3 (14 janvier 1795). — Décret concernant la concession d'une portion de terrain faite par Claude Emery à Louis-Philippe-Joseph d'Orléans. (B. 50, 171.)

---

25 NIVOSE an 3 (14 janvier 1795). — Décret concernant l'hommage fait à la Convention de deux manuscrits, par le citoyen Caffarelli. (B. 50, 169.)

---

25 NIVOSE an 3 (14 janvier 1795). — Décret qui surseoit à l'exécution d'un jugement rendu par la commission révolutionnaire de Lyon, contre Conchond père et fils. (B. 50, 172.)

---

25 NIVOSE an 3 (14 janvier 1795). — Décret qui accorde un secours à la citoyenne veuve Charton. (B. 50, 170.)

---

25 NIVOSE an 3 (14 janvier 1795). — Décret concernant une adresse de la section de Guillaume Tell. (B. 50, 173.)

---

25 NIVOSE an 3 (14 janvier 1795). — Decret sur un secours à la citoyenne Hyver. (B. 50, 173.)

---

25 NIVOSE an 3 (14 janvier 1795). — Décret concernant la pétition des citoyens Gamble et Coibel, imprimeurs en taille-douce. (B. 50, 173.)

---

25 NIVOSE an 3 (14 janvier 1795). — Décret de mention honorable de l'hommage fait par Urbain Domergue, de son journal. (B. 50, 174.)

---

25 NIVOSE an 3 (14 janvier 1795). — Décret concernant l'hommage fait par le citoyen Gallet, d'un grand opéra. (B. 50, 174.)

---

26 NIVOSE an 3 (15 janvier 1795). — Décret qui envoie des représentans du peuple en mission dans les départemens de la Haute-Garonne et autres. (1, Bull. 113, n° 590; B. 50, 180.)

---

26 NIVOSE an 3 (15 janvier 1795). — Décret qui ordonne de rayer le citoyen Chauvet de la liste des émigrés. (B. 50, 175.)

---

26 NIVOSE an 3 (15 janvier 1795). — Décret relatif à la levée du séquestre mis sur les biens de Joseph Sablière. (B. 50, 176.)

---

26 NIVOSE an 3 (15 janvier 1795). — Décret qui étend les pouvoirs du représentant Guyot. (B. 50, 178.)

---

26 NIVOSE an 3 (15 janvier 1795). — Décret portant que les armées du Nord et des Pyrénées-Orientales ne cessent de bien mériter de la patrie. (B. 50, 178.)

---

26 NIVOSE an 3 (15 janvier 1795). — Décret qui rapporte celui du 14 septembre 1792 contre le général Kellermann. (B. 50, 180.)

---

26 NIVOSE an 3 (15 janvier 1795). — Décret qui met en liberté le général Miranda. (B. 50, 181.)

---

26 NIVOSE an 3 (15 janvier 1795). — Décret qui réintègre le citoyen Lacrosse, officier de la marine. (B. 50, 181.)

---

26 NIVOSE an 3 (15 janvier 1795). — Décrets qui accordent des secours à la citoyenne veuve Hache et autres. (B. 50, 174.)

---

26 NIVOSE an 3 (15 janvier 1795). — Décret concernant le citoyen Claude Duphenieur. (B. 50, 177.)

---

26 NIVOSE an 3 (15 janvier 1795). — Décret sur le salaire des huit instructeurs des canonniers de Paris. (B. 50, 178.)

---

26 NIVOSE an 3 (15 janvier 1795). — Décret portant que le jour de la fête pour l'anniversaire de la mort de Louis XVI, tous les spectacles seront ouverts gratis. (B. 50, 182.)

---

26 NIVOSE an 3 (15 janvier 1795). — Décret relatif au plan de la célébration de la mort de Louis XVI. (B. 50, 181.)

---

27 NIVOSE an 3 (16 janvier 1795). — Décret qui décharge l'agence des messageries de toute responsabilité en cas d'évènemens occasionés par force majeure ou de dommages causés par un défaut d'emballage. (1, Bull. 102, n° 587; B. 50, 186; Mon. du 29 nivose an 3, Rap. Creuzé-Pascal.)

Voy. loi des 23 et 24 JUILLET 1793.

L'article 60 de la loi des 23 et 24 juillet

1793, sur le fait des messageries, est rapporté ; il sera remplacé ainsi qu'il suit :

« L'agence des messageries ne répondra d'aucun évènement occasioné par force majeure, ni des dommages auxquels pourrait donner lieu tout défaut d'emballage intérieur ou de précautions quelconques qui dépendent des parties intéressées. L'agence fera seulement mention dans l'enregistrement, et en présence des parties intéressées, de la forme et qualité extérieures de l'emballage. »

---

27 NIVOSE an 3 (16 janvier 1795). — Décret qui augmente le prix des ports de lettres. (1, Bull. 112, n° 588; B. 50, 185; Mon. du 29 nivose an 3, Rap. Brun.)

Voy. lois des 23 et 24 JUILLET 1793, et du 6 NIVOSE an 4.

La Convention nationale, après avoir entendu son comité des transports, postes et messageries, décrète :

Art. 1er. A compter du 1er pluviose prochain, les lettres simples, sans enveloppe, et dont le poids n'excédera pas un quart d'once, seront taxées ainsi qu'il suit :

Dans l'intérieur du même département, y compris la commune de Paris, à cinq sous; hors du département et jusqu'à vingt lieues inclusivement, six sous; de vingt à trente lieues, sept sous; de trente à quarante lieues, huit sous; de quarante à cinquante lieues, dix sous; de cinquante à soixante lieues, onze sous; de soixante à quatre-vingts lieues, douze sous; de quatre-vingts à cent lieues, treize sous; de cent à cent vingt lieues, quinze sous; de cent vingt à cent cinquante lieues, seize sous; de cent cinquante à cent quatre-vingts lieues, dix-sept sous; de cent quatre-vingts et au-delà, dix-huit sous.

2. La lettre avec enveloppe ne pesant point au-delà d'un quart d'once sera taxée, pour tous les points de la République, à un sou en sus du port de la lettre simple.

Toute lettre, avec ou sans enveloppe, qui paraîtra du poids de plus d'un quart d'once, sera pesée.

3. Le port de la feuille d'impression des journaux, qui était fixée à huit deniers, est porté à un sou; celui d'un sou, pour ceux qui ne paraissent pas tous les jours, est porté à un sou six deniers.

4. Les articles du titre II de la loi des 23 et 24 juillet 1793 seront exécutés en ce qui n'y est point dérogé par le présent.

---

27 NIVOSE an 3 (16 janvier 1795). — Décret qui annule les soumissions passées dans les bureaux des douanes, antérieurement au 1er thermidor dernier, pour les transports d'un port à un autre de la Méditerranée. (B. 50, 186; Mon. du 29 nivose an 3, Rap. Scellier.)

Art. 1er. Les soumissions passées dans les bureaux des douanes, antérieurement au 1er thermidor dernier, pour les transports d'un port à un autre de la Méditerranée, sont annulées.

2. La commission des revenus nationaux est autorisée à ne donner aucune suite aux soumissions également passées avant le 1er thermidor, pour des objets expédiés d'un port à un autre de l'Océan; à la charge par les soumissionnaires de justifier de l'arrivée desdits objets à leur destination, par l'extrait certifié et légalisé des livres de commerce de ceux qui les auront reçus.

---

27 NIVOSE an 3 (16 janvier 1795). — Décrets relatifs au renouvellement des cartes de sûreté distribuées dans Paris. (1, Bull. 122, n° 646; B. 50, 188.)

---

27 NIVOSE an 3 (16 janvier 1795). — Décret relatif à l'emploi du papier blanc des différentes coupures d'assignats restant aux archives. (B. 50, 183.)

---

27 NIVOSE an 3 (16 janvier 1795). — Décret qui accorde une prolongation de congé au représentant Couhey. (B. 50, 183.)

---

27 NIVOSE an 3 (16 janvier 1795). — Décret de renvoi sur une pétition des citoyens d'Ivry. (B. 50, 183.)

---

27 NIVOSE an 3 (16 janvier 1795). — Décrets qui accordent des secours au citoyen Soret et à la citoyenne Gelin. (B. 50, 183.)

---

27 NIVOSE an 3 (16 janvier 1795). — Décret qui annule le jugement du tribunal révolutionnaire des Bouches-du-Rhône contre le citoyen Goujon. (B. 50, 187.)

---

27 NIVOSE an 3 (16 janvier 1795). — Décret qui casse et déclare nuls et comme non-avenus la procédure et le jugement du tribunal criminel du département de la Marne, contre le citoyen Lambert. (B. 50, 184.)

---

27 NIVOSE an 3 (16 janvier 1795). — Décret qui accorde un secours au citoyen Lapommerays. (B. 50, 187.)

---

27 NIVOSE an 3 (16 janvier 1795). — Décret qui annule le jugement de la commission militaire de Strasbourg contre Jean-Baptiste Huot. (B. 50, 188.)

---

27 NIVOSE an 3 (16 janvier 1795). — Décret qui ordonne le plan de correction de la salle des séances de la Convention. (B. 50, 190.)

---

27 NIVOSE an 3 (16 janvier 1795). — Décrets qui nomment différens citoyens à des fonctions publiques. (B. 50, 190.)

---

27 NIVOSE an 3 (16 janvier 1795). — Décret d'ordre du jour motivé sur la proposition d'investir de pouvoirs illimités les représentans auprès des armées de l'Ouest, des côtes de Brest et de Cherbourg. (B. 50, 192.)

---

27 NIVOSE an 3 (16 janvier 1795). — Décret qui autorise le comité des transports, postes et messageries à régler les indemnités des maîtres de poste. (B. 50, 186.)

---

27 NIVOSE an 3 (16 janvier 1795). — Décret qui ajourne la réclamation faite contre l'exécution de celui qui supprime la franchise de Dunkerque. (B. 50, 190.)

---

28 NIVOSE an 3 (17 janvier 1795). — Décret qui autorise les tribunaux de commerce à nommer d'office des arbitres pour la décision des contestations en augmentation de fret. (B. 50, 193; Mon. du 30 nivose an 3, Rap. Girot.)

Tout tribunal de commerce saisi d'une contestation en augmentation de fret est autorisé, toutes les fois qu'il ne se trouvera pas suffisamment éclairé, à nommer d'office cinq ou sept des commerçans les plus expérimentés du port dans les expéditions maritimes, pour faire arbitrer définitivement, et sans appel ni recours quelconque, le point litigieux.

---

28 NIVOSE an 3 (17 janvier 1795). — Décret portant qu'il sera tiré une ligne de Maubeuge à Givet, sur laquelle seront établis les bureaux des douanes. (B. 50, 193; Mon. du 30 nivose an 3, Rap. Girot.)

Il sera tiré une ligne de Maubeuge à Givet, passant par Beaumont, Vedette-Républicaine, Franchimont, etc., qui renfermera le district de Couvin, sur laquelle seront établis les bureaux de douanes. Les bureaux établis sur la ligne de Maubeuge à Givet, en passant par la Chapelle-Saint-Michel, Roc-Libre, sont supprimés, et les barrières sont provisoirement reculées aux points ci-dessus indiqués.

La commission des revenus nationaux est chargée de l'exécution du présent décret.

---

28 NIVOSE an 3 (17 janvier 1795). — Décret contenant une nouvelle organisation des commissaires des guerres dans les armées et dans les divisions militaires. (1, Bull. 116, n° 611; B. 50, 197; Mon. des 1er et 2 pluviose an 3.)

Voy. lois du 20 SEPTEMBRE = 14 OCTOBRE 1791; arrêté du 6 PLUVIOSE an 1; ordonnance du 29 JUILLET 1817.

TITRE Ier. Dispositions générales.

SECTION Ire. *Institution, réception et devoirs des commissaires des guerres; leurs rapports avec les commissions exécutives et les officiers généraux.*

Objet de l'institution des commissaires des guerres.

Art. 1er. Tous les détails de l'administration militaire, tant dans les places de guerre et autres lieux de garnison ou rassemblement de troupes, que dans les camps et armées, sont confiés à des commissaires des guerres ordonnateurs et ordinaires.

Relations entre les commissaires des guerres et des commissions exécutives.

2. L'administration militaire comprenant tous les objets confiés à la conduite et à la direction des commissions exécutives, les commissaires des guerres seront aux ordres desdites commissions et sous leur surveillance respective, en ce qui concerne l'administration de chacune d'elles.

Mode uniforme d'administration militaire.

3. Le mode d'administration militaire sera uniforme et établi sur les mêmes principes dans toute l'étendue de la République et aux armées. Les commissions exécutives sont chargées de ramener à un même système toutes les opérations administratives de leur ressort, de prescrire aux commissaires-ordonnateurs de s'y conformer en tout point, et de tenir la main à ce que les commissaires des guerres s'y conforment également.

Instruction aux commissaires des guerres.

4. La responsabilité des commissaires des guerres et les intérêts de la République exigeant que ces fonctionnaires militaires soient bien informés de toute l'étendue de leurs devoirs, il sera incessamment dressé une instruction méthodique de l'ensemble de leur service, pour en déterminer tous les détails, et pour servir de règle de conduite aux commissaires des guerres et aux différentes administrations civiles et militaires avec lesquelles, par la nature de leurs fonctions, ils se trouvent avoir des rapports.

Envoi des lois aux commissaires des guerres.

5. La commission des administrations civiles, police et tribunaux, enverra une collection complète des lois militaires à chaque commissaire des guerres nouvellement nommé, aussitôt qu'il en aura fait la demande. Elle fera également parvenir aux commissaires des guerres qui étaient déjà en fonctions les lois qui leur manquent; toutes celles relatives aux troupes de la République qui pourraient être rendues par la suite leur seront soigneusement adressées à l'instant de leur promulgation.

Formalités préalables à l'exercice des fonctions de commissaires des guerres dans les divisions militaires.

6. Avant d'exercer aucune fonction, les commissaires des guerres ordonnateurs et autres présenteront à l'autorité constituée et principale du lieu dans lequel ils devront résider, l'ordre de service qui leur aura été expédié par la commission de l'organisation et du mouvement des armées de terre; ils en feront certifier autant de copies qu'il y aura d'administrations de département et de district dans la division militaire à laquelle ils seront attachés; et ces copies, dûment collationnées et ainsi certifiées, seront adressées par eux à chacune de ces administrations. Celles de district enverront sur-le-champ un extrait desdits ordres de service à chacune des municipalités de leur arrondissement: ces ordres de service, ainsi présentés au département, au district et à la municipalité du lieu de la résidence des commissaires des guerres, devront y être enregistrés aussitôt, et mention de l'enregistrement sera faite sur ledit ordre.

Formalités préalables à l'exercice des fonctions des commissaires des guerres aux armées.

7. Les commissaires-ordonnateurs et ordinaires, employés aux armées sur le territoire de la République, feront enregistrer leurs ordres de service à la municipalité du lieu de leur principal séjour et au bureau de l'état-major, qui sera tenu d'en transmettre l'extrait à l'ordre aussitôt après la communication desdits ordres de service.

Le commissaire-ordonnateur en chef sera tenu également de faire notifier à l'ordre de l'état-major général le nom et les fonctions de chacun des commissaires des guerres employés sous lui.

Réception des commissaires des guerres.

8. Aussitôt qu'un commissaire des guerres nouvellement pourvu aura fait aux corps administratifs du lieu de la résidence qui lui aura été assignée la présentation de ses ordres de service, le commandant militaire en chef du lieu le fera reconnaître par les troupes qui y seront en garnison; à cet effet, elles seront rassemblées avec leurs drapeaux, étendards et guidons. Le commandant fera battre un ban et porter les armes; il se placera au centre avec le commissaire des guerres nouvellement pourvu. Lecture des ordres de service sera faite par le secrétaire greffier de la municipalité; ensuite le pourvu prêtera ce serment: *Je jure d'obéir aux lois, de remplir avec assiduité, impartialité et désintéressement les fonctions qui me sont confiées, et de maintenir de tout mon pouvoir la liberté, l'égalité, l'unité et l'indivisibilité de la République.* Cela fait, le commandant militaire dira à haute voix: *Citoyens, nous reconnaissons le citoyen... pour commissaire-ordonnateur*, ou *commissaire des guerres; nous promettons, en bons républicains et braves militaires, de respecter les pouvoirs qui lui sont délégués par la loi.* Les troupes défileront ensuite devant le nouveau commissaire des guerres.

Dépendance propre des commissaires des guerres.

9. Les commissaires des guerres sont dans une indépendance entière des chefs militaires: ils ne sont susceptibles d'aucune peine à infliger militairement; mais ils seront traduits devant les tribunaux militaires pour cause de malversation, et punis suivant la rigueur des lois.

Pourront néanmoins les commissaires des guerres être punis des arrêts par l'autorité de leurs ordonnateurs, pour le cas de simple négligence, et pour raison de quelque inconduite personnelle capable de compromettre le service.

Subordination générale des commissaires des guerres.

10. Ils seront tenus de déférer sans retard à toute réquisition écrite qui leur sera faite, pour objets dépendant de l'administration militaire, par les officiers généraux, et, en leur absence, par les commandans en chef des troupes employées dans leur territoire, sauf la responsabilité desdits officiers généraux ou commandans en chef.

Réquisitions à faire par les commissaires des guerres.

11. Les réquisitions des commissaires des guerres ne pourront frapper sur les citoyens pris particulièrement; elles seront adressées aux administrations civiles, qui y feront droit: ils seront responsables de toutes réquisitions injustes de leur part.

Responsabilité pour sommes mal payées et livraisons mal faites sur leurs ordres. Cas de destitution.

12. Lorsqu'une somme aura été dûment payée, ou une livraison opérée contre les formes établies par les lois, ou sur les ordres irréguliers d'un commissaire des guerres, il en sera fait la retenue sur ses appointemens, jusqu'à la concurrence de la somme perdue pour la République, ou sur les biens personnels des commissaires des guerres. Dans tous les autres cas, tels que celui de négligence personnelle dans le service, incivisme ou improbité, il sera destitué, sans préjudice de plus forte peine, s'il y échet.

Registre-journal et inventaire à tenir.

13. Chaque commissaire des guerres tiendra un registre-journal dans lequel il trans-

crira la minute de ses lettres, et portera les notes indicatives de ses procès-verbaux et de chacune de ses opérations principales.

Indépendamment de ce registre, il tiendra un inventaire exact des lois, réglemens, instructions et autres papiers qui lui seront adressés concernant ses fonctions.

Papiers remis en cas de déplacement.

14. Il ne pourra quitter la résidence à laquelle il sera attaché, sans avoir fait à son successeur la remise en forme de tous les papiers concernant le service de la place, et sans avoir un double de l'inventaire, qu'il gardera par-devers lui, signé de son successeur, pour sa décharge.

Dans le cas d'extrême urgence pour son départ, il requerra le juge-de-paix et deux officiers municipaux de l'endroit d'apposer le scellé sur les papiers dont est question, pour être remis à son successeur. Celui-ci, aussitôt après son arrivée, requerra la levée de ce scellé, et il en vérifiera l'inventaire en présence des mêmes fonctionnaires publics ci-dessus dénommés, qui le signeront avec lui.

Inventaire des papiers, et scellés en cas de décès ou pour toute autre cause.

15. En cas de décès, ou lorsque, pour quelque cause que ce soit, autre que celle énoncée en l'article précédent, il y aura lieu d'apposer les scellés sur les papiers d'un ordonnateur en chef, l'ordonnateur le plus à portée, et pour tous les autres commissaires des guerres, celui aussi, de quelque grade qu'il soit, qui sera le plus à portée, sera tenu, sur l'avertissement qui lui en aura été donné par l'agent national du district ou de la commune du lieu, de se rendre aussitôt sur les lieux pour retirer les papiers concernant l'administration et les lois, en vérifier l'inventaire en présence du juge-de-paix et de deux officiers municipaux, et en demeurer dépositaire sur récépissé au bas du procès-verbal qu'il tiendra de cette opération; et ce, pour remettre lesdits papiers et lois à celui qui sera chargé de continuer le service. En cas d'éloignement trop considérable, et pour éviter le déplacement et le transport des papiers, lesdits papiers seront déposés, sous scellés, à la municipalité du lieu, et il en sera fait mention au procès-verbal par le commissaire des guerres qui en aura requis le dépôt.

SECTION II. Suppression et recréation des commissaires des guerres.

Suppression des commissaires des guerres.

Art. 1er. Les commissaires des guerres créés par les différentes lois rendues jusqu'à ce jour sont supprimés; néanmoins, ils continueront leurs fonctions jusqu'à ce que l'organisation prescrite par le présent décret soit effectuée.

Nombre et recréation des commissaires des guerres.

2. Il sera recréé aussitôt six cents commissaires des guerres, savoir:

Soixante ordonnateurs, deux cent quarante commissaires ordinaires de 1re classe, trois cents commissaires ordinaires de 2e classe.

Choix des commissaires des guerres.

3. Les commissaires des guerres seront choisis ainsi qu'il suit:

1° Parmi les commissaires-ordonnateurs, ordinaires et adjoints, en activité de service à l'époque de la loi du 16 avril 1793;

2° Parmi ceux nommés en exécution des lois des 16 avril et 24 juillet 1793, et ceux nommés par les représentans du peuple auprès des armées, en vertu de la loi du 11 septembre suivant, exceptant néanmoins de cette disposition ceux d'entre les commissaires des guerres et adjoints qui n'auront pas produit, avant le 1er ventose prochain, les certificats exigés par la loi du 16 avril 1793, et ceux enfin qui n'auront pas vingt-un ans accomplis;

3° Parmi les quartiers-maîtres des troupes de la République ayant trois ans de service en cette qualité, et parmi les citoyens indistinctement âgés de vingt-cinq ans accomplis, d'un civisme, d'une capacité et d'une probité reconnus, ayant servi sans interruption dans la garde nationale depuis le commencement de la Révolution, ou dans les armées, soit dans les troupes, soit dans les administrations relatives à leur service.

Choix des commissaires-ordonnateurs des guerres.

4. Les soixante commissaires-ordonnateurs seront, quant à présent, nommés parmi ceux qui étaient déjà ordonnateurs à l'époque de la loi du 16 avril 1793, et parmi ceux connus actuellement sous la dénomination de commissaires-ordonnateurs de 1re et de 2e classe, sans s'arrêter aux interruptions dans le service. Pour en compléter le nombre, et en cas de vacance seulement, ils seront choisis parmi les commissaires des guerres de dernière classe en fonctions, ayant au moins cinq ans de service en cette qualité et trente ans d'âge.

Choix des commissaires ordinaires des guerres de 1re classe.

5. Les deux cent quarante commissaires ordinaires des guerres de 1re classe, créés par le présent décret, seront pris parmi les commissaires des guerres de 1re classe, et, pour en compléter le nombre, parmi tous les au-

tres commissaires des guerres qui auront été jugés les plus dignes d'en faire partie.

Commissaire de 1re classe choisis à l'avenir parmi ceux de la deuxième.

6. A l'avenir, ils seront choisis parmi tous ceux de la 2e classe.

Pouvoirs donnés à l'ancien des commissaires des guerres dans les places où il n'y aura pas d'ordonnateur.

7. Dans les places autres que celles ou résidera un commissaire-ordonnateur, et où les besoins du service exigeront la présence de plusieurs commissaires des guerres, le plus ancien de commission du même grade dirigera les autres, qui lui seront nécessairement subordonnés en tout ce qui concernera le service ; il leur transmettra tous les ordres qu'il recevra directement de l'ordonnateur de la division, et lui seul rendra compte de leur exécution au commissaire-ordonnateur de la division.

Faculté accordée aux adjoints réformés faute d'âge.

8. Les commissaires des guerres adjoints qui, par la présente loi, seraient réformés à défaut de l'âge requis, et qui néanmoins auraient donné des preuves de zèle et d'intelligence, pourront être employés comme élèves auprès des commissaires-ordonnateurs aux armées ou dans les divisions militaires de la République.

Les adjoints et quartiers-maîtres ayant trois ans de service, dispensés de l'examen.

9. Ces adjoints et les quartiers-maîtres ayant trois ans de service en cette qualité ne seront point assujétis, pour être nommés aux places de commissaires des guerres, à l'examen prescrit par les articles 15, 16, 17, 18 et 19 ci-après.

Formalités préalables à remplir pour les nominations.

10. Outre les conditions prescrites par l'article 3 ci-dessus, chaque commissaire des guerres, pour rentrer en fonctions, est tenu, sous peine d'exclusion, d'envoyer, avant le 1er ventose, au comité de salut public et à la commission de l'organisation et du mouvement des armées de terre, les renseignemens les plus exacts, indiquant ses services antérieurs et postérieurs à l'époque du 14 juillet 1789, ses nom, prénoms, âge, lieu de naissance et domicile civil, s'il est célibataire ou marié, le nombre de ses enfans, quelle langue étrangère il sait, la profession de ses parens avant et depuis la révolution, quand et par qui il a été nommé à la place de commissaire des guerres.

Nomination aux places de commissaires des guerres, réservée à la Convention nationale.

11. La Convention nationale se réserve la nomination aux places de commissaires des guerres, sur la présentation du comité de salut public, qui fera toujours imprimer et distribuer, deux jours à l'avance, la liste des aspirans, en y joignant l'attestation, signée des membres dudit comité, que tous les renseignemens exigés par la présente loi ont été produits.

Brevets de nomination sur lesquels seront relatés les services militaires et autres.

12. Aussitôt après la nomination faite des six cents commissaires des guerres recréés par la présente loi, il sera expédié à chacun d'eux, par la commission de l'organisation et du mouvement des armées de terre, un brevet sur lequel seront énoncées la nature et la date de leurs services militaires ou d'administration avant et depuis le 14 juillet 1789 jusqu'à ce jour.

Faculté au comité militaire de proposer d'augmenter le nombre des commissaires des guerres.

13. Le comité militaire proposera à la Convention nationale d'augmenter le nombre des commissaires des guerres, autant qu'il le jugera convenable au besoin du service et proportionnément à la force des armées.

Etat imprimé des commissaires des guerres.

14. L'état nominatif des commissaires des guerres, avec indication de leur résidence dans les divisions militaires, sera imprimé à l'époque du 1er germinal au plus tard, et réimprimé tous les six mois avec les changemens qui seront intervenus; ce tableau sera distribué à tous les comités de la Convention nationale et à chacune des commissions exécutives; il sera aussi adressé à chaque administration de département et de district, et aux états-majors des armées.

Mode d'admission.

15. A l'avenir, tout citoyen réunissant les conditions prescrites par l'article 3, section II du présent titre, qui se croira propre à remplir les fonctions de commissaire des guerres, sera tenu de se présenter au chef-lieu de la division militaire de sa résidence, et de remettre son mémoire en demande d'une place de commissaire des guerres à l'agent national de l'administration principale.

Celui-ci en informera l'ordonnateur de la division, qui désignera trois commissaires des guerres pour se trouver, au jour et à l'heure indiqués, dans le lieu des séances de l'administration principale : ils y conféreront publiquement avec l'aspirant, en présence du directoire, et, à ce défaut, en présence de la municipalité du lieu, sur les principales branches de l'administration militaire; ils feront tenir à l'aspirant, sans déplacer, procès-verbal en forme de cette conférence : ce procès-verbal sera fait en double, et signé en conséquence par les examinateurs et l'aspirant.

Présence de l'ordonnateur aux examens.

16. L'ordonnateur de la division sera tenu de se trouver à cette conférence, s'il est sur les lieux : en ce cas, il ne sera assisté que de deux autres commissaires des guerres.

Le directoire ou la municipalité, par l'organe de son président, pourra aussi faire à l'aspirant telles questions relatives aux fonctions de commissaire des guerres qu'il jugera à propos, et il en sera fait mention dans le procès-verbal tenu par l'aspirant.

Epoques des conférences.

17. Ces conférences ne pourront avoir lieu que dans les trois premiers jours de vendémiaire, pluviose et prairial.

Condition d'admission.

18. Ces procès-verbaux d'examen seront toujours assez développés et étendus, pour mettre à même de prononcer sur le degré d'intelligence et de capacité des aspirans.

En conséquence, nul autre que ceux exceptés par les articles précédens ne pourra être employé comme commissaire des guerres et reconnu comme tel, sans avoir rempli ces formalités et sans qu'il ait satisfait aux dispositions des art. 3 et 10 ci-dessus.

Procès-verbaux d'examen; à qui adressés.

19. Le procès-verbal sera adressé par l'aspirant, à l'appui de sa demande, au comité de salut public et à la commission de l'organisation et du mouvement des armées de terre, pour être statué ce qu'il appartiendra sur l'admission ou la non-admission du citoyen qui se présentera.

SECTION III. Fonctions générales des commissaires des guerres.

Art. 1er. Les fonctions des commissaires des guerres s'étendent sur toutes les parties de l'administration militaire, sur tous les objets qui tiennent à l'économie dans les dépenses et consommations des armées, sur tout ce qui intéresse les besoins de tout genre des défenseurs de la patrie, enfin sur tout ce qui concerne la police et la discipline des troupes, ainsi que celle des employés attachés aux armées.

Incompatibilité des fonctions des commissaires des guerres.

2. Ces fonctions sont incompatibles avec tout autre emploi public; en conséquence, les commissaires des guerres ne pourront, en aucun cas, exercer des fonctions étrangères à celles d'administration militaire qui leur sont confiées.

Détails des fonctions des commissaires des guerres.

3. Les détails de l'administration militaire dont sont chargés des commissaires des guerres sont en général, savoir;

Relativement aux troupes.

Leur organisation, embrigadement, incorporation, levée et licenciement;

Leur arrivée dans les places, les bans à leur publier, leur logement, solde, subsistances, habillement, armement, équipement, entretien; les fournitures à leur faire en tout genre; leur police et discipline dans les places, camps et cantonnemens; leurs mouvemens, routes et embarquemens; les réceptions et prestations de serment de tous les officiers de tout grade, et les procès-verbaux à tenir de ces actes;

La proclamation des lois et le maintien de leur exécution;

Les revues, contrôles, état de situation, de mouvement et mutation; congés, billets d'entrée et de sortie pour hôpitaux; comptabilité et administration supérieure des corps; revues, signalement, remontes, réformes et détails relatifs aux chevaux.

Relativement aux différentes administrations militaires.

Vivres et fourrages, espèce, qualité, quantité des vivres, tant ordinaires qu'extraordinaires;

Etapes et convois militaires, magasins, établissemens, inspection, surveillance et police;

Construction des fours de campagne, réception, conservation, avaries, versement, distribution des denrées en magasin, et procès-verbaux y relatifs;

Comptabilité des garde-magasins en nature et en denrées, tenue et vérification des registres et états de situation;

Solde des employés et dépenses particulières; police;

Inventaires des ustensiles de manutention et fabrication.

Habillement et équipement.

Habillement, grand et petit équipement;

Réception des effets, approvisionnemens, versemens, distribution, conservation et procès-verbaux y relatifs;

Inspection, surveillance et police des magasins et des employés de toute espèce; solde et salaire des employés et ouvriers; établissement, formation et réparations des magasins.

Confection, réparation et entretien des effets;
Fournisseurs et fournitures.

Campement.

Effets de campement, réception, versemens et transports, distribution, réparations, entretien, inventaires, états et procès-verbaux y relatifs;
Comptabilité en effets et en deniers, tenue des registres et états de situation;
Ustensiles de campagne;
Approvisionnemens extraordinaires et fournitures de campagnes;
Surveillance, police et solde des employés et ouvriers dans les magasins.

Casernement, chauffage, lumière et corps-de-garde.

Inspection des casernes et bâtimens militaires ou civils, propres au logement des troupes;
Ameublement et ustensiles des casernes; pavillons et corps-de-garde; services des fournitures et lits militaires;
Magasins, entretien, réparations inventaires et procès-verbaux de dégradations, dépérissemens ou déficit desdites fournitures;
Indemnités par retenue sur la solde des troupes; police des employés pour le service des casernes et magasins des fournitures de lits militaires;
Police dans les casernes et corps-de-garde, quant à la propriété, salubrité et conservation des effets et fournitures;
Chauffage et lumière dans les casernes et corps-de-garde;
Chauffage dans les camps.

Hôpitaux sédentaires et ambulans.

Admission, traitement, sortie, évacuation et transport des malades et blessés;
Alimens, médicamens, distribution, établissemens;
Réparation, entretien, salubrité des hôpitaux;
Administration, comptabilité et tenue des registres;
Effets et ustensiles d'hôpitaux;
Inventaires et procès-verbaux;
Approvisionnemens extraordinaires;
Fournitures et demi-fournitures;
Officiers de santé et employés;
Effets particuliers des malades;
Extraits mortuaires;
Paiement de la solde d'hôpital;
Eaux minérales;
Traitemens extérieurs et particuliers.

Charrois réunis.

Equipages des vivres, de l'ambulance et de l'artillerie;
Revues, tant générales que particulières, des caissons, chevaux, charretiers et employés;
Parcs des voitures extraordinaires; bagages des troupes.

Artillerie, génie et fortifications.

Comptabilité en nature et en deniers des arsenaux et magasins;
Consommation et remise des munitions et attirails de guerre;
Epreuves d'armes, de poudre, et procès-verbaux; parcs d'artillerie;
Magasins, gardes d'artillerie et garde-magasins;
Produit des herbages sur les glacis, et ouvrages de fortifications;
Marchés, adjudications et arrêtés des toisés définitifs;
Revues des officiers et employés de toute espèce;
Estimation des terrains pris à des particuliers pour emplacement d'ouvrages;
Vente d'arbres sur les remparts; vente de matériaux et palissades.

Service des places.

Réception, prestation de serment et revue des officiers composant l'état-major des places et employés des places, comme consignes, portiers et gardes des fortifications, etc.
Police et administration des prisons et prisonniers militaires;
Approvisionnement pour les cas de siége;
Conseils de guerre.

Objets généraux et divers.

Prisonniers de guerre;
Contributions en pays ennemis;
Procès-verbaux de prises et de ventes;
Réquisitions aux corps administratifs pour fournitures relatives au service des armées;
Correspondance avec les commissions exécutives, les corps administratifs et les conseils d'administration des demi-brigades et autres;
Revues des états-majors généraux des armées; états de leurs dépenses particulières;
Décomptes, remboursemens, indemnités de toute espèce aux officiers et aux citoyens;
Ordonnances et mandats de paiement.

Contributions en pays ennemis.

4. La levée des contributions en pays ennemis se fera à la diligence des seuls commissaires des guerres, conformément à la fixation arrêtée par les représentans du peuple en mission auprès des armées et par le chef militaire.

SECTION IV. Attributions aux commissaires des guerres.

Rapport entre les commissaires des guerres et les états-majors.

Art. 1er. Les commissaires des guerres en fonctions aux armées et dans les places seront toujours considérés comme faisant partie de l'état-major.

Ordre et mot dans une place de guerre ou poste militaire.

2. L'ordre et le mot seront portés tous les jours, par un sergent, au commissaire-ordonnateur ou au commissaire des guerres en résidence dans une place de guerre ou dans un lieu quelconque de garnison.

Dans les places où il y aura plusieurs commissaires des guerres, ils iront prendre l'ordre et le mot chez le commissaire-ordonnateur, et, à son défaut, chez le plus ancien d'entre eux.

Ordre et mot aux armées.

3. Aux armées, l'ordre et le mot leur seront également envoyés par les soins de l'état-major général de l'armée ou de la division de l'armée à laquelle ils seront attachés.

Egards à rendre aux commissaires des guerres.

4. Les officiers généraux commandans en chef des troupes tiendront la main à ce que les commissaires des guerres soient traités, par tous les individus des armées sous leurs ordres, avec les égards dus au caractère de leurs fonctions, et ils feront réprimer sévèrement quiconque leur manquerait lorsqu'ils les exerceront.

Les commissaires des guerres ne pourront infliger aucune punition à un militaire en activité de service dans leur ressort, s'il y est avec son corps ou une troupe dont il fasse partie, ni à aucun officier qui se trouverait détaché pour le service; mais, dans ce cas, lorsqu'ils auront des plaintes à porter contre un militaire, ils les adresseront ou remettront à son chef immédiat, qui sera tenu de punir le délinquant, et sera responsable s'il ne le punit pas.

Présence des commissaires des guerres aux conseils de guerre.

5. Les commissaires des guerres sont essentiellement membres des conseils de guerre : ils y occuperont toujours la seconde place; mais ils ne pourront y avoir voix délibérative que sur les objets d'administration militaire qui leur sont confiés. En tout temps, ils tiendront procès-verbal des délibérations du conseil de guerre.

Cependant, lorsque les circonstances du service ne permettront pas au commissaire des guerres d'être présent aux séances du conseil de guerre, et lorsqu'il n'y sera pas personnellement nécessaire, il pourra se dispenser d'y assister; mais ce ne sera jamais sans en avoir averti, par écrit, l'officier général ou celui qui le remplacera en son absence.

Entrée au conseil d'administration.

6. Le commissaire des guerres chargé de la police d'un corps aura son entrée au conseil d'administration toutes les fois qu'il sera nécessaire pour arrêter la comptabilité, ou pour communiquer quelques objets relatifs au bien du service.

Il n'y aura pas voix délibérative; il pourra seulement faire les observations qu'il jugera convenables.

TITRE II. Des commissaires-ordonnateurs, tant aux armées que dans les divisions militaires.

SECTION Ire. *Des commissaires-ordonnateurs en chef des armées.*

Création des commissaires ordonnateurs en chef.

Art. 1er. Il sera attaché à chaque armée de la République un commissaire-ordonnateur en chef, choisi parmi les soixante ordonnateurs créés par le présent décret. Ce choix s'exercera indistinctement, sans égard à l'ancienneté et sera déterminé par la Convention nationale, sur la présentation du comité de salut public, d'après les bons témoignages qui auront été rendus, et les renseignemens acquis sur les vertus républicaines et le degré d'expérience et de talent de ceux sur lesquels le choix devra porter.

Pouvoir des ordonnateurs en chef.

2. Les commissaires-ordonnateurs en chef aux armées y exerceront, supérieurement à tous autres agens quelconques d'administration, les fonctions administratives militaires qui leur sont confiées par les lois.

Relations de correspondance des commissaires-ordonnateurs.

3. Ils correspondront directement avec le comité de salut public, les commissions exécutives et les autorités et agens civils et militaires, pour tous les détails relatifs aux besoins et à l'administration des troupes et des armées.

Commissaires-ordonnateurs et ordinaires aux ordres de l'ordonnateur en chef.

4. Chaque commissaire-ordonnateur en chef sera secondé dans ses fonctions par un ou plusieurs ordonnateurs, proportionnément à la force de l'armée à laquelle il sera attaché et à l'étendue du territoire qu'elle devra occuper.

Les ordonnateurs secondés par les commissaires des guerres.

5. L'ordonnateur en chef et les ordonnateurs à ses ordres seront secondés par un nombre de commissaires des guerres suffisant, tant pour en attacher un, parmi les plus anciens de commission, à chaque partie principale de l'administration militaire, que pour donner à celui-ci tous les coopérateurs qui lui seront nécessaires pour tous les détails du service dans les camps et cantonnemens.

Service fixe des ordonnateurs aux armées et dans les cantonnemens.

6. La direction et la surveillance des établissemens militaires fixes dans les départemens étant confiées aux commissaires-ordonnateurs en résidence dans les divisions militaires, les ordonnateurs auprès des armées ne pourront intervertir l'ordre de service établi à cet égard.

Les ordonnateurs de divisions tenus de correspondre avec les ordonnateurs en chef.

7. Cependant, les commissaires-ordonnateurs en chef aux armées devant avoir connaissance de tous les moyens à portée d'eux de pourvoir à tous les besoins de l'armée à laquelle chacun d'eux sera attaché, ils pourront requérir les commissaires ordonnateurs des divisions militaires de leur donner, à cet égard, tous les renseignemens qu'ils croiront devoir en exiger, et les commissaires-ordonnateurs des divisions militaires correspondront exactement avec eux, et leur feront parvenir tous les états de situation nécessaires. Ils se concerteront pour concourir, en tout ce qui dépendra d'eux, à faciliter les moyens d'approvisionner les armées.

SECTION II. Commissaires ordonnateurs dans les divisions militaires.

Art. 1er. Indépendamment des commissaires-ordonnateurs employés aux armées, il en sera placé un dans le chef-lieu de chacune des divisions militaires de la République.

Commissaires-ordonnateurs dans les subdivisions de divisions militaires.

2. Les divisions militaires dont le territoire sera d'une étendue trop considérable pour la surveillance d'un seul commissaire-ordonnateur, seront subdivisées en autant de principaux arrondissemens qu'il sera nécessaire, à raison de la distance des lieux et de l'importance des établissemens militaires, ou de la force des garnisons; et, dans le lieu principal de chacune de ces subdivisions, il sera établi un commissaire-ordonnateur.

Commissaires des guerres aux ordres des ordonnateurs dans les divisions.

3. Ils auront à leurs ordres un nombre de commissaires des guerres tel qu'il y en ait au moins dans chacune des places de guerre de leur division, et dans tous les lieux où il y aura des rassemblemens de troupes ou des établissemens militaires. A l'égard des divisions militaires de l'intérieur de la République, ils auront attention de diviser, si besoin est, le service des commissaires par arrondissemens. Tous seront surveillés avec soin dans leurs fonctions.

Répartition des détails du service.

4. Dans les places, lieux ou arrondissemens où les besoins du service exigeront la présence de plus d'un commissaire des guerres, les commissaires-ordonnateurs leur répartiront les détails d'administration militaire qui devront leur être confiés, et leur donneront tous les ordres et toutes les instructions nécessaires pour assurer le service dans toutes ses parties.

Devoir des commissaires-ordonnateurs dans les divisions.

5. Les commissaires-ordonnateurs feront, au moins deux fois par an, leur tournée dans les places de leur division et dans tous les lieux où se trouveront des établissemens militaires; partout ils se concerteront avec les corps administratifs et les principaux employés sur toutes les mesures à prendre pour assurer le service des troupes, et pour aviser à tous les moyens de bon ordre et d'économie. Ils veilleront avec la plus scrupuleuse attention à ce que tous les employés des administrations militaires s'acquittent soigneusement de leur devoir; ils tiendront la main à la parfaite exécution des lois militaires; ils se concerteront également avec les payeurs des dépenses de la guerre dans les divisions, pour l'entière exécution des lois et instructions sur la comptabilité, tant en dépenses ordinaires qu'en dépenses extraordinaires. Ils sont tenus de constater le résultat de leurs tournées par un compte raisonné et détaillé de la situation de chaque partie d'administration dans les places de leur arrondissement, et de l'adresser aux commissions exécutives, en ce qui concernera chacune d'elles.

Etat des commissaires des guerres à eux envoyé par les ordonnateurs respectifs.

6. Les commissaires-ordonnateurs des divisions militaires auront attention d'envoyer à chacun des commissaires des guerres qui seront destinés à servir sous leurs ordres l'état de tous les commissaires des guerres employés dans la division militaire à laquelle ils seront attachés, et de les informer régu-

lièrement des mutations et mouvemens qui pourraient survenir entre les commissaires des guerres employés.

Cet état présentera le nom des commissaires des guerres, le lieu de leur résidence, et les fonctions principales ou ordinaires dont ils seront chargés.

Notification de la présence et de la signature des commissaires des guerres.

7. Aussitôt après la réception de cet état, tout commissaire des guerres qui sera maintenu dans ses fonctions par le présent décret sera tenu d'en donner avis à chacun des commissaires des guerres employés dans la même division militaire que lui; et, à l'avenir, tout commissaire des guerres qui arrivera dans une place aura soin de se conformer à cet usage.

Notification par les commissaires des guerres aux armées, de leur présence et de leur signature.

8. Les dispositions prescrites dans les deux articles précédens, ayant pour objet de notifier aux commissaires des guerres la présence et la signature de chacun d'eux dans leurs arrondissemens respectifs, seront applicables à toutes les armées et aux divisions qui en dépendent.

Notification par les commissaires des guerres entre eux, de leur présence et de leur signature.

9. En général, tout commissaire des guerres employé dans une place ou lieu de garnison quelconque, tant au dedans qu'au dehors de la République, sera tenu de notifier sa présence et sa signature à tous les commissaires des guerres employés dans les places ou lieux de garnison les plus circonvoisins du lieu de sa résidence ordinaire.

TITRE III. Des commissaires des guerres à la suite des armées, et en résidence dans les divisions militaires.

Subordination relative des commissaires des guerres.

Art. 1er. Les commissaires des guerres attachés aux armées y seront uniquement sous les ordres des commissaires-ordonnateurs desdites armées, tant au dehors qu'au dedans du territoire de la République.

Ils leur obéiront en tout ce qui concernera le service, et leur rendront compte exactement de l'exécution des ordres qu'ils en auront reçus, et de toutes les opérations d'administration que l'urgence et des circonstances imprévues les mettraient dans le cas de faire par eux-mêmes et provisoirement.

Subordination directe des commissaires des guerres.

2. Les commissaires des guerres en résidence dans les divisions seront sous les ordres des commissaires-ordonnateurs desdites divisions, auxquels ils rendront également compte de tous les détails dont ils seront chargés.

Concert en cas de service mixte.

3. Les commissaires des guerres attachés aux armées en dedans des frontières de la République, et ceux employés dans les divisions militaires, pourront se suppléer mutuellement dans les détails courans de leurs fonctions : ils devront se concerter et se concilier sur tous les moyens de pourvoir au service et de l'assurer. Néanmoins, lorsque des camps seront établis à portée des places de guerre, et lorsque les armées se mettront en mouvement, les commissaires des guerres qui seront particulièrement attachés au service des armées suivront exclusivement leur destination, et ceux en résidence devront toujours rester à leur poste.

Relations de service.

4. Les commissaires des guerres rendront compte exactement de tous les détails de leur service aux ordonnateurs dans l'arrondissement desquels ils se trouveront employés, soit dans les divisions, soit dans les armées. Ceux qui, conformément à l'article 7, section II du titre Ier, seront employés près d'un commissaire ancien de service ou d'un grade supérieur, lui rendront compte directement, et celui-ci seul correspondra avec le commissaire-ordonnateur, et l'informera de l'exécution de tous les ordres qui lui auront été transmis concernant la place dont le service général lui sera confié.

Limitation des pouvoirs des commissaires des guerres.

5. Dans aucun cas, les commissaires des guerres qui ne seront pas seuls dans une place ne prendront aucune détermination de leur propre mouvement, et ne donneront aucun ordre général pour quelque partie de service que ce soit, cette faculté étant réservée uniquement à l'ancien des commissaires des guerres, ou à celui d'un grade supérieur.

Précautions en cas de déplacement.

6. Aux termes de l'art. 23 de la section IV du Code pénal militaire, décrété par la Convention nationale le 12 mai 1793, il est défendu à tout commissaire des guerres de quitter son arrondissement sans en avoir reçu l'ordre par écrit de son supérieur, et sans en avoir prévenu le commandant en chef des troupes.

Ordre de déplacement.

7. En conséquence, aucun commissaire des guerres de résidence ne pourra être déplacé

sans un ordre de la commission de l'organisation des armées de terre, visé par le comité de salut public, excepté en cas d'urgence ou de circonstances extraordinaires: dans ce cas, le commissaire-ordonnateur faisant partie d'une armée qui aurait besoin d'un ou de deux commissaires des guerres de plus que ceux qui seraient à sa disposition, pourra les demander au commissaire-ordonnateur de la plus prochaine division militaire, lequel ne pourra se refuser à les détacher provisoirement, jusqu'à ce que, d'après le compte qu'il en rendra sur-le-champ à la commission de l'organisation et du mouvement des armées de terre, il soit pourvu, par le comité de salut public, au remplacement des commissaires des guerres nécessaires, soit pour l'armée, soit pour la division d'où il en aurait été tiré.

Droits des commissaires des guerres.

8. Nul ne pourra donner l'ordre relatif au mouvement des effets et denrées des magasins militaires de la République, ni exiger de renseignemens sur leur situation, sans, au préalable, en avoir informé le commissaire des guerres qui en aura la police, et sans en avoir pris son attache à cet effet.

Mode d'avancement.

9. Les lois sur l'avancement n'étant applicables en rien aux commissaires des guerres, la probité, la vertu, l'activité, l'expérience et le républicanisme seront désormais les seuls titres que les commissaires des guerres auront droit d'invoquer pour être, à l'âge requis, appelés à remplir les fonctions de commissaire-ordonnateur.

Conditions relatives aux militaires commissaires des guerres.

10. Tout militaire qui quittera son corps pour prendre une place de commissaire des guerres, ne pourra ni conserver son rang dans son corps, ni prétendre à aucun avancement, et il y sera remplacé sur-le-champ; néanmoins, il sera admis à faire valoir ses services militaires pour sa retraite comme commissaire des guerres.

TITRE IV. Solde annuelle et autres traitemens relatifs.

SECTION Ire. *Fixation de la solde.*

Fixation relative de la solde des commissaires des guerres.

Article unique. La solde annuelle des commissaires des guerres, comprenant les appointemens fixes, le supplément de campagne, la gratification, et les sommes payées pour rachats de rations de fourrages supprimées par la loi du 23 vendémiaire an 2 de la République, sera, pour tout le temps de la guerre seulement, et dans quelque lieu que les commissaires des guerres soient employés, réglée ainsi qu'il suit, savoir:

Aux commissaires-ordonnateurs employés en chef aux armées, seize mille livres; aux autres commissaires-ordonnateurs auprès des armées, et à ceux de résidence dans les divisions militaires, douze mille livres; aux commissaires des guerres de première classe, huit mille livres; aux commissaires des guerres de seconde classe, six mille livres.

SECTION II. Logement.

Article unique. Il sera payé par mois de présence, et comme appointemens, à chaque commissaire-ordonnateur, pour lui tenir lieu de logement, cent livres; à chaque commissaire ordinaire des guerres, cinquante livres.

SECTION III. Vivres.

Rations de vivres.

Art. 1er. Les commissaires-ordonnateurs et ordinaires recevront, sans aucune retenue sur la solde, les rations de pain et viande ci-après déterminées, savoir:

Les commissaires-ordonnateurs près les armées, trois rations; les commissaires-ordonnateurs de résidence dans les divisions militaires, et tous autres commissaires des guerres, deux rations.

La loi du 2 thermidor sur la solde leur est applicable en ce qui n'est pas contraire.

2. Les dispositions du titre V de la loi du 2 thermidor sur la solde leur sont applicables; ils sont tenus de s'y conformer, sous les peines y portées, en tout ce à quoi il n'est pas dérogé à leur égard par la présente loi.

SECTION IV. Fourrages.

Rations de fourrages.

Art. 1er. Les commissaires des guerres que leur service mettra dans le cas d'être montés recevront, à l'effectif de leurs chevaux, des rations de fourrages des poids et mesures de celles de la cavalerie, dans les proportions ci-après déterminées, savoir:

Aux ordonnateurs en chef, quatre rations; aux autres ordonnateurs, trois rations; aux commissaires ordinaires des guerres, deux rations.

Ceux qui ne seront point montés ne pourront y prétendre.

2. Les commissaires des guerres qui ne seront point montés ne pourront, sous aucun prétexte, recevoir aucune ration de fourrages.

Suppression du remboursement de rations d fourrages.

3. A compter du 1er du mois qui suivra la publication de la présente loi, toute somme

en remboursement de rations de fourrages supprimées par la loi du 23 vendémiaire, cessera d'être payée à tout commissaire-ordonnateur et ordinaire des guerres.

SECTION V. Frais de bureau.

Remboursement des frais de bureau.

Art. 1er. Les frais de bureau des commissaires des guerres leur seront remboursés conformément à l'article 10, titre VII de la loi du 2 thermidor, concernant la solde des troupes.

Ils ne pourront, aux termes de cet article, qui sera ponctuellement exécuté, excéder trois cents livres par mois pour les commissaires-ordonnateurs, et deux cents livres par mois pour les commissaires des guerres, sans préjudice, toutefois aux indemnités convenables à accorder dans des cas extraordinaires et sur pièces justificatives de comptabilité.

Néanmoins, les commissaires ordinaires des guerres qui feront, dans les places ou arrondissemens, le service prescrit par l'article 7 de la section II du titre Ier, pourront, pendant la durée de ces fonctions, employer trois cents livres par mois de frais de bureau, en se conformant aux dispositions ci-dessus.

Ports de lettres.

2. Ils jouiront comme par le passé, et pour les objets de service seulement, du contre-seing et de la franchise du port des lettres.

Les commissaires-ordonnateurs en chef et autres auront le contre-seing pour les lettres de service dans toute l'étendue du territoire occupé par l'armée à laquelle ils sont attachés, et pour leur correspondance avec les comités de la Convention et les commissions exécutives.

Les commissaires-ordonnateurs des divisions militaires auront la même faculté dans l'étendue de leur division, et aussi avec les comités de la Convention et les commissions exécutives.

Les commissaires ordinaires des guerres n'auront point la faculté de contre-signer.

TITRE V. Des récompenses et retraites.

Fixation des pensions de retraite.

Art. 1er. Les commissaires des guerres qui ne seront pas compris dans la première nomination, ou qui se retireront par la suite, auront leur retraite conformément à l'article 2 du titre X de la loi du 20 septembre = 14 octobre 1791, qui continuera, jusqu'à la paix, d'être applicable aux commissaires des guerres auxquels il sera dû des retraites.

Conditions en cas de retraite.

2. La pension de retraite due à un commissaire des guerres sera réglée sur son dernier traitement, ou sur celui affecté à l'emploi qu'il occupait avant d'être nommé commissaire des guerres, et suivant la loi concernant le même service.

Droit aux récompenses militaires.

3. Les commissaires des guerres jouiront, à la paix, des avantages assurés aux militaires de tout grade par les articles 2, 3 et 4 du décret du 21 février 1793.

Ils participeront aux récompenses que la Convention s'est réservé d'accorder par l'article 15 du titre VIII du même décret.

Leurs veuves jouiront également du bénéfice de la loi du 4 juin 1793.

TITRE VI. De l'uniforme des commissaires des guerres.

Art. 1er. Les commissaires des guerres en exercice aux armées et dans le lieu de leur résidence, seront constamment revêtus de l'uniforme ci-après :

Habit de drap bleu national, doublé de même couleur, sans revers, et boutonné sur la poitrine, collet renversé, de couleur écarlate, paremens et pattes de même couleur que le collet, avec trois petits boutons uniformes, pattes de poches en travers de l'habit.

Liséré écarlate sur les poches, trois boutons à chacune.

Veste et culotte blanches, grands et petits boutons jaunes pour l'habit, la veste et la culotte, timbrés au milieu de la légende : *Administration militaire*, entourée d'une guirlande.

Pour les ordonnateurs en chef.

2. Les commissaires-ordonnateurs en chef porteront sur les collet, paremens et poches de l'habit, une broderie en or, de la largeur de douze lignes, conformément au modèle.

Pour les autres ordonnateurs.

3. Tous les autres ordonnateurs porteront la même broderie sur les collet et paremens.

Pour les commissaires des guerres ordinaires.

4. Les commissaires des guerres ordinaires porteront la même broderie sur le collet seulement.

Forme des chapeaux et épées.

5. Les commissaires des guerres porteront tous des chapeaux unis, retapés à l'ordinaire, bordés d'une tresse en soie ou laine noire, avec ganse plate, de six lignes, en or, petit bouton jaune uniforme, et la cocarde nationale.

Le panache du chapeau sera aux trois couleurs nationales, par tranches horizontales, blanches à la naissance du panache, et rouges à la cime.

L'épée uniforme, suspendue par un baudrier de peau noire, sera garnie d'une dragonne jaune à cordelière pour les commissaires-ordonnateurs, et de capitaine pour les commissaires des guerres.

Ruban tricolore et médaille.

6. Lorsque les commissaires des guerres proclameront des lois ou des adresses aux armées, lorsqu'ils feront leur revues, ou se présenteront devant les corps administratifs assemblés, ou enfin lorsqu'ils assisteront à quelque cérémonie civique ou militaire, ils seront toujours décorés du ruban tricolore et d'une médaille jaune, qui aura pour exergue: *Respect à la loi.*

Doivent être en bottes à l'écuyère.

7. En grande tenue et dans tous les cas ci-dessus, ils devront toujours être en bottes dites *à l'écuyère*, et en éperons.

Les ordonnateurs tiendront la main à l'exécution de ces dispositions.

8. Le bon ordre du service exigeant que les commissaires des guerres ne puissent jamais s'écarter des présentes dispositions, les commissaires-ordonnateurs tiendront sévèrement la main à leur entière exécution.

---

28 NIVOSE an 3 (17 janvier 1795). — Décret qui nomme les représentans Enlard et Deydier auprès de l'établissement des épreuves nationales de Meudon. (B. 50, 194.)

---

28 NIVOSE an 3 (17 janvier 1795). — Décret de renvoi sur une pétition de la commune d'Aurillac. (B. 50, 192.)

---

28 NIVOSE an 3 (17 janvier 1795). — Décret concernant la publication du rapport sur la mouture des grains et les subsistances de Paris. (B. 50, 192.)

---

28 NIVOSE an 3 (17 janvier 1795). — Décret concernant Leroux-Laville, ex-ministre. (B. 50, 192.)

---

28 NIVOSE an 3 (17 janvier 1795). — Décret de renvoi sur des propositions relatives à la vente des domaines nationaux. (B. 50, 193.)

---

28 NIVOSE an 3 (17 janvier 1795). Décret de renvoi sur la proposition de mettre en liberté les prisonniers de la Vendée condamnés aux travaux publics. (B. 50, 194.)

---

28 NIVOSE an 3 (17 janvier 1795). — Décret qui casse et annule les arrêtés pris par le département de l'Yonne contre le citoyen Victor Wion. (B. 50, 195.)

---

28 NIVOSE an 3 (17 janvier 1795). — Décret de renvoi sur une pétition de la citoyenne Dufresse. (B. 50, 196.)

---

28 NIVOSE an 3 (17 janvier 1795). — Décret qui accorde un congé au représentant Boiron, et une prolongation au représentant Taveau. (B. 50, 197.)

---

28 NIVOSE an 3 (17 janvier 1795). — Décret qui accorde un secours au citoyen Place. (B. 50, 197.)

---

28 NIVOSE an 3 (17 janvier 1795). — Décret qui supprime plusieurs maisons hospitalières de Paris. (B. 50, 194.)

---

29 NIVOSE an 3 (18 janvier 1795). — Décret qui étend l'amnistie du 12 frimaire aux personnes condamnées pour avoir pris part à la révolte qui a éclaté dans les départemens formant l'arrondissement des armées de l'Ouest, des côtes de Brest et de Cherbourg. (B. 50, 335.)

La Convention nationale décrète que les personnes qui ont été condamnées à quelque peine que ce soit, pour avoir pris part à la révolte qui a éclaté dans les départemens formant l'arrondissement des armées de *l'Ouest*, des *côtes de Brest et de Cherbourg*, mais dont les jugemens n'ont pas été exécutés, jouiront des effets de l'amnistie accordée par le décret du 12 frimaire, et seront mises sur-le-champ en liberté.

---

29 NIVOSE an 3 (18 janvier 1795). — Décret qui envoie en mission dans le département de la Mayenne, et près les armées des côtes de Brest et de Cherbourg, le représentant Baudran de l'Isère. (1, Bull. 113, n° 594; B. 50, 336.)

---

29 NIVOSE an 3 (18 janvier 1795). — Décret qui adopte l'instruction présentée par le comité militaire. (B. 50, 225.)

---

29 NIVOSE an 3 (18 janvier 1795). — Décret qui surseoit à l'exécution de toute disposition pénale des décrets contre Lyon. (B. 50, 328.)

---

29 NIVOSE an 3 (18 janvier 1795). — Décret qui envoie en mission, près les armées de la Moselle et du Rhin, le représentant Cavaignac. (1, Bull. 113, n° 598; B. 50, 336.)

---

29 NIVOSE an 3 (18 janvier 1795). — Décret qui autorise le comité de législation à statuer sur la mise en liberté des citoyens condamnés à la peine de mort ou à d'autres peines, pourvu que les jugemens ne soient causés ni pour délits ordinaires, ni pour fait de royalisme. (1, Bull. 113, n° 595; B. 50, 338.)

---

29 NIVOSE an 3 (18 janvier 1795). — Décrets qui autorisent le comité de législation et de sûreté générale à statuer sur la mise en liberté des personnes condamnées à la déportation, en vertu des lois des 10 et 28 mars 1793. (1, Bull. 113, n° 596 ; 1, Bull. 119, n° 631.)

29 NIVOSE an 3 (18 janvier 1795). — Décret de mention honorable du citoyen Laporte. (B. 50, 224.)

29 NIVOSE an 3 (18 janvier 1795). — Décrets qui accordent des secours aux citoyens Rousselle et autres, et à différens marins. (B. 50, 329 et 330.)

29 NIVOSE an 3 (18 janvier 1795). — Décret sur une pétition de la citoyenne Vasservas. (B. 50, 331.)

29 NIVOSE an 3 (18 janvier 1795). — Décret qui accorde une prorogation de congé au représentant Duquesnoy. (B. 50, 332.)

29 NIVOSE an 3 (18 janvier 1795). — Décret qui annule le jugement de la commission de Strasbourg, contre Nagel et autres, et contre Dreyfus. (B. 50, 331 et 335.)

29 NIVOSE an 3 (18 janvier 1795). — Décret qui annule le jugement de la commission militaire du Mans contre la citoyenne Bonchamps. (B. 50, 333.)

29 NIVOSE an 3 (18 janvier 1795). — Décret qui déclare nul et de nul effet le jugement du tribunal de cassation dans l'affaire du citoyen Doublet. (B. 50, 333.)

29 NIVOSE an 3 (18 janvier 1795). — Décret concernant les appointemens des employés de la commission de commerce. (B. 50, 33[illegible].)

29 NIVOSE an 3 (18 janvier 1795). — Décret de renvoi sur une proposition relative à celui qui met en liberté les colons détenus, et excepte de cette faveur les membres du club Massiac. (B. 50, 336.)

29 NIVOSE an 3 (18 janvier 1795). — Décret concernant l'assassinat commis sur un citoyen qui avait parlé avantageusement des opérations de la Convention. (B. 50, 336.)

29 NIVOSE an 3 (18 janvier 1795). — Décret sur l'ex-ministre Tarbé. (B. 50, 331.)

29 NIVOSE an 3 (18 janvier 1795). — Décret qui rappelle le représentant Gleyzal. (B. 50, 331.)

30 NIVOSE an 3 (19 janvier 1795). — Décret de renvoi sur une pétition du citoyen Guibert. (B. 50, 338.)

30 NIVOSE an 3 (19 janvier 1795). — Décret qui accorde un secours au citoyen Meyssonnier. (B. 50, 338.)

30 NIVOSE an 3 (19 janvier 1795). — Décret de renvoi sur une pétition des ci-devant officiers municipaux de Boulogne. (B. 50, 339.)

30 NIVOSE an 3 (19 janvier 1795). — Décret de renvoi sur une pétition des créanciers des fermiers généraux condamnés. (B. 50, 339.)

30 NIVOSE an 3 (19 janvier 1795). — Décret qui accorde des secours à la veuve et aux enfans du citoyen Olivier. (B. 50, 340.)

30 NIVOSE an 3 (19 janvier 1795). — Décrets de renvoi sur les pétitions de la femme de Daubigny, des citoyens Ladem et Mescent. (B. 50, 339 et 340.)

FIN DU TOME SEPTIÈME.

www.ingramcontent.com/pod-product-compliance
Lightning Source LLC
Chambersburg PA
CBHW061108220326
41599CB00024B/3962

* 9 7 8 2 0 1 1 9 1 9 3 0 4 *